中国年鉴精品工程
High Quality Project of China's Yearbook

北京朝阳年鉴

BEIJING CHAOYANG YEARBOOK

2020

北京市朝阳区地方志编纂委员会 编

方志出版社
Publishing House of Local Records

图书在版编目（CIP）数据

北京朝阳年鉴 . 2020 / 北京市朝阳区地方志编纂委员会编 . -- 北京 : 方志出版社 , 2020.12
ISBN 978-7-5144-4652-4

Ⅰ . ①北… Ⅱ . ①北… Ⅲ . ①朝阳区－ 2020 －年鉴 Ⅳ . ① Z521.3

中国版本图书馆 CIP 数据核字 (2020) 第 268933 号

北京朝阳年鉴（2020）

编　　者： 北京市朝阳区地方志编纂委员会
责任编辑： 丛 珺
出 版 者： 方志出版社
地址　北京市朝阳区潘家园东里 9 号(国家方志馆 4 层)
邮编　100021
网址　http://www.zgfzcb.cn
发　　行： 方志出版社图书经销中心
电话（010）67110500
经　　销： 各地新华书店
印　　刷： 北京中科印刷有限公司
开　　本： 889×1194　　1/16
印　　张： 34.5
字　　数： 1541 千字
版　　次： 2020 年 12 月第 1 版　2020 年 12 月第 1 次印刷
印　　数： 0001 ～ 1500 册
ISBN 978-7-5144-4652-4　　**定价：** 260.00 元

北京市朝阳区地方志编纂委员会

《北京朝阳年鉴》编辑部

序 一

国务院办公厅2015年8月印发的《全国地方志事业发展规划纲要（2015—2020年）》（以下简称《规划纲要》）要求，到2020年要做到地方综合年鉴一年一鉴，公开出版，实现省、市、县三级综合年鉴全覆盖。《规划纲要》还要求，坚持存真求实，正确处理质量与进度的关系，将精品意识贯穿于年鉴编纂出版工作全过程。2015年12月，中国地方志指导小组办公室启动中国年鉴精品工程，将其与先期实施的中国志书精品工程视为姊妹工程，一道作为加强地方志质量建设的重要抓手。

实施中国年鉴精品工程有助于推动中华优秀传统文化传承发展。近年来，在党中央、国务院的高度重视和关心支持下，全国地方志事业发展迎来最好的发展时期。年鉴编纂发端于欧洲，鸦片战争后被引入我国，在我国走过了100多年的发展历史。在长期的编纂中，年鉴在内容和形式上不断发展，逐渐演变成为适合反映中国国情、具有鲜明中国特色的一种文化载体，并在改革开放后出现了快速发展的局面。2006年5月，国务院《地方志工作条例》颁布施行，明确将地方综合年鉴纳入地方志工作范畴，年鉴工作走上了有法可依的轨道。《规划纲要》出台，为从依法编鉴转变到依法治鉴指明了方向。2016年12月，中国地方志指导小组印发《全国年鉴事业发展规划（2016—2020年）》，更进一步明确了到2020年全国年鉴事业的任务书、时间表、路线图。经过多年的发展，年鉴工作已经成为地方志工作的重要组成部分，成为中华民族优秀文化传统的有机组成部分，其存史、育人、资政作用日益彰显。实施中国年鉴精品工程，是年鉴工作者紧扣时代脉搏、坚持创新发展的一项重要举措，对于坚定文化自信，传承弘扬好中华优秀传统文化意义重大。

实施中国年鉴精品工程有助于为全面建成小康社会提供更多智力支持和历史借鉴。党的十八大作出全面建成小康社会的战略部署。党的十八届五中全会提出到2020年如期实现全面建成小康社会的目标要求。完成《规划纲要》确定的目标任务是年鉴工作者的神圣使命，更是年鉴工作者以自身力量为全面建成小康社会献上的厚礼。一方面，可以更好地利用年鉴这种年度资料性文献，及时记录各地区在全面建成小康社会伟大征程中每年取得的新成绩和新经验、出现的新情况和新问题、涌现的优秀人物和典型事迹等；另一方面，可以更好地积累地情、国情资料，为推动经济社会发展和深化改革提供智力支持，为推进国家治理体系和治理能力现代化提供历史借鉴。

实施中国年鉴精品工程有助于全面推进地方志事业转型升级。地方志不是单纯修志编鉴工作，而是全体方志人“修志问道，以启未来”的一项事业，这项事业包含着巨大的时代担当与使命追求。地方志工作要在“五大建设”总体布局和“四个全面”战略布局中发挥与其自身价值、功能相匹配的作用，就要因时而谋、乘势而上、顺势而为，全面推进地方志事业转型升级。转型升级，当下最重要的目标就是完成“两全”目标，包括“年鉴全覆盖”目标；长远的目标就是基本形成地方志编修体系、理论研究和学科建设体系、质量保障体系、资源开发利用体系、工作保障体系“五位一体”的地方志事业发展综合体系，包括“五位一体”的年鉴事业发展综合体系。中国年鉴精品工程是一项探索工程，也是一项创新工程，是推进地方志事业转型升级的重要内容。通过实施中国年鉴精品工程，不仅有助于确保年鉴质量，不断编纂出版具有鲜明时代特征、年度特点和地域特色的精品年鉴，也有助于推动年鉴工作适应经济社会发展形势和时代需要，不断改革创新，与时俱进。

多年来，在中国地方志指导小组办公室的指导和全国各级地方志工作机构的共同努力下，年鉴种类数量快速增长，年鉴成果粲然可观，为实施中国年鉴精品工程奠定了坚实的基础。实施中国年鉴精品工程，就是要在全国地方志系统起到示范作用，进一步培育精品意识，打造精品年鉴，以点带面，在提高年鉴质量方面探索出一条切实可行之路，使这项探索工程和创新工程能够积累经验，发挥引领作用。

“万山磅礴，必有主峰；龙衮九章，但挈一领。”实施中国年鉴精品工程，是筑牢地方志事业特别是年鉴事业发展根基之举，其意义与价值不言而喻。但编修出年鉴精品佳作，绝非朝夕之功，需要付出长期艰辛的努力。希望通过实施中国年鉴精品工程，能够进一步推进年鉴质量建设，使年鉴真正成为传承中华民族优秀传统文化的重要载体，成为展示中国国情、地情的重要窗口，成为“为当代提供资政辅治之参考、为后世留下堪存堪鉴之记述”的资源宝库，在全面建成小康社会过程中作出更大贡献。

是为序。

中国社会科学院原副院长
中国地方志指导小组原常务副组长

序 二

地方志是中华优秀传统文化的根与魂，积淀着中华优秀传统文化最深层的精神追求，代表着中华民族独特的精神标识。新时代坚持和发展中国特色社会主义，更加需要深刻把握人类发展历史规律，更加需要编修出传承不辍的精品志鉴，才能使后代在对历史的深入思考中汲取智慧、走向未来。伟大的时代，为地方志发展提供了取之不尽、用之不竭的源泉，同时也为全国年鉴工作提供了极大的机遇。

党的十九大报告中明确提出“质量强国”，“努力实现更高质量、更有效率、更加公平、更可持续的发展”，这为年鉴事业高质量发展指明了方向。按时、保质完成《全国地方志事业发展规划纲要（2015—2020年）》规定的“两全目标”任务，打造一批资辅当前、存鉴后世、经得起历史检验的精品佳作，不仅是一种法定职责，而且具有重要的政治意义、现实意义和历史意义。中国特色社会主义进入新时代，年鉴事业也进入新时代，呈现快速、稳步发展态势，在各方面都取得了新的显著成绩，包括年鉴编纂进度大大加快，年鉴编纂范围不断扩大，年鉴资源优势得到充分发挥，年鉴开发利用水平全面提升，而且年鉴质量保障机制逐步完善、质量持续提升。因此，在全社会关注质量发展的黄金时期，尤其是在完成“两全目标”任务的关键期，在狠抓进度的时候，实施中国年鉴精品工程更是恰当其时。年鉴工作者要投身于时代，为时代放歌，书写复兴华章，把出品更多的精品年鉴使命落实在实现中国梦的恢宏大业中。

习近平总书记说，精品之所以“精”，就在于其思想精深、艺术精湛、制作精良。中国年鉴精品工程紧扣时代脉搏，拓宽视野，围绕人民群众的美好生活，用精品记录新时代，为新时代新气象新作为留下真实、鲜活、生动、翔实的记录。实施中国年鉴精品工程，既是全面贯彻落实《全国地方志事业发展规划纲要（2015—2020年）》的重要举措，也是培育精品意识和精品年鉴、提高年鉴质量的重要手段；既是发挥年鉴存史、资治、教化功能的根基所在，也是年鉴工作者坚持创新发展、传承弘扬中华优秀传统文化的关键步骤。这不仅有助于坚定文化自信，讲述好中国故事，传播好中国声音，更有助于为决胜全面建成小康社会提供更多智力支持和更大精神动力。

实施中国年鉴精品工程顺应地方志进入新时代的历史潮流。“充实之谓美，充实而有光辉之谓大。”党的十九大报告指出，我国的社会主要矛盾已经转化为人民日益增长的美好生活需要和不平衡不充分的发展之间的矛盾。党章修正案、宪法修正案把习近平新时代中国特色社会主义思想确立为我们党和国家的行动指南，我国的发展进入到新的历史方位。为适应这些重大变化，党和国家随之出台更多重大的举措、推出更多有力的措施。年鉴如何全方位地、开创性地记述这些历史性变化，如何充分记述我们党领导人民进行的伟大斗争、建设的伟大工程、推进的伟大事业、实现的伟大梦想，是新时代地方志工作需要深入思考探究的问题。中国年鉴精品工程正是呼应新时代新变化新要求，致力于在全国地方志系统进一步培育精品意识、打造精品年鉴，从而以点带面，在提高年鉴质量方面探索出一条切实可行之路，充分发挥中国精品年鉴的辐射效应，引领带动全国范围内年鉴质量的全面提高，切实推动年鉴事业转型升级。

实施中国年鉴精品工程要全面把握以人民为中心的发展理念。以人民为中心，贯穿于改革开放以来我们党推进中国特色社会主义文化建设的全过程。新时代把握新机遇，年鉴作为记录新时代地方年度历史的重要载体，应当以习近平新时代中国特色社会主义思想为指导，牢固确立以人民为中心的理念。中国年鉴精品工程始终坚持人民是历史的创造者和改革开放事业的实践主体，始终坚持文化发展为人民服务、为社会主义服务，充分记录人民的首创精神，凸显人民在文化建设中的主体作用，不断满足人民的精神文化需求。年鉴工作要深深扎根于人民之中，坚持以事系人，记载人民群众中的先进典型，内容充分体现社会民生和为民服务的举措。在此基础上，实施中国年鉴精品工程还要建立精品长效机制，逐步推进精品年鉴传播最优化和效益最大化，使精品年鉴能够不断满足人民群众对美好生活的新需要新期待，在铸就中华文化新辉煌的过程中更好地构筑中国精神、中国价值、中国力量的方向上不断努力。

实施中国年鉴精品工程是坚定文化自信的体现。习近平总书记说，文化兴国运兴，文化强民族强。没有高度的文化自信，没有文化的繁荣兴盛，就没有中华民族的伟大复兴。中华优秀传统文化是中华民族的文化根脉，其蕴含的思想观念、人文精神、道德规范，不仅是我们中国人思想和精神的内核，对解决人类问题也有重要价值。地方志是中华优秀传统文化的精神之脉，是中华优秀传统文化基因的真正传承者和发展者。精品年鉴正是从中华民族世世代代形成和积累的优秀传统文化中汲取营养和智慧，记录传承的文化基因，记录思想精华，展现精神魅力。实施中国年鉴精品工程，以时代精神激活中华优秀传统文化的生命力，推进中华优秀传统文化创造性转化、创新性发展，把传承和弘扬中华优秀传统文化同坚定文化自信统一起来，有助于引导人民树立和坚持正确的历史观、民族观、国家观、文化观，不断增强中华民族的归属感、认同感、尊严感、荣誉感。

用精品记录新时代，用奋斗铸就新辉煌。地方志植根于历史，内涵于历史，镌刻于历史之上，是中华民族在漫长历史中形成的区别于其他民族的独特精神标识，精品年鉴是地方志的“守护者”“传承者”，是地方志成果创造性转化创新性发展的“探路者”“先行者”。习近平总书记强调，凡是传世之作、千古名篇，必然是笃定恒心、倾注心血的作品。希望全国年鉴工作者齐心协力，坚持历史唯物主义立场、观点、方法，立足中国、放眼世界，立时代之潮头，通古今之变化，发思想之先声，推出一批有思想穿透力的精品力作，培养一批年鉴专家，充分发挥存史、育人、资政作用，为推动全国年鉴事业转型升级作出新的更大贡献。

是为序。

中国地方志指导小组秘书长

中国地方志指导小组办公室主任

编辑说明

一、《北京朝阳年鉴》是由北京市朝阳区地方志编纂委员会主持编纂，北京市朝阳区地方志编纂委员会办公室承编的地方综合年鉴。自2005年开始逐年编纂并公开出版，一年一卷，《北京朝阳年鉴（2020）》为第16卷。

二、《北京朝阳年鉴（2020）》坚持以马克思列宁主义、毛泽东思想、邓小平理论、“三个代表”重要思想、科学发展观、习近平新时代中国特色社会主义思想为指导，坚持辩证唯物主义和历史唯物主义的立场、观点、方法，求真务实，全面、客观、系统地记述区域发展情况。

三、《北京朝阳年鉴（2020）》全面记述朝阳区2019年政治、经济、文化和社会发展的基本情况。凡在文中直书月、日的，均指2019年内的日期，文中“年内”指2019年内。书中涉及其他年份的时间均标明年份。

四、本卷设有特载、专文、大事记、区情概览、中共朝阳区委、朝阳区人大、朝阳区政府、政协朝阳区委员会、中共朝阳区纪委　朝阳区监委、民主党派、人民团体、法治、军事、功能区建设、经济管理、工业　商务服务业、金融、农业与农村经济、旅游业、城乡规划与建设、城乡管理、生态建设、科技、教育、文化、卫生、体育、社会生活、街道　地区（乡）、人物　荣誉和附录。除特载、专文、大事记、区情概览、人物　荣誉及附录外，其余均为条目体。全书用规范的语体文、记述体，直陈其事，文字力求简洁、朴实。

五、文中除“民主党派”部分外，未标明党派的“市委”均指“中共北京市委”，“区委”均指“中共北京市朝阳区委”，“党员”均指“中共党员”，“党建”工作均指“中国共产党建设”工作。

六、为方便读者使用，本年鉴类目“街道　地区（乡）”内容，依据各街道、地区（乡）名称第一个字汉语拼音的英文字母顺序排列，第一个字相同的，按第二个字排列，以此类推。

七、《北京朝阳年鉴（2020）》配有双重检索系统：正文前有目录，后有索引。

八、入鉴的资料、图片均由各撰稿单位确定专人撰写或提供，并经主要负责人审核。部分资料由编辑部收集。主要数据和统计资料由朝阳区统计局提供，部分数据由各相关部门提供。由于统计口径等原因，相关部门的个别数据与统计资料不一致的，以统计资料为准。

2010—2019 年常住人口和外来常住人口

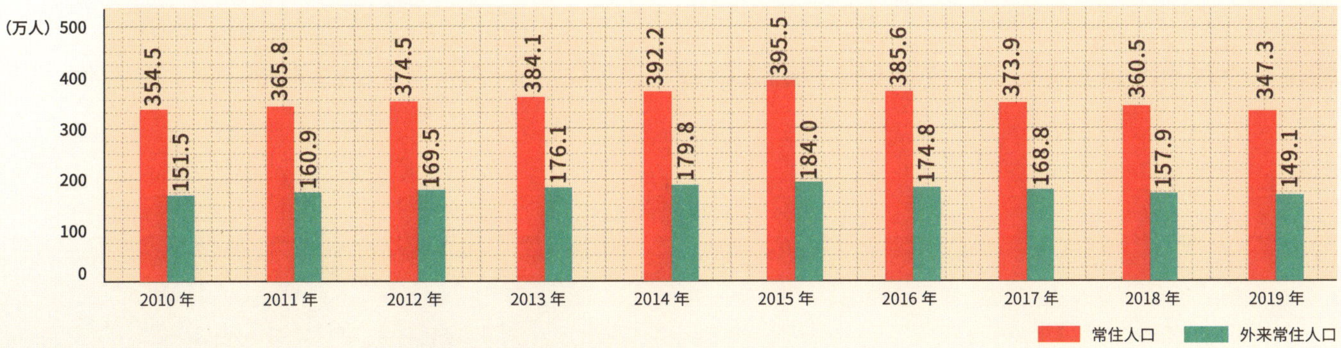

2019 年全区居民家庭每百户主要耐用消费品拥有量

家用汽车 53 辆

摩托车 3 辆

助力车 15 辆

洗衣机 100 台

电冰箱（柜） 103 台

微波炉 81 台

彩色电视机 133 台

空调 197 台

热水器 100 台

洗碗机 3 台

排油烟机 94 台

固定电话 59 部

移动电话 223 部

计算机 95 台

照相机 59 台

中高档乐器 16 件

健身器材 13 件

空气净化器（含新风系统） 45 台

吸尘器 37 台

2019 年商品房屋建设

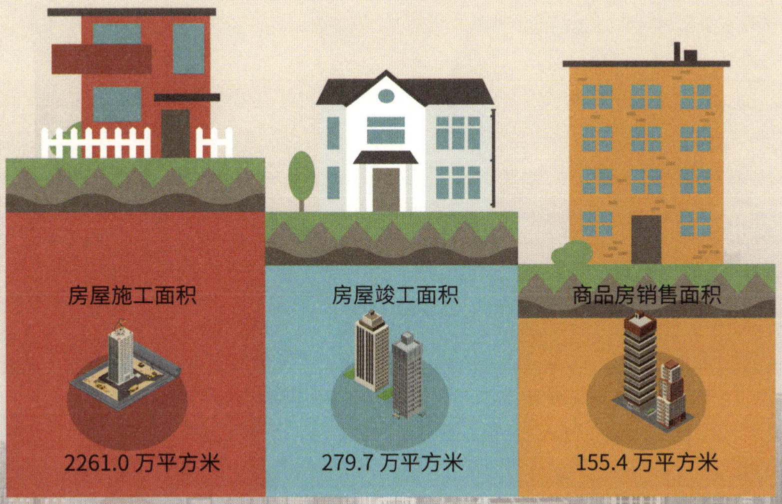

中华人民共和国成立70周年庆祝活动

△ 10月1日，朝阳区女民兵方队通过天安门广场接受党和人民的检阅

（《朝阳报》 供图）

△ 10 月 1 日，北京中医药大学师生参加中华人民共和国成立 70 周年庆祝活动　　（北京中医药大学　供图）

△ 10 月 1 日，区总工会组织职工参加中华人民共和国成立 70 周年群众联欢活动　　（区总工会　供图）

△ 10 月 1 日，小红门地区群众游行参演人员合影 （郭正开　摄）

△ 10 月 1 日，朝阳区 43 个街乡文联交谊舞队在天安门广场参加庆祝中华人民共和国成立 70 周年群众联欢活动 （张立朝　摄）

△ 5 月 15 日，朝阳区受阅女民兵训练　　（区武装部　供图）

△ 5 月 30 日，朝阳区受阅女民兵训练　　（区武装部　供图）

△ 6 月 22 日，朝阳区受阅女民兵开展迎接国庆阅兵倒计时 100 天活动　　（区武装部　供图）

△ 10 月 2 日，朝外街道在日坛公园举办中华人民共和国成立 70 周年“普天同庆 共筑中国梦”游园活动 （陈美琳 摄）

△ 国庆彩车在奥林匹克公园展览展示（摄于 10 月 2 日） （奥管委 供图）

△ 9 月 30 日，奥运村街道开展“我与国旗合个影”活动 （周复根 摄）

△ 9月28日，区侨联举办“我和我的祖国”快闪活动　（谢　宾　摄）

△ 10月8日，左家庄街道举办“不忘初心、牢记使命”主题教育观展活动　（左家庄街道　供图）

“不忘初心、牢记使命”主题教育

△ 6 月 21 日，区房屋管理局开展建党 98 周年主题党日活动　（徐　昊　摄）

△ 9 月 19 日，区审计局在香山革命纪念馆举办主题党日活动，重温入党誓词　（区审计局　供图）

△ 6 月 28 日，管庄地区举办主题教育优秀共产党员表彰大会

（史 蕾 摄）

△ 9 月 27 日，金盏地区马各庄村召开主题教育党员大会

（邓志远 摄）

△ 10 月 18 日，朝开公司机关党支部开展主题教育知识竞赛

（耿 宁 摄）

△ 12 月 5 日，豆各庄地区召开主题教育专题民主生活会

（李会娟 摄）

△ 10 月 8 日，区检察院到北大红楼开展主题教育并重温入党誓词

（卢志鹏 摄）

助力冬奥

△ 1月1日，2019 北京新年活动暨北京冰雪文化旅游节开幕 （奥管委 供图）

△ 8月28日，国家速滑馆南路工程、北路工程竣工 （王广波 摄）

△ 5 月 10 日，北京 2022 年冬奥会倒计时 1000 天活动在奥林匹克公园玲珑塔南侧广场举办（奥管委　供图）

△ 12 月 3 日，北京冬奥村主体结构封顶（奥管委　供图）

△ 5 月 10 日，朝阳区学生滑冰体验活动启动仪式在昆仑鸿星小狼国际冰上中心举行（刘佳易　摄）

法 治 建 设

△ 12 月 4 日，区法院举行宪法宣誓仪式　（曹　璐　摄）

△ 11 月 5 日，区税务局望京办公区工作人员开展宪法宣誓活动　（郝维龙　摄）

△ 11 月 13 日，区检察院召开新任检察官专题座谈会暨宪法宣誓仪式　（高　天　摄）

△ 12 月 3 日，区司法局在区公共法律服务中心举办北京司法行政系统开放日活动　（区司法局　供图）

△ 12 月 4 日，公安朝阳分局开展“宪法日”宣传普法活动　（王　瑜　摄）

街乡社区换届选举

◁ 1 月 5 日，崔各庄地区京旺家园召开第二社区委员会选举大会　（张　峰　摄）

▷ 3 月 24 日，安贞街道安外社区举行第十届居民委员会选举大会　（史超齐　摄）

△ 3 月 21 日，管庄地区小寺村召开第十一届村委会选举大会　（史　蕾　摄）

△ 3 月 23 日，来广营地区工作人员清点社区居委会换届选举选票　（魏新华　摄）

吹哨报到·接诉即办

△ 11 月 12 日，区领导走进 12345 市民热线服务中心接听群众来电（刘 韧 摄）

△ 11 月 14 日，望京街道召开接诉即办“四个面对面”工作推进会（牟会涛 摄）

△ 10 月 24 日，孙河地区开展 “政务开放·初心为民”主题开放日活动（闫立军 摄）

△ 12 月 30 日，首都机场街道通过接诉即办解决北平里小区乱停车问题，居民送锦旗（李 涵 摄）

△ 7 月 10 日，香河园街道政民热线组工作人员处理政民互动来信（香河园街道 供图）

社会建设

△ 1月26日，麦子店街道举办第十五届中外居民过大年活动　　（麦子店街道　供图）

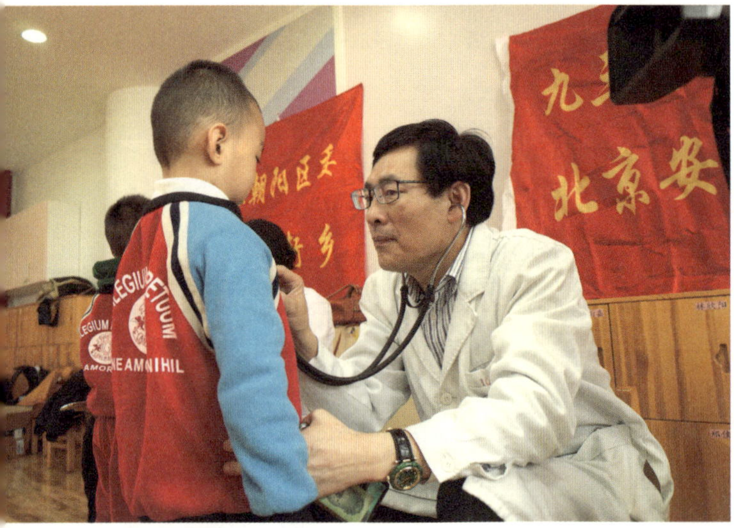

△ 4月11日，九三学社朝阳区委开展“九三爱心行”医疗服务下基层活动　　（孙庆林　摄）

△ 4月28日，和平街街道红色爱心连锁服务超市开展义诊服务　　（高睍钧　摄）

△ 4 月 29 日，朝阳区获 2019 年度全国和首都劳动奖状、奖章、工人先锋号的先进集体和个人代表合影 （王梓希　摄）

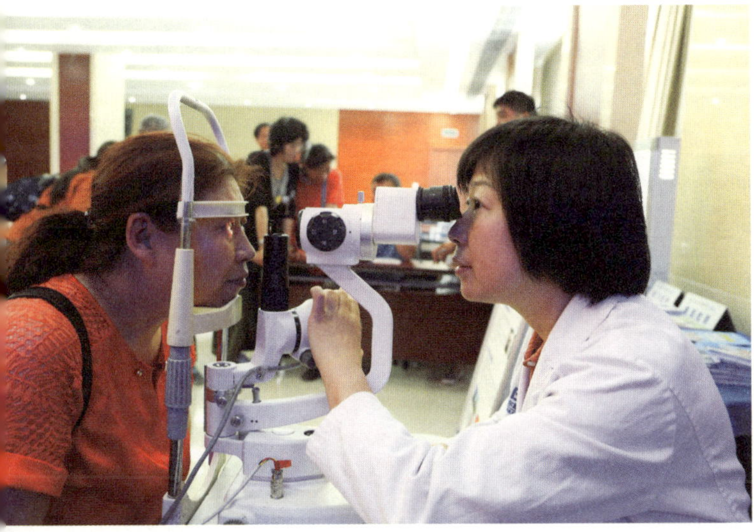

△ 6 月 4 日，区残联举办爱眼日专场活动 （周迎春　摄）

△ 3 月 14 日，区人力社保局在管庄地区举行春风行动招聘会 （王　烨　摄）

△ 4 月 19 日，区市场监管局工作人员检查药品质量

（区市场监管局　供图）

△ 4 月 26 日，朝阳区妇幼保健医院开展职业病防治法宣传活动

（曾繁奎　摄）

△ 5 月 26 日，区环卫工人在朝阳公园南门排水作业

（张　晶　摄）

文化建设

△ 1月26日，“夕阳无限好，老来依然俏”2019北京国际中老年模特大赛决赛在朝阳规划艺术馆举行 （周　密　摄）

△ 8月8日，2019年“文化中国·水立方杯”海外华侨华人大联欢 （奥管委　供图）

△ 3月21日，朝阳区举办第十三届“春分·朝阳”文化节 （区园林绿化局　供图）

疏解整治促提升

△ 光华路人行步道改造后（摄于 5 月 13 日） （区交通委 供图）

◁ 光华路人行步道改造前（摄于 3 月 19 日） （区交通委 供图）

▷ 8 月 28 日，区城管执法局开展施工工地专项执法检查 （王莹莹 摄）

△ 金桐东路信号灯改造后（摄于 5 月 13 日） （区交通委 供图）

◁ 金桐东路信号灯改造前（摄于 2018 年 7 月 25 日） （区交通委 供图）

▷ 7 月 31 日，呼家楼城管队拆除呼北社区房前屋后违章建筑 （胡波涛 摄）

△ 位于来广营地区的滨河公园（摄于10月29日）

△ 4 月 29 日，劲松街道拆除磨房北里 209 号楼东侧违章建筑

（郭 岩 摄）

△ 10 月 16 日，团结湖街道拆除三四条社区房前屋后违章建筑

（李 由 摄）

（魏新华 摄）

△ 11 月 14 日，管庄地区开展查处“黑摩的”整治行动 （史 蕾 摄）

城乡环境建设

△ CBD 核心区夜景（摄于 9 月 27 日）

△ 北京亚洲金融大厦落成（摄于 10 月 27 日）（奥管委　供图）

△ 国家会议中心二期完成地基工程（摄于 11 月 28 日）（奥管委　供图）

（CBD 管委会　供图）

△ 亚洲文明对话大会主题景观“丝路金桥”（摄于 5 月 14 日）（奥管委　供图）

△ 位于京哈高速朝阳区路段的豆各庄桥竣工（摄于 12 月 12 日）（耿　宁　摄）

协作扶贫

△ 2月21日，区人力社保局在河北省阳原县举行“深化东西部协作扶贫，拓宽劳动力就业渠道”2019年春季就业招聘活动（武　彬　摄）

△ 8月22日，大屯街道在河北省康保县邓油坊镇举行鹿路禄养殖有限公司扶贫项目分红仪式（赵丛聪　摄）

△ 5月30日，区工商联与内蒙古自治区卓资县工商联结对协作框架协议签订仪式（区工商联　供图）

友好往来

△ 10月30日，德国美因茨宾根市代表团访问朝阳区，参观考察华贸中心 （谢 宾 摄）

△ 11月11日，外国友人走进东湖街道社区 （李 娜 摄）

△ 7月17日，中央党校（国家行政学院）国际和港澳培训中心来自古巴和墨西哥的学员到朝阳循环经济产业园参观学习 （张春黛子 摄）

△ 7 月 19 日，在麦子店街道举办的“阿根廷国家主题文化周”开幕，阿根廷驻华大使盖铁戈（中）体验中国书法　（麦子店街道　供图）

△ 8 月 3 日至 7 日，日本东京大田区青少年代表团一行访问朝阳区，与求实职业学校师生交流　（董珊珊　摄）

△ 10 月 18 日，亚非青年联欢节部分青年代表到朝阳区参观交流　（马　恒　摄）

目 录

特 载

专 文

大事记

区情概览

基本地情

2019 年国民经济和社会发展情况

领导干部名录

中共朝阳区委

综　述

重大决策

重要会议

重大活动

重点工作

组　织

宣 传

统一战线

机构编制管理

政策研究

区直机关党建

老干部工作

保密管理

党校教育

党史编研

朝阳区人大

综　述

重要会议

人事任免

议案办理和信访受理

代表活动

专门委员会

朝阳区政府

综　述

重要会议

主要工作和重大活动

政府信息公开

应急管理

信息化管理

政务服务

投资促进

外事及港澳台事务

退役军人事务

信　访

政协朝阳区委员会

综　述

重要会议

协商议政

提　案

调研与视察

专门委员会

中共朝阳区纪委　朝阳区监委

综　述

重要会议

纪检监察体制改革

党风政风监督

巡视巡察

信访举报

纪律检查和案件审理

制度建设

反腐倡廉宣传教育

民主党派

民革朝阳区委

民盟朝阳区委

民建朝阳区委

民进朝阳区委

农工党朝阳区委

致公党朝阳区委

九三学社朝阳区委

台盟朝阳区工委

人民团体

朝阳区总工会

共青团朝阳区委

朝阳区妇女联合会

朝阳区科学技术协会

朝阳区归国华侨联合会

朝阳区青年联合会

朝阳区工商业联合会

法　治

政法委及综治

法治政府建设

公　安

检　察

法　院

司法行政

仲　裁

军　事

人民武装

人民防空

功能区建设

北京商务中心区

北京奥林匹克公园

中关村朝阳园

温榆河生态走廊

金盏金融商务区

国家文化产业创新实验区

经济管理

经济社会发展与经济调控

财　政

税　务

统　计

审　计

市场监督管理

价格管理

质量技术监督

安全生产监督管理

国有资产监督管理

食品药品监督管理

烟草专卖与管理

消费者权益保护

工业 商务服务业

工业产业发展

农村经济管理

种植养殖服务

农业综合执法

农村人才服务

旅游业

综　述

景区景点建设

旅游节庆活动

旅游公共服务

旅游监督管理

旅游宣传

旅游区域合作

城乡规划与建设

城乡规划

国土资源管理

建设工程

宝嘉恒基础设施投资有限公司

昆泰房地产开发集团有限公司

华阳经济开发公司

朝阳城市建设综合开发公司

田华建筑集团公司

房屋管理

公用事业

供　电

供　水

邮政通信

城乡管理

城市综合管理

城管执法监察

数字化城市管理

交通运输管理

水　务

防　汛

节　水

消　防

生态建设

生态环境保护

水环境治理

市容环境管理

环境卫生

循环经济

园林绿化

园林绿化监督管理所

园林绿化综合服务中心

绿化一队

绿化二队

大黄庄绿化队

北花园绿化队

林业工作站

日坛公园

团结湖公园

红领巾公园

元大都城垣遗址公园

四得公园

北小河公园

庆丰公园

大望京公园

望和公园

奥林匹克森林公园

朝阳公园

中华民族园

科 技

综 述

科技管理

科技活动

知识产权保护

防震减灾

气象服务

教 育

综 述

教育管理

师资队伍

素质教育

学前教育

基础教育

特殊教育

高等教育

职业教育

继续教育

民办教育

教育督导

文 化

综 述

公共文化

群众文化

文化遗产保护

文化市场管理

文化创意产业

798 艺术区

北京潘家园国际民间文化发展有限公司

朝阳规划艺术馆

新闻传播

档　案

地方志

文联活动

卫 生

综 述

公共卫生

医疗卫生

朝阳区妇幼保健院

垂杨柳医院

第一中西医结合医院

朝阳区第三医院

朝阳区中医医院

朝阳区双桥医院

体 育

综 述

群众体育

竞技体育

体育产业

社会生活

居民收支

民 政

社会建设管理

人力资源管理

就　业

社会保障

民族　宗教

老龄事业

残疾人事业

红十字会活动

慈善事业

精神文明建设

街道　地区（乡）

安贞街道

奥运村街道

八里庄街道

朝外街道

大屯街道

东湖街道

垡头街道

和平街街道

呼家楼街道

建外街道

劲松街道

酒仙桥街道

六里屯街道

麦子店街道

潘家园街道

三里屯街道

首都机场街道

双井街道

团结湖街道

望京街道

香河园街道

小关街道

亚运村街道

左家庄街道

常营地区（回族乡）

崔各庄地区（乡）

东坝地区（乡）

东风地区（乡）

豆各庄地区（乡）

高碑店地区（乡）

管庄地区（乡）

黑庄户地区（乡）

将台地区（乡）

金盏地区（乡）

来广营地区（乡）

南磨房地区（乡）

平房地区（乡）

三间房地区（乡）

十八里店地区（乡）

孙河地区（乡）

太阳宫地区（乡）

王四营地区（乡）

小红门地区（乡）

人物　荣誉

新闻人物

先进个人

先进集体

逝世人物

附　录

文件目录

国民经济社会发展公报和统计资料

索　引

CONTENTS

Chaoyang District Commission for Discipline Inspection and Supervision

Democratic Parties

People's Organizations

Rule by Law

Military Affairs

Construction of Functional Areas

Economic Management

Industry Business and Trade Services

Finance

Agriculture and Rural Economy

Tourist Industry

Urban and Rural Planning and Construction

Urban and Rural Management

Ecological Construction

Science and Technology

Education

Cultural

Health

Sports

Social Life

Sub-Districts Areas(Townships)

Characters Honor

Appendix

Index

特载

在朝阳区委十二届十一次全体会议上的报告（节选）

中共朝阳区委书记　王　灏

（2019 年 12 月 24 日）

2019 年是大事之年、喜事之年，是全面建成小康社会关键之年。一年来，在市委的坚强领导下，区委深入学习贯彻习近平新时代中国特色社会主义思想，认真落实中央决策、市委部署，以中华人民共和国成立 70 周年庆祝活动为统领，以文化、国际化、大尺度绿化为主攻方向，重大活动服务保障（第二届“一带一路”国际合作高峰论坛、北京世园会、亚洲文明对话大会、中华人民共和国成立 70 周年庆祝活动等）、专项任务（“不忘初心、牢记使命”主题教育、机构改革、“两委”换届、创卫等）、专项整治（国家监委监察建议、市委巡视反馈问题整改、规自领域专项巡视巡察、中央扫黑除恶督导、大棚房整治等）、重点任务（落实总规、疏整促、“三化”建设、高质量发展等）四线并进，精诚保大局、精彩谋开篇、精细强治理、精心惠民生，经受住了重大政治考验，锤炼了干部队伍，实现了发展新突破、治理新提升、党建新加强。全年 GDP 实现 7116.4 亿元，同比增长 6.1%，区级一般公共预算收入完成 536.4 亿元，同比增长 0.5%；居民人均可支配收入增速 8.8%。$PM_{2.5}$ 年均浓度为每立方米 43 微克，下降 17.3%。拆除违法建设 661 万平方米，实现“场清地净”587.5 万平方米，新增改造绿化面积 1.17 万亩，经济社会发展保持良好势头。突出体现了以下四方面工作成效。

（一）全力抓落实，忠诚履行政治责任

保持高度的政治定力，以对党和人民事业高度负责的精神服务大局、干事创业。

一是圆满完成重大活动服务保障。坚持“精精益求精、万万无一失”，圆满完成第二届“一带一路”国际合作高峰论坛、北京世园会、亚洲文明对话大会、中华人民共和国成立 70 周年庆祝活动等重大活动服务保障任务。开展“春雷”“护航 70”“秋实”专项行动，安全生产事故起数、死亡人数连续三年实现“双下降”。出台《关于朝阳区推进诉源治理和矛盾多元调解工作改革创新的指导意见（试行）》，深化“社会矛盾化解年”，区级接访人次同比下降 37.5%。强化打防管控，社区可防性案件同比下降 38.1%，群众安全感达到历史最好水平。

二是深入落实重大决策部署。强化上下贯通、执行有力，坚定不移推动党中央精神和市委要求落地生根。深入落实新版城市总规，分区规划经市政府批复并对外发布。开展控规编制试点，乡级规划编制工作稳步推进，责任规划师制度全面实施。深化与津冀协作地区的产业对接、项目落地、利益共享，完成保定朝阳产业园产业和空间发展规划整体方案。推进冬奥场馆改扩建工程，速滑馆南路、北路竣工，冬奥村实现主体结构封顶。对口帮扶的河北唐县、新疆十四师 47 团、内蒙古卓资县实现脱贫摘帽，扶贫协作和对口支援工作考核排名全市第一。严密防范化解金融风险，实现“五个显著下降”。深入开展扫黑除恶专项斗争，有力巩固了执政根基，保障了人民群众安居乐业。

三是实干担当践行初心使命。围绕“守初心、担使命，找差距、抓落实”的总要求，超前谋划、以上率下、担当作为、破解难题，带领全区自觉守初心、立恒心、筑同心，全面推进“五强五促”的具体任务。坚持把学习贯彻习近平新时代中国特色社会主义思想作为首要政治任务，认真学习党章党规、《习近平关于“不忘初心、牢记使命”重要论述选编》、《习近平新时代中国特色社会主义思想学习纲要》等重要文献，跟进学习十九届四中全会精神，领悟初心使命，坚定理想信念。全区宣讲十九届四中全会精神 170 余场。区四套班子率先垂范，开展调查研究 318 次，走遍全区 610 个社区（村），现场解决问题 294 个。二级班子开展调研 5385 次，检视问题 7246 个。基层党组织检视问题 3665 个，立行立改约 2700 个。聚焦“8+1”专项整治，提出 291 项整改措施，已完成 237 项。市委巡视反馈的 92 项问题已完成整改 60 项，国家监委监察建议涉及问题已完成整治 1070 个，圆满完成挂账“大棚房”整治及非农设施拆除工作。精心策划宣传，中央、市属媒体对我区相关报道 1210 篇次，实现了“群众叫好、媒体叫响”。主题教育得到中央第一巡回指导组的充分肯定，市委第一巡回指导组给予“有态度、有担当、有真招、有落实、有效果、有亮点、有典型”的高度评价。

（二）全域创优势，高质量发展取得重要进展

主动扛起大区担当，加快破解影响区域发展的深层次问题，全面提升发展优势。

一是减量发展加快推进。紧紧抓住疏解非首都功能这个“牛鼻子”，压茬推进疏解整治促提升专项行动。累计疏解退出一般制造业企业、商品交易市场等 51 家，整治占道经营点位 127 个、无证无照经营单位 3017 家、“开墙打洞”342 户，14 项量化任务完成量位居全市前三。推进 12 个“基本无违建街

乡”创建。利用疏解腾退空间，建设提升便民商业网点118个，在全市率先探索“1+N”便民服务模式，便民商业体系更加完善。

二是发展动能持续增强。发挥比较优势，深化创新驱动，构建高精尖经济结构。建立稳增长工作常态化机制，支持重点项目落地，吸引国家石油天然气管网集团等总部企业在我区落户，跨国公司地区总部达125家，财税贡献保持全市各区首位。率先推出促进消费升级三年工作方案，引进首店数量占全市近1/2，全市首批夜京城地标、夜京城商圈半数以上在朝阳。全力打造营商环境“五大品牌”，建立“朝我说”企业服务平台，区级政务服务事项全面实现“一门办理、一窗受理、一网通办”，新企业开办、不动产登记的朝阳“极速模式”在全市推广，营商环境考评继续保持全市首位。实施北京商务中心区国际化提升三年行动计划，城市森林公园为园区提质增绿，郎家园110千伏变电站和移动变电站投入使用，西北区交通优化示范工程有效缓解通行压力，城市空间形态不断提升。推进奥运功能区国家重大项目建设，亚投行总部大楼正式竣工。推进中关村朝阳园国际科技合作，建设国际创投聚集区，打造前沿科技创新产业集群，北区控规编制取得阶段性成果，阿里巴巴北京总部启动建设。国家文创实验区发起成立国际文化产业园区发展联盟，首个国家级5G新媒体平台央视频落户我区，建成90个精品文化园区。10家园区入选首批市级文化产业园区，竞园、郎园等在北京城市副中心、雄安新区等地设立分园区或连锁园区，我区成为品牌文化产业园区的“总部基地”。研究编制《朝阳区大运河文化带保护建设规划》，挖掘、保护大运河沿线文物14处，积极配合做好通惠河、潮白河部分河道通航研究工作，全国文化中心建设进一步深化。

三是城乡统筹不断深化。深入落实乡村振兴战略，建设高水平城市化综合改革先行区。“一绿”城市化建设实现拆迁腾退297万平方米，第一批试点通过市级验收。管庄村疏解腾退用4天时间实现100%签约，孙河、崔各庄乡7463名农民整建制转居，王四营乡减量发展“新四合”模式成为全市农村城市化新经验。组建专班，协调推进农村建设项目审批工作。全部摸清683家集体经济组织和企业资产家底，完成平房、太阳宫2个乡的村级产权制度改革和常营乡级产权制度改革，有力推进集体问题合同整改。以“千村示范、万村整治”工程为抓手，深入整治47个未拆迁村和6个平房区环境。基本完成美丽乡村第一批建设任务，打造出白家楼精品示范村，全面启动第二批建设准备工作，农村环境品质稳步提升。

四是重点改革实现突破。出台《关于认真学习贯彻党的十九大精神坚定不移将朝阳改革推向深入的实施规划（2019—2022年）》，强化科学统筹，激发改革活力。全面完成区级党政机构和街道机构改革，在3个乡进行机构改革试点。街道全部建立综合执法队，凸显了朝阳特色。服务业扩大开放第三轮试点完成58项任务，推进项目57个，落地39个，数量、质量均为全市第一。加快国有企业战略性重组，推进5家一级企业公司制改制，建立符合企业功能定位、产业发展的差异化考核机制，朗昆文化作为全国首批试点单位完成混合所有制和员工持股改革。深化司法体制改革，加快公安“执法办案管理中心+”建设，一体推进检察院民事公益诉讼和行政公益诉讼，推动法院“多元调解+速裁”与诉源治理紧密衔接。积极创建全国法治政府示范区，在全国区县级政府中率先编制完成《朝阳区法治政府建设白皮书》，法治朝阳建设迈出新步伐。

（三）全意惠民生，治理能力显著提升

牢固树立以人民为中心的发展思想，加快构建现代治理体系，建设和谐宜居大美朝阳。

一是城市管理更加精细。持续加强生态修复和城市修补，纵深推进“大城市病”治理。严格抓好扬尘精细化管控、重型柴油车污染防治、挥发性有机物治理，治理裸露土地约2100万平方米。亮马河国际风情水岸主体完工，完成77条小微水体治理，全域消除黑臭水体，5处国考、市考断面水质稳定达标，河长巡河率稳居全市前列。温榆河公园一期起步区主体工程建设年底基本完工，全区绿化覆盖率达到48.2%，提前完成“十三五”规划任务。全域创卫一次性通过国家暗访验收，全国健康促进区创建工作通过北京市验收。优化路网结构，完成育慧北路等30项疏堵工程，望京东路等20条主次支路竣工通车。背街小巷环境整治提升三年行动圆满收官，全面启动37条优美大街、45个老旧小区、8个重点区域环境整治提升工程，拆除围栏护栏473公里，规范提升15条道路的牌匾标识，完成9条道路电力架空线和54条道路通信架空线入地专项整治。完成遗留建筑垃圾消纳，垃圾分类示范片区覆盖率达100%，生活垃圾实现负增长。用好“朝阳群众管城市”监督平台，打造出城市共治“全民小巷管家”品牌。

二是公共服务更加优质。聚焦“七有”要求、“五性”需求，用心用情办好民生实事。新增学位1.29万个，学前教育普惠性学位占比提高至72%，中小学优质教育资源覆盖率达98%，全面实现义务教育免试就近入学。第一中西医结合医院来广营院区完成交付，公立医院综合改革经验获得国务院通报表扬。建成朝阳区非物质文化遗产保护中心，国际文化交流中心、来广营北部孵化基地投入使用，“3+1”四级公共文化服务体系进一步完善。举办“森林演出季”“我们的节日”等各类文化活动6500余场次，惠及百姓近2700万人次，公共文化服务效能持续提升。打造全市首个“一公里阅读生活圈”，“文化三里屯”形成“一区一街一河三园一基地”的特色文化品牌体系。我区成为中央财政支持的居家和社区养老服务改革试点，1.3万户高龄老年人享受到“一键呼”服务，全区养老机构、服务驿站、床位数量均居全市之首。建设筹集政策性住房1.9万套、竣工1.4万套，棚户区改造完成征收（拆迁）5127户。启动老旧小区加装电梯762部、完成306部，均为全市第一。

三是社会治理更加高效。深化“吹哨报到”改革，完善服务群众响应机制，深入破解基层治理难题。开展大走访，强化12345市民服务热线接诉即办、未诉先办、一办到底，诉求办理质量明显提升。探索出党建引领物业管理有效路径，发挥国有企业作用，为无物业老旧小区提供托底服务，形成八里庄“大小物业综合服务”、劲松“社会资本参与老旧小区改造”等亮点经验。开展党建引领全区域统筹、全领域协同“两全”治理，创建全国街道服务管理创新实验区，双井街道入选全国首个联合国人居署可持续发展试点社区。建成42个全要素小区、257个全景楼院、50个“社区之家”。实施社区成长伙伴计划，推进68个居民议事厅规范化建设，编制居委会工作标准化系列手册，社区服务站改革实现空间、资源、事项“三集成”，打牢了社区治理基础。

（四）全面强党建，管党治党持续深入

深入落实新时代党的建设总要求，压紧压实管党治党责任，坚定不移推动全面从严治党向纵深发展。

一是加强党的政治建设。把准政治方向，强化政治属性，防范政治风险，夯实政治根基。召开区委人大工作会议、区委政协工作会议，深入落实区人大常委会、区政府、区政协、区法院、区检察院等党组定期向区委常委会报告工作制度，建立健全区委对重大工作统一领导的体制机制。组建调整区委审计委、区委财经委、区委城工委等13个议事协调机构，加强对重大问题的统筹与研究，强化了区委对各领域工作的统一领导。严格落实加强党的政治建设的意见、重大事项请示报告等党内法规，以区委名义向市里请示报告47件次。制定领导干部政治素质考察实施办法，引导党员干部发扬斗争精神，增强斗争本领，坚决肃清孙政才、吕锡文、李士祥、鲁炜、陈刚的流毒影响。

二是抓牢党的思想建设。认真组织区委理论学习中心组学习，局处级领导干部开展理论学习中心组学习3100余次。围绕弘扬和践行社会主义核心价值观。揭牌成立中心城区首家区级新时代文明实践中心，开展各级各类文明实践活动5000余场次，我区被纳入全国第二批新时代文明实践中心建设试点。建设融媒体分中心54家，融通全区108家政务新媒体平台，持续开展成就宣传、典型宣传、主题宣传，策划系列重大主题新闻宣传活动200余次，媒体报道、新媒体推送、重要网络转载等3.5万余篇次，营造出良好舆论氛围。

三是统筹领导班子和干部队伍建设。以实施机构改革为契机，优化领导班子配备，建设忠诚干净担当的高素质专业化干部队伍。统筹全区干部资源，推动街乡、委办局干部跨系统、跨领域交流，用好专班工作机制，在大事难事一线发现、锻炼、培养干部。拓宽选人用人视野，首次面向优秀社区党组织书记招录公务员，通过“选培计划”招录“双一流”高校毕业生83名。深化干部关爱，推进职务职级并行，激励干部担当作为。筹划设立“朝阳区高层次人才服务中心”，创新开展人才分类评价试点，有力支撑了区域发展。

四是抓实基层组织建设。加强“基层建设年”三年行动计划推进，围绕“九个导向、九个基础”推进各项任务落实。优化区直机关基层党组织设置，开展“双四”活动，推出“1+1手拉手”活动，走在前、作表率。加强国有企业、中小学校、公立医院党建工作，高质量完成村和社区“两委”换届工作，村“一肩挑”比例达到100%，社区“一肩挑”比例达到67.8%，7个软弱涣散村完成转化提升。实施“两新”领域党建“突破工程”，在全市率先成立区委非公组织工委，开展商务楼宇党建提升专项行动，全区262栋地标性商务楼宇、纳税亿元以上商务楼宇党的阵地组织和工作实现全覆盖。出台基层党务工作者队伍建设“1+3”配套文件，基层专职党务工作者在全市率先实现全领域覆盖。

五是着力发挥统战凝心聚力优势。强化党委对统战工作的集中统一领导，推进43个街乡党（工）委设立统战工作领导小组，三级统战工作体系传导落实更通畅有效。推广叶青大厦党委统战工作经验，统战工作在商务楼宇、产业园区、社会组织的覆盖面进一步扩展。落实中央、市委宗教工作督查要求，稳妥进行治理。创新团结引领形式，引导统战人士积极参与服务保障、区域建设、舆论引导，民主党派、无党派、工商联、民族宗教、新的社会阶层人士、港澳台侨海外统战等各领域工作水平进一步提升。

六是深入推进党风廉政建设。牢牢抓住主体责任“牛鼻子”，围绕政治监督和基层建设，强化监督执纪问责，持续正风肃纪反腐。紧盯公权力运行各环节，做实做细日常监督，强化派驻监督和巡察监督，开展19项专项监督，完成3轮巡察，对巡察过的78家单位问题整改情况进行“回头看”，社区（村）全部配齐监督力量。出台《朝阳区廉洁文化建设行动计划（2019—2022年）》，狠抓警示教育，以案为鉴、以案促改。坚决整治形式主义、官僚主义，查处违反中央八项规定精神的案件28个，全部通报曝光。

朝阳区政府工作报告（节选）

——在朝阳区第十六届人民代表大会第六次会议上

朝阳区人民政府区长　文　献

（2020 年 1 月 4 日）

一、2019 年工作回顾

2019 年是大事之年、喜事之年，是全面建成小康社会关键之年。我们以习近平新时代中国特色社会主义思想为指导，深入贯彻党的十九大和十九届二中、三中、四中全会精神，深入贯彻习近平总书记对北京重要讲话精神，在市委、市政府和区委的坚强领导下，在区人大、区政协的监督支持下，以中华人民共和国成立 70 周年庆祝活动服务保障为工作主线，以文化、国际化、大尺度绿化为主攻方向，加快推进区域高质量发展，各项事业取得了新进展、新成效。

（一）强化政治担当，重大活动服务保障任务圆满完成

坚持“精精益求精、万万无一失”，高位统筹、全区动员、一体推进，高标准完成中华人民共和国成立 70 周年庆祝活动、第二届“一带一路”国际合作高峰论坛、2019 年中国北京世界园艺博览会、亚洲文明对话大会服务保障任务。

筹备工作严密高效。围绕中华人民共和国成立 70 周年庆祝活动服务保障，统筹各方资源，反复磨合细节，经过一年的充分准备和三次全流程演练，圆满完成 14 大类服务保障任务。历经 213 天的刻苦训练，女民兵方阵以飒爽英姿、严整军容接受检阅，获得了广泛赞誉。全力以赴做好保障，为彩车组装、演练、转场、展览展示，创造了最佳条件。全体参训参演人员、全部服务保障人员、全区广大人民群众满怀热情、无私奉献，以实际行动践行了“最高标准、最严要求、最好状态”的庄严承诺。

环境建设亮彩纷呈。完成 210 处环境提升、143 处景观布置，设置大型立体花坛 18 处、中小型花坛 183 处，“丹凤朝阳”主题花坛亮相世园会。以奥林匹克塔为核心打造的光影秀成为首都夜晚的亮丽风景线，国庆期间北京商务中心区、大望京等五大区域建筑物同时“点亮”，以绚丽喜庆的节日氛围为祖国献礼。

社会秩序和谐稳定。开展安全生产“护航 · 70”“春雷”“秋实”等专项行动，加强老旧小区、木质顶房屋、堆物堆料等领域消防整治，排查整改隐患 18 万余项，安全生产事故起数、死亡人数连续三年实现“双下降”，火灾事故起数下降 7.7%。食品药品抽检抽验合格率分别达到 98.6% 和 99%。深化“社会矛盾化解年”工作，群众上访总量、集体访量持续下降。率先建立三级处非工作体系，金融风险平稳可控，实现“五个显著下降”。我区成为北京市首个全国禁毒示范区。深入开展扫黑除恶专项斗争，群众安全感指数达到历史最好水平。

（二）强化总规落实，区域功能优化迈出坚实步伐

坚持疏提并举、城乡统筹，持续优化空间布局，减量发展取得明显成效。

分级分类规划向纵深推进。分区规划率先完成网上和现场公示，获得市政府正式批复。区域市政基础设施、海绵城市专项规划编制完成。首次面向社会公开招募 49 个街区责任规划师团队，街区更新迈入专业化新阶段。“一廊”地区“五大提升工程”和城乡发展“六个一百”工程累计完成五年总任务量的 85%。

“疏解整治促提升”专项行动成效显著。超前谋划，挂图作战，15 项市级年度量化考核任务中，8 项超额完成，14 项排名全市前三，6 项排名全市第一。聚焦金盏、黑庄户等重点区域实施大体量疏解，拆除腾退 661 万平方米，实现“场清地净”587.5 万平方米。在 12 个街乡启动基本无违法建设街乡创建工作。2000 余万吨历史遗留建筑垃圾全部得到有效处置。全年共疏解一般制造业企业 26 家、商品交易市场 9 家，实现“开墙打洞”动态清零。优化提升持续发力，圆满完成背街小巷整治提升三年行动任务，建设提升便民商业网点 118 个，在全市率先试点“便利药店”新模式，实现留白增绿 260 公顷。

农村城市化实现新突破。“一绿”地区管庄村拆迁腾退全部完成、创造了 4 天 100% 签约的腾退“新速度”，“二绿”地区实现黑桥村等 5 个村拆迁腾退、8 个村整建制转居。创新成立农村建设项目审批协调机制工作专班，安置房建设及房产证办理、产业项目、土地上市 4 类 62 个项目前期手续全面加快，孛罗营新村安置房实现开工。集体资产清产核资、常营乡级产权制度改革全面完成，平房、太阳宫 2 个乡的村级产权制度改革基本完成。未拆迁村全部通过市级农村人居环境验收。美丽乡村第一批建设任务基本完成、第二批前期工作启动，打造了白家楼精品示范村。

（三）强化提质增效，经济调整转型进入关键阶段

坚决落实中央“六稳”要求，狠抓运行调度，深化创新驱动，精准服务企业，发展动能持续增强。预计地区生产总值突破 6500 亿元，增长 6.1% 左右。

稳增长力度全面加大。面对复杂严峻的经济形势和持续增加的下行压力，全区上下积极应对、主动出击，建立区、街乡两级稳增长工作常态化机制，全力以赴稳存量、促增量、防变量，有效克服了批发零售业财政收入下降超过 20% 等因素带来的不利影响，实现了来之不易的经济稳定增长。全面推进消费升级，引进各类首店 150 余家，首家市内免税店落户，全市首批“夜京城”地标、商圈半数以上在朝阳，预计总消费增长 5.1% 以上。

积极扩大有效投资，健全项目储备库，预计建安投资达到450亿元左右。全面落实国家减税降费政策，让利于企、让利于民，预计全年减轻企业和社会税费负担400亿元左右。及时调整年度一般公共预算收入增幅，全年完成536.4亿元，增长0.5%。

产业新动能加速集聚。服务业加快高端化发展，新增佳能医疗等跨国公司地区总部4家，国家管网、中国重燃、德勤等具有重要影响力的企业相继入驻。金融业加快多元化发展，新引入韩亚银行、中信消费金融等金融机构40家，实现财政收入增长13.1%。文化产业辐射带动作用不断增强，实施国家文化产业创新实验区“政策50条”，引入首个国家级5G新媒体平台央视频公司，发起成立国际文化产业园区发展联盟，天海科技广场等一批新改造园区投入使用。创新生态加速完善，成立朝阳科创公司，启动中关村朝阳国际创投集聚区建设，中国工业互联网研究院、鲲鹏联合创新中心等重点机构以及雀巢研发、极限人工智能等创新型企业形成集聚发展态势，有效发明专利拥有量、技术合同交易额分别增长16%和21%。

国际化提升实现多点突破。开展新一轮服务业扩大开放试点工作，推出12项开放新举措，实现39个重点项目落地，居全市首位。北京商务中心区国际化提升三年行动计划105项任务全面启动、36项任务取得明显进展，招商服务大厅启用，核心区中信大厦等5个项目建成、4个项目正在招商，郎家园110千伏变电站和移动变电站实现电力供应，城市森林公园建成开园，双语标识加快规范提升。紧抓第四使馆区建设重大机遇，启动金盏国际合作服务区整体发展规划研究。中关村朝阳园北区控制性详细规划编制完成，国际电子总部三期、E5三期项目竣工，阿里巴巴北京总部园区正式开工。奥运功能区重大项目加快建设，亚投行总部大楼、城奥大厦正式竣工。

营商环境改革持续提速。推进“一门、一窗、一网、一次”政务服务流程再造，实现800余项事项“掌上可办”，600余项高频事项“最多跑一次”或“一次不用跑”，实现新开办企业最快20分钟办结、不动产登记最快45分钟办结、社会投资简易低风险项目最快3个工作日可领取规划及施工许可证，创造了朝阳“极速”模式并在全市推广。北部市场监管和税务联合服务大厅投入使用。建立涵盖117家重点企业的“服务包”常态化工作机制，开通为企服务直达专线，设立企业服务专员。创新建立“朝我说”线上线下意见征询平台，推出60个“朝好办”主题办理事项。我区连续两年在全市营商环境评价中排名第一。

（四）强化精细治理，城市建设管理取得重要突破

深入贯彻“城市管理应该像绣花一样精细”的要求，推动市容环境洁化、序化、亮化，区域环境更加宜居。

大尺度绿化持续推进。坚持多元增绿、见缝插绿、精准建绿，加快实施百万亩造林，新增改造绿化面积781公顷。全力抓好区人大议案办理，温榆河公园一期起步区主体完工。建成21处小微绿地，完成11个老旧小区绿化改造、15条重点道路绿化提升。坚决整改绿地认建认养及公园配套用房出租中侵害群众利益问题，园林绿化资源保护管理更加制度化、规范化。

污染防治持续加强。深化“一微克”行动，狠抓柴油货车、扬尘、挥发性有机物精准治理，实现建筑工地“绿色围挡”全覆盖，$PM_{2.5}$年均浓度为43微克/立方米，降低17.3%，达到近年来最好水平。在全市率先建成河长制管理平台，各级河长巡河率、问题整改率均达到100%。5处国考、市考断面水质稳定达标，77条小微水体治理完成，实现全域消除黑臭水体。亮马河国际风情水岸主体完工，北小河等4处河湖被评为市级优美河湖。

精治共治法治持续深入。坚持以法律、制度、规范和标准管理城市。推动5G技术在科技冬奥、智慧交通、教育医疗、政务服务等领域率先应用，北京商务中心区成为移动5G商用示范首选地，全区建成5G基站2100余个，占全市20%。“城市大脑”和“雪亮工程”在多个领域实现初步应用。启动交通建设“三个一百”计划，望京东路等20条主次支路竣工，30项疏堵工程、150公里慢行系统改造完工。新建立体停车场5处，多种方式扩充停车位1.1万个。拆除围栏护栏473公里。完成北京商务中心区西北区交通优化示范工程，打造了慢行优先、车路协同的智慧交通环境，治理经验在全市推广。完成京包线北苑家园段、京秦铁路小海子村段等铁路沿线环境综合整治。在9个街道试点“一把扫帚扫到底”模式，推行人行步道定期冲刷，实现各级各类道路清扫保洁全覆盖。推进“厕所革命”，完成全部旱厕升级改造。垃圾分类示范片区实现全覆盖。全域创建国家卫生区一次性通过国家暗访验收。

（五）强化需求导向，民生各项事业实现全面进步

始终坚持以人民为中心的发展思想，深化改革、守住底线，向前一步、主动服务，群众福祉持续改善。预计居民人均可支配收入增长8.9%，城镇登记失业率为0.72%。

群众诉求办理呈现新气象。紧抓“12345”市民服务热线诉求直派街乡契机，深化“街乡吹哨、部门报到”改革，推动“接诉即办”向“未诉先办”延伸，群众诉求响应率始终保持在100%，解决率、满意率较年初分别提升20个和26个百分点。深化党政群共商共治，实现居民议事厅规范化建设全覆盖，全年办理区、街乡、社区（村）三级实事1238件。

基层治理迈入新阶段。贯彻全市街道工作会议精神，落实“基层建设年”三年行动计划，我区成为全国街道服务管理创新实验区。推进社区减负增效，优化调整14个大型社区，社区填报表格由78项减至3项。成立区级物业管理协会，发布老旧小区物业服务标准，探索出国企托底、社会资本参与等老旧小区改造和物业管理典型模式，多项工作经验在全市推广。建成42个全要素小区、257个全景楼院，实现“一刻钟社区服务圈”全覆盖。甘露园、南湖西里等小区环境整治取得明显成效。双井街道入选联合国人居署可持续发展试点社区。

公共服务水平实现新提升。推行失业保险费返还等就业促进政策，出台职业技能提升行动三年实施方案，多渠道开发就业岗位10.9万个。新建、改扩建5所中小学，新增3所高校合作办学学校，中小学优质教育资源覆盖率达到98%，学前教育普惠性学位占比提升至72%，引进名优校长、特级教师、博士等人才102名。新建妇科、紧密型儿科医联体，朝阳医院常营院区、安贞东方医院开工建设，垂杨柳医院改扩建项目实现开诊。351家医疗机构完成医耗联动综合改革，公立医院综合改革工作获得国务院通报表扬。我区成为国家安宁疗护试点区。积极应对豆各庄地区疫情、输入型鼠疫病例两起公共卫生突发事件，综合应急处置能力进一步提升。在全市率先出台百岁老人优待服务办法、养老居家改造适配评估标准，新增养老驿站23个、养老床位1120张，实现街乡养老照料中心全覆盖、高龄有需求

老年人“一键呼”服务全覆盖。我区被确定为全国居家和社区养老服务改革试点区。建立新时代文明实践三级工作体系，我区成为全国第二批试点地区。打造国际文化交流中心，形成全市首个“一公里阅读生活圈”，文化产品和服务更趋多样化、特色化。大运河文化带神木廊房、神木谣御碑亭项目完工，八里桥公园建设完成、新桥竣工通车。区档案馆新馆开工建设。做好2022年北京冬奥会、冬残奥会筹办保障工作，国家速滑馆“冰丝带”整体亮相，冬奥村主体结构封顶，国家会议中心二期等项目加快建设，速滑馆南路、北路建成使用。充分利用公园、河湖空间，建成并开放百万平方米室外冰雪场地。建设筹集各类政策性住房1.9万套、竣工1.4万套。完成棚户区改造5127户。老旧小区加装电梯开工762部、完成306部，数量均居全市首位。

扶贫协作取得新成效。投入各类扶贫资金5.9亿元，在全市率先设立防返贫基金，在京客隆100家门店设置扶贫产品专柜或专区，北京市消费扶贫双创中心朝阳分中心投入运行，我区在全市扶贫协作和对口支援工作考核中排名第一。

与此同时，妇女儿童、残疾人事业取得新发展，双拥共建、民族宗教、侨务对台、外事旅游、档案方志等各项工作全面进步。

我们扎实开展“不忘初心、牢记使命”主题教育，推动学习教育、调查研究、检视问题、整改落实有机融合、贯穿始终。我们全面推进依法行政，认真执行区人大及其常委会的决议和决定，自觉接受人大法律监督、工作监督和政协民主监督，全年办复市区人大代表建议、政协提案502件。开展全国法治政府建设示范区创建，全面推行行政执法“三项制度”，编制法治政府白皮书、信用政府白皮书。稳妥有序推进并完成区级机构改革，全面启动街道机构改革，开展乡机构改革试点。坚决落实国家监委监察建议、市委巡视、规自领域专项巡视巡察等反馈问题的整改工作。严管财政资金、国有资产、公共资源，加强专项审计和跟踪审计。严防“四风”问题反弹回潮，坚决肃清流毒影响，努力营造风清气正的政治生态。

各位代表，过去一年是拼搏的一年、奋斗的一年，也是必将载入史册的一年。全区上下以高度的政治责任感和历史使命感，主动扛起大区责任，始终坚守为民初心，精诚团结、连续奋战，圆满完成了中华人民共和国成立70周年庆祝活动服务保障任务，推动朝阳区实现了更高质量、更有效率、更加公平、更可持续的发展。成绩来之不易，这是市委、市政府和区委坚强领导的结果，是区人大、区政协监督支持的结果，是全区干部群众勠力同心、锐意进取的结果。在此，我代表区政府，向奋战在各条战线上的全区人民，向人大代表、政协委员、各民主党派、人民团体、社会各界人士，向大力支持我们工作的驻区中央、市属单位和解放军、武警部队，表示崇高敬意和衷心感谢！

总结成绩的同时，我们也认识到，区域发展还面临许多难题和挑战。一是保持经济稳定增长面临较大压力。世界经济格局正在深刻调整，我区经济因外向型程度高更易受外部环境影响，下行压力持续加大。实现高基数上的稳定增长，还需进一步提升科技、文化等产业支撑作用，加快培育新的经济增长点。二是减量发展任务依然艰巨。疏解整治进入“啃硬骨头”的关键阶段，农村地区拆迁腾退、产业升级的路径创新还需加快，完成总规确定的各项减量任务，需要付出更大努力。三是城市治理和公共服务水平与群众需求还有差距。对标“七有”要求和“五性”需求，在群众关切的幼儿托育、教育医疗、住房保障以及宜居性、安全性等方面，还存在一些短板和薄弱环节。四是防范化解各类风险的能力还需提升。当前，金融、科技、社会等领域风险叠加，多种利益诉求交织，在高度警惕“黑天鹅”事件、防范“灰犀牛”事件上，还要下更大功夫。对于这些问题，我们将采取务实有效措施，在今后工作中认真加以解决。

二、2020年工作任务

2020年是全面建成小康社会和“十三五”规划收官之年。今年政府工作的总体要求是：坚持以习近平新时代中国特色社会主义思想为指导，全面贯彻党的十九大和十九届二中、三中、四中全会以及中央经济工作会议精神，深入贯彻习近平总书记对北京重要讲话精神，增强“四个意识”、坚定“四个自信”、做到“两个维护”，紧扣全面建成小康社会目标任务，坚持稳中求进工作总基调，坚持新发展理念，坚持以供给侧结构性改革为主线，坚持以改革开放为动力，继续大力加强“四个中心”功能建设、提高“四个服务”水平，抓好“三件大事”，打好三大攻坚战，扎实推动高质量发展，切实保障和改善民生，全力维护区域安全稳定，不断将全面从严治党引向深入，奋力谱写朝阳发展新篇章。经济社会发展主要预期目标是：地区生产总值增长6%左右，居民人均可支配收入增长6%以上，城镇登记失业率控制在1.5%以内，一般公共预算收入增长0.5%左右。

实现上述目标，必须坚定发展信心，积极应对风险挑战，立足区域发展优势，扩大高水平开放，加快国际化提升，培育新动能，打造新引擎；必须强化治理效能，加强系统治理、依法治理、综合治理、源头治理，用创新理念突破难题，用制度机制巩固成果；必须突出质量提升，对标国际一流，对接群众需求，深耕细作、精雕细琢，解决好发展不平衡、不充分问题，激发城市潜力，提升城市活力，彰显城市魅力。

（一）注重规划引领，在减量发展中优化功能品质

强化规划刚性约束，统筹推进功能疏解、城乡一体发展，全面完成“十三五”规划任务，科学谋划“十四五”时期发展。

不折不扣落实各项规划任务。坚决落实总规要求，全面实施分区规划，加快制定控制性详细规划街区指引。坚决守住城市发展的“天花板”和“红线”，推进城乡建设用地增减挂钩，确保完成减量任务。完成第三次全国国土调查工作。深化责任规划师制度，打造街区更新样板。做好“十三五”规划收官各项工作，全力完成规划纲要主要指标、32个专项规划重点任务。

确保“疏解整治促提升”专项行动圆满完成。聚焦十八里店等重点区域开展存量疏解，拆除并实现“场清地净”的面积不少于260万平方米。力争全部街道实现基本无违法建设。全年疏解一般制造业企业11家、商品交易市场2家。完善常态化治理机制，巩固背街小巷、地铁站口周边环境治理成果。加强生态修复和城市修补，推进便民商业梯次布局和功能完善，建设提升110个便民商业网点，实现留白增绿172公顷。积极助力城市副中心、雄安新区、津冀协作地区建设，促进功能互补、共同发展。

加快推进城乡统筹发展。坚持农村城市化方向，系统研究各乡城市化路径，力争三间房、管庄等乡拆迁腾退任务全部完成。

研究制定“村地区管”实施办法，促进土地资源集约高效利用。加快前期手续办理，实现13个安置房项目和颐堤港二期开工，加速土地上市步伐。加快乡级产权制度改革。完成第二批美丽乡村建设，大力拆除私搭乱建，打造优美、整洁、文明的人居环境。

科学编制“十四五”规划。准确把握新阶段朝阳发展的新形势、新任务，立足功能定位，在更高层次上谋划未来发展。坚持城乡统筹、均衡发展、多规合一，加强规划纲要与分区规划、区域规划、各领域专项规划的衔接，强化大数据支撑，算好经济账、空间账、供需账，实现一张蓝图绘到底。坚持开门编规划，广泛凝聚各方智慧，提高规划编制的透明度和社会参与度。

（二）注重开放创新，在动能转换中提高经济质量

坚持稳字当头、积极进取，深化稳增长工作常态化机制，持续挖潜力、增动力、激活力，保持经济运行在合理区间，加快构建高精尖经济结构。

着力培育产业发展新优势。促进消费提质扩容，抓好商圈改造提升，发展有品质的夜间经济。积极扩大有效投资，压茬推进重点项目建设。用足用好各类产业政策和高品质楼宇空间，进一步引入跨国公司地区总部、外资金融机构、投资性公司。持续优化创新生态，以人工智能、工业互联网、5G、医药健康等为重点，促进国际研发创新资源集聚，培育和引进隐形冠军企业。完善国际化知识产权服务平台，加大对高质量专利的支持力度，促进前沿科技成果转化。提升国家文化产业创新实验区发展质量，完成“百园工程”，培育一批企业做大做强。加强国有资本布局和国企改革整体设计，加快国企调整重组和资源整合，引导国有资本向城市治理、科技创新、教育文化等领域布局。

全面提升国际化水平。争取新一轮服务业扩大开放政策落地，提高利用外资效益，推动更高质量的“引进来”和更高层次的“走出去”。加快实施北京商务中心区国际化提升三年行动计划，推进核心区地下空间、文化设施项目建设，力争完成永安里项目征收、启动500千伏变电站项目征收，推进国贸中心至财富中心地下空间连通工程。全力服务保障第四使馆区建设，按节点建设周边道路及配套设施，推进轨道交通一体化项目，确保金盏国际合作服务区规划编制取得阶段性成果，打造“第二个三里屯”。推进中关村朝阳园重点项目建设，实施电子城地区改造提升，以国际创投集聚区建设促进优质项目落地。强化奥运功能区国际交往窗口和金融服务功能，围绕亚投行入驻，高水平做好服务及亚洲金融大厦、北投科创大厦、城奥大厦等楼宇的招商工作。做好亚投行年会、京交会等国际性会议的服务保障工作。

持续深化营商环境改革。全面落实《优化营商环境条例》和市级政策，加快重点领域和关键环节改革，推动营商环境保持全市领先、迈向国际一流。以“办好一件事”为标准推动全流程改革，实现60%的政务服务事项从“网上可办”到“网上深办”。建成“朝阳通”公共服务综合平台。加快望京国际人才社区建设，完善人才引进、激励、住房保障等工作体系。精准对接企业需求，量身定制“服务包”，支持民营经济发展，切实做到“企有所呼、我有所为”。

（三）注重全域提升，在精细管理中改善人居环境

巩固并扩大生态建设成效，深化并推广智能管理经验，以点带面、系统推进，建设“天蓝、水清、土净、地绿”的大美朝阳。

提升生态环境品质。紧扣大气污染源结构变化，推动移动源低排放化、扬尘管控精细化，降低道路尘负荷，力争$PM_{2.5}$年均浓度、三年滑动平均浓度继续下降。做深做实河长制，推进主要河湖水质提升，开展坝河水系景观廊道建设，巩固黑臭水体、小微水体治理成效。积极推进国家森林城市创建工作，启动朝阳公园整体提升以及温榆河公园朝阳段一期、金盏森林公园二期等项目建设，全年建成6个城市公园、4个郊野公园，新建绿道11公里，新增改造绿化面积672公顷。

建设智慧便捷交通系统。建成来广营北路一期、顺白路等10条主次支路，完成不少于100公里的慢行系统治理，新增停车位4000个。全力服务京沈客专如期开通，力争沿线10个跨铁路预留节点、星火站6条配套道路建设完工。在京包铁路（朝阳北路至姚家园路段）推动建设3座跨铁路地下通道。完成裕民中路等20条道路永久路灯建设。在新建区域全面推行“多杆合一”和“一头多用”。开展北京商务中心区、望京、三里屯、青年路等区域交通综合治理，打造人性化、智能化、国际化的交通环境。

促进城市高效有序安全运行。推动“城市大脑”与市区部门、各街乡信息系统数据共融、功能互通。提高5G网络连续覆盖能力，加快27个应用场景项目建设。落实新修订的《北京市生活垃圾管理条例》，探索建立“垃圾不落地”机制，启动129个密闭式清洁站升级改造，促进生活垃圾减量化、资源化、无害化。全力创建国家卫生区。严格落实安全生产责任制，强化隐患排查治理，分级分批分行业开展安全培训，全力争创全国首批安全发展示范城市。健全应急预案体系，提高抢险救援和应急处置能力。加强质量安全管理与食品药品监管。建设全市防范化解金融风险教育基地，稳步推动网贷机构良性退出或转型。深化“互联网+信访”工作模式，做好矛盾纠纷排查调处。启动市域社会治理现代化试点工作。完善社会治安防控体系，确保取得扫黑除恶专项斗争压倒性胜利。

（四）注重补齐短板，在主动解忧中增进群众福祉

紧扣民生“七有”要求和“五性”需求，加强普惠性、基础性、兜底性民生建设，解决好群众的操心事、烦心事、揪心事。

创新基层社会治理。落实《北京市街道办事处条例》，以赋权、下沉、增效为重点，进一步强化基层服务管理职能。推进居民议事厅从社区向网格延伸，推广“网上议事厅”等自治模式。建成20个全要素小区、258个全景楼院，实现社区“全岗社工”全覆盖。推动城市有机更新，加快老旧小区改造和物业管理转型升级，做好公共空间优化、电梯加装等工作。深化“街乡吹哨、部门报到”改革，推动主动治理、“未诉先办”，进一步提升12345市民服务热线诉求解决率、满意率。

提高公共服务供给质量。抓好重点群体精准帮扶，健全立体化技能培训服务机制，全力创建市级充分就业区。持续提升教育发展质量，新增9所幼儿园，新建、改扩建4所中小学，增加各类学位1.2万个，将学前教育普惠性学位占比提升至80%以上，实现中小学优质教育资源全覆盖。开展3岁以下婴幼儿照护服务试点。加快朝阳医院常营院区、安贞东方医院建设，开展国际医疗服务试点工作，全力创建全国健康促进区。大力推进全国居家和社区养老服务改革试点区建设，在潘家园、太阳宫等5个街乡建成区域养老联合体，打造老年宜居环境示范社区。在全市率先制定并实施养老驿站质量建设三年行动计划，

新增10个养老驿站。加强残疾人、低保低收入群体、困境儿童等困难群体权益保障。全面推进无障碍环境建设。开工建设各类政策性住房约4000套，完成棚户区改造约1000户。开展好第七次全国人口普查。坚决打赢脱贫攻坚战，助力全部受援地区如期脱贫。

促进文化体育事业蓬勃发展。深化国家公共文化服务体系示范区建设，完善文化设施梯次布局，推进城市书屋特色化、精品化发展，进一步提高街乡文化设施达标率。加强大运河文化带历史文化保护、传承和利用，推进平津闸等文物修缮和神木博物馆建设。开展新时代文明实践中心试点工作，做好新一轮全国文明城区复查迎检。利用疏解腾退空间、公园绿地等场所，因地制宜建设更多体育设施。推进网球运动发展，打造网球运动特色区。主动做好协调服务，推动国家速滑馆、国家游泳中心、国家体育馆、冬奥村等重点新建、改建工程竣工，启动冬奥服务核心区环境整治工程，做好冬奥会、冬残奥会系列测试赛相关工作。

（五）注重服务为民，在效能建设中提升行政能力

坚持为人民服务、对人民负责、受人民监督，创新行政方式，提高行政效能，努力建设人民满意的服务型政府。

提高政治站位，增强工作执行力。坚决贯彻“看北京首先要从政治上看”的要求，坚决落实中央、市委市政府和区委决策部署，不打折扣、不搞变通。健全权威高效的制度执行机制，加强对制度执行的监督。完善“督考合一”机制，将专业督查和第三方评估紧密结合，促进各项工作全面落实到位。

推进依法行政，增强政府公信力。坚决执行区人大及其常委会的决议和决定，认真听取区政协、民主党派和人民团体意见，认真办理人大代表建议和政协提案。严格规范公正文明执法，实现市场监管领域相关部门“双随机、一公开”全覆盖。落实普法责任制，做好迎接“七五”普法终期验收工作。加大政府信息和政务公开力度。全力争创全国首批法治政府建设示范区。

深入转变作风，增强制度约束力。巩固和拓展“不忘初心、牢记使命”主题教育成果，建立健全长效机制。锲而不舍落实中央八项规定精神，持之以恒反对“四风”，坚决克服形式主义、官僚主义痼疾顽症。牢固树立过“紧日子”的思想，加强预算绩效管理，积极压减一般性支出，将更多资金用于保障和改善民生。深化政策措施落实审计和绩效审计，抓实审计整改。聚焦群众痛点难点焦点，严防严查腐败和作风问题。大兴调查研究之风，深入实际、深入基层、深入群众。利民之事，丝发必兴。我们将全力打通服务群众的“最后一公里”，用心办好群众身边“天大的小事”，始终做到“民有所呼、我有所应”。

专文

以身许党许国　付出无悔青春

中华人民共和国成立70周年受阅女民兵代表　张晓菲

（2020年5月4日）

我叫张晓菲，在北京市朝阳区青少年指导服务中心工作，主要从事青少年权益维护和志愿服务工作。同时我还是一名首都女民兵。

面对中华人民共和国成立70周年阅兵任务，一边是割舍不掉的母子亲情，一边是传承受阅民兵精神的艰巨使命。使命从何而来，这要从2009年说起……

2009年中华人民共和国成立60周年，我被确定为方队领队人选，领队就是方队的领头雁、指挥官，为了完成这一艰巨任务，每天反复喊着口令，负重练习踢腿，即使手腕骨裂也强忍伤痛，打上石膏继续训练，因为方队是一个整体，缺一不可，为此，我们每一名受阅女民兵都在以顽强的毅力坚持着！踢腿摆臂、握枪敬礼……一遍遍不厌其烦地练。

整整10个月，我们一次次超越极限，突破自己，变得坚韧、刚强，完成了一名普通青年向合格民兵的转变，经受住了祖国的考验。通过天安门广场的那一刻，我们每一个人都将是民兵使命的肩负者，民兵精神的传承人。

2019年，在得知民兵方队抽组通知时，虽然已经不再年轻，虽然有孩子需要照顾，但我还是第一时间报名参加！我知道民兵方队需要老队员，民兵精神需要在锤炼中传承下去。有朋友问我："十年前的阅兵，你已经获得了殊荣，明知阅兵训练很苦，家里孩子还小，为什么还要参加？"我说："民兵民兵，平时为民，战时为兵！我是一个妈妈，但我更肩负着传承民兵精神的使命。祖国有召唤，我就要第一时间冲上去。"

再次走进阅兵训练场，看到高高挂起的10年前阅兵大海报，听到新队员惊呼："晓菲姐，晓菲姐，海报最前面那个就是她。"我却感受到了压力！暗自发誓要为新队员做好表率，跟她们一起经受长达7个月的艰苦磨砺。

来到方队我才发现跟我一样挺身而出的老战友、妈妈队员大有人在！我问一个十年前的战友："放下孩子，来到这里，你后悔么？"她说："不后悔！我爱我的孩子，正如祖国母亲爱我一般。只要祖国召唤，我愿随时站出来。"进驻阅兵村，我又一次感受到全军官兵个个都是保家卫国的铁血将士！十五支徒步方队各具特色，每一名官兵都在为着最后一刻努力着、坚持着。高温从不足惧，强度训练从不足惧，想念家人都可克服。

还记得在一次端腿训练中，那一天地表温度高达50度，我们脸上的汗水像雨水一样滴滴答答的，整件衣服被汗水浸透……5分钟、10分钟、15分钟过去了，尽管我在用尽全力让自己保持纹丝不动，可仍能感觉到自己的腿在瑟瑟发抖。偶然间我看到一名队友左右摇晃，快支撑不住了，如果她放弃，耐力还是上不来，于是我迅速将自己快要着地的脚抬高到离地面30厘米，并向她投去鼓励的眼神，在目光交流中我们看到了彼此的坚定，感受到了互相给予的力量，摇晃的身体也慢慢稳定下来。

在阅兵村让我最难以控制情绪的画面，就是她们为了能多休息一会儿而跟教练撒娇，这就像自己的儿子在电话中说："妈妈，我在家可乖了，你能不能回家陪宝宝。"想到这里眼泪不禁在眼眶打转，擦干眼泪跟队员们聊天谈心，把她们当成自己的孩子，给她们讲10年前阅兵的经历，讲女民兵在阅兵场上"刻苦、坚韧、拼搏、奉献"的精神境界。让她们知道我们不仅仅代表个人，更代表的是全国5000万民兵。为此，我们每一名受阅民兵都在坚持着！

有新队员在自己的阅兵故事中写过这样一段话：来到这里我体会到了许多第一次，第一次穿军装、第一次握枪、第一次踢正步……训练挺苦的，每天都有踢不完的腿，走不完的分列式，有时也想过要放弃，但坚持不住的时候，看看身边的国庆60周年阅兵老队员，我就应该有和她们一样的毅力和韧劲儿。看到这些，我很欣慰，我想这是我们老队员在传承民兵精神道路上的最好诠释！

中华人民共和国成立70周年庆典中，我再一次作为一名受阅民兵与352名队员昂首阔步、步履铿锵走过天安门，三军仪仗队、陆军、海军、空军、武警、二炮、民兵、维和部队，我们所有受阅官兵的威武雄姿赢得了中国乃至世界的喝彩。人民军队的气势、武器装备的强大、信息技术的先进，都让我深深感受到，自己的小我，能够融入祖国的大我，无比幸福！能够与时代同步伐，与祖国共成长，青春无悔！

手握钢枪列队长安街，总书记的讲话字字刻印在我心上：中国的昨天已经写在人类的史册上，中国的今天正在亿万人民手中创造，中国的明天必将更加美好。全党全军全国各族人民要更加紧密地团结起来，不忘初心、牢记使命，继续把我们的国家巩固好、发展好，继续为实现"两个一百年"奋斗目标、实现中华民族伟大复兴的中国梦而努力奋斗。作为新时代青年当志存高远、当接续奋斗，今天我有幸荣获中国青年五四奖章，我将秉持着五四精神，勇担重任、砥砺自强、拼搏奋斗，让阅兵精神、五四精神在实现中华民族伟大复兴的征程中传承和发扬！

（在共青团中央举办的"让青春为祖国绽放"网上主题团日活动中的宣讲）

北京朝阳年鉴
Beijing Chaoyang Yearbook
2020

大事记

1月

2日　中共北京市朝阳区委十二届九次全体（扩大）会议召开。全会传达学习贯彻市委十二届七次全会精神，总结2018年工作，研究部署2019年任务。

5日　“时代足迹、跃动朝阳、奔向2022”2019（第四届）北京市新年徒步大会暨“用脚步丈量朝阳的发展”朝阳区全民健身徒步活动启动仪式在北京奥林匹克森林公园举办。2022名市民代表通过徒步的方式贺新年、迎冬奥。

7日至9日　中国人民政治协商会议北京市朝阳区第十三届委员会第三次会议召开。会议审议政协北京市朝阳区第十三届委员会常务委员会工作报告和关于提案工作情况的报告；听取并讨论文献代区长所作的政府工作报告及其他有关报告。

8日至11日　北京市朝阳区第十六届人民代表大会第五次会议召开，文献当选为朝阳区人民政府区长。

17日　北京市首个外籍人才一站式政务服务工作站在朝阳区外国人出入境服务大厅揭牌。工作站为外籍人才提供证件办理、社保办理、薪酬税务、商务注册代理、生活服务和专属服务六大类84项定制服务。

同日　朝阳区与北京铁塔公司就推进信息化基础设施建设签订战略合作协议。

23日　区2019年军政领导迎新春座谈会召开。军地领导共商朝阳双拥共建大计。

同日　区2019年老干部工作会召开，传达全国老干部局长会议精神，总结2018年全区老干部工作，部署2019年重点任务。

同日　举办首场与驻华使馆和国际组织的交流活动，展示推介朝阳区不断优化的营商环境和产业承载空间。

29日　北京民俗博物馆举办“香飘千年　香行万里——中华香文化与十五香圣雕像展”揭幕仪式，十五尊香圣沉香木雕像落户东岳庙。

是月　区文学创作协会副主席红孩的散文作品《东渡，东渡》获首届“东方文艺奖”。

是月　区首届青少年茶文化创意书画作品展在炎黄艺术馆展出，来自全区90余所中小学、职高、校外机构的600件优秀书画、工艺作品参展。

是月　朝阳10家文创园上榜首批北京市文化创意产业园区，居各区之首。

是月　北京市社工服务机构第一联合党委社会组织党建服务中心在高碑店地区成立。

2月

1日　中共北京市朝阳区第十二届纪律检查委员会第四次全体会议召开。会议学习贯彻十九届中央纪委三次全会和市纪委十二届四次全会精神，研究部署全区党风廉政建设和反腐败工作。

13日　区政府全体会议召开，部署2019年区政府重点工作。

15日　区高山滑雪队在第二届全国青年运动会夺3枚金牌、2枚银牌和1枚铜牌，这是朝阳区首次在全国青年滑雪比赛中争金夺银。

19日　北京市绿化隔离地区城市化建设工作现场会在朝阳区召开。现场观摩区一绿试点工作，总结全市一绿试点工作经验，部署2019年工作。

20日　位于朝阳区东北部四五环之间，作为京沈高铁的始发站、北京七大交通枢纽之一，国家“十三五”规划的重要基础设施——京沈客专星火站全面开工。

21日　市人大常委会主任李伟就贯彻落实中央经济工作会议精神、实现一季度“开门红”到区调研。

同日　区委第七轮巡察工作动员部署会召开，对巡察工作进行安排部署。

22日　2019年朝阳区党建工作电视电话会召开。会议部署2019年宣传、统战、群团、组织、“基层建设年”工作。

同日　2019年朝阳区委政法工作会暨安全稳定工作会召开。听取区委政法工作的报告；总结2018年安全生产、消防、食品药品安全、信访工作，部署2019年相关工作及全国“两会”安保工作。

24日　陈经纶中学分校2支代表队获VEX机器人亚洲公开赛双金。

26日　“2018朝阳榜样”揭晓，王海松、刘念胜、李建华、张琳、果明、施国堂、张萌、李永锦、杨宛、李严10人当选“2018朝阳榜样”年榜人物，“6·15”朝阳见义勇为群体、苑永萍等10人（1个群体）获“2018朝阳榜样”特别奖。

同日　全区教育大会召开。会议深入学习贯彻习近平总书记关于教育的重要论述和全国、全市教育大会精神，就推动朝阳教育发展水平始终保持在全市前列作出部署。

是月　区4家单位、3名个人获北京市思想政治工作优秀单位、优秀工作者称号。

是月　区首个村级文化馆在金盏乡东窑村文体中心挂牌。

3月

1日　朝阳区应急管理局挂牌成立。是区级机构改革开始后，全市首个挂牌成立的单位。

7日　区政协召开2019年党派联席会议。各民主党派、工商联负责人分别介绍2019年重点工作和重点调研课题，就如何进一步提升文化、国际化、大尺度绿化水平，疏解非首都功能、优化营商环境、城市管理精细化、民生“五性”需求、生态环境改善等工作建言献策。

7日至10日　区非遗项目“幡鼓齐动十三档”中的崔各庄乡舞龙舞狮团队，首次参加希腊狂欢节——2019帕特雷市嘉年华演出活动。

14日　深入推进疏解整治促提升促进朝阳区生态文明与城乡环境建设动员暨创建国家卫生区大会召开。

同日　区2019年社会建设和农村城市化工作会召开。会议听取社会建设工作报告和农村城市化工作报告。

20日　《北京市朝阳区志（1996—2010）》发行。该书系统记录了1996年至2010年间朝阳区的自然、政治、经济、文化以及社会各项事业的发展变化和取得的成就。

22日　第五届“北京朝阳‘悦动高雄　悦动屏东’社区文化大舞台”交流活动在台湾高雄屏东举行。

同日　北京市规划和自然资源委员会朝阳分局挂牌成立。

28日　天津市河西区考察团到区，重点围绕区域国际化发展、基层社会治理等进行参观考察。

同日　北京朝阳医院东院建设工程在常营乡奠基开工。整个项目设计日接待门急诊患者6000人次，床位数1000张。

同日　北京CBD管委会对外发布《北京CBD高精尖产业指导目录》，为北京商务中心区市场招商引资和结构调整提供参考指南。

30日　中直机关、中央国家机关各部门和北京市的181名部级领导干部，在孙河乡沙子营村参加共和国部长义务植树活动。

是月　区属国有企业北京昆泰房地产开发集团有限公司开发建设的昆泰嘉瑞中心项目，获中国建设工程质量最高奖——“鲁班奖”。

4月

1日　市委书记蔡奇到区调研温榆河公园规划建设。在孙河乡政府主持召开座谈会，他强调，要按照“一年启动、两年示范、五年成型、十年保育、多年成景”的目标要求，努力把温榆河公园打造成新时代首都生态文明建设的精品工程。

3日　区监委聘任首届20名特约监察员。召开特约监察员聘请会议，会议宣读《北京市朝阳区监察委员会聘请第一届特约监察员的决定》，为20名特约监察员颁发聘书。参会的特约监察员签订了《履职承诺书》。

8日　区智慧政务智库联盟成立。围绕“深化‘全网通’政务服务模式与创新智能服务专区建设”主题举行第一次专家研讨会。

14日　北京市“坚持总体国家安全观　着力防范化解重大风险　喜迎中华人民共和国成立70周年”全民国家安全教育日主题法治宣传教育活动在朝阳区举办。

17日　市委书记蔡奇，市委副书记、市长陈吉宁到秀水大厦、北中轴路和国家会议中心等地，检查重大活动服务保障、环境整治、景观布置等工作。

19日　区委全面深化改革委员会召开第一次会议。会议审议《区委全面深化改革委员会工作规则》《区委全面深化改革委员会专项小组工作规则》《区委全面深化改革委员会办公室工作细则》《区委全面深化改革委员会2019年工作要点》《关于认真学习贯彻党的十九大精神坚定不移将朝阳改革推向深入的实施规划(2019—2022年)》。

22日　区委审计委员会召开第一次会议。会议审议《中共北京市朝阳区委审计委员会工作规则》和《中共北京市朝阳区委审计委员会办公室细则》，听取区审计局2019年审计工作重点的汇报。

27日　区新时代文明实践中心在区文化馆成立。是北京市城六区中首个揭牌的新时代文明实践中心。

29日　区2019年庆祝五一劳动节暨先进集体和个人座谈会召开，对获得2019年度全国和首都劳动奖状、奖章、工人先锋号的先进集体和个人进行表彰。2019年，朝阳区1人获全国五一劳动奖章，1个班组获评全国工人先锋号；9个集体获首都劳动奖状，41人获首都劳动奖章，17个班组获评北京市工人先锋号。

30日　“百年薪火·青春许国”——朝阳区纪念五四运动100周年暨中华人民共和国成立70周年庆祝活动服务保障青年动员大会在朝阳规划艺术馆举行。

同日　中国工艺美术馆·中国非物质文化遗产馆工程在奥林匹克公园中心区的文化综合区动工。

5月

5日　亚洲最大再生水湿地公园“中国·水谷”项目在高碑店乡启动。“中国·水谷”总占地面积63.8万平方米。其中，绿化面积38.8万平方米，占地比例60.8%；湿地水面面积16万平方米，占地比例25%。

7日　区委全面依法治区委员会召开第一次会议。会议审议《中共北京市朝阳区委全面依法治区委员会工作规则》《中共北京市朝阳区委全面依法治区委员会协调小组工作规则》《中共北京市朝阳区委全面依法治区委员会办公室工作细则》。审议《中共北京市朝阳区委全面依法治区委员会2019年工作要点》。

同日　区委平安朝阳建设领导小组召开2019年第一次全体（扩大）会议。会议审议《中共北京市朝阳区委平安朝阳建设领导小组工作规则》《中共北京市朝阳区委平安朝阳建设领导小组办公室工作规则》《2019年平安朝阳建设工作要点》。

9日　区委书记王灏与克诺尔集团中国区董事、总经理韩竹钧进行座谈。

同日　西城区领导就商业街区建设到区进行考察。

10日　区政府与中国移动北京公司签署5G+战略合作协议，借助第五代移动通信技术等先进技术手段，共同提升区域信息基础设施建设水平和信息化服务能力。

11日　“燃烧的雪”——北京冬奥会倒计时1000天主题音乐会在位于黑庄户地区的北京音乐园举办。

21日至22日　区党政代表团赴保定市唐县进一步对接扶贫协作工作。

28日　2019年中国国际服务贸易交易会(京交会)开幕，朝阳区重点展示5G、人工智能、区块链等前沿技术应用成果。

同日　以“开放创新，引领国际服务贸易融合新发展”为主题的世界500强企业CBD高峰论坛在朝阳举行。

28日至30日　2019年朝阳区“一带一路”服务贸易国际合作展在郎园虞社演绎空间展出。

29日　新疆生产建设兵团第十二师党政代表团到区考察对接交流座谈，共同商讨两地未来合作与发展，签署2019年携手奔小康结对帮扶协议。

31日　望京文化体育公园开园。公园以“生命健康和运动文化”为主题，引入“能量流”的景观设计概念，是集生态、休闲、人文为一体的开放式公园。

6月

2日 “践行文明之约，朝阳在行动”新时代文明实践推动日主题活动在北京奥林匹克塔举行。

同日 由中关村科技园区管委会、朝阳区政府及未来论坛共同主办的2019未来青年论坛在区举行。

5日 全国妇联党组书记、副主席、书记处第一书记黄晓薇一行到区调研新时期依托区域化建设，加强对“四新”领域妇女的联系服务和思想引领工作情况。

12日 区政协和区委统战部联合召开议政会，围绕“加快大尺度绿化，高质量推进生态文明建设”进行协商议政。

13日 中央扫黑除恶第11督导组第2下沉督导组到朝阳区，就扫黑除恶专项斗争工作开展情况进行下沉督导。

同日 中国少年先锋队北京市朝阳区第五次代表大会召开，选举产生中国少年先锋队第五届北京市朝阳区工作委员会委员。

15日 2019国际文化产业园区发展论坛暨国际文化产业园区发展联盟成立活动在朝阳区举办。国际文化产业园区发展联盟在区成立。

20日 由北京市经济和信息化局、朝阳区人民政府主办的“2019全国信息消费城市行北京站活动”在三里屯太古里北区启动。

21日 市人大常委会主任李伟到区开展“不忘初心、牢记使命”主题调研。

24日 密云区考察团到区就结对协作、生态涵养区绿色发展工作开展考察交流。

是月 朝阳区在京交会签约额超800亿元。

7月

1日起，区全面实施道路停车改革，实现人工现场收费向电子收费的转变。

2日，北京市朝阳区城市管理综合行政执法监察局更名为北京市朝阳区城市管理综合行政执法局。

3日 区党建工作协调委员会会议、党政群共商共治区级议事协商会和区委党的建设工作领导小组会合并召开。

10日 市政协领导和政协委员到区，围绕“坚持民有所呼、我有所应，进一步深化‘街乡吹哨、部门报到’改革”有关工作进行调研。

12日 区委生态文明建设委员会第一次会议召开。会议审议通过《中共北京市朝阳区委生态文明建设委员会工作规则》《中共北京市朝阳区委生态文明建设委员会办公室工作细则》《中共北京市朝阳区委生态文明建设委员会专项工作小组设置方案》《中共北京市朝阳区委生态文明建设委员会专项工作小组工作规则》，听取《中共北京市朝阳区委生态文明建设委员会2019年工作要点》的汇报。

同日 区成立全市首个物业管理协会。31家物业服务企业成为朝阳区物业管理协会的首批会员，协会同步成立行业党委。会议表决通过《北京市朝阳区物业管理协会章程》，选举产生朝阳区物业管理协会第一届理事会和监事成员。

23日 区委财经委第一次会议召开。会议审议通过《中共北京市朝阳区委财经委员会工作规则》《中共北京市朝阳区委财经委员会办公室工作细则》《中共北京市朝阳区委财经委员会2019年重点议题》，听取《朝阳区上半年经济形势分析报告》。

24日 区委农村工作领导小组第一次会议召开。会议审议《中共北京市朝阳区委农村工作领导小组工作规则》《中共北京市朝阳区委农村工作领导小组办公室工作细则》《朝阳区农村集体产业用地区级统筹实施方案（试行）》《朝阳区农村集体资产监督管理委员会工作规则》。

26日 中共北京市朝阳区委十二届十次全体（扩大）会议召开。全会总结2019年上半年工作情况，深入分析当前面临的形势，研究部署下半年重点任务。

8月

8日 海淀区领导到区考察，了解朝阳区打造国际化商圈、发展夜间经济、以“互联网+”助推城市基层治理、大力开展疏解整治等工作开展情况。

19日 区表彰百名“好医师”。对公共卫生、社区卫生、分级诊疗、中医薪火传承及对口支援等5个领域中的100名“优秀医师”和2个优秀团队进行表彰。

20日 “我和我的祖国”2019年朝阳区百姓宣讲汇讲活动举行。

20日至21日 区党政代表团赴河北省张家口市阳原县、康保县，就扶贫协作工作进行沟通对接和考察。

26日 首届密云文化旅游季在朝阳启动，朝阳密云结对加强文化旅游合作。

27日 区委城市工作委员会第一次会议召开。会议通报《中共北京市朝阳区委城市工作委员会及办公室组成人员名单》，审议通过《中共北京市朝阳区委城市工作委员会工作规则》《中共北京市朝阳区委城市工作委员会办公室工作细则》《中共北京市朝阳区委城市工作委员会2019年度工作要点》。

28日 全区“以案为鉴、以案促改”警示教育大会召开。大会以视频形式开到社区（村）主要负责人，与会者集体观看警示教育片。

29日 石景山区领导到区考察，了解朝阳区打造国际化商圈、发展夜间经济、以“互联网+”助推城市基层治理、疏解整治促提升等工作开展情况。

9月

1日至4日 区党政代表团赴新疆生产建设兵团14师47团及新疆和田地区墨玉县考察精准扶贫工作。

5日至6日 区代表团赴内蒙古自治区乌兰察布市卓资县，就扶贫协作工作进行考察交流。

9日　全区“不忘初心、牢记使命”主题教育动员部署会召开。“不忘初心、牢记使命”主题教育市委第一巡回指导组成员、朝阳区党政班子领导成员、区人大常委会和区政协领导、区人民法院和区人民检察院主要负责人、区委巡回指导组组长副组长、各地区各部门各单位负责人及曾担任过区级领导职务的老干部在主会场和分会场参加会议。

11日　区四套班子领导到北京新文化运动纪念馆参观学习，重温入党誓词，回望党走过的光辉历程，进行革命传统教育。

同日　区委副书记、区长文献会见巴基斯坦哈比银行总行中国区业务负责人法汉一行，就未来开展务实合作进行沟通交流。

23日　区委书记王灏会见巴西利亚联邦区代表团，就深化友好交流，推进务实合作进行沟通交流。

24日　中华全国总工会副主席、书记处书记、党组副书记张工带队到区，走访慰问劳模代表。

26日　由中国传媒大学文化产业研究院与高碑店乡高井村共同打造的“高井美丽乡村研究所”揭牌成立。

30日　全国第六个烈士纪念日，结合“不忘初心、牢记使命”主题教育，区在日坛公园马骏烈士墓前举行烈士纪念日公祭仪式。

10月

1日　由朝阳区在编女民兵遴选抽组的民兵方队，代表全国民兵参加庆祝中华人民共和国成立70周年阅兵式。

1日起，由朝阳区融媒体中心制作的电视栏目《朝阳新闻》全新改版，实现日播。

10日　区四套班子领导到北京展览馆，围绕“不忘初心、牢记使命”主题教育，参观“伟大历程辉煌成就——庆祝中华人民共和国成立70周年大型成就展”，并开展专题交流研讨。

22日　区委书记王灏会见新加坡企业发展局副局长尤善钡一行，就深化友好交流、推进务实合作进行沟通交流。

24日　区委教育工作领导小组第一次全体会议召开。会议审议《中共北京市朝阳区委教育工作领导小组工作规则》《中共北京市朝阳区委教育工作领导小组办公室工作细则》《中共北京市朝阳区委教育工作领导小组2019年工作要点》。

同日　亚投行总部大楼暨亚洲金融大厦竣工仪式在奥林匹克公园中心区举行。大厦将作为亚投行总部办公场所使用，标志着中国第一个多边金融机构的总部大楼正式落户朝阳。

30日　由区政府主办的“2019北京CBD论坛”举办。本届论坛主题为“全球视野产业洞见城市未来”。

31日　中华人民共和国成立70周年庆祝活动朝阳区筹备和服务保障工作总结大会召开。

同日　北京CBD联合中国社会科学院城市发展与环境研究所、中国商务区联盟和社会科学文献出版社举办中国商务中心区发展高峰论坛，发布《商务中心区蓝皮书：中国商务中心区发展报告（2019）》，并邀请相关专家学者和商务区联盟成员，就如何营造国际一流的CBD营商环境开展探讨。《中国商务中心区发展报告（2019）》以“营造CBD国际一流营商环境”为主题，系统总结中国CBD营商环境优化的进展、成效和问题，研究提出促进CBD营商环境优化的总体思路、重点任务及对策建议。

是月　区首批190余名基层专职党务工作者上岗。这批专职党务工作者配备到位，标志着朝阳区率先建立一支覆盖机关、事业单位、国有企业、社区、农村以及“两新”等全领域的基层专职党务工作者队伍。

11月

5日至10日　第二届中国国际进口博览会在上海国家会展中心举行，北京朝阳交易分团参会。

同日　南磨房乡通过国际安全社区认证中心评审、认证，成为朝阳区首家、北京市第二家“乡镇型国际安全社区”。

6日　区11座小型消防站揭牌成立。

8日　中国残联主席张海迪一行到区调研朝阳区残疾人康复与托养工作情况。

8日至9日　区党政代表团赴湖南省考察交流，就进一步深化京湘两地合作进行沟通对接。

9日至10日　中央扫黑除恶第11督导组第二下沉督导组进驻朝阳区，对扫黑除恶专项斗争和督导整改情况开展督导“回头看”工作。

11日　区首个学校食品安全联盟成立。豆各庄地区25所学校、幼儿园联合签订《豆各庄地区学校、幼儿园食品安全联盟公约》，进一步提升联盟学校、幼儿园及校园周边用餐品质及食品安全保障能力。

12日　区四套班子主要领导围绕“不忘初心、牢记使命”主题教育，到市民热线服务中心接听“12345”市民热线。

13日　首届北京朝阳高科技高成长20强暨朝阳明日之星评选结果揭晓。20强榜单中包括北京极智嘉科技有限公司、首约科技（北京）有限公司等。入选企业主要分布在软件、金融、互联网和智能制造4大领域。

14日　缅甸社会福利与救济安置部副部长梭昂率代表团到潘家园街道创想空间进行访问交流，并就朝阳区志愿服务工作开展座谈。

17日　2019未来科学大奖颁奖典礼在朝阳举行。邵峰、王贻芳、陆锦标、王小云4位科学家获奖。

18日　区举办北京商务中心区金融商会金融家交流会。

19日　区2019年政党协商座谈会召开。会上，民革朝阳区委、民盟朝阳区委、民建朝阳区委、民进朝阳区委、农工党朝阳区委、致公党朝阳区委、九三学社朝阳区委、台盟朝阳工委、区工商联相关负责人及无党派人士代表发言，围绕提升CBD发展品质、优化营商环境、国际化社区建设、加强院前医疗急救工作、垃圾分类等主题，议政建言。

同日　区委副书记、区长文献会见波兰滨海省省长米茨斯瓦夫·斯特鲁克、卡尔图兹市市长米茨斯瓦夫·格温斯基、普鲁什齐格但斯克市市长雅努什·乌贝尔一行，就深化友好交流、推进务实合作进行座谈沟通。

22日　区委召开人大工作会议。会上区人大常委会主任陈宏志就区人大常委会党组贯彻落实《中共北京市朝阳区委关于新时代加强和改进人大工作的意见》作说明。

26日　市学习贯彻党的十九届四中全会精神宣讲团朝阳区报告会举行。

27日　区四套班子领导和区委委员到北京香山革命纪念地，瞻仰革命旧址，参观香山革命纪念馆。

同日　朝阳区地方志编纂委员会办公室获全国地方志工作先进集体称号。

28日　中共北京市朝阳区工商联会员企业综合委员会成立。

29日　市人大常委会主任李伟到区宣讲党的十九届四中全会精神并召开座谈交流会。

12月

3日　通州区党政代表团一行到区，就高质量推动产业发展工作考察交流。

4日　北京商务中心区党群服务中心启用。

6日　2019年全国老旧厂房保护利用与城市文化发展联盟年会在朝阳规划艺术馆举行。

9日　北京朝阳公园开发公司实施公司制改制，公司性质改制为国有独资有限责任公司，名称更为北京朝阳公园有限责任公司。

10日　大兴区党政代表团到劲松街道，就老旧小区综合治理进行考察交流。

12日　2019中国融媒体发展论坛在昆明开幕。论坛上，朝阳区融媒体中心创作的融媒体产品《“朝阳群众”亮相70年国庆阅兵式》，获中国传媒年会组委会、中国报业协会全媒体研究中心授予的“2019年度中国融媒体创新产品”。

17日　北京市朝阳区检察院发布《金融检察白皮书》。

18日　区政府与首都体育学院签订全面合作协议，共同推动朝阳区体育强区建设和首都体育学院创建一流体育大学再上新台阶。

同日　区委书记王灏会见美国奥斯汀市市长史蒂夫·阿德勒一行。

同日　首届“金葵花”朝阳区公民科学素质大赛线下决赛暨新时代文明实践推动日活动在铜牛电影产业园举办。

19日　区委政协工作会议召开。会上区政协主席陈涛就《中共北京市朝阳区委关于新时代加强和改进政协工作的实施意见》主要内容及区政协贯彻落实举措作说明。

同日　区委外事工作委员会第一次会议召开。审议并通过《中共北京市朝阳区委外事工作委员会工作规则》《中共北京市朝阳区委外事工作委员会办公室工作细则》。

23日　国务院安委会第12督查组对区安全生产集中整治工作进行督查。

24日　中共北京市朝阳区委十二届十一次全体会议召开。全会全面总结2019年全区工作，研究部署2020年工作任务。

26日　区政府发布《朝阳区法治政府建设白皮书》。

27日　区委书记王灏，区委副书记、区长文献到国务院扶贫办走访，并同国务院扶贫办党组书记、主任刘永富，党组成员、副主任洪天云、陈志刚等领导就扶贫协作和对口支援工作进行座谈交流。2019年，朝阳区帮助贫困地区减少贫困人口10.4万人，康保县、阳原县、卓资县3个地区通过省级脱贫验收。

同日　总投资64亿元的阿里巴巴集团北京总部园区在朝阳区奠基。

区情概览

北京朝阳年鉴
Beijing Chaoyang Yearbook
2020

基本地情

朝阳区是北京市城六区之一，因位于朝阳门外而得名。地处北京市中南部，位于北纬 39° 49' 至 40° 5'，东经 116° 21' 至 116° 38'。北接顺义区、昌平区，东与通州区接壤，南连丰台区、大兴区，西同海淀区、东城区、西城区毗邻。元代开凿通惠河流经辖区内，在元、明、清三朝曾是漕运的重要河道。境内有温榆河、清河、坝河、亮马河、萧太后河、凉水河、北小河等河流。根据《北京城市总体规划（2016 年—2035 年）》，朝阳区属于北京中心城区，功能定位是：东部、北部地区强化国际交往功能，建设成为国际一流的商务中心区、国际科技文化体育交流区、各类国际化社区的承载地；南部地区将传统工业区改造为文化创意与科技创新融合发展区。

【地质地貌】 全区面积 470.8 平方千米。辖域地质基底构造受新华夏系北东向构造所控制，西部属北京凹陷东北侧，东南部属大兴隆起北段。地貌平坦，地势从西北向东南缓缓倾斜，倾斜坡度在 1/1000 至 1/2500 之间。地质无岩石露头。地貌类型多样，包括山地、丘陵、台地、平原四大类型。平均海拔 34 米，最高处海拔 86.5 米，最低处海拔 20 米。轮廓南北长，最长约 28 千米；东西窄，最宽约 17 千米。

【自然资源】 矿产资源主要有地热和矿泉等。土壤类型主要有碳酸盐褐土、潮褐土、褐潮土、潮土、湿潮土、礓石、黏土、沙砾，土地开发程度大、利用率高。地表水有温榆河、清河、坝河、亮马河、萧太后河、凉水河、北小河、通惠河等主要河流。地下水除来广营、金盏一带是弱富水区（流量为 1000 立方米 / 日）外，其他大部分地区是较富水区（流量为 1000 ~ 2000 立方米 / 日）。

【气候】 朝阳区处于北半球中纬度地区，属暖温带半湿润大陆性季风气候区，高空大气环流属盛行西风带，四季分明，降水集中，风向有明显季节变化。春季干燥多风，昼夜温差较大；夏季炎热多雨；秋季晴朗少雨；冬季寒冷干燥，多风少雪。年平均气温 14.2℃，比常年平均偏高 1.8℃。年平均降水量为 580.4 毫米，比常年平均降水量偏多 21.3 毫米。年日照时数为 2542.0 小时，比常年平均值偏多 49.5 小时。

【建置沿革】 朝阳区境夏、商、周时属冀州地、幽州地。元、明、清时，分属大都路（中都路改）大兴府大兴县、宛平县和通州潞县、漷阴县等。1912—1928 年，北洋政府统治时，分属京北和京北所属之大兴县、通县等。1949 年 2 月，北平市政府临时划定全市为 32 个区，辖域分属第十三区、第十四区、第十五区、第十九区、第二十区和河北省顺义县、通县。1950 年 8 月，北京近郊 7 个区顺序改为第十区至第十六区后，辖域分属第十区、第十一区、第十四区和河北省顺义县、通县。1952 年 9 月，撤销北郊第十四区，第十区更名东郊区，第十一区更名南苑区，辖域分属北京市东郊区、南苑区和河北省顺义县、通县。1955 年 8 月，朝阳门关厢、东便门关厢、广渠门关厢区划调整，辖域分属北京市东郊区、东单区、东四区、南苑区和河北省顺义县、通县。1958 年 5 月，东郊区更名朝阳区。1959 年，辖域全部隶属朝阳区。1959 年，顺义区境的首都机场地区划入朝阳区管辖。1987 年，市政府将安贞里街道、安华里街道辖域内 0.6 平方千米及裕民路以南的裕中东里、裕中西里以及西黄寺西地区划归西城区管辖。1988 年 4 月，将农场局家委会等 6 个居（家）委会移交西城区德外办事处。其后辖域无变化。年内，朝阳区辖 24 个街道、19 个地区，设 483 个社区、144 个行政村。

【人口】 年内，全区常住人口 347.3 万人，比上年下降 3.7%。其中，常住外来人口 149.1 万人，比上年下降 5.6%。从性别构成看，男性人口 174.4 万人，女性人口 172.9 万人。从年龄构成看，0~14 岁人口 32.9 万人，15~64 岁人口 272.4 万人，65 岁及以上人口 42.0 万人。常住人口中：全年出生人口 31018 人，出生率为 8.76‰；死亡人口 21226 人，死亡率为 6.00‰；自然增长率为 2.76‰。户籍人口 214.9 万人，比上年增加 3.2 万人、增长 1.5%。

【民族宗教】 全区有 55 个少数民族，少数民族人口 22 万人，是全市少数民族人口最多的一个区。其中常住少数民族人口 15 万余人，少数民族流动人口 7 万余人。常住少数民族人口中，5000 人以上的有 4 个民族，分别为满族 6.3 万人、回族 5.5 万人、蒙古族 1.3 万人、朝鲜族 5500 人。朝阳区有佛教、道教、伊斯兰教、天主教、基督教五大宗教信徒约 10 万余人，外国信徒约 5700 余人。有宗教团体 3 个，即朝阳区伊斯兰教协会、朝阳区天主教爱国会和朝阳区基督教三自爱国运动委员会。有教职人员 54 人，其中道教 16 人、伊斯兰教 28 人、天主教 1 人、基督教 9 人。有依法登记的宗教活动场所 13 处，包括道教庙宇 1 座、伊斯兰教清真寺 10 所、天主教教堂 1 座、基督教教堂 1 座，基督教聚会点 2 处，涉外宗教临时活动地点 2 处。

【历史文化】 朝阳区历史文化资源丰富。有东岳庙，日坛，清净化城塔院，元大都城墙遗址（朝阳段），大运河（通惠河朝阳段）永通桥、平津闸，四九一电台旧址 6 个国家级重点文物保护单位；有十方诸佛宝塔、北顶娘娘庙、顺承郡王府 3 个市级文物保护单位。有“聚元号”弓箭制作技艺、小红门地秧歌、北京东岳庙庙会、罗氏正骨法、北京灯彩、傅氏幻术、北京兔儿爷、古琴艺术（九嶷派古琴艺术）、高跷秧歌、相声、老北京跤艺、“张三”功夫、八极拳、杨式太极拳、古彩戏法、北京宫廷补绣、京绣、内画鼻烟壶、北京点翠、京作硬木家具制作技艺、北刘动物标本制作技艺、孔伯华中医世家医术、同春堂皮肤病诊疗方法、蝴蝶手指穴疗法、东岳庙行业祖师信仰习俗、幡鼓齐动十三档、奶子房庙会等 27 项市级以上非物质文化遗产。有文字记载的历代名人墓、清代王爷坟、清代公主坟有 100 余座。

中华人民共和国成立后，特别是中共十一届三中全会以来，朝阳区日益成为资源丰厚的文化强区。驻区单位有：中国文联、中国作协、现代文学馆等国家级文化机构，中央美术学院、中国音乐学院、中国传媒大学等 20 余家文化艺术类院校；中国交响乐团、东方歌舞团、北京交响乐团、北京歌剧舞剧院等 40 余家专业文艺团体；人民日报社、中国日报社、农民日报社、中央电视台、北京电视台等 20 余家主流媒体；中国农业展览馆、中国电影博物馆等观展型公共建筑。北京奥运会的成功举办为朝阳区留下宝贵财富，直接提升了文化发展的吸引力和影响力，奥运文化成为朝阳区重要的、持久的软实力资源。开展国际商务节、国际风情节、国际旅游节等大型时尚文化品牌活动，培育 798 艺术区、新三里屯、朝阳公园等特色文化园区。

【区情特色】 朝阳区是北京市对外交往的重要窗口。聚集了近100%的外国驻华使馆、全市90%的国际传媒机构、80%的国际组织和国际商会、70%以上的国际投资性公司和地区总部、65%以上的外资金融机构、50%的外籍人口。辖区还拥有长城饭店、昆仑饭店、京广中心、中国大饭店等几十家涉外饭店，以及国际会议中心、国际贸易中心、国际展览中心、中日友好交流中心、燕莎购物中心、友谊商店等涉外机构（场所），是首都重要的外事活动区。朝阳区外籍人士集中，望京、麦子店、亚运村、三里屯、建外等街道均拥有国际化社区。

朝阳区是北京市的经济强区，具备以金融业、租赁业和商务服务业占主导，高新技术产业支撑、文化创意产业集群发展的多元化产业格局。北京商务中心区、奥运、中关村朝阳园三大功能区聚集在朝阳。汇聚中央电视台、中国国际贸易中心等一批标志性建筑，以及北京财富中心、北京电视中心、银泰中心等商务楼宇，成为北京地标性建筑展示区。拥有国贸、华贸、环球三大金融中心，秀水服装市场、雅宝路服装市场、三里屯酒吧街、潘家园旧货市场等一批特色街市，以及世贸天阶、三里屯太古里、蓝色港湾、赛特奥莱等一批时尚消费聚集区。

朝阳区是北京市的国际科技文化体育交流区。朝阳区聚集了众多的国内外知名的传媒资源、文化艺术高等教育资源、文化演艺场馆，拥有全国首个也是唯一的国家文化产业创新实验区。中关村朝阳园作为国家级高新技术园区，大力发展移动通信和信息服务、新能源、先进装备、生物医药等高端产业，是国际研发创新聚集地、战略性新兴产业增长极。工人体育场、奥林匹克体育中心、首都图书馆等一大批国家级体育文化设施，使朝阳区拥有丰厚的文化和体育资源。中国国际展览中心、中国国际贸易中心、全国农业展览馆等场馆每年举办的各种展览，使朝阳区成为全国会展文化的焦点。

2019年国民经济和社会发展情况

【重大活动服务保障】 完成中华人民共和国成立70周年庆祝活动、第二届“一带一路”国际合作高峰论坛、2019年中国北京世界园艺博览会、亚洲文明对话大会服务保障任务。完成群众游行、阅兵保障、彩车服务、女民兵方阵组训、联欢活动、国庆游园等任务。

【“疏解整治促提升”专项行动】 印发实施《朝阳区“疏解整治促提升”专项行动2019年工作计划》，将重点任务以责任书的形式分解、细化到部门和街乡。聚焦金盏、黑庄户等重点区域实施大体量疏解，拆除违法建设661万平方米，改造棚户区5127户、城乡接合部297.1万平方米，实现“场清地净”587.5万平方米。在12个街乡启动基本无违法建设街乡创建工作。处置历史遗留建筑垃圾2000余万吨。全年疏解一般制造业企业26家、商品交易市场9家、区域性物流中心2家，实现“开墙打洞”动态清零。清理整治“散乱污”企业7家、无证无照经营单位1945家，建设提升便民网点118个，压缩培训机构14家。完成背街小巷整治提升三年行动任务，建设提升便民商业网点118个，在全市率先试点“便利药店”新模式，实现“留白增绿”260公顷。

【京津冀协同发展】 朝阳区深化与津冀协作地区的产业对接、项目落地、利益共享，完成保定朝阳产业园产业和空间发展规划整体方案。加大扶贫工作力度，与河北省保定市唐县、张家口市康保县、阳原县正式签署2019年东西部扶贫协作协议。年底，河北张家口市康保县、阳原县通过国家脱贫考核验收，实现脱贫摘帽。

【经济建设】 加大稳增长力度。建立区、街乡两级稳增长工作常态化机制，稳存量、促增量、防变量，克服批发零售业财政收入下降超过20%等因素带来的不利影响，实现经济稳定增长。推进消费升级，引进各类首店150余家，首家市内免税店落户，全市首批“夜京城”地标、商圈半数以上在朝阳区。落实国家减税降费政策，全年减轻企业和社会税费负担400亿元左右。

服务业加快高端化发展，新增佳能医疗等跨国公司地区总部4家，国家管网、中国重燃、德勤等具有重要影响力的企业相继入驻。金融业多元化发展，新引入韩亚银行、中信消费金融等金融机构40家，实现财政收入增长13.1%。实施国家文化产业创新实验区“政策50条”，引入首个国家级5G新媒体平台央视频公司，发起成立国际文化产业园区发展联盟，天海科技广场等一批新改造园区投入使用。成立朝阳科创公司，启动中关村朝阳国际创投集聚区建设，中国工业互联网研究院、鲲鹏联合创新中心等重点机构及雀巢研发、极限人工智能等创新型企业形成集聚发展态势，有效发明专利拥有量、技术合同交易额分别比上年增长16%和21%。

开展新一轮服务业扩大开放试点工作，推出12项开放新举措，实现39个重点项目落地，居全市首位。紧抓第四使馆区建设机遇，启动金盏国际合作服务区整体发展规划研究。中关村朝阳园北区控制性详细规划编制完成，国际电子总部三期、E5三期项目竣工，阿里巴巴北京总部园区正式开工。奥运功能区亚投行总部大楼、城奥大厦竣工。

优化营商环境。推进“一门、一窗、一网、一次”政务服务流程再造，实现800余项事项“掌上可办”，600余项高频事项“最多跑一次”或“一次不用跑”，实现新开办企业最快20分钟办结、不动产登记最快45分钟办结、社会投资简易低风险项目最快3个工作日可领取规划及施工许可证。北部市场监管和税务联合服务大厅投入使用。建立涵盖117家重点企业的“服务包”常态化工作机制，涉及服务事项1566项，开通为企服务直达专线，设立企业服务专员。创新建立“朝我说”线上线下意见征询平台，推出60个“朝好办”主题办理事项。

【农村城市化建设】 第一道绿化隔离地区试点乡全年实现拆迁腾退297.11万平方米、绿化180.54公顷。管庄村拆迁腾退全部完成。南磨房、太阳宫20万平方米安置房建设完成，4000余人实现回迁。第二道绿化隔离地区黑庄户等3个乡实现拆迁腾退174万平方米，孙河和崔各庄2个乡8个村7463名农民整建制转居完成。创新成立农村建设项目审批协调机制工作专班，安置房建设及房产证办理、产业项目、土地上市4类38个项目前期手续加快，孛罗营新村安置房实现开工。集体资产清产核资、常营乡级产权制度改革完成，平房、太阳宫2个乡的村级产权制度改革基本完成。美丽乡村第一批建设任务基本完成、第二批前期工作启动，打造白家楼精品示范村。

【城乡建设与管理】 推进大尺度绿化。加快实施百万亩造林，新增改造绿化面积781公顷。重点建设朝南森林公园一期、杜仲公园二期、镇海寺城市公园二期等一道绿隔3处城市公园，孙河郊野公园、金盏森林公园、黑桥公园二期等二道绿隔3处郊野公园，特色建设温榆河公园朝阳示范区、华贸绿线城市森林、汇星苑城市森林等3处城市森林。建成21处小微绿地，完成11个老旧小区绿化改造、15条重点道路绿化提升。整改绿地认建认养及公园配套用房出租中侵害群众利益问题，园林绿化资源保护管理更加制度化、规范化。

加强污染防治。深化“一微克”行动，狠抓柴油货车、扬尘、挥发性有机物精准治理，实现建筑工地“绿色围挡”全覆盖，$PM_{2.5}$年均浓度为43微克／立方米，降低17.3%。在全市率先建成河长制管理平台，各级河长巡河率、问题整改率均达到100%。5处国考、市考断面水质稳定达标，77条小微水体治理完成，实现全域消除黑臭水体。亮马河国际风情水岸主体完工，北小河等4处河湖被评为市级优美河湖。

推动5G技术在科技冬奥、智慧交通、教育医疗、政务服务等领域应用，北京商务中心区成为移动5G商用示范首选地，全区建成5G基站2100余个，占全市20%。启动交通建设“三个一百”计划，望京东路等20条主次支路竣工，30项疏堵工程、150公里慢行系统改造完工。新建立体停车场5处，多种方式扩充停车位1.1万个。拆除围栏护栏473公里。完成北京商务中心区西北区交通优化示范工程，打造慢行优先、车路协同的智慧交通环境，治理经验在全市推广。完成京包线北苑家园段、京秦铁路小海子村段等铁路沿线环境综合整治。在9个街道试点“一把扫帚扫到底”模式，推行人行步道定期冲刷，实现各级各类道路清扫保洁全覆盖。推进“厕所革命”，完成全部旱厕升级改造。垃圾分类示范片区实现全覆盖。全域创建国家卫生区一次性通过国家暗访验收。

完成第二届“一带一路”国际合作高峰论坛、亚洲文明对话大会、世界园艺博览会及中华人民共和国成立70周年庆祝活动环境提升。完成210处环境提升、143处景观布置，设置大型立体花坛18处、中小型花坛183处。建成八里桥公园等一批景观靓丽、主题突出、功能优化、社会认同的精品环境建设项目。围绕奥林匹克公园、北京商务中心区、大望京、三里屯、塞隆文创园等区域建筑群，打造多处立体灯光秀。完成年度330条背街小巷环境整治提升。对全区81个地铁站、303个站口周边环境开展长效管控。启动重点区域50条道路公服设施景观化提升，完成101条道路公服设施二维码管理推广。实现垃圾分类示范片区覆盖率100%。

【科技与教育】 年内，朝阳区高新企业获得知识产权24740件，其中发明专利5801件。组建朝阳区科学教育馆联盟，首批成员包含中国科技馆、中国电影博物馆、国家动物博物馆等在内的27家博物馆。开展130多场“科教进社区”活动、40余次进场馆活动和127节“科学嗨翻天”课程，覆盖近300个社区，惠及居民和青少年2万余人。开展朝阳区公民科学素质大赛、全国科普日朝阳区主场暨新时代文明实践推动日活动、朝阳区全民科学素质大赛培训会等科普活动，提升科普品牌影响力和公众参与覆盖面。举办朝阳区第15届机器人大赛、北京青少年信息学科普日活动朝阳区选拔赛等青少年科技创新赛事。

新建、改扩建5所中小学，增加学位4800个。17所优质学校带动65所中小学实现转型升级，新增3所高校合作办学学校，中小学优质教育资源覆盖率达到98%。全年新增学前普惠学位近1.8万个，学前教育普惠性学位占比提升至72%。引进名优校长、特级教师、博士等人才102名。启动5G进校园试点工作，16址实验校先行试点，朝阳区获得教育部办公厅“全国2018年网络学习空间应用普及活动优秀区域”称号。

【文卫体育】 年内，朝阳区开展各类文化活动8661场次，受益人群达2800余万人次。群众文艺团队发展到3144支，参与人数7.3万余人。打造国际文化交流中心，形成全市首个“一公里阅读生活圈”。大运河文化带神木厂房、神木谣御碑亭项目完工，八里桥公园建设完成、新桥竣工通车。区档案馆新馆开工建设。

新建妇科、紧密型儿科医联体，朝阳医院常营院区、安贞东方医院开工建设，垂杨柳医院改扩建项目实现开诊。351家医疗机构完成医耗联动综合改革，公立医院综合改革工作获得国务院通报表扬。完善医养结合体系建设，朝阳区成为国家安宁疗护试点区。推进中医药服务贸易，新增1家（大福堂中医诊所）市级中医药文化旅游示范基地。应对豆各庄地区疫情、输入型鼠疫病例两起公共卫生突发事件。

做好2022年北京冬奥会、冬残奥会筹办保障工作，国家速滑馆“冰丝带”整体亮相，冬奥村主体结构封顶，速滑馆南路、北路建成使用。利用公园、河湖空间，建成并开放百万平方米室外冰雪场地。在各社区及城市、郊野公园建设60套国家2代室外健身路径器材，20片球类活动场地和15公里以上健身步道，新建6家体质监测三级站，全区新增全民健身场地5.6万平方米。

【社会服务】 落实“基层建设年”三年行动计划，朝阳区成为全国街道服务管理创新实验区。推进社区减负增效，优化调整14个大型社区，社区填报表格由78项减至3项。成立区级物业管理协会，发布老旧小区物业服务标准，探索出国企托底、社会资本参与等老旧小区改造和物业管理典型模式。建成42个全要素小区、257个全景楼院，实现“一刻钟社区服务圈”全覆盖。甘露园、南湖西里等小区环境整治取得明显成效。双井街道入选联合国人居署可持续发展试点社区。深化“街乡吹哨、部门报到”改革，推动“接诉即办”向“未诉先办”延伸，群众诉求响应率始终保持在100%。深化党政群共商共治，实现居民议事厅规范化建设全覆盖，全年办理区、街乡、社区（村）三级实事1238件。

开展“就业援助月”“春风行动”“送岗到家”“才子朝阳”等面向重点群体的促进就业品牌活动。推行失业保险费返还等就业促进政策，出台职业技能提升行动三年实施方案。多渠道开发就业岗位11.1万个。城镇登记失业人员实现就业2.19万人，其中就业困难人员实现就业1.70万人。

在全市率先出台百岁老人优待服务办法、养老居家改造适配评估标准，新增养老驿站23个、养老床位1120张，实现街乡养老照料中心全覆盖、高龄有需求老年人“一键呼”服务全覆盖。确定香河园、朝外、小关、望京街道和小红门地区等5个街乡为孝亲敬老园建设单位。朝阳区被民政部和财政部共同确定为全国居家和社区养老服务改革试点区。

建设筹集各类政策性住房20853套，包括新建、改建、趸租等方式筹集租赁住房10082套和政策性产权住房10771套，竣工政策性住房14219套。完成棚户区改造5127户。老旧小区加装电梯开工762部，完成306部。

【精神文明建设】 建立新时代文明实践三级工作体系，揭牌成立区级新时代文明实践中心，在街乡、社区（村）成立文明实践所、站，朝阳区成为全国第二批试点地区。组建新时代文明实践志愿服务总队，打造30个文明实践示范基地，开展文明实践活动3100余场次。向4家新晋区级爱国主义教育基地授牌。举办"平凡力量 德润朝阳"——"2018朝阳榜样"发布仪式，网络点击观看量57.61万次。开展朝阳区2019年"新时代好少年——学习和争做美德少年"推荐评选活动，选树"美德少年"及"美德少年提名"50人。举办"悦读·阅读"青少年传统文化成长营和书香校园行活动，惠及1700余名师生。在清明、七一、国庆等时间节点，在全区未成年人中开展"传承红色基因"主题系列教育活动。

【民主法治建设】 推进依法行政，执行区人大及其常委会的决议和决定，接受人大法律监督、工作监督和政协民主监督，全年办复市区人大代表建议、政协提案502件。开展全国法治政府建设示范区创建，推行行政执法"三项制度"，编制法治政府白皮书、信用政府白皮书。推进并完成区级机构改革，启动街道机构改革，开展乡机构改革试点。落实国家监委监察建议、市委巡视、规自领域专项巡视巡察等反馈问题的整改工作。严管财政资金、国有资产、公共资源，加强专项审计和跟踪审计。

领导干部名录

中共朝阳区第十二届委员会

书　　记　王　灏
副 书 记　文　献　王　旭（12月任）
常　　委　王　灏　文　献　王　旭（12月任）
何　明（满族2月免）　马继业　刘军胜（2月免）
迟行刚（4月任）　史连雪　张维刚　席成坡
暴　剑（7月任）　黄晓伟（女）
王晰宁（挂职，3月免）　李长萍（女，12月免）
委　　员　（按姓氏笔画排列）
王晰宁（挂职，3月免）　牛国泉　文　献
孔钢城（9月免）　田志刚　史连雪　朱　晟
刘　勇　刘军胜（2月免）　刘海涛（12月免）
许嘉宁　孙玉辉　苏向东　李　靓（女）　李云飞
李长萍（女，12月免）　李国红（女）　杨建海
吴　冰　何　明（满族，2月免）　迟行刚（4月任）
张　岩　张士华　张克斌　张宏明　张维刚
陈　涛　陈宏志　邵水平　欧晓勋（女）　周　炜
赵年生　赵红伟　殷金凤（女）　高春利　高智勇
席成坡　黄晓伟（女）　董会生　蒋东燕（女）
靳学军（4月免）　谭国忠（满族）　暴　剑（7月任）
候补委员　连文胜　刘福利

中共朝阳区委工作机构负责人

办公室（党建办）主任　许嘉宁
巡察办主任　孙玉辉
区委区政府研究室主任　李淑环（女）
组织部部长　何　明（满族，兼，4月免）
迟行刚（兼，4月任）
组织部分管日常工作的副部长　张中华
宣传部部长　刘军胜（兼，4月免）
黄晓伟（女，兼，4月任）
宣传部分管日常工作的副部长　毕重伟
网络安全和信息化委员会办公室（互联网信息办公室）主任
王海涛（2月免）
于良佐（2月任）
统一战线工作部部长　黄晓伟（女，兼，10月免）
暴　剑（兼，10月任）
统一战线工作部分管日常工作的副部长
胡杰华（2月免）
宝月凤（女，满族，2月任）
台湾工作办公室（同时挂政府台湾事务办公室牌子，与统战部合署办公）主任　李　波
直属机关工作委员会书记　黄晓伟（女，兼，4月免）
迟行刚（兼，4月至10月）
暴　剑（兼，10月任）
直属机关工作委员会常务副书记　邵水平
社会工作委员会书记　赵年生
农村工作委员会书记　张克斌
政法委员会书记　张维刚（兼）
政法委员会分管日常工作的副书记　赵红伟
教育工作委员会书记　周　炜
老干部局局长　蔺　红（女）
机构编制委员会办公室主任　刘　勇（2月任）
党史工作办公室主任　邓献云
党校校长　迟行刚（兼，4月任）
党校党委书记、常务副校长　李燕梅（女）
北京商务中心区工作委员会书记　李国红（女，兼）
北京商务中心区工作委员会常务副书记　张志国
中关村科技园区朝阳园（电子城科技园）工作委员会书记
李长萍（女，兼）
中关村科技园区朝阳园（电子城科技园）工作委员会常务副书记
李贺清（2月免）
冯守华（2月任）

朝阳区人民政府、群众团体党政分设工作机构党组织书记

科学技术和信息化局党组书记　杨　旭（2月任）
文学艺术界联合会党组书记　高春利
体育局党委书记　李守民（4月免）
审计局党组书记　于良佐（2月免）
杨兆生（2月任）
统计局党组书记　施咸超
信访办公室党组书记　胡铁闽

工商业联合会党组书记 王素荣（女）
城市管理监督指挥中心党组书记 杨汉安
政务服务管理局党组书记 李晓静（女）

中共朝阳区第十二届纪律检查委员会

书　　记 席成坡
常务副书记 高大中
副 书 记 秦　岳　张颖辉（女）
常　　委 燕海涛　马立众　李传永（12月免）
李英辉（女，3月任）　尚利准
刘　敏（3月免）

朝阳区监察委员会

主　任 席成坡
副主任 高大中　秦　岳　张颖辉（女）
委　员 燕海涛　刘　敏（3月免）　马立众　李英辉（女）
周　滢（女，3月任）　曹　冲（2月任）

朝阳区第十六届人民代表大会常务委员会

主　任 陈宏志
副主任 朱春霞（女）　常树奇　胡良森　牟燕东　叶　青
委　员 （按姓氏笔画排列）
丁清光　于志刚　马金东　王左敏（女）　王　宁（女）
王志华（女）　王利如（女）　王宝合　王春庆
王清友　韦　平　田树林（女）　付小贺
兰万秋（畲族）　邢平芳　吕　铮　任敬东
刘显威（满族）　刘　勇　孙　立（女）
孙　琦（女，回族）　孙博洋　李革非（女）
李　洋　张明森　陈　岚（女）　陈春玖　郑　晶（女）
郝云峰　侯湘君（女）　徐福寿　殷　宁（满族）
高　峰　姬文革（女）　黄　鹰　曹信红（女）
韩　峰　褚　昱　樊碧发

朝阳区人大工作机构、专门委员会负责人

办公室主任 郑　晶（女）
法制委员会主任 侯湘君（女）
财政经济工作委员会主任 兰万秋（畲族）
城建环保工作委员会主任 邢平芳
教科文卫工作委员会主任 李　洋
代表联络室主任 孙　立（女）
农村工作委员会主任 于志刚
研究室主任 付小贺

朝阳区人民政府

区　　长 文　献
常务副区长 马继业
副 区 长 李长萍（女，12月免）　王志勉　牛国泉
杨建海　李国红（女）　刘海涛（12月免）
朱　晟　戎均文（挂职）　杨　艳（女，挂职）

朝阳区人民政府工作机构负责人

办公室主任 赵海东
发展和改革委员会主任 李　欣
教育委员会主任 肖　汶
教育督导室主任 王世元（2月免）
肖　汶（2月任）
科学技术和信息化局局长 李容珍（2月任）
民政局局长 李　靓（女，2月免）
赵年生（2月任）
司法局局长 王远捷
财政局局长 欧晓勋（女）
人力资源和社会保障局局长 张　岩
生态环境局局长 李泽林（8月任）
住房和城乡建设委员会主任 张士华
房屋管理局局长 吴熙盛
城市管理委员会主任 刘炳起
交通委员会主任 刘炳起（2月任）
水务局局长 路　军
农业农村局局长 张克斌（2月任）
商务局局长 陈庆华(女，土家族，2月任)
文化和旅游局局长 高春利（2月任）
退役军人事务局局长 田志刚（2月任）
应急管理局局长 马海鹰（2月任）
市场监督管理局局长 刘立新（2月任）
卫生健康委员会主任 李　靓（女，2月任）
审计局局长 战春燕（女，满族）
外事办公室主任 谭林坤
国有资产监督管理委员会主任 王春平（满族，9月免）
黄宏春（9月任）
体育局局长 吴晓军
统计局局长 韦小萍（女）
园林绿化局局长 李世喆（5月免）
王春增（5月任）
金融服务办公室主任 牛海龙（2月任）
政务服务管理局局长 吴景刚（回族，2月任）
人民防空办公室主任 王　军（2月任，11月免）
吴　冰（12月任）
信访办公室主任 王春增（5月免）
于建国（5月任）
医疗保障局局长 商建英（2月任）

政协朝阳区第十三届委员会

主　　席 陈　涛
副 主 席 杨树旗　张永新　王文远　连玉明　张兴凯
战春燕（女，满族）

秘 书 长　王玉华（女，1月至3月）
常务委员　（以姓氏笔画为序）
于　欣　马立霜（女）　王　强　王　臻
王小龙　王幼君　王素荣（女）　王鲁宁
玉　红（女，蒙古族）　叶　昊　冯　静（女）
司晓强　任炜东　刘元春　刘宁花（女）
刘苗苗（女）　刘敬疆　闫永红（女）　孙　刚
苏俊武　李　红（女）　李　明　李卫刚
李云燕（女）　李玉立　李树东　李秋玲（女）
李海作　吴景刚　杨征军　杨　扬　杨　杰
杨　科　邹　游　宋关福　张　硕　张　维
张　瑞（女）　张劲硕　张学军　张鸿声
陈　霞（女）　陈巴黎（女）　陈立华　所国有
金晓萍（女）　郑　铁　赵建萍（女）　胡杰华
钟　瑾（女）　侯惠荣（女）　袁　媛（女）
顾婷婷（女）　钱晓瑾（女）　徐　伟
徐京玲（女）　殷　峻　高　黎（女）　高吉喜
唐志辉　黄　征　黄　铁　黄金维　梅诗曙
盛国辉（女）　粱　丹　董　艳（女）
曾　旭（女）　阚存一　霍　超（女）

朝阳区政协工作机构负责人

研究室主任　陈　霞（女）
专委会工作一室主任　盛国辉（女）
专委会工作二室主任　刘元春
专委会工作三室主任　李海作
专委会工作四室主任　李贺清
专委会工作五室主任　李树东

朝阳区政协专门委员会负责人

提案委员会主任　盛国辉（女）
学习委员会主任　李树东
教育卫生与体育委员会主任　刘元春
文化文史委员会主任　徐　伟
经济科技委员会主任　李海作
人口资源环境和建设委员会主任　李贺清
社会法制与民族宗教委员会主任　梅诗曙
农业和农村委员会主任　路　军
港澳台侨委员会主任　曾　旭（女）

朝阳区政法、军事机构负责人

市公安局朝阳分局局长　牛国泉（兼）
人民检察院党组书记、检察长　张朝霞（女）
人民法院党组书记、院长　靳学军（4月免）
龚浩鸣（4月任）
市国家安全局朝阳分局局长　安永春
人民武装部部长　江汉刚
人民武装部政委　史连雪
交通支队队长　陈义成

朝阳区各民主党派负责人

民革朝阳区委主委　张兴凯
民盟朝阳区委主委　张鸿声
民建朝阳区委主委　王志勉
民进朝阳区委主委　战春燕（女，满族）
农工党朝阳区委主委　马立霜
致公党朝阳区委主委　高吉喜
九三学社朝阳区委主委　张明森
台盟朝阳区工委主委　高　峰

朝阳区各团体负责人

总工会主席　张永新
共青团朝阳区委书记　郭　勋（12月免）
妇女联合会主席　蒋东燕（女，12月免）
科学技术协会主席　齐建宗
残疾人联合会理事长　赵　玲（女，2月免）
王玉华（女，2月任）
归国华侨联合会主席　曾　旭
工商业联合会主席　叶　青
红十字会常务副会长　赵宁江
文学艺术界联合会秘书长　金　童（女，满族）

朝阳区其他单位负责人

北京商务中心区管理委员会主任　李国红（女，兼）
北京商务中心区管理委员会常务副主任
郭　亮
北京奥林匹克公园管理委员会常务副主任
杨洪福
中关村科技园区朝阳园（电子城科技园）管理委员会主任
李长萍（女，兼）
中关村科技园区朝阳园（电子城科技园）管理委员会常务副主任
苏向东
金盏金融商务区管理委员会主任　张树宝（2月免）
刘　伟（2月任）
温榆河生态走廊建设管理委员会主任
荣学强（满族，2月免）
兰学军（2月任）
城市管理综合行政执法局局长　聂宏伟
城市管理监督指挥中心主任　常敬武
北京798艺术区管理委员会主任　王　毅（12月免）
贾恩松（12月任）
市规划和国土资源管理委员会朝阳分局局长
李　晋
国家统计局朝阳调查队队长　张建萍
国家税务总局北京市朝阳区税务局局长
王炯东
烟草局局长　郑思贤
气象局局长　张沛刚
农村合作经济经营管理站站长　何志立
档案馆、区志办馆长、主任　王春清（女，2月免）

种植业养殖业服务中心主任	辛　莉（女）
融媒体中心主任	潘　竞（2月免）
	孙　帅（3月任）
投资促进局局长	马英晖
循环经济产业园管理中心主任	皮　猛（达斡尔族）
环境卫生服务中心主任	李　罡
农业综合执法大队队长	李杰民

朝阳区街道工委、办事处负责人

八里庄街道	
工 委 书 记	张福来
办事处主任	赵国章
左家庄街道	
工委书记	苏　静（女）
办事处主任	孙曙光
和平街街道	
工委书记	秦　涛
办事处主任	吴勇刚
双井街道	
工委书记	董　健（女）
办事处主任	闫培文（3月任）
酒仙桥街道	
工委书记	崔少飞
办事处主任	陈文刚
呼家楼街道	
工委书记	良　彪（满族）
办事处主任	洪广欣（9月免）
	陶黎黎（9月任）
朝外街道	
工委书记	董会生
办事处主任	孟凡森
劲松街道	
工委书记	杨丙章
办事处主任	孔钢城（9月免）
	刘　胜（9月任）
安贞街道	
工委书记	陈伟航
办事处主任	董　健
三里屯街道	
工委书记	唐涌涛
办事处主任	刘晓玲（女，12月免）
	郭　勋（12月任）
建外街道	
工委书记	田　华（女）
办事处主任	杨立亭
团结湖街道	
工委书记	陈　伟
办事处主任	李亚珉
潘家园街道	
工委书记	张贵林
办事处主任	杜　磊（9月免）
	李永纲（9月任）
香河园街道	
工委书记	董云增
办事处主任	刘秀芹（女）
六里屯街道	
工委书记	谭国忠（满族）
办事处主任	王　健
亚运村街道	
工委书记	麻晓晖
办事处主任	历广权
小关街道	
工委书记	李　钧（满族，9月免）
	洪广欣（9月任）
办事处主任	邢　伟（女）
垡头街道	
工委书记	石延刚（回族）
办事处主任	关进国
麦子店街道	
工委书记	吴　冰（12月免）
	刘晓玲（女，12月任）
办事处主任	于久翔
机场街道	
工委书记	时春岗
办事处主任	袁自斌
望京街道	
工委书记	商建英（2月免）
	胡建东（2月任）
办事处主任	胡建东（2月免）
	杨晓昇（3月任）
大屯街道	
工委书记	吉旭初
办事处主任	高敬茹(女,蒙古族,2月免)
	徐继锋（满族，2月任）
奥运村街道	
工委书记	于晓军（2月任）
办事处主任	韩　军
东湖街道	
工委书记	倪东新
办事处主任	徐继锋（满族，2月免）
	谷　雨（3月任）

朝阳区地区（乡）工委（党委）、办事处（乡）负责人

南磨房地区（乡）	
工委（党委）书记	张启顺（12月免）
	易湘林（12月任）
办事处主任（乡长）	易湘林（12月免）
高碑店地区（乡）	
工委（党委）书记	李云飞（12月免）
	顾洪涛（12月任）
办事处主任（乡长）	关得志（满族，9月免）
	杜　磊（9月任）
将台地区（乡）	
工委（党委）书记	宋少伟

办事处主任（乡长）	李　勃
太阳宫地区（乡）	
工委（党委）书记	李　华
办事处主任（乡长）	郝宝刚
十八里店地区（乡）	
工委（党委）书记	张宏明
办事处主任（乡长）	刘　涛
小红门地区（乡）	
工委（党委）书记	王小红（女）
办事处主任（乡长）	闫　博
王四营地区（乡）	
工委（党委）书记	张　奎
办事处主任（乡长）	邢志新
平房地区（乡）	
工委（党委）书记	寇　晔（女，12月免） 蒋东燕（女，12月任）
办事处主任（乡长）	张志勇（7月免） 张　昕（8月任）
东坝地区（乡）	
工委（党委）书记	黄宏春（9月免） 李　钧（满族，9月任）
办事处主任（乡长）	于淑杰
金盏地区（乡）	
工委（党委）书记	陈　杰
办事处主任（乡长）	陆闻宇（5月任）
来广营地区（乡）	
工委（党委）书记	王　刚
办事处主任（乡长）	张继明
东风地区（乡）	
工委（党委）书记	郭　君
办事处主任（乡长）	张军茹（7月免）
孙河地区（乡）	
工委（党委）书记	张晓宁
办事处主任（乡长）	李兴泉
崔各庄地区（乡）	
工委（党委）书记	吴选辉
办事处主任（乡长）	齐宝良
三间房地区（乡）	
工委（党委）书记	张小锋
办事处主任（乡长）	王立新
常营地区（乡）	
工委（党委）书记	刘大庆
办事处主任（乡长）	方　泽（回族）
豆各庄地区（乡）	
工委（党委）书记	贾恩松（12月免） 张军茹（12月任）
办事处主任（乡长）	于建国（5月免） 张军茹（7月任，12月免）
黑庄户地区（乡）	
工委（党委）书记	秦　涛
办事处主任（乡长）	顾洪涛（12月免）
管庄地区（乡）	
工委（党委）书记	万小兵
办事处主任（乡长）	尹　航

因机构调整撤销合并的单位负责人

社会治安综合治理委员会办公室（与政法委员会合署办公）主任	王春发（2月免） （单位撤销）
非公经济工作委员会书记	王素荣（女2月免） （单位撤销）
档案局局长	王春清（女2月免） （单位撤销）
环境保护局局长	马　龙（3月免） （单位撤销）
农村工作委员会主任	连文胜（2月免） （单位撤销）
社会建设工作办公室主任	宝月凤（女，满族，2月免） （单位撤销）
科学技术委员会主任	冯守华（2月免） （单位合并）
文化委员会主任	高春利（2月免） （单位合并）
旅游发展委员会主任	兰学军（2月免） （单位合并）
法制办公室主任	田志刚（2月免） （单位合并）
信息化工作办公室主任	李容珍（2月免） （单位合并）
市工商行政管理局朝阳分局局长	于晓军（2月免） （单位合并）
质量技术监督局局长	杨兆生（2月免） （单位合并）
食品药品监督管理局局长	刘立新（2月免） （单位合并）
安全生产监督管理局局长	马海鹰（2月免） （单位调整）
商务委员会主任	陈庆华（女，土家族，2月免） （单位调整）
民防局局长	王　军（2月免） （单位调整）
政务服务管理办公室主任	吴景刚（回族，2月免） （单位调整）
卫生和计划生育委员会主任	师　伟（2月免） （单位调整）
广播电视新闻中心主任	潘　竞（2月免） （单位调整）
农村集体经济办公室（农村合作经济经营管理站）主任（站长）	何志立（2月免） （单位调整）

北京朝阳年鉴
Beijing Chaoyang Yearbook
2020

中共朝阳区委

综 述

【概况】 年内，区委深入学习贯彻习近平新时代中国特色社会主义思想，认真落实中央决策、市委部署，以中华人民共和国成立70周年庆祝活动为统领，以文化、国际化、大尺度绿化为主攻方向，重大活动服务保障（第二届“一带一路”国际合作高峰论坛、北京世园会、亚洲文明对话大会、中华人民共和国成立70周年庆祝活动等）、专项任务（“不忘初心、牢记使命”主题教育、机构改革、“两委”换届、创卫等）、专项整治（国家监委监察建议、市委巡视反馈问题整改、规自领域专项巡视巡察、中央扫黑除恶督导、大棚房整治等）、重点任务（落实总规、疏整促、“三化”建设、高质量发展等）四线并进，精诚保大局、精彩谋开篇、精细强治理、精心惠民生，经受住了重大政治考验，锤炼了干部队伍，实现了发展新突破、治理新提升、党建新加强。全年GDP实现7116.4亿元，同比增长6.1%，区级一般公共预算收入完成536.4亿元，同比增长0.5%；居民人均可支配收入增速8.8%。$PM_{2.5}$年均浓度为每立方米43微克。拆除违法建设661万平方米，实现“场清地净”587.5万平方米，新增改造绿化面积1.17万亩，经济社会发展保持良好势头。 （武国鑫）

【“不忘初心、牢记使命”主题教育】 9月至12月，全区开展“不忘初心、牢记使命”主题教育。教育分学习教育、调查研究、检视问题、整改落实四个阶段展开，制定主题教育实施方案，成立区委主题教育领导小组，组建15个区委巡回指导组。区四套班子分时段开展集中自学，围绕12个专题开展交流研讨，局处级领导干部开展理论中心组学习1000余次，基层党组织开展集中学习研讨1.5万余次，全区宣讲十九届四中全会精神318场。22名区级领导确定45个具体调研课题，到全区610个社区（村）开展调查研究318次，发现问题451个、现场解决294个，破解老大难问题14个。全区二级班子围绕1249个课题，开展调研5385次，发现问题1万余个、现场解决7154个，破解瓶颈性问题948个。全区1200余名处级领导干部检视问题1.27万个，整改完成挂账问题3933个。集中整治形式主义、官僚主义问题，发文数量同比减少70.84%，区级部门考核事项同比减少86.1%，社区表格区级事项精简96.2%，清理整治微信群983个。区四套班子、143个二级班子、6000余个基层党组织、20余万名党员全员参加教育。中央、市属媒体对区相关报道1210篇次。 （武国鑫）

【政治建设】 年内，朝阳区保持高度的政治定力，以对党和人民事业高度负责的精神服务大局、干事创业。圆满完成重大活动服务保障。坚持“精，精益求精；万，万无一失”，完成第二届“一带一路”国际合作高峰论坛、北京世园会、亚洲文明对话大会、中华人民共和国成立70周年庆祝活动等重大活动服务保障任务。开展“春雷”“护航70”“秋实”专项行动，安全生产事故起数、死亡人数连续三年实现“双下降”。制发《关于朝阳区推进诉源治理和矛盾多元调解工作改革创新的指导意见（试行）》，深化“社会矛盾化解年”，区级接访人次同比下降37.5%。强化打防管控，社区可防性案件同比下降38.1%，群众安全感达到历史最好水平。落实重大决策部署。强化上下贯通、执行有力，坚定不移推动党中央精神和市委要求落地生根。深入落实新版城市总规，分区规划经市政府批复并对外发布。开展控规编制试点，推进乡级规划编制工作，实施责任规划师制度。对接津冀协作地区的产业、项目落地、利益共享，完成保定朝阳产业园产业和空间发展规划整体方案。推进冬奥场馆改扩建工程，速滑馆南路、北路竣工，冬奥村实现主体结构封顶。对口帮扶的河北唐县、新疆生产建设兵团第十四师47团、内蒙古自治区卓资县实现脱贫摘帽，扶贫协作和对口支援工作考核排名全市第一。严密防范化解金融风险，实现“五个显著下降”。开展扫黑除恶专项斗争，巩固执政根基，保障了人民群众安居乐业。实干担当践行初心使命。围绕“守初心、担使命，找差距、抓落实”的总要求，超前谋划、以上率下、担当作为、破解难题，带领全区自觉守初心、立恒心、筑同心，全面推进“五强五促”的具体任务。坚持把学习贯彻习近平新时代中国特色社会主义思想作为首要政治任务，认真学习党章党规、《习近平关于“不忘初心、牢记使命”重要论述选编》《习近平新时代中国特色社会主义思想学习纲要》等重要文献，跟进学习十九届四中全会精神，领悟初心使命，坚定理想信念。全区宣讲十九届四中全会精神170余场。区四套班子率先垂范，开展调查研究318次，走遍全区610个社区（村），现场解决问题294个。二级班子开展调研5385次，检视问题7246个。基层党组织检视问题3665个，立行立改约2700个。聚焦“8+1”专项整治，提出291项整改措施，完成237项。市委巡视反馈的92项问题已完成整改60项，国家监委监察建议涉及问题已完成整治1070个，圆满完成挂账“大棚房”整治及非农设施拆除工作。精心策划宣传，中央、市属媒体对朝阳区相关报道1210篇次，实现了“群众叫好、媒体叫响”。主题教育得到中央第一巡回指导组的充分肯定，市委第一巡回指导组给予“有态度、有担当、有真招、有落实、有效果、有亮点、有典型”的高度评价。 （武国鑫）

【创新发展】 年内，朝阳区主动扛起大区担当，加快破解影响区域发展的深层次问题，全面提升发展优势。减量发展加快推进。抓住疏解非首都功能这个“牛鼻子”，压茬推进疏解整治促提升专项行动。疏解退出一般制造业企业、商品交易市场等51家，整治占道经营点位127个、无证无照经营单位3017家、“开墙打洞”342户，14项量化任务完成量位居全市前三。推进12个“基本无违建街乡”创建。利用疏解腾退空间，建设提升便民商业网点118个，在全市率先探索“1+N”便民服务模式，便民商业体系更加完善。发展动能持续增强。发挥比较优势，深化创新驱动，构建高精尖经济结构。建立稳增长工作常态化机制，支持重点项目落地，吸引国家石油天然气管网集团等总部企业在朝阳区落户，跨国公司地区总部达125家，财税贡献保持全市各区首位，为536.41亿元。推出促进消费升级三年工作方案，引进首店数量占全市近1/2，全市首批夜京城地标、夜京城商圈半数以上在朝阳。建设营商环境“五大品牌”，建立“朝我说”企业服务平台，区级政务服务事项全面实现“一门办理、一窗受理、一网通办”，新企业开办、不动产登记的朝阳“极速模式”在全市推广，营商环境考评继续保持全市首位。实施北京商务中心区国际化提升三年行动计划，城市森林公园为园区提质增绿，郎家园110千伏变电站和移动变电站投入使用，西北区交通优化示范工程有效缓解通行压力，提升城市空间形态。推进奥运功能区国家重大项目建设，亚投行总部大楼正式竣工。推进中关村朝阳园国际科技合作，建设国际创投聚集区，建设前沿科技创新产业集群，北区控规编制取得阶段性成果，阿里巴巴北京总部启动建设。国家文创实验区发起成立国际文化产业园区发展联盟，首个国家级5G新媒体平台央视频落户朝阳，建成90个精品文化园区。10家园区入选首批市级文化产业园区，竞园、郎园等在北京城市副中心、雄安新区等地设立分园区或连锁园区，朝阳成为品牌文化产业园区的“总部基地”。研究编制《朝阳区大运河文化带保护建设规划》，挖掘、保护大运河沿线文物14处，配合完成通惠河、潮白河部分河道通航研究工作，全国文化中心建设进一步深化。深化城乡统筹发展。深入落实乡村振兴战略，建设高水平城市化综合改革先行区。“一绿”城市化建设实现拆迁腾退297.1万平方米，第一批试点通过市级验收。管庄村疏解腾退用4天时间实现100%签约，孙河、崔各庄乡7463名农民整建制转居，王四营乡减量发展“新四合”模式成为全市农村城市化新经验。组建专班，协调推进农村建设项目审批工作。全部摸清683家集体经济组织和企业资产家底，完成平房、太阳宫2个乡的村级产权制度改革和常营乡级产权制度改革，推进集体问题合同整改。以“千村示范、万村整治”工程为抓手，整治47个未拆迁村和6个平房区环境。基本完成美丽乡村第一批建设任务，建设白家楼精品示范村，全面启动第二批建设准备工作，农村环境品质稳步提升。（武国鑫）

【重点改革】 年内，朝阳区制发《关于认真学习贯彻党的十九大精神坚定不移将朝阳改革推向深入的实施规划（2019—2022年）》，强化科学统筹，激发改革活力。全面完成区级党政机构和街道机构改革，在3个乡进行机构改革试点。街道全部建立综合执法队，朝阳特色明显。服务业扩大开放第三轮试点完成58项任务，推进项目57个，落地39个，数量、质量均为全市第一。加快国有企业战略性重组，推进5家一级企业公司制改制，建立符合企业功能定位、产业发展的差异化考核机制，朗园文化作为全国首批试点单位完成混合所有制和员工持股改革。深化司法体制改革，加快公安“执法办案管理中心+”建设，一体推进检察院民事公益诉讼和行政公益诉讼，推动法院“多元调解+速裁”与诉源治理紧密衔接。积极创建全国法治政府示范区，编制完成《朝阳区法治政府建设白皮书》，法治朝阳建设迈出新步伐。全意惠民生，提升治理能力。牢固树立以人民为中心的发展思想，加快构建现代治理体系，建设和谐宜居大美朝阳。（武国鑫）

【城市精细化管理】 年内，持续加强生态修复和城市修补，纵深推进“大城市病”治理。严格抓好扬尘精细化管控、重型柴油车污染防治、挥发性有机物治理，治理裸露土地约2100万平方米。亮马河国际风情水岸主体完工，完成77条小微水体治理，全域消除黑臭水体，5处国考、市考断面水质稳定达标，河长巡河率稳居全市前列。温榆河公园一期起步区主体工程建设年底基本完工，全区绿化覆盖率达到48.2%，提前完成“十三五”规划任务。全域创卫一次性通过国家暗访验收，全国健康促进区创建工作通过北京市验收。优化路网结构，完成育慧北路等30项疏堵工程，望京东路等20条主次支路竣工通车。背街小巷环境整治提升三年行动圆满收官，全面启动37条优美大街、45个老旧小区、8个重点区域环境整治提升工程，拆除围栏护栏473公里，规范提升15条道路的牌匾标识，完成9条道路电力架空线和54条道路通信架空线入地专项整治。完成遗留建筑垃圾消纳，垃圾分类示范片区覆盖率达100%，生活垃圾实现负增长。用好“朝阳群众管城市”监督平台，打造出城市共治“全民小巷管家”品牌。公共服务更加优质。聚焦“七有”要求、“五性”需求，用心用情办好民生实事。新增学位1.29万个，学前教育普惠性学位占比提高至72%，中小学优质教育资源覆盖率达98%，全面实现义务教育免试就近入学。第一中西医结合医院来广营院区完成交付，公立医院综合改革经验获得国务院通报表扬。建成朝阳区非物质文化遗产保护中心，国际文化交流中心、来广营北部孵化基地投入使用，“3+1”四级公共文化服务体系进一步完善。举办“森林演出季”“我们的节日”等各类文化活动6500余场次，惠及百姓近2700万人次，公共文化服务效能持续提升。打造全市首个“一公里阅读生活圈”“文化三里屯”形成“一区一街一河三园一基地”的特色文化品牌体系。朝阳区成为中央财政支持的居家和社区养老服务改革试点，1.3万户高龄老年人享受到“一键呼”服务，全区养老机构、服务驿站、床位数量均居全市之首。建设筹集政策性住房1.9万套、竣工1.4万套，棚户区改造完成征收（拆迁）5127户。启动老旧小区加装电梯762部、完成306部，均为全市第一。社会治理更加高效。深化“吹哨报到”改革，完善服务群众响应机制，深入破解基层治理难题。开展大走访，强化12345市民服务热线接诉即办、未诉先办、一办到底，诉求办理质量明显提升。探索出党建引领物业管理有效路径，发挥国有企业作用，为无物业老旧小区提供托底服务，形成八里庄“大小物业综合服务”、劲松“社会资本参与老旧小区改造”等亮点经验。开展党建引领全区域统筹、全领域协同“两全”治理，创建全国街道服务管理创新实验区，双井街道入选全国首个联合国人居署可持续发展试点社区。建成42个全要素小区、257个全景楼院、50个“社区之家”。实施社区成长伙伴计划，推进68个居民议事厅规范化建设，编制居委会工作标准化系列手册，社区服务站改革实现空间、资源、事项“三集成”，打牢了社区治理基础。（武国鑫）

【全面从严治党】 朝阳区深入落实新时代党的建设总要求，压紧压实管党治党责任，坚定不移推动全面从严治党向纵深发展。加强党的政治建设。把准政治方向，强化政治属性，防范政治风险，夯实政治根基。召开区委人大工作会议、区委政协工作会议，深入落实区人大常委会、区政府、区政协、区法院、区检察院等党组定期向区委常委会报告工作制度，建立健全区委对重大工作统一领导的体制机制。组建调整区委审计委、区委财经委、区委城工委等13个议事协调机构，加强对重大问题的统筹与研究，强化区委对各领域工作的统一领导。严格落实加强党的政治建设的意见、重大事项请示报告等党内法规，以区委名义向市里请示报告47件次。制定领导干部政治素质考察实施办法，引导党员干部发扬斗争精神，增强斗争本领。抓牢党的思想建设。组织区委理论学习中心组学习，局处级领导干部开展理论学习中心组学习3100余次。围绕弘扬和践行社会主义核心价值观。成立中心城区首家区级新时代文明实践中心，开展各级各类文明实践活动5000余场次，区被纳入全国第二批新时代文明实践中心建设试点。建设融媒体分中心54家，融通全区108家政务新媒体平台，持续开展成就宣传、典型宣传、主题宣传，策划系列重大主题新闻宣传活动200余次，媒体报道、新媒体推送、重要网络转载等3.5万余篇次。统筹领导班子和干部队伍建设。以实施机构改革为契机，优化领导班子配备，建设忠诚干净担当的高素质专业化干部队伍。统筹全区干部资源，推动街乡、委办局干部跨系统、跨领域交流，用好专班工作机制，在大事、难事面前及一线工作中发现、锻炼、培养干部。拓宽选人用人视野，首次面向优秀社区党组织书记招录公务员，通过“选培计划”招录“双一流”高校毕业生83名。深化干部关爱，推进职务职级并行，激励干部担当作为。筹划设立“朝阳区高层次人才服务中心”，创新开展人才分类评价试点，有力支撑了区域发展。抓实基层组织建设。加强推进“基层建设年”三年行动计划，围绕“九个导向、九个基础”推进各项任务落实。优化区直机关基层党组织设置，开展“双四”活动，推出“1+1手拉手”活动，走在前、作表率。加强国有企业、中小学校、公立医院党建工作，完成村和社区“两委”换届工作，村“一肩挑”比例达到100%，社区“一肩挑”比例达到67.8%，完成7个软弱涣散村转化提升。实施“两新”领域党建“突破工程”，在全市率先成立区委非公组织工委，开展商务楼宇党建提升专项行动，全区262栋地标性商务楼宇、纳税亿元以上商务楼宇党的阵地组织和工作实现全覆盖。出台基层党务工作者队伍建设“1+3”配套文件，基层专职党务工作者在全市率先实现全领域覆盖。发挥统战凝心聚力优势。强化党委对统战工作的集中统一领导，推进43个街乡党（工）委设立统战工作领导小组，三级统战工作体系传导落实更通畅有效。推广叶青大厦党委统战工作经验，统战工作在商务楼宇、产业园区、社会组织的覆盖面进一步扩展。落实中央、市委宗教工作督查要求，稳妥进行治理。创新团结引领形式，引导统战人士积极参与服务保障、区域建设、舆论引导，民主党派、无党派、工商联、民族宗教、新的社会阶层人士、港澳台侨海外统战等各领域工作水平提升。深入推进党风廉政建设。牢牢抓住主体责任“牛鼻子”，围绕政治监督和基层建设，强化监督执纪问责，持续正风肃纪反腐。紧盯公权力运行各环节，做实做细日常监督，强化派驻监督和巡察监督，开展19项专项监督，完成3轮巡察，对巡察过的78家单位问题整改情况进行“回头看”，社区（村）全部配齐监督力量。出台《朝阳区廉洁文化建设行动计划（2019—2022年）》，抓实警示教育，以案为鉴、以案促改。坚决整治形式主义、官僚主义，查处违反中央八项规定精神的案件28个，全部通报曝光。（武国鑫）

重大决策

【国有资产管理情况报告制度建立】 1月10日，区委制发《中共北京市朝阳区委关于建立区政府向区人大常委会报告国有资产管理情况制度的意见》。明确区政府关于国有资产管理情况的年度报告的方式是综合报告和专项报告相结合，规定重点对企业国有资产、行政事业性国有资产、国有自然资源等报告制度，区人大常委会依法进行审议并提出意见，公开通报相关情况。（武国鑫）

【深入构建和谐劳动关系意见实施】 2月28日，区委区政府制发《关于深入构建和谐劳动关系的实施意见》，明确营造构建和谐劳动关系良好环境，提高劳动关系法治建设水平，落实企业主体责任，发挥职工构建和谐劳动关系主观能动性，强化构建和谐劳动关系的组织保障等5个方面构建和谐劳动关系。在区、街（乡）两级建立协调劳动关系三方委员会，完善劳动保障监察预防处置和劳动仲裁调解机制。建立街乡劳动保障工作者业务政策培训机制，开展宣传培训30余场，涉及企业劳资人员近万人。提高企业劳动合同签订率，扩大集体合同制度覆盖范围，为2751户单位办理集体劳动合同备案，涉及劳动者36.2万人；探索新业态劳动用工服务指导模式，坚持企业裁员约谈指导制度和裁员报告制度，建立群体性欠薪预警通报会商机制并完善企业欠薪突发事件应急处置预案，对英特尔、神州租赁、宝宝树等舆情热点企业及时跟进指导，把问题解决在萌芽状态。（武国鑫）

【机构改革方案实施】 3月21日，区委区政府制发《北京市朝阳区机构改革方案》，明确机构改革的总体部署、调整优化区级党政机构设置和职能配置、统筹推进其他各项改革等3方面内容。机构改革设置党政机构45个：区委机构12个，其中纪检监察机关1个、工作机关11个；区政府机构33个，均为工作部门。（武国鑫）

【“基层建设年”三年行动计划实施】 3月31日，区委办公、区政府办制发《朝阳区“基层建设年”三年行动计划（2019年—2021年）》，明确坚持政治导向，打牢基层组织基础；坚持制度导向，打牢基层机制基础；坚持人才导向，打牢基层队伍基础；坚持素质导向，打牢基层能力基础；坚持需求导向，打牢基层服务基础；坚持问题导向，打牢基层环境基础；坚持稳定导向，打牢基层平安基础；坚持一线导向，打牢基层保障基础；坚持纪律导向，打牢基层作风基础等9大方面夯实基层基础。年内，各部门、各街乡围绕“强基保障年”主题，聚焦“接诉即办”“党建引领物业服务”“社区减负”等重点，坚持问题导向、需求导向、价值导向，统筹推进加强街乡党（工）委建设、健全完善基层党建体系、强化街乡、社区（村）党组织政治功能、加强基层党组织对各类基层组织的领导、深化党建引领基层治理、巩固基层思想文化阵地建设等市级35项任务和区级加强街乡党（工）委领导班子思想政治建设。坚持民主集中制，提高班子民主生活会质量。选拔政治品行过硬、党员群众公认、能够驾驭全局、敢抓敢管敢担当的干部担任街乡党（工）委书记等128项任务落实总体推进任务落实。（武国鑫）

【“一廊”地区“五大提升工程”工作方案实施】 4月12日，区委办、区政府办制发《朝阳区推进“一廊”地区“五大提升工程”2019年度工作方案》，明确2019年“一廊五提升”各项工程的工作重点：基础设施提升、环境建设提升、产业发展提升、公共服务提升、社会治理提升。“一廊”为连接首都功能核心区与市行政副中心的“现代都市景观与产业融合发展廊道”。年内，北京商务中心区核心区清华、三星、中信、正大、国寿项目主体结构全面封顶，国寿投资、雀巢研发等10家项目完成工商税务手续办理，中建财务、中外运、美莱网等4个项目已完成工商注册，中信保诚、一轻财务等3个项目等待监管部门审批，正在筹备开业。城奥、朗园、天海等3个项目开始招商，其他引进项目正在稳步推进。（武国鑫）

【城乡发展“六个一百”工程工作方案实施】 4月12日，区委办、区政府办制发《朝阳区推进城乡发展“六个一百”工程2019年度工作方案》，明确2019年要新建及改扩建百条主次干路、支路和断堵头路，建设提升百条环境优美大街，新建和改造百个大中小微型公园，新升级百个“高精尖”功能性产业项目，打造百个绿色智慧平安社区，创建百个基层文化品牌。年内，速滑馆北路、速滑馆南路等20条主次支路竣工通车；完成青年路南延工程，打通大悦城周边多年堵点；建成望京东路、远安路等道路，解决大望京商务区多年基础设施不完善的顽疾。推进朝园东路、屏翠西路等30项疏堵工程建设，以广华新城为重点，推进南磨房地区区域交通环境优化。（武国鑫）

【全面深化党政群共商共治工作意见实施】 4月16日，区委制发《关于全面深化党政群共商共治工作的指导意见》，提出构建网格（楼院、楼宇、园区、小区和自然村等）—社区（村）—街道（乡）—区四级相互衔接、良性互动的协商议事体系，规范“集、议、办、督、评”五步议事协商流程。年内，共建立党政群共商共治平台500余个，各级议事代表1.9万余名，统筹会商解决各类民生实事项目4100多个。全区涌现出一大批围绕中心、服务大局的先进典型：有走街串巷、志愿服务的“美团美好朝阳骑士”；有主动参与、共建朝阳的“社区好邻居”，发挥与居民“零距离接触”的独特优势，形成“党建引领、全员参与、服务社区”链家模式；还有敢于担当、善于创新的物业服务企业，持续推动老旧小区物业管理转型升级，探索出大屯街道物业管理“翻身仗”、八里庄“大小物业综合服务”等经验亮点。（武国鑫）

【耕地保护和改进占补平衡办法实施】 9月17日，区委区政府制发《朝阳区关于加强耕地保护和改进占补平衡的实施办法》通知，明确到2020年，全区耕地保有量不少于1.55万亩，永久基本农田保护面积不少于1.37万亩工作目标。规定落实耕地保护和改进占补平衡的主要措施、相关工作机制、工作要求。（武国鑫）

【加强和改进人大工作意见实施】 11月20日，区委制发《中共北京市朝阳区委关于新时代加强和改进人大工作的意见》，在加强和改进党对人大工作的全面领导、保障人大及其常委会依法行使职权、促进人大代表依法履职、加强人大自身建设等方面作出具体部署。（武国鑫）

【加强和改进人民政协工作意见实施】 12月18日，区委制发《中共北京市朝阳区委关于新时代加强和改进人民政协工作的实施意见》，明确总体要求，发挥专门协商机构作用，把加强思想政治引领、广泛凝聚共识作为履职工作的中心环节，健全政协工作制度体系，强化政协委员责任担当，加强党对政协工作的全面领导六个方面内容。（武国鑫）

重要会议

【区委全委会会议】 1月2日，召开中共北京市朝阳区委十二届九次全体会议。区委副书记、区长文献传达市委十二届七次全会精神，区委书记王灏主持会议并代表区委常委会作工作报告，区委常委会就抓党建工作情况作书面报告，表决通过《区委十二届九次全体会议决议（草案）》。会议要求，2019年，全区围绕重大活动，做好服务保障；聚焦主攻方向，持续扩大发展优势；夯实基层基础，树立大抓基层导向，开拓进取、真抓实干，以优异成绩庆祝中华人民共和国成立70周年！区四套班子领导，十二届区委委员、区委候补委员出席会议，区纪委委员、全区二级班子党政正职领导，各民主党派和工商联负责人、无党派人士代表、区委巡察组组长、区委组织员，部分基层党代表列席会议。7月26日，召开区委十二届十次全体（扩大）会议，区

▲ 12月12日，中共北京市朝阳区委十二届十一次全体会议召开 （区委办 供图）

四套班子领导出席会议，王灏主持会议。区委副书记、区长文献传达市委十二届九次全会精神，区委书记王灏代表区委常委会作工作报告，会议审议通过了《区委十二届十次全体会议决议（草案）》。12月12日，召开中共北京市朝阳区委十二届十一次全体（扩大）会议。王灏主持会议并代表区委常委会作工作报告，区委常委会就抓党建工作情况作书面报告。文献传达市委十二届十次、十一次全会精神，会议通过《区委十二届十一次全体会议决议（草案）》。区四套班子领导，十二届区委委员、区委候补委员出席会议，区纪委委员、全区二级班子党政正职领导，各民主党派和工商联负责人、无党派人士代表、区委巡察组组长、区委组织员，部分基层党代表列席。（武国鑫）

【区委常委会会议】 年内，区委常委会会议召开40次。研究议题306个（含会前学法4个）。主要包括传达中央和市委重大决策、重要会议精神及制度建设、“三重一大”决策事项、纪律审查、干部工作等议题。（武国鑫）

【区委协调议事机构会议】 年内，区委根据年度工作重点召开协调议事机构会议。4月22日，中共北京市朝阳区委审计委员会会议召开。传达中央审计委员会第一次会议、市委审计委员会会议精神，汇报区审计局2019年审计工作重点。会议审议通过《区委审计委员会工作规则（审议稿）》和《区委审计委员会办公室工作细则（审议稿）》。王灏主持会议并讲话，区领导马继业、迟行刚、席成坡、常树奇参加会议。5月7日，中共北京市朝阳区委召开全面依法治区委员会会议。传达习近平总书记在中央全面依法治国委员会第二次会议上的讲话精神和市委全面依法治市委员会第一次会议精神，审议通过《中共市朝阳区委全面依法治区委员会工作规则》《中共市朝阳区委全面依法治区委员会协调小组工作规则》《中共市朝阳区委全面依法治区委员会办公室工作细则》《中共北京市朝阳区委全面依法治区委员会2019年工作要点》。王灏主持会议并讲话，区领导陈宏志、迟行刚、张维刚、席成坡、黄晓伟等出席会议。8月27日，区委城市工作委员会会议召开。通报《中共北京市朝阳区委城市工作委员会及办公室组成人员名单》，研究审议《中共北京市朝阳区委城市工作委员会工作规则》《中共北京市朝阳区委城市工作委员会办公室工作细则》《中共北京市朝阳区委城市工作委员会2019年度工作要点》。区领导王灏、文献、李长萍、杨建海、李国红、刘海涛出席会议，区委书记王灏主持会议。9月9日，区委召开“不忘初心、牢记使命”主题教育领导小组第一次会议。听取《关于“不忘初心、牢记使命”主题教育前期筹备工作的汇报》，审议《区委“不忘初心、牢记使命”主题教育领导小组工作规则》《主题教育巡回指导组组长、副组长建议名单及工作规则》。9月26日，召开区委主题教育领导小组第二次会议。审议《朝阳区区级领导开展“不忘初心、牢记使命”主题教育理论学习方案》《朝阳区“不忘初心、牢记使命”主题教育专项整治工作方案》，领导小组办公室汇报全区主题教育工作开展情况及下一步考虑。区领导文献、迟行刚、张维刚、席成坡、黄晓伟出席会议，王灏主持会议。10月9日，区召开2019年推进全国文化中心建设领导小组会。区委常委、宣传部部长、统战部部长黄晓伟通报朝阳区推进全国文化中心建设领导小组成员及工作制度调整情况，通报2019年朝阳区推进全国文化中心建设工作开展情况。区委常委、纪委书记、监委主任席成坡部署关于《朝阳区廉洁文化建设行动计划（2019—2022年）》相关工作。年内，区完成2019年北京市文明城区测评工作。挂牌成立新时代文明实践中心，被纳入全国第二批新时代文明实践中心建设试点。（武国鑫）

重大活动

【驻华使馆交流活动座谈会】 1月23日，朝阳区与驻华使馆举行交流活动座谈会。区领导王灏、文献、马继业、王晰宁出席并陪同法国驻华大使、阿根廷驻华大使、沙特驻华大使等外宾参观奥运文化展，观看中国传统文化古筝演奏展示，区委常委、副区长朱晟主持活动。区委常委王晰宁介绍朝阳区服务业扩大开放情况与营商环境主题推介，参会各界代表分别发言。区委书记王灏讲话，提出朝阳区国际化发展空间巨大，对外经贸文化合作交流前景广阔，朝阳区将提供最优质、最高效的服务，努力当好首都对外开放的排头兵，以优良的国际化生活环境和一流的营商环境迎接各国友人的到来，共同创造和享受美好生活。（武国鑫）

【世界500强企业北京CBD高峰论坛】 5月28日，世界500强企业北京CBD高峰论坛举行。区领导王灏、朱晟出席。王灏发言，朝阳区将全面融入国家对外开放发展战略，推动全方位对外开放，提升现代服务业和服务贸易发展水平，更好发挥综合试点的示范引领作用，将进一步落实市场准入，进一步深化贸易合作，进一步优化营商环境，进一步完善国际化功能布局，加强与各国企业的密切交流与合作，一起谱写创造美好生活、实现高质量发展的新篇章。（武国鑫）

【2019未来青年论坛】 6月2日，区举行2019未来青年论坛，区领导文献、迟行刚、李长萍、常树奇、王文远出席。论坛发布了中关村朝阳国际创投集聚区、创业企业服务平台、海外人才创业大会（OTEC）。区委书记王灏致辞，朝阳区在科技创新发展方面具有独特的资源禀赋和空间优势，坚持人才优先发展、人才引领发展，持续优化营商环境，提高国际创新资源聚集能力，欢迎全世界青年才俊到朝阳创业生活，欢迎更多科技创新领域的项目和资本与朝阳对接，共同为朝阳创新创业出谋划策。（武国鑫）

【国际文化产业园区发展联盟成立】 6月15日，举行2019国际文化产业园区发展论坛暨国际文化产业园区发展联盟成立活动。区委书记王灏致辞，提出将加快完善合作机制，深入开展国际交流，促进国内外文化产业领域优势互补、资源共享、合作共赢和协同发展。朝阳区联合中国文化产业协会，以“交流合作·共建共享”为主题，共同举办国际文化产业园区发展论坛，牵头发起成立国际文化产业园区发展联盟，为国际文化产业展示搭建交流平台，推动国内外文化产业园区交流互鉴、相互启迪。（武国鑫）

【与首都体育学院全面合作协议签订】 12月16日，朝阳区与首都体育学院全面合作协议签订仪式暨北京市中小学生奥林匹克艺术品征集优秀作品展览启动仪式举行。2022年北京冬奥会冬残奥会组委会行政部副部长蔡兵、总体策划部副部长尹树国，首都体育学院何明、钟秉枢等领导，区领导王灏、文献、朱晟出席，区长文献与首都体育学院校长钟秉枢签订全面合作协议。双方围绕打造“国际奥林匹克教育示范区”，国际网球运动示范区建设，实现“冰雪进校园校校通”，中小学体育教育改革示范校建设，开展校园体育重点项目，开展运动促进青少年体质健康示范项目，高水平运动队体育科技服务，开展群众体育服务，体育场馆综合经营管理，大型文化活动、体育赛事服务，建设高端人才科学运动指导中心、人才交流与培养，开展体育产业发展研究12个方面开展交流合作。（武国鑫）

【阿里巴巴北京总部园区启动仪式】 12月27日，举行阿里巴巴北京总部园区启动仪式。王灏致辞，阿里巴巴为朝阳经济社会发展作出了重要贡献，朝阳区将进一步送政策、送服务、送支持，坚持“企业吹哨、服务报到”，在产业发展、人才服务等方面，加强对阿里的政策支持。市委常委、副市长殷勇，阿里巴巴集团董事局主席兼首席执行官张勇介绍北京总部园区情况，阿里巴巴北京总部位于朝阳区电子城北区，占地面积186亩，2024年投入使用，总投资约91亿元。市、区相关部门领导出席会议。（武国鑫）

重点工作

【巡视反馈意见落实】 2月28日，召开市委第三巡视组巡视朝阳区情况反馈会。市委巡视机构领导、区四套班子领导出席会议，市委第三巡视组组长王智慧主持会议。市委巡视工作领导小组成员张才雄传达市委书记蔡奇在市委书记专题会议听取巡视情况汇报时的讲话精神，并反馈巡视情况。区委书记王灏作表态发言。4月8日，区召开市委巡视反馈问题整改工作动员部署会。4月12日，区委办结合市委第三巡视组对反馈的巡视意见，制发《市委巡视反馈问题整改落实工作方案》。分工整改市委巡视反馈的持续学习贯彻习近平新时代中国特色社会主义思想和党的十九大精神不够深入，落实中央和市委重大决策部署有差距；党的思想建设和组织建设存在薄弱环节；纪律建设和作风建设不严不实；上一轮巡视反馈的部分问题仍未整改到位四个方面，在抓好“三件大事”、打好“三大攻坚战”上还存在薄弱环节；区域发展不平衡、城乡接合部问题突出、城市精细化管理水平不高、产业转型发展推进缓慢等问题，在巡视谈话中反映最集中；巡视期间，还接到各类来信来电来访591件次，集中反映拆迁安置、城市管理、金融理财等问题；疏解整治促提升工作存在不足；乡村建设短板明显；污染防治仍然薄弱等17类92项问题任务。年内，完成整改64个问题，27个问题正在持续整改中，1个问题交市委组织部负责办理。8月15日，召开市委第二巡视组对朝阳区开展规划自然资源领域专项巡视工作动员会议。市委第二巡视组组长夏树军、区四套班子领导、市委第二巡视组成员，区相关部门领导出席。市委第二巡视组组长夏树军发表动员讲话，通报巡视任务、总体安排和要求。王灏表态讲话。11月22日，召开市委第二巡视组对区开展规划自然资源领域专项巡视情况反馈会，市委第二巡视组领导夏树军、郝妮、李伟，市纪委监委第六监督检查室主任史勍，区四套班子领导出席。夏树军反馈对朝阳区巡视情况。王灏表态发言。（武国鑫）

【社会建设和农村城市化建设】 3月14日，区召开2019年朝阳区社会建设和农村城市化工作会。副区长刘海涛作《稳中求进优质发展大力提升城市精治共治法治水平》社会建设工作报告，副区长杨建海作《稳中求进改革创新奋发有为推动农村城市化迈上新台阶》农村城市化工作报告。区委书记王灏强调，要肯定成绩，进一步坚定发展信心；认清形势，主动扛起职责使命；突出重点，开创城乡发展新局面，全力推动社会建设和农村城市化工作再上新台阶。区四套班子领导和有关领导出席会议，区委常委、常务副区长马继业主持会议。（武国鑫）

【国家卫生区创建】 3月14日，区召开深入推进疏解整治促提升，促进朝阳区生态文明与城乡环境建设动员暨创建国家卫生区大会，区四套班子领导和有关领导出席会议，区委常委、常务副区长马继业主持会议并部署2019年“疏解整治促提升”专项行动、生态文明和城乡环境建设工作安排，区委常委、副区长李长萍部署2019年国家卫生区创建工作安排。区委书记王灏强调，要坚定有序推进疏解整治促提升专项行动，纵深推进生态文明和城乡环境建设，全力以赴创建国家卫生区。（武国鑫）

【党政群共商共治】 7月3日，区召开2019年朝阳区党建工作协调委员会会议暨党政群共商共治区级议事协商会，区领导王灏、迟行刚、张维刚、席成坡出席，区委常委、组织部部长迟行刚主持会议。会议讨论了关于党建引领物业服务企业和业主委员会参与基层治理议题和关于建立党建引领基层治理的社会协同机制议题。（武国鑫）

【中共华谊兄弟传媒股份有限公司委员会成立大会】 7月8日，区召开中共华谊兄弟传媒股份有限公司委员会成立大会。区领导王灏、迟行刚、黄晓伟出席会议，华谊兄弟副总裁、董事会秘书高辉主持会议。华谊兄弟党委筹备组负责人曹赫作《华谊兄弟党委筹备工作报告》，区委常委、组织部部长迟行刚宣读关于华谊兄弟请示成立党委的批复，左家庄街道党工委书记苏静宣布《关于中共华谊兄弟传媒股份有限公司委员会委员的批复》，区委常委、宣传部部长、统战部部长黄晓伟为华谊兄弟党委授牌，华谊兄弟副总裁、董事会秘书高辉代表公司党员致辞并向公司全员发起倡议：坚守影视文化创作阵地、弘扬社会主义核心价值观，华谊兄弟董事长王中军致辞。（梁得天）

【重大活动服务保障】 年内，区坚持高位统筹、全区动员、一体推进，完成中华人民共和国成立70周年庆祝活动、第二届“一带一路”国际合作高峰论坛、2019年中国北京世界园艺博览会、亚洲文明对话大会服务保障任务。区政府围绕中华人民共和国成立70周年庆祝活动服务保障，统筹各方资源，反复磨合细节，经过一年准备和三次全流程演练，完成14大类服务保障任务。历经213天的刻苦训练，女民兵方阵接受检阅。完成服务保障为彩车组装、演练、转场、展览展示，创造最佳条件。全体参训参演人员、服务保障人员、全区广大人民群众以实际行动践行“最高标准、最严要求、最好状态”庄严承诺。全年完成210处环境提升、143处景观布置，设置大型立体花坛18处、中小型花坛183处，“丹凤朝阳”主题花坛亮相世园会。以奥林匹克塔为核心建设的光影秀成为首都夜晚亮丽风景线，国庆期间北京商务中心区、大望京等五大区域建筑物同时“点亮”，以绚丽喜庆节日氛围为祖国献礼。（梁得天）

【社会秩序和谐稳定】 年内，区开展安全生产“护航·70”“春雷”“秋实”等专项行动，完成老旧小区、木质顶房屋、堆物堆料等领域消防整治，排查整改隐患18万余项，安全生产事故起数、死亡人数连续三年实现“双下降”，火灾事故起数下降7.7%。食品药品抽检合格率达到98.6%和99%。深化“社会矛盾化解年”工作，群众上访总量、集体访量持续下降。率先建立三级处非工作体系，金融风险平稳可控，实现“五个显著下降”。朝阳区成为北京市首个全国禁毒示范区。开展扫黑除恶专项斗争，群众安全感指数达到历史最好水平。（梁得天）

【疏解整治促提升】 年内，区超前谋划，挂图作战，15项市级年度量化考核任务中，8项超额完成，14项排名全市前三，6项排名全市第一。聚焦金盏、黑庄户等重点区域实施大体量疏解，拆除腾退661万平方米，实现“场清地净”587.5万平方米。在12个街乡启动基本无违法建设街乡创建工作。处置历史遗留建筑垃圾2000余万吨。全年疏解一般制造业企业26家、商品交易市场9家，实现“开墙打洞”动态清零。完成背街小巷整治提升三年行动任务，建设提升便民商业网点118个，在全市率先试点“便利药店”新模式，实现留白增绿260公顷。“一绿”地区管庄村拆迁腾退全部完成、创造4天100%签约腾退“新速度”，“二绿”地区实现黑桥村等5个村拆迁腾退、8个村整建制转居。创新成立农村建设项目审批协调机制工作专班，安置房建设及房产证办理、产业项目、土地上市4类62个项目前期手续全面加快，孛罗营新村安置房实现开工。完成集体资产清产核资、常营乡级产权制度改革，完成平房、太阳宫2个乡村级产权制度改革。未拆迁村全部通过市级农村人居环境验收。完成美丽乡村第一批建设任务、启动第二批前期工作，完成白家楼精品示范村建设。完成区域市政基础设施、海绵城市专项规划编制。首次面向社会公开招募49个街区责任规划师团队，街区更新迈入专业化新阶段。“一廊”地区“五大提升工程”和城乡发展“六个一百”工程完成五年总任务量85%。（梁得天）

组　织

【概况】 中中共朝阳区委组织部是区委主管组织建设、干部队伍建设和人才队伍建设职能部门。设办公室、组织一科、组织二科、组织三科、公务员科、干部科、干部监督科、人才一科、人才二科、干教科、调研室等11个科室。年内，全区组织系统坚持以习近平新时代中国特色社会主义思想为指导，坚持把党的政治建设放在首位，紧紧围绕朝阳争当全市减量发展、改革开放、文化创新、精细治理、党建引领“五个排头兵”和文化、国际化、大尺度绿化目标，以“基层建设年”为契机，以“不忘初心、牢记使命”主题教育为抓手，统筹推进基层党建、干部、人才工作取得新成效、展现新作为，为全区经济社会发展提供坚强组织保证。区委组织部拍摄制作的党员教育电视片《以党为家 志愿贡献》《医者仁心》被评为北京市委组织部北京市党员教育电视片观摩交流活动二等奖作品；《法官日记》《“未”爱守护》被评选为北京市委组织部北京市党员教育电视片观摩交流活动三等奖作品；区委组织部庄程获中宣部《党建》杂志社2019年度《党建》杂志优秀通讯员一等奖（个人）。区委组织部撰写“北京朝阳关于加强对人才政治引领和政治吸纳工作的探索与思考”课题报告，参与撰写《北京人才蓝皮书：北京人才发展报告（2019）》。（刘聪岳）

【慰问党组织和党员】 元旦、春节、七一、十一期间，区委组织部组织指导全区各级党组织开展走访慰问活动，慰问中华人民共和国成立前入党的农村老党员和未享受离退休待遇的城镇老党员、生活困难党员、生产一线的党员干部、因公牺牲的党员家属、优秀共产党员、优秀党务工作者等2600余人次，发放慰问金268余万元。（陈　蜜）

【村和社区“两委”换届选举完成】 1月13日，43个街乡144个村和460个社区党组织完成换届选举，完成比例100%，均为一次选举成功；截至5月21日，全区46个参选村、460个社区全部完成村（居）委会换届选举工作，完成比例100%；截至5月24日，全区46个参选村、460个社区全部完成村务监督委员会和居务监督委员会推选，完成比例100%，均为一次选举成功。党组织换届选举方面：全区144个参选村党组织，选举产生委员628名、书记144名、副书记112名；460个参选社区党组织选举产生委员2470名、书记460名、副书记562名。居委会换届选举方面：460个参选社区选举出居委会成员4287人，其中主任460人、副主任709人、委员3118人。村委会换届选举方面：46个参选村共选举产生村委会成员206人，其中主任46人、副主任31人、妇女委员44人，其他委员85人。（胡永富）

【民主生活会和组织生活会】 1月至2月，区委组织部统筹局、处级班子召开2018年度民主生活会，各党支部召开年度组织生活会、完成民主评议党员，全区各党支部查摆问题16073条，支部书记带头查摆自身问题12312条；3月，区委组织部完成区委巡视整改专题民主生活会；12月，完成“不忘初心、牢记使命”专题民主生活会和组织生活会。（陈　蜜）

【基层党务工作者队伍专业化建设】 3月，区委组织部牵头出台《关于加强基层党务工作者队伍专业化建设的意见》和《关于印发加强基层专职党务工作者队伍专业化建设“三个配套办法”的通知》。4月，完成对机关、事业单位、国有企业领域的专职党务工作者情况备案统计工作。7月至9月，完成区级统筹配备的“两新”领域基层专职党务工作者报名、笔试、面试、体检等招考相关工作。10月，190余名区级统筹配备“两新”领域基层专职党务工作者上岗，朝阳区基层专职党务工作者在全市实现全领域覆盖。（宋秉坤）

【党建引领物业服务企业】 4月，朝阳区选择4类8个小区（即东湖街道利泽西园一区、大屯街道欧陆经典小区2个商品房小区；垡头街道双合家园小区、奥运村街道龙祥家园小区2个保障房小区；潘家园街道松榆西里东小院、麦子店街道枣北小区2个老旧与房改房混合小区；小关街道小关东里10号院、呼家楼街道呼北小区2个无物业小区）党建引领物业服务企业试点工作，研究制定试点实施方案，成立试点工作领导小组，探索构建“党建引领、政府主导、企业运营、多方参与、群众评价”工作格局，推动形成党建引领物业服务企业和业主委员会参与社会治理“朝阳特色”。4月至6月，区委组织部组织开展全区小区物业情况大摸底大排查工作。编制整理《朝阳区住宅小区、物业服务企业和业主委员会情况汇编》。组建国有物业服务企业——朝阳家园物业公司，承担托底性物业服务。制定并落实党建引领物业服务企业和业主委员会参与社会治理10项重点任务（扩大物业服务企业和业主委员会党的组织覆盖和工作覆盖、构建党建引领物业服务企业和业主委员会参与基层治理“1+43+N”工作格局、成立区级物业管理协会及党组织、成立区域物业服务联盟、研究制定物业服务系列标准及评价机制、研究制订老旧小区物业服务企业政府财政补贴标准、完善物业党建联建机制等）。通过《北京市朝阳区物业管理协会章程》。年内，朝阳家园物业公司进驻22个街乡的老旧小区，物业服务联盟实现43个街乡全覆盖。（胡永富）

【政协提案答复办理】 4月至6月，区委组织部与区发展改革委、区住建委等28家相关单位共同研究，与6名政协委员沟通，完成台盟朝阳区工委《关于提升我区国际人才便利化的建议》、殷雪《关于推进国内外高校在校未来人才在朝阳区实习见习的建议》等9个政协提案的答复工作，其中主办提案6个、协办提案3个。（戚 璟）

【OTEC创业大会系列活动】 5月29日至30日，区委组织部首次在昆明举办OTEC“一带一路”海外人才2019昆明创新峰会暨创业大赛海外赛区决赛与“服务创业创新‘呈·才’”海外项目洽谈会。7月12日至29日，OTEC创新峰会在郎园举办，设开幕论坛、创业投资论坛、AI人工智能论坛、国际创业聚并开展OTEC创业大赛全球总决赛。全球17个国家和地区817个项目参加比赛，23个优秀创业项目参加总决赛，德国柏林工业机器人项目“Wandelbots”获冠军，英国伦敦赛区医疗项目“Ainostis”获亚军，中国赛区“Qury——基于AI的跨App搜索引擎”项目获季军。（王琳琳）

【基层党建工作重点任务部署会】 6月4日，区委组织部组织召开朝阳区2019年基层党建工作重点任务部署会，区委常委、组织部部长迟行刚出席会议并讲话。部署2019年全区基层党建工作5方面45项重点任务，制发《关于推进朝阳区2019年基层党建工作重点任务的实施方案》《朝阳区2019年基层党建工作重点任务清单》，区委各工委副书记，各街乡党（工）委副书记、组织委员等150余人参加会议。12月23日至31日，区委组织部开展2019年基层党建工作专项调研，了解基层单位2019年度基层党建工作开展的整体情况及2018年度述职反馈问题的整改情况。（宋秉坤）

▲ 7月27日，2019年OTEC海外人才创业大会全球总决赛颁奖仪式 （区委组织部 供图）

【公务员招录】 6月16日，区委组织部开展朝阳区2019年下半年公务员补录面试工作，涉及全区17家单位23个职位，面向社会招录30人，90人参加此次面试，录用26人。7月20日，区委组织部开展区2019年面向优秀社区党组织书记招录公务员面试，25家单位36名优秀社区书记参加面试，4位社区书记录用到公务员队伍。12月18日，区委组织部开展区2020年度定向选调应届优秀毕业生面试工作，全区2家单位2个职位面向全国“双一流”高校定向招录选调生，10人参加面试，拟录用2人。（王 静）

【机构改革】 6至12月，区委组织部按照全区机构改革部署安排和要求，与区委编办会商超职数人员消化、职务名称规范等问题，组织涉改单位人员转隶、重新任职等工作，完成48家涉改单位474人转隶、643名科级干部任免备案。年内，按照“事业为上、人岗相宜，系统推进、稳妥有序”总体思路，落实《朝阳区机构改革方案》，调整涉改部门干部174人次。组织实施涉改机构人员转隶及重新任职，转隶涉及51家单位、1698名公务员及参公事业单位人员。推进法官、检察官员额制改革工作，完成区法院三级高级法官、区检察院三级高级检察官晋升工作。（王 静）

【基层党建创新项目评比活动】 7月，区委组织部组织开展朝阳区第五届“基层党建创新项目”评比活动，指导各系统对基层党建创新项目进行梳理，形成项目申报材料。按照基层党组织组织力提升、党建工作质量提升、基层党建工作创新、区域化党建等方向，筛选确定100个入围基层党建创新项目，并对100个入围项目进行经费支持和跟踪指导。（宋秉坤）

【政工专业职务申报评审】 7月，区委组织部组织完成2019年政工专业职务申报人员论文答辩。10月，完成2019年申报初级、中级政工专业职务人员评审认定以及申报高级政工专业职务人员推荐工作。全年，全区评定高级政工师2名，政工师6名、助理政工师1名。（戚 璟）

【公务员职务与职级并行制度实施】 9月12日，区委常委会研究通过区推行公务员职务与职级并行有关情况的报告和《朝阳区公务员职务与职级并行制度实施方案》。10月24日，召开全区公务员职务与职级并行制度工作部署会和培训会，制发《北京市朝阳区公务员职务与职级并行制度实施方案》《关于转发〈中共北京市纪委机关、北京市监委、中共北京市委组织部关于严明北京市公务员职务与职级并行制度实施工作纪律的通知〉》《朝阳区公务员职务与职级并行制度实施工作手册》等文件，450人参加会议。10月至11月，区委组织部开展公务员职级套转备案工作，全区参加职级套转4914人（不含检、法），占全区实有人员54.6%，其中套转为四级调研员及以上902人、一级主任科员及以下4012人。年内，落实《朝阳区公务员职务与职级并行制度实施方案》。开展摸底测算，全面掌握干部队伍的具体情况。提出“职数使用有规划、有余量，选人用人有导向、有梯次”的“四有”原则，发挥职级导向作用，实现持续激励，制定套转、晋升工作方案，明确工作要求和程序，做好思想动员，防范化解矛盾风险，确保职级并行工作有序衔接，稳妥推进，确保思想和队伍稳定。（王 静）

【市优秀人才培养资助】 9月，区委组织部开展2018年度北京市优秀人才培养资助后续工作，公示27名拟资助人员和1家拟资助单位名单，采集相关账户信息。10月，区委组织部参加北京市优秀人才资助类项目调研座谈会。11月，区委组织部对2018年度北京市优秀人才发放培养资助金，为27个青年骨干个人项目和1个集体项目发放资助金232.6万元。（戚 璟）

【高校毕业生选培计划实施】 9月至12月，区委组织部研究制定朝阳区2020年高校毕业生选培计划实施方案以及配套培养政策，开展高校毕业生选培计划校园宣传推介，举办9场“双一流”高校宣讲推介活动，其中北大、清华等京内高校6场、浙大等京外高校3场，约1700名应届毕业生参与宣讲活动。通过“朝阳选培计划”公众号进行线上宣传，吸引2万名在校生关注，4652名应届生在线报名。（王 静）

【“未诉先办、一办到底”工作机制】 10月，区委组织部组织召开党建引领“未诉先办”座谈会，听取各单位意见建议，总结梳理典型经验，形成“查、应、解、判”四步工作法。11月28日，围绕落实十九届四中全会精神，系统梳理朝阳区党建引领基层治理经验，形成理论文章《以“接诉即办”为重要抓手 不断提升城市基层治理水平》，在2019年11月28日《人民日报》理论版刊发。11月至12月，推动开展党建引领“未诉先办、一办到底”大走访工作，围绕问题导向、需求导向、职责导向，进一步摸排问题、了解需求、化解矛盾、密切与群众的联系。全区43个街乡400余名处级领导和3500余名干部落实走动式、穿透式、蹲点式工作法，深入全区5710余个楼院（网格、村巷），分层分类摸排问题、摸清群众需求10类4715余项，主动及时解决街乡层面问题3880余个，统筹区级部门协同解决830余个问题。（宋秉坤）

【商务楼宇和非公企业党建工作调研】 10月至11月，区委组织部组织开展商务楼宇和非公企业党建工作大调研，调查全区262栋纳税亿元以上商务楼宇内的非公企业及其党建工作，涉及非公企业24053家，形成了“一图一表一库一系统”（绘制纳税亿元以上商务楼宇分布图、制定非公企业党建工作情况统计表、形成纳税亿元以上商务楼宇和非公企业及其党组织情况数据库、完善非公党建信息管理系统）工作成果。（胡永富）

【清理规范“一票否决”和签订责任状事项】 10月至12月，全区各单位按照要求和程序清理了“一票否决”和签订责任状事项128项，经市委组织部批复同意保留“设立一票否决”3项、“设立责任状”6项，取消“设立一票否决”1项、“设立责任状”3项。（王 静）

【社区村党组织书记区级备案管理】 12月，区委组织部制发《朝阳区社区村党组织书记区级备案管理实施方案（试行）》。《实施方案》包括完善选任机制、加强人才培养、强化监督管理和完善激励保障等四个方面，强化区委对社区、村党组织书记的管理责任，增强社区、村党组织书记的选拔、监督管理、培养和后备队伍建设。年内，调整社区、村党组织书记35人，其中免职18人，新任职17人。（宋秉坤）

【处级班子干部调整】 年内，区委常委会对处级干部任免496人次。其中，提拔101人次，平职交流改任282人次，转任非领导职务26人次，挂职兼职等其他任命87人次。（马金玲）

【干部培训】 年内，区委组织部统筹处级干部和科级及以下公务员培训，按照全覆盖与抓重点原则，全年举办脱产培训班65期，培训近8000人次，其中：举办处级干部进修班、科级干部任职培训班、北京大学现代公共管理研修班等主体班19期，培训1000余人次；举办国际化素质提升、区域经济发展、公共文化建设等专题培训40余班次，培训近7000人次。全区有159家单位9078人参加干部在线学习，其中：处级干部1414人，考核通过率为100%，平均56学时；科级及以下干部7664人，考核通过率100%，平均60学时。按照《朝阳区党政机关、事业单位在职人员攻读硕士以上研究生学位资助暂行办法》，对取硕士学位证书66名在职人员进行学费资助，并组织开展2020年攻读硕士学位报名备案工作。（陶文鑫）

【基层党组织和在职党员“双报到”】 年内，区委组织部组织开展朝阳区基层党组织和在职党员双报到工作，丰富服务群众的内容和载体。年内，完成报到在职党员47492名，在朝阳区完成报到的在职党员108675名，在职党员做出承诺16988个，提出建议5334条，参与活动111081人次，办结实事7087件。（宋秉坤）

【党内年度统计】 年内，朝阳区有党员217111名，其中新增党员10451名，比上年增长5.06%。女党员101628名，占总数46.81%；35岁及以下的青年党员35057名，占总数16.15%；少数民族党员10731名，占总数4.94%；离退休党员119952名，占总数55.25%；农民党员2110名，占总数0.97%；非公有制单位的党员42667名，占总数19.65%。有基层党组织8427个（不包括流动党员党支部或功能型支部），其中党委605个、党总支432个、党支部7390个。全区有机关党组织881个，事业单位党组织834个，国有企业党组织192个，集体企业党组织172个。社区级党组织471个，其中城市社区党组织250个、乡镇社区党组织221个。社区（委员会）基层党组织2770个，其中党委432个党总支64个，党支部2274个。村级党组织144个。建制村基层党组织333个，其中党总支55个、党支部278个。全区非公企业党组织2499个（党委92个，党总支75个，党支部2332个）。有社会组织党组织633个，其中党委13个、党总支23个、党支部597个。（宋秉坤）

【党建研究】 年内，区党建研究会申请承担北京市党建研究会2019年度立项重大课题“关于深化党建引领‘吹哨报到’、完善‘接诉即办’长效机制研究”，撰写完成调研报告。完善《党领导基层社会治理机制研究——以北京市“街乡吹哨、部门报到”为例》并报送市党建研究所，被收入《北京党建蓝皮书：北京党的建设报告（2019）》公开发表。2019年，区党建研究会围绕“基层建设年”、深化党建引领“吹哨报到”改革、基层党组织组织力提升、党建工作质量问题提升等7个方向，指导基层单位继续开展课题研究。通过专家评审，立项课题39个，其中重点课题13个、指导课题26个。12月，完成结题评审准备工作。区党建研究会第七届自选课题评选收到投稿108篇。区党建研究会全年编发会刊《基层党建与社会》5期，刊登稿件150余篇，其中刊登市区精神指示7篇、选编区内外党建专家和主流媒体文章16篇、约稿基层党组织书记40余篇、宣传区内党建工作经验和典型73篇、展示区外经验和典型7篇、选登基层研究成果9篇。（吴双娜）

【党群服务中心（站）建设】 年内，区委组织部指导推进中信大厦党群服务中心建设，推动北京商务中心区财富中心党群服务中心、朝外街道悠唐党群服务中心、东坝地区“红映坊”党群服务中心、南磨房心连心党群服务中心、红星美凯龙党群服务中心等成立使用。8月，区委组织部组织部分区委主管工委、街道工委副书记、物业公司人员赴上海长宁、静安、徐汇、闵行、浦东新区5区考察学习党群服务中心建设和党建引领物业提升工作。编印《朝阳区党群服务阵地汇编》，把2个区级功能区党群服务中心、27个街乡级党群服务中心和11个商务楼宇、产业园区、非公企业党建阵地情况进行汇编，印发给各单位进行交流学习、参考借鉴。制发《朝阳区各级党群服务中心（站）规范化建设实施方案》。（胡永富）

【党员发展】 年内，区发展党员工作坚持把政治标准放在首位，按照“控制总量、优化结构、提高质量、发挥作用”原则，发展党员1619名。发展党员工作侧重向高知识群体、青年农民、产业工人、两新组织从业人员倾斜。（陈　蜜）

【党员组织关系规范管理】 年内，区委组织部会同街乡、园区党组织完成市级人才机构党员党组织转接工作；对接浙江籍在京党员转接党组织关系相关事宜；完成退役军人组织关系落实工作，妥善解决760余名未落实组织关系的退役军人党员组织关系。会同区人力资源服务中心流动党委完成流动人才党员管理工作，按照“应转尽转、兜底管理”要求，完善《流动人才党员管理问题集中整治工作方案》，完成10个试点党支部党员组织关系转接工作。（陈　蜜）

【人才引进工作推进】 年内，区委组织部开展3场专题政策宣讲会，为辖区内400多家企业开展政策解读，提高引进人才工作的针对性。年内，受理上报人才引进需求742人，市人才工作局初审通过365人，上报人才引进复审材料158份；受理解决夫妻两地分居需求38人，上报解决夫妻两地分居复审材料25份。（戚　璟）

宣　传

【概况】 中共北京市朝阳区委宣传部（简称区委宣传部）是区委主管意识形态方面工作的职能部门，加挂北京市朝阳区人民政府新闻办公室（简称区政府新闻办）、北京市朝阳区新闻出版局（简称区新闻出版局）牌子。北京市朝阳区精神文明建设委员会办公室（简称区精神文明办）设在区委宣传部。对区网信办互联网宣传和信息内容管理方面的工作实施方针、政策的指导。归口领导区委网信办、区文化和旅游局、区卫生健康委、区体育局、798艺术区管委会、文创实验区管委会、区文联、区融媒体中心。负责区委宣传思想工作领导小组办公室、区推进全国文化中心建设领导小组办公室、区“扫黄打非”工作领导小组办公室、区文化创意产业领导小组办公室和区文化领域改革专项小组办公室日常工作。设置办公室、宣传教育科、理论科、研究室、新闻科、基层工作科、文化发展科、新闻出版电影管理科、综合科、创建科和未成年人工作科（公共文明建设指导科）11个科室，所属北京市朝阳区文化创意产业发展中心（简称区文创产业发展中心）、北京市朝阳区规划艺术馆（简称区规划艺术馆）和北京市朝阳区宣传教育服务中心（简称区宣教中心）3个事业单位。区委宣传部机关人员编制47人，其中行政编制44人，工勤编制3人。2019年在编44人，其中行政编制41人，包括部长1人（由区委常委兼任），分管日常工作的副部长1人，副部长7人（其中1人为兼任）。区文化创意产业发展中心为纳入工资规范管理事业单位，相当副处级，设有综合服务科、项目管理科和产业促进科3个科室；编制14人，2019年在编11人，包括主任1人。区规划艺术馆为差额拨款事业单位，相当副处级，设有综合办公室、运营保障部、社会教育部、媒体宣传部、文创中心、展陈技术部、活动策划部、老厂房联盟秘书处8个部门；编制16人，允许使用劳动合同制人员52人，2019年在编9人，聘用劳动合同制47人，另以劳务外包的方式聘用保安、保洁、监控人员28人。区宣教中心为全额拨款事业单位，相当正科级；编制12人，2019年无在编人员。年内，区委宣传部牵头完成亚洲文明对话大会服务保障、庆祝中华人民共和国成立70周年群众联欢活动服务保障和新闻宣传及文明创建工作，完成机构改革工作，牵头完成区委“不忘初心、牢记使命”主题教育领导小组宣传工作组工作，组织开展主题教育。区“扫黄打非”工作领导小组办公室获2019年全国“扫黄打非”先进集体。　（孙　翀）

【“三下乡”活动】 1月10日，区委宣传部在王四营地区开展2019年朝阳区文化科技卫生“三下乡”集中示范活动。现场展出“朝阳区建区60周年发展成就巡展”及“朝阳区美德少年先进事迹巡展”，开展科普互动体验、医疗义诊、法律咨询等200余人次，发放精神文明建设等图书1000余册、宣传折页600余册、其他宣传品300余份，邀请艺术家为村民写春联200余幅、剪窗花200余张。区委常委、副区长李长萍及“三下乡”活动领导小组各成员单位负责人参加活动。　（杨　帆　袁　也）

【传统节日文化活动】 1月18日，区委宣传部组织召开全区春节期间文化活动工作调度会，部署安排春节期间文化活动。1月29日，“中华文化万里行”2019年全球传统文化春节晚会在朝阳区金盏乡东北师范大学附属中学朝阳学校公演。2月2日、14日，朝阳区召开元宵节文化活动工作专题会议，研究部署元宵节文化活动工作。2月19日，举办2019年“点亮春天 闪耀朝阳”元宵灯会，灯会按照“一主两辅”布置，在朝阳公园设主会场，奶东公园、北京欢乐谷设分会场，三场灯会当日客流量近4.5万人，网络播放量40余万次，活动惠及43万余人次。4月5日至7日，“我们的节日”——清明节主题文化活动开展缅怀先烈、文明祭扫、诗会展览、踏青游园等活动73场次，线上线下参与市民和游客近51万人次。6月7日至9日，组织“我们的节日”——端午节主题文化活动，开展包粽子、制香囊等活动192场次，惠及群众104750人次。七夕节期间，组织“我们的节日”——七夕主题文化活动，开展各类文化活动近70场次，线上线下参与市民20.3万余人次。中秋节期间，组织“我们的节日”——中秋主题文化活动，开展各类文化活动150余场次，线上线下参与市民群众近7万人次。重阳节期间，组织“我们的节日”——重阳节主题文化活动，开展登高祈福、秋游赏菊等各类文化活动60余场次，惠及群众近6500人次。　（杨　帆　袁　也　冯　超）

【全国文化中心建设】 1月22日，区委宣传部组织召开区推进全国文化中心建设领导小组工作会，调研八里桥老桥保护利用和新桥建设、中国生物1919文化科技产业园区企业库克音乐园区建设情况，传达市推进全国文化中心建设领导小组相关会议精神，通报朝阳区2018年全国文化中心建设工作情况及2019年工作安排，听取相关单位2018年重点工作以及2019年工作思路的汇报。4月22日，区委宣传部组织召开推进2019年全国文化中心建设领导小组办公室第一次例会暨大运河文化带建设专题会议，传达《大运河文化保护传承利用规划纲要》、北京市大运河文化带保护建设2019年度折子工程以及朝阳区关于《北京市大运河文化带保护建设2019年度折子工程》分工方案等文件精神，听取相关单位工作推进情况汇报，参会单位围绕文化中心建设相关工作进展情况、下一步工作安排和困难问题等方面交流发言。10月9日，区委宣传部组织召开区推进全国文化中心建设领导小组工作会。黄晓伟通报朝阳区推进全国文化中心建设领导小组成员及工作制度调整情况及2019年朝阳区推进全国文化中心建设工作开展情况，部署关于《朝阳区廉洁文化建设行动计划（2019—2022年）》相关工作。年内，建成朝阳区非物质文化遗产保护中心，完善国际文化交流中心、来广营北部孵化基地投入使用，“3+1”四级公共文化服务体系。举办“森林演出季”“我们的节日”等各类文化活动6500余场次，惠及百姓近2700万人次。建设全市首个“一公里阅读生活圈”，“文化三里屯”形成“一区一街一河三园一基地”特色文化品牌体系。推进大运河文化带朝阳段建设，神木廊房、《神木谣》碑亭完工，皇木博物馆、庆丰公园改造提升项目、推进八里桥（旧桥）保护修缮和八里桥公园改造提升工程等重点项目。开展大运河沿线文物挖掘、保护工作，梳理大运河沿线文物14处，配合完成通惠河和潮白河部分河道治理和通航研究工作。国家文创实验区发起成立国际文化产业园区发展联盟，首个国家级5G新媒体平台央视频落户朝阳，建成精品文化园区90个。751D·PARK北京时尚设计广场、798艺术区、恒通国际创新园、莱锦文化创意产业园、北京塞隆国际文化创意园、北京懋隆文化产业创意园、郎园vintage文化创意产业园、东亿国际传媒产业园、尚8国际广告园、北京电影学院影视文化产业创新园平房园区入选首批市级文化产业园区，竞园、郎园等在北京城市副

中心、雄安新区等地设立分园区或连锁园区。（杨　帆　袁　也　薛博雅）

【“中外居民过大年”活动】 1月26日，区委宣传部联合市政府新闻办指导麦子店街道举办第十五届“中外居民过大年”活动。外国驻华使馆嘉宾、中外居民等近400人参与活动，邀请澳大利亚、美国、港澳地区和中央电视台等20余家中外媒体采访报道，通过北京发布、网易新闻、“北京朝阳”政务微博全程直播，53万名网友在线观看，互动聊天近6万人次。（蔺　凯）

【机构改革】 3月，区委宣传部组建区委宣传部机构改革工作小组，召开区委宣传部机构改革动员部署会，动员部署机构改革工作。将原区文化委新闻出版、电影管理职责划入区委宣传部，对外加挂区新闻出版局、区政府新闻办公室牌子，增加新闻出版电影管理科；区精神文明建设委员会办公室设在区委宣传部；区“扫黄打非”工作领导小组办公室职责由原区文化委调整至区委宣传部。不再承担区关心下一代工作委员会职责（职责划归区委老干部局）。对区互联网信息办公室互联网宣传和信息内容管理方面工作实施方针、政策的指导。归口领导区委网信办、区文化和旅游局、区卫生健康委、区体育局、798艺术区管委会、文创实验区管委会、区文联、区融媒体中心。统筹指导区文旅局、卫健委、融媒体中心等单位完成机构改革过渡期间有关工作，配合区委组织部完成班子宣布和有关干部考察等工作，指导督促各单位做好机构改革期间干部职工的思想政治工作。（孙　翀）

【扫黑除恶专项斗争宣传】 3月5日，区委宣传部召开朝阳区扫黑除恶专项斗争宣传整改工作推进会，区委宣传部、区文化委、区文联、各街乡等相关单位参加会议。5月9日，区委宣传部组织召开深化推进扫黑除恶专项斗争宣传工作会，研究部署朝阳区扫黑除恶专项斗争相关宣传工作。5月21日、28日，黄晓伟带队实地检查团结湖街道、管庄乡、黑庄户乡大洋路批发市场等重点区域扫黑除恶宣传工作开展情况。6月，梳理形成《关于中央扫黑除恶第11督导组督导北京市第二次工作通报对接会反馈工作建议的整改措施》和《区委宣传部关于中央督导北京市扫黑除恶专项斗争的宣传工作整改方案》，上报区扫黑除恶专项斗争领导小组办公室年内，创作关于扫黑除恶主题歌曲、楹联、快板、剪纸等文艺作品400余件。举办朝阳区“扫黑除恶弘扬正气 共治共建平安朝阳”艺术作品展，组织开展“我是朝阳群众”以及“扫黑除恶扬正气 全民携手创平安”专项斗争原创文艺作品展演活动12场。（杨　帆　袁　也　冯　超）

【宣传思想工作培训会】 3月25日、26日，区委宣传部组织召开2019年朝阳区宣传思想和精神文明建设工作培训会。区委常委、宣传部部长、区直机关工委书记黄晓伟作开班动员，副部长毕重伟、吕岚、潘竞、张爽和段成钢分别作专题培训，邀请专家教授围绕习近平总书记对于宣传思想工作的重要论述、增强处理意识形态领域敏感问题的意识和能力牢牢掌握意识形态工作领导权、如何有效利用新媒体更好地推进各项重点工作等作专题授课。全区各系统、各单位宣传思想和精神文明建设工作主管领导、科室负责人320余人参加培训。年内，从区宣传系统选拔9名优秀年轻干部到宣传部机关轮训锻炼，组织召开青年干部座谈会2次。（杨　帆　袁　也）

【4家文化场馆晋级爱国主义教育基地】 5月23日，区委宣传部组织召开2019年朝阳区爱国主义教育基地工作会，为北京市方志馆、西藏文化博物馆、高井村史博物馆、半壁店村史博物馆等4家新晋区级爱国主义教育基地进行授牌，各教育基地进行交流发言，区委常委、宣传部部长、统战部部长黄晓伟出席会议并讲话。（杨　帆　袁　也）

【亚洲文明对话大会服务保障】 5月，区委宣传部牵头完成亚洲文明对话大会服务保障指挥部和新闻宣传专项工作。制定《亚洲文明对话大会朝阳区服务保障工作方案》，成立朝阳区服务保障工作领导小组。建立“总指挥部—分指挥部—二级现场分指挥部—街乡分指挥部”四级战时指挥体系，各专项工作组及相关街乡细化制定专项工作方案和应急预案30余项，形成各类工作台账近80个。170名公共文明引导员在主会场及奥林匹克公园核心区周边不间断引导交通秩序。指导阿里口碑、美团点评两家平台，协调173家餐饮企业开展打折促销活动和线下宣传引导，督导商户文明诚信经营，提高服务质量。其间，中央、市属媒体进行报道110余篇次，区融媒体中心发布新闻报道120余篇，政务微博1653篇，阅读量近650万次，“北京朝阳”今日头条号发布专题信息94篇，阅读推荐量近260万次。（孙　翀　黄建祥）

【“国际学子看朝阳”活动】 6月20日，区委宣传部开展“中外记者看朝阳”姊妹品牌“国际学子看朝阳”活动。邀请19个国家30名国际留学生和中外15家媒体20余名记者到751D-park北京时尚设计广场、觿堂当代艺术馆和朝阳规划艺术馆参观交流。组织开展“朝阳区国际文化交流论坛”主题交流活动，邀请相关专家学者作主旨演讲，国际留学生代表谈个人感受，现场座谈交流，让外国友人了解朝阳。（蔺　凯）

【思想政治和理论宣讲典型选树】 8月，奥运村法庭庭长刘黎被中宣部评为全国2019年基层理论宣讲先进个人。推荐作品7部参加市2019年度“宣讲家杯”优秀报告（党课）征集展播活动，朝阳区委宣传部获先进组织单位，区委宣传部徐祯卿获优秀组织员，秦强、刁琳琳等2名专家及东湖街道姜松延的辅导报告获评专家组、基层组优秀作品。在2019年度北京市理论宣讲示范基地工作中，区委老干部局、呼家楼街道等获评先进单位，区委老干部局赵现宽、呼家楼街道刘畅等获评优秀工作者，区委宣传部徐祯卿获评优秀组织员。组织完成全市思想政治工作典型经验文章评审推荐工作，推荐文章5篇。（徐祯卿　吕志兵）

【新闻发言人与网络发言人培训班】 8月28日至30日，区委宣传部联合区委组织部、区委网信办、区委党校在中国传媒大学举办朝阳区2019年新闻发言人与网络发言人培训班．围绕全媒体时代政府新闻宣传工作理念转变与实践创新、新闻选题策划与基层政府新闻工作互动、危机处置中的舆论引导等内容，邀请专家学者和资深媒体人士作专题授课，并模拟案例实战演练。全区委办局、街乡的新闻发言人、网络发言人和联络员以及部机关干部180余人参加培训。

（杨　帆　袁　也　冯　超　蔺　凯）

【原创京味话剧《白鹭归来》演出】 9月4日至10日，区委宣传部、区文联、中影上元影视公司共同策划的大运河题材原创京味话剧《白鹭归来》，在朝阳区香河园地区文化中心进行巡演，4000余名观众观看演出。11月18日，由区委宣传部统筹指导，区纪委监委、区农工委、区文化和旅游局和金盏乡党委共同策划的原创话剧《“马沙雷”的春天》，在东北师范大学附属中学朝阳学校首演3场，惠及观众1600余人。（杨　帆　袁　也　冯　超）

【主题教育宣传服务保障】 9月至12月，区委宣传部牵头承担区委“不忘初心、牢记使命”主题教育领导小组宣传工作组工作。制定主题教育期间区领导理论学习方案，组织区领导集中自学7次，开展交流研讨6次，开展革命传统、形势政策教育5次，在《朝阳报》推出主题教育理论文章专刊7期，专题交流展示区领导、二级班子负责人理论文章164篇。制定区委主题教育宣传工作专项方案；其间，中央媒体报道316篇，市属媒体报道1061篇次，区级媒体2898篇“探索老旧小区物业‘国企兜底、先尝后买’新模式”等经验做法在《新闻联播》、新华社等中央媒体播出，“劲松试点引入社会资本改造老旧小区”等典型经验，获市委主要领导认可。发放《习近平关于“不忘初心，牢记使命”论述摘编》《“不忘初心，牢记使命”优秀党员先进事迹选编》等书籍5000余册。（徐祯卿　黄建祥）

【北京国声京剧团十年成果惠民展演】 10月21日至27日，北京国声京剧团在长安大戏院庆祝国声十周年展演活动。其间，展演7场，惠及群众近6000人。

（杨　帆　袁　也　冯　超）

【爱国主义教育基地复评】 10月，区委宣传部配合市委宣传部，系统梳理全区市级爱国主义教育基地有关情况，完成爱国主义教育基地考评复评工作，其中北京市方志馆、北京陶瓷艺术馆、朝阳区规划艺术馆被市委宣传部评为全市爱国主义教育基地考核奖励先进单位。（袁　也）

【“我和我的祖国”演讲活动】 年内，区委宣传部制发《2019年朝阳区百姓宣讲工作实施方案》，围绕“庆祝中华人民共和国成立70周年”等重大主题进行系统部署，组建朝阳区“我和我的祖国”百姓宣讲团开展600余场宣讲汇讲活动，受众6万余人。全年举办周末社区大讲堂活动4场，受众400余人次。

（杨　帆　袁　也　冯　超）

【中华人民共和国成立70周年庆祝活动宣传服务保障】 年内，区委宣传部牵头完成群众联欢指挥部及新闻宣传和文明创建指挥部工作。制发《中华人民共和国成立70周年朝阳区宣传工作方案》《国庆70周年联欢活动群众联欢第三分指挥部组织机构》《国庆70周年服务保障朝阳区新闻宣传和文明创建指挥部工作方案》和《国庆70周年朝阳区服务保障工作领导小组联欢活动指挥部制度汇编》。构建起“1+6+47”的工作指挥体系，组织单元排练、分组排练、阶段性演练及全要素演练1490次，10月1日晚，区群众联欢方阵近3000人在天安门广场参加首都国庆联欢活动。制定《朝阳区庆祝中华人民共和国成立70周年宣传环境布置方案》，在全区范围部署开展宣传环境布置，国庆期间升挂国旗彩旗4.7万面，布置标语横幅3111处、工地围挡81735米、主题灯光秀5处，营造出喜庆祥和的浓厚氛围。对接中央、市属媒体开展集中采访50余次、发布新闻报道740余篇次，邀请《人民日报》、中央电视台等媒体对区委书记王灏进行3次专访，区融媒体中心发布相关新闻报道（新闻产品）1600余篇/条次，阅读浏览量超过1.3亿次。制定《朝阳区关于隆重庆祝中华人民共和国成立70周年广泛组织开展“我和我的祖国”群众性主题宣传教育活动方案》。组织区100名公共文明引导员分别参加庆祝中华人民共和国成立70周年群众游行“中华文化”方阵和群众联欢活动。（孙　翀）

【新时代文明实践中心建设试点工作会议】 12月12日，召开区委宣传思想工作领导小组第一次（扩大）会议暨新时代文明实践中心建设试点工作电视电话会议，传达中央和市委关于深化拓展新时代文明实践中心建设试点工作有关精神及市委宣传思想工作领导小组有关会议精神，宣读关于组建区委宣传思想工作领导小组的决定，审议通过《中共北京市朝阳区委宣传思想工作领导小组工作规则》和《中共北京市朝阳区委宣传思想工作领导小组办公室工作规则》，部署朝阳区新时代文明实践中心全国试点工作，区委党校、区文化馆、左家庄街道、东坝地区围绕新时代文明实践中心建设工作作表态发言。区委书记王灏主持会议并讲话，区领导张维刚、黄晓伟等出席会议，区委宣传思想工作领导小组各成员单位负责人参加会议，43个街乡主要领导在视频分会场列席会议。（庞永顺　黄建祥）

【理论学习中心组学习】 年内，区委宣传部围绕学习贯彻习近平新时代中国特色社会主义思想、中共十九大及历届代表大会精神，聚焦中心任务和“文化、国际化、大尺度绿化”主攻方向，制定学习计划并严格落实。全年围绕学习习近平总书记视察雄安新区、天津、北京及在京津冀协同发展座谈会上的重要讲话精神，学习贯彻落实《中共中央关于加强党的政治建设的意见》，学习贯彻中共十九届四中全会精神等主题，组织区委理论学习中心组集中学习41次，其中会前学法4次，交流研讨10次。精选配发学习读物27种，编发理论刊物28期。规范二级班子理论学习，推行会前学法制度，建立健全巡听旁听制度，对二级班子及基层单位巡听旁听37场。（徐祯卿　吕志兵）

【扫黄打非】 年内，区委宣传部落实机构改革相关部署要求，调整区“扫黄打非”工作领导小组，43个街乡纳入领导小组成员单位。推进“清源”“固边”“净网”“护苗”“秋风”“净空”等系列专项行动，封堵打击涉政、涉宗教非法出版物和有害信息力度。全年出动执法人员2万余人次，检查文化经营单位1万余家次，组织开展联合执法200余次，收缴非法出版物11.4万册。协调、妥善查办中央、市交办涉“扫黄打非”案件17件，完成取缔某组织关联企业、处置某国文化中心有害出版物等重大案事件相关任务。组织“扫黄打非”基层站点业务人员专题培训，把街乡、社区（村）纳入网格化监督员队伍。（徐祯卿　吕志兵）

【理论宣传】 年内，区委宣传部制发《学习宣传贯彻党的十九届四中全会精神工作方案》，开展区领导带头宣讲、区宣讲团和9个分团集中宣讲、专家宣讲、百姓宣讲等，全区开展各类宣讲2800余场，覆盖12万余人。在“两新”组织中建立北京中复集团党委、中共北京市京师律师事务所委员会等2个当代中国马克思主义读书活动市级试点。分两批组织22名基层宣讲骨干参加全市统一培训。用好“学习强国”学习平台，制定区级方案，建立四级管理员队伍，组织全区专题部署会、推进会2场、调研督导10场，组织动员朝阳区近16万名党员注册并开展常态化学习。运用理论学习手机报、《中心组学习参阅》等载体，宣传解读重要理论，全年编发手机报37期、《中心组学习参阅》10期、《理论与实践》18期，投递全区各单位学习资料21000册。（徐祯卿　吕志兵）

【政务微博信息发布】 年内，“北京朝阳”政务微博发布微博内容2586篇，阅读量近2000万次。组织开展“绿满朝阳”春季义务植树、“激情冰雪、共迎冬奥”全民上冰场暑期亲子、第四届朝阳“SUN RUN”健康跑等活动，近800名网友和志愿者参加活动，活动均通过网络进行视频直播，累计共超过170万网友在线参与，聊天室互动5万余人次。运用“北京朝阳”今日头条号客户端，推出庆祝中华人民共和国成立70周年、“不忘初心、牢记使命”主题教育、第二届“一带一路”国际合作高峰论坛、亚洲文明对话大会等系列专题内容，编发新闻内容192篇，阅读推荐量近420万次。（蔺　凯　李　蕊　王　琼）

【行政许可审批】 年内，区委宣传部依法开展行政许可事项的办理，全年办理行政审批事项739件，其中办理许可事项697件，办理备案项目42件。（崔小彬）

【实体书店扶持】 年内，区委宣传部、开展实体书店扶持项目工作，协调指导辖区实体书店参与培训和参加评选。小庄新华书店、亚运村图书大厦、宸冰书坊等53家实体书店获资金扶持，上海三联书店READWAY、建投书局国贸店、中信书店启皓店等19家书店获评特色书店，新华书店大望书房、蒲蒲兰绘本馆、798机遇空间等19家书店成为政府购买服务项目，获资金支持的实体书店、特色书店和政府购买项目书店数量三项数据在全市占比均超过22%，上海三联书店READWAY、三联韬奋书店三里屯店、建投书局国贸店等店获评最美书店，占全市40%。（崔小彬）

【“光明影院”项目】 年内，区委宣传部与中国传媒大学合作开展“光明影院”项目工作。项目于4月启动，北京市劲松电影院、北京市紫光影城、北京朝阳剧场、北京红星太平洋影院管理有限公司、北京苏宁影城有限公司影院作为“光明影院”项目合作单位，全年为盲人放映专片10场次，观影人数409人次。（崔小彬）

【人大代表建议和政协委员提案办理】 年内，区委宣传部按期办结《关于进一步推进居民生活垃圾分类处理的意见建议》《用资本融合文化 讲好中国故事——推动朝阳区建设文化产业创新高地的建议》等区人大十六届五次会议代表建议5件。按期办结《关于通过设置公共事业广告牌提升区域文明程度的建议》《关于率先在北京朝阳区建立志愿者服务站的建议》《关于加快文化与科技产业深度融合 推进朝阳区文创产业升级的建议》等区政协十三届三次会议委员提案28件。（边增芝）

【宣传思想文化战线重点课题研究】 年内，区委宣传部开展“增强新闻生产力、聚合力、传播力，打造具有区域影响力的区级融媒体中心”和“关于开展朝阳区‘十“YI”三百’深耕行动，进一步提升未成年人思想道德建设工作水平的探索实践”课题研究，形成调研报告上报市委宣传部。开展“我们眼中的文化朝阳”课题研究，全面梳理全国文化中心建设“1+7”[1是指《朝阳区全面加强文化建设的意见》；7是指《朝阳区培育和践行社会主义核心价值观行动计划（2017年—2020年）》《朝阳区深化公共文化服务体系示范区建设行动计划（2017年—2020年）》《朝阳区保护与传承优秀传统文化行动计划（2017年—2020年）》《朝阳区推进国家文化产业创新实验区建设行动计划（2017年—2020年）》《朝阳区推进对外文化交流行动计划（2017年—2020年）》《朝阳区大运河文化带保护建设行动计划（2017年—2020年）》《朝阳区廉洁文化建设行动计划（2019年—2022年）》]制度文件落实情况，形成朝阳区推动全国文化中心建设情况与“十四五”文化发展思路研究主题报告、关于实体书店在全国文化中心建设中改的地位与作用的调研报告、关于朝阳区公共文化设施与公共文化服务供给机制的调研报告、关于朝阳区融媒体建设与现代传播体系构建的调研报告等13篇专题报告和行走在朝阳的实体书店、社会主义核心价值观的实践养成与先进典型、让大运河文化活起来等13篇调研札记。开展“文化为桥：新时代朝阳区对外宣传策略研究”课题研究，形成《朝阳区文化产业园区发展评估分析报告》、“百园工程”数据库、园区空间分布图、综合评估指标等系列成果。开展“5G时代朝阳区数字文化产业图景”课题研究开展“关于加强机关事业单位基层党组织建设的思考与实践——以朝阳区宣传系统为例”课题研究。（黄建祥）

统一战线

【概况】 中共北京市朝阳区委统一战线工作部（简称区委统战部）负责全区统一战线工作。3月，中共朝阳区委统战部对外加挂北京市朝阳区民族宗教事务办公室（简称区民宗办）和北京市朝阳区人民政府侨务办公室（简称区政府侨办）牌子。中共北京市朝阳区委台湾工作办公室，加挂北京市朝阳区人民政府台湾事务办公室的牌子（简称区台办），与区委统战部合署办公。合并后，区委统战部编制36人。设部长1人，由区委常委兼任，分管日常工作的副部长1人，副部长、民宗办主任1人，副部长、台办主任1人，副部长、侨办主任1人，副部长2人，副部长、工商联党组书记1

人（编制在工商联）。部内设办公室、党派科、综合科、新的社会阶层人士科、民族科、宗教科、对台联络科、侨务办公室。年内，全区统战系统把握新代统一战线工作新机遇，坚决贯彻落实中央、市委、区委关于统一战线工作决策部署，围绕“减量精治优环境”工作主线和“三化”的主攻方向，着力加强党对统战工作的集中统一领导，着力构建大统战工作格局，着力推进统战工作理论、机制、实践创新，着力破解各领域重点难点问题，着力提升履职尽职能力和水平，促进朝阳区政党关系、民族关系、宗教关系、阶层关系和海内外同胞关系和谐，助推朝阳区各项事业发展中发挥了重要而又独特的作用。（孙　洁）

【专项民主监督】 3月14日，区邀请民建市委常委、资环委员会主任、国务院发展研究中心资源与环境政策研究所副所长谷树忠一行10名专家列席朝阳区“推进疏解整治促提升 促进朝阳区生态文明与城乡环境建设动员暨创建国家卫生区大会”，区委常委、常务副区长马继业进行工作部署，区委书记王灏对2019年工作提出具体要求，区人大常委会主任陈宏志、区政协主席陈涛等区四套班子领导参加会议。年内，民建北京市委对接朝阳区开展专项民主监督工作。专项民主监督是民主党派发挥作用，联系基层解决问题的有效途径和全新探索。区完成配合民建市委的专项民主监督。（孙　洁）

【统战干部培训班】 3月28至29日，区委统战部举办2019年朝阳区统战干部培训班。全区各街乡统战工作主管领导及统战工作干部近100人参加培训。黄晓伟出席开班式并授课。统战部分管日常工作的副部长宝月凤和其他各位副部长也分别作专题授课。培训内容包括统战业务培训、理论学习、专题报告。内容涵盖新的社会阶层人士统战工作、新时期民族宗教工作、侨务工作政策解读等。4月9日至11日，区委统战部联合区委宣传部、区委网信办举办首届新媒体从业人员统战工作培训班，47名新媒体企业资深媒体人士参加培训。培训邀请New Media联盟CEO袁国宝、人民网舆情数据中心副主任单学刚、北京市委网信办监管中心副主任郭玉松、国家行政学院教授程萍，围绕全国“两会”精神、新媒体人如何把握好舆论方向及边界等内容作专题授课。（孙　洁）

【基础侨情调查】 4月，区委统战部开展基本侨情调查区域试点工作。选取望京街道、建外街道、三间房乡、将台乡、北京商务中心区核心功能园与朝阳园等“两街两乡两园区”作为首批试点。在区域试点工作中，形成全区侨务人才资源和涉侨企业资源两大数据库，采集人才信息805条，企业信息3015条。经数据结构分析，区涉侨群体主要以中青年高知人才为主，行业分布广泛，其中尤以商业服务业和科技行业领域为主；涉侨企业主要以注册资本额在1000万元以下中小企业为主，高度集聚于第三产业，其中以商业服务业为主。通过调研，摸清侨务工作薄弱环节，需进一步提升侨务服务体系，创新侨务工作方式，加强资源网络构建，强化涉侨政策宣传力度，为指导侨务工作改革积累经验，夯实工作基础。（孙　洁）

【调研活动】 5月24日，市台办副主任李长远、市台胞权益保障服务中心主任郑实、副主任吕卉、市台办综合处干部钟智等到区调研座谈北京市《关于深化京台经济文化交流合作的若干措施》（简称“55条措施”）实施情况。区委统战部副部长、区台办主任李波主持并作汇报。台商们对朝阳区给予的政策支持表示满意，为落实“55条措施”建言献策。区各部门有关人员从台企在京投资项目核准、营业执照注册等方面进行政策解答。区发改委等部门和晶华宝岛（北京）眼镜有限公司等区内知名台商和台青代表参加座谈。6月24日，民进中央副主席、民进北京市委主委庞丽娟带队一行到区调研民进基层组织建设情况。庞丽娟认为，朝阳民进积极践行新时期立会宗旨，认真贯彻落实民进市委、朝阳区委和统战部的部署要求，充分挖掘潜力，协调各种资源，凝心聚力，各项工作取得新成绩。区领导王灏、黄晓伟一同调研。6月27日，市政协民宗委主任池维生带队市政协委员一行到朝阳区调研民族团结进步创建工作，实地考察朝外街道一站式服务大厅、芳草地国际小学民族分校、月盛斋便民超市。（孙　洁）

【区委对台工作领导小组（扩大）会议】 6月5日，区召开区委对台工作领导小组（扩大）会议。传达中央和市委对台工作会议有关精神并部署下一阶段全区对台工作。区委对台工作领导小组组长、区委书记王灏出席会议并讲话，区政府副区长李国红传达中央、市委对台工作会议精神并部署全区对台工作。区委对台工作领导小组成员、区台胞权益保障协调小组成员单位有关负责人及各街道、地区（乡）党（工）委书记参加会议。（孙　洁）

【议政会】 6月12日，区政协、区委统战部在举办“加快大尺度绿化，高质量推进生态文明建设”议政会。区政协委员、民主党派代表和无党派人士代表分别发言。李继泉作《关于郊野公园可持续发展》的建言、张学军作《关于构建绿色基础设施、筑牢生态根基》的建言、解卫作《关于引进专业机构参与大尺度绿化，打造朝阳区“一街一景、一乡一画”》的建言、刘敬疆作《关于老旧小区绿化与停车空间协调》的建言、叶昊作《关于利用大尺度绿化契机，促进文创、科创和乡创高质量融合发展》的建言、张劲硕作《关于聚焦生态环境需求，科学推进大尺度绿化建设》的建言、肖磊作《关于改进公共区域垃圾分类收集系统，提升生态环境质量》的建言、刘俊华作《关于制定生态朝阳绿色发展导则的政策》的建言。郭晓静、戚道铎等13位委员围绕“加快大尺度绿化，高质量推进生态文明建设”主题提出意见建议。区领导王灏、陈涛、黄晓伟、杨树旗、张永新、王文远、连玉明、战春燕出席会议。（孙　洁）

【香港交流团到区参观交流】 7月24日，香港九龙东观塘区“同心社区”一行42人到区参观交流。围绕社区互动、文化共鸣、情感互通、合作发展等四个方互动交流。香港九龙东观塘社区康乐区居民协会与大屯街道新新家园社区签署合作协议、建立结对合作关系。双方表示要加强互访和人员往来，促进多领域开展合作。（孙　洁）

【统战工作领导小组会】 7月24日，区委统战部召开统战工作领导小组（扩大）会议。会议审议并通过《中共北京市朝阳区委统一战线工作领导小组及其办公室成员名单、工作规则（细则）、成员单位职责分工》、《中共北京市朝阳区委统一战线工作领导小组各二级议事协调机构成员名单》、统一战线工作领导小组的意见。区领导王灏、黄晓伟、区委统战领导小组成员单位和各街乡党（工）委主要负责人80余人参加会议。（孙　洁）

【市首个民主党派新的社会阶层支部在朝阳区成立】 7月28日，北京市首个民主党派新的社会阶层支部——民建北京市朝阳区委新的社会阶层支部成立，是北京市首个民主党派新的社会阶层人士基层组织。新的社会阶层人士主要包括私营企业和外资企业的管理人员和技术人员、社会组织从业人员、自由职业人员、新媒体从业人员及网络人士四大群体。选举产生民建朝阳区委新的社会阶层支部第一届委员会，魏媛媛当选为支部第一届主委。支部有15名委员，涉及民企及外企管理技术人员等四类群体。（孙　洁）

【政党协商座谈会】 11月19日，区委召开政党协商座谈会，邀请各民主党派区委主委、区工商联主席、无党派代表人士就年初确定的议题座谈协商。全区各民主党派、工商联主要负责人及无党派代表人士围绕“幼有所育、学有所教、劳有所得、病有所医、老有所养、住有所居、弱有所扶和便利性、宜居性、多样性、公正性、安全性”和“提升公共服务品质，持续改善民生”“持续优化营商环境，促进民营企业高质量发展”两个议题议政建言。区领导王灏、暴剑、王志勉等会加会议。（孙　洁）

机构编制管理

【概况】 中共北京市朝阳区委机构编制委员会办公室（简称区委编办）为中共北京市朝阳区委机构编制委员会（简称区委编委）的常设办事机构，承担区委编委的日常协调服务工作，为正处级，列入区委工作机关序列，归口区委组织部管理。设5个内设机构，分别为：综合科、机构编制管理一科、机构编制管理二科、监督检查科、编制外人员管理科。机关行政编制22名。年内，完成党政机构改革工作、综合执法体制改革、街道机构改革工作，开展乡机构改革试点工作。（王鹏举）

【议事协调机构规范】 2月，朝阳区落实上下对应，各区议事协调机构总数不得超过市级总数要求，经区委常委会研究审议通过，把区级议事协调机构从221个减少到61个。落实全区机构改革实施方案和整体工作部署，新组建和调整组建议事协调机构17个。分别为组建中共北京市朝阳区委全面依法治区委员会，办公室设在区司法局；组建中共北京市朝阳区委审计委员会，办公室设在区审计局；组建中共北京市朝阳区委财经委员会，办公室设在区发展改革委；组建中共北京市朝阳区委教育工作领导小组，办公室设在区委教育工委；组建中共北京市朝阳区委城市工作委员会，办公室设在区规划自然资源委朝阳分局；组建中共北京市朝阳区委农村工作领导小组，办公室设在区委农工委；组建中共北京市朝阳区委生态文明建设委员会，办公室设在区生态环境局；组建中共北京市朝阳区委宣传思想工作领导小组，办公室设在区委宣传部；组建中共北京市朝阳区委“平安朝阳”建设领导小组，办公室设在区委政法委；组建北京市朝阳区退役军人安置工作领导小组，办公室设在区退役军人局；组建北京市朝阳区医药卫生协调委员会，办公室设在区卫生健康委；将中共北京市朝阳区委全面深化改革领导小组更名为中共北京市朝阳区委全面深化改革委员会，办公室设在区委区政府研究室；将中共北京市朝阳区委网络安全和信息化领导小组更名为中共北京市朝阳区委网络安全和信息化委员会，日常工作由区委网信办承担；将北京市朝阳区京津冀协同发展领导小组更名为中共北京市朝阳区委北京市朝阳区人民政府推进京津冀协同发展领导小组，办公室设在区发展改革委；将北京市朝阳区机构编制委员会更名为中共北京市朝阳区委机构编制委员会，日常工作由区委编办承担；将中共北京市朝阳区委外事工作领导小组更名为中共北京市朝阳区委外事工作委员会，办公室设在区政府外办；将北京市朝阳区国家安全工作领导小组更名为中共北京市朝阳区委国家安全委员会，办公室设在区委政法委。（王鹏举）

【党政机构改革】 3月，区落实市委、市政府批准的《北京市朝阳区机构改革方案》精神，完成区委区政府涉改部门“三定”规定制定工作，制发《北京市朝阳区机构改革实施方案》及配套文件。机构改革后，全区处级领导干部职数减少6正34副，精简幅度3.1%、5.6%；科级领导干部职数减少5正26副，精简幅度0.3%、3%。36名统计专项事业编制置换为行政编制，收回退休、辞职、安置人员的行政编制6名，纳入全区编制统筹管理。明确职责任务517项、职能转变30项、有关职责分工33项。将15项事业单位承担行政职能划归机关或相关执法机构。组建或调整区审计委、区财经委等13个委员会，明确18个归口领导或管理机构。在管理体量大、人数多10个政府部门设置党建工作科。依据《朝阳区义务教育优质均衡发展三年发展计划（2018—2020年）》，调整48所中小学。为区、街乡两级退役军人服务机构增加编制86名（含市下达事业编制51名），在区退役军人局所属区军队转业干部服务中心的基础上，组建区退役军人服务中心，负责本区退役军人及随军家属的就业服务等工作、指导街乡退役军人服务站、配合基层党组织完成退役军人党员教育管理服务等工作。（王鹏举）

【街道系统机构改革】 3月，区落实市委市政府《关于新时代加强街道工作的意见》和市委市政府批准的《北京市朝阳区机构改革方案》及“基层建设三年规划”等文件精神，在2018年街道机构改革试点的基础上，全面启动街道机构改革工作。统一把街道机构综合设置为综合办公室、党群工作办公室、平安建设办公室（司法所）、城市管理办公室、民生保障办公室、社区建设办公室，综合执法队，退役军人事务站、市民活动中心（党群活动中心）、市民诉求处置中心（综治中心）“6室1队3中心”。重新核定街道行政、执法、事业等人员编制数，从全区调剂事业编制106名，用于强化街乡党建服务工作。在整合街道现有城管执法分队力量基础上，组建街道综合行政执法队。整合组建街乡市场监管所。3月底，以区委办、区政府办名义重新印发区24个街道的“三定”规定，5月，街道综合执法队组建通知、所属事业单位编制、职责等事

项调整通知分别印发，各街道以新机构名称对外开展工作。 （王鹏举）

【乡机构改革试点】 6月至11月，区落实市委编办《关于乡镇机构改革试点工作的指导意见》要求，选择太阳宫、将台和黑庄户3个乡作为试点单位，试点乡内设机构综合设置为7室，即综合保障办公室、党群工作办公室、平安建设办公室（司法所）、城乡建设管理办公室、民生保障办公室、社区建设办公室、经济发展办公室。统一设置事业单位3个，即便民服务中心（退役军人事务站）、市民活动中心（党群活动中心）、市民诉求处置中心（综治中心）。个性化设置事业单位1～2个。7月底，3个试点乡机构改革试点工作实施方案经区机构改革领导小组审议后，以区委办、区政府办名义印发。12月底前，3个试点乡按照实施方案要求，全面完成了机构调整组建、人员调整、办公室更名挂牌等相关工作。 （王鹏举）

【权力清单编制】 9月，区委编办落实市委编办统一部署要求，编制完成《朝阳区政府部门权力清单（2019版）》，涉及34个部门，1145项行政职权，在“首都之窗”朝阳网站面向社会公示。 （王鹏举）

【综合行政执法机构体制改革】 年内，区落实市委编办相关会议、文件精神，结合区实际，整合组建区级市场监管、生态环境保护、文化市场、农业农村、住房和城乡建设、城管执法、卫生健康共7支综合行政执法机构和队伍，规格统一定为副处级，明确其名称、隶属关系、领导职数等机构编制事项。落实市深化综合行政执法改革中“一个部门一个机构管执法”精神，在应急部门整合组建安全生产综合执法大队，规格定为正科级。 （王鹏举）

【编制外人员规范管理】 年内，区委编办落实禁毒工作要求，为街乡增配42名禁毒专职社会工作人员；协调区城管监督中心划拨3名座席员协助区纪委区监委开展检举举报平台试点电话举报系统接听工作；协调和指导区城管监督执法局解决15名参照工勤人员的转岗分流工作；指导区交通安全委拟终止7名编制外人员劳动合同相关事宜。 （王鹏举）

政策研究

【概况】 年内，区委区政府研究室完成各类文稿、报告起草770篇463万字；开展和参与调研活动150余人次；开展全区二级班子党政主要领导135项调研课题跟踪管理服务工作；编印《朝阳调研》4期、《调研参阅》31期，服务区委区政府决策。 （武 睿）

【深化改革制度研究制发】 7月，区委完成全面深化改革委员会机构改革工作，制发《中共北京市朝阳区委全面深化改革委员会工作规则》《中共北京市朝阳区委全面深化改革委员会专项小组工作规则》《中共北京市朝阳区委全面深化改革委员会办公室工作细则》等工作规则和工作细则。制发《区委全面深化改革委员会2019年工作要点》，确定完善城市规划建设管理体制、深化新一轮服务业扩大开放综合试点、大力推动社会治理创新等29大项（131细项）年度改革任务及19项重点推进的改革事项。依据市委相关实施意见和实施规划的主要内容，制发《关于认真学习贯彻党的十九大精神坚定不移将朝阳改革推向深入的实施规划（2019—2022年）》，提出208项改革任务。组织召开区委深改委会议8次，审议通过“关于《朝阳区全面推进服务业扩大开放示范区建设率先行动方案》的汇报”“关于朝阳区农村集体产权制度改革情况的汇报”“关于《北京市朝阳区科协系统深化改革实施方案》的汇报”等议题24项。建立改革工作亮点台账，总结区改革经验，在各级各类刊物刊发23篇（条）改革信息，领导批示7条次。编印《改革直通车》22期。督察区委改革事，完成10项年度改革督察任务，强化领导带队督察的促进作用，成立由区委书记、区长、区委改革办主任、常务副区长任组长的4个督察组，选定督察项目，节点跟进推进情况。落实《改革工作提醒通知单》制度。 （李 博）

【重点课题研究与管理】 年内，区委区政府研究室围绕区经济社会高质量发展、城市治理体系和治理能力建设、党建引领强化基层建设、城市文化品质、城市建设和精细化管理、国际化建设等内容，组织开展“朝阳区持续推进减量发展的路径及政策研究”“朝阳区城市环境精细化治理的实践与探索”“朝阳区推进基层建设年工作研究”“朝阳区提升城市文化品质实践研究”“朝阳区大尺度生态环境建设研究”“朝阳区流动人口跟踪调查研究”“朝阳区绿地认建认养调查研究”“强化城市治理创新，提升区域国际化建设水平”“朝阳区国际化资源统计与分析研究”9项重点课题研究。研究成果通过各级各类党政刊物或纳入区委全会报告、政府工作报告等实现转化，在全区工作开展中推进落实。制发《区委区政府研究室重点课题管理办法》，实现课题选题、开题评审、跟踪管理、结题结项等全流程闭环管理，明确考核标准，完善工作机制，做到基础研究资料有价值、难点问题分析有深度、对策建议有见地。创新开展“微调研”，围绕文稿起草、课题研究、改革督察等，把基层声音、百姓需求反映上来，把区委决策、领导意图传达下去，把研究成果、工作经验送出去。挖掘和利用智库资源，支持社会研究机构深入熟悉和了解朝阳区情。以课题研究为纽带，形成上下联动、部门协作、智库参与、优势互补、资源共享的“大调研”工作格局。 （武 睿）

区直机关党建

【概况】 中共北京市朝阳区委区直属机关工作委员会，是区委派出机构，主管区直属机关系统党的建设和思想政治工作，领导区直属机关纪律检查工作委员会，编制14人。内设办公室、组织科、宣教科、监察科。年内，区直机关工委所辖64个基层党组织，其中6个基层党委、11个机关党委、25个直属党总支、22个直属党支部，有在职党员6348人，离退休党员1345人。区直机关系统新发展党员127人，转正124人，14个党组织完成换届，11个党组织进行补选。指导新成立党组织7个，变更党组织名称7个，转隶党组织3个，撤销党组织12

个。年内，区直机关工委组织机关系统64家单位1700余人次参加保障“一带一路”国际合作高峰论坛、亚洲文化嘉年华、中华人民共和国成立70周年庆祝活动等重大活动，完成巡防值守、站岗执勤、庆中华人民共和国成立70周年观礼人员协调组织等任务。举办区直机关系统学习贯彻中共十九届四中全会精神宣讲报告会。（孙新杰）

【慰问活动】 1月，区直机关工委组织开展春节、元旦送温暖慰问活动。走访慰问离退休老干部19名、困难党员73名。联合区总工会、区文联、区诗书画研究会，开展“迎新春、送祝福”慰问活动，邀请183名书法家、民俗家走进区政府机关大院和14家机关单位，通过写春联、剪窗花、编中国结，为5000余名党员干部职工送去新春祝福。6月，推荐2名优秀党员和2名生活困难党员作为区委领导走访慰问对象，为60名困难党员申请困难党员帮扶资金7万元。（孙新杰）

【先进表彰】 4月，区直机关系统推荐的北京市工商行政管理局朝阳分局、北京国华置业有限公司获“首都劳动奖状”。区民防局人防工程管理所、北京市朝阳区食品药品监督管理局餐饮服务监管科、北京今赢世际旅游文化有限公司旅游服务部获评“北京市工人先锋号”。区环卫中心徐靖、区发展和改革委员会杨作毅、国家税务总局北京市朝阳区税务局曾航、区园林绿化局吴宝林、区安全生产监督管理局史晓梅、区城管执法监察局高志广、壳牌（中国）有限公司徐立廷、北京汇丰盛和国际贸易有限公司王慧超8名个人获“首都劳动奖章”。（孙新杰）

【新时代文明实践日活动】 5月30日，区直机关工委在区委党校围绕“如何开展好区直机关系统新时代文明实践活动”召开座谈会。把每月最后一个星期日确定为区直机关系统新时代文明实践活动日。在区委党校建立区直机关系统理论实践基地，开展理论课程培训；与区科协联合建立区直机关系统科普实践基地，开展科普理论活动。年内，组织区直机关系统干部、家属及子女参加科普实践讲座、参观北京科学中心。（孙新杰）

【党员献爱心活动】 6月28日，区直机关工委在区政府机关大院举行“朝阳区2019年‘党员献爱心’活动启动仪式”，四套班子领导、机关大院党员干部800余人参加活动，现场捐款129450元。年内，区直机关系统捐款994293元。（孙新杰）

【百姓宣讲汇讲活动】 7月至8月，区直机关工委组织开展区直机关系统百姓宣讲汇讲活动。参加“我和我的祖国”2019年朝阳区百姓宣讲汇讲活动，围绕“不忘初心、牢记使命”、喜迎国庆、红色故事、筹备冬奥会等主题，讲述身边事，传递正能量，区直机关工委连续5年被评为“朝阳区优秀宣讲团”，区住建委许光斌、区市场监管局徐琳、区医保局张晓瑜被评为“朝阳区优秀宣讲员”。11月15日，区直机关工委会同区委宣传部、区武装部组织开展区直机关系统“不忘初心、牢记使命”先进典型专题教育活动——朝阳区受阅女民兵宣讲团机关专场宣讲，邀请9名宣讲员讲述阅兵训练经历，宣讲题目分别是《做方队的领头雁》——赵冰清，《铿锵报国志，无悔家园情》——任宁远，《身在教师岗位，传递阅兵精神》——毛振川，《展时代青年风采，传优良民兵精神》——张晓菲，《莫负时代好年华》——蒋瑶，《初心如磐，不负芳华》——李晓茹，《受阅与守护同行》——岳征，《两次受阅，巾帼无悔》——张婵，《靓丽芳华绽放阅兵场》——李蕊。（孙新杰）

【“我和我的祖国”快闪活动】 9月，区直机关工委会同区融媒体中心，在北京751时尚设计广场开展机关系统“我和我的祖国”快闪活动。500余名机关系统党员干部参加，游人、旅客近千人参与互动。快闪视频在《北京日报》、北京朝阳App、学习强国等平台进行宣传推广。（孙新杰）

【急救知识讲座及技能培训会】 12月27日，区直机关工委联合区红十字会，在区政府举办急救知识讲座及AED（自动体外除颤器）操作培训，为60余名机关干部讲解急救常识、传授AED操作技能。区直机关工委纪工委书记李海波、区红十字会明宝萍副会长参加会议。（孙新杰）

【党建主题展】 12月，区直机关工委在区政府南楼一层大厅举办以“守初心、担使命、走在前、作表率”为主题的区直机关系统党建主题展，分政治建设、思想建设、组织建设、纪律建设、作风建设、习近平金句6个部分，引入党建机器人，采取文件展示与视频播放相结合的方式，展示图片221张，视频103个，党支部案例文字材料415篇，集中宣传2017年至2019年机关党建工作成果。机关系统6400余名党员干部参观。（孙新杰）

【党建例会】 年内，区直机关工委召开5次区直机关系统党建例会。组织区直机关系统基层党组织书记述职、部署2019年区直机关系统党建工作、安排部署区直机关系统党支部与社区（村）党组织“1+1手拉手行动”、通报区直机关系统意识形态专项巡视整改工作进展情况。黄晓伟作集中点评并讲话。（孙新杰）

【1+1手拉手行动】 年内，区直机关工委组织区直机关系统党支部与社区（村）党组织开展“1+1手拉手行动”。区直机关系统202个党支部与249个社区（村），结成互助对子，探索创新党建引领“街乡吹哨、部门报到”工作新机制，开展共建拉手关系、共商共建任务、共克发展难题、共促品牌提升活动，梳理上报5类43项问题，协调解决热点难点问题27项。（孙新杰）

【党员培训】 年内，区直机关工委分层分类开展党员培训。围绕加强机关党的建设、党风廉政建设、网络意识形态等内容，采取邀请专家授课、参观见学、讨论交流等方式，组织基层党组织书记培训、组织委员培训、纪检委员培训、党员轮训，培训1100余人次。（孙新杰）

【廉洁文化进机关进家庭活动】 年内，区直机关工委联合区纪委区监委机关、区妇联，开展“悦读·阅廉——朝阳区‘廉洁文化进机关、进家庭’活动”。倡议全区机关干部及家庭成员共同营造清风正气、建设学习型机关。为各单位发放图书漂流包，区直机关系统各单位开展100天接力阅读，分享“一句话好书推荐语”、“阅读接力抄”、朗读音频，全年收到阅读分享成果2800余份。（孙新杰）

老干部工作

【概况】 中共北京市朝阳区委老干部局是区委主管本区离退休干部工作的工作机关，归口区委组织部管理。局机关编制行政科室3个：办公室、组织指导科、服务管理科；下属参照公务员法管理事业单位1个：老干部活动中心（老干部大学、老干部党校），编制42人，实有37人。年内，全区有离退休干部20882人，其中离休干部306人（含易地离休干部42人），副处级以上退休干部1712人。年内，注重加强离退休干部政治建设、思想建设和党组织建设，做好离退休干部服务管理，落实离退休干部政治待遇和生活待遇，引导离退休干部为党和人民事业增添正能量。举办局职离退休干部读书班、离退休干部党支部书记培训班等9期，通过专题情况通报和形势报告等方式，解读和宣传中央、市委和区委重大决策部署，2000余人次老干部参加各类政治学习。为离退休干部党支部骨干发放工作补贴80.88万元。组织离退休干部体检1540人次。重大节日组织全区开展走访慰问离退休干部活动，在中华人民共和国成立70周年之际，普遍走访全区离休干部，完成市区为离退休干部办实事6件，开展党建引领老干部工作向基层延伸试点工作。召开区离退休干部党建工作研讨会，谋划2020年区老干部工作。依据北京市朝阳区委机构编制委员会《关于做好区属议事协调机构调整工作的通知》有关精神，朝阳区关心下一代工作委员会办公室从区委宣传部（区文明办）调整到区委老干部局。参加市关工委组织的相关活动，参与并筹划开展“中华魂”主题教育、家教社共育、青少年普法教育等系列活动。区委老干部局被北京市委宣讲团评为“北京市‘三星’理论宣讲示范基地”和“北京市理论宣讲示范基地工作先进单位”。（徐振兴）

【老干部工作会】 1月23日，区召开老干部工作会。传达全国老干部局长会议精神，观看2018年朝阳区离退休干部党建宣传片，通报区级班子新的调整情况和2018年全区经济社会发展情况，总结部署老干部工作。市老干部局副局长姜琳娅，区领导王灏、文献、陈宏志、何明等及区委老干部工作领导小组成员单位及各单位主要负责人、离退休干部代表近300人参加会议。（李雪梅）

【骨干培训】 3月26日至28日，区委老干部局召开上半年离退休干部党支部书记培训会暨组织参观学习活动。全区离退休干部党支部书记和相关工作人员106人参加会议。6月21日，举办2018年朝阳区老干部宣传骨干培训会。传达学习北京市老干部工作宣传重点，通报朝阳区宣传工作情况，介绍《朝阳老干部报》与“朝阳老干部之家”微信公众号有关情况，老干部宣传骨干等30余人参加会议。10月30日至11月1日，召开2019年下半年离退休干部党支部书记培训会暨党组织建设交流活动。全区离退休干部党支部书记、委员和老干部工作人员120人参加培训。11月20日至22日，举办党的十九届四中会精神专题培训班，区党建研究会老干部分会成员、离退休干部党支部书记兼老党员先锋队队长、离退休干部党支部支委、宣传骨干等近150人参加培训。年内，区委老干部党校举办两期以“不忘初心，牢记使命”为主题的离退休干部理论骨干培训班。开展理论学习、参观见学、经验交流等活动。通报2018年区老干部工作完成情况和2019年工作重点，邀请高校教授解读《中共中央关于加强党的政治建设的意见》，区老干部宣讲团成员胡宝娣以《快乐生活让夕阳更美》为题作党的十九大精神宣讲，全国优秀党员叶如陵分享几十年工作体会。观看《纪念改革开放40周年》光盘，组织老干部参观常营乡新农村建设暨老旧小区电梯改造工程。（董 爽）

【中华人民共和国成立70周年成就座谈会】 4月23日，区召开局职离退休干部庆祝中华人民共和国成立70周年座谈会。局职离退休干部围绕中华人民共和国成立70周年祖国发展变化，结合自身经历畅谈体会和感悟，谈爱党爱国情怀。6月20日，区委老干部局组织部分离退休干部党支部书记召开“我看中华人民共和国成立70周年新成就”专题调研座谈会。王仲才、丁兰欣、刘占元3位支部书记交流开展老干部党支部工作的经验体会，区委组织部退休干部党支部书记李森宣读《不忘初心我将无我 牢记使命不负人民》倡议书。（赵现宽）

【老干部大学十周年校庆活动】 5月17日，朝阳区老干部大学十周年校庆活动在朝阳区委老干部局报告厅举行。区委老干部局副局长、老干部大学副校长邢等超宣读表彰决定，通报表彰郑学军、张家丽等14名优秀教师和刘领先、冯增乐等24名优秀学员。优秀学员代表刘领先和优秀教师代表张家丽作学习和教学情况交流发言。举行朝阳区老干部大学庆祝中华人民共和国成立70周年文艺演出活动，老干部大学、金秋艺术团、团结湖分校共同演出。北京市委老干部局副局长、老干部大学校长刘向东，北京市老干部活动中心主任、市老干部大学常务副校长张吉云，朝阳区委常委、组织部部长、老干部大学校长迟行刚，区老干部大学成员单位负责人等160余人参加活动。（程鹏厚）

【区情通报会】 8月14日，区领导与离退休干部见面暨情况通报会召开。通报区委班子成员调整变化情况和2019年上半年朝阳区社会经济发展情况。区领导王灏、文献、陈宏志、陈涛、马继业、迟行刚以及区局职离退休干部代表等60余人参加会议。区委常委、组织部部长、区委老干部工作领导小组副组长迟行刚主持会议。（李雪梅）

【党组织和党员慰问】 9月，区委区政府开展全区离休干部开展大走访大慰问送温暖活动，为全区401名离休干部送去慰问信及慰问金80.2万元，转达党和政府对老干部的关怀。（组织部）

【党建引领老干部工作向基层延伸会】 10月31日，市党建引领老干部工作向基层延伸试点工作会在劲松街道召开。市委组织部副部长、市委老干部局局长张革出席会议并讲话。全市16区区委常委、组织部部长，市委老干部局领导班子成员，试点街道党工委书记，各区、各系统老干部工作部门以及市委老干部局相关处室主要负责人90余人参加会议。12月16日，区召开老干部工作领导小组暨党建引领老干部工作向基层延伸试点工作组会议。总结2019年全区老干部工作，研究2020年重点工作任务，审议《朝阳区党建引领老干部工作向基层延伸试点工作方案》并部署工作。区委老干部工作领导小组成员单位及党建引领老干部工作向基层延伸试点街道30余人参加会议。（张香丽）

【专题报告学习】 年内，区委老干部局邀请北京市委党校决策咨询部主任、教授赵莉解读《学习贯彻2019年全国“两会”精神》报告，中央党校教授宋福范解读《中共中央关于加强党的政治建设的意见》，北京外国语大学国际中国文化研究院、副教授、硕士生导师管永前作“不忘初心增党性 牢记使命强能力”专题报告，区委党校教授姜岩作“不忘初心、牢记使命”主题报告。全区905名离退休干部参加学习。（韦汝林）

【离退休干部读书班】 年内，区委老干部局举办2期局职离退休干部读书班，邀请北京市委党校教授赵莉解读全国政府工作报告精神，观看“不忘初心、牢记使命”北京市离退休干部宣讲微视频、实施乡村振兴战略的重大举措和政策安排等光盘，参观科学院大学怀柔校区“两弹一星”博物馆，观看奥林匹克公园灯光秀等。（武鑫来）

【党建创新项目征集活动】 年内，区委老干部局运用项目化运作方式，在全区开展离退休干部党建工作创新项目征集活动。通过项目资助、培训指导、督导评估等方式，扶持各级离退休干部党组织做好党的建设工作，促进各级党委（党组）落实离退休干部党建工作主体责任。全区老干部党校分校及社区课堂、离退休干部党支部、老党员先锋队等35个项目立项。其中，有垡头街道离退休干部党支部和垡头老党员先锋大队共同开展的“不忘初心牢记使命·让老党员先锋队的旗帜‘越青春越朝阳’”系列活动；区环境卫生服务中心离退休干部党支部以“不忘初心葆忠诚·牢记使命展风采”为主题，开展“读红色书籍，强党性修养；赏红色电影，忆峥嵘岁月；唱红色歌曲，燃爱国情怀；讲红色故事，树理想信念；受红色教育，惜美好生活”等活动。《中国老年报》等媒体报道朝阳区离退休干部党建工作创新项目经验。（于开山）

【为离休干部办实事】 年内，区委老干部局落实提高全区离休干部护理费标准，落实全市离休干部养老服务津贴、去世离休干部无工作配偶困难补助费发放及加发离休干部1～3个月生活补贴工作，落实区委、区政府为离休干部办实事。开展上门健康护理服务，为385名离休干部每日上门送牛奶，为365名离休干部上门进行助洁、助行、助浴、助餐等服务，为2378人次离退休干部购买北京市老年人意外伤害保险，为1540名离退休干部进行体检。帮扶14名困难离退休干部。（张香丽）

【学习活动阵地建设】 年内，区委老干部局聚焦“不忘初心、牢记使命”主题，以“党性”教育为主线，结合新时代离退休党建工作新要求和离退休干部党员队伍特点，建设集党性学习、展览展示、培训教育、交流互动于一体的离退休干部党员教育培训阵地——“老党员之家”。设计“听、看、测、说”四个环节，通过听讲解、看展览、测知识、说心得，开启情境化、故事化、体验化、生活化的老党员党性教育新模式，把“老党员之家”建设成老党员党性教育的重要阵地、老党员谈心交心的重要港湾、满足老党员精神文化生活的重要载体、展示老党员先锋模范作用的重要平台。（于开山）

【文化养老】 年内，区老干部大学开设各类教育学习班21个，组建舞蹈队、葫芦丝队、合唱队等活动队组，丰富文化养老，连续8年举办区离退休干部文化节。组织区老干部大学和区老干部金秋艺术团老党员先锋队等队组下基层为养老院慰问演出，举办“我和我的祖国——朝阳区离退休干部庆祝中华人民共和国成立70周年”大型演出活动。（程鹏厚）

保密管理

【概况】 年内，在区机构改革中，朝阳区国家保密局机构设置进行调整。中共北京市朝阳区委保密委员会办公室（北京市朝阳区国家保密局）[简称区委保密办（区保密局）]设在区委办公室。原有的保密工作职能和8名行政编制人员全部划入区委办公室，领导配备由原来的保密局局长改为区委办副主任兼任区委保密办主任（区保密局局长）。区委办公室内设保密业务科，科室行政编制4人，负责全区保密工作开展。主要职责为贯彻落实党和国家有关保密工作的方针、政策和法律法规，负责制定和实施本区保密工作计划，组织开展保密宣传教育和保密检查，督促查处泄密事件。年内，区委保密办（区保密局）紧紧围绕“三项重大活动”和中华人民共和国成立70周年保密服务保障工作任务，内部查制度机制建设，外场查保密规章执行，牢记使命，强化担当，全力提升新时代朝阳保密工作管理服务水平。（袁 野）

【保密宣传】 1月，区委保密办（区保密局）制发《机构改革 保密先行》主题宣传动漫片和《朝阳区进一步加强机构改革保密工作的通知》，全面对接涉及机构改革撤并单位，全程提供保密指导服务，切实夯实机构改革过程中保密思想防线。紧抓“4·15”全民国家安全日主题教育契机，发放《中华人民共和国保守国家秘密法》宣传册500册、保密宣传鼠标垫400个、保密宣传书签3000张、保密宣传折页1500份。3月22日至9月4日，区委保密办开展以服务保障70周年庆祝活动为主题的保密宣讲160次，受众6200余人次。（袁 野）

【保密检查和技术服务】 3月至9月，区委保密办（区保密局）开展三轮专项保密检查，实地检查各指挥部、涉密服务外包单位150家次，其中开展国庆游园彩车服务保障指挥部检查11次，对彩车存放环境、工作人员保密意识等进行保密检查和保密服务。检查电脑500余台次，发现消除15项问题隐患，督促整改和落实，指导相关单位与参加中华人民共和国成立70周年庆祝活动人员签订保密承诺书，提供涉密会场屏蔽服务41次，组织销毁各类涉密载体和内部文件资料近20吨。（袁 野）

【保密工作评估】 8月22日，市保密局专项检查组到区评估2019年度保密工作任务完成情况。重点围绕中华人民共和国成立70周年庆祝活动保密服务保障、保密工作责任制、制度建设、保密宣传、教

育培训、定密管理、网络管理和涉密人员管理等工作落实进行验收。区年度保密工作综合评估成绩为“优秀”。（袁　野）

【区委保密委员会全体会议】 9月17日，中共朝阳区委保密委员会召开全体委员会议。会议要求，以中华人民共和国成立70周年北京市庆祝活动保密服务保障为主线，创新思路举措，全面提升党管保密、依法治密、创新驱动、综合防范能力和水平，更加奋发有为地推动朝阳区保密工作新发展。（袁　野）

【保密工作培训】 11月26日至27日，区委保密办（区保密局）举办涉密人员培训班。紧紧围绕新时期保密工作面临新形势、新任务进行专题讲授，重点以深刻领会和把握保密工作新规律、新发展，保密意识、责任意识和技术防范能力课程为主。全区266人参加培训。（袁　野）

党校教育

【概况】 中共北京市朝阳区委党校是区委直接领导，培养领导干部、理论宣传干部和国家公务员的学校，兼有区行政学院、区社会主义学院职能，三块牌子一支队伍。内设综合办公室、党群工作办公室、干部培训办公室、分校办公室、综合教研室、党建教研室、科研管理办公室、教学保障办公室、后勤服务办公室和财务管理办公室10个科室。年内，贯彻落实中央、市区《2018－2022年全国干部教育培训规划》《中共北京市朝阳区委关于加强和改进新形势下党校工作的实施意见》，围绕干部教育培训总体要求，坚持从区域发展和学员任职岗位需求出发，以学习贯彻习近平新时代中国特色社会主义思想和党的十九大精神为主线，突出红色教育、素质提升和区情教育，设置具有针对性的培训课程，完成处级领导干部、中青年后备干部、国家公务员、军转干部、基层党员和积极分子等培训任务。主体班次实现学员临时党支部全覆盖。与市委党校、海淀区委党校、河北省唐县县委党校、云南昆明市委党校、江苏省委党校等开展校际交流。（赫　威）

【党的建设研究会区委党校分会会员大会】 1月10日，区委党校召开朝阳区党的建设研究会区委党校分会会员大会暨基层党建工作创新专题研讨会。与会专家、分会会员及党校教师100余人参加会议。研讨交流“基层党建创新工作中的重点难点问题”。北京市委党校原副校长殷庆言教授作《基层党支部规范化建设与工作创新》专题讲座，区委社工委调研员郑珍平围绕朝阳区基层党建创新工作中的若干问题作发言。选举党校党委书记、常务副校长李燕梅为党建研究会党校分会会长，增选朝外分校、三里屯分校、来广营分校、八里庄分校、将台分校、黑庄户分校等6家分校为分会理事会理事单位。朝阳区党的建设研究会于2017年成立。（赫　威）

【教学信息化建设项目通过验收】 5月10日，区委党校集控多媒体教室和集控录播教室项目通过竣工验收。该项目为党校2017年制定的教学信息化建设三年工作方案中的重点工程，由中城建筑工程咨询有限公司承建，总投资211.131万元。项目实现对多媒体教学设备集中控制管理，以及对教学过程实现集中录制、直播、转播和管理，提供系统所涉及所有设备；形成智慧化的设备利用和管理体系，提高教学设备利用率、提升管理人员的服务效率。（赫　威）

【三里屯分校开设“夜校课堂”】 7月15日，区委党校三里屯分校“夜校课堂”首次开课。三里屯地区机关、社区、非公企业的130余名青年党员和入党积极分子参加培训。该课堂为2周一课，该“夜校”基于夜而不拘于夜，旨在利用党员群众的空余时间开展政治学习类、兴趣提升类、普法宣传类、经验交流类的培训，寓教育于服务。（赫　威）

【红色基因传承教育工作室成立】 7月22日，区委党校红色基因传承教育工作室成立。市委党校校委委员刘红雷、太行人民抗战研究院暨家风家国基层党建助力宣讲团50余位革命后代代表及讲师团成员，区委组织部、区委宣传部、区委统战部等相关部门领导以及党校分校负责人及朝阳党校全体教职工出席启动仪式。红色基因传承教育工作室与区委组织部、区委统战部联合开发长征系列课程、五里桥北平和平谈判等特色课程，与区委宣传部联合开发意识形态课程。同时，在主体班开设“红色故事会”，在分校推广“革命后代话家风”等课程。（赫　威）

【北京商务中心分校成立】 9月6日，北京商务中心（北京CBD）分校成立。北京商务中心作为首都经济发展的重要功能区之一，建立分校是完善北京商务中心区大党建工作格局的举措，为区域内众多党组织、“两新”组织党员搭建学习培训平台。北京商务中心区工委借助区委党校研究型、规范化、专业化的优势，挖掘区域资源、创新形式，让分校成为区域企业政治引领的阵地、高知人才党性锻炼的熔炉，让党建红成为创新发展的商务蓝的强有力支撑。（赫　威）

【“红色书屋”对外免费开放】 11月12日，区委党校“红色书屋”正式对外开放。该书屋为区委党校原图书馆，经改造与朝阳区图书馆合作，实现图书资源共享。书屋占地60余平方米，有《马克思恩格斯全集》《习近平治国方略》等2700余种图书和《朝阳党校》《意林》等1200多册杂志。（赫　威）

【昆明市委党校异地教学基地落成】 12月12日，区委党校与昆明市委党校战略合作签约暨异地教学基地在朝阳区委党校揭牌。两区市干部教育培训异地教学基地开启双方全方面、宽领域、大纵深的全面合作，搭建起双方优势互补、协力发展的新格局，成为双方在教育培训、科研资政、人才培养、队伍建设等方面的新起点。昆明市委党校党委书记、常务副校长李康和朝阳区委党校党委书记、常务副校长李燕梅、朝阳区委组织部副部长刘静以及区党校部分教职工参加签约仪式。（赫　威）

【八路军（山东）研究会青年部成立】 12月14日，区委党校举行朝阳区委党校红色基因传承教育研讨暨八路军（山东）研究会青年部成立大会。区委党校党委书记、常务副校长李燕梅致辞，北京八路军山东抗日根据地研究会会长陈人康介绍成立青年部意义，北京八路军山东抗日根据地研究会青年部负责人胡山发言，红色基因工作室教师、家风家国宣讲团副团长刘玉平结合自身案例，以《传承红色基因 提高教学质量》为题做专题报告。北京市原副市长、中国人民对外友好协会会长、北京新四军暨华中抗日根据地研究会会长陈昊苏向大会致贺词。研究会会长陈人康向该会青年部授旗。罗荣桓元帅之子及部分烈士后人出席大会。（赫 威）

【主体班培训】 年内，区委党校举办主体班15期，培训干部758人。其中，处级干部进修班、培训班5期，培训261人；科级干部任职培训班6期，培训243人；青年干部政治理论读书班2期，培训115人；军转干部区情培训班2期。主体班课程以习近平新时代中国特色社会主义思想为主要内容，在保持理论教育和党性教育比重不低于总课时70%的基础上，突出红色教育、素质提升和区情教育。培训方式围绕建设高素质专业化干部队伍需求，统筹区内外高端优质教学资源，加大案例教学、现场教学比重，综合运用研讨式、案例式、模拟式、体验式、辩论式等方法，继续推广研究式教学，在研究主题、研究方法、过程管理、结果运用等方面改进细化，突出培训的实践性、实效性。（赫 威）

【专题班培训】 年内，区委党校举办专题培训班25期，培训学员3389人次。其中，区街乡统战干部培训班100人；区政法系统处级领导干部政治轮训班2期212人；区新闻发言人与网络发言人培训班1期166人；区处级女领导干部、妇联执委培训班1期61人；区文化产业经营管理培训班1期81人；河北省唐县党政干部能力提升培训班1期32人；区政法系统第七期优秀中青年干部培训班1期37人；“加强科学普及和科技创新，助力朝阳创新发展”专题培训班1期80人；区农村基层书记、主任培训班3期120人；区医保局医保中心综合素质能力培训班4期240人；国际化素质提升周末大讲堂1350人；区各民主党派成员培训班3期300人；人大代表培训班2期400人；城市社区书记兼主任培训班2期160人；社区书记班1期50人。专题班围绕培训主题，对接培训需求，开发“订单培训”，科学设置培训内容和方式，最大程度上契合专题班培训的知识需求，提升专题班学员满意度。（赫 威）

【分校教学】 年内，区委党校开展“习近平新时代中国特色社会主义思想”主题教育，结合区情，以马克思主义中国化最新理论成果等为主要授课内容。举办区委党校分校骨干培训班、基层党组织书记示范培训班、区基层专职党务工作者入职培训班；为朝阳区律师协会分校和北京商务中心区分校举办3期朝阳区各律师事务所党组织党务工作者培训班和入党积极分子培训班；协助区委组织部举办街道 乡，委办局支部书记示范培训班。在全区45家分校开展“送党课”志愿活动45场，4600余人次党员干部参加党课讲座。（赫 威）

【科研成果】 年内，区委党校完成承接北京市相关单位、部门课题成果6项，包括区政协协作课题“朝阳区国际化社区文化影响力研究”；市委党校基层重点调研课题“基于‘微更新’理念的老旧小区改造升级研究——以北京市朝阳区为例”；市委党校基层重点调研课题“朝阳区国际化社区治理模式创新探索”；市社会主义学院基层课题“构建亲清政商关系的基层实践路径研究——以朝阳区为例”；区党建研究会重点课题“互联网企业党建工作创新研究——以朝阳区为例”；区党史办公室课题“革命传统在新时代干部教育中的作用研究——以马骏烈士事迹为例”。完成咨政类成果10篇，其中6篇文稿被《朝阳信息：调研与参阅》采用；向区委、区人大、区政府、区政协四套班子领导报送《党校决策参考》10期。著作《基层社会治理创新与实践》由人民日报出版社出版。课题成果《以场景化思维提升朝阳区社区党组织组织力》《关于我区处级干部网络媒体素养的情况调研及对策建议》《关于国企基层党支部建设的有效途径探析》分别获区级二等奖、一等奖和二等奖。（赫 威）

【宣传报道】 年内，区委党校举办写作爱好者新闻培训班。在人民网、光明网、《北京青年报》等多家媒体宣传报道朝阳党校信息80余篇，其中“我和我的祖国”歌咏快闪活动视频和红色基因传承教育工作室揭牌信息，均在“学习强国”北京学习平台展示。完成改版微信公众号，设计党校公众号LOGO，推送党校新闻、工作动态和重要思想理论文章等内容信息35次，96条。（赫 威）

党史编研

【概况】 中国共产党北京市朝阳区委员会党史工作办公室（简称：区委党史办）为参照公务员法管理的区直属事业单位，机构规格为正处级，经费形式财政补助（全额）。人员编制8名，实有8人。其中主任、副主任各1名。2019年，开展党史宣传教育、党史资料征编、党史课题研究和党史业务交流培训等工作。《党史理论与实践研究（2017）》由中共党史出版社公开出版，印制内部资料新出版物《五里桥谈判——叩开北平和平解放之门》。完成《朝阳印记》电视宣传片制作。制定实施理论学习中心组学习计划，开展专题学习19次，召开意识形态工作会商研判例会5次。开展“不忘初心、牢记使命”主题教育，围绕“挖掘红色基因、传承党史文化”和“基层党史干部队伍建设”，形成调研报告2篇。落实公务员职务与职级并行制度。年内，调整领导班子，并进行党支部换届选举，产生新一届党支部。（张 茜）

【编研成果】 1月，区委党史办完成《朝阳党史》期刊2018年第二期印发。6月，完成《党史理论与实践研究（2017）》编写，由中共党史出版社出版。全书20万字，收录2017年度区党史课题研究成果理论研究与实践探索、党史专题研究、基层党建调查研究三个专题13篇。8月，完成《朝阳党史》2019年第一期印发。11月，完成《五里桥谈判——叩开北平和平解放之门》内部出版。全书20万字，分为和谈历程回顾、研究成果辑要、口述史料与文献采撷、红色文化传承四部分。（张 茜）

【党史资料征编】 2月，区委党史办启动庆祝中华人民共和国成立70周年暨纪念北平和平解放70周年征文活动，收到来自社会各界的征文50余篇，其中《阅兵精神伴我一生》《建国七十周年有感》等5篇文章被《朝阳党史》期刊录用。协助区委宣传部完成《筑梦朝阳》电视宣传片大纲审阅及文字修改工作。12月，编纂完成《中国共产党北京市朝阳区历史大事记（2016—2018）》初稿，约20万字。收录内容包括：党和国家领导人，北京市委、市人大、市政府、市政协主要领导在朝阳区的重要视察调研活动；区委、区政府的重要决策部署，以及朝阳区党政军重大活动；区委、区人大、区政府、区政协召开的重要会议，主要领导职务变动情况及开展的调研活动；区委、区政府出台的重要文件及区委、区政府工作部门出台的重要文件；全区经济社会发展中具有首发或典型意义的活动或事例；反映全区经济社会发展相关数据；朝阳区严重自然灾害、重大事故及处理情况等。（张 茜）

【工作交流】 3月28日，区委党史办主任邓献云参加中央党史和文献研究院院长冷溶一行到北京市调研座谈会，并作典型发言。5月16日，区委党史办领导班子到通州区史志办调研。双方交流研讨联合开展北平和平解放五里桥谈判史料搜集共享、图书共同编纂等工作。6月25日，区委党史办到通州区宋庄镇调研，参观平津战役前线指挥部旧址。7月23日，区委党史办副主任魏自强参加市委党史研究室、市地方志办公室推进党史工作五年规划实施调研座谈会，汇报朝阳区党史工作五年规划实施情况及有关工作。10月8日至12日，区委党史办选派1名干部参加中央党史和文献研究院在湖北红安干部学院举办的党史期刊和网站工作培训班。10月24日，区委党史办选派1名干部到市委党史研究室参加北大红楼旧址群保护传承利用工作座谈会。（张 茜）

【党史课题研究】 5月20日，区委党史办通过2019年立项课题8个，分别是："2008年北京奥运会对朝阳区居民文明素养提升的作用研究""马骏烈士爱国思想研究——兼论马骏烈士墓对朝阳区发挥的红色资源作用""朝阳区党建引领集团化办学的历史与现实""'朝阳群众'在社区群防群治中多元参与的实证研究""革命传统在新时代干部教育中的作用研究——以马骏烈士事迹为例""朝阳区落实习近平总书记视察北京讲话精神加强疏整促推进高质量发展的经验启示""弘扬百年五四精神 追忆马骏爱国情怀——论如何发挥日坛公园马骏烈士墓及纪念馆在爱国主义教育中的作用""习近平在宁德工作时期扶贫开发的经验与启示研究"。5月28日，区委党史办召开党史课题研讨培训会，研讨《党史理论与实践研究（2018）》（征求意见书稿）。8月29日，召开2019年党史课题研究中期评估推进会，邀请党史专家对课题指导，提出修改意见。12月，完成2019年党史课题研究成果7篇（除"弘扬百年五四精神 追忆马骏爱国情怀—论如何发挥日坛公园马骏烈士墓及纪念馆在爱国主义教育中的作用"外均如期结稿）。2018年党史课题成果《朝阳区发扬楼门文化培育和践行社会主义核心价值观》，被北京市社科类核心期刊《北京党史》刊用。（张 茜）

【党史培训】 11月26日，区委党史办召开2019年全区党史工作培训会，全区各单位兼职党史工作人员100余人参加。播放由区委党史办制作的党史专题片《朝阳印记》第1、2集，特邀冀商联合会秘书长董明德作题为《雄安新区史话与规划》专题讲座。12月2日至12月6日，全体在职干部参加市委党史研究室、市地方志办举办的2019年北京市党史、地方志干部培训班。（张 茜）

【党史宣传教育】 年内，区委党史办组织开展一系列党史宣教活动，重点有为六里屯街道秀水园社区、"1+1手拉手行动"社区将台乡丽都社区党委、区融媒体中心赠送党史书籍150余种700余册；组织呼家楼街道关东店社区党员干部群众100余人，到朝阳剧场观看红色电影《八子》；组织三里屯街道中纺里社区、朝外街道芳草地社区党员干部群众100余人，到紫光影城观看红色电影《周恩来回延安》；特邀北京外国语大学副教授管永前，为东风地区石佛营西里社区党员群众作题为《不忘初心、牢记使命 建功新时代》党课讲座；邀请管永前，以《不忘初心增党性 牢记使命强能力》为主题，为丽都社区党员干部作党课讲座；到三里屯街道中纺里社区，开展送区情区史进社区活动，副调研员刘培途作《学习、了解朝阳党史的几个着眼点》专题讲座。年内制作完成4集党史专题片《朝阳印记》。（张 茜）

朝阳区人大

综　述

【概况】 北京市朝阳区人民代表大会常务委员会（简称区人大常委会）是朝阳区人民代表大会常设机构。年内，召开人民代表大会会议1次、常委会会议8次。审议议题52项，其中听取和审议“一府两院”专项工作报告9项，听取和审议朝阳区2018年国民经济和社会发展计划执行情况报告和2019年国民经济和社会发展计划、朝阳区2018年财政预算执行情况报告和2019年财政预算、朝阳区2019年财政预算上半年执行情况的报告等计划、预算报告。综合运用执法检查、专题询问等监督方式，做出决议、决定15项。任免国家机关工作人员151人次。年底，全区有北京市人大代表99人，区人大代表439人。（徐华东）

【监督工作】 年内，区人大常委会在区十六届人大常委会会议上听取并审议区政府关于朝阳区2019年国民经济和社会发展计划上半年执行情况的报告及关于朝阳区2018年区级预算执行和其他财政收支的审计工作报告，关于2018年朝阳区预算执行和其他财政收支审计查出问题整改情况的报告，关于法治政府建设工作情况的报告，关于2018年度环境状况和环境保护目标完成情况的报告，关于迎冬奥全民健身开展情况的报告，关于学前教育监管服务体系建设情况的报告，关于实施《北京市机动车停车条例》情况的报告，关于办理“加快建设温榆河公园示范园，推动朝阳区生态文明建设”议案情况的报告，关于基层公共文化设施管理使用情况的报告，关于2018年度企业国有资产管理情况的专项报告，关于2018年度国有资产管理情况的综合报告。书面审议区政府落实区人大常委会对《朝阳区人民政府关于创建国家卫生区情况的报告》审议意见的办理报告，落实区人大常委会《关于“十三五”规划中期评估报告》审议意见情况的报告，落实区人大常委会对《朝阳区政府关于加强老旧小区综合整治工作情况的报告》审议意见的办理报告，落实区人大常委会对《朝阳区政府关于加快疏解非首都功能，推动区域功能定位的实现情况的报告》审议意见的办理报告，落实区人大常委会对《朝阳区政府关于加快推进“一绿”试点建设，促进城乡协同发展情况的报告》审议意见的办理报告，落实区人大常委会对《朝阳区政府办理“加大绿化建设力度，构建绿色空间体系，推动大尺度生态环境示范区建设”议案情况的报告》审议意见的办理报告。听取并审议区法院关于金融审判工作情况的报告。书面审议区法院落实区人大常委会对《朝阳区人民法院关于审判管理工作情况的报告》审议意见的办理报告。听取并审议区检察院关于轻罪案件检察工作情况的报告。书面审议区检察院落实区人大常委会对《朝阳区人民检察院关于金融检察工作情况的报告》审议意见的办理报告。区人大常委会在主任会议听取区政府关于加强农村集体资产监管，促进农村经济发展，推进农村城市化进程的报告；关于中关村朝阳园发展情况的报告；关于《朝阳分区规划（国土空间规划）（2017年—2035年）》工作进展情况的报告。（徐华东）

【区委人大工作会】 11月22日，召开区委人大工作会。区人大常委会主任陈宏志就如何贯彻落实《中共北京市朝阳区委关于新时代加强和改进人大工作的意见》作说明。区委书记王灏讲话，区四套班子主要领导，区委常委、区人大常委会委员，区委区政府各部、委、办、局党政正职领导，各人民团体主要负责人，区人大常委会各街道、各地区工委主任等参加会议。（武国鑫）

【人大代表构成】 截至年底，朝阳区第十六届人民代表大会有代表439名。男性代表275名，占63%；女性代表164名，占37%。人大代表中汉族404人，满族18人，回族11名，蒙古族2人，畲族1人，土家族1人，藏族1人，彝族1人。（徐华东）

【代表工作】 年内，区人大常委会代表联络室推动组建区人大常委会地区工作委员会，实现区人大常委会工作机构在各街乡的全覆盖，制定工作规则，明确职能定位、运行机制，推动全区代表工作一体化建设。采用集中和分散培训相结合方式开展代表培训，796人次代表参加培训。推动代表建议督办工作体系化，区十六届人大五次会议及闭会期间，区人大代表依法提出建议、批评和意见287件。其中，区政府承办194件，区人大常委会承办2件，区法院承办11件，全部办复，转市人大常委会建议80件。完善网上平台运行机制，围绕常委会年度议题增设征求意见主题板块。2346人次代表通过代表工作室网上平台接待选民1.3万人次，收集选民意见3772条。网上平台收到选民留言894条，上传代表活动信息1654条，栏目访问量3.7万次。召开“双月”代表座谈会5次，围绕迎冬奥全民健身情况、区人大常委会工作等方面，听取30余位代表的意见和建议。按照全市“万名代表下基层、全民参与修条例”活动统一部署，939人次市、区、乡人大代表到社区、学校、单位，宣传垃圾分类，征求《北京市生活垃圾管理条例》修订意见建议。完成17名区人大代表补选工作。（徐华东）

【信息宣传】 年内，区人大常委会研究室编发《人大信息》80期。其中，普刊24期、增刊8期、专报37期、参阅信息4期、《人大工作参考》12期、业务通讯1期。18篇信息被市人大常委会采用，继续在全市人大系统各区中名列第一。22条信息被区委采编，1篇信息被评为区委优秀信息，3篇信息被编发为区委专刊，1篇信息被编发为《调研与参阅》。（徐华东）

重要会议

【概况】 年内，区人大常委会召开区人民代表大会会议1次、人大常委会会议14次。审议议题52项，其中听取和审议“一府两院”专项工作报告9项，听取和审议计划预算报告6项，综合运用执法检查、专题询问等监督方式，做出决议决定15项，任免国家机关工作人员151人次。（徐华东）

【区人民代表大会会议】 1月7日至11日，召开朝阳区第十六届人民代表大会第五次会议。会议期间召开六次主席团会，5次全体会议。会议听取和审查《朝

▲ 1 月 7 日至 11 日，朝阳区第十六届人民代表大会第五次会议召开　（区人大常委会办公室　供图）

阳区人民政府工作报告》《朝阳区人大常委会工作报告》《朝阳区人民法院工作报告》《朝阳区人民检察院工作报告》，审查和批准《朝阳区 2018 年国民经济和社会发展计划执行情况的报告及 2019 年国民经济和社会发展计划》《朝阳区 2018 年财政预算执行情况的报告和 2019 年财政预算》。文献当选为朝阳区人民政府区长，并与全体代表见面，向宪法宣誓。（徐华东）

【区人大常委会主任会议】 2 月 19 日，区十六届人大常委会召开第二十四次主任会议。会议研究通过《北京市朝阳区人大常委会地区工作委员会工作规则（草案）》，研究和决定区人大常委会第十八次会议有关事项。2 月 26 日，召开第二十五次主任会议，调整区人大常委会第十八次会议召开时间。3 月 4 日，召开第二十六次主任会议，研究区人大常委会第十八次会议人事任免事项。4 月 15 日，召开第二十七次主任会议。会议听取区政府关于区十六届人大五次会议对国民经济、社会发展计划审查意见研究处理方案的报告。听取区政府关于区十六届人大五次会议对财政预算审查意见研究处理方案的报告。研究通过《朝阳区人大常委会预算联网监督工作实施方案（草案）》和《朝阳区人大常委会预算联网监督工作办法（草案）》。听取区政府落实区人大常委会对《朝阳区人民政府关于创建国家卫生区情况的报告》审议意见的办理报告。研究通过《北京市朝阳区人大常委会代表建议、批评和意见办理工作满意度测评实施方案（草案）》《北京市朝阳区人民代表大会常务委员会优秀代表建议、批评和意见评选办法（修订草案）》《北京市朝阳区人民代表大会常务委员会 2019 年度优秀代表建议、批评和意见评选工作方案》《人大代表工作室网上平台管理制度（修订草案）》和《人大代表工作室网上平台代表联系选民制度（修订草案）》。研究和决定区人大常委会第十九次会议有关事项。4 月 23 日，召开第二十八次主任会议，研究区人大常委会第十九次会议人事任免事项。6 月 18 日，召开第二十九次主任会议。会议听取区检察院落实区人大常委会对《朝阳区人民检察院关于金融检察工作情况的报告》审议意见的办理报告。听取区政府落实区人大常委会《关于“十三五”规划中期评估报告》审议意见情况的报告。研究和决定区人大常委会第二十次会议召开时间、地点、建议议题及列席人员等事项。7 月 1 日，召开第三十次主任会议，通过《北京市朝阳区人民代表大会常务委员会关于补选区第十六届人民代表大会代表工作实施方案（草案）》。8 月 6 日，召开第三十一次主任会议。会议听取区政府关于加强农村集体资产监管，促进农村经济发展，推进农村城市化进程的报告。研究和决定区人大常委会第二十一次会议有关事项。9 月 10 日，召开第三十二次主任会议。会议听取区法院落实区人大常委会对《朝阳区人民法院关于审判管理工作情况的报告》审议意见的办理报告。听取区政府关于中关村朝阳园发展情况的报告。听取《朝阳分区规划（国土空间规划）（2017 年—2035 年）》工作进展情况的报告。听取区政府落实区人大常委会对《加强老旧小区综合整治报告》审议意见的办理报告。听取区政府落实区人大常委会对《朝阳区政府关于加快疏解非首都功能，推动区域功能定位的实现情况的报告》审议意见的办理报告。研究和决定区人大常委会第二十二次会议召开时间、地点、建议议题及列席人员等事项。10 月 14 日，召开第三十三次主任会议。会议听取区政府落实区人大常委会对《朝阳区政府关于加快推进“一绿”试点建设，促进城乡协同发展情况的报告》审议意见的办理报告。听取区政府落实区人大常委会对《朝阳区政府办理“加大绿化建设力度，构建绿色空间体系，推动大尺度生态环境示范区建设”议案情况的报告》审议意见的办理报告。研究和决定区人大常委会第二十三次会议有关事项。10 月 21 日，召开第三十四次主任会议，研究区人大常委会第二十三次会议关于补选乡人大代表有关事项。11 月 21 日，召开第三十五次主任会议，研究区人大常委会第二十四次会议有关事项，通过《北京市朝阳区人大常委会关于补选区第十六届人民代表大会代表工作实施方案（草案）》，决定区人大常委会第二十四次会议召开时间、地点、建议议题及列席人员等事项。12 月 11 日，召开第三十六次主任会议。会议研究关于提请确认 2019 年度优秀代表建议、批评和意见的有关情况。研究市人大朝阳团代表在区人大常委会会议和区人民代表大会会前活动述职工作。研究通过《北京市朝阳区人大常委会规范性文件备案审查工作细则（修订草案）》。研究区第十六届人大常委会第二十五次会议有关事项。12 月 23 日，召开第三十七次主任会议。研究通过区人大常委会第二十五次会议上增加关于“听取代表资格审查委员会关于代表资格的审查报告”议题的事项。研究调整朝阳区第十六届人民代表大会常务委员会第二十五次会议召开时间。（徐华东）

【区人大常委会会议】 3月7日，区十六届人大常委会召开第十八次会议。审议通过区十六届人大五次会议代表建议、批评和意见办理工作的意见（草案）。听取并审议研究区政府承办区十六届人大五次会议代表建议、批评和意见工作方案的报告。审议通过《朝阳区人大常委会2019年工作要点（草案）》。决定区人大代表资格终止事项。决定人事任免事项，组织相关人员向宪法宣誓。书面审议区人大常委会第十一次会议被任命人员李欣的就职报告。4月25日，区十六届人大常委会召开第十九次会议。会议听取区政府关于法治政府建设工作情况的报告及关于2018年度环境状况和环境保护目标完成情况的报告。会议审议通过关于区十六届人大五次会议议案督办工作方案（草案）。会议听取并审议区政府关于区十六届人大五次会议议案办理工作方案的报告。会议决定人事任免事项，并组织相关人员向宪法宣誓。会议书面审议区政府落实区人大常委会对《朝阳区人民政府关于创建国家卫生区情况的报告》审议意见的办理报告。会议书面审议区人大常委会第十八次会议被任命人员就职报告。6月27日，区十六届人大常委会召开第二十次会议。会议听取并审议区法院关于金融审判工作情况的报告。会议听取并审议区政府关于迎冬奥全民健身开展情况的报告。会议决定区人大代表辞职及补选事项、补选乡人大代表事项。会议决定人事任免事项，组织相关人员向宪法宣誓。会议书面审议区检察院落实区人大常委会对《朝阳区人民检察院关于金融检察工作情况的报告》审议意见的办理报告。会议书面审议区政府落实区人大常委会《关于“十三五”规划中期评估报告》审议意见情况的报告。8月15日，区十六届人大常委会召开第二十一次会议。会议听取并审议区政府关于朝阳区2019年国民经济和社会发展计划上半年执行情况的报告及关于朝阳区2018年区级预算执行和其他财政收支的审计工作报告。会议审查和批准朝阳区2018年财政决算。会议听取并审议区政府关于朝阳区2019年财政预算上半年执行情况的报告。会议审查和批准朝阳区2019年预算调整方案。会议决定人事任免事项。会议书面审议区人大常委会第二十次会议被任命人员就职报告。9月19日，区十六届人大常委会召开第二十二次会议。会议听取并审议区检察院关于轻罪案件检察工作情况的报告。会议听取并审议区政府关于学前教育监管服务体系建设情况的报告。会议听取并审议区政府关于实施《北京市机动车停车条例》情况的报告、区人大常委会执法检查组关于检查《北京市机动车停车条例》实施情况的报告。会议听取代表资格审查委员会关于代表资格的审查报告。会议决定人事任免事项，组织相关人员向宪法宣誓。会议书面审议区法院落实区人大常委会对《朝阳区人民法院关于审判管理工作情况的报告》审议意见的办理报告。会议书面审议区政府落实区人大常委会对《朝阳区政府关于加强老旧小区综合整治工作情况的报告》审议意见的办理报告。会议书面审议区政府落实区人大常委会对《朝阳区政府关于加快疏解非首都功能，推动区域功能定位的实现情况的报告》审议意见的办理报告。10月24日，区十六届人大常委会召开第二十三次会议。会议听取并审议区政府关于办理“加快建设温榆河公园示范园，推动朝阳区生态文明建设”议案情况的报告。会议听取区政府关于基层公共文化设施管理使用情况的报告。会议听取和审议区政府关于2018年度企业国有资产管理情况的专项报告，审议区政府关于2018年度国有资产管理情况的综合报告。会议决定乡人大代表补选事项。会议决定人事任免事项，组织相关人员向宪法宣誓。会议书面审议区政府落实区人大常委会对《朝阳区政府关于加快推进“一绿”试点建设，促进城乡协同发展情况的报告》审议意见的办理报告。会议书面审议区政府落实区人大常委会对《朝阳区政府办理“加大绿化建设力度，构建绿色空间体系，推动大尺度生态环境示范区建设”议案情况的报告》审议意见的办理报告。11月22日，区十六届人大常委会召开第二十四次会议，决定区人大代表辞职及补选事项。在黑庄户地区南片选区、三里屯地区工体联合选区、小关地区惠新北里选区等3个选区各补选区第十六届人民代表大会代表1名。12月23日，区十六届人大常委会召开第二十五次会议。会议听取区政府2018年朝阳区预算执行和其他财政收支审计查出问题整改情况的报告。会议听取关于落实区十六届人大五次会议财政经济委员会关于计划审查意见及区人大常委会对2019年国民经济和社会发展计划上半年执行情况审议意见的报告。会议听取关于落实区十六届人大五次会议财政经济委员会对财政预算审查意见及区人大常委会对财政决算、财政预算上半年执行情况报告审议意见的报告。会议审查和批准朝阳区2019年预算调整方案。会议听取代表资格审查委员会关于代表资格的审查报告。会议决定区十六届人大六次会议有关事项。会议讨论区人大常委会工作报告（草案）。会议听取并审议区政府关于办理朝阳区十六届人大五次会议代表建议、批评和意见工作情况的报告，区人大常委会关于朝阳区十六届人大五次会议代表建议、批评和意见督办情况的报告，并对区政府建议办理工作开展满意度测评。会议听取市人大朝阳团代表述职。会议听取区人大常委会街道和地区工作委员会工作报告。会议决定人事任免事项，组织相关人员向宪法宣誓。会议书面审议区人大常委会第二十二、二十三次会议被任命人员就职报告。 （徐华东）

人事任免

【概况】 年内，区人大常委会依法行使人事任免权，依法任免国家机关工作人员151人次。 （徐华东）

【任免事项】 3月7日，区人大常委会第十八次会议。决定免去：李琪区人大常委会机场街道工委主任职务，商建英区人大常委会望京街道工委主任职务，杨荣福区人大常委会豆各庄地区工委副主任职务，李靓区民政局局长职务，赵捷区金融办主任职务。决定任命：时春岗为区人大常委会机场街道工委主任，胡建东为区人大常委会望京街道工委主任，于晓军为区人大常委会奥运村街道工委主任，张春江为区人大常委会小红门地区工委副主任，李容珍为区科学技术和信息化局局长，赵年生为区民政局局长，刘炳起为区交通委员会主任，张克斌为区农业农村局局长，陈庆华为区商务局局长，高春利为区文化和旅游局局长，李靓为区卫生健康委员会主任，田志刚为区退役军人事务局局长，马海鹰为区应急管理局局长，刘立新为区市场监督管理局局长，牛海龙为区金融办主任，吴景刚为区政务服务管理局局长，王军为区人民防空办公室主任，王春增为区信访办主任，商建英为区医疗保障局局长。4月25日，区人大常委会第十九次会议。决定免去：谷雨区人大常委会望京街道工委副主任职务，张立云区人大常委会小关街道工委副主任职务，刘敏区监察委员会委员职务。决定任命：张立云为区人大常委会望京街道工委副主任，戎均文为区政府副区长（挂职一年），杨艳为区政府副区长（挂职一年），李晋为市规划和自然资源委员会朝阳分局局长，曹冲为区监察委员会委员，周滢为区监察委员会委员。决定接受靳学军的辞职请求，任命龚浩鸣为区人民法院副院长（审判委员会委员、审判员）、代理院长。6月27日，区人大常委会第二十次会议。决定免去：李世喆区园林绿化局局长职务，王春增区信访办主任职务，亓纪区法院副院长、审判委员会委员、审判员职务。决定任命：王春增为区园林绿化局局长，于建国为区信访办主任。9月19日，区人大常委会第二十二次会议。决定任命：吴晓曼为区人大常委会香河园街道工委副主任，战福国为区人大常委会亚运村街道工委副主任，冯铁成为区人大常委会小关街道工委副主任，蒋春茂为区人大常委会金盏地区工委副主任，吕志为区人大常委会豆各庄地区工委副主任，苑拓为区人大常委会崔各庄地区工委副主任。决定免去：高建忠区人大常委会金盏地区工委副主任职务。10月24日，区人大常委会第二十三次会议。决定免去：黄宏春区人大常委会东坝地区工委主任职务，李钧区人大常委会小关街道工委主任职务，王春平区国资委主任职务。决定任命：李钧为区人大常委会东坝地区工委主任，洪广欣为区人大常委会小关街道工委主任，黄宏春为区国资委主任。12月23日，区人大常委会第二十五次会议。决定免去：孙立区人大常委会代表联络室主任职务，王宁区人大常委会农村办公室副主任职务，吴冰区人大常委会麦子店街道工委主任职务，贾恩松区人大常委会豆各庄地区工委主任职务，张启顺区人大常委会南磨房地区工委主任职务，寇晔区人大常委会平房地区工委主任职务，李云飞区人大常委会高碑店地区工委主任职务，张斌区人大常委会潘家园街道工委副主任职务，王军区人防办主任职务。决定任命：刘晓玲为区人大常委会麦子店街道工委主任，张军茹为区人大常委会豆各庄地区工委主任，易湘林为区人大常委会南磨房地区工委主任，蒋东燕为区人大常委会平房地区工委主任，顾洪涛为区人大常委会高碑店地区工委主任，魏薇为区人大常委会潘家园街道工委副主任，王宁为区人大常委会代表联络室主任，吴冰为区人防办主任。 （徐华东）

议案办理和信访受理

【概况】 年内，区人大常委会确立“加快建设温榆河公园示范园，推动朝阳区生态文明建设”议案主题。区人大常委会认为，温榆河公园示范园建设是一项系统工程，涉及多方利益调整，需要体制创新、政策集成。将此项议案督办作为推进“三化”（文化、国际化、大尺度绿化）建设的重要抓手，围绕拆迁腾退、农民安置、产业发展、绿化实施等关键环节，站在全局高度开展督办工作。首次将常委会督办方案与区政府办理方案同步提请常委会会议审议，实现对议案办理的全过程闭环监督，提高议案督办质量。议案办理工作取得效果，温榆河公园示范园主体建设完成，一批政策取得进展，解决农民安置问题，产业用地指标得到明确。全年受理各类信访267件次，比上年减少11.3%。 （徐华东）

【议案工作沟通会】 3月8日，区人大常委会农村工作委员会办公室组织召开议案工作沟通会。围绕“加快建设温榆河公园示范园，推动朝阳区生态文明建设”议案与区政府办、温榆河生态走廊管委会和区园林绿化局等部门相关负责人沟通，确定监督重点。 （徐华东）

【议案落实情况视察调研】 3月28日，区人大常委会副主任胡良森与部分农村委员会委员围绕“加快建设温榆河公园示范园，推动朝阳区生态文明建设”议案，实地调研温榆河公园示范园建设情况。部分区人大常委会专家顾问应邀参加调研活动。在调研中，与会人员重点听取温榆河生态走廊建设管委会主要负责人关于温榆河公园示范园建设工作进展情况的汇报。6月20日，区人大常委会组织部分市、区人大代表视察议案办理情况，实地查看温榆河公园示范园建设进展情况，并座谈交流。区人大常委会主任陈宏志，区委常委、区政法委书记张维刚参加视察，副区长杨建海陪同视察。9月18日，区人大常委会组织部分市、区人大代表视察议案办理工作，听取示范园整体规划和绿化情况介绍及议案办理进展情况汇报，并就议案办理工作发表意见和建议。区人大常委会副主任胡良森参加视察活动。 （徐华东）

【议案办理审议】 9月27日，区人大常委会农村工作委员会召开全体会议，农村委员会委员参加会议，区人大常委会副主任胡良森出席会议并讲话。会议初审区政府关于《加快建设温榆河公园示范园，推动朝阳区生态文明建设》议案办理情况的报告和区政府关于落实区人大常委会对《朝阳区政府关于加快推进“一绿”试点建设，促进城乡协同发展情况的报告》审议意见的办理报告。委员们针对议案办理工作中有关产业项目区级统筹、集体产业用地集约利用、劳动力就业安置等问题提出意见和建议。针对“一绿”试点建设议题中的加快项目审批、解决历史遗留问题等方面发表意见和建议。胡良森强调：政府及有关部门要进一步提高站位，要通过议案的办理，总结经验和做法，为朝阳区大尺度绿化建设提供借鉴，为推动朝阳区生态环境建设水平的提升起到示范带动作用。同时，区政府要重视产业用地区级统筹、绿化指标完成以及产业发展等方面问题，加快研究，制定切实可行的解决办法，落实区域规划，实现减量发展目标。 （徐华东）

【信访受理】 年内，区人大常委会受理各类信访267件次，比上年减少11.3%。其中，来访152批次224人，比上年减少8.4%；来信115件，比上年减少

14.8%。集体访2批次26人，比上年减少66.7%。重复访27件次36人，比上年增加3.8%。办理市人大常委会、区人大常委会领导及市区代表交办的信访件8件，比上年减少11.1%。（徐华东）

代表活动

【概况】 年内，区人大常委会围绕产业升级、社区治理和为民服务、文化和教育、集体资产监管、绿化美化、法治政府建设和司法工作，组织代表开展会前视察活动、会前分团活动，组织代表对提请区人民代表大会审议的各项报告提出意见建议，为群众意愿依法有序进入决策程序畅通渠道，为代表在会议期间履行职务和行使权力创造条件，为提高人民代表大会会议的质量奠定基础。（徐华东）

【金融审判工作议题调研】 3月13日，区人大常委会法制工作委员会办公室组织开展区法院金融审判工作议题调研。部分区人大常委会委员、区人大常委会法制工作委员会委员、区人大代表和市人大朝阳团代表旁听一起涉伞形信托类委托理财案件的庭审。在随后的座谈中，区法院汇报金融审判工作整体情况等，与会的两家金融机构代表介绍金融案件涉诉情况。委员和代表们开展询问，并提出意见建议。（徐华东）

【国家卫生区创建调研】 3月28日，区人大常委会副主任常树奇带队，教科文卫体工作委员会组织部分专委会委员、卫生专业代表小组代表，就朝阳区创建国家卫生区情况到六里屯街道、平房乡调研，了解垃圾密闭式清洁站、居民小区垃圾分类和农贸市场食品安全管理等情况，并召开座谈会听取区创卫办关于创建国家卫生区审议意见落实情况的汇报，代表还围绕居民卫生意识宣教等问题提出意见建议。（徐华东）

【2019年度代表履职培训班】 4月16日至18日，区人大常委会举办2019年度代表履职培训班，区人大常委会主任陈宏志，副主任朱春霞、胡良森、牟燕东及340余名区人大代表参加培训，部分市人大朝阳团代表应邀参加培训。此次培训以学习贯彻习近平总书记关于坚持和完善人民代表大会制度的重要思想为主题，安排学习监督法、了解“两院”有关情况的内容，并交流介绍如何提出代表建议、履行代表职责、预算审查监督、代表工作室网上平台使用等内容。（徐华东）

【人大代表年中集中活动】 7月18日，区人大常委会开展区人大代表年中集中活动。区人大常委会主任陈宏志主持活动，区领导文献、张维刚、朱春霞、常树奇、胡良森、牟燕东、杨树旗、张永新、王文远参加活动。文献通报2019年上半年朝阳区经济社会发展情况和下半年工作安排，陈宏志通报区人大常委会2019年上半年工作情况。各代表团分团讨论，代表们发言，建言献策。（徐华东）

【代表集中联系选民活动】 7月，区人大常委会以“秉持初心·依法履职”为主题，开展代表集中联系选民主题月活动，组织视察调研、驻室接待等活动392次，328名区人大代表参加，接待选民6500人次，征集44个方面、1699件意见建议。7月10日，区人大常委会主任陈宏志到所在选区亚运村街道参加代表集中联系选民活动。在座谈会上，选民代表针对辖区环境整治、社会治理等重点工作发言。此次活动，辖区代表围绕“疏解整治促提升”、物业管理、垃圾分类、老旧小区电梯安全、《北京市机动车停车条例》实施情况等方面听取选民意见建议。陈宏志指出，开展代表联系选民活动，可以帮助代表更准确地聚焦百姓最迫切最关注的问题，密切代表与选民之间的联系，更好地发挥代表的桥梁纽带作用。各街道、地区要广泛收集群众意见建议，依法履职，统筹各方力量，创新社会治理新机制、新体系，形成好经验、好做法，进一步提升朝阳区百姓的获得感、幸福感。（徐华东）

【代表深入基层征求意见工作部署会】 8月9日，区人大常委会召开关于市区乡三级人大代表深入基层征求意见工作部署会。部署人大代表征集《北京市生活垃圾管理条例》修订意见建议工作。区人大常委会主任陈宏志、副主任朱春霞、牟燕东参加会议。会议传达市人大常委会关于人大代表就修订《北京市生活垃圾管理条例》到基层征求意见有关工作，并部署朝阳区征求意见工作。陈宏志指出，要贯彻落实习近平总书记关于垃圾分类处理的重要讲话、重要指示精神，落实好市委工作部署，按照工作职责完成好条例修订过程中的各项任务；要广泛汇集民意民智、凝聚立法共识，以有效工作为提高立法质量和效率做出贡献；要发挥代表主体作用，通过征求意见进一步增强全区人大代表工作实效。（徐华东）

【代表会前视察活动】 11月4日，区人大常委会组织区人大代表开展区十六届人大六次会议会前视察活动。271名代表参加此次视察。区人大常委会主任陈宏志，区委常委、政法委书记张维刚，区委常委、副区长李长萍，区人大常委会副主任朱春霞、常树奇、胡良森、牟燕东参加视察。副区长王志勉、朱晟、戎均文，区法院代院长龚浩鸣、区检察院检察长张朝霞陪同视察。区人大代表围绕产业升级、社区治理和为民服务、文化和教育、集体资产监管和绿化美化、法治政府建设和司法工作等5个方面开展视察。（徐华东）

专门委员会

【概况】 年内，区人大常委会将内务司法工作委员会调整为法制工作委员会，设置法制工作委员会、财政经济工作委员会、城建环保工作委员会、教科文卫工作委员会、农村工作委员会等5个专门委员会。各专门委员会根据工作职责，强化专委会督办功能，将建议督办与议题调研、代表视察、执法检查相结合，提高建议督办针对性和专业性。（徐华东）

【法制工作委员会】 年内，区人大常委会法制工作委员会召开5次法制委员会会议，完成区人大常委会3项常委会会议议题、2项主任会会议议题的调研准备工作，承担区人大常委会调研课题1项，完成市人大常委会2项专题调研、6部法律法规9次立法征求意见工作。全年组织委员和市、区人大代表开展视察调研20

次，参加代表165人次。加强对“一府两院”专项工作的监督，促进依法行政、公正司法，依法开展对区政府法治政府建设工作、区法院金融审判工作、区检察院轻罪检察工作的调研。依法组织开展规范性文件备案审查工作，研究修订区人大常委会规范性文件备案审查工作细则，进一步完善备案审查工作程序。完成53件代表建议督办工作。组建法制专业代表小组，专业代表小组成员参与法制委员会各项监督议题的调研。协助市人大常委会开展居家养老医养结合服务、《北京市街道办事处条例》立法等专项工作调研和立法征求意见工作。配合完成《中华人民共和国未成年人保护法（修订草案）》《中华人民共和国公职人员政务处分法（草案）》等征求意见工作。（徐华东）

【财政经济工作委员会】 年内，区人大常委会财政经济工作委员会完成人民代表大会、常委会和主任会议题17项。其中，人民代表大会审查和批准的议题2项，人大常委会听取审议和审查批准的议题9项，人大常委会书面审议的议题2项，主任会听取议题4项。组织召开财经委员会扩大会议6次，组织委员代表初步审议计划和预算草案、执行情况报告，审计国有资产管理情况报告。贯彻落实《中共北京市朝阳区委关于建立区政府向区人大常委会报告国有资产管理情况制度的意见》要求，首次开展国有资产管理议题的审议，按照区人大常委会“议题课题化”要求，聘请第三方研究机构共同参与企业国有资产管理课题研究，形成课题研究成果——《朝阳区企业国有资产运营管理情况研究》。提升人大财经监督工作水平，按照市人大常委会统一部署和工作要求，建设完成朝阳区人大常委会预算联网监督系统，系统包含“联网查询”“分析预警”和“实时监督”等6个功能模块，根据朝阳区财经监督工作实际需求，对政府采购、重点支出、重大投资项目、政府专项等设置查询功能。10月，系统正式上线运行，并在区人民代表大会上向全体代表开放使用。完成17件代表建议督办。区人大常委会聘任的7位财经顾问围绕计划、预算执行，国有资产管理监督和预算调整等议题审议工作，提出相关意见建议50余条，并针对全年经济金融热点问题和政府预算管理改革、审计等主题，为常委会组成人员、财经委委员、财经代表小组成员专题授课。加强全区综合经济形势分析和趋势研判，做好全区重点经济指标分析工作，关注区域经济运行变动因素和“减税降费”等政策实施对朝阳区经济发展影响，形成各季度经济综合形势分析报告，为财经委掌握全区社会经济发展动态，为常委会领导决策提供参考。（徐华东）

【城建环保工作委员会】 年内，区人大常委会城建环保工作委员会督办区人大常委会议题2项、主任会议题1项、书面审议议题2项，开展专项调研18次、执法检查2次、座谈10次、问卷调查1次，召开专委会暨专业代表小组会5次，督办代表建议111件，参与市人大常委会组织的执法检查1次。组织委员和代表重点完成对区政府实施《北京市机动车停车条例》情况的执法检查工作。完成区人大常委会法定审议议题“关于听取区政府2018年度环境状况和环境保护目标完成情况的报告”督办工作。完成主任会审议议题“听取和审议区政府关于实施《朝阳分区规划（国土空间规划）（2017年—2035年）》情况的报告”督办工作。完成区人大常委会书面审议议题“加大绿化建设力度，构建绿色空间体系，推动大尺度生态环境示范区建设”和“加强老旧小区综合整治”督办工作。完成对区交通委、区生态环境局的预算初步审查工作。配合市人大常委会完成对区政府实施“两条例一决定”（《北京市机动车停车条例》《北京市非机动车管理条例》和《北京市人民代表大会常务委员会关于修改〈北京市实施中华人民共和国道路交通安全法办法〉的决定》）情况的执法检查工作。配合市人大常委会完成“大力促进源头减量，强化生活垃圾分类工作”议案督办调研工作。（徐华东）

【教科文卫工作委员会】 年内，区人大常委会教科文卫工作委员会围绕工作重点全年召开委员会（扩大）会议5次，协助区人大常委会审议议题4项，主任会听取议题1项，开展专项调研11次，组织市、区人大代表265人次参加相关活动。加强区人大常委会议题调研，围绕创建国家卫生区、迎冬奥全民健身、学前教育监管服务体系建设、基层公共文化设施管理使用4项重点议题开展调研活动，并听取区政府专项工作报告。对照分类督办的37件代表建议开展调查研究，通过分别与区政府相关部门逐件研究沟通，实现建议办理全落实。协助市人大常委会完成《北京市促进科技成果转化条例》《北京市文明行为促进条例》《北京市发展中医药条例》和《中华人民共和国档案法（修订草案）》4项法律法规征求意见工作。（徐华东）

【农村工作委员会】 年内，区人大常委会农村工作委员会完成“温榆河公园示范园建设”议案督办，做好农村集体资产监管议题监督工作。跟踪监督区政府落实功能疏解和“一绿”试点建设常委会审议意见。做好代表涉农建议督办工作。组织乡人大主席、办公室主任召开研讨会，提高乡人大工作者能力素质，帮助乡人大做好建章立制工作，指导各乡人大主席团依法履行好乡人大职能，提升乡人大工作整体水平，促进乡人大在功能疏解、环境整治、实现农村城市化等重点工作推进过程中发挥作用。（徐华东）

朝阳区政府

北京朝阳年鉴

Beijing Chaoyang Yearbook

2020

综 述

【概况】 年内，区政府坚持以习近平新时代中国特色社会主义思想为指导，深入贯彻党的十九大和十九届二中、三中、四中全会精神，深入贯彻习近平总书记对北京重要讲话精神，以中华人民共和国成立70周年庆祝活动服务保障为工作主线，以文化、国际化、大尺度绿化为主攻方向，推进区域高质量发展，完成年度各项工作。年内，区政府制发各类公文743件，接收办理各类公文7702件，接收处理机要文件639件。起草区政府工作报告、区政府领导讲话以及汇报材料等文稿210余篇，约100万字。编发《政务信息》等各类信息刊物289期，其中专刊124期，比上年增长近100%，采用基层信息6000余条，区领导批示150条次。报送市政府办公厅《朝阳情况》短信息1017期，比上年增长27%；报送长篇特刊59篇，比上年增长69%。国务院办公厅采用信息3篇，市政府办公厅采用短信息214篇、舆情89篇、长篇特刊16篇，其中特刊采用量实现翻番。完成国办和市级约稿54篇，比上年增长3倍。全年获得市领导批示36条次，其中政务信息批示18条次，比上年增长3倍，市委市政府主要领导批示7次。区政府完成市政府下达的绩效考评指标任务34项54条，涉及承办单位19家，在全市绩效考评中获得93.3分的成绩，名次由上年的第八名跃升至第三名。投入各类扶贫资金5.9亿元，在京客隆100家门店设置扶贫产品专柜或专区，北京市消费扶贫双创中心朝阳分中心投入运行，区在全市扶贫协作和对口支援工作考核中排名第一。 （梁得天）

【经济调整转型】 年内，区政府落实中央“六稳”要求，抓运行调度，深化创新驱动，精准服务企业，发展动能持续增强。实现地区生产总值7116.4亿元，增长6.1%左右。建立区、街乡两级稳增长工作常态化机制，克服批发零售业财政收入下降超过20%等因素带来的不利影响，引进各类首店150余家，首家市内免税店落户，全市首批“夜京城”地标、商圈半数以上在朝阳，总消费增长5.1%以上。扩大有效投资，建安投资达450亿元左右。落实国家减税降费政策，全年减轻企业和社会税费负担400亿元左右。及时调整年度一般公共预算收入增幅，全年完成536.4亿元，增长0.5%。服务业加快高端化发展，新增佳能医疗等跨国公司地区总部4家，国家管网、中国重燃、德勤等企业入驻朝阳。新引入韩亚银行、中信消费金融等金融机构40家，实现财政收入增长13.1%。实施国家文化产业创新实验区“政策50条”，引入首个国家级5G新媒体平台央视频公司，发起成立国际文化产业园区发展联盟，天海科技广场等一批新改造园区投入使用。创新生态加速完善，成立朝阳科创公司，启动中关村朝阳国际创投集聚区建设，中国工业互联网研究院、鲲鹏联合创新中心等重点机构以及雀巢研发、极限人工智能等创新型企业形成集聚发展态势，有效发明专利拥有量、技术合同成交额分别增长16%和21% （梁得天）

【国际化提升多点突破】 年内，朝阳区开展新一轮服务业扩大开放试点工作，推出12项开放新举措，实现39个重点项目落地。启动北京商务中心区国际化提升三年行动计划105项任务，招商服务大厅启用，核心区中信大厦等5个项目建成、4个项目正在招商，郎家园110千伏变电站和移动变电站实现电力供应，城市森林公园建成开园，双语标识加快规范提升。紧抓第四使馆区建设重大机遇，启动金盏国际合作服务区整体发展规划研究。中关村朝阳园北区控制性详细规划编制完成，国际电子总部三期、E5三期项目竣工，阿里巴巴北京总部园区正式开工。奥运功能区重大项目加快建设，亚投行总部大楼、城奥大厦正式竣工。 （梁得天）

【营商环境改革提速】 年内，朝阳区推进“一门、一窗、一网、一次”政务服务流程再造，实现800余项事项“掌上可办”，600余项高频事项办理实现“最多跑一次”或“一次不用跑”，实现新开办企业最快20分钟办结、不动产登记最快45分钟办结、社会投资简易低风险项目最快3个工作日可领取规划及施工许可证，创造朝阳“极速”模式并在全市推广。北部市场监管和税务联合服务大厅投入使用。建立涵盖117家重点企业的“服务包”常态化工作机制，开通为企服务直达专线，设立企业服务专员。创新建立“朝我说”线上线下意见征询平台，推出60个“朝好办”主题办理事项。区连续两年在全市营商环境评价中排名第一。 （梁得天）

【城市建设管理精细化】 年内，区政府贯彻“城市管理应该像绣花一样精细”要求，推动市容环境洁化、序化、亮化，区域环境更加宜居。大尺度绿化持续推进，新增改造绿化面积781公顷。抓好区人大议案办理，温榆河公园一期起步区主体完工。建成21处小微绿地，完成11个老旧小区绿化改造、15条重点道路绿化提升。整改绿地认建认养及公园配套用房出租中侵害群众利益问题。持续加强污染防治。深化“一微克”行动，完成柴油货车、扬尘、挥发性有机物精准治理，实现建筑工地“绿色围挡”全覆盖，$PM_{2.5}$年均浓度为43微克/立方米，降低17.3%。建成河长制管理平台，各级河长巡河率、问题整改率均达到100%。5处国考、市考断面水质稳定达标，77条小微水体治理完成，实现全域消除黑臭水体。亮马河国际风情水岸主体完工，北小河等4处河湖被评为市级优美河湖。坚持以法律、制度、规范和标准管理城市。推动5G技术在科技冬奥、智慧交通、教育医疗、政务服务等领域率先应用，北京商务中心区成为移动5G商用示范首选地，全区建成5G基站2100余个，占全市20%。“城市大脑”和“雪亮工程”在多个领域应用。启动交通建设“三个一百”计划，望京东路等20条主次支路竣工，30项疏堵工程、150千米慢行系统改造完工。新建立体停车场5处，扩充停车位1.1万个。拆除围栏护栏473千米。完成北京商务中心区西北区交通优化示范工程，建设慢行优先、车路协同的智慧交通环境，治理经验在全市推广。完成京包线北苑家园段、京秦铁路小海子村段等铁路沿线环境综合整治。在9个街道试点“一把扫帚扫到底”模式，推行人行步道定期冲刷，实现各级各类道路清扫保洁全覆盖。推进“厕所革命”，完成全部旱厕升级改造。垃圾分类示范片区实现全覆盖。全域创建国家卫生区一次性通过国家暗访验收。 （梁得天）

【民生事业进步】 年内，区政府坚持以人民为中心的发展思想，持续改善群众福祉。居民人均可支配收入增长8.8%，城镇登记失业率为0.72%。紧抓12345市民服务热线诉求直派街乡契机，深化“街乡吹哨、部门报到”改革，推动“接诉即办”向“未诉先办”延伸，群众诉求响应率始终保持在100%，解决率、满意率较年初分别提升20个和26个百分点。全年办理区、街乡、社区（村）三级实事1238件。落实“基层建设年”三年行动计划，区成为全国街道服务管理创新实验区。推进社区减负增效，优化调整14个大型社区，社区填报表格由78项减至3项。成立区级物业管理协会，发布老旧小区物业服务标准，探索国企托底、社会资本参与等老旧小区改造和物业管理典型模式。建成42个全要素小区、257个全景楼院，实现“一刻钟社区服务圈”全覆盖。甘露园、南湖西里等小区环境整治取得明显成效。双井街道入选联合国人居署可持续发展试点社区。推行失业保险费返还等就业促进政策，制发职业技能提升行动三年实施方案，开发就业岗位10.9万个。新建、改扩建5所中小学，新增3所高校合作办学学校，中小学优质教育资源覆盖率98%，学前教育普惠性学位占比提升至72%，引进名优校长、特级教师、博士等人才102名。新建妇科、紧密型儿科医联体，朝阳医院常营院区、安贞东方医院开工建设，垂杨柳医院改扩建项目实现开诊。351家医疗机构完成医耗联动综合改革，公立医院综合改革工作获国务院通报表扬。区成为国家安宁疗护试点区。在全市出台百岁老人优待服务办法、养老居家改造适配评估标准，新增养老驿站23个、养老床位1120张，实现街乡养老照料中心全覆盖、高龄有需求老年人“一键呼”服务全覆盖。区被确定为全国居家和社区养老服务改革试点区。建立新时代文明实践三级工作体系，区成为全国第二批试点地区。形成全市首个“一公里阅读生活圈”。大运河文化带神木廊房、神木谣御碑亭项目完工，八里桥公园建设完成、新桥竣工通车。区档案馆新馆开工建设。做好2022年北京冬奥会、冬残奥会筹办保障工作，国家速滑馆“冰丝带”整体亮相，冬奥村主体结构封顶，建成并开放百万平方米室外冰雪场地。建设筹集各类政策性住房1.9万套、竣工1.4万套。完成棚户区改造5127户。老旧小区加装电梯开工762部、完成306部，数量均居全市首位。（梁得天）

【人大代表建议、政协委员提案办理】 年内，区政府办理区人大议案《加快建设温榆河公园示范园，推动朝阳区生态文明建设》1件；办理区政协建议案《关于加强水污染治理力度，提升朝阳区水环境质量》和《关于朝阳园建设国际科技研发集聚区》2件；办理全国、市、区人大代表建议和政协提案502件。（梁得天）

【市区会议活动】 年内，区政府办处理各类会议（活动）2570件，较上年增长8.3%；其中市级以上会议（活动）1827件，较上年增长7.2%。组织区政府全体会议1次、区政府常务会议8次、区长办公会议24次。（梁得天）

【政务督查督办】 年内，区政府办办理市、区领导批示专项件200件；完成市、区两级决策专项督查29件，督办市、区重大决策任务共计186项，其中市政府工作报告重点工作47个、市重要民生实事9个；督办区政府工作报告重点工作100个、区重要民生实事30个；督办2019年市区会议议定事项550项，其中区政府常务会6期、区长办公会24期、市政府专题会3期；重点督办创卫、媒体舆情、河长制、环保和“12345”办理情况等区领导批示指示交办重点工作，印发《督查专报》96期。（梁得天）

【调查研究】 年内，区政府办完成“朝阳区创建大尺度生态环境建设示范区路径研究”“朝阳区城市环境精细化治理研究”等7项课题研究，撰写《关于提高12345热线诉求办理效果的分析和建议》等工作热点研究5篇。市委、市政府研究室领导到区调研10余次。组织区政府决策专家咨询委员会决策咨询活动4次。开展交流平台建设，拓展专家资源，分类梳理科研院所、咨询机构、专业智库等87家。制发《“不忘初心、牢记使命”主题教育学习资料汇编》（共4册，22.6万字）。围绕“不忘初心、牢记使命”主题教育，协调区领导开展调研153次，走访社区（村）254个，梳理问题163个。撰写区政府党组主题教育方案、班子检视剖析材料等64篇、14.7万字。通过服务调研成果交流会、对照党章党规找差距专题会等，汇总检视问题清单、调研问题清单、讲党课等材料12类、173份。“不忘初心、牢记使命518学习园地”刊发文章53期、238篇。（梁得天）

【外联服务】 年内，区政府办对接接待外省市（区）领导考察18次；接待北京市领导调研15次。组织召开2019年区外联工作会。继续加大驻区单位的服务保障工作，包括协调退役军人事务部围墙重修事宜、组织相关委办局与农业农村部座谈、对接市政务服务局领导对驻区部队配套设施实地调研、召开现场会协调解决长沙市驻京联络处门前停车收费岗亭事宜等。（梁得天）

【机关后勤服务与管理】 年内，区机关后勤服务中心完成阅兵式女民兵方队餐饮保障任务，被阅兵指挥部评为“后装保障先进单位”。完成区级行政执法车辆更新、备案、喷涂及充电桩安装等工作。全年检查封存车辆1200余台次，全年无违规使用公车的情况。开展区属委办局单位国有资产出租、出借专项清理工作，统计和实地检查区属85个委办局办公用房数据，均符合标准。扩充幼儿园小班1个，招收新生76名，全园在册幼儿186名，完成幼儿园操场改造。收发全区编号文件25759件、无编号文件50万余件、外发文件4853件，发放报纸杂志860余种、194万余份，收发各种信件16万余件。完成会议服务4439次，服务91562人次。完成主楼装修、新风系统改造等施工项目29项，完成电梯、空调、消防等系统维保作业2900余次。完成机关大院人脸识别系统，形成技防人防安防相结合的安保体系。（王晓蕾）

重要会议

【政府全体会议】 年内，召开区政府全体会议1次。2月13日，朝阳区召开2019年区政府全体会议。区委副书记、区长文献主持会议。会议总结2018年工作，分析发展形势和发展要求，部署2019年全区总体工作。会议要求，各单位深入学习贯彻习近平总书记对北京重要讲话精神，按照市委市政府工作要求以及区委全会、区“两会”工作部署，坚决完成好年度经济社会发展各项目标任务，紧紧抓住发展形势和机遇，顺势而为，乘势而上，推动朝阳高质量发展。从全力做好重大活动服务保障、坚定有序疏解北京非首都功能、全力促进经济稳中提质、加快提升国际化水平、着力加强生态建设和城市精细化管理、切实保障和改善民生等方面对全年工作进行了部署。区领导马继业、李长萍、王志勉、杨建海、李国红、刘海涛参加会议。（梁得天）

【政府常务会议】 年内，召开区政府常务会议8次。研究市民热线“接诉即办”工作、市容环境、打击违法用地违法建设、安全生产、防火、信访、社会治安、食药安全、环保工作情况；2019年区政府工作报告重点工作分工方案编制情况，区2019年重要民生实事项目编制工作有关情况；市十五届人大二次会议代表建议和市政协十三届二次会议政协提案办理意见，区十六届人大五次会议、区政协十三届三次会议代表建议政协提案办理意见；迎冬奥全民健身开展情况，2018年度行政机关涉诉情况；2018年财政决算草案报告和2019年财政预算上半年执行情况报告起草情况，2018年度区级预算执行和其他财政收支审计工作报告起草情况等；加强学前教育监管服务体系建设情况，实施《北京市机动车停车条例》情况报告起草情况；基层公共文化设施管理使用情况报告起草情况，2018年度企业国有资产管理情况专项报告起草情况，《朝阳区党政领导干部安全生产责任制实施方案》等议题。邀请学者专家作《上海社区规划师与街区更新》《重大行政决策程序暂行条例》《优化营商环境条例》《持续推进法治政府建设 有效降低涉诉败诉风险》等专题讲座。（梁得天）

【区长办公会议】 年内，召开区长办公会议24次。传达习近平总书记在北京看望慰问基层干部群众及考察北京冬奥会、冬残奥会筹办工作的讲话精神。研究《朝阳区筹办2022年冬奥会和冬残奥会工作任务书》、《北京CBD国际化提升三年行动计划（2019—2021年）》、创建国家森林城市工作、大气污染防治相关措施、中央环保督察反馈问题及交办信访案件整改、温榆河公园起步区腾退议题。研究部署社会建设和农村城市化工作、落实重点企业“服务包”制度常态化工作机制、部署2019年环境建设及城市管理工作、昆泰集团整合重组朝阳宾馆、召开2019年朝阳区创建国家卫生区工作大会。研究朝阳区打好碧水、净土保卫战2019年行动计划、《朝阳区办理“接诉即办”群众反映问题工作方案（试行）》、中石油储气库公司落户朝阳区相关政策支持、电子城西区北扩土地储备项目7-4地块土地一级开发实施方案、《朝阳区责任规划师制度实施工作方案（试行）》等议题。研究《北京市朝阳区公共资源交易管理办法》、《北京市朝阳区公共资源交易平台实施方案》、《政协北京市朝阳区委员会常务委员会关于加强水污染治理力度提升朝阳区水环境治理的建议案》办理、《政协北京市朝阳区委员会常务委员会关于朝阳区建设国际科技研发集聚区的建议案》办理、波士顿咨询公司落户朝阳区相关政策支持等议题。研究星火站周边交通配套工程及京沈高速铁路（京沈客专）沿线道路工程建设工作实施方案，城志畅悦园、梧桐湾共有产权住房项目配售，2020年新一轮百万亩造林绿化任务等议题。研究《北京市朝阳区职业技能提升行动实施方案（2019—2021年）》、朝阳区豆各庄乡社区综合服务设施用地申请划拨国有建设用地、新建17个社区居委会相关事宜、坝河水系景观廊道建设项目方案等议题；《关于在市场监管领域全面推行部门联合“双随机、一公开”监管的工作方案》，与高瓴资本集团签订《战略合作协议书》有关问题，捐建韶山学校综合楼工程等议题。（梁得天）

主要工作和重大活动

【全国文化中心建设领导小组工作会】 1月22日，朝阳区召开推进全国文化中心建设领导小组工作会。区委副书记、区长、区推进全国文化中心建设领导小组第一副组长文献主持会议，区领导刘军胜、李长萍参加会议。会议传达北京市推进全国文化中心建设领导小组第四次会议精神，通报2018年朝阳区推进全国文化中心建设工作整体情况，部署2019年工作总体安排。区发改委、区文化委、区城管委、国家文创实验区管委会分别围绕2018年重点工作及2019年工作思路进行汇报。区委书记、区推进全国文化中心建设领导小组组长王灏讲话。（梁得天）

【驻华使馆和国际组织交流活动】 1月23日，朝阳区在奥林匹克塔举办以“开放合作，共享未来”为主题的驻华使馆和国际组织交流活动。活动通过展示推介朝阳区优化营商环境和产业承载空间，与世界各国增进友谊，加强经贸合作，实现互利共赢。英国、意大利、阿根廷、日本等15个国家驻华使馆代表，中欧企业家峰会等5个国际机构组织负责人和市、区有关领导参加活动。交流活动在奥林匹克塔举办，活动主题为“开放合作，共享未来”。活动中，朝阳区就服务业扩大开放情况与营商环境主题进行推介，参会各国使馆外宾、有关国际机构组织代表、市政府部门领导、企业代表等围绕推动服务业扩大开放和促进经贸合作等主题进行交流发言。（梁得天）

【绿化隔离地区城市化建设工作现场会】 2月19日，副市长隋振江带领市有关部门负责人及各区负责人现场观摩朝阳区一绿试点工作，随后召开北京市绿化隔离地区城市化建设工作现场会。区长文献，副区长杨建海参加会议。隋振江一行先后前往南花园村宅基地察看该地区管理情况，在古塔公园察看公园绿化情况，在大柳树沟村察看拆迁现场。现场观摩结束后，在王四营乡召开现场工作会，会议听取朝阳区关于一绿城市化试点工作做法和落实试点工作总体安排汇报。隋振江在讲话中指出，希望朝阳区深入贯彻落实北京城市总体规划，准确把握朝阳区功能定位、空间布局和指标控制要求，着力推进绿隔地区规划实施，科学布局生产、生活、生态空间，全面推进减量、提质、增绿；同时，做好经验总结，创新体制机制，为全市推进城市化建设探索出一条可行路径。（梁得天）

【安全稳定工作会】 2月22日，2019年朝阳区委政法工作会暨安全稳定工作会召开。观看《2018年朝阳区政法工作纪实》宣传片，传达中央、市委政法工作会议精神，听取朝阳区委政法工作报告，总结2018年安全生产、消防、食品药品安全等工作，部署2019年相关工作及全国“两会”安保工作。会议强调要充分认清当前形势，全面把握总体要求，以重大活动服务保障为重点，推动全区安全稳定工作再上新台阶，全力维护社会大

局安全稳定。区委副书记、区长文献主持会议，区人大常委会主任陈宏志，区政协主席陈涛等区四套班子领导参加会议。（梁得天）

【创建国家卫生区】 3月14日，朝阳区召开深入推进疏解整治促提升促进朝阳区生态文明与城乡环境建设动员暨创建国家卫生区大会。会议部署2019年“疏解整治促提升”专项行动、生态文明和城乡环境建设工作及2019年国家卫生区创建工作，要提高政治站位，统一思想认识，继续坚持稳中求进工作总基调，保持定力、坚定有序，一步一个脚印地推动发展质量更高、环境品质更优、人民生活更好。民建北京市委常委、资环委员会主任、国务院发展研究中心资源与环境政策研究所副所长谷树忠，带领民建北京市委疏解整治促提升民主监督工作领导小组成员出席会议并督查朝阳区相关工作。区领导王灏、陈宏志、陈涛、马继业、张维刚等参加会议。6月5日，召开创建国家卫生区工作领导小组会。听取市级技术评估和暗访验收情况，分析创建国家卫生区工作存在问题和面临形势，研究审议领导小组成员调整等事项。区领导王灏、迟行刚等参加会议。7月27日，区四套班子领导带领，各委办局、各街乡主要领导、党员代表、居民志愿者队伍、社会单位成员、部队官兵等开展“全民创卫一起来 爱国卫生大扫除”集中整洁行动。（梁得天）

【纪念五四运动100周年暨中华人民共和国成立70周年庆祝活动服务保障青年动员大会】 4月30日“百年薪火·青春许国”——朝阳区纪念五四运动100周年暨中华人民共和国成立70周年庆祝活动服务保障青年动员大会在朝阳规划艺术馆举行。活动分为浸没式演出环节和动员大会环节，通过“真理之光”“共赴国难”“欢庆新生”“春潮澎湃”“微笑北京”“薪火传承”六幕互动戏剧表演回顾五四运动、“一二·九”抗日救亡运动、中华人民共和国成立、改革开放和北京奥运会时期，播放微短片《百年薪火·青春许国》。区领王灏、陈宏志、陈涛、迟行刚等及各相关单位领导出席，全区各系统青年代表和高校师生共300余人参与活动。（梁得天）

【北京2022年冬奥会倒计时1000天活动】 5月10日，北京冬奥会倒计时1000天庆祝活动在奥林匹克公园玲珑塔南侧广场举行。安装在玲珑塔上北京冬奥会倒计时装置正式启动。发布《北京2022年冬奥会和冬残奥会志愿服务行动计划》。北京市委书记、北京冬奥组委主席蔡奇，国家体育总局局长、北京冬奥组委执行主席苟仲文，北京市市长、北京冬奥组委执行主席陈吉宁，河北省省长、北京冬奥组委执行主席许勤，中国残联主席、北京冬奥组委执行主席张海迪出席。区领导王灏、文献、牛国泉、刘海涛参加活动。5月11日晚，“燃烧的雪”——北京冬奥会倒计时1000天主题音乐会在北京音乐园举办，音乐会由北京市委宣传部、北京冬奥组委文化活动部作为支持单位，北京文投集团主办。音乐会围绕冬奥人、冬奥事、冬奥景展开，以音乐为纽带，呈现冬奥旋律下城市形象与奥运脉搏。（梁得天）

【5G+战略合作】 5月10日，区政府与中国移动北京公司签署5G+战略合作协议。借助第五代移动通信技术等先进技术手段，提升区域信息基础设施建设水平和信息化服务能力。区领导文献、李长萍、杨艳，中国移动北京公司总经理夏冰等出席签约仪式。 战略合作以“政企联合、相互促进、互利共赢、长期合作”原则。北京移动公司将朝阳区作为5G信息基础设施建设以及技术创新、业务发展、应用推广重点区域，与朝阳区政府建立全面战略合作关系；推动北京移动公司在朝阳区发展，将信息基础设施建设等相关内容纳入朝阳区发展规划中，开放市政公共基础设施资源，推进共建共享，为北京移动5G商用示范创造条件。协议签署后，双方将重点开展四方面工作：全面实施基础网络建设和升级，推进朝阳区5G网络规划、建设和应用示范落地，对全区信息化基础设施建设统筹考虑，列入城乡建设规划。建设5G商用示范区，将北京商务中心区作为5G商用示范首选地，将中关村朝阳园、奥林匹克公园区域作为5G应用重点区域并构建5G产业联盟运营体系。充分挖掘大数据价值，深化朝阳区经济发展指数、人口疏解指数、生态宜居指数、社会保障指数等城市数据指数功能。有效推动“智慧朝阳”顶层设计实施，推进5G、云计算、物联网等技术在智慧照明、智慧交通、智慧社区、智慧政务、环境监测、远程教育、远程医疗等领域广泛应用，建设一批“智慧朝阳”精品示范工程。（梁得天）

【违建督查督办】 5月16日，王灏带领区纪委、农工委、政法委、城管执法局、市规自委朝阳分局等部门，督导检查崔各庄乡香江水上公园违建问题。查看崔各庄乡香江水上公园违建现状，部署拆违工作并提出要求。6月19日，王灏现场督查红领巾公园配套服务用房违法建设拆除工作。实地查看公园配套服务用房违法建设现状，现场调度违建拆除工作。（梁得天）

【创新创业论坛】 6月2日，区举办以“创新引领未来”为主题的2019未来青年论坛。区发布建设中关村朝阳国际创投集聚区、启动2019海外人才创业大会（OTEC）、成立科技服务创业投资服务联盟及先进制造创业投资服务联盟等打造首都创新创业国际化发展高地新举措，还推出“朝企+”服务平台。16位来自5G、人工智能、科技服务等前沿热点领域优秀科学家、创投精英参与活动并分享科研创新项目。人力资源和社会保障部留学人员和专家服务中心副主任李璟，市政府副秘书长刘印春，市委组织部副部长、市人才工作局局长桂生，市知识产权局党组书记杨东起，中关村管委会领导翟立新、曹利群，区领导文献、迟行刚、李长萍、常树奇、王文远出席会议。7月26日至28日，2019海外人才创业大会（OTEC）在郎园举办创业大赛全球总决赛。李璟，北京市人才工作局副局长刘敏华，北京海外学人中心主任袁方，区领导文献、迟行刚、李长萍、朱晟等出席活动。举办开幕论坛、创业投资论坛、创新论坛等多场活动，汇聚全球高层次创新创业人才，助力朝阳区打造国际化科技创新生态。区委副书记、区长文献在7月27日举行的“工业互联网数字化时代下的国际合作创新”开幕论坛上致辞。（梁得天）

【2019国际文化产业园区发展论坛】 6月15日，2019国际文化产业园区发展论坛暨国际文化产业园区发展联盟成立活动在朝阳区举办。文化和旅游部产业发展司副司长牛军，北京市委宣传部副部长赵磊，市

委宣传部副巡视员、市文促中心主任梅松，朝阳区领导王灏、黄晓伟、李长萍等，与马来西亚、文莱、泰国、巴基斯坦、印度尼西亚、乌克兰等国家驻华使馆官员，以及国内外知名文化产业园区代表、专家学者探讨新时代文化产业园区发展新途径、新方式，加强交流互动，搭建互学互鉴平台。论坛围绕“交流合作·共建共享”的主题，汇聚来自英国、德国、荷兰、韩国以及中国北京、上海、天津、河北、江西、杭州、广州、西安等全球文化产业园区资源。此外，荷兰瓦尔塔纳咨询、英国In-GAME游戏研发中心、德国柏林木材厂文化产业园，以及天津国家动漫产业综合示范园、西安老钢厂设计创意产业园等园区和项目，聚焦国际文化产业园区发展方面经验共享和交流合作，向现场来自国内文化产业园区、企业200余位代表展示各国各地文化产业园区风采。（梁得天）

【合作协议签订】 8月27日，朝阳区政府与对外经济贸易大学签署战略合作框架协议，正式建立合作关系。对外经济贸易大学党委书记蒋庆哲、党委副书记李茂国，区领导文献、马继业出席。建立战略合作关系后，双方以“优势互补、合作互惠、政校互动、发展互促”为原则，发挥朝阳区在资源、政策、创新、发展等方面综合优势与对外经济贸易大学在人才培养、学科建设、产业研究等方面领先优势，开展深层次、全方位、多领域战略合作。12月18日，区政府与首都体育学院签订全面合作协议，共同推动朝阳区体育强区建设和首都体育学院创建一流体育大学再上新台阶。2022年北京冬奥会冬残奥会组委会秘书行政部、总体策划部及北京市教委体卫艺处相关负责人，首都体育学院党委书记何明，党委副书记、校长钟秉枢，区领导王灏、文献等参加。钟秉枢介绍首都体育学院相关情况，文献介绍朝阳区经济社会发展情况。根据全面合作协议内容，双方将充分发挥各自优势，聚焦建设国际奥林匹克教育示范区、国际化网球运动示范区，在竞技体育、中小学体育教育、社会体育、科技文化交流、体育促进健康等方面开展深层次、全方位、多领域全面合作。12月25日，由市经信局和朝阳区政府主办的“2019新型数字基础设施峰会”在北京东方君悦酒店举办。会上，市经信局、区政府与华为公司三方共同签署《共建北京鲲鹏联合创新中心战略合作协议》，三方将充分发挥各自优势，形成优势集成与互补，按照市场原则共建北京鲲鹏联合创新中心，推进以鲲鹏技术路线为核心自主研发创新能力生态体系建设。峰会以区块链相关技术交流为主题，通过主题演讲、企业案例分析、研究现状解析、展厅参观等多种形式，共同探讨基于鲲鹏生态区块链产业发展趋势、技术能力、生态建设等内容。工业和信息化部信息化和软件服务业司副司长董大健，北京市经济和信息化局局长王刚，区领导文献、王志勉，以及500余位相关专业人士参加活动。（梁得天）

【重大服务保障工作总结大会】 8月30日，召开中华人民共和国成立70周年庆祝活动朝阳区服务保障工作动员大会暨第二届“一带一路”国际合作高峰论坛、2019年中国北京世界园艺博览会、亚洲文明对话大会朝阳区服务保障工作总结大会。文献主持会议，区领导王灏、陈宏志、陈涛出席。总结三场重大活动服务保障工作。安全保卫和社会治安指挥部、庆祝大会服务保障和群众游行指挥部、联欢活动指挥部、八里庄街道、平房乡代表分别发言，表达为庆祝中华人民共和国成立70周年全力提供优质服务必胜决心。王灏讲话。10月31日，中华人民共和国成立70周年庆祝活动朝阳区筹备和服务保障工作总结大会召开。区四套班子主要领导出席会议。庆祝大会服务保障和群众游行指挥部、联欢活动指挥部、安全保卫和社会治安指挥部，建外街道等指挥部和街乡代表，以及民兵方队张晓菲、朝阳交通支队敖翔、八里庄华贸社区刘东风、朝开公司何卫正等典型事迹代表分别作典型发言。王灏讲话。（梁得天）

【第四使馆区规划建设协调领导小组全体会议】 9月17日，北京第四使馆区规划建设协调领导小组召开全体会议，听取关于调整北京第四使馆区规划建设协调领导小组成员单位请示和关于北京第四使馆区相关工作情况汇报，研究推进北京第四使馆区规划建设有关事项。区委书记王灏到会讲话，区领导文献、杨建海、李国红、朱晟出席会议。（梁得天）

【2019北京商务中心区论坛】 10月31日，以“全球视野 产业洞见 城市未来”为主题的“2019北京CBD论坛”开幕。市委常委、常务副市长林克庆，区领导王灏、文献等出席论坛。来自政、产、融、学、服5个领域权威人士以构建北京商务中心区生态圈为核心，以搭建政企沟通平台和企业生态联盟为目进行探讨和交流，共话北京商务中心区未来。论坛由北京商务中心区与德勤中国合作，立足区域国际要素高度聚集优势和驻区企业实际需求，成立北京国际CBD生态联盟，发布《商务中心区生态圈构建和发展》白皮书，通过构建政、产、融、学、服合作生态圈推动产业链、创新链、服务链有效对接，推进供给侧结构性改革，从而实现经济高质量发展，并努力将论坛打造成为北京市建设全球中心城市国际性高层次对话平台。（梁得天）

【北京商务中心区金融商会金融家交流会】 11月18日，区举办北京商务中心区金融商会金融家交流会。部分使馆商务参赞，各类国际金融组织代表，银行、证券、保险、再保险、信用评级等各类金融机构以及股权投资基金、政府引导基金、行业协会等各类专业机构负责人，境内外上市公司和重点企业高管代表等国内外嘉宾300余人在新落成的亚洲金融大厦，就区域金融业发展进行交流。文献致辞，区领导、与会嘉宾参观亚洲金融大厦，围绕提升朝阳区国际金融影响力，持续推进金融业与实体经济共建共享等话题开展交流。（梁得天）

政府信息公开

【概况】 3月，按照市、区机构改革工作部署，原区政府办公室的信息和政务公开职责整合，划转至区政务服务管理局，成立政府信息公开和政务公开科，负责推进、指导、协调、监督本区政府信息公开和政务公开工作，依法协调受理公民、法人或其他组织获取区政府信息的申请。年内，朝阳区各政府信息公开工作机构（以下简称区公开机构）认真履行《政府信息公开条例》法定义务，在完成常规工作任务的基础上，重点从深化主动公开，规范依申请公开，强化监督保障，推进业务研究等方面开展工作。全年全区各公开机构（不包含垂直管理部门）通过政府信息公开专栏和区政府官方网站主动公开政府信息35520条，受理政府信息公开申请2493件，因政府信息公开申请行政复议250件，提起行政诉讼134件。政府信息咨询、主动公开及申请受理、办理、答复工作顺利开展，各公开机构的组织管理、制度建设、渠道场所、教育培训等工作开展情况良好，全区政府信息公开工作有序运行。 （叶易棠）

【主动公开】 年内，区坚持以公开为常态、不公开为例外，遵循公正、公平、合法、便民的原则，履行政府信息公开法定义务，研究推进行政决策公开、执行公开、管理公开、服务公开和结果公开，以公开促公正，提升政府执行力、公信力，保障人民群众的知情权、参与权、表达权、监督权。建立健全政府信息公开工作体系，完善工作制度，制发并贯彻落实《北京市朝阳区人民政府工作规则》。贯彻落实政府网站集约化建设成果，利用“北京·朝阳”区政府门户网站信息集中发布平台，加大政府信息公开力度，围绕群众切身利益、需要群众知晓的机构设置、办公地址、办公时间、联系方式、领导信息、财政收支、政府采购、重大项目、权力清单、双公示、行政执法等重点领域信息公开。通过图表图解、微视频、微资讯等企业群众喜闻乐见方式，发布涉及企业群众办事服务相关事项信息，发布政策解读，全年发布“图解政府工作”及“微解读”。通过“北京朝阳”微信公众号、“北京朝阳”官方微博及时发布信息。全年，主动公开发布政府信息35520条。 （叶易棠）

【依申请公开】 年内，区不断规范依申请公开工作，组织各单位编制、更新本单位政府信息公开指南，编制并集中发布区级2019年政府信息公开指南，确保依申请公开渠道畅通，受理机关、邮寄地址、联系电话等信息准确无误。建立健全依申请公开工作机制，规范依申请公开的办理流程，严把“受理、办理、答复、送达、归档”等五个环节，确保依法依规做好答复。全年，受理公民、法人或其他组织提出的政府信息公开申请2493件。 （叶易棠）

【公开渠道】 年内，区完成区档案馆、区图书馆、区行政服务大厅等3个查阅场所提供自助查询等服务的基础上，指导全区各公开机构主动公开工作，深化主动公开意识，加大主动公开力度，推动民生保障和公共服务等方面政府信息公开工作。 （叶易棠）

应急管理

【概况】 年内，根据北京市机构改革指示精神和朝阳区有关要求，朝阳区应急管理局（简称区应急局）于3月1日完成挂牌，整合防汛抗旱、减灾、抗震救灾、森林防火等职责。5月底完成机构和人员转隶，完成人员有关职责分工。有行政事业、工勤编制194人，设置13个科室、1个执法队、4个事业单位。新成立区安全管理中心和应急协调中心。年内，区应急局以机构改革为契机，按照“大应急、大安全、大减灾”工作思路，健全完善工作体制机制，推动安全生产、应急管理和防灾减灾救灾责任落实，完成年度目标任务。全年区应急系统检查生产经营单位11644家次，占全市检查单位总数的20.35%；立案3164起，占全市案件总数的37.05%；收缴罚没款1550.06万元，占全市罚没款总数的23.70%。人均检查量161.62家次，人均处罚量43.81起，职权履行率19.60%，其中人均处罚量、职权履行率两项考核指标均位列全市应急系统第一。全年发生生产经营性道路交通、铁路交通、火灾、生产安全等各类安全生产事故70起死亡75人，分别比上年下降13.6%和19.4%；其中生产安全事故11起死亡11人，分别比上年下降8.3%和21.4%；实现事故起数和死亡人数连续三年“双下降”，区应急局被市应急局评为服务保障成绩突出单位。开展安全社区创建和全国综合减灾示范社区创建工作。2019年全区8个街乡被纳入安全社区建设库，9个街乡被纳入安全社区储备库。南磨房乡获评“国际安全社区网络成员”称号，创建成为朝阳区首家、北京市第二家“乡镇型国际安全社区”。奥运村街道总装社区、双井街道广外南社区、小关街道惠新东街社区等976个社区为2019年度全国综合减灾示范社区。 （刘子淇）

【烟花爆竹安全管理】 春节期间，区应急局加大对烟花爆竹安全管理。烟花爆竹安全条件审核。1月11日，由朝阳区应急局牵头，公安朝阳分局、区城管委、工商朝阳分局、朝阳消防支队、朝阳交通支队共同参与、对拟设置烟花爆竹销售网点地点安全条件进行联合审查，对外公示审查合格地点。验收烟花爆竹零售网点设置。1月25日，区应急局聘请朝阳区安全生产协会派出专家组与执法人员，对零售网点选址、安全管理、建筑、电气、消防等7个方面23项要求逐一对照标准进行审查验收。结合上年度销售高峰期人流易造成拥挤情况，要求网点销售区设置硬质导流围栏，两端开设安全出口。落实实名制销售要求。销售期间，全区采集实名制购买数据12958条，实现实名信息采集率100%，未出现不登漏登及群众抗拒登记引发纠纷等异常事件。区应急局根据购买和燃放的安全要求，专门编写印制《购买及燃放安全提示》宣传材料6000份，由网点随时发给购买群众，并利用朝阳有线、《朝阳报》、微信公众号等开展宣传。 （夏旭昀）

【重大活动服务保障】 2月22日，区应急局在全区政法工作暨安全稳定大会上启动安全生产“春雷”专项行动服务保障全国“两会”、“一带一路”峰会、亚洲文明对话大会三项重大活动。在全国“两会”期间，区应急局制定工作方案和应急预案，成立安全生产保障工作领导小组，指导开展全国“两会”安全保障工作。检查生产经营单位16789家，出动执法检查人员11485人次，发现隐患24660项，消除18098项，下达责令限期整改指令书5570份，现场处理措施决定书24份，处罚40家，金额21.5万元。在“一带一路”峰会期间，通过发挥街乡安全员队伍作用，建立会场、驻地周边200米范围内生产经营单位基础台账685家，完成3轮隐患排查，发现隐患5386项，下达执法文书5870份，立案41起。在亚洲文明对话大会期间，成立活动服务保障安全生产领导小组，制定保障方案，建立重点单位台账788家；安排骨干执法队员在美食节四大商圈（合生汇、国贸商城、蓝色港湾、大悦城）驻守；以“春雷”和“护航70”专项行动为抓手，围绕重点区域和重点单位，按

照两个100%（检查覆盖率、隐患整改率）和至少三轮全覆盖的要求，完成了重大活动服务保障任务。（董翠娟）

【危险化学品安全专项检查】 年内，区应急局多措并举开展危险化学品安全专项检查工作。开展危险化学品安全评价管理改革。深化危险化学品安全评价管理改革。加大改革创新力度，增强把关意识、竞争意识、服务意识，在提升开放性、强化服务意识、加大监督力度三个方面进一步深化措施，推动安全评价管理精细化、专业化。规范危险化学品行政审批制度。区应急局在继实施许可审批监管“八个一”措施和“引领式”主动服务工作模式的基础上，对照政务服务改革要求，梳理完善审批事项对外公开内容，压缩审批时限、简化审批流程、提升服务质量。全年完成危险化学品建设项目、危险化学品经营、非药品类易制毒化学品生产经营备案、烟花爆竹经营等各类审批事项197件，全部严格按照“法定条件、法定程序、法定时限”，未发生一起复议、申诉，在区司法局组织的行政许可案卷评查中获优秀成绩。加强涉及危险化学品的反恐、禁毒工作。区应急局组织危险化学品企业如加油站利用张贴海报、LED显示屏循环播放等渠道，开展“4·15”国家安全日、“6·26”禁毒宣传日的宣传活动。开展危险化学品专项执法检查。7月9日至8月，区应急局启动危险化学品重点企业“体验式”安全筛查工作。筛查3家重点企业发现各类隐患52项，完成整改44项，剩余8项正在结合化工仪表安全整治安排下一步实施整改。区应急局在落实全年危险化学品执法计划的基础上，强化执法监督，全年开展执法检查439家次，办理完成涉及危险化学品企业行政处罚96起，处罚金额39.2万元，立案起数比上年有所增加。（夏旭昀）

【安全专项整治】 年内，区安委会办公室按照全市统一部署，开展安全隐患专项治理三年行动，集中力量重点对危险化学品、高空坠物、快递、公交车行驶安全和桥梁防护工作等行业领域开展专项治理行动。全区挂账隐患1205处，完成全部整改。区应急局推进城乡接合部及城中村村民宅基地出租房屋消防安全综合治理三年行动。复查出租房屋11180栋，涉众24万余人，整改高风险问题1.69万处、一般风险及管理问题1.08万处，规范电气线路敷设6956条，清除建筑内停放电动车8813辆，安装火灾报警器2.23万个、简易喷淋159个。6月，区应急管理局组织开展化工医药生产企业安全专项整治。聘请专家、专业机构检查危险化学品储存使用量较大医药生产企业、化工生产企业。重点检查相关企业的实验室、生产车间、库房等部位，发现并督促整改各类问题及隐患51项，约谈企业负责人3家，立案处罚6起，处罚金额3.3万元。12月8日，朝阳区召开迎接市安办燃气安全检查“回头看”工作动员部署会，启动燃气安全检查情况核查工作。全区出动核查检查人员3358人次，更新后台账1007家，核查覆盖率100%，合格943家，合格率为93.64%，新发现隐患513条。（刘子淇）

【人工智能试点应用场景示范方案编制】 4月，区应急局完成人工智能试点应用场景示范方案编制工作。完成安全态势智能感知系统设置。消防监控，采用通用摄像机实时监控消防通道，通过视频巡逻等方式对消防通道堵塞、违规占用等行为进行有效监管。用电监控，对房间内的电器的用电性质实行自动监控，遇电路短路可及时切断电源，能在用电设备接入电路后自动识别出用电器是否属于禁用电器，如禁用的电器接入将自动停止供电，在撤除禁用电器后即可自动恢复正常供电。智能感知，在楼层、室内、现有井盖下方或壁侧安装传感器感知各种数据状态。搭建全区统计安全生产培训监督管理平台，企业负责人作为落实企业全员参训的第一责任人，使用配备摄像头电脑登录培训系统进行虹膜签到并开展学习。（杨　毅）

【国务院安委会危险化学品专项巡查】 4月24日至25日，国务院安委会第十四考核组专项巡查区危险化学品安全监管工作。区委书记王灏出席汇报会，副区长刘海涛代表区政府做危险化学品安全监管工作汇报，各有关职能部门领导接受问询。巡查组现场检查北京普莱克斯实用气体有限公司、北京工业大学、自来水集团水源九厂、首都医科大学附属朝阳医院等单位，未发现严重问题和重大隐患。年内，完成巡查发现隐患问题整改工作。（夏旭昀）

【安全生产标准化创建和有限空间安全监管】 5月29日，区应急局召开朝阳区2019年安全生产标准化、工业制造业有限空间专项整治工作部署会。部署2019年安全生产标准化工作，提出强化企业自主创建，严格评审质量管理，促进标准化建设与各项工作的融合，提升全区安全生产监管工作整体效能的工作目标。力争完成800家三级达标企业和1000家小微（岗位）达标企业的工作任务，启动工业制造企业有限空间专项治理工作。全面普查工业制造业企业有限空间作业情况，摸清底数，完善安全管理台账，开展教育培训，规范作业管理。北京地大安环科技发展有限公司、北京中安质环技术评价中心有限公司、北京天晟百纳安全技术有限责任公司就标准化评审工作进行介绍，北京国石安康科技有限公司就有限空间专项工作开展培训。43个街乡110家工业制造企业和4家技术服务单位主管安全生产工作的负责人参加会议。6月20日，区应急局组织重点行业主管部门召开朝阳区有限空间监管工作会。通报有限空间作业安全情况，制定并通过《朝阳区有限空间作业安全生产监督管理办法》。副局长周琼通报6月以来有限空间作业安全情况，传达市长陈吉宁6月16日作出的批示。与会单位结合自身职责范围对《朝阳区有限空间作业安全生产监督管理办法》交流。11月14日，区应急局组织召开朝阳区工业企业有限空间专项整治培训会。要求各属地监管单位要督促涉及有限空间的生产经营单位落实企业主体责任，规范作业行为，排查确认辖区企业有限空间场所。各街乡安全生产相关科室负责人、检查队队长和辖区内涉及有限空间工业企业的安全负责人及管理人员参加会议。年内，区应急局完成1947家企业安全生产标准化创建任务，其中三级标准化创建企业947家，小微（岗位）创建企业1000家。与区城管委联合执法检查全区未开展安全生产标准化供热企业，以执法促整改的方式促进企业标准化创建。（陈　京）

【“安全生产月”宣传咨询日活动】 6月14日，区应急局以“防风险、除隐患、遏事故”为主题，开展“安全生产月”宣传咨询日活动。活动现场围绕主题共设置现场咨询区、装备展示区、互动体验区、微信公众号宣传区、宣传展板区等五个宣传区域。置现场咨询区、装备展示区、互动体验区、微信公众号宣传区、宣传展板区五个宣传区域。全区各街乡、各有关单位在各主要场所设立安全生产咨询点，张贴宣传海报10825张、发放宣传材料218466件，参加咨询日活动人数超过6万人。市应急局预警信息发布中心主任崔继良出席活动，区应急管理局、朝阳消防救援支队、朝阳交通支队、区城管委等18家单位参加活动。（刘子淇）

【安全专项执法检查】 7月16日至18日，区应急局联合区民政局和朝阳消防救援支队对辖区内10家养老服务机构开展安全生产跨行业联合执法检查专项行动。年内，区应急局以重大活动保障、难点问题、重点行业等为发力点，牵头组织区住建、商务委、市场监管局、体育局、环保局、房管局、朝阳消防支队等部门，开展跨行业联合执法检查专项行动8次，检查生产经营单位36家，发现安全隐患95项，立案15起。区应急局持续组织开展街道系统联片跨街乡集中执法专项行动，开展跨街乡联合集中专项检查大屯、建外、潘家园、东湖、亚运村、劲松、三里屯、酒仙桥等街道，组织执法人员80余人次，检查生产经营单位153余家，立案109起，处罚40.4万元，立案率71.2%。区应急局全年行政执法计划检查2945家次，实际检查生产经营3440家次，完成率117%，下达各类文书4243份，立案行政处罚1030起，处罚金额381.69万元。安全员全年检查生产经营单位72709家次，检查覆盖率92.4%，下达责令改正文书22505份，发现隐患数69325项，核销隐患67141项，隐患整改率96.85%。

（许海凤　董翠娟　孟　轲　黄卫峰）

【安全生产责任保险制度建设】 7月17日，区应急局召开2019年安责险工作片区座谈会。市应急局规划处处长车广杰、副处长邵柏，朝阳区、东城区、西城区、经济技术开发区主管领导、相关科室和安责险运营中心负责人参加会议。市应急管理局副巡视员贾秋霞要求：各区要加大宣传力度，提高社会大众尤其是生产经营单位对安全生产责任险（简称安责险）的认识和了解。要加强风险管理，形成各自工作特色，实现小投入、大保障的效果。要坚持问题导向，提升安责险精细化管理水平。各相关部门要加强沟通协调，形成工作合力。要认真总结工作经验，研究安责险在助力安全生产中的作用。8月12日至14日，区应急局分三批举办朝阳区安责险事故预防培训班，全区各参保安责险的重点企业安全生产负责人和员工900余人参加培训。年内，朝阳区安责险参保企业15354家，保险费收入2090.9万元，理赔的保险事故374起，已决赔案282笔，赔款金额301.8万元；未决赔案92笔，未决赔款金额201.8万元。（刘子淇）

【第二次生产经营单位基础信息普查】 8月1日至12月31日，按照市应急局关于生产经营单位“应统尽统”原则，结合生产经营单位台账和北京市第四次全国经济普查数据，在全区部分街乡开展普查试点，现场登记生产经营单位台账中未纳入单位，登记生产经营单位基础信息。完成19000家企业新增工作。区7个试点街乡镇登记新增生产经营单位22410家。（杨　毅）

【应急管理和安全生产培训】 8月12日至16日，区应急局举办全区处级领导应急管理专题培训班，组织全区52家安委会成员单位、43个街乡分管安全生产处级领导95人开展培训。年内，区应急局制发《朝阳区2019年生产经营单位主要负责人和安全生产管理人员安全生产培训考核工作方案》，明确“安办统筹、属地负责、分工协作、中介支持”工作要求，以全区范围内一般法人生产经营单位为主，开展2019年安全生产大培训工作，全年全区开展135场培训班，12684人参加培训。（余　捷）

【隐患排查治理清单编制】 8月23日，区应急管理局组织召开朝阳区2019年隐患排查治理标准清单编制工作部署会。清单编制工作遵循“行业领域和地域相对集中”原则，集中在潘家园、大屯、呼家楼、左家庄、高碑店、太阳宫、平房和东坝等8个街乡开展，在达到安全生产标准化三级以上等级、具有一定隐患排查治理工作基础的重点企业中优先选取危险化学品企业（无实体经营行为的除外）、具有一定规模的工业企业、餐饮企业、商场、超市、娱乐场所、健身场所、养老院等200家生产经营单位参与清单编制。推进企业隐患排查治理体系建设，督促2016—2018年已开展清单编制企业使用隐患排查治理信息系统，对清单编制企业进行全覆盖专项执法检查。年内，全区完成1500家企业的清单编制工作，辖区安全生产和应急管理形势实现稳定好转。（刘子淇）

【企业台账动态更新】 年内，区应急局在企业台账系统中动态更新维护数据。新增企业和修改企业信息由街乡台账管理员进行新增操作和修改，区应急局审核；需核销企业需要街乡台账管理员在系统中提交核销申请，通过系统导出核销台账；涉及危化许可的企业，在征求危险化学品安全监管和管理科意见后核销审核。年内，完成审核更新企业90574家，其中新增企业34373家、修改企业信息18348家、核销企业35398家、恢复企业1881家、迁入企业301家及迁出企业273家。A类和B类库企业信息完整率95%以上，C类库企业信息完整率50%以上，区局及时审核率99.99%。（杨　毅）

【兼职安全生产巡查员全覆盖】 年内，区应急局坚持动态掌握村（社区）安全巡查员队伍人员情况，执行培训考核和持证上岗工作，促进队伍管理规范化；培训采取理论讲解和案例相结合，专家教授与专职安全员领军人才讲解相结合、示范化培训与普训相结合等方式，使其基本具备会宣传法规政策、会发现安全隐患、会督促问题整改、会上报相关信息“四会”能力；协调各街道、地区办事处（乡政府）及区财政，统筹安排健全行政村、社区级安全生产管理体系工作，在资金、人员、办公场所、装备、待遇等方面为行政村、社区的安全管理工作提供强有力的保障。年内，全区24个街道、19个地区办事处（乡政府）95个行政村、460个社区设置巡查员1311人，实现全覆盖。（董翠娟）

【瓶装液化石油气专项整治】 年内，区应急局开展瓶装液化石油气专项整治综合执法行动、瓶装液化石油气运输安全专项整治及天然气使用安全隐患排查治理专项行动。重点整治燃气使用、经营、储存、运输、充装、倒装、销售以及施工外力破坏燃气管线等行为。重点聚焦企业安全生产责任制及各项安全生产规章制度制订和落实、安全生产管理协议签订和落实、特种作业人员持证上岗、隐患排查治理制度记录及整改落实、安全设备设施维护保养、重点部位和重要设备警示标志设置等情况。专项治理期间全区共检查企业1239家，发现隐患1486项，整改隐患1474项。（刘子淇）

【城市安全风险评估】 年内，区安委会办公室组织各行业部门在10个重点行业（领域）1000余家企业开展城市安全风险评估工作。全区全年有1011家企业开展并完成城市安全风险评估工作，辨识评估出10875条风险，其中低等级风险8735条、一般等级风险2100条、较大等级风险40条、无重大等级风险。选取部分街乡推动200家企业完成清单编制任务，所有纳入隐患信息系统企业使用率达85%。按照评价考核标准，开展抽查检查并通报有关情况。（刘子淇）

信息化管理

【概况】 朝阳区信息化工作办公室（简称区信息办）是区政府组成部门，作为全区信息化主管部门，主要负责指导、组织和实施辖区内信息化建设。下设综合管理科、电子政务与社会信息化科、软件与信息服务业科和信息网络中心（正科级，纳入工资规范管理事业单位）。3月21日，组建朝阳区科学技术和信息化局，加挂区大数据管理局牌子，不再保留区科学技术委员会、区信息化工作办公室。年内，完成“移动政务安全加固平台”及“数据安全存储平台”。信息传输、软件和信息技术服务业，实现营收1880.1亿元，比上年增长16.7%。（马　慧）

【战略合作】 1月17日，区政府与中国铁塔股份有限公司北京市分公司签署战略合作协议。双方建立全面战略合作关系促进区信息化更快发展，北京铁塔公司将朝阳区作为北京信息基础设施布局重点区域，区政府将全面支持北京铁塔公司在朝阳区的运营和发展。5月10日，区政府与中国移动北京公司在朝阳区规划艺术馆签署5G+战略合作协议。双方共同合作全面实施5G基础网络建设和升级，规划5G覆盖；共同建设5G商用示范区，加快推进经济社会各领域信息化应用；共同研究数据融合和推动“智慧朝阳”顶层设计实施，建设数据开放共享和增值服务模式。区长文献、中国移动北京公司总经理夏冰出席签约仪式。（赵莉莉）

【5G基础设施建设】 1月23日，区信息办与北京移动首次在北京商务中心区内亿利生态广场一层，利用5G eMbb场景，依托VR虚拟现实技术，实现360度视频监控技术试商用成果。6月，朝阳区在望京SOHO完成基于5G LampSite的5G全覆盖业务，开通建筑面积52万平方米，成为全球第一个5G全覆盖的大型商业楼宇。9月，区政府在机关大院建设2个5G基站，在重点办公区域建设多点室分，率先完成基于5G LampSite及基于传统室分的5G覆盖业务，区政府成为全市第一个5G覆盖政府机关。10月16日，电子城集团、中关村朝阳园管委会主办的“5G@all三网联合开通测试活动”在北京电子城·国际电子总部举行，标志电子城高科技产业园区成为国内首个5G三网室内外信号覆盖的科技园区。年内，全区建设5G基站2221个，开通5G基站1855个，五环内室外实现5G信号连续覆盖，五环外重点地区、重点场景实现精准覆盖，长安街延长线、北京商务中心区核心区、奥林匹克公园等重点区域、典型应用场景实现专项覆盖。（赵莉莉）

【电子政务公共平台】 10月，区科信局启动区电子政务云平台建设。核心设备采用国有知识产权的鲲鹏处理器，主要基于鲲鹏云技术体系架构，采用统一云管平台，具备云应用、云存储、云安全三大方面云服务能力，能够为各部门政务系统、业务系统提供统一的计算、网络、存储、安全等政务云服务。12月，区科信局启动“朝阳通”公共服务平台建设。建设朝阳区“互联网+政务服务”统一移动门户，建设“网上办事大厅”，实现与“北京通”基础应用服务共享，建设全国领先互联互通平台。（赵莉莉　马　慧）

【“城市大脑”建设】 年内，区科信局以政府部门数据为基础，综合互联网公司资源、手机信令、市民上报信息等社会数据，汇聚实时交通、智慧物业、信用体系、人口数量、群租房密度等信息在内数据，形成智慧物业平台、交通实时监测平台、人口大数据平台、实时人口监测平台、群租房居住密度及市场疏解监测平台、人工智能AI等9个分平台。以预防、管控、解决城市管理和城市服务领域中的各类问题为目标，综合利用人工智能、大数据等新一代信息技术，通过数据跨行业、跨部门流转和“类人脑”处理，对城市进行全感知、全互联、全分析、全响应、全应用，实现公共资源高效调配、城市事件精准处置的“城市大脑”，在城市管理、民生服务、社会治理等方面发挥作用，提升城市治理精细化、智能化水平。全年通过整合18个已有的信息系统，朝阳“城市大脑”智慧物业平台收集2295万余条数据，形成楼宇、人口、企业、事件、设施、风险六大主题数据资源池，向街乡及商务楼宇推送互联网金融风险预警企业12家、存在异地纳税指征的企业数据1914条、消防隐患数据80万条。制发《朝阳区综合指挥中心顶层规划》及相关标准规范、《关于上海浦东新区城市运行综合管理中心的调研报告》和《“城市大脑”系统建设工作方案》。（熊桂梅　马　慧）

【大数据平台建设】 年内，区科信局制定《北京市朝阳区促进大数据发展行动计划（2019—2021年）》《北京市朝阳区大数据建设工作方案（2019年）》，完成全区大数据顶层设计。6月，区科信局综合运用大数据、地理信息、三维可视化等信息技术，建设完成“CBD区域楼宇经济展示分析平台”。11月，市级大数据试点项目——高精尖产业经济综合分析平台正式上线，平台从产业地图、产业发展、产业评估、企业洞察等多个维度，实现监测和评估全区高精尖产业发展态势。朝阳区重型货车安全管理平台上线，实现辖区行驶上万辆12吨以上营运货车在线监控、分街乡动态精准展示、追溯轨迹、自动预警、大数据分析等功能。（马　慧　熊桂梅）

【政务网络安全】 年内，区科信局在全国“两会”、“一带一路”高峰论坛、亚洲文明对话大会、北京世园会、庆祝中华人民共和国成立70周年等重大活动重要会议期间，制定完善网络安全保障工作方案和应急预案，组织开展隐患排查，实施远程技术检测，加强安全技术防护，进行安全风险评估，开展安全应急演练等措施，完成全区政务网络安全保障工作。利用区政务信息安全监测预警系统，发现信息系统安全隐患296件，涉及漏洞4381个，全部有效处置，全年未发生重大信息安全事件，完成全年政务信息安全管理工作。9月，北京市年度网络安全检查工作中有5家单位获得优秀成绩，朝阳区是唯一一个获得优秀成绩的区级政府单位。（赵莉莉）

【智慧型社会治理应用试点项目】 年内，区科信局聚焦解决基层治理痛点难点问题，支持街乡开展智慧型社会治理项目应用试点。支持16个街乡19个项目，涉及接诉即办、社区管理、社区服务、城市管理、楼宇管理等五类，各项目全部完成验收。在推广应用过程中，涌现出双井物业联盟云管家、望京街道“垃圾分类督察考核平台”、东湖街道“民呼我应”项目等具有示范性、可复制、可推广的创新型智慧社会治理应用成果。（熊桂梅）

【社会信用体系建设】 年内，区科信局依托区政府网站建设完成区行政许可和行政处罚信息公示平台。公示政府各单位重点领域的清单、各单位的行政权力清单和责任清单等131项责任事项；73张权力清单表，5张专项责任清单表；7张政务服务事项清单，3502项服务事项。建立北京商务中心区信用监管平台，通过对工商、税务、法人、法院、互联网舆情等17万条各类信用信息数据分析，清退中高风险企业近千家。（马　慧）

政务服务

【概况】 3月25日，朝阳区政务服务管理办公室更名为朝阳区政务服务管理局（简称区政务服务局），为区政府工作部门，机构级别为正处级。在原政务服务管理办公室基础上，新增政务信息公开和公共资源交易2项职能任务，原政府办政务信息公开科和区住建委建设工程发包承包交易中心同时划归区政务服务管理局。现行政编制为22名，事业编制30名。设局长1名，副局长3名。主要职责为：负责统筹推进区简政放权、放管结合、优化服务改革和行政审批制度改革工作。研究拟订改革规划、计划和相关政策措施并组织实施。负责组织推动政务服务方式创新负责政务服务事项规范管理，推进政务服务标准化、集成化负责区“互联网+政务服务”工作。研究制定区公共资源交易场所服务管理标准、细则等。年内，围绕深化“放管服”改革，推进“互联网+政务服务”，推动“一网、一门、一次”落地。制发《关于印发北京市朝阳区公共资源交易管理办法的通知》。完成区公共资源交易平台智能场地服务系统、交易服务系统及互联互通服务建设工作，实现电子化交易系统全面覆盖，实现与市级平台互联互通共享交易数据。12月26日，区首个政府采购项目进入交易中心场地完成开标活动。（郭靖楠）

【“一网、一门、一次”改革工作推进会】 1月18日，政务服务办（区政务服务局）召开落实“一网、一门、一次”（政务服务事项“一网通办”、企业和群众办事“只进一扇门”“最多跑一次”）改革任务工作推进会。解读互联网+政务服务“一网、一门、一次”政策、综合窗口、区域通办背景及相关政策和区级事项标准化要点梳理情况，演示“单窗通办综合受理系统”如何实现综合窗口及区域通办。区民政局梳理北京市政务服务事项目录系统中涉及169个事项，把任务清单化，明确时间节点，春节前优先梳理50%事项，推进综合窗口和区域通办工作，落实区级政务服务事项“一网深办”。区政府各19个有关职能部门、43个街乡共100余人参会。（王　寅）

【优化营商环境政策服务综合咨询区设立】 2月25日，区政务服务中心设立优化营商环境政策服务综合咨询区对外服务。咨询区设置8名政策宣讲员，面对面引导和解答办理施工许可、纳税、开办企业、保护少数投资者、获得电力、跨境贸易、登记财产7个企业关注度高难点问题和共性问题，为企业提供政策咨询解答服务。涉及区发改委、区规土委、区住建委、区商务委、工商分局、公安分局、区税务局等10个单位。（王　寅）

【优化营商环境专题培训】 2月底至6月底，区政务服务中心组织召开11次优化营商环境窗口服务专题培训会，覆盖全区70余个政务服务大厅700余名窗口人员。区政务服务管理局负责人解读政务服务便利化相关要求和政策背景，工商朝阳分局、区税务局等8家牵头部门讲解优化营商环境“9+N”政策2.0版，各专业大厅、街乡大厅培训宣传员参加会议。6月，区政务服务管理局选派人员参加市政务服务“千人千题”竞赛考试，获全市第四名。（王　寅）

【政务服务工作会】 3月25日，区召开2019年政务服务工作会。区政务服务局局长吴景刚作区政务服务工作报告，明确区政务服务工作要立足“第一窗口”的责任意识，秉承“小小窗口，满满服务”理念，持续深化“放管服改革”。区政务服务管理局党组书记李晓静作区优化营商环境政务服务便利化工作进展情况的报告。副区长王志勉讲话，对全区2020年政务服务工作提出要求。政务服务相关委办局系统、专业大厅、街乡大厅相关负责人260余人参加会议。（郭靖楠）

【区智慧政务智库联盟成立】 4月8日，全国第一家区级政务智库——朝阳区智慧政务智库联盟成立，联盟由中国行政管理学会副会长高小平、首都信息发展股份有限公司党委书记董事长林艳坤等14名领导和专家组成。智慧政务智库联盟是以联盟形式整合专家资源，通过建立与朝阳区政务服务管理局的长效工作交流机制和沟通互动机制，为智慧政务建设提供信息支持和智库支撑。朝阳区政务服务管理局主办，北京国际城市发展研究院承办，以围绕“深化‘全网通’政务服务模式与创新智能服务专区建设”主题召开第一次专家研讨会。（王　寅）

【优化营商环境专题会】 4月13日，区长文献主持召开“优化营商环境专题会”，提出“强化整改到位、强化培训、强化服务、强化创新、强化调度、强化问责，提高思想认识”的工作目标。区委常委、常务副区长马继业，副区长王志勉讲话。4月28日，市政府副秘书长王军在区政务服务中心组织召开全市新设企业推进会，市有关部门和16区主管领导参加会议。区按照“放管服”改革工作要求，以“提升企业群众获得感”为目标，梳理优化企业开办事项、流程，实现“对外服务全部纳入综合窗口”，形成

"1144"［一窗式业务办理，一套流程审批，四种类型业务，四大"企业开办礼包"（营业执照、公章、发票、税控设备）］企业开办朝阳模式。打通政策落实"最后一公里"，实现"一窗式"办理。（郭靖楠）

【"朝我说"意见征询专区上线】 4月25日，区政务服务中心设立"朝我说"意见征询服务专区。依托全市政务场所问题处理平台、政民互动平台、企业服务平台，做到政务服务投诉事项100%解决。全年，"朝我说"意见征询平台接收信件899件。其中，"朝我说"现场专区363件；12345督办150件；"漠视侵害群众利益问题"专项治理88件；每日一访32件；客服电话16件；"朝我说"微信累计232件；政民互动18件。（王 寅）

【政务服务事项梳理】 7月5日，区政务服务管理局启动2019年政务服务事项梳理工作。事项范围整体概括为"三层、三级、十一类"，即事项的实施主体涉及区级部门、街乡、社区（村）三个层级，事项颗粒度分为主项、子项、办理项三级，全部政务服务事项按照类型划分可分为行政许可、行政给付、行政确认、行政奖励、行政裁决、行政检查、行政强制、行政处罚、行政征收、其他行政权力、公共服务共11类。7月19日，区政务服务局召开部署培训会，组织56个区级部门、43个街乡启动梳理工作，全区事项梳理工作人员500余人参会。9月23日，第一阶段梳理区级部门、街乡涉及的行政许可、行政给付、行政确认、行政奖励、行政裁决、其他行政权力和公共服务7类依申请办理政务服务事项5313项；行政检查、行政强制、行政处罚、行政征收4类政务服务事项8137项。总计13450项。（王 寅）

【政务服务能力提升落地辅导项目】 7月15日至26日，区政务服务中心邀请北京零点有数科技集团专业团队，开展"评立改"项目——政务服务能力提升落地辅导项目。培训采用驻点辅导+集中培训的模式，全体综合窗口工作人员及咨询引导员100余人完成了服务大厅硬件环境测评、窗口人员形象测评、服务大厅问题梳理、服务对象拦截访问、6S台席现场管理、晨会制度导入、专项辅导培训等工作内容。8月14日，区政务服务管理局邀请工商银行燕莎支行到区政务服务中心参观交流。工行调研团队观摩综窗人员的日常晨会，参观中心新设企业一窗式服务区等多个服务区和档案自助查询设备等智能终端，政务中心负责人介绍了中心的重点工作、大厅功能布局、设施保障、办事效率等相关情况。双方人员就窗口管理、服务经验、大厅环境、便民服务措施等业务工作进行交流。（王 寅）

【区公共资源交易服务中心成立】 7月16日，区公共资源交易服务中心成立。区公共资源交易服务中心为政务服务管理局下属全额拨款事业单位，在原区住建委建设工程发包承包交易中心基础上组建而成，编制30名，级别为正科级，办公地点位于朝阳区高碑店乡北花园6号院1号楼。主要职能是负责全区公共资源交易场所服务管理工作，研究制定全区公共资源交易场所服务管理标准、细则，负责公共资源交易分平台场所的建设、运行和服务管理工作。交易中心对外服务面积1800平方米，设有3个开标室和9个评标室。至年底，工程建设和政府采购领域招投标已纳入平台交易，并实现与市级平台的互联互通，数据共享。（松 磊）

【服务大厅布局调整】 8月16日，区政务服务中心大厅布局调整工作启动。调整大厅一层北厅、一层南厅、二层北厅、二层南厅布局，分别划分为市场准入北厅、市场准入南厅、工程建设和综合服务专区、新设企业和季节性专区等4个专区。在专区职能方面，市场准入北厅涉及事项86项、涉及部门3项、承诺件49件、即办件37件、涉及专网3家、窗口20个、窗口分类3类（综合咨询、综合受理、综合出件）；工程建设和综合服务专区涉及事项753项、涉及部门33家、承诺件689件、即办件64件、涉及专网6家、窗口20个、窗口分类3类（综合咨询、综合受理、综合出件）；新设企业和季节性专区涉及事项15项、涉及部门2家、承诺件15件、无即办件、不涉及专网、窗口10个、窗口分类2类（综合受理、综合出件）。（王 寅）

【规范化、标准化建设观摩会】 9月5日、6日，区政务服务局在双井街道政务服务中心召开2场街乡政务服务中心规范化、标准化建设观摩会。解读《关于街乡级政务服务中心规范化、标准化建设的实施意见》，介绍综合窗口试点工作的进展情况，说明街乡政务服务中心综合窗口模式实施步骤。总结机场街道、双井街道、三里屯街道、三间房地区试点经验，形成"窗口吹哨、部门报到"、厅站合一、一站多居、一站一居、"足不出社区（村）"就可办成事5个特色做法，在其他39个街乡开展街乡级政务服务中心规范化、标准化建设工作。现场观摩双井街道政务服务中心和九龙社区服务站，听取街道和社区工作人员介绍综合窗口的设置及运行规则。区政务服务局、区发改委、区民政局、区农业农村局以及39个街乡办事处分管领导、政务服务中心负责人参加观摩会。（王 寅）

【工作推进会】 10月31日，区政务服务局组织召开朝阳区街乡一门进驻和一窗受理工作推进会。区政务服务局主管领导、各街乡办事处负责政务服务主管领导、街乡政务服务中心负责人、区民政局、区农业农村局相关业务负责人参加会议。传达市局关于推进街乡一门一窗改革工作的最新精神及要求，汇报"街乡进驻事项清单""2019年度政府绩效管理考评工作""2019年度北京政务服务优秀案例""'2019北京榜样·政务服务之星'评选""门头牌匾标识统一""僵尸号码专项整治""一网通办"等工作情况，解读《朝阳区推行街乡政务服务中心综合窗口模式相关硬件和人员配置标准》。11月20日，区政务服务局在双井街道组织召开区街角化改革试点工作现场会。研讨推进街乡政务服务中心规范化、标准化建设中，下沉到双井街道3个社区首批20个事项办理存在问题以及实现事项就近办、自助办、掌上办和足不出社区等问题，参观双井街道政务服务中心大厅综合窗口、自助设备及九龙南里社区服务站。区政务服务局、区人力资源社会保障局、区民政局、区医保局、区卫生健康委、区残联负责街乡事项相关科室负责人参加会议。12月11日，区政务服务局组织召开2019年度政务服务绩效考评工作培训会。43个街乡和相关委办局单位绩效考评工作负责人、政务服务工作人员参加了培训。区政务服务局通报2018年度绩效考评工作情况，介绍2019年绩效考评工作背景和

特点，阐释2019年政务绩效考评任务、评分点、注意事项等内容，现场解答参训人员提出的问题。（王 寅）

投资促进

【概况】 朝阳区投资促进局是区政府直属事业单位，机构规格相当于正处级，负责全区招商引资和投资服务工作，承担区招商引资工作领导小组办公室的日常工作；协调落实对驻区重点企业的各项服务制度；负责宣传推介本区投资发展环境和招商引资政策，承担大型招商引资和投资促进活动的组织、协调工作；负责引进重点企业及产业化项目，并对重大项目进行全程跟踪；负责本区投资促进官方网站建设，统一发布招商信息；负责区“一站式”服务工作领导小组办公室的日常工作，做好招商引资“绿色通道”管理、“全程代办”和“集中办公区”的组织协调工作。共设办公室、调研科、宣传推介科、项目促进科、联络科、项目统计科、企业服务科7个科室，人员编制31人。年内，区投资促进局引入沙鑫（中国）有限公司、北京仁东信息技术有限公司、中国石油集团储气库有限公司等优质企业20个，内资企业12家，外资企业8家。其中注册资本金5000万元以上（含5000万元）企业达到15个。（张 瑾）

【企业投诉与服务平台公众号运行】 6月30日开通运行，接收驻区企业反映问题及线索，分类处理、回复回访问题线索等，实现政府与企业之间的点对点直通和良性互动。年内，推送经济资讯76条、政策信息67条、通知公告31条。（李 萌）

【投资促进活动】 8月，区投资促进局组织区发改委、区商务局、区委组织部学人中心、区金融办等部门联合举办“服务企业双向投资发展2019北京市朝阳区专场推介活动”上海推介会。邀请上海及长三角地区有志于全国发展布局、进军北方市场的世界500强跨国公司和柯锐世江森自控、科勒、国药控股、药明康德、策源产业、海尔资本等40余家优质企业代表。会上区发改委、区商务局、区委组织部学人中心、区金融办等部门介绍区相关政策和优势。利用“投资北京洽谈会”平台，宣传区服务业扩大开放。策划制作宣传展板，组织参与报名、开幕及项目咨询事宜。副区长朱晟在会上重点推介区服务业扩大开放综合试点工作情况，深化区服务业扩大开放工作成效。对接海外资源，开展海外招商的探索。11月，区长文献、副区长李长萍以及相关政府部门会见波兰滨海省省长米茨斯瓦夫·斯特鲁克带领政府部门工作人员及企业家组成一行28人代表团，参观北京商务中心区，双方就深化友好交流、推进务实合作进行了深度座谈。12月，区投资促进局赴俄罗斯、西班牙开展海外招商，与俄罗斯莫斯科工商会、俄华战略协会、西班牙阿尔卡拉市政府战略发展部、西班牙马德里商会、托莱多商会等国际商协会组织开展友好交流。（李 萌）

【企业走访接待】 年内，区投资促进局走访北京市投资促进局、北京国药资产管理有限公司、东方园林环境股份有限公司、爱慕股份有限公司等30余家政府部门和驻区企业，宣传朝阳区营商环境，介绍重要产业支持政策，了解企业需求，解读投资政策。区投资促进局接待普华永道、现代汽车（中国）投资有限公司、嗨学网、Wework、分众传媒、深圳左邻永佳科技公司、北京睿信毅诚信息科技公司、城市之间（北京）信息科技公司等企业，与企业之间加强沟通交流。（李 萌）

【企业服务】 年内，区投资促进局为第一太平戴维斯物业顾问（北京）有限公司获“一事一议”政策支持，协助其开展高管子女入学、跨国公司地区总部认定等工作。协助现代汽车（中国）投资有限公司展览展示分公司和现代汽车（中国）投资有限公司北京分公司办理相关手续，实现企业落地。帮助北京宜家家居有限公司处理店标数量、尺寸等实际问题。（李 萌）

【产业地图编制】 年内，区投资促进局参照《上海市产业地图》，结合区产业结构和空间布局特点和《朝阳区分区规划（2017—2035）（草案）》，遵循与国家发展需求相结合、与构筑未来产业新优势相结合、与提高产业显示度和集中度相结合、与产业创新资源配置相结合、与提高区域经济密度相结合的五大原则，编制完成朝阳区产业地图。用文字和图片，梳理和标识区金融业、文化产业、高新技术产业和现代服务业重点企业，立足产业、空间两个维度，梳理企业、创新两类资源，达到加强全区产业布局统筹、弥补产业和空间信息不对称、营造产业集聚发展优良环境的三大目的，实现为投资人提供空间布局和产业分布的指南服务。（李 萌）

外事及港澳台事务

【概况】 朝阳区人民政府外事办公室（简称区政府外办），是负责朝阳区对外国际交往和处理涉外及港澳台事务的区政府工作部门，又是区委外事工作领导小组的办事机构，承担区委外事工作委员会办公室职责。内设综合科、因公出入境管理科、国际交流和涉外管理科。年内，区政府外办贯彻党的十九大精神，以习近平新时代中国特色社会主义思想为指引，落实好“国际国内，发展安全”新时代外交外事工作理念，立足区域经济社会发展，合理构建友城平台，优化涉外环境，推进朝阳区主动融入国家重大外交事务，完成各项重大活动保障任务，外事工作取得了积极成效和多项突破。（龚 舒）

【海峡两岸基层交流活动】 2月15日至21日，区台办落实市台办对台交流专项任务要求，由区台办、区社会办、区农委组织崔各庄、东坝、安贞、望京等16个街乡、社区（村）干部36人考察团赴台湾参加京台基层新春文化拜年及定向结对交流活动。交流为老服务、百姓民风、城市管理、社区营造、环境治理等社区工作，结成友好社区5对。2月21日，区委统战部副部长、区台办主任李波会见中华海峡两岸企业交流协会理事长陈堂立一行，交流发展共享、资源互通。6月10日，台湾高雄市苓雅区、新兴区、前金区村里长代表参访团27人到区参访交流，参观团结湖文化活动中心、朝阳规划艺术馆。10月17日，台湾高雄市慈善交流参访团一行34人到区参访交流，参观区福寿苑养老照料中心、东风地区残疾人温馨家园和爱心家园。10月22日至27日、11月11日至15日，台湾高雄市基层参访团一行40人到区参访，体验首都的发展变化。11月6日，由北京市黄埔军校同学会主办的“黄埔情缘·相约北京”2019年台湾眷村与北京社区交流节活动在朝阳区三里屯街道综合服务中心开幕。北京市黄埔军校同学会秘书长陈清、朝阳区委统战部副部长、区民宗办主任梅诗曙、三里屯街道工委书记唐涌涛及台湾中华两岸经贸交流协会理事长齐兰英，台湾忠义同志会执行长黄其梅等嘉宾出席开幕式。（孙　洁）

【国际交流与合作】 3月21日，区邀请来自白俄罗斯、埃及、斯里兰卡等驻华大使馆外交官及亲友30余人参加在日坛公园举办的第十三届“春分·朝阳”民俗文化节活动。3月30日，朝阳区与北京市民间组织国际交流促进会，联合世界自然基金会共同主办“与自然共生”2019年“地球一小时”主场熄灯活动。6月18日，由区政府外办举办的“老北京·新朝阳”驻华使节及外国友人京剧专场体验活动在北京朝阳京剧文化艺术中心举办。西班牙、新加坡、哥伦比亚、荷兰、奥地利、贝宁和世界银行、联合国等20余个国家及国际组织的驻华使节、外国官员及家属参加活动。10月27日，“大爱无国界——用爱助力奔跑”国际义卖活动在国家体育场（鸟巢）室外热身场成功举行,国务委员兼外交部部长王毅,外交部党委书记齐玉、副部长乐玉成等外交部领导，区委书记王灏、区长文献和150余位驻华使馆、国际组织驻华机构代表及夫人出席。现场近90家驻华使馆、国际组织驻华机构及近50家中资企事业单位参加活动。活动由外交部和中国扶贫基金会主办。此次义卖活动筹集善款710余万元，通过中国扶贫基金会，为云南省金平县和麻栗坡县学校修建运动场。（温　颖　刘良琼）

【澳门职业学校与劲松职高交流活动】 3月27日至28日，澳门职业学校一行4人到北京市劲松职业高中开展交流活动。北京市劲松职业高中校长介绍学校办学历程、办学特色、专业设置、招生规模、教育教学等方面的基本情况，并就学校在职业教育转型期的探索实践和发展思路与来访嘉宾沟通交流。澳门职业学校人员参加学校综合实训活动和“周锦明技能大师工作室揭牌暨拜师仪式活动”，参观学校乐器修造专业实训基地。通过沟通和座谈，双方表示今后要进一步加强两地职业教育交流与合作，互相取长补短，共同促进两地职教事业的发展与壮大。（王　源）

【走进摩洛哥投资推介会】 3月29日，区政府外办主办，中外企业家联合会协办召开“走进摩洛哥投资推介会”，为朝阳区企业与摩洛哥搭建合作平台。这是继东南亚、大洋洲和东盟之后，朝阳区APEC商务旅行卡企业俱乐部为服务驻区企业走出去，举办的系列活动之一。活动为驻区企业海外投资、开拓市场、开展务实合作方面提供支持，助推区域经济发展。（李　祯）

【外宾接待】 4月24日，埃塞俄比亚人民革命民主阵线干部考察团一行到高碑店乡交流考察基层党建促发展经验。9月11日，巴基斯坦哈比银行中国区业务负责人法汉（Farhan Talib)一行到朝阳区考察，交流探讨巴基斯坦哈比银行北京分行选址落户事宜。10月22日，新加坡企业发展局副局长尤善钡一行到朝阳区考察，交流加强经贸合作、产业人才政策、绩效评估机制等事宜。双方希望在招商引资、服务企业发展等方面加强交流合作。（李　祯）

【重大活动保障】 4月，区政府外办牵头全区各相关单位完成第二届“一带一路”国际合作高峰论坛朝阳区服务保障工作。高峰论坛期间，作为朝阳区服务保障工作指挥部牵头单位，制定整体工作方案，协调全区各委办局及街乡，完成安保维稳、环境整治、城市美化、外宾接待等各专项工作组任务。“一带一路”高峰论坛服务保障期间，配合接待智利总统、塞浦路斯总统夫人等贵宾团45个297人次。借助“一带一路”服务保障工作，加强外事干部和高校志愿者队伍建设，检查秀水市场开展涉外礼宾翻译服务及双语标识工作。（龚　舒）

【英语人才培训】 6月5日，2019年朝阳区机关及企事业单位高级英语人才培训班开班仪式在朝阳区委党校大礼堂举办。外交部原驻加蓬共和国大使孙继文、区政府外办主任谭林坤、区委党校党委书记、常务副校长李燕梅等出席。区机关及企事业单位英语培训班全体学员、区卫生系统英语培训班学员代表、外国人出入境服务大厅英语培训班学员代表和区委党校教师代表等参加开班仪式。培训持续15周，覆盖区内各委办局及街乡40余家单位近60人，分为两个不同级别等次班级，提升干部的英语水平。（刘良琼）

【缔结友好关系】 7月16日，市政府副秘书长王文杰率团访问罗马尼亚布加勒斯特市一区政府，区委常委、常务副区长马继业随团访问，签署《中国北京市朝阳区与罗马尼亚布加勒斯特市一区政府建立友好关系意向书》。双方共同签署两地建立友好关系意向书，明确两地将加强人员互访互问，在经济、社会文化、旅游、城市发展和环境卫生等方面开展经验交流。至此，区已与24个国家和地区30个城市、城区缔结友好关系。（温　颖）

退役军人事务

【概况】 朝阳区退役军人事务局于2019年3月15日挂牌成立，为区政府工作部门。主要职责是贯彻落实党中央关于退役军人工作的方针政策、决策部署和市、区两级工作要求，负责退役军人思想政治、管理保障和安置优抚等工作。下设4个内设机构，办公室、移交安置科、军休服务管理科、拥军优抚科，行政编制17名。所属26家事业单位，朝阳区退役军人服务中心，朝阳区军队离休退休干部第一至十八休养所，朝阳区军队离休退休干部综合科、组织人事科、接收安置科、无军籍职工管理科、财务办公室、房管所、活动站、门诊部，事业编制245名。年内，持续深化“五联四拥”工作模式，争创新一届“全国双拥模范城”七连冠。围绕做好移交安置、退役士兵社保接续等工作，军地相关部门通力协作、密切配合，形成了工作整体合力。落实各类重点优抚对象优待政策，履行红色教育职能职责，营造崇尚英烈良好社会风尚。依法落实军休干部“两个待遇”，按照“开

▲ 3 月 15 日，区退役军人事务局揭牌　　（区退役军人事务局　供图）

门办所、融入社会、购买服务、资源共享”要求，在卫生医疗、老年饭桌、医养结合等方面作出有益探索。制发《关于解决部分退役士兵社会保险问题实施方案》，成立工作专班，确认退役士兵保险接续工作。制发定《朝阳区民兵方队（女）参加庆祝中华人民共和国成立 70 周年阅兵优待办法》。（严　苗）

【军转干部培训班】 3 月至 5 月，区退役军人事务局举办 2018 年度朝阳区计划安置军队转业干部培训班，组织军转干部到区委党校和市军转培训中心进行知识技能培训。（李珊珊　王　丽）

【退役军人服务保障体系全面建成】 4 月 26 日，区退役军人服务中心于挂牌成立。年内，组建区级退役军人服务中心 1 个，核定编制 25 人；街乡级退役军人服务站 43 个，核定编制 68 人；村（社区）级退役军人服务站 562 个，形成以区级退役军人服务中心为枢纽，街乡、村（社区）服务站“全覆盖”的服务保障体系。（严　苗）

【寻找最美退役军人活动】 5 月 16 日，区退役军人事务局开展“寻找最美退役军人”活动，选树 100 名最美退役军人典型，编印成《朝阳区百名最美退役军人风采录》。（许长艳）

【军人子女入学】 5 月，通过专场政策宣讲解读、入学统一上报登记和“就近 + 协调”一站式服务，为军人子女提供入学服务。（许长艳）

【双拥工作体系调整】 6 月 2 日，区退役军人事务局调整区双拥工作委员会及办公室成员。43 个街乡党政一把手负责，与驻军领导组成地区双拥工作领导小组。形成上下贯通、军地双联、职责明确的双拥组织领导体系。10 月 20 日，北京市朝阳区双拥工作委员会办公室重新挂牌。（许长艳）

【随军家属就业】 7 月 9 日，区退役军人事务局举办随军家属专场招聘会，建立随军家属就业意向等信息档案，推荐工作岗位。全年安排 60 余名随军家属为社区工作者。为 80 余名随军家属发放自谋职业一次性补助金 243 万元。（许长艳）

【区委退役军人事务工作领导小组成立】 7 月 17 日，中共北京市朝阳区委退役军人事务工作领导小组成立，为区委议事协调机构，主要职责是贯彻落实中央、市委和区委关于退役军人事务工作的决策部署，统筹协调本区退役军人事务工作，研究提出并组织落实在退役军人事务工作方面坚持党的领导、加强党的建设的政策措施，审议退役军人事务工作发展规划，协调解决退役军人事务工作中的重大问题。区委退役军人事务工作领导小组由区委书记任组长，相关区领导任副组长，小组成员单位 31 个。区委退役军人事务工作领导小组办公室设在区退役军人局，主任由分管退役军人事务工作的副区长兼任。（严　苗）

【国庆阅兵活动】 国庆期间，区退役军人事务局组织 28 名优抚对象参加庆祝中华人民共和国成立 70 周年活动，其中 7 名优抚对象参加阅兵致敬方队，14 名优抚对象参加国庆联欢活动，7 名优抚对象参加向人民英雄敬献花篮仪式、国庆招待会。为全区优抚对象、军休老干部发放中华人民共和国成立 70 周年纪念章。（何　昳）

【区退役军人事务工作领导小组第一次会议】 10 月 12 日，区委退役军人事务工作领导小组召开第一次全体会议。传达学习习近平总书记关于做好退役军人工作重要批示和中央、市委退役军人事务工作重要会议精神，审议并通过《中共北京市朝阳区委退役军人事务工作领导小组工作规则》《中共北京市朝阳区委退役军人事务工作领导小组办公室工作细则》《北京市朝阳区委退役军人事务工作领导小组 2019 年工作要点》，听取全区退役军人工作情况的汇报，研究部署区退役军人事务工作。王灏主持会议并讲话，文献传达有关精神，区委退役军人事务工作领导小组成员参加会议。（严　苗）

【接收安置】 年内，朝阳区为接收的自主就业退役士兵发放一次性经济补助金 2439.46 万元，奖励金 47.1 万元。（李　艳　李珊珊　李　琳）

【为部队办实事】 年内，区退役军人事务局支持部队建设，从文化拥军、人才拥军、法律拥军、健康拥军四个方面，改善部队官兵物质文化生活，创造良好的营区生活环境。投入经费 947 万元全方位支持部队现代化、正规化建设，为部队办实事解难题。（许长艳）

【烈士档案搜集整理】 年内，区退役军人事务局核查和补充 1164 份烈士档案并形成电子档案。（张家兵）

【惠新东街社区卫生服务站建设】 年内，区退役军人事务局与北京中医药大学第三附属医院开展合作，在惠新里军休干部院区建立一个社区卫生服务站——惠新

东街社区卫生服务站，优先为军休干部提供医疗服务。（王忠亮）

【军休干部持卡就医】 年内，区退役军人事务局推进军休干部持卡就医工作。完成军休干部和“双无”家属的信息采集及医院选择工作。（王忠亮）

信 访

【概况】 原中共北京市朝阳区委朝阳区人民政府信访办公室（北京市朝阳区社会矛盾调处中心），于2019年3月25日机构改革调整为朝阳区信访办公室（简称区信访办），内设科室：原综合办公室调整为综合科（人民建议征集办公室）、原来信受理科（人民建议征集办公室）调整为来信和网信办理科、来访接待科、排查科、矛盾联席调处科（重大矛盾研究室）、督查督办科、政策法规宣传科、信访事项复查科。行政编制31名，其中主任1名，副主任4名，科级领导职数8正2副。工勤编制1名。2018年4月18日，成立所属事业单位北京市朝阳区信访信息分析研调中心（简称区信访信息研调中心），事业编制8名，其中主任1名，副主任1名。职责为信访风险评估工作；加强对本区跨部门、跨行业、跨地区信访突出问题及群体性事件的组织协调；加强对区矛盾纠纷排查和信访信息汇集分析，增强信访及矛盾调处工作的预见性和针对性。（陈思扬）

【信访交流活动】 5月16日，市信访办办信处副处长王慧陪同重庆市九龙坡区信访办党组成员、副主任张光玲带队一行60人到区信访办调研第三方参与疑难信访案件化解评估工作。区信访办主任王春增介绍全区信访工作总体情况及朝阳区开展北京市引入第三方参与疑难信访案件化解评估试点工作背景和做法。双方探讨信访干部队伍建设、信访积案化解等内容。7月4日，广州市南沙区信访局副局长植海带队一行59人到区信访办学习交流。双方探讨参与疑难信访案件化解评估的第三方选择标准和引入方式、化解评估工作流程及评估标准，信访工作“三率”（信访事项及时受理率、信访事项按期办结率、信访事项处理群众满意率）提升，信访积案化解等内容。11月7日，安徽省淮北市信访局副局长郭朝铃带队一行70余人到区信访办学习交流。双方探讨大数据与信访工作的深度融合、智慧信访发展趋势、信访干部队伍建设等内容，达成进一步开展合作交流共识。（陈思扬）

【信访宣传月活动】 5月24日，区信访办以“打造网上主渠道，智慧信访更阳光”为主题在日坛公园北门广场举办信访条例宣传月活动。区城管委、区卫健委、区教委、区国资委、区住建委、区发改委、区规自委等19个单位及律师、心理咨询师联合开展宣传活动，43个街乡在属地，宣传信访工作相关政策法规，宣传网上信访渠道，为群众提供咨询服务。（陈思扬）

区信访形势及工作问题，讲解信访工作督查、信访答复意见复查工作等有关问题。对来访接待、来信受理办理、网上信访受理办理3个基础业务进行培训。全区各街乡、区信访工作联席会议成员单位信访工作主管领导、信访办主任及信访工作人员260余人参加会议。（陈思扬）

【信访工作联席会】 年内，区召开信访工作联席会议全体（扩大）会议四次。1月17日，召开第一次全体（扩大）会议，区信访联席办部署2019年全区社会矛盾纠纷排查及社会矛盾化解工作，通报2018年全区信访工作情况和部署2019年重点工作，传达《北京市信访工作联席会议关于落实中央信访工作督察反馈意见的通知》。7月3日，召开第二次全体（扩大）会议，区信访联席办通报2019年上半年全区信访工作情况，部署下半年全区信访重点工作，安排2019年第二次社会矛盾纠纷排查调处工作。9月4日，召开第三次全体（扩大）会议，市信访联席办传达中央领导重要讲话、市委常委会和市政府常务会会议精神，部署新中国成立70周年庆祝活动期间信访服务保障工作。12月13日，召开第四次全体（扩大）会议，区信访联席办通报2019年全区信访工作情况，部署下阶段重点工作。（陈思扬）

▲ 5月24日，区信访办在日坛公园举办信访宣传月活动 （区信访办 供图）

【信访工作培训会】 年内，朝阳区信访办召开信访工作培训会两次。4月8日至4月9日，区信访办召开2019年全区信访工作培训会。总结2018年全区信访工作，部署2019年信访工作。市政府副秘书长、市信访办主任韩耕，副区长杨建海出席会议，区各街乡、区信访工作联席会议成员单位信访工作主管领导等250余人参加会议。8月23日，区信访办召开2019年全区信访工作培训会，通报全

政协朝阳区委员会

北京朝阳年鉴 Beijing Chaoyang Yearbook 2020

综　述

【概况】　中国人民政治协商会议北京市朝阳区委员会（简称区政协）是朝阳区地方政协组织。主要职能是政治协商、民主监督、参政议政。区政协第十三届委员会设提案委员会、经济科技委员会、农业和农村委员会、人口资源和建设委员会、教育卫生与体育委员会、社会法制与民族宗教委员会、港澳台侨委员会、文化文史委员会、学习委员会等9个专门委员会。区政协第十三届委员会有委员406人。年内，区政协组织各类会议及活动196次，委员出席3710人次，提交提案363件，经审查立案315件。召开政协党组会27次，开展机关党组、各专委会分党组、履职临时党支部活动54次。举办委员报告厅、委员读书班、专委会专题学习102次。全年走访委员109名，联系联络新的社会阶层人士37名。庆祝中华人民共和国成立70周年和人民政协成立70周年，282名委员参加国庆服务保障、群众游行、国庆观礼，20名区政协机关干部参加国庆群众游行。各民主党派、无党派代表人士、非公经济人士、新的社会阶层人士提出书面建言156份，会议发言96人次，反映社情民意信息479条。18名委员作为特约监督员，对政风行风建设民主监督；42名委员参加市政府绩效管理公众评价、参与区纪委测评会等民主评议工作。委员开展对口帮扶贫困地区等活动166次，参与委员626人次。（李吉安）

【党派联席会议】　3月7日，区政协召开2019年党派联席会议。区政协主席陈涛主持会议。区委常委、常务副区长马继业到会通报区情并结合区政府2019年重点工作提出议政调研方向建议。各民主党派、工商联负责人分别介绍2019年重点工作和重点调研课题，就朝阳区如何进一步提升文化、国际化、大尺度绿化水平，疏解非首都功能、优化营商环境、城市管理精细化、民生“五性”需求、生态环境改善等工作建言献策。（李吉安）

【2019年委员报告厅】　3月29日，区政协举办2019年第一期委员报告厅。邀请全国政协委员、区政协副主席连玉明以《深刻领会全国两会精神实质，奋力担当责任委员光荣使命》为题，就学习贯彻全国“两会”精神与委员履职作专题报告。连玉明从“深刻把握新时代人民政协新方位、新使命”“对政府工作报告的热感受与冷思考”“观察京津冀协同发展的三个战略着眼点”等3个方面讲述参加全国“两会”的感受，对担当责任委员的理解，以及对京津冀协同发展的思考。区政协委员、区各民主党派和工商联代表、区政协机关干部约120余人参加报告会。5月31日，区政协举办2019年第二期委员报告厅。邀请区政协委员、教授张健、张鸿声作专题报告。张健围绕“大数据时代的管理决策”，讲解如何认识大数据时代、如何理解科学管理和决策、如何应用大数据科学管理和决策、应用大数据和智能分析的几个误区等4个方面；张鸿声围绕“审美与文明”，从原始文化阶段、古典文化阶段、现代文化阶段等3个阶段展开讲解。区政协委员、区各民主党派和工商联部分成员、区政协机关干部约120人参加报告会。9月18日，区政协举办2019年第三期委员报告厅。邀请市委党校专家学者，围绕“北京文化竞争力的国际比较”作专题报告。区政协主席班子出席。区政协委员、区各民主党派和工商联部分成员、区政协机关干部约140人参加报告会。（李吉安）

【2019年委员读书班】　7月24日至26日，区政协在国家检察官学院北京分院举办2019年委员读书班，区政协主席陈涛，副主席杨树旗、王文远，副秘书长胡杰华和130余名区政协委员参加此次委员读书班。邀请中央党校国际战略研究院教授刘恩东作“习近平外交思想”专题报告，邀请外交学院教授、博导、原副院长、中国改革发展研究院副院长江瑞平作“‘一带一路’与中国跨越式发展”专题报告，并开展提案工作专题培训。其间，邀请2019年中国北京世界园艺博览会事务协调局招展二部部长介绍世园会相关情况，并赴世园会开展现场教学。（李吉安）

【区委政协工作会】　12月19日，召开区委政协工作会议。区委副书记、区长文献主持会议。区政协主席陈涛解读《中共北京市朝阳区委关于新时代加强和改进人民政协工作的实施意见》。区四套班子主要领导，区委常委、区政协副主席，法检“两长”，区政协常委，各民主党派、工商联主要负责人和无党派代表人士，区委区政府各部、委、办、局党政正职领导等参加会议。（武国鑫）

【政协委员构成】　截至年底，区政协有委员430人。其中，男委员281人、占65%，女委员149人、占35%，少数民族委员40人、占9%，中共党员委员172人、占40%，非中共党员委员258人、占60%。由31个界别构成，包括中共界别26人、民革界别11人、民盟界别13人、民建界别13人、民进界别10人、农工界

▲ 7月24日，区政协在国家检察官学院北京分院举办2019年委员读书班　（刘　捷　摄）

别9人、致公界别9人、九三界别12人、台盟界别3人、无党派界别15人、共青团界别5人、工会界别6人、妇联界别8人、青联界别7人、工商联界别15人、科协界别8人、侨联界别13人、文化艺术界别23人、科学技术界别19人、社会科学界别7人、经济界别43人、农业界别8人、教育界别27人、体育界别7人、新闻出版界别13人、医药卫生界别25人、社会福利界别9人、少数民族界别10人、宗教界别6人、台胞台属界别5人、特邀界别45人。（李吉安）

【信息宣传】 年内，在国家、市、区三级媒体宣传报道区政协工作和委员风采121篇。其中，国家级媒体采用27篇，市级媒体采用39篇。编辑《朝阳政协》杂志4期，编发《政协简报》37期。（李吉安）

重要会议

【概况】 年内，区政协召开常务委员会会议6次，主席会议8次，区政协区委统战部联席会议2次，区政协区委统战部协商议政会议2次，党派联席会议1次，党派、工商联协商恳谈会3次。（李吉安）

【区政协十三届三次会议】 1月7日至9日，政协朝阳区第十三届委员会第三次会议召开，市政协党组副书记、副主席杨艺文，市政协副秘书长、人事联络室主任杨静慧，朝阳区委、区人大、区政府主要领导出席开幕会。区政协主席陈涛作政协北京市朝阳区第十三届委员会常务委员会工作报告。委员分组讨论区政协常委会工作报告和提案工作报告、朝阳区人民政府工作报告、大会决议（草案）。会议听取《政协北京市朝阳区第十三届委员会第三次会议期间提案审查情况的报告》。审议通过《政协北京市朝阳区第十三届委员会第三次会议决议》。会议宣读《政协北京市朝阳区委员会关于表彰2018年度优秀提案的决定》。《关于优化创业环境大力推动民营经济快速发展的建议》等35件优秀提案受到表彰。（李吉安）

【常务委员会会议】 1月8日，政协朝阳区第十三届委员会常务委员会第十二次会议召开。会议听取区政协十三届三次会议各项报告讨论情况汇报，审议政协朝阳区第十三届委员会第三次会议决议（草案），听取政协朝阳区第十三届委员会第三次会议期间提案审查情况报告，审议通过政协朝阳区第十三届委员会常务委员会2019年工作要点，书面通报区政协各专门委员会2019年工作计划（草案）。3月21日，政协朝阳区第十三届委员会常务委员会第十三次（扩大）会议召开。会议审议通过关于组建农业和农村委员会、调整学习与文史委员会、文化委员会及城建环保委员会更名的决定。通过有关人事任免事项。会议通报2019年区政协重点工作安排。5月28日，政协朝阳区第十三届委员会常务委员会第十四次（扩大）会议召开。会议围绕建设国际一流商务中心区，提升区域国际化水平开展专题议政。审议通过《政协北京市朝阳区委员会关于提高协商议政质量的意见》，审议通过《政协北京市朝阳区第十三届委员会常务委员会关于接受亓纪请辞委员的决定》，追认《关于撤销马龙政协北京市朝阳区第十三届委员会委员资格的决定》。7月16日，政协朝阳区第十三届委员会常务委员会第十五次（扩大）会议召开。会议围绕推进精细化管理，提升城市治理水平开展专题议政。书面通报区政协2019年上半年工作情况。9月17日，政协朝阳区第十三届委员会常务委员会第十六次（扩大）会议召开，会议听取区政府关于区政协十三届三次会议以来提案办理情况的通报。听取区政府落实区政协《关于加强水污染治理力度，提升朝阳区水环境质量的建议案》和《关于朝阳园建设国际科技研发集聚区的建议案》的情况通报。会议审议通过《关于推进国家文化产业创新实验区高质量发展的建议案》。审议通过《关于进一步推动垃圾分类工作进入实质提升的建议案》。12月18日，政协朝阳区第十三届委员会常务委员会第十七次会议召开。会议听取2019年朝阳区党风廉政建设情况通报；传达学习中央、市委政协工作会议精神，听取区政协各专门委员会2019年工作述职报告；审议通过有关人事任免事项；审议区政协十三届四次会议相关文件。通报区政协2019年委员履职情况。（李吉安）

协商议政

【概况】 年内，区政协与区委统战部经过研究，决定2019年专题议政会主题围绕朝阳区“三化”（文化、国际化、大尺度绿化）建设，多协商、多建言。以年度专题议政会、议政性常委会、议政性主席会、专题协商座谈会为重点，以对口协商、界别协商、提案办理协商会和社情民意交流会为载体，全年开展协商106次。围绕党政工作要事、民生改善实事、社会治理难事，确立协商议题69项，提出意见建议375条。召开社会事业、经济科技、城市治理3个专题协商会。年度专题议政会上，委员们提出建言171份。召开“建设国际一流商务中心区，提升区域国际化水平”和“推进精细化管理，提升城市治理水平”两次议政性常委会。召开专题协商会、对口协商会15次。（李吉安）

【协商恳谈会】 2月20日，区政协召开党派协商恳谈会。区政协主席陈涛，副主席杨树旗、张永新、王文远，秘书长王玉华出席。民革朝阳区委主委张兴凯、民盟朝阳区委主委张鸿声及有关民主党派负责人参加座谈会，民革朝阳区委、民盟朝阳区委、民建朝阳区委先后介绍2018年工作情况及2019年工作计划。并分别就参政议政、社情民意、提案工作及议政会筹备等提出意见建议。2月26日、3月1日，区政协分组召开区各民主党派、工商联协商恳谈会。区政协主席陈涛，区政协副主席杨树旗、张永新、王文远，区政协秘书长王玉华出席。民进朝阳区委主委战春燕，农工党朝阳区委主委马立霜，致公党朝阳区委主委高吉喜，九三学社朝阳区委主委张明森，台盟朝阳区工委主委高峰，区委非公经济和社会组织工委书记、工商联常务副主席王素荣等参加座谈。参会人员分别介绍2018年工作情况及2019年重点工作，就政协工作和党派工作发表意见。并针对重点调研课题等座谈交流，就丰富参政议政形式、加强课题调研、社情民意信息培训、扩宽知情明政渠道等发言，提出意见建议。（李吉安）

【大尺度绿化和生态文明建设专题议政会】 6月12日，区政协、区委统战部举办“加快大尺度绿化，高质量推进生态文明建设”议政会。区委书记王灏，区政协主席、党组书记陈涛，区委常委、宣传部部长、统战部部长黄晓伟，副区长杨建海，区政协副主席杨树旗、张永新、王文远、连玉明、战春燕出席会议。区政协常委，部分政协委员，区各民主党派、工商联负责人，无党派人士代表、课题组成员，区委办、区政府办等部门负责人参加会议。会上，区政协委员、民主党派代表和无党派人士代表作题为《关于郊野公园可持续发展》《关于构建绿色基础设施、筑牢生态根基》《关于引进专业机构参与大尺度绿化，打造朝阳区“一街一景、一乡一画”》《关于老旧小区绿化与停车空间协调》《关于利用大尺度绿化契机，促进文创、科创和乡创高质量融合发展》《关于聚焦生态环境需求，科学推进大尺度绿化建设》《关于改进公共区域垃圾分类收集系统，提升生态环境质量》《关于制定生态朝阳绿色发展导则的政策》的建言。围绕上半年“加快大尺度绿化，高质量推进生态文明建设”议政专题开展即席发言，13位委员围绕主题提出意见建议。会前，区各民主党派、区政协各专委会形成调研和建言71份。（李吉安）

【“深挖文化内涵、提升国际化水平”专题议政会】 10月14日，区政协、区委统战部联合召开“深挖文化内涵，提升国际化水平”专题议政会。区委副书记、区长文献，区政协主席、党组书记陈涛，区委常委、宣传部部长、统战部部长黄晓伟，区委常委、副区长李长萍，副区长李国红，区政协副主席杨树旗、张永新、王文远、连玉明、战春燕出席会议。区政协常委，部分政协委员，区各民主党派、工商联负责人，无党派人士代表、课题组成员，区委组织部、区委宣传部、区政府办、区发改委等部门负责人参加会议。陈经纶中学师生代表现场观摩专题议政会。9名民主党派和工商联代表分别就朝阳区参与“一带一路”倡议、国际化社区建设、推进传统文化与现代科技融合发展、建设国际化教育强区、优化国际化人才环境、促进民营企业高质量发展等方面内容作重点发言，多名参会的区政协委员作即席发言。议政会上，文献通报朝阳区在社会治理和民生建设方面取得的成效和经验及下一步工作思路。他希望，区政协和各民主党派继续发挥人才智力密集优势，在突破重点难点问题、推动社会治理的智能化、专业化水平上进一步提升，在共建共治共享的社会建设格局形成中发挥重要作用，促进成果转化，服务朝阳新发展。会前，围绕下半年“深挖文化内涵，提升国际化水平”议政专题，区各民主党派、区政协各专委会开展调查研究，形成调研报告和建言93份。（李吉安）

提　案

【概况】 年内，区政协征集提案363件，其中各界别和专委会集体提案31件，委员提案332件。经审查立案315件，转为社情民意信息提案4件，超出区事权范围、转送市有关单位参阅提案44件。全年重点督办提案4件，带动办理提案29件，督办相关单位17家，参加委员80余人次，现场提出建议120余条。（李吉安）

【提案工作专题协调会】 4月3日，区政协召开提案工作专题协调会，协调推进部门调整后部分提案的再交办及提案系统调整等事宜。区政协专委会工作一室、区委办、区政府办及网络公司相关负责人员参加会议。区委办和区政府办分别介绍部门调整后涉及提案的总体情况，具体说明下一步再交办件调整情况。研究讨论“三方”工作推进的倒排工期，并研究部署重点提案督办、集中办理等有关事宜。会议还沟通交流提案办理工作人员通讯录的编制、提案系统的跟进修改。（李吉安）

【重点提案督办协调会】 5月13日，区政协召开重点提案督办协调会，通报2019年重点提案督办工作进展情况，研究部署重点提案督办出席领导、委员及督办时间等具体事宜。区政协副秘书长胡杰华主持会议，区委办相关负责人员及各专委会负责人参加会议。（李吉安）

【应急管理建设提案督办】 6月4日，区政协重点督办民革朝阳区委提出的《关于朝阳区公共密集场所重大活动应急管理的建议》提案。区政协主席陈涛、副区长刘海涛、副主席张兴凯参加督办。在提案办理协商座谈会上，区应急局介绍朝阳区应急管理工作总体情况及提案办理现状。参会委员在座谈会上提出意见和建议。参会委员表示：朝阳区面积大、人口多，防患于未然的应急管理工作任务艰巨，在应急管理工作中，应明确应急主体，并通过制度和法律手段使之承担应急主体责任；要发动群众成为安全员，补充区域安全力量，并加强安全志愿者的培训与普及；在朝阳区的重点区域，尤其是人员聚集区域，要借助人脸识别、大数据等科技手段实施更精准的安全分析与预判。（李吉安）

【城乡环境建设重点提案督办】 6月5日，区政协组织部分政协委员检查督办致公党朝阳区委提出的《关于加强朝阳区城乡结合部环境综合整治的建议》重点提案。区政府副区长刘海涛，区政协副主席张永新、战春燕参加督办。区城管委汇报提案办理情况及朝阳区城乡环境治理总体情况。针对提案办理情况区政协委员提出意见建议。委员建议：城乡接合部建设要从环境生态、生活舒适、居住便利等多角度做好规划，推动绿色生态景观建设，同时加强环境管理维护，减少重复投资和建设；城乡环境建设要以安全为前提，结合“街乡吹哨 部门报到”机制，做好依法行政管理，融入依法治区理念；要整合政府、市场、社会各类资源，把城市管理工作前置，明确职责分工，做好各部门之间的协调配合，强化政策宣传，充分发动社会力量，共同参与环境治理。张永新对各承办单位办理工作给予肯定，提出要继续跟踪提案中提出的相关落实情况，区政协委员就超出区域权属范围内的问题联合市政协委员一同提出提案或报送社情民意，以求问题的解决和提案办理的实效。（李吉安）

【提案办理报告审查】 9月11日，区政协提案委员会召开全体会议，审查十三届三次会议提案办理报告，区政府办公室相关负责人参加会议，提案委员会主任主持会议。区政协十三届三次会议以来的361件提案全部办结，收到提案办理报告298件，集中办理提案15件。在提案审查过程中，重点说明审查原则、审查内容及审查的具体办法和方式。与会委员逐一审查提案办理情况，针对重点情况和个别提案委员交换意见，提出审查意见。（李吉安）

调研与视察

【概况】 年内，区政协边调研边协商，与67个区政府相关部门和街乡沟通情况、交流研讨，形成调研报告149篇。密切区政协各专门委员会和人民团体的联系，组织区各人民团体参与政协协商、视察、调研等活动。年内，向区委、区政府报送调研报告、视察报告、社情民意信息专报301份。（李吉安）

【温榆河公园建设情况调研】 2月19日，区政协主席班子到孙河地区调研温榆河公园建设与大尺度绿化工作。调研组到温榆河公园建设示范区，实地考察温榆河公园示范区及农民安置房建设情况，询问温榆河公园示范区的总体规划、细节设计、景观布置、树木种植等情况，了解公园的总体建设和前景规划。孙河乡党委和有关园林建设部门随行汇报。座谈会上，听取关于孙河乡党委总体情况及温榆河公园建设情况汇报。（李吉安）

【乡村产业培育调研】 5月14日，北京市政协农业和农村委员会主任高华带队的调研组一行20余人，到朝阳区开展"提升产业发展质量，培育乡村发展新动能"考察调研。区政协主席陈涛、区政府副区长杨建海、区政协副主席张永新，区政府办、区农业农村局、区发改委、市规划和自然资源委员会朝阳分局、区科信局、区人力社保局、区种养中心负责人陪同调研。调研组一行考察调研常营乡东方华瑞产业园、常营乡未来域产业园、来广营乡朝来科技园。座谈会上，区农业农村局局长通报朝阳区"提升产业发展质量 培育乡村发展新动能"基本情况，相关部门根据各自涉农工作补充发言，常营乡、来广营乡负责人介绍乡域产业发展整体情况和问题。（李吉安）

【垃圾分类处理调研】 9月26日，区政协副主席张永新带队开展主题教育，就垃圾分类处理调研崔各庄乡黑桥公园、区循环经济产业园高安屯餐厨垃圾处理厂。在黑桥公园，调研组听取黑桥公园管理、规划建设情况介绍，了解黑桥公园垃圾分类处理情况。在区循环经济产业园，调研组视察餐厨垃圾处理的整个流程，听取相关负责人对高安屯餐厨垃圾处理厂有关情况介绍，并召开厨余垃圾处理情况座谈会。（李吉安）

【2019年集中视察活动】 11月12日至14日，区政协组织委员开展2019年集中视察活动，分别围绕社会事业发展、民主法治建设和城市管理、经济发展等3个专题开展视察。就社会事业发展专题，委员们到北京市第二中学朝阳学校视察学校基础设施及办学情况，到东枫德必WE人工智能创新基地视察朝阳区吸纳人工智能及文创、科创融合型企业情况，在朝阳区妇幼保健院视察新院区就医环境。就民主法治和城市管理专题，委员们到小武基公园，听取十八里店地区疏解整治促提升成果介绍，到双井街道了解"13社区"（基于互联网构建的社会治理网络平台）运用信息化和全媒体手段、线上线下互动的"互融式社会治理模式"，打造12个社区外的虚拟社区"家园"，到市公安局朝阳分局执法办案管理中心参观办案区、综合办公区，听取"一站式""集约式"办案模式介绍。就经济发展专题，委员们到区政务服务管理局，听取该局推行"一窗受理、内部流转、即时办结、同窗出证"业务模式等情况介绍，到恒通国际创新园和望京科技·易蓝空间，了解园区和企业的运营发展情况。（李吉安）

专门委员会

【概况】 年内，区政协落实党和国家机构改革决策部署，优化专委会设置，增设农业和农村委员会，单独设立学习委员会。调整后，设置提案委员会、经济科技委员会、农业和农村委员会、人口资源和建设委员会、教育卫生与体育委员会、社会法制与民族宗教委员会、港澳台侨委员会、文化文史委员会、学习委员会等9个专门委员会。优化各专门委员会办事机构干部队伍结构，结合重点工作强化实践锻炼。（李吉安）

【提案委员会】 年内，区政协提案委员会征集提案363件。其中，各界别和专委会集体提案31件，委员提案332件。经审查立案315件，转为社情民意信息4件，超出区事权范围、转送市有关单位参阅44件。提案被承办单位采纳、问题得到解决的248件，列入计划逐步解决的55件。扩大集体提案比重，与各民主党派、工商联沟通提案意向，形成党派提案23件。发挥专委会和各界别的组织、人才和信息资源等优势，推动调研成果转化为提案8件。组织联合调研，推动共同发声，形成联名提案35件。全年重点督办提案4件，带动办理提案29件，督办相关单位17家，参加委员80余人次，现场提出建议120多条。制定《提案工作手册》，规范提案提出、审查、办理、表彰等程序。加强提案信息化平台建设，实现提案日常管理数据化、数据管理规范化。编印《提案汇编》《提案信息化平台委员使用手册》和《提案工作人员通讯录》。摘选具有前瞻性和全局性的提案，编印《提案摘报》8期。（李吉安）

【经济科技委员会】 年内，区政协经济科技委员会分析和归纳经济科技类65件提案，形成经济科技类提案分析报告，找准区政协委员的关注点和工作着力点。年内，在议政会上，征集32份议政建言，其中8位委员作重点发言和即席发言。围绕推动北京商务中心区建成对外开放高地、文化产业与科技深度融合、提升朝阳区国际人才工作生活便利化3个课题成立课题组，召开8次课题调专题座谈会，听取相关管委会情况介绍，考察12家企业，80余人次委员参与，形成3个调研报告，提出意见建议48条。成立推进国家文化产业创新实验区高质量发展课题，与国家文创实验区管委会一道调研研讨，调研报告形成常委会建议案，提出3个方面10条建议。（李吉安）

【农业和农村委员会】 年内，区政协农业和农村委员会召开专题工作会。区政协副主席张永新出席会议，农业和农村委员会委员参加会议。会上通报区政协专委会设置变动情况，部署2019年重点工作。落实区委下达的年度协商计划安排和区政协年度协商议政专题，确定调研题目为《关于开展“加快美丽乡村建设，推进农村城市化”的建议》，成立专题调研组，就调研工作的具体事宜，听取委员们的意见和建议。组织委员赴来广营乡、孙河乡开展大尺度绿化视察调研活动。围绕加强农村地区环境综合整治工作，加强扬尘综合治理，实施三级河道环境治理，治理77条黑臭水体及农村地区创建卫生城市等工作，组织委员开展专题监督活动。（李吉安）

【人口资源和建设委员会】 年内，区政协人口资源和建设委员会召开专委会工作会议。介绍专委会重点工作草案和调研选题，听取委员意见建议。召开区情通报会，邀请区创卫办、温榆河管委会、循环经济产业园作区情通报。围绕区委区政协的工作重点，确立“进一步推动垃圾分类工作进入实质提升”“朝阳区强化环境治理基础设施建设”两项调研课题。其中，“进一步推动垃圾分类工作进入实质提升”调研成果上升为区政协建议案，报送区委、区政府。全年专委会委员进社区80余人次。（李吉安）

【教育卫生与体育委员会】 年内，区政协教育卫生与体育委员会到街乡、医院、社区卫生服务中心、民营医院、学校、幼儿园调研，了解社情民意和民生事业发展情况。在医药卫生界委员张瑞牵头下，在区卫健委支持下，围绕区域内医疗服务国际化状况和能力，调研朝阳区医疗服务国际化模式和具有朝阳区特点的医疗服务国际化体系。围绕“深挖文化内涵，提升国际化水平”“加快大尺度绿化，高质量推进生态文明建设”两个专题开展议政建言活动。（李吉安）

【社会法制与民族宗教委员会】 年初，区政协社会法制与民族宗教委员会设立“朝阳区宗教中国化的探索与实践”调研课题。落实市政协“落实回天地区三年行动计划，推进大型居住区精治共治”调研要求，设立“关于大型居住区管理与服务共性问题调查及对策建议”调研课题。组织调研活动8次，100余人次委员参与。5月，就“朝阳区宗教中国化方向的调研建议”开展视察调研，部分委员参加活动，先后参观视察基督教朝阳堂、西藏文化博物馆，并座谈交流。年内，接待北京市门头沟区政协、通州区政协，天津市津南区政协，河南省南阳市政协，内蒙古自治区巴彦淖尔市政协等到朝阳区学习考察。（李吉安）

【港澳台侨委员会】 年内，区侨联、区政协港澳台侨委员会联合举办“朝阳春早，情暖侨心——2019侨界社团公益慈善迎新会”活动。工作和生活在朝阳区的侨界老领导和代表、区侨联海外顾问、侨界社团代表等400余名侨界人士参加活动。北京市侨联主席荣洋、区政协副主席王文远出席活动。年内，邀请商务部国际贸易经济合作研究院研究员就商务部关于2019年促消费，稳外贸、稳外资，办好第二届进博会、应对中美经贸摩擦，推进自贸试验区建设和探索自由贸易港，推进经贸强国建设等情况作解读，组织委员们围绕“稳外贸、稳外资、促消费”提出意见和建议。在议政会上征集12份议政建言，其中4位委员作重点发言和即席发言。（李吉安）

【文化文史委员会】 年内，区政协文化文史委员会围绕庆祝中华人民共和国成立70周年、公共文化服务与建设、世园会展演等重大工作与活动，做好各项工作及相关服务保障。正式挂牌成立朝阳区新时代文明实践中心，组织开展文化活动、展览等430场，服务120余万人次，其中网络直播观看近500万次。开展声乐、舞蹈、书画、摄影、曲艺、生活技能等20个类别的培训1300场次，18000人次接受培训。开展非物质文化遗产进社区活动，全年授课259场，直接受众5000余人。（李吉安）

【学习委员会】 年内，区政协学习委员会举办3期委员报告厅。以《深刻领会全国两会精神实质，奋力担当责任委员光荣使命》为题，就学习贯彻全国两会精神与委员履职作专题报告。邀请区政协委员教授、张健和张鸿声作专题报告，这是区政协设立“委员之声”报告厅后，首次邀请政协委员中的专家学者为委员作专题报告。邀请市委党校副教授张海平围绕“北京文化竞争力的国际比较”作专题报告。举办委员读书班。邀请中央党校国际战略研究院教授刘恩东围绕“习近平外交思想”作专题报告。（李吉安）

中共朝阳区纪委
朝阳区监委

北京朝阳年鉴

Beijing Chaoyang Yearbook

2020

综　述

【概况】　中共北京市朝阳区纪律检查委员会（以下简称区纪委）是主管全区党的纪律检查工作的专责机关。北京市朝阳区监察委员会（以下简称区监委）是全区行使国家监察职能的专责机关。区纪委与区监委合署办公。区纪委、区监委在市纪委市监委和区委的双重领导下开展工作。设办公室、组织部、宣传部、研究室、信访室、党风政风监督室、案件监督管理室、干部监督室、案件审理室、第一至四监督检查室、第五至八审查调查室、机关党委、信息技术保障中心和办案安全保障中心。设置机关党委专职副书记。年内，全区各级纪检监察组织坚持以习近平新时代中国特色社会主义思想为指导，忠实履行党内监督、国家监察专责，协助区委坚定不移推进全面从严治党，围绕朝阳区“文化、国际化、大尺度绿化”为主攻方向，聚焦政治监督和基层建设，在服务保障大局、净化政治生态等方面主动作为，发挥监督保障执行、促进完善发展作用，为朝阳高质量发展提供保障。年内，区纪委区监委获第十四届北京市思想政治工作优秀单位称号，11 家区纪检监察组织，29 名干部获表彰。　（于　濛）

【党纪政务处分干部和立案查处】　年内，区纪委区监委坚持“挺纪在前、抓早抓小”，运用监督执纪“四种形态”处理 2596 人次。其中，第一种形态 2361 人次，第二种形态 160 人次，第三种形态 38 人次，第四种形态 37 人次，实现“惩治极少数”与“管住大多数”有机结合。落实函询了结情况反馈制度，对函询了结的区管干部反馈 142 人次，督促被谈话函询党员领导干部在民主生活会上说清楚、讲透彻。动态更新领导干部廉政档案。完成干部选拔任用廉政意见回复工作，提出意见建议 4697 人次，其中否定性意见 68 人次。年内，接收问题线索 1254 件，比上年增长 2.4%；立案 260 件，其中处级干部 33 人；处分 213 人，移送职务犯罪案件 31 件，查处一批违纪违法干部。追回 1 名在逃 18 年的职务犯罪人员。　（于　濛）

【深化派驻机构改革】　年内，区纪委区监委制发《区纪委区监委派驻（出）机构设置方案》，调整完善派驻机构设置，增设驻区市场监管局纪检监察组，按照归口管理原则，调整 21 个派驻机构监督单位。落实查办腐败案件以上级纪委监委领导为主，派驻纪检监察组组长的提名和考察以上级纪委会同组织部门为主，对日常履职情况考核以上级纪委监委为主；线索处置和案件查办在向同级党委报告的同时，须向上级纪委监委报告的要求，提高派驻监督全覆盖质量。坚持和完善派驻机构与纪委监委机关干部选调录用、选拔任用、轮岗交流、教育培训、工作保障等“一体化”推进工作机制，完善监督检查、问题线索统一管理等工作制度，强化“派”的权威和“驻”的优势。　（赵诚强）

重要会议

【区纪委全会会议】　2 月 1 日，区第十二届纪律检查委员会第四次全体会议暨 2018 年全区党风廉政建设工作会议召开。学习贯彻中央纪委、市纪委全会精神，总结 2018 年纪检监察工作，部署 2019 年工作任务。区委书记王灏对 2018 年党风廉政建设工作成效给予肯定，对 2019 年工作提出意见，深化认识、强化担当，增强持之以恒全面从严治党的自觉性、坚定性；全面总结、保持清醒，牢牢把握朝阳区全面从严治党面临的新情况、新问题；严字当头、实字托底，锲而不舍推进全面从严治党。区委常委、区纪委书记席成坡代表朝阳区第十二届纪律检查委员会常务委员会向第四次全体会议作工作报告，总结 2018 年党风廉政建设和反腐败工作成效，部署 2019 年工作任务。区四套班子领导、区二级班子党政正职、纪（工）委书记（纪检组长）以及部分基层单位负责人 600 余人参加会议。　（王亚克）

【区纪委常委会会议暨区监委委员会议】年内，区纪委区监委召开区纪委常委会会议暨区监委委员会议 28 次，审议议题 361 个，提请区委常委会审议议题 20 个，会议审议并落实关于综合运用“四种形态”、压实主体责任、信访工作情况分析、监督向基层延伸、派驻机构改革、规自领域巡视巡察整改、“三不”一体推进、各类专项监督和重大案件审查调查等工作。　（于　濛）

纪检监察体制改革

【概况】　年内，朝阳区坚持目标导向和问题导向，纪检监察体制改革持续深化。一体推进三项改革，坚持党对纪检监察工作全覆盖、全方位、全过程领导，履行请示报告制度。深化区纪委区监委机关内设机构改革，优化业务部门设置，调整线索处置流程，实现线索管理和处置的分离，推动建立以监督为中心的执纪执法工作机制。坚持执纪执法贯通、有效衔接司法，主动对接以审判为中心的刑事诉讼制度改革，完善办案程序、证据标准衔接等工作机制，推动完善与审判机关、检察机关、执法部门互相配合、互相制约的体制机制。贯彻落实新颁布的《中国共产党纪律检查机关监督执纪工作规则》《监察机关监督执法工作规定》以及《中共北京市关于〈监督执纪工作规则〉的实施细则》。规范纪检监察内部工作程序和审批层级，推动“纪法贯通”要求落实到位，提升监督执纪执法工作规范化水平。　（雷晓彤）

【纪检监察干部监督室设置】　3 月，区纪委区监委增设纪检监察干部监督室，机构级别为处级（县），设行政编制 4 名，其中主任 1 名，副主任 2 名，其主要职责是负责监督检查本区纪检监察系统干部遵守和执行党的章程和其他党内法规，遵守和执行党的路线方针政策和决议、法律法规等方面的情况；受理对区纪委区监委内设机构、所属事业单位、派驻（派出）机构干部，街乡纪（工）委、区管国有企业纪检监察机构领导班子成员涉嫌违反党纪、职务违法和职务犯罪等问题的举报，提出处置意见并负责问题线索初步核实及立案审查调查工作等。　（马梦莹）

【课题研究】　4 月，区监委与中国政法大学国家监察与反腐败研究中心签订“纪检监察机关的监督职责、职务违法调查职责研究”委托课题合同。通过课题研讨、考察等方式探讨新形势下纪检监察机关如何有效履行监督职责、职务违法调查职责，以及信息化建设、廉洁文化建设和警示教育宣传、2017年国家监察体制改革以来纪检监察工作。年内，形成《如何履行监督职责及职务违法调查职责专项考察报告》2份。（雷晓彤）

党风政风监督

【概况】 年内，党风政风监督室推进市委巡视反馈问题整改情况监督，把全区92项巡视整改任务落实情况纳入各级纪检监察组织日常监督重点。建立“四风”问题专项监督常态化机制，制发《关于持续深入开展重要时间节点“四风”问题专项监督工作的方案》。检查考核全区各单位落实全面从严治党主体责任情况。分析全区党风廉政建设形势，推动社区（村）实体化平台建设工作。查处并通报曝光违反中央八项规定精神问题10起28人。围绕“三大攻坚战”“三件大事”开展42个专项监督，制定绿地认建认养和公园配套用房出租、重大活动服务保障、黑车黑摩的、接诉即办等区级专项监督方案7项，召开系统部署会；明确全年重点监督事项月度推进安排，每月向基层纪检监察组织下发监督提示单；组织召开执纪监督专题会9次，审议议题30余个。（石　杨）

【第一届特约监察员队伍组建】 4月3日，区监委组织召开第一届特约监察员聘请会议。由区委统战部、区人大机关、区政协机关等单位推荐，区监委优选聘请特约监察员20位，主动接受外部监督。高大中主持会议并宣读《北京市朝阳区监察委员会聘请第一届特约监察员的决定》，席成坡为特约监察员颁发聘书并提要求。年内，组织开展特约监察员代表走进区纪委区监委机关、旁听案件庭审、列席述职会议和区纪委区监委十五届五次全会等系列活动，特约监察员零距离了解纪检监察工作及业务流程，更好地履行监督职责。（雷晓彤）

【反腐败协调小组会议】 4月28日，区纪委区监委组织召开2019年反腐败协调小组第一次全体会议。通过《朝阳区反腐败协调小组国际追逃追赃和防逃工作协调机制工作规则》。王灏主持会议并讲话，席成坡通报2018年全区反腐败协作配合工作情况，区追逃办主任高大中汇报区反腐败防逃因私出国（境）证照集中保管机制试点进展情况；区委组织部、区政法委、区公安分局、区检察院、区法院等小组成员单位相关负责人围绕反腐败协作配合工作发言。年内，区纪委区监委组织召开反腐败协调小组案件论证会议4次，研究案件违法违纪问题定性处理事宜。高大中主持会议，区委政法委、区公安分局、区检察院、区法院等小组成员单位相关负责人参加会议。（雷晓彤）

【全面从严治党主体责任落实】 5月6日，区反腐倡廉建设领导小组办公室制发《关于报送全面从严治党主体责任清单的通知》，组织区级领导、二级班子主要领导健全完善全面从严治党主体责任清单1600余份。制发《关于进一步深化落实全面从严治党主体责任的实施方案》和《2019年朝阳区全面从严治党主体责任检查考核指标体系》。11月18日至25日，区反腐倡廉建设领导小组办公室委托第三方调查公司开展民意调查全区145家处级单位，采集有效样本22885人。12月13日至31日，组织15个检查组检查处级单位落实全面从严治党主体责任情况。全区运用监督执纪“第一种形态”2361人次，占“四种形态”总数90.9%；制发建议书33件，其中纪律检查建议书18件，监察建议书15件。（张　骥）

【社区纪检监察工作实体化平台建设】 8月，区纪委区监委制发《朝阳区纪委监委关于推进“社区（村）纪检监察工作实体化平台”建设工作方案》，在43个街乡推进试点工作，实现有标识、有场所、有队伍、有台账、有制度“五有”工作规范，制发《监督检查工作手册》，发至619个社区，列出规章制度清单、监督事项清单、工作安排清单、督查记录清单、信访举报清单，为基层纪检监察组织有效履职明确监督方向、提供工作抓手。（王　静）

【巡视整改】 年内，区纪委区监委依托“机动巡察＋专责监督”，统筹全区各级监督力量对市委巡视反馈问题整改情况开展全流程监督。市委巡视反馈92项问题中，34项立行立改问题全部完成整改；涉及区纪委区监委牵头整改29项任务中，立行立改13项全部完成。（张　骥）

【办公用房专项整治】 年内，区纪委区监委制定全区办公用房超标问题专项监督方案，明确“一平方米都不能放过”纪律规矩。各派驻纪检监察组、街乡纪（工）委全面开展拉网式检查，整治崔各庄乡、东风乡等35个问题点位。年内，全区处级单位办公用房面积全部符合规定。（张　骥）

【扫黑除恶专项斗争】 年内，区纪委区监委与区级政法机关召开9次扫黑除恶专项斗争月度会商研判会和工作联席会。对已查办涉黑涉恶案件，向十八里店乡、王四营乡下发纪律检查建议书，要求发案地区加强整改、完善机制，对纪律检查建议书整改落实情况开展“回头看”。开展“一案三查”，对11件涉黑涉恶案件，通过“三清单一阅卷”方式逐案调阅筛查300余册案卷，发现行业领域管理问题2件。配合完成中央督导北京市扫黑除恶专项斗争工作及督导“回头看”工作，修订完善区纪委区监委《关于中央督导北京市扫黑除恶专项斗争问题整改工作方案》，细化“进一步深化同步查办”“进一步强化‘智慧调查’”等20项整改措施。根据中央督导反馈意见，督促整治“黑车”“黑摩的”“黑收费”等乱点问题，对相关街乡及区交通委、区城管执法局等单位履职情况开展调查，“四不两直”检查问题反映集中地区，对相关部门责任人进行约谈。（秦培奇）

【绿地认建认养和公园配套用房出租专项整治】 年内，区纪委区监委制发《关于在绿地认建认养及公园配套用房出租专项整治中加强监督执纪问责的工作方案》《关于在绿地认建认养和公园配套用房出租专项整治中进一步强化监督执纪问责的实施意见》，设置综合协调、督查督导、线索研判、监督核查、审查调查等9个工作组，明确23项职责。围绕全程监督，建立每日整改进度报送机制，专人收集牵头部门工作进展。建立每周工作专报机制，督查督导发现问题汇总形成26期《监督专报》。建立隔周专题研讨会机制，11次与市纪委领导、主管区领导及监督工作专班分析研究重点难点问题。建立每月执纪监督专题会机制，召开5次执纪监督专题会，听取相关派驻纪检监察组日常检查情况汇报。配合国家监委特约监察员和中央纪委、市纪委有关领导调研检查朝阳区绿地认建认养5处重点点位。年内，14人立案，移送司法3人，约谈提醒3人次，制发《督查督办通知》3件。全区123处绿地认建认养点位381项问题，完成整改105处361项问题；238处公园配套用房出租点位755项问题，完成整改210处710项问题；剩余46处点位65项问题，经市委市政府同意，全部纳入区规划自然资源领域问题整改台账。（秦培奇）

【扶贫领域腐败和作风问题专项治理】年内，区党风政风监督室5月制发《关于进一步做好2019年扶贫领域腐败和作风问题专项治理工作的通知》。与对口支援地区6个县团纪委监委，与唐县、阳原县、康保县、卓资县、墨玉县等建立日常沟通机制并确定联系人。协助区纪委宣传部、北京电视台《清风北京》栏目赴河北省唐县拍摄扶贫工作专题宣传片。督促各监督检查室、派驻纪检监察组按监督职责，定期在执纪监督专题会上汇报工作情况，为如期全面打赢脱贫攻坚战提供坚强纪律保障。（张　萌）

【接诉即办专项监督机制】年内，区党风政风监督室组织学习研究市、区工作要求、结合全区接诉即办工作现状及主要问题，制发《关于在深化“吹哨报到”落实“接诉即办”中强化精准监督严肃执纪问责的工作方案》。监督从“有形覆盖”向“有效覆盖”转变，以同步共享分析五类数据、细化“怕、慢、假、庸、腐”为五类问题负面监督清单，建立运用会商研判、定期督办、专项督办、快查快办、通报曝光五项督办处置机制，有效运用好重点关注、履职调查、约谈提醒、制发建议书、追责问五类处置方式，明确细化各级纪检监察组织职责分工、注重社区村纪检组织监督探头作用发挥、协调联动综合分析研判着眼长效管理、严肃执纪发挥警示震慑作用四项举措，监督机制为载体助推主体在办理群众诉求中认真履职、主动担当。年内，区纪委区监委在“接诉即办”专项工作中运用“四种形态”及通报曝光方式处置7人，其中约谈5人次、通报曝光2人；办理案件线索7件，下发建议书3件。（张　萌）

巡视巡察

【概况】年内，区推进巡视巡察全覆盖，发挥巡察的政治体检作用，把巡察与考核政治生态状况相结合，与整治群众反映强烈问题相结合，与解决日常监督发现问题相结合，组织会计审计、工程造价咨询等专业力量，共同开展3轮巡察和规自领域专项巡察，并延伸巡察138个社区、32个村，共发现问题981个，违纪违规问题线索42个。严把巡察报告质量关，实行问题底稿制度和普遍性、倾向性问题专题报告制度，巡察报告见人见事。高标准推动巡察整改，建立区领导指导监督巡察整改、问题清单督办等工作机制，组织对上年度巡察过的81家单位问题整改情况进行“回头看”，推动重点整改任务落地。（刘克滨）

【十二届区委巡察工作推进】年内，区委把开展巡察工作、完善巡察监督网络，作为全面从严治党向基层延伸、落实管党治党责任重要举措并纳入全区工作总体布局；区委书记履行第一责任人职责，6次组织召开区委常委会专题研究巡察工作、学习巡视巡察精神，3次主持区委书记专题会听取巡察工作汇报，18次对巡察工作成果运用等作重要批示；巡察工作领导小组研究成果运用，会商解决重大问题，制定区巡察工作扩组提速方案；形成了巡察工作区委负总责、领导小组担主责、巡察办履全责的各司其责、齐抓共管格局。（刘克滨）

【巡察制度建设】年内，区巡察工作建立归属于区纪委机关党委下的1个巡察办党支部和9个巡察组临时党支部，把推进“不忘初心、牢记使命”“两学一做”学习教育与巡察、纪律审查工作任务相结合。执行“巡察后评估”制度，评价巡察组工作作风、遵守纪律等情况。提高安全意识，确保巡察材料安全、保密安全、人身安全及谈话对象安全，实现巡察安全零事故。规范巡察制度安排。理清巡察机构职责和分工，完善规章制度20项并汇编成册，以“早晚例会”“轮流讲课”等惯例共同构成巡察制度体系，推动巡察精细化管理。开展村（居）巡察。按照巡乡（街道）带村（社区）模式，延伸巡察街乡下辖的全部社区村，并撰写对街乡的巡察报告、对下辖的村（社区）的巡察综合报告、每个村（社区）巡察问题报告。创新巡察方式。第八轮巡察中抽出一个组对2019年“四大活动”（新中国成立70周年、第二届“一带一路”国际高峰论坛、世界园艺博览会、亚洲文明对话大会）工作任务推进过程中多个牵头单位和责任部门的履职情况及突出问题进行监督；抽出一个组围绕国有资产出租出借、绿地认建认养等工作进行巡察。因地制宜，对单巡察。结合地区特点，开展合理分类，量身定做巡察方法，制定时间表和任务书；对集体企业多的地区，专门抽出部分组员带着专业审计人员主动排查问题，并在巡察完成后形成有关专项建议，固化巡察成果；对辖区内楼宇、小区较多的地区，主动将业委会、物业公司等纳入走访范围，精准画像，化解矛盾，推动解决历史遗留问题。（刘克滨）

【巡视巡察成果运用】年内，建立区委区政府主管领导指导监督巡察整改机制，健全区委巡察机构与区纪委监委有关部门协作配合机制，由巡察办、巡察组、区纪委区监委相关监督室和派驻纪检监察组，以及区委巡察工作领导小组主要成员对巡察整改报告审核把关的工作机制，确保巡察整改措施有形有效。组织开展巡察“回头看”。第六轮巡察中单独抽出一个组对首轮被巡察单位的整改情况进行检查，对以形式主义抓整改、整改不到位的责成“二次整改”，对没有效履行督促整改职责的主管工委、纪委书记进行约谈问责，并视情向社会公开曝光。探索建立以巡治本机制。完善专题调研报告制度，对普遍性、倾向性问题和其他领域重大问题形成专题报告，为区委决策提供导向参考。完成《关于对区属国有企业巡察全覆盖的专题调研报告》。用好用活整改成果。将巡察成果归入领导干部廉政档案，作为纪检监察机关考核、监督、教育以及完善干部廉政制度的重要参考依据，作为组织部门干部考核评价、选拔任用依据。（刘克滨）

信访举报

【概况】 年内，区纪委区监委信访举报处理工作以检举举报平台试点为依托，以领导包案重点信访件为抓手，以重点专项工作为载体，畅通“信、访、网、电”信访举报渠道，优化信访举报环境，强化管理、规范制度、明确程序，固化重点问题督办和带件下访制度，精准助力监督。按照市纪委市监委要求完成检举举报平台试点工作任务，试点期间，各试点子平台系统共录入426件次，汇总各类问题57条，建议40条。配合市委巡视工作，围绕绿地认建认养、公园配套用房出租专项监督、规划与自然资源领域等重点问题，完成分类统计、研判分析、数据起底等工作，梳理提供信访数据材料527件次，督办市委巡视组移交信访问题239件次。全年完成信访分析、信息报送20篇，受理信访举报1800件次，受理违反中央八项规定精神信访举报问题204件次，完成廉政查询11671人次。（吴　飞）

【重点督办任务】 1月25日至3月31日，区纪委区监委完成市纪委市监委检举举报平台试点工作任务，包括试用来访接待系统、12388电话举报受理系统、处置子平台及大数据应用子平台4项功能。各试点子平台系统录入426件次，汇总各类问题57条，建议40条，按时保质完成试点任务。年内，区纪委区监委实现全年越级访、重复访下降的工作目标，全年到市纪委市监委上访人员比上年下降52%。配合市委巡视、规自领域专项巡视、绿地认建认养及公园配套用房出租专项整治等专项工作，分6批次向专项巡视组提供包括相关规自领域的信访举报台账、中央纪委和北京市纪委下转的相关领域信访举报台账、专项信访分析以及巡视组抽调的信访调查案卷在内信访数据材料527件次。其中，梳理2016年以来收到涉及反映规划自然资源领域领导干部问题信访举报检举控告类初信初访354件次，同步备卷待查；梳理2008年以来涉及绿地认建认养及公园配套用房出租专项整治工作信访问题初信初访26件次，涉及绿化局其他类别信访问题初信初访46件次。（吴　飞）

【信访举报受理】 年内，区纪委区监委受理信访举报1800件次，比上年下降13%；其中检举控告类1576件次、比上年下降12%，初信初访872件次、比上年上升8%，全部按要求完成转办，信访问题线索转立案26件次；接待群众来访576人次、比上年下降61%，接听群众来电3167件次、比上年上升41%。年内，区信访举报总体呈“三降一超”态势，从信访举报总量来看，同比下降了13%；从重复举报量来看，同比下降28%，重复信访占比也大幅降低，由上年55%下降到45%；从到上级纪委信访举报情况看，到市级纪委越级访数量同比下降52%；区级自收信访量占比58%、超过上级转办量，信访举报受理呈现出“正金字塔”态势。（吴　飞）

纪律检查和案件审理

【概况】 年内，区围绕市、区中心工作，聚焦重点领域和关键环节，加大审查调查力度，更有效地遏制增量、削减存量。接收问题线索1254件，比上年增长2.4%；立案260件，其中处级干部33人；处分260人，移送职务犯罪案件31件，查处一批区管正职违纪违法干部，形成震慑力。制发《关于朝阳区纪委监委案件审理室受案标准的通知》。（雷晓彤）

【处分执行情况检查】 5月至6月，区纪委开展检查2017年至2019年4月办结的党纪政务案件处分执行情况，发现5件案件处分执行不到位问题，责令责任单位整改，把检查结果纳入年度指标体系。（王凤祥）

【案件质量评查】 5月至8月，区纪委对2018年度办结363起案件开展全覆盖评查。评选出5件优秀案件，梳理取证不规范、程序不严谨、文书表述不准确、管理不规范、处分执行不到位等5类包含笔录签字不规范、卷宗装订错误、取证未注明出处等234个业务问题，制发《常见问题告知书》，明确立案宣布等工作程序等程序、文书及适用条规、取证程序等。（王凤祥）

【案件审理】 年内，区纪委区监委审结案件298件，其中审结并移送职务犯罪案件36件。处分260人，其中处级干部33人、科级干部42人。纪检监察干部监督室收到反映纪检监察干部相关信访举报21件，处置问题线索16件，其中谈话函询14件、初核2件；立案并给予党纪处分1人，谈话提醒2人。（王凤祥　马梦莹）

制度建设

【概况】 年内，是持续深化纪检监察体制改革的一年，朝阳区纪委区监委结合区发展实践，制发规范性制度7项，分别为《朝阳区社区纪委管理办法（试行）》《朝阳区社区纪委工作职责和工作任务（试行）》《关于加强和改进全区纪检监察干部谈心谈话工作的办法》《北京市朝阳区监察委员会特约监察员工作办法》《朝阳区纪委区监委信息技术保障管理规定（试行）》《朝阳区纪委区监委关于推进“社区（村）纪检监察工作实体化平台”建设工作方案》《关于在优化提升“接诉即办”中强化精准监督严肃执纪问责的工作方案（试行）》，内容涵盖执纪监督、执纪审查、基层组织建设等方面内容。围绕主责主业，开展系统调研，深化制度建设。（王亚克）

【法规制度调研】 年内，区纪检监察系统围绕精准监督、基层廉洁文化建设、信息化建设等方面开展36项调研课题。调查研究聚焦国企监管、“三重一大”制度执行等实际工作中的难点问题，寻求问题解决方法，力求完善顶层制度建设。完成36项调研课题。（王亚克）

【全面从严治党向基层延伸】 年内，区在村居“两委”换届中实现党委、纪委同步换届，明确社区纪委地位。区纪委区监委制发《朝阳区社区纪委管理办法（试行）》《朝阳区社区纪委工作职责和工作任务

（试行）》等制度规范，为村居纪检监察组织授权定责，形成“359”工作机制（3种身份、5项工作职能、9个重点监督事项），从顶层设计上对社区纪委运行进行规范。建立机关领导干部联系基层工作机制，督导43个街乡深化社区（村）纪检监察组织建设工作。（赵诚强）

反腐倡廉宣传教育

【概况】 年内，全区纪检监察宣传教育预防工作，坚持以习近平新时代中国特色社会主义思想为指导，全面贯彻落实党的十九大精神，按照中纪委三次全会部署，围绕中心、服务大局，强化宣传舆论引导、丰富教育内容、推进廉洁文化建设，教育全区党员干部提高思想意识。立足朝阳纪检监察宣传教育预防“一个品牌、两个平台、三支队伍、四套机制”牢固根基和优势传统，对标习近平总书记提出的“守正创新”工作方向，强化理论武装的深度、培育教育文化的厚度、拓展宣传引导的广度、营造队伍建设的温度，努力提升宣传教育预防服务纪检监察工作高质量发展的能力水平，为构建一体推进不敢腐、不能腐、不想腐体制机制提供朝阳实践。制发《朝阳区廉洁文化建设行动计划（2019—2022年）》。区纪委获第十四届北京市思想政治工作优秀单位称号。全区5万余名党员干部接受各类廉政教育。（赵国强）

【廉洁文化教育活动】 4月12日，区纪委区监委联合区委宣传部等单位启动以“清风润朝阳、奋进谱华章”为主题的廉洁文化进机关、进学校、进医院、进社区（村）、进企业、进家庭教育活动。区机关、社区（村）、医院、学校、最美家庭、企业等六类群众代表600余人参加启动仪式。区纪委区监委通过挖掘区域廉洁文化资源和深度分析受教育人群特质，围绕“文化、国际化、大尺度绿化”主攻方向，将廉洁文化建设纳入区文化建设大格局。制发《“清风润朝阳、奋进谱华章”——朝阳区廉洁文化“六进”教育活动方案》。区直机关工委、区妇联联合举办“悦读·阅廉——朝阳区廉洁文化进机关、进家庭”活动，向区机关系统62个部门发放100份“图书漂流包”；区妇联向全区家庭发出廉洁倡议书，传承廉洁家风，以良好家风涵养好作风，引领向上向善的社风民风；团区委主办“青春向上·永葆廉洁——朝阳青年向上生活实录暨第七届朝阳青年行走廉之路”主题教育活动。年内，全区开展300余场各类廉洁教育活动，30000余人参与廉洁文化“六进”教育活动。（赵国强）

【全区领导干部警示教育大会】 8月28日，区召开以“以案为鉴、以案促改”为主题的警示教育大会。会议传达学习市委书记蔡奇在市委警示教育大会上讲话精神，总结2018年全区党风廉政建设和反腐败斗争取得的成果，结合典型案件，剖析漠视党的政治纪律和政治规矩、巡视巡察整改不到位、“四风问题”隐形变异反弹回潮、群众身边腐败和作风问题多发等9个方面问题，观看《悔不当初》《迷失的初心》警示教育片。会议要求，全区党员领导干部要以案为鉴，深刻汲取教训，真正做到知敬畏、存戒惧、守底线，认真贯彻管党治党各项要求，不断巩固和拓展全面从严治党成果。始终坚持把党的建设摆在首位，不折不扣落实好中央和市委重大决策部署；强化“抓党建是本职、不抓党建是渎职”，层层压实管党治党责任；始终保持正风肃纪反腐高压态势，形成有力震慑；深化以案为鉴、以案促改，扎实做好执纪审查“后半篇文章”。全区处级以上领导干部、各单位重点科室负责人及社区（村）党组织主要负责人600余名参加会议。（于 濛）

【以案为鉴、以案促改】 11月，区纪委区监委制发《关于在朝阳区深入开展“以案为鉴、以案促改”警示教育的工作方案》。明确全区各级党组织在推进该项工作中的主体责任，建立健全组织领导机制、协作配合机制、日常监督机制、跟踪问效机制，促进“一案四查”开展，推动“三会两书”规范实施，强化问题整改系统性、时效性、有效性。结合职责和工作特点，制发《朝阳区纪委区监委机关关于开展“以案为鉴、以案促改”警示教育的工作分工》，发挥监督第一职责作用，把全区各单位开展“以案为鉴、以案促改”工作情况纳入日常监督工作内容。制发《关于进一步加强警示教育工作的实施办法（试行）》，剖析典型案例，分层分类开展警示教育，运用区查办的典型案例，进行领域分类、案情归纳、警示提炼。拍摄制作《末梢之殇》《悔不当初》《迷失的初心》《蝇蚁之祸》和《瓦砾下的黑金》等警示教育片，下发全区200余家单位观看。（赵国强）

▲ 8月28日，中共朝阳区委召开全区“以案为鉴、以案促改”警示教育大会 （陶涌伟 摄）

民主党派

民革朝阳区委

【概况】 中国国民党革命委员会北京市朝阳区委员会（简称民革朝阳区委）下设参政议政、祖国统一、社会服务、信息、青年、宣传、老龄、妇女、教科文卫体和中山书画研究会等10个专门工作委员会。有基层支部19个、民革党员1061人。民革党员中有全国政协委员2人（其中常委1人）、市人大代表1人、市政协委员5人（其中常委1人）、区人大代表3人（其中常委1人）、区政协委员24人（其中不驻会副主席1人、常委3人）。年内，民革朝阳区委围绕民革市委和中共朝阳区委中心工作，结合自身特点和优势，组织党员开展专题调研，完成调研报告27篇；上报社情民意信息128条；召开主委会议4次、全委会议4次；举办参政议政、助力精准扶贫和美丽乡村建设等活动20余次。（于升豪）

【专委会和支部特色活动】 3月1日，民革朝阳区委妇委会组织女党员参观北京陶瓷博物馆并举办插花活动。3月27日，民革朝阳区委组织党员参观艾思奇故居。6月23日，民革朝阳区委青委会组织青年党员参观北京西山无名英雄纪念广场。7月12日，第八支部联合区委其他支部在承德联合开展“纪念先烈、牢记使命”主题纪念活动。9月14日，第十支部组织党员参观保定陆军军官学校旧址和革命圣地——西柏坡。12月7日，第一支部联合区委其他支部在中国文化管理协会会议室举办“不忘合作初心 继续携手前进”主题教育专题讲座。年内，中山书画研究会定期举办书画交流活动。（蔡正清）

【公益扶贫项目启动】 3月26日，民革朝阳区委副主委王健、金晓萍带队到云南省腾冲市与民革云南省昆明市委共同开展“爱心扶智”交流活动。民革朝阳区委一行与民革昆明市委主委朱燕等领导在腾冲市政协会议室举行“爱心扶智”公益扶贫合作项目座谈交流会，并启动该项目。（蔡正清）

【助力美丽乡村建设】 6月16日，民革朝阳区委社会服务专委会成员、医疗专家、书画家一行，到门头沟区雁翅镇高台村开展助力美丽乡村建设——“脱低”（脱离低收入家庭）行动。为高台村低收入家庭送去米面粮油等生活物品；医疗专家李鹏、李莹为村民义诊；书画家李松涛、王世元为村民送上书画作品；社会服务专委会主任李德龙向高台村捐赠价值100万元金银花树苗。（蔡正清）

【主题教育】 8月30日，民革朝阳区委组织党员到北京市爱国主义教育基地——田凤银长城美术馆参观并开展歌唱祖国活动。9月7日，组建由60余名民革党员参加的合唱团，参加区统战系统迎国庆合唱展演活动。10月16日至18日，组织部分民革党员到四川省成都市和乐山市参观熊克武故居和刘文辉旧居等，开展传统教育。11月至12月，民革朝阳区落实民革北京市委关于开展“不忘合作初心，继续携手前进”主题教育活动部署和要求，将学习教育、履职尽责、查找不足、整改提高贯穿主题教育活动全过程，完成主题教育各环节工作。（蔡正清）

【祖国统一课题研究】 年内，民革朝阳区委组织党员全程参与民革北京市委祖国统一委员会2019年度立项重点课题《京台高新技术产业发展比较及深化合作的工作建议》研究并形成研究报告；民革党员周小柯参加两岸关系和平发展协同创新中心、海峡交流文化中心、厦门大学台湾研究院联合主办的“首届高校台湾研究学术年会暨第四届涉台研究机构协同工作会”，主持完成市台办2019年度立项重点课题《中美贸易摩擦对大陆台资企业发展的影响分析及对策建议》，参与中国工业经济联合会委托项目——《中国工业史·台湾工业编》编纂工作。（于升豪）

▲ 3月27日，民革朝阳区委组织党员参观艾思奇故居（蔡正清 摄）

【参政议政】 年内，民革朝阳区委完成调研报告27篇，其中《关于朝阳区公共密集场所重大活动应急管理的建议》被区应急管理局重点督办；报送信息128条，采用61条，信息采用率47.66%。信息采用数量位列民革北京市委各基层组织信息采用数量第一名。（于升豪）

民盟朝阳区委

【概况】 中国民主同盟北京市朝阳区委员会（简称民盟朝阳区委）有基层组织40个，其中基层委员会3个（各辖3个支部）、基层支部37个。有盟员2023人。下设参政议政、文化、教育、经济、科技、法制、社会服务、青年、妇女、医卫、老龄等11个专门工作委员会和统战理论研究会。盟员中有全国政协委员会3人（其中常委2人）、市人大代表1人、市政协委员9人（其中副主席1人、常委1人）、区人大代表4人（其中常委2人）、区政协委员 28 人（其中常委 5 人）、中央部委特邀监督员 1 人，区工商联副主席 1 人。年内，发展盟员 93 名，完成 7 个支部换届和朝阳中学支部划分为 3 个支部等基层组织建设工作。全年召开主委会 6 次、全委会 1 次，举办其他各类会议和活动 30 余次。（葛春艳）

【参政议政】 1 月 7 日，民盟朝阳区委在区政协十三届三次会议上提交的《关于朝阳区建筑垃圾处置的建议》党派提案被评为优秀党派提案；区政协委员、民盟盟员提交的《关于北京市朝阳区城乡结合部腾退空间建立大型停车场使朝阳区廊道畅通的建议》2 件委员提案被评为优秀委员提案；区政协委员、民盟盟员关德鹏以《以夜经济发展为引擎，促进朝阳城市效能升级》为题做大会发言。6 月 12 日，在区政协、区委统战部召开的“加快大尺度绿化，高质量推进生态文明”议政会上，民盟朝阳区委向会议提交调研报告 8 篇，均被会议文集收录。副主委张学军以《关于朝阳区构建绿色基础设施的建议》为题做大会发言。10 月 14 日，在区政协、区委统战部召开的“深挖文化内涵，提升国际化水平”议政会上，民盟朝阳区委向大会提交调研报告 21 篇，均被会议文集收录。民盟朝阳区委主委张鸿声以《领跑 5G 建设水平，努力打造“新一代智慧朝阳”》为题做大会发言。（葛春艳）

【社会服务】 8 月 18 日至 22 日，民盟朝阳区委与民盟昆明市委、昆明寻甸县教育局联合举办民盟“烛光行动”寻甸行暨 2019 年暑假教师培训班。民盟朝阳区委选派优秀教师为培训班授课。年内，民盟朝阳区委到安贞街道安华里社区开展“学雷锋送健康”系列义诊活动；在奥运村街道开展“3·15”法律咨询活动。年内，各支部结合自身优势开展为盲人讲电影、文化下乡、科普、论坛以及宪法日宣传等特色活动。（葛春艳）

【主题教育】 年内，民盟朝阳区委开展“不忘合作初心，继续携手前进”系列主题教育活动。组织盟员参加政策理论、多党合作、国旗文化等系列培训。在庆祝中华人民共和国成立 70 周年活动中，民盟朝阳区委组织盟员合唱团，参与朝阳区统战系统“同心同行 70 载，携手共筑中国梦”合唱展演活动；完成由盟员金姝慧导演、盟员参与的《我和我的祖国——庆祝新中国成立 70 周年》献礼短片拍摄工作。该片在民盟北京市委发布。（葛春艳）

【参政议政】 年内，民盟朝阳区委建立 2019 年调研工作群，各基层支部分别成立调研工作组，围绕区情开展专题调研，形成调研报告 32 篇；向民盟北京市委、区委统战部、区政协报送信息 116 条。民盟区委被区政协评为社情民意信息工作先进单位。（葛春艳）

▲ 9 月 7 日，民盟朝阳区委组织盟员参加“区统战系统庆祝新中国成立 70 周年合唱展演”活动（李佳君　摄）

【微信公众号运营】 年内，民盟朝阳区委“北京朝阳民盟”微信公众号运营，全年推送会议、活动等报道 38 条。公众号关注用户超过 700 人，公众号阅读量 12181 人次。（葛春艳）

民建朝阳区委

【概况】 中国民主建国会北京市朝阳区委员会（简称民建朝阳区委），下设监督委员会 1 个，工作委员会 8 个，专门委员会 11 个。有基层支部 35 个，会员 1926 人。会员中有全国工商联副主席 1 名、全国人大代表 2 名、全国政协委员 3 名、北京市人大代表 5 名、北京市政协委员 5 名（其中常委 1 名）、区人大代表 11 名（其中人大常委会副主任 1 名、常委 1 名）、区政协委员 30 名（其中常委 4 名）。年内，以座谈、研讨、参观等多种形式开展“不忘合作初心，继续携手前进”系列主题教育活动；加强基层组织建设，成立新社会阶层支部（是全国统战系统首个民主党派新社会阶层的基层组织）。全年发展会员 56 人。（李佳君）

【社会服务】 3 月 23 日，民建朝阳区委举办“思源工程——巾帼关爱活动”，为来自远郊区的基层妇女和民建会员 100 余人免费体检。此活动已连续举办 6 年；3 月 30 日和 4 月 19 日，组织部分会员参加首都公益植树；4 月，继续实施“民建朝阳区丰宁春华助学金”项目，募集善款 8.7 万余元。组织会员向河北省丰宁县 2 个深度贫困村捐款 10 万元；5 月 20 日，组织八支部和星五支部会员赴河北省涞源县白石山村、灵石村推广种植特色马铃薯工作。筹集爱心款 6 万元，用于帮助贫困户采购马铃薯种薯、有机肥和认购当地村民农产品；6 月 1 日，联合四支部开展捐资助学活动。为贵州省苗族侗族自治州黎平县罗里乡 4 所小学 20 名品学兼优学生，提供连续 10 年每人每年 1000 元资助，捐助罗里乡罗里小学 14 万元用于改善卫生设施；12 月 7 日，开展“智慧医疗 + 教育·精准扶贫行”活动，为

▲ 6月，民建朝阳区委继续实施“民建朝阳丰宁春华助学金”项目，资助贫困家庭学生完成学业 （李佳君 摄）

河北省、贵州省、甘肃省和江西省的8个贫困县村建立远程医疗云平台，培训医务人员，并分期开展基层巡诊与健康科普教育活动；12月15日，三支部前往四川省凉山彝族自治州雷波县开展支教、助教、图书捐赠活动。 （李佳君）

【特色活动】 5月24日，民建朝阳区委邀请民建中央原主席成思危女儿成卓和民建创始人之一的“铅笔大王”吴羹梅曾孙吴佳讲述民建先贤的故事；6月2日，组织会员赴贵州省黎平会议纪念馆重温红色记忆；7月27日，在慕田峪长城举办庆祝中华人民共和国成立70周年“歌唱祖国、祝福祖国、祝福民建”主题活动。年内，组织会员到香山革命纪念馆开展“我心中的祖国”寄语活动，瞻仰西山国家森林公园无名英雄纪念碑，邀请中华人民共和国成立70周年受阅女民兵方队宣讲团做主题演讲等活动。 （李佳君）

【参政议政】 年内，民建朝阳区委围绕区情开展专题调研，完成专题调研报告152篇。向区政协和区委统战部联合举办的“加快大尺度绿化，高质量推进生态文明建设”专题议政会和“深挖文化内涵，提升国际化水平”专题议政会提交调研报告8篇、5篇，并分别在会上做主题发言。多篇调研报告获奖，相关建议被上级部门采用或得到领导批示。全年报送社情民意信息462篇，被采用106篇。 （李佳君）

民进朝阳区委

【概况】 中国民主促进会北京市朝阳区委员会(简称民进朝阳区委)有支部36个，会员1208人。年内新增会员42人，成立文化艺术专委会。有全国政协委员3名、市人大代表2名、市政协委员2名（其中常委1名）、区人大代表5名（其中常委1名）、区政协委员21名（其中不驻会副主席1名、常委4名）。3月，民进区委领导班子调整，于欣不再担任驻会副主委，选举赵建萍为驻会副主委兼秘书长。年内，民进朝阳区委完成调研报告30篇，向区政协提交党派提案2件。在区委统战部组织的2019年民主党派专项调研报告评比中，获一类课题1篇、三类课题1篇、四类课题2篇；1件党派提案被区政协评为优秀提案。全年报送社情民意信息104篇、工作信息36篇。 （张 纯）

【“春联万家”活动】 1月9日，民进朝阳区委举办“辛亥（2019）民进全国‘春联万家’北京主会场”活动。民进中央副主席王刚出席会议并致辞。15名会员为社区居民书写福字和春联100余幅。（张 纯）

【捐资助学】 1月15日，民进朝阳区委向团结湖街道一二条社区12户困难家庭捐赠价值3000元米面油等生活用品，向4名贫困学生捐赠现金5000元，向团结湖社区暮年颐乐园养老院捐赠大米、面粉各750千克，捐赠色拉油375千克、糕点30盒。10月26日，民进朝阳区委新闻出版联合支部在河北省张家口市石嘴子乡良户营村开展“爱心送温暖”活动。捐赠冬衣物近300件、文具30盒、各类图书百余册。11月20日至21日，民进北京市委联合民进东城区委、朝阳区委到贵州省毕节市金沙县开展“同心·彩虹行动”教育帮扶活动，代表小码王专项公益基金向金沙县第二中学、金沙县第三中学和金沙县鼓场街道初级中学三所学校捐赠图书各1000册。年内，民进朝阳区委先后赴内蒙古自治区赤峰市林西县，青海省黄南州、安龙县、化隆县和

▲ 11月21日，“同心·彩虹行动”教育帮扶活动开班 （张 纯 摄）

同仁县等地，累计捐助涉及 30 余所中小学的贫困学生 683 名，捐助总额 67.54 万元。此外，还捐建图书室 6 间、赠送图书 7000 册。年内，由民进会员徐威发起并组织开展的“心计划”公益活动，分别在内蒙古自治区、青海省等地开展捐资助学活动。（张　纯）

【五届九次、十次全委（扩大）会议】 3 月 10 日，民进朝阳区委召开五届九次全委（扩大）会议。学习民进中央主席蔡达峰在庆祝改革开放 40 周年座谈会上的讲话精神；总结民进朝阳区委 2018 年工作、通报 2019 年工作要点；表彰 2018 年度先进支部 7 个和优秀会员 65 名。9 月 21 日，召开五届十次全委（扩大）会议。会议发布庆祝中华人民共和国成立 70 周年宣传片“朝阳民进会员诗朗诵——我和我的祖国”；部署开展“不忘合作初心，继续携手前进”主题教育活动具体任务；总结民进朝阳区委 2019 年上半年工作。（张　纯）

【特色文化活动】 3 月 10 日，民进朝阳区委开展庆祝“三八”国际妇女节主题插花活动。3 月 15 日，举办“零基础速成油画沙龙”文化艺术主题活动。4 月 23 日（第 24 个“世界读书日”），开展支部联谊活动，听取王阳明心学主题讲座，观看话剧《书店》首演。5 月 16 日，民进朝阳区委举办书法培训班，13 名会员参加培训。8 月 27 日，联合民进东城区委、怀柔区工委共同举办送文化下乡活动，到怀柔区喇叭沟门满族乡对角沟门村，为村民表演文艺节目。（张　纯）

【庞丽娟调研基层组织建设】 6 月 24 日，民进中央副主席、民进北京市委主委庞丽娟到朝阳区调研民进基层组织建设工作。与中共朝阳区委领导王灏、黄晓伟座谈民进朝阳区委中长期建设发展、代表人士和后备干部培养工作。（张　纯）

【主题教育】 7 月 31 日，民进朝阳区委组织 30 余名会员参观市委统战部主办的“与共和国同行”主题艺术展。9 月 18 日，组织 30 余名会员到民进中央参观民进会史馆。9 月 26 日，开展庆祝教师节和重阳节活动。组织 80 余名会员参观北京世界园艺博览会。10 月 18 日，组织支部负责人、骨干会员等 40 余人到北京展览馆参观“伟大历程 辉煌成就——庆祝中华人民共和国成立 70 周年大型成就展”。10 月 31 日，组织 35 名会员到香山双清别墅参观学习，感受老一辈无产阶级革命家艰苦奋斗的革命历程。11 月 29 日，组织 16 名会员参观中国传媒大学崔永元口述历史研究中心及传媒博物馆，感受中华人民共和国成立以来以传媒为缩影的中国社会发展和变迁。（张　纯）

农工党朝阳区委

【概况】 中国农工民主党北京市朝阳区委员会（简称农工党朝阳区委）有支部 24 个，党员 1100 名。内设参政议政、社会服务、信息宣传、青年和老龄等 5 个专门工作委员会。区委机关设办公室和组织部。党员中，有全国政协委员 2 名、北京市政协委员 5 名、区人大代表 7 名（其中常委 1 名）、区政协委员 15 名（其中常委 5 名）、农工党中央委员 1 名，农工党北京市委委员 9 名（其中常委 2 名）。年内，开展“不忘合作初心，继续携手前进”主题教育活动，在北京陶瓷艺术馆设立“农工党党员之家”；提交党派提案 2 件、议政建言文章 15 篇，完成专题调研报告 4 篇，上报社情民意信息 96 篇。农工党朝阳区委获区政协 2018 年度信息工作先进单位。（张胜男）

【教育捐助】 6 月 1 日，农工党朝阳区委携北京乐予慈善基金会赴河北省秦皇岛市青龙满族自治县七道河乡中心小学开展“聚焦青少年科学素养教育，培养科学兴趣和创新精神”主题教育捐助活动。捐赠价值 10 万元的科学百宝箱和乐分享卫生包各 100 套、价值 4 万元的学生宿舍储物柜 50 套，同时为 60 名小学生们辅导与科学百宝箱配套的科学实验课程、为七道河中心小学教师提供免费培训。（张胜男）

【义诊服务】 9 月，农工党朝阳区委开展健康京郊行——美丽乡村建设定点帮扶活动。组织 5 名医学专家在西邵渠村“农工党名医工作室”（2018 年挂牌）为村民提供义诊和健康咨询服务。全年服务村民 500 余人次。年内，农工党朝阳区委组织医学专家到通州区永顺镇邓家窑村和昌平区流村镇菩萨鹿村开展义诊和健康咨询活动。10 月 24 日，连续 8 年与民建大兴区工委联合在北京寿山福海养老服务中心举办义诊活动，派出 8 名医学专家，为养老院 60 余位老人诊病。（张胜男）

【科普论坛暨公益救助活动】 12 月 20 日至 21 日，农工党朝阳区委联合首都儿科研究所共同举办第四届前沿医学科普论坛暨出生缺陷救助公益活动。活动聚焦出生缺陷防治，围绕胎儿医学开展的产儿科临床基础研究进展，为来自全国十余个省市的儿科、产科医务工作者提供专业培训。200 多名医护人员参加公益论坛和培训活动，农工党朝阳区委 20 多名农工党员及家属参加活动。（张胜男）

▲ 12 月 20 日至 21 日，农工党朝阳区委举办“2019 出生缺陷防治论坛”活动　（张胜男　摄）

【庆祝中华人民共和国成立70周年系列活动获奖】 年内，农工党朝阳区委在农工党中央组织的“同心共祝祖国好”随手拍摄影展中，党员王阳升作品《扬我国威》获二等奖，区委党员吴思强绘画作品《移民村的孩子们》《新疆喀什农民画院》分别获三等奖和优秀奖；在农工党北京市委“我眼中的新北京”摄影展上，党员安鲁平作品《握手》获一等奖，杨淑霞作品《为郊区儿童送健康》获优秀奖；在农工党中央举办的首届农工党青年提案及征文比赛上，党员王鑫撰写的《关于进一步完善罕见病诊疗保障机制的建议》提案获提案类二等奖，李金鑫撰写的《父与子 家与国》获征文类二等奖。（张胜男）

【青年党员活动】 年内，农工党朝阳区委以纪念五四运动100周年为契机，组织青年党员参观“北大红楼”、赴西柏坡开展纪念中华人民共和国成立70周年主题教育活动以及观看“2019奥运城市杯”北京国际青少年冰球邀请赛等。结合开展“不忘合作初心 继续携手前进”主题教育，组织青年工作委员会成员赴贵州省遵义市，开展“重走长征之路，传承革命精神”主题教育活动。（张胜男）

【参政议政】 年内，农工党朝阳区委向区政协十三届四次会议提交《关于加强紧密型专科医联体机制建设 为我区分级诊疗制度的深入推进助力的建议》《关于借助区域内国际人群较为集中的优势 提升朝阳区国际形象影响力的建议》2件党派提案和《关于朝阳区更好借助民间公益组织的力量推动中华文化走出去的建议》等5篇大会发言，其中2篇为大会重点发言。向区政协十三届三次会议提交的党派提案《深化医疗体制改革 推进朝阳区专科医联体建设》和《关于对北京市医药分开综合改革后朝阳区社区卫生服务机构进一步加强建设的建议》等3件个人提案均获优秀提案奖。在区政协与区委统战部联合召开的议政会上，农工党朝阳区委提交建言文章15篇。其中《关于利用大尺度绿化契机促进文创、科创和乡创高质量融合发展》和《关于提升朝阳区国际影响力的建议》作为大会重点发言，其余建言文章收录至议政会建言成果汇编。（张胜男）

【理论研究】 年内，农工党朝阳区委撰写的理论文章《充分发挥人民政协在推进国家治理体系和治理能力现代化中的独特作用 助力提升社会治理精细化水平 构建全民共建共治共享的社会治理格局》，获农工党中央“2019年理论研究优秀论文三等奖”。（张胜男）

致公党朝阳区委

【概况】 中国致公党北京市朝阳区委员会（简称致公党朝阳区委），有支部18个、党员615人。年内发展党员30人。致公党员中有全国政协委员1名、北京市人大代表2名、北京市政协委员3名（其中常委1名），区人大代表2名（其中常委1名）、区政协委员13人（其中常委4人）、致公党中央委员3名（其中常委1名）、致公党北京市委委员8名（其中常委3名）。（李　旭）

【参政议政】 4月20日，致公党朝阳区委召开参政议政工作会，各支部和专委会负责人以及部分骨干党员等20人参加会议。会上通过《致公党朝阳区委关于成立参政议政工作领导小组的决定》，主委高吉喜任领导小组组长，副主委田新民、李云燕任副组长，李晟等8人任组员。会议邀请致公党北京市委常委、参政议政工作领导小组副组长王华民结合北京市“两会”精神和北京市、朝阳区重点工作，介绍2019年参政议政工作和调研工作重点方向，分享如何撰写高质量调研报告的心得体会。6月12日，致公党朝阳区委组织10余名参政议政骨干成员参加区政协、区委统战部举办的“加快大尺度绿化，高质量推进生态文明建设”议政会。党员高吉喜撰写的《关于聚焦生态环境需求，科学推进大尺度绿化建设的建议》作为大会重点发言，李发东撰写的《关于加强生物多样性和疾控部门参与的建议》和梁宝萍撰写的《发挥资源优势开展群众性科普教育活动提升朝阳区郊野公园功能》作为大会即席发言。大会形成高质量调研和建言71份，其中8份为致公党员撰写。（李　旭）

【基层组织建设】 5月，致公党朝阳区委组成基层组织建设专项调研组，赴广东省珠海市、广州市调研当地致公党市委基层组织建设情况。调研组分别与致公党珠海市委和致公党广州市委就基层组织规模、班子建设、制度建设、干部培养、党员发展、基层组织活动等方面交流研讨；参观中国致公党中央党部旧址，回顾致公党成立后奋斗历程以及中华人民共和国成立初期为多党合作和政治协商制度建设作出的贡献；参观致公党珠海市委社会服务项目——北岭社区“致福以老扶老”工程，调研民主党派社会服务工作与中共党建平台对接，依托中国党建平台开展社会服务工作情况。8月，副主委田新民带领《持续优化营商环境，促进民营企业高质量发展》课题组部分成员赴上海市浦东区调研，与致公党浦东区委交流营商环境中政务环境、市场环境、融资环境、人才环境等方面问题。8月30日，区委主委高吉喜主持基层组织建设工作座谈会。致公党中央组织部副部长康凯、致公党北京市委秘书长李满英出席会议并讲话。会议邀请致公党海淀区委第二支部主委黄桂林和致公党西城区委第十三支部副主委仰光介绍本支部建设情况和特色工作。康凯强调，支部是党员历练自己参政议政能力的平台，支部主委的职责就是让党员活跃起来，更好地发挥民主党派作用。高吉喜就加强基层组织建设提出认真学习党史、加大培训力度、举办形式多样的活动、建章立制、量化考核；加强党员思想建设及要关心关爱党员等要求。致公党中央组织部组织处处长陈首榕，致公党朝阳区委委员、各支部负责人及骨干成员近30人参加会议。（李　旭）

【主题教育】 9月22日，致公党朝阳区委召开“不忘合作初心，继续携手前进”主题教育活动动员部署会，致公党北京市委副主委顾行发出席会议，区委主委高吉喜主持会议。会上，集体学习《习近平总书记在中央政协工作会议暨庆祝中国人民政治协商会议成立70周年大会上的讲话》。致公党朝阳区委委员、各支部负责人近30人参加会议。11月23日至26日，开展主题教育系列参观活动。先后组织骨干成员参观香山双清别墅和革命纪念馆、湘江战役纪念馆和碑园、八路军驻桂林办事处旧址、桂林博物馆“广西革命文物展”等。（李　旭）

【致公党中央在朝阳建立基层联系点】 11月22日，致公党中央副主席李卓彬率领调研组到致公党中央基层组织联系点——致公党朝阳区委第十三支部调研指导主题教育活动，并与党员座谈交流。李卓彬为致公党朝阳区委第十三支部授致公党中央基层组织联系点牌匾。（李　旭）

▲ 11月22日，致公党中央副主席李卓彬（左五）为致公党中央基层组织联系点——朝阳区十三支部授牌（李　旭　摄）

【蒋作君调研垃圾处理工作】 12月26日，致公党中央常务副主席蒋作君率领致公党中央生态环境与可持续发展委员会调研组到朝阳区十八里店乡西直河村调研“垃圾精准处理和资源化”工作。调研组考察华夏董氏实业集团建筑垃圾资源化处理现场并召开现场会，围绕垃圾处理难点问题探讨交流。蒋作君肯定华夏董氏实业集团在垃圾处理和循环利用方面所做的工作和成绩。他强调，垃圾的精准处理和资源化具有重要的生态意义、社会意义、文化意义和经济意义。北京作为“首善之都”，在这方面要走在全国前列。要注重垃圾精准处理，精准衔接源头分类和末端处理，精准把控成本效益测算，推动垃圾资源化；要以实施《北京市生活垃圾管理条例》为契机，尽快推出北京垃圾处理利用的典型范式，建立循环经济示范园区，为世界垃圾处理提供中国方案。致公党北京市委主委闫傲霜、致公党中央秘书长卢国懿等一同调研。（李　旭）

九三学社朝阳区委

【概况】 九三学社北京市朝阳区委员会（简称九三学社朝阳区委）下设组织部，宣传部，参政议政第一、第二委员会，社会服务委员会，青年工作委员会，老龄工作委员会，妇女工作委员会，办公室等9个工作机构。有支社29个，社员1365人。社员中有厅局级干部13名、县处级干部69名，有12人担任九三学社中央各专委会职务。年内，发展社员61人，平均年龄35.9岁。安贞医院支社苏俊武获蒙古人民共和国总统颁发的“友谊勋章”；朝阳科技支社范少辉获庆祝中华人民共和国成立70周年纪念章。（孙庆林）

【组织建设】 3月10日，九三学社朝阳区委与来京学习的九三学社福建省莆田市委、陕西省宝鸡市委、河南省濮阳市委、辽宁省抚顺市委等地方组织负责人交流社务工作。6月18日，九三学社中信支社召开成立大会，选举产生第一届支委会，路洪洲当选支部主委。10月11日，九三学社北京地坛医院支社召开成

▲ 10月11日，九三学社朝阳区委北京地坛医院支社成立（孙庆林　摄）

立大会，选举产生第一届支委会，邢卉春当选支部主委。11月12日，九三学社北京朝阳医院支社召开换届选举大会，选举产生第二届支委会，钟光珍当选支部主委。（刘　军　孙庆林）

【主题教育】 5月7日，九三学社朝阳区委联合九三学社东城区委共同举办“同心 同向 同行——纪念五四运动100周年”主题活动。组织青年社员参观北大红楼（新文化运动纪念馆），邀请北京师范大学历史系教授王开玺为青年社员们做《五四运动百年的纪念与思考》专题讲座。组织社员参加首都统一战线庆祝中华人民共和国成立70周年“与共和国同行”主题艺术作品展、摄影展；组织百人合唱团参加中共朝阳区委统战部主办的庆祝中华人民共和国成立70周年纪念活动合唱展演；选送节目参加九三学社北京市委“砥砺奋进七十载，同心筑梦新时代”主题文艺会演；举办“不忘合作初心 继续携手前进”主题教育报告会。组织全体区委委员、支社主委录制庆祝中华人民共和国成立70周年微视频。（孙庆林）

【对口扶贫】 7月13日至14日，九三学社朝阳区委与九三学社张家口市委合作开展对口扶贫工作。发挥九三学社医疗专家的专业优势，在张家口市阳原县人民医院举办业务培训2场，为张家口市尚义县红土梁镇小学生捐赠价值9万余元的食品和文具。12月，在社员中开展捐赠冬衣活动，捐赠衣物150余件。（孙庆林）

【科普活动】 11月21日，九三学社朝阳区委举办科学大咖面对面活动。邀请中国科学院院士、中国半导体物理和器件专家、红外物理学家、九三学社社员褚君浩做题为《迎接智能新时代》的科普演讲。年内，九三学社朝阳区委依托中国科技馆大讲堂，举办科普讲座2场，近千人次听取讲座；组织“奥运说”冬奥科普宣讲下基层活动；与垂杨柳医院合作举办“关注女性健康”论坛；与区卫健委和达因药业联合举办多场“儿童用药安全知识普及”活动；与区科信局达成开展社区科普活动合作意向。（孙庆林）

【理论研究】 年内，组织社员参与九三学社朝阳区委关于《九三学社中青年社员思想状况研究》（九三学社中央理论研究中标课题）问卷调查工作；完成《新时代青年社员思想建设的守正扬清与巩固共同政治思想基础》《民主党派参政议政工作绩效问题研究》两项关于新型政党制度课题调研；其中《新时代青年社员思想建设的守正扬清与巩固共同政治思想基础》调研报告被九三学社中央评为思想建设调研成果二等奖。（刘　军　孙庆林）

【参政议政】 年内，九三学社朝阳区委在区政协十三届三次会议上提交的党派提案《关于推进“医联体型”卒中中心建设，打造垂杨柳新院独特优势学科的建议》被列为主席重点督办提案、《关于黑臭水体还清效果长期维持的建议》的党派提案被评为优秀提案；社员王静提交的《关于积极发展学前教育，着力解决我区“入园难”问题的建议》的委员提案被评为优秀委员提案。大会期间，提交党派提案3件、委员提案33件。在闭幕式上，副主委王强代表社区委做题为《关于提升朝阳区国际化水平打造北京对外开放高地的建议》大会发言。11月19日，在中共朝阳区委召开的政党协商座谈会上，区委副主委杨杰代表社区委做题为《程序优化营商环境，促进民营企业高质量发展》专题发言。年内，在区政协、区委统战部举办的“加快大尺度绿化，高质量推进生态文明建设”议政会和“深挖文化内涵，提升国际化水平”议政会上，分别提交调研报告12篇、9篇，均被大会收录。社员肖磊、王淑芬、李筑恒、张厚珌分别代表九三学社朝阳区委在议政会上发言。全年报送社情民意信息176篇。（刘　军　孙庆林）

台盟朝阳区工委

【概况】 台湾民主自治同盟北京市委员会朝阳区工作委员会（简称台盟朝阳区工委）成立于1998年10月12日，是台盟北京市委员会派出机构。台盟朝阳区工委下设经济科技支部、文教医卫支部和退休支部3个支部。有盟员83人。年内，发展盟员4人，去世2人，保留盟籍1人。盟员中有全国政协委员1名、市人大代表1名、市政协常委1名、区人大常委1名、区政协委员5名（其中常委2名）、台盟中央委员1名，台盟北京市委委员7名（其中副主委1名、常委3名）。年内，在台盟北京市委2019年度参政议政工作总结会暨信息工作培训会上，台盟朝阳区工委2人获参政议政先进个人、2人获信息工作先进个人；台盟朝阳区工委获台盟中央市级组织参政议政工作突出进步奖、台盟中央地市级参政议政工作先进集体称号。（舒刚庆）

【总结表彰】 1月，台盟区工委召开2018年总结表彰会，区工委委员及盟员40余人参会。台盟北京市委和区委统战部相关处室负责人出席会议。会议总结2018年区工委工作，表彰2018年度先进个人34名，其中参政议政先进个人6名、信息工作先进个人9名、撰稿工作先进个人19名。（舒刚庆）

【参政议政】 1月，台盟朝阳区工委向区政协十三届三次会议提交党派提案3件，其中《关于做好我区街景文化规划和建设的建议》的党派提案被评为区政协2018年度优秀提案。区政协委员郭晓静代表台盟区工委做题为《重视国际人才工作生活的便利度，提升朝阳区域国际化水平》的大会发言。区“两会”期间，盟员中的区人大代表、区政协委员向大会提交代表建议案、委员提案13件。6月、10月，台盟朝阳区工委分别参加区政协、区委统战部联合举办的“加快大尺度绿化，高质量推进生态文明建设”专题议政会和“深挖文化内涵，提升国际化水平”专题议政会，区工委代表郭晓静、李雪飞分别代表台盟朝阳区工委做主题发言。年内，完成关于《朝阳区进一步优化国际化营商环境对策研究》等专题调研报告4篇（获区统战系统优秀调研成果评比二类课题1篇、三类课题2篇、四类课题1篇）。推荐盟员参与台盟中央、台盟市委相关调研课题，执笔完成台盟中央课题分析报告3篇、台盟北京市委课题报告2篇。全年报送社情民意信息92篇，获区政协

2018年度反映社情民意信息工作先进单位三等奖。（舒刚庆）

【对台交流与社会服务】 1月，台盟朝阳区工委组织盟员为台盟北京市委“助梦启航”捐资助学活动捐款3586元。4月，与台盟东城区委共同组织盟员赴延庆区旧县镇大柏老村开展公益植树活动。6月，区工委与区政协港澳台侨委员会、将台地区办事处共同协办台盟北京市委2019“京台社区手拉手”交流活动，台盟北京市委副主委江小艾、朝阳区政协副主席王文远等领导、嘉宾以及台盟北京市委、朝阳区政协、朝阳区部分街乡和社会组织负责人，以及来自台湾省台北市、高雄市的基层行政组织和相关社会组织负责人、台盟朝阳区工委盟员等80余人出席活动。8位代表围绕基层社会治理、志愿服务、两地文化等主题做交流发言。台湾嘉宾一行先后到麦子店街道枣营北里社区、将台地区东八间房村回迁房小区、将府公园四期以及将台地区办事处实地走访，并围绕社区治理、古城保护等相关问题座谈交流。12月，台盟朝阳区工委在酒仙桥街道乐居老年公寓举行2019年“医心益行同胞情”公益义诊咨询活动。盟员医务人员和来自北京中医药大学的20名台湾学生为100余位老人义诊。（舒刚庆）

【五届九次全委（扩大）会议】 3月，台盟朝阳区工委召开五届九次全委（扩大）会议。区工委委员，各支部、专委会负责人以及骨干盟员等20余人参加会议。台盟北京市委副主委汪舟、中共朝阳区委统战部副部长宝月凤出席会议并讲话。会议宣布台盟北京市委关于批准台盟朝阳区工委领导班子调整的决定；学习传达台盟北京市委2019年工作要点、《台盟北京市委转发台盟中央〈关于开展“我为台盟自身建设献一策”征文活动的通知〉的通知》、2019年朝阳区统战工作要点以及全国“两会”精神；研讨区工委2019年工作计划和调研课题情况；通报区工委关于调整专委会和支部负责人情况。（舒刚庆）

【主题教育】 10月，台盟朝阳区工委召开“不忘合作初心，继续携手前进”主题教育活动推进会暨“讲台盟故事”分享会，区工委主任高峰等4位盟员与大家分享参加中华人民共和国成立70周年大会游行或观礼活动的感受和花絮；台盟中央宣传部干部为与会人员做台盟发展史专题讲座。11月，组织领导班子成员、骨干盟员、支部负责人20余人赴云南省开展“弘扬长征精神，致敬革命先烈”主题教育活动，参观中国工农红军第二方面军长征渡江纪念碑和纪念馆、长征石鼓渡口、开南研习所并座谈交流。12月，召开“不忘合作初心，继续携手前进”主题教育民主生活会。（舒刚庆）

【庆祝中华人民共和国成立70周年活动】 年内，台盟朝阳区工委开展庆祝新中国成立70周年活动。4月，组织9位盟员参加首都统一战线庆祝新中国成立70周年主题教育活动启动仪式。6月、8月，先后组织盟员参观平北抗日战争纪念馆、唐山地震博物馆、李大钊纪念馆等。8月至10月，开展“书就芳华七十年，迎着朝阳再长征”庆祝中华人民共和国成立70周年微视频活动，将30多位盟员和台胞录制的祝福、歌舞、诗词、授课等短视频剪辑成时长7分多钟的微视频。9月，组成40余人合唱队，参加区统战系统“同心同行七十载，携手共筑中国梦”合唱展演活动。10月，4位盟员参加中华人民共和国成立70周年庆祝活动群众游行，区

▲ 6月11日，台盟北京市委主办、台盟朝阳区工委协办的2019“京台社区手拉手”交流活动开幕（舒刚庆 摄）

▲ 8 月 10 日，台盟朝阳区工委开展庆祝中华人民共和国成立 70 周年微视频活动　（舒刚庆　摄）

工委主任高峰作为台盟代表登上“民主法治”游行花车，12 位盟员和机关干部参加观礼或联欢晚会；组织 20 多位盟员及家属赴大兴国际机场开展“致敬七十年”参观学习活动。年内，组织盟员参加台盟中央“我们与奋进的70周年”征文活动，提交征文5篇，获二等奖3篇、三等奖2篇；参加首都统一战线庆祝中华人民共和国成立 70 周年主题书画展、摄影展，报送的 1 组摄影作品获三等奖；参加市委统战部“我为首都发展献一策”活动，提交对策文章 26 篇。（舒刚庆）

人民团体

北京朝阳年鉴 Beijing Chaoyang Yearbook 2020

朝阳区总工会

【概况】 朝阳区总工会（简称区总工会）内设办公室、组织人事部、劳模工作部、财务和资产管理部、基层指导部、宣传教育部、职工发展部和权益工作部8个机构。有服务业工会、高新技术产业工会和文化创意产业3个产业工会。下设事业单位3个，分别为：职工服务（帮扶）中心（全额拨款事业单位）、职工服务中心和工人文化宫（均为自收自支事业单位）。全区有建会单位2.4万余家、会员73万余人。区总工会党组及支部全年调研基层工会37个，现场解决问题29个，检视问题23项，20项已立行立改；组织85名标兵参加国庆群众联欢排练和演出任务，完成20名观礼群众组织工作；投入资金1400万元，完成慰问女民兵等各类活动；发挥“一站一家一律师”作用，提前介入11起欠薪等群体性案件，成功调解劳动争议案件1152件；完成五一劳动奖项评选工作；首次开展“朝阳工匠”评选活动；举办通用知识、公益讲堂等各类培训活动，覆盖职工3万余人次；下拨基层经费3083万元；职工互助保障理赔8万人次，理赔金额1815万元；全区投入2000万元开展线上线下服务，覆盖会员40万人次；全区61名代表出席北京市工会第14次代表大会。区总工会获“2019年中华人民共和国成立70周年庆祝活动先进集体”“2019年度首都职工素质工程职工读书沙龙优秀组织单位奖”“第四届国际创新创业博览会年度双创成果突出贡献单位”和市总工会“2018年度基层职工互助保障工作考核优秀”等称号。（任　梦）

【慰问劳模】 1月22日，区长文献到香河园街道慰问劳模赵玉旺（西坝河东里社区党委书记兼居委会主任），调研社区服务站和社区公益空间。9月24日，中华全国总工会副主席、党组副书记张工带队到朝阳区慰问全国劳模代表育桂鹏，向他们致以节日问候和敬意。9月29日，区总工会常务副主席姬文革带队走访慰问全国劳模魁建忠和梁会兰，将“庆祝中华人民共和国成立70周年”纪念章和慰问品送到他们手中。（任　梦）

▲ 9月24日，中华全国总工会副主席张工（左一）慰问朝阳区全国劳模育桂鹏（左二）
（区总工会　供图）

【十四届三次委员（扩大）会议】 3月20日，区总工会召开十四届三次委员（扩大）会议，区总工会党组常务副书记、常务副主席姬文革主持会议。会议审议并通过《朝阳区总工会2018年工作总结及2019年工作安排》《关于朝阳区总工会2018年经费收支决算和2019年经费收支预算》的报告和朝阳区出席北京市工会第十四次代表大会代表的有关事项。（任　梦）

【2019年工作会】 3月20日，区总工会召开朝阳区2019年工作会，总结2018年工会工作，部署2019年工作任务。会议播放朝阳区总工会2018年工作纪实宣传片——《筑梦新时代，开创新征程》；区总工会党组常务副书记、常务副主席姬文革做区总工会2018年工作报告，区总工会副主席司晓强做《朝阳区总工会2019“服务年”工作方案》说明。（任　梦）

【女职工委员会十四届五次全体会议】 3月25日，区总工会召开第十四届女职工委员会第五次全体会议，选举市总工会第七届女职工委员会委员推荐人选。经选举，推荐区总工会常务副主席、区总工会第十四届女职工委员会主任姬文革，区委教育工委委员、组织干部科科长、中国教育工会北京市朝阳区委员会主席李丽艳为市总工会第七届女职工委员会委员人选。（任　梦）

【绿色环保志愿服务活动】 4月15日，区总工会在望和公园组织开展“绿色装点朝阳志愿就在身边”——庆五一朝阳区职工绿色环保志愿服务活动。全区50个单位的200余名职工志愿者代表参加活动。（任　梦）

【“朝阳工匠”选树活动】 4月23日，区总工会在北京市劳动广场举办第一届“朝阳工匠”选树活动启动仪式。市总工会副巡视员赵宪科，区总工会党组书记、主席张永新以及来自全区各行各业的劳动模范、先进工作者、基层一线职工参加活动。区总工会介绍第一届“朝阳工匠”选树活动情况，劳模、工匠代表宣读倡议书，成立朝阳区劳模摄影、书画、文体活动兴趣小组。10月至12月，第一届“朝阳工匠”选树活动先后举办道路清扫工技能竞赛、中式烹调师技能竞赛、园林绿化工技能竞赛、智能楼宇管理员及维修电工技能竞赛，选出“朝阳工匠”5名。（任　梦）

【庆五一先进集体和个人代表座谈会】 4月29日，区总工会召开2019年庆祝五一国际劳动节暨先进集体和个人座谈会。区领导王灏、陈宏志、陈涛、朱晟、张永新出席会议。2019年朝阳区1人获全国五一劳动奖章、1个班组获全国工人先锋号；9个集体获首都劳动奖状、41人

▲ 4月29日，区委书记王灏（左一）与朝阳区全国五一劳动奖章获得者刘东风（右一）亲切交谈 （王梓希 摄）

获首都劳动奖章、17个班组获评北京市工人先锋号。 （任 梦）

【宣传培训】 6月13日，区总工会女职工委员会以“走进劳动法”为主题举办普法宣传活动，宣传推广《促进工作场所性别平等指导手册》。300余名职工参与活动，发放宣传品300余套。6月，区总工会在中国劳动关系学院举办全区基层工会主席培训班。区总工会常务副主席姬文革出席开班仪式并作动员讲话。7月3日，区总工会召开集体协商质效评估专项工作培训会，54家基层工会70人参加培训会。通过加大市级指导员到基层工会的走访力度，协助基层工会开展质效评估工作。 （任 梦）

【劳模兴趣小组讲座】 6月24日，区总工会委托朝阳社区学院举办区劳模摄影兴趣小组讲座。60余名来自全区各行各业的劳模、先进职工和摄影爱好者参加讲座。讲座是区劳模兴趣小组成立后举办的首次活动，旨在提升劳模生活品质，丰富劳模文化生活。 （任 梦）

【领导调研】 7月10日，市总工会组织部部长张仪涛一行4人到朝阳园和北京商务中心区总工会调研园区建会情况，区总工会党组常务副书记、常务副主席姬文革等陪同调研。朝阳园工会主席张海明和商务中心区总工会主席张丽云分别汇报工会建设基本情况，万东医疗科技股份公司工会主席王小林作为企业代表汇报工会开展工作情况和需解决的重点问题。10月，区总工会副主席汪涛围绕组织覆盖、职工之家建设和功能发挥以及社工管理等重点问题，带领区总工会工作人员先后到东湖街道、和平街街道、亚运村街道、小关街道调研。11月19日，区总工会党组书记、工会主席张永新一行到北京商务中心区总工会调研工会工作。北京商务中心区工委副书记张志国及北京商务中心区、双井街道、八里庄街道、南磨房地区4家单位工会主席参加调研。调研组一行实地了解工会各项服务工作开展情况，听取街乡工会主席、企业工会主席工作汇报。年内，张永新、姬文革带队到朝阳园总工会、酒仙桥总工会，实地查看朝阳园党群服务中心，酒仙桥总工会服务站、暖心驿站和辖区北京蓝色光标数据科技股份有限公司，重点围绕园区100人以上企业建会，职工之家、暖心驿站建设及运行情况调研。 （任 梦）

【对口帮扶】 7月23日，区总工会组织机关和基层工会54名党员参加《2019世园会北京扶贫协作成果展及特色产品展销保定活动周“唐县主题日”》活动，通过宣传、推介河北省唐县产业扶贫特色产品，推进消费扶贫行动。8月2日，在河北省唐县人民政府举办北京市朝阳区总工会对口帮扶唐县捐赠仪式活动，区总工会党组常务副书记、常务副主席姬文革参加活动，并捐赠扶贫款30万元，与县总工会主席刘文峰签订《朝阳区总工会与唐县总工会结对帮扶协议》。11月8日，区总工会党组书记、工会主席张永新一行7人赴河北省唐县总工会扶贫调研。县总工会主席刘文峰汇报唐县总工会扶贫工作落实情况，并向朝阳区总工会赠送锦旗。区总工会检查帮扶资金使用情况、验收银浪棉业企业职工之家建家情况。12月3日，区总工会以“工会牵手搭桥、助力精准扶贫”为主题，开展扶贫爱心购、以买代帮和以购代捐行动，助力内蒙古自治区乌兰察布市卓资县打赢脱贫攻坚战，利用工会福利政策支撑，搭建工农牵手互助桥梁，促进贫困群众稳定增收、贫困人口稳定脱贫和贫困地区长远发展。12月4日，朝阳区97家基层工会订购卓资县扶贫产品价值246.2万元。 （任 梦）

【暑期托管班】 9月，朝阳区各基层工会职工子女暑期托管班结束。全区举办托管班55个，托管儿童1200名。 （任 梦）

【庆祝中华人民共和国成立70周年服务保障】 10月1日，区总工会作为国庆一分指集散处牵头单位，完成9个方阵16800名游行群众的集结疏散工作。根据工作特点设置综合、集散、交通、路线等4个工作专班和9个方阵联络组，实地踏勘45次，规划车辆行进路线27条、停放场地15处，制定各次演练工作方案和各方阵集散工作方案360余份。在12次活动演练及正式活动服务保障过程中，调用车辆1500余辆次，发放餐包5.5万份。除完成群众游行任务外，区总工会还组织劳模、首都奖章获得者、先进职工及部分先进工会社工等85人参加庆祝中华人民共和国成立70周年群众联欢活动。 （任 梦）

【农民工公益法律服务活动】 10月17日，区总工会开展“尊法守法·携手筑梦”服务农民工公益法律服务活动。组织9支律师法律服务小分队，深入到农民工集中的乡镇、街道、社区及建筑工地、车站等场所，开展公益法律服务活动。了解农民工法律需求，讲解法律政策，开展现场法律咨询、调处劳动争议等，开展法律跟踪服务。努力做到当场

受理、当场审批、当场指派律师提供法律援助。（任 梦）

【宪法宣传周活动】 12月2日至7日，区总工会开展2019年“12·4”宪法宣传周活动。各街道、地区、行业工会开展宪法宣传活动22场，包括宪法知识讲座、宪法知识答题活动、宪法宣誓以及邀请律师现场普法答疑。发放《中华人民共和国宪法》手册等普法宣传品2000余份，服务职工1000余人。（任 梦）

【“一统六联”工作交流】 12月9日，区总工会召开2019年“一统六联”工作交流会。各街道、地区总工会主席参加。区总工会将各基层“一统六联”工作成效制作成《“一统六联”在朝阳的生动实践画册》下发，双井街道总工会主席张凤敏、左家庄街道总工会主席汤长忠分别就2019年“一统六联”工作情况做交流发言。区委组织部科长李响结合“一统六联”工作推进情况，对工会工作提出建议。（任 梦）

【国际创新创业博览会参展】 12月20日，第四届国际创新创业博览会在国家会议中心举行。区总工会携区内7家互联网高新技术企业参展。区总工会领导张永新、姬文革等出席开幕式。会前，区总工会以“凝聚匠心、绽放卓越”为主题，在全区范围内甄选优秀项目，展示朝阳区职工创新创造成果，推动形成尊重劳动、崇尚技能、鼓励创造的社会风尚。（任 梦）

【文体嘉年华系列活动】 年内，区总工会与机关工会联合举办“朝阳区总工会文体嘉年华”系列活动，活动项目包括迷你马拉松、乒乓球和围棋比赛等，700余名职工现场参赛。区领导王灏、陈宏志、张维刚、黄晓伟、朱晟等现场参与活动。系列活动网上直播访问量7万人次。（任 梦）

【廉洁文化进企业活动】 年内，区总工会组织全区街道和地区总工会、产业工会、功能区总工会等55个单位，集中部署朝阳区工会系统“廉洁文化进企业”教育活动。区总工会主动把“廉洁文化进企业”融入党建和意识形态宣传教育工作中，通过发送“廉洁文化进企业”倡议书，组织开展廉洁文化宣传、廉洁文化进企业宣讲、法律知识培训、廉洁文化宣传阵地建设、“廉洁典型”报道等活动，弘扬廉洁文化和诚信精神，督促企业诚实经营、守法经营，引导职工廉洁从业、爱岗敬业，维护社会和谐稳定，形成干事创业、风清气正的良好政治生态。（任 梦）

共青团朝阳区委

【概况】 共青团北京市朝阳区委员会（简称团区委），内设办公室、基层组织部、全媒体宣传部、人才统战部，下辖青少年指导服务中心（事业单位）。全区下设团委106个、团工委27个、团总支126个、团支部2526个，团员总数17806人。有团干部2654人，其中专职119人、兼职2535人。年内，继续开展“以身许国·青春无悔”品牌项目，举办“青少年星光自护教育”培训130余场；开展“青春读书会——带你走进习近平在正定的日子”100场，服务青年人2500余人次；围绕“用心生活、绿意生活、手作生活、传艺生活”四大主题，开展系列活动520场。团区委获“北京市筹备和服务保障中华人民共和国成立70周年庆祝活动先进集体”和团中央、全国绿化委员会和水利部颁发的“第九届‘母亲河奖’优秀组织奖”；张晓菲、李韦良获2019年“北京青年榜样·时代楷模”称号。（张通明）

【美团美好朝阳骑士】 1月8日，团区委联合美团点评集团召开美团美好朝阳骑士“朝阳小巷管家”宣导会。“美团美好朝阳骑士”项目试运行，首批100位骑手注册并接受培训。3月4日，在北京奥林匹克公园志愿者广场，团区委、区城市管理委员会和美团联合开展美团美好朝阳骑士“3·5”中国青年志愿者服务日活动。活动现场，与会领导和企业代表为首批“美团美好朝阳骑士”颁发荣誉证书，正式启动“美团美好朝阳骑士”项目，面向工作生活在朝阳区的美团骑手，推出“城市融入、成长课堂、志愿公益、暖心工坊、交友联谊、心理减压”六大模块的系列活动。年内，“美团美好朝阳骑士”以青年志愿者身份注册成为“小巷管家”，通过“朝阳群众管城市”监督管理平台，在配送过程中及时上报发现的环境卫生、生产生活安全、市政设施等问题，并力所能及地参与部分问题的解决，助力解决城市基层治理“最后一公里”难题，全年累计反馈各类问题1552件，其中有效处理1382件，对改善街乡环境起到有效作用；覆盖朝阳区43个街乡的“社区青年汇”与35个美团城市配送站结对共建，充分利用区域资源服务骑手，帮助骑手融入城市和社区，全年共开展定制专场活动170余场，累计服务骑手4000人次，实现骑手群体与街乡社区共建共治共享良好局面。12月，该项目被评为北京市第五届“我为改革献一策”活动A类项目。（张通明）

【红领巾寒暑期成长营地开营】 1月28日，团区委组织11家社区青年汇红领巾寒假成长营地开营仪式在常营地区连心园·社区青年汇举行。团市委副书记毛晓刚、中少部部长佟立成、团区委书记郭勋、常营地区工委组织委员闫丽娟出席仪式，常营地区三家营地的小营员、营员家长、少先队辅导员、社工班主任、志愿者等100余人参加。7月15日，围绕“争做新时代好队员”主题，12家社区青年汇红领巾暑期成长营地开营。全年项目服务青少年家庭520户。（张通明）

【兼职法治副校长入校】 2月，启动2019年春季学期兼职法治副校长入校工作，300余名兼职法治副校长入校开展青少年法治宣传教育活动。12月18日，团区委召开2019年度兼职法治副校长培训会，300余名来自公检法系统的兼职法治副校长参加培训。北京青年政治学院教授、中国青少年研究会理事刘世保为全区兼职法治副校长授课。（张通明）

【主题宣传活动】 3月2日，在北京奥林匹克公园中心区“蓝立方”志愿服务岗亭举办“蓝立方十周年”主题宣传纪念活动。“蓝立方”值班站长、骨干志愿者、高校志愿者等40余人参加。6月21日，“区校共建谋发展·青春建功新时代”——“我和我的祖国”群众性主题宣讲活动在铜牛电影产业园举办。来自清华大学博士生宣讲团的2名宣讲员及朝阳青年讲师团的2名宣讲员围绕爱国主义教育主题、中国电影文化发展及朝

▲ 3月2日，在北京奥林匹克公园中心区“蓝立方”志愿服务岗亭举办“蓝立方十周年”主题宣传纪念活动 （石 鑫 摄）

阳青年故事展开宣讲。公安朝阳分局青年干警、区青联委员代表以及铜牛电影产业园青年代表共100余人参加。12月17日，在朝阳规划艺术馆举办“青春向上·永葆廉洁——朝阳青年向上生活实录暨第七届朝阳青年行走廉之路”主题教育活动。街乡、委办局、“两新”组织、青年汇、青联等150余名青年各界代表参加活动。年内，开展“以身许国·青春无悔”主题活动，通过线下快闪活动、线上话题征集，选树检察官、刑警、法官、团干部以及说唱青年、外卖骑手等来自朝阳区各行各业的优秀青年，制作10期短视频故事，在全网广泛传播，传递新时代“以身许国”精神。视频累计播放量700万人次。 （张通明）

【“朝阳群众小河长”项目】 3月22日，团区委在朝阳公园滨水之舟广场，联合区河长制办公室、区水务局，共同举办“节水优先·志愿先行”2019年“世界水日”和“中国水周”宣传活动暨“朝阳群众小河长”项目启动仪式。与会领导为2019级“朝阳群众小河长”佩戴臂章，为“朝阳群众小河长”中学实验班授班旗，为水务辅导员颁发聘书。年内，组织社区小河长担任节水调查员，在学校、社区开展节水宣传和家庭节水大调查，形成朝阳区家庭节水情况报告；组织学校小河长开展“朝阳群众小河长”志愿公益社团巡河行动。全年开展包含水实验系列课堂、外出参观、集中巡河行动等在内的项目192场次，为6620人次提供直接服务。 （张通明）

【“合适成年人”项目】 3月至9月，团区委开展涉嫌犯罪未成年人“合适成年人”到场及个案跟进服务项目，依托社区青年汇专职社工组建“合适成年人”队伍，在未成年人触犯法律接受讯问时，作为合适成年人到场旁听，维护未成年人合法权益，提升未成年人权益保护、帮教和矫治罪错青少年方面理论研究和实践。在公安朝阳分局综合执法办案管理中心建立社工工作站，推行7×24小时驻点工作机制，快速派出“合适成年人”，及时维护未成年人合法权益。项目实施期间，提供服务169人次。 （张通明）

【“小微创投”项目】 4月11日，团区委召开2019年“小微创投”第一批项目评审会，评审团队由民政部培训中心卢磊、团区委副书记（兼）马恒、3家事务所青年汇项目负责人、督导代表、社工代表组成，帮助督导及社工更好地提升服务的针对性和执行性。7月至8月，开展2019年度“小微创投”第二、三批次项目征集工作，评审通过社区青年汇社会服务项目23个。 （张通明）

【调研交流】 4月17日，由美国加利福尼亚、爱达荷、马里兰、马萨诸塞、明尼苏达、犹他等州参众议员组成的美国青年政治家访华团一行10人，到朝外社区青年汇参观交流，并体验中国传统文化团扇的制作。5月17日，由共青团中央国际联络部国际组织处处长刘凯带队，与亚洲文明对话大会青年分论坛外国代表一行30人到朝阳区潘家园街道创享空间·社区青年汇参观交流，区青联、朝阳区青少年社会工作协会、北京厚德社会工作事务所、朝阳区望京李楠社会工作事务所、朝阳行动乡村服务创新中心（黑土麦田公益）、朝阳区民和社会工作事务所、北京德壹家人社会工作发展中心6家社会组织陪同参观调研，并以青少年领域社会组织发展为题开展座谈交流。10月18日，亚非青年代表一行100人，分两批次，分别前往朝外街道潮外·社区青年汇、建外街道SOHO现代城·社区青年汇参观交流，就基层组织建设、青年汇建设发展及区域化团建工作、志愿服务工作以及青年社会组织孵化等问题深入交流，并体验中国传统文化——制作中国传统纹饰热缩片及绘制京剧脸谱。年内，团区委与北京大学、清华大学、中国传媒大学和北京工业大学团委联合开展大学生暑期社会实践调研活动。调研活动围绕朝阳区域发展、共青团改革攻坚、青少年发展事务、青年建功创业、青少年思想引导设置5个调研方向37类选题。来自清华大学、北京大学、北京工业大学、中国传媒大学的20支团队、140余名师生参与。调研课题涉及物流从业人员权益维护、人工智能产业发展等热点问题，形成20篇调研报告，评选出优秀调研报告8篇。区人大代表特学明、郭强，区政协委员李静霞、武智涛受邀出席“2019年朝阳共青团大学生理论调研成果展示会暨共青团与人大代表、政协委员面对面活动”，点评调研成果并与同学们互动交流。 （张通明）

【重大活动服务保障】 4月30日，在朝阳规划艺术馆举行“百年薪火·青春许国”——朝阳区纪念五四运动100周年暨新中国成立70周年庆祝活动服务保障青年动员大会。全区各系统青年代表和高校师生共300余人参与活动。号召青年把爱国热情转化为在工作中建功立业的实际行动，为实现中华民族伟大复兴的中国梦贡献青春力量。年内，团区委组织青年志愿者参与重大活动的服务保障。“一带一路”国际合作高峰论坛期间，设置5个城市运行志愿服务岗，150人次志愿者上岗服务。2019年中国北京世界园艺博览会期间，招募44名志愿者开展为期8天的志愿服务工作。亚洲文明对话大会期间，招募志愿者34人，其中英语志愿者10人，小语种志愿者24人，协助组建朝阳区外语志愿服务队，以备处置和协调各类突发涉外事件。完成庆祝中华人民共和国成立70周年群众游行、联欢和志愿服务等工作。服务保障群众游行第1至第8方阵和情境1表演方阵，上场人数16614人，完成方阵组织、训练、安全保障等任务。组织200余名师生参与联欢活动街舞表演。组织7800余名城市志愿者参与志愿服务工作。（张通明）

【团组织成立】 5月9日，美团集团召开第一次团员代表大会，团区委书记郭勋、美团集团团员代表等102人参加会议。会议选举产生共青团美团集团第一届委员会委员。8月21日，共青团北京链家房地产经纪有限公司委员会召开团组织成立大会。团市委、团区委，区工商联、酒仙桥街道相关人员，链家集团党委书记魏勇等领导、北京链家各运营大区及各职能部门团员代表等200余人出席会议。（张通明）

【少先队第五次代表大会】 6月13日，召开中国少年先锋队北京市朝阳区第五次代表大会，团市委副书记毛晓刚，区委常委、宣传部部长、统战部部长黄晓伟，团区委书记、朝阳区第四届少工委主任郭勋，团市委中少部副部长陈晶等领导，特级教师王苹等特邀嘉宾、全区少先队辅导员以及600名少先队员代表出席大会。会议表决通过《中国少年先锋队北京市朝阳区第五次代表大会议程》和《中国少年先锋队北京市朝阳区第五次代表大会全体代表大会选举办法》。郭勋代表中国少年先锋队第四届北京市朝阳区工作委员会做题为《听党的话跟党走，争做新时代朝阳好少年，为实现中华民族伟大复兴的中国梦时刻准备着》的工作报告。与会代表讨论并通过《中国少年先锋队北京市朝阳区第五次代表大会提案工作报告》；在闭幕式上通过《中国少年先锋队北京市朝阳区第五次代表大会关于第四届朝阳区少工委工作报告的决议》。（张通明）

【青年故事线下征集快闪活动】 8月11日至12日，团区委举办2019“以身许国·青春无悔”青年故事线下征集快闪活动。1000余人现场观看，115人留下联系方式，20位青年走进“神奇电话亭”讲述自己的青春故事。（张通明）

【“新青年学堂”项目】 9月至10月，团区委开设“新青年学堂”高中起点、专科起点考前辅导班各1个，招募学员300余人。为学员提供成人高考文化课辅导和应试技巧、报考细则、专业选择等方面支持；建立以社区青年汇为核心的熟人网络和线下学习型社群。年内，举办11期“朝阳青年大讲堂”，分为召集类课程和送课类课程，内容涵盖党的十九届四中全会精神解读、团务知识、工作技能提升等。参与青年1000余人。（张通明）

【青年就业创业见习基地建设】 年内，团区委走访文创、互联网、商贸服务业领域内口碑较好、影响力较大的企事业单位，新增北京泡泡玛特文化创意股份有限公司、三快云在线北京科技有限公司等5家企事业单位为见习基地。系统整理见习基地申请、考核监督流程，规范工作流程。至年底，共有就业创业见习基地、街乡74家。提供见习岗位2497个，服务见习人员5661人次，发放补贴381.962万元。开展就业创业培训50场，服务青年1500余人次。取消15家在2017年至2018年两年内未申请见习补贴的见习基地资格。（张通明）

【精准帮扶】 年内，开展困境青少年精准帮扶工作，通过团市委“帮你学”成长教育公益项目、市青基会“希望之星1+1”“两节”送温暖活动、大学生1对1家教辅导等项目服务4000余人次，投入资金40余万元；（张通明）

【青少年服务维权阵地建设】 年内，加强“阳光地带”青少年服务维权工作阵地建设。开展总干事实地走访、指导青年汇工作。全年完成24次实地走访，协调区级资源23次，其中个案类17次、活动类4次、小组类2次。3名社工全年完成个案45例、有效跟进290次，举办法治宣传、自护教育、家庭教育活动等11场。（张通明）

【“青春朝阳”新媒体矩阵建设】 年内，团区委加强“青春朝阳”新媒体矩阵建设。至年底，微信公众号粉丝4万余名，推文569篇，阅读量182万，产出阅读量96万+推文1篇；微博粉丝3万余名，全年推文512条，阅读量1892万；抖音粉丝5300余名，发布视频64条，播放量96万次，评论数7699条，点赞27万个。（张通明）

朝阳区妇女联合会

【概况】 朝阳区妇女联合会（简称区妇联）设办公室、组织发展部、权益部、妇女儿童工作委员会办公室（内设机构）、朝阳区妇女发展服务中心。年内，区妇联坚持以习近平新时代中国特色社会主义思想为指导，把全面深入贯彻落实党的十九大精神、中国妇女十二大精神作为首要政治任务，结合朝阳区实际，紧扣区委、区政府中心工作，围绕中华人民共和国成立70周年这一主线和开展“不忘初心、牢记使命”主题教育的重点任务，团结带领全区各界妇女群众为推动朝阳妇女事业实现新发展贡献巾帼力量，为区域经济社会发展做出积极贡献。年内，推荐区检察院未成年人检察部等3家单位为全国巾帼文明岗、环保局谢蝎娟为全国巾帼建功标兵。全区推选出朝阳巾帼文明岗、先进集体100个，朝阳巾帼之星172名。（常　君）

【关爱妇女儿童活动】 元旦、春节期间，开展以“营造温暖之家，共享美好生活”为主题，以单亲特困母亲、女性低收入家庭为对象的慰问活动，为964个单亲特困母亲和1940户女性低收入家庭送去慰问金145.35万元。举办“关爱独抚母亲”活动，建立朝阳区独抚母亲微信社群并进行线上活动，在线下建立1个百日变身小组，开展组内活动8次，举办深度成长工作坊2场使100余名独抚母亲受益。六一儿童节期间，区妇联举办“感受祖国巨变 放飞艺术梦想”主题活动，引导少年儿童用画展示“我和我的祖国”，表达他们对祖国的热爱之情，弘扬社会主义核心价值观；整合企业家、爱心人士等社会资源，走进星星雨教育研究所、区儿童福利院慰问困境儿童，营

造关爱孤残儿童良好社会环境；全区妇联举办“童诵中国、童绘中国、童唱中国”活动120余场。（常 君）

【主题活动】 3月，举办“巾帼心向党 建功新时代——2019年朝阳区庆祝‘三八’国际妇女节”活动；启动2019年“巾帼暖人心”系列活动，项目内容涵盖家庭建设、权益维护、妇女发展、精准扶贫、社会治理等方面，以增强广大妇女儿童获得感和幸福感；开展“秀外慧中”传统文化知识讲座。邀请《百家讲坛》主讲人蒙曼为全区副处级以上女性领导干部、部分领域优秀女性代表讲授《唐诗的人文精神》；年内，区妇联组织动员全区各基层组织、社会组织，以“妇女之家”为主阵地，因地制宜开展主题活动，各街(乡)、村（社区）妇联组织开展“永远爱你 我的祖国”“给妈妈写一封信”等活动1000余场；区妇联推进全区妇联系统新媒体工作，组建网评员队伍和由1000余人组成的网宣员队伍，不断扩大“朝阳女性”微信公众号和各自媒体平台的衔接覆盖面，强化网上舆论引导、弘扬正能量；开展“最美家庭，幸福榜样”“家风家教，家国传承”“亲子陪伴，悦读国·家”等活动，引导更多家庭参与建设好家庭、传承好家教、弘扬好家风；区妇联联合区直机关工委，在全区举办悦读·阅廉——朝阳区“廉洁文化进机关、进家庭”活动，以图书漂流阅读的方式，组织全区机关党员干部及家庭成员共同阅读家国情怀、廉洁奉公、爱岗敬业等书籍，在机关干部家庭中提升廉洁文化氛围。（常 君）

【区妇联常委及执委会议】 6月11日，区妇联召开十三届五次常委会及执委会。研讨、审议《朝阳区妇联2019年半年工作报告（审议稿）》；做《关于朝阳区妇联第十三届执委委员替补人选、常委、副主席增补人选事项的说明》和《关于选举出席北京市第十四次妇女代表大会代表候选人、执委候选人情况的说明》；会议审议通过《朝阳区妇联2019年半年工作报告（审议稿）》；选举潘小俪为朝阳区妇联副主席；选举出席北京市第十四次妇女代表大会代表38名。（常 君）

【精准扶贫】 7月29日，区妇联联合北京妇女儿童发展基金会、朝阳区妇女儿童公益慈善促进会，举办“爱·照角落 朝阳温度”第三届微心愿认领助力精准扶贫活动，为对口支援地区妇女儿童募集资金和实现资源对接，为河北省张家口市阳原县、康保县、内蒙古自治区卓资县、新疆维吾尔自治区墨玉县提供善款及物资价值58万余元，惠及贫困地区1400余名贫困妇女儿童。区妇联在卓资县内的15所中小学中启动为期一年的“新1001夜”故事项目，通过故事干预，降低学生的孤独、不安等负面情绪；围绕故事内容开展征文征画活动，提升学生听、说、读、写故事和表达能力，增强自信心及人际关系改善，提高扶贫地区儿童身心健康水平。（常 君）

▲ 7月29日，区妇联联合北京妇女儿童发展基金会、朝阳区妇女儿童公益慈善促进会举办第三届微心愿认领助力精准扶贫活动对接会（胡 婵 摄）

【基层组织建设】 年内，全区43个街(乡)506个村（社区）妇联落实区妇联关于换届选举工作的实施意见，自觉将群团改革精神、妇联改革要求融入换届工作。在换届选举工作中，实现妇联主席100%进“两委”班子，每个村（社区）配备兼职副主席2名，执委人数均不低于15人。加强“妇女之家”阵地建设，推动“妇女之家”向各领域延伸，指导各街（乡）妇联参与“一统六联”，将创建打造的街（乡）级“妇女之家”阵地纳入街（乡）整体规划建设中，确保实现“党建带妇建 妇建服务党建”。配合北京市第十四次妇女代表大会换届工作，整合、挖掘区域内各行业女性人才资源，选举出席北京市第十四届妇女代表大会代表38名、推荐北京市妇联第十四届执委候选人1名。（常 君）

【巧娘品牌项目】 年内，建成区级巧娘工作室，为区内巧娘提供展览展示、教育培训、对外交流、社会实践等服务。发挥区级巧娘讲师团作用，开展“匠人匠心公开课”，面向社会传承手工技艺，讲好朝阳发展故事（常 君）

【“最美家庭”建设】 年内，区妇联成立“大国小家”最美家庭宣讲团，联合区妇联融媒体平台，开展线上线下讲述“最美家庭”故事、寻找“最美家庭”活动。通过对15类家庭综合评议，推选出区级“最美家庭”196户，从中推荐首都最美家庭21户、全国最美家庭4户，评选区委组织部等12家单位为寻找“最美家庭”活动优秀组织奖。（常 君）

【教育培训】 年内，区妇联举办普法讲座331场、现场咨询237场，受益妇女32611人次。开展婚姻家庭纠纷预防和化解工作，以家庭暴力工作中的心理学为主题，举办由全区43个街（乡）婚姻家庭纠纷调解员、巾帼亲情服务队成员参加的专题培训。区妇联与北京中科心理援助中心达成战略合作意向，重点就反家暴宣传、培训、心理干预等领域合作，以家庭和谐促进社会和谐稳定。（常 君）

【女性素质提升工程】 年内，区妇联举办“春风行动”女性专场招聘会等活动，为妇女就业搭建平台。号召朝阳区“妇”字号基地、创业创新基地、女企业家协会等单位提供就业岗位1800余个；举办“颂祖国华诞，展巾帼风采”秀外慧中主题活动，通过不同时期、不同行业女性服装变迁，体现祖国繁荣和时代进步给广大妇女和家庭带来的独特精神风貌；启动“女性素质提升工程”，为妇工委、妇委会及街乡妇联提供女性素质提升等免费课程114节，通过各级妇联组织因地制宜开展各类主题纪念活动，凝聚全区广大妇女的智慧和力量。 （常　君）

【“四个一”工作模式】 年内，区妇联开展第四届妇女儿童公益服务项目创意征集大赛，共征集项目98个，评选出优秀项目12个，购买“亲子伴读共成长”等8个项目，针对“两癌”患病特困女性、单亲母亲、非公领域女性等不同群体，提供专业性强、特色鲜明的服务。加强对社区妈妈帮、书友会等自治组织的培育、发掘和支持，搭建起社会组织和妇女儿童家庭之间的服务平台，让更多妇女儿童能够就近就地得到服务。为社会组织提供项目展示、增能培训、交流联谊、工作研讨等服务。区妇联在社会工作领域创新实施“四个一”工作模式，即征集一批优秀项目，探索女性社会组织服务家庭、社区建设新模式；联系一批社会组织，为服务妇女儿童和家庭，参与社会治理搭建平台；探索一个新服务方式，促进多元主体参与社会治理，共同致力于朝阳区妇女儿童事业的发展；打造一个闭环系统，形成“需求出发—创意征集—资源对接—落地实施—监测评估—满足需求”的闭环工作模式。 （常　君）

朝阳区科学技术协会

【概况】 北京市朝阳区科学技术协会（简称区科协）有12个区属学会、2个协会、43个街乡科协、52个企业科协。有1个朝阳区院士专家服务中心、13个企业院士专家工作站和12个企业“创新簇”示范站。年内，区科协以学习促业务、以学习促发展，不断规范组织建设。印发《朝阳区科协系统深化改革实施方案》，围绕市、区中心工作和重点任务，坚持科技创新和科学普及两翼并重，实施“金葵花”品牌行动，发挥在服务科技工作者、促进区域创新驱动发展、提高全民科学素质、服务党和政府科学决策等方面重要作用。区科协被中国科协评为“2019年全国科普日活动优秀组织单位”称号。 （刘　婷）

【“三下乡”活动】 1月10日，区科协与区委宣传部、区妇联等全民科学素质成员单位，在王四营乡文化中心开展2019年“三下乡”活动，为百姓送上科普惠民活动。区委常委、副区长李长萍及“三下乡”活动领导小组各成员单位领导参加活动。活动现场，区科协组织多项科普体验活动，200余名社区居民参与科普互动体验。 （刘　婷）

【青少年机器人大赛】 1月12日，区科协主办，区学生活动管理中心、青少年活动中心承办的朝阳区第十五届青少年机器人大赛在陈经纶中学本部高中部举办，来自朝阳区53所学校170支代表队共650余名师生参与比赛。竞赛分为以华夏文明为主题的机器人综合技能比赛、人工智能为主题的教育机器人工程挑战赛、太空之旅的FLL机器人挑战赛、反败为胜为主题的VEX机器人工程挑战赛、聪明的机器人为主题的机器人创意比赛、构筑“创造之塔”为主题的机器人智能工程挑战赛6个项目，均设有小学组、初中组和高中组。竞赛项目中，清华附中朝阳学校等21支小学、初中、高中队伍获得晋级市赛名额。 （刘　婷）

【青少年信息学科普日活动选拔赛】 5月23日，由区科协和区教委主办的2019年北京青少年信息学科普日活动朝阳区选拔赛在陈经纶中学举行，比赛面向朝阳区有编程基础的在校初中及小学生，来自全区60所学校的172名小学生、100名初中生参加比赛。本次选拔赛共评出小学组一等奖21名、二等奖45名、三等奖4名，初中组一等奖12名、二等奖22名、三等奖20名。 （刘　婷）

【“金葵花”科技系列活动】 5月至12月，区科协联合区内相关单位先后举办“金葵花·乐享创新、运动健康”朝阳区科技工作者羽毛球比赛、亲子活动、青年交友联谊活动、健康跑活动、朝阳区公民科学素质大赛线下决赛暨新时代文明实践推动日等活动，评出“科学达人”及相关奖项。 （刘　婷）

▲ 12月18日，由朝阳区科学技术学会、朝阳区精神文明建设委员会办公室主办，北京科技报承办，铜牛电影产业园支持的首届“金葵花”朝阳区公民科学素质大赛进行线下决赛 （刘　婷　摄）

【第十九届红领巾科普游园会】 6月1日至2日，区科协与区教委、六里屯街道共同主办的第十九届红领巾科普游园会在红领巾公园举办。活动以“又学习、又玩耍”为主题，以科普知识展示及互动体验为主要形式，活动内容分为“传统文化展示区”“科学探索区”“生态环保区”和“体育互动区”。通过讲解、展示、互

动、体验、制作等形式，将生态、文化、文明和科普四个方面的内容融合渗透，吸引众多青少年和家长参与。（刘 婷）

【年度基层科普项目申报】 6月，区科协开展2019年度基层科普项目申报工作。32个申报项目经过初审，25个项目进入专家评审环节。最终确定7个项目为2019年区科协基层科普支持项目，支持经费111万元。（刘 婷）

【科普主题活动】 9月13日，区科协在北京751园区举办朝阳区科技工作者之家系列活动。活动包括科技嘉年华主题活动、“重走书记路 见证中国梦”雄安新区考察等。9月14日，由区科协、区科信局和区文明办联合主办，六里屯街道办事处和区红领巾公园协办，北京果壳互动科技传媒有限公司和北京一片星空天文科普促进中心承办“礼赞共和国·智慧新生活”——2019年全国科普日朝阳区主场暨新时代文明实践推动日活动在红领巾公园举行。活动包括展览教育、现场互动、演讲沙龙等形式，既可以带领大家登陆月球，遨游星河，与宇宙亲密接触；又可以带大家探索纳米技术、生物基因等微观世界。体现中华人民共和国成立70年的巨大变化。（刘 婷）

【区科学教育馆联盟成立】 9月14日，区科协发起成立“北京市朝阳区科学教育馆联盟”。首批成员单位包括中国科技馆、中国农业博物馆、中国电影博物馆、国家动物博物馆和中国科学院心理研究所等25家单位。（刘 婷）

【双向交流对接活动】 9月24日，区科协与中科院共同举办“朝阳区科技企事业单位与中科院研究所双向交流对接”活动，北京市燃气集团研究院、北京金桐网投资有限公司就本单位技术问题与中科院相关院所专家进行面对面的交流，得到专家的指导和建议，为实现科技成果转化硬实力、科学智慧智力软实力搭建资源共享合作共赢交流的新平台。（刘 婷）

【青少年科技创新大赛】 11月16日，由区科协和区教委共同主办，朝阳区学生活动管理中心、朝阳区青少年活动中心和中国科学院附属实验学校联合承办的2019年朝阳区青少年科技创新大赛在中国科学院附属实验学校举行。比赛分为发明创造和论文研究两大项目，均设有小学组、初中组和高中组。大赛评选出小学发明一等奖18项、二等奖27项、三等奖44项，初中发明一等奖9项、二等奖14项、三等奖24项，高中发明一等奖3项、二等奖6项、三等奖6项；小学论文一等奖29项、二等奖37项、三等奖84项，初中论文一等奖21项、二等奖30项、三等奖61项，高中论文一等奖22项、二等奖40项、三等奖49项。（刘 婷）

【企业科协创新工作经费补助申报】 11月，区科协面向企业科协开展创新工作经费补助申报工作。经专家评审，北京光华纺织集团有限公司科协等11个企业科协获创新工作项目补助经费30.8万元。（刘 婷）

▲ 9月14日，朝阳区科学教育馆联盟成立（刘 婷 摄）

【决策咨询沙龙】 12月5日，由市科协主办、区科协和北京科技咨询中心承办的“朝阳区科学文化发展”决策咨询沙龙举办。中国科协、中国自然博物馆学会、中国科协创新战略研究院、中国科技馆、上海科技馆以及市、区科协等单位相关领导和代表30余人出席活动。区科协发布《朝阳区加强科学文化建设的路径研究》报告，提出加强科学文化建设的总体思路及具体措施。副区长李长萍在讲话中提出，要充分利用社会资源，通过融合发展、科技创新等四大支柱产业，加速提升全区文化软实力；通过政企合作等方式，利用社会资源，从文化、教育、科普设施等方面入手，加速推进全区科学文化建设。（刘 婷）

【基层科普项目完成7个】 12月，由区科协基层科普项目资金支持的7个项目完成资金审计和项目成果总结上报工作，基层科普服务能力得到增强。（刘 婷）

【企业“创新簇”获市科协认证6家】 12月，朝阳区神华国华（北京）燃气热电有限公司、华锦控股集团有限公司、中国葛洲坝集团房地产开发有限公司、北京宜通华瑞科技有限公司、北京亿维讯同创科技有限公司、北京国创园国际生物科学技术研究有限公司等6家企业“创新簇”获北京市科协认证。（刘 婷）

【成立企业科协7家】 年内，区科协批复北京市热力集团有限责任公司、北京极地加科技有限公司、北京美斯顿科技开发有限公司、北京卫星环境工程研究所、华锦控股集团有限公司、北京亿维讯同创科技有限公司、创业黑马科技集团股份有限公司等7家企业成立科协。（刘 婷）

朝阳区归国华侨联合会

【概况】 朝阳区归国华侨联合会（简称区侨联）下设街道侨联组织24家、乡侨联组织1家，商务楼宇和商务楼宇群侨联组织2家，社区侨联组织16家。年内，区侨联紧扣中华人民共和国成立70周年庆祝活动工作总纲，按照“强基保障年”要求，以“不忘初心、牢记使命”主题教育为契机，不断加强基层侨联组织建设。新成立1家“山水文园集团侨界联合会”企业侨联，制定农村地区侨联组织建设三年行动计划。区侨联参加中国侨联2019年度部分省区市基层侨联建设交流培训活动并以《拓面提质，激发活力，谱写新时代侨联基层组织建设新篇章》为题做大会发言。协助中国侨联在朝阳区完成“中华文化万里行”——2019全球传统文化春节晚会录制，春节期间在国内外40余个国家和地区电视台播出。（杨粤宁）

【《归国华侨史料丛书》北京篇第二卷发布】 1月10日，由香港、北京、南通三地的侨界人士共同发起、筹划、动员和实施的《归国华侨史料丛书》北京篇第二卷新书首发式在中护航大厦举办。该丛书旨在通过讲述众多老归侨、老侨眷的亲身经历，反映归侨侨眷献身祖国社会经济发展、与祖国同呼吸共命运的史实。朝阳区侨联参与编写第二卷。（杨粤宁）

导和代表、朝阳区侨联海外顾问、侨界社团代表、朝阳区涉侨组织、区基层侨联组织、养老协会代表等400余名侨界人士参加活动。活动接受侨界群众捐赠物品21件，拍出17件，未拍出物品在咨询捐赠人意见后，按照《中华全国归国华侨联合会章程》规定管理。慈善拍卖所得款项列入中国华侨公益基金会朝阳区侨联公益基金账户管理，用于“朝阳春早 情暖侨心”系列关爱老侨、关爱侨团活动项目。（杨粤宁）

【“中华文化万里行”春节晚会录制】 1月28日至29日，“中华文化万里行”2019全球传统文化春节晚会在朝阳区完成录制并顺利公演。晚会是“中华文化万里行”大型文化传播活动的一部分，由中国留学人才发展基金会、中华曲艺学会、中国职工电化教育中心、北京大学国家竞争力研究院等单位联合主办，朝阳区归国侨联联合会、朝阳区文学艺术界联合会、朝阳区对外文化交流协会等协办。晚会于春节期间在国内外40余个国家和地区电视台播出。（杨粤宁）

【领导调研】 3月5日，市侨联党组书记赵宏生、市侨联副主席李冬娟等一行到京师律师事务所调研基层侨联建设工作，就京师律所侨联成立以来的工作情况以及遇到的问题展开探讨。3月12日，中国侨联党组成员、副主席隋军调研朝阳区并召开中国华侨公益基金会部分在京理事企业代表及合作单位专题座谈会。区侨联邀请区发改委、区商务委、区科信局等部门负责人作相关政策解读。4月23日，中国侨联副主席李波一行到区调研基层侨联组织建设情况。（杨粤宁）

▲ 1月10日，《归国华侨史料丛书》北京篇第二卷在中护航大厦发布（谢 宾 摄）

【侨界社团公益慈善迎新会】 1月23日，区侨联、区政协港澳台侨委员会、区华商会共同举办“朝阳春早，情暖侨心——2019侨界社团公益慈善迎新会”。工作和生活在朝阳区的侨界老领

【侨海研究院2019年专题研讨会】 3月13日，区侨联、北京联合大学商务学院召开侨海研究院2019年专项课题研讨会。会议围绕朝阳区侨联、北京联合大学商务学院共同申报课题开展研讨，探索以侨为支点的朝阳区高端国际商务人才培养协作机制。中国华人华侨研究所副所长、《华侨华人历史研究》主编张秀明，市侨联副主席陶庆华，市文资办科技创新处处长黄峻雄，区外事办副主任黄文娟，区国际高端商务人才发展中心副主任王浩，北京海归科协主席关帅参加会议。（杨粤宁）

【服务侨资企业】 3月19日，区侨联与区发改委、CBD管委会、文创实验区管委会、北京商务中心区工商所等部门到侨企佳信海坛控股集团有限公司提供一对一服务，面对面为企业提供政策咨询，解决实际困难。区侨联主席曾旭、建外街道工委书记田华、佳信海坛控股集团董事长林正佳等出席会议。（杨粤宁）

【侨界春季植树公益活动】 3月30日，在常营公园举行2019年侨界春季植树公益活动。活动由区侨联、区华商会主办，常营回族乡人民政府承办，区绿化局协办。区归侨、侨眷、留学生、华人、华商等近300人参加活动。（杨粤宁）

【考察交流】 4月11日至14日，区侨联、区华商会应山东省菏泽市侨联、枣庄市侨联的邀请，率部分侨界专家、企业家代表赴两地考察交流。4月26日，天津市滨海新区侨办组织30名侨界人士到朝阳区，参观交流侨联基层组织和“侨之家”建设情况。（杨粤宁）

【沧海颂·宋明远从艺70年汇报展】 5月20日至26日，由人民美术出版社、中华人民共和国自然资源部宣传教育中心、区侨联主办，中国太平洋学会、中国紫檀博物馆支持，人美美术馆、中国太平洋学会海洋画派研究分会、伊塞克电梯有限公司承办的“沧海颂·宋明远从艺70年汇报展”在人民美术出版社美术馆正

式开展。展览展出侨界艺术家宋明远中国海洋画、版画、年画、水彩画、油画、漫画、写生作品150余件。（杨粤宁）

【党政干部侨情侨史研修班】 6月17日至27日，区侨联、区委组织部、区委统战部联合主办的2019年朝阳区党政干部侨情侨史研修班在西安、延安开班。全区各涉侨部门、功能区、街乡的侨务工作主管领导、干部等50名学员参加研修班。活动依托中国侨联干部培训中心组织，由西北大学、延安干部学院等专业教学力量支持，深入实地了解侨情侨史。（杨粤宁）

【海外华裔青少年夏令营】 7月6日至15日，中国侨联主办、区侨联承办、北京国际汉语研修学院具体实施的2019年“中国寻根之旅”海外华裔青少年夏令营北京朝阳营第一期开营。来自美国、俄罗斯、加拿大、法国、英国、日本等国家的74名海外华裔青少年和领队老师参加。活动紧扣“汉语、文化、寻根”主题，通过课堂教学、文化考察和参观访问等，针对海外华裔青少年特点举办“中国国情和中华文化之旅”，增进海外华裔青少年对中国国情的认知、对中华文化和中华民族的感情认同，厚植海外友好力量。8月17日至26日，2019年“中国寻根之旅”海外华裔青少年夏令营北京朝阳营第二期开营。来自美国、俄罗斯、加拿大、印尼、日本的120名海外华裔青少年和领队老师参加。（杨粤宁）

【七届六次全委（扩大）会议】 8月15日，区侨联召开七届六次全委（扩大）会议，总结上半年工作、部署下半年工作任务，研究朝阳区参加北京市第十五次归侨侨眷代表大会的出席代表名单、推荐受表彰人选和市侨联委员提名等工作。（杨粤宁）

【主题党日活动】 8月26日，中国侨联基层建设部党支部与区侨联党支部联合开展“忆初心、明职责、当先锋”主题党日活动。到东坝地区党群服务中心红映坊和高碑店乡高井村白家楼调研，了解新农村建设和农村地区在城镇化进程中基层党建工作开展情况。（杨粤宁）

【公益活动】 9月9日，区侨联和朝阳规划艺术馆联合举办《侨说70年·我们的国歌》公益讲座，邀请中国人民解放军军乐团原团长于海为大家讲述国歌背后的故事。9月28日，区侨联组织区内60名归侨侨眷在奥林匹克公园拍摄“我和我的祖国”中华人民共和国成立70周年快闪活动，在奥运塔下唱响《我和我的祖国》。10月26日，区侨联、京师律所侨联在奥林匹克森林公园举办“侨海朝阳情暖侨心——2019公益长跑活动”。（杨粤宁）

【老归侨座谈会】 9月10日，区侨联举办“侨说·70年”老归侨迎中秋座谈会。12月9日，区侨联组织召开老归侨迎新年座谈会，为80周岁、90周岁的老归侨集体过生日。33名老归侨参加座谈会。（杨粤宁）

▲ 7月6日至15日和8月17日至26日，2019年“中国寻根之旅”海外华裔青少年夏令营分两期开营（谢　宾　摄）

【区侨联获市级表彰】 11月26日至27日，朝阳区35名正式代表出席北京市第十五次归侨侨眷代表大会，50名归侨侨眷列席会议。会上，市侨联、市人力社保局联合授予朝阳区侨联等4家单位“北京市侨联工作先进集体”称号、邓磊等10人“北京市侨联工作先进个人”称号、王南等10人“北京市归侨侨眷先进个人”称号。（杨粤宁）

【七届七次全委（扩大）会议暨基层工作会】 12月3日，区侨联七届七次全委（扩大）会议暨2019年基层工作会召开。区侨联委员、各街乡侨联工作主管领导、基层侨联主席、侨务干部等100余人参加会议。会议传达北京市第十五次侨代会精神；表彰2018年度北京市侨联工作先进集体4家、北京市侨联工作先进个人13名、北京市归侨侨眷先进个人13名、从事侨联工作20年以上专职干部3人：刘玉安、钟盛军和黄惠芳；从事侨联工作10年以上兼职干部1人蔡克瑾。会议总结2018年工作，部署2019年工作任务。（杨粤宁）

【“侨说公益讲堂”新年专场】 12月12日，“侨说公益讲堂”新年专场——中国国家话剧院经典话剧《哥本哈根》专场观赏和《不确定现场》科技展在朗园鹰剧社开演。（杨粤宁）

【《农村地区基层侨联建设实施方案》发布】 12月23日，区侨联、区委农工委联合下发《关于新时代加强我区农村地区基层侨联建设实施方案》，明确农村地区基层侨联组织建设三年行动计划。（杨粤宁）

朝阳区青年联合会

【概况】 北京市朝阳区青年联合会（简称区青联）内设秘书处作为日常办公机构，划分为青少年工作和劳动模范、科技教育卫生、金融、经济、公共管理和政法、社会组织和社会中介、文化体育宗教、新闻出版与传媒8个界别，其中经济界别下设经济1组和经济2组。2019年底，区青联有委员307人，其中常务委员会46人，主席1人、副主席10人。委员金英梅获第33届北京青年五四奖章称号。（陈　烨）

【访问交流】 3月27日，海南省三亚市团委副书记、市青联副主席邢贞达携三亚市青联一行12人围绕青联组织建设和基层团建主题到区访问交流。三亚市团委一行参观美团综合指挥中心、区青创社区青年汇，并参加主题读书会——带你走进《习近平在正定的日子》。两地青联委员围绕企业大数据发展、政企合作、青年参与社会治理等内容交流。6月27日至7月3日，应台湾中华文化经济交流促进会邀请，区青联赴台围绕台湾地区文创领域商服业发展调研交流。8月3日至7日，日本东京大田区青少年代表团一行12人到朝阳区，与北京求实职业学校师生开展交流和民宿体验活动。（武　爽）

【专题调研】 4月2日，区青联经济界别一组、二组，公共管理和政法界别近50名委员，现场调研“疏整促”后首都菜篮子工程和便民服务网点建设情况，并就金瀛连锁超市在全市布局和经营情况座谈。（武　爽）

【“朝阳群众小河长”公益社团授牌】 5月28日，区青联科技教育卫生界别、社会组织和社会中介界别走进金盏中学，参与“关爱水资源·争当守护人”“朝阳群众小河长”志愿公益社团金盏中学授牌仪式，号召学生家庭一起做温榆河水生态文明的参与者、守护者、贡献者。（武　爽）

【庆六一活动】 6月1日，区青联到朝阳儿童福利院开展“童心、童趣、同乐，欢庆六一”主题活动。区青联社会组织和社会中介界别、经济界别二组委员参加，为福利院当月过生日的小朋友送琵琶、吉他、学习用品、水果等礼物，与福利院负责人座谈交流为儿童提供更好的精准服务等问题。（武　爽）

【对口帮扶】 6月23日至25日，区青联委员代表一行10人赴对口协作贫困县——河南省南阳市淅川县开展扶贫工作。向南泥湖村38家贫困户捐赠米面油等生活用品；入户走访5户贫困家庭，了解家庭情况及脱贫路径，与5名贫困生结对，为每人赠送助学金500元；向毛堂乡中学捐赠羽毛球活动场地设施设备8套，完成同学“微心愿”；邀请第二十九届北京青年五四奖章获得者、区青联委员王威为同学们做励志主题分享。11月27日至28日，区青联委员一行7人赴河北省保定市阜平县开展扶贫工作。实地走访阜平县夏庄乡、城南庄镇的深度贫困村，调研相关旅游、产业项目，详细了解当地经济、人文、生态等方面情况，与夏庄乡面盆村签订帮扶合作协议，并为异地扶贫搬迁村民捐赠物资。（武　爽）

【暑假慰问】 7月至8月，区青联组织开展2019年“青春助跑·青春助学计划”暑假入户慰问活动。青联委员走访结对帮扶对象18名，发放青春助学助困补贴资金3.6万元。（武　爽）

【六届三次常委（扩大）会议】 12月20日，区青联召开六届三次常委（扩大）会议，主席团成员和常委出席会议，各界别秘书长列席会议。会议增补王莹等26人为区青联第六届委员会委员。会后，在“走进委员”活动中，走进朝阳新地标——亚洲金融大厦。（陈　烨）

【“双报到”机制落实】 年内，区青联建立委员向青联组织、基层团组织“双报到”机制。9个界别组278名委员完成线上、线下报到，形成上下联动、条块协作、双向互动的工作机制。（武　爽）

朝阳区工商业联合会

【概况】 北京市朝阳区工商业联合会（简称区工商联）。年内，根据《中共北京市朝阳区委组织部关于调整部分单位党组、党组织设置的通知》（朝组通〔2019〕5号），撤销中共北京市朝阳区委非公经济工作委员会。根据《中共北京市朝阳区委办公室关于调整区工商联职能配置、内设机构和人员编制的通知》（京朝办字〔2019〕49号），区工商联职能配置、内设机构和人员编制调整，内设机构由原来的办公室、会员管理科、组织科、宣传科4个科室，调整为办公室、会员管理科、经济服务科、宣传教育科4个科室。编制15人。年末，区工商联累计直属会员1918家，团体商（协）会员35个。区工商联获全国工商联“2019年民营企业调查工作示范单位”称号。（何　婷）

【民营企业“回家团聚过新春”活动】 1月29日，区工商联举办2019年民营企业“回家团聚过新春”活动。市工商联、区委统战部、区工商联特邀顾问单位的领导与区工商联执委、党组织负责人代表、会员企业代表、工商联退休老干部和机关工作人员等150余人参加活动。（何　婷）

【政策宣讲】 3月20日，区工商联会同区发改委等部门，采取线上和线下同步直播方式，面向民营企业开展区域最新产业、科技、营商环境和人才政策宣讲。波兰·滨海省驻华办事处主任在活动中推介有关“一带一路”合作项目。7月3日，区工商联联合区税务局举办税改政策与企业劳动用工服务交流宣讲会。区工商联会员企业、商协会会员等80余人参加会议。（何　婷）

【十一届四次主席（会长）及常委会议】 3月22日，区工商联（商会）召开全国“两会”精神学习暨十一届四次主席（会长）、常委会议。会议讨论并通过《朝阳区工商联企业家副主席副会长执委履职管理与评价规定（征求意见稿）》；部署《朝阳区工商联2019年工作要点》《朝阳区工商联2019年参政议政工作计划》《2019年朝阳区工商联扶贫协作和支援合作工作计划》和《2019年朝阳区工商联走访会员企业工作计划》等事项；解读建立完善走访调研、分析研判、联席会议、政策服务、专案处理五大服务机制，以及深化“亲清政商”关系促进优化营商环境检验标准并征求意见。（何　婷）

【法律宣讲咨询活动】 4月12日，区工商联联合区人民法院组织开展“以高质量司法服务 构建一流营商环境”为主题的法律宣讲和咨询活动。区工商联会员企业负责人、分管法务工作负责人、基层党组织负责人等80余人参加活动。区人民法院金融审判庭法官周裕财和北京市人民检察院第四检察部检察官王拓分别以《企业融资与风险防范》和《民营企业及从业人员金融犯罪风险漫谈》为题，就民营企业常见的金融风险防控内容，从企业借贷案件特点、案件审理中发现的问题及风险、如何绕开恶意的借款陷阱、共建良好营商环境等方面进行重点宣讲，并向与会人员现场发放《北京市朝阳区人民法院金融风险防范白皮书（2016

年度—2018年度）》，并就企业当前一系列法律疑难问题进行探讨。（何　婷）

【重点课题调研】 4月23日，区工商联召开2019年度重点课题调研开题会。全国工商联及市区工商联领导、工商联会员企业家代表等30人出席会议。区工商联就2019年调研课题的总体思路做说明。与会领导、专家和企业家代表分别就重点课题调研思路点评。5月21日，全国工商联直属商会与非公党建委员会赋予朝阳区工商联关于以“如何进一步深化对新时代民营经济持续发展的理论认识”为主题的课题调研任务。区工商联召开专题调研座谈会，就调研相关内容听取意见建议并征集典型案例。中复电讯集团、志起未来咨询集团、链家集团、北京汽车物流商会、东方炫辰集团、大业传媒集团、爱慕集团公司等18位企业负责人分别从深化对新时代民营经济持续发展理论认识的主体等方面提出意见建议。7月9日，区工商联根据北京甘肃企业商会服务需求，邀请区发改委党组书记、主任李欣，区发改委副主任刘佳，区科信局副局长戚道铎，中关村朝阳园管委会产业处处长张浩琦等特邀顾问单位一同到柏睿数据公司调研。面对面听取公司发展诉求并给予政策指导。9月18日，区工商联以“关于政企沟通机制的探索与实践”为主题举办调研座谈会。区发改委、区金融办、区统计局、区商务局、区人力资源和社会保障局、区市场监督管理局、区税务局、区环保局等部门和部分民营企业、行业商会、协会代表参加会议。与会人员围绕畅通政企沟通机制座谈。10月31日，区工商联邀请区金融办、北京商务中心区金融商会一同到大业传媒集团调研座谈，倾听企业心声。（何　婷）

【主题活动】 4月29日，区工商联举办纪念五四运动100周年暨第二届创业者“榜样传承·青年担当”主题活动。230余人参加活动。与会领导现场为年度评选出的2名“创新榜样突出贡献奖”和18名“优秀创新榜样奖”颁发荣誉证书和奖杯。6月15日至19日，区工商联组织企业精英走进井冈山，开展“红色企业精英”井冈山理想信念教育活动，区工商联执委、优秀青年创业榜样代表等40余人参加活动。6月28日，区工商联组织工商联执委、常委，年轻一代优秀创业者、企业党组织负责人等70余人集体观看升国旗仪式并瞻仰毛主席遗容。6月28日，全国工商联在叶青大厦举行“全国非公有制经济人士理想信念教育基地”授牌仪式，推广叶青大厦党建工作经验，带动更多民营企业和商会组织提高党建工作水平，推进民营经济领域党的组织和工作全覆盖。10月30日至31日，区工商联在北京劳动大厦举办基层党支部书记专题培训会。聘请区社会组织综合党委书记、高级讲师郑珍平，区委党校教授姜岩，中国文联文艺评论中心编辑部主任、副研究员胡一峰，丰台区委党校副教授李燕围绕“怎样做好党组织书记工作”“共产党人的初心使命”“意识形态工作”“中国共产党光辉历程”等内容授课。区工商联会员企业党组织书记80余人参加培训。10月31日，区工商联党组成员、副主席马序松以“初心如磐、使命在肩，担负起非公党建时代责任”为主题，为区工商联会员企业党组织书记上党课。马序松结合工商联具体工作，以习近平新时代中国特色社会主义思想为指导，就如何提升工商联系统党建工作质量与书记们深入交流。（何　婷）

▲ 12月12日，区工商联率会员企业代表赴河北省保定市唐县开展扶贫协作和对口支援工作
（区工商联　供图）

【精准扶贫】 5月30日至31日，区委统战部副部长、区工商联党组书记、常务副主席王素荣带领北京环铁时代、掌阅科技、北京百乘科技、汉能集团、北京隆盛泰健康、北京豪展置业集团等企业负责人一行，到内蒙古自治区乌兰察布市卓资县开展精准扶贫工作。区工商联与卓资县工商联围绕脱贫工作中遇到的困难和问题座谈研讨。12月12日，王素荣带领北京隆盛泰健康科技股份有限公司和北京金瀛商业有限公司企业代表赴河北省保定市唐县开展精准扶贫工作。（何　婷）

【“检察护航民企发展”公众开放日】 8月26日，区工商联与区检察院以“检察护航民企发展”为主题，开展公众开放日活动。区检察院、区委政法委、区委统战部、区工商联机关干部等40余人参加活动。集中观看区检察院制作的宣传片《构建金融检察专业化 守住老百姓的“钱袋子”》《民事诉讼监督》，相关业务部门负责人分别介绍金融犯罪预防、民事诉讼监督、公益诉讼等职能在服务保障民营企业发展中的工作成效。（何　婷）

【领导调研】 10月16日，内蒙古自治区工商联党组成员、副主席贺立军带领全国“五好”县级工商联互学互促小组内蒙古自治区工商联和市工商联的领导到朝阳调研指导工作。互学互促小组实地走访会员企业达美集团、蓝调庄园、链家集团、爱慕集团和叶氏企业集团，直接听取对区工商联工作的评价，实地感受“两个健康”在企业中的生动实践和成果。12月26日，市委主题教育巡回指导组副组长王万里一行到叶氏企业集团有限公司调研开展“不忘初心、牢记使命”主题教育情况。指导组一行参观叶青大厦党员活动中心，听取商务楼宇党建工作介绍，实地走访叶青大厦驻厦企业北京爱知之星科技股份有限公司和北京叶氏企业集团有限公司。与叶青大厦7名基层党组织负责人座谈交流，详细了解民营企

业党组织开展主题教育的特色活动、工作亮点以及意见建议。（何　婷）

【与区法院签署合作协议】 10月17日，区法院与区工商联签署“依法保护民企合法权益，服务保障优化营商环境”合作协议。共同促进区工商联调解机制与诉讼程序有机衔接，实现民营经济领域纠纷有效化解。（何　婷）

【友好工商联签约仪式】 11月16日，朝阳区工商联与平谷区工商联“手拉手·促提升”友好工商联签约仪式在平谷区骏隆文化艺术中心举行。两地工商联机关干部和民营企业家代表60余人参加。区工商联党组书记王素荣与平谷区工商联党组书记王东日代表两地工商联签署友好工商联协议书。（何　婷）

【法官工作站授牌】 11月21日，区工商联与区人民法院共同举行法官工作站授牌仪式。区工商联党组成员、副主席马序松，区人民法院庭长李有光、杨兵出席仪式，区工商联全体机关干部及专职党务工作者参加仪式。法官工作站主要职能是定期组织司法宣传、庭审旁听、纠纷调解等活动。（何　婷）

【会员企业综合党委成立】 11月28日，区工商联召开中共北京市朝阳区工商联会员企业综合委员会成立大会。市工商联党组副书记、副主席余运高，区委常委、统战部部长、区直机关工委书记暴剑等领导以及区工商联执委、工商联会员企业党组织负责人、区级党代表等100余人出席会议。区委组织部副部长刘静宣读区委组织部《关于成立中共北京市朝阳区工商联会员企业综合委员会的批复》。综合党委设委员11名，区工商联党组书记王素荣任书记，区工商联副主席马序松任专职副书记。暴剑为综合党委授牌，11名党委委员在会场集体亮相。12月27日，区工商联会员企业综合党委组织召开第一次会议。综合党委书记王素荣、副书记马序松、综合党委委员出席会议。会议审议综合党委工作职责、综合党委分工、综合党委办公室职责、综合党委议事规则和综合党委分片联组制度。审议《朝阳区工商联会员企业党建工作“两个覆盖”实施方案》。审议通过《综合党委2019年基层党组织书记抓党建工作述职评议考核工作方案（草案）》，部署基层党组织书记评议考核工作，研究《朝阳区工商联会员企业综合党委2020年工作要点》。（何　婷）

【金融服务对接】 12月2日，市、区工商联邀请市区两级有关部门和金融机构，与朝阳区10家民营企业对接金融服务，破解融资难问题。与会企业负责人交流企业发展情况、融资需求和发展过程中遇到的困难。相关部门与金融机构负责人结合企业实际，给予针对性政策解答和融资建议，并与企业达成后续服务意向。（何　婷）

▲ 11月21日，区工商联与区人民法院举行法官工作站交牌仪式　（区工商联　供图）

【产品·项目·技术推介会】 12月5日，区工商联举办第五届“益企·互助·共赢”会员企业产品·项目·技术推介会。区工商联特邀顾问单位相关委、办、局领导，近110家会员企业和基层党组织负责人，内蒙古自治区卓资县、河北省康保县的企业代表，以及区工商联机关干部等80余人参加会议。推介会设置科技创新政策宣讲、代表企业技术推介、点评嘉宾与企业互动等环节，旨在影响、带动和融合一批民营企业紧密结合党的十九届四中全会精神，将企业产品技术融入社会治理和改善服务民生，实现民营企业社会价值。（何　婷）

【十一届四次执委会议】 12月26日，区工商联组织召开十一届四次执委会议。会议由王素荣主持。叶青传达学习党的十九届四中全会精神和中央经济工作会议精神并向十一届执委会做区工商联（商会）2019年工作报告。会议审议有关人事事项和2019年度调研报告及工商联团体提案，通报2019年度十一届执行委员履职情况和新申请入会企业情况。（何　婷）

【参政议政】 年内，区工商联围绕区委、区政府中心工作，以“深挖文化内涵，提升国际化水平”为主题，依托“智慧工商联”大数据优势和40家政府部门特邀顾问制度，开展政府进企业和企业进机关“双走进”活动，收集关于增强政策普惠性、针对性的意见建议25条，整理后提交区委、区政府作为决策参考；工商联界别区政协委员全年向区政协提交委员提案26篇；区工商联组织参政议政骨干会员参加区政协和区委统战部组织的专题议政会4次、深入社区开展专题调研12次，形成以重点课题为主的调研报告6篇；在北京市工商联调查研究与参政议政工作会议上，区工商联提交的调研报告获2019年度北京市工商联系统参政议政优秀调研成果一等奖2篇、二等奖2篇、三等奖1篇。区工商联获中共北京市委统战部“2019年度北京市工商联系统参政议政调研工作组织奖”。（白云飞）

北京朝阳年鉴

Beijing Chaoyang Yearbook

2020

法 治

政法委及综治

【概况】 中共北京市朝阳区委政法委员会（简称区委政法委）是区委领导区政法工作，贯彻落实党中央关于政法工作大政方针，执行党中央以及上级党组织关于政法工作的决定、决策部署、指示等事项的职能部门。2月，机构调整，组建中共北京市朝阳区委“平安朝阳”建设领导小组，办公室设在区委政法委；北京市朝阳区国家安全工作领导小组更名为中共北京市朝阳区委国家安全委员会，办公室设在区委政法委。撤销北京市朝阳区社会治安综合治理委员会及其办公室，有关职责交由区委政法委承担；撤销北京市朝阳区防范和处理邪教问题领导小组及其办公室，有关职责交由区委政法委承担；撤销北京市朝阳区流动人口和出租房屋管理委员会及其办公室，有关职责交由公安朝阳分局、区发展改革委、区房管局承担。年内，区委政法委贯彻落实市委、市政府和区委、区政府总体部署，履行维护国家政治安全、确保社会大局稳定、促进社会公平正义、保障人民安居乐业4项职责任务，完成全国“两会”、第二届“一带一路”国际合作高峰论坛、北京世园会、亚洲文明对话大会系列活动和中华人民共和国成立70周年庆祝活动服务保障工作，深入推进平安朝阳建设、法治朝阳建设，加快推进扫黑除恶专项斗争，营造安全稳定的社会环境、公平公正的法治环境、优质高效的营商环境，提升人民群众获得感、幸福感、安全感。举办政法系统处级干部政治轮训班2期、党支部书记培训班2期、优秀中青年干部培训班1期，500余名干部参加轮训。公安朝阳分局提高流动人口服务水平，加强流动人口管理，开展流管员培训。（杨再扬）

【社会治安重点地区整治工作会】 1月24日，区委政法委召开市、区、街乡三级挂账社会治安重点地区整治工作会。会议通过《朝阳区2019—2020年城乡结合部地区安全隐患问题综合整治工作实施方案》，部署三级挂账治安重点地区整治工作。按照市委政法委《关于做好2019年市级挂账社会治安重点地区信息核实确认和区级、街乡级重点地区排查工作的通知》要求，确认管庄乡、金盏乡、十八里店乡3个市级挂账重点地区，提出坚持定期会商，分析研判；坚持阵地控制，防止反弹；坚持人物技防，加大投入3项挂账整治工作措施。（杨再扬）

【区委政法工作会】 2月22日，区委政法工作会议在朝阳宾馆召开。区委副书记、区长文献主持会议。副区长、公安朝阳分局局长牛国泉传达中央、市委政法工作会议精神，区委常委、政法委书记张维刚作区委政法工作报告，区委书记王灏对全区政法工作提出要求。会议总结2018年安全生产、消防、食品药品安全、信访工作，部署2019年相关工作及全国“两会”安保工作，观看《2018年朝阳政法工作纪实》宣传片。区四套班子主要领导、主管领导，区委区政府各部委办局党政正职领导，区属企业党政正职领导，各街乡党政正职领导，政法系统各单位班子成员参加会议。（杨再扬）

【“全民国家安全教育日”宣传活动】 4月15日，“全民国家安全教育日”集中宣传活动在奥林匹克公园举行。活动现场，区委政法委、区委网信办、区反恐办、区委保密办等部门以“坚持总体国家安全观，着力防范化解重大风险，喜迎中华人民共和国成立70周年”为主题，通过制作宣传展板、发放宣传册和纪念品等形式，围绕政治安全、经济安全、国土安全、文化安全、社会安全、科技安全、网络安全、生态安全等8个方面开展总体国家安全观宣传教育活动。区委书记王灏，区委常委、政法委书记张维刚，副区长、公安朝阳分局局长牛国泉，区政协副主席张永新，市国家安全局、市国安办领导，区委政法委、公安朝阳分局、安全朝阳分局及800余名学生群众参加活动。（杨再扬）

【流管员培训】 5月21日至24日，公安朝阳分局组织3814名在岗流管员、754名在岗警务室“两专”人员（实有人口管理员、文职）开展集中培训。培训讲解遵规守纪行为准则、流管员业务技能、辅警人员职业综合素养教育，观看警示教育片，开展闭卷考试。11月25日至29日，公安朝阳分局对800名远郊区户籍流管员开展培训，提升流管员队伍整体素质能力。（姜媛媛）

【执法监督】 年内，区委政法委召开重大敏感案（事）件督办协调工作会63次。研究调度敏感案事件，确保案件办理实现法律效果、政治效果、社会效果统一。制发《朝阳区政法系统执法办案联合培训机制实施意见（试行）》，开展2期执法办案联合培训活动。制发《北京市朝阳区人民法院公证调查令实施规范（试行）》，指导区法院签发全市首例“公证调查令”，全面助力解决“执行难”问题。推进刑事案件涉案财物管理中心、“四新”（新型办公区、新型办案区、新型检察管理监督设施、新型专业技术设施）检察院、诉调对接中心建设，深化基层司法所体制机制改革，逐步配套信息化建设支撑。（杨再扬）

【服务保障营商环境】 年内，朝阳区制发《朝阳区政法机关服务保障区域发展优化提升营商环境的工作意见》。深入推进“放管服”改革，提高出入境新政、清理审批等办理效率。加大对破坏市场经济秩序类违法犯罪打击力度，建立重大经济案件风险评估机制，加强分析研判和监测预警。发布《金融检察白皮书》，防范化解金融风险。完善“立体化线上立案系统”，努力实现“一站式诉讼服务”。制发《商事审判优化流程提速增效工作办法（试行）》等文件，推动民商事案件审判提速增效。完善失信奖惩机制，强化案件执行工作力度。（杨再扬）

【政法领域改革成果】 年内，区委政法委统筹推进政法系统调查研究工作，形成《关于防范化解重点地区境外来华人员集聚稳定风险研究报告》等14项调研成果。公安朝阳分局深化“执法办案管理中心+”建设。区检察院强化公益诉讼线索摸排，将民事公益诉讼与行政公益诉讼一体推进。区法院推动“多元调解+速裁”与诉源治理紧密衔接，构建矛盾纠纷化解体系。区司法局与区法制办完成机构合并及职责整合，建成区律师调解中心，深入建设“朝阳律师”品牌，探索推进司法鉴定分级管理工作。区委政法委制定《关于朝阳区推进诉源治理和矛盾多元调解工作改革创新的指导意见（试行）》，研发“无讼朝阳”一站式多元解纷在线平台，创新诉源治理新模式。（杨再扬）

【城乡接合部安全隐患综合整治】 年内，全区26个市级挂账重点村和14个区级挂账重点村拆除违法建设546处174.33万平方米，排查出租房屋265293间，检查消防隐患11175处，日常巡逻141171人次。对治乱重点地区开展专项行动，解决刑事案件、可防性案件高发，城管热线举报多等问题。抓获犯罪嫌疑人407人，破获刑事案件524起，打掉涉黄涉赌窝点152处，抓获涉黄赌毒人员1101人。检查24280家单位，发现安全隐患26962件，立案处罚65起，责令停产停业60家，关闭取缔违法违规企业18家。加强对禁毒示范街乡督导检查，开展禁毒专项行动，成为全国禁毒示范城市城区。（杨再扬）

【群众安全感提升】 年内，区委政法委推进提升群众安全感专项行动，打击影响群众安全感违法犯罪活动，提高群众“见警率”。解决群众反映的突出问题，每季度调查街乡群众安全感，约谈排名靠后的街乡和派出所主要领导。加强宣传，提高群众认同度、知晓率和参与率。年度群众安全感98.5%，比上年提高1.01%。（杨再扬）

【规范化建设】 年内，区委政法委研究起草《朝阳区关于进一步加强综治中心建设的意见（讨论稿）》，明确党政一把手为本地区综治中心建设工作首要责任人，将完成情况纳入全区平安建设工作考核，协调区财政设立专项经费，加大人、财、物保障力度。统筹公安朝阳分局等部门推进现有高清视频监控资源转网、公共安全视频监控联网应用平台建设等工程，开展“雪亮工程”项目绩效评价，监控系统建设全面铺开。（杨再扬）

【社会矛盾化解】 年内，区委政法委组织召开专题会议40余次，形成各类方案、报告50余件，化解一批重点矛盾，处置突发涉稳问题。制定各类维稳处置方案预案20余件，上报各类情况报告及工作建议40余篇。按照绿地认建认养及公园配套用房出租整改工作方案要求，成立安保维稳组，掌握点位情况和涉稳风险，协调做好各点位整改现场应急处置。完善应急保障体系，统筹指导各街乡常备一支应急处突队伍，提升应急处突能力。（杨再扬）

【涉众型经济案件稳控】 年内，朝阳区组织开展重点经济案件受损集资参与人信息核实登记。对特大涉众型经济案件，深入研判风险、细化工作措施、稳妥处置聚集事件。强化金融风险防范应对处置，做好涉事公司排查约谈、投资群体接待，对外区案件，协助做好辖区相关安保维稳工作。（杨再扬）

【社会稳定风险评估】 年内，区委政法委组织开展风险评估报备工作，报备项目89个。与区发展改革委、区城管委、区住建委、区房管局、区规自委等部门建立沟通机制，征求各部门关于朝阳区“疏整促”社会稳定风险分析报告意见。组织各相关单位对36个项目开展社会稳定风险评估审核，对重大风险项目作出科学决策。（杨再扬）

【重大活动安保】 年内，区成立全国“两会”安保维稳工作领导小组，下设9个专项工作组，成立4个住地分指挥部。全面负责驻地周边安保维稳，协调处置驻地周边各类涉稳事件，“两会”期间，全区出动流动管理员3.34万余人次，检查流动人口27.25万余人次。检查出租房屋10.38万余户，整改出租房屋隐患2284处。区承担第二届“一带一路”国际合作高峰论坛安保维稳任务。年内，区成立工作组，制定工作方案，建立安保维稳组织指挥体系，成立8个工作专班，搭建亚洲文明对话大会现场安保指挥部。开通亚洲文明对话大会安保维稳总指挥部，全要素演练，动员全区专群安保力量，在一线安保演练，磨合工作机制、畅通指挥体系。启动战时稳控措施，由区委政法委、公安朝阳分局、区信访办、安全朝阳分局等单位分工负责，各牵头单位和街乡结合工作职责，分别制定工作方案，明确工作目标、细化工作措施，完成亚洲文明对话大会维稳安保任务。年内，区委政法委建立指挥体系，明确责任单位，平战结合，分时分段开通指挥部；召开专题对接会，综合统筹，压实责任。健全信息联动机制，与各分指挥部牵头单位建立信息共享机制，及时调整任务。系统梳理工作任务，与区相关单位对接，对重点线路、重要点位制定安保维稳方案；全面梳理重要情况，建立台账，落实专人管控；持续做好政治安全、矛盾纠纷排查化解等10余项重点工作，完成中华人民共和国成立70周年庆祝活动各项安保维稳工作。（杨再扬）

【居住证（卡）办理】 年内，公安朝阳分局通过派出所户籍大厅和社区流管站居住证受理窗口受理来京暂住人员信息登记、居住证（卡）申领、签注、补领等业务。受理居住证（卡）业务104.1万余件次，其中居住证业务77.6万余件次、登记卡业务26.5万余件次；盘点居住证（卡）设备2次；回收废旧居住证（卡）13.4万余张。（姜媛媛）

【设置流管站452个】 年内，公安朝阳分局设置流管站452个。流管站隶属于辖区街乡政府，由辖区内公安派出所直接管理，工作任务是依法宣传流动人口和出租房屋服务管理有关法律法规和政策；依法开展辖区内流动人口和出租房屋基础信息调查；依法办理流动人口申报暂住登记和《北京市居住登记卡》的制作、发放、签注，以及办理网约居住证（卡）业务；做好属地街道办事处（乡政府）和派出所交办的与流动人口和出租房屋服务管理有关的工作。（姜媛媛）

【违法群租房治理】 年内，区房管局与区发展改革委组织召开朝阳区“群租房”“黑中介”专项整治工作会。43个街乡负责人参加会议。区房管局传达《朝阳区关于开展违法群租房、“黑中介”专项整治工作方案（征求意见稿）》指导思想，强调“群租房”与“黑中介”专项整治工作重要性及与扫黑除恶专项斗争关联性，区发展改革委对“群租房”“黑中介”专项整治工作提出具体要求。年内，区房管局成立群租房整治工作组，实地走访43个街乡70余次，开展违法群租房联合执法20余次。全年完成国有土地居民楼违法群租房治理2775户，涉及租赁人数1万余人。（姚颖 高博）

法治政府建设

【概况】 年内，区司法局深化行政审批制度改革，形成企业开办、不动产登记、简易低风险三个“朝阳模式”。出台重点企业“服务包”制度常态化工作机制。顶格实施小微企业普惠性税收优惠，减征房产税、资源税等“六税两费”。推进个人所得税改革和社会保险费、非税收入征管职责划转。区级政务服务事项实现100%网上可办。开展“社区成长伙伴计划”，推广社区服务站改革，推进全国街道服务管理创新实验区建设。完成区委全面依法治区委员会组建，发布《朝阳区法治政府建设》白皮书。审核各类涉法事项37件，提出法律意见建议150余条，参与处理涉法事务9600余件。加强行政规范性文件合法性审查及备案工作。开展法治政府评估工作，完善评估指标。办理市人大代表建议、政协委员提案59件；办复人大代表建议、政协委员提案443件。完成审计（调查）项目66个，审计促进增收节支2.28亿元。完成全区政务公开全清单调整更新和公布利用，全区主动公开政府信息35520条，受理信息公开申请2493件。 （车 莹）

【区委全面依法治区委员会会议】 5月7日，区委全面依法治区委员会在朝阳宾馆召开第一次会议。会议审议并原则通过《中共北京市朝阳区委全面依法治区委员会工作规则》《中共北京市朝阳区委全面依法治区委员会协调小组工作规则》《中共北京市朝阳区委全面依法治区委员会办公室工作细则》以及区委全面依法治区委员会2019年工作要点。区委全面依法治区委员会委员、协调小组成员和委员会办公室成员，各街、乡党（工）委书记、街道（地区）办事处主任等115人参加会议。11月1日，区委全面依法治区委员会执法协调小组召开第一次工作会，会议审议通过《中共北京市朝阳区委全面依法治区委员会执法协调小组工作规则》《中共北京市朝阳区委全面依法治区委员会执法协调小组2019年工作要点》。区委政法委、区交通委、区司法局等14个成员单位参加会议。11月6日，区委全面依法治区委员会守法普法协调小组召开第一次全体会议。会议审议通过《中共北京市朝阳区委全面依法治区委员会守法普法协调小组工作规则（试行）》《2019年朝阳区普法依法治理工作要点》《朝阳区国家机关“谁执法谁普法”普法责任制实施办法》《朝阳区普法责任制清单（第一批）》，17个成员单位参加会议。12月9日，区委全面依法治区委员会在区政府906会议室召开第二次会议，会议审议通过《关于全面加强法治建设实施情况和依法治区工作情况的汇报》。区委书记、区委全面依法治区委员会主任王灏主持会议并讲话。区委全面依法治区委员会主任、副主任、委员20余人参加会议。 （车 莹）

【行政执法衔接】 7月11日，区司法局在中康国际酒店组织召开机构改革期间行政执法衔接工作部署培训会。部署机构改革期间行政执法衔接工作，培训行政执法事项划转涉及人员、装备、执法案件等相关工作，涉及机构改革职能调整的委办局相关负责人89人参加会议。年内，区司法局完成45个部门、行政执法事项交接关系33组、105个交接事项移交工作。 （车 莹）

【政府法律顾问工作会】 7月18日、24日，区司法局两次召开政府法律顾问工作专题会。各参会单位汇报法制工作开展以及法律顾问制度建立和落实等情况，法律顾问围绕参与各单位法制工作主要做法、存在问题和意见建议等内容开展交流研讨。区司法局、区绿化局、区财政局、区城管委、区房管局、区规自委、建外街道、呼家楼街道、东风地区（乡）、小红门地区（乡）等单位法制部门负责人和政府法律顾问40人参加会议。 （车 莹）

【法治政府示范创建】 8月8日，区司法局组织召开法治政府示范创建工作推进会。讲解指标体系和任务分工，要求各单位对照自身职责，做好示范创建所属材料收集整理、汇总提交工作，并做好网络检索、第三方测评准备工作。各参会单位现场交流指标任务分解落实情况。全区32家相关单位主管领导、相关科室负责人参加会议。12月2日至3日，全国法治政府建设示范区创建第三方评估组到朝阳区综合评估法治政府建设情况。评估组到区政务服务中心考察政务服务工作相关情况，召开调研座谈会，分别在区城管执法局、区司法局组织开展行政执法、行政复议和应诉案卷评查、重大行政决策及规范性文件合法性审查材料评估等相关工作。 （车 莹）

【行政执法案卷评查】 8月12日至23日，区司法局抽取2018年6月30日至2019年6月30日全区28个执法部门发生的51本处罚案卷和24个执法部门的48本许可案卷，在香山饭店组织13人集中评查、复核，各行政执法部门针对评查发现事实调查不清、适用法律不准确等问题陈述申辩，形成案卷评查工作通报下发至各行政执法部门，规范行政执法工作。 （车 莹）

【行政执法工作会】 8月28日至29日，区司法局召开2019年朝阳区行政执法工作会。会议通报2018年行政执法工作、行政复议应诉工作情况，部署2019年工作要点。市司法局领导讲解《北京市全面推行行政执法公示制度、执法全过程记录制度、重大执法决定法制审核制度》。会议下发《行政执法工作会议材料》，全区各行政执法单位法制主管领导和法制科室负责人、各街乡主管司法行政工作领导和承担法制工作职能科室负责人150余人参加会议。 （车 莹）

【行政执法制度落实】 10月11日，区司法局召开街乡落实行政执法《朝阳区全面推行行政执法公示制度、执法全过程记录制度、重大执法决定法制审核制度》（简称“三项制度”）调研座谈会。区市场监督管理局从全面推行行政执法、执法全过程记录等方面介绍经验做法。各单位结合落实行政执法“三项制度”中存在的问题开展交流探讨。区民政局、区农业农村局、三里屯街道、望京街道、来广营乡、平房乡相关科室负责人12人参加会议。10月25日，区司法局召开街乡落实行政执法“三项制度”调研座谈会。会议研究讨论行政执法公示的方式、内容、网络模块等问题，细化街乡如何落实“行政执法三项制度”工作，探讨制作操作手册。区政务服务局、区科信局、区民政局、区农业农村局、平房乡相关科室负责人及法律顾问11人参加会议。12月18日，区司法局召开街乡落实行政执法“三项制度”工作培训会。培训讲解行政执法“三项制度”整体概况及行政执法信息发布流程、发布内容，现场互动交流信息发布时间、形式和方式，解答发布内容、发布方式等问题。各街乡承担法制工作职能科室负责人及负责区政府北京朝阳网站信息发布工作人员91人参加会议。（车 莹）

【处级干部法治政府建设专题培训】 11月6日至8日，区司法局联合区委组织部、区委党校举办2019年处级干部法治政府建设专题培训班。邀请中央党校教授杨伟东、市委党校教授吕廷君、中国人民公安大学教授孟昭阳和市司法局副局长徐明江等专家和领导，分别就法治思维和依法行政、重大行政决策程序暂行条例解读、党内法规、行政调解理论与实践和市委依法治市（区委依法治区）委工作定位及职能介绍等内容作专题授课。全区各委办局、各街乡法制工作主管领导100余人参加培训。（车 莹）

【依法行政培训】 11月18日至20日，区司法局组织开展全区2019年依法行政工作培训会。邀请市司法局、北京二中院、北京三中院、朝阳律协及区司法局公共法律服务中心等领导专家分别就法治思维和法治方式、政府信息公开案件相关法律问题、行政机关败诉原因分析、政府法律顾问工作以及公共法律服务体系现状等内容作专题授课。全区各委办局、各街乡依法行政工作主管领导及法制机构负责人170余人参加培训。（车 莹）

【《法治政府建设》白皮书发布】 12月26日，朝阳区发布《法治政府建设》白皮书。全文5万余字，分为前言、总报告、专题报告、结束语等部分。前言部分从“政府法制机构组织体制初步形成（1989—1998）”“政府法制工作全面发展（1999—2003）”“依法行政走向纵深（2004—2013）”“法治政府建设全面推进（2014—2019）”四个阶段回顾朝阳区法治政府建设发展历程、重要举措、取得成绩，发现问题，指明未来法治政府建设工作方向。总报告从“依法全面履行政府职能”“完善依法行政制度体系”“推进行政决策科学化、民主化、法治化”“坚持严格规范公正文明执法”“强化对行政权力的制约和监督”等7个方面阐述朝阳区在深化“放管服”改革、优化营商环境、创新社会治理、强化环境保护、健全决策机制和创新执法方式等法治领域的举措和成效，全面反映朝阳区法治政府建设总体情况。专题报告详细阐述政务服务改革、严格规范文明执法、打造“朝阳律师”等7个专项内容。（车 莹）

【区政府常务会学法】 年内，区政府开展常务会学法活动3次，分别邀请市检察院副检察长李新生，中国人民大学法学院院长助理、教授、博士生导师王旭，国家发展改革法规司司长杨洁，以《政府法律顾问应注意的几个问题》《重大行政决策程序暂行条例》《优化营商环境条例》为题作专题辅导授课。区政府领导及各街、乡、委办局行政正职360余人参加会议。（车 莹）

【行政复议】 年内，区司法局审理行政复议案件632件，其中新收行政复议申请526件，比上年下降20.5%，上年结转106件。案件类型主要包括信息公开、行政不作为、行政处罚、投诉举报处理、行政答复等5类。审结案件550件（含上年结转），其中案前撤回12件，不予受理22件，逾期未补正视为放弃复议9件，告知书24件，移送1件。受理后审结482件，其中维持219件，驳回54件，撤销105件，确认违法10件，责令履责10件，终止84件。纠错率22.7%，调解率17.5%。年内，行政复议接待室从区政府搬迁至区公共法律服务中心一层，二层设有复议听证室，每周一至周四对外接待。搬迁首日接待行政复议咨询2批2人。（车 莹）

【行政应诉】 年内，以区政府为被告的行政诉讼案件645件，比上年增长30%，其中，一审案件392件、二审案件249件、检察行政监督3件、最高院再审1件。审结案件581件，败诉4件，败诉率0.7%。一审行政诉讼案件类型为不服行政复议决定185件（单独被告55件、共同被告130件）、征收类案件54件（补偿决定53件、拆迁决定1件）、政府信息公开类100件、不服行政行为类29件、不履行法定职责类15件、行政赔偿类1件、公房管理类1件、其他类型7件。区政府负责人出庭应诉2次。（车 莹）

公 安

【概况】 北京市公安局朝阳分局（简称公安朝阳分局）是区委、区政府和北京市公安局领导下的职能部门。年内，公安朝阳分局完成全国“两会”、第二届“一带一路”国际合作高峰论坛、世园会、亚洲文明对话大会、中华人民共和国成立70周年庆祝活动等维稳安保任务。年内，公安朝阳分局破案21235起，比上年上升4.5%，刑事警情比上年下降14.6%。完成各类大型活动安保任务382项1322场次，组织安保力量23.7万余人次，安检670.4万余人次、各类箱包516.9万余件，检查出各类禁限带物品1050件；查处违规养犬行为2089起，收容救置流浪犬3692只。全年受理出入境证件47.8万余件，发证28.5万件，办理居住证和登记卡28.4万张、港澳台居住证1969张。成立“朝阳区外籍人才一站式政务服务工作站”。群众安全感指数98.9%。年内，投入资金2600余万元为基层购置机动车110辆；修缮改造香河园、机场、垡头等派出所及北京商务中心区管控支队、退役军人事务部处突点等局属25家单位。购置公安专用装备200余件（套），购置安保期间无人机反制装备、交通诱导屏、隔离护栏、搜索灯等装备3万余件（套）。组织全局民警开展打靶训练18天；为全局配齐新式手电1976把；维修更换装备6000余件套；购置手套、口罩2000余件。继续打造“朝警先锋”品牌，每季度开展“朝警先锋”和“安保之星”评选活动，有21个集体、616人次上榜季度先锋。年内，王卫东、彭小松2人获“二级英模”荣誉称号，牛国泉、赵磊砢、赵鲁燕等9人立一等功，11个集体和陈宏量、邸淑华、谭强等38人立二等功，使馆区安全管控支队三中队、刑侦支队重案二队、常营派出所等6个集体和296名个人立三等功，17个集体和874名个人记嘉奖，高碑店派出所冯锐获市公安局2019“北京榜样·最美警察”称号，公安朝阳分局警务支援大队被市总工会、市人力资源社会保障局授予“北京市工人先锋号”称号，新源里派出所辅警队队长李夫禹（保安员）被授予“首都劳动奖章”。刑侦支队民警张超获“中国五四青年奖章”，公安朝阳分局获公安部“集体一等功”称号。（王　晖）

【“医托”团伙诈骗案破获3件】 1月3日，公安朝阳分局破获“医托”团伙诈骗案3件，出动警力208人，组成11个抓捕组，分别在“橘井堂”等三家诊所内，“医托”伺机搭讪揽客的地铁站、火车站周边抓获涉案人员114人，其中刑拘99人，教育释放15人。起获多部供事主刷卡消费POS机，收缴账本、电脑、虚假药方、低劣中成药、中草药等涉案物品。（卢　笛）

【跨境地下钱庄案破获】 1月7日，公安朝阳分局破获跨境地下钱庄案。在北京市、广东省珠海市、河北省邯郸市、湖北省恩施市、澳门特别行政区等五地抓获犯罪嫌疑人徐某某等36人组成的跨境地下钱庄犯罪团伙。冻结涉案资金人民币1.51亿元、港币2465万元，查扣POS机25部。案件开创了北京警方与澳门警方联手打击跨境地下钱庄的先河。（孟　茜）

【“涉众经济案件报案平台”公众号上线】 1月10日，公安朝阳分局研发的“涉众经济案件报案平台”微信公众号上线运行，实现网上接报、交互沟通、电子归档、数据收集、线上稳控等功能。关注人数17.83万余人，注册13.09万余人，注册审核通过10.38万余人，线上提交材料4.85万人，涉及总金额159.5亿元，线上回复咨询1.88万余条。现场接报量比上年下降75%。（孟　茜）

【全市首起伪造票据诈骗医保案破获】 2月15日，公安朝阳分局破获北京市首起伪造票据诈骗医保案，打掉一个涉嫌伪造医院印章诈骗医疗保险团伙，起获北京各大医院财务章、收费章、结算章、医疗保险专用章、诊断专用章等印章280余枚，人名章167枚。刑事拘留犯罪嫌疑人5人。（王　晖　贾雪超）

【生产销售假桶装水窝点破获】 3月7日，公安朝阳分局捣毁6处生产销售假桶装水窝点。捣毁在楼梓庄路河边一违建平房内制售假冒名牌桶装水窝点，打掉在朝外芳草地小区、八里庄远洋国际写字楼、八里庄东里小区、左家庄东里小区、北京理工大学等地销售假桶装水5处站点，抓获刘某某等13名犯罪嫌疑人，起获灌装设备1套，假冒雀巢、景田、娃哈哈等9个品牌桶装水950余桶以及假冒标识3万余套，涉案金额500余万元。刑事拘留涉案嫌疑人12人。（贾雪超）

【运输毒品案破获】 3月7日，公安朝阳分局历时50天，破获一起运输毒品案。抓获犯罪嫌疑人朱某某，缴获毒品海洛因8355.78克。经审查，朱某某对运输毒品的犯罪事实供认不讳。（李北北）

【涉外处突小分队组建】 4月24日至28日，第二届“一带一路”及亚洲文明大会期间，公安朝阳分局协调76名外语志愿者组建涉外应急处突小分队。处置涉外案事件84起，调解涉外纠纷18起，行政拘留4人，刑事拘留1人，处置涉外交官及使馆案件18起。（陈立伟）

【特大电信诈骗案破获】 4月27日，公安朝阳分局破获一起特大电信诈骗案。抓获嫌疑人赵某某、刘某，起获用诈骗赃款购买的全部金条18000余克，及笔记本电脑、手机、公司银行账目等涉案物品。经审查，二人对以办理垫资业务为由诈骗北京某公司的犯罪事实供认不讳。8月1日，公安朝阳分局破获一起特大电信诈骗团伙。捣毁位于北京市及河北省3个作案窝点，抓获王某某、孙某某等团伙成员133人，起获作案电脑150余台、手机200余部和诈骗话术资料。（李北北）

【测录信息制卡盗刷全链条式信用卡诈骗案破获】 5月12日，公安朝阳分局破获“测录制刷”全链条式信用卡诈骗犯罪案。抓获夏某等8名犯罪嫌疑人，核破案件30余起。经审查，犯罪嫌疑人对长期从事测录信息、制卡盗刷活动的产业化、链条式信用卡诈骗犯罪活动供认不讳。（孟　茜）

【网络安全宣传】 9月16日至22日，公安朝阳分局到学乐国际幼儿园、朝阳实验小学、中国石油化工集团等学校和企业开展“巡回讲堂”活动，举办10余场网络安全知识主题讲座，分别从防范网络诈骗、抵制网络谣言、保护公民个人信息、提升信息系统防护能力等方面普及网络安全知识和防护技能。发放调查问卷，了解不同社会群体对网络安全方面的需求。（王　晖）

【非法营运出租车团伙案破获】 9月18日，公安朝阳分局破获一个在京利用正规出租车组织无运营资质人员从事非法营运活动的违法犯罪团伙。抓获犯罪嫌疑人王某某、沈某某等涉案人员24人，扣押涉案出租车10辆、假币900元、调表器5个、打票机6台等赃证物。经审查，王某某等人存在利用职务之便，内外勾结，将出租车通过“车头”转租给没有资质的外地司机，高额收取租金，赚取差价的犯罪事实。刑事拘留犯罪嫌疑人13人，治安拘留涉案司机2人。其他涉案司机及车辆移交北京市交通执法总队作相应处理。（李北北）

【系列撬门案破获】 10月23日，公安朝阳分局破获一个夜间撬门系列作案团伙。抓获犯罪嫌疑人周某某、王某某、柯某某等8人，起获作案工具、现金等涉案物品。串并涉及朝阳、海淀、丰台、西城、通州、怀柔等区案件30余起。（李北北）

【SKP商场专柜被盗案破获】 12月9日，公安朝阳分局破获一起朝阳区SKP商场五层鹰巢数码专柜被盗案。抓获嫌疑人喻某。经审查，喻某对盗窃SKP商场手机专柜9部手机，价值9.6万余元的事实供认不讳。（李北北）

【电子证物实验室通过评审】 12月30日，公安朝阳分局电子勘察取证实验室通过公安部评审，成为北京市首个拥有二级实验室的地市级公安机关。实验室累计投入资金450万元，办公面积145平方米，配备6大类64小类勘验设备，具备4大类77小类勘验取证能力；设有防静电、信号屏蔽、无尘工作台等特殊功能区域，既能常规取证，也能开展摘取芯片、硬盘开盘等勘察取证工作。（王　晖　杨　阳）

【重大活动安保】 年内，公安朝阳分局构建“一办、十部、十五组”（一个安保办公室，十个指挥部，十五个工作组）

组织架构，启动“一总指、多前沿”（一个安保总指挥部，多个前沿指挥部）指挥模式，形成“一中枢、多模块、可视化”实战指挥格局。推出“一长三员”（看台台长，通道管理员、秩序维护员、现场引导员）执勤、突出风险严控、问题观察整改、安保团队指挥、制高点“开窗报警”等10项举措。国庆安保期间，组建10个安保团队，由党委班子成员“AB角”结对，牵动13个前沿指挥部落实责任，升级“矩阵指挥2.0”、单兵图传等系统，建外街道、三里屯街道、平房乡等32个街乡视频接入共享平台，围绕阅兵点线增补改建156台高清摄像机，实现警力、装备、数据“全面可视化”，构建全时、全域、全向防控网络。创新“四维感知合成指挥沙盘”，开展实景展示、实兵推演、实战模拟。“一带一路”国际合作高峰论坛和亚洲文明对话大会安保活动期间，创新正装执勤模式。（王　晖　何　帆）

【扫黑除恶】 年内，公安朝阳分局核查办结涉黑涉恶线索5878件，侦破9类案件396起，刑事拘留518人。打掉“套路贷”犯罪团伙42个，拘留涉案人员590人，收缴、扣押涉案财物折合人民币14.5亿元，打掉“八黑”犯罪团伙109个，铲除“黑窝点”857处。（王　晖　何　帆）

【黄赌违法犯罪严打】 年内，公安朝阳分局以“平安系列行动”为牵动，围绕全国“扫黑除恶”专项斗争、全国“两会”、“亚洲文明对话大会”、中华人民共和国成立70周年重大安保等重要工作，采取明察暗访、挂账督办等方式，组织开展针对性和区域性打击整治，强化人力情报资源，加大对涉黄涉赌违法犯罪团伙、窝点的打击查处力度。（张　雪）

【枪爆违法犯罪整治】 年内，公安朝阳分局开展打击枪爆专项行动，强化重点地区、部位检查控制及巡逻盘查，组织单位开展自查自纠，收缴各类枪支237支、各种子弹1万余发、弩5支、管制刀具1412把，依法处理30人。（毕志刚）

【易制爆危险化学品整治】 年内，公安朝阳分局开展易制爆危险化学品专项整治行动，以学校、医院、制药、科研单位为摸排重点，检查各类处所4260处次，发现解决隐患93件，处罚违规问题98起，收缴易制爆危险化学品24千克。（毕志刚）

【“低慢小”飞行器管控】 年内，公安朝阳分局以重要警卫活动期间“低慢小”飞行器反制工作为重点，采取摸底排查、宣传教育、反制培训、实战演练、超常管控等措施，落实“低慢小”飞行器管控工作。全区纳入管控“低慢小”组织88家、张贴禁飞通告13.27万份。（陈　静）

【养犬管理】 年内，公安朝阳分局组织开展养犬年检和规范文明养犬宣传，设立宣传站点570余个，发放各类宣传材料4.3万份，张贴宣传海报6000张、年检通告5500张，悬挂条幅480幅；设立年检免疫一站式服务站点595个，免费为办理登记年检手续养犬人统一办理《宠物饲养责任保险》。查出各类违规养犬行为2089起，警告227人次，没收犬97只，罚款59人。继续聘请专业公司协助开展养犬执法、收犬、送犬和处置犬伤人事件，收无主犬3692只。（陈云芳）

【“朝阳群众”品牌效能】 年内，公安朝阳分局2次升级改版“朝阳群众”App，新增举报线索专栏，注册用户7.3万余人，接收各类线索10321件，其中流转处置线索5747件，通过各类线索拘留违法犯罪嫌疑人525人，消除各类安全隐患721件。“朝阳群众”App被中国互联网发展基金会、中国网络社会组织联合会共同授予“五个一百”网络正能量精品评选活动“百名网络正能量榜样”荣誉称号。（杨　阳）

【治安洼地整治】 年内，公安朝阳分局针对十八里店乡、三里屯街道、金盏乡、平房乡、高碑店乡5处“治安洼地”、117处秩序问题挂账点位和38个治安乱点，以“6+N”（对6类治安秩序突出问题和6类地区点位，实施6项常态化打防管控措施，对“N”类新生问题，坚持发现即治理）常态整治机制为依托，与区相关部门联合执法，出动警力1万余人次，流管员、巡防队等其他力量1.29万余人次，检查出租房屋6.51万间，检查流动人口8.79万人；发现化解矛盾纠纷247件；解决消防治安隐患791处；行政拘留2342人，打掉黄赌窝点808个，查扣“黑摩的”3214辆。（王　晖　何　帆）

【疏解腾退服务】 年内，公安朝阳分局设置7个工作小组，推进入户检查巡查、治安综合整治、集中宣传教育以及城乡接合部综合整治等工作，保障金盏乡、管庄乡等地腾退任务完成，疏解流动人口12.2万人，排查清理出租房屋、大院2.8万间。（王　晖　何　帆）

【“雪亮工程”建设】 年内，公安朝阳分局推进“雪亮工程”建设。梳理视频点位、优化整合线路，完成三里屯街道、建外街道、朝外街道等31个街乡视频转网，推动建设社会面采集网、升级扩容传输网、搭建一体化视频警务平台，建成高清探头1万余个，整合数据资源15亿条，全面覆盖核心区域、重点部位和关键路口。（王　晖　何　帆）

【“护校安园”行动】 年内，公安朝阳分局开展校园高峰勤务，查处和打击各类涉校暴力案事件及侵害校园师生安全事件。出动警力1450余人次、党政保卫力量5370余人次，检查校园2480余次、填写安全检查记录1230余份，排查涉校纠纷46起，化解校园纠纷38起，排查整治校园周边治安乱点180余处。（王　晖　刘顺利）

【派出所警务改革深化】 年内，公安朝阳分局依托“社区警务平台”和“小雨滴”监控探头监测、巡检社区民警工作情况，结合电台点名和实地检查等方式，督促社区民警下社区开展工作。检查、维护130个每周7天每天24小时全天候开门办公警务室标识灯箱、民警辅警公示栏和360“小雨滴”监控探头设施。落实24小时值守、来电来访登记、报警求助处置、矛盾纠纷调解、安全防范宣传、群防群治力量组织发动等机制。130个警务室接待群众3.86万余人次，就近出警1.27万余件，调解矛盾纠纷5375件。（张　月）

【可防性案件管控】 年内，公安朝阳分局以社区防控工作为主线，发动整合群防群治力量，参与邻里守望和看门护院；强化重点高发案区域夜间巡逻防控；开展物技防产品宣传活动。区政府投入110余万元为十八里店乡、管庄乡、东风乡、双井街道等挂账地区加装探头、维修门禁、安装“防爬刺”。社区可防性案件比上年下降31.2%。其中入室盗窃

案件比上年下降31.1%，盗窃汽车案件比上年下降27.3%，入户抢劫案件比上年下降57.9%。（张 月）

检 察

【概况】 年内，区检察院审查逮捕3901件6069人，分别比上年上升11%和17.8%；审查起诉4150件6191人，比上年上升16.4%和27.2%。办理刑事诉讼监督、刑事执行监督、民事诉讼监督、行政诉讼监督、公益诉讼等案件1228件，比上年上升53.7%。惩处破坏金融管理秩序和金融诈骗犯罪2795人，办理非法集资案件2662人，比上年上升37.3%，涉案金额过亿元84件，其中超100亿元2件。打击危害税收征管、侵犯知识产权、扰乱市场秩序犯罪771人。打击强奸、拐卖、强制猥亵、强迫卖淫等侵害妇女人身权益犯罪416人，办理“两抢一盗”、诈骗等多发性侵财犯罪4002人，惩处扰乱公共秩序、涉毒、涉枪类犯罪1605人，打击生产、销售有毒有害食品、假药劣药类犯罪143人，办理涉外案件133人，打击黑恶势力犯罪188人。办理职务犯罪案件46人，提前介入区监委调查案件会商16次。办理涉罪未成年人刑事案件139人，严惩性侵、虐待未成年人等各类犯罪105人。制定《关于服务保障朝阳区优化营商环境的工作方案》。区检察院集体获“首都劳动奖状”，是全市检察系统唯一获此荣誉的集体。区检察院获“全国检察宣传先进单位”称号。区检察院第七检察部获“全国青少年维权岗”“全国巾帼文明岗”荣誉称号。在最高人民检察院警务部组织举办的2019年度全国检察机关司法警察“挑战自我”警务技能比武中，彭勃在“由前主动擒敌技术（男警）”中获第一名。（李亚威）

【诉前检察建议制发】 2月13日，区检察院发现北京贞草堂大药房及其北京分公司在销售“七根草牌三七茎葛根超细粉”等保健品过程中存在虚假宣传、欺骗误导消费者行为，经调查核实，区检察院向市工商行政管理局朝阳分局制发诉前检察建议。5月10日，区检察院摸排辖区内农贸市场商户销售不符合安全标准的食品情况，向区市场监督管理局制发行政公益诉讼诉前检察建议。8月29日，区检察院依法就学校教育用房违规出租用于商业经营的行为向区教委制发检察建议，为区检察院首份教育领域国有资产保护诉前检察建议书。区检察院全年制发检察建议67份。（李亚威）

【提请抗诉案件】 2月13日，针对申诉人陈某某认为其购买的橄榄玉米油存在虚假宣传，诉至区法院要求退还购物款并承担十倍赔偿责任，区法院一审对十倍赔偿的诉求未予支持，并驳回陈某某再审申请，区检察院认为案件适用法律错误，向北京市人民检察院第三分院提请抗诉，后经再审程序对原审判决予以撤销并改判，判处涉案超市承担退还货款并支付价款十倍赔偿金的法律责任，取得良好民事诉讼监督效果。（李亚威）

【大数据研判导侦案件提前介入】 2月19日，区检察院和公安朝阳分局到公安部二局第一直属总队情报研判中心，针对区检察院提前介入的陈某等人非法吸收公众存款案的大数据分析研判情况开展二次会商。公安专案组依托大数据分析平台，调取和分析研判数百万条数据信息，实现对资金、股权的穿透。经过会商，区检察院对案件继续侦查工作提出针对性建议。该起案件是全市首例使用“大数据研判平台”对非法集资犯罪涉案资金情况开展全面分析、研判、导侦的案件。（李亚威）

【监督案件获评全国十佳检察建议第一名】 3月19日，区检察院办理的对某区司法局交付执行活动不当的监督案件被评为全国十佳检察建议第一名，案件因罪犯户籍地与居住地司法行政机关产生交付执行争议，导致监外执行交付执行环节漏管4个月，区检察院依法向某区司法局发出检察建议并督促将罪犯纳入社区矫正。办理的对某乡司法所监督管理和教育矫治活动不当的监督案件被评为全国精品纠正违法案件，案件对某乡司法所在教育矫治工作中存在不按规定组织开展社区服务等问题向乡政府发出《纠正违法通知书》，提出4项检察建议，履行监督职责。（李亚威）

【公检法研讨案件疑难问题】 4月16日，区检察院召开公检法联席会议，研讨刑事侦查、禁毒、扫黑、经济犯罪、非法集资案件等公安机关侦查工作存在的证据、程序、文书写作等问题。公安朝阳分局副局长张宏钟，区检察院党组副书记、副检察长吴春妹，区检察院检委会专职委员胡静，以及公检法相关部门负责人参加会议。（李亚威）

【“双基地”揭牌】 7月6日，由区检察院主办、中国刑事诉讼法学研究会少年司法专业委员会协办的“儿童证言审查与儿童诉讼权利保障”主题研讨会暨全国未成年人检察工作创新实践基地、少年司法专业委员会研究基地揭牌仪式在区检察院召开，专家学者、政法单位代表及人大

▲ 7月6日，儿童证言审查与儿童诉讼权利保障研讨会暨“双基地”揭牌仪式举行（王 辉 摄）

代表、政协委员100余人参加研讨会。会议研讨虐童、性侵案件儿童证言审查实践探索，儿童证言审查与诉讼权利保障理论研究。最高人民检察院第九检察厅厅长史卫忠，北京师范大学教授宋英辉，区检察院检察长张朝霞、副检察长李小丽一同为“双基地”揭牌。（李亚威）

【公众开放日活动】 8月26日，区检察院组织开展“检察护航民企发展”主题公众开放日活动。区委政法委、区工商联、企业代表等40余人参加活动。参会人员观看《构建金融检察专业化 守住老百姓的“钱袋子”》等宣传片，相关业务部门负责人介绍金融犯罪预防、民事诉讼监督、公益诉讼等职能在服务保障民营企业发展中的工作成效。（李亚威）

【行政非诉执行监督】 9月26日，区检察院开展行政非诉执行监督专项活动，经调阅区法院、行政机关卷宗，开展座谈、实地勘察，发现区法院在3起违法占地案中存在无正当理由超期不执行问题，经区检察院检委会讨论决定，向区法院发出3份《检察建议》。区法院收到《检察建议》后，对3起案件恢复执行，其中1件执行完毕。（李亚威）

【扫黑除恶专项斗争案件会商会】 10月29日至30日，区检察院联合公安朝阳分局召开扫黑除恶专项斗争案件会商会。会议研讨区检察院办理的3起涉嫌恶势力犯罪的“套路贷”案件，引导侦查机关按照涉恶案件多人多起、长期纠结、暴力或软暴力手段等标准，有针对性地开展取证工作；督促侦查机关准确运用“查冻扣”等措施，做好追赃挽损退赔工作，减少群众损失。区检察院党组副书记、副检察长吴春妹，检委会专职委员胡静及公安朝阳分局副局长王维继、法制支队队长谭强等参加会议。（李亚威）

【无人机飞行取证】 11月13日，区检察院联合北京检察科技信息中心、市检察院第八检察部对一起立案调查的行政公益诉讼案件开展无人机飞行取证。无人机辅助调查取证工作包括提出技术委托、制作飞行计划、收到军队与航空相关部门的批复和完成飞行4个环节，各项工作在7个工作日内完成，完成证据固定。（李亚威）

【轻罪诉讼体系构建研讨】 11月15日，区检察院与中央财经大学法学院、西城区检察院、昌平区检察院共同开展“检学共话”研讨轻罪诉讼体系构建活动。会议研讨轻罪与重罪界定标准、确定性量刑建议提出依据等问题，为解决实际工作中难点问题提供新思路。区检察院党组副书记、副检察长吴春妹，中央财经大学法学院副院长李伟，部分检察官和师生参加活动。（李亚威）

【《金融检察白皮书》第四辑发布】 12月17日，区检察院在市检察院新闻发布中心召开金融检察新闻发布会并发布《金融检察白皮书》第四辑。《金融检察白皮书》第四辑包括区检察院金融检察情况通报、典型案例、大事记、规范性文件四部分内容，旨在全面梳理新的经济社会形势下辖区内金融犯罪新特点、新趋势，揭示、防范金融管理新漏洞，营造优良区域金融营商环境，为金融产业健康发展建言献策。（李亚威）

法 院

【概况】 朝阳区人民法院（简称区法院）是依法独立行使审判权，通过审判刑事案件、民事案件、行政案件以及法律规定的其他案件，惩罚犯罪，保障无罪之人不受刑事追究，解决民事、行政纠纷，保护个人和组织合法权益，监督行政机关依法行使职权的审判机关。有8个派出法庭，分别为南磨房法庭、酒仙桥法庭、温榆河法庭、亚运村法庭、王四营法庭、奥运村法庭、望京法庭、双桥法庭。年内，区法院受理各类案件157367件，比上年增长4.9%；审结案件155980件，比上年增长3.9%。初步构建执行工作长效机制、矛盾纠纷源头化解机制。制定《商事审判优化流程提速增效工作办法》。年内，区法院获全国优秀法院等省市级以上集体荣誉13项。（陈瑛洁）

【刑事审判】 年内，区法院审结刑事案件3287件，判处罪犯4250人。审结涉黑涉恶案件14件，判处罚金、追缴违法所得、责令退赔900余万元。审结涉众型经济犯罪案件370件，比上年增长78.7%，挽回经济损失2.9亿余元。打击抢劫、绑架、故意伤害等危害群众生命财产安全犯罪，判处5年以上有期徒刑48人。审结毒品犯罪案件252件。审结贪污贿赂等职务犯罪案件19件22人。（陈瑛洁）

【民商事审判】 年内，区法院审结涉住房、医疗、教育、就业等与民生密切相关案件24291件。审结消费者权益纠纷3621件，制裁消费欺诈、设置陷阱、霸王条款等行为。制定《商事审判优化流程提速增效工作办法》。“执行合同”指标用时153天。推动8家企业完成快速退市或破产重整。审结金融借款、委托理财、股权众筹、营业信托等金融案件25600件，控制实体经济融资中的畸高利率及各项隐形费用。加强对金融风险识别、预警和防范，与区金融服务办公室等部门建立信息沟通和协调配合机制，向中国银保监会等金融监管部门通报审判中发现的突出问题和重大风险。在产业园区成立法官工作站，为400家企业提供法律服务。办理虚拟现实场景（VR场景）侵犯著作权案、腾讯公司与世界星辉公司广告屏蔽案等新类型知识产权案件。（陈瑛洁）

【行政审判】 年内，区法院审结行政案件1155件。发布《行政案件司法审判年度报告》，纠正违反法定程序、不依法履行职责的行政行为，行政机关败诉率比上年下降3.1%。参与制定全面推进朝阳区法治建设三年行动计划，组织召开联席会，与区人力资源和社会保障局等部门成立联合调研组，破解行政执法领域前沿难题。区法院被评为“行政审判与行政机关良性互动工作先进单位”，是全市唯一获该奖项的基层法院。（陈瑛洁）

【执结案件】 年内，区法院执结案件60159件，比上年增长48.4%，占全院结案量38.6%，占全市执行结案22.8%；未结8376件，比上年下降0.7%；全年人均结案371件，比上年上升46.6%；员额法官人均结案1094件，比上年上升37.6%。发放案款63.4亿元，比上年增长37.1%。腾退场地面积5万余平方米，保障永安里旧城区改建、北京商务中心区环境整治、朝南森林公园及地铁十四号线等区域重点项目建设。完善财产查控网络体系，创新财产查控模式，拓展财产发现渠道，与市规划和自然资源委员会朝阳分局合作在全市首创执行案件不动产线上查控工作机制，线上办理房产查封、续封、过户等业务3578件，实现全区范围内执行实施案件不动产查控100%线上办理；与区交通委协作联动，通过停车信息查扣涉案被执行车辆，破解“查人找物”难题。完善联合信用惩戒机制，与区委政法委、区发展改革委、区财政局等区属19家单位建立常态化协作配合机制。公布失信被执行人名单8248人次，限制购买飞机票、动车票、高铁票43573人次，3798名失信被执行人迫于信用惩戒压力主动履行法律义务。（陈瑛洁）

【信访和审判监督】 年内，区法院接受群众来访1412人次，来信756件次；审查各类申诉案件166件，其中驳回申诉92件，提起再审5件，撤诉8件，终结61件；受理当事人申请、检察院抗诉、上级法院指令等各类再审案件58件，审结64件，其中改判46件、撤诉1件、调解4件。（陈瑛洁）

【执行工作长效机制】 年内，区法院构建执行工作长效机制，以团队化运作为基点，以案件分流与执行和解为两翼，以集约化、信息化、社会化为支撑，解决执行难问题，获最高法院院长周强批示。在该机制作用下，执行质效全面提升。区法院全年执行收案60099件，比上年增长49.1%，占全院收案量38.2%，占全市执行收案22.79%。有财产可供执行案件法定期限内执结率95.39%，比上年增长10.22%；执行案件执结率达86.67%，比上年增长2.75%；无财产可供执行案件终本合格率100%，比上年增长0.88%；执行信访办结率100%。（陈瑛洁）

【矛盾纠纷源头化解】 年内，区法院构建“一统双网三支点”（区委统一领导，调解组织对街乡和对民商事纠纷全覆盖，法官工作站、司法定制服务包和示范性裁判三项制度支撑）矛盾纠纷源头化解机制，区法院案件增幅放缓，全年收案157375件，比上年增长4.9%，增幅比上年下降10.5%。其中民商事收案92409件，在连续7年增长、年平均涨幅17.5%的情况下首现拐点，比上年下降12.3%。年内，区法院在区司法局配合下启用全市首个应用区块链技术的矛盾纠纷源头治理在线平台“无讼朝阳”，包括调解资源整合管理、矛盾纠纷排查分析、在线矛盾多元调解、调解业务培训指导、一键申请法院确认等功能，提供在线调解、法律答疑等服务600余人次，开展民商事纠纷在线调解、线上审核处理司法确认案件128件。（陈瑛洁）

▲ 11月13日，区“无讼朝阳”矛盾纠纷源头治理在线平台启动仪式在区八里庄公共法律服务中心举行（曹　璐　摄）

【冷冻胚胎移植案】 年内，区法院受理原告石某某与被告首都医科大学附属医院医疗服务合同纠纷一案。2015年2月，原告与其丈夫到被告处开展人类辅助生殖技术治疗。2016年10月，原告丈夫因病去世。被告保存剩余8C胚胎6个，囊胚6个，被告以违反医学伦理、将影响孩子的合法权益、造成社会关系混乱等为由拒绝原告的继续移植临床妊娠要求，故原告诉至法院。区法院经审理认定原告要求继续履行合同不存在法律障碍，且不属于《人类辅助生殖技术规范》禁止情形，不违反保护后代原则，判令被告继续履行与原告之间就体外受精——胚胎移植所签订的医疗服务合同，为原告施行胚胎移植医疗服务。（陈瑛洁）

【“水滴筹”退款案】 年内，区法院受理原告北京水滴互保科技有限公司与被告莫某某合同纠纷一案。原告为国内互联网大病筹款平台“水滴筹”的运营主体。被告将通过水滴筹平台筹得款项153136元挪作他用，原告诉至法院要求全额返还。经审理，区法院认定被告隐瞒家庭财产信息、社会救助情况、将筹集款挪作他用等行为构成违约，判令被告全额返还原告款项，并明确筹集款应返还赠与人。该案的宣判打击不诚信筹款行为，完善行业自律监管，推动互联网个人大病求助健康发展，入选2019年度人民法院十大民事行政及国家赔偿案件。（陈瑛洁）

【法官培养】 年内，区法院提出“三阶矩阵型”法官培养模式，由“三列”和“三纵”构成。“三列”是指法官思想政治、业务技能、理论素养。“三纵”是指为每个要素设置三条不同培养路径，通过政治轮训、组织培养、文化涵养促进法官思想政治过硬；通过经验传承、专项培训、岗位练兵促进法官业务能力过硬；通过立体化调研、合作共建、交流研讨促进法官理论素养过硬。年内，5名干警获评“北京法院百名标兵”，8名干警获评“北京法院司法业务技能标兵”。（陈瑛洁）

司法行政

【概况】 朝阳区司法局（简称区司法局）是负责全面依法治区重大问题研究、推进区法治政府建设、统筹规划区法治社会建设、拟订区公共法律服务体系建设规划等工作的区政府工作部门。3月5

日，区司法局、区政府法制办公室职责整合，重新组建区司法局，不再保留区政府法制办公室。下设科级事业单位3个，即朝阳区法律援助中心、北京市正阳公证处和朝阳区阳光中途之家。下设社团组织3个，即朝阳区律师协会、人民调解员协会和阳光司法社会工作发展中心。年内，区司法局完成"新中国成立70周年庆祝活动"等安保维稳工作，完成朝阳区新一届1370名人民陪审员选任和人大任命工作。选出朝阳区出席北京市第十一次律师代表大会代表114名参加选举工作。推进公职律师公司律师试点工作落实。全区公共法律服务工作站均实现网络上线办公，公共法律服务中心接待法律援助、人民调解等各类咨询18000余人次，公共法律服务站和服务室提供法律咨询24568人次，法律援助247人次。组织开展宪法系列宣传和"扫黑除恶"专项宣传活动。区律师协会举办"朝律青声说——青年律师发展论坛暨朝阳律师第六期授袍仪式"。区司法局社区矫正专案工作专班获北京市司法行政系统维稳安保工作集体三等功。区司法局获评北京市法治动漫微视频作品征集展映活动优秀组织奖和北京市2019年运用《法制日报》做好法治宣传舆论工作先进单位。三里屯街道司法所所长董刚、望京街道司法所所长雷志国获"全国模范司法所长"称号。来广营乡人民调解委员会主任安立超及区道路交通事故人民调解委员会分别被评为"北京社会好人榜"上榜个人和上榜群体。（车 莹）

【法律援助】 1月1日、2月4日至10日，区法律援助中心开展以"助力农民工，法援在行动"为主题的农民工法律援助专项维权服务活动，派工作人员入驻农民工专项工资协调小组，倡导律师选择非诉途径帮助受援人快速维权。举办宣传活动40余场，发放宣传材料5000余份，受理各类农民工法律援助案件1402件。3月4日至10日，区法律援助中心开展以"助力妇女维权 推进法律援助"为主题的妇女法律援助维权服务月活动，开展宣传活动60余次，解答法律咨询800余人次，受理案件57件。实施刑事案件公职律师跟案、普通民事案件严查结卷的方式确保妇女法律援助案件质量。5月19日至25日，区法律援助中心开展以"法援惠民生·助力残疾人"为主题的残疾人法律援助专项维权服务活动，对残疾人法律援助案件坚持优先解答、优先审批、优先指派。举办讲座、普法课堂40余场，现场解答咨询300余人次，发放宣传册2000余份。5月31日至6月6日，区法律援助中心开展以"法援助力保护未成年人合法权益"为主题的未成年人法律援助专项维权服务活动，开辟未成年人维权绿色通道。开展"以案释法"讲堂20余次，各类法律援助宣传30余场。7月25日至8月1日，区法律援助中心举办以"公共法律服务拥军伴你行"为主题的军人军属法律援助专项维权服务活动，开展讲座、慰问军人军属等各项送法进军营活动10次，解答军人军属法律咨询300余人次，发放法律知识宣传册500余份。10月，区法律援助中心开展以"孝老爱亲，向上向善"为主题的老年人法律援助专项维权服务活动。举办各类讲座、普法课堂40余场，现场解答咨询200余人次，发放宣传资料1500余份。开展专项维权服务活动期间，法律援助中心分别开通针对农民工、妇女、残疾人、未成年人、老年人等特殊群体的绿色通道，放宽案件审查标准和范围，简化法律援助案件办理程序，对符合援助条件案件做到当天受理、当天审批、当天指派。区法律援助中心全年受理法律援助案件6683件，其中民事案件5565件，刑事案件1118件。接待咨询20268人次，其中来访6478人次，来电13790人次。（车 莹）

【区公共法律服务中心建设】 1月3日，区司法局在公共法律服务中心召开公共法律服务中心运行总结分析会，推进区公共法律服务中心建设。驻公共法律服务中心窗口部门负责人做工作汇报。会议传达市司法局关于印发《北京市公共法律服务实体平台建设标准》的通知，研究部署如何推进完善朝阳区公共法律服务建设工作。区司法局党组书记、局长王远捷主持会议，窗口部门负责人10人参加会议。（车 莹）

【"送法下乡"活动】 1月10日，区司法局在王四营乡开展"送法下乡"系列活动，包括"以案释法进农村"、"普法大讲堂"、群众性法治文化下乡等，赠送法律图书、发放法律宣传资料、邀请律师开展咨询，引导农村干部群众尊法学法守法用法。（车 莹）

【宪法精神培育创新活动】 2月1日，区依法治区办、区司法局、区法学会联合开展以"铭记九鼎重器于心 逐梦法治中国于行"为主题的朝阳区宪法精神培育创新活动结束。活动以"朝阳普法"微信公众号为互动平台，设置趣味测评、学习、竞答、话题讨论、留言互动等模块，通过闯关、排行榜、投票等方式激励群众参与。参与宪法学习项目37630余人，访问量457202人次。活动于上年12月3日启动。（车 莹）

【司法部调研基层司法行政工作】 3月15日，司法部部长傅政华一行到朝外街道调研基层司法行政工作，参观朝外街道司法所、街道政务服务中心等场所，听取汇报，了解工作开展情况，提出"要落实总体国家安全观、要充分发挥基层法律服务机构作用、要坚持以人民为中心的发展思想"的要求，慰问全国"两会"期间奋战在基层一线的司法所干部职工及人民调解员，司法部副部长刘振宇、司法部办公厅主任刘福臣、人民参与和促进法治局副局长郑文彪等领导一同调研。7月18日，司法部党组书记、副部长袁曙宏一行到朝外司法所、北京市兰台律师事务所调研公共法律服务和律师行业党建工作。市领导张家明，区领导王志勉等一同调研。（车 莹）

【法治宣传教育】 6月3日至8月4日，区司法局、区民政局（社工委）、区农业农村局（农工委）联合开展"牢筑基层堡垒 谱写法治新篇"法治宣传助推民主法治示范社区（村）建设创新工作线上活动，活动以"朝阳普法"微信公众号为学习平台，分为"社区是家，有法更美——家园责任意识引导""根在朝阳，与法同行——法治情感共鸣激发""法治家园，你我共建——法治精神主动践行"三个阶段。9月26日，朝阳区开展"恪守信仰心向国旗 凝心筑梦法治强国"庆祝中华人民共和国成立70周年"我和我的祖国"主题法治宣传教育活动。活动以"朝阳普法"微信公众号为依托，通过游戏互动、学习、竞答、话题讨论、微视频征集展映等形式开展，分为“知法——朝阳普法成就展”“守法——法治价值用爱传播”“收获——坚定法治我的信仰”三个阶段。9月至10月，印制“弘扬法治精神 共筑法治梦想 建设法治国家”普法标语和朝阳普法标识的双层巴士T8路在三环主线运营推广。10月，朝阳区开展“唱响国歌 守护国旗 致敬国徽”主题法治宣传活动，组建以区普法宣传服务队为核心，43支地区普法宣传服务分队为主体和行政执法、调解、公证、法治文艺普法宣传服务分队为支撑的普法联盟。开展“法律十进”（法律进机关、进社区、进乡村、进学校、进企业、进单位、进军营、进景区、进交通枢纽、进商务楼宇），运用微信公众号、宣传橱窗、建筑围挡、灯箱展板等载体宣传，利用户外大屏、移动电视、楼宇电视等播放宣传片。（车　莹）

【区第三届律师协会新闻发布会】 6月15日，朝阳区召开第三届律师协会新闻发布会。会长杨光致辞表示区律师协会全面营造“法治先锋、行业典范、中国形象”的朝阳律师品牌。副会长邢冬梅介绍区律师协会换届以来做的亮点工作，副会长蔡春雷、万欣、李华、孙为分别就社会公益、律师权益保障、惩戒工作预防与准备及律师费转付、区法院执行局公益项目等问题回答记者提问。（车　莹）

【外交认证代办业务开通】 6月，北京市正阳公证处开通外交认证代办业务。当事人在办理涉外公证业务同时，可委托公证处对公证文书办理代办外交认证手续，实现公民出国办理公证及外交认证“最多跑一次”目标。年内，受理公证文书认证业务531件。（车　莹）

【区律师事务所数量达到1000家】 6月，北京华资律师事务所设立后，区律师事务所数量达到1000家，占全市37.86%，其中特殊普通合伙所（注册资本2000万元及以上）20家、普通合伙所671家、个人所261家、分所48家。执业律师15824人，占全市50.61%，其中专职律师15133人、兼职律师391人、派驻律师229人、香港居民律师29人、台湾居民律师26人、简易派驻律师16人。律师中有中共党员4091名，占律师队伍25.85%，律师中有民主党派人士318人，占律师队伍2.01%。（车　莹）

【司法行政协作服务冬奥会】 7月9日，区司法局到河北省张家口市崇礼区司法局对接司法行政服务冬奥会筹备工作，深化“CYC”（北京市朝阳区司法局、北京市延庆区司法局及河北省张家口市崇礼区司法局三地司法行政协作机制）。两地司法局10余人参加座谈会。双方交流律师法律服务工作情况以及律师服务冬奥会筹备工作情况，介绍“CYC”开展情况，就下一步深度协作达成共识。7月25日，北京市朝阳区、北京市延庆区、张家口市崇礼区司法局在延庆区司法局共同召开深化服务保障冬奥会“CYC”座谈会。三地司法局12人参加会议。朝阳区司法局党组书记、局长王远捷介绍“CYC”建立背景情况、工作进展以及下一步工作安排。三地司法局就深化“CYC协作机制”签约。（车　莹）

【政务开放日活动】 10月25日，区司法局在区公共法律服务中心举办“政务开放 初心为民”政务开放日主题活动。区人大代表、政协委员、企业代表、群众代表、媒体记者等50余人参加活动。代表们参观律师咨询、人民调解、法律援助、矫正帮教、行政复议、公证等窗口接待工作，了解公共法律服务中心概况和各项服务事项办理流程。（车　莹）

【国家宪法日宣传活动】 11月18日，区司法局组织开展重温宪法誓词活动，拉开“12·4”国家宪法日系列宣传活动帷幕。全区各委办局、各街乡依法行政工作主管领导及法制机构负责人170余人参加活动。11月20日至12月20日，围绕宪法基本内容，宪法修正案解读在区法律服务中心举办宪法主题展览。11月26日至12月8日，运用“朝阳普法”微信公众号，组织全区干部群众参加宪法知识竞答，参与人数30946人次。11月29日，区委全面依法治区委员会守法普法协调小组、区司法局联合垡头街道办事处，在区法治文化活动基地（垡头地区文化中心）举办“美好生活 始于宪法”“12·4”国家宪法日主题活动暨女民兵宣讲会，5位女民兵讲述“我与宪法”的故事。12月2日，朝阳区“弘扬宪法精神，推进国家治理体系和治理能力现代化”国家宪法日主题宣传活动暨法律小剧场成立七周年话剧《黎明即起》展演活动在朝阳区润丰学校礼堂举办。区司法局、区扫黑办、平房地区（乡）、区法学会等单位人员、地区普法志愿者及群众代表300余人现场观看演出。12月3日，区司法局在区公共法律服务中心举办主题为“弘扬宪法精神 推进国家治理体系和治理能力现代化——司法行政70年”暨“司法行政在身边”北京司法行政系统开放日活动。区人大代表、政协委员、特邀监督员、群众代表和调解员代表等50余人参加活动。代表们

▲ 12月3日，区律师协会举行“朝阳律师回顾律师制度恢复四十年展”启动暨律师宣誓仪式
（区律师协会　供图）

了解法律援助、人民调解、行政复议、律师、公证等公共法律服务职能以及各项服务事项办理流程。区律师协会举行“追梦筑梦 奋进四十年——朝阳律师回顾律师制度恢复四十年展”启动暨律师宣誓仪式。12月4日，区属9个公园开展宪法主题展览。（车 莹）

【社区矫正帮教】 年内，区司法局加强对社区矫正对象监管力度，落实服刑人员报到、外出、居住地变更审批等制度，制作《不可逾越的隐形高墙》社区矫正警示教育宣传片，加强对各类重点人教育管控。加强对专案重点人日常教育管控，建立工作台账，坚持一人一案。加强对律师重点人约谈以及对所在律所走访检查，掌握律师重点人思想及行动状况。对350名社区服刑人员开展社区矫正接收宣告，视频会见室与女子监狱就刑满释放重点人员开展视频衔接工作2次。（车 莹）

【人民调解】 年内，全区调解民事纠纷13851件，调解率93.2%。区司法局指导南磨房地区成立心连心联合调解中心，调解矛盾纠纷452件。与市民政局签订“人民调解员参与北京市民政局信访工作”项目工作，指导参与化解民政局信访案件1660件，受益人数2396人。与北京市公益法律服务促进会携手参与市退役军人事务局接访工作，解决涉军矛盾纠纷，接访1186批次。全区18家单位成立行政调解委员会，实现重点行政领域建立行政调解委员会全覆盖。配合区法院共同建立全市首个应用区块链技术的矛盾纠纷源头治理在线平台“无讼朝阳”。（车 莹）

仲 裁

【概况】 北京市朝阳区劳动人事争议仲裁院（简称区仲裁院）是区人力资源社会保障局下属事业单位，主要负责劳动、人事争议调解仲裁工作综合管理；受理、承办辖区内劳动人事争议案件调解和仲裁；负责劳动人事争议仲裁员队伍建设，负责仲裁员及兼职仲裁员聘任和管理；承担区劳动人事争议仲裁委员会日常工作。北京市朝阳区劳动人事争议仲裁委员会（简称区仲裁委员会）主要负责聘任、解聘专职或者兼职仲裁员；受理劳动争议案件；讨论重大或者疑难的劳动争议案件；监督仲裁活动。年内，区仲裁院受理劳动人事争议案件26872件，比上年增长27.9%，结案率99.05%，调解率60.6%，一裁终局率42.76%。（王丽婕）

【仲裁“三统一”工作启动】 10月28日，区仲裁院启动“三统一”工作，即全院统一排庭、统一证据交换、统一文书送达。经实践验证，庭前证据交换提升1/3庭审效率，全天开庭时段由4个增加到5个，达到在额定时间内完成更多庭审、缩短案件排期的目的。（王丽婕）

【集体案件处理】 年内，区仲裁院修订《大规模集体案件处理流程》，处理复华集团、囿凯艾医疗美容和创昕装备等30人以上集体争议案件24起，涉及1238人，平均结案时间40天。与区劳动保障监察队、区劳动关系科及街乡建立联动机制，就重大集体案件在信息预警、处置进展、联合调解方面开展共享和协作。根据重大集体案件延展性特点，在调解环节采用同一调解员承办方式，保证调解效率和调解方案的统一尺度。（王丽婕）

【裁审衔接机制建设】 年内，区仲裁院发挥案件评审小组会职能，制发《朝阳仲裁院2019年案件处理统一口径（一）（二）》，统一停工留薪期后工资标准计算等39项内容的裁量标准；对标仲裁与法院的裁审尺度，加强信息共享、联合培训、重大案件通报，畅通裁审衔接通道。（王丽婕）

【简案速办工作模式优化】 年内，区仲裁院优化速裁工作流程，扩充速裁小组成员队伍增至4名，明确全年任务指标，调解不成的简易案件和10人以上集体案件转入速裁环节审理。建立调解与速裁对接机制，调解不成的简易案件，调解员直接转交速裁小组。速裁工作小组全年审结案件2040件，占区仲裁院结案件数的8%。（王丽婕）

【劳动人事争议调解组织建设】 年内，区仲裁院采用业务培训、仲裁员包片对接、线上答疑、实地检查等方式，指导街乡、企事业调解组织规范调解工作流程。年内组织全区调解员培训2次，150余人参加。培育“王四营劳动争议调解中心”成为北京市街乡示范调解组织。全区43个街乡调解组织均有至少2名调解员备案登记在册。劳动人事争议调解组织全年置换调解书1300余份。（王丽婕）

北京朝阳年鉴
Beijing Chaoyang Yearbook
2020

军事

人民武装

【概况】 中国人民解放军北京市朝阳区人民武装部（简称区人武部），负责朝阳区的军事工作，受北京卫戍区和中共朝阳区委、朝阳区政府的双重领导，既是朝阳区委的军事部，又是朝阳区政府的兵役机关。年内，区人武部围绕北京卫戍区党委和区委区政府决策部署，加强练兵备战、依法从严治军、深化党管武装、加强党的建设，完成预备役登记等各项工作任务。区人武部被北京卫戍区表彰为“阅兵先进单位”“征兵工作先进单位”“安全稳定先进单位”；被市委市政府表彰为“北京市筹备和服务保障中华人民共和国成立70周年庆祝活动先进单位”；朝阳区人武部负责编成的民兵方队被阅兵联合指挥部表彰为“阅兵训练先进单位”、被阅兵徒步方队指挥部表彰为“阅兵训练先进单位”；民兵方队三中队党支部被阅兵联合指挥部党委表彰为“阅兵先进党支部”，被市委宣传部评为“北京榜样”。（赵云华　赵　云）

【民兵方队参加国庆受阅任务】 2月15日至25日，区人武部组织民兵进行体检和面试体测工作。庆祝中华人民共和国成立70周年阅兵徒步方队组建后，2次参加阅兵徒步方队指挥部单兵动作考核，分别取得第4名和第7名成绩，6次参加阅兵徒步方队指挥部单排面和多排面会操，获8面流动红旗，4次参加合练考核3次被表彰为优胜方队。10月1日，民兵方队走过天安门，接受检阅。（赵云华　赵　云）

【征兵工作】 5月20日，北京市朝阳区人民政府征兵办公室（简称区征兵办）在朝阳公园开展“牢记主席嘱托，勇担强军使命”主题征兵宣传暨大学生征兵启动仪式。8月27日至31日，区人武部组织入伍新兵进行基础队列训练、政治教育、条令条例学习等课目役前教育训练。9月21日，区人武部组织开展“传承红色基因、汇聚强军力量”国防教育日活动，全区设43个宣传点。年内，健全廉洁征兵监督员制度，聘任廉洁征兵监督员181人，开展常态化监督检查。全区完成兵役登记，登记率100%，“五率”（报名率、上站率、合格率、择优率、退兵率）标准超过往年。（赵云华　赵　云）

【民兵防汛】 5月，区人武部会同区防汛指挥部调整民兵和驻区部队防汛指挥部领导成员，完善防汛方案。5月28日，区人武部组织召开驻区部队和民兵防汛工作任务部署会，组成防汛抢险队进行防汛演练。6月13日，区人武部组织驻区部队和民兵在坝河开展防汛演练。（赵云华　赵　云）

【民兵军事训练】 6月21日，区人武部组织专武干部和民兵骨干在部队进行军事训练。落实军事训练“向基层用力、向基层倾斜”指示要求，区人武部下拨经费用于民兵训练保障。年内，修订完善战备预案，实现军地方案无缝对接。（赵云华　赵　云）

【国防教育】 7月31日，区人武部、区双拥办在陆军研究院共同组织开展“军事日”活动，全区正处级以上领导干部130余人参加，活动邀请国防大学教授孟祥青作“国际战略与中国安全”讲座。8月1日，区武装部与公安朝阳分局在北京武警总队共同组织庆八一军警民联欢活动。9月21日，区人武部组织各街乡开展以“传承红色基因，汇聚强军力量”为主题的第19个全民国防教育日宣传活动。（赵云华　赵　云）

【民兵政治教育】 年内，区人武部下发民兵政治教育教材和民兵之歌。开展学刊、用刊活动，进行职能任务、形势政策、爱国主义、遵纪守法、“相信科学、破除迷信”等教育。全区订阅《中国民兵》《华北民兵》《国防》《环球军事》《中国国防报》等报纸杂志830份。（赵云华　赵　云）

【民兵整组】 年内，完善国防动员体系。调整全区民兵队伍，按照“属地编组、条块结合、专业对口”原则，将普通民兵整组任务分配到街乡、区教育卫生系统、中华女子学院。使民兵编组与中心任务相结合，与城市运行相结合，与区域特色相结合，与基层政权组织相结合。扩大民兵在行业系统、科研院所、高新技术产业编组比例。（赵云华　赵　云）

【民兵应急分队建设】 年内，调研民兵应急分队的兵力编成、指挥机构、任务区分、应急装备、使用权限等问题。采取区建营连、街乡建排、重点社区（村）建班和属地编组、依托行业系统建制编组的模式分级建设。为民兵应急分队配备指挥通信器材、运输、炊事车辆、冲锋舟等应急装备。（赵云华　赵　云）

【民兵武器装备管理】 年内，区人武部检修训练基地仓库电网、监控系统和铁丝网，擦拭保养武器装备，更新仓库部分消防器材。加强库管人员教育管理，武器装备管理连续49年无事故。（赵云华　赵　云）

【民兵执勤看护任务完成】 年内，区人武部在全国“两会”、第二届“一带一路”高峰论坛、亚洲文明对话、国庆节等期间，完成辖区53处路段、桥梁的68天执勤看护任务。（赵云华　赵　云）

【后勤保障】 年内，区征兵办协调运输车为新兵发放被装和行李箱。下拨民兵执勤经费、高校征兵奖励经费。（赵云华　赵　云）

人民防空

【概况】 3月，朝阳区民防局更名为朝阳区人民防空办公室（简称区人防办），是区政府工作部门，为正处级。年内，区人防办完成人防工程综合整治、“京津冀”协同训练演练、防空袭警报试鸣、社区人防建设等工作。（邱云波）

【人民防空训练演练】 4月22日至26日，区人防办参加市人防办组织的指挥通信车卫星系统紧急开通和短波电台双极天线架设训练。5月13日至19日，区人防办参加北京、天津、河北及中央国家机关人防办在张家口康保联合举行的“京津冀人防——2019”指挥通信跨区支援实兵演练。6月10日至14日，朝阳区人防办牵头，与天津市宝坻区人防办、河北省承德县人防办在北京松鹤建国培训中心共同开展“京津冀”跨区协同训练，天津市宝坻区人防办、河北省承德县人防办、朝阳区武装部、朝阳区应急局、朝阳区红十字会、朝阳区人防办、朝阳区各街道（地区）人防主管领导及工作人员220人参加。8月26日至30日，区人防办到河北省承德县、围场县，内蒙古自治区赤峰市参加由天津市宝坻区人防办牵头承办的京津冀人民防空复杂环境下协同训练。（邱云波）

【防空袭警报试鸣】 9月21日，区人防办完成五环路外警报试鸣任务，参与试鸣防空警报器全部精确鸣响，鸣响率100%。（邱云波）

【人防工程清理整治】 年内，区人防办开展无证使用人防工程综合整治，完成治理任务359处。（邱云波）

【“三无一恢复”任务完成】 年内，区人防办完成2019年“三无一恢复”（凡是挂账整治的地下空间，无违规住人；无垃圾和不满足消防要求的隔断；无违规使用现象；凡挂账整治地下空间必须恢复到原平面布局）挂账任务。其中，超额完成77处，清运垃圾12余万立方米，拆除违建1.4万平方米。此项工作整体情况排名全市第一。（邱云波）

【人防工程安全管理】 年内，区人防办检查人防工程3000余次，改正一般安全隐患1000余处、严重安全隐患80余处，下发责令整改通知书800份；立案24起，罚款24起，实际收缴罚金26.1万元，被市人防办、区司法局评为优秀案卷。（邱云波）

【人防工程防汛抢险】 年内，区人防办为100个社区配备沙袋、雨鞋、水泵等防汛物资，制发《人防工程防汛宣传海报》等安全宣传品9600张（册），完成140余次应急抽水堵漏。（邱云波）

【人防工程竣工验收备案】 年内，区人防办落实市人防办关于“未竣工验收备案就投入使用”人防工程专项整治工作。完成办理竣工验收备案工作，办结率100%。（邱云波）

【人防工程数据统计】 年内，区人防办完成全区人防工程分布式统计与“五大体系”（应急指挥体系、人员防护体系、目标防护体系、专业力量体系和支撑保障体系）数据统计工作。完成2018年城市体检人防指标核查，将人防大数据纳入城市未来分区规划。（邱云波）

【人防工程行政许可】 年内，区人防办完成行政许可1353件，其中新批准行政许可553件、不予行政许可48件、延期许可752件。行政许可的申报材料由9项减少为4项。（邱云波）

【人防宣传教育】 年内，区人防办在朝阳第二实验小学、团结湖小学、传媒附中、陈经伦帝景分校、三里屯中学组建5支人防志愿者教师分队，以空袭发生、紧急处置、自救互救等为主要内容，培训教师145人。在8所中小学开设人防课192节，普及学生1万余人次。利用国际民防日、中小学生安全教育日、国家安全日等重要节点开展大型人防主题宣传活动6场，普及学生907人。为13所学校配备人防应急包、人防应急柜、人防手摇警报器，建设人防校园文化墙3处。（邱云波）

【中华人民共和国成立70周年服务保障】 年内，区人防办制定《朝阳区人防办重大活动服务保障方案》，成立人防工程专项安保指挥部，下设11个工作组。9月1日至10月7日，区人防办安排检查人员4350人次，检查人防工程4077次，整改安全隐患171处。9月29日至10月7日，区人防办参与国庆安保应急值守人员390人次，参与国庆阅兵预演和观礼活动28人。（邱云波）

功能区建设

北京朝阳年鉴
Beijing Chaoyang Yearbook
2020

北京商务中心区

【概况】 北京商务中心区管委会（简称北京CBD管委会）为北京市政府在商务中心区设立的行政机构，代表市政府统一行使北京商务中心区开发建设和管理职能，由朝阳区政府代管。内设机构10个，公务员编制57名，实有52名。下设北京商务中心区土地资源发展中心、北京商务中心区公共服务管理中心2个事业单位，分别为纳入工资规范管理事业单位和全额拨款事业单位，编制各为16名和17名，实有15名和20名。年内，完成43.27万平方米核心区地下公共空间项目结构施工；完成文化设施项目幕墙封闭前的土建、钢结构施工并通过结构验收；Z13国寿、Z14正大、Z15中信、Z1b清华等4个项目竣工验收；三星项目具备竣工验收条件；泰康、阳光项目完成主体结构封顶；中期项目进行土护降施工。年内，北京商务中心区企业超过5万家；新增注册企业2790家，其中注册资本过亿元的企业98家。中心区税收384亿元，税收过亿元的楼宇46座；功能区税收1071.02亿元，区级收入276.41亿元，税收过亿元的楼宇126座，过10亿元的楼宇16座，国贸中心税收52.24亿元。（李文正）

【环境建设管理】 1月14日，市外办、区外办、北京CBD管委会联合组织专家核查区域国贸中心、银泰中心、北京财富中心、华贸中心、嘉里中心、世贸天阶、京广中心7个区域双语标识。4月20日，完成北京商务中心区西北区道路交通优化示范项目建设，工程涉及金桐东路、金桐西路、景华北街、景华街、景华南街、兆丰街、光华路7条道路，主要实施内容包括道路铣刨铺油、标识标线重新施划、交通标识优化完善、交通护栏优化升级、抓拍和灯控等智能设施安装、高点探头安装等。4月底，完成建外光华里5号、光华东里2和3号楼屋顶蓝改灰粉刷工程，推进区域各类建筑第五立面整改工作。（李文正）

【化石营旧城区改建项目补偿方案征求意见】 1月15日，朝阳区房屋征收事务中心启动化石营旧城区改建项目征收补偿方案征求意见；8月30日，朝阳区房屋征收办公室召开化石营旧城区改建项目征收补偿方案听证会。（李文正）

【国际化提升计划编制实施】 1月，北京CBD管委会牵头编制《北京CBD国际化提升三年行动计划（2019年—2021年）》（简称《计划》），于2月2日区委常委会审议通过。3月1日，市长陈吉宁到北京商务中心区召开国际化提升工作专题会，逐条研究《计划》任务。会议提出立足首都城市战略定位，对标国际一流，以开放、包容、多元、创新原则，建设高品质、高水平大国首都CBD的修改意见。5月9日，北京CBD管委会启动《北京CBD发展提升规划》课题研究。6月1日，区委区政府召开北京商务中心区发展提升规划研究专题会。8月20日，常务副市长林克庆听取三年行动计划进展情况和北京商务中心区发展提升规划课题研究专题汇报。《计划》围绕北京对外开放战略目标，实施国际化城市空间形态、公共服务功能、城市治理能力、产业发展能级、营商环境优化、商务交往水平6大行动，105项具体事项。年内，启动《计划》中105项具体事项，完成36项。（李文正）

【营商环境建设】 2月27日，北京CBD管委会联合市发改委、市工商联、市政务服务管理局举办北京市优化营商环境“9+N”2.0版政策解读会。3月28日，发布《CBD高精尖产业指导目录》，目录筛选9个产业门类、29个产业大类、104个产业中类、183个产业小类，根据目录制定《高精尖招商引资目录》，作为商务楼宇开展招商租赁指导性文件。7月22日，国家发展改革委副主任连维良专题调研北京信用体系，北京CBD管委会汇报企业优选和楼宇风险信用模型建设情况。10月14日至18日，举办“2019年北京CBD构建高精尖产业·楼宇金牌管理员”培训班，96座楼宇、10余家重点企业参加。11月14日，北京市人力社保局、朝阳区人力社保局、北京商务中心区管委会联合举办“2019年企业年金主题宣传季——北京CBD专场”宣讲会。年内，推出“CBD楼宇品质分级评价标准”2.0版，50座楼宇申报评级，评选出超甲级楼宇5座、甲级楼宇7座。发放19家企业“服务包”。设立北京商务中心区招商服务大厅，集中开展核心区高精尖企业招商引资及企业登记备案、税务报到、统计登记等服务。（李文正）

【重点企业入驻】 3月23日，德勤北京公司举行中国人寿金融中心办公新址启用仪式，区领导王灏、李国红出席并发放政策“服务包”。5月8日，中国人寿旗下专业投资平台——国寿投资控股有限公司税务关系迁入北京商务中心区，公司注册资本37亿元，管理资产规模3700亿元。8月15日，丰田金融服务（中国）有限公司落户北京商务中心区，公司注册资本2.1亿元。年内，北京商务中心区金融机构总量1200余家，外资金融机构133家，分别占全市20%和40%。（李文正）

【核心区项目建设】 4月24日，北京商务中心区核心区Z13地块商业金融项目通过

▲ 北京商务中心区核心区Z14地块正大项目外观（摄于4月11日）
（北京CBD管委会 供图）

竣工验收。5月28日，北京商务中心区核心区中国人寿金融中心启用。6月27日，北京商务中心区核心区Z14地块商业金融项目通过竣工验收。6月28日，命名北京商务中心区核心区Z15地块项目为“中信大厦”。6月底，北京商务中心区核心区Z2a（阳光）地块项目恢复施工。8月9日，命名北京商务中心区核心区Z14地块商业金融项目为正大侨商中心。8月12日，北京商务中心区核心区Z1a中期项目开工。12月10日，北京商务中心区核心区Z15地块项目通过竣工验收。（李文正）

【北京商务中心区城市森林公园开放】 5月3日，北京商务中心区城市森林公园开放。园区占地面积18000平方米，有树木1000余棵，灌木和地被面积14500平方米，植物50余种，修葺环形休闲步道1000米。（李文正）

【世纪城市项目建设】 5月27日，世纪城市项目地下部分取得建设工程规划许可证，规划建设用地面积1.89万平方米，地上规划建筑面积20.4万平方米，取得批复的地下建筑面积10.5万平方米。（李文正）

【合作交流】 7月13日，北京CBD管委会与通州区运河商务区管委会签署合作协议，促成通州区新城中心区建设管理委员会与北京商务中心区企业中国国际技术智力合作有限公司、威沃克办公服务（北京）有限公司（WeWork）、北京万达文化产业集团等企业签约，使项目落地通州区。10月31日，中国商务区联盟召开2019年中国商务区联盟闭门会议，通州运河商务区、上海陆家嘴金融城、杭州拱墅区运河财富小镇、四川天府新区天府中央商务区、天津市河北区意风区中央商务区等5家单位加入联盟。（李文正）

【核心区变电站建设】 7月31日，北京商务中心区核心区移动变电站通过土建工程电缆沟道验收及竣工验收。9月4日，郎家园110千伏变电站投产发电，装机容量25.2万千伏安，设置4台主变压器。9月11日，核心区移动变电站投产发电，供电正大、中信项目。年内，确定500千伏电站实施范围，获市政府电力设计方案批复，完成环评、稳评公示及报告编制。变电站建设明确安置房源1800套，编制完成北京商务中心区核心区配套电力设施拆迁项目建议书（代可行性研究报告），并通过专家会评审，完成权属核查。（李文正）

【2019北京CBD论坛】 10月30日，以“全球视野 产业洞见 城市未来”为主题的2019北京CBD论坛在北京柏悦酒店开幕。常务副市长林克庆，市委外办、市政府外办主任熊九玲，区领导王灏、文献等出席。论坛发布《商务中心区生态圈构建和发展白皮书》，宣布北京国际CBD生态联盟成立。（李文正）

【商务区蓝皮书（2019）发布】 10月31日，中国商务区联盟、中国社会科学院城市发展与环境研究所、社会科学文献出版社在北京郡王府联合举行中国商务中心区发展高峰论坛暨《商务中心区蓝皮书：中国商务中心区发展报告NO.5（2019）》发布会。蓝皮书以“营造CBD国际一流营商环境”为主题，立足深化改革和对外开放双重背景，总结中国CBD营商环境优化进展、成效和问题，研究提出促进北京商务中心区营商环境优化总体思路、重点任务及对策建议。（李文正）

【企业走访服务】 年内，北京CBD管委会开展“大走访、大调研、大服务”专项行动。走访服务范围是朝阳区240家稳增长企业，拓宽到北京商务中心区区级贡献前1000名企业。走访企业380家，了解企业发展情况、存在困难和需要。启动“归巢行动”，走访异地纳税企业554家，涉及北京商务中心区功能区17个街乡、101座写字楼，企业面积80余万平方米，推动54家企业税源回迁，回迁面积7万平方米，形成税收3亿元。挖掘潜在回迁意向企业60余家。（李文正）

【区域人才服务】 年内，北京CBD管委会向区域内非京籍配售优先认定锦安家园、城志畅悦园2个共有产权房，优先配售300名非京籍人才，40%完成选房。完成北京商务中心区人才公租房日常管理和第三轮集中配租工作，为40余家重点企业400余名人才提供住房保障。为13家重点企业申报批复45个非京生源应届毕业生进京指标。为89家企业申报批复807名高管人才奖励。开展第五批国际高端商务人才评定政策宣讲、组织申报等工作。开展经济热点问题、企业投融资等讲座49场。（李文正）

北京奥林匹克公园

【概况】 北京奥林匹克公园管理委员（简称奥管委）成立于2008年11月1日，为区政府派出机构。设综合处（应急管理处）、综合治理处、大型活动处、市政管理处、发展处、安保交通处、党建工作办公室（正科级）7个科室。公务员编制104名，实有100名；全额拨款事业编制25名，实有24名。主要职责：负责研究提出奥林匹克公园发展规划和相关政策；参与拟订奥林匹克公园建设规划；负责区域内大型活动组织管理和服务保障工作；组织协调区域内社会秩序、市政基础设施、城市绿化、市容和环境卫生等工作；组织、协调、统筹区域内产业发展和促进工作；负责统筹区域内应急管理工作；负责组织协调开展食品卫生、防火安全、生产安全、交通管理、社会治安、旅游市场管理等工作。年内，奥林匹克中心区地均产出率158.5亿元/平方千米，劳均产出率176.7万元/人。3月13日，奥管委举行北京奥林匹克公园红色旅游景区揭牌仪式。年内，奥运功能区区级财政收入83.79亿元，比上年（75.3亿元）增长8.49亿元，增幅11.3%。公园固定资产投资（建安投资）46亿元，完成全年任务（建安投资36亿元）的127.8%。接待游客2958万人次。年内，北京奥林匹克公园举办大型活动618项，其中会议527项、展览59项、文化活动24项、体育活动12项。第二届“一带一路”国际合作高峰论坛、亚洲文明对话大会、2019年国际篮联篮球世界杯开幕式等国际性活动92项，国际化15%。（杨 盼）

【2019北京新年倒计时活动】 2018年12月31日晚至2019年1月1日，市文化和旅游局、北京冬奥组委文化活动部在奥林匹克公园庆典广场举行2019北京新年倒计时活动暨北京冰雪文化旅游节开幕式。中外游客、中外学生、冬奥运动

员代表、市民代表5000余人通过活动迎接新年。这是2011年以来北京市举办第八届新年倒计时活动。（杨　盼）

【首届“相约2022”冰雪文化节】 1月6日至2月19日，由北京冬奥组委指导、北京国资公司主办的首届“相约2022”冰雪文化节在北京举办。活动总面积23万平方米，联动双奥场馆鸟巢、水立方及庆典广场。鸟巢区域以“雪”为特色，主附场地6万余平方米，内设高台滑雪、越野滑雪、单板乐园、雪地CS等25项雪上运动及健身娱乐项目。水立方搭建冰立方“欢乐冰场”，占地面积5000平方米，包括标准冰球场1800余平方米和娱乐冰场800余平方米。12月26日，北京奥促中心、北京北奥集团、国家体育场、国家游泳中心、北投文体公司共同主办第二届“相约2022”冰雪文化节。活动由北京2022年冬奥会和冬残奥会组织委员会文化活动部指导，北京市体育局、北京国资公司、北投集团、北京奥林匹克公园管委会支持。冰立方“欢乐冰场”占地900平方米，提供滑冰、冰球、冰壶等大众冰雪项目体验。冰雪文化节的雪上项目集中区——鸟巢欢乐冰雪季举办至十一届，场地6万余平方米，内设高台滑雪、越野滑雪、单板乐园、模拟冬季两项、雪圈广场、雪地平衡车等20余项冬奥体验项目和冰雪健身活动。有“相约2022”奥运文化主题展、水立方冰水转换主题展、“艺术让冬奥更美好”奥运雕塑展等冬奥主题展。（杨　盼）

▲ 12月26日，“相约2022”冰雪文化节开幕，图为雪上项目集中区——鸟巢欢乐冰雪季活动（奥管委　供图）

【北京越野滑雪积分大奖赛】 3月1日，国际滑雪联合会在北京奥林匹克公园庆典广场举行2019年国际雪联中国北京越野滑雪积分大奖赛，21个国家200余名国内外越野滑雪运动员参赛。国家体育总局冬季运动管理中心、中国滑雪协会、北京市体育局、北京市延庆区人民政府、北京奥林匹克公园管理委员会及首钢集团公司联合承办。越野滑雪赛设在城区内，方便市民观赏、参与。英国选手克拉格内特·詹姆斯获男子冠军，瑞典选手诺德斯塔姆·玛利亚·约翰娜获女子冠军。中国运动员迪妮格尔·衣拉木江获女子亚军，是中国越野滑雪运动员在该项目获得的最高荣誉。（杨　盼）

【国际泳联世界跳水系列赛北京站】 3月7日至9日，国际游泳联合会在国家游泳中心举办2019国际泳联（FINA）世界跳水系列赛北京站，由国家体育总局游泳运动管理中心、北京市体育局、北京国家游泳中心有限责任公司承办，北京时博国际体育赛事有限公司协办。比赛设10个项目，澳大利亚、加拿大、法国、英国、墨西哥和东道主中国等14个国家和地区80余名运动员参赛。赛事连续9年在水立方举办，中国队包揽10个项目所有金牌。（杨　盼）

【中国工艺美术馆工程奠基】 3月30日，“中国工艺美术馆”工程举行奠基仪式。项目暂定名中国工艺美术馆工程，2011年8月经国务院批复立项，建筑面积86800平方米，投资15.15亿元，用于展示中国工艺美术和非物质文化遗产。项目建设单位为中国工艺研究院，设计单位为中国建筑科学研究院与德国gmp国际设计有限公司联合体，监理单位为北京双圆工程咨询监理有限公司，施工单位为北京城建集团有限责任公司。计划于2021年5月完工。（杨　盼）

【马拉松赛】 4月14日，北京市体育局举办2019北京国际长跑节北京半程马拉松比赛。活动由北京市体育竞赛管理中心和中奥路跑（北京）体育管理有限公司共同承办。比赛起点天安门广场，终点奥林匹克公园景观大道中心区庆典广场，20000名选手参赛。中国选手刘洪亮以1：05：24成绩获男子组冠军，埃塞俄比亚选手Chernet Misganaw TAKELE以1：12：21获女子组冠军。11月3日，中国田径协会、北京市体育局、中央广播电视总台联合主办，中奥路跑体育管理有限公司、北京市体育竞赛管理中心承办华夏幸福北京马拉松活动。比赛起点天安门广场，终点北京奥林匹克公园庆典广场，全程42.195千米，3万名跑者参赛。肯尼亚选手KISORIO刷新北马赛会纪录的同时获男子组冠军，埃塞俄比亚选手KEBEDE获女子组冠军。11月2日，2019华夏幸福北京马拉松特色赛事——阿迪达斯亲子跑在奥林匹克公园举行，1000组家庭参赛，设攀岩、足球、篮球、射箭等赛后互动嘉年华活动。（杨　盼）

【环境整治和景观提升工程】 4月21日，奥管委完成上半年重大活动奥园环境整治和景观提升工作。包括石材修复、道路修复、雕塑修复、清洗粉刷等7大类，其中修复破损步道1.2万余平方米，修复景观大道石材960平方米，清洗石材27.68万平方米，更换垃圾桶400个，维修雕塑71组，清洗遮阳篷510顶、游客中心（站）10个、安检口7处、标识标牌200处。景观提升按照“一核”“一轴”总体构思进行绿化景观提升与花卉布置，绿化提升改造3万余平方米，地栽花卉1.6万余平方米，设置“丝路金桥”“蒸蒸日上”等景观主题花坛，在景观大道摆放70组花柱，花卉总量210万盆。集中整治民族大道一线环境，拆除围栏2500余延米，设置花箱1040组，补植大叶黄杨1300平方米。9月，奥管委完成中华人民共和国成立70周年庆祝活动奥园花卉和景观布置。栽植花卉1.4

万平方米，摆放花柱90根，花箱3533个；设置主题花坛1座，国庆花堆3处；安装5个硬质横幅、110个缎面灯笼。（杨 盼）

【第二届“一带一路”高峰论坛服务保障】4月25日至27日，第二届“一带一路”国际合作高峰论坛在北京召开。奥林匹克公园承接高峰论坛开幕式、企业家大会、12场分论坛及高级别会议。其间，奥管委做好外围服务保障工作，在警戒区外29个网格中投入454人力量，负责外围安全维稳和社会面管控；每日安排200余名环卫保障人员及40余辆作业车辆清洁公共区域。（杨 盼）

【国家体育产业示范基地建设】4月，奥管委连续6年完成《北京奥林匹克公园体育产业综合发展报告》编制。11月28日，奥管委组织园区重点业主单位参展2019中国体育文化·体育旅游博览会，在奥园展区展示体育产业著作、招商手册、奥园杂志等宣传资料，吸引观展者参与互动体验活动。奥管委获国家体育总局体育文化发展中心颁发“优秀组织奖”。（杨 盼）

【冬奥会倒计时1000天】5月10日，北京2022年冬奥会倒计时1000天活动在奥林匹克公园玲珑塔南侧广场举行。倒计时显示屏采用1000余平方米LED网幕，搭设在玲珑塔上，与“鸟巢”“水立方”等冬奥场馆形成冬奥主题景观。（杨 盼）

【亚洲文明对话大会】5月15日，亚洲文明对话大会在国家会议中心开幕。活动主会场在奥林匹克公园，奥管委承担亚洲文明对话大会、亚洲文化嘉年华、盛装巡游、亚洲美食节等8天服务保障任务。活动前期解决冬奥会倒计时1000天、亚洲文明对话大会系列活动的场地交叉、交通流线、施工搭建、停车保障等问题。（杨 盼）

【中国国际服务贸易交易会】5月28日至6月1日，商务部和北京市政府在奥林匹克公园共同举办中国国际服务贸易交易会(简称京交会)。京交会以“开放、创新、智慧、融合”为主题，包括16.5万平方米展览展示、240余场论坛会议和洽谈交易活动。137个境外国家和地区、21家国际组织、全国各省（自治区、直辖市）、180余家境内外商协会、8000家境内外企业及机构参展参会。京交会推动达成意向签约项目440个，意向签约金额1050.6亿美元。（杨 盼）

【滑轮比赛活动】7月4日至6日，国际滑雪联合会在北京奥林匹克公园庆典广场举行2019年国际雪联中国北京滑轮世界杯活动。活动由国家体育总局冬季运动管理中心、中国滑雪协会、北京市体育局联合承办，北京奥林匹克公园管理委员会、北京市体育竞赛管理中心、北京市体育局新闻中心、北京市国际体育交流中心、北京城市副中心投资建设集团有限公司、斯威克斯体育产业发展有限公司共同协办。14个国家、131名运动员参赛。挪威选手约翰尼斯·克莱伯获男子组总冠军，瑞典选手林·索姆斯卡获女子组总冠军。国际雪联基础大项A类赛事首次在中国举办，滑轮世界杯首次在东亚地区举办。10月26日至27日，国家体育总局社会体育指导中心、中国轮滑协会、北京奥林匹克公园管理委员会在北京奥林匹克公园的中国轮滑广场联合主办“滑向鸟巢·2019中国轮滑嘉年华”活动。北京市冰上轮滑运动协会、北京阁乐博国际展览有限公司联合承办。全国13个省市、2000余名专业轮滑运动员参与。轮滑嘉年华包括轮滑赛事、娱乐互动、传统冰上文化、展览展示等全民参与活动。活动融合5个国家级专业赛事，增强赛事观赏性和专业度。（杨 盼）

【第十届奥运城市体育文化节】8月8日，北京奥运城市发展促进会在奥林匹克森林公园南园外广场举行第十届北京奥运城市体育文化节开幕式，北京奥运城市发展促进中心和北京中广赛博文化发展有限公司共同承办。文化节将奥运文化拓展到北京市6个区县，结合地方特色举办体育及奥运文化主题活动。北京奥运城市体育文化节自2010年开始举办，百余万群众参与。（杨 盼）

【“水立方杯”海外华侨华人大联欢】8月8日，市政府侨办、市政府新闻办、市国资公司在国家游泳中心“水立方”举行2019年“水立方杯”海外华侨华人大联欢活动。31个国家、50个分赛区、100余名选手参加。联欢活动以“侨心筑梦水立方 共谱华诞新乐章”为主题，设“文化中国·水立方杯”海外华人中文歌曲大赛，1300余家海外侨社、华文媒体、中文学校等参与承办，是历届规模最大。（杨 盼）

【演唱会】8月10日，歌手张杰在国家体育场举办“2019未·LIVE全球巡回演唱会北京站”演唱会，到场观众4.8万人。8月23日至25日，台湾摇滚乐团“五月天”在国家体育场举办“Mayday 2019 Just Rock It！！！蓝|BLUE”演唱会，到场观众12.6万人次。（杨 盼）

【城奥大厦投入使用】8月22日，城奥大厦举行推介发布会，宣布投入使用。城奥大厦位于奥体文化商务园区，占地

▲ 8月22日，城奥大厦举行推介发布会，宣布投入使用 （奥管委 供图）

面积12273平方米，写字楼建筑面积67660.49平方米，建筑高度95米，地上19层，地下4层。由北京城建集团、北投集团联合投资开发，2017年5月开工建设，2019年5月落成，8月入市。工程建设单位是北京城奥置业有限公司，设计单位是北京市建筑设计研究院有限公司，施工单位是北京城建亚泰建设集团有限公司，监理单位是北京兴电国际工程管理有限公司。（杨　盼）

【国际篮联篮球世界杯】 8月30日，2019年国际篮联篮球世界杯开幕式在国家游泳中心举行。奥管委负责开幕式环境保障，在国家游泳中心周边栽植花卉，摆放花堆、赛事主题花坛等，布置花卉12个品种51986株。（杨　盼）

【2019中国网球公开赛】 9月28日至10月6日，2019中国网球公开赛在国家网球中心钻石球场举行。42个国家和地区的252名运动员参赛，奖金总额1116万美元，创历史新高。多米尼克·蒂姆获中网男单冠军，大阪直美获女单冠军。（杨　盼）

【国庆彩车展览展示】 10月2日至7日，奥林匹克公园展示在10月1日庆祝中华人民共和国成立70周年大会群众游行方阵中的各省市彩车34辆。其间，公园接待游客271万人，彩车展示区接待游客150万人。奥管委成立奥园彩车展览展示保障工作专班，统筹制定整体运行方案。筹备期间完成4400平方米场地钢板加固，设置1600延米安保围栏，铺设2500米供电电缆，提供1800千瓦电源，搭建650平方米休息篷房。每日配备400名民警、70名城管队员、1500名安保人员、100名志愿者，加开5机10门临时安检通道，多措施疏导客流。每日出动700人、75车进行环卫保洁；15人、8车进行市政设施维护；450人保障维护光影秀安全秩序。（杨　盼）

【2019国际冬季运动（北京）博览会】 10月17日至20日，北京奥运城市发展促进会和国际数据集团在北京国家会议中心举办2019国际冬季运动（北京）博览会（以下简称冬博会），北京奥运城市发展促进中心、爱奇会展有限公司承办。冬博会延续“冰雪力量”主题，展示全球20余个冰雪强国以及其他国家和地区600余家冰雪产业品牌，展览面积3万平方米，设置20余场平行论坛及配套活动，240余位权威嘉宾探讨和交流全球冰雪产业最新经验成果、中国冬季运动发展之路。接待观众16万人次。（杨　盼）

【亚洲金融大厦竣工】 10月24日，亚投行总部大楼暨亚洲金融大厦举行竣工仪式。大厦位于奥林匹克公园中心区B27-2地块，北起科荟路，南至科荟南路，西起天辰西路，东至天辰东路，建筑面积39万平方米，由5座写字楼组成，地上最高16层，地下3层，2017年4月开工。作为亚投行总部办公场所使用，是中国第一个多边金融机构的总部大楼。工程建设单位为北投集团，设计单位为清华设计研究院，监理单位为北京华城建设监理公司，施工单位为北京建工集团、北京城建集团和中建八局三家公司。（杨　盼）

【第十一届“大爱无国界”国际义卖活动】 10月27日，国务委员兼外长王毅的夫人钱韦发起以“大爱无国界——用爱助力奔跑”为主题的第十一届大爱无国界国际义卖活动在国家体育场室外热身场举行。活动由外交部和中国扶贫基金会主办，北京市外办和朝阳区政府协办，90余家驻华使馆、国际组织驻华机构，50余家中资企事业单位参加。义卖活动筹得善款710余万元，通过中国扶贫基金会，用于云南省金平县和麻栗坡县学校运动场修建。（杨　盼）

【国家会议中心二期工程】 11月15日，国家会议中心二期工程完成基础及正负零以下主体工程施工任务，是主体工程的第一个重要节点。工程位于国家会议中心一期与亚洲金融大厦之间。建设单位为北辰实业集团，监理单位为中咨工程建设监理有限公司，施工总包确定为北京建工集团。在北京2022年冬奥会期间主要承担主新闻中心和国际广播中心的功能。（杨　盼）

【“冰立方”冰上运动中心结构封顶】 11月18日，“冰立方”冰上运动中心封顶，位于国家游泳中心南广场地下。“冰立方”冰上运动中心包括1个1830平方米标准冰球场和4条45米×5米的标准冰壶赛道。建成后用于全年运行冰上项目，是集冰上赛事、滑冰健身、冰上培训、体育旅游、冰上演出等功能于一体的冰上项目平台。冰上运动中心用于北京2022年冬奥会供冬奥赛事配套使用，赛后将作为冬奥会遗产永久保留冰上功能，用于普及冰壶运动及冰上健身。（杨　盼）

【北京冬奥村项目主体结构封顶】 12月3日，北京冬奥村项目主体结构封顶。项目位于朝阳区奥体文化商务园区内，建筑面积33万平方米，由20栋住宅组成，有地上13～17层不等。项目用于北京2022年冬奥会、冬残奥会各国运动员及随队官员住宿、餐饮、医疗等保障服务。冬奥会期间可提供床位2260个，冬残奥会期间500个。赛后作为北京市人才公租房，向符合首都城市战略定位人才配租。（杨　盼）

【国家体育馆扩建部分主体结构完成】 12月25日，国家体育馆扩建部分主体结构施工完成。改建工程包括主馆改造和扩建训练馆两部分。扩建训练馆建筑面积13726平方米，含地上2层、地下1层，用钢量1500吨。扩建训练馆其结构建筑以“中国折扇”造型为设计元素，采用混凝土框架结构支承的大跨楼盖结构，楼盖包含8榀钢桁架，桁架高度为5米、跨度38.4米，与原国家体育馆结构屋面无缝衔接。工程用于冬奥会期间男子冰球项目全部比赛和女子冰球决赛部分赛事，以及冬残奥会冰橇冰球项目。（杨　盼）

【北京奥运博物馆开放】 12月30日，北京奥运博物馆全面开放。北京奥运博物馆位于鸟巢南侧负一层，面积2.3万平方米，改陈后“冬奥”展区首次亮相。包括“百年奥运、中华圆梦”“科学发展、统领筹办”“无与伦比、世界同欢”“两个奥运、同样精彩”“奥运之城、世界之城”“冬梦飞跃、相约北京”6大展区，2000余件展品。自2018年8月奥运博物馆启动奥运藏品征集活动，截至12月征集到“奥运文物”8万余件。（杨　盼）

【国家速滑馆封顶封围】 12月31日，国家速滑馆完成屋面单元板和外立面曲面幕墙单元安装，实现封顶封围。“冰丝带”整体亮相。国家速滑馆工程位于奥林匹克森林公园南园西北侧，北邻国家网球中心，东临奥林西路、西临林萃路。场馆设置座席12000个，建筑高度33.8米，用于北京2022年冬奥会期间速度滑冰项目比赛。（杨　盼）

【楼宇建设招商】 年内，奥体文化商务园区新引入中建英大保险经纪有限公司、中京锐思（北京）管理咨询有限公司等15家企业。（杨　盼）

中关村朝阳园

【概况】 中关村科技园区朝阳园管委会（简称朝阳园管委会）为区政府派出机构，负责朝阳园规划设计、开发建设和协调服务等工作，朝阳园管委会主任由主管副区长兼任。设办公室、组织人事处、党群工作处、规划建设处、产业促进处、创新创业处、国际合作处、科技金融处、中关村科技园区朝阳园服务中心9个科室。行政编制39名，事业编制11人。2015年8月，朝阳区机构编制委员会印发《关于调整中关村科技园区朝阳园管理机构设置的通知》，撤销垡头科技商务区管委会及其管委会办公室，主要职能和行政编制划入朝阳园管委会。园区企业可以享受国家、北京市、中关村示范区、朝阳区的各类优惠政策。9月3日，参加由工业和信息化部组织开展的2019年先进制造业集群竞赛。年内，新引入雀巢研发、中国工业互联网研究院、中国重燃等重大项目，完善园区在5G终端研发、生物医药研发等方面的产业布局。助推北京新氧科技登陆纳斯达克，沃尔德首批在全国科创板上市，金科环境通过上市委审核。举办朝阳区高成长20强暨明日之星评选活动，重点扶持高成长性企业。与中关村管委会共建中关村朝阳国际创投集聚区，出台高质量发展“政策18条”，覆盖创投服务、风投奖励、产业发展、上市奖励、人才引进5个方面，高瓴、红杉等创投机构入驻。通过“未来青年论坛”“未来科学大奖周”等活动，吸引顶尖科学家汇聚北京。通过“闭门耕”“未来局”产学研交流活动，吸引墨奇科技等硬科技企业落地。建设望京国际人才社区，营造“类海外工作”环境，推进未来论坛、国际人才公寓、国际学校以及国际医院等建设。1月至12月，规模以上高新技术企业总收入6889亿元，比上年增长8.3%。电子信息、先进制造、新能源和生物医药，四大特色产业总收入4922亿元，比上年增长4.3%，占园区总收入71.4%。高端产业功能区效益地均产出率、劳均产出率分别为263.9亿元/平方千米、262.9万元/人，比上年增长8.3%、7.6%，完成全年任务129.2%、114.5%。（朝阳园管委会）

【考察接待】 3月28日，天津市河西区考察团到中关村朝阳园考察交流。考察团参观大望京科技商务创新区和西门子数字化体验中心，体验西门子自动化生产线工作流程。参观后与朝阳区领导交流京津冀协同发展、合作交流等内容。8月15日，河北唐县县委常委、河北唐县经济开发区领导到中关村朝阳园园区孵化器创E+参观并座谈，双方分别介绍各自园区发展状况，探讨下一步合作内容。8月22日，市经济和信息化局相关领导一行12人到中关村朝阳园调研考察，参观电子城·国际电子总部、中关村朝阳园党群活动中心、昆泰嘉瑞中心和中国工业互联网研究院，并在中国工业互联网研究院座谈。李长萍、朝阳园管委会领导陪同调研。（苏　珊　张　晔　刘亚奇）

【2019未来青年论坛】 6月2日，中关村管委会、朝阳区政府、未来论坛在北京昆泰嘉瑞文化中心共同举办2019未来青年论坛。论坛以“创新引领未来”为主题，发布朝阳区打造首都创新创业国际化发展高地新举措，包括建设中关村朝阳国际创投集聚区、启动2019海外人才创业大会（OTEC）、成立科技服务创业投资服务联盟及先进制造创业投资服务联盟等。推出“朝企+”服务平台。（张　晔）

【孵化器对接交流】 9月4日，由中关村知识产权促进局、中关村科技园区朝阳园管理委员会主办，中关村知识产权服务联盟、北京科创空间投资发展有限公司承办的“2019年中关村知识产权服务业联盟与朝阳园孵化器企业对接交流活动”在创E+国际电子总部社区举办。中关村知识产权服务业联盟的10家知识产权专业机构与朝阳园辖区内创E+等16家孵化器、企业参加，创E+在知识产权服务方面交流做法，企业代表汉升链交流创业企业在布局知识产权中的需求以及遇到的问题，知识产权服务机构介绍各自的业务特点，对知识产权问题予以指导。（赵明明）

【电子城5G生态示范园建设】 10月16日，朝阳园管委会和电子城集团主办的“5G@all三网联合开通测试活动”暨5G产品展示会在电子城国际电子总部举行。标志着国际电子总部成为国内首个5G三网室内外信号全覆盖的园区，电子城5G生态示范园建设项目取得进展。园区电子城高科、爱立信等50余家企业100余人参加。（张浩琦）

【北京鲲鹏联合创新中心揭牌】 10月18日，北京市经济和信息化局、朝阳区政府、华为公司联合建设的北京鲲鹏联合创新中心在2019中关村论坛举行重大成果发布会上揭牌。市经济和信息化局副局长孔磊、区长文献、华为公司北京市总经理刘阳出席揭牌仪式。北京鲲鹏联合创新中心主营芯片、操作系统、数据库等关键核心产品，利用北京独有的产学研优势，建设鲲鹏生态体系，在虚拟化、云服务、行业应用等9大合作领域助力智慧城市建设。（张浩琦）

【互联网研究院战略合作协议签署】 10月18日，在中关村论坛重大成果发布会上，区委常委、副区长李长萍代表朝阳区人民政府与中国工业互联网研究院代表刘爱民签署战略合作协议。协议提出在建设工业互联网创新孵化基地、工业互联网创新公共平台和联合实验室、工业互联网高层次人才集聚高地、开展工业互联网领域国际交流与合作等方面开展合作。（张浩琦）

【25家独角兽企业上胡润榜】 10月21日，胡润研究院首次发布《2019胡润全球独角兽榜》。中国以206家（全球494家）独角兽企业领先美国3家，北京获“全球独角兽之都”称号，朝阳区有25家独角兽企业上榜，占全世界5.06%，占全国12.14%，占北京市30.49%，企业估值2760亿元。主要分布在电子商务、金

融科技等 10 个行业。秦淮数据、作业盒子、妙手医生、水滴、企鹅杏仁等 5 家企业为新上榜胡润独角兽企业。（王娜娜）

【明日之星评选活动】 11 月 13 日，中关村科技园区朝阳园管理委员会、德勤中国联合举办“2019 北京朝阳高科技高成长 20 强暨朝阳明日之星评选项目”颁奖典礼。典礼主题“厚积薄发——创新回归商业本质”，揭晓朝阳 20 强 [北京极智嘉科技有限公司、首约科技（北京）有限公司等] 和朝阳明日之星（格灵深瞳、澎思智能科技等）榜单。李长萍出席活动并为获奖企业颁奖。（张浩琦）

【2019 未来科学大奖颁奖典礼】 11 月 17 日，2019 未来科学大奖颁奖典礼在朝阳区举行。未来科学大奖捐赠人、科学委员会委员的代表及相关机构、企业的代表等参加。北京生命科学研究所学术副所长邵峰，因其发现人体细胞内对病原菌内毒素脂多糖炎症反应的受体和执行蛋白的贡献，获“生命科学奖”。中国科学院高能物理研究所所长王贻芳、美国加州伯克利大学教授陆锦标因其在实验中发现第三种中微子振荡模式，为超出标准模型的新物理研究，特别是解释宇宙中物质与反物质不对称性提供可能的贡献，获“物质科学奖”。清华大学教授王小云因在密码学中的开创性贡献，其创新性密码分析方法揭示被广泛使用的密码哈希函数的弱点，促成新一代密码哈希函数标准取得的成就获“数学与计算机科学奖”。朝阳区政府支持活动举办，王灏参加颁奖典礼。（张 晔）

【电子城服务中心机构名称变更】 12 月 11 日，根据《北京市朝阳区机构编制委员会关于调整中关村科技园区朝阳园管委会机构编制的通知》要求，变更北京市朝阳区电子城科技园服务中心机构名称及相关职责。北京市朝阳区电子城科技园服务中心变更为中关村科技园区朝阳园服务中心，编制数与领导职数不变。职责由负责电子城科技园区科技中介服务引导、科技成果转化促进；负责促进园区企业与政府部门、科研院所及高校沟通与交流；负责政策咨询和相关培训工作；负责技术合同登记工作；负责党群活动中心党建、群团活动的会务、策划和展览展示，以接待、讲解、宣传、推广等工作；负责活动中心设备运营维护和后勤保障等工作。变更为负责朝阳园科技中介服务引导、科技成果转化促进；负责促进园区企业与政府部门、科研院所及高校沟通与交流；负责政策咨询和相关培训工作；负责技术合同登记工作。（杜 华）

【阿里巴巴北京总部建设启动】 12 月 27 日，阿里巴巴北京总部园区举行启动建设仪式。北京市、朝阳区等相关部门领导、阿里巴巴集团董事局主席兼首席执行官张勇为阿里巴巴北京总部园区奠基。总部园区工程地址位于朝阳区来广营东路北侧，总投资 91 亿元，施工单位中建三局集团有限公司，监理单位北京赛瑞斯国际工程咨询有限公司。（康家铭 熊志阳）

【经济指标完成】 年内，朝阳园总收入 6889 亿元，比上年增长 8.3%；工业总产值 469.5 亿元，比上年增长 0.7%；实缴税费 423.2 亿元，比上年下降 22.6%；出口总额 34.4 亿美元，比上年增长 4.7%。四类重点高新技术领域规模以上企业收入 4922 亿元，占朝阳园总收入的 71.4%，比上年增长 4.3%。其中，先进制造技术领域收入 1973.9 亿元，比上年下降 1.1%；新能源与高效节能技术领域收入 1339.9 亿元，比上年下降 1.2%；电子与信息领域收入 1508 亿元，比上年增长 18.4%；生

▲ 11 月 17 日，2019 未来科学大奖颁奖典礼在朝阳区举行（未来论坛 供图）

物工程和新医药领域收入100.2亿元，比上年增长8.2%。（陈　亮）

温榆河生态走廊

【概况】 北京市朝阳区温榆河生态走廊建设管理委员会（简称温榆河管委会）为区政府派出机构，负责温榆河地区开发建设管理和协调服务工作，设置办公室、规划建设科、资源利用科3个科室，公务员编制15名。负责研究编制温榆河地区总体规划、控制性详细规划和各专项规划，制定地区发展规划、相关政策和开发建设计划，并组织实施；负责统筹温榆河地区市政基础设施建设、产业发展和生态环境建设，制定地区土地开发建设计划，并组织实施；负责协调建设用地的征地、拆迁、转工、转居工作，制定征地拆迁安置计划和政策；负责温榆河地区开发建设项目的初审和报批工作，并协助相关部门开展对工程项目的财务管理和审计监督工作；负责研究温榆河地区的财政、金融运行态势，组织对外宣传和招商引资工作。北京市朝阳区温榆河生态走廊服务中心为下属事业单位，差额拨款事业编制10名，负责区域相关信息化建设和服务，包括政策咨询，信息发布、追踪、反馈，管委会后勤保障等工作。年内，温榆河管委会推进温榆河公园的规划建设，启动占地2.04平方千米的温榆河公园示范园。完成固定资产投资0.2亿元。（孙　北）

【北京温榆河森林湿地公园建设】 1月，温榆河公园示范区建设启动。5月，市规划院总工程师王引在北京市城市规划设计研究院主持召开温榆河公园控规成果第一次会议。6月，温榆河管委会、昆泰集团、温榆河公园相关设计单位到延庆世园会参观学习世园会建筑、构筑物设计，智慧园区建设等。8月，副市长卢彦主持召开视频会议，研究温榆河公园建设工作。10月，温榆河管委会相关工作人员到怀柔雁栖湖生态发展示范区调研示范区林木种植、水质保护、运营管理等相关工作。（孙　北）

【温榆河生态走廊规划建设】 3月，温榆河管委会与清华大学同衡规划设计研究院共同完成《温榆河生态走廊绿色空间概念性格规划研究》并形成初步成果，梳理规划范围80.5平方千米的绿色空间人、地、房情况及绿色空间利用情况，提出空间布局和功能定位等概念性建议。（孙　北）

【区人大议案办理】 3月，温榆河管委会负责牵头办理区人大“加快建设温榆河公园示范园，推动朝阳区生态文明建设”议案调查研究。内容包括温榆河公园示范园功能定位、拆迁腾退、周边区域规划和产业用地规划等。10月，区人大常委会审议通过温榆河管委会议案办理工作情况报告。（孙　北）

【课题研究】 5月，温榆河管委会邀请北大生物学教授吕植专题讲授温榆河公园生态保护和生物多样性相关研究。8月，温榆河管委会邀请中国城市规划设计研究院高级工程师、风景园林研究院副院长讲授“生态、景观、文化——城市大型绿色空间规划设计探讨”课程，包括在温榆河公园规划建设中充分利用现有资源，营造近自然森林景观，深化公园景观规划设计等内容。（孙　北）

【签约责任规划师】 8月，温榆河管委会与清华同衡设计研究院有限公司签订责任规划师工作协议，协议委托同衡设计研究院研究温榆河功能区控规编制、绿色生态空间规划和生物多样性等内容，对功能区规划范围内孙河、金盏、崔各庄乡域规划等按需提供支持，为温榆河公园规划建设提出意见建议等。12月，清华同衡规划设计研究院作为温榆河功能区责任规划师，以“大处着眼、小处着手、摸索中前行”为题向区规划分局组织的专家评审会进行全年工作报告，获86.5分评比成绩。（孙　北）

金盏金融商务区

【概况】 北京市朝阳金盏金融商务区管理委员会（简称金盏金融管委会）是区政府派出机构，负责贯彻执行关于金盏金融商务区建设发展的法律、法规、政策，以及区委、区政府的决议和决定；负责组织编制园区总体规划、控制性详细规划和各专项规划，制定园区发展规划、年度计划、相关政策和开发建设计划，并协调实施；负责组织研究园区产业发展规划，对外宣传、招商引资、综合协调等工作，协助区政府做好园区重大项目引进的研究和决策工作；负责协调推进园区开发建设项目的规范审核、报批工作，并对园区规划、土地、建设的相关政策落实进行监督；负责市、区相关专项资金的使用和监督管理工作；负责协调园区市政基础设施、配套服务设施、户外广告、广场绿地和重要景观的建设工作；负责园区信息化建设工作；承办区政府交办的其他事项。园区管委会内设办公室、规划发展科、建设科和财务审计科，有行政编制19人。下属单位北京市朝阳金盏金融商务区服务中心，有事业编10人。园区位于温榆河生态走廊内，紧邻规划北京第四使馆区，东至金榆路，南至规划坝河北滨河路及规划第四使馆区，西临东五环，北至规划东坝路，占地1216.69公顷。园区内部以机场第二高速为界，东侧称为东区，规划用地面积595.29公顷，西侧称为西区，规划用地面积621.4公顷。12月，完成大市政建设。（杨　雪）

【中信金融数据中心项目】 1月，中信金融数据中心项目完成主体结构施工。总建筑面积10.17万平方米，地下二层，地上5层，由1#～9#数据中心9个单体工程组成。12月底，进行室内墙体二次结构墙体砌筑施工、设备管道安装等施工，其中二次结构砌筑完成80%。（王治国）

【朝阳金地启汇中心项目】 3月21日，朝阳金地启汇中心项目开工建设。项目总承包单位是北京城建远东建设投资集团有限公司，监理单位是北京星舟工程管理有限公司。9月，主体结构基本施工完成，进入二次结构及市政管线施工阶段。12月5日，工程全部结构封顶。总建筑面积19.44万平方米，地下3层、地上7/10层，由1#、2A、2B、3A、3B、4#商业楼及地下车库7个单体工程组成。其中，3A和3B为地上7层结构，其余楼栋为地上10层。功能定位为商务综合体，项目总投资38亿元。（王治国）

【广发金融中心（北京）项目】 4月15日，项目开工建设。建安总投资额8.4亿元。规划建设用地面积5.13公顷，规划建筑规模15.68万平方米，由6栋主楼和1个地下室组成。1#、4#、5#楼为研发中心，2#、3#楼为测试中心，6#楼为应急指挥中心。10月11日，进行抗拔桩施工。施工单位为中国建筑一局（集团）有限公司，监理单位为北京双圆工程咨询监理有限公司。 （王治国）

【东区环境整治】 4月28日，金盏金融管委会形成《关于金盏金融商务区东区环境整治方案》。6月17日，金盏金融管委会与金盏乡政府、土地储备中心朝阳分中心、朝开公司共同召开东区环境整治工作专题会，建立环境整治工作机制，防止违法施工事件。7月4日，金盏金融管委会完成《关于金盏金融商务区东区环境整治工作进展情况的报告》。7月16日，与金盏乡各科室对接，确定环境整治“社区、村吹哨，科室报到”的工作机制。9月11日，成立金盏金融商务区环境综合整治检查队。11月，督促11家单位完成16000平方米的杂草清理及苫盖。12月28日，集中开展60万平方米土储地块的杂草清理及苫盖。 （程甲林）

【规划编制】 5月至10月，金盏金融管委会开展园区功能定位优化调整工作。10月，启动整体发展战略研究。围绕金盏国际合作服务区及周边区域35平方千米范围，明确交通、市政等区域发展条件，研究提出地区发展定位、功能布局、配套设施等内容。在此基础上，提出概念性总体城市设计方案构想。使馆区以北、北小河以东1.72平方千米核心区域先期启动方案编制。鼓励SKP、太古地产、中粮集团、香港置地、复星集团、电子城集团等具有商业运营经验的地产企业参与编制策划方案，将企业提出的初步策划构想与市规划院沟通，融入核心区域规划编制工作中。11月20日，《朝阳分区规划（国土空间规划）（2017年—2035年）》获北京市人民政府批复。分区规划明确园区“金盏国际合作服务区”功能定位，园区将践行国家对外开放新战略，打造首都国际交往新承载，实现北京城市发展新理念。以低密度空间形态、高品质城市环境、大尺度生态绿化为本底，以促进国家间重大合作为抓手，围绕第四使馆区建设实施，聚焦国际综合商务合作的核心功能，搭建促进人才、信息、科技、资金等要素流动的平台。 （高　昕）

【朝阳金茂中心项目】 7月30日，项目完成结构封顶。总建筑面积11.26万平方米，地下二层，地上最高9层，由1#–6#共6个单体工程组成。10月，1#楼屋面施工至保温层，6#楼屋面施工至防水保护层，其余楼栋屋面施工完成。1#楼9层二次构施工至9层，其余楼栋二次结构基本完成。地下机电管线安装完成50%，地上机电安装完成60%。2#楼首层施工至墙面石材干挂，7层施工至墙面面层。2#楼施工至龙骨及玻璃安装阶段，3#楼施工至龙骨阶段，其余楼栋未开始。 （王治国）

【环球财金中心项目】 7月30日，项目完成结构封顶。总建筑面积14.85万平方米，地下建筑面积5.62万平方米，地上总建筑面积9.23万平方米。功能定位为商务办公楼。9月，项目主体结构完工。10月，二次结构施工完成90%，幕墙施工完成25%，装饰装修完成5%。12月，1–A#楼、1–B#楼、2#楼、3#楼、4#楼幕墙工程完成90%，1–A#楼、1–B#楼、2#楼、3#楼、4#楼装修工程完成80%，场区回填土完成90%，室外工程完成40%。 （王治国）

【企业注销】 9月18日，经金盏金融商务区管委会党组会研究决定，注销金盏金融商务区管委会服务中心下属企业北京金盏融信投资中心的下属四家企业，分别是北京恒信通物业管理有限公司、北京恒信久通市政工程有限公司、北京恒信森通绿化工程有限公司、北京金盏园餐饮管理有限公司，正在办理后续工商及税务注销手续。 （齐宏意）

【第四使馆区项目】 10月，北京第四使馆区规划建设协调领导小组成立金盏国际合作服务区规划工作专班，负责开展规划研究及编制各项工作；成立金盏国际合作服务区产业工作专班，负责推动功能定位、产业发展，研究制定相关政策；成立金盏国际合作服务区环境建设专班，负责第四使馆区周边环境综合整治。金盏管委会与外交部行政司、外服局建立定期沟通机制，会商征地、拆迁、道路及市政基础等。12月30日，组织相关单位召开第四使馆区专题现场会，市土储中心朝阳分中心、区房管局、东坝乡在杰兴彩钢厂完成拆除移交手续，实施现场清理及地上建筑物拆除。12月31日，基本完成第四使馆区项目用地范围内拆迁腾退，进入基础设施补偿、征地手续办理等阶段。 （高　昕）

国家文化产业创新实验区

【概况】 国家文化产业创新实验区以“北京商务中心区（CBD）——定福庄”一带为核心承载空间，东至八里桥朝阳区与通州区界，南至广渠门外大街——广渠路，西起东二环朝阳区与东城区界，北至工体北路——姚家园路及其东延长线，行政区域面积78平方千米。北京朝阳国家文化产业创新实验区管理委员会（简称文创实验区管委会）加挂北京国家广告产业园区管理办公室牌子，是区政府派出机构，机构级别正处级，核定行政编制18名，在编人员18名，下设办公室、规划建设科、产业发展科和政策法规科4个科室。主要负责国家文化产业创新实验区（不含北京商务中心区）规划、建设、管理等组织协调工作；负责国家文化产业创新实验区内文化产业发展的协调推进工作。年内，实验区有人民日报社、中央广播电视总台、北京电视台、各省级卫视驻京机构以及央视频、凤凰集团、爱上电视、万达文化、蓝色光标等知名文化企业。接待国家相关部委、省市、国内外文化产业官方参观考察团74批次3708人次。实验区有文化产业注册企业32680家，新增注册资金5000万以上企业81家，注册资金105.7亿元；新增注册资金1亿元以上企业29家，注册资金79.4亿元。 （卢鹏飞）

【“政策50条”发布】 1月9日，文创实验区管委会发布“政策50条”，涵盖品牌提升、信用体系、文化科技、文化金融、旗舰企业、精品园区、文化贸易、风投奖励、上市融资、四板奖励、孵化创新、人才服务、知识产权、服务平台、文化保税等15个领域、50条具体政策条款。（卢鹏飞）

【知识产权保护】 1月28日，国家文创实验区“12330”分中心获“北京12330分中心、工作站2018年度优秀工作站”称号。国家文创实验区“12330”分中心是全市首家文创产业知识产权保护服务分中心，服务文化企业知识产权的创造、运用、保护和管理等。4月19日，国家文化产业创新实验区“4·26”知识产权服务活动周在实验区金融服务中心举行启动仪式，活动以“问诊文化企业，聚焦版权保护”为主题，邀请政、产、学、研专家解答文化企业发展中遇到的问题。（卢鹏飞）

【政协提案承办】 1月至5月，文创实验区管委会承办政协提案7件，其中主办2件、协办5件。提案内容包括加强文化金融产业融合，打造高水平国家文化产业创新实验区；优化营商环境促进文化企业高质量发展；提高文创园建设政策精准性等。5月31日，所有提案办理完毕，满意率100%。（卢鹏飞）

【中外手工艺交流活动】 5月20日，文化与旅游部中外文化交流中心、中国文化产业协会、北京朝阳国家文化产业创新实验区管委会在北京懋隆文化产业创意园举办“NICE CHOICE——中外手工艺采风交流活动”。英国纺织品设计师，扎染艺术家简·卡伦德、英国剪纸手工艺人皮帕·德尔拉加、意大利真菌丝手工艺人莫里齐奥·蒙塔尔蒂、中国传统天然色彩设计师李佳徽、纸造型艺术兼折纸艺术传承人李依凡、剪纸技艺传承人杨慧子、国家级非物质文化遗产“惠山泥人”传承人倪俊作为受邀手工艺术家参加活动。NICE CHOICE——中外手工艺采风交流活动是“大运河文化带文化遗产创新创意设计大赛”的一项中外交流创作活动。（卢鹏飞）

【文博会参加】 5月29日至6月1日，第十四届中国北京国际文化创意产业博览会在北京国际展览中心举办。会上，实验区内获北京市首批认定的7家文化产业园区（北京懋隆文化产业创意园、北京塞隆国际文化创意园、东亿国际传媒产业园、尚8园区、郎园Vintage文化创意产业园、莱锦文创园、北京电影学院影视文化产业创新园平房园区）首次集体亮相。（卢鹏飞）

【重点项目引进】 5月30日，中央广播电视总台成立的首个运营公司央视频融媒体发展有限公司落户国家文创实验区，注册资本10亿元人民币。6月26日，北京“文创四板”挂牌孵化培育基地启动暨国家文创实验区文化企业四板集体挂牌活动在国家文创实验区文化金融服务中心举行，北京漫意信国际文化传播有限公司等8家文化企业进行四板挂牌敲锣仪式，集中登陆北京“文创四板”。文化和旅游部产业发展司投融资处处长赵建军，市有关部门领导梅松、于海，区领导杨艳出席活动。（卢鹏飞）

副司长牛军，市委宣传部副部长赵磊，市委办局相关领导，区领导王灏、黄晓伟、李长萍，马来西亚、文莱、泰国、巴基斯坦、印度尼西亚、乌克兰等国家驻华使馆官员，国内外知名文化产业园区、专家学者出席活动。（卢鹏飞）

【签约责任规划师】 7月1日，文创实验区管委会与北京市弘都城市规划建筑设计院签订责任规划师工作委托合同并选定首席责任规划师，明确为实验区范围内的规划、建设、管理提供指导和技术服务等职责。（卢鹏飞）

【京津冀文旅项目推介活动】 11月13日至15日，2019“魅力京津冀”文旅项目交流活动在国家文创实验区北京懋隆文化产业创意园启动。活动围绕文旅融合、园区转型升级、运营开发、市场品牌应用等主题，进行专家授课、案例分享、项目考察。活动在文化和旅游部产业发展司指导下，由中国文化产业协会和国家文创实验区管委会共同主办，京津冀文化产业协同发展中心和国际文化产业园区发展联盟承办，北京懋隆文化产业创意园协办。文化和旅游部产业发展司副司长李磊出席开班仪式并致辞。12月20日，由中国文化产业协会、文创实验区管委会主办的“2019京津冀文旅精品项目推介暨文化产业合作研讨活动”在朝阳规划艺术馆举办，国漫文创产品、文博智慧云等9大文旅项目依

▲ 6月26日，北京漫意信国际文化传播有限公司等8家文化企业举行四板挂牌敲锣仪式（卢鹏飞 摄）

【国际文化产业园区发展论坛】 6月15日，2019国际文化产业园区发展论坛暨国际文化产业园区发展联盟成立活动在798艺术中心举办。活动由中国文化产业协会、北京朝阳国家文化产业创新实验区管委会主办，围绕“交流合作·共建共享”主题，共享国际文化产业园区发展经验，开展交流合作。英国、德国、荷兰、韩国以及中国北京、上海、天津、河北、江西、杭州、广州、西安等全球文化产业园区资源、专家学者、行业组织代表参加活动。文化和旅游部产业发展司

次路演，展示“京津冀”三地文化产业特色亮点，京津冀文旅企业200余位相关负责人参会。（卢鹏飞）

【数字创意大会】 12月5日至8日，中国数字创意领域年度峰会“2019DCT+数字创意大会”在朝阳规划艺术馆举行。其间，举办3场行业论坛、7场创意分享，以及科技嘉年华和“规划馆奇妙夜”实景科技沉浸展。活动由区委宣传部、文创实验区管委会指导，中国文化产业协会、全国老旧厂房保护利用与城市文化发展联盟、国际文化产业园区发展联盟、京津冀文化产业协同发展中心、北京市朝阳规划艺术馆联合主办。文化和旅游部产业发展司副司长李磊出席大会开幕式。（卢鹏飞）

【全国老旧厂房保护利用联盟年会】 12月6日，2019年全国老旧厂房保护利用与城市文化发展联盟年会在朝阳规划艺术馆举行。年会以“相融相通·共享发展”为主题，发布国内首个老旧厂房保护利用行业“政策服务包”——《全国老旧厂房保护利用的政策汇编》。（卢鹏飞）

【“智汇三三”高端沙龙】 年内，国家文化产业创新实验区围绕“文化创意衍生品开发模式探讨”“文化旅游创新融合发展之道”“创意时代碰撞智能时代——聚焦‘AI+媒体’”“文化产业国际化”主题举办4期“智汇三三”高端沙龙系列活动，吸引北京鲸世科技有限公司、北京吉祥树文化发展有限公司等300余家企业代表参与。“智汇三三”高端沙龙是文创实验区的一项品牌活动，旨在搭建政府、企业和学界三方的多向高效互动交流平台。（卢鹏飞）

【政策辅导服务】 年内，文创实验区管委会组织开展“优化营商环境 精准服务促发展”系列活动24场。活动从文创企业关注的政策法规、创新创业、知识产权、财税金融、上市辅导等热点问题，先后举办实验区建设发展引导资金文化企业专场解读会、朝阳区减税降费税收宣传普法活动、人工智能应用培训系列沙龙等活动，千余名文创园区及企业代表参加。（卢鹏飞）

【政策支持】 年内，国家文化产业创新实验区建设发展引导资金支持项目197个，拨付资金9884.8万元。（卢鹏飞）

经济管理

北京朝阳年鉴
Beijing Chaoyang Yearbook
2020

经济社会发展与经济调控

【概况】 北京市朝阳区发展和改革委员会（简称区发改委）内设科室14个，分别是办公室、党建科、法规科、发展规划科、综合科、投资科、产业促进科、区域协同科、资源环境管理办公室、价格科、营商环境科、招标投标管理办公室、功能疏解科、人口调控科，下设北京市朝阳区价格认证中心、北京市朝阳区中小企业服务中心、北京市朝阳区疏解调控发展运行中心3个直属事业单位，人员编制95人，其中行政编制64人、工勤编制4人、事业编制27人，实际在岗：行政人员63人，工勤4人，事业编制22人。主要负责本区国民经济和社会发展统筹协调、经济体制改革综合协调。3月，区发改委机构改革，重新梳理制定“三定”方案，明确职能配置、内设机构和人员编制。年内，区发改委坚持稳中求进总基调，保持朝阳区主要经济指标位列全市前列。减免各类税费负担约400亿元，地方级收入1075.80亿元；区级财政收入536.41亿元，比上年增长0.51%；完成建筑和安装工程投资452.6亿元，比上年增长8.2%。优化营商环境，为企业定制并发放“服务包”。争取广华新城小区配套学校建设工程等42个项目，市政府补助资金12亿元。拨付区政府基本建设专项投资计划42.7亿元117个项目。（朱兆芬）

【计划报告和稳增长方案审议通过】 1月8日，区发改委完成《关于朝阳区2018年国民经济和社会发展计划执行情况与2019年国民经济和社会发展计划草案的报告》，经朝阳区第十六届人民代表大会第五次会议审议通过。报告从“以落实总规更加注重减量集约发展”等6个方面总结2018年计划执行情况，确定2019年经济社会发展计划总体考虑和工作安排。6月6日，区发改委完成《朝阳区稳增长工作常态化机制方案》，经朝阳区十二届区委常委会2019年第19次会议审议通过。方案从做好财税增收、投资稳定等重点工作方面进行分析，指导部门和街乡落实稳增长工作常态化机制。（王丽颖）

【机构改革】 3月，区委办公室印发《中共北京市朝阳区委办公室 北京市朝阳区人民政府办公室关于印发〈北京市朝阳区发展和改革委员会职能配置、内设机构和人员编制规定〉的通知》，区发改委依据通知重新梳理制定“三定”方案，明确区发改委职能配置、内设机构和人员编制；明确主要工作任务，包括制定中长期规划，组织落实税源建设、全社会固定资产投资、功能疏解、人口调控，优化营商环境，推进产业发展、节能降耗、对口支援与扶贫协作、区域协同发展、招标投标管理、价格管理、中小企业服务等。调整后，区发改委机关新设营商环境科、区域协同科、党建工作科，调整更名经济信息分析和研究室（法规科）为法规科、价格管理科为价格科，取消企业服务科（区经济协作办公室）设置。行政编制64人，设主任1名、副主任4名，科级领导职数14正13副。（李　鑫）

【工程年度工作方案制发2个】 4月12日，区委办公室、区政府办公室印发《朝阳区推进“一廊”地区“五大提升工程”2019年度工作方案》及《朝阳区推进城乡发展“六个一百”工程2019年度工作方案》。“一廊五提升”包括廊道地区的基础设施提升工程、环境建设提升工程、产业发展提升工程、公共服务提升工程、社会治理提升工程5个方面，新建项目115个；“六个一百”工程包含新建及改扩建百条主次干路、支路和断头堵路，建设提升百条环境优美大街，新建和改建百个大中小微型公园，新升级百个“高精尖”功能性产业项目，打造百个绿色智慧平安社区，创建百个基层文化品牌。力争年内各项工程完成五年总任务量的85%。（王弘旭）

【精准服务重点企业】 5月31日，区委办、区政府办下发《关于落实重点企业“服务包”制度常态化工作机制的通知》，建立常态化、精准化落实重点企业“服务包”工作机制。区发改委通过统筹“服务管家”做好服务包承诺事项落实工作，依托全市企业发展和项目落地服务平台，以召开工作例会等多种形式，集成完善涉企服务政策，协调解决服务企业重大事项。全年送出重点企业“服务包”117个，涉及服务事项1566项。（李欣阳）

【与对外经贸大学签署战略合作框架协议】 8月27日，朝阳区和对外经济贸易大学签署《北京市朝阳区人民政府 对外经济贸易大学战略合作框架协议》。双方将在智力支持和战略咨询服务、教育文化、人才培养与干部队伍建设等方面开展合作，包括共建咨询服务平台；合作提升中小学、幼儿园教育质量，合作举办国际文化节，共同提升校园绿化环境；共同推进校地人才队伍建设，共建优秀人才培养机制。（郝芸婕）

【消费扶贫双创中心运营】 10月17日，北京市消费扶贫双创中心朝阳分中心投入运营，用于展销朝阳区扶贫协作对口支援河北省保定市唐县和张家口市康保县及阳原县、内蒙古乌兰察布市卓资县、新疆生产建设兵团14师47团6个受援地区产品。该中心位于常营乡管庄路116号东方华瑞商务楼，总建筑面积691平方米，由常营乡委托第三方运营服务商——北京木槿商贸有限公司负责场地运营工作。（郝芸婕）

【《朝阳区“十四五”规划编制工作方案》印发】 12月3日，区发改委印发《朝阳区“十四五”规划编制工作方案》，启动朝阳区“十四五”规划编制工作。方案明确规划编制总体要求、分阶段时间安排，确定规划编制主要任务和保障措施，提出规划编制工作组织架构，确定综合战略、经济发展、文化文明、城市治理、生态环境、社会民生6个工作组和38项前期课题、30个专项规划。（王弘旭）

【营商环境优化】 年内，区发改委持续深化“放管服”改革，推进“一门、一窗、一网、一次”综合窗口优质服务，试行高频办理事项错峰、延时办公。企业开办时限最快20分钟办结，不动产登记办理时间最快45分钟办结，社会投资低风险工程审批总时长压缩至8个工作日内办结。朝阳区在北京市区营商环境评价中连续2年排名第一。（李欣阳）

【重点项目建设推进】 年内，区发改委确定区域内纳入市重点建设项目36个，计划投资约392亿元；纳入市重点推进前期工作项目计划25个，计划投资约664亿元；重点集中在基础设施、民生改善和高精尖产业。同时，以全面提高区域发展品质、环境品质、管理品质和服务品质为目标，纳入区级重点项目75个，计划投资约180亿元；纳入区级重点前期项目40个，计划投资超过1400亿元。全区各部门明确市、区政府重点工程推进任务责任分工；完善多层级协调调度机制，围绕项目前期手续办理、建设中关键环节及节点问题，以“抓开工、促投资”为目标，分层级加强项目协调、调度；对区政府投资项目从规划、审批等阶段优化程序机制；继续开展分领域、常态化跟踪督促督查，强化监督考核，推进全区投资平稳运行。 （刘宣炜）

【疏解整治促提升】 年内，朝阳区“疏解整治促提升”专项行动总指挥部办公室印发《朝阳区“疏解整治促提升”专项行动2019年工作计划》，重点任务以责任书形式分解、细化到部门和街乡。全年疏解区域性物流中心2家、商品交易市场9家、一般制造业26家，清理整治“散乱污”企业7家、无证无照经营单位1945家，建设提升便民网点118个，压缩培训机构14家；拆除违法建设661万平方米，改造城乡接合部棚户区5127户、297.1万平方米；整治开墙打洞339户、占道经营重点点位127个、背街小巷330条、地下空间561处、出租大院和出租公寓129家、群租房2829户；绿化面积180公顷，“留白增绿”实现园林绿化192.69公顷、土地复垦23.64公顷。全区“疏解整治促提升”专项行动涉及人口31.6万人，其中，拆除违法建设涉及人口14.9万人，占道经营、无证无照和开墙打洞整治涉及人口0.5万人，城乡接合部整治改造涉及人口11.6万人，疏解一般制造业涉及人口0.1万人，疏解区域性专业市场涉及人口0.6万人，疏解部分公共服务功能涉及人口0.2万人，地下空间整治涉及人口0.1万人，棚户区改造涉及人口1.3万人，其他专项行动涉及人口2.3万人。完成2019年度常住人口调控目标，全区常住人口控制在347.3万人，比上年减少13.2万人，降幅3.66%，实现连续4年人口下降。 （董轶群 张爱旌）

【年度节能目标完成】 年内，朝阳区能耗标准煤907.76万吨，完成2019年朝阳区能源消费总量目标911.8万吨标准煤的年度节能目标，万元GDP能耗下降4.28%。区发改委根据《2018年度节能目标责任考评工作方案》，考评235家重点用能企业、43个街道（地区）办事处、12个行业主管部门以及5个功能区管委会节能目标，按照资金管理办法给予资金奖励考评优秀单位。安排节能资金5781.59万元，支持节能项目81项，年节能量约2.8万吨标准煤；制定《2019年朝阳区节能监察工作方案》，对区内48家重点用能单位节能措施落实情况进行专项监察，完成全年节能监察任务。 （赵志岩）

【5个对口帮扶地区实现脱贫摘帽】 年内，朝阳区与河北省保定市唐县、张家口市康保县和阳原县及内蒙古自治区乌兰察布市卓资县签署2019年东西部扶贫协议；与新疆和田地区墨玉县、新疆生产建设兵团十四师47团签署携手奔小康协议，确定帮扶重点及任务。包括朝阳区组织领导干部考察受援地区，赴结对地区调研对接，召开专题研究部署扶贫协作工作会议；帮扶资金2019年考核完成数9912.63万元；朝阳区数次开展消费产品进机关、学校、企业、批发市场、商超、社区等活动；动员社会各界共同捐款捐物；做好扶贫协作日常基础性工作，完善数据统计工作；搜集整理汇总成功经验和典型案例，营造全社会助力脱贫攻坚的良好舆论氛围。年内，确定区级帮扶项目10个，包括唐县丹朱城云水间中法葡萄酒文化园一期工程，唐县倒马关乡凤凰文旅双创基地，唐县2019年贫困人口公益岗位项目、蔬菜产业试验示范基地项目，康保县肉羊产业扶贫项目、打造“第二鹿乡”项目，卓资县光伏扶贫村级电站建设项目，第十四师四十七团二连朝阳区爱心工程、扶贫车间建设项目，新疆维吾尔自治区墨玉县扎瓦镇小微产业园标准化厂房建设项目。截至年末，唐县、康保县、阳原县、卓资县和新疆生产建设兵团14师47团通过国家脱贫考核验收，实现脱贫摘帽。 （郝芸婕）

财　政

【概况】 北京市朝阳区财政局（简称区财政局）是北京市朝阳区人民政府领导下主管朝阳区财政收支和财政监督工作职能部门。内设办公室、综合科、预算科、资产管理科、国库科、城乡财政科、行政政法科、教科文科、政府采购办公室、基本建设科、市政管理科、社会保障科、产业资金科、会计科、财政监督科、金融科、法制宣传科、人事科18个科室，行政编制97人、事业单位编制66人。下设监督检查所、国库集中收付中心、预算编审中心、绩效考评中心4个事业单位。年内，朝阳区一般公共预算收入完成536.4亿元，比上年增长0.5%，收入总量居全市16区首位。一般公共预算支出658亿元，比上年增长16.8%。增值税完成162.3亿元，比上年减少6.5亿元，降低3.8%；企业所得税完成126.3亿元，与上年持平；房产税完成101.1亿元，比上年增加3.3亿元，增长3.4%；城市维护建设税完成41.4亿元，比上年减少2.3亿元，降低5.3%；土地增值税完成28.7亿元，比上年增加8.1亿元，增长39.5%；印花税完成15.7亿元，比上年减少0.2亿元，降低1.1%。 （李　伟）

【区委财经委员会第一次会议】 7月23日，召开区委财经委员会第一次会议。区领导王灏、马继业、李长萍、王志勉、李国红、刘海涛、朱晟出席会议，区委书记王灏主持会议。区委副书记、区长文献传达学习中共北京市委财经委员会第一次、第二次和第三次会议精神，研究审议《中共北京市朝阳区委财经委员会工作规则》《中共北京市朝阳区委财经委员会办公室工作细则》《中共北京市朝阳区委财经委员会2019年重点议题》《朝阳区上半年经济形势分析报告》。 （武国鑫）

【营商环境优化】 年内，区财政局培育“朝阳模式”营商环境，投入资金1777万元，完善区政务服务大厅综合窗口岗位服务、综合窗口设备、服务宣传、短信叫号服务等。启动CBD国际化提升三年行动计划（2019—2021），安排资金

3458万元，用于完善升级区域国际化生活配套设施和文化设施，支持北京商务中心区商圈升级，引进国际顶尖人才、领军人才及团队。根据区金融办《朝阳区关于加快培育发展现代金融服务业的实施意见》《朝阳区关于促进商务经济高质量发展的实施意见》和《朝阳区街道地区商品交易市场疏解专项资金管理办法》，修订完善金融、商务服务业、市场疏解等工作政策，进行资金测算和资金保障。（李　伟）

【国资预算收支范围扩大】 年内，区财政局扩大国资预算收支范围，区教委、区绿化局、区体育局、区文化旅游局下属14家单位、62家企业纳入区国资预算收支范围。全年区国有资本经营预算收入14095万元，完成预算123%，其中，利润收入9853万元，股利、股息收入3106万元，上年结余1136万元。区国有资本经营预算支出11390万元，完成预算99.4%；其中，向国有企业资本性注入、产业升级发展等资本性支出5754万元，企业补贴等费用性支出1895万元，对国有企业监管等其他支出533万元，国有资本经营预算转入一般公共预算3208万元。（李　伟）

【预算管理】 年内，区财政局结合上年预算执行情况，对执行情况较差部门、项目相应削减预算，为完成本年支出任务奠定基础。预算编制实行街乡全口径预算编制，细化环境等大额专项至部门年初预算，提高预算编制科学性和合理性。在上年支出任务考核基础上，将年初明确事权、明确部门的大额专项列入考核任务，细化支出任务，强化主管部门主责意识，加快预算执行和大额专项的分配与执行。结合每月支出进度通报，分析部门预算和大额政府专项执行较慢原因及环节。同时，紧密对接预算单位，主动服务，加快审批流程，提高财政资金使用效率。（李　伟）

【资金监管】 年内，区财政局预算运用动态监控系统监控财政资金支付信息近39万条、金额424.26亿元，发现预算单位疑点信息194条、金额1.79亿元。按照财政部及北京市关于资金存放和暂付性款项管理监督要求，对本级财政专户资金进行清理，自查出财政专户不符合存放要求资金197亿元，退回国库。检查区级预算单位银行账户464个，抽取20家单位实地核查，跟踪督办预算单位账户备案、集体决策手续不全等79项问题，全部落实整改。（李　伟）

【绩效监管范围扩大】 年内，区财政局开展预算单位2019年度绩效目标申报工作，扩大管理范围。全年管理“朝阳区青年就业创业经费”“购置中水及利用再生水经费”等项目739个，涉及预算资金558.1亿元；与上年相比，项目数量增加329个，资金增长249.83亿元。完成“朝阳区高新技术产业发展引导资金”等30个项目事前绩效评估工作，评估资金10.86亿元。完成76个重大支出项目财政投资评审，送审金额72.31亿元，比上年增长62.20%；审定金额63.76亿元，审减金额8.54亿元，审减11.81%，节约政府投资。（李　伟）

【窗口工作网上办理】 年内，区财政局通过全国代理记账机构管理系统、电话、邮件、“朝阳区移动办公平台”短信、微信群等渠道解答政策疑惑、反馈业务申办情况，实现全项网上办、全程零接触、全方位公开。全年网上办理代理记账行政许可审批126家，网上完成财务人员信息采集6万余人。按照区政务服务办和审改办要求，朝阳区财政局行政审批及服务事项进驻区级综合大厅。（李　伟）

【宜居环境建设资金安排】 年内，区财政局安排2019年绿化美化专项资金3亿元，其中绿化美化建设项目大项6个、子项50个，资金预算24773.98万元，结算往年项目4244.73万元，预留资金981.29万元，用于区“十三五”期间规划“改造100个中小微型公园，实施100个老旧小区绿化改造”等民生实事。区环境建设预算安排项目664个，总投资63.8亿元，安排预算资金44亿元，并按照项目“事权、财权统一”原则进行还原部门，未安排项目列入项目库，如有需求优先考虑安排，减少中间环节，利于项目早启动、早推进、早结算。（李　伟）

【城乡建设资金管理】 年内，区财政局以公开透明、专款专用、严禁截留原则，收回美丽乡村第二批3个村剩余项目资金，纳入下一年预算安排。开展农村地区自管绿化养护面积测量工作，为农村地区环境提升、精细化预算编制提供数据基础。做好老旧小区综合整治项目以及老旧住宅单独增设电梯项目资金安排及拨付工作，足额发放保障性住房租金补贴区级资金5135.82万元。（李　伟）

【社会保障政策落实】 年内，区财政局落实弱势群体救助政策。落实区民政、卫健委、残联等17个部门市、区两级“两节”送温暖资金2900余万元，惠及8万余名困难对象。安排养老服务专项资金540万元，保障区养老服务驿站建设。开展入户调查，摸清困难群众底数，安排精准救助服务经费535万元。支付儿童福利院运营经费726.65万元，用于购买服务运营经费、运营保障等支出。保障各项残疾人康复政策落实和资金到位，投入残疾人康复、残疾人职业康复劳动运转等经费934.9万元，惠及残疾人7000余人。落实“九养”政策（市民政局、市残联联合制定的9条惠及老年人和残疾人相关政策），拨付享受助残服务残疾人经费1181万元，发放11万人次。（李　伟）

【平安朝阳专项保障】 年内，区财政局针对全国“两会”“一带一路”国际合作高峰论坛、世园会、亚洲文明对话大会、中华人民共和国成立70周年等重大活动安保任务，拨付区政法委专项资金2145.7万元。（李　伟）

【教育、公共文化事业资金保障】 年内，区财政局加强学前资金保障，缓解“入园难”“入园贵”等问题。学前教育资金项目支出预算安排9.16亿元，比上年增加3.6亿元，增长65.34%。安排市、区两级财政资金1.67亿元，用于系列文化活动、文化设施升级改造、图书馆运行保障、东岳庙传统文化展示等事项，保障朝阳区地方特色群众文化活动开展。支持科技事业发展，安排科技科普类预算内资金6800余万元，支持朝阳区产权政策落实、企业技术创新、科技计划项目管理、科普活动等项目支出。安排市、区两级财政资金7700余万元，用于全民健身工作经费、冬季项目队伍补助经费以及业余体校伙食及训练

经费等项目，推动群众体育与竞技体育发展。（李　伟）

【扶贫结对协作资金投入】　年内，区财政局贯彻落实北京市《关于推动生态涵养区生态保护和绿色发展的实施意见》，增大扶贫资金规模。按照每年6个受援地区各安排500万元、每个结对乡镇各安排100万元、较为成熟项目提前拨付2年资金的原则，拨付帮扶资金16300万元。拨付密云结对资金10000万元，推动密云区经济社会发展，实现两区合作共赢。追加内蒙古卓资县资金1000万元，解决该县易地搬迁资金需求。追加河北省保定市唐县和张家口市阳原县等对口扶贫受援地区防返贫保险经费471万元。（李　伟）

▲ 9月2日，区审计局、财政局到河北省保定市唐县考察调研　（区财政局　供图）

税　务

【概况】　国家税务总局北京市朝阳区税务局（简称区税务局）执行国家税收、社会保险费和有关非税收入法律、法规、规章和规范性文件，负责税收、社会保险费和有关非税收入征收管理，开展税收经济分析和税收政策效应，落实税收、社会保险费和有关非税收入服务体系建设，组织国际税收和进出口税收管理工作，负责所辖区域内增值税专用发票、普通发票和其他各种发票类管理，维护和规范税收秩序，为促进市、区的改革开放、经济建设服务。内设机构20个，分别为办公室、法制科、货物和劳务税科、所得税科、财产和行为税科、社会保险费和非税收入科、收入核算科、纳税服务科、征收管理科、国际税收管理科、税收经济分析科、税收风险管理局、财务管理科、人事教育科、考核考评科，纳税服务中心（税收宣传中心）、信息中心为事业编，另设机关党委（党建工作科）、老干部科、纪检组；派出机构28个，包括3个办税服务厅和25个税务所。在编人员1349人。全年完成各项税费收入（不含出口退税，不含社保）2062.23亿元，比上年减少181.98亿元，下降8.1%。其中，完成区级一般公共预算收入496.98亿元，比上年减收3.08亿元，下降0.6%。（林　洁）

【社会保险费和非税收入征管职责划转】　1月1日，根据市统一部署，机关事业单位社会保险费和城乡居民基本养老保险费、城乡居民基本医疗保险费划转至税务部门征收。同时，免税商品特许经营费、成人高考招生经费、户外广告设施招标及拍卖收入、油价调控风险准备金等4项非税收入划转至区税务局征收。截至年底，社会保险费（五险）入库33.81亿元；城乡居民养老保险入库1199.16万元；职业年金到账8.72亿元；各项非税收入入库55.74亿元，代征工会经费19.02亿元、国家电影事业发展专项资金6178万元，完成社会保险费和非税收入征管职责划转工作。（林　洁）

【新《中华人民共和国个人所得税法》实施】　1月1日，新《中华人民共和国个人所得税法》实施。区税务局依托街道、社区、乡镇，建立税收辅导服务网点，发动社区工作者、大学生志愿者和第三方中介力量参与新个人所得税法相关配套办法宣传辅导。联合43个街乡设立20个集中辅导点、90个宣传站，发放个税宣传资料10万余份，宣传手段实现政策宣传、培训辅导、专项服务100%全覆盖。全年全区个人所得税申报企业28.34万户，入库个人所得税339.53亿元，比上年减少111.37亿元，减少24.70%。（林　洁）

【税务登记】　年内，区税务登记69.94万户，其中正常户35.73万户。区税务局优化注销税务登记办理流程，设置清税注销业务专窗，集中受理业务。推行注销业务网上办，便利纳税人办税，全年网上受理注销业务36140户次，网上办理率82.92%。（林　洁）

【纳税服务】　年内，区税务局利用人工智能技术，在“北京朝阳税务”微信公众号增加智能客服系统，微信公众号用户订阅40余万人。呼叫中心上线智能电话呼入平台，增加智能语音交互功能，实现7×24小时不间断服务。全年受理纳税人咨询47.8万次，其中智能语音受理4.8万次，语音识别正确率99.71%，回答正确率91.61%。开展年度纳税信用评价工作，评价纳税人35.9万户，其中A级纳税人1.5万户，占比4.15%。（林　洁）

【企业所得税汇算清缴】　年内，区税务局完成2018年度企业所得税汇算清缴，实现2018年度企业所得税汇算清缴入库164亿元，比上年增加3亿元。（林　洁）

【税务营商环境优化】　年内，区税务局新增望京办公区，位于朝阳区绿地中心5号楼，面积1.8万平方米（其中区市场监管局使用2000平方米）；新增西大望路办公区，租用朝阳区西大望路甲12号（北京国家广告产业园）B座1层作为办税服务厅，建筑面积3975平方米，方便纳税人就近办税。探索办税服务厅、税务所衔接工作，由各税务所全流程管理风险应对，减少纳税人厅所往返跑现象，提升工作效率；试行容缺受理指导意见，结合纳税人信用等级，在纳税人未携带涉税业务附加资料时，对遵纪守法的纳税人“开绿灯”。开创不动产一窗办理综合服务窗口新模式和企业开办综合窗口运行管理模式，2个“朝阳模式”得到市、区领导肯定。（林　洁）

【银税互动】 年内，区税务局与宁波银行、中国工商银行开展数据交换、业务推介等纳税信用合作，提高企业参与度、活跃度，发挥纳税信用评价结果促进社会经济作用。全年通过“银税互动”，为367家企业提供“税务贷”融资服务，贷款2.01亿元，为中小企业解决实际融资9536万元。（林　洁）

【减税降费】 年内，区税务局成立减税降费工作领导小组，制定减税降费细化工作方案，全年减税降费338.55亿元。实施晨会制度，发挥统筹协调作用，全年召开晨会192次。设立减税降费微信专栏，直播答疑，在线接受宣传辅导超70万人次；组织面对面现场辅导1209次，培训5.97万人次。设置“减税降费”专窗，开辟“减税降费”绿色通道，简化退税流程，开通电子退库渠道，确保纳税人及时享受到减税降费政策红利。全年办理小微企业批量退库4.29万笔，退税975万元。（林　洁）

▲ 4月17日，区税务局到秀水市场为商户和市民介绍税收政策（郝维龙　摄）

【税收风险防控】 年内，区税务局进一步加强内控机制建设，按照业务类和行政类制定《风险内部控制指引》，细化税收风险、风控方向及防控措施。综合运用风险指标模型，监控开票数据、纳税申报表、涉嫌违法人员等信息，查找分析异常数据，形成一套高效精准的风险筛选机制，有针对性地对重点人、重点事项进行跟踪管理和动态监控，打击涉税违法行为。年内完成税收风控任务218批次，补缴税款（含滞纳金）59.71亿元，有效维护税收安全。（林　洁）

【政府信息公开】 年内，区税务局依法主动公开政府信息2233条，依申请公开政府信息17条。（林　洁）

2019年朝阳区税务局税务所一览表

表1

名　称	地　址	电　话
北京市朝阳区税务局	安苑东里三区1号	87426551
第一税务所（办税服务厅）	宏泰东街望京东园4区绿地中心5号楼	81612366
第二税务所	光华路9号光华路SOHO二期E座	81612366
第三税务所（办税服务厅）	来广营红军营南路甲3号	81612366
第四税务所（办税服务厅）	西大望路甲12号B座一层	81612366
第五税务所	光华路9号光华路SOHO二期E座	81612366
第六税务所	来广营红军营南路甲3号	81612366
第七税务所	广渠东路40号	81612366
第八税务所	管庄乡燕京医药公司东侧	81612366
朝外税务所	左家庄东里甲3号	81612366
劲松税务所	广渠东路40号	81612366
建外税务所	光华路9号光华路SOHO二期E座	81612366
呼家楼税务所	太阳宫中路甲6号临1号	81612366
八里庄税务所	左家庄东里甲3号	81612366
双井税务所	广渠东路40号	81612366
左家庄税务所	左家庄东里甲3号	81612366

续表 1

名　称	地　址	电　话
酒仙桥税务所	宏泰东街望京东园4区绿地中心5号楼	81612366
麦子店税务所	太阳宫中路甲6号临1号	81612366
望京税务所	宏泰东街望京东园4区绿地中心5号	81612366
大屯税务所	来广营红军营南路甲3号	81612366
奥运村税务所	来广营红军营南路甲3号	81612366
东湖税务所	宏泰东街望京东园4区绿地中心5号楼	81612366
南磨房税务所	华威北里甲26号	81612366
高碑店税务所	定福庄路9号	81612366
十八里店税务所	小八里庄37号	81612366
常营税务所	华威北里甲26号	81612366
管庄税务所	定福庄路9号	81612366
金盏税务所	宏泰东街望京东园4区绿地中心5号楼	81612366
来广营税务所	来广营红军营南路甲3号	81612366

统　计

【概况】 北京市朝阳区统计局（简称区统计局）是朝阳区政府负责综合统计工作的职能部门。北京市朝阳区经济社会调查队为北京市经济社会调查队派出机构，与区统计局合署办公。区统计局内设科室11个，行政编制64人，机关工勤编制2人；下属事业单位5个，分别是北京市朝阳区统计局普查中心、北京市朝阳区统计执法检查队、北京市朝阳区农村社会经济调查队、北京市朝阳区城市社会经济调查队、北京市朝阳区商业经济调查队，人员编制40人，均参照公务员管理；下设街乡统计所43个，编制176人，其中行政编制140人，专项编制36人。年内，区统计局开展经济运行监测，为区经济发展进行统计服务，撰写统计分析报告219篇，发布《朝阳区2018年国民经济和社会发展统计公报》。（黎　晨）

【第四次全国经济普查登记】 5月，区统计局完成第四次全国经济普查登记工作。该项工作于2018年5月启动，朝阳区组建文献代区长任组长、常务副区长和主管副区长任副组长、44个部门为成员单位的经济普查领导小组，在区统计局设办公室。年内，以正式登记底册为基础，实地入户踏查采集数据。开展网上预审，编制库外审核核实信息20余万条。落实经费、人员、物资保障。委托第三方公司利用网络技术，完善单位联系信息。经市经普办检查建外、三里屯、麦子店、高碑店和十八里店街道数据，质量得到认可。开发四经普数据资料，确定8项合作课题、30项自主课题及专题分析，8项课题纳入全市四经普课题开发范围。制作《经济普查快闪》短视频，作品获国务院经普办“我为‘四经普’打Call——第四次全国经济普查微视频大赛活动”最佳人气奖。区经普办获国家先进集体称号。（黎　晨）

【年度人口抽样调查】 10月至11月，区统计局开展2019年年度人口抽样调查。调查国家样本31个、北京样本222个，区级样本扩样后总样本量473个。调查时点为11月1日零时。选调指导员和调查员1229名，开展培训800余人次。创新调查方式，开发定位拍照App，做到“全程留痕可追溯”。成立8个督导组分

▲ 5月，区统计局调查员到企业进行全国第四次经济普查登记　（侯　鑫　摄）

片督导。委托第三方公司开展事中质量抽查，重点对所有空户、部分平房大院和楼房准确性进行抽查。依据调查资料推算，朝阳区2019年末常住人口为347.3万人。其中：男性174.4万人，女性172.9万人；0~14岁人口32.9万人，15~64岁人口272.4万人，65岁以上人口42.0万人。常住外来人口149.1万人；全年出生31018人，出生率8.76‰；死亡21226人，死亡率6.00‰。（黎　晨）

【统计服务】 年内，区统计局围绕区委、区政府中心工作，区经济发展重点，制定《进一步加强统计监测工作办法》，调整完善统计监测目录，确定统计监测内容17项。拓展监测分析广度，强化指标走势、内部结构、调研情况、预警预判分析，根据热点问题，增加减税降费、促消费等政策实施效果及中美经贸摩擦影响、“七有”“五性”（七有：劳有所得、病有所医、老有所养、住有所居、弱有所扶、幼有所育、学有所教；五性：安全性、公正性、便利性、宜居性和多样性）监测评价等内容，加强原因分析，适时提供对策建议。撰写统计分析报告219篇、经济信息280篇，编印统计快报29期、统计专报17期、专题分析13期、产业监测5期、区域监测12期、研究报告1期。被区委办采编信息70条，被《中国信息报》采登各类宣传报道12篇。多篇分析报告得到区领导27次批示和关注。《产业结构调整背景下朝阳区就业结构研究》在市优秀统计分析报告评选中获奖。向区有关单位提供数据227万余笔。编印《统计经纬》《2019朝阳统计手册》《2018年朝阳区统计分析报告汇编》《统计知识手册》《北京市朝阳区2019年统计年鉴》。通过朝阳政务外网、“北京朝阳统计”官方微信发布《朝阳区2018年国民经济和社会发展统计公报》。（黎　晨）

【统计专项调查】 年内，区统计局开展政府绩效管理考评民意调查，撰写总报告3篇，街乡分报告43篇。开展群众安全感调查，撰写总报告5篇，街乡分报告172篇。自主开展居民服务性消费需求调查以及非首都功能疏解民意调查。按要求开展《家庭医生签约服务需求调查》《企业生产经营景气状况调查（季度）》《中美贸易摩擦对北京涉美企业发展影响状况调查》《重点商务楼宇摸底调查》《企业减税降费实施效果调查》《北京市2020年重要民生实事项目线索调查》《北京市医耗联动综合改革实施效果调查》《小微企业融资状况调查》8项市属调查，及时反映民情民意及企业诉求。其中，《2018年度朝阳区非首都功能疏解效果民意调查报告》在《朝阳报》上全文刊载。（黎　晨）

【统计成果宣传】 年内，区统计局结合中华人民共和国成立70周年等重大活动，制定《2019年朝阳区统计宣传工作要点》，将统计宣传与市、区中心工作结合。优化调整《朝阳统计手册》《统计经纬》等宣传品，制作《统计知识手册》，及时发布统计数据，提升统计数据解读的可读性和趣味性。改版升级“北京朝阳统计”官方微信公众号，统计分析数据、宣传重点工作，全年推送图文84期106条，阅读53617人次，转发2039人次。在朝阳规划艺术馆举办第五届朝阳区统计开放日活动，展示中华人民共和国成立70年来市、区经济社会发展取得成就，100余人参加活动。（黎　晨）

【统计数据质量管控】 年内，区统计局精准审核经济普查及统计年报规模以上和规模以下单位，准确进行行业划分认定，建立统计基础数据库，在审核阶段核算单位财务增加值数据，从GDP角度对数据再次进行审核把关。开展统计方法制度研究，服务性消费统计中产业单位经营活动所在地问题被市统计局采纳。（黎　晨）

【统计执法检查】 年内，区统计局落实行政执法公示、执法全过程记录、重大执法决定法制审核制度“三项制度”，改善统计执法法律效果和社会效果。严格执行“双随机、一公开”要求，将拟进行执法检查单位、执法结果在“北京朝阳”网站公示。审核统计行政处罚案卷，严格执行统计行政处罚案件“三审制”，确保统计行政处罚决定合法适当。全年完成统计执法540家单位，其中简易程序处罚36起，立案处罚64起。在立案处罚中，行政警告23起、行政罚款41起，罚款金额26.5万元。（黎　晨）

【统计普法宣传】 年内，区统计局结合统计工作实际需要，继续开展统计法进党校工作。制定全区统计从业人员教育实施方案，4436家单位参加学习，参训率44.28%。按照市统计局《关于进一步加强北京统计信用体系建设实施意见的通知》，修订本区诚信单位评选办法，记录和公示统计信用信息，评选全区统计诚信企业，提高全社会对统计领域信用工作重要性的认识。（黎　晨）

审　计

【概况】 北京市朝阳区审计局（简称区审计局）是负责朝阳区审计监督工作的政府职能部门，实行双重领导，对朝阳区政府和北京市审计局负责并报告工作，审计业务受北京市审计局指导。主要职责是依照《中华人民共和国宪法》《中华人民共和国审计法》《中华人民共和国审计法实施条例》《北京市审计条例》等法律法规规定，对本级各部门（含直属单位）和下级政府预算的执行情况和决算以及其他财政收支情况，进行审计监督；对政府投资和以政府投资为主的建设项目的预算执行情况和决算，进行审计监督；按照国家有关规定，对国家机关和依法属于审计机关审计监督对象的其他单位的主要负责人，在任职期间对本地区、本部门或者本单位的财政收支、财务收支以及有关经济活动应负经济责任的履行情况，进行审计监督；对区属事业组织和使用财政资金的其他事业组织的财务收支，进行审计监督；对区属国有企业的资产、负债、损益，进行审计监督；对政府部门管理的和其他单位受政府委托管理的社会保障基金、社会捐赠资金以及其他有关基金、资金的财务收支，进行审计监督；对与国家财政收支有关的特定事项，向有关地方、部门、单位进行专项审计调查；对内部审计进行监督和指导。此外，依照《领导干部自然资源资产离任审计规定（试行）》的规定，开展领导干部自然资源资产离任审计。在职86人。年内，完成机构改革，成立区审计监督检查中心。完成区财政局2018年度组织本级预算执行和决算草案审计；完成28个单位部门预算执行审计。开展减税降费情况、清理拖欠民营企业中小企业账款专项跟踪审计；围绕区委区政府重大政策措施和决策部署贯彻落实工作，开展区2019年政府措施落实情况跟踪审计。年内，区审计局完成审计项目68个，其中审计62个，专项审计调查6个。查出问题金额82297万元，其中违规金额8923万元、管理不规范金额73373万元；发现非金额计量问题565个；出具审计报告和专项审计调查报告81篇。处罚金额24306万元，其中应上缴财政8649万元、应减少财政拨款或补贴15238万元、应归还原渠道资金274万元、应调账处理金额145万元。移送司法机关、纪检监察机关和有关部门处理事项1件，移送处理人员3人，移送处理金额39万元。审计促进整改落实有关问题资金23037万元；核减投资额15238万元；移送处理落实事项1件。审计提出建议364条，被采纳339条；推动被审计单位制定整改措施340项；促进被审计单位建立、健全规章制度93项；提交区委区政府及市审计局审计信息91篇，被批示、采用73篇次。向社会公告审计结果33篇。对区卫生计生委2017年度预算执行和决算草案情况审计项目被市审计局评为优秀审计项目优秀一等。（崔月明）

【经济责任审计】 年内，区审计局完成14个单位24位领导干部审计，任中审计18人，占74%；与区纪委监委、巡察建立协作配合机制，联合区纪委监委约谈经责审计发现问题较多的11家单位14名主要领导。对来广营地区工委书记左景全、办事处主任王刚任中经济责任审计项目获评市审计局优秀审计项目优秀二等。（崔月明）

【民生审计】 年内，区审计局围绕落实"七有"（幼有所育、学有所教、劳有所得、病有所医、老有所养、住有所居、弱有所扶）要求和"五性"（便利性、宜居性、多样性、公正性、安全性）要求，开展北京市第一中西医结合医院运营管理情况专项审计调查、区街乡883个旱厕改造决算审计、10个美丽乡村建设项目决算审计等审计项目。萧太后河系综合治理审计项目显示公园缺少公厕等便民设施，经区政府专题研究，批准公厕建设。（崔月明）

【资源环保审计】 年内，区审计局围绕"大尺度"绿化工作，对新一轮平原造林、区水系综合治理等开展审计。围绕促进领导干部生态环境保护责任落实，对4名领导干部开展自然资源资产离任审计。（崔月明）

【企业审计】 年内，区审计局首次向区人大报送《关于2018年4家区属国有企业国有资产管理情况的专项审计工作报告》，出台《朝阳区深化区属国有企业和国有资本审计监督实施意见》。开展北京蓝岛大厦有限责任公司2017年至2018年资产、负债及损益情况审计和北京郡王府饭店2017年至2018年资产、负债及损益情况审计。（崔月明）

【专项资金审计】 年内，区审计局组织开展2018年至2019年朝阳区东西部扶贫协作与对口支援资金管理和使用情况跟踪审计、2018年区疏解非首都功能相关重点资金安排使用情况专项审计调查、2018年至2019年6月区产业发展引导资金专项审计调查（国家文创试验区发展引导资金、高新技术产业发展引导资金）。朝阳区2017年疏解非首都功能相关重点资金安排使用情况专项审计调查项目获评市审计局优秀审计项目优秀二等。（崔月明）

【信息化建设】 年内，区审计局启动审计数据分析平台建设，数据定期归集、处理。运用数据审计，首次实现区级64个一级预算单位预算执行和决算草案审计全覆盖。在审计项目中应用数据分析、地理信息技术，形成计算机审计案例，相关经验纳入市审计局案例分析模型，并进行经验交流。（崔月明）

【内部审计】 年内，区审计局组织36家区级一级预算单位开展部门预算执行和决算草案审计自查自纠工作。开展内部审计质量检查，实地走访区农业农村局等单位5家。根据各单位、各部门培训需求，举办内部审计研修班5次，培训区内部审计人员500余人。（崔月明）

【审计信息】 年内，区审计局报送区委区政府及市审计局审计信息219篇，其中1篇被国务院办公厅信息专刊采用、1篇被《昨日市情》采用、18篇被《中国审计报》《中国审计杂志》采用。审计信息积分连续2年位居全市审计系统榜首。（崔月明）

【专项审计任务】 年内，区审计局派遣10名干部完成国庆游园、群众联欢等服务保障项目审计。出台《朝阳区审计局扫黑除恶线索移送制度》，将扫黑除恶贯穿所有审计项目。负责市委巡视整改工作，编制《政府采购宣传知识手册》，印发全区各部门、单位2000余册。建立审计报告和巡察报告共享机制，审计整改落实情况成为区委巡察重要内容。首次组织召开全区审计整改工作专题会议，通报市区两级审计中发现的问题。（崔月明）

【机构改革】 年内，区审计局完成机构改革。成立区审计监督检查中心，为区审计局下属一般事业单位。审计局科室设置由11个增至16个，分别为办公室、综合科、研究室、法规科（审理科）、内部审计指导监督科、电子数据审计科、财政审计科、教科文卫审计科、资源环境审计科、固定资产投资审计科、社会保障审计科、企业审计科、城市运行管理审计科、经济责任审计科、街乡审计科、绩效审计科。人员编制由83人增至93人，其中，公务员编由61人增至66人，事业编由22人增至27人。（崔月明）

市场监督管理

【概况】 北京市朝阳区市场监督管理局（简称区市场监管局）位于霄云路霄云里1号。主要负责本区市场综合监督管理，规范和维护市场秩序，营造诚实守信、公平竞争的市场环境，市场主体统一登记注册，组织和指导本区市场监管综合执法、反垄断法统一执法，宏观质量管理、产品质量安全监督管理、特种设备安全监督管理；本区食品安全监督管理和综合协调，落实药品、医疗器械、化妆品的法律法规和相关政策；贯彻落实专利工作的法律法规和相关政策，统一管理本区计量工作、标准化工作、检验检测工作，依法对认证活动实施监督检查等。3月，区机构改革，成立区市场监管局，加挂朝阳区食品药品安全委员会办公室（简称区食药安办）、朝阳区知识产权局（简称区知识产权局）牌子。内设职能科（室）39个，公务员编制684人、事业编制343人、工勤编制11人。下设朝阳区市场监管综合执法大队、11个事业单位、43个街道（地区）市场监督管理所及1个特殊地区市场监督管理所。6月，成立朝阳区市场监管综合执法大队。年内，区市场监管局在编干部职工975人。完成市工商行政管理局朝阳分局2003—2009年度文书、会计、全宗指南、大事记、组织机构沿革、分类方案等档案整理，1075件案卷移交区档案馆；企业登记历史档案331466卷芯片化。全区有市场主体398617户，其中内资企业337745户、外资企业13535户、个体工商户45806户、农民合作社11户、代表机构1459户、在华从事经营活动61户。新增市场主体44054户，其中新设内资企业33808户，新设外资企业1156户，新设个体工商户9056户，代表机构34户。全年办理一般程序案件3805件，罚没款1.49亿元。区私营个体经济协会获国家市场监管总局和中国个体劳动者协会“全国个私协会系统先进单位”称号，区市场监管综合执法大队获人力资源和社会保障部、国家市场监管总局“全国市场监管系统先进集体”称号。29户企业认定为市知识产权局“北京市知识产权试点单位”。（肖　洁）

【消费类企业合同格式条款规范检查】 1月14日至9月30日，区市场监管局落实北京市市场监督管理局《关于开展对利用合同格式条款侵害消费者权益的违法行为开展专项整治行动的通知》工作要求，对全区1154户消费类企业进行合同格式条款规范检查，包括房地产开发企业795户、汽车销售企业179户、机动车驾驶培训企业7户、网络商品交易企业173户，覆盖率100%。经查，1154户企业中，8户企业已被吊销，15户企业已办理注销手续，110户企业通过登记住所无法取得联系。截至年底，110户登记住所企业中有57户无法取得联系，列入经营异常名录，后续工作继续跟进；约谈企业505次，制发行政建议书168份、责令改正通知书6份，查处违法案件303件。（吕秉生）

【专项检查】 1月，市工商行政管理局朝阳分局组织开展企业网站风险核查专项工作。核查网站线索81条，其中2条线索中企业未在注册地经营，列入经营异常名录；3条线索中企业非本局管辖，在网监系统中注明。2月，市工商行政管理局朝阳分局组织开展食品、保健食品网络销售行为规范工作。筛查域内大型食品、保健食品网络销售平台及企业10家，组织召开约谈会，下发《关于规范食品、保健食品销售行为的指导意见》。3月，区市场监管局约谈北京钱眼网科技有限公司网站经营者，对该公司违法开办网店问题下发行政提示，要求整改。4月，区市场监管局开展皮卡车线上销售行为专项检查。行政约谈辖区内13家网络销售平台及网站，对未在网上亮照亮证的9家平台、网站经营者制发责令改正通知书。6月，区市场监管局组织开展电动车线上销售监管工作，检查企业2户，其中1户企业线上线下均不销售电动车、1户企业线上正常经营，为规范经营，对这2户企业下发行政提示；开展涉网高风险金融企业监测监管，检查辖区63家涉网高风险金融企业及67个网站，结果为，41家金融企业列入经营异常名录、1家企业吊销、1家企业注销；23个网站无法正常打开、2个网站要求整改。7月，区市场监管局开展野生动物保护网站专项整治，执法检查经营网站8家，经现场查看，查无1家列入经营异常名录、住所变更1家、责令改正3家，未发现问题3家网站进行行政指导。执法检查网上犬类经营网站11家，3家有犬类交易行为企业网站按要求开展相关检查；3家企业网站网页无法访问；2家企业网站备案主体不在域内；1家企业网站备案主体未在注册地经营，列入经营异常名录；2家企业网站无犬类交易行为，仅从事宠物服务。（吕秉生）

【动产抵押登记实现全程电子化】 1月至4月，区市场监管局开展动产抵押登记全程电子化应用，实现辖区动产抵押登记在线申请、在线审核、在线公示、在线查询，一网通办。全年完成各类动产抵押登记办理105件，为辖区企业融资28.3亿元。（吕秉生）

【行政机关负责人出庭应诉】 3月6日、10月24日，区市场监管局副局长苑鹏、综合执法大队大队长王峰分别作为机关负责人，应诉北京互联网法院审理吴志祥不服对其举报的北京星宇浩瀚商贸有限公司销售不合格产品处理结果案，崔玉丛不服北京市工商行政管理局朝阳分局做出的设立登记案、朱克卿不服北京市工商行政管理局朝阳分局做出的设立登记案。案件结果为，吴志祥撤回起诉，崔玉丛、朱克卿撤销了区市场监管局的设立登记。（吕秉生）

【机构改革】 3月7日，根据《朝阳区机构改革方案》，北京市工商行政管理局朝阳分局、朝阳区质量技术监督局、朝阳区食品药品监督管理局整合，成立北京市朝阳区市场监督管理局（简称区市场监管局），原机构相关职责及朝阳区发展和改革委员会价格监督检查与反垄断职责、朝阳区科学技术委员会知识产权职责、朝阳区商务局所属北京市朝阳区商务

▲ 3月7日，北京市朝阳区市场监督管理局挂牌成立　（邹　月　摄）

监督管理所食盐、粮食、酒类流通监管职责划入区市场监管局，加挂朝阳区食品药品安全委员会办公室（简称区食药安办）、朝阳区知识产权局（简称区知识产权局）牌子。下设朝阳区市场监管综合执法大队、11个事业单位（北京市朝阳区消费者协会、北京市朝阳区私营个体经济指导服务中心、北京市朝阳区市场监督管理局信息档案管理中心、北京市朝阳区市场监督管理局政务登记服务中心、北京市朝阳区市场监督管理局质量认证中心、北京市朝阳区市场监督管理局投诉举报中心、北京市朝阳区商务监督管理所、北京市朝阳区知识产权快速维权中心、北京市朝阳区计量检测所、北京市朝阳区特种设备检测所、北京市朝阳区食品药品安全监控中心）、43个街道（地区）市场监督管理所及1个特殊地区市场监督管理所〔即北京市朝阳区市场监督管理局奥林匹克公园管委会所（简称奥林匹克管委会所）〕。6月21日，朝阳区市场监管综合执法大队挂牌成立。（肖　洁）

【消费者权益宣传活动】 3月15日，区市场监管局联合区旅游委、区农委和区法院在小关街道奥林匹克文化广场举办消费者权益日宣传活动。向市民开展信用体系建设、改善消费信用环境、维护消费者权益等相关宣传，现场50余人参加活动。10月至12月，区市场监管局在区内500余个重点社区以及社区周边生活消费类场所开展“放心消费在社区”宣传活动。采用线上线下全渠道宣传，举办消费宣讲、普法知识课堂，对消费维权典型案例、消费热点相关知识、消费争议解决途径以及市场监管局执法工作和消费维权知识进行讲解。（吕秉生）

【电子营业执照应用推广】 3月20日起，区市场监管局为辖区所有企业颁发载有市场主体身份信息的电子营业执照，其法律效力与纸质营业执照同等，企业可随时自行下载使用，支持微信、支付宝等多种途径下载。电子营业执照可用于市场主体身份识别，企业可持电子营业执照办理相关业务，无须提供纸质营业执照，实现市场主体“一照一码走天下”。（吕秉生）

【违法销售查处】 3月29日，根据媒体线索，银川天银大宝商贸有限公司销售人员在朝阳区周庄山水文园中脉形体会所推销中脉美体内衣，并存在虚假宣传问题。4月12日，区市场监管局立案调查，当事人银川天银大宝商贸有限公司在宁夏回族自治区银川市销售中脉LACA形体管理产品，未在北京市设立分公司，且其员工在销售过程中宣传内容与实际不符，违反了《中华人民共和国反不正当竞争法》，责令当事人立即停止违法行为，并处以80万罚款。8月7日，区市场监管局执法人员会同中纺标检验认证有限公司工作人员抽检北京华联（SKP）百货有限公司销售商品。查处不符合国家强制标准商品9件、不符合国家推荐标准或行业推荐标准商品6件，责令当事人停止销售并予以行政处罚：对已销售的15件商品罚款91.56万元，没收违法所得9.13万元，没收不合格商品61件。10月22日，区市场监管局对北京梧桐印科技有限公司传销案下达行政处罚决定书。对当事人违法传销行为罚款50万元，没收违法所得594元。（吕秉生）

【办事大厅窗口优化】 4月15日，区市场监管局在区政务服务大厅新设企业一窗式办理服务区，所有企业开办窗口调整为综合业务受理窗口，实现企业办事人员进一个门、到一个窗口、一次即可办理完全部企业开办业务。办事大厅内部实行“前台综合受理、后台分类审批、窗口统一出件”的“一窗”综合服务模式，将原企业开办过程中涉及的9个环节，精简合并为1个环节；企业开办总时长由原3日内办结，优化为1日办结；将通过网上申请并到现场领取发票的所需材料由6项简化为1项。此项工作得到市政府肯定，以“朝阳模式”在全市推广。4月16日，区市场监管局在区政务服务大厅开通现场号窗口，企业可领取现场号当场办理简易注销业务，满足企业注销便利化需求。6月20日，北京朝阳商标受理窗口根据国家知识产权局商标局要求，新增商标变更、转让、续展等22项业务受理权限。（吕秉生）

【市场主体监测平台上线】 4月15日，朝阳区市场主体监测平台正式上线。平台具有问题发现、风险预警、查询统计、系统管理4项功能，可对辖区市场主体网络监管，排查广告类、商品类、合同类、消费者权益保护类、商标类违法问题；监测网络市场风险，掌握辖区市场主体开设网站、网店、平台、App、公众号情况，通过关键词即时搜索网络违法问题。截至年底，平台监测出问题45707个。（吕秉生）

【动产担保统一登记系统试点启动】 4月28日，北京市市场监督管理局根据《关于做好动产担保统一登记系统试点工作的通知》要求，启动北京地区动产担保统一登记系统试点工作。区市场监督管理局通过电话、微信等形式指导申请人应用中国人民银行征信中心系统在线办理动产抵押登记，及时反馈操作中遇到的问题，保证动产抵押登记信息准确完整，方便社会公众及时、快捷查询动产抵押登记情况。截至12月31日，区企业办理动产抵押登记181件，融资金额86.42亿元。（吕秉生）

【无照经营专项整治】 4月至6月，区市场监管局开展无照经营专项整治工作。制发《朝阳区2019年无证无照经营和“开墙打洞”专项整治行动工作方案》，整治无证无照经营点位1945处。（吕秉生）

【网监平台信息报送】 5月7日，为推行电子商务平台经营者使用网络监管系统平台报送信息，区市场监管局对14家企业用户进行培训。会后，14家平台经营者上报企业网店数据302518条、自然人网店数据1520709条。11月，结合辖区电商经营者实际情况，重新梳理出16家电子商务平台经营者，指导督促平台用户使用网监系统报送平台内经营者身份信息，上报企业网店数据113417条、自然人网店87744条。（吕秉生）

【电商经营行为规范】 5月至10月，区市场监管局制定《关于开展电子商务经营者亮照亮证亮标执法检查工作实施方案》，执法检查网站（含电子商务平台经营者和自建网站）及电商平台内网店。检查网站、网店1085个，发现违法网站、网店379个，纠正违法网站、网店226个，结案4件，罚款1.5万元。（吕秉生）

【烟草广告监管】 7月，区市场监管局检查域内农贸市场、烟草专卖店、超市、酒店、餐厅等各类市场主体烟草广告合规情况，规范各类媒介单位烟草广告发布行为。检查广告经营企业150家，未发现违法烟草广告。（吕秉生）

【网络市场监管专项检查】 8月至12月，区市场监管局开展网络市场监管“网剑”专项行动。网上检查辖区网站、网店9170个次，实地检查网站、网店经营者2228个次，督促删除违法商品信息1109条，责令整改网站119个次，提请关闭网站2个，责令停止平台服务网店212个次，限制平台服务网店871个次。查处网络违法案件492件，其中网络销售假冒伪劣商品案件16件、电子商务经营者未履行主体公示义务案件4件、缺乏资质经营食品案件69件、互联网不正当竞争案件15件、虚假违法互联网广告案件249件、侵害网络消费者合法权益案件22件、其他违法违规案件117件；罚没款5218.12万元。（吕秉生）

【预付式消费问题整治】 8月至12月，区市场监管局整治预付式消费问题。立案调查构成“故意拖延或无理拒绝”违法行为企业，建立“零口供”办案笔录模板和证据索引，对13家失联、“跑路”企业利用“零口供”办案方式定性、处罚，罚没金额650万元，运用“黑名单”机制监督经营者履行经营义务。（吕秉生）

【质量复检电子化通道开通】 9月，区市场监管局开通质量复检电子化通道。复检申请企业可以通过下载手机客户端，全程完成整个复检过程。9月至年末，通道受理企业商品质量复检申请65件，复检材料网上提审100%。（吕秉生）

【望京登记分中心大厅投入使用】 10月21日，区市场监管局在朝阳区宏泰东街望京东园4区绿地中心5号楼一层增设望京登记注册分中心，设咨询窗口2个、住所平台备案窗口4个、受理窗口12个。该中心承担内外资企业全部类型登记注册变更业务、外国代表处设立业务以及朝阳区地址平台备案业务，同时，凡在望京分中心提交企业变更登记业务申请人，材料齐全且符合法定形式的，均可在2小时内凭借申请人身份证原件和受理通知书，在望京分中心自助大厅自助打照机打印并领取营业执照。（吕秉生）

【互联网行业自律公约发布2个】 10月24日，区市场监管局召开互联网招聘行业、婚恋交友行业自律公约签约仪式及发布会。智联招聘、58同城、猎聘、BOSS直聘4家互联网企业签署《互联网招聘行业自律公约》；百合佳缘、友缘在线、陌陌、探探4家互联网企业签署《互联网婚恋交友行业自律公约》。自律公约分别设14项和15项条款，通过自律公约进行互联网招聘企业资质认证、招聘信息发布人员授权审查，明确互联网婚恋交友用户实名信息审核制度。（吕秉生）

【监管工作联席会成立】 12月22日，区政府制发《关于在市场监管领域全面推行部门联合“双随机、一公开”监管的工作方案》，成立朝阳区市场监管领域“双随机、一公开”工作联席会。截至12月31日，区市场监管局抽查企业32批次、26877户次，与区房管局、卫健委联合开展“双随机、一公开”监管工作2批次、23户次。其中2户在部门联合检查中，因通过核准登记住所无法取得联系被列入经营异常名录。（吕秉生）

【排放物超标机动车销售执法】 年内，区市场监管局办理北京广益发汽车贸易有限公司、北京中冀佳宝汽车销售有限责任公司、北京中新健隆汽车销售有限公司3户4S店销售超过污染物排放标准机动车违法行为。罚款3373.54万元，没收非法所得49.19万元。（吕秉生）

▲ 2月20日，区工商朝阳分局落实“蓝天保卫战”专项行动方案，对辖区成品油、建筑涂料经营单位进行检查（邹 月 摄）

【“蓝天保卫战”监管】 11月26日，区市场监管局召开落实“蓝天保卫战”质量提升与“未诉先办”监管工作推进会。邀请北京石油产品质量监督检验中心、北京市化工产品质量监督检验站专家解读车用油品和车用尿素国家标准中环保指标、安全指标等内容，提出市、区两级车用油品和车用尿素治理监管要求，中国石油天然气集团有限公司、中国石油化工集团有限公司及民营加油站代表现场签署《成品油及车用尿素诚信经营承诺书》。辖区188家加油站负责人参加会议。区市场监管局全年抽检成品油319组、车用尿素35组、建筑类涂料和胶粘剂41组，未发现不合格样品。（吕秉生）

【合同推荐文本制定推行】 年内，为规范合同订立、履约行为，保护当事人合法权益，维护正常的市场交易秩序，区市场监管局完成合同文本新立项题目5个，包括《健身行业预付费合同》《婚纱摄影及摄影扩印服务合同》《奢侈品销售合同》《养老服务委托合同》《儿童非文化教育（文艺、体育、技能）培训合同》，其中《奢侈品销售合同》《养老服务委托合同》，完成调研。上年立项的《服装定制合同》《网络学习

课程采购及服务合同》2个合同文本，经过立项、调研、起草、专家评审等环节后，于年底发布、推广。（吕秉生）

【网络电商企业约谈】 年内，针对媒体舆情及日常监管工作中问题，约谈新氧、闪修侠、极客修、马蜂窝、世界邦、亚马逊、owhat、一直娱、nice等电商企业，要求企业落实亮照、亮证、亮标，履行平台社会责任，加强企业内部管理。（吕秉生）

【房地产经纪机构抽查】 年内，按照《北京市朝阳区市场监督管理局房地产经纪机构整治工作实施方案》工作要求，抽查房地产经纪企业1042户，结果为：被吊销企业1户、注销2户、迁出朝阳区2户；未从事房地产经纪业务企业87户；未在登记住所从事经营活动企业23户；通过登记住所无法取得联系查无下落企业153户。截至年底，通过登记住所无法取得联系查无下落的153户企业中28户企业列入经营异常名录，后续工作持续跟进中；查处违法案件3件。抽查工作中发放宣传材料200余份。（吕秉生）

【消费投诉举报办理】 年内，区市场监管局办理12315中心"北京消费投诉"App披露消费维权信2次，公示侵害消费者权益企业46家。集体约谈投诉量排名前30企业。开通消费纠纷快速和解企业429家，其中网上平台224家；通过网上平台快速和解消费纠纷5835件，为消费者挽回经济损失189.91万元。区市场监管局全年通过电话、网络、App等渠道接收投诉、举报178392件，其中12345"接诉即办"转办51911件，北京市12315系统62973件，全国12315互联网平台63508件。接受北京市12315系统投诉51979件、举报10994件。投诉调解成功17221件，为消费者挽回经济损失3724.73万元；举报经营者存在违法行为1949件，立案查处283件。区市场监管局通过"北京新闻广播"连线，每周四播报一周投诉举报数据情况及消费提示，全年播报49次。（吕秉生）

【广告监管】 年内，区市场监管局监测报纸广告43085条，监测量比上年减少46.9%；监测杂志广告17033条，监测量比上年减少34.2%。接到举报63件，全部处理完毕；核查户外广告529条。办理辖区内广告经营企业广告违法案件381件，罚没款2196.24万元，平均案值5.76万元。其中3件入选国家市场监督管理总局典型案例，分别是星贝孕美（北京）信息咨询有限公司发布虚假违法广告案、北京灿烂千阳文化发展有限公司发布含有恐怖暴力内容违法广告案、北京世纪卓越信息技术有限公司发布虚假广告案。全年广告科下发基层监管所工作指导17期。开展医疗、药品、医疗器械、保健食品等涉及事前需要行政审批的相关广告和互联网广告、烟草广告、户外广告集中整治，全年查处虚假违法互联网广告案件271件，罚没款1516.64万元；食品（含保健食品）广告案件20件，罚没款78.77万元；医疗广告案件48件，罚没款69.63万元。无医疗器械、药品、烟草广告案件。（吕秉生）

【工商行政执法】 年内，区市场监管局办理工商行政处罚案件51675件，其中清理虚数主体案件49079件、其他一般程序案件2596件，罚没款10058.32万元。办理复议诉讼275件，复议败诉10件，诉讼败诉13件。核审案件272件（次）；申请法院强制执行8件，申请执行罚没款金额和滞纳金1345.38万元，执行回款项2.31万元。协助其他单位开展调查取证、股权冻结、案件移转等工作。协助公安、法院、纪委等部门调查取证14次，协助冻结公司财产、暂停办理公司注销登记涉及公司170家。全年收到区检察院检察建议书3件、检察意见书1件，区法院司法建议函2件，均予以落实。（吕秉生）

【行政处罚听证】 年内，区市场监管局办理属于《市场监督管理行政处罚听证暂行办法》（国家市场监督管理3号令）规定听证范围案件55128件，提起听证32件，维持原处罚建议14件，变更原处罚建议15件，撤销原处罚建议1件。（吕秉生）

▲ 9月21日，区市场监管局到朝阳大悦城检查3C产品认证情况　（区市场监管局　供图）

【广告发布登记许可时限优化】 年内，区市场监管局压缩媒介单位广告发布登记审批时限，广告受理到发放许可审批结果由5个工作日减至24小时内完成。全年完成广告发布登记审批165件。（吕秉生）

【商品质量监管】 年内，区市场监管局检查大型商超、专业市场、综合商城、专卖店销售电线电缆、电动自行车、小家电、移动插座、消防器材、室内装饰装修材料、汽车配件、坐便器、水龙头、儿童用品、纸制品、口罩等商品。检测样本431组，查出不合格样本151组。对流通领域有商品质量问题企业依法查处，办理商品质量类案件164起，罚没款368.07万元。（吕秉生）

【商品交易市场疏解】 年内，区市场监管局依据市区政府功能疏解工作要求，疏解商品交易市场15个，清理市场虚数主体2404户，注销、吊销、变更空壳市场专营公司23个。 （吕秉生）

2019年朝阳区工商所一览表

表2

名称	地址	邮编	电话
六里屯工商所	甜水园北里1号楼	100026	65076946
团结湖工商所	团结湖北头条9号楼	100026	85589300
双井工商所	松榆东里37号楼	100021	87373176
酒仙桥工商所	驼房营路3号（将台派出所南）	100015	64329430
左家庄工商所	西坝河西里28号英特公寓A座4层	100028	64292464
奥运村工商所	安惠里1区11号	100101	64915551
高碑店工商所	康家园25号	100123	85782132
北京商务中心区工商所	建国路93号万达广场3号楼一层	100022	58205533-525/599
双桥工商所	杨闸环岛东200米路南	100024	85708720
华威工商所	双龙南里212楼	100122	87312145
大屯工商所	惠新东街8号设计大厦十三层	100029	84644537
望京工商所	望京西园103楼	100102	64702120
安贞工商所	西坝河西里28号英特公寓A座3层	100028	64433315
十八里店工商所	双龙南里129楼	100021	87313183
崔各庄工商所	崔各庄乡政府东侧	100015	64321040

价格管理

【概况】 年内，区发改委完成机构改革，调整价格管理科为价格科，科室编制5人。负责承担本区价格管理职责，组织落实北京市政府下达的定调价方案，监测分析价格运行情况等。调整后，原物价部门39人中35人转隶至区市场监管局、4人转隶至区医保局。年内，区发改委组织区住建委、审计、朝开公司研究东坝福园项目周边大市政成本情况，继续推进东坝福园保障房价格审核工作；完成全区98条道路占道机动车停车场收费价格年度核准工作；进行市场价格监管；开展国有景区成本监审工作。 （宋庆华）

【市场价格监审】 7月，区发改委牵头成立朝阳区价格调控工作协调小组，开展价格监测预警和销售供给网络建设，调控民生产品价格，保护经营者和消费者合法权益。成员包括区发改委、区国资委、区商务局、区农村农业局、区市场监督管理局、区民政局、国家统计局朝阳调查队、弘朝蔬菜公司。9月，召开价格监测上半年工作总结会，通报全市价格调控整体情况，朝阳区完成生活必需品价格监测工作、生活必需品市场保供稳价工作，并部署中华人民共和国成立70周年期间生活必需品价格监测工作。截至年底，朝阳区价格水平比较平稳。 （宋庆华）

【国有景区成本监审】 9月20日，区发改委完成对元大都城垣遗址公园、朝阳公园2家AAAA级国有景区成本监审工作，形成《关于北京朝阳公园开发经营公司朝阳公园景区成本监审报告》和《关于北京市朝阳区元大都城垣遗址公园景区成本监审报告》。2家公园成本符合要求。 （宋庆华）

质量技术监督

【概况】 北京市朝阳区市场监督管理局（简称区市场监管局）负责本区贯彻、实施有关质量技术监督方面的法律、法规、规章和政策，质量管理工作，产品质量安全监督管理工作，标准化工作，计量管理和检验工作，特种设备安全监察和检验工作等。年内，开展质量技术监督执法2112起，查处案件478起（立案查处407起，现场查处71起），罚没款233余万元。行政复议3起，无败诉；无行政诉讼。接收各类投诉举报1998件，其中“12365”投诉举报系统转办730件、政府政民互动网上投诉1154件，自接23件，其他单位转办91件；涉及家用汽车共1027件，涉及特种设备527件，其他444件。 （李娟）

【老旧住宅电梯修理改造更新工程补助】 1月25日、6月5日，区市场监管局组织召开老旧住宅电梯修理改造更新工作联席会议2次，决定对十里堡北里、南新园小区等已完成老旧住宅18部电梯改造更新工程进行补助，补助工程资金近295万元，保障1500余户社区居民安全出行。（李　娟）

【“中关村标准”入选1项】 1月，中关村管委会联合北京市市场监督管理局召开2019年度北京市“中关村标准”推动会。会上公布第三批“中关村标准”名单，包括6家产业联盟的11项标准，朝阳区内中关村储能产业技术联盟制定的《压缩空气储能系统集气装置技术要求》入选。（李　娟）

【重要节日重大活动服务保障】 2月至10月，区市场监管局完成春节、全国和北京市“两会”、第九届北京国际电影节、第二届“一带一路”国际合作高峰论坛、亚洲文明对话大会、2019年中国国际服务贸易交易会、2019国际篮联篮球世界杯开幕式、中华人民共和国成立70周年庆祝活动等重要节日、重大活动保障任务。检查特种设备使用单位186家次，出动检查人员372人次，检查特种设备3195台（电梯1602台、压力容器1071台、锅炉113台、场内机动车18辆、大型游乐设施181台、气瓶210支）、压力管道651条20余千米；建立特种设备问题隐患台账，安排专人督促整改，确保活动开始前所有隐患问题销账。（李　娟）

【免予办理强制性产品认证业务承接】 4月1日起，区市场监管局按照国家市场监管总局及北京市市场监管局有关要求，承接免予办理强制性产品认证初审、复审、发证工作。截至12月31日，受理免予办理强制性产品认证申请1062家，出具证书1024张。（李　娟）

【工业产品许可证管理】 4月，区市场监管局开展工业产品许可证年度审查工作，辖区内18家企业通过网上提交年度报告，全部通过审查。全面实行获证企业年度报告公示制度，由企业主动向社会公开，接受社会监督，强化企业质量安全主体责任。（李　娟）

【国家级养老服务业标准化试点建设启动】 4月，区市场监管局参与的乐成老年事业投资有限公司国家级养老服务标准化试点项目建设启动，众信旅游集团股份有限公司出境旅游国家及服务业试点项目启动。试点项目将按照国家《服务业标准化试点实施细则》等要求和《服务业标准化试点建设任务书》确定的目标任务展开建设工作。8月，区市场监管局按照《标准化试点实施细则规定》要求，对乐成老年事业投资有限公司国家级服务业标准化试点项目建设进行指导，帮助试点项目承担单位通过北京市市场监督管理局阶段性督导。（李　娟）

【窗口服务模式改变】 4月，区市场监管局特种设备使用登记证书、特种设备生产单位许可证书、计量标准器具核准证书实现在线下载，全程业务办理电子化，受理模式由前台窗口受理转为后台网上审批。（李　娟）

【技术标准化制定（修订）资助项目受理】 4月，区市场监督管理局邀请企业参与标准化制定（修订）资助工作，完成年度市、区两级技术标准制定（修订）资助项目受理工作。其中，市级受理16家单位30项标准申请资助；区级受理34家单位146项标准申请资助。（李　娟）

【特种设备安全常识宣传】 5月，区市场监管局在“5·12”防灾减灾日、第30届国际减灾日、2019年安全生产月宣传咨询日在朝阳公园、悠唐广场等地开展特种设备安全常识宣传。发放特种设备安全宣传册等材料2000余份。（李　娟）

【商品条码专项检查】 6月，区市场监管局对龙湖长楹天街商业区青少年用品商户经销商品条码使用情况进行专项检查。出动执法人员22人次，检查11家商户百余种商品，涉及儿童玩具、学生文具、婴幼儿服装、食品、日用百货、青少年用电子产品等6类商品。专项行动为期2天，检查情况总体良好。（李　娟）

【认证及检验检测机构专项整治】 6月，区市场监管局按照国家市场监督总局和北京市市场监督管理局关于加强认证检测乱象整治工作要求，在220余家认证机构、检验检测机构自查基础上，以“双随机、一公开”方式抽查27家机构进行核查。结果为，9家机构存在问题64个，立案处理33起。（李　娟）

【区出租车计价器检验站撤牌】 7月11日，经区委机构编制委员会同意，朝阳区计量检测所（区出租车计价器检验站）不再保留区出租车计价器检验站牌子。该机构隶属于区市场监管局，编制50人，主要职责为协助建立本行政区域内社会公用计量标准，承担授权范围内的量值传递，承担计量监督管理中的技术性工作。（李　娟）

【国家局专项监督抽查认证机构】 8月，区市场监管局配合国家总局专家组对区内10家从事管理体系认证活动的认证机构开展“飞行检查”。检查认证机构审核计划、人员资质、认证程序及认证活动合规性等。经查，有3家机构存在增加、减少遗漏程序问题，予以立案查处，罚没款25.61万元。（李　娟）

【市“质量月”活动进社区】 9月，区市场监管局与北京市市场监管局共同承办北京市市场监管局2019年“质量月”进社区活动。在八里庄社区开展以“共创中国质量建设质量强国”为主题的“质量月”现场宣传咨询，参与群众300余人，发放质量知识宣传品1000余份。（李　娟）

【计量监督管理】 9月，区市场监管局计量科专项检查辖区内报纸类、科技类、教科书类出版社计量单位使用情况，抽查出版社17家、出版物68份，发现错误36处。全年检测授权范围内的计量器具6.96万台（件）。对超市、市场、加油站等民生重点行业进行计量监督，计量执法检查420家次，检查计量器具2122台件、定量包装商品517件、预包装商品165件，合格率100%。年内，区市场监管局计量科办理计量行政许可8件；检查计量器具制造企业11家，核验批准证书27件；检查取得部门企事业最高计量标准机构10家、计量标准考核证书28份，抽查计量标准器28台（件），全部合格。（李　娟）

【电梯安全隐患专项治理】 9月至10月，区市场监管局拓宽“单铁芯”电梯治理渠道，以降低此类电梯运行风险。分别对电梯制造单位、市区两级检验机构、使用单位开展6次主题调研，出台《关于进一步降低朝阳区在用单组机械部件制动器电梯运行风险的指导意见》，支持、鼓励社会各界参与降低单机械部件制动器电梯风险工作。（李　娟）

【特种设备科研成果获专利】 12月13日，区市场监管局特种设备检测所承担中国特种设备检测研究院在科技部立项的国家科技支撑计划课题《基于风险的机电类特种设备事故预防关键技术研究》成果——《确定电梯曳引系统的传动效率的方法和装置》获国家知识产权局专利授权（专利号：ZL 2018 1 0600746.4）。（李　娟）

【特种设备管理】 年内，区市场监管局开展特种设备安全隐患专项检查。全覆盖检查辖区内电厂、气瓶充装站、大型游乐设施使用单位；排查、风险评估老旧电梯1100台。全年办理特种设备使用登记许可1412件，登记特种设备3620台（套）；办理气瓶充装单位许可1件，特种设备生产单位许可15件；办理特种设备停用441台，注销1588台（套）。检验特种设备5.5168万余件。截至年末，全区在用特种设备64015台，其中电梯50453台、锅炉1646台、压力容器6875台、压力管道1379条、大型游乐设施102台、起重机械2471台、厂内机动车1087台、客运索道2条。（李　娟）

【产品质量专项监督检查】 年内，区市场监管局开展安全帽产品清理整治专项行动，检查安全帽经营企业278余家次，立案处罚2起。开展危险化学品、儿童用品、电线电缆、电动自行车、特种劳动防护用品、化肥、日用塑料制品和一次性使用卫生用品等14类产品质量专项监督检查，检查相关企业540家次，检查经营商户439家次，抽检各类产品235组，立案处罚39起。（李　娟）

【大气污染防治专项执法行动】 年内，区市场监管局以监督抽查、风险监测不合格企业为重点，对辖区内胶粘剂、涂料、车用汽油清净剂、车用尿素溶液、柴油降凝剂等大气污染相关产品生产企业开展执法检查30家次，对潜在问题责令整改。推进燃煤锅炉节能减排工作，完成1423台锅炉低氮改造，涉及330家单位、8714蒸吨。（李　娟）

安全生产监督管理

【概况】 北京市朝阳区应急管理局（简称区应急局）是区政府工作部门，受朝阳区政府和市应急局双重领导。3月完成机构改革。年内，区应急局统筹街乡应急系统检查生产经营单位11644家次，占全市检查单位20.35%；立案3164起，占全市案件37.05%；收缴罚没款1550.06万元，占全市罚没款23.70%。人均检查161.62家次、处罚43.81起，职权履行率19.60%，其中人均处罚量、职权履行率2项考核指标位列全市应急系统第一。区应急局行政执法计划检查生产经营单位2945家次，实际检查3440家次，完成率117%；下达各类文书4243份，立案行政处罚1030起，处罚金额381.69万元。安全员全年检查生产经营单位72709家次，检查覆盖率92.4%，下达责令改正文书22505份，发现隐患69325项，核销隐患67141项，隐患整改率96.85%。域内全年发生生产经营性道路交通、铁路交通、火灾、生产安全等各类安全生产事故70起、死亡75人，比上年分别下降13.6%和19.4%。其中，生产安全事故11起、死亡11人，分别比上年下降8.3%和21.4%，实现事故起数和死亡人数连续三年“双下降”，区应急局被市应急局评为服务保障成绩突出单位。（刘子淇　黄卫峰）

【烟花爆竹安全管理】 1月11日，区安全生产监督管理局联合公安朝阳分局、区城管委、工商朝阳分局、朝阳消防支队、朝阳交通支队审查域内拟设置烟花爆竹销售网点地点各项安全条件。综合考虑人口分布、购买需求、安全条件等因素，在全区统筹设置销售网点3个，分别位于来广营、豆各庄、三间房，并公示。培训网点负责人、安全管理员、从业人员46人，安保人员80人。1月25日，安全生产监督管理局聘请区安全生产协会专家与应急局执法人员，审查验收零售网点安全管理、建筑、电气、消防等7个方面23项要求。1月30日至2月9日（农历腊月二十五至正月初五）烟花爆竹销售期间，每个销售网点强制投保安全生产责任保险，配备20名专业保安，安排1辆消防车值守备勤。全市首次实行实名制销售，采集购买数据12958条。春节期间，同时开展烟花爆竹安全宣传，编印《烟花爆竹购买及燃放安全提示》宣传材料6000份，在朝阳有线、朝阳报、微信公众号宣传烟花爆竹安全知识。区安全生产监督管理局协调三个属地乡政府、消防支队和派出所在销售高峰和燃放高峰时段驻守待命。联合区安监系统出动141人次、71车次，执法检查烟花爆竹销售网点96家次，发现和督促整改各类隐患21项。（夏旭昀）

【重大活动安全生产保障】 2月22日，区安全生产监督管理局召开全区政法工作暨安全稳定大会。启动安全生产“春雷”专项行动，服务保障全国“两会”、“一带一路”国际合作高峰论坛、亚洲文明对话大会等重大活动。2月至5月，区应急局统筹街乡应急系统出动检查组34347个，检查企业98544家，排查一般隐患80824项，整改隐患75249项，行政处罚1258余万元。9月至10月，开展中华人民共和国成立70周年阅兵安全生产服务保障。制订阅兵活动、彩车服务、游园活动服务保障安全生产工作方案，对重点点位、重点公园、行车路线沿线周边生产经营单位开展全面排查和摸底；聘请第三方机构对参与国庆游园的9家重点公园开展安全保障项目风险评估，梳理各类安全隐患205项，督促9家公园完成整改。在重大活动期间，区应急局同时开展危险化学品管控，国庆期间安排专职安全员24小时现场值守加油站。年内，区应急局完成“相约2022冰雪文化节”、灯光秀、2019北京朝阳国际风情节、亚洲文化旅游展活动、“2019地球一小

▲ 10 月 6 日，区应急局开展中华人民共和国成立 70 周年安全生产服务保障检查　（梁博文　摄）

时”、“赛麟之夜”等大型活动安全生产保障工作。
（刘子淇　董翠娟　许海凤　夏旭昀）

【机构改革】 3月1日，根据市机构改革指示精神和区政府有关要求，整合防汛抗旱、减灾、抗震救灾、森林防火等职责，成立北京市朝阳区应急管理局并挂牌，成为全市第一个区级挂牌部门。改革后，区应急管理局行政事业、工勤编制194人，设科室13个、北京市朝阳区安全生产综合执法大队和北京市朝阳区突发事件预警信息发布中心、北京市朝阳区安全管理中心、北京市朝阳区应急协调中心、北京市朝阳区公共安全馆4个事业单位。区应急局局长马海鹰兼任区委办副主任，副局长蔡睿兼任区政府办副主任。（范炜煜）

【专项执法检查】 3月23日，区应急局为吸取江苏响水“3·21”特别重大爆炸事故教训，紧急组织涉及危险化学品各行业主管部门、各重点危化企业负责人召开专题工作会，并组织开展危险化学品安全专项执法检查。3月23日至4月1日，区应急局出动执法检查人员109人次，检查企业100家，责令限期整改7家、行政处罚7家、责令停产停业整顿2家，处罚金额6万元。7月16日至18日，区应急局联合区民政局和朝阳消防救援支队对辖区内10家养老服务机构开展为期3天的安全生产跨行业联合执法检查专项行动。发现隐患25项，现场整改21项，下达责令整改通知书8份。（夏旭昀　许海凤）

【安全生产工作部署会】 3月27日，区应急局组织召开非煤矿山企业安全生产工作部署会，相关街乡和辖区非煤矿山企业参加会议。围绕非煤矿山企业依法履行安全生产和消防安全主体责任，部署实行全员安全生产责任制度、建立健全安全生产领导和管理机构、配齐安全管理人员等工作；对地勘许可企业、油服许可企业安全生产标准化体系建设工作、风险评估与管控工作、有限空间条件确认工作、安责险推进工作等提出具体要求；部署企业安全风险辨识与评估工作；邀请市安全生产工程技术研究院专家，解读风险识别、风险评估、风险控制、风险监测与动态更新、风险沟通和风险地图绘制等方面工作方案。（陈　京）

【国务院安委会安全生产专项巡查督查】 4月24日至25日，国务院安委会第14考核组专项巡查朝阳区危险化学品。副区长刘海涛代表区政府做危险化学品安全监管工作汇报，各有关职能部门领导接受问询，区委书记王灏出席汇报会。巡查组现场检查北京普莱克斯实用气体有限公司、北京工业大学、自来水集团水源九厂、首都医科大学附属朝阳医院等单位，未发现严重问题和重大隐患，肯定全区危险化学品安全监管工作。（刘子淇　夏旭昀）

【人工智能试点应用场景示范方案编制】 参见“朝阳区人民政府·应急管理·人工智能试点应用场景示范方案编制”条目（P68）。（杨　毅）

【安全生产宣传活动】 5月12日，区应急局在区公共安全馆举行“5·12”防灾减灾日系列活动启动仪式。活动以“提高灾害防治能力，构筑生命安全底线”为主题，通过防灾减灾救灾文字和图片展板、家庭应急用品展示、救援综合演练、安全常识互动体验，向民众传播防灾减灾常识和避险自救互救基本技能。现场进行“应急小记者”授旗仪式、“安全教育进社区项目”启动仪式、应急物资捐赠仪式、“百城万

▲ 6 月 14 日，区应急局开展“安全生产月”宣传咨询日活动　（梁博文　摄）

园”《防灾减灾宣言》百米长卷签名活动。学校、社区、社会团体及相关单位参加活动。同日，区应急局在大悦城举办以“提高灾害防治能力，构筑生命安全线”为主题的“5·12”防灾减灾日安全生产宣传活动。副区长刘海涛出席活动。6月14日，区应急局以“防风险、除隐患、遏事故”为主题，开展“安全生产月”宣传咨询日活动。现场设置咨询区、装备展示区、互动体验区、微信公众号宣传区、宣传展板区等区域。市应急局预警信息发布中心主任崔继良出席活动，区应急管理局、朝阳消防救援支队、朝阳交通支队、区城管委等18家单位参加活动。（宋　歌　袁雨晴　刘子淇）

【危险化学品行政执法及应急处置】 5月24日，区应急局指导王四营乡安监科、公安派出所等部门对一起个人非法改装汽车销售汽油案件进行查处，给予当事人行政拘留14日处罚。6月25日，区应急局牵头组织区消防、环保及属地地区办事处、公安派出所等部门，转移过火居民小区8个发生泄露三氯化硼气瓶至安全地点，并联系生产厂家派危险化学品专用运输车辆将气瓶运回原厂。处置过程未造成人员伤亡及次生灾害，未造成负面舆情。年内，区应急局执法检查涉及危险化学品企业439家次，行政处罚96起，处罚金额39.2万元。配合市公安局、市应急局开展危险化学品“打非”行动，协调危险化学品运输车辆和储存仓库，转运查处、收缴非法危险化学品至安全地点。（夏旭昀）

【非经营性加油站整治】 5月，区安委会办公室启动非经营性加油站整治工作。根据整治过程中发现的重点难点问题，召开公交、环卫等行业非经营性加油站安全整治工作推进会，约谈相关单位负责人。8月，委托专业机构核实确认隐患整改情况，整改到位单位及时销账。9月24日，3家整改不到位公交场站内非经营性加油站依法予以关停。此次整改，全区非经营性加油站使用单位投入资金870万元，区安委会办公室投入专项资金20万元，拆除或关停非经营性加油站34家，整改消除各类安全隐患198项，隐患整改率100%。（夏旭昀）

【有限空间安全监管工作会】 6月20日，区应急局组织重点行业主管部门召开朝阳区有限空间监管工作会。区应急局副局长周琼通报朝阳区有限空间作业安全情况，传达市长陈吉宁6月16日批示；会议通过《朝阳区有限空间作业安全生产监督管理办法》；区应急局制发有限空间危险作业登记表和有限空间作业提示卡，规范有限空间作业监管。（陈　京）

【危险化学品重点单位安全筛查】 7月9日起，区应急局在全市率先启动危险化学品重点企业“体验式”安全筛查工作。安排专项经费15万元；在市应急资源库专家库内选择第三方专业机构专家，对照市应急管理局《安全筛查表》，开展安全管理、工艺、设备、仪表、设计与总图、消防应急管理6大类293项内容检查，检查结果由企业逐项签字确认。8月底，安全筛查工作完成，检查重点企业3家，查出各类隐患52项，整改完成44项，剩余8项结合化工仪表安全整治工作安排陆续完成。（夏旭昀）

【安全责任险制度建设】 7月17日，市应急管理局副巡视员贾秋霞带队到区应急管理局组织召开2019年安全生产责任保险工作片区座谈会，了解全市安全责任险工作在区内推进、落实情况。市应急局规划处处长车广杰、副处长邵柏、朝阳区、东城区、西城区、经济技术开发区主管领导、相关科室和安责险运营中心负责人参加会议。8月12日至14日，区应急局举办安全责任险事故预防培训班，全区各参保安全责任险重点企业安全生产负责人和员工900余人分三批参加培训。年内，区安全责任险参保企业15354家，保险费2090.9万元；理赔保险事故374起，其中，已决赔案282笔301.8万元，未决赔案92笔201.8万元。（刘子淇）

【暑期小小讲解员志愿活动】 7月20日，区公共安全馆举办“童声话安全”活动启动仪式。招募22名学生志愿者在区公共安全馆上岗，实践“小小安全训练讲师”，并安排学生进行安全训练、观看涉及自然灾害知识电影，丰富知识，提高自然灾害应对能力。8月28日举行活动闭幕仪式，安全馆馆长陈世华对活动进行总结，10名学生志愿者获颁优秀证书。（袁雨晴）

【安全生产专项整治】 7月，区应急局联合区体育局在全市率先开展游泳场馆危险化学品使用专项检查。检查游泳场馆34家，发现并督促整改各类隐患和问题179项，立案处罚28起，处罚金额11.2万元。针对检查中发现的共性问题，组织全区200余家游泳场馆负责人进行集中培训。年内，区应急局开展瓶装液化石油气专项整治综合执法行动、瓶装液化石油气运输安全专项整治及天然气使用安全隐患排查治理专项行动，重点整治燃气使用、经营、储存、运输、充装、倒装、销售行为不规范以及施工外力破坏燃气管线等行为；重点检查企业安全生产责任制及规章制度制订和落实、安全生产管理协议签订和落实、特种作业人员持证上岗、隐患排查治理制度记录和整改落实、安全设备设施维护保养、重点部位和重要设备警示标志设置等情况。针对执法检查发现的各类安全隐患，责成属地责任人整改到位。启动涉爆粉尘企业事故隐患治理专项行动，建立健全涉爆粉尘企业基本信息台账；发挥安全生产工作在调整产业结构、疏解非首都功能中的作用，加强宣传培训和执法检查力度，涉爆粉尘企业数量从2016年37家，减至本年度0家，全区无涉爆粉尘企业。开展城乡接合部及城中村村民宅基地出租房屋消防安全综合治理。复查出租房屋11180栋，涉众24万余人，整改高风险问题1.69万处、一般风险及管理问题1.08万处，规范电气线路敷设6956条，清除建筑内停放电动车8813辆，安装火灾报警器2.23万个、简易喷淋159个。

（黄卫峰　夏旭昀　刘子淇　陈　京）

【生产经营单位基础信息普查试点】 8月1日至12月31日，区应急局按照市应急局关于生产经营单位“应统尽统”原则，结合生产经营单位台账和北京市第四次全国经济普查数据，在7个试点街乡开展普查，对生产经营单位台账中未纳入的单位进行现场登记。登记新增生产经营单位22410家，按照19000家的普查试点新增任务量，任务完成比例为117.95%。通过此次普查试点工作，检验和印证普查内容、方法、程序、措施实用性、完整性、可操作性，为明年全区开展第二次生产经营单位安全生产条件普查做好基础工作。（杨　毅）

【安全生产专题培训】 8月12日至16日，区应急局组织开展为期5天40学时安全生产专题集中培训，全区52家安全生产委员会成员单位、43个街乡分管安全生产领导95人参加培训。11月7日至8日，区应急局组织开展街道系统安全生产监督管理人员业务培训。区应急局副局长王峰进行开班动员，培训内容包括《北京市生产经营单位安全生产主体责任规定》释义、应急队伍建设与管理及廉政教育等。全区24个街道安全生产监督科人员和部分专职安全员150余人参加培训。11月14日，区应急局召开区工业企业有限空间专项整治培训会。要求各属地监管单位要督促涉及有限空间的生产经营单位落实企业主体责任，规范作业行为，并对本辖区企业有限空间场所开展排查确认。同时要求各企业有针对性地对作业人员进行培训，做好企业作业登记管理和上报工作。各街乡安全生产相关科室负责人、检查队队长和辖区内涉及有限空间工业企业安全负责人及管理人员参加会议。年内，区应急局制发《朝阳区2019年生产经营单位主要负责人和安全生产管理人员安全生产培训考核工作方案》，明确“安办统筹、属地负责、分工协作、中介支持”的工作要求，以全区范围内一般法人生产经营单位为主，开展2019年安全生产大培训工作。全年培训135场、12684人，培训完成人数居全市16个区第一名。（余　捷　孟　轲　陈　京）

【安全生产隐患排查治理清单编制】 8月23日，区应急局召开朝阳区2019年安全生产隐患排查治理标准清单编制工作部署会，推进“一企一标准、一岗一清单”编制工作。截至年底，全区完成清单编制工作企业1500家。（刘子淇）

【加油站贯标改造】 8月，区应急局启动加油站贯标改造工作。组织专家审查全部施工方案，施工期间安排专人现场监督危险作业，跟踪施工进展。截至9月20日，全区应贯标改造加油站24家，完成贯标改造19家，因产权纠纷、拆迁等原因停业或拆除5家，全区145家加油站全部按要求完成贯标改造。（夏旭昀）

【安全生产“秋实”专项督查行动】 9月10日至10月初，区安全生产委员会办公室组织区安全生产委员会各成员单位按照“五个聚焦、五个确保”（聚焦重点，确保一流标准；聚焦社会稳定，确保防控到位；聚焦安全生产，确保措施到位；聚焦挂账隐患，确保整治到位；聚焦服务，确保保障到位）、“四必查”（实行每月分析，必查薄弱环节；开展专项行动，必查盲区死角；强化执法检查，必查行业街乡；做实指挥调度，必查责任缺失），开展安全生产“秋实”专项督查行动。检查居民住宅、商贸市场、建筑施工、工业、危险化学品、人员密集场所等54个点位，查出隐患54项，其中48项隐患立行立改，未整改隐患6项。指导未整改隐患相关单位研究制定方案、限期整改，并在整改期间落实专人死看死守，确保不发生问题，做到措施、责任、资金、时间和预案“五落实”。（刘子淇）

【燃气安全检查“回头看”】 12月8日，为吸取“12·3”顺义燃气爆炸事故教训，朝阳区召开燃气安全检查“回头看”工作动员部署会，启动燃气安全检查情况核查工作。截至年底，全区出动核查检查人员3358人次，更新台账1007家，核查覆盖100%，合格943家，合格率93.64%；发现隐患513项。此项工作于2020年2月结束，检查单位5972家次，发现隐患问题5051项，下达执法文书2639份，行政处罚13起，处罚金额4.7万元，停产停业3家。专项行动期间，全区未发生涉及燃气安全生产事故，全区安全生产形势保持持续稳定。（刘子淇）

【“朝阳应急”微信公众号】 年内，区应急局在“朝阳应急”微信公众号推文350篇，单篇文章最高阅读数2.4万人次，文章阅读5.7万人次，7900余人关注，“朝阳应急”在全市应急公众号影响力排行榜位居第一。与朝阳有线数字频道《安全视界》栏目合作，播出应急管理相关信息25期。（梁博文）

【安全生产标准化创建】 年内，区应急局联合区城管委执法检查全区未开展安全生产标准化供热企业，以执法促整改的方式促进企业标准化创建。全年完成1947家企业安全生产标准化创建任务，其中三级标准化创建企业947家、小微（岗位）创建企业1000家。（陈　京）

【企业台账动态更新】 年内，区应急局在企业台账系统中动态更新维护数据。新增企业和修改企业信息情况由街乡台账管理员操作，区应急局审核；核销企业由街乡台账管理员在系统中提交核销申请、导出台账，将纸质版盖街乡公章后报送区应急管理局核实；涉及危化许可企业，在征求危险化学品安全监管和管理科意见后由区应急局核销。全年审核更新企业90574家，其中新增企业34373家、修改企业信息18348家、核销企业35398家、恢复企业1881家、迁入企业301家、迁出企业273家。A类和B类库企业信息完整率在95%以上，C类库企业信息完整率在50%以上，及时审核率99.99%。（杨　毅）

【跨行业安全生产联合执法】 年内，区应急局牵头组织区住建委、商务委、市场监管局、体育局、环保局、房管局和朝阳消防支队等部门，针对重大活动保障、难点问题、重点行业开展跨行业安全生产联合执法检查专项行动8次，检查生产经营单位36家，发现安全隐患95项，立案15起。（董翠娟）

【兼职安全生产巡查员队伍管理】 年内，区应急局规范管理村（社区）安全巡查员队伍，严格持证上岗；由专家教授与专职安全员领军人才以理论讲解和突出案例相结合、示范化培训与普通培训相结合等方式开展培训，达到具备会宣传法规政策、会发现安全隐患、会督促问题整改、会上报相关信息“四会”能力；协调各街道、地区办事处（乡政府）及区财政，在资金、人员、办公场所、装备、待遇等方面提供保障。截至年底，全区24个街道、19个地区办事处（乡政府）95个行政村、460

个社区设置巡查员1311人，实现100%全覆盖。（董翠娟）

【街道系统联片跨街乡安全生产集中执法专项行动】 年内，区应急局组织开展街道系统联片跨街乡安全生产集中执法专项行动。派出执法人员80余人次，检查大屯、建外、潘家园、东湖、亚运村、劲松、三里屯、酒仙桥等街道生产经营单位153余家，立案109起，立案率71.2%，处罚40.4万元。（孟 轲）

【城市安全隐患专项治理三年行动】 年内，区安全生产委员会办公室按照全市统一部署，继续开展安全隐患专项治理三年行动（2018年—2020年）。重点对危险化学品、高空坠物、快递、公交车行驶安全和桥梁防护工作开展专项治理。截至年底，全区上账安全隐患1205处，整改1205处，整改率100%。（刘子淇）

【危险化学品行政管理】 年内，区应急局完成危险化学品建设项目、危险化学品经营、非药品类易制毒化学品生产经营备案、烟花爆竹经营等各类审批事项197件，未发生复议、申诉。在区司法局行政许可案卷评查中获评优秀。开展危险化学品安全评价管理改革。在安全评价技术服务单位确定方式上，变民主推荐为公开比选，鼓励符合资质条件要求的安全评价机构参与；在安全评价技术服务单位的工作任务分配上，变政府单向平均分配为企业、评价机构自主双向选择；在评价工作质量的监督方式上，变合同约定、市场监督为依法检查、执法监督，发现违法违规行为直接给予行政处罚，纳入安全生产信用联合惩戒名单。全年"接诉即办"收到涉及危险化学品举报19起、信访1起，办理率100%，答复率100%。（夏旭昀）

【安全社区创建与复评】 年内，朝阳区开展安全社区创建和复评工作，8个街乡被纳入朝阳区安全社区建设库，9个街乡被纳入朝阳区安全社区储备库。南磨房乡获评"国际安全社区网络成员"称号，成为朝阳区首家、北京市第二家"乡镇型国际安全社区"。（罗 鹏）

【公共管理综合保险】 年内，区应急局代表区政府为辖区党政机关和公办事业单位（不含幼儿园、医院）进行政府公共管理综合保险投保。全年保险公司受理案件40起，赔付256.59万元。（刘子淇）

【城市安全风险评估】 年内，区安全生产委员会办公室组织各行业部门在10个重点行业（领域）1000余家企业开展城市安全风险评估工作。通过企业自评、属地街乡审核、行业主管部门再评估，全区全年1011家企业完成城市安全风险评估工作，各企业按照《北京市安全风险评估规范》及所属行业风险辨识评估标准，评估出10875条风险，其中低等级风险8735条、一般等级风险2100条、较大等级风险40条、重大等级风险0条。选取部分街乡200家企业完成隐患排查治理清单编制，所有纳入隐患信息系统企业使用率达到85%。按照评价考核标准，开展抽查检查并通报有关情况。（刘子淇）

国有资产监督管理

【概况】 朝阳区人民政府国有资产监督管理委员会（简称区国资委）代表国家履行国有资产出资人职责。内设科室8个，分别是办公室、综合科、发展改革科、产权管理科、绩效评价科、监督预算科、组织人才科、党建办。在岗人员40人。监管单位20家。年内，区国资委监管企业资产1302.7亿元，比上年增长12.29%；净资产309.75亿元，比上年增长17.13%；全年营业收入183.33亿元，比上年下降4.83%；累计实现利润10.70亿元，比上年增长10.06%。（林春照）

【法律顾问合同签订】 1月，区国资委与北京市康达律师事务所签订《2019年常年法律顾问服务合同》，合同期限为2019年1月1日至2019年12月31日。根据合同约定，该所将为区国资委提供法律咨询、协助制定内部规章制度，进行法律宣传教育、法律培训，或参加有关会议或谈判等经济活动。（林春照）

【国有企业房屋出租管理办法出台】 2月25日，经区国资委党委会研究通过及区政府同意，向监管企业下发《朝阳区国有企业房屋出租管理暂行办法》，原《朝阳区国资委监管企业房屋出租管理若干规定（试行）》同时废止，朝阳区国有房屋出租率先进入北京市产权交易所。（林春照）

【企业改革改制】 2月25日，区国资委《关于昆泰集团整合重组朝阳宾馆的请示》获区长办公会审议通过。2月27日，区国资委召开全民所有制企业公司制改制工作推进会。朝阳公园、金朝阳、郡王府3家企业公司制改革工作启动。3月13日，区国资委召开会议，研讨朝开公司托管朝建公司涉及的职工问题，要求朝开公司细化朝建公司人员分流安置方案。3月20日，区国资委召开会议，研究潘家园公司混改和员工持股工作路径、发展规划。3月26日，区国资委召开华阳公司改革工作沟通会。明确由区国资委在华阳公司调查和提出方案基础上，起草工作汇报报区政府审议。4月12日，区国资委召开区属企业改革工作交流会，区国资委主任王春平部署2019年企业重点改革工作任务，市国资委改革处处长石小璞、北京产权交易所六部经理王威、首农集团董事会秘书聂徐春、国务院国资委新闻中心副主任张义豪分别就国资国企改革最新政策及成功经验进行交流。5月7日，区国资委批复同意弘朝伟业所属朝阳区街道社区服务中心转企改制，街道社区服务中心14处房产无偿划转到北京弘朝教育咨询有限公司。5月28日，区国资委召开国企改革工作专题会，区委常委、政法委书记张维刚，区委常委、副区长李长萍听取区国资委关于国有企业改革工作相关情况汇报。6月20日，区国资委召开昆泰集团与朝阳宾馆、朝阳剧场、紫光影城、劲松影院合并重组会议。会议由王春平主持，区文化和旅游局党委书记、局长高春利和区国资委副主任冯少静分别宣布区委关于昆泰集团整合接收三家文化单位和朝阳宾馆的决议。7月2日，北京市朝阳城市建设综合开发公司和副食公司公司制改制工作方案经区长办公会审议通过。7月26日，区国资委召开弘朝伟业所属22家事业单位改制工作推进会。要求该公司按区委区政府批复通知完成改制工作。8月1日，区国资委召开国有企业混合所有制改革工作进展情况督查会。会议听取朗昆文化和潘家园公司混合所有制改革工作汇报及区属国企改革工作情况汇报。9月23日，区长办公会审议通过北京朝阳公园开发经营公司、北京金朝阳商贸国有资本运营公司、北京华阳经济开发公司3家单位公司制改制工作方案。9月25日，区国资委批复同意北京国际商务中心区开发建设有限公司（CBD）成立全资子公司——北京商务中心区国际招商服务有限公司。11月14日，朝开公司、副食公司、金朝阳、华阳公司、朝阳公园5家企业公司制改制方案经区委常委会审议通过。（林春照）

【企业年度考核】 2月25日至3月5日，区国资委配合区委组织部开展区国资委系统22家企业领导班子和105名企业领导人员年度考核，考核采取书面述职、民主测评和民主评议、个别谈话等方式进行，综合考核企业领导班子整体运行情况及领导人员履职情况，其中28名企业领导人员考核结果为优秀。（林春照）

【安全生产】 2月26日，区国资委下发《朝阳区国资委安全生产“春雷”专项行动方案》，保障全国“两会”、“一带一路”国际合作高峰论坛、亚洲文明对话大会期间安全生产。3月5日至15日，区国资委落实朝阳区政府机关与街乡“一对一”督查工作，安全生产大检查三里屯街道4次，对现场发现隐患问题下发整改通知单，责令立即整改。6月，组织企业开展“安全生产月”活动，各单位主要负责人向全体职工讲一堂“安全生产公开课”。各监管单位在易发、频发事故场所及关键环节开展应急演练活动，活动内容在“朝阳应急”微信公众号专栏介绍。7月至9月，区国资委开展企业消防安全大检查，通过检查、培训、宣传活动，提升企业安全生产主体责任，增强全体干部职工的安全意识和安全责任心。9月26日，区国资委副主任宋超荣带队督查检查三里屯街道开展安全生产工作，确保中华人民共和国成立70周年庆祝活动期间安全无事故。10月31日，区国资委召开第四季度安全生产工作部署会，总结国庆期间安全服务保障工作、部署第四季度安全生产工作。12月19日，宋超荣带队，以“四不两直”形式检查京客隆集团红松园店、生鲜基地及外租单位安全生产情况，现场发现隐患问题要求立即整改。下发《朝阳区国资委系统安全生产集中整治工作方案》，开展区国资系统为期3个月安全生产集中整治工作。（林春照）

【国资预算完成】 3月4日，区国资委完成2018年度监管企业国资预算项目执行情况报送工作。涉及15家企业42个项目，其中12家企业12个项目为2018年决算项目，所有项目均按计划完成或适时推进。6月，区国资委2019年国资预算收入全年预算，实现收入13632万元，完成年度预算122.24%。6月30日，区国资委完成区属企业国有资本经营预算项目库申报征集工作。9月12日，2020年国资预算项目库项目入库工作完成。（林春照）

【企业整改督导】 3月21日，区国资委党委召开第五轮被巡察企业整改工作督导会。区委常委、政法委书记张维刚，区国资委领导班子成员以及第五轮被巡察9家企业党政正职和纪委书记、分管领导30余人参加会议。9家企业党组织书记汇报本单位巡察反馈问题整改落实情况，重点汇报整改工作难点问题。5月8日、28日及8月1日，区国资委分别召开区国资系统巡视整改专题会，督查市委巡视反馈问题整改落实情况，包括副食公司、弘朝伟业、望京综开出租出借问题，京客隆集团扶贫工作问题，朝阳宾馆非党员负责党务工作问题。会议听取区国资委党委汇报市委巡视反馈问题整改推进情况，要求各区属企业要严格规范出租出借行为；国资委要加快出台国有企业出租出借指导性意见，推广不动产信息管理系统；京客隆集团要加大对扶贫柜台和商品宣传力度；国资委要加强对巡视反馈问题整改工作的监督检查。要求应审批未审批、长租期低租金的所有问题须于9月30日前整改到位，确有困难需延期整改的，经国资委党委会批准，可于2019年12月31日前整改到位。区委常委、政法委书记张维刚，区委常委、副区长李长萍，区委办副主任李永纲，区纪委区监委第四监督检查室负责人赵杰，区委宣传部、区委组织部、区国资委、监事会、区国资委系统单位党政正职分别参加会议。截至年底，整改工作全部落实到位。（林春照）

【区属企业负责人薪酬兑现】 4月17日，区国资委核定监管区属企业负责人2018年年薪及任期激励收入。2018年签订经营业绩责任书企业18家，全部完成年度指标任务，经区政府批准，完成薪酬兑现工作。5月17日，按照北京市深化国有企业负责人薪酬制度改革工作领导小组办公室要求，监管企业负责人2017度薪酬情况在区国资委网站公开。（林春照）

【房改售房批复】 4月29日，区国资委批复同意朝开公司44套自有产权住宅楼房房改售房。要求企业房改售房涉及的购房人资格、适用政策上，严格按照北京市住房分配制度改革有关规定执行，以朝阳区房改办等行政管理部门审批（备案）结论为准，规范操作。11月15日，区国资委批复同意弘朝伟业对所属企业北京市绢花厂16套公有住宅楼房进行房改售房的意见。（林春照）

【房产租赁批复】 4月29日，区国资委批复同意副食公司与区卫生健康委在出租用于设置爱心献血站事项上予以租金支持，建议按协商价格9元/平方米·天的租金标准出租，租期5年，租金标准每年递增4%。4月30日，批复同意昆泰集团下属北京乾景房地产开发有限公司将所属嘉瑞文化中心第三层建筑面积2699.79平方米以及附属屋顶平台作为合作场地，与北京太合音乐文化发展有限公司进行音乐主题空间项目合作，合作期8年。7月25日，区国资委经与区绿化局沟通，同意世奥公司将奥林匹克森林公园内1A01建筑出租给八大处控股集团有限公司，租赁面积2810.11平方米，租期5年。11月4日，批复同意望京综开下属北京朝阳国际科技创新服务有限公司（以下简称“朝科创”）与高瓴资本、问境科技等机构项目签署入驻协议，租金价格不低于租入北京市东湖房地产有限公司所约定的租金价格。同意授权朝科创今后运营该集聚区所涉出租事项无须再报区国资委审批。11月8日，批复同意望京综开将所属望京西园一区113号楼7单元101室、117号楼3单元102室等四套房产无偿划转至东湖街道办事处。12月4日，批复同意望京综开将望京科技园B座2层、C座2层出租给公安朝阳分局，用于办公及数据机房，租赁面积4113.28平方米，租期20年。12月4日，批复同意昆泰集团将昆泰集团慈云市场地下一层出租给统杰法宝（北京）超市有限公司，建筑面积2650平方米，租期2年8个月。（林春照）

【经营预算资金办理】 5月5日，区国资委完成2019年国有资本经营预算单位项目第一批资金拨付4070万元，涉及6家企业。6月24日，向区财政局申请2019年国有资本经营预算第二批资金2560万元，取得同意后拨付2家企业。（林春照）

【企业资产处置】 5月21日，区国资委完成昆泰集团1997年财政资金历史遗留问题处置工作。经与区财政局函询核实，要求昆泰集团按照相关规定调整账目，将该笔资金转增资本公积，增加国有资本投资。（林春照）

【外部董事管理】 5月27日，区国资委启动区属国有独资公司外部董事人才库遴选工作。8月9日至10日，区国资委面试评价外部董事人才库人选60余人，包括法律、建筑开发、投融资、文化产业、经营管理等方面专业人士，通过综合评价，最终25人入选人才库。11月，区国资委出台《朝阳区国有独资公司外部董事管理暂行办法》，明确外部董事任职条件、选聘方式、权利、义务和责任等内容，进一步规范公司法人治理结构，加强外部董事管理，更好发挥外部董事作用。（林春照）

【电梯更新资金批复】 6月4日，区国资委批复同意朝开公司支取单位住房款26.52万元用于支付朝阳区金台北街4号楼2单元电梯更新工程费用，以确保该公司产权房屋设备设施正常安全使用。9月19日，区国资委批复同意北京市中良实业总公司从单位售房款中支取1.71万元用于支付朝阳区西坝河南里20号楼宿舍电梯维修更新工程中差额费用，确保房屋设备设施正常安全使用。（林春照）

【国有资本收益上缴】 6月6日，区国资委印发《关于上缴2018年国有资本收益的通知》，区属相关企业于6月21日前完成利润上缴工作，利润收入9518万元。6月21日，经区国资委汇总审核、财政局复核确认，完成2019年国有资本收益入库工作。（林春照）

【非经营性资产剥离移交】 6月6日，区委常委会审议通过《关于国有企业非经营性资产剥离移交工作情况的汇报》，区国资委落实区委常委会会议精神，组织市房地集团、区财政局、区审计局等部门召开工作小组会，研究推进国有企业非经营性资产移交测绘核实工作，组织企业聘请第三方中介机构对涉及无法确认面积的非经营性资产进行测绘和审计认定。11月底，经工作小组会议审议，最终确认朝阳区8家国有企业移交非经营性资产建筑面积26.17万平方米，8家企业分别与市房地集团签署《非经营性资产移交接收协议》，同时区财政拨付综合补助费4579万元对企业给予支持，减轻企业负担。（林春照）

【公司土地使用权历史遗留问题获批复】 6月14日，经区长办公会、区委常委会同意，区国资委完成望京综开与北京爱慕股份有限公司历史遗留问题解决并结清。望京综开委托资产评估机构以2018年11月30日为基准日，确认爱慕公司望京办公楼土地使用权估值为8872.69万元。爱慕公司以评估值扣除15%政府土地出让收益后余值的三分之一（2513.93万元）向望京综开进行补偿，公司双方签订《关于结清历史遗留问题的协议书》。区国有资本经营管理中心所属北京市盈润汇民基金管理中心按爱慕公司2018年12月31日全部权益评估值为55.75亿元的评估结果，经协商适当折价，以50.00亿元作为爱慕公司估值，盈润汇民基金出资2500万元，受让爱慕股份有限公司董事长兼总裁张荣明个人所持有的180万股股份，占爱慕公司总股本0.5%股权。（林春照）

【领导调研】 7月7日至8日，区委常委、政法委书记张维刚带领区国资系统扶贫代表团赴内蒙古卓资县考察调研。实地考察内蒙古自治区乌兰察布市卓资县异地搬迁项目、昆泰集团种猪养殖和农机具租赁项目、弘朝伟业黄花种植项目等，慰问贫困户3户。8月，区国资委组织区国资系统企业参加区人大财经委调研座谈会。区人大财经委主任委员、财经办主任兰万秋一行现场考察昆泰集团嘉瑞文化中心、弘朝伟业酒厂艺术园项目，京客隆集团、昆泰集团等8家系统企业汇报企业经营管理和改革发展等情况。9月5日，怀柔区国资委主任卢振宇带队到区国资委调研国资系统机构设置、干部管理及企业法人治理结构建设和国企改革、绩效管理、运营管理等情况，交流探讨国资监管工作。12月4日，区国资委书记、主任黄宏春带领昆泰集团、望京综开、北京商务中心区公司、宝嘉恒、朝开公司和金朝阳6家区属国有企业赴密云区开展帮扶对接和调研。6家企业分别与密云区6个低收入村签订结对帮扶协议。（林春照）

【朝开公司托管朝建公司】 7月24日、29日，朝开公司托管朝建公司工作方案经区长办公会、区委常委会审议通过。11月27日，区国资委组织召开朝开公司托管朝建公司宣布会。区国资委副主任冯少静宣布托管通知，自宣布之日起，朝建公司由朝开公司正式托管，按照朝开公司二级公司进行管理。（林春照）

【信访工作】 8月8日，区国资委工作专题部署会上通报国资系统2019年上半年信访工作及社会矛盾化解、挂账案件总体情况，区信访办副主任张振海提出指导意见。系统各单位主管领导及部门负责人70余人参加会议。（林春照）

【公司股权划转事项批复】 9月10日，区国资委批复同意将区国资委所持北京市朝阳万科房地产开发有限公司40%股权无偿划转到朝开公司。（林春照）

【嘉事堂股利股息上缴】 9月，区国资委完成参股企业嘉事堂公司股利股息上缴国库工作，上缴金额106万元。（林春照）

【工商登记】 10月25日，望京综开所属子公司朝科创公司协助北京鲲鹏创新中心完成工商注册，落户朝阳。10月30日，昆泰集团下属朗昆文化公司员工持股及混合所有制改革按照工作计划完成工商登记，朗昆文化公司员工持股及混合所有制改革试点工作完成。（林春照）

【产权置换批复】 11月16日，区政府批复同意区国资委关于行政事业单位与国资系统资产使用权置换的有关意见，世奥公司资产与区财政管辖下各委办局街乡清退后的闲置房产使用权置换启动。截至年底，该项工作全部完成。区国资委置出房产面积11020.4平方米、院落90181平方米，从区财政局置入房产面积24998.87平方米。（林春照）

【绿化管理用房转用】 11月25日，区国资委就商请保留大望京国际科技商务区绿化景观公园项目有关建筑作为公益事业向区园林绿化局发函。该项目位于大望京国际科技商务区内，占地面积约7公顷，由昆泰集团下属北京乾景房地产开发有限公司（以下简称乾景公司）作为认建单位负责出资进行项目建设。2014年乾景公司为开发建设大望京2号地项目，在代征绿地上建设售楼处，现用于绿化管理用房，该处房产由乾景公司负责安全维护工作。国资委建议保留该房产用于公益展览、城市图书馆等公益事业，促进朝阳文化公益交流。（林春照）

【国资预算草案编制】 11月，区国资委完成2020年国资预算草案编制。2020年国有资本经营预算收入规模为11000万元，其中，上缴利润收入8414万元、股利股息收入106万元、超收结转2480万元；支出包括7家监管企业8个项目，建议安排资金5050万元；按30%比例上缴公共财政3300万元；国资监管费用建议安排700万元。（林春照）

【注册资金同意批复】 12月25日，区国资委批复同意将区财政7000万元经费增加停车公司注册资本金专项用于电子停车设施建设。按宝嘉恒、副食公司和弘朝伟业3家股东原出资比例分别增加注册资本金，增资后出资额分别为6800万元、5100万元、5100万元。（林春照）

2019年朝阳区国资委监管单位一览表

表3

序号	全称	简称
1	北京京客隆商业集团股份有限公司	京客隆集团
2	北京昆泰房地产开发集团有限公司	昆泰集团
3	北京蓝岛大厦有限责任公司	蓝岛大厦
4	北京市朝阳城市建设综合开发公司	朝开公司
5	北京望京新兴产业区综合开发有限公司	望京综开
6	北京宝嘉恒基础设施投资有限公司	宝嘉恒
7	北京弘朝伟业国有资产经营有限责任公司	弘朝伟业
8	北京金朝阳商贸国有资本运营公司	金朝阳
9	北京市朝阳副食品总公司	副食公司
10	北京朝阳公园开发经营公司	朝阳公园
11	北京潘家园国际民间文化发展有限公司	潘家园公司
12	北京世奥森林公园开发经营有限公司	世奥公司
13	北京市朝阳区国有资本经营管理中心	国资中心
14	北京国际商务中心区开发建设有限公司	北京商务中心区公司
15	北京华阳经济开发公司	华阳公司
16	北京市朝阳水务集团有限公司	水务集团
17	北京朝阳停车管理有限公司	停车公司
18	北京市朝阳区机关后勤服务中心	机关后勤
19	北京郡王府饭店	郡王府
20	北京京广中心有限公司商务分公司	京广商务

食品药品监督管理

【概况】 朝阳区食品药品监督管理局（简称区食品药品监管局）机构实行双重管理体制，以市食药监局党组管理为主，区委协助管理。主要负责实施食品行政许可和监督管理，药品零售经营许可、保健食品经营许可、医疗器械经营许可、药品经营质量管理规范认证，食品药品监督的稽查制度，查处违法行为，食品药品安全事故应急体系建设、应急处置和调查处理，食品药品检验检测体系、电子监管追溯体系、诚信体系建设等工作。3月7日，北京市朝阳区市场监督管理局挂牌成立，原区食品药品监管局职责划入区市场监管局，加挂朝阳区食品药品安全委员会办公室牌子。（肖　洁）

【食品安全检查】 1月25日至2月28日，区食品药品监管局在全区开展制作盒饭黑窝点专项检查。出动执法人员748人次、车辆297车次，检查盒饭加工单位60户，未发现违法问题。2月至11月，区市场监管局会同区教委和区卫生健康委开展校园及周边食品安全专项检查。出动执法人员4605人次，检查各类学校食堂及食品经营单位7716户次，食品安全快速检测356件，要求整改33户次，2户无证幼儿园食堂罚款2100元。春节、元宵节期间，检查北京美心食品有限公司及烤鸭、糕点、白酒等北京特产食品生产企业17家次，食品安全快检100批次，发现整改问题3起。（肖　洁）

【农村地区假冒伪劣食品专项检查】 1月至11月，区市场监管局开展农村地区假冒伪劣食品专项检查。出动执法人员6171人次，检查农村地区餐饮单位4287户，取缔违法经商户24户，开展食品安全宣传活动44次。（肖　洁）

【违法经营处罚】 5月13日，区市场监管局对北京世纪正方科技发展有限公司未经许可非法生产医疗器械案处以行政处罚。没收违法生产的医疗器械原材料140件，没收违法所得67.8万元，罚款1086万元。（肖　洁）

【餐饮店控烟专项检查】 6月5日至20日，区市场监管局开展餐饮店控烟专项检查。出动执法人员437人，检查餐饮店1902家，部分经营者控烟标准执行不严，责令576家餐饮店当场整改。（肖 洁）

【食品安全宣传周活动】 6月20日，区食品药品安全委员会办公室根据《2019年朝阳区食品安全宣传周工作方案》，开展以“尚德守法、食品安全让生活更美好”为主题的食品安全宣传周活动。出动宣传人员36人次、宣传车10台次，现场接受企业咨询160余人次，发放宣传资料295余份，悬挂标语横幅5条。（肖 洁）

【猪肉专项抽检】 7月，区市场监管局完成区零售食品集中交易市场猪肉及其副产品专项抽检工作。抽取122个猪肉经营者猪肉及其副产品，合格率100%。（肖 洁）

【食品营商环境优化】 8月1日，区市场监管局启动食品经营（流通领域）许可“先证后查”制度试点推行工作。食品经营（流通领域）许可审批时限由5个工作日压缩至即时办理。全年办理申请人承诺制企业30户，受理食品经营许可（流通领域）12223户，办理小食杂店备案1402户。（肖 洁）

【营利性校外培训机构专项检查】 9月至12月，区市场监管局组织开展营利性校外培训机构食品安全专项检查。出动执法人员1861人次、执法车辆577车次，检查营利性校外培训机构1328家次，发现食品安全隐患1处，完成整改。（肖 洁）

【监管机制创新】 10月22日，区市场监管局在全市市场监管执法系统率先出台《市场轻微违法行为容错纠错清单》。内容涵盖市场监管7个行政执法领域37项市场轻微违法经营行为，给予经营者轻微违法行为改正机会，对其免于处罚。（肖 洁）

【重要活动食品安全保障】 年内，区市场监管局完成市区“两会”、国庆彩车活动、“亚洲文明对话”大会以及嘉年华活动、亚洲美食节活动、2019年国际学生北京夏令营、国际篮联篮球世界杯和中国网球公开赛、中华人民共和国成立70周年等重大活动食品安全保障，承担1家会场、31家驻地食品安全保障任务，未发生食源性疾患等食品安全事故。（肖 洁）

【创建卫生区】 年内，为确保创卫工作食品安全环节顺利通过验收，区市场监管局对无照无证食品经营单位进行分类整治，采取疏堵结合方式，以疏为主，尽可能将符合条件的现存无证无照餐饮单位转化为有证经营。全年发放机关食堂食品经营许可证183户，疏导办理食品经营许可证1054户。（肖 洁）

【药品检验】 年内，区市场监管局完成药品检验380件，包括化学药品243件、中成药123件、中药饮片14件，合格率达到99.7%。药品检验涉及药品生产企业40件、经营单位5140件，医疗机构200件。（肖 洁）

【食品抽查】 年内，区市场监管局抽检食品200个批次，品种包括酒类、糕点、饮料、粽子、月饼，抽验合格率99.5%。对餐饮服务食品抽检2149批次，发现不合格食品42件，均立案查处。（肖 洁）

【药品不良反应监测】 年内，区市场监管局收集评价药品不良反应报告3373份，收集医疗器械不良事件报告1569份，收集评价化妆品不良反应报告275份，上报市监控中心。（肖 洁）

【无证无照餐饮单位治理】 年内，区市场监管局持续开展无证无照餐饮单位专项整治。查处无证无照餐饮单位1142户，其中计划内无证无照餐饮单位992户，完成率达到115%。（肖 洁）

【“阳光餐饮”工程建设】 年内，区市场监管局继续推进辖区中小学食堂、托幼机构食堂、养老机构食堂、集体用餐配送单位实施“阳光餐饮”工程。全年完成“阳光餐饮”工程单位16406户，建成品质餐饮单位260家。（肖 洁）

2019年朝阳区食品药品监督管理局食药所一览表

表4

名 称	通讯地址	邮政编码	电 话
安贞街道食药所	安华里一区5号楼旁	100011	64269619
奥运村街道食药所	科荟桥东北角奥运村城管院内三层	100192	62940953
八里庄街道食药所	十里堡东里14号楼北侧（城管队院内）	100025	65569356
常营地区食药所	朝阳北路燕保常营家园9号东侧常营乡政府513	100024	65480860
朝外街道食药所	雅宝里15号楼211室	100020	85612587
崔各庄地区食药所	崔各庄乡政府南楼101室	100103	84304136
大屯街道食药所	北苑路甲166号风格派	100101	58236440
东坝地区食药所	东坝乡乡政府南100米	100018	65491772
东风地区食药所	星火西路9号东风乡人民政府	100016	85818457
东湖街道食药所	宏昌路6号	100102	64712566
豆各庄地区食药所	豆各庄乡石槽南路于家围小学南门东侧消防站院内	100121	85307404

续表4

名　称	通讯地址	邮政编码	电　话
垡头街道食药所	垡头西里18号楼东侧	100023	67389581
高碑店地区食药所	高碑店北路甲1号	100025	85766551、85756693
管庄地区食药所	管庄乡1号管庄乡政府东配楼206	100024	65767439
和平街街道食药所	和平街十区1号楼三层	100013	84282097
黑庄户地区食药所	黑庄户乡黑庄户家属院内	100121	85383697
呼家楼街道食药所	呼家楼北街甲6号西侧平房	100026	65018535
机场街道食药所	首都机场西平街2号街道办事处	100621	64501826、64571573
建外街道食药所	光华里甲12号	100021	58789791
将台地区食药所	将台乡驼房营中心幼儿园南侧城管综合执法队院内	100016	64372105、64360809
金盏地区食药所	金盏乡城市指挥管理中心	100018	84334761
劲松街道食药所	劲松一区132号楼一层	100021	67730440
酒仙桥街道食药所	万红路16号酒仙桥城管队内	100015	64309117
来广营地区食药所	朝来绿色家园蕴实园3号楼底商	100012	84950996、84950775
六里屯街道食药所	八里庄北里87号（六里屯街道城管院3层）	100025	85811864
麦子店街道食药所	朝阳公园西里南区6号楼麦子店街道办事处内	100125	58260845、58260847
南磨房地区食药所	平乐园小区临甲105号	100022	67337095、67305049
潘家园街道食药所	松榆西里甲26号食药所104室	100021	87389607
平房地区食药所	平房乡林泉街8号院银谷美泉1号楼底商1-2	100123	85573925、85518505
三间房地区食药所	建国路18号院2号楼104室	100024	65420081
三里屯街道食药所	幸福村1号三里屯街道办事处一层	100027	84751415
十八里店地区食药所	十八里店乡大羊坊路168号	100122	67477922
双井街道食药所	百子湾南二路88号双井街道办事处109	100022	87759513
孙河地区食药所	孙河乡顺白路6号孙河乡政府东配楼118室	100103	84200568
太阳宫地区食药所	太阳宫南街15号院1号综合服务楼一层	100028	63599439
团结湖街道食药所	团结湖北头条九号	100026	85589818
王四营地区食药所	王四营路280号王四营综合执法中心西楼一层	100023	67373882
望京街道食药所	望京蓝色家园小区西门外	100102	64212331
香河园街道食药所	柳芳北里甲15号	100028	64609288
小关街道药所	小关东街5号楼3层	100029	84856173
小红门地区食药所	小红门乡小红门村临918号	100176	67639370
亚运村街道食药所	安苑北里12号楼	100029	64810160
左家庄街道食药所	顺源里6号	100027	64668825

烟草专卖与管理

【概况】　北京市朝阳区烟草专卖局[简称朝阳区烟草专卖局（公司）隶属于北京市烟草专卖局、北京市烟草公司，负责朝阳区行政辖区内烟草专卖管理、卷烟市场供应和卷烟销售网络建设。设科室8个，包括办公室（安保科）、专卖监督管理科、内部专卖监督管理派驻办公室、法制科、营销网建科、财务科、人事科、纪检监察科（党建工作科），职工160人。全年办理各类涉烟违法案件219起，查获烟量2417万支，其中查获假私卷烟1191.26万支，查获违法卷烟案值1502万元。办理涉烟网络案件3起，刑拘21人。市场净化率96%。年内，获评

2018年度市级交通安全先进单位和纳税信用A级企业。（丁 鑫）

【涉烟网络案件破获】 1月1日，朝阳、丰台、昌平、顺义、通州、东城、平谷、密云8区烟草专卖局执法人员在市局专卖处（稽查总队）统一协调下，历时5个多月，成功破获以牛某、朱某某、宋某某为首的运输、销售走私烟团伙网络案件。查获各类违法卷烟185.34万支，其中真烟56.74万支，假烟8.06万支，走私烟120.54万支，涉烟案值122.52万元，抓捕涉案人员14人，刑拘3人，查获窝点15个，涉案车辆4台。3月20日，在市局专卖处（稽查总队）统一协调下，朝阳区、昌平区和顺义区等烟草专卖局历时3个多月，成功破获以彭某某、贠某某、田某某为首的特大走私、销售加热不燃烧卷烟网络案件。查获加热不燃烧卷烟42.7万支，涉烟总案值407.31万元（其中货值金额31.31万元），抓捕涉案人员14人，刑拘6人，查获窝点5个，涉案车辆3台。7月23日，在市局专卖处（稽查总队）统一协调下，朝阳区烟草专卖局（公司）、北京市烟草专卖局铁路分局历时2个多月，成功破获以王某某为首销售加热不燃烧新型卷烟团伙网络案件。查获加热不燃烧新型卷烟23.2万支，涉烟总案值67万元（其中实物案值17万元），刑拘3人，查获窝点6个，涉案车辆3台（其中摩托车1辆）。（房 颖）

【普法宣传活动】 年内，朝阳区烟草专卖局（公司）法制科在“3·15”消费者权益日、“12·4”国家宪法日等各类主题宣传日，针对不同宣传内容开展相应主题宣传月活动。与专卖科行政管理人员配合，开展新办证零售户及违法零售户法律宣传讲解工作。（柴汝静）

【精益改善活动】 年内，朝阳区烟草专卖局（公司）企管部门组织各部门骨干开展精益管理工具培训，培训180人次；组织人员参加市局各类培训11人次。朝阳区烟草专卖局（公司）办公室精益改善课题“提高办公室综合服务满意度”于10月29日结题，达到预期改善目标，在11月北京烟草第7届精益课题发表赛中，被评为北京烟草十佳精益改善课题。全年，各部门精益骨干完成一页纸改善课题（A3报告）8项、一点课程OPL（One point lesson）10项、合理化建议10个。（丁 鑫）

消费者权益保护

【概况】 朝阳区消费者协会（简称区消协）接受朝阳区市场监督管理局领导，接受北京市消协的业务指导；参与朝阳区消费维权工作的研究、方案的制定和职责范围内工作的落实；受理消费者的投诉，并对投诉事项进行调查、调解；组织开展消费教育引导和宣传、咨询等活动，提高消费者维权能力，引导文明、健康、节约资源和保护环境的消费方式；完成商品比较试验和服务类体验式调查工作；按规定召开消协理事会；就有关消费者合法权益问题，向有关部门反映、查询，提出建议；就损害消费者合法权益行为，支持受损害消费者提起诉讼；对损害消费者合法权益的行为，通过大众传播媒介予以揭露、批评；承办上级部门交办的其他事项。年内，区消协联合区工商所、消协分会开展“3·15”宣传活动28次，发放宣传环保购物袋5000个，发放各类消费宣传手册2万余本。消费纠纷人民调解委员会成功调解消费纠纷11件，挽回经济损失513908元。收到锦旗2面，表扬信2封。（吕秉生）

【公益活动】 11月26日，区市场监督管理局与市消费者协会、中国室内装饰协会施工委员会、安贞街道办事处在安贞街道五路居社区共同举办“家装帮您看之社区公益活动”启动仪式，拓宽“家装帮您看”公益活动范围，236人参加活动。截至12月31日，“家装帮您看”公益活动为消费者解决家装投诉84件。（吕秉生）

【投诉受理】 年内，区消费者协会受理消费者投诉63024件，解决52248件，为消费者挽回经济损失2172.13万元；处理具有欺诈行为投诉加倍赔偿116件，加倍赔偿金额18.14万元。接待消费者来访3.15万人，收到锦旗或表扬信15面/封。（吕秉生）

工业　商务服务业

北京朝阳年鉴 2020

Beijing Chaoyang Yearbook

工业产业发展

【概况】 年内，全区233家规模以上工业企业累计实现工业总产值787.8亿元，比上年增长6.2%，延续小幅增长态势。产值总量排名前五的支柱行业涉及企业80家，累计实现产值536.8亿元，占区域产值总量70.8%，拉动全区工业总产值增长3.0个百分点。其中，电力、热力生产和供应业保持总量第一，全年累计实现产值214.6亿元，比上年增长1.8%；开采专业及辅助性活动实现产值114.4亿元，比上年增长7.0%；电气机械和器材制造业实现产值88.8亿元，比上年增长17.9%，继续保持快速增长；非金属矿物制品业实现产值65.6亿元，比上年增长8.8%；医药制造业实现产值53.4亿元，比上年下降12.6%。年内，朝阳区优化营商环境，推进构建高精尖产业结构，为企业定制并发放“服务包”，推动上市企业聚集，解决民营企业困难。帮助对口贫困地区脱贫。年内，地方级收入1075.8亿元；区级财政收入536.41亿元，比上年增长0.51%；建安投资452.6亿元，比上年增长8.2%。减免各类税费负担400余亿元。（朱兆芬）

【《朝阳区“十四五”规划编制工作方案》制发】 12月3日，区发改委制发《朝阳区“十四五”规划编制工作方案》，明确规划编制总体要求、分阶段时间安排，确定规划编制主要任务和保障措施，提出规划编制工作组织架构，确定综合战略、经济发展、文化文明、城市治理、生态环境、社会民生6个工作组，确定38项前期课题和30个专项规划。（王弘旭）

【节能目标完成】 年内，朝阳区能耗总量901.01万吨标准煤，万元GDP能耗下降率4.99%。区发改委制定《2018年度节能目标责任考评工作方案》，考评235家重点用能企业、43个街道（地区）办事处、12个行业主管部门、5个功能区管委会节能目标。安排节能资金5781.59万元，支持节能项目81项，专项监察全区48家重点用能单位节能落实情况。（赵志岩）

高新技术产业

【概况】 年内，区发改委围绕产业准入标准、用地利用方式、入园监管机制、实施保障体系等方面，研究起草《朝阳区关于落实〈北京市人民政府关于加快科技创新构建高精尖经济结构用地政策的意见（试行）〉的实施方案》。落实《北京市人民政府关于加快科技创新构建高精尖经济结构用地政策的意见（试行）》。（王冠迪）

【内资企业投资项目备案】 年内，区发改委完成内资企业投资项目备案97个，投资预算127.6亿元。其中，上市募投项目备案27个，申报国家和市级项目备案69个，申请进口设备免税1个。（车卫红）

【企业上市和并购重组资金安排】 年内，区发改委完成企业上市和并购重组资金安排，安排资金7123万元，支持项目25个。全区有上市企业126家，其中境内36家、境外90家（7家企业境内外市场同时上市）。（王冠迪）

商务服务业

【概况】 朝阳区商务局（简称区商务局）是负责朝阳区内外贸易、外商投资、对外经济合作、商务服务业发展和口岸工作的区政府工作部门，挂北京市朝阳区人民政府口岸办公室（简称区口岸办）牌子。有办公室、研究室、商务服务业发展科、商贸流通促进科、商业规划发展科等10个科室，在编公务员43人。年内，消费、外贸等主要指标完成，新一轮服务业扩大开放项目数量和质量全市第一。实际利用外资42.9亿美元，进出口总额1934.6亿美元，新增跨国公司地区总部4家，社会消费品零售额2894.3亿元，新建（改造）便民服务网点110个。（王　丹）

【国际经贸交流与项目签约】 1月23日，区商务局召开“开放合作，共享未来”主题国际经贸交流活动。英国、意大利、阿根廷等15个国家驻华使馆代表、中欧企业家峰会等5个国际机构组织负责人及企业代表参加。活动推介朝阳服务业扩大开放和营商环境。10月17日，第二届中欧企业家峰会朝阳论坛在郡王府举办，论坛交流企业科技创新，展示中西文化。11月5日至10日，2019第二届中国国际进口博览会召开，朝阳区推介扩大对外开放、加强对外合作的优势和成果。年内，区商务局完成512家企业注册，审核通过1645人，居全市首位。组织签约19个项目，合作领域涉及基础建设、再生资源、医疗、日化等，签约金额22.94亿美元，居全市首位。（王　丹）

【总部经济发展】 年内，区商务局引进中石油储气库、国家管网等重大项目落户朝阳，阿里巴巴集团北京总部园区在朝阳区奠基。北京市新认定的佳能医疗系统（中国）有限公司、欧蒙医学诊断（中国）有限公司、安道麦（中国）投资有限公司等跨国公司地区总部，均为朝阳区总部企业。朝阳区跨国公司地区总部增至125家，占全市总数70%。全区跨国公司地区总部区级收入38.60亿元，占全区区级收入7.89%，其中，有16家超过5000万元，收入33.04亿元，占总数的85.60%。（王　丹）

【京交会】 年内，朝阳区商务局牵头筹办2019年京交会科技创新板块和朝阳分会场活动。按照“一主多辅，全城一会”要求，在国家会议中心主会场与首创郎园朝阳分会场，采取“一展一会”“两会一展”布局形式完成科技创新板块展览展示与“一带一路”服务贸易系列活动。活动期间促成合作项目20余个，签约额800余亿元。区商务局在会前举办国际美食嘉年华活动，举办朝阳分会场系列活动，包括科技创新主题展览、世界500强企业CBD高峰论坛、“一带一路”服务贸易高质量合作推介会、“一带一路”主题服务贸易国际合作展等。区商务局获组委会颁发的最佳主题展区和最佳会议活动2项大奖。（王　丹）

【社会消费】 年内，朝阳区社会消费品零售总额3525.3亿元，比上年增长3.5%，占北京市总量23.4%，居全市首位。通过促进消费转型，推动商圈升级，依托北京SKP、国贸商城等购物中心培育首店经济，朝阳区引进首店数量占北京市

▲ 位于佳兆业广场的 SKP-S 商场联合 GENTLE MONSTER 打造的“未来农场”（摄于 12 月 5 日） （区商务局 供图）

50%，吸引赛麟、Tommy Higher 等品牌发展“潮牌”和“网红店”等时尚轻奢消费。发展夜间经济，使奥林匹克公园成为“最热夜消费商圈”，培育中骏世界城、好运街、合生汇等 7 条深夜食堂街区，751 全时文化消费园区、国贸郎园等 4 个深夜文化集市。（王 丹）

【批发零售业和租赁商务服务业发展】 年内，朝阳区批发零售业和租赁商务服务业形成区级收入 157.6 亿元，完成全年任务（187.8 亿元）83.9%。其中，批发零售业区级收入 69.96 亿元；租赁商务服务业区级收入 87.64 亿元，比上年增长 2.22%。（王 丹）

【外贸进出口】 年内，朝阳区完成货物进出口总额 13328.2 亿元，比上年增长 4.7%，占全市总量 46.5%。其中，进口完成 12041.1 亿元，比上年增长 4.3%，占全市总量 51.2%；出口完成 1287.2 亿元，比上年增长 8.1%，占全市总量 24.9%。进出口完成总额居全市首位。（王 丹）

【非首都功能疏解市级任务完成】 年内，区商务局完成功能疏解市级任务 9 个，涉及街道地区商品交易市场 7 家。疏解商品交易市场 9 家（街道地区 7 家），全部为市级任务，涉及建筑面积 4.66 万平方米，摊位数 1966 个，疏解人员 5680 人。（王 丹）

【外资利用】 年内，朝阳区新设外商投资企业 662 家，占全市 40.5%；吸引合同外资 86.6 亿美元；实际利用外资 42.9 亿美元，比上年增长 7.9%，占全市 30.2%。服务业六大领域吸引合同外资 72.8 亿美元，占全区 84%，其中文化教育服务、科学技术服务、商务和旅游服务分别增长 43.6%、17.8% 和 11%。（王 丹）

【生活性服务业建设】 年内，朝阳区新建（改造）蔬菜零售、便利店、早餐等生活性服务业网点 118 处。推动苏宁小店、便利蜂、京东、全家、罗森等企业新建连锁门店 100 家，社区便利店品牌连锁化率 70%。建有便利店 1200 余家，平均每店服务 3500 余人，接近发达国家水平。全区有各类社区商业网点 2.4 万余个，居北京市首位。支持新型服务模式进社区，培育荣昌 e 袋洗、匠心工坊等洗染、便民维修等企业。试点建设 10 家便利店搭载售卖乙类非处方药、二类医疗器械。（王 丹）

【服务业扩大开放示范区建设】 年内，全区商务服务业完成试点任务 60 项，完成率 85.7%，推动 39 个重点项目落地，其中全国首创项目 2 个、突破性项目 11 个、重大影响力项目 16 个，项目数量、质量均为全市第一。益博睿征信（北京）有限公司成为全市首家获企业征信备案的外资征信机构。宝马（中国）投资有限公司、ABB（中国）投资有限公司等国际投资性公司落户朝阳。（王 丹）

【电子商务】 年内，区商务局发展绿色流通和消费，推进电子商务发展，引导每日优鲜、美莱网、盒马鲜生、小象生鲜等重点存量企业扩大销售规模，推动电子商务线上线下融合发展。全区网上零售额 728 亿元。（王 丹）

【政务服务】 年内，朝阳区实现所有商务事项“前台综合受理、后台分类审批、统一窗口出件”全程留痕的办理模式；外资备案、对外贸易经营者登记由 5 个工作日缩减至当日办结。全年设立备案外资企业 667 家、变更备案 3156 家；审核外商投资企业联合年报 6711 家；受理服务外包合同数量 2739 笔，出具软件出口合同登记证书

1575份，合同金额27.05亿美元、执行金额24.93亿美元；受理对外贸易经营者备案登记2738个，其中新办1299个、变更1342个、注销97个；办理成品油及原油经营资格变更、补证、歇业45家，注销新设1家；年检120件次；拍卖企业（分支机构）申请从事拍卖业务许可、变更审批387件次，拍卖企业年度核查200件次。（王　丹）

朝阳副食品总公司

【概况】 北京市朝阳副食品总公司（简称朝副公司）是朝阳区国资委直接监管的国有企业。主要承担国有资产保值增值、离退休人员及内部退休、待岗人员管理工作，负责北京市中良实业总公司（区粮食局）的全面委托管理工作。年内，管理职工6330名，其中在职职工313名（含腾远和临时工），离退休职工6017人（含托管区粮食局离退休职工824人）。对二级单位北京恒瑞永天投资管理有限公司投资10000万元，占其总资本100%；对二级单位北京朝阳家园物业管理有限公司投资500万元，占其总资本100%；持有北京京客隆商业集团股份有限公司股份1.67亿股，占其总股本40.61%；对北京市腾远兴业汽车服务有限公司（以下简称“腾远公司”）投资3280万元，占其总资本82%；对北京富安小额贷款有限公司投资5960万元，占其总资本18.01%；对北京朝阳停车公司投资3000万元，占其总资本30%。全年收入3.15亿元，资产总额11.58亿元，净资产8.23亿元，上缴税费5194万元，上缴国有资本收益2117万元。3月15日，朝副公司房管站赵连生获“首都精神文明建设奖”。4月23日，朝副公司房地产管理开发部获“北京市工人先锋号”称号，办公室主任张彦获“首都劳动奖章”。5月5日，朝副公司与密云区不老屯董各庄村签订《帮扶协议书》。12月9日，朝副公司取得区国资委下发《关于北京市朝阳副食品总公司公司制改制的批复》（朝国资文〔2019〕302号），同意朝副公司性质改制为国有独资有限责任公司，名称变更为北京朝富国有资产管理有限公司。年内，朝副公司利润总额1亿元。（魏　悦）

【烟花爆竹销售】 2月，朝副公司完成全区烟花爆竹销售。来广营、三间房、豆各庄3个销售点销售烟花爆竹6205箱，销售额795万元，未发生安全事故。（魏　悦）

【控股企业腾远公司质量认证通过】 3月12日至15日，朝副公司控股企业腾远公司经华夏认证中心审核认定，质量管理体系符合GB/T 19001—2016标准要求。10月，腾远公司通过区级安全生产标准化三级企业评审。（魏　悦）

【朝阳家园物业公司成立】 5月15日，朝副公司成立二级单位北京朝阳家园物业管理有限公司（简称朝阳家园物业）。5月27日，朝阳家园物业第一项目部在石佛营南里社区挂牌成立。7月12日，朝阳家园物业公司被选举为北京朝阳区物业管理协会理事单位。11月13日，朝阳家园物业与北京朝阳区物业管理协会签署《评估服务战略合作协议》《培训服务战略合作协议》。12月30日，石佛营南里社区与朝阳家园物业公司第一项目部签订物业服务合同。（魏　悦）

【帮扶韭菜沟村散养鸡场建设】 9月10日至12日，朝副公司与内蒙古自治区乌兰察布市卓资县梨花镇韭菜沟村签订《北京市朝阳副食品总公司对口帮扶内蒙古自治区卓资县梨花镇韭菜沟村散养鸡场建设项目协议书》。9月17日，公司支付梨花镇韭菜沟村鸡场专项扶贫款44.8万元。（魏　悦）

【非经资产移交协议签订】 12月25日，朝副公司与北京首都开发控股（集团）有限公司、北京房地集团有限公司签订《非经营性资产移交接收协议》。（魏　悦）

蓝岛大厦

【概况】 北京蓝岛大厦有限责任公司（简称蓝岛大厦）是朝阳区国资委直接监管的国有企业。北京蓝岛大厦于1993年1月18日开业，其前身是朝阳区百货公司。2008年，蓝岛大厦完成体制改革，改制为区国资委单独出资的法人独资公司，企业名称变更为北京蓝岛大厦有限责任公司，构建国有独资法人治理结构运营模式。年内，蓝岛大厦注册资本1亿元，资产总额32277.65万元，净资产22731.57万元，净资产收益率0.5%。蓝岛大厦有在职职工579人（在岗职工500人、内退职工79人），退休职工1669人，有蓝岛通州店1家分店。蓝岛大厦被北京市发展和改革委员会授予“2018年度北京市价格监测工作先进单位”称号；蓝岛大厦通过朝阳区卫健委联合督导和区级验收，被授予“2019年朝阳区健康促进企业”称号；蓝岛大厦在北京市商业联合会组织的“北京市第九届商业服务业技能大赛总结表彰大会”上，获“优秀组织奖”。12月，北京市安全生产联合会授予蓝岛大厦“安全生产标准化二级企业（商场超市）”牌匾和证书。（黄　洁）

【“朝外8号”食街获“阳光餐饮示范街”称号】 1月21日，蓝岛大厦“朝外8号”食街获“阳光餐饮示范街”称号。中国烹饪协会、北京市餐饮行业协会联合在“朝外8号”食街为“满福楼”“九头鸟”等七家餐饮店颁发“品质餐饮示范店”匾牌。（黄　洁）

▲ 1月21日，蓝岛大厦“朝外8号”食街获“阳光餐饮示范街”称号（康　晶　摄）

【蓝岛大厦分店金隅百货停业腾退】 3月15日，蓝岛大厦分店金隅百货所处的海淀区安宁庄东路1号被北京市政府规划为保障住房建设用地，按照北京市规土委和海淀区政府相关要求，金隅店在2月28日前完成所涉及地块营业区域停业，3月15日前完成腾退。（黄　洁）

【对口帮扶】 4月1日、5月12日、8月13日，蓝岛大厦对口帮扶内蒙古乌兰察布市卓资县梨花镇、三道营村谈沟通农产品加工车间项目进展情况。4月24日，蓝岛大厦与三道营村确定建设农产品加工车间，签订《三道营村产业帮扶项目建设意向书》《产业扶贫项目合作协议书》。6月25日，蓝岛大厦投资44.8万元，建设三道营村农产品加工厂，9月中旬完工。12月13日，公开招标加工设备采购。（黄　洁）

【专业培训】 5月9日，蓝岛大厦邀请北京毛纺织科学研究所检验中心、国家毛纺织产品质量监督检验中心（北京）市场服务部部长王梅红，开展针纺织类商品质量标准培训；9月19日，蓝岛大厦邀请国家轻工业鞋类皮革毛皮制品质量监督检测北京站主任张荣华，开展鞋类、箱包类、皮革服装商品质量的培训。全年举行专业培训15期。（黄　洁）

【营销活动】 年内，蓝岛大厦开展“蓝岛26周年庆——实心实意26周年 你的好 我知道”“火爆年货节”“两情相悦 双节好礼”“半边天 幸福女人节”“欢享五一”“爱在家庭 幸福有你”“六一快乐会 蓝岛亲子节”“端午情 乐团圆，爱老爸 感恩日”“改装出清 蝶变升级”“浪漫会·七夕缘”“花好月圆 情满中秋”“改装出清”“积分返利月 全场任性花”“欢乐圣诞 欢乐新年”等主题促销活动。其中，“改装出清”活动在蓝岛大厦西区1至4层，活动130余天，销售额1186.30万元。举办“新春杯”促销竞赛和第十六届“舞动金秋”购物节暨“金秋杯”促销竞赛系列营销活动。开展“实心实意二十六 亲和服务喜迎新年”“新团队 新服务 新理念”“落实标准化服务 提升购物体验”3次服务促销活动。（黄　洁）

京客隆集团

【概况】 北京京客隆商业集团股份有限公司（简称京客隆集团）是一家国有控股的以经营日用消费品零售及批发业务为主的香港联交所主板上市公司（股份代号：HK0814）。“京客隆”品牌创立于1994年，集社区购物中心、大卖场、综合超市、便利店四种零售经营业态为一体，拥有各业态店铺总数178家，营业面积259237平方米，店铺覆盖北京市10余个区县及河北廊坊地区。京客隆集团下设北京朝批商贸股份有限公司、北京欣阳通力商业设备有限公司、北京京客隆（廊坊）有限公司、北京京客隆首超商业有限公司、北京京客隆超市连锁有限公司、北京京客隆生鲜便利店有限责任公司等多个全资或控股子公司。员工人数6065人，其中正式职工5597人，返聘人员292人，劳务人员104人，不在岗人员72人。退休人员3568人。京客隆集团有先进物流和信息管理系统，自建有常温和生鲜2个现代化配送中心，配备拆整配零自动分拣系统和整箱商品自动分拣系统，能快速完成自动化分拣工作。11月14日，京客隆集团参加2019北京银发消费月活动总结会暨银发消费论坛，获颁“2019北京银发消费月优质企业”荣誉证书。京客隆销售总额131.96亿元，利润1.9亿元。（龙芬芬）

【获北京市“放心肉菜示范超市”称号】 5月，京客隆望京店获北京市连锁经营协会和北京市食品药品监督管理局颁发的2018年度“放心肉菜示范超市”称号。年内，京客隆怀柔店、西关环岛店和望京店等3家挂牌店铺通过复审第一阶段，劲松店、团结湖店、东关店、龙旺庄店和玉桥店等5家新创建店铺接受评审。（龙芬芬）

【中华人民共和国成立70周年庆祝活动物资供应服务】 10月，京客隆集团完成朝阳区中华人民共和国成立70周年庆祝活动餐包及物资供应服务保障，包括9个方阵、6个处、54个街乡志愿者、踩车处4个点位和北京市物资保障2个点位。组织供应商品217次配送，商品配送金额1036万元。（龙芬芬）

【销售合作】 11月5日至10日，京客隆集团组团30余人参加在上海第二届中国国际进口博览会。京客隆集团旗下朝批商贸公司与51家大型参展厂商接洽，初步合作意向品牌41个；现场与10家大型厂商签订销售合作协议书，签约额6.38亿元。（龙芬芬）

【社区便民服务微中心引入】 年内，京客隆集团在5家超市和12家便利店以“嵌入式”或“独立式”2种方式引入社区便

▲ 京客隆京捷生鲜劲松一区店搭载社区服务微中心（摄于8月6日）（龙芬芬　摄）

民服务微中心，搭载洗衣、修锁配钥匙、手机维修、快剪等10余项与社区居民日常生活密切相关服务项目。（龙芬芬）

【京客隆便利店药品搭载经营】 年内，京客隆集团便利店搭载经营乙类非处方药和二类医疗器械的店铺有4家，分别是京客隆便利1店、3店、4店和6店。（龙芬芬）

【“合伙人制”推行】 年内，京客隆集团推进超市业态果菜“合伙人制”试点店铺31家；全店“合伙人制”便利店24家。（龙芬芬）

【店铺装改】 年内，京客隆集团实施老店改造，装改大型店铺1家（劲松商城店），调整店铺布局3家（华安店、怀柔店、西关环岛店），改造京捷生鲜便利店21家，全区京捷生鲜店铺有40家。（龙芬芬）

【扶贫、帮扶任务落实】 年内，京客隆集团对接新疆、内蒙古、河北等对口帮扶地区厂商，新增9条扶贫商品渠道、92个扶贫品种，在102家店铺以专柜、专区、堆头、端架单独陈列等方式，集中宣传展示和促销售卖扶贫商品。全年门店扶贫商品销售额500万元。落实“万企帮万村”帮扶计划，帮助唐县马庄尔村建成小型农产品加工厂。（龙芬芬）

弘朝伟业公司

【概况】 北京弘朝伟业国有资产经营有限责任公司（简称弘朝伟业公司）是朝阳区政府授权的资产运营机构，对原社区办、工业局和物资局三家单位及所属企业的国有资产行使监督、运营和管理职责，并管理授权范围内的城镇集体资产。公司注册资本1000万元。年内，公司在职职工772人，离退休人员8633人。资产总额28.8亿元；净资产11.2亿元；营业收入5.6亿元；利润总额5600万元；上缴税费4600万元。（胡基明）

【结对帮扶】 7月24日至26日，弘朝伟业公司考察内蒙古卓资县大榆树乡芦草沟村200亩黄花种植项目，并召开座谈会交流黄花种植情况。10月23日至25日，与卓资县芦草沟村签订三方补充协议，追加扶贫资金18.5万元，总投资57.1万元，帮助芦草沟村66户贫困户脱贫。（胡基明）

【北京定福聚缘农副产品市场关闭】 7月30日，弘朝伟业公司所属运营15年的北京定福聚缘农副产品市场关闭。因市场各项条件不能适应北京市现代规范市场要求，与电规院提前1年终止市场租赁协议。此前，市场配合地区政府治理开墙打洞，封堵市场24间临街门面房，减少收入128万。（胡基明）

【工业局与爱慕公司历史遗留问题解决】 8月8日，区国资委主持召开弘朝伟业公司所属工业局与爱慕公司解决历史遗留问题的签约仪式。工业局与爱慕股份有限公司签订《关于景升东街108号房屋拆迁补偿款项结清协议》，解决历史遗留问题。（胡基明）

北京朝阳年鉴
Beijing Chaoyang Yearbook
2020

金融

金融管理

【概况】 朝阳区金融服务办公室（简称区金融办)是负责促进区金融发展、金融服务工作的区政府工作部门。内设综合科、金融发展科、金融服务科、金融市场科、风险管理科等5个科。行政编制21名。新设下属事业单位：北京市朝阳区金融发展促进中心，全额拨款事业编制15人。年内，有40家持牌金融机构落户朝阳区，其中，总部机构13家，分行分公司4家，外资金融机构5家，私募股权基金、投资机构3家。2019年年底，朝阳区金融机构总数达1654家，其中法人金融机构380家，外资金融机构335家。银行类机构912家，证券类机构216家，保险类机构344家，其他金融机构182家。（马增泉）

【殷勇调研处非工作】 2月19日，副市长殷勇到朝阳区处非专班（金融纠纷调解中心)集中办公地调研，了解各部门工作和处非专班接待流程，参与接待来访投资人并主持召开专题工作会，指导处非专班工作。（马增泉）

【韩亚银行（中国)有限公司入驻】 3月4日，韩亚银行（中国)有限公司入驻朝阳区。至此，全市9家外资法人银行中已有7家入驻朝阳区，朝阳区国际金融机构聚集度进一步提高。（马增泉）

【典当行业专题座谈会】 4月9日，区金融办召开全区典当行业专题座谈会，全区50家典当企业、区商务委和区金融办参加会议。该会议是朝阳区典当行管理职责从区商务委划入区金融办后召开的首次行业会议，标志着典当行业正式进入朝阳区金融监管序列。会议传达中国银保监会、市地方金融监督管理局关于典当行年审有关事项。各典当行负责人就当前典当行业形势、业务开展情况、面临的主要困难以及对朝阳区典当行业监管和规范发展的意见建议等内容座谈交流。（马增泉）

【科创板培训及服务业扩大开放试点政策解读】 6月20日，区金融办在国际金融博物馆举办朝阳区科创板培训及服务业扩大开放试点政策解读会。区发改委、区市场监督管理局、区科信局、中关村朝阳园管委会、北京CBD管委会、奥林匹克公园管委会、区文创实验区管委会、区税务局相关负责人和近40家驻区科技企业、30余家银行、证券、股权投资、加速器公司等相关负责人出席会议。（马增泉）

【防控金融风险合作协议签署】 7月17日，区金融办与朝阳区检察院在处非专班举行防控金融风险签约仪式。区金融办党组书记、主任牛海龙，检察院党组副书记、副检察长吴春妹出席签约仪式。（马增泉）

【沃尔德在上交所科创板上市】 7月22日，作为科创板全国首批25家上市公司之一，朝阳区驻区企业北京沃尔德金刚石工具股份有限公司在上海证券交易所科创板上市。（马增泉）

【中信消金开业】 7月26日，中信消费金融有限公司(简称中信消金)在京开业。区政府领导、资方股东代表、合作伙伴、消金同业代表100余人出席开业发布会。中信消金是中国银行保险监督管理委员会批复成立的第24家消费金融公司，由中国中信有限公司、中信信托有限责任公司、金蝶软件（中国)有限公司三家股东共同出资，注册地为北京市朝阳区建国门外大街19号国际大厦。中信消金开业，填补了朝阳区在消费金融牌照方面空白。至此，朝阳区金融业牌照已覆盖信托、银行、保险、证券、期货、基金等各金融领域。（马增泉）

【“北京畅融工程”推介】 8月6日，市金融监管局、朝阳区政府、石景山区政府及其他相关部门在朝阳区昆泰嘉华酒店联合举办“北京畅融工程”保险+再保险对外开放专题推介活动。市金融监管局党组书记、局长霍学文、副局长李妍，朝阳区副区长朱晟，石景山区委常委、常务副区长柯永果及人民银行营管部和北京银保监局等单位负责人出席会议并解读7月20日国务院金融稳定发展委员会办公室宣布的11条金融业进一步对外开放的政策措施。慕尼黑再保险大中华区负责人常青、瑞士再保险副总裁王森和西班牙曼福再保险北京代表处首席代表伊那修等近百位中外保险机构高层代表参加活动。（马增泉）

【警示教育基地建立】 8月29日，区金融办在区公检法等部门支持下，为警醒涉金融领域从业人员坚守法律底线和道德底线，有效化解金融风险，建立“防范非法集资和扫黑除恶警示教育基地”并组织辖内P2P网贷机构从业人员开展首次警示教育活动。（马增泉）

【法官工作站和检察官联络站进驻处非专班】 11月1日，区金融办在处非专班新址组织召开“守初心，担使命，打赢非法集资攻坚战”工作会议。会议邀请中国银保监会、人民银行营管部、市委“不忘初心、牢记使命”主题教育巡回指导组、北京银保监局、市金融监管局、处非专班成员单位及43个街乡主管领导出席。现场举行法官工作站和检察官联络站进驻专班揭牌仪式和区金融办与秉正中心、银行代表与街乡代表结对宣传签约仪式。（马增泉）

【金融家交流会】 11月18日，由北京CBD金融商会主办的金融家交流会在亚洲金融大厦举办。区长文献，市地方金融监管局副局长李岩，北投集团党委委员、总会计师孙洪山，北京CBD金融商会会长、友邦保险集团驻中国总代表处总代表赖祥麟出席会议并致辞。多国使馆商务参赞，各类国际金融组织，银行、证券、保险、再保险、信用评级等各类金融机构，股权投资基金、政府引导基金、行业协会等各类专业机构，境内外上市公司和重点企业高层代表等300余位国内外嘉宾出席活动。（马增泉）

【小微企业金融服务平台上线运营】 11月21日，区金融办与北京市金控集团合作搭建的朝阳区小微企业金融综合服务平台正式上线运营。该平台是全市首家解决中小微企业融资难、融资贵的专属平台，聚合银行、股权投资、信用评级、担保、金融科技、典当、区块链、金融培训、资产管理等多类金融工具，与线下对接活动形成有机整体，为文化、科技等高精尖企业提供自初创期、成长期到成熟期的“全方位、全链条、全生命周期”的综合金融服务。（马增泉）

【扶贫协作】 11月22日，区金融办组织上海银行北京分行、东亚银行北京分行、中粮信托、奔驰金融及水滴筹等驻区金融机

▲ 11 月 21 日，区金融办与北京金控集团合作搭建小微企业金融综合服务平台　（区金融办　供图）

构负责人到河北省张家口市康保县开展扶贫协作工作并出席朝阳区金融机构助力康保县东关小学爱心捐赠仪式。区金融机构向东关小学捐赠价值 15 万余元的棉服、文具等物品，康保县民政局和水滴筹公司签订战略合作协议。（马增泉）

【安顾（中国）企业管理有限公司落户朝阳区】 年内，世界五百强企业、全球领先再保险商和风险运营商慕尼黑再保险集团旗下德国安顾集团新设立中国区管理总部——安顾（中国）企业管理有限公司（下称安顾中国）落户朝阳区。安顾中国注册资本 5000 万元人民币，注册地为建国门外大街银泰中心。是一家管理性地区总部，将主导安顾中国在华战略规划，管理、协调安顾集团在国内投资和已经投资的实体机构。（马增泉）

银　行

中国银行北京朝阳支行

【概况】 中国银行股份有限公司北京朝阳支行下设 10 个部室、1 个营业部和 15 家经营性网点支行。有职工 532 人，其中经营管理序列人员 55 人。支行资产汇总折合人民币总额为 422.66 亿元。（刘玫均）

【业务发展】 年内，中行朝阳支行本外币存款日均余额 515.08 亿元，贷款日均余额 186.15 亿元；实现计费净收入 12.87 亿元，拨备前利润 9.24 亿元；净利润 7.12 亿元。（刘玫均）

【中间业务】 年内，中行朝阳支行实现中间业务收入 3.31 亿元。（刘玫均）

中国银行北京商务区支行

【概况】 中国银行股份有限公司北京商务区支行内设 9 个部室，下辖 16 家经营性物理网点，均可开办包括对私结售汇、外汇汇款、个人理财、银行卡业务以及对公结算、国际结算、跨境业务、金融机构业务等全部个人、公司金融业务。有职工 463 人。至 2019 年年底，实现拨备前利润 8.19 亿元，本外币存款日均总额折合人民币 548.87 亿元。（杨雪巍）

【存贷款业务】 年内，中行北京商务区支行人民币存款日均余额 512.92 亿元，其中人民币对公存款（含金融机构）日均余额 363.64 亿元，人民币储蓄存款日均余额 149.27 亿元，外币存款日均余额 5.15 亿美元，其中外币对公日均存款（含金融机构）1.86 亿美元，外币储蓄日均存款 3.29 亿美元。（杨雪巍）

【中间业务】 年内，中行北京商务区支行实现中间业务收入本外币折合人民币 2.23 亿元。（杨雪巍）

【“5G 智能+生活馆”开业】 年内，中行北京商务区朝外大街支行经过全新改造，以“5G 智能＋生活馆”的全新面貌在京开业。“5G 智能＋生活馆”是中国银行首家，也是银行业首家与 5G、生活深度融合的智能网点，是一种新的网点业态，依托 5G、人工智能等新技术优化网点服务，提升服务效能，为客户提供更好的服务体验，是中行科技引领战略实施的又一力作。（杨雪巍）

【志愿金融服务】 年内，中行北京商务区支行围绕“金融消费者权益日”和“防范非法集资宣传月”活动，到酒仙桥社区、柳芳南里社区、建筑工地、双井恭和苑、中国传媒大学等地开展消保宣讲，其中到双井恭和苑进行的防范非法集资宣传活动被《北京青年报》《北京日报》《新京报》分别报道。（杨雪巍）

【内控安保】 年内，中行北京商务区支行处置各类案件 6 起。其中堵截电信诈骗案件 4 起，涉案金额人民币 12 万元；堵截非法集资诈骗案件 1 起；堵截银行卡类案件 1 起。（杨雪巍）

中国工商银行北京朝阳支行

【概况】 中国工商银行股份有限公司北京朝阳支行内设 11 个部室，下辖 26 家物理网点、8 家离行式自助银行。拥有财富管理中心 3 家、理财中心 21 家、金融便利店 2 家。辖内 26 家网点均可开办包括对私结售汇、外汇汇款业务在内的全部个人金融业务，并且均可开办人民币对公业务、外汇对公存款及对公结售汇业务。年内，朝阳支行拨备前利润实现 17.98 亿元。（王　阳）

【存款业务】 年内，工行朝阳支行本外币全部存款余额 1254.41 亿元。其中人民币对公存款时点余额 676.63 亿元，较上年同期增加249.11亿元；日均余额586.28亿元，较年初增加50.52亿元。其中，公司存款时点余额274.71亿元，较上年末增加66.4亿元；日均余额244.15亿元，较上年同期增加8.65亿元。同业存款年末余额340.55亿元，比上年增加197.93亿元；日均余额254.69亿元，较上年末增加47.81亿元。储蓄存款时点余额538亿元，较上年末增加36.6亿元；日均余额515亿元，较上年同期增加29.7亿元。外汇存款日均余额6.48亿美元，较年初增加7467万美元。（王　阳）

【贷款业务】 年内，工行朝阳支行对公司客户融资总量169.14亿元，本外币各项贷款余额174.09亿元，贷款日均余额净增21.4亿元。全年非金融债券承销总额138亿元，较上年增加50亿元，增长率56%，直接融资比例提升。小企业贷款余额突破5亿元关口，人行降准与银监普惠任务顺利完成。（王　阳）

【中间业务】 年内，工行朝阳支行实现中间业务收入4.74亿元。（王　阳）

【民生服务】 年内，工行朝阳支行为北京地区60余万老年客户提供养老金发放服务、为70余万人提供公共事业费和交通罚款代收代缴服务。与朝阳区税务局签订银税互认协议，围绕“三个走进”（走进园区、走进市场、走进核心企业）开展系列宣传推广活动26场。连续三年获“朝阳区中小微企业优质金融服务机构”称号。（王　阳）

中国工商银行北京九龙山支行

【概况】 中国工商银行股份有限公司北京九龙山支行内设9个科室以及4个直营团队，有员工423人，下辖16家物理网点。其中财富管理中心2家，理财中心13家，金融便利店1家。辖内16家网点均可开办包括对私结售汇、外汇汇款业务在内的全部个人金融业务和人民币对公业务、外汇对公存款及对公结售汇业务。年内，支行实现拨备前利润103454万元，比上年增长20042万元，增幅24%。（杨宇婷）

【存贷款业务】 年内，工行九龙山支行本外币各项存款余额514.99亿元，比上年增加21.23亿元。其中，人民币对公存款余额238.66亿元，人民币储蓄存款余额269.67亿元。本外币各项贷款余额159.62亿元，比上年增长11.01亿元。其中，人民币公司贷款余额114.52亿元，个人贷款余额43.98亿元。（杨宇婷）

【中间业务】 年内，工行九龙山支行累计实现本外币中间业务收入2.79亿元，比上年增长4100万元。（杨宇婷）

中国工商银行北京亚运村支行

【概况】 中国工商银行股份有限公司亚运村支行成立于1998年，地处朝阳亚奥地区，紧邻鸟巢、水立方、国家森林公园、国际会议中心等重要场所。内设部室8个（其中保障部3个室、前中台部5个室），另设1个银行卡业务直营团队，挂靠1个融工分部。物理网点15个（其中财富中心3家、理财中心12家），均为综合网点。离行式自助银行1家，附行式自助银行14家。年内，亚运村支行外部竞争力达标率连续4个季度位列北京分行首位、获北京分行“经营绩效十佳支行”称号。（王玉丹）

【存贷款业务】 年内，工行亚运村支行本外币存款时点余额480.6亿元，较年初增加47.3亿元，其中人民币存款时点余额449.9亿元，较年初增加55.8亿元。本外币各项贷款时点余额185.6亿元，较年初增加20.2亿元，其中人民币贷款时点余额171.7亿元，较年初增加19.99亿元。（王玉丹）

【中间业务】 年内，工行亚运村支行实现拨备前利润8.97亿元，比上年增加9309万元，比上年增幅11.58%。实现中间业务收入3.48亿元，比上年增长3371万元，比上年增幅10.73%。亚运村支行绩效考评得分2065.76分，排名分行第10位，比上年提升16个位次，绩效等级由A-提升到A。（王玉丹）

中国工商银行北京望京支行

【概况】 中国工商银行股份有限公司北京市望京支行于2000年8月从中国工商银行北京市朝阳支行分设，10月26日正式对外营业。支行设置11个部室，分别为：综合管理部、人力资源部、运行财务管理部、国际业务部、内控保卫部、信贷与投资管理部、纪委办公室、公司金融业务部、机构金融业务部、零售金融业务部、个人融资业务部；有24个网点支行，分别为：支行营业部、香河园支行、首都机场支行、四元桥支行、国展支行、望京科技园区支行、广顺支行、半岛国际支行、京奥嘉园支行、方恒支行、酒仙桥支行、京城支行、东坝支行、福熙大道支行、南湖东园支行、大山子支行、望京新城支行、南十里居支行、首都机场南支行、芍药居支行、香河园储蓄所、将台路支行、坝河东里支行、西坝河支行。（刘　媛）

【存贷款业务】 年内，工行望京支行实现利润9.57亿元，比上年增长700万元；支行本外币各项存款时点余额576.68亿元，较年初增长61.12亿元，增幅11.85%；日均余额561.82亿元，较年初增长43.07亿元，增幅8.30%。（刘　媛）

【中间业务】 年内，工行望京支行实现中间业务收入4.59亿元，比上年减少0.1亿元。（刘　媛）

中国工商银行北京商务中心区支行

【概况】 中国工商银行股份有限公司北京商务中心区支行内设8个部室，5个团队，1个营业部，12家网点支行，有员工423人。有财富中心1家、贵宾理财中心11家、理财便利店1家，财富中心和贵宾理财中心网点占比92.31%；智能化网点13家，至2019年12月末全部投入运作，智能化覆盖率100%。年内，实现分行口径本外币拨备前利润11.29亿元，比上年增长0.66亿元。本外币存款余额537.03亿元，比上年增加42.88亿元；本外币贷款余额182.27亿元，比上年增加28.14亿元；中间业务收入4.32亿元，比上年增加812万元。（张 晗）

【信贷业务】 年内，工行北京商务中心区支行本外币各项贷款余额182.27亿元，比上年增加28.14亿元，其中人民币对公贷款余额101.58亿元，比上年增加14.91亿元；个人贷款余额67.88亿元，比上年增加1.88亿元。（张 晗）

【存款业务】 年内，工行北京商务中心区支行本外币各项存款余额537.03亿元，比上年增加42.88亿元。其中人民币对公存款余额268.49亿元，比上年增加21.44亿元；人民币储蓄存款224.2亿元，比上年增加13.86亿元。（张 晗）

【中间业务】 年内，工行北京商务中心区支行实现中间业务收入4.32亿元，比上年增加812万元。实现代发工资额净增10.87亿元，私人银行日均客户数净增63户，信用卡有效客户数净增22083户，信用卡消费额42亿元，新增企网证书客户782户，融e行净增客户数20860户，快捷支付绑卡数净增62462张。（张 晗）

【风险管理】 年内，工行北京商务中心区支行实现个人不良贷款清收1302万元，个人逾期贷款余额控制计划1264万元。（张 晗）

【金融管理】 年内，工行北京商务中心区支行普惠金融贷款较年初净增2.57亿元，超额完成全年任务。依托融e购平台开展定点扶贫工作。举办"同心互惠公益募捐"活动，降低城市务工人员生活成本，支持流动儿童教育。支行实现拨备前利润11.29亿元，继2018年突破10亿元之后，仅用一年时间突破11亿元大关；本外币全部存款时点余额537亿元，创历史新高；本外币各项贷款余额达到182亿元，人民币法人贷款突破100亿元大关；中间业务收入实现正增长；综合管理得到全面提升，客户和员工满意度提升，经营转型和改革发展基础更加稳固。（王夭夭）

中国建设银行北京朝阳支行

【概况】 中国建设银行股份有限公司北京朝阳支行下设11个部室（含营业部）、营业网点17个。2019年年底，有中长期劳动合同人员416人，平均年龄36岁。年内，新增广渠门支行、常营支行2个网点。实现本外币账面利润19.5亿元。支行营业部获评银协五星级网点，青年路支行获评银协四星级网点、总行五星级网点，获中国驻瑞士大使耿文兵赞扬。（马晓婧）

【存款业务】 年内，建行朝阳支行本外币全口径存款时点余额1600.6亿元；一般性存款余额1314.3亿元。本外币各项贷款时点余额844.09亿元；五级分类不良贷款余额0.25亿元，不良率0.05%。（马晓婧）

【中间业务】 年内，建行朝阳支行中间业务收入6.0亿元。（马晓婧）

【住房租赁业务】 年内，建行朝阳支行上线住宅类房源8800套，新签分散式存房业务17笔，实现4家企业的集中式存房入库备案。（马晓婧）

【普惠金融】 年末，建行朝阳支行企业类普惠贷款余额11.55亿元，较年初新增7.52亿元，完成率120%；"惠懂你"绑定企业客户2392户，分行排名第八名。（马晓婧）

【金融科技】 年内，建行朝阳支行KPI（关键绩效指标即绩效考核）跃居分行榜首，平台新增对公活跃客户3816户，对私活跃客户52486户，科创平台孵化新增储备12家，其中9家完成合作协议签署。（马晓婧）

【消费扶贫】 年内，建行朝阳支行开展消费扶贫，全年新发爱心扶贫卡31425张，分行排名第二名，完成率115%。（马晓婧）

【"金智惠民"培训】 年内，建行朝阳支行举办"金智惠民"课程培训79次，培训政府机关工作人员2285人次、社区居民600人次、中小企业主、培训2033人次。（马晓婧）

【海外业务】 年内，建行朝阳支行完成中工国际马腾油田项目贷款投放2275.2万美元，实现中间收入516万元；为协鑫印尼（西加）电力有限公司办理出口买方信贷业务2.45亿美元，实现中间收入1187万元；为越南电站项目申请2.5亿美元固定资产贷款，创造综合收益近500万美元。（马晓婧）

【业务创新】 年内，建行朝阳支行投资天津广宇中期票据8000万元，实现分行首笔央企地产债券投资；与停简单上线分行首笔车牌无感支付商户龙支付活动；为北京第二十中学上线智慧云厨项目，实现校园餐费支付方式创新，获总行创新产品奖。（马晓婧）

中国农业银行北京朝阳支行

【概况】 中国农业银行股份有限公司北京朝阳支行下辖23个营业网点。年内，本外币各项存款余额576.2亿元，本外币各项贷款余额550.8亿元，实现营业收入19.85亿元，年纳税额1.36亿元。（陈 晨）

【公司金融业务】 年内，农行朝阳支行支持京津冀协同发展，实现地铁线路、京安城际及房地产项目等贷款投放40亿元；围绕朝阳区政府机构改革，为区内政府单位及部队提供综合化金融服务；扎实推进数字化转型，为北京水利水电学校、朝阳法院本院和12家法庭上线朝阳支行"智慧食堂"缴费场景项目；助力小微企业发展，发展普惠金融贷款，小微企业客户达100户，贷款余额1.69亿元。（陈 晨）

【个人金融业务】 年内，农行朝阳支行通过"六进"（进企业、进机关、进商场、进市场、进学校、进社区）源头营销，实现网捷贷年投放5.6亿元；深化与链家的全面合作，房贷业务持续上量；通过与开发商深度合作，营销"个贷+"业务。实现本

外币核心个人存款日均余额253.30亿元，个人日均贷款余额60.95亿元。（陈晨）

【网络金融业务】年内，农行朝阳支行完成净增掌上银行月活客户2.05万户，净增互联网消费场景商户44户，公司类产业链场景商户141户，新增有效个人收单商户2399户、对公收单商户245户，信用卡智慧商圈商户21户。（陈晨）

【国际金融业务】年内，农行朝阳支行实现国际结算量35.44亿美元，跨境人民币结算量62.09亿元，对公结售汇20.70亿美元。（陈晨）

【对口帮扶】年内，农行朝阳支行成立扶贫协作领导小组，召开党委会专题研究对口帮扶单位——内蒙古自治区乌兰察布市卓资支行脱贫攻坚工作，选派优秀中层干部到卓资支行对口扶贫交流，建立扶贫帮扶部门联动工作微信群；开展捐赠冬衣活动，向卓资县大南沟村捐赠冬衣134件；由支行党委书记带队，赴卓资支行开展送课上门服务；到大南沟走访慰问，为该村56户贫困农户送去慰问品；深入当地企业，了解经营情况，建立多层次帮扶体系。（陈晨）

【志愿金融服务】年内，农行朝阳支行到北京市博文学校开展“小积分，大梦想”——关爱留守儿童健康成长公益活动，向学生赠送学习用品和体育用品60余件；开展“温暖衣冬”行动，动员员工为贫困地区捐赠衣物；到朝外街道、高校校园和朝阳公园等地开展学雷锋主题实践活动，宣传防范电信诈骗、安全用卡、反洗钱、反假币、打击非法集资等金融知识，为市民答疑解惑。（陈晨）

中国农业银行北京朝阳东区支行

【概况】中国农业银行股份有限公司北京朝阳东区支行内设8个部门，下设15个二级支行，在建网点1家。2019年12月末在岗员工267人。（陈春婷）

【公益活动】2月19日，农行朝阳东区支行举办寒假第三期“小小银行家”公益体验课。活动采取积分赛形式，寓教于乐，设置点钞比赛、财商小游戏、知识抢答、银行角色扮演等项目。新东路支行（朝阳东区支行的二级支行）为每位到场参加活动的小朋友发放奖品及“小小银行家”荣誉证书。新东路支行自开业以来，与三里屯街道社区互动并举办多期“小小银行家”公益课等特色活动，结合不同年龄层社区儿童设置特色课程，一站式塑造到店客户良好金融体验。（陈春婷）

▲ 2月19日，农行朝阳东区支行举办寒假第三期“小小银行家”公益体验课（陈春婷 摄）

【存贷款业务】年内，农行朝阳东区支行本外币各项存款时点余额333亿元，较年初下降22亿元；各项贷款余额103亿元，较上年增加27亿元。（陈春婷）

【中间业务】年内，农行朝阳东区支行实现中间业务收入13627万元，较上年增加1877万元。（陈春婷）

保险

中国人寿北京分公司

【概况】中国人寿保险股份有限公司北京市分公司（以下简称“中国人寿北分”）是中国人寿在京分支机构，内设18个部门，下辖各分支机构73个，员工1200余人、保险销售人员近8000名，为近900万客户提供快速保险服务。年内，分公司实现总保费92.88亿元，比上年增长6.5%。新单保费26.95亿元，比上年下降5.1%；首年期交保费18.47亿元，比上年增长28.0%；10年期及以上首年期交保费7.78亿元，比上年增长28.3%；短期险保费7.97亿元，比上年下降40.3%。全年处理各类赔付、给付金额24.91亿元。2019年，公司获评《北京青年报》《新京报》等媒体“金牌品牌价值奖”和“2019年度市民信赖品牌”；3名员工分别获“全国五一劳动奖章”“全国离退休干部先进个人”和“首都劳动奖章”称号。（施巍）

【中国人寿中网球童成长计划】5月25日，由中国人寿冠名，中网和宋庆龄基金会共同发起，中网球童全国选拔训练营北京站在国家网球中心拉开帷幕。“中国人寿中网球童成长计划”是通过与中网组委会共同举办球童选拔训练营，甄选优秀青少年参加中网球童训练营、中网赛事服务及大满贯国际交流，推广和发展青少年网球运动，助力青少年实现自己的网球梦、青春梦。作为中网多年的钻石赞助商，中国人寿已连续第三年冠名球童成长计划。（施巍）

【石景山区老年人意外伤害保险项目】6月23日，石景山区民政局与中国人寿北分续签“老年人意外伤害保险”合同，继续为石景山区7.4万名户籍65周岁及以上老年人提供为期一年的免费意外伤害保险理赔服务。（施巍）

【门头沟区现役义务兵父母健康险项目】 年内，中国人寿北分与门头沟区政府合作，为从门头沟区参军的现役义务兵的父母上保险，开创全国首个为现役义务兵父母上保险的案例。投保项目为补充医疗保险及意外伤害保险，保费合计每人每年3020元，投保资金由区财政列支，由中国人寿北分为保险人提供健康保险服务。政策实施后，义务兵父母生病医疗报销比例在城镇医疗保险、新农村合作医疗保险报销基础上，可累计达到95%。 （施 巍）

中国太平洋财产保险北京朝阳支公司

【概况】 中国太平洋财产保险股份有限公司北京市朝阳支公司内设经理室、业务管理科、客户服务科、车险业务一至五科、非车险业务一至五科。业务范围：承保人民币和外币的各种财产保险，包括机动车辆保险、财产损失保险、工程保险、责任保险、信用保险、短期人身意外伤害保险等保险业务；办理各种法定财产保险业务；与国内外保险机构建立代理关系和业务往来关系，代理国外保险机构办理对损失的鉴定和理赔业务及其委托的有关事宜；《中华人民共和国保险法》所规定的资金运用业务；经批准参加国际保险活动；经中国保险监督管理委员会批准的其他业务。在北京市拥有百余家合作伙伴，包括专业保险代理公司、保险经纪公司、保险公估公司和兼业保险代理机构等，并与其保持良好合作关系。2019年年底有员工近百人。 （杨 静）

【业务数据】 年内，中国太保朝阳支公司完成保费收入45807万元，完成全年考核指标，达成预算目标。其中车险完成保费收入35739万元，增速1.1%，业务占比78.02%；实现新车保费10845万元，比上年增长9.76%，增量964万，超额完成年初规划目标。非车险完成保费收入10068万元，增速17.10%，业务占比21.98%。全年支付各类赔款2749万元，全险种赔付率60.02%。主要业绩指标达到分公司考核要求。 （杨 静）

【车险经营】 年内，中国太保朝阳支公司通过梳理内部科室设置，促进团队高效运转；建立渠道拜访机制，有效互动提升份额；拓新渠道发展团队，优化业务结构占比；通过协助渠道销售拓展、探索续保过程管理、多岗联动助力续保等举措，谋求公司在车险经营管理中持续稳健发展。交叉销售业务年保费2372万元，比上年增速5.82%。 （杨 静）

【非车险经营】 年内，中国太保朝阳支公司组织拓展有海外业务潜力的经纪公司，实现海外项目破冰，出单额逾500万元；面向影视区域的客户，创建影视项目共保体，创新影视宣发职业责任保险，出具首单影视影片制作综合保险。以政保项目引领非车险业务，专业化团队展业效果显著，保费增长率达到42%；安责险保费实现保费翻番。 （杨 静）

【客户服务】 年内，中国太保朝阳支公司持续关注天气预报并提前做出工作部署，通过短信、微信向客户发送天气变化提醒、应急处理建议及报案定损提示。随时关注重案、大案，及时通报；持续跟踪重案的核损、核价情况，保持对重案的责任划分、理赔流程的重点关注。年内，清理未决案件821笔并逐笔备注；电话回访1238笔；车险赔付率下降4%，未决金额减少890万元，有效提高结案速度；特约定损员覆盖7个渠道，日均查勘量80笔，派驻渠道结案率均大于95%；各项考核指标在分公司车险理赔部评比中名列前茅。 （杨 静）

信 托

北京国际信托有限公司

【概况】 北京国际信托有限公司（简称北京信托）是北京市国资控股、外资参股的大型金融企业，注册资本22亿元。公司内设机构43个，控股公司2个，有员工290人。至2019年年底，公司资产总额135.36亿元，净资产总额92.62亿元，净资产收益率9.7%，股本收益率22.6%。 （汪宇平）

【业务发展】 年内，北京信托资产管理规模1955.28亿元，全年向受益人分配信托收益约169.59亿元。实现营业收入18.98亿元，实现利润总额12.3亿元，净利润9.28亿元。年末，北京信托资产总额138.14亿元，净资产总额94.68亿元，净资产收益率10.1%，股本收益率24%。公司各项监管指标全面达标，信托赔偿准备金足额提取，占注册资本金的45.5%。 （汪宇平）

【区域展业布局】 年内，北京信托聚焦服务首都“四个中心”建设和京津冀地区发展，全年新增投向该地区信托规模172.76亿元，存续信托规模913.73亿元，占公司全部信托规模的46.73%，公司实现扎根北京、深耕北京、服务京津冀的目标定位。服务首都科创中心、文化中心建设，加快推进文化发展基金项目和设立中轴线保护与申遗慈善信托，北京城市副中心宋庄小堡艺术小镇项目取得实质性进展、通州区核心地段的“惠通中心”和“成大广场”项目落地；持续探索以“文化＋金融”模式支持首都文化产业发展，以市委宣传部、市广播电视局推荐的影视剧《北京以南》为起点，试水影视行业投资业务；设立信托计划支持未来科技城集团项目建设，支持科技型中小微企业发展，介入科创板业务；推进东城、大兴、丰台区属重点项目；持续做强北京信托农村集体资产管理品牌，“富民”系列产品覆盖北京3个镇、58个自然村，与大兴亦庄镇、房山窦店镇达成初步合作意向，全年新增产品规模10.8亿元，存续规模超过22.32亿元，比上年增长51.1%；在“一企一村”结对帮扶和对口支援扶贫方面，切实履行好“一企一村”结对帮扶、扶贫协作和对口支援合作的政治责任。 （汪宇平）

【服务实体经济】 年内，北京信托主动对接国际大型金融机构，加强与央企金融机构合作，提升对实体经济提供融资支持能力。与国家电力投资集团有限公司合作，推动中俄能源基金项目落地，形成项目合作方案并签署合作协议；储备海上风电、核电等多个新能源项目。年末，固有资产融资类投资投向实体经济规模超30亿元，全部投向民营和小微企业，助力企业发展。 （汪宇平）

农业与农村经济

北京朝阳年鉴

Beijing Chaoyang Yearbook

2020

农村城市化

【概况】 3月，原北京市朝阳区农村工作委员会更名为北京市朝阳区农业农村局（简称区农业农村局），与中共北京市朝阳区委农村工作委员会（简称区委农工委）合署办公。增加农业科，负责全区种植业、畜牧业、渔业、农业机械化等行业的发展和监督管理，依法负责农业行业安全生产工作，指导农业检验检测体系建设。明确与区市场监管局农业安全方面的职责分工：区农业农村局负责食用农产品从种植养殖环节到进入批发、零售市场或者生产加工企业前的质量安全监督管理。食用农产品进入市场或者生产加工企业后，由区市场监管局监督管理；区农业农村局负责动植物疫病防控、畜禽屠宰环节、生鲜乳收购环节质量安全的监督管理。区委农工委是区委派出机关，区农业农村局是区政府工作部门。区委农工委主要职责是贯彻落实党中央关于“三农”工作的方针政策、决策部署和市委、区委有关工作要求；研究朝阳区农村城市化和农村改革发展过程中的社会发展、社会建设、城市管理等重大问题，向区委提出报告和建议，并组织实施。区农业农村局主要职责是统筹推动发展农村社会事业、农村公共服务、农村文化、农村基础设施；牵头组织改善农村人居环境相关工作；参与编制、修订乡村建设规划，协调推进乡村建设；组织农业资源区划工作。指导农业区域协调发展；制定农村基本建设和重大项目建设的规划方案，并协调督促落实；协调、督促农村产业发展规划落实；负责指导农村合作经济经营管理工作；研究制定农村经济发展规划和年度计划，并组织实施；指导、检查全区农村基层民主政治建设；负责全区种植业、畜牧业、渔业、农业机械化等行业发展和监督管理；负责有关农业生产资料和农业投入品的监督管理；负责农业综合开发项目、农田整治项目、农田水利建设项目的立项、审批、管理工作，组织拟订财政农村法定保障财政资金计划，并协调相关政策落实，协调推进政策性农业保险工作。区委农工委、区农业农村局行政编制有58名，内设机构13个。年内，农村地区建成金盏东村等5个乡情村史陈列室，乡村两级新时代文明实践所（站）全部挂牌。区农业农村局制定“村地区管”实施意见。区委农村领导小组审议通过产业用地区级统筹实施方案。农村地区完成区级财政收入89亿元，集体经济总收入132亿元，人均劳动所得38288元。农村地区有19个乡、144个行政村、225个社区，面积350.5平方千米。（张　波）

【区委农村工作领导小组第一次会议】 7月24日，区委召开农村工作领导小组第一次会议。区领导王灏、文献、马继业、杨建海出席会议，区委书记王灏主持会议。区委副书记、区长文献传达市委农村工作领导小组第一次会议精神，研究审议《中共北京市朝阳区委农村工作领导小组工作规则》《中共北京市朝阳区委农村工作领导小组办公室工作细则》《朝阳区农村集体产业用地区级统筹实施方案（试行）》《朝阳区农村集体资产监督管理委员会工作规则》。（武国鑫）

【农村集体资产监督管理委员会成立】 7月24日，农村集体资产监督管理委员会成立，强化集体“三资”监管。（张　波）

【基层党建】 9月，区委农工委制定农村基层党建三年行动计划，建成运行农村党建实训基地。从组织凝聚、基层基础、帮扶共建等方面，完成7个党组织软弱涣散村转化提升。（张　波）

【中华人民共和国成立70周年庆祝活动服务保障】 年内，农村地区动员群防群治力量20余万人次，保障重点点位和线路，完成群众游行、阅兵保障、彩车服务、联欢活动、女民兵选拔、国庆游园、组织观礼等任务。（张　波）

【非首都功能疏解】 年内，农村地区拆除腾退各类建筑639万平方米，拆除清退商品交易市场3个、仓储物流基地20个、出租大院129处。拆除清退小红门不锈钢城、高碑店阳光公寓、管庄东方建材市场等一批规模体量大、吸附人口多、安全隐患突出的低级次产业。农业领域“留白增绿”23.64公顷。（张　波）

【“一绿”试点建设】 年内，农村地区“一绿”一批试点建设重点任务通过市级验收。完成南磨房乡、太阳宫乡20万平方米安置房建设，4000余人回迁。管庄村全部签约用时4天，腾退248个院落用时19天。年内，“一绿”试点乡拆迁腾退297.11万平方米、绿化180.54公顷。（张　波）

【重点项目建设】 年内，农村建设项目审批协调机制工作专班成立，推动办理上市地块、产业项目、安置房等相关手续。推进办理崔各庄、王四营、黑庄户、管庄等10个乡15个安置房手续，王四营孛罗营新村安置房项目开工，管庄、王四营、三间房等乡6个上市地块规划指标获市政府批复。常营东方和瑞、将台F地块产业项目、王四营智能信息服务创业园等10个集体产业项目取得相关规划手续。南磨房、太阳宫等6个乡7个已入住安置房项目的房产证办理工作正在进行。将台国际文化硅谷等2个项目主体竣工，崔各庄乡奶东村产业升级改造等项目建设正在进行。（张　波）

【农村地区问题合同整改】 年内，农村地区分别整改市委巡视和区纪委专项督查反馈问题合同1028份和488份，通过整改收回集体土地853.34公顷，增加集体年收益6000万元，追缴欠缴租金1.9亿元。（张　波）

【农村人居环境整治】 年内，农村地区实施47个未拆迁村和6个平房区环境整治，拆除私搭乱建10.7万平方米，完成330条背街小巷和2条重点铁路沿线环境整治提升，建成16座垃圾中转站，垃圾分类示范片区全覆盖。建成东坝、豆各庄、来广营、三间房、孙河等第二批5个环境重点乡36个环境建设项目，形成农村环境示范品牌。太阳宫、南磨房、来广营创建国家卫生乡，一次性通过创卫国家级暗访验收。（张　波）

【美丽乡村建设】 年内，农村地区完成金盏东村、东窑村、半壁店村、高碑店村、郎辛庄村、郎各庄、么铺村、何各庄村、马泉营村、白家楼等首批10个美丽乡村建设。启动奶东村、老君堂村、小郊亭（自然）村、方家（自然）村、黎各庄村、金盏西村、万子营西村、万子营东村、小鲁店村、大鲁店三村等第二批10个美丽乡村建设。（张　波）

【农村生态环境建设】 年内，农村地区新增改造绿化780公顷，温榆河公园一期

起步区主体完工，建设朝南万亩森林公园一期等33个大小微型公园。（张　波）

【水环境治理】 年内，农村地区治理小微水体76条、完成乡管沟渠清淤工程33条，5处国考、市考断面水质稳定达标。（张　波）

【农村社区治理】 年内，农村地区新建崔各庄乡广善第一社区、平房乡国美家园第二社区、南磨房乡广华新城社区、美景东方社区、石门社区、双龙西社区、王四营乡观音堂二社区、海棠社区、孙河乡景润苑社区等9个社区，农村社区数量225个，占全区总数46.58%。农村地区完成144个“三社一体化”项目、36个农民市民化项目、5个农村社区示范点、11个市级社区规范化示范点建设。培育10处“全要素小区”和8处“全景楼栋”，“一刻钟社区服务圈”基本全覆盖。打造东坝汇景苑等10个社区“网络议事厅”，居民议事厅全覆盖。完成251件为民办实事。（张　波）

【农村公共服务供给】 年内，农村地区新增9所幼儿园、新改扩建5所中小学，增加学位7650个。朝阳医院常营院区、安贞东方医院开工建设，第一中西医结合医院来广营院区按小区配套相关程序交付，区妇幼保健院北院区竣工验收。青年路南延等9条主次支路竣工通车，立水桥东路等7项疏堵工程完工。（张　波）

【“12345”市民服务热线受理】 年内，农村系统开展“未诉先办、一办到底”大走访。23个二级班子、1959个基层党组织、5.3万名党员，走访楼院2586个、发现问题1485件、为百姓解决环境整治、物业管理等民生实事问题1192件。（张　波）

【农村“两委”换届选举】 年内，农村地区选举产生新一届村、社区“两委”干部2634名，完成144个村、217个社区“两委”换届工作，村“一肩挑”比例100%，社区“一肩挑”比例78%。（张　波）

农村经济管理

【概况】 北京市朝阳区农村合作经济经营管理站（简称区经管站）为区政府直属事业单位，相当于正处级，归口区农业农村局管理。编制40名，在职人员37名，内设办公室、统计科、集体资产管理科、调研科、合同管理科、财务管理科、审计监督科、产业发展科、信息培训科。主要职责是协助开展全区农村集体经济产权制度改革工作；开展全区农村集体经营性资产、资源性资产和资金的监督管理工作；开展全区农村经济统计工作；开展全区农村城市化进程中农村经济方面重大课题的调查研究工作；协助制定农村产业发展规划；指导开展全区农村集体经济合同纠纷调解仲裁工作和农村负担监督管理工作；指导全区农村财务管理、财务公开工作；指导开展全区农村集体经济组织日常审计工作；开展全区农村管理信息化系统数据采集、数据分析及应用、日常维护和业务指导等工作。年内，区经管站强化村级预算管理，执行审计双备案制度，建立资产管理制度，强化合同联预审机制执行力度，清理不规范合同，集体资源监管成效显著；推进集体产权制度改革，累计完成133个村改革，占村总数86.4%，常营乡完成乡级集体产权制度改革工作。完成农村集体资产清产核资工作，工作成果通过市验收组检查验收，得分全市第一。年内，朝阳农村地区19个乡集体经济总收入132.4亿元，比上年减少4.5%；利润总额1.0亿元，比上年减少82.9%；人均所得38288元，比上年增长7.3%。审计371家乡村集体经济组织及其所属企业单位，审计金额939.5亿元，提出审计建议1896条。（向会娟）

【农村集体经济组织换届】 年内，朝阳区完成246个农村集体经济组织换届选举工作。换届登记社员22.9万人，选举产生社员代表7519人，选举产生社长246人。（向会娟）

【农村集体经济组织颁证】 年内，朝阳区组织开展农村集体经济组织登记赋码颁证工作。区经管站为269个农村集体经济组织办理《农村集体经济组织登记证》。（向会娟）

【农村集体经济组织资产年检】 年内，朝阳区完成174个《北京市农村集体资产产权登记证》年检。结果显示，截至2018年12月31日，全区集体资产总额1653.7亿元，其中乡级资产总额1201.9亿元、村级资产总额451.8亿元。（向会娟）

【农村集体经济合同管理】 年内，农村新签927份经济合同，全部履行联预审程序，年租金5.8亿元，新签合同土地亩均收益15万元。（向会娟）

【产权制度改革】 年内，农村地区完成平房、太阳宫、高碑店等3个乡11个村村级改革。南磨房、小红门、东风、高碑店等4个乡9个村级改革进入收尾阶段。常营回族乡完成乡级产权制度改革，成立常营回族乡股份经济合作联合社。（向会娟　张　波）

【农村集体资产清产核资】 年内，全区完成农村集体资产清产核资工作。以2017年12月31日为清查基准日，清查农

▲ 6月14日，朝阳区三间房乡开展农村集体资产清产核资检查验收　（张艳辉　摄）

村地区683个基本单位。其中，乡级集体经济组织22个，村级集体经济组织157个，集体企业单位504家。清查内容包括集体经营性资产、非经营性资产、资源性资产在内的全部集体资产。通过清查核实，全区账面资产总额1662.53亿元，负债总额1381.44亿元，所有者权益总额281.09亿元。全区现有集体土地总面积22246.78公顷。其中，农用地9906.72公顷、建设用地11573.39公顷、未利用地766.67公顷。全区林木资源23.24万立方米，其中，公益林22.70万立方米，商品林0.54万立方米。（向会娟）

【农民负担检查】 年内，区经管站开展朝阳区农民负担执法检查工作。经检查，村级公益事业专项补助资金正常发放，全区144个村1731万元补助资金全部拨付到位；各村按照村级公益事业专项补助资金使用要求，专款专用；收费依法依规，无农民负担问题发生。（向会娟）

种植养殖服务

【概况】 朝阳区种植业养殖业服务中心（简称区种养中心）是负责全区畜牧兽医、农业、农机、水产管理服务工作的区政府直属部门，归口区农委管理，全额拨款正处级事业单位，编制47名，内设科室10个。下设全额拨款事业单位朝阳区动物疫病预防控制中心，编制75名、朝阳区植物保护检疫站，编制17名，自收自支事业单位朝阳区鱼种场，编制3名。主要职能是贯彻执行国家和北京市有关畜牧兽医、农业、农机、水产发展的法律、法规和方针、政策，实施朝阳区动物防疫、农作物检疫工作；负责人畜共患重大动物疫病诊断、监测、净化，动物疫情预报、预测和强制免疫用药供应，应急防疫物资和技术储备及重大动物疫病扑灭工作；负责动物源性食品安全以及农作物种子及产品产地检疫、水产品产地检疫，农情信息调查、农作物病虫鼠害预报和防治工作；负责全区农业、农机、水产技术员及动物防疫员专业知识和相关技术培训工作；负责农业新产品、新技术引进、示范、推广，以及农业综合信息平台和农村远程教育信息服务系统建立、维护和管理工作；负责农业标准化生产基地建设和农产品质量安全检测工作；参与全区都市农业型现代农业产业规划研究，项目立项、业务指导和服务工作。10月17日，区疫控中心在农产品质量安全检测技能竞赛中获得第四届北京市农产品质量安全检测技能竞赛优秀组织奖，疫控中心张宛婧获得水产组一等奖，王艳红、王萌获得水产组二等奖；王雅琴获得畜禽组二等奖。11月21日，区疫控中心张宛婧代表北京市参加由农业农村部、人力资源社会保障部、中华全国总工会共同主办“2019年中国技能大赛——第二届全国农业行业职业技能大赛”决赛，并取得水产组第四名的成绩，同时获得“全国农业技术能手”称号。11月28日，区种养中心举办非洲猪瘟防控应急演练，150余人观摩。年内，全区畜禽存栏166551头（羽）。其中，牛2户存栏209头；羊5户存栏282只；马16户存栏607匹；特禽12户606只；其他偶蹄动物5户35只。观赏鸟56户374只；注册犬41185只，鸽子123253羽。动物诊疗机构141家，兽药经营单位11家。肉类储藏分销单位23家。全区农业用地面积779.95公顷，其中蔬菜196.9公顷、粮食22.67公顷、林木157.1公顷、果树87.3公顷、花圃1.29公顷、草地22.9公顷、荒地229公顷、其他62.79公顷。（罗建华）

【绿色防控技术推广】 2月，区植保站邀请美国农业专家传授有机农业生产模式、有机园区设计和病虫草害防控等技术，并学习土壤健康管理知识；5月，区植保站培训天敌、生物农药使用技术。年内，推广使用防虫网2万平方米；遮阳网9900平方米；黄板23500张；异色瓢虫、智利小植绥螨等天敌1.41亿头；地布20000平方米；生物农药50千克；环境友好化学农药150千克。（新 为）

【动物疫病防控】 3月28日，区种养中心组织召开朝阳区2019年春季动物疫病防控工作培训会。会议总结2018年动物疫病防控工作，部署全区2019度动物疫病防控工作意见。区疫控中心人员结合工作中真实案例，讲解强制免疫、四病净化、人畜共患病防治和生物安全管理等内容，各街乡动物防疫工作负责人及业务骨干100余人参会。年内，区疫控中心利用广播、电视等公共媒体，通过板报、贴画、宣传单等形式，开展非洲猪瘟、H7N9流感、狂犬病、口蹄疫等动物疫病预防知识宣传。印发宣传折纸、宣传册等材料15.3万册。参与市疫控中心编写科普图书《我们的小伙伴——狗》，印刷发放1000册。在社区推广应用“互联网+防疫”小程序。（韩 颖）

【植物疫情监测普查】 3月，区植保站在王四营、黑庄户、金盏、崔各庄4个乡设立植物疫情监测点，配备虫情测报灯、孢子捕捉仪、小气候采集系统3种仪器设备，监测美国白蛾、草地螟、苹果蠹蛾、桔小实蝇等10种害虫。监测点于4月至10月监测7个月，每周上报市植物疫情监控系统。（新 为）

【村（社区）级动物防疫员培训】 4月19日、10月25日，区疫控中心召开村（社区）级动物防疫员培训会2次。邀请区疾病预防控制中心专家讲解非洲猪瘟、羊布鲁氏杆菌病以及狂犬病防治方法。全区动物防疫员1200余人次参加。（韩 颖）

【兽医培训考试】 4月23日、5月23日区疫控中心举办2次兽医培训考核会，全区签约兽医、马场防疫、检疫人员、马术运动比赛举办人员140余人参加。组织一次2019年朝阳区执业兽医资格考试。（韩 颖）

【狂犬病防控】 5月10日，区种养中心联合大屯街道办事处，北京市疫控中心、区农业综合执法大队，在大屯街道飘亮阳光广场举办“加强动物防疫，构建和谐朝阳”大型狂犬病防控知识宣传互动活动。活动聘请宠物医生宣讲狂犬病传播途径，狂犬病预防，被动物咬伤之后处理方法等。邀请宠物指导手表演驯犬，介绍如何管理好犬、如何预防被犬咬等常识。发放各类预防狂犬病和其他人畜共患病知识手册、宣传品5000余份。6月19日，区种养中心联合市动物疫病预防控制中心、区农业农村局、区农业综合执法大队、区疫控中心，在朝阳区呼家楼中心小学团结湖分校丽水嘉园校区开展“狂犬病防控知识进校园系列讲座——如何与狗狗成为好朋友”主题讲座，3个班级120余名同学参加。专业宠物媒体主编、儿童与宠物安全教育读本作者王悦老师向师生介绍狗的起源、类型、生理及行为模式知识及犬类对人类的帮助，引导学生用正确的方式与陌生犬类接触。5月至6月、9月至10月，区疫控中心对辖区内6.7万余只犬只进行狂犬病集中免疫注射疫苗并佩戴免疫标识。8月6日，区种养中心在蟹岛绿色召开狂犬病免疫平台应用技术及免疫技术培训会，狂犬病免疫定点医院免疫人员200余人参训。（王森晶）

【“三夏三秋”及秸秆禁烧】 6月15日至30日、9月15日至10月15日，区种养中心在“三夏三秋”（“三夏”是夏收、夏种、夏管的简称；“三秋”是秋收、秋种、秋管的简称）期间，投入机具25台次，培训农机操作人员28人次。机播玉米40公顷、小麦9.3公顷，综合利用作物秸秆，实现秸秆全面禁烧。（王　东）

【外埠基地农残检测】 7月至10月，区植保站开展外埠基地检测，对永顺华在河北张家口的基地，北京延庆、中绿及中农春雨在河北丰宁县的基地进行田间现场检测蔬菜样品36个，全部合格。（靳　为）

【农产品质量安全培训】 11月4日至5日，区种养中心举办朝阳区农产品质量安全培训班。培训农产品质量安全法律法规、绿色防控技术、检测技术、标准化知识宣贯等。7个乡农服中心、17个企业、3个市场负责人及农产品质量安全检测员、信息员、内检员50余人参加会议。（董鹤笛　王森晶）

【实验室复评通过】 11月22日至23日，区植保站通过北京市农业农村局组织的农产品质量安全检测机构实验室资质考核复评。实验室检测参数扩大到72个。（靳　为）

【行政受理】 年内，区疫控中心受理农药经营许可3件、动物诊疗许可证42件、农作物种子生产经营许可证2件、执业兽医师注册214件、执业兽医师备案2件、动物狂犬病免疫定点审批3件、拖拉机注销15件、执业兽医师注销211件。（张小梅）

【动物检疫及疫病检测】 年内，区疫控中心监测奶牛48头、马匹1327匹。建立“一场一畜一档一证”（每个养殖场的每头牲畜均有一个档案和一本健康证）制度、动物产地检疫申报制度，完善马属动物纸质、电子档案，与马场责任人签订马场责任书15份。出具动物检疫合格证明5000头（只），动物产品换证3400万千克。完成23个冷库贮藏分销和32家直接分销动物产品厂家和分销商登记备案工作，签订责任书55份，冷库换证单位现场指导50次。开展287项次病原学检测，包括口蹄疫、非洲猪瘟、禽流感、布病、鲤春病毒和锦鲤疱疹病毒，检测结果全部阴性。开展5129项次血清学抗体检测，包括牛、羊、马、犬猫及禽血清，检测结果显示上述疫病平均免疫抗体整体合格率70%以上，符合部颁标准。完成市疫控送检样品及70年国庆信鸽专项监测工作。动物源性产品兽药残留检测计11290项次，检测合格率99.7%。水质检测采集养殖水样品12份，检测82项次。非洲猪瘟防控检测21份，结果均为阴性。（韩　颖）

【病死动物无害化处理】 年内，区疫控中心收集各类死亡动物543条（只），动物产品2977千克，集中进行无害化处理。未发生抛扔、销售、转运、屠宰加工病死动物事件。（韩　颖）

【基本农田利用技术指导】 年内，区种养中心配合区农业农村局开展留白增绿工作，全区划定永久基本农田911.97公顷，涉及8个乡。留白增绿23.6公顷，涉及金盏、孙河、黑庄户3个乡。指导孙河、黑庄户乡引进向日葵等景观作物种植，指导平房、东坝乡开展农业节水项目。（于洪伟）

【阳台菜园推广】 年内，区种养中心在全区推广都市型阳台菜园示范项目扩大到金盏、孙河、黑庄户、崔各庄、平房、高碑店、管庄、南磨房8个乡，奥运村、潘家园、垡头、小关4个街道、高碑店西社区、高碑店西店社区、欢乐谷30个社区（其中有两所养老院）、5所学校、3个公园、3个园区、7000户家庭。组织培育蔬菜种苗6万余株，有番茄、茄子等50余个品种，发放到全区示范养殖单位。（于洪伟）

【蔬菜品种示范与推广】 年内，区种养中心在中农春雨、京朝花园、蓝调庄园、燎原农业、金天茂、都市农汇、军委后勤基地、中农国信、蓝美莓、圣露酒庄10个园区示范推广老北京特色传统蔬菜5.87万平方米，引进10个品种，其中春季苹果青、强丰番茄，七叶茄等品种1.7万平方米，心里美萝卜、核桃纹白菜4.2万平方米。在京城梨园推广种植20余种蔬菜作物，包括苹果青番茄、强丰番茄、七叶茄、老北京柿饼冬瓜、心里美萝卜、大核桃纹白菜、鞭杆红胡萝卜等7种“老北京蔬菜”。在温榆河湿地公园引进种植4.7万平方米向日葵，在京城梨园、圣露酒庄推广种植油菜花33.33万平方米。（于洪伟）

【蔬菜种植面积普查】 年内，区种养中心对涉及蔬菜生产的金盏、孙河、黑庄户、崔各庄4个乡开展蔬菜普查工作，全区菜田总面积196.9公顷，其中设施蔬菜面积73.65公顷，露地蔬菜面积12.25公顷。全区蔬菜播种面积241.25公顷。其中，春播蔬菜播种面积25.85公顷、夏播蔬菜播种面积35.47公顷、秋播蔬菜播种面积145.75公顷、冬播蔬菜播种面 积34.18公顷。（于洪伟）

【全国第二次污染源普查】 年内，区种养中心开展全国第二次农业污染源普查，全区种植业污染源普查总面积469.89公顷，其中粮食作物59公顷、蔬菜192.22公顷、园地218.67公顷。普查涉及金盏、孙河、黑庄户、崔各庄4个乡，抽样调查3个典型地块。（于洪伟）

【标准化基地建设】 年内，区种养中心对蟹岛、中农春雨、都市农汇等16家标准化基地开展督导检查44次。全区16家标准化基地农产品产量4513400千克，标准化覆盖率100%。（董鹤笛）

【“三品”认证管理】 年内，区种养中心对柏华阳光农场、京朝花园、蓝美莓、都市农汇4家企业的番茄、韭菜、莜麦菜、普通白菜等10个品种进行无公害农产品网上申报、文书申报以及现场认定检查。认证朝阳区菜篮子产品“三品”（无公害农产品、绿色食品、有机农产品）产量2621.6吨，认证率90.7%。（董鹤笛）

【全国县域数字农业农村发展水平评价】 年内，区种养中心完成农业农村部2018

年度全国县域发展环境、基础支撑、生产信息化等7大项以及农业农村信息化财政投入情况、互联网普及程度、设施栽培信息化应用情况等23个指标数字农业农村发展水平评价工作的基础数据收集与在线填报。数据来源于区统计局、区信息办、方圆平安等19个部门和单位，并撰写评价报告。（李　佳）

【渔业统计】 年内，区种养中心组织全区水产基本情况调研，到12月31日，朝阳区水产养殖面积62.73万平方米，养殖企业（户）36个，其中食用鱼养殖户4个，面积25万平方米；观赏鱼养殖20户，面积16.27万平方米；休闲垂钓12户，面积21.47万平方米。完成渔业统计工作，向农业农村部、市农业农村局等上级主管单位上报月报、季报、半年报、年报。（齐海霞）

【增殖放流活动】 年内，区种养中心分别在萧太后河马家湾湿地公园段、东坝郊野公园、东风公园3处水域开展增殖放流活动，投放鱼种5500千克（约5.5万尾），其中白鲢4000千克、花鲢1500千克。在萧太后河放流活动中首次邀请居民参与增殖放流活动。（齐海霞）

【政策性农业保险】 年内，区种养中心协助朝来农艺园、方圆平安、京北大地、圣露庄园和金天茂等5家农业企业投保政策性农业保险，保费332524元，其中市财政补贴166262元，企业自缴66504.8元，区财政补贴99757.2元。（王　东）

【农业运输车证办理】 年内，区种养中心为朝来绿业农业技术有限公司、顺景发国际运输有限公司、北京秋瑞科贸有限公司等9家农业运输单位42辆汽车办理换领通行证108张。（王　东）

【植物检疫】 年内，区种养中心召开3次草地贪夜蛾监测防控培训工作会，发放宣传材料150余份，储备应急用药80千克、高效节能电动喷雾器5台，安装238套诱捕器，安装80盏杀虫灯。年内，区植保站普查全区黄瓜绿斑驳病毒病、果斑病、番茄溃疡病、美国白蛾等危险性有害生物，普查面积1516.2公顷，未发现有害生物。（新　为）

【调运检疫】 年内，区植保站检疫黑龙江、陕西、浙江、上海4个省、直辖市28批次1780千克农作物种子，未发现有害生物。（新　为）

【毒饵站灭鼠】 年内，区植保站完成8000公顷春季、秋季农区灭鼠工作；毒饵站推广面积3333.3公顷。（新　为）

【农药包装废弃物回收】 年内，区植保站开展农药包装废弃物回收推广工作。回收各农业生产园区、郊野公园农药包装废弃物25.7万余个（3120千克），农膜1.55万千克。（新　为）

【农残检测】 年内，区植保站检测农贸市场、基地及配送企业、超市等17852个蔬菜水果样品，合格率99.9%。其中：蔬菜样品412批次13346个，合格率99.9%；快速检测水果样品285批次4506个，合格率100%。（新　为）

【区县农残互检】 年内，区植保站完成市农业局“菜篮子”区县互检工作，分别在4月、5月、7月、10月，抽检通州北京金福艺农农业科技集团有限公司、北京金地天合农业科技发展有限公司、北京大唐农业发展有限公司、北京大江物联农业科技有限公司等24个基地、140个样品。（新　为）

农业综合执法

【概况】 区农业综合执法大队（简称区农业执法大队）是区农业农村局直属行政执法机构，机构规格副处级。内设办公室、组织人事科、法制科、执法一科、执法二科、执法三科、执法四科、执法五科、白鹿公路动物防疫监督检查站、动物收容站、农机安全监理科等11个科（站、室）。编制75人，在编在岗69人。负责辖区内动物卫生、兽药、饲料及饲料添加剂、农药、肥料、种子、转基因生物安全、农机、渔政等9项行政执法监督职能。年内，区农业执法大队出动执法人员4378人次，执法车辆1608车次，检查管理相对人1350家次，检查农业机械1509台次。查处各类涉农违法案件176件（其中一般程序案件69件，简易程序案件107件），罚没款金额合计1239948元。受理举报167起，开展联合执法检查69次；开展法制宣传59次，发放宣传材料4.4万余份；开展培训10次，培训管理相对人610家次，签订责任书257份。收容非犬类无主遗弃动物93只。检疫监督运输外埠动物及动物产品进京车辆2.7801万车次，检查活体动物2.2142万头（只），动物产品36.53万吨，劝返不符合规定运输车辆4车次，涉及活体畜禽1头（只），动物产品1222.111吨。（张　雪）

【农产品质量检测】 1月7日至9日，区农业执法大队监督抽样北京蟹岛种植养殖有限公司（简称蟹岛）、北京都市农汇农业科技发展有限公司（简称农汇农）、北京方圆平安食品开发有限公司（简称方圆平安）等9家蔬菜种植、水产养殖单位生产、销售的蔬菜及水产品，并进行登记。抽检蔬菜19个批次样品，水产品4个批次样品。主要检测是否含有孔雀石绿、硝基呋喃等禁用物质。经检测，全部合格。4月10日至12日，区农业执法大队抽检中农春雨高科技股份有限公司（简称中农春雨）、中国有机绿色食品实业有限公司、北京燎原农业有限公司等8家蔬菜种植基地的蔬菜19个批次样品、抽检北京京朝花园农业发展中心、北京蟹岛种植养殖有限公司等2家水产养殖单位水产品6个批次样品，经检测全部合格。6月19日至20日，区农业执法大队抽样监督北京蟹岛种植养殖有限公司、中国有机绿色食品实业有限公司、北京蓝美莓农业有限公司和中农春雨高科技股份有限公司等4家蔬菜种植企业生产销售的蔬菜，抽检15个批次蔬菜样品，经检测全部合格。9月4日至10日，区农业执法大队抽样检查全区8家蔬菜种植和水产养殖单位生产、销售蔬菜及水产品，抽检蔬菜19个批次样品，水产品8个批次样品，主要检测是否含有孔雀石绿、硝基呋喃等禁用物质。经检测，全部合格。（张　雪）

【非法活禽经营取缔】 1月23日，区农业执法大队配合十八里店乡公共事务服务中心、乡城管和食药所，取缔位于十八里店乡3个活禽经营场所，无害

化处理活鸡等动物及动物产品近200只（个）。（张　雪）

【区“两会”安全服务保障】 2月18日，区农业执法大队检查北京水科园水产养殖技术有限公司水产品质量。该公司是“两会”期间全区内的供鱼单位，供给任务草鱼3万千克、鲫鱼5000千克、花鲢5000千克、鲤鱼5000千克、罗非5000千克。执法人员检查鱼塘现场、企业养殖记录、用药记录、药房等监管范围，未发现有使用违禁药品以及养殖不规范情况。保障区“两会”期间水产品质量安全。2月20日至21日，区农业执法大队排查北京蟹岛种植养殖有限公司、北京金天茂农业有限公司、北京都市农汇农业科技发展有限公司等5家农产品生产基地风险隐患，重点抽测“两会”代表驻地周边、供应“两会”的农产品生产基地以及外埠进京农产品质量，抽检蔬菜15个批次样品，水产品5个批次样品，经检测全部符合要求。（张　雪）

【非法利用保护动物制品检查】 3月6日，区农业执法大队查处北京十里河文化创意有限公司涉嫌非法利用野生水生保护动物制品的2个摊位，查获鳄鱼皮制品12大类，红珊瑚制品4大类、玳瑁标本、鳄鱼标本各1件，并按程序立案。北京市渔政监督管理站、国家林业局濒危物种进出口管理中心北京办事处和北京市公安局森林公安分局等相关部门协助办案。6月10日，作出行政处罚：没收珊瑚制品7件、玳瑁标本1件、鳄鱼标本1件、鳄鱼皮及其制品12件，罚款33.2288万元。（张　雪）

【兽用毒麻药专项执法】 3月6日，区农业执法大队开展兽用毒麻药专项执法行动。检查废弃、过期兽用毒麻药品销毁情况。检查出动执法人员180人次，48车次。未发现违法行为。年内，区农业执法大队与109家动物诊疗机构签订毒麻药品使用责任书和承诺书。（张　雪）

【农机检验与应急演练】 3月12日至14日，区农业执法大队检验金盏乡绿洲苗木、黑庄户乡中农国信科技有限公司、崔各庄农业综合服务中心等6家农机使用单位，检查11台在册拖拉机，全部合格。5月23日，区农业执法大队在小红门鸿博郊野公园开展“农机规范化管理观摩交流暨割灌机伤人事故应急演练活动”。区农业农村局农业科、小红门乡安监科以及各乡农机监管人员、农机具使用单位负责人、农机驾驶操作人员代表40余人参加。现场演练事故报案及受理；启动预案、应急抢救；现场勘查、制作文书；事故汇报，结束演练4个科目。11月5日至21日，区农业执法大队、区应急局、各乡社会公共事务服务中心组成联合检查组，检查全区19个乡、32家生产基地、郊野公园、园林绿化等使用农机具单位的农机安全情况。检查出动执法人员128人次、执法车辆32台次，检查各类农机具1800余台，全部合格。12月5日至6日，区农业执法大队召开“2019年农机规范化管理工作交流暨农机安全监管工作总结会”。各乡总结汇报2019年农机工作；农机规范化管理标兵单位介绍经验；区农业执法大队总结2019年朝阳区农机安全监管工作，部署2020年重点工作。19个乡农机主管监管人员、8家规范化管理标兵单位负责人40余人参会。（张　雪）

【法律法规宣传培训】 3月15日，区农业执法大队分4组，分别在东风乡东润枫景文化广场、小关街道奥林匹克文化广场、白鹿公路检查站和来广营乡朝来春花卉市场，以“3·15维护消费者权益保障动物源性食品安全”为主题开展法律法规知识宣传活动。悬挂横幅10条，发放法律法规摘要读本、绿色环保袋，犬只狂犬病强制免疫、动物卫生便民手册、保护水生野生动物、农资小常识等宣传材料11000余份。现场解答市民问题180余次。5月9日区农业执法大队组织召开“2019年朝阳区农药生产、经营、使用法律法规培训会”，辖区21家农药生产企业、农药经营企业和农药使用单位（农产品生产基地）负责人参加。讲解2017年颁布的《中华人民共和国农药管理条例》及5个配套规章，分析农药生产、经营、使用3个环节中涉及法律法规和注意事项，解析农药市场监管工作中发现的典型问题。区农业执法大队与21家管理相对人签订《农产品安全生产承诺书》《农资生产经营责任书》。12月4日，区农业执法大队分3组开展“国家宪法日”宣传活动，分别在京客隆针织路店门前、东风苑泛海社区、七棵树鸽子市，开展“弘扬宪法精神，推进国家治理体系和治理能力现代化”法制主题宣传活动。发放《宪法宣传手册》《犬只狂犬病强制免疫告知书》《动物卫生便民手册》《保护水生野生动物》《兽药使用安全小百科》《非洲猪瘟防控知识手册》《农产品质量安全知识》等宣传材料3700余份。（张　雪）

【动物诊疗行业培训会】 4月12日，区农业执法大队举办2019年朝阳区动物诊疗行业培训会。会议讲解北京市宠物诊疗执法现状和未来趋势。解读诊疗行业普遍存在问题、违法行为处罚、现行法律法规，探讨未来趋势。与各诊疗企业签订《动物诊疗机构责任书》《毒麻药品使用责任书》。美联众合、芭比堂、关忠等109家动物诊疗机构参加。（张　雪）

【种子生产经营单位培训】 5月14日，区农业执法大队召开2019年朝阳区种子生产经营单位培训会，17家种子生产经营单位28人参加。会议介绍朝阳区种子市场现状和存在问题，讲解种子行业管理与服务，通报全区种子企业许可备案情况和全年行业管理概况以及需要规范事项。与种子企业代表——北京北农种业有限公司签订农作物种子和转基因安全承诺书。（张　雪）

【首次行政执法与刑事司法案件衔接移交】 10月8日，区农业执法大队向市公安局森林公安分局移送一起非法出售国家重点保护野生动物制品案件，移送全程历时4个月。首次向刑事司法部门规范移交行政执法案件，捋顺野保案件涉刑移送流程，制作案件移送参考性模板，为办理涉农“行”“刑”衔接案件奠定基础。11月29日，区检察院第八监察部对区农业执法大队开创朝阳区涉农案件“两法”衔接机制给予高度评价。区检察院将近几年区农业执法大队移交涉农“两法”衔接案件制成宣传片，作为朝阳模式在全市法院系统中推广。（张　雪）

【非法经营宠物店铺取缔】 12月4日，区农业执法大队召开“整治宠物店铺违法行为工作协调会”，研究解决三间房乡褡裢坡地区宠物店违规经营犬只问题。区农业农村局、公安朝阳分局、区城管执法监察局、市场监管局朝阳分局，三间房乡政府等单位参会。12月11日，上述部门联合执法检查北京家有爱犬宠物服务有限公司违规经营犬只行为。各部门根据法定职责对违规公司提出责改意见。12月23日，区农业执法大队进行复查，违规店面已经停止经营。（张　雪）

农村人才服务

【概况】 北京市朝阳区农村人才就业服务指导中心（简称区农村人才服务中心），隶属于北京市朝阳区农业农村局，是一所全额拨款正科级事业单位，事业编制26名，内设科室6个。负责农村人才服务工作，建立人才管理体系，开展农村地区人才需求分析预测，承担农村人才教育档案管理工作；承担农村人才调研工作，指导农村管理干部、社区工作者、农村劳动力教育培训工作；负责农村人才就业服务工作，搭建就业服务平台，开展就业岗位、就业趋势分析统计，以及农村人才供求信息收集、发布等相关工作；协助开展农村社区建设研究工作，以及农民市民化宣传教育工作。年内，核实全区2018年人才数据，有农村实用人才3099人，其中初级人才2517人、中级人才642人、高级人才40人，并录入北京农村实用人才数据管理系统，形成人才数据库。（朱海光）

【农村人才调研】 3月29日，区农村人才服务中心开展社区社会工作座谈会，8名社会管理类社区干部参加。座谈会听取社区对农村社会文化类实用人才能力、社区工作难点问题、人才培养、人才平台搭建等方面建议，促进人才培养及人才平台搭建。10月15日，区农村人才服务中心落实《北京市朝阳区中长期人才发展规划纲要（2010—2020年）》任务分解方案，向全区19个乡233个社区发放《2019年朝阳区农村地区社区（村）人才情况调查问卷》，调查农村地区各社区（村）主要人才类型、年龄、作用、培养状况等信息。12月18日至25日，区农村人才服务中心开展朝阳区美丽乡村人才工作需求调研。调研高碑店乡、崔各庄乡、黑庄户乡中的19个最美乡村，了解乡村治理、居民教育现状、需求、人才发掘、培养、合作开展情况，制定有专项人才培养方案。（朱海光）

【特色传统文化进社区】 年内，区农村人才服务中心开展以乡为单位的“实用人才示范基地特色传统文化进社区活动”（东坝点翠、三间房葫芦镶嵌、管庄面塑和双桥燕京饮片厂4个“朝阳区农村实用人才示范基地”），为来广营24名社区干部和骨干居民开设5次传统面塑培训课程；为东坝红映坊党群服务中心、东泽园社区开展点翠讲座推广活动2次，培训社区骨干和居民51人次。（朱海光）

【“农村人才”微信公众号开发】 年内，区农村人才培训中心开发朝阳区“农村人才”微信公众号，建立人才库、信息库、展示区域3大模块，为实现朝阳区各类实用人才“可交流、可联络、可展示、可发挥”起到阵地作用。（朱海光）

【农村人才培养】 年内，区农村人才服务中心制定《2019年朝阳区农村地区社会文化类实用人才能力培养方案》《2019年朝阳区农村地区社会文体人才小教员培训班方案》《2019年朝阳区农村地区乡企管理人员培训班方案》《2019年朝阳农村社会治理人才培训班方案》，培养社会文化活动和社会治理方面人才，培训12个班、370人次。对接东坝乡人才培养工作，达成居民文体活动小教员培养方案，19名社区骨干参加。（朱海光）

【农民就业培训专项调研】 年内，区农村人才服务中心开展农村适龄劳动力就业状况、需要与预期专项调研，调研对象为东坝地6个社区、60余名18岁至60岁青壮年适龄劳动力居民和社区干部发放纸质和电子问卷，回收有效问卷887份，形成《朝阳区农村东坝地区农民就业状况调研报告》，提出“关注‘4050’重点群体就业”“拓展就地就近就业渠道”“考虑不同群体就业培训需求”“改善退伍转业军人待遇”“重视潜在社会不稳定因素”“推进农民就业问题”等建议。（朱海光）

【职业农民培训】 年内，区农村人才服务中心与东坝乡金驹家园二社区、金盏乡金泽北家园、孙河乡康营一社区等10个社区开展花卉绿植店铺创业课程，培训360人；为东坝腾翔物业公司开设服务礼仪课程，培训物业员工187人；与高碑店乡高井社区、孙河乡康营四社区、东风乡东风苑社区等9个社区合作开展职业农民培训，通过插花制作、电商知识、养花技巧等课程，培训280人。全年培训827人。（朱海光）

北京朝阳年鉴
Beijing Chaoyang Yearbook
2020

旅游业

综 述

【概况】 北京市朝阳区文化和旅游局（简称区文化和旅游局）为区政府工作部门，主要职责是贯彻落实党中央关于文化和旅游工作的方针政策、决策部署和市委、区委有关工作要求，在履行职责过程中坚持和加强党对文化和旅游工作的集中统一领导。年内机构改革，组建区文化和旅游局，不再保留原区文化委员会、区旅游发展委员会。局机关内设办公室、法制宣传科、行政审批科、公共服务科、文物管理科、产业发展科、行业管理科、安全与应急科、财务审计科、组织人事科10个科室，编制41人。下属基层单位10个。年内，朝阳区有旅游星级饭店89家，其中五星级饭店26家、四星饭店27家、三星级饭店26家、二星级饭店10家；有国家A级旅游景区23家，其中AAAAA级1家，AAAA级4家，AAA级18家；旅行社1182家，其中一般社655家、出境社508家、外资社19家。有旅行社分社133家，旅行社服务网点626家。全年旅游收入1401.7亿元，同比增长2%；净游客接待量6045.6万人次，同比增长3.42%。处理各类旅游投诉888件，比上年增加71%。全区咨询站接待旅游咨询62万余人次，比上年减少11%。 （张灿锋）

【机构改革】 3月19日，机构改革完成，不再保留区文化委员会、区旅游发展委员会，区文化委员会与区旅游发展委员会职责整合，成立北京市朝阳区文化和旅游局并挂牌。局机关行政编制41人。设局长1名，副局长4名，科长（主任）10名，副科长（副主任）6名。内设科室10个。下属10个基层单位，分别为北京市朝阳区文化市场综合执法大队、北京市朝阳区文物管理所、北京市朝阳区文化馆、北京市朝阳区图书馆、北京民俗博物馆、北京市朝阳区垡头地区文化中心、北京市朝阳区香河园地区文化中心、北京朝阳京剧文化艺术中心、北京国声京剧文化艺术中心、北京旅游咨询服务中心朝阳服务站。 （张灿锋）

【重大活动服务保障】 年内，区文化和旅游局完成中华人民共和国成立70周年、亚洲文明对话大会、文化旅游展、“一带一路”国际合作高峰论坛、全国“两会”5项重大活动服务保障任务，以市场监管为重点，对驻地酒店及其周边各类文化场所开展全覆盖检查，出动执法人员1192人次，出动执法车辆405车次，检查文化和旅游企事业单位1224家，排查、消除隐患104处。 （张灿锋）

【朝阳文旅品牌宣传】 年内，区文化和旅游局以全力打造朝阳“商旅之城”为发展目标，拓宽宣传渠道，全面推介朝阳旅游形象。在《北京日报》、《旅游》杂志等主流媒体策划朝阳文旅公共服务、大运河文化带建设、朝阳文化旅游资源专题宣传，设计10条文旅融合精品线路。朝阳文化云平台App累计发布资讯、活动信息2300余条，“文蕴朝阳”微信公众号升级改版，宣传文旅动态257次。 （张灿锋）

景区景点建设

【概况】 年内，朝阳区有国家A级旅游景区23家，其中AAAAA级1家、AAAA级4家、AAA级18家。新增1家AAA级旅游景区——西藏文化博物馆，撤销元大都城垣遗址公园AAAA级景区资质。区文化和旅游局扎实开展年度旅游景区质量等级评定与复核工作，提升旅游景区品质。 （张灿锋）

2019年朝阳区A级旅游景区一览表

表5

序号	等级	景区名称		评定A级景区时间	是否免费入园
1	AAAAA	北京奥林匹克公园	北京奥林匹克森林公园	2012年11月	免票
			中国科技馆		30元/成人、20元/学生
			国家体育场		普通门票：40元/人 贵宾门票：80元/人 顶美门票：80元/人 全景参观门票：100元/人 普通优惠门票：20元/人 贵宾升级门票：40元/人 顶美升级门票：40元/人
			国家游泳中心		门票30元
			奥林匹克森林公园		免票
			北投集团		免票
			国家体育馆		不对外开放
2	AAAA	北京中国紫檀博物馆		2003年11月	50元/人，残疾人免票
3	AAAA	北京朝阳公园		2005年11月	5元/人

续表 5

序 号	等 级	景区名称	评定A级景区时间	是否免费入园
4	AAAA	北京欢乐谷	2008年11月	299元/人，残疾人免票
5	AAAA	蟹岛绿色生态农庄	2009年11月	免票
6	AAA	日坛公园	2006年11月	免票
7	AAA	团结湖公园	2006年11月	免票
8	AAA	红领巾公园	2006年11月	免票
9	AAA	蓝色港湾国际商区	2010年11月	免票
10	AAA	北京蓝调庄园	2012年11月	免票
11	AAA	北小河公园	2014年11月	免票
12	AAA	大望京公园	2014年11月	免票
13	AAA	古塔郊野公园	2014年11月	免票
14	AAA	将府郊野公园（郊野）	2014年11月	免票
15	AAA	庆丰公园（郊野）	2014年11月	免票
16	AAA	兴隆郊野公园（郊野）	2014年11月	免票
17	AAA	四得公园	2015年11月	免票
18	AAA	白鹿公园（郊野）	2016年11月	免票
19	AAA	北京陶瓷艺术馆	2016年11月	免票
20	AAA	圣露庄园	2017年11月	免票
21	AAA	斯普瑞斯奥特莱斯	2017年11月	免票
22	AAA	京城梨园（郊野）	2018年11月	免票
23	AAA	西藏文化博物馆	2019年11月	免票

（陈　军）

【旅游厕所电子地图上线】 4月24日，区文化和旅游局启动旅游厕所电子地图上线工作，解决游客“找厕难”问题。首批60余座旅游厕所电子地图于5月22日上线，游客只需要打开百度地图搜索，就能找到旅游厕所位置，然后开启导航功能，实现就近如厕。（陈　军）

【A级旅游景区新增1家、撤销1家】 7月12日，西藏文化博物馆通过国家AAA级旅游景区评定验收。西藏文化博物馆以西藏历史教育和西藏文化研究、欣赏为目的，收藏、保护、展示青藏高原人类活动见证物和中央治理西藏见证物，向公众提供参观、教育、休闲和其他公共服务。朝阳区元大都城垣遗址公园因园内园林景观与设施存在不同程度的破损，达不到AAAA级景区标准分数要求，主动申请撤销AAAA级景区资质。11月4日，市旅游景区质量等级评定委员会依据《旅游景区质量等级管理办法》，撤销朝阳区元大都城垣遗址公园AAAA级旅游景区等级资质。（陈　军）

旅游节庆活动

【概况】 年内，区文化和旅游局以庆祝中华人民共和国成立70周年为重点，策划推出北京朝阳森林演出季等一批假日文旅节庆活动，丰富市民和游客假日文化旅游生活。（张灿锋）

【北京朝阳森林演出季活动】 5月18日至7月6日，以“庆祝新中国成立70周年，倡导新时代文明风貌”为主题朝阳森林演出季活动在奥森公园举办。活动由区委宣传部、区文化和旅游局、区委社工委、区委农工委、区文学艺术界联合会联合主办，区文化馆及各街乡承办，朝阳公园、奥森公园、北京电视台协办。活动分为街乡分会场演出、森林主会场演出和市级大型精彩活动展演三部分，汇聚基层优秀品牌文艺团队，展现基层文化生活。街乡分会场演出自5月18日至6月26日在43个街乡属地文化广场或郊野公园举办，演出43场、举办展览30个、播放宣传片40部，现场参与观众约3万人。6月28日至7月3日在朝阳公园、奥森公园进行森林演出季优秀作品演出12场。7月8日至10月31日，区文化和旅游局委派专业辅导老师为每个街乡打磨提升一部原创作品，参加市级活动展演。（李　黎）

【“中国旅游日”北京市分会场活动】 5月19日，区文化和旅游局联合朝阳公园共同举办以“文明旅游、安全旅游、拒绝非法一日游”为主题“中国旅游日”

北京会场活动。通过发放宣传资料等方式，宣传、展示朝阳区城市形象，推介朝阳区文化旅游资源，促进朝阳区文化和旅游融合发展。（杨 迪）

旅游公共服务

【概况】 年内，区文化和旅游局积极推进旅游环境与旅游公共服务设施改造建设工作，始终把推进“厕所革命”工作作为提升全区旅游服务质量的重要举措，发挥在旅游厕所建设与管理中的监督指导作用，不断提升旅游公共服务水平。按照“数量充足、干净无味、实用免费、管理有效”的目标，全力推进以厕所改造为核心的旅游公共服务工作。（陈 军）

【A 级旅游景区厕所提升改造】 9 月，区文化和旅游局完成 A 级旅游景区 11 座旅游厕所提升改造以及区政府为民办实事第 19 项“改造升级重点景区 9 座旅游厕所”工作任务。改造内容包括公共卫生间内便器更新，更换厕所隔板、墙面瓷砖、墙体内上下水管。企业投入 880 余万元，政府补助 300 万元。（陈 军）

【公园景区公共设施提升改造】 年内，区文化和旅游局完成 A 级旅游景区 588.252 平方米旅游标识牌提升改造工作，新增休息亭 13 座、垃圾桶 50 个，改造 41 延米无障碍坡道，购买轮椅 34 辆，完成 1 座景观平台提升改造工作，A 级旅游景区旅游环境得到改善，游客舒适度提升。（陈 军）

▲ 1 月 30 日，区文化和旅游局召开“春节”假日旅游工作会（区文化和旅游局 供图）

旅游监督管理

【概况】 年内，区文化和旅游局根据旅游季节特点，落实《中华人民共和国国家安全法》“管行业必须管安全，管业务必须管安全，管生产经营必须管安全”要求，立足重大活动服务保障，维护文旅市场安全。（付兴建）

【春节假日旅游工作部署会】 1 月 31 日，区旅游发展委召开 2019 年春节假日旅游工作会。区假日工作相关单位主管领导和重点企业负责人参会，区委常委、副区长李长萍出席会议并讲话。区旅游委部署假日旅游工作，公安朝阳分局、朝阳交通支队、区城管执法局、区商务委、区气象局和朝阳公园分别就假日旅游安全、道路交通安全畅通、旅游市场秩序整治、市场供给保障、气象服务保障工作以及假日旅游工作进行汇报。李长萍强调强化责任落实，全面提升旅游市场秩序和服务质量。（付兴建）

【国家安全教育日活动】 4 月 15 日，区文化和旅游局在奥森公园开展以“坚持总体国家安全观，着力防范化解重大风险，喜迎中华人民共和国成立 70 周年”为主题的国家安全教育宣传活动。园内设各普法宣传展板和宣传标语，向过往游客发放宣传资料 500 余份，增强游客国家安全意识。（付兴建）

【五一、端午假日工作部署会】 4 月 24 日，区文化和旅游局召开 2019 年五一、端午假日旅游工作会，区委常委、副区长李长萍出席会议并讲话。会上，区文化和旅游局部署假日旅游工作，市交通执法总队直属队、公安朝阳分局、区应急管理局、亚运村街道、南磨房地区分别围绕交通秩序维护、治安保障、隐患排查、旅游市场环境保障等方面发言。区假日旅游工作成员单位和 43 个街道地区办事处分管领导等 60 余人参加会议。会后，李长萍带队检查

▲ 7 月 23 日，区文化和旅游局工作人员验收北京欢乐谷公共服务设施改造（区文化和旅游局 供图）

区文化馆市民学校和西黄寺博物馆假日服务保障工作。（付兴建）

【领导检查重大活动服务保障】 5月19日，区长文献带队到亚洲文明对话大会嘉年华盛装巡游和亚洲美食节服务保障工作现场，检查组织保障、现场安保、食品安全、应急值守等工作，要求要按照精益求精、万无一失首善标准完成好活动服务保障任务。（付兴建）

【“安全生产月”宣传活动】 6月14日，区文化和旅游局在朝阳公园南门开展以“防风险、除隐患、遏事故”为主题的安全生产宣传咨询活动。活动现场设置宣传咨询台，布置宣传展板，发放宣传资料和宣传品1000份。（付兴建）

要求和执行标准、风险辨识方法、应急资源调查、应急能力评估及系统填报等工作进行培训。辖区星级酒店、文化娱乐场所等220余家文旅企事业单位参加会议。10月24日，区文化和旅游局召开“守初心、担使命”行业安全生产责任培训会。传达市区两级关于行业安全指示并做动员部署，区应急管理局、朝阳消防支队、公安朝阳分局、区市场监管局和中国建材检验认证集团股份有限公司等单位，围绕文旅行业安全生产事故预防和应对、安全生产法律法规、消防安全检查、食品卫生安全和《北京市生产经营单位安全生产主体责任规定》等内容进行专题辅导。辖区文旅企事业单位1000余人参加培训。（付兴建）

朝阳分会场活动1场，在《旅游》杂志开展5期朝阳文化旅游资源专题宣传，通过丰富多彩的推介方式展示朝阳区旅游魅力，宣传朝阳区旅游资源，促进朝阳区文旅融合发展。（杨 迪）

【参加旅游展览会、博览会】 2月21日至23日，区旅游委参加2019广州国际旅游展览会会奖旅游专区展，宣传、展示和推介朝阳区会奖旅游资源和会奖旅游产品，促进区会奖企业与全球买家对接。4月27日至30日，区文化和旅游局挂职副局长刘高远带队赴义乌参加第11届中国国际旅游商品博览会和第14届中国义乌文化产品交易博览会。展会期间，区文化和旅游局以朝阳区商务旅游、奥运旅游、都市休闲旅游资源为重点进行宣传推介，吸引大量参展嘉宾前来咨询。5月7日至9日，区文化和旅游局副局长张爱军带队赴上海参加2019中国会议与商务旅行交易会。区文化和旅游局与国内外同行就会议和商务旅游产

▲ 6月14日，区文化和旅游局在朝阳公园南门开展以“防风险、除隐患、遏事故”为主题的安全生产宣传咨询活动 （付兴建 摄）

【安全生产培训会】 8月14日，区文化和旅游局召开文化和旅游行业城市安全风险评估工作业务培训会。部署《北京市朝阳区文化和旅游局城市安全风险评估三年工作方案（2019—2021年）》，邀请市劳保所专家就风险评估

旅游宣传

【概况】 年内，区文化和旅游局参加国内旅游博览会6场，组织举办“中国旅游日”

▲ 2月21日至23日，区文化和旅游局参加2019广州国际旅游展览会会奖旅游专区展（李 黎 摄）

业发展进行交流，并大力推介朝阳区丰富会展旅游资源，收到良好效果。6月18日至20日，区文化和旅游局参加在国家会议中心举办的2019北京国际旅游博览会。区文化和旅游局以商务旅游、奥运旅游、都市休闲旅游为宣传主题，重点推介朝阳区旅游资源、旅游产品和旅游线路。朝阳展台以旅游宣传片、宣传展板全方位、多角度展示朝阳旅游魅力，获博览会最佳创意奖。10月18日至20日，区文化和旅游局参加在中国国际展览中心（静安馆）举办的2019北京国际旅游商品及旅游装备博览会，向参展各方推介朝阳优秀旅游商品，展现旅游文创商品成果。区文化和旅游局获博览会优秀组织奖。（杨 迪）

【朝阳旅游资源专题宣传】 年内，区文化和旅游局在《旅游》杂志开展朝阳文化旅游资源专题宣传，刊登5期，以“朝阳旅游休闲购物场所”“朝阳踏青赏花之旅”“北京东岳庙端午传统节庆文化活动”等特色鲜明的主题向读者进行推介，展现朝阳都市休闲旅游示范区形象。（杨 迪）

旅游区域合作

【概况】 年内，区文化和旅游局扎实推进各项帮扶工作，解决受援地区文化旅游产业发展实际问题，不断加强京津冀旅游区域合作。（杨 迪）

【文化交流】 2月5日至9日，区文化和旅游局邀请河北省张家口市康保县国家级非物质文化遗产“康保二人台”戏曲参加第十八届北京民俗文化春节活动。2月5日至3月5日，区文化和旅游局在北京民俗博物馆举办康保县遗鸥摄影展，宣传当地文旅特色。7月27日至8月4日，区文化和旅游局在798朝阳区国际文化交流中心举办《中国胆量·河北省唐县抗战老兵照片展》。11月20日，区文化和旅游局接待河北省泥河湾遗址群保护区管委会参观北京民俗博物馆并交流座谈。（杨 迪）

【对口扶贫】 7月25日至27日，区文化和旅游局副局长张爱军带队赴河北省阳原县，围绕新时期如何创新旅游推介手段、景区投资建设和管理等内容培训当地旅游人员。10月23日至27日，区文化和旅游局局长高春利带队赴新疆和田地区、兵团十二师47团和墨玉县开展扶贫对接工作，沟通文化旅游宣传合作等事宜，促进地区间文化旅游交流与项目合作。12月23日至24日，区文化和旅游局副局长李强同区委宣传部、文明办组织文创企业赴河北省康保县开展扶贫捐赠活动，加强区域交流及文化扶贫。年内，区文化和旅游局组织旅游企业赴内蒙古自治区乌兰察布市卓资县实地考察民宿产业建设发展情况、重点旅游景区、旅游扶贫重点村以及适宜开发民宿的房源。（杨 迪）

【对口帮扶地区文化旅游资源宣传推广】 年内，区文化和旅游局在《假日自助游》杂志宣传推广内蒙古自治区乌兰察布市卓资县，河北省张家口市阳原县、康保县及保定市唐县4个对口帮扶地区文化旅游资源，提高帮扶地区文化旅游知名度和影响力。组织唐县参加2019北京国际旅游博览会、2019中国会议与商务旅行论坛，组织阳原县参加第十一届中国国际旅游商品博览会，推介相关文化旅游资源。（杨 迪）

城乡规划与建设

北京朝阳年鉴

Beijing Chaoyang Yearbook

2020

城乡规划

【概况】 3月22日，北京市规划和自然资源委员会朝阳分局（简称市规划自然资源委朝阳分局）挂牌成立，是北京市规划和自然资源委员会派出机构，不再设立北京市规划和国土资源管理委员会朝阳分局。市规划自然资源委朝阳分局负责朝阳区规划和自然资源管理相关工作。分局内设法制科（信访与信息公开科）、规划编制与城市设计科、市政交通科、规划实施科、综合审批科、规划土地核验科、自然资源调查监测科、自然资源所有者权益科（自然资源开发利用科）、自然资源保护科（国土空间生态修复科、矿产资源管理科）等13个科室；下设北京市朝阳区规划和自然资源执法队1个行政执法机构，北京市朝阳区不动产登记事务中心、北京市朝阳区规划设计服务中心等5个事业单位。全局有正式在编人员294名，其中公务员69名、机关工勤5名、行政执法编44名、事业单位编176名。年内，市规划自然资源委朝阳分局收到行政复议诉讼案件283件，其中行政诉讼236件、行政复议47件。完成"4·15国家安全日""4·22地球日""6·25土地日""12·4宪法日"等法制宣传。组织《北京市城乡规划条例》及配套文件等培训。完成《朝阳区2018年度城市体检报告》。启动责任规划师制度，建立"朝阳而治"责任规划师体系。依托地面公交和轨道交通系统，构建综合交通体系。推动高安屯焚烧三期建设。研究落实污染防治攻坚战行动计划，推进绿色市政设施规划实施及海绵城市规划建设。完成全区第二次地名普查档案收集，收集地名9624条。 （殷翠婷）

【责任规划师制度】 5月14日，市规划自然资源委朝阳分局印发实施《朝阳区责任规划师制度实施工作方案（试行）》。向社会公开招募36支责任规划师团队、55名首席规划师，服务全区49个责任街区。6月12日，朝阳区召开责任规划师启动仪式暨培训大会。全年开展市级相关部门调研指导9次。组织责任规划师主题交流活动13次，责任规划师参加各类培训13次，培训交流近千人次。主办"微空间·向阳而生——朝阳区小微公共空间再生计划"活动，5个项目方案获社会资金支持。 （殷翠婷）

【分区规划】 8月29日，朝阳区分区规划上报至市政府。11月20日，市政府批复分区规划。12月11日，市规划自然资源委朝阳分局在区政府官方网站上向社会公开分区规划成果，同时向全区各委办局、功能区管委会和各街乡宣传培训分区规划成果。 （殷翠婷）

【控制性详细规划】 年内，市规划自然资源委朝阳分局以街乡行政边界为基础开展控制性详细规划街区指引编制工作。完成街区初步划分，推动第四使馆区周边地区（东坝中区）、中关村朝阳园北区启动区等地区控制性详细规划试点编制工作。 （殷翠婷）

【专项规划】 年内，市规划自然资源委朝阳分局编制完成朝阳区《区域市政基础设施规划》《区域海绵城市专项规划》《朝阳区综合管廊布局规划》《区域河湖蓝线专项规划》，并报至市规划自然资源委。 （殷翠婷）

【建设项目规划管理】 年内，市规划自然资源委朝阳分局研究全区34个项目。办结朝阳区建设项目359件。其中，选址及规划条件65件，用地规模约861公顷；建设用地规划许可证（建设工程）2件，用地面积约8.2公顷；建设工程规划许可证（建筑工程）55件，建筑面积约546.91万平方米；核发其他案卷237件。 （殷翠婷）

【市政交通重点项目】 年内，市规划自然资源委朝阳分局完善交通网络，推进通久路、化工路、老君堂路、王化路、郎辛庄北路、六里屯路、亮马河北路等方案研究及道路建设。配合相关部门打通育慧北路、金蝉北路、裕民中路等断堵头路，研究垡头、双桥、常营、豆各庄、百子湾等交通拥堵地区未实现规划的次支路方案。研究黑庄户定辛庄安置房、崔各庄乡黑桥南皋村棚户区改造、香江西土地一级开发、莱茵花园土地一级开发等项目周边配套道路。梳理全区规划、现状公交场站情况。推进市郊铁路东北环线改造，星火站交通枢纽落地，机场线望京南站加站，双井站、三元桥站改造，东大桥站一体化，M3及M12号线东坝地区线位研究等朝阳区重要线路节点的规划研究。协助区城管委为3处环卫停车场及酒仙桥粪便处理厂选址。推进坝河景观廊道、萧太后河景观廊道、水系连通、三级河道综合治理、温榆河湿地公园配套市政等相关工程的规划建设。 （殷翠婷）

【地名规划】 年内，东坝南区及孙河组团地名规划取得市规划自然资源委批复。 （殷翠婷）

【农民安置房规划研究】 年内，市规划自然资源委朝阳分局开展王四营、东坝、平房、管庄、东风等5个乡的农民安置房方案研究。王四营乡孛罗营农民安置房，管庄乡杨闸、小寺、管庄村安置房，平房乡姚家园新村三期、黄渠四期安置房，三间房乡南区安置房等规划获市政府批复。 （殷翠婷）

【规划核验】 年内，市规划自然资源委朝阳分局办理规划验收98件，建筑面积418.6万平方米，包括亚洲基础设施投资银行总部永久办公场所项目、司法部干警与武警训练场、北京国际俱乐部改扩建工程、中国航空101号科研试验中心、外交人员服务局改建外交公寓、北投集团城奥中心、中关村电子城国际电子总部项目1#科研楼、东土城路5号科研楼项目A座科研楼等重点项目及焦化厂棚户区改造安置房、华瀚东坝驹东经济适用房、小红门肖村公共租赁住房、东郊农场保障房、住总黑庄户定向安置房等保障性住房。开展社会投资类全过程服务监督项目70个，总建筑规模659.74万平方米。开展2014年至2015年历史纳入全过程服务监督项目74个，总建筑规模259.15万平方米。 （殷翠婷）

【规划及土地执法监察】 年内，市规划自然资源委朝阳分局对巡查、检查中发现的在施违法建设下发《责令停工通知书》9起次，查处属规划职责范围内的违法建设下发《限期拆除决定书》5起次，配合属地及城管部门对98处违法建设出具书面认定。成立认定小组开展基本无违建创建工作，完成系统认定3000余件。立案查处违法用地6宗，其中下达行政处罚决定5宗，涉及土地 8.36 公顷，罚款 250.17 万元。通过市级部门对 2018 年度土地卫片执法检查的验收，违法占用耕地面积占新增建设用地占用耕地总面积的比例为 0。（殷翠婷）

【课题调研】 年内，市规划自然资源委朝阳分局组织“朝阳区国有企业用地试点改造规划研究”，对朝阳区辖区内国有企业用地中的老旧厂房或老旧厂区建立台账，通过实地调研和走访座谈总结企业发展难题，分析试点企业更新改造可行性，重点在政策创新方面提出规划实施建议。组织“朝阳区街道精细化设计与整治指南研究”，结合朝阳区责任规划师制度，调研全区 43 个街乡，包括街道基本情况、人口构成、近几年更新整治项目及整治亮点等，将朝阳区街道整治中的经验及需求体现到技术性管理和指导文件中，形成操作性更强的工作手册。（殷翠婷）

国土资源管理

【概况】 3 月 22 日，北京市规划和自然资源委员会朝阳分局（简称市规划自然资源委朝阳分局）挂牌成立，负责朝阳区自然资源管理相关工作。年内，市规划自然资源委朝阳分局组织《土地管理法》及配套文件等培训。全区签订区乡级责任书 14 份，乡村级责任书 51 份。（殷翠婷）

【土地供应计划及实施】 年内，市规划自然资源委招标、拍卖、挂牌出让涉及朝阳区土地 5 宗 20.49 公顷，出让总价款 128.1 亿元。（殷翠婷）

【保障性住房用地供应】 年内，市规划自然资源委朝阳分局划拨保障性安居工程土地供应 3 宗 3.12 公顷，其中棚改安置房 1 宗 0.49 公顷。（殷翠婷）

【土地储备开发】 年内，土地储备返还一级开发成本约 120.42 亿元，偿还到期政府债券 8.5 亿元、债券利息 16.94 亿元。重点推进东坝、东坝北东南、单店、豆各庄、孙河及十八里店等项目的征地拆迁。完成 645 户住宅 20.31 万平方米、162 家非住宅 44.38 万平方米、1 家国有单位 0.72 万平方米的搬迁腾退。（殷翠婷）

【城乡建设用地减量】 年内，市规划自然资源委朝阳分局上报城乡建设用地减量地块 434 个 920 公顷，涉及金盏乡、十八里店乡、豆各庄乡、黑庄户乡等 15 个乡，上报地块均通过市级部门审核。（殷翠婷）

【土地市场交易】 年内，全区公开供应一般经营性用地 3 宗，总供地体量 10.28 公顷，全部为建设用地，建筑规模 17.68 万平方米。项目全部以土地储备朝阳分中心为主体，包括朝阳区孙河乡北甸西村、北甸东村、西甸村、孙河村 2902–31 地块 R2 二类居住用地（孙河 T 地块），朝阳区东坝乡驹子房 1106–720 地块 F1 住宅混合公建用地、1106–721 地块 A33 基础教育用地（东坝23–1 地块），朝阳区孙河乡西甸村、孙河村 2902–88 地块 F1 住宅混合公建用地（孙河 O 地块）。（殷翠婷）

【征地及农用地转用项目用地管理】 年内，市规划自然资源委朝阳分局完成建设项目征地结案 3 个，用地面积 30.76 公顷。办理土地征收及农转用项目 8 个，包含 4 个点状供地项目。其中，2 个项目取得征地及农转用批复，用地面积 17.94 公顷；5 个项目上报市规划自然资源委，待市政府批准；1 个项目完成征地公示。（殷翠婷）

【矿产资源管理】 年内，市规划自然资源委朝阳分局完成 21 家矿业权年报统计及矿业权勘查开采公示。组织工作组对矿权单位实地抽查核查。21 家地热单位完成采矿权使用费缴费。完成北京市新地房地产开发有限责任公司采矿权许可证补办。（殷翠婷）

【不动产登记】 年内，不动产登记事务中心受理不动产登记业务约 24.3 万件，档案查询量约 48.3 万件（窗口查询 18.6 万件、自助查询 8.3 万件、网上查询 21.4 万件），发放不动产权证书、证明 16.5 万本（自助发证 4.6 万本），收取不动产登记费约 2508.7 万元，代收房改房、经济适用住房、两限房上市等土地收益约 6.9 亿元。全市首创“一窗受理、内部流转、即时办结、同窗出证”的“朝阳模式”，在一个窗口、一个环节，最快 45 分钟完成交易、缴税和登记，全年办理3.71 万件。此模式在全国、北京市推广，并受到世界银行2020 年营商环境报告认可，全球营商环境排名第 28 位，超过部分欧盟国家和经合组织成员国。（殷翠婷）

【地籍管理】 年内，市规划自然资源委朝阳分局受理土地权属审查业务 120 件，出具土地权属审查告知书 113 份，涉及宗地 397.42 公顷。其中，国有建设用地土地权属审查93 份，宗地面积239.1 公顷；集体土地权属审查 20 份，宗地面积 158.32 公顷。（殷翠婷）

【土地出让批后监督管理】 年内，市规划自然资源委朝阳分局完成外业巡查任务 301 宗地，发现闲置土地项目 24 宗。其中，1 宗项目取得施工登记意见函，23 宗项目在推进处置。（殷翠婷）

建设工程

【概况】 朝阳区住房和城乡建设委员会（简称区住建委）是负责朝阳区住房和城乡建设行政管理的区政府工作部门。内设 12 个科室，有公务员 50 人。下设朝阳区建筑行业管理处、朝阳区建设工程施工安全监督站、朝阳区建设工程质量监督站 3 个事业单位。年内，全区开复工施工工程 1388 项，比上年增加 50%；建筑面积 3221.11 万平方米，比上年增加 7.5%；道路管线长 452.71 千米。其中，房建工程 593 项 1841.2 万平方米，拆除工程 3 项 2.65 万平方米，市政工程 69 项 0.97 万平方米、道路管线 234.67 千米，地铁工程 30 项 86.41 万平方米、施工线路 63.65 千米，老旧小区综合改造工程 22 项 76.16 万平方米。竣工、终止工程 601 项 889.62 万平方米，道路管线 56.71 千米。其中，房建工程 558 项 840.84 万平方米，拆除工程 10 项 7.56 万平方米，市政工程 19 项 8.11 万平方米、道路管线 56.71 千米，老旧小区改造工程 11 项 26.09 万平方米，地铁工程 3 项 7.02 万平方米、9.12 千米。区住建委对辖区内由区住建委负责质量监管的项目依法开展消防验收 716 项（过渡期 336 项）、消防备案 32 项。组织绿色围挡专项整治，全区 222 项施工围挡全部完成。全区 49 个项目获绿色建筑标识认证，其中绿色建筑运行标识8个、绿色建筑设计标识41个。北京迪迈建筑装饰工程有限公司、金舟消防工程（北京）股份有限公司、北京中奥天合国际环境科技有限公司等25家企业被评为诚信企业，其中北京市建筑装饰设计工程有限公司、北京市朝阳水利工程有限公司、北京京阳环保工程有限公司等17家企业被评为诚信3A企业。（朱小朋　高雅琪）

【保障性住房建设】 年内，朝阳区建设筹集各类政策性住房20853套，包括新建、改建、趸租等方式筹集租赁住房10082套和政策性产权住房10771套。竣工政策性住房14219套。（李媛媛　高雅琪）

【危旧房屋改造】 年内，酒仙桥项目完成房改售房，电子球场回迁楼建设工程完工。甜水园项目启动棚户区改造征收预签约。垂杨柳项目办理前期手续。京棉危改一、二期项目处于收尾阶段。（张德学　高雅琪）

【棚户区改造】 年内，化石营旧城区改建等22个项目被纳入2019年棚改工作年度计划。全区棚户区改造项目总占地面积约2732.08公顷，涉及农（居）民33238户。全区完成棚户区改造项目拆迁腾退5127户。其中，平房乡项目完成883户，金盏乡马各庄沙窝雷庄项目完成2461户，管庄乡项目完成803户，永安里旧城区改建项目完成38户，崔各庄南皋黑桥项目完成850户，中直安慧项目完成4户，十八里店白墙子项目完成70户，南磨房东郊市场项目完成2户，三间房南区项目完成16户。（张德学　高雅琪）

2019年朝阳区棚户区改造和环境整治项目一览表

表6

序　号	项目名称	项目性质	涉及居民总户数
1	中直安慧职工住宅（小关北里43号）工程项目	新增棚户区	149
2	永安里旧城区改建项目	新增棚户区	942
3	十八里店白墙子项目	新增棚户区	964
4	亮马J地块公益用地棚改项目	新增棚户区	137
5	东坝北西区域A地块项目	新增棚户区	621
6	东坝北西区域B地块项目	新增棚户区	266
7	东坝北西区域C地块项目	新增棚户区	612
8	东坝北西区域D地块项目	新增棚户区	650
9	东坝北西区域E地块项目	新增棚户区	239
10	东坝北西区域F地块项目	新增棚户区	652
11	南磨房乡广渠路（含大郊亭3号院）项目	新增棚户区	283
12	南磨房东郊市场项目	新增棚户区	951
13	三间房乡南区项目	新增棚户区	1260
14	三间房D区棚户区改造和环境整治项目	新增棚户区	2562
15	平房乡“一绿试点”棚改项目	新增棚户区	2500
16	金盏乡马各庄、沙窝、雷庄项目	新增棚户区	2993
17	管庄乡棚改项目	新增棚户区	3815
18	小红门乡棚改项目	新增棚户区	3192
19	崔各庄乡黑桥村、南皋村	新增棚户区	2001
20	广渠路苏家沟程家住宅项目	新增棚户区	9
21	酒仙桥旧城区改建项目	危改	6900
22	化石营旧城区改建项目	新增棚户区	812

【轨道交通建设拆迁】 年内，朝阳区承担的地铁3号线、12号线东坝车辆段实现腾退集体土地上建筑面积约52.7万平方米，地铁17号线完成1.58万平方米拆迁。地铁7号线东延线3站2区间12月28日通车运营。地铁14号线高家园站施工单位进场。地铁7号线、地铁10号线换乘站双井站处于升级改造阶段，A、F、H出入口12月28日投入运营，实现双方向换乘。京沈铁路客运专线朝阳段建设项目拆迁总量约60万平方米（含小白坟村扩拆），基本完成拆迁腾退。（王　晶　高雅琪）

【房地产开发管理】 年内，区住建委完成新建改建居住区《项目建设方案》备案8项，总建筑面积184.88万平方米，其中住宅100.85万平方米、市政设施配套4.99万平方米、公共服务配套11.69万平方米。完成16次开发项目预售服务配套建设情况确认，均实地核查。（张　煜　高雅琪）

【房地产开发配套设施收缴】 年内，区住建委收缴各类配套设施54所13.16万平方米。其中，教育配套设施6所3.92万平方米（幼儿园3所0.94万平方米、九年一贯制学校1所2.31万平方米、小学1所0.67万平方米、中学1所7.05万平方米），卫生配套设施11所5.48万平方米，文化配套设施9所1.57万平方米，民政配套设施5所0.95万平方米，其他社区服务配套设施24项1.24万平方米。与相关部门托管配套设施58所13.23万平方米（教育配套设施5所3.92万平方米，卫生配套设施11所5.48万平方米，文化、民政及其他配套设施42所3.83万平方米）。（郝一方　高雅琪）

【房地产开发企业资质管理】 年内，区住建委办理各项资质审批257件，其中新设立17件、暂定延期57件、变更44件、重新核定139件。截至年底，朝阳区有开发企业358家，其中一级14家、二级19家、三级13家、四级220家、暂定92家。（张　煜　高雅琪）

【劳务用工监管】 年内，区住建委会同区人力社保局、各街道（地区）办事处实现对区施工项目劳务及劳动用工规范管理情况动态联动监管。对监管工地开展劳务巡查903次，组织各建筑集团总公司、各省（直辖市）驻京建管处开展联合检查各1次。协调解决工程合同（工程款、劳务费）纠纷3起。配合区人力社保局劳动监察大队调处解决农民工工资纠纷7起。全年向全区工地发放建筑行业从业卡70110张。（苏志成　高雅琪）

【工程质量监管】 年内，区住建委排查2012年以来老旧小区节能改造工程外墙保温及外窗质量隐患94个标段（包），涉及1748栋楼，建筑面积867万平方米。监督房建工程1180项1912万平方米、市政工程171项17.3亿元。在监房建工程909项1518万平方米，在监市政工程169项15.9亿元，房建工程竣工380项388万平方米，在监工程未发现重大质量安全隐患。办理质量监督注册房建工程691项660万平方米。行政处罚质量违法行为44起，罚款70.7万元；简易处罚安全违法行为86起，罚款8.6万元。下发责令整改通知书29份。收到材料检测不合格报告1639份，处理完成1586份，材料抽检171次。处理工程质量投诉642次。（朱烨南　高雅琪）

【优质工程评选】 年内，全区申报创"朝阳杯"工程项目15项164.01万平方米、检查工程13项130.94万平方米。8项工程获2019年度建筑结构"朝阳杯"，其中金奖7项、银奖1项。3项工程获2019年度竣工结构"朝阳杯"，均为金奖。区质量监督站监督工程获2019年度全市建筑结构"长城杯"工程21项，其中金奖14项、银奖7项；建筑竣工"长城杯"工程5项，其中金奖3项、银奖2项。（李　炜　高雅琪）

2019年度"朝阳杯"获奖工程一览表

表7

建筑结构"朝阳杯"金奖工程（7项）

序　号	工程名称	建设单位	施工单位	监理单位
1	朝阳区金盏乡楼梓庄村1113-604地块1#-6#商业办公楼项目	北京展拓置业有限公司	中建二局第三建筑工程有限公司	北京建工京精大房工程建设监理公司
2	1#商业办公楼等7项	北京朝金房地产开发有限公司	中国建筑第一八工程局有限公司	北京赛瑞斯国际工程咨询有限公司
3	1#住宅楼自住商品房等7项	北京城建置业有限公司	城建北方城建七公司联合体	北京北辰监理公司
4	朝阳区三间房新村二期C1区安置房项目	北京京迈天泰房地产开发	田华集团结构	中城建监理公司
5	中国科学院微电子研究所研发平台项目	中国科学院微电子研究所	中国新兴建筑工程有限责任公司	中航工程监理（北京）有限公司
6	9#、12#住宅、2#、3#人防出入口、1201-603地块地库	北京改泰房地产开发有限公司	中建一局	北京远达国际工程公司
7	北京纺织科研实验楼等11项（北京纺织科研综合楼）	北京方宏置业有限公司	北京城建五公司	北京赛瑞斯国际监理公司

建筑结构"朝阳杯"银奖工程（1项）

序　号	工程名称	建设单位	施工单位	监理单位
1	1#绿隔产业用房等14项（朝阳大屯地区7号地项目）	北京华汇房地产开发中心	中建三局	北京时创工程公司

竣工结构"朝阳杯"金奖工程（3项）

序　号	工程名称	建设单位	施工单位	监理单位
1	门诊医院病房综合楼等4项（垂杨柳医院改扩建工程）	北京市朝阳区卫生和计划委员会	中建三局	北京中联建设工程公司
2	朝阳区垡头地区焦化厂公租房项目（第三标段）	北京市保障性住房投资公司	北京城建建设有限公司	北京逸群监理公司
3	朝阳区垡头地区焦化厂公租房项目（第二标段）	北京市保障性住房投资中心	北京城乡	北京逸群监理公司

【施工安全监管】 年内，区住建委开展安全教育、安全生产月活动，1407 家参建单位参加。组织“农民工夜校”安全生产知识培训，48265 人次参加。开展防汛、防火等各类应急演练 567 次，13866 人次参加。检查施工工地 2941 次，责令整改 136 个次，行政处罚 364 起，罚款 168.4 万元。发生建筑施工安全生产亡人事故 3 起，死亡 3 人，未发生较大突发事件和施工安全生产事故。以政府购买服务形式委托专业单位评估抽查朝阳区深基坑、高大模架、大型吊装工程及塔吊等大型起重设备。查出深基坑存在安全隐患工程 5 项，检测出不合格设备 25 台，全部完成整改。依法开展夜间施工许可审批 24 次。北京冬季奥运村人才公租房项目一标段工程、二标工程等 9 项工程获“北京市文明安全样板工地”称号。（朱小朋　高雅琪）

【施工工地扬尘治理】 年内，区住建委联合区城管执法局、区环保局组建朝阳区施工扬尘联动办公室，增强建筑工程施工扬尘管控与行政执法力度。整合施工现场远程视频监控系统、车辆识别与抓拍系统及 PM_{10} 在线监测系统，建设区住建委扬尘监控系统平台。（朱小朋　高雅琪）

【施工许可监管】 年内，区住建委核发建设项目施工许可证 558 项，建筑面积 425.86 万平方米，比上年增加 14.81%；市政道路管线 20.82 千米，比上年增加 10.86%；投资 252.51 亿元，比上年增加 7.4%。其中，新建 48 项、建筑面积 295.02 万平方米、合同金额 117.68 亿元，装饰装修 491 项、建筑面积 130.84 万平方米、合同金额 34.05 亿元，市政工程 19 项、道路管线 20.82 千米、合同金额 3.99 亿元。查处违法施工案件 70 起，罚款 380.19 万元。（王晓颖　高雅琪）

【招标投标监管】 年内，区住建委办理施工、监理招标投标 102 项，其中施工工程 67 项 241.82 万平方米、市政道路及管线 2.99 千米 189.57 亿元，监理工程 35 项。（伍　冰　高雅琪）

【建筑节能与建材管理】 年内，区住建委完成建筑节能专项验收备案 28 个项目、91 个单体。完结建材采购备案 18 个项目。补缴“两项基金”1 个项目 141.14 万元，其中新型墙体材料专项基金 132.32 万元、散装水泥专项资金 8.82 万元。受理新型墙体材料专项基金项目 34 项，退返 1990.08 万元；受理散装水泥专项资金项目 22 个，退返 75.65 万元。（陶　赛　高雅琪）

【预拌混凝土生产企业管理】 年内，全区有资质混凝土搅拌站点 37 家，其中 22 家正常生产、3 家停产、12 家完成疏解。专项执法检查 23 家站点，在产站点均处于良好以上水平。（陶　赛　高雅琪）

【公共建筑超电耗限额管理】 年内，全区纳入超电耗限额管理的公共建筑 2362 栋，其中大型公共建筑 520 栋。向上年度超电耗限额和 2017—2018 年超电耗限额的 82 栋公共建筑送能源审计告知书，送达 23 栋。（梁志伟　高雅琪）

▲ 常营民族家园小区完成加装电梯工程（摄于 4 月）　（时　彬　摄）

【公共建筑绿色化改造】 年内，全区有 5 个公共建筑项目申请综合验收。赛特集团建筑绿色化改造、北京五洲皇冠国际酒店节能绿色化改造、北京万达文华酒店整体节能改造、北京维景国际大酒店绿色化节能改造 4 个项目通过综合验收，核定面积 26.82 万平方米，申请奖励资金总额 791.68 万元。凯德 MALL 太阳宫店因节能率不满足奖励标准未通过专家组验收。（陶　赛　高雅琪）

【建筑废弃物资源化】 年内，区住建委搭建平台并组织建筑垃圾再生产品推广会 5 次，涉及企业 40 余家，促成建筑垃圾处理企业与项目达成合作意向 15 项。全区有在产处置点 9 个。5 月，拆除华夏董氏集团金家村处置点。全年处置建筑垃圾 996.79 万吨，再生产品产量 919.75 万吨，再生产品销售量 611.9 万吨，再生产品库存量 307.85 万吨。（陶　赛　高雅琪）

【老旧小区综合整治】 年内，经市级确认的朝阳区老旧综合整治项目 31 个，涉及 19 个街道和地区办事处、住宅楼 335 栋、改造面积 189 万平方米，项目总预算资金 19.1 亿元。全区老旧小区加装电梯开工 762 部，完成 306 部，开工和完成数量居全市第一。完成常营地区办事处连心园小区（G 区）、民族家园小区（G 区）、潘家园街道磨房南里小区综合整治。推进劲松街道磨房北里一区、农光里重汽小区、紫南家园、双龙南里、西坝河东里小区综合整治。（杨立军　高雅琪）

【信访与信息公开】 年内，区住建委接待处理群众信访事项 671 件次，其中纸质书面投诉信 44 件、网上办公系统接收 2752 件（信访系统 381 件、政民互动 1700 件）。办复 2720 件，办复率 98.83%。接待集体访 9 批次 63 人，主要涉及危改拆迁补偿、保障房建设、房屋质量、施工扰民、工程款纠纷、老旧小区综合整治等。全年信访工作总体形势平稳，未发生越级访、大规模集体上访等突发性事件。信息公开 321 项，其中主动公开 164 项、依申请公开 157 项。（徐家琛　高雅琪）

【行政诉讼和复议】 年内，区住建委办理行政诉讼案件 7 件。其中，1 件正在审理中；1件驳回原告诉讼请求后上诉，正在审理；1件驳回起诉；2件驳回诉讼请求；1件原告撤诉，1件要求区住建委撤销重新答复。行政复议案件7件，其中2件驳回复议申请，4件维持区住建委，1件正在办理。（刘晓亭 高雅琪）

【监理人员分级管理】 年内，区住建委继续实行《朝阳区监理人员分级管理办法（试行）》，开展建设工程监理人员分级管理培训考评。通过监理人员业务培训获等级胸卡，经所在企业任命或委托，持胸卡人可担任朝阳区内各类项目总监理工程师、非强制性监理项目总监、总监代表及各类项目专业监理工程师或监理员。区监理协会举办培训班11期，160余家监理公司的7551人参加，其中6710人获相应等级的资格证书和胸卡。（李 炜 高雅琪）

【建筑业企业资质及人员管理】 年内，区住建委受理新设立建筑业企业资质变更229家、增项56家、升级28家、新设立23家、延期45家。纳入朝阳区管理的建筑业企业762家，其中特级2家、一级111家、二级429家、三级144家、不分等级76家，涵盖建筑工程施工总承包等30个施工专业。完成二级建造师执业资格初始注册435人，变更注册354人，注销831人，延续注册606人，增项64人，遗失补办3人，重新注册436人，办理企业负责人、项目负责人和专职安全员《安全生产考核证书》续期2873人。（陶 赛 高雅琪）

2019年朝阳区建筑业企业统计表

表8　　　　单位：家

序 列	专业类别	特 级	一 级	二 级	三 级	不 分	合 计
施工总承包	建筑工程	1	14	19	21	0	55
	公路工程	1	1	0	0	0	2
	水利水电工程	0	2	1	0	0	3
	电力工程	0	1	1	2	0	4
	矿山工程	0	2	0	1	0	3
	石油化工工程	0	0	1	0	0	1
	市政公用工程	0	6	11	5	0	22
	机电工程	0	1	8	1	0	10
	通信工程	0	0	2	0	0	2
小计	涵盖9个专业	2	27	43	30	0	102
专业承包	地基基础工程	0	2	4	3	0	9
	建筑装修装饰工程	0	43	284	—	0	327
	建筑幕墙工程	0	1	9	—	0	10
	预拌混凝土	—	—	—	—	22	22
	古建筑工程	0	0	1	2	0	3
	钢结构工程	0	1	4	6	0	11
	模板脚手架	—	—	—	—	6	6
	消防设施工程	0	5	12	—	0	17
	防水防腐保温工程	0	3	20	—	0	23
	起重设备安装工程	0	1	0	1	0	2
	建筑机电安装工程	0	10	5	40	0	55
	电子与智能化工程	0	12	35	—	0	47
	环保工程	0	0	6	20	0	26
	隧道工程	0	1	0	0	0	1
	公路交通（公路安全设施）	0	2	0	—	0	2
	铁路电务工程	0	1	0	0	0	1
	民航空管及机场弱电系统工程	0	2	1	—	0	3

续表 8

序　列	专业类别	特　级	一　级	二　级	三　级	不　分	合　计
专业承包	输变电工程	0	0	0	22	0	22
	城市及道路照明工程	0	0	5	20	0	25
	特种专业工程	—	—	—	—	29	29
小计	涵盖20个专业	0	84	386	114	57	641
施工劳务企业		—	—	—	—	19	19
合计	涵盖30个专业	2	111	429	144	76	762

（高雅琪）

注：2015 年 1 月 1 日起，全国执行新的《建筑业企业资质标准》（建市〔2014〕159 号）

2019 年朝阳区建设工程竣工一览表

表 9

一、商品住房

序　号	工程名称	工程地址	建筑面积（万平方米）	工程总投资（万元）	开工日期	竣工日期	建设单位	设计单位	施工单位	监理单位
1	望京K7区3项工程	南湖北一街	3.95	21065.76	2015-6-4	2018-12-18	北京城市开发集团有限责任公司	北京市建筑设计研究院有限公司	北京金港建设股份有限公司	北京北辰工程建设监理有限公司
2	新星花园7项工程	孙河乡	1.49	15813.94	2016-5-6	2019-1-10	北京诚通华亿房地产有限公司	中国建筑技术集团有限公司	北京诚通新新建设有限公司	北京方圆工程监理有限公司
3	首城东郡家园2项工程	东坝乡1105-657号地	0.58	2971	2016-1-25	2019-4-11	北京首城置业有限公司	北京维拓时代建筑设计股份有限公司	北京城建亚泰建设集团有限公司	北京中外建工程管理有限公司
4	柏阳景园1项工程	王四营道口	3.11	11068.71	2016-9-30	2019-4-24	北京柏基置业有限公司北京市朝阳王四营农工商总公司	北京凯帝克建筑设计有限公司	江苏圣通建设集团有限公司	北京北辰工程建设监理有限公司
5	润景名苑5项工程	来广营乡清河营村	3.14	9471.32	2011-1-27	2019-5-29	北京春光置地房地产开发有限公司	北京墨臣工程咨询有限公司	北京城建二建设工程有限公司	建通工程建设监理有限公司

续表 9

序号	工程名称	工程地址	建筑面积（万平方米）	工程总投资（万元）	开工日期	竣工日期	建设单位	设计单位	施工单位	监理单位
6	和悦园19号住宅楼	东坝乡	0.15	419.31	2016-7-10	2019-11-25	北京知泰房地产开发有限责任公司	北京市住宅建筑设计研究院有限公司	中建三局集团有限公司富利建设集团有限公司	北京双圆工程咨询监理有限公司
7	孙河乡西甸村HIJ地块2项工程	孙河乡西甸	0.39	1386.95	2014-12-23	2019-11-25	北京正德兴合房地产开发有限公司	华通设计顾问工程有限公司	中国建筑第八工程局有限公司	建研凯勃建设工程咨询有限公司
8	新燕都家园C区5项工程	霄云路	5.34	25229.74	2010-3-11	2019-12-12	北京新京润房地产有限公司	天津美新建筑设计有限公司	中国建筑第四工程局有限公司	广东珠江建设工程监理有限公司

二、办公用房

序号	工程名称	工程地址	建筑面积（万平方	工程总投资（万元）	开工日期	竣工日期	建设单位	设计单位	施工单位	监理单位
1	北京市第十七中学分校2项工程	百子湾家园404号	0.92	5284.97	2016-10-12	2018-12-3	北京市朝阳区教育国有资产管理中心	北京中帝恒成建筑设计有限公司	中城建第五工程局集团有限公司	北京中建协工程咨询有限公司
2	优士阁二期工程	双井路1号	1.4	4495.81	2013-3-1	2018-12-28	北京常业盛景房地产开发有限公司	中国建筑科学研究院有限公司	中国建筑第六工程局有限公司	北京兴电国际工程管理有限公司
3	教学综合楼等10项工程	松榆里14号	3.18	15194.82	2015-11-13	2018-12-28	北京市朝阳区教育国有资产管理中心	北京燕华建筑设计有限公司	北京城建亚泰建设集团有限公司	北京中外建工程管理有限公司
4	留学生宿舍等3项工程	花家地南街8号	0.43	1809.2	2016-10-28	2018-12-29	中央美术学院	北京市建筑设计研究院有限公司	北京城建道桥建设集团有限公司	北京国建工程监理公司
5	1号集体宿舍等6项工程	科学园南里802～803号	4.13	16229.18	2015-4-22	2019-1-9	中国科学院行政管理局	中科院建筑设计研究院有限公司	中国新兴建设开发有限责任公司	北京双圆工程咨询监理有限公司

续表 9

序号	工程名称	工程地址	建筑面积（万平方米）	工程总投资（万元）	开工日期	竣工日期	建设单位	设计单位	施工单位	监理单位
6	中国科学院动物研究所2项工程	大屯路甲3号	3.28	13467.48	2015-5-4	2019-3-20	中国科学院动物研究所	建设综合勘察研究设计院有限公司	中国新兴建设开发有限责任公司	北京中科国金工程管理咨询有限公司
7	公园管理用房等2项工程	常营乡	0.53	1670.2	2017-1-24	2019-4-16	北京市朝阳区园林绿化局	信息产业电子第十一设计研究院科技工程股份有限公司	中地长泰建设有限公司	北京思创建设监理有限责任公司
8	教学楼等2项工程	崔各庄乡崔各庄村	2.31	12835.11	2016-8-29	2019-4-26	北京东方瑞平房地产开发有限公司	北京中天元工程设计有限责任公司	北京高士达建筑工程有限责任公司	北京康迪建设监理咨询有限公司
9	医疗综合楼等5项工程	来广营乡	5.22	16126.44	2017-5-5	2019-5-22	北京方兴融创房地产开发有限公司	北京中外建建筑设计有限公司	中国建筑一局（集团）有限公司	北京中城建建设监理有限公司
10	太阳宫消防站工程	太阳宫二街南侧	0.35	1451.03	2017-1-2	2019-5-28	京市朝阳区公安消防支队	中铁华铁工程设计集团有限公司	北京房建建筑股份有限公司	北京集东建设工程监理有限责任公司
11	天坛家具厂消防站工程	育慧东路	0.4	1629.91	2016-11-8	2019-5-28	北京市朝阳区公安消防支队	中铁华铁工程设计集团有限公司	北京房建建筑股份有限公司	北京集东建设工程监理有限责任公司
12	科研楼等6项工程	酒仙桥路万红里	10.31	45969.1	2016-2-5	2019-7-9	北京电子城有限责任公司	北京构易建筑设计有限公司	北京市第三建筑工程有限公司	北京京龙工程项目管理有限公司
13	司法部干警与武警训练场工程	朝阳门南大街6号	0.16	1365.81	2019-6-20	2019-8-13	中华人民共和国司法部	北京市建筑设计研究院有限公司	北京城建深港建筑装饰工程有限公司	北京远东工程项目管理有限公司
14	清华大学光华路校区大楼工程	光华路北京商务中心区核心区Z1b地块	15	78863.2	2014-6-1	2019-11-11	清华大学	清华大学建筑设计研究院有限公司	中国建筑第二工程局有限公司	北京远达国际工程管理咨询有限公司
15	幼儿园工程	双桥街西巷6号	0.99	7905.64	2018-8-20	2019-11-13	乐成集团有限公司	中国建筑科学研究院有限公司	上海堡华建筑工程有限公司	中国中轻国际工程有限公司

续表 9

序号	工程名称	工程地址	建筑面积（万平方	工程总投资（万元）	开工日期	竣工日期	建设单位	设计单位	施工单位	监理单位
16	中关村科技园区电子城西区8项工程	望京西区E5地块	14.19	72003.73	2016-11-24	2019-12-27	北京中关村电子城建设有限公司	悉地（北京）国际建筑设计顾问有限公司	中国新兴建筑工程有限责任公司	北京方正建设工程管理有限公司

三、商用房屋

序号	工程名称	工程地址	建筑面积（万平方米）	工程总投资（万元）	开工日期	竣工日期	建设单位	设计单位	施工单位	监理单位
1	绿隔产业项目3项工程	大屯小营北路51号	5.6	20435.1	2013-1-9	2018-12-26	北京华汇房地产开发中心	中国建筑设计研究院有限公司	中城投集团第五工程局有限公司	北京时创工程项目管理有限责任公司
2	办公商业楼工程	北土城中路北侧OS-10B地块	7	59452.85	2017-5-26	2019-3-21	北京城奥置业有限公司	北京市建筑设计研究院有限公司	北京城建亚泰建设集团有限公司	北京兴电国际工程管理有限公司
3	北京商务中心区核心区Z13地块商业金融项目工程	光华路国贸桥东北角	4.25	127387.07	2014-6-6	2019-4-10	国寿远通置业有限公司	北京市建筑设计研究院有限公司	中建一局集团建设发展有限公司	北京双圆工程咨询监理有限公司
4	北京商务中心区核心区Z14地块商业金融项目工程	北京商务中心区核心区Z14地块	31.6	95228.66	2014-4-10	2019-6-18	正大侨商房地产开发有限公司	中国建筑科学研究院有限公司	中建三局集团有限公司	北京希地环球建设工程顾问有限公司

四、限价商品房

序号	工程名称	工程地址	建筑面积（万平方米）	工程总投资（万元）	开工日期	竣工日期	建设单位	设计单位	施工单位	监理单位
1	和悦园18项工程	东坝乡	16.71	37743.08	2016-7-10	2019-7-4	北京知泰房地产开发有限责任公司	北京市住宅建筑设计研究院有限公司	中建三局集团有限公司、富利建设集团有限公司	北京双圆工程咨询监理有限公司、北京津京建设工程监理有限公司

续表 9

五、定向安置房

序号	工程名称	工程地址	建筑面积（万平方米）	工程总投资（万元）	开工日期	竣工日期	建设单位	设计单位	施工单位	监理单位
1	东郊农场定向安置房19项工程	崔各庄村	34.7	129890.72	2016-3-17	2019-1-30	北京东方瑞平房地产开发有限公司	北京中天元设计有限责任公司	北京天恒建设工程有限公司 北京城建一建设发展有限公司 北京顺鑫天宇建筑工程有限公司 北京高士达建筑工程有限责任公司	北京康迪建设监理咨询有限公司 北京希地环球建设工程顾问有限公司
2	焦化厂棚户区改造安置房10项工程	化工路甲1号	17.29	81229.11	2014-5-10	2019-6-3	北京市保障性住房建设投资中心	北京中联环建文建筑设计有限公司	北京建工集团有限责任公司	北京蔷薇工程监理有限责任公司
3	翠城经济适用房3项工程	垡头	1.47	9682.69	2015-6-30	2019-8-23	北京住总房地产开发有限责任公司	北京市住宅建筑设计研究院有限公司	北京住总第一开发建设有限公司	北京旭日明工程管理有限公司
4	小红门乡肖村安置房项目12项工程	小红门乡肖村	9.9	29518.76	2016-8-12	2019-9-23	北京首开住总安泰置业有限公司	北京城市开发设计研究院有限公司	北京城建北方建设有限责任公司、北京住总集团有限责任公司	北京金海城工程建设监理公司
5	动感嘉园4项工程	来广营乡来广营村	4.94	14929.19	2017-6-19	2019-9-27	北京城建投资发展股份有限公司	华通设计顾问工程有限公司	北京城建六建设集团有限公司	北京华城建设监理有限责任公司
6	丽景嘉苑40项工程	黑庄户乡郎辛庄村	27.62	69437.56	2016-9-30	2019-12-17	北京住总房地产开发有限责任公司	北京市住宅建筑设计研究院有限公司	北京住总第三开发建设有限公司	北京光华建设监理有限公司
7	黄渠8项工程	平房乡黄渠村	3.48	6407.35	2012-11-1	2019-12-25	北京城建房地产开发有限公司	华通设计顾问工程有限公司	北京城建一建设发展有限公司、北京城建六建设集团有限公司	北京华城建设监理有限责任公司
8	豆各庄安置用房项目工程	豆各庄乡	8.65	30929.08	2017-1-17	2019-12-25	北京房地集团有限公司	北京首都工程建筑设计有限公司	北京房修一建筑工程有限公司	北京市顺金盛建设工程监理有限责任公司

宝嘉恒基础设施投资有限公司

【概况】 北京宝嘉恒基础设施投资有限公司（简称宝嘉恒公司）隶属于朝阳区国资委，企业性质为国有一人有限公司，注册资金119966万元。公司是朝阳区基础设施建设核心企业，主要负责区域内主次干路的拆迁建设任务，同时利用企业道路建设的优势和朝阳区加大功能区建设的发展趋势，对道路两侧的土地资源进行开发及建设。内设9部2室，包括前期计划部、拆迁一部、拆迁二部、工程部、项目管理部、财务部、审计部、预算部、开发经营部、党总支办公室、办公室。有在职职工61人，其中正处级干部3人、副处级干部4人、中层干部12人、职工42人。年内，宝嘉恒公司完成广顺二期、单店南路等主、次干路的部分拆迁工作。继续建设部分次支路。完成高杨树中街、高杨树西路、钢窗厂南街集体企业地上物拆迁。全年净利润872万元，上缴税金530万元。（郝　晶）

【道路拆迁与建设】 年内，宝嘉恒公司完成化工路剩余宅基地、集体企业及国有单位拆迁，来广营北路南段地上物拆迁，龙爪树路树木伐移，广顺二期、广顺北大街北延、香江北路、规划八路拆迁，孙河北路集体企业拆迁，幺家店路国有企业拆迁，单店南路集体企业拆除。完成单店南路、通惠灌渠西路、速滑馆南北路、广顺二期、香江北路等16条道路树木伐移。宝嘉恒公司负责建设的速滑馆南北路、康各庄东路、育慧北路、通惠灌渠西路、幺家店5、6号标等10条道路实现竣工通车。单店南路1号标、东坝中街、孙河组团一号路、温西路、孙河西路5条道路基本完工。大黄庄西路、广顺北大街二期、香江北路等9条道路部分完工。速滑馆南北路，幺家店路5、6号标，育慧北路，广顺北大街北延等8条道路交通工程完工。速滑馆北路、幺家店路5号标、孙河组团一号路等7条道路绿化工程完工。速滑馆南北路，康各庄东路，幺家店路5、6号标，育慧北路等12条路的路灯工程完工。速滑馆北路，单店南路1、2标，广顺二期，广顺北大街北延等12条道路电力改移工程完工。速滑馆北路、孙河北路、东坝中街等12条道路通信改移工程完工。（郝　晶）

【道路前期手续办理】 年内，宝嘉恒公司完成孙河北路、电子城西区北扩规划一路等14条道路33项道路、照明、绿化和交通工程的招标。取得长营南路、双桥东路等45条道路的86项规划手续和规划成果，建材制品总厂南街、广顺北大街北延等9条道路共6项立项批复。（郝　晶）

【架空线入地】 年内，宝嘉恒公司完成雅宝路架空线入地施工。完成亮马桥地区、北京会议中心地区架空线入地施工招投标。（郝　晶）

昆泰房地产开发集团有限公司

【概况】 北京昆泰房地产开发集团有限公司（简称昆泰集团）成立于1992年，注册资金3亿元，是朝阳区国资委监管的国有独资公司。昆泰集团开发建设朝外市级商业中心、大望京国际科技商务区等项目，是涉及地产开发、酒店管理、写字楼及商业运营、文化产业等领域的综合性集团公司。内设12个部门，有在岗人员136人，有全资子公司15家、参股公司2家、分公司6家、参股基金2支、开发项目和自持物业20余个。6月20日，昆泰集团启动合并重组朝阳宾馆、朝阳剧场、紫光影城、劲松影院工作。截至12月，昆泰集团资产总额366.52亿元，实现营业收入15.36亿元，利润总额2.6亿元，上缴税金7.93亿元，国有资本收益3746万元、利润3935万元。年内，昆泰嘉瑞中心获中国建设工程“鲁班奖”，昆泰集团工程管理部获“北京市工人先锋号”称号。北京昆泰酒店获CHINA DAILY“我心之选”酒店大赏——最佳城市商务酒店奖项，被全国旅游星级饭店评定委员会授予“金树叶级绿色旅游饭店”荣誉称号。北京昆泰酒店连续第七年成为全国政协会议接待驻地，国庆期间接待650余名国庆观礼嘉宾。（李雅娟）

【温榆河公园一期起步区工程】 1月18日，温榆河公园一期起步区工程开工。起步区总面积约2平方千米，北至清河滨河路、南至黄港南路、西至清河滨河路、东至京承高速，由区属国有企业昆泰集团子公司北京温榆河公园建设管理有限公司开发建设。工程以人与自然、人与水禽和谐共处、文化设计、绿色建筑、保护—利用—提高相结合等为理念，建设恬静、适宜、自然的环境。截至年底，土方工程基本完成；栽植乔灌木10.9万株，种植地被28万平方米；道路工程路基施工完成95%，面层铺装完成4.8万平方米；配套建筑主体结构基本完成。（李雅娟）

【星巴克咖啡落户昆泰酒店】 9月5日，昆泰酒店在酒店大堂吧安装星巴克咖啡机，是中国首家引进星巴克咖啡服务的商务酒店。（李雅娟）

【国有企业混改完成】 10月29日，昆泰集团下属的朗昆文化公司作为北京市第一批试点单位，完成国有企业混合所有制改革及员工持股相关工作。（李雅娟）

【孙河乡拆迁安置项目】 12月，孙河乡拆迁安置项目处于地上主体结构4～7层施工阶段。2018年12月8日，昆泰集团承接此项目。项目总建筑面积115万平方米，总占地面积29.7万平方米，包括85栋住宅及12栋配套公服楼。（李雅娟）

华阳经济开发公司

【概况】 北京华阳经济开发公司（简称华阳公司）是区政府投资的国有企业。职能为扶持朝阳区集体经济发展和新技术开发，会同其他省市的兄弟公司开展经济联合，对外根据国务院和北京市相关部门的规定开展活动。华阳公司有职工15人，内设办公室、经营部、财务部，下属企业有华阳安派能源科技（北京）有限公司和北京市朝阳华阳饭店服务公司。有两家参股企业，分别是北京京广中心有限公司和北京华阳房地产发展有限责任公司。12月31日，华阳公司资产总额1.45亿元，比上年增加0.69%，净资产9721.39万元，比上年增长1.91%。年内，华阳公司实现收入1670.24万元，实

现扣除所得税的净利润466.86万元，上缴税169.45万元。华阳安派公司完成温泉镇热计量项目。（杨　静）

【国企改革启动】 12月9日，华阳公司收到区人民政府国有资产监督管理委员会关于公司制改制的批复，启动国企改革。（杨　静）

【智能空气净化系统安装】 年内，华阳公司完成京广中心商务楼的中央空调净化器改造项目，安装其代理的北京六合泰科技有限公司SMARTSYSTEM智能空气净化系统。（杨　静）

朝阳城市建设综合开发公司

【概况】 北京市朝阳城市建设综合开发公司（简称朝开公司）是朝阳区属国有房地产开发企业，内设12个职能部门及11个项目部或参照项目部模式管理的子公司。朝开公司有在职职工43人，其中专业技术人员24人。9月，朝开公司成为北京市朝阳万科房地产开发有限公司国有股东。11月，朝开公司对北京市朝阳区建筑工程公司（简称朝建公司）实施全面托管，调整党组织设置，对朝建公司参照二级公司管理。年内，朝开公司资产总额205.6亿元，净资产6.34亿元，实现营业收入3.12亿元，利润总额6500万元，上缴税金2850万元。朝开公司承担崔各庄乡奶西村城乡接合部环境整治项目、酒仙桥旧城区改建项目、甜水园旧城区改建项目、中国社科院东坝职工住宅代建项目、广华新城小区配套学校代建项目、朝阳区档案馆新馆代建项目、南新园环保搬迁项目及北工大老旧小区综合整治工程及豆各庄、七棵树、驹子房保障房项目等建设任务。朝建公司资产总额29986.74万元，企业净资产-1794.85万元。营业总收入4372.56万元，其他业务收入84.28万元，利润总额累计亏损1993.30万元。实际纳税额203.36万元。（耿　宁）

【广华新城小区配套学校项目】 8月，项目的小学低年级部竣工交用。项目位于大郊亭4号广华新城小区，占地约5.2公顷，建筑面积约9.7万平方米，办学规模为72班十二年一贯制学校，为北京市重大项目。（耿　宁）

【区档案馆新馆项目】 10月，项目开工，总工期913天。项目位于南磨房路与松榆北路交叉处西北角，占地面积约1.3万平方米，总建筑面积约4万平方米，总投资约2.7亿元，为北京市重大项目。（耿　宁）

【南新园环保搬迁项目】 年内，项目完成居民搬迁295户。该项目为北京市首例环保搬迁类民生项目，签订房屋收购协议309份。（耿　宁）

【奶西村城乡接合部环境整治项目】 年内，项目完成住宅腾退，非住宅腾退完成27.66万平方米。该项目由朝开公司下属北京永辉鸿景房地产开发有限公司实施建设，包括房屋拆迁腾退、市政建设、外迁安置及经营性用地上市等，占地面积约233公顷，规划用地面积约47公顷，总投资约141亿元。（耿　宁）

【中国社会科学院东坝职工住宅项目】 年内，项目实现住宅楼主体结构封顶，并通过结构长城杯验收，获“北京市安全绿色文明工地”称号。项目位于朝阳区东坝中心地区，占地面积10.3万平方米，总建筑面积21.9万平方米，总投资约8.9亿元。（耿　宁）

【保障房配套及市政建设】 年内，驹子房项目一期A区小学竣工交用；豆各庄桥竣工通车；驹子房污水管线接驳及七棵树周边大市政照明工程完成。（耿　宁）

田华建筑集团公司

【概况】 田华建筑集团公司（简称田华集团）是国家壹级资质建筑施工企业，履行对朝阳区农口建筑业管理、服务的协调职能。田华集团内设工程技术部、质量标准化办公室、安全部、经营部、财务部、培训部、宣传部、行政人事办公室、法务部、总务部、党办，有在职人员60人。年内，田华集团实现产值24亿元，开复工面积262万平方米。组织创优专项培训，加强监督检查，现场责令整改隐患和问题，各阶段施工质量达到预期目标。通过ISO9002国际质量体系认证、ISO14001国际环境体系认证和ISO18001职业健康安全体系认证年度外审。（吴　国）

【经适房项目获“詹天佑奖”金奖】 年内，田华集团四分公司施工的东坝驹东经济适用房C地块项目获“2019中国土木工程詹天佑奖优秀住宅小区金奖”，这是集团获得的第二个国优级别的奖项。（吴　国）

【国庆保障】 年内，田华集团开展联合专项检查，查处安全隐患和治理扬尘。应对大气污染橙色预警，停止室外建筑工地喷涂粉刷、切割土石方等作业，并安排专人对施工工地道路洒水降尘，覆盖裸露地面、物料堆放等场所。国庆活动期间，施工现场质量、安全、环境达标。（吴　国）

房屋管理

【概况】 朝阳区房屋管理局（简称区房管局）挂朝阳区住房保障办公室、朝阳区政府房屋征收办公室牌子，是负责全区房屋管理、住房保障和住房制度改革及房屋征收拆迁管理工作的区政府管理机构。区房管局内设13个行政科室，下设3个工资规范管理单位、10个全额拨款事业单位、8个差额拨款事业单位、4个自收自支事业单位及1个企业单位。有职工645人，其中公务员51人、全额拨款事业编155人（含纳规）、差额拨款事业编294人、自收自支事业编139人、企业人员6人。年内，区房管局与区发改委牵头，初步建立各类保障性住房与人才服务需求对接机制，保障区委组织部认定的高端人才及区发改委认定的7类企业、部分行业规模以上企业的无房人才。区房管局办理房屋征收项目13个，其中京沈客专星火枢纽站项目签约比例100%，北京东站货场铁路职工住房项目签约比例90%。朝阳区百子湾、焦化厂公共租赁住房项目7768套房源完成摇号。朝阳区完成公共租赁住房人脸识别信息系统项目，安装保障房管理平台服务器17套、人脸数字网络型主机68套、人脸采集器17套。完成国有土地居民楼违法群租房治理2120户，疏解人口5875人供暖中心实收供暖费12584.39万元。区房管局排查全区7200余家中介机构，将涉嫌存在“涉黑涉恶”“软暴力”行为的35家公司及4条线索上报市住建委、区扫黑办等部门，处理市住建委“漠视侵害群众利益”投诉64件。测评全区280个物业项目，选出35个5A级和4A级品牌物业。成立区“市民热线”物业管理投诉处理专班。区房管局完成普通地下室清理整治挂账任务13处，办理普通地下室登记备案360件。（姚　颖）

【公共租赁住房房源收购】 1月4日，朝阳区完成收购将台乡亮马住宅小区K地块项目370套房源，收购价格10550万元。6月10日，朝阳区完成收购东坝福园剩余508套经济适用房，收购价格22717.07万元。以上收购后的房源成为朝阳区公共租赁住房房源。（姚　颖　陈　超）

【存量房网签管理】 2月28日，北京市住建委发布公告表示，自即日起，企业之间存量非住宅房屋买卖，双方可持自行签订的买卖合同及相关材料，直接通过各区综合服务窗口申请仓库、商业及办公等非住宅用途房屋缴税及转移登记。4月16日起，房屋交易中心与朝阳区税务部门、不动产登记部门联合，在朝阳区不动产登记中心来广营大厅增设“三联办”和“绿色通道”综合服务窗口，为企业和群众提供网签、缴税及过户“一窗办理”。9月1日起，自行成交的存量房购房资格复核申请、购房资格复核实行全城通办，购房人可至任一区交易服务窗口提交材料申请办理。10月8日起，房屋交易中心在石佛营大厅增设信息查询窗口，可为房屋交易当事人及公检法办案人员提供房屋交易信息查询。11月28日，区房管局同区发改委、规自委朝阳分局、区税务局、区文化旅游局联合制定《关于已分割销售的产业项目买受人审核有关问题的通知》，明确已分割销售且已办理房屋所有权登记的酒店、文化娱乐、工业类项目再次上市交易的，可出售给企事业单位、社会组织或个人。其中个人购买的，应符合北京市《关于进一步加强商业、办公类项目管理的公告》的条件。（姚　颖　国　佳）

【房屋供暖】 3月15日，2018—2019年采暖季供暖工作24时停暖，历时129天。冬供燃气消耗3061.1万立方米，燃气费8326.2万元，总耗水8.5万吨，水费81.36万元，总耗电1202.93万度，电费901.38万元。全冬总耗能（水电气）9308.94万元。（姚　颖　唐　静）

【公共租赁住房配租】 4月15日，朝阳区发布《关于对朝阳区具有保障房资格的城镇低保、低收入、生育困难家庭进行专项配租的公告》，向全区低保、低收入、生育困难家庭开展专项配租。此次配租为北京市保障性住房建设投资中心持有运营的管庄北二里、瑞湾家园、怡景园、燕保·马泉营家园、燕保·汇鸿家园、燕保·双桥家园6个公共租赁住房项目的历次选房剩余房源688套。4月29日，全区有2116户家庭进行网络意向登记，其中481户家庭完成线下确认，313户家庭办理入住手续。年内，朝阳区统筹571套（420间）公共租赁住房作为人才租赁住房，用于缓解区法院、公安朝阳分局、区纪委住房困难。其中，区法院分配房源300套，公安朝阳分局分配房源250套，区纪委分配房源21套。（姚　颖　陈　超）

【房屋征收管理】 6月5日，区政府作出北京东站货场铁路职工住房项目征收决定。6月9日，启动签约工作，164户完成签约，向未签约的5户作出补偿决定书并送达。6月6日，区政府作出关于同意甜水园旧城区改建项目住宅房屋征收补偿方案的批复，12月16日启动预签约工作。11月15日至12月14日，地铁三号线东坝车辆段建设项目房屋征收补偿方案征求意见工作启动。12月31日，京沈客专星火枢纽站项目完成征收，征收现场移交建设单位。（姚　颖　王男男　侯立明）

【保障房轮候家庭住房快速配租】 10月10日，朝阳区发布《关于朝阳区燕保·汇鸿家园等6个公共租赁住房项目剩余房源开展“快速配租”的公告》，解决全区保障房轮候家庭住房困难。配租房源571套，为市投资中心持有运营的管庄北二里、瑞湾家园、怡景园、燕保·马泉营家园、燕保·汇鸿家园、燕保·双桥家园的剩余房源。10月23日，全区4001户家庭进行网络意向登记，发放选房通知单1058户。（姚　颖　陈　超）

【共有产权住房项目】 12月11日，朝阳区梧桐湾嘉苑、城志畅悦园5号楼共有产权住房项目申购启动。其中，梧桐湾嘉苑项目房源866套，销售均价36000元/平方米；城志畅悦园5号项目房源180套，销售均价29000元/平方米。12月26日申购结束，25736户家庭网上申购，其中12439户家庭申请梧桐湾嘉苑项目、13297户家庭申请城志畅悦园5号项目。年内，城志畅悦园（1–4号楼）、锦安家园共有产权住房项目的2852套房源售罄。（姚　颖　廖石磊　陈　超）

【保障性住房补贴发放】 年内，全区取得公共租赁住房租金补贴备案资格家庭670户，完成公共租赁住房租金补贴发放46480户次6406.59万元。完成市场租房补贴发放14716户次1806.64万元。完成廉租补贴发放63户次54426元。

（姚　颖　廖石磊　陈　超　陈文亮）

【保障性住房资格复核】 年内，全区取得保障性住房备案资格家庭3340户，完成租金补贴、公共租赁住房选房入住家庭等各类资格复核62批次2.3万余户。（姚　颖　廖石磊）

【征收补偿决定诉讼完成】 年内，针对朝阳区在施永安里旧城区改建项目、分钟寺桥西北侧回迁安置房项目、小关北里公交场站项目、亮马J地块棚户区改造和环境整治项目等作出并送达补偿决定书38份，配合法院强制执行17份，应诉答辩行政复议诉讼案件69件，无败诉。（姚　颖　王男男　侯立明）

【违法群租房治理】 年内，区房管局成立群租房整治工作组，走访街乡70余次，开展违法群租房联合执法20余次。完成国有土地居民楼违法群租房治理2775户，涉及租赁人1万余人。（姚　颖　高　博）

【房地产经纪机构监管】 年内，区房管局巡查经纪机构4800余次，约谈告诫违规机构71家，责令整改127家，暂停网签23家，公示曝光120家。（姚 颖 高 博）

【物业管理协会成立】 年内，朝阳区成立区级物业管理协会，并成立协会党委。在全区各街乡党委领导下，成立物业联盟，协助协会制定《北京市朝阳区物业管理协会议事规则》《北京市朝阳区物业管理协会自律准则》《北京市朝阳区物业管理协会会员公约》等。（姚 颖 杨 桅 赵 頔）

【物业基础服务标准制定】 年内，区房管局调研区内103个实施物业管理项目的房改房、老旧小区，征求区物业管理协会意见建议200余条，形成适用于房改房和老旧小区住宅项目的《朝阳区住宅项目物业服务基础标准（试行）》。该标准包含7大项51小项，主要规范实施物业管理的房改房小区综合服务、绿化养护、环境卫生、秩序维护、装饰装修管理、房屋管理、设施设备维修养护等。行业主管部门和属地街乡可根据该标准对以上项目测评。（姚 颖 杨 桅 赵 頔）

【城镇房屋防汛】 年内，区房管局完成15个物业项目68栋楼的屋面防水、4个物业项目的排水管线应急维修资金支取审核及5间平房挑修、6幢楼房屋面大修。组织7次防汛演练。处理来电反映的房屋漏雨问题27次。（姚 颖 韩 娜）

【城镇房屋安全检查】 年内，区房管局检查房屋建筑14191.38万平方米，其中完好房11955.51万平方米、基本完好房2067.15万平方米、一般破损房149.17万平方、严重破损房19.55万平方米；检查电梯23489部、二次供水水泵10226台、避雷设备43142个。（姚 颖 韩 娜）

【房改售房】 年内，区房管局核准受理房改单位200家，办理房改售房3505套22.53万平方米。（姚 颖 阴世红）

【房产测绘】 年内，区房管局完成商品房实测项目23个83万平方米，完成商品房预测项目14个113万平方米，完成大产权房实测项目16个42万平方米。（姚 颖 张 兴）

【房屋交易】 年内，朝阳区全区完成购房资格核验业务65341件，存量房网签业务39931件，存量房网签合同注销业务2071件。其中，房屋交易中心完成全区购房资格核验业务办理4066件，购房资格核验复核329件，存量房网签业务5360件，存量房网签合同注销业务1667件，一手房合同注销业务342件，信息变更业务911件，在建工程抵押确认业务23件，预查封业务323件，房屋交易信息查询业务102件，住房租赁备案业务577件。（姚 颖 国 佳）

【房产实测绘成果审核】 年内，朝阳区完成房产实测绘成果审核业务203件，涉及楼栋783个、建筑面积1000万平方米。（姚 颖 董 薇）

【直管公房管理】 年内，市场租审批173件，三类租别签订租赁合同241处，实现房屋管理电子化、系统化。对全局直管公房的灭失房屋，报送不动产登记大厅灭失注销材料605份，完成产权证注销397件。全局售房983件，出证111件，发证111件。收回房屋8处213.5平方米。区房管局区属国有资产92处整改房屋，完成整改验收27处。完成26幢34792.29平方米楼房防水，2幢9375.1平方米上下水更新，25幢1630平方米楼房屋面补漏。完成房屋、设备养护维修55595户次。挑修52间2856.86平方米，综合维修48间952.94平方米。完成电梯更新18部。（姚 颖 张榕芳）

【房屋行政执法】 年内，完成各类房屋行政执法检查718次，出动人员2059人次，接听接待来电来访62起。下发责令改正通知书437份，立案453起，处罚209起，不予处罚235起，撤销立案25起，罚款473.72万元，结案294起。（姚 颖 顾旭亮）

【房屋鉴定】 年内，区房管局组织房屋鉴定221万平方米。其中，工程检测项目32项33万平方米，公共维修基金鉴定项目90项188万平方米，电梯检测1614部。（姚 颖 孙 东）

【行政复议诉讼】 年内，区房管局收办行政复议、诉讼案件199件（复议案件20件、诉讼案件179件）集中在公房租赁、房屋征收、履行法定职责及合同纠纷（民事），其余为行政赔偿、政府信息公开及房屋拆迁等。其中，公房租赁类案件19件、拆迁类案件8件、房屋征收案件64件、政府信息公开类案件5件（均涉及房屋拆迁类）、住房保障类案件6件、要求履行法定职责41件、合同纠纷（民事）36件、损害赔偿（民事）15件、排除妨害纠纷（民事）2件、劳动仲裁3件，上述案件全部由法律顾问单位负责代理应诉，没有出现超期答辩、无故缺席庭审等情况。（姚 颖 殷 楠）

公用事业

供电

【概况】 国网北京市电力公司朝阳供电公司（简称朝阳公司）是北京市电力公司（简称北京公司）直属供电企业，负责朝阳地区范围内的电网规划建设、运行管理、电力销售和165.8万客户的供电服务，负责为约占全市三分之二的星级饭店、外交驻华使馆区、奥运中心区、中央商务区、大型商业区、工业、农业、涉外企业、居民生活及重大政治活动和城市运行供电。负责输电通道156条，总长426千米；10千伏线路1760条，总长9210.76千米；10千伏配电站室3377座（开闭站267座、配电室2014座、箱变1096座），配电变压器11470台、总容量6326兆伏安。朝阳公司设9个职能部门、3个业务支撑机构、4个供电服务中心、4个全能型供电所。年内，朝阳公司实现安全生产无事故，累计安全生产长周期3960天。完成售电量187.75亿千瓦时，比上年增长0.41%；综合线损率完成5.65%，比上年降0.72%，为近10年最低值。电费回收率99.989%，城市供电可靠率99.993%，综合电压合格率99.999%。10千伏分线、分台区合格率分别为92.39%、88.04%。初步建立物资仓储管理体系。完成《工程物资合规管理专项课题成果》。编制《泛在电力物联网建设方案》。受托管理集体企业完成6405项工程。申报市政工程总承包三级资质，完成承装（修、试）电力设施许可证续期。累计代维用户1378户，代维新签率91.24%，续签率比上年提高5.02%，签订合同金额比上年增长132.36%。完成251户客户的智能代维，综合能源数据平台接入客户206户。推进“三供一业”（供水、供电、供热，物业管理）移交改造，完成全部84个项目的协议签订及2万户的户表更换。（朱锦标）

【电网规划与建设】 年内，朝阳公司完成朝阳电网规划优化方案编制，推动1座500千伏、14座220千伏、62座110千伏变电站纳入分区规划。推动北京商务中心区500千伏输变电工程建设，变电站建设方案取得市政府批复，完成变电站环评稳评公示公参，取得市城管委稳评登记意见。郎家园站和北京商务中心区移动站等项目获政府补贴2.3亿元。国会、焦化厂等5项110千伏工程取得立项核准。在建110千伏工程7项，投产5项。其中，北京商务中心区郎家园变电站投产，同时投运一座国内容量最大、电压等级最高的车载移动式变电站；冬奥会配套的速滑、奥体2项工程投产；常营扩建工程扩容，解决常营区域长期重过载问题。政府全额投资的架空线入地工程进入建设周期，完成“两区一路”（雅宝路地区、三里屯地区、广渠路沿线）11条道路7.7千米入地任务，储备5个区域“多规合一”（将国民经济和社会发展规划、城乡规划、土地利用规划、生态环境保护规划等多个规划融合到一个区域上）试点工程。（朱锦标）

【营销与服务】 年内，朝阳公司低压报装“三零”（零上门、零审批、零投资）服务6210户，平均接电时间5.13天。采用高压报装“1+2”（1个客户经理，方案前期验收送电2个工作组）服务模式，完成温榆河公园等“三省”（省力、省时、省钱）服务项目19项，平均接电时长16天。完成接电容量141.18万千伏安，比上年增长19.21%。完成“新八区”（4个供电服务中心、4个全能型供电所）北京商务中心区、双桥等5个新建营业厅建设。组建优质服务管控组，建立工单分析、服务监督、信息收集管控机制，受理“95598”工单10万件、“12345”热线转派工单4647件、投诉168件，分别比上年下降11.08%、5.76%、64.1%。社区经理网格化服务逐渐完善，收集47万客户信息，社区经理公示信息在社区及街乡覆盖率91.53%。完成国家速滑馆、国家游泳中心《冬奥一体化合作协议》签订。购电下发平均时长由年初的6.41分钟降至3分钟以内，完成HPLC（高速电力载波）覆盖32.7万户。完成白家庄等4个老旧小区改造及送电工作，止损电费128.36万元。完成4个公交外电源项目、3个有序充电试点小区的工程建设。朝阳公司与北京环境交易所签署战略合作协议，探索能源服务新模式，推进综合能源服务，为客户低碳绿色发展需求提供资源共享平台。完成储能、冰蓄冷、光伏、空气源热泵试点项目数据接入，与国寿、垂杨柳医院等12个综合能源项目确定合作意向。（朱锦标）

【安全生产】 年内，朝阳公司完成“一带一路”峰会等五项特级供电保障任务。完成保电任务67项、保电天数217天。实现3400个作业现场安全巡检、视频监控全覆盖。开展两次“百日安全”活动，委托第三方督查消防，排查并整改隐患952项。编制“一岗一案”120项，通过应急保障多媒体系统实现指挥部对处置现场的“零距离”指挥调度。搭建电力监控系统网络安全平台，实现自动化主站运行实时监控。创新绩效考核积分制及“一线一案”管理，实现输电通道运维保障管理常态化。实现配网整线故障减少62.9%，异常台区减少57.3%，重载设备减少31%，带电作业率提高至65.2%，供电可靠率提高至99.993%，自动化终端在线率提高至95.2%。（朱锦标）

供　水

【概况】 朝阳区水务局水资源管理科（水文科），负责组织实施取水许可（含矿泉水和地热水）等制度。负责全区水资源的统筹调度、配置与管理工作。编制水资源保护规划和水资源调配年度计划并组织实施，指导饮用水水源保护有关工作。承担全区再生水利用行业管理工作、地下水开发利用和地下水资源保护工作。组织机井管理工作，实施用途管制。承担全区供水行业管理工作。年内，朝阳区开展机井查表摸底并形成管理图表账，再生水利用量1.94亿立方米，协助推进水资源税征收试点工作。（王　欣）

【地下水管理】 年内，朝阳区未许可凿井，完成54眼机井封填工程。推进农村饮水安全管理责任体系建设。委托第三方公司进行社会化专业管理，辅助乡村做好农村生活井消毒设备的日常维护。（王　欣）

【供水管网改造】 年内，全区完成183个单位（小区）自备井置换和老旧小区内部供水管网改造，改善27.5万人的用水品质。（王　欣）

邮政通信

【概况】 中国邮政集团公司北京市朝阳区分公司（简称区分公司）承担朝阳地区的普通邮政业务和邮政速递物流的经营、服务及相关设施、网络规划、建设、运行管理工作任务及邮政金融代理业务。主要经营函件、包裹、特快专递，报刊，集邮，邮送广告，邮政电子商务，邮政储蓄，代理保险，邮政汇款、代销基金、债券、代收（水、电、燃气）、代发（养老金、工资）等业务。区分公司内设市场部和监督检查与安全保障部、快递包裹部、速递部、运营管理部等，下设商函局、邮票公司、发投分局、电商分销局、代理金融局5个专业局（公司），下辖15个邮政支局、129个营业网点（金融网点54个、18个投递网点）、32个寄递事业部营业部、16个主题邮局。有从业人员3759人，邮运机动车279辆、电动车1642辆，普邮投递道段484条，快包投递道段990条。年内，区分公司运营成本完成5927万元，比上年减少354万元，降幅5.64%。实现业务收入6.66亿元。其中，金融板块完成2.16亿元，比上年增收1562万元，增幅7.78%；寄递板块完成1.95亿元；邮务板块完成2.55亿元。营销收入5201.3万元，新业务总收入1555万元。职工收入比上年增幅8.9%，其中一线职工收入增幅9.37%，高于管理人员收入增幅6.72个百分点。完成北京市“两会”、全国“两会”、巡视专用信箱、第二届“一带一路”国际合作高峰论坛和亚洲文明对话大会等会议和活动期间邮政服务保障任务。落实服务安全保障措施和普遍服务标准，监控普遍服务业务办理情况，执行邮件验视、实名收寄、“扫黄打非”等要求。“双11”和“双12”期间投递快包400万件，比上年增长40%。推进邮乐小店、I LOVE邮、北京邮政公众号在村邮站的推广及布放。区分公司获北京市“2019年度交通安全成绩突出单位”。（管　军）

【邮政网点微整治完成】 11月，区分公司启动整治邮政各个网点的营业厅内外部环境、台席定置定位、职工服务形象及办公场所。截至12月，129个网点完成微整治，其中酒仙桥和三源里支局为全市标杆支局。（管　军）

【未通邮小区普服邮件直投完成】 12月27日，区分公司完成全区未通邮小区的普遍服务邮件直投工作，辖区内1333栋楼房通邮，涉及103个居民小区，18.92万户居民受益。（管　军）

【绿色邮政】 年内，营业网点全部使用新型绿色包装箱，电子面单使用率100%。投入12辆新能源电动车用于邮件绿色运输，投入924辆电动三轮车用于邮件投递。继续在邮政网点开展35类小型电子废弃物回收服务。（管　军）

【志愿服务体系形成】 年内，区分公司以酒仙桥、呼家楼、慈云寺和三源里支局为试点，向全区支局推广垡头支局的志愿服务内容，制发涉及邮政、投递两个对外服务窗口的服务质量提升方案，推出“五个一贴心管理法”（每日班前一句温馨提示的话语、每日班中一项亲情暖心的服务、每周研讨一次先进方法的创新、每月组织一轮业务练功的比拼、每季进行一回心灵减压的活动）、“五五服务工作法”（厅堂环境好、用户体验好、服务形式好、员工素质好、百姓评价好，打造优秀服务品牌、争当优秀服务员工、建设优秀服务队伍、创新优秀服务项目、维护优秀服务形象），形成全区支局的志愿服务工作体系。（管　军）

【国际局整建制划转完成】 年内，根据《关于整合国际局与朝阳区分公司职责的通知》，将北京国际邮电局职责与朝阳区分公司职责整合，区分公司承担其所有的管理职责。双方完成职能部室的对接，支局、跨境电商中心的管理，干部职工的接收并开展优化工作，优选16人到一线重点岗位。（管　军）

【网点资源整合完成】 年内，区分公司开展揽投网点融合整合，拆分、合并后有51个生产机构，其中纯普邮机构17个、快包＋标快机构32个、普邮＋快包＋标快机构2个。（管　军）

【主题邮局组建4个】 年内，区分公司组建朱炳仁艺术主题邮局、祖国万岁主题邮局、精准扶贫美丽西乡主题邮局、京都邮酒主题邮局。（管　军）

【邮寄器官捐献志愿者登记实体卡】 年内，区分公司通过“施予受”专有EMS信封邮寄首批器官捐献志愿者登记实体卡。区分公司被中国器官移植发展基金会授予“宣传协作单位”荣誉称号。（管　军）

【网点建设】 年内，区分公司完成楼梓庄邮政所等22个网点的迁址、撤销、开业及营业时间调整等工作。（管　军）

城乡管理

北京朝阳年鉴
Beijing Chaoyang Yearbook
2020

城市综合管理

【概况】 北京市朝阳区城市管理委员会（简称区城市管理委）（加挂北京市朝阳区城乡环境建设管理委员会办公室牌子）是负责朝阳区城乡环境建设、城市管理的综合协调、市政公用事业、市容环境卫生、能源日常运行、拆违控违等管理的区政府工作部门。3月25日机构调整，不再加挂北京市朝阳区交通委员会牌子；规范简称，由区城管委（区环境办）调整为区城市管理委（区环境建设办）；人员编制125人，其中行政编制70人、机关工勤编制4人、事业编制51人；内设机构16个；下设事业单位3个，分别为朝阳区市政基础设施协调中心、朝阳区渣土管理站和朝阳区控违拆违督察队。年内，启动重点区域50条道路公共服务设施景观化提升工程，完成101条道路公共服务设施二维码管理。实现垃圾分类示范片区覆盖率100%。拆除违法建设660万平方米，达到“场清地净”标准建筑面积587.5万平方米。麦子店、三里屯、团结湖、小关、亚运村、奥运村、大屯、六里屯、双井9个街道试点开展“一把扫帚扫到底”环卫作业模式改革。完成2018—2019供暖季2.12亿平方米供暖保障工作。（武　兴）

【年度供暖保障】 3月15日，区城管委完成2018—2019年供暖季2.12亿平方米供暖保障工作，供暖量约占全市供暖总面积25%。供暖季处理居民供暖咨询、投诉1.9万余件，处理供暖应急突发事件102起，排查解决各类供暖矛盾、隐患98个。（武　兴）

【餐厨垃圾规范收运】 7月，区城市管理委印发《朝阳区2019年餐厨垃圾规范管理工作实施方案》及《朝阳区2019年街乡餐厨垃圾联合执法工作指导意见》，全区150余个党政机关单位、70余所医疗单位、240余所学校、9800余家餐饮单位实现餐厨垃圾规范收运，确保餐厨垃圾日产日清。全年分出厨余垃圾近4.24万吨（日均116吨）、规范收运餐厨垃圾12.59万余吨（日均344.5吨）。（武　兴）

【存量建筑垃圾消纳】 7月，市级挂账88处点位、1917.92万吨建筑垃圾通过资源化利用、堆土造景等方式，全部有效处置完毕。（武　兴）

【大件垃圾处理】 8月，区城市管理委出台《朝阳区规范大件垃圾管理暂行办法》，明确大件垃圾管理主体、管理标准、处理工艺和管理部门责任。劲松百环家园社区设置样式统一大件垃圾堆放点位围挡357处。区环卫中心成立专业运输队伍，使用自主研发集装箱式运输车辆，统一标识，根据街乡需求提供上门收运服务至终端处置设施。各街乡保洁队也可将辖区内的大件垃圾自行运送至属地大件垃圾处置点。2018年12月区环卫中心在金盏乡建大件垃圾处置生产线，占地17亩，2019年4月投入使用，设计日处置产能50吨，截至年底，处置量约3300吨，实际日处理量约18吨。劲松、将台、崔各庄等街乡设集装箱式大件垃圾就地处理设施，实现大件垃圾就地处置。（武　兴）

【农村地区垃圾中转站建设】 11月，区城市管理委完成12个乡16座垃圾中转站建设，移交区环卫中心运行管理。中转站建设体现压缩、密闭、称重、环保等管理原则，各项技术参数符合或优于行业标准，解决了农村地区垃圾中转站垃圾暴露、环境脏乱问题。（武　兴）

【燃气安全检查】 年内，区城市管理委对区内市燃气经营许可的供应企业及燃气燃烧器具维修企业开展安全监管。全年进行燃气企业安全执法检查83次，聘请第三方专业机构北京启迪智信注册安全工程师事务所有限责任公司和北京国石安康科技有限公司检查燃气点位38处，协调市燃气集团处置燃气管线泄漏、设施设备安全等应急事件50余起，确保朝阳区燃气运行安全稳定。（武　兴）

【电网安全运行】 年内，区城市管理委督促朝阳供电公司完成三里屯街道金陵公司宿舍等3个老旧居民小区、小红门地区恋日绿岛等4个小区配电网改造，完成三里屯街道白家庄西里、平房地区雅成里2个老旧小区电力消隐项目。督促供电公司落实零上门、零审批、零投资“三零”服务政策，压缩高压用电办理时限，优化营商环境。（武　兴）

【牌匾标识规范】 年内，区城市管理委完成春秀路、南三里屯、管庄路牌匾标识精品街建设，规范提升来广营、南磨房区域15条道路牌匾标识。（武　兴）

【公共服务设施景观化提升】 年内，区城市管理委启动重点区域50条道路公共服务设施景观化提升工作，对城市道路两侧的箱体、杆体进行贴膜美化，提升区域整体环境，同时完成101条道路公共服务设施推广二维码管理，五环内公共服务设施二维码覆盖达50%。（武　兴）

【架空线专项整治】 年内，区城市管理委完成雅宝路地区、三里屯地区11条道路电力架空线和45条道路通信架空线入地工作。试点电力、路灯、电车和通信“四线合一”小型地下管廊建设，探索“视觉净空”新路径。（武　兴）

【垃圾分类示范片区全覆盖】 年内，朝阳区43个街乡实现垃圾分类示范片区100%覆盖，涉及居民149万户、约388万人，社会单位约3600个。（武　兴）

【拆除违法建筑】 年内，区城市管理委协调街乡拆除全区违法建筑660万平方米，达到“场清地净”标准建筑面积587.5万平方米，达到“场清地净”腾退土地面积617.83万平方米。区城市管理委制定《朝阳区“基本无违法建设街乡”创建工作方案（2019—2020年）》，根据市规划和自然资源委通过北京市严厉打击违法用地违法建设专项行动信息平台下发朝阳区“无手续建筑底图”，摸排、举证、核验公司点位9.5万处，在望京、东湖、左家庄、香河园、亚运村、机场、呼家楼、团结湖、潘家园、东风、东坝11个街乡开展“基本无违法建设”创建试点工作。（武　兴）

【环卫作业模式改革】 年内，区城市管理委在麦子店、三里屯、团结湖、小关、亚运村、奥运村、大屯、六里屯、双井9个街道试点开展“一把扫帚扫到底”环卫作业模式改革。全区推进环卫基础数据平台建设，明确道路等级、作业责任、保洁工艺，清扫保洁等级管理，主要道路

▲ 3 月 4 日，区城管委在六里屯街道开展小型电动水车洗地作业　（张　晶　摄）

全部采用“吸扫冲收”一体化作业方式，使用再生水近 200 万吨，机械化作业率 94.9%，新工艺作业率 92.7%。（武　兴）

【渣土消纳】 年内，区城市管理委严格渣土消纳准运行政许可，规范消纳建筑垃圾近 4400 万吨。组织公安朝阳分局、朝阳交通支队、区住建委、区城管执法局、区生态环境局联合开展建筑垃圾督导检查，查出建筑垃圾转运消纳违规行为 2400 余起，取缔非法垃圾中转站 2 处、处置疑似违规垃圾中转点 7 处。（武　兴）

【政企协作街巷精细化管理机制创建】 年内，区城市管理委、团区委与美团、北京链家合作，探索政企协作开展街巷精细化管理机制。全年在“朝阳群众管城市”公众号中，美团“美好骑士”注册小巷管家 1043 名，反馈并解决环境案件 785 件，形成一支行走在路上的环境监督员队伍；与链家连锁经营企业开展“社区好邻居”活动，通过企业落实“门前三包责任制”、建立街巷自治协会等方式，参与城市共建共治共管，创建政企城市共治新路径。（武　兴）

【旱厕改造】 年内，区城市管理委根据创建国家卫生区、全面消除辖区内旱厕工作要求，完成全区 31 个街乡 877 座存量旱厕达标改造，验收后陆续开放。市民如厕环境改善，公厕服务品质提升。（武　兴）

城管执法监察

【概况】 北京市朝阳区城市管理综合行政执法局（简称区城管执法局）是负责朝阳区城市管理行政执法的区政府执法机构。设党委办公室、行政办公室、机关管理科、法制科、宣传科、综合协调科、装备科、财务科、人事科、教育培训科、综合考核科、群团办、执法处置中心、拆违督导办公室、督察队、综合执法队、北京商务中心区执法队、朝阳园执法队、798 执法队、工体执法队等 20 个科、室、直属队。7 月，根据市委编办《关于调整组建部分领域区级行政执法机构的通知》，原北京市朝阳区城市管理综合行政执法监察局更名为北京市朝阳区城市管理综合行政执法局，机构、编制及其他事项不变。区城管执法局机关及直属队负责本系统城管执法工作的法制指导、指挥调度、统筹协调和督促检查，负责全区范围内重大案件、跨区域案件、专业性较强案件的执法工作。年内，区城管执法局围绕北京市疏解非首都功能、大气污染防治、城市精细化管理等中心工作，开展城市环境秩序综合治理，在各类执法任务中出动执法人员 38 万余人次、执法车辆 11 余万车次，联合执法 6266 次；完成“一带一路”高峰论坛、亚

▲ 甘露园南里 57—60 排厕所改造前（摄于 2018 年 11 月 17 日）（吴　靖　摄）

▲ 甘露园南里 57—60 排厕所改造后（摄于 3 月 1 日）（吴　靖　摄）

▲ 7月2日，北京市朝阳区城市管理综合行政执法局揭牌成立　（于文杰　摄）

洲文明对话大会、世界园艺博览会、中华人民共和国成立70周年庆祝活动、重要节假日、展会赛事等环境保障98次；督导、检查重点大街10000余条次、重点点位23500个次，派发市、区两级监管通知单44569件；结案30664起，罚款1700万元；受理热线举报43143件，比上年下降55.3%，热线举报量实现连续4年下降，本年度首次降幅在50%以上。（牛　泽）

【施工现场安全联合检查】 1月23日，为推进安全绿色文明施工，区城管执法监察局北京商务中心区执法队联合区住建委、区安监局、区消防支队、建外办事处等部门开展北京商务中心区核心区施工现场安全联合检查，重点检查施工现场扬尘治理情况。经查，施工现场秩序良好，无扬尘情况。（牛　泽）

【执法工作部署会】 3月13日，区城管执法监察局局长聂宏伟主持召开执法工作部署会。通报新增能源运行安全、园林绿化、再生资源回收等新职权，要求将其纳入城管执法日常工作，抓好落实。局机关相关业务科室、直属队负责人40余人参加会议。（牛　泽）

【强化城市管理执法工作部署会】 10月22日，副区长刘海涛召开强化城市管理执法工作部署会。对2019年前三季度的行政执法案件办理情况、行政处罚情况进行分析和讲评，并对第四季度工作进行部署。区城管执法局、区政府办、区民政局、区农业农村局和各街乡主管领导及各街乡城管执法队队长等100余人参加会议。（牛　泽）

【大气污染防治】 年内，区城管执法局开展大气污染防治工作。检查规范施工工地88763个次，其中通过朝阳区扬尘治理管控平台检查施工工地67963个次；立案查处施工工地及泄漏遗撒类案件2644起，罚款907.47万元；移送区生态环境局、区住房城乡建设委案件线索436条，在政府网站共享行政处罚信息2578条。（牛　泽）

【违法建设案件查处】 年内，区城管执法局按照4月实施的《北京市城乡规划条例》及区绿化局、市规划和自然委朝阳分局专项巡视整改工作要求，开展违法建设案件查处工作。全年参与市规划和自然委朝阳分局、区园林绿化局拆除违法建设14864处、539.99万平方米。（牛　泽）

【餐厨垃圾专项执法】 年内，区城管执法局联合区城管委开展餐厨垃圾专项执法。组织区级联合督导15次，检查餐饮单位12107家次，执行处罚1231起，罚款103万元。（牛　泽）

数字化城市管理

【概况】 北京市朝阳区城市管理监督指挥中心（简称区城管监督中心）是负责城市服务管理监督与评价工作的区政府行政机构。行政执法专项人员编制95人，事业编制5人。5月，制发《朝阳区办理“接诉即办”群众反映问题工作方案（试行）》。年内，区政府对外公开服务热线81810关闭。受理市民热线12345诉求324493件，诉求受理中排名前五位的分别是市场管理、物业管理、环境保护、交通管理、小区配套，诉求平均响应率100%、解决率53.71%、满意率77.55%。全年收到区级网格化城市管理系统平台上报城市管理类案件135.98万件，问题解决率94.91%。（朱　婧）

【城市管理模块考核评价指标调整】 1月，区城管监督中心落实区大气办、区河长办等部门环保工作部署，调整网格化城市管理工作（城市管理模块）考核评价指标。在原有考核指标基础上，加强大气污染、水环境等问题日常检查力度，增设相关重点问题评价指标和考核权重，加大对大气污染、水污染等环保问题考核。（朱　婧）

【区政府对外公开热线关闭】 3月，按照市政务服务管理局通知要求，为推进政府服务热线号码资源整合、实现北京市“一号响应（12345）”，区政府对外公开为民服务热线81810关闭，该系统只受理12345市民热线系统派单。（朱　婧）

【市政府服务热线诉求工作培训会】 5月9日，区城管监督中心召开市政府服务热线诉求工作培训会。介绍全市“接诉即办”工作形势，交流12345热线“接诉即办”工作流程、考核标准及工作标准，解读《朝阳区办理“接诉即办”群众反映问题工作方案（试行）》细则，通报、分析全区“接诉即办”群众诉求处置工作情况。区相关委办局和各街乡负责市12345诉求处置工作主管领导、责任科室科长、具体责任人150余人参加培训。10月31日，区城管监督中心召开“接诉即办”工作培训会。讲解“接诉即办”工作发展演变、政策依据、总体情况、机制流程、先进经验，部署新工作系统启用等工作。各街乡和35个职能部门200余人参加培训。（朱　婧）

【户外宣传环境布置及阵地管理纳入监督】 8月，区城管监督中心联合区委宣传部探索户外宣传环境布置及阵地管理工作纳入网格日常监督范围，建立监管及处置机制。重点监督标语横幅、户外广告牌、电子屏、宣传栏、展板及公共空间艺术品、公共场所涂写涂画等内容，相关案件经网格化城市管理系统反馈至各街乡，实行亮灯挂账、限期办结。8月至12月，收到上报违规标语事件23件，解决率100%。（朱　婧）

【区领导接听市民热线电话】 11月12日，区领导王灏、文献、陈宏志、陈涛到12345市民热线服务中心接听群众来电。收到反映环境保护、物业管理、交通治理等方面热线电话73个，由相关承办单位办理回复，区城管监督中心审核，11月底全部办结。经回访市民显示，合理诉求解决率64.28%，合理诉求满意度75%。（朱　婧）

【街乡社区边界数据更新】 年内，区城管监督中心开展全区街乡及社区（行政村）边界更新工作。变更社区（行政村）网格图层94个，涉及街乡19个；变更行政区划网格590个，新增行政区划网格189个。完成地理信息系统图层（简称GIS图层）变更并全部纳入网格化城市管理系统及二级闭环系统。（朱　婧）

【城市部件数据普查】 年内，区城管监督中心开展城市部件普查工作。依据市城管委基础数据考核指标完成数据更新，掌握区部件信息。派出区城管监督中心数据普查分队51人，完成城市部件普查279839个。（朱　婧）

交通运输管理

【概况】 北京市朝阳区交通委员会（简称区交通委）是区政府工作部门，正处级。主要负责研究拟订全区交通基础设施建设和交通行业中长期发展规划，编制区级交通基础设施建设以及维修养护项目计划，负责本区交通基础设施的监督管理，执行有关政策和标准。负责交通行业的相关行政许可。负责铁路监护道口安全的管理工作。内设办公室、规划科、基础设施科、交通科。行政编制19人。3月，根据市委、市政府《北京市朝阳区机构改革方案》，区交通委从朝阳区城市管理委分离出来，独自挂牌。7月11日，区城市管理委所属区交通运行协调指挥中心、区停车管理事务中心、区道路养护中心3个事业单位划归区交通委管理，编制133人，其他机构、编制事项不变。9月4日，区城市管理委交通基础设施协调管理职责及区城市管理委所属区市政基础设施协调中心事业编制9人划至区交通委，成立北京市朝阳区交通基础设施协调中心，机构规格正科级，纳入规范管理，为公益一类。主要职责是参与交通基础设施工程招投标，并组织实施相关工程建设；负责协调推进本区区属道路、桥梁等交通基础设施项目的拆迁、建设工作；负责辖区新建及改扩建道路、桥梁等交通基础设施工程的日常安全监管工作。9月，成立区交通委党总支，选举产生书记1名、副书记1名、委员3名。年内，速滑馆北路、速滑馆南路等20条主次支路竣工通车；完成青年路南延工程，建成望京东路、远安路、育慧北路、健安东路等30项疏堵工程建设。接收15条代建道路和20余万平方米代征道路用地，居住区新建车位4576个。完成5处立体停车设施建设、北京商务中心区西北区交通优化示范工程、步行自行车系统150千米改造。上汛期间，防汛备勤工出勤35次，出动巡查、抢险人员1014人次，巡查车177车次，抢险车80车次、水泵54台次。

北京市公安局公安交通管理局朝阳交通支队（简称朝阳交通支队）对朝阳区道路交通依法实施管理。下属呼家楼大队、高速路大队、东外大队、亚运村大队、劲松大队、双桥大队、机场大队7个单位。年内，接警551539起，其中交通事故308149起，交通拥堵25890起，反映217500起。开展夜查酒驾专项行动180次，全年查获酒后驾车违法行为1473起，较上年提升28%；醉酒拘留635人，行政拘留852人，其中，二次饮酒79人、涉牌拘留242人、非司机拘留147人、其他拘留384人。全年现场执法64万起，非现场执法466万起、罚款7亿元。现场处罚闯红灯违法行为2322起，较上年下降32%；处罚涉牌违法4203起，较上年下降12%；扣留非法“摩的”、两轮摩托车5175辆，较上年下降29%；处罚货车违法行为108727起，较上年下降33%。管界发生交通事故86537起，比上年上升23.2%；伤223人，比上年下降56.6%；亡180人，比上年下降4.8%。交通事故快速处理85733起，占99.1%；一般程序处理316起，占0.4%。全年开展交通安全宣传和培训活动850场次，65万余群众受教。调研辖区150余处点位，制定并上报交通设施优化方案131个。

北京市交通委员会朝阳运输管理分局（简称市交通委朝阳运输管理分局）为市交通委派出机构，负责朝阳区内道路运输管理工作。年内，辖区地面公交企业2户，涉及运营线路261条，配备运力5928部。公交枢纽2个、公交场站134个；出租汽车企业55户（不含个体车辆），注册6169辆，实际运营6138辆，从业人员7768人，其中出租汽车驾驶员7603人；网约车平台企业5个，网约车辆1.07万辆，网约车驾驶员8701人；省际客运站3户，省际客运企业4户，运营车辆69辆，从业人员489人；旅游客运企业17户，运营车辆759辆，从业人员956人；汽车租赁企业294户，运营车辆26591辆；货运企业4085户，营运车数2.69万辆，合计载重量12.03万吨；维修企业533户，其中一类企业215户、二类企业152户、三类企业164户、一类摩托车维修1户、二类摩托车维修1户，从业人员2.20万人；水运企业6户，运营游船872艘，从业人员150人；汽车驾驶员培训学校3户。全年受理各类许可、备案事项13722件，较上年减少33.4%，其中货运行业8641件，占总受理量63.0%。发放各类证件9469张；解答现场、来电咨询2.5万余件；整理、制作、归档行政许可、备案档案1.3万余份。窗口办事群众评价率94.09%，满意率100%。出动执法人员3332人次，入户检查1504户次，检查车辆15971车次，注销各类许可备案证件12316件，采取约谈、限改、移送行政措施143件。（刘炳起　岳　玥　刘天一）

【普通货运车辆新规落实】 1月1日，按照市交通委《关于转发〈交通运输部办公厅关于取消总质量4.5吨及以下普通货运车辆道路运输证和驾驶员从业资格证的通知〉的通知》要求，市交通委朝阳运输管理分局依据工作职责，不再为总

质量4.5吨及以下普通货运车辆配发道路运输证。（王　帅）

【春运服务保障】 1月21日至3月1日春运期间，市交通委朝阳运输管理分局出动检查人员468人次，入户检查企业230户次，检查运营车辆317辆；采取限期改正行政措施3次，约谈企业3户次，监督整改安全隐患20余处。辖区交通运输行业安全服务保障情况良好，未发生重大安全事件。（曹　楷）

【出租汽车扬招站建设优化】 2月27日，市交通委朝阳运输管理分局启动辖区出租汽车扬招站勘察调研、设备设施监督、信息化管理等工作。至11月29日，现场勘察出租汽车扬招站6次，勘验站点192站次，新增扬招站4处，监督5个扬招站完善设备设施。（曹　楷）

【旅游客运企业质量信誉考核】 2月，市交通委朝阳运输管理分局对辖区17户旅游客运企业经营资质、安全生产、维修质量、服务质量、环境保护、遵章守纪和企业管理等方面进行综合考核打分。评出AAA级企业12户、AA级企业1户。另有4户客运车辆不足5辆，不予评级。（谢宜飞）

【石佛营西路建设】 4月4日，石佛营西路（红领巾公园东侧路）建设完工。该道路南起园星南路，北至园星路，全长约110米。建设后，机动车道由6米拓宽至7米，增设非机动车道，东侧非机动车道5米，西侧非机动车道3.5米，机非车道间增设隔离带；增加东侧5米人行步道，拓宽西侧人行步道至3.5米，拓宽后道路总宽度约30米；道路面积约1900平方米，步道约1000平方米。工程由区财政局出资206万元，区道路养护中心承建，北京仁泽监理有限公司监理。（陈　放）

【首都机场至张家口省际客运班线开通】 4月15日，北京民航机场巴士公司开通首都机场至张家口省际客运班线。线路总长210千米，单程运行200分钟，每日双方向对发各2个班次。（谢宜飞）

【交通综合整治】 4月20日，北京商务中心区西北区交通综合整治工程完工。根据市委书记蔡奇、市长陈吉宁调研北京商务中心区交通治理工作要求，区交通委于1月形成北京商务中心区交通综合治理改造方案，选取北京商务中心区西北区试点。工程东起三环路西至东大桥路，南起光华路，北至朝阳北路，面积0.79平方千米，涉及光华路、金桐东路、金桐西路、景华街、景华南街、景华北街及兆丰街7条道路，总长4.9千米。工程优化交通组织、完善基础路网，完善慢行系统，利于绿色出行，提升交通标志版面，取消路面停车，规范物流集散区域，实现区域交通信号协调控制、非现场执法全覆盖。工程由区财政局出资8580万，北京市市政工程设计研究总院有限公司和千方捷通科技股份有限公司施工，北京中景恒基工程管理有限公司监理。9月，酒仙桥地区区域综合治理工程启动，项目主要针对酒仙桥中心小学周边道路交通秩序混乱，机动车、非机动车、行人抢行等问题开展综合整治。通过增设非现场执法设备、优化道路路权、改善步行自行车出行环境等方式，周边交通环境得到改善。（祖　钢）

【纯电动出租汽车更新】 5月20日，市交通委朝阳运输管理分局启动纯电动出租汽车更新工作。8月23日，辖区首批14辆电动车正式建档运营；截至12月31日，更新纯电动出租车272部。（曹　楷）

【共享单车违规治理】 5月，区交通委在全区范围内开展互联网租赁自行车专项治理行动。治理行动为期1个月，清理违规共享单车8万余辆。8月，区交通委下发《关于青桔单车、美团单车置换事宜与加强共享单车管理工作的通知》，要求属地办事处加强对脏污、破损、无主单车清理力度，加强对占用绿化、盲道、机动车道和非机动车道、乱停乱放车辆清理力度，清理违规共享单车35万余辆。（祖　钢）

【城市支路建设完成4条】 6月1日，城市支路望达路、望通路建设完成。望达路北起启阳路，南至远安南一路，全长450米，红线宽25米。望通路北起启阳路，南至远安南二路，道路全长800米，红线宽20米。9月30日，城市支路速滑馆南路、速滑馆北路建设完成。速滑馆南路西起林萃路，东至奥林西路，全长500米，红线宽30米。速滑馆北路西起林翠路，东至奥林西路，道路全长500米，红线宽30米。4

▲ 北京商务中心区兆丰街改造前（摄于2018年7月）（区交通委　供图）

◀ 北京商务中心区兆丰街改造后（摄于5月）（区交通委　供图）

条道路均为新建道路，由市土地整理储备中心朝阳分中心出资及施工，北京仁泽监理有限公司、中邮通建设咨询有限公司监理。（陈　放）

【水上交通安全应急演练】 6月，市交通委朝阳运输管理分局组织奥森公园和朝阳公园2家游船单位开展水上交通安全应急演练。演练以场景模拟方式进行，公园10余艘船舶、30余人次参加演练。（李　磊）

【道路停车收费改革实施】 7月1日，朝阳区全面实施道路停车收费改革，由人工现场收费向电子收费转变。电子收费设备以高位视频为主，部分道路暂时使用矮桩视频、地磁、手持终端等方式进行管理。停车人使用“北京交通”App等渠道线上缴费，不允许停车管理员收取现金或扫停车人二维码收费。5月1日至7月1日完成朝阳区居民居住认证工作，实现居住认证车辆在申请道路上按居住停车价格计费。（祖　钢）

【货运车辆网上年审】 8月1日，市交通委朝阳运输管理分局根据《北京市交通委员会关于开展道路普通货运车辆、道路货物专用运输车辆、道路大型物件运输车辆网上年度审验工作的通知》要求，对辖区货运企业开通网上年审服务并进行宣传、指导。全年网上年审货运车辆264辆。（王　帅）

【区属道路路名牌安装、更换1895块】 8月30日，区交通委完成全区路名牌设置普查，并完成第一批区属道路路名牌安装。涉及道路357条，安装、更换路名牌1895块。（陈　放）

【十里河微循环公交线路开通】 8月，市交通委朝阳运输管理分局会同区交通委、区交通支队、十八里店乡、公交集团客五分公司等部门启动十里河地区微循环线路开通勘验工作。11月2日，在各部门协同配合下，十里河微循环公交线路快速直达专线55路开通运营。（曹　楷）

【区级道路防汛排查】 9月15日，区交通委完成区级道路防汛排查工作。该项工作于4月25日启动，排查100余条区属道路积水点，疏通电子球场路、酒仙桥北路等36条道路雨水口、693座检查井，与市排水集团、市公联公司等市属防汛和道路相关单位对接沟通，配合市排水集团消除积水点隐患20余处。（陈　放）

【交通信号灯管理】 9月，区交通委联合朝阳交通支队，以“拉网排查找隐患、建章立制强监管、主动巡养防风险、深入推进提品质”为机制，开展信号灯维护管理工作。巡查交通道路33749.3千米，发现各类信号灯问题941处，修复处理875处，处理率93%；处置自建信号灯故障报警49处。经排查、维护，区内自管信号灯完好率从45%上升至93.14%。9月至12月，交通信号灯投诉举报环比下降40%。（祖　钢）

【中华人民共和国成立70周年庆祝活动运输服务保障】 9月至10月，中华人民共和国成立70周年庆祝演练及活动期间，市交通委朝阳运输管理分局完成3次演练和正式活动及国庆节彩车展示活动运输服务保障工作。出动工作人员228人次，保障活动集结点位和接驳站点56个，监督保障车辆发车运营1983部，运送人员53075人，人员集结运输和社会面市民出行安全、便捷、平稳、有序。（曹　楷）

【青年路南延工程建设】 10月1日，青年路南延工程建设完成。青年路南延为城市主干路，南起朝阳路，北至朝阳北路，全长700米，红线宽40米，往返4车道，为新建道路。由市级财政局出资，市级单位负责建设，朝阳区配合拆迁，市公联公司监理。（陈　放）

【区级疏堵工程完成30项】 11月30日，区交通委完成立水桥东路、朝园东路、翠屏西路、水牛房路、石门东路、秋实东街、秋实西街、双营路、高碑店路、草房西路等30项区级疏堵工程建设，实现通车。工程建设主要包括修缮机动车道，完善人行步道及盲道，完善交通标线，增加道路交通通行能力，改善区域居民及周边商业区交通出行问题。工程由区财政出资13652万元，区道路养护中心承建，中邮通建设咨询有限公司、北京仁泽监理有限责任公司负责监理。（陈　放）

【立体停车设施完成5处】 11月，区交通委推进完成普天实业创新园、金泰大厦、雪花冰箱厂、工大桥南侧、窑洼湖公园北侧5处立体停车设施建设，增加停车位1000余个。（祖　钢）

【宪法日宣传活动】 12月4日，市交通委朝阳运输管理分局联合朝阳片区党建联合体成员单位在四惠枢纽开展国家宪法日宪法宣传活动。以播放依法治国短片、悬挂张贴宣传标语方式，宣传依宪治国、依宪执政、依法行政理念，发放宣传材料100余份。（李　磊）

【步行和自行车系统道路改造150千米】 12月，区交通委完成步行和自行车系统道路改造150千米。根据12345市民反映机动车占用步道、自行车道问题，排查梳理区属道路存在无非机动车道、非机动车路权不明确、步道破损严重、机动车违章停放占用自行车道和人行步道等问题路段，通过新建非机动车道、安装阻车桩、施划非机动车道彩铺等措施，步行、自行车出行环境得到改善。（祖　钢）

【道路建设项目储备库二期招标】 12月，朝阳区道路建设项目储备库二期70条道路招标完成。储备库一期50条道路项目于2017年启动，2019年1月完成规划方案；储备库二期70条道路项目资金立项经第11次区长办公会审议通过，年底完成招标工作。道路建设项目储备库为朝阳区交通路网、城市建设整体规划做好铺垫。（钟　鏄）

【公交线路调整13条】 年内，区交通委协调市公交集团优化公交线路布局，保障新建保障性住房小区周边、农村城市化地区、北京商务中心区等重点区域公交出行。调整682、126、673、475、586、411、671、30、486、593、488、专39等公交线路13条，便利居民绿色出行。（祖　钢）

【居住区停车位增建4576个】 年内，区交通委协调各街乡在居住区增建停车位，缓解小区停车难问题。通过拆除违法建设、利用闲置土地、小区内部设置单停单行、改造绿化、见缝插针等方式，增加停车位资源，建设完成停车位4576个。（祖　钢）

【道路养护】 年内，区交通委完成区属道路养护维修约60万平方米。其中，完成朝阳公园路等大修道路10条、面积约28万平方米；完成建华路等中小修道路90条、面积约31万平方米。（陈　放）

【道路环境规范净化】 年内，朝阳交通支队与区交通执法第五大队等单位建立微信群，共享线索信息，互认执法证据，简化移交流程，依托“黑车一车双罚”（非法营运处罚、非法从事客运经营被执法部门处罚2次驾驶证暂扣处罚）综合执法模式，综合治理北京商务中心区、双桥、京通沿线、东坝等重点地区“乱停、乱行”交通违法行为，联合治安系统治理“黑摩的”扰序违法行为。全年处罚非法从事客运经营且被执法部门处罚2次的违法行为107起、扣燃油车5117辆。审批道路施工行政许可512件，发现问题48件，举办施工单位安全教育会21次，现场踏勘调整交通导改方案487次。（岳　玥）

【源头监管宣传】 年内，朝阳交通支队重点开展减压交通死亡事故工作，开展源头监管宣传。违法超标和发生严重违法1427家次单位采取责令限期改正执法措施；206家次单位采取禁止机动车上路行驶执法措施。排查出交通安全隐患地点13处，全部治理完成。开展创建交通安全示范社区（村）工作，核发电动自行车临时标识，清理“僵尸车”，办理市政府“12345”热线“僵尸车”投诉事项。“12·2”全国交通安全日承办北京市以“交通安全大家说 社区唱响平安歌”为主题的交通安全宣传活动，举办“系好安全带、路上防意外”为主题的朝阳区交通安全宣传活动，组织召开区级交通管理群众座谈会22次。全年组织开展各类交通安全宣教和培训活动1310场次，印发宣传材料62万余份，摆放宣传展板1800余块，悬挂各类横幅650余条，教育群众65万余人次，营造“人人参与文明交通、人人践行文明交通”社会氛围。（岳　玥）

【交通特勤警卫】 年内，朝阳交通支队完成全国“两会”、市“两会”、各国元首访华等各项交通特勤警卫任务3229次，其中一级勤务515次、二级勤务324次、三级勤务2390次，比上年（2769次）增加16.61%；出动警力56412人次。支队以“时差运行、打铁延时、警辅合作、设施卡控、借力合作”5项措施，建立勤务指挥点、指挥中心前台与现场指挥所“三位一体”沟通体系，兼顾勤务与社会面交通，确保交通保卫任务完成。（岳　玥）

▲ 4月24日，朝阳交通支队机场大队执行特勤警卫任务　（王素琪　摄）

【疏堵治堵机制建立】 年内，朝阳交通支队在元旦、春节、国庆等法定假期以及情人节等其他人员聚集时间节点开展警情研判，科学部署岗位。利用电视监控等科技手段，开展交通高峰时段疏堵、治堵工作；针对管界飙车以及相关涉嫌危险驾驶违法行为，制定预防、处置飙车及相关警情工作规范，明确处置原则、责任分工和处置流程；重新梳理完善“122”道路交通事故报警台警情上报工作规范。为进一步缩短事故处警时间，提高路面通行能力，分析管界事故警情高发时段、高发区域，适当调整警力投量、投向；扁平化、动态化指挥，打破管界，就近布警；每月通报勤务方面接警处警问题；每周提示各单位事故警情处警超时问题，要求责任单位及时整改。全年接拥堵报警25890起，比上年下降22.8%。（岳　玥）

【交通执勤执法】 年内，朝阳交通支队开展交通执法监督检查158次，考核兑现909起执法不规范问题。全年接待群众行政复议930起，正式立案480起；行政诉讼案件出庭应诉39次；审理行政拘留案卷852宗；审理危险驾驶刑事案卷635宗；接待群众复核686人次，复核立案459宗；办理国家赔偿案件66宗、2.86万元；审理案件监管案卷965余宗。处理汽车自燃、着火等突发事件20起，查获涉嫌盗抢车辆17辆，处理勤务路线警情8起，收到市民锦旗、感谢信53件。（岳　玥）

【创建交通安全示范社区（村）】 年内，朝阳区“畅行街区 共治共享 创建交通安全示范社区（村）”工作进入第三阶段第三、四批。全年新建示范社区（村）109个，其中优秀社区（村）14个，达标社区（村）95个；新增停车泊位5023个，增设各类交通标志4312面，交通标线41.9千米，凸面镜508个，拆除地锁3093个，清理僵尸车1072辆。创建交通安全示范社区（村）工作于2016年10月中旬启动，实施老旧社区（村）及周边道路交通治理和背街小巷和社区微循环一体化治理，通过将道路交通管理经验和标准引入社区（村），重点治理交通组织不科学、设施不完善、占压消防通道、私装地桩地锁、僵尸车、机动车乱停乱放等易导致交通拥堵、消防隐患、治安纠纷等群众反映强烈的问题。自该项工作启动至2019年年底，全区466个社区（村）中，完成347个交通安全示范社区（村）创建工作（其中优秀82个、达标265个），完成率74%（其中优秀率18%、达标率56%）；新增停车泊位40691个，增设各类交通标志17906面，交通标线174.4千米，拆除地桩地锁27878个，清理“僵尸车”2763辆。（岳　玥）

【窗口事项办理】 年内，市交通委朝阳运输管理分局窗口受理各类许可、备案事项13722件，较上年减少33.4%，其中货运行业8641件，占总受理量63.0%。发放各类证件9469张；解答现场、来电咨询2.5万余件；整理、制作、归档行政许可、备案档案1.3万余份。窗口办事群众评价率94.09%，满意率100%。（刘天一）

【执法检查】 年内，市交通委朝阳运输管理分局出动执法人员3332人次，入户检查1504户次，检查车辆15971车次，注销各类许可备案证件12316件，采取约谈、限改、移送行政措施143件。（刘天一）

【旅游客运车辆证件换发】 年内，市交通委朝阳运输管理分局换发743部旅游客运车辆2019年度旅游包车证、244部外埠进京省际客运车辆2019年度跨省市公路运输客运证、6017部巡游出租车营运证。（刘天一）

【市绿色货运企业认定7家】 年内，经市交通委、市环保局、市公安交管局审核，辖区7家货运企业被认定为北京市绿色货运企业。淘汰营运性国三柴油货车4861辆，占全部国三车辆数的82.2%。（张　昊）

水　务

【概况】 北京市朝阳区水务局（简称区水务局）是负责朝阳区水行政管理工作的区政府工作部门。主要职责包括：贯彻落实国家、北京市有关水务工作的法律、法规、条例和政策；负责管理本区水资源（地表水、地下水、再生水）；监督、指导本区供水工作，负责制定城乡供水规划和计划并组织实施；监督和指导本区排水、污水处理、水环境治理工作；负责本区河道、湖泊、坑塘、堤防的管理和保护工作；负责本区水土保持工作等。设科室11个，国家公务员48名，工勤人员1名；局直属基层单位11个，正式职工194人。年内，新水用量3.29亿立方米，万元地区生产总值水耗比上年下降3.98%；完成103家小区（单位）自备井置换和80家老旧小区内部供水管网改造，居全市第一；建成海绵城市38.7平方千米，占区建成面积17%；朝阳区通过北京市节水型城市复查验收。亮马河四环以上段景观廊道建设主体工程完工，5处国考、市考断面平均水质稳定达标，奥森公园奥海、坝河、北小河、萧太后河马家湾等被评为北京市优美河湖，“朝阳群众小河长”项目荣获全国第九届“母亲河奖”优秀组织奖。（王　欣）

【水务工作电视电话会议】 3月22日，朝阳区召开2019年水务工作电视电话会。副区长杨建海参加会议。区水务局局长路军作水务工作报告，部署2019年水务工作。东湖街道、常营乡、崔各庄乡作交流发言，分享治水、管水工作经验和创新工作方法。杨建海讲话指出，虽然区域水务设施不断完善，水资源保障格局体系基本形成，水环境污染问题有所缓解，但水资源短缺局面尚未得到根本扭转，各街乡各部门要以首善标准完成各项工作任务。区政府办、水务局、发改委、住建委、城管委等部门及各街道（地区）主管领导参加会议。（王　欣）

【世界水日和中国水周宣传活动】 3月22日，世界水日和中国水周系列宣传活动暨2019年“朝阳群众小河长”项目启动仪式在朝阳公园举办。活动由市河长制办公室、区人民政府主办，区水务局与区河长制办公室、团区委联合举办。市水务局副局长刘光明，副区长、区副总河长杨建海，区检察院、公安朝阳分局环食药旅大队等部门领导及市区两级水务系统、团委系统相关领导及街乡团干部、“朝阳群众小河长”代表等150余人参加。3月22日至28日中国水周宣传活动期间，区水务局开展节水、护水、爱水宣传进社区、进学校、进企业等“七进”活动。3月24日，区水务局在萧太后河马家湾湿地公园举办“点滴在骑行”爱水骑行活动，区水务局党组书记、局长路军，副局长陈庆刚，豆各庄乡乡长

▲ 3月22日，“世界水日”和“中国水周”系列宣传活动暨2019年“朝阳群众小河长”项目启动仪式在朝阳公园举办　（区水务局　供图）

于建国、副乡长田全喜，区种植业养殖业服务中心副主任李昕宇及公开招募的爱水志愿者等100余人参加活动。3月26日，区水务局在北京市第八十中学开展排水专题讲座，近300名学生听讲。（王　欣）

【机构改革】 4月28日，区水务局召开机构改革动员部署会，宣读区委办公室、区政府办公室《关于印发〈北京市朝阳区水务局职能配置、内设机构和人员编制规定〉》，部署《朝阳区水务局机关公务员岗位双向选择工作方案》。改革后，区水务局内设科室11个，分别是办公室、行政审批科、规划建设科、水资源管理科（水文科）、节约用水办公室、河湖管理科、河长制工作科、水旱灾害防御科、海绵城市工作科、财务科、党建工作科。机关行政编制48人，设局长1名，副局长4名；科级领导职数11正9副。原区水务局所属区防汛指挥办公室划归区应急局，河道排污口监督管理及水污染防治统一监督管理划归区生态环境局。（王　欣）

【政务服务事项标准化梳理】 7月30日至8月21日，区水务局为推进市政务服务“一网通办”的要求，依托北京市政务服务事项管理系统，开展2019年度政务服务事项标准化梳理工作。梳理完成行政许可、行政确认、行政给付、行政裁决、行政检查、行政处罚、行政强制、行政征收、其他权力及公共服务等10大类448项事项，其中行政许可17项、行政处罚404项、行政强制11项、行政征收4项、行政给付1项、行政检查3项、行政确认2项、行政裁决1项、其他权力4项、公共服务1项。（王　欣）

【领导调研马家湾湿地公园】 10月12日，中共中央办公厅信息综合室主任刘宇、市委办公厅副主任周家雷带队到萧太后河马家湾湿地公园调研，察看河道治理及湿地公园建设情况。区委常委、宣传部部长、统战部部长黄晓伟，区水务局局长路军，豆各庄乡党委书记贾恩松陪同调研。路军介绍萧太后河历史、河道综合治理改造过程及提升区域综合生态环境情况，刘宇一行肯定萧太后河河道治理工作。（王　欣）

【河长制工作推进电视电话会议】 11月6日，朝阳区召开2019年河长制工作推进电视电话会议。会议由区河长办主任、区水务局局长路军主持，区副总河长、副区长杨建海出席会议并讲话。会议总结年内河长制工作落实情况，安排部署下一阶段重点工作，东湖街道、金盏乡、小红门乡肖村两级河长代表作典型发言。杨建海肯定2019年朝阳区河长制成果，要求各级河长要创新体制机制，总结实战经验，形成朝阳特色，加大宣传力度。区城管委、团区委、区政府督查室、区水务局、区民政局、区生态环境局、区财政局、区城管执法局、区城管监督中心等主管领导、市排水集团相关负责人在主会场参加会议，街乡河长、村（社区）河长、街乡河长制办公室工作人员在分会场参加会议，500余人参加会议。（王　欣）

【海绵城市建设】 11月，区水务局根据《北京市人民政府办公厅关于推进海绵城市建设的实施意见》《北京市海绵城市建设工程联席会议制度》以及北京市人民政府办公厅《关于研究本市海绵城市建设有关工作的会议纪要》，完成《朝阳区海绵城市建设工作联席会议制度》，由区政府下发。通

过联席会统筹区住建委、区发改委等14个主要成员单位共同推进海绵城市建设工作。（王　欣）

【市水务专员进街乡工作启动会】 12月18日，副区长杨建海主持召开市水务专员进街乡工作启动会，市水务局副局长刘凯、处长刘洪伟及区水务局局长路军、市自来水集团、北京排水集团及各街乡主管领导、水务专员参加会议。路军对《朝阳区关于落实市水务专员进街乡工作方案》进行部署；刘凯对"水务专员进街乡"意义进行阐释，对市自来水集团、北京排水集团及市水务专员提出工作重点及工作要求；杨建海指出要探索朝阳特色基层治水新模式。（王　欣）

【"朝阳群众小河长"项目】 年内，小河长志愿者在线实名注册人数增至1148名。2019年是共青团朝阳区委员会、区水务局组织开展的"朝阳群众小河长"项目第三年，项目围绕"节水、爱水、护水"主题，宣传普及常识、开展公益行动，带动青年家庭参与河湖管护和水生态文明建设志愿服务活动。2019级小河长志愿者在日常生活中带动志愿家庭积极行动，守护身边的河流，先后走进亮马河流域朝阳公园段、马家湾萧太后湿地公园、温榆河流域金盏段、污水处理厂、自来水博物馆等实地参与，开展垃圾清理、水环境科普课堂等活动192场。（王　欣）

【重点河道治理】 年内，区水务局建立河道两岸疏解整治促提升与水生态文明和城乡环境建设同步实施工作方式，在萧太后河滨水绿色文化休闲廊道全面建成基础上，完成亮马河四环以上段景观廊道建设主体工程和大羊坊沟污水治理工程、小场沟（朝阳干渠段五环外方涵——小场闸）综合治理工程。朝阳区水系连通项目取得区发改委立项批复。（王　欣）

防　汛

【概况】 朝阳区水务防汛专项分指挥部（简称区水务防汛分指）办公室设在区水务局。负责组织、协调、指导朝阳区水旱灾害防御工作；承担水情的监测，负责洪水预防行动工作；负责防御洪水和城市内涝应急抢险的技术支撑；负责城市内涝险情监测和预警；协调城市排水集团按照管理职责做好城市积水排除工作；及时向区防汛指挥部报告应对部署、洪水调度、水情信息和城市内涝情况信息、处置措施等情况。年内，区水务防汛分指落实北京市"一级调度、扁平指挥、双岗保障"工作要求，在汛期启动应急值守班9次，现场巡查256人次，应急值守324人次，治理雨水管线125.233千米，雨污合流管涵118.913千米，雨污混接点61处，雨水口11637处，检查井3503处，截流井203处，拦污坎9处，入河口124处，清理污染物114.28吨。区应急管理局按照市委、市政府和市防汛指挥部关于防汛工作决策部署，坚持"在岗、在位、在责"参与值守；按照新修订2019年防汛预案，发挥区防汛办指挥协调职能，妥善应对暴雨极端天气。（王　晶　刘子淇）

【强降雨应对】 7月28日19时起，北京市开始出现降水，至7月29日06时，朝阳区平均降水量48.6毫米。7月28日夜间及7月29日5时，副市长卢彦及市水务局多次就强降雨应对工作进行视频调度，区水务防汛分指参加气象会商，水务专项分指执行副指挥、区水务局局长路军传达会商结果、部署分指工作，区水务局处级领导全部到岗到位，启动水务局应急值守班，各河管单位现场巡查，派出抢险单元协助抢险，75人参加强降雨应对。7月28日19时至20时，大望路等区域出现积水，水务专项分指指导和协调排水集团和相关街乡及时组织排水，保障道路通畅。8月4日16时50分起朝阳区出现降水，至8月5日9时45分，朝阳区平均降水量55.5毫米。区水务防汛分指落实市区领导指示，向排水集团及河道管理单位转发区防汛办降雨应对通知，加密与气象部门会商频次，协调排水集团排除积水点位，与河道管理单位研判流域水情水位，提前做好应对工作。协调排水集团在金泰桥、来广营西路等积水区域开展排水抢险工作；协调排水集团、街乡加强雨水管线巡查、清掏雨水篦子，特别加强农光里西段、永安东里小区、团结湖中路、马道口西路等自管雨水管线清理力度。全局应急值守71人，现场巡查82人次，巡查河道58次，确保城区道路平稳运行。（王　晶）

【水旱灾害防御宣传】 年内，区水务局开展多种形式水旱灾害防御宣传，营造水旱灾害防御氛围。张贴水旱灾害防御宣传海报24张；"亲水朝阳"公众号发布水旱灾害防御工作相关内容6期，其中《高温遇上强降雨，朝阳区水务局这样应对》有近300人观看；参加区应急管理部门组织的"5·12"防灾减灾日、"10·13"国际减轻自然灾害日系列宣传活动，发放无纺布袋等水旱灾害防御宣传品千余件。（王　晶）

【防汛应急工作】 年内，区应急局对防汛队伍、防汛物资等进行再统计，汛前参与物资调动筹备，汛中参与隐患消除工作，与市排水集团配合开展雨水管线清淤清障工作，做到各项基础材料、物资齐备，事件响应处置及时有效。汛期参加防汛值守调度会17次，参与值守27人次。（刘子淇）

节　水

【概况】 北京市朝阳区水务局（简称区水务局）下设节约用水办公室，负责本区节约用水工作，组织实施节约用水政策、标准和用水计划、指标、定额。组织开展本区用水统计和分析评价工作；组织征收超计划加价水费；依法组织建设项目节水设施设计方案的审查与验收、指导和推动节水型社会建设工作；承担节约用水宣传和节水技术推广工作。区水务局下设朝阳区节约用水管理中心，为局属全民所有制事业单位。年内，严格用水计划管理，全区用水总量低于年控目标。区水务局联合相关5个区级部门及43个街乡，发挥4个基层水务所及管水员队伍力量，共同在朝阳区全域内开展节水专项检查工作，一旦发现浪费用水现象立即督促整改。持续开展节水专项执法检查，对特殊行业、企业、高校等单位开展节水专项执法检查94次。开展50家用水单位水平衡测试工作并通过市级节水型单位创建验收。积极对接市局管水员调研工作，加强管水员管理。（李　倩）

【节水宣传周活动】 5月11日至17日，区水务局举办城市节水宣传系列活动。11日，在奥林匹克森林公园南门草坪南侧广场举办2019年全国城市节水宣传周启动仪式，由区水务局、团区委主办，奥运村街道办事处、北京世奥森林公园开发经营有限公司协办，市水务局副局长杨进怀、副区长杨建海及“朝阳群众小河长”等200余人参加。活动设居民家庭用水调研、小河长诗朗诵、节水宣传志愿者宣读节水倡议词等内容。14日，区水务局、区教委、区水利学会在中央美术学院附属实验学校举办“共建优美之景——节水在校园”主题宣传活动。区水利学会邀请水利专家讲解南水北调知识并在校园T恤上绘制节水创意宣传图。16日，由区水务局主办、东湖街道办事处协办的“共建洁净之域——节水在企业”主题宣传活动在北小河滨河公园开展。活动发动局属单位及43个街乡开展节约用水主题宣传活动90余场，发放宣传材料和宣传品近10万份，直播媒体曝光120万次、电视媒体曝光127万次、网络媒体曝光量16万次，通过移动短信平台发送信息350万条，累计受众800余万人。组织区水务局及各街乡干部群众4000余人参与“2019年全国节约用水知识大赛”，赛程30天，通过线上答题、线下宣传，提高大家节水宣传意识，将节水与工作、生活紧密关联。区委常委、副区长、北小河区级河长李长萍，东湖街道办事处主任谷雨，区水务局副局长彭庆彬及75个社会单位、100名节水工作人员参加活动。（李　倩）

【节水工作会】 7月30日，区水务局在和平街一中召开2019年朝阳区节水工作会。市节约用水管理中心副主任车建明解读用水户信息调查工作政策，研讨“三管齐下、五个杜绝、三个精准”（指管理城市运行必须管节水、管理生产必须管节水、管理行业必须管节水；坚决杜绝“绿地水汪汪、工地水哗哗、公共场所水滴答、道路水渍渍、农田地面水漫流”5种浪费用水行为；做到精准计量、精准分析、精准奖惩）工作要求。区水务局副局长王成志借鉴东湖街道用水精细化试点工作经验，提出各街乡按照“水随功能走、水随人走”工作方法，形成城镇以社区为基本单元、农村以村庄为基本单元用水户管理和统计分析机制。全区43个街道、地区办事处节水工作主管领导、工作人员以及市、区水务系统人员80余人参加。（李　倩）

【节水精细化试点】 年内，区税务局按照北京市用水指标要“分解到社区（村）、考核到街乡”的工作要求，成立由区水务局、属地及市自来水集团、市排水集团组成的用水排水普查试点工作小组，选取“两街一乡”（八里庄街道、东湖街道、太阳宫乡）为试点，以社区（村）为最小单元，开展用水排水精细化普查工作。副区长杨建海组织召开全区精细化试点工作动员部署会，经过多次专题会议研究，梳理完成居民、非居民基本信息及用水情况，实现初步测算各社区用水分配数据，为全区用水总量控制管理打下工作基础。年内，区水务局与团结湖街道、市自来水集团建立三方联动试点，完成团结湖街道试点单位1.63万居民户和249户非居民户用水信息普查及核定分析工作。（李　倩）

【节水型社区创建】 年内，区水务局完成50家市级节水型单位及15个节水型社区创建任务，换装节水型生活器具（水龙头、花洒、马桶、喷嘴）2万套以上。（李　倩）

消　防

【概况】 朝阳区消防救援支队隶属于北京市消防救援总队，为国家综合性消防救援队伍行政编制，负责全区域内消防安全工作。朝阳区消防救援支队原名为北京市朝阳区消防支队，12月31日，机

▲ 5月14日，区水务局、区教委、区水利学会在中央美术学院附属实验学校举办“共建优美之景——节水在校园”主题宣传活动
（区水务局　供图）

构改革转隶，更名为现名并挂牌。支队内设处室18个，下辖消防救援站25个、小型站9个、搜救犬队1个。年内，接警7603起，出动9184队次、17044车次、85220人次，其中火警3095起、抢险救援2924起、社会救助1584起。执行重大勤务6场次，完成外宾活动场地勤务28次、抵离京路线及一般活动场所勤务61次。出动车辆1600余车次，人员7300余人次。左家庄特勤站荣立第二届“一带一路”国际合作高峰论坛、亚洲文明对话大会消防安保工作应急管理部集体二等功，朝阳区消防救援支队和建国门消防救援站单位荣立中华人民共和国成立70周年庆祝活动消防安保工作应急管理部集体二等功，朝阳区消防救援支队获应急管理部消防救援局“庆祝新中国成立70周年消防安保工作先进集体”，5人获市委、市政府“北京市筹备和服务保障中华人民共和国成立70周年庆祝活动”先进个人称号，2人获应急管理部消防救援局“庆祝新中国成立70周年消防安保工作先进个人”称号。（王攀 任伟）

【火灾扑救】 4月7日19时20分，常营丽景园10号楼1802室发生火灾。北京消防救援总队作战指挥中心迅速调派总队、支队两级全勤指挥部，3个中队14辆消防车60余名官兵到场处置，20时18分，现场明火被扑灭。火灾过火面积8平方米，1人死亡。经查，事故原因为死者醉酒与同居女性吵架点燃身上和地上汽油所致，事件移交北京市公安局朝阳分局刑侦支队。（荆天毅）

【消防安保】 4月，区消防救援支队建立安保“一室、五组”（消防安全保卫办公室，社会面防控和宣传工作组、灭火处突工作组、政治发动工作组、联勤保障工作组、督导检查工作组）工作体系。全年将中华人民共和国成立70周年、全国两会、“一带一路”国际合作高峰论坛、亚洲文明对话大会、世园会及男篮世界杯开幕式（即“5+1”项）消防安保任务作为工作核心，制定总方案6个及施工期监管、灭火调研、社会面防控等分方案56个，全区设置瞭望哨107处，在风险区域部署挖掘机34辆、铲车31辆、洒水车202辆。全年完成勤务738件（政治勤务196件，社会勤务542件），出动指战员5000余人次、车辆1600余车次，完成“5+1”项消防安保任务和2019中超足球联赛、2019CBA联赛、2019中国网球公开赛等勤务工作。（孙阳阳 陆云）

【消防宣传培训】 11月6日，朝阳区消防救援支队在国家体育场举办“防范火灾风险 建设美好家园”朝阳区第二十八届“119”消防宣传月启动仪式，宣布消防管理先进单位10家，为11个新成立的小型消防站授牌。宣传月期间，通过微博微信短信平台推送各类消防安全信息13298条，关注18万人次；在主流媒刊发、转发各类消防安全信息1760余条次；利用区内LED户外大屏滚动播放消防安全提示短片。开展全区20万常住人口全民消防大培训工作，利用工人体育馆开展“百企万人”消防大培训，在朝阳公园举办“消防安全一公里万人健步走”活动。制作火灾风险隐患指南视频片，在全区播放。全年开展各类消防宣传教育培训3107次，发放宣传资料130余万份，张贴各类海报75万余份。（陈冰）

【消防安全监督机制完善】 年内，区主要领导定期组织召开区委常委会、政府常务会、工作联席会、专题调度会，研究部署消防工作，坚持季分析、月预警、周夜查，开展“秋实”专项督导；严格落实《消防安全责任制实施办法》，各行业部门认真履行监督管理、行政审批、隐患排查、宣传培训职责；完善“三级防火委”联席会议、形势分析、督导检查、考核评比工作制度，解决基础设施建设、重大隐患治理、消防力量发展等重点难点问题；依托实体化综合执法中心和“街乡吹哨、部门报到”工作要求，健全完善“四套班子领导包街乡、街乡领导包居村、居村领导包网格”机制；全年起草下发各类消防工作方案、通知98份，印发通报简报15份，组织、筹备召开消防工作联席会4次、区级会议6次；依托网上办公系统及时收集各部门、各街乡消防工作开展情况，参与制定2019年度区政府绩效考评工作消防部分评分细则。（顾兆平 孙阳阳）

【消防专项治理】 年内，区消防救援支队依托朝阳区防火委平台，印发《“防风险保平安迎大庆”消防安全执法检查专项行动方案》《2019年今冬明春火灾防控工作方案》等工作方案，发动街乡、行业部门根据监管职能制定消防安全工作方案、签订承诺书。推动11类场所5221家单位落实“三自主两公开一承诺”（三自主：自主评估风险、自主检查安全、自主整改隐患。两公开：向社会公开消防安全责任人、管理人。一承诺：承诺本场所不存在突出风险或者已落实防范措施），督促整改突出消防隐患2135处，生产经营单位台账信息系统录入60961家，城市安全隐患治理三年行动信息系统录入612家；以中信大厦为试点，承办全市超高层建筑灭火救援技术处置队现场会，全年建成60家超高层建筑和24家大型综合体灭火救援技术处置队；依托“五清”（清扫可燃杂物、清理电动自行车、清整生命安全通道、清查仓储库房、清洗餐饮油烟道）行动，清理可燃物1551吨、电动车3260辆，打通消防车通道195处，清洗油烟道1565处，新建电动自行车充电设施112座；开展村民宅基地出租房屋消防安全综合治理三年行动（2018—2020），排查出租房屋15757栋，涉及24万余人，复查出租房屋13774栋，制止建筑内电动车、电池充电行为13909次，发现并整改新增隐患1217次，隐患消除率90%。针对48个重点村（市级挂账26个、区级挂账14个、未上账8个）、重点老旧小区6个、高风险区域场所153处，提请区纪委监委将整改责任落实、挂账隐患纳入监察范围，推动48个重点村火灾隐患整改7156处。全年检查单位35865家；整改火灾隐患62819处，临时查封1486处，责令“三停”（停止施工、停止使用、停产停业）524家，罚款2235.85万元，拘留194人，6项执法指标（查、改、封、停、罚、拘）比上年大幅提升，居全市前列。（顾兆平 孙阳阳）

【消防行政审批】 年内，区消防救援支队受理行政办事事项3448项。其中，消防行政许可963项，包括建设工程消防验收454项，公众聚集场所投入使用、营业前消防安全检查431项，建设工程竣工验收消防备案78项；建设工程施工现场消防安全备案2485项。（姚国才）

【消防队站建设】 年内，区消防救援支队完成大屯消防站和太阳宫消防站建设、东湖消防站和酒仙桥消防站装修改造工程，投入使用。大屯消防站建设项目于2016年4月在市发改委立项，经过公开招标于2016年底开工建设，用地面积3491平方米，建筑面积3996平方米（地上3595平方米、地下401平方米）。建设内容包括消防车库、器材库、会议室、备勤宿舍及附属用房等，6月竣工并投入使用。工程投资1914万元，由区消防救援支队建设，北京房建建筑股份有限公司施工，北京集东建设工程监理有限公司监理。太阳宫消防站建设项目于2016年4月在市发改委立项，经过公开招标于2016年底开工建设。用地面积4001平方米，建筑面积3505平方米（地上3130平方米、地下375平方米）。建设内容包括消防车库、器材库、会议室、备勤宿舍及附属用房等，6月竣工并投入使用。工程投资1707万元，由朝阳区消防救援支队建设，北京房建建筑股份有限公司施工，北京集东建设工程监理有限公司监理。酒仙桥消防站改造项目于2018年10月在区发改委立项，经过公开招标于2019年初开工建设，用地面积5673.12平方米，建筑面积2832.61平方米，改造面积为2832.61平方米，全部为地上建筑。改造内容包括房屋加固、室内装修、训练场改造等，11月竣工并投入使用。工程投资1727.13万元，由区消防救援支队建设，亚恒建设集团有限公司施工，北京中景恒基工程管理有限公司监理。东湖消防站改造项目于2018年7月在区发改委立项，经过公开招标于2018年年底开工建设，建筑面积3102.06平方米，全部为地上建筑，装修改造面积为2011.93平方米。改造内容包括室内装修、训练场改造等，6月竣工并投入使用。工程投资676.17万元，由区消防救援支队建设，北京华鼎众星建筑工程有限公司施工，北京中建协工程咨询有限公司监理。（韩成龙）

▲ 东湖消防站竣工并投入使用（摄于5月1日）（韩成龙 摄）

▲ 大屯消防站竣工并投入使用（摄于5月28日）（韩成龙 摄）

▲ 太阳宫消防站竣工并投入使用（摄于5月28日）（韩成龙 摄）

▲ 酒仙桥消防站竣工并投入使用（摄于11月）（韩成龙 摄）

生态建设

生态环境保护

【概况】 北京市朝阳区生态环境局（简称区生态环境局）是朝阳区人民政府环境保护行政主管部门，依法对朝阳区环境保护工作实施统一监督管理，业务工作接受北京市生态环境局的指导。内设科室9个，分别为办公室、组宣科、综合法制科、大气污染防治科、水污染防治科、土壤环境管理科、污染源管理科、辐射安全监管科、审批科。人员编制37人，实有34人。行政执法机构1个，为北京市朝阳区环境执法监察大队，编制54人，实有48人。下设全额拨款事业单位1个，为朝阳区环境保护监测站，编制30人，实有26人；纳入机关工资规范管理事业单位3个，分别为朝阳区机动车排放管理站、环境影响评价评估中心、朝阳区生态与环境保护信息中心，编制67人，实有64人。年内，区生态环境局聚焦改善生态环境质量，区域环境质量进一步提升，区 $PM_{2.5}$ 累计平均浓度43微克/立方米，比上年下降17.3%；PM_{10} 累计平均浓度71微克/立方米，比上年下降13.4%；降尘量6.3吨/月·平方千米，比上年下降29.4%。5个国家级、市级考核断面全年平均水质均实现达标，其中达到Ⅲ类2个（新八里桥、沙子营），达到Ⅳ类3个；34条黑臭水体未出现反弹；地下水水质总体保持稳定。环境保护监测站获市第二届环境监测大比武团体一等奖，4人分别获生态环境部环境执法大练兵突出个人、全国巾帼建功标兵、全市环境监测大比武先进个人等荣誉称号。（高　宇）

【执法监管能力提升】 1月4日，区环保局执法人员25人通过北京市环境监测站废水采集考核，实现执法检查与废水采样双证上岗，打破以往执法人员和监测人员同时在场才能对水样进行采集的监管模式，应对突发环境事件能力提升。（高　宇）

【排污许可“一证式”管理启动】 1月21日，朝阳区水处理行业排污许可“一证式”管理工作启动。区环保局调查北京北排水环境发展有限公司小红门再生水厂、北京城市排水集团有限责任公司定福庄再生水厂等10家城镇污水处理厂，通过审核其生产工艺、生产设施监测设备等，确保排污许可证内容的真实性、完整性和准确性。区内10家城镇污水处理厂获区环境保护局颁发排污许可证。（高　宇）

【企业突发环境事件应急演练】 4月10日，区环保局指导北京普莱克斯实用气体有限公司开展突发环境事件应急演练。当日进行突发初级火灾环保应急处置、储罐泄漏事故应急处置2个科目应急演练，区生态环境局围绕生态环境安全风险管控原则进行观摩指导。（高　宇）

【餐饮企业大气污染防治专项治理】 4月26日，区环保局启动餐饮企业大气污染防治专项治理，以楼宇、商场为主体，推进连锁品牌、餐饮集团餐饮废气集中净化处理。全年完成重点业态（经营烧烤等污染强度较高行业）、重点规模（大型及以上餐馆和中央厨房）、重点区域（一级严控区、餐饮聚集区）及重点单位（被投诉举报企业、行政事业单位食堂）四类重点餐饮单位1400家净化设备升级改造。根据区情划分7个区域，每个区域每月检查不少于30家、监测不低于20家，落实责任，规范管理。相关部门、街乡开展综合执法、联合执法，督促餐饮服务单位落实法规要求，以查促治。4月15日至25日，检查餐饮企业219家，处罚12家，处罚金额13.5万元。（高　宇）

【机构改革】 5月16日，北京市朝阳区环境保护局机构改革完成，变更为北京市朝阳区生态环境局。划入职责6条，包括区发展改革委员会应对气候变化和减排职责、市规划和国土资源管理委员会朝阳分局监督防止地下水污染职责、区农村工作委员会监督指导农业面源污染治理职责和区水务局编制水功能区划职责、排污口设置管理职责、流域水环境保护职责。人员编制增加1名。根据市委编办行政执法机构改革有关工作要求，经区编办批准，于7月11日组建成立朝阳区生态环境综合执法大队，为副处级行政执法机构，设队长1名；整合区生态环境局的污染防治、生态保护、机动车排放、辐射安全等执法职责，以及农业、水务、园林绿化等部门有关污染防治和生态保护执法职责，划入执法大队。（高　宇）

【生态环境信访宣传月活动】 5月24日，朝阳区启动2019年生态环境信访宣传月活动。活动以“打造网上主渠道，智慧信访更阳光”为主题，宣传生态环境保护法律法规和科普知识，引导市民通过网上信访途径举报生态环境污染问题，主动参与生态环境监督。发放宣传品1000余件，现场解答群众疑问40余个，让群众了解网上信访工作流程。（高　宇）

【重点碳排放单位减排管理】 5月29日，朝阳区启动2019年重点碳排放单位减排管理工作。全区有重点碳排放单位173家、一般碳排放单位142家，行业覆盖电力、热力、水泥、石化、交通运输、其他工业、服务业等7个类别。区生态环境局根据重点排放单位上报排放报告和第三方核查报告、核发排放配额、配额清缴履约等资料进行管理，引导碳排放单位通过提升管理水平、应用新技术产品，协同减少温室气体和污染物排放。截至7月底，监督企业315家次，全区年度下降4%目标完成。（高　宇）

【世界环境日主题活动】 6月5日，区生态环境局、区检察院联合组织以“奔跑朝阳蓝”为主题世界环境日活动。社区居民代表、大学生代表、企业职工代表及生态环境局和检察院工作人员组成4支队伍，通过竞赛形式，宣传蓝天保卫战和环境公益诉讼知识。（高　宇）

【区委生态文明建设委员会第一次会议】 7月12日，区委生态文明建设委员会第一次会议召开。区领导王灏、王志勉、杨建海、李国红出席会议，区委书记王灏主持会议。副区长王志勉传达学习市委书记蔡奇在中共北京市委生态文明建设委员会第一次会议上的讲话精神，研究审议《中共北京市朝阳区委生态文明建设委员会工作规则》《中共北京市朝阳区委生态文明建设委员会办公室工作细则》《中共北京市朝阳区委生态文明建设委员会专项工作小组设置方案》《中共北京市朝阳区委生态文明建设委员会专项工作小组工作规则》《中共北京市朝阳区委生态文明建设委员会2019年工作要点》。（武国鑫）

【豆各庄地区污水排放检查】 7月17日，区生态环境局每天派出6个专项工作组、24

名执法人员，全面检查豆各庄地区富力又一城、京城雅居等3个小区，宇达创意园区、宇达养老院等20家企业污水排放情况，查清排放方式、排口数量、最终去向等基本信息，未发现违法行为；取样检测青青家园小区污水蓄水池，全程跟踪录像一台清掏转运车辆运输、倾倒环节。（高 宇）

【橙色预警应对】 9月26日，市气象局发布空气质量橙色预警。区领导王灏、李长萍、李国红、朱晟、杨艳分别带队检查空气重污染应急应对工作落实情况。全区各部门出动执法人员750余人次，检查各类污染源400余家次。各街乡出动3600余人次，执法人员1200余人次，保洁人员1600余人次，检查各类污染源600余家次，苫盖裸地1万余平方米。区生态环境局成立工作专班，每日汇总各成员单位落实应对措施情况，形成工作简报。每日组织召开成员单位调度会，通报橙色预警措施应对落实情况和存在问题，并向区纪委区监委移送问题线索。利用自动监测系统及时掌握各街乡空气质量情况，每日通报、约谈细颗粒物浓度排名靠后街乡。（高 宇）

【生态环境损害赔偿协议签订】 10月24日，北京某石化产品储运有限公司代表团与区生态环境局就"北京某石化产品储运有限公司油罐车侧翻造成汽油泄漏，导致生态环境损害赔偿"一案签订协议。这是2018年《北京市生态环境损害赔偿制度改革工作实施方案》施行以来，全市首例生态环境损害赔偿案件。（高 宇）

【非道路第一块移动机械牌照核发】 11月11日，区生态环境局向区道路养护中心黑庄户道班核发编号为X-10000420的非道路移动机械牌照，是朝阳区核发的第一块非道路移动机械牌照。区生态环境局自10月起，开展施工工地、物流园区、工厂、机场、铁路货场等地点使用的各类非道路移动机械摸底调查和编码登记工作，非道路移动机械监管，摸清非道路移动机械底数和排放水平，为有效实施排放控制区管理、管控高排放非道路移动机械、减少污染物排放奠定基础，促进区域环境持续改善。截至12月，收到186台申报资料，逐一核查发放环保牌照。（高 宇）

水环境治理

【概况】 北京市朝阳区水务局（简称区水务局）河湖科，负责组织实施本区水利工程运行管理的政策、标准、规程规范。组织河道、堤防、渠道等水利工程设施的运行维护管理。组织河湖水环境维护管理工作。依法组织河湖管理范围内生态保护管理工作，参与生态补偿相关工作。拟订河湖水生态流量水量需求计划。指导本区污水处理行业管理工作，承担所属污水处理设施运行管理。组织编制城乡污水处理发展规划和年度计划并组织实施。组织污水处理费征收工作。组织推进城镇雨污分流工作。年内，开展水环境治理，完成77条段沟渠小微水体治理。（姜 芳）

【小场沟污水处理站升级改造】 10月，区水务局实施小场沟污水处理站升级改造工程，12月底完成主体结构建设以及主要设备安装工作，具备通水条件，污水处理能力2万吨/日。工程总投资1053万元，朝阳水利工程有限公司施工，中国中轻国际工程有限公司监理。（姜 芳）

【小微水体治理】 年内，区水务局聚焦群众身边小微水体问题，结合朝阳区卫生城区创建工作，协调各街乡全面开展乡管沟渠黑臭问题摸排，制定小微水体治理计划，启动小微水体整治工作。项目涉及17个街乡、77条段沟渠，至5月底，77条小微水体全部完成治理，农村地区水环境全面提升。（姜 芳）

【污水处理设施升级改造】 年内，区水务局协调督促北京清河北苑水务有限公司于2019年底完成北苑污水处理厂升级改造，出水水质执行《城镇污水处理厂污染物排放标准》（DB11/809-2012）B标准。配合北京城市排水集团完成中心城区污水收集管线、再生水管线建设任务。（姜 芳）

市容环境管理

【概况】 北京市朝阳区城市管理委员会（区城市管理委）负责朝阳区城乡环境建设、市容环境卫生等工作。下设朝阳区市政基础设施协调中心、朝阳区渣土管理站和朝阳区控违拆违督察队3个事业单位。年内，在奥林匹克森林公园、北京商务中心区、大望京、三里屯、塞隆文创园等区域建筑群，建设多处立体灯光秀。"朝阳群众管城市"公众号升级改版，线上注册街巷长1665名、小巷管家7854名，执行人1913名。完成重大活动环境提升工作。建成八里桥公园等精品环境建设项目。完成年度330条背街小巷环境整治提升。全区81个地铁站、303个站口周边环境建立长效管理机制。（武 兴）

【2019年环境建设工程任务书】 1月，区城市管理委印发《朝阳区2019年环境建设工程任务书》，从沿街界面、道路整修、景观绿化、市政设施、公共服务设施等方面对优美大街、背街小巷环境整治提升等工作提出指导性意见。（武 兴）

【地铁口周边环境整治】 2月，区城市管理委建立朝阳区地铁站口周边环境长效管理机制，对全区81个地铁站、303个站口周边环境进行长效管控。采取分级分类管理模式，组织街乡落实常态管理工作，重点站口环境管控给予资金支持；与北京京投轨道交通资产经营管理有限公司建立常态对接机制，探索地铁站口周边环卫作业责任体系。（武 兴）

【围栏护栏治理】 2月，区城市管理委开展以城市道路隔离护栏为主的专项治理。9月，修改完善《朝阳区围栏护栏治理工作方案》，组织街乡复核辖区内存量围栏护栏台账。截至年底，拆除道路隔离等各类护栏441.7千米，完成全区围栏护栏计划拆除量的88.69%，奥林匹克中心区、北京商务中心区西北区、北中轴路以及二环路、三环路、四环路等重点区位全面完成围栏护栏治理；落实围栏护栏拆除点位后续治理工作，施划标线5420延米，安装监控设备87套，做到"护栏净化、秩序不乱"。（武 兴）

【"朝阳群众管城市"公众号升级】 3月，区城市管理委"朝阳群众管城市"公众号升级改版。新增便民服务板块，增加门前三包、垃圾分类等曝光问题类型；在双井街道试点上线门前三包板块，拓宽群

▲ 7月10日，区城管委拆除双井街道天力街路侧交通护栏　（侯　雨　摄）

众监督渠道，实现管理信息共享。全年线上注册街巷长1665名、小巷管家7854名，执行人1913名，解决各类曝光问题近2.5万件，“全民小巷管家”逐渐成为朝阳区城市共治金字招牌。（武　兴）

【斑马线问题专项行动】 8月，区环境建设办制定《全面清理斑马线问题专项行动工作方案》，对全区道路斑马线进行排查、梳理、分类，发现斑马线问题39处，年内解决27处。（武　兴）

【国庆环境提升工程】 9月5日，区环境建设办牵头组织2.4万名群众开展大扫除，迎接中华人民共和国成立70周年。以“三清四整”（三清：清房前屋后、清楼道阳台、清卫生死角；四整：重点整治堆物堆料、暴露垃圾、绿地卫生、非法小广告）要求开展，覆盖全区43个街乡、1100多条街巷、770个居民区，清理出堆物堆料、暴露垃圾2600余吨，白色污染3800余千克，清洗擦拭公交站牌及交通护栏300余处、清除非法小广告1.7万余张、规范临街阳台100余处、清理地下车库及自行车棚340余处、规范“门前三包”2700余家。9月，区城市运行、环境提升和工程建设指挥部完成长安街、西大望路、工体北路等阅兵路线、阅兵集结区86项整治提升工程。规范建筑物外立面1.6万余平方米、治理各类设施5700余平方米，核心区域市容环境明显改观。以“花开百点、花开成链”方案布置景观，设置大型立体花坛8处、中小型花坛123处，配合硬质横幅、国旗彩旗、灯笼灯饰，47条重要道路立体化营造节日氛围。10月1日至7日，在奥林匹克森林公园、北京商务中心区、大望京、三里屯、塞隆文创园等区域建筑群，设多处立体灯光秀，形成灯影夜景灯光秀。完成长安街及其延长线、广渠路夜景照明，点缀沿线区域。（武　兴）

▲ 全国农业展览馆西门国庆景观工程竣工（摄于9月18日）　（王凯成　摄）

【广渠路等环境景观建设】 10月，八里桥公园改造提升工程完工。工程占地30万平方米，融入漕运历史文化，成为“露天漕运博物馆”。年内杨闸村、东会村6.7万平方米三角地绿化，广渠路王四营段一期2.58万平方米绿化工程和小郊亭桥南侧6.7万平方米绿化等建设工程完工。各项目工程于2018年立项并启动实施，由市区财政承担建设资金，区园林绿化局负责各项目的组织实施，北京远东工程项目管理有限公司监理。（武　兴）

【重大活动环境保障】 年内，第二届“一带一路”国际合作高峰论坛环境保障和城市运行工作组组织完成第二届“一带一路”国际合作高峰论坛、亚洲文明对话大会、世界园艺博览会环境保障任务。完成环境整治提升124处、景观布置32处，设置大型立体花坛10个、中小型花坛60个；重点道路沿线悬挂700余根灯杆挂旗，投放12块“一带一路”户外宣传广告牌，国贸三期等6家建筑物楼体实施照明组字，营造氛围。（武　兴）

【背街小巷环境整治提升】 年内，区环境建设办牵头组织完成330条背街小巷环境整治提升，背街小巷三年环境整治提升行动结束。遵照“一街一策”，建精品、树标杆、出地标工作方针，祁家豁子街、十里堡路、垂杨柳南街建成精品街巷。（武　兴）

【环境拉练检查】 年内，区环境建设办在全区组织开展“周末清洁日”主题行动。环境拉练检查40余次，督办整改各类环境问题1.6万余个，整治40个重点村环境，清理卫生死角1万余处，110万人次参与。（武　兴）

【环境责任管理全覆盖】 年内，区环境建设办依托铁路"双段长"（将铁路以辖区边界为起止点，建成区每1千米左右，其他区域每5千米左右划定区段，每区段设定铁路部门段长1名、街乡段长1名，组成"双段长"）、"处级领导进社区，科级干部包小区"等制度，建立实名制环境管理责任体系。全区设置铁路"双段长"22名，包社区处级领导456名，包小区科级干部1113名，实名制环境管理责任制全覆盖。 （武 兴）

环境卫生

【概况】 北京市朝阳区环境卫生服务中心（简称区环卫中心）是朝阳区环境卫生专业作业服务队伍，区属全额拨款正处级事业单位。主要负责全区环境卫生服务性、技术性和事务性工作，担负全区主要干路的清扫保洁、喷雾降尘、垃圾清运、粪便抽运及无害化处理、公厕管理与保洁等环卫作业生产工作。中心内设13个科室（其中基建科于6月拆分为基建房屋管理科与行政科），下设环卫一、二、三、四队，第一、二、三、四清洁车辆场、房修所及北京朝环生态资源科技有限公司等10个基层作业单位。其中，下属科级自收自支事业单位北京市朝阳区环卫开发服务中心于2018年12月29日经区机构编制委员会研究同意撤销，部分职能由内设机构房屋维修管理所承担；2018年年底成立的北京朝环生态资源科技有限公司（简称朝环生态公司）于2019年完成组建方案，负责开展全区垃圾分类、道路清扫保洁、大件垃圾清运和处理、环卫一体化等相关工作，职工7222人。区环卫中心全年清扫道路3335.6万平方米，其中机械作业面积1731.85万平方米，人工作业面积1603.75万平方米，保洁过街天桥150座，地下通道56座，保洁清掏果皮箱9708个；管理公共卫生间1684座，密闭式清洁站250座，清运农村地区垃圾中转站19座。全年共清运生活垃圾204.45万吨；清运厨余垃圾4.29万吨；清运处理粪便55.9万吨；道路"洗扫冲刷"新工艺作业覆盖率达到92.1%。 （张香玲）

【创建国家卫生城区成果巩固】 1月11日至28日，区环卫中心联合街道社区开展"巩固创卫成果，共建卫生城区"为主题环境卫生大扫除活动，先后到安贞街道、小关街道、亚运村街道社区、三里屯街道社区，对墙角杂草杂物、暴露垃圾采取地毯式筛查清理，擦拭宣传栏、果皮箱和垃圾桶，清除卫生死角。出动环卫职工389人次，出动小广告冲刷车6部；出动电动三轮车42辆，出动压缩车3辆、6车次；清扫废弃物6.1吨，清理建筑垃圾6处。 （张香玲）

【垃圾分类示范片区建设】 1月，朝阳区垃圾分类示范片区建设工作启动。区环卫中心按照"一类型一办法""一小区一方案""广泛动员、全民参与、协同配合、营造声势"原则，每周研究垃圾分类推进工作，及时解决难点问题，与乡主管部门、社区、物业公司等多方建立沟通联络机制，对不同社区分别制定垃圾分类方案。协同乡主管部门开展联合检查300余次。在67个社区、9个行政村开展垃圾分类宣传活动850场次，宣传活动覆盖率100%；科普展示厅接待参观700余人次。截至年底，朝环生态公司在区城市管理委部署下，与高碑店、南磨房、亚运村、太阳宫等街乡合作，完成垃圾分类示范片区建设。 （张香玲）

【节假日环境保障】 2月4日至10日，区环卫中心开展春节环境保障工作。加大繁华商业区、奥体中心、北京商务中心区、区政府周边、朝阳公园、东岳庙交通枢纽周边人流密集地区、地下通道、过街天桥等作业及检查力度。出动环境卫生作业人员36400人次，各类环卫车辆10150车次。其中，城市道路清扫保洁28800人次、出动车辆10150车次，公共厕所保洁7600人次、运维公厕1085座，自查出动人员840人次，清运垃圾37100余吨，抽运粪便8000余吨。5月1日至4日，区环卫中心开展五一劳动节环境保障。出动作业人员21600人次、作业车辆2680车次，使用中水34512吨。出动自查人员720人次，检查重点地区周边公共卫生间、密闭式清洁站、清运车辆等环卫设备设施，完成节日期间环境保障工作。 （张香玲）

【重大活动环境保障】 3月1日至16日全国"两会"期间，区环卫中心出动保洁人员70200人次，各种作业车辆22100车次，使用再生水3.25万吨，清运生活垃圾6.86万吨，出动自查人员3120人次。4月23日至26日，第二届"一带一路"国际合作高峰论坛期间，发挥机械化作业优势，24小时无缝隙清扫保洁；粪便及时抽运。严格密闭式清洁站开关门时间，做到日产日清不积存，车容车貌保持干净整洁。各作业单位加大业务检查频次，重点部位、重要岗位及关键设备专人值守。完成清理遗撒等应急处突任务。5月8日至24日，亚洲文

▲区环卫中心完成庆祝中华人民共和国成立70周年庆典活动期间环境卫生保障工作 （刘宏伟 摄）

明对话大会期间，区环卫中心出动环境卫生作业人员 9.18 万人次，环卫道路清扫保洁车辆 1.12 万车次，使用中水 14.55 万吨；出动自查人员 3060 人次。10 月 1 日至 7 日，中华人民共和国成立 70 周年庆典活动期间，区环卫中心成立环境保障指挥部，出动 38500 人次、8400 车次，使用中水 4.9 万吨，出动自查人员 1260 人次，完成国庆期间环境保障工作。（张香玲）

【三级污水处理项目建设】 10月27日，环卫中心酒仙桥污水三级处理项目建设完成并试运行，出水符合北京市《水污染物综合排放标准》（DB11/307-2013）要求。12 月 9 日正式运行，日均处理污水量约 700 吨。酒仙桥粪便处理站是 2002 年为解决粪便无害化处理问题，由市市政市容委（现市城市管理委员会）利用酒仙桥污水处理厂边角地建设，该站占地面积 1590 平方米，建成后移交区环卫中心运行管理。酒仙桥污水三级水处理改造项目分为污水三级处理（污水处理）项目、污水三级处理配套建设项目、污水三级处理电力增容项目。6 月 28 日与朗照技术（北京）有限公司签订污水三级处理服务协议，处理费用为 81.8 元/吨（处理费用据实结算）。7 月 29 日、7 月 31 日分别与北京都城正泰建筑工程有限公司、北京大正建设监理有限公司签订污水三级处理配套建设合同并开始进场施工，投资金额 379.97 万元。8 月 15 日与北京朝阳电力实业发展有限公司、北京京电电力工程设计有限公司联合体和北京中城建建设监理有限公司签订污水三级处理电力增容项目设计施工一体化合同和监理合同并开始进场施工，投资额为 1977.95 万元。12 月 9 日正式运行，酒仙桥粪便消纳站日均处理污水量约 700 吨。（张香玲）

【防汛保障】 年内，区环卫中心成立防汛工作指挥部和应急队伍。汛期启动防汛应急预案 8 次，备勤、出动作业人员 29950 人次，作业车辆 5260 车次，雨后清理树叶、杂物、淤泥等垃圾约 370 吨，推水面积 800 余万平方米，清理雨水口 4800余处，出动自查人员约 1600 人次。汛期城区交通状况和环境卫生秩序未受汛情影响。（张香玲）

循环经济

【概况】 北京市朝阳循环经济产业园管理中心（简称循环经济产业园）为区政府直属事业单位，机构规格相当正处级，经费形式为全额拨款，业务归口区市政市容委管理，主要承担朝阳区固体废弃物无害化处理和垃圾处理循环利用项目的规划、建设和管理工作。编制 44 人，内设科室 9 个。园区建有高安屯卫生填埋场、生活垃圾焚烧发电厂、餐厨垃圾处理厂、医疗垃圾处理厂、电动汽车充换电站、朝阳生活垃圾综合处理厂焚烧中心、北京市朝阳生活垃圾综合处理厂生物处理中心试验项目、废旧物资回收中心、建筑废弃物资源化利用中心。年内，园区消纳垃圾 122.2 万吨。其中，高安屯生活垃圾焚烧发电厂处理生活垃圾 52.21 万吨，朝阳生活垃圾综合处理厂焚烧中心处理生活垃圾 69.99 万吨。高安屯卫生填埋场年处理填埋气 72.2 万立方米，填埋残渣 19.5 万吨，渗沥液处理 4.31 万吨。高安屯生活垃圾焚烧发电厂渗沥液处理 18.52 万吨，上网发电 1.71 亿千瓦时。朝阳生活垃圾综合处理厂焚烧中心年渗沥液处理 13.9 万吨，上网发电 2.41 亿千瓦时。餐厨垃圾处理厂于 4 月 30 日正式移交北京控股集团有限公司子公司——北京高安垃圾焚烧有限公司并进入商业运行阶段，每日进厂餐厨垃圾 336 余吨，截至年底处理 9.36 万吨。建筑废弃物资源化利用中心于 9 月 4 日正式进入带料试运行阶段，截至年底处理建筑垃圾 23.39 万吨。全年接待社会各界人士参观 690 批次，25261 人次。年内，循环经济产业园被评为中国城市环境卫生协会副会长单位、北京市生态环境教育基地、首都环境建设样板单位，获全国安康杯先进单位荣誉。（李　强）

【国际业务交流】 1 月 9 日，中共中央党校国际和港澳培训中心 2018 年圣多美和普林西比民主共和国公共部门管理（领导力培训）研修班 20 余名官员到循环经济产业园参观交流。11 月 14 日至 15 日，接待日本、哥伦比亚、玻利维亚、哥斯达黎加、多米尼加、墨西哥、尼加拉瓜、萨尔瓦多、乌拉圭、委内瑞拉 10 个国家 45 人次到循环经济产业园，对垃圾处理现状、主要技术工艺和固体废弃物管理等情况进行参观交流。7 月至 11 月，商务部国际研修院组织 6 批、200 余名发展中国家官员到循环经济产业园参观、交流学习垃圾处理现状、主要技术工艺和固体废弃物管理等。（王小文）

【接待外省市考察团】 6 月 2 日，江苏省连云港市副市长陈书军、连云港市城市管理局局长苏锋、城建集团党委书记董事长周文军等一行 10 余人到循环经济产业园学习调研。6 月 28 日，沈阳市雪松经济开发区管委会副主任武仲刚一行 5 人到循环经济产业园调研朝阳区垃圾分类处理情况。11 月 21 日，深圳市国资委巡视员邱健明、深圳市能源环保公司总经理李倬舸到循环经济产业园了解园

▲ 北京市朝阳循环经济产业园园区景观（摄于 12 月 19 日）　　（李晓峰　摄）

区基本情况，考察焚烧中心项目工艺特点、烟气处理技术、炉排设备、垃圾堆垛方式，并进行学术交流。（张春黛子）

【消防工程项目竣工】 6月11日，北京市朝阳循环经济产业园消防设施工程竣工，通过北京市朝阳区消防救援支队、朝阳循环经济产业园管理中心、北京清大原点建筑设计有限公司、北京华夏工程项目管理有限责任公司、中冶国建（北京）建设工程有限公司验收移交北京市朝阳区消防救援支队。该项目位于园区内（高安屯1号路北侧），是为落实《北京市"十三五"时期消防事业发展建设规划》，经区政府同意，由区财政拨款308.1万元，于2018年12月6日开工建设。工程占地1300平方米，配备2台消防车和21名消防人员，由中冶国建(北京)建设工程有限公司承建，北京华夏工程项目管理有限责任公司监理。（窦艳阳）

【媒体宣传报道】 7月5日，中央电视台、人民日报、人民网、北京电视台等20家新闻媒体30余名记者到循环经济产业园开展垃圾分类工作宣传报道，向社会公众宣传垃圾分类意义，展示朝阳区垃圾分类及无害化处置工作取得的阶段性成果。11月26日，北京卫视《最美北京》系列短片《牛爷串胡同》摄制组到朝阳循环经济产业园，在展厅、示范园长廊和焚烧中心三个地点进行人物信息采集和拍摄工作。全年中央电视台、人民网、《新京报》、《中国新闻周刊》等主流媒体，通过纸媒和数字化媒体平台对园区宣传报道58次。（范海建）

【垃圾分类宣传】 7月27日，循环经济产业园在园区多功能厅举行以"垃圾分类齐参与，引领文明新时尚——朝阳分小萌在行动"为主题垃圾分类宣传活动。10月23日，"政务开放 初心为民"暨"垃圾科学处理我先行"主题活动在园区举办。让公众了解朝阳区垃圾处理工作情况，普及垃圾减量和垃圾分类以及垃圾减量化、资源化、无害化科学处理工艺知识。（李晓峰）

【对外开放接待】 年内，循环经济产业园接待社会各界人士参观690批次、25261人次。其中接待居民173批次、8279人次，学生211批次、9856人次；企业72批次，2324人次；政府125批次、2459人次，同行55批次、1498人次，外宾17批次、570人次，媒体37批次、275人次。参观人群中，学生、居民、政府参观人数居前三位，分别占39.02%、32.77%、9.73%，超过总人次数量81%。（黄敬涛）

【异味防控与环境监测】 年内，循环经济产业园通过现场检查、信息化监管、驻厂监督、聘请第三方专业检测等多种措施，针对各设施的污染物排放、运行工况、垃圾车排队和异味控制等问题，采取定期和不定期检查考评，发现问题76处，全部整改完毕；发现异味问题25次，均有效解决，未发生异味泄露事件。聘请第三方专业机构对园区二噁英、污水、烟气等排放物监测，实时上传检测数据进行审核公示，全年内园区各项排放指标均达到环保要求，合格率100%。（张 娟）

【生产安全】 年内，循环经济产业园开展"防风险，除隐患，遏事故"主题安全教育活动，发放宣传挂图116套、学习教材170本、调查问卷600余份，组织危化品、有限空间作业专项培训各1次，培训300余人；调整园区安保队伍，设置为5个巡逻班，每班每天至少巡逻4次。分月重点专项自查园区涉及烟花爆竹、森林防火、职业卫生、特种设备、安全用电、防汛工作、有限空间作业、危化品等方面安全隐患，全年检查77次，发现隐患并整改345项，未完成整改的设施单位责令整改或停工，要求制定整改方案、明确完成时限。聘请第三方专业机构开展为期一周的安全隐患排查，查出安全问题563项，全部限期整改。（刘 瑾）

【信息发布】 年内，园区网站向社会公众发布宣传信息122条；园区微信公众平台发布信息147条、转发12条，关注1649人。（张 勇）

【科研成果】 年内，循环经济产业园依托生物处理中心试验项目，完成《厨余垃圾高效生物水解厌氧消化组合处理技术研究》并结题验收。与清华大学合作撰写《淋滤水解预处理厨余垃圾的中试研究》论文，研究成果进行推广，为行业提供工艺技术示范，带动国产厨余垃圾处理装备的研发和应用。（王 涛）

园林绿化

【概况】 北京市朝阳区园林绿化局（朝阳区绿化委员会办公室）（简称区园林绿化局）隶属朝阳区人民政府，是贯彻执行国家和北京市城市绿化及林业工作方针、政策、法律、法规，根据首都绿化总体规划制定并实施本区绿化建设发展规划和年度计划，负责本区园林绿化建设和管理，负责组织协调全民义务植树活动及群众绿化工作，并负责直属事业单位建设和管理的政府职能部门，职能业务归市园林绿化局监督指导。截至年底，全局在职职工750人，其中公务员43人，事业编707人；设置局机关科室10个；下设基层单位18个，分别为：北京市朝阳区郊野公园管理中心、北京市朝阳区林业工作站、北京市朝阳区园林绿化综合服务中心、北京市朝阳区园林绿化监督管理所、北京市朝阳区团结湖公园、北京市朝阳区日坛公园、北京市朝阳区红领巾公园、北京市朝阳区元大都城恒遗址公园、北京市朝阳区四得公园、北京市朝阳区北小河公园、北京市朝阳区庆丰公园、北京市朝阳区大望京公园、北京市朝阳区望和公园、北京市朝阳区园林绿化局绿化一队、北京市朝阳区园林绿化局绿化二队、北京市朝阳区大黄庄绿化队、北京市朝阳区北花园绿化队、北京朝园弘园林绿化有限责任公司。年内，全区落实新一轮百万亩造林，绿化面积1万亩。全区"留白增绿"专项任务192.60公顷，与百万亩造林重点项目统筹实施。10月1日至2日，朝阳区两家市属公园、7家区属公园接待游客30万人次。完成中华人民共和国成立70周年国庆活动、第二届"一带一路"国际合作高峰论坛、"亚洲文明对话大会"、世园会等系列重大活动景观提升工作及服务保障工作，使用花卉地被330万余株、品种70余种。建设一道绿隔城市公园3处（朝南森林公园一期、杜仲公园二期、镇海寺城市公园二期）、二道绿隔郊野公园3处（孙河郊野公园、金盏森林公园、黑桥公园二期），建设特色城市森林3处（温榆河公园朝阳示范区、华贸绿线城市森林、汇星苑城市森林），建设精品公园绿地6处（金隅代征绿地、朝阳区保障房代征绿地、崔各庄东郊农村大绿地、太阳宫小公园、马泉营公园、朝阳区小微绿地建设工程），建设高标准景观生态林1处（地块涉及豆各庄、高碑店、平房、将台、王四营、三间房、南磨房、十八里店、小红门、黑庄户10个乡）。一道绿隔、二道绿隔地区规划绿地面积近1.7万公顷。建设小微绿地21处，老旧小区绿化改造11处、重点道路绿化改造15条、屋顶绿化1.75公顷，提高公园绿地500米服务半径覆盖率。平原重点区域造林绿化建设60公顷，完成广渠路沿线节点王四营一期小公园、小郊亭桥南侧一期绿化项目；八里桥公园改造竣工。加强森林资源管理，严格审批和占用林地审核及备案工作，全年审批农村林木和城市树木伐移项目475件共232987株。强化林业执法，全年接举报125起。全年普遍防治林木有害生物6次，防治面积9333万平方米，全区未发生林木有害生物严重疫情。加强依法行政，受理行政复议1起、行政诉讼案件1起、民事诉讼案件4起；开展生态文明建设与野生动物保护及林政审批中的法律法规相关规定等专题培训8次、普法宣传活动7次。开展绿化美化创建工作，完成创建花园式社区8个、花园式单位12个。

北京市朝阳区郊野公园管理中心位于朝阳区道家园甲16号，隶属朝阳区园林绿化局，全民所有制正科级全额拨款事业单位。主要负责组织落实郊野公园行业标准，制定区郊野公园管理办法和措施；负责对全区郊野公园的景观保护、绿化养护等管理服务工作进行业务指导、监督和考核；负责郊野公园专项补助资金的管理使用。年内，专家组对朝阳区郊野公园检查考核4次，古塔、兴隆、将府、白鹿四家公园考核成绩优秀。京城槐园、京城体育公园、京城森林休闲公园、京城梨园4家公园林下地被种植和野生地被的保护形成朝阳区郊野公园新亮点。

北京朝园弘园林绿化有限责任公司位于朝阳北路147号，隶属区园林绿化局，全民所有制企业单位，国家城市园林绿化一级资质企业。通过ISO9001质量管理体系、ISO14001环境管理体系和OMS18000职业健康安全管理体系认证；2004—2014年度守信企业；2010—2015年资信等级AAA级；2008—2012年度全国城市园林绿化企业50强；北京市林业工程建设施工、林业勘查规划设计甲级资质。公司内设财务部、工程部、合预部、设计部、综合部5个部门。承揽园林绿化、园林机械、花卉苗木、环保技术开发等项业务。全年完成合同经济指标8.12亿元，比上年的9.3亿元减少1.18亿元。完成投标300项，中标7.56亿余元，其中区园林绿化局局属项目中标金额3.43亿余元、市场项目4.13亿余元。完成朝来森林公园三期和五环路（朝阳段）沿线景观提升工程，十八里店桃蹊公园可实施部分竣工。部分完成杜仲公园二期、朝阳区2019年平原造林绿化工程三间房乡项目、亮马河四环以内段景观廊道建设工程——景观工程二标段、温榆河公园朝阳示范区项目园林景观工程二标段等5个绿化工程。

（程丝雨　付雨婷　岳　棋）

【共和国部长和市卫戍区官兵义务植树活动】 3月30日上午，中直机关、中央国家机关各部门和北京市181名部级领导干部，到孙河乡沙子营村植树地块参加2019年共和国部长义务植树活动。栽植油松、银杏、国槐、玉兰、海棠等树木2000余株。4月12日，北京卫戍区司令员王春宁，市委常委、北京卫戍区政委姜勇等领导及北京卫戍区200多名官兵到孙河乡沙子营村地块参加全民义务植树活动。区领导王灏、陈宏志、陈涛等一同参加。种植树苗280余棵，涵盖银杏、国槐、元宝枫、油松、白蜡等树种。（冀晓娜）

【春季养护专业检查】 4月9日至10日，区园林绿化局聘请绿化养护专家，联合第三方监督公司及各乡林业负责人组成检查组，综合检查辖区内19个乡38个地块春季养护管理情况，重点检查林木整形修剪、补植补造、林地卫生、开树堰、浇返青水、树干涂白、病虫害防治、林地保护、基础设施维护等工作落实情况。检查组认为，孙河乡、将台乡、黑庄户乡和豆各庄乡平原生态林养护做到树势均衡留枝合理，林木整形修剪到位，在全区起到示范引领作用；小红门乡、东风乡和东坝乡林木养护效果较上年有较大提高；金盏乡、管庄乡、太阳宫乡、三间房乡、来广营乡、南磨房乡、十八里店乡、常营乡、王四营乡和高碑店乡能够结合植物物候开展养护工作，养护措施基本到位；平房乡和崔各庄乡个别地块存在较为明显的影响林地景观问题，养护管理水平有待提高。（黄　珊）

【公园普查】 4月至6月，朝阳区完成公园普查工作。区园林绿化局制定公园普查工作计划，明确职责分工、普查目的、普查内容、普查范围、主要任务及时间安排，涵盖全区45个注册公园和其他不同类型非注册公园。采取注册公园对往年信息进行核查更新、非注册公园开展全面信息普查方式，对公园绿地进行信息填报，为朝阳区公园绿地管理提供基础性数据。经查，朝阳区注册公园数量与去年相同。（华希艳）

【业务培训】 11月11日至13日，区园林绿化局在怀柔雁栖湖召开2019年度森林防火及野生动物保护工作业务培训会。区园林绿化局副局长王文胜进行动员及部署，市森林公安局、市野生动物救护中心分别进行森林防火、新野生动物保护法培训。各地区办事处和局属各单位相关工作负责人和区水务局、市园林绿化有限公司绿化二大队、北京世奥森林公园开发经营有限公司等80余人参加培训。11月12日至14日，区园林绿化局在大兴采育国际会议中心召开养护管理培训工作会。邀请市级养护管理专家讲授秋冬季绿地林地养护管理及园林资源保护，解读有关法律法规，答疑学员养护管理中遇到的实际问题。街道办事处、地区办事处、局属基层单位和区内相关单位绿化养护负责人、业务骨干等参加培训。11月12日至13日，区园林绿化局举办2019年法制培训班。邀请国家动物博物馆副馆长张劲硕、市园林绿化局行政审批处处长孔令水、市园林绿化局执法监察大队副队长王国义和潮阳律师事务所主任杨晓虹律师讲解生态文明建设与野生动物保护、园林绿化资源管理及执法问题探讨、《行政处罚法》相关要求、协议编制中法律风险防范等内容。（英　頔　黄　珊　张晋峰）

【第一届朝阳工匠评选】 12月6日，区总工会主办的第一届朝阳工匠选树活动——园林绿化工技能竞赛在大黄庄绿化队举办。来自区园林绿化局基层单位42名一线作业人员参赛，最终北花园绿化队园林绿化工陈志超获“朝阳工匠”

▲ 12月6日，区总工会在大黄庄绿化队举办第一届朝阳工匠选树和园林绿化工技能竞赛（魏冬梅 摄）

称号，绿化一队吴晓冬获第二名暨“朝阳工匠”提名奖。（黄 珊）

【节日花卉布置】 年内，区园林绿化局完成第二届“国际合作高峰论坛”“亚洲文明对话大会”“国庆70周年”绿化环境保障工作。花卉布置以会议途径沿线和驻地周边为绿化景观建设重点，开展精细化道路绿化养护管理，保持绿化环境景观效果。上半年布置花卉总量约100万余株，其中，在外交部门前、四元桥进京方向和出京方向等重要节点位置布置立体花坛8个，在北中轴路布置地栽及花钵花卉量约为93730株。下半年花卉布置以“花团锦簇迎国庆，丹凤朝阳展新颜”为主题，在全区常态花卉的基础上，在47条（处）重要道路、节点布置花卉230万余株、立体花坛8个，新增长安街沿线、朝阳公园南路等10余条重点路线花卉布置。（王 惠）

【古树复壮】 年内，区财政拨付专项资金80万元实施古树复壮保护工作。区园林绿化局采取招标审计方式参与，聘请市园林绿化局古树名木保护专家及专业施工队伍对麦子店街道光明饭店、东坝乡七棵树、垡头街道翠城公园等11家单位32棵古树实施技术保护复壮，更新、加装围栏，并配合市园林绿化局完成全区古树名木树牌二维码修正工作。年内，新增东坝乡二级古树2株、一级古树1株。截至年底，全区有古树名木树种13个、681株，其中一级古树58株、二级古树535株、纪念树88株，分布在40个街乡、111个单位，127处。（任宇晴）

【生态资源保护】 年内，森林公安处接举报125起，其中，行政立案19起，结案18起，行政罚款287.92万元，补种树木120株，要求恢复原貌8处，没收野生动物活体183只。全年办理刑事案件8起，刑拘8人，涉及国家级动物83只（含陆龟6只），其余为鸟类（亚历山大、小太阳等）。行政检查650余次。组织开展各类专项行动5次。开展“爱鸟周”宣传活动，发放相关法规手册、粘贴画等宣传资料万余份。对十里河天娇文化城、潘家园市场、北京华声天桥民俗文化市场、雅园国际古玩城、小武基花鸟鱼虫市场等开展多次集中宣传，发放宣传材料2000余份。每日汇总野禽监测数据，全年发现雁鸭类3500余只、小鸟类3.3万余只，未发现禽流感病例。（英 崳）

【森林防火】 年内，19个地区办事处及3个有林单位按照区森林防火指挥部要求落实森林防火指挥机构。区森林公安处开展森林防火宣传周活动，宣传防火基本知识和有关法律法规，在林地明显位置增设宣传牌、禁放牌2356块，安装电子语音宣传杆170根，重点火险区严格实行挂宣传牌、禁放牌挂“双牌”管理。与19个地区办事处及3个有林单位签订森林防火责任书22份。重点防火期全区专职护林员和巡查队人员全部上岗，加大监督执法检查力度。区森林公安处每周森林防火检查不少于2次，组织全区性森林防火大检查4次，组织开展全区可燃物清理，发现隐患，及时纠查、督促整改，全年未发生森林火警、火灾。（英 崳）

【绿化资源管理】 年内，区园林绿化局审批农村林木和城市树木伐移项目475件，总株数232987株，其中城市树木伐移121件，砍伐73株，移植217株；开展汛期危险树、枯死树排查清理，批准危险树申请60件，砍伐危死树338株。农村审核、审批采伐林木137件6971株，立木蓄积3998.97立方米；农村批准移植217件，株数225388株。其中，朝阳区审批213件225022株，市局审批4件366株。区级审核永久占用林地项目16件30.95公顷，永久占用四级林地备案10件11.93公顷，在所经营林地范围内修筑直接为林业生产服务工程设施项目1件，该项目为萧太后河北岸林地防火道路工程，地点在萧太后河北岸沿线，由北京市朝阳区北花园绿化队管护，占用林地面积0.03公顷。临时占用林地审批4件1.10公顷。（任宇晴）

2019年朝阳区注册公园一览表

表10

序 号	名 称	地 址	电 话
1	日坛公园	日坛北路6号	85616301
2	望和公园	北四环东路77号	84765896
3	团结湖公园	团结湖南里16号	85962151

续表10

序　号	名　称	地　址	电　话
4	红领巾公园	后八里庄5号	85839070
5	四得公园	将台西路9号	64384057
6	元大都城垣遗址公园	安外小关街甲38号	84648252
7	北小河公园	师家坟156号	64708518
8	大望京公园	望京东路甲6号	64725018
9	庆丰公园	厂坡村甲2号	67735955
10	望湖公园	望京北路51号院1-6号楼	64785355
11	中华民族园	民族园路1号	62063618
12	朝阳公园	朝阳公园南路1号	65065409
13	太阳宫公园	太阳宫中路6号	52018583
14	朝来农艺园	来广营乡新生村新北路	84913534
15	奥林匹克森林公园	北五环仰山桥西1000米路北世奥公司	64529010
16	丽都公园	芳园西路6号	64360541
17	东一时区公园	重兴寺东路	65730048
18	南湖公园	阜通西大街20号	64735751
19	八里桥公园	八里桥1号	65716210
20	金盏郁金香花园	金盏西大街路北	51781888
21	立水桥公园	来广营乡立清路第一社区立水桥公园	84842902
22	北焦公园	化工路东口1号	67374074
23	将府公园	将台东路甲16号	64331580
24	东风公园	将台洼村	85810699
25	京城梨园	平房乡姚家园路与东五环路交会处东南角	85574810
26	杜仲公园	金卫路	85367196
27	太阳宫体育休闲园	太阳宫西路1号	64323577
28	兴隆郊野公园	高碑店乡兴隆庄甲8号	85759918
29	京城体育休闲公园	平房乡政府北	85574810
30	京城森林公园	平房乡政府南侧	85574810
31	京城槐园	平房乡机场二高速石各庄桥北	85574810
32	古塔郊野公园	王四营乡古塔公园	87390858
33	常营公园	幺家店路	84910079
34	白鹿郊野公园	王四营乡道口村	87390858
35	金田郊野公园一期	豆各庄乡于家围北村478号	85362178
36	金田郊野公园二期	豆各庄乡于家围北村478号	
37	镇海寺郊野公园	小红门乡镇海寺郊野公园	87604036
38	百花公园	高碑店乡北花园村	65765898
39	东坝郊野公园	东坝乡康各庄路东坝郊野公园	65491802
40	鸿博郊野公园	小红门乡鸿博郊野公园	87609839
41	老君堂郊野公园	十八里店乡老君堂村	67474556
42	朝来森林公园二期	来广营乡新生村	84911886
43	朝来森林公园	来广营乡新生村	

续表 10

序号	名称	地址	电话
44	勇士营郊野公园	来广营乡中部	84910079
45	海棠公园	十八里店乡老君堂村	67474556
46	清河营郊野公园	来广营乡清河营村	84910079
47	华汇黄草湾公园	大屯乡北五环路	64922882

说明：序号 1—22 为局属和行业公园，序号 23—47 为郊野公园

园林绿化监督管理所

【概况】 北京市朝阳区园林绿化监督管理所位于姚家园北二路与星火东路交叉路口东北角，隶属区园林绿化局，为公益一类财政全额拨款事业单位，其主要职责：参与市、区规划部门对附属、公共绿地的验收备案工作；负责林地绿地、林木树木许可审批后的监督检查工作；承担辖区林地、绿地专项巡查检查，对侵占绿地、毁坏林地、林木及设施等违法案件，协同区城管执法监察局行使处罚等工作。设批后监督组、巡查检查组、财务室、办公室 5 个部门。在岗职工 31 人，其中管理岗 22 人，专业技术岗 9 人。区园林绿化监督管理所使用权面积8634.03平方米。全年收入1165.08万元，支出1232.61万元。年内，巡查检查组巡查全区林地开展非法侵占林地、绿地和认建认养地块，现场核实举报件情况，自查遥感卫星对比工作。截至年底，完成批后监督工作 188 项，其中城区 142 件、农村 46 件。 （刘 杰）

【涉林违建别墅核查】 年内，按照区园林绿化局关于《涉林涉绿违建别墅有关情况的报告》，区园林绿化监督管理所对九章别墅、孙河香江北路 1 号（西谛桃源俱乐部）、财富公馆、东坝乡中石油连体别墅、北湖渠 9 号、四季雅园商务会馆、广渠路 36 号休闲公园、东一处公园、京顺园 9 个点位进行现场情况核实，经现场核实后发现地块中均存在不同用途建筑，疑似涉及违建超建，将 9 个点位地块情况报至局资源管理科，由于九章别墅、广渠路 36 号休闲公园、东一处公园、京顺园 4 个点位属于认建认养绿地范围，将调查资料和现场照片同时报备北京市朝阳区园林绿化综合服务中心。 （刘 杰）

【认建认养专项整治】 年内，区园林绿化监督管理所开展认建认养地块整改日常巡查检查工作。截至年底，完成鹿港嘉园代征绿地内博洛尼、仰山公园、望湖公园、紫薇公园、凤麟州、京顺园、北辰高尔夫、百子湾一号小区、纬景园、紫御华府、润泽公园、望京 SOHO、首城国际中心、慧谷阳光、中隐、星河湾、望承公园、首开琅樾、中粮瑞府、居然之家、桐城公园、森林绿谷代征绿地 22 个点位、1214 次检查，出动检查人员 1739 人次。各点位按要求张贴限拆通知、条幅、标语并拍照归档，现场约谈相关责任人 36 次，提出整改要求。巡查情况及整改进度每日整理，及时上报区专项整治小组办公室。 （刘 杰）

园林绿化综合服务中心

【概况】 北京市朝阳区园林绿化综合服务中心位于东四环红领巾桥东北角，隶属区园林绿化局，差额拨款行政支持类事业单位。内设办公室、财务室、档案室、工会、绿化监察组（2 个）。截至年底，在职人员 18 人。主要负责协助有关科室做好绿地控制线范围内建设情况的监督检查工作；负责有关的统计工作；协助市绿化工程质量监督站进行质量监督工作。年内，配合局规划发展科完成 12 个项目绿地率审核，涉及代征绿地面积 23687.722 平方米；接收太阳宫乡华宇宏基等4个项目31.23万平方米代征绿地；对市规划和自然资源委员会朝阳分局土地储备中心一级开发的 62 块代征绿地，总面积共计 87.74 万平方米的代征绿地进行勘验，按照代征绿地接收政策及标准，只接收了 6 块代征绿地共计 11.90 万平方米，剩余部分继续由土地储备中心按照代征绿地移交标准进行整改。全年接受 36 个工程的质量监督任务，工程实体和资料监督检查 120 余次，完成其中 10 个工程的竣工验收。 （王 君）

【认建认养专项整治】 1 月，区园林绿化综合服务中心在《进一步加强和完善绿地认建认养、合作建设绿地管理工作的意见》文件基础上，反复、多次核实，于 2 月 27 日区园林绿化局局长办公会、3 月 8 日局党委会研究审议通过《朝阳区园林绿化局城市代征绿地管理办法（试行）》。3 月起，按照《认建认养、合作建设项目阶段性整改工作方案（局内）》，及 123 处认建认养、合作建设项目分类情况，对需要解除协议的企业开展解除协议工作，涉及超建违建类京顺园、仰山公园、华汇紫薇公园、望湖公园绿地、姜庄湖北辰高尔夫、百子湾体育休闲公园、砾石流金（k6 区）等 16 处项目进行拆除整改工作。截至年底，上述项目涉及的超建违建拆除整改工作全部完成。 （王 君）

【绿化工程质量监督】 年内，区园林绿化综合服务中心对朝阳区温榆河公园等 36 个工程实施同步质量监督，工程受监 553.17 万平方米；核查 51 个设计、监理及施工企业和 530 余人个人相关资质；监督检查工程实体和资料 120 余次，强制检测绿化项目土壤灌溉水质 4 次，强制检疫病虫害 4 次，取样 60 余个；完成小红门乡肖村公共租赁住房园林景观工程等 10 个项目竣工验收。 （王 君）

绿化一队

【概况】 北京市朝阳区园林绿化局绿化一队位于团结湖路 15 号，隶属区园林绿

化局，为全民所有制差额拨款事业单位。主要负责管理园林绿地、美化城市环境。内设办公室、财务组、预决算组、生产组、工程组、巡查班、材料组7个部门，下设生产班组22个、孙河苗木基地1个，下属三产企业——北京绿林停车场。截至年底，全队在职职工102人。年内，完成养护检查12次。养护范围西起东二环，东至温榆河，南起分钟寺，北至北五环。全年绿化养护面积432.17万平方米。其中特级绿地68条293.93万平方米；一级绿地110条103.23万平方米；二级绿地68条22.44万平方米；三级绿地3条12.58万平方米。养护道路树木97.19万株，草坪110.09万平方米。完成儿童主题公园绿化补植工作，2018年老旧小区绿化项目（施工）（晨光家园A区）、优美大街环境提升绿化项目（施工）（水碓子中街、水碓子东路）、东北四环（鹿港）代征绿地改造、重点区域环境提升项目（三丰路北侧绿地、红领巾西北角绿地、甜水园一号院），2019年花卉常态化项目（工体北路、朝外大街、朝外市场街、朝外南街、老迎宾线、金桐西路、金桐东路、神路街、光明桥、花池修补）、春季景观布置工程[建国路、东四环（内环步行道）、三环路、朝阳公园南路]、花卉应急项目（东二环路、建国路、广渠路外侧、五环路）、小微公园绿化美化一期项目（高杨树小公园、驹子房小公园、北京中学代征绿地）、五环路（朝阳段）沿线景观提升工程、来广营朝来森林公园三期项目（1标段）、小微公园绿化美化二期项目（金盏代征绿地）、区级重点道路项目（外二环路、广渠路二环—四环）、金隅代征绿地（金隅嘉品）项目、桃溪公园完成50%、温榆河公园朝阳示范区项目园林景观工程二标段（施工）50%、潞城中路景观提升工程完成80%。完成整理绿化用地127.9万余平方米，回填土方9.5万立方米。配合北京地铁建设项目、架空线入地项目等各类重大工程，勘测现场90余次，勘测面积1.5万余平方米；移伐各类树木120余株，恢复往年占地面积绿化7300平方米。进行安全教育6次，消防、林木病虫害、防汛应急演练4次，安全检查160余次。全年未发生安全责任事故。（高　慈）

【花卉常态化项目】 4月25日，2019年花卉常态化项目（施工）开工，11月2日竣工。区园林绿化局建设，北京德轩工程管理有限公司监理，朝阳区绿化一队在工体北路、朝阳公园南路、朝外大街、朝外市场街、朝外南街、老迎宾线、金桐西路、金桐东路、建国路、神路街、光明桥、东四环（内环）、三环路（南段）、花池等15处进行常态化花卉布置。完成整理绿化用地1.66万平方米，使用花卉40余种。工程投资526万元。工程文明施工，做到有问题及时反映、及时沟通、相互协调，及时解决。（张玲玲）

【来广营乡朝来森林公园三期项目】 5月31日，来广营乡朝来森林公园三期项目竣工。项目位于朝阳区来广营乡朝来森林公园，2018年10月22日开工，笛东规划设计（北京）股份有限公司设计，北京中景恒基工程管理有限公司监理，朝阳区绿化一队施工，工程投资2795万元。绿化面积25万平方米，栽植乔木、灌木、花卉、地被等绿植。完成彩色混凝土路、铺装道路、2座景观构筑物、1座吊桥、1座车行桥、1座观景凉亭等土建工程。（刘　跃）

【金隅代征绿地（金隅嘉品）绿化工程项目】 6月10日，金隅代征绿地（金隅嘉品）绿化工程项目开工。工程于12月20日竣工。项目位于朝阳区平房乡金隅代征绿地，市园林古建设计研究院设计，北京铭正洋林绿化工程监理有限责任公司监理，朝阳区绿化一队施工，工程投资2598万元。绿化面积86513.3平方米，栽种常绿乔木、落叶乔木、落叶灌木、花卉等绿植，栽植地被、冷季型草坪、丹麦草、青绿苔草，设立雨洪工程管线，完成观景平台、镂空特色景墙等土建工程。（李　伟）

【五环路（朝阳段）沿线景观提升工程】 10月3日，五环路（朝阳段）沿线景观提升工程竣工。项目位于朝阳区五环路（上清桥—崔各庄乡），2018年10月25日开工，笛东规划设计（北京）股份有限公司设计，北京中林华联建设工程监理有限公司监理，朝阳区绿化一队施工。工程投资2702万元。改造绿化面积30.76万平方米，栽植常绿乔木、落叶乔木、常绿灌木、落叶灌木、草坪、花卉、攀缘植物等，完成土建、灌溉、新增加绿化等施工。（李　伟）

▲ 10月3日，绿化一队完成五环路（朝阳段）沿线景观提升工程（李　伟　摄）

绿化二队

【概况】 北京市朝阳区园林绿化局绿化二队隶属区园林绿化局，是全民所有制差额拨款事业单位，位于朝阳区柳芳北里小区。主要负责管理园林绿地，美化城市环境，城市园林绿地建设，城市园林绿地管理与规划。截至年底，在职职工97人，其中编外合同工1人。固定资产总值2105.25万元。养护绿地范围东至金榆路，西至海淀交界，南至四惠桥，北至昌平交界。年内，养护道路351条/块、园林绿地503.30公顷，有乔木20.9万株、灌木75.7万株、绿篱色块889.7万株、竹子24.7万株、垂直绿化13万株、月季6096.4万株，草坪166.5万平方米。全年栽植乔木2817株，灌木17.78万株，色块及地被135.27万株，月季2.56万株，草坪14.41万平方米，喷灌设施维修700余处，对园路、广场铺装等绿地设施维修500余处。接受朝阳报专访1次；接待上海园林局等多家单位对二队园林绿化专业考察调研。开展施肥对比实验、养护修剪、藤本月季修剪、国槐养护等技术培训活动7次。与各办事处、街道合作，开展背街小巷环境治理提升改工程及“认建认养”代征绿地摸底调查和拆违还绿化工作。其中，上报审批手续10件，签订各项协议12份；组织联合执法检查7次；发出整改通知单11次150余张。完成10处出租出借资产整改。完成2018年重点区域环境提升项目（施工）和2019年区级重点道路绿化美化项目施工、小微公园绿化美化二期项目（施工）、五环路（朝阳段）沿线景观提升工程等工程，施工面积51.78万平方米，包括绿植种植及土建、喷灌、电气工程，完成花卉常态化项目（施工）摆花工程，包括三环路（北段）、中轴路、民族大道、北辰东路、农展桥、东四环、安定路等14条道路、1.19万平方米，栽植时令花卉73.06万株。落实安全生产责任，全年召开安全会12次，开展安全生产教育6次，安全检查22次，发放宣传材料200余份，在显著位置悬挂安全生产隐患防范条幅6条、海报50余张。收到惠新里小区全体居民赠送锦旗1面，朝阳供电公司及中铁九局赠送锦旗2面。（刘晓兰）

【2018年重点区域环境提升项目】 4月1日，2018年重点区域环境提升项目（施工）工程开始施工，7月30日竣工。该项目于2018年9月由区财政局进行政府采购立项，工程包括牛王庙、煤炭医院、来广营滨河公园区域，绿化面积6.64万平方米、栽植乔木1091株、灌木1.69万株、花卉18.88万株、地被10万株、色带3.64万株、攀缘植物4株，草坪8923平方米。由区园林绿化局建设，北京致远工程建设监理有限责任公司监理，北京北林地景园林规划设计院有限责任公司设计，总投资2208.17万元。（任　爽）

【花卉常态化项目】 4月25日，花卉常态化项目施工，5月25日竣工。工程包括三环路（北段）、中轴路、民族大道、北辰东路、农展桥、东四环、安定路等14条道路，工程面积1.19万平方米，栽植时令花卉73.06万株。由区园林绿化局建设，北京德轩工程管理有限公司监理，北京北林地景园林规划设计院有限责任公司设计，总投资369.44万元。（任　爽）

【区级重点道路绿化美化项目】 6月6日，区级重点道路绿化美化项目工程施工，7月21日竣工。工程包括牛阜安西路、酒仙桥南路区域，绿化面积5327平方米，栽植色带2.73万株，栽植落叶乔木15株，灌木57株，地被3677平方米。由区园林绿化局建设，北京佳益工程咨询有限公司监理，北京腾远建筑设计有限公司设计，总投资212.34万元。（任　爽）

【小微公园绿化美化二期项目】 7月4日，小微公园绿化美化二期项目工程施工，8月18日竣工。工程包括新增太阳宫坝河文化区域及温榆河大道，绿化面积4.41万平方米，栽植色带2.73万株。栽植落叶乔木1188株，灌木9097株，地被5.19万株。栽植攀缘植物3223株，花卉7.24万株，铺种草皮4.38万平方米，移植苗木342株。由区园林绿化局建设，北京中建工程顾问有限公司监理，北京市园林古建设计研究院有限公司设计，总投资1965.34万元。（任　爽）

【五环路（朝阳段）沿线景观提升工程】 10月3日，五环路（朝阳段）沿线景观提升工程竣工。工程于2018年10月25日开始施工，包括新增地块绿化面积为4963.2平方米，种植常绿乔木35株、落叶乔木129株、地被4136.1平方米；改造地块绿化面积10.72万平方米，种植常绿乔木761株、落叶乔木2002株、落叶灌木8563株、常绿灌木720株、草坪及地被10.78万平方米。由区园林绿化局建设，北京中林华联建设工程监理有限公司监理，总投资8585.80万元。（任　爽）

大黄庄绿化队

【概况】 北京市朝阳区大黄庄绿化队隶属朝阳区园林绿化局，为公益二类事业单位，经费形式为自收自支，主要经济来源为绿化工程建设以及房屋租赁收入。主要承担区域内道路及园林绿地的设计、规划、管理、维护与提高；负责全区道路路树及绿地的更新、养护、美化和巡查，以及全区城市公共绿地、道路苗木的病虫害防治工作等；贯彻执行有关城市道路、园林绿化的法规政策宣传等。人员编制106人，在职97人，其中编制外16人。内设行政办公室、资产安全办公室、财务室、养护组、工程组、业务组等6个部门，下设8个班组和2个苗木基地。全年收入总额16144.56万元，养护投资7939.75万元。年内，完成五环路沿线景观提升、长安街及其延长线（八里桥公园）改造提升、2019小公园二期（熙悦尚郡）、汇星苑（城市森林）项目、幺家店、郭家庄路道路工程、2019重点道路金榆路绿化、肖村代征绿地（熙悦安郡）、京沪节水工程建设项目。圃地购入桧柏、油松、银杏、法桐、栾树等常绿、落叶乔木11856余株，山桃、紫叶李、碧桃、黄栌等灌木97628余株，各种宿根、时令花卉29.95万余株，自行培育宿根花卉约45万盆。（王爱华）

【八里桥公园改造提升项目】 1月10日，2018年长安街及其延长线八里桥公园改造提升项目开工，8月31日竣工。该项目由区园林绿化局建设，北京远东工程项目管理有限公司监理，北京市建筑设计研究院有限公司设计，工程投资10148.02万元。八里桥公园占地面积35.80万平方米，绿化改造面积231214平方米，其中栽植乔木4114株、灌木1810株，园路广场及道路改造面积10.55万平方米，园区水系改造面积4400平方米，京通路辅路东侧因部分建筑未能拆迁未施工7800平方米。（陆　阳）

【常态化花卉种植项目】 4月至11月，大黄庄绿化队完成常态化花卉种植工程。该项目由北京德轩工程管理有限公司监理，北京北林地景园林规划设计院设计，工程投资109.45万元。包括朝阳北路整理绿化用地2588平方米，栽植花卉25.88万盆；京通路整理绿化用地1310平方米，栽植花卉13万盆；京承高速整理绿化用地1160平方米，栽植时令花卉11.60万盆，为庆祝中华人民共和国成立70周年献礼。（陆　阳）

【五环路（东坝—高碑店）（朝阳段—四工区）沿线景观提升工程】 10月3日，五环路（东坝—高碑店）（朝阳段—

四工区）沿线景观提升工程竣工。工程于2018年10月25日开始施工，绿化种植面积117.83万平方米，种植乔灌木5.52万株，栽植地被96.01万平方米、竹类0.13万株、花卉38.64万株、攀缘植物0.02万株、色带（块）7.50万株；给排水工程铺设管道2.73万延长米、东坝乡更新水源井及配套设施等；园林景观构筑物面积0.05万平方米，新建门垛2个及围墙、种植池等相关设施；园路铺装面积18796.03平方米，生态渗沟1.15万米，完成土方8.05立方米，拆除建筑垃圾5.07立方米，园路修建长度6142延长米。由区园林绿化局建设，北京中林华联建设工程监理有限公司监理，笛东规划设计（北京）股份有限公司设计，大黄庄绿化队施工。（陆　阳）

【月季花种植】 年内，大黄庄绿化队为保障辖区绿地四季花开不断、一步一景观赏效果，多项措施养护四环路（四惠桥至榴乡桥）、朝阳路（大黄庄桥至杨闸环岛）主辅隔离带内种植的马车、光谱、大游行等品种藤本月季花6690余株，保证月季花生长旺盛，花期性长；在四环路工大桥至十八里店南桥主辅隔离带内增置喷灌设施。（王爱华）

北花园绿化队

【概况】 北京市朝阳区北花园绿化队隶属区园林绿化局，为全民所有制自收自支事业单位。主要承担区域内道路及园林绿地的设计、规划、管理、维护与提高；负责全区道路路树及绿地的更新、养护、美化和巡查，以及全区城市公共绿地、道路苗木的病虫害防治工作等；贯彻执行有关城市道路、园林绿化的法规政策宣传等职能。绿化队内设办公室、财务部、后勤部、生产部、养护部、巡查部、工程部、合预部、安全部。职工29人。办公楼和圃地占地18.07万平方米。年内，养护道路绿地面积322.72万平方米，其中特级道路绿地20条、一级道路绿地31条、二级道路绿地96条、三级道路绿地6条、五环路绿地1条。年内，补植乔木1.2万株，补植灌木12.68万株。年内，投标道路绿地17个标段养护工程，与14个中标单位签署园林绿化养护合同、安全责任书、综合治理责任书和农民工工资发放等相关文件。接收、处理网格案件近千条，均按要求处理答复。圃地为养护及工程提供苗木1000余棵。选购高杆玉兰、流苏等优质苗木近百棵及油松400余棵。响应扶贫政策，从河北省保定市唐县购置扶贫苗木535株。完成专业绿化改造工程和新建绿化工程8项，总面积113.64万平方米，分别是百子湾公园改造项目景观施工、小武基公园绿化工程、广渠路小郊亭桥南侧绿化项目、五环路景观提升工程、小红门芳林公园、上河嘉园改造项目、朝阳新城绿化工程、朝阳新城3号绿化工程。（伏乃红）

【百子湾公园改造项目】 5月20日，百子湾公园改造项目竣工。工程投资2458万元，北京市朝阳区北花园绿化队施工，北京中昊恒基工程管理有限公司监理。工程于2018年11月10日开工施工，百子湾公园绿化改造面积约5.8万平方米，在保留原有树种情况下，新增常绿乔木约500株、落乔及花灌木1700余株、花卉地被约4万平方米。（呼朝勃）

【全民义务植树活动】 5月，北花园绿化队与高碑店乡半壁店村联合举办2019年高碑店乡全民义务植树活动，1600余人参加，种植乔木1500余株、常绿树种400余株、灌木1800余株。（彭晓凯）

【五环路景观提升绿化工程】 7月31日，五环路景观提升绿化工程竣工。工程于2018年12月15日开工，位于五环路东侧沿线，建设规模70.9万平方米。栽植常绿乔木2568株、落叶乔木8690株、落叶灌木3712株、花灌木19740株、花卉地被50.61万平方米，优化道路观赏性。工程投资5154万元，由北京市朝阳区北花园绿化队完成施工，北京中林华联建设工程监理有限公司监理。（呼朝勃）

林业工作站

【概况】 北京市朝阳区林业工作站隶属朝阳区园林绿化局，是全额拨款事业单位。机构规格相当正科级，核定人员编制27人，科级领导职数1正3副。占地面积0.733公顷。固定资产280万元。截至年底，在职职工14人，其中管理人员5人、高级工程师3人，工程师3人，初级技术人员3人。主要负责辖区林木有害生物防治、预测预报、检疫工作；依法开展林木种苗生产、经营监督管理工作；负责拟定本区果树、林木种苗产业发展规划以及相关管理规范和技术标准，并组织实施；负责组织指导果树、林木种苗新品种和新技术的引进、试验、推广、技术培训等工作；负责林果及蜂产品质量监督管理、跟踪检查标准实施与技术指导服务工作；负责开展林木种苗与食品安全方面的法律法规、林业果树技术、林木有害生物防治与建议技术培训，并指导街乡林业工作。负责全区的枯死树鉴定工作。根据区机构编委会关于增加区林业工作站人员编制的批复（朝编〔2017〕39号），同意区林业工作站增加财政补助（全额）事业编制10名，所需编制使用原区园林绿化局绿化三队编制。经上述调整，区林业工作站编制为27名。年内，为全区120个测报点购置各类诱芯1200套和测报工具，用于林木有害生物实时动态监测；开展疫情检查，及时发放防控药剂并进行专题培训。按照推广政府购买服务要求，由区财政拨款12.6万元购买朝阳区30个区级测报点监测测报工作。全年通过区园林绿化局公众号先后开展林业法制、植物检疫条例与种子法、防灾减灾、林业植物检疫检查专项、食用林产品追溯体系建设等宣传活动。服务全区33家种苗生产经营单位，以新一轮百万亩造林为重点开展种苗质量和检疫检查，行政检查260次。保障造林苗木质量，规范“植物检疫证书”“产地检疫合格证”签发工作，完成四率指标：成灾率0、无公害防治率100%、测报准确率98%、种苗产地检疫率100%，全年未发生美国白蛾灾害，向苗木生产企业免费提供标签，种苗标签使用率达98%以上，初步形成以国有苗圃为主体、社会育苗为补充的苗木生产体系。年内，果树面积达到200公顷，年总产量70万千克，产值1200万元。建设主题观光果园，推广果实套袋65万个，使用有机肥310吨，完成无公害果品认证工作。执法程序、业务流程在区政府执法平台公示；行政执法80项，涉及有害生物防治、植物检疫、木材运输、种苗管理、食品安全监管等内容。利用义务植树日、市科普宣传月开展宣传活动，发放宣传材料18000余份。技术骨干开展业务培训和现场指导，组织19个乡业务骨干参加市林业工作总站网络在线业务培训。（刘传敏）

【林木有害生物监测】 年内，全区有国家级中心测报点1个，市级监测测报站1个，市级监测测报点27个，区级监测测报点30个。按照推广政府购买服务要求，由区财政拨款12.6万购买朝阳区30个区级测报点监测测报工作。继续与百瑞弘霖公司、绿宜生植物养护科技有限公司合作，由公司负责市级测报点监测数据收集及汇总和区级测报点监测数据收集及汇总，监测调查市区两级生长季监测调查数据；百瑞鸿霖公司同时负责上报App监测数据。区林业工作站划出重点监测和巡查区域，制定主要病虫发生分布图、测报站点分布图、踏查线路图，两个公司负责监测巡查，区林业工作站根据监测数据做出半年、全年趋势预测，发布短期有害生物发生情况及发生趋势预测分析。全年向各街乡印发林业保护情况信息10期、600余份，主要内容为根据不同季节病虫害及不同虫类的特点，应采取的防治措施。（张　磊）

【林木有害生物应急防治】 年内，区林业工作站安排北京绿宜生植物养护科技有限公司19个乡镇地区林木有害生物应急防治队开展林木有害生物应急除治，弥补乡镇基层单位防治力量的不足。在9月美国白蛾幼虫网幕发生第三代时期，配备高射2台打药机打药，全年应急防控30次、防控面积60公顷。针对其他病虫害开展应急防控32次，应急防控面积58公顷。辖区内无病虫害吃光吃花现象。（张　磊）

【果园管理】 年内，全区果树面积为200公顷，年总产量70万千克，产值1200万元。以有机果园建设为基础，打造主题观光果园。重点果园推广果实套袋65万个，推广有机肥310吨，果树现代新技术种植40公顷，种植苹果、樱桃、桃等名优品种10个。认真贯彻实施《中华人民共和国食品安全法》，制定监管方案，从源头规范生物农药使用，指导监督林果产品生产企业建立食用林果产品生产记录制度。抽检样品35批次，抽检覆盖率90%以上，合格率100%，未发现农药超标现象，达到无公害食品要求，完成无公害果品认证。（高宝宽）

日坛公园

【概况】 北京市朝阳区日坛公园位于朝阳门外使馆区，隶属区园林绿化局，是全民所有制差额拨款事业单位。日坛是北京著名文物古迹五坛之一，是明清两代帝王朝拜太阳神的地方。园内存九处明清皇家祭祀文物古建筑、一处马骏烈士爱国主义教育基地及一批建于二十世纪七八十年代江南特色景区景点。全园占地面积20.62万平方米，绿化面积13.26万平方米，水面面积0.47万平方米。公园管理处内设财务部、政工部、行政部、人事部、后勤部、园务部、工程部、文保部、安保部、外协部、游客中心11个部门；下设服务班、巡查班、绿化卫生班、维修班、后勤班5个班组。截至年底，公园在职职工57人。5月在玉馨园、环路主要节点、南北门附近栽植时令花卉24万余株。全年接待游客267.36万人次。（孙　莹）

【白俄罗斯摄影展】 1月22日，白俄罗斯摄影展在日坛公园举办。展览以《令人惊叹的白俄罗斯》为标题，展出白俄罗斯摄影师谢尔盖·普雷特科维奇摄影作品20件。白俄罗斯共和国驻中国大使鲁德·基里尔·瓦连其诺维奇携使馆外交官一行15人到日坛公园观看展览并合影留念。日坛公园党支部书记董春阳接待并陪同大使观看。（张　琳）

【义务植树日宣传活动】 4月8日上午，日坛公园举行“创新全民义务植树方式，多途径增加绿色资源”主题植树日绿色宣传活动。现场设立绿化宣传咨询站，鼓励市民通过植树造林、认建认养树木绿地、购买碳汇、参与化宣传咨询等多种形式履行植树义务。发放宣传材料100余份，分发多肉植物300盆。（张　琳）

【重大节日花卉布置】 年内，日坛公园在五一、中华人民共和国成立70周年期间在公园玉馨园、环路主要节点、南北门附近栽植凤仙、四季海棠株、串红、孔雀草、鼠尾草、彩叶草、波斯菊、三色堇、火炬等时令花卉24.48万株，在环园立体花钵补植绿萝170株、常春藤96株。（陆连弟）

【第十三届“春分·朝阳”文化节】 3月21日，第十三届“春分·朝阳”文化节在日坛公园举办。现场设非遗互动、传统体育体验、惠民推广宣传、70年华诞风采展示、朝阳风貌展示、历届春分朝阳回顾6个区域。举办“祭日仪式”，再现皇帝祭日全景，向市民弘扬中国传统民俗文化，加强非物质文化遗产保护和传承意识。（张　琳）

团结湖公园

【概况】 北京市朝阳区团结湖公园位于东三环北路，隶属区园林绿化局，是全民所有制差额拨款事业单位。公园面积12.3万平方米，其中，陆地面积77000平方米，包括绿地面积44400平方米，建筑占地面积23900平方米，铺装面积8700平方米；水面面积46000平方米。是具有江南特色的国家AAA级旅游景区，免费向游客开放。截至年底，在职职工38人，其中管理人员16人、专业技术人员7人、工勤人员15人。公园管理处设办公室、财务办公室、综治办、园务办、后勤班、工程班、司机班、工会、游客中心。全年种植石竹、虞美人、三色堇、海棠及大叶黄杨、小檗等时令花卉和绿植3万余株，色带、紫叶小檗篱、八宝景天、草坪地被宿根花卉等近4000平方米。维修公园路面580多平方米，修补山上石台石级17处，焊接路椅21把，维修公园路灯灯杆10根、拆除灯杆7根、安装太阳能灯杆67根、移栽3根，安装充电装3套、铺设电缆80米，拆除园内各种老化线路150米，拆除园内废电箱5个，抢修公园中岛厕所旁自来水漏水管线1处，修理健身器材7件，新装健身器材13组。瞬时最大可容纳游客量9000人，年游客接待量324万人。（李洪静）

【病虫害防治】 年内，团结湖公园按计划完成园内白蜡、柳树等大型乔木环形药包处理，防治草履蚧病虫害。根据季节特点，贯彻“预防为主，综合治理”方针，采取物理防治与生物防治相结合，防止病虫害的发生。全年打药防治园内各种树木2.3万株、草坪3.70万平方米。避免使用高毒农药，保护环境。（王　娟）

【花卉布置】 年内，为庆祝中华人民共和国成立70周年，团结湖公园摆设立体花坛一座，造型花瓶2座，补种和更换园内主要景区及主道两边长势不好的花卉。更换品种有：大花菊树、品种五头菊、小菊、鸡冠子、四季红、四季红火炬、孔雀草、凤仙、彩叶草、海棠、夏瑾。使用各种花卉1.5万盆。（王　娟）

▲ 6月1日至2日，红领巾公园举办第十九届红领巾科普游园会暨“新时代文明实践推动日”活动（吕宗然　摄）

红领巾公园

【概况】 北京市朝阳区红领巾公园位于东四环与朝阳北路交会处东北角，隶属于区园林绿化局，是全民所有制差额拨款事业单位。公园管理处设财务部、行政部、政工部、园务部、工程部、外联部、后勤部、安保部。截至年底，公园在职工55人，其中管理人员21人、专业技术人员9人、工勤人员25人。公园总面积41.99万平方米，其中绿地面积14.66万平方米、水面12.86万平方米，绿化覆盖率94%，有乔木3984株、灌木63200株、月季9298株、竹子434平方米、绿篱色块98369株、宿根花卉417865株、草坪面积111644平方米。年内，借助外来资源举办第十九届红领巾科普游园会，协助相关部门举办各类文化活动44项，全年接待游客450万人次。（牟毅卉）

【义务植树宣传活动】 4月8日，红领巾公园在公园南门开展义务植树宣传活动。在大屏幕播放宣传片，园内拉横幅、竖展板，发放宣传册200余册，发放环保袋。活动当天近200名游客参与活动。（郝　培）

【第十九届红领巾科普游园会】 6月1日至2日，第十九届红领巾科普游园会暨“新时代文明实践推动日”在红领巾公园举办。活动由区科学技术协会、区教育委员会、六里屯街道办事处主办，区青少年活动中心、红领巾公园承办。园内设传统文化展示、科学探索、生态环保、科普图书、体育互动5个活动区，让孩子在游戏中理解科学原理，萌发新思想，从中感受乐趣。（郝　培）

【主题系列活动】 10月24日，区体育局和六里屯街道办事处在红领巾公园举办“用脚步丈量朝阳的发展”系列活动暨社区冬奥会活动。社区居民及游园群众近500人参与活动。（郝　培）

元大都城垣遗址公园

【概况】 北京市朝阳区元大都城垣遗址公园位于中轴路东西两侧及中华民族园南侧，隶属于区园林绿化局，是全民所有制差额拨款事业单位。公园在岗职工人数58人。全年总支出6280.41万元，总收入3590.94万元，固定资产总值6937万元。元大都公园园区总面积67.01万平方米，其中绿化面积43.65万平方米、水面积6.49万平方米、建筑占地面积6.03平方米、铺装面积10.84万平方米（含园路）。园内有树木18.73万株，其中乔木1.56万株，灌木17.17万株，月季与攀缘植物3.53万株；有竹子1.07万株，绿篱色块35.65万株，宿根花卉675.77万株，草坪38.48万平方米；绿化覆盖率85%。公园外接养护绿地54.94万平方米，其中华汇紫薇公园4.73万平方米、道路绿地50.21万平方米，均为财政拨款管养绿地。其中特级绿地10处，面积共34.21万平方米；一级绿地6处，面积共51000.81平方米；二级绿地6处，面积共15.62万平方米。年内完成公园改造项目。年接待游人453万人。（于红艳）

【公园改造项目】 3月14日，公园改造项目开工，10月31日竣工。施工范围为公园内，东起京承高速，西至健德桥，全长4.8千米，总改造面积271600平方米。改造内容为绿化工程、庭院工程、给排水工程、电气工程、弱电工程。区园林绿化局建设，北京创新景观园林设计有限责任公司设计，北京华林源工程咨询有限公司监理，北京朝园弘园林绿化有限责任公司施工。工程投资4868万元。（于红艳）

【第二十二届海棠花节】 4月4日至20日，由区园林绿化局和元大都城垣遗址公园主办，亚运村街道办事处和安贞邮局支局承办，以“海棠依旧美丽 自然和谐共生”为主题的第二十二届海棠花节在公园举办。海棠花溪总面积16.4万平方米，内有海棠5000余株、28个品种，是北京市海棠品种最多、数量最大的海棠园。公园向赏花市民发放海棠花品种宣传册，在北美海棠品种种植区设海棠文化科普长廊，花节开幕当天游客达到2万人左右。北京电视台生活频道、旅游卫视、朝阳卫视、朝阳报、朝阳区绿化局对海棠花节进行专题拍摄。公园“海棠花节”于1998

▲ 4月4日至20日，第二十二届海棠花节在元大都城垣遗址公园举办　（郭　卉　摄）

年开始举办，已举办21届，与香山植物园的桃花节、玉渊潭公园的樱花节并列为北京春天三大花节。　（郭　卉）

【林萃路改造工程】 6月27日，林萃路改造工程开始施工，7月21日竣工。工程北至北五环林萃桥，南至大屯路，改造面积9216.77平方米。改造内容为植物调整、更换地被，栽植落叶灌木10285株、地被6645.52平方米。北京朝园弘园林绿化有限责任公司施工，北京佳益工程咨询有限公司监理，工程投资178.98万元。　（温晓峰）

【太阳宫南街改造工程】 6月27日，太阳宫南街改造工程开始施工，10月31日竣工。工程西至京承高速，东至太阳宫中路，改造面积3852.22平方米。改造内容为植物调整、更换地被，栽植落叶乔木74株、色带708.96平方米、花卉417.78平方米、地被2725.48平方米。工程由北京朝园弘园林绿化有限责任公司施工，北京佳益工程咨询有限公司监理，投资93.8万元。　（温晓峰）

【立体花坛布置】 9月20日，元大都公园立体花坛开始施工，9月28日竣工。设花坛1组2个，位于民族大道南侧北中轴路两侧（北辰路东西两侧）。花坛布置均为立体花墙，正面高6米，上长18米，下长20米，呈梯形状，主题为“辉煌历程”，以庆祝中华人民共和国成立70周年为主题标识，与绵延长城呼应，象征祖国辉煌历程。花坛摆花用红叶红海棠11906株、黄孔雀草6837株、金叶反曲景天31266株、橙凤仙378株、玫红凤仙369株、粉凤仙288株、橙孔雀草9076株、金黄孔雀草21840株、绿叶粉海棠3420株。工程投资83.7万元。　（温晓峰）

四得公园

【概况】 北京市朝阳区四得公园地处将台地区，位于四环路四元桥东南角。隶属于朝阳区园林绿化局，是差额拨款事业单位。内设财务部、行政部、园务部、工程部、安保部、文化活动部、体育中心7个部门。截至年底，公园在职职工28人。公园总占地面积16.13公顷，其中绿地面积11.9公顷、水面面积0.57公顷、铺装面积1.77公顷，其他面积1.89公顷。年内，补植乔灌木512株；改进宿根花卉带，栽植宿根花卉1960平方米；补植绿篱240平方米、草坪3850平方米；播种白三叶、紫花地丁等花籽7000平方米，改善湖区景观。完成五一、十一和中秋节、重阳节等传统节日花坛摆放，采用花卉10余品种、11万余株，投资约21万余元。加强病虫害防治工作，尤其加强美国白蛾等危险有害生物防控，公园全年无大面积病虫害发生。加强门前三包环境综合治理，收到投诉件45件，全部办结。全年接待游客15万人次。　（崔显红）

【义务植树日宣传活动】 4月8日，四得公园在公园正门举办以“义务植树 功在当代 利在千秋”为主题的首都全民义务植树日宣传活动。现场发放植物名录宣传材料300份，环保扇子200把。　（崔显红　魏佳俊）

【节日花卉布置】 年内，四得公园在五一、十一期间，园内栽摆花卉2次。夏季地栽花卉更换1次，在公园东门、南门、五环广场摆放景观花坛3处，园区内地栽鲜花5处。花卉品种有孔雀草、串红、玫红色凤仙、彩叶草、鼠尾草、黄色三色堇、彩球、铁树、斗球、龙船花、天冬草、长春花、变叶花木等10余个品种，11万余株，投资约21万余元。　（崔显红　魏佳俊）

北小河公园

【概况】 北京市朝阳区北小河公园位于东湖地区，隶属于区园林绿化局，是差额拨款事业单位。公园管理处设办公室、财务室、综合保障部、生产组、合约部、工程养护组6个部门。截至年底，公园在岗职工25人，其中管理岗18人，专业技术岗6人，工勤岗1人，编外职工2人。公园总占地面积22.8公顷，绿地面积16.5公顷，道路面积1.72公顷，水面0.7公顷，建筑占地面积1.97公顷。年内，更换老化冷季型草坪10500平方米，老化沙地柏11000余株，补植月季、宿根花卉等1万余株，五一、十一期间完成花卉布置7.9万余株，彻底整治黄土裸露问题。完善公园基础设施，更换垃圾桶45个、座椅30把，补换儿童活动区地胶垫100块，修复厕所栏杆2处。维修破损园路，粉刷桐油木质品，改造提升乒乓球场。推进国有资产出租出借专项整改，公园资产出租项目18处，完成整改16项，其余2项在法院立案。开展“全民健身助力冬奥”系列活动——社区冬奥会、第四届朝阳“SUN RUN”健康跑等公园文化活动5次，开展全民义务植树宣传活动1次，落实“接诉即办”工作，全年接到平台案件271件，办结271件，满意度97%。开展各类安全检查20余次，召开各类安全生产工作会议14次，组织安全生产培训6次，开展主题宣传日宣传活动6次，购置反恐装备2套。全年接

待游客98万人次。开展游客满意率调查2次，满意度98%。（张阿青）

【义务植树日宣传活动】 4月8日是首都第35个义务植树日，北小河公园在园区东门开展全民义务植树日宣传活动。公园东门悬挂宣传“弘扬生态文明 建设美丽北京”横幅，向游客发放“履行植树义务新形式”宣传册、印有“首都业务植树尽责形式和计算标准”宣传扇、义务植树倡议书300份，发放环保袋200份；现场讲解义务植树相关知识。（张 婷）

【“社区冬奥会”进入北小河公园】 5月12日至14日，2019年“全民健身 助力冬奥”系列活动——“社区冬奥会”在北小河公园举办。活动将传统全民健身活动与冰雪运动推广相结合，推动国家实现“三亿人上冰雪”目标，助力北京冬奥会。活动全程免费开放，旱地冰球、冰蹴球、仿真冰场、冰壶球等活动，让现场群众通过科技手段体验到冬奥项目，并得到专业教练技术指导和讲解。（张 婷）

【第四届朝阳“SUN RUN”健康跑】 11月2日，第四届朝阳“SUN RUN”健康跑——“北京朝阳”政务微博文化节线下体验活动在北小河公园举办。全市近百组家庭、200多位大小朋友参与5千米跑活动，体验趣味冬奥竞赛冰雪项目，感受冰雪运动带来的快乐。（张 婷）

【节日花卉布置】 年内，北小河公园完成园外节日花卉布置工程。其中，京承高速2019年春季景观布置和2019花卉常态化2项属于地栽花卉工程，栽植面积3888平方米，花卉数量190512株；第二届“一带一路”国际合作高峰论坛环境整治及景观布置项目（东湖街道辖区），在广顺北大街与屏翠西路交叉口、溪阳东路与启阳路交叉口2处摆放花坛，使用花卉约2万株。（赵 娜）

【绿化改造工程】 年内，北小河公园承接绿化改造工程9项，工程总面积1.93万平方米，工程总投资527.23万元。项目1：2018年优美大街环境提升绿化项目——利泽东街，工期为3月15日至4月11日，利泽东街全线绿化工程。北京朝园弘园林绿化有限公司承建，北京华夏工程项目管理有限责任公司监理，工程投资102.92万元。项目2：2018年优美大街环境提升绿化项目——利泽中街，工期为3月15日至4月11日，利泽中街全线绿化工程，北京朝园弘园林绿化有限责任公司承建，北京华夏工程项目管理有限责任公司监理，工程投资73.17万元。项目3：2018年优美大街环境提升绿化项目——利泽西街，工期为3月15日至4月11日，利泽西街全线绿化、土建工程，北京朝园弘园林绿化有限责任公司承建，北京华夏工程项目管理有限责任公司监理，工程投资96.59万元。项目4：2019年春季景观布置工程——京承高速，工期为4月5日至5月30日，京承高速四环至五环绿化工程，北京市花木有限公司承建，北京东方华太建设监理有限公司监理，工程投资32.13万元。项目5：第二届“一带一路”国际合作高峰论坛环境整治及景观布置项目（东湖街道辖区），工期为4月22日至4月24日，东湖辖区内摆花，北京市朝阳区北小河公园承建，北京东方华太建设监理有限公司监理，工程投资20万元。项

▲ 5月12日至14日，北小河公园开展2019年“全民健身 助力冬奥”系列活动——“社区冬奥会”（张 婷 摄）

▲ 4月4日，双井街道第七届北京二闸清明踏青节在庆丰公园举办　　（钱　博　摄）

目6：望花路东里社区修剪树枝项目，工期为5月6日至5月12日，望花路东里社区内树木修剪，工程由北京朝园弘园林绿化有限责任公司承建，工程投资84898元。项目7：2019花卉常态化——京承高速项目，工期为4月25日至5月25日，京承高速四环至五环绿化栽花工程，北京朝园弘园林绿化有限责任公司承建，北京德轩工程管理有限公司监理，工程投资33.92万元。项目8：2019年区级重点道路绿化美化项目——湖光中街，工期为6月27日至7月21日，湖光中街绿化工程，北京朝园弘园林绿化有限责任公司承建，北京佳益工程咨询有限公司监理，工程投资150.41万元。项目9：2019年区级重点道路绿化美化项目——南湖北路，工期为6月27日至7月21日，南湖北路绿化工程，北京朝园弘园林绿化有限责任公司承建，北京佳益工程咨询有限公司监理，工程投资95707.5元。　　（赵　娜）

庆丰公园

【概况】 北京市朝阳区庆丰公园位于东三环中路，通惠河北路南侧，隶属于区园林绿化局，是全民所有制差额拨款事业单位。设党务办、办公室、劳资办、文化资源开发部、工程养护部、安全部、财务部7个部门。编制37人，在职28人，其中管理人员13人、专业技术人员9人、工勤人员6人。公园总面积20.21万平方米，其中陆地面积20.01万平方米，水面积0.2万平方米。园林绿地19.64万平方米，树木35.01万株，其中乔木3.23万株，灌木29.65万株，竹子2.13万株，花卉15.12万株，冷季型草坪11.38万平方米。截至年底，公园收入2434.24万元，支出2268.65万元。园内外补植乔灌木100余株、色带绿篱8000余株，木品种月季1300株、宿根花卉4500平方米、丹麦草10000余平方米，播撒各种花籽草籽10000平方米。踏青节期间栽植花卉7万余株。完工市重点工程广渠路王四营段（一期）绿化工程项目，栽植常绿乔木274株、落叶乔木979株、落叶灌木518株、花卉3334.3平方米、地被535.9平方米、草坪20379平方米。完成双井街道背街小巷绿化工程扫尾和移交工作，绿化面积7000平方米。配合二闸清明踏青节，栽植时令花卉7万棵。国庆节期间，东园布置花堆一个，栽植各种时令花卉7万株。修订应急预案21项，全体职工签订安全责任书60份，生产经营单位签订安全生产责任书30余份。全年消防安全培训12次，应急演练3次；安全通道专项检查70余次，排查安全生产一般隐患50项。接收处理区政民互动件56个，处理率100%，接待电话及游人现场投诉2个，答复成功率100%。发放游客满意度调查问卷100份，游客满意率为98.78%。全年接待游客47.4万人次。　　（刘　岚）

【第七届“北京二闸清明踏青节”】 4月4日，双井街道第七届北京二闸清明踏青节在庆丰公园举行。活动内容包括传统民俗文化展示、踏青赏花活动、庆丰公园十年图片展览展示、体育文化推广展示、书法绘画笔会活动等。活动由双井街道工委、双井街道办事处、北京民俗博物馆、庆丰公园、北京市日坛中学实验学校共同承办。　　（计楠楠）

【领导调研】 6月25日，市委宣传部副部长陈名杰调研庆丰公园皇木厂景观区，区委宣传部常务副部长毕重伟和区文化和旅游局书记、局长高春利一同参加调研。高春利介绍皇木厂景观区建设情况和皇木博物馆后期建设工作，陈名杰对皇木厂景观区建设与庆丰公园绿化环境予以肯定，对下一步工作提出建议。　　（钱　博）

大望京公园

【概况】 北京市朝阳区大望京公园位于东湖街道辖区内，北靠北小河，东南临京密路，东北至五环路，西接望京东路。公园隶属区园林绿化局，是全民所有制差额拨款事业单位。人员编制34人，在岗27人，其中管理人员19人，专业技术人员4人，工勤人员4人。公园下设工程部、生产部、养护部、财务部、综合部、安保部6个部门。公园占地面积33.04万平方米，其中绿地面积25.39万平方米，铺装面积5.12万平方米，水面面积2.34万平方米，管理用房占地1811平方米，景观建筑面积128平方米，绿化覆盖率83%。有树木9.08万株，草坪面积11.72万平方米。年内铺草1500平方米，补植草坪2000平方米，移植树木51株，新栽乔灌木计1.9万株，补植宿根8.18万株，栽植月季1236株。安全检查20次，查出一般隐患20余项，全部整改；安全教育培训6次，消防安全演练2次。承揽区级重点道路绿化美化项目施工——清苑路、红军营路、勇士营路，承揽小微公园绿化美化二期项目（施工）——北苑绿地公园改造工程、华贸绿线，总面积约7.53万平方米，工程投资2030.41万元。完成园外112条道路绿地养护，其中来广营乡自管绿地63处、绿化养护面积147.69万平方米。全年接待游客64.63万人次。 （许秋珩）

【义务植树宣传活动】 4月8日，大望京公园开展义务植树宣传活动。在公园主景区如意湖旁设立宣传咨询台，向游客介绍义务植树活动内容，讲解游客咨询问题，发放宣传图册、环保袋等宣传物品180份。 （许秋珩）

【节日花卉布置】 4月，大望京公园完成五一劳动节花卉布置工作。在如意湖周边和望京台下栽植时令花卉约2.9万株，包括粉牵牛、孔雀草、串红等。6月，完成七一建军节花卉布置换花工作，换花2.66万盆。 （郭 莹）

【北苑绿地公园改造工程】 7月4日，小微公园绿化美化二期项目——北苑绿地公园改造工程开工，8月31日竣工。改造面积1.7万平方米，其中绿化面积1.3万平方米，栽植常绿乔木32株、落叶乔木344株、落叶灌木906株、花卉3400丛、地被9386平方米；修补现状挡墙8.5米，粉刷挡墙163米、廊架420平方米，新建花池挡墙98.2米，土建铺装4680平方米；安装快速取水阀24个、阀门井1座、水表井1座；安装座椅83.74米、垃圾箱10个、成品座椅10组、成品回形门2个、成品车档7个。工程总投资499万元。北京朝园弘园林绿化有限责任公司承建，北京中建工程顾问有限公司监理。 （王金生）

望和公园

【概况】 北京市朝阳区望和公园位于望京地区西南部，隶属于区园林绿化局，系全民所有制差额拨款事业单位。事业编制40人，在岗29人。公园占地面积38.6万平方米，由南、北两大园区构成。望和南园位于北四环与京承高速相交的望和桥东北角，占地面积22.5万平方米，其中绿地面积18.54万平方米、园路及铺装面积3.95万平方米。望和北园西侧紧邻京承高速路，北侧和北小河公园隔河相望，东侧为南湖社区，南侧为城铁15号线，园区总占地面积约16.1万平方米，其中绿地面积11.47万平方米、园路及铺装3.65万平方米、湖面0.98万平方米。是望京地区最大城市休闲公园。园区内栽植油松、华山松、白皮松等常绿乔木2413株，栽植白蜡、银杏、栾树等落叶乔木14873株，栽植大叶黄杨、沙地柏等常绿灌木191081株，栽植丁香、迎春等落叶灌木14404株，水生植物80667株，竹子7010株，栽植黑心菊、玉簪等花卉地被54872平方米，铺设草坪226300平方米。年内，接待义务植树尽责人员3400人次，新植苗木5160株，抚育苗木4434株，发纸质版及线上电子版《首都全民义务植树尽责证书》1407张、《国土绿化荣誉证书》463张，参与尽责互动5000人左右，开展全民义务植树尽责活动12场，辐射周边企事业单位、社区在职党员、在校学生及亲子家庭，超过预期宣传效果。联动各市级基地，组织拍摄北京市首个以宣传全民义务植树八类尽责形式为主题的《第35个首都义务植树日宣传》快闪宣传片一部，在三次省市交流活动中宣传播放。望和公园被评为北京市首个区级“互联网+全民义务植树基地”。全年接待游客82万人次。 （肖晓晨）

【义务植树活动】 3月24日，朝阳区“互联网+全民义务植树”（望和公园）基地受首都绿化委员会办公室、朝阳区绿化委员会办公室委托开展义务植树快闪视频拍摄活动。来自北京板厂小学三年级1班、北京七彩阳光学前全适能训练营少儿合唱团、北京市朝阳区人民法院望京法庭、中国中医科学院望京医院、北京市朝阳区城市管理综合行政执法监察局望京执法队、北京经济管理职业学院信息学院志愿者团队、望京晨曦艺术团金秋合唱团、中共北京叶氏企业集团有限公司委员会、首都绿化委员会办公室、北京绿化基金会、北京市野生动物救助中心及社会各界人士700余人次到望和公园参加义务植树尽责活动。 （肖晓晨）

【植树宣传日活动】 4月8日为第35个首都全民义务植树日，朝阳区全民义务植树尽责宣传活动在望和公园南园举办。活动由区绿化委员会办公室主办，望和公园承办，协办单位包括首都绿化委员会办公室、北京市林业碳汇工作办公室、北京市野生动物救助中心、北京绿化基金会、北京林学会、北京市园林科学研究院、区委区直机关工委、区总工会、区团委、区妇联、区园林绿化局、区望京街道办事处、中国中医科学院望京医院、北京明远教育书院实验小学、北京七彩阳光学前全适能训练营、北京爱自然教育咨询有限公司、中国建设银行北京光华支行、区城市管理综合行政执法监察局望京执法队、望京晨曦艺术团金秋合唱团、北京找树网科技股份有限公司在内的20家单位，共同参与宣传。市民、周边企事业单位、志愿者服务队约500人参与活动。 （肖晓晨）

奥林匹克森林公园

【概况】 奥林匹克森林公园（简称奥森公园）位于北京城中轴线北端，南起科荟路，北临清河，东至安立路，西至林萃路。北京世奥森林公园开发经营有限公司为国有独资企业，隶属区国资委，负责奥森公园经营与管理。北京世奥森林公园开发经营有限公司设党委办公室、总经理办公室、工会办公室、纪委办公室、计划财务部、人力资源部、综合管理部、资产管理部、法务审计部、市政工程部、园林工程部、公园管理部、文化旅游部、安全办公室14个机关部室，以及北保洁公司、南保洁公司、保安公司、经营公司、体育园管理中心、工程维修中心、廉洁奥运主题文化园、北京奥林匹克塔8家基层单位。在职职工1183人。公园占地约680公顷，以北五环为界，分为南、北两园。南园约380公顷，北园约300公顷，生态廊道横跨北五环路，将南北两园连为一体。公园水面面积67.7公顷，绿化面积472.65公顷。有乔灌木59万余株，植物品种278种，绿化覆盖率95.61%，是北京市区最大城市公园。2012年被全国旅游景区质量等级评定委员会评定为国家AAAAA级旅游景区。全年接待游客1137.25万人次。　（陈迎双）

【公园赛事】 1月5日，市徒步运动协会和区政府在奥林匹克森林公园举行以“时代足迹跃动朝阳、奔向2022”为主题的2019（第四届）北京市新年徒步大会暨“用脚步丈量朝阳的发展”为主题朝阳区全民健身徒步活动启动仪式。3月23日，北京恺尔听障人士关爱中心在奥森公园南园南广场举办第四届“耳朵跑”公益活动。参赛选手及爱心企业捐款全部捐赠康复机构，用于资助听障儿童康复训练。同日，市体育局、市体育总会、人民网联合在奥林匹克森林公园北园南门南广场举办以“跑向2022”为主题的第三十八届公园半程马拉松北京公开赛建依奥森站赛。4月20日，中国民主建国会北京市委员会、北京“血友之家”罕见病关爱中心、中华少年儿童慈善救助基金会、中国妇女发展基金会、市慈善协会等单位联合发起“为爱而走”活动在奥森公园举办。5月25日，国家卫生健康委人口文化发展中心、国家体育总局体育科学研究所、北京急救中心联合在奥森公园举办以“爱心呵护 救在身边”为主题第四届中国家庭乐跑大赛，是全国首个以“家庭”为单位公益乐跑活动。8月3日，vivo联合苏宁易购、悦动圈，以及首站活动赞助商宾利北京在奥森公园举办2019vivo趣炫泡泡跑。10月13日，北京商务中心区金融商会联合财新传媒旗下财旅运动家，在奥森公园举办以“奔跑向前，接力奋斗”为主题的“2019朝阳区金融机构70KM团队跑”活动。10月26日，宾堡（中国）食品有限公司在奥森公园举办“2019宾堡环球健康跑Global Energy Race”。　（陈迎双）

【奥运塔参观接待】 1月23日，朝阳区与驻华使馆交流活动在北京奥林匹克塔举办，区委书记王灏与驻华使馆代表等200人登塔参观。2月15日，北京冬奥组委秘书长韩子荣一行到北京奥林匹克塔考察。5月29日，海南省委书记、省人大常委会主任刘赐贵，省委副书记、省长沈晓明携海南省党政代表团到北京奥运塔考察，了解北京发展金融业和资本市场、打造创新创业生态链、城市规划建设管理、服务保障重大国际活动等方面情况。中共中央政治局委员、北京市委书记蔡奇，市委副书记、市长陈吉宁一同参加考察。　（陈迎双）

【第八届春花节】 3月16日至5月3日，“第八届奥林匹克森林公园花卉观赏季——春

▲ 1月5日，市徒步运动协会和区政府在奥林匹克森林公园举行朝阳区全民健身徒步活动启动仪式　（李　颖　摄）

▲ 3月16日至5月3日，举办第八届奥林匹克森林公园花卉观赏季——春花节　　（王小娟　摄）

花节”举办。展示花卉包括山桃、山杏、连翘、榆叶梅、玉兰、樱花、海棠、碧桃、丁香、黄刺玫、绣线菊等30余个品种、10万余株，在山坡、林下大面积种植二月兰、蒲公英、鸢尾等各色野花地被。（陈迎双）

【“一带一路”奥森空间光影秀】 4月25日至28日，为庆祝第二届“一带一路”国际合作高峰论坛在京召开，区城管委在奥森公园举办以“共建一带一路，共创美好未来”为主题大型室外空间灯光秀。灯光秀以奥林匹克塔为核心、以奥森公园仰山为终点，整体联动中轴大道、中轴光影路、奥海水秀、仰山景观、矩阵景观、空间光束等，呈现“一塔一路，山水联动，中轴线上的‘空间光影秀’”。（陈迎双）

【“映客527星光夜”】 5月27日，北京蜜莱坞网络科技有限公司（映客直播）在国家网球中心钻石球馆举办“映客527星光夜”北京站。到场嘉宾有李宇春、尚雯婕、汪涵、马良、陆虎、王广允、李莎旻子、新风暴男团等人气歌手及知名主持人。（陈迎双）

【第二届“国网杯”网球公开赛】 6月1日，第二届“国网杯”网球公开赛在国家网球中心举办。本届赛事由北京世奥森林公园开发经营有限公司主办，北京中国网球公开赛体育推广有限公司联合发起。200余名网球爱好者参赛。（陈迎双）

【冬奥会特许商品零售店开业】 6月12日，北京2022官方特许商品零售店（北京奥林匹克塔店）开业。北京冬奥组委市场开发部部长朴学东为特许零售店授牌，北京冬奥组委市场开发部副部长王禹、区国资委主任王春平、世奥公司总经理穆德林致贺词。北京冬奥组委市场开发部、朝阳区委、北京奥林匹克公园管委会、世奥公司相关领导及特许企业代表出席开业仪式。该店总面积200平方米，严格按照北京冬奥组委店面形象要求进行装修，商品汇集徽章钥匙扣等非金属制品、贵金属制品、服装服饰、文具、陶瓷、邮票、丝绸等七大品类200余款特许商品，是目前奥林匹克中心区内面积最大的北京2022官方特许商品零售店。（陈迎双）

【区委党校现场教学基地挂牌】 6月26日，区委党校现场教学基地挂牌仪式在奥森林公园廉洁奥运主题文化园举行，区委党校党委委员、副调研员董淑玲，廉洁奥运主题文化园常务副馆长孙滨及朝阳区第85期公务员正科级任职培训班学员参加挂牌仪式。年内，现场教学基地培训120余人。（陈迎双）

【2019北京朝阳森林演出季】 6月28日至7月3日，区委宣传部、区文化和旅游局、区委社工委、区委农工委、区文联在奥森公园联合举办“2019北京朝阳森林演出季”活动。43个街乡以10个片区为单位展演作品，主会场同时进行网络直播，扩大活动覆盖面和受益群体。（陈迎双）

【第八届百亩葵花展】 6月28日至7月24日，奥森公园“第八届奥林匹克森林公园花卉观赏季——百亩葵花展”于花田野趣景区向游客开放。葵花展引进种植24个观赏向日葵品种，是北京城区内种植规模最大、品种最全的向日葵观赏区，葵花田首次尝试与波斯菊混播，并留出走道，方便游客欣赏。（陈迎双）

【第一届中国天然氧吧文化节】 7月18日至20日，由中国气象局指导，中国气象服务协会主办的“第一届中国天然氧吧文化旅游节暨特色农产品展”在奥森公园举办。此次活动是“中国天然氧吧”

创新品牌活动之一，通过活动向社会推介旅游文化及农产品。（陈迎双）

【第十届北京奥运城市体育文化节开幕】8月8日，第十届北京奥运城市体育文化节在奥森公园启动。文化节由北京奥运城市发展促进会主办，北京奥运城市发展促进中心和北京中广赛博文化发展有限公司承办，北京奥运城市发展促进会常务副会长刘敬民、北京奥运城市发展促进中心主任付晓辉、副区长刘海涛、奥运村街道工委书记于晓军、奥森公园管委会副主任杨洪福和世奥森林公园开发经营有限公司党委书记、董事长田巨清及190位奥运村街道社区代表参加开幕式。开幕式上，北京奥运城市发展促进中心与奥运村街道签署合作协议，共同推广“悦冬”冰雪健身操。体育文化节将奥运文化拓展到区县，结合当地实际情况，举办各具特色体育及奥运文化主题活动，打造“双奥文化特色社区”，发挥北京“双奥城市”示范带动作用，营造全民健身氛围。（陈迎双）

【中国网球公开赛】9月22日至10月6日，由国家体育总局、北京市政府主办，国家体育总局网球运动管理中心、北京市体育局、共青团北京市委、朝阳区政府承办的2019中国网球公开赛（第十六届）在国家网球中心举办。其中，9月22日至27日，举办ITF青少年（U18）国际二级比赛；9月30日至10月6日，举行WTA、ATP职业赛事。来自47个国家和地区的252位球员参加比赛，包括9位现任和曾任世界第一球员、12位大满贯单打冠军球员，最终奥地利球员蒂姆夺得男子单打冠军，日本球员大阪直美获得女子单打冠军。国庆期间，中国网球公开赛吸引国内外广大球迷和群众到场观赛，截至6日闭幕，比赛进行274场、现场观众流量20.6万人次，赛事消费约1047万元，决赛当日消费首次突破百万元，创赛会历史消费记录。（陈迎双）

【国庆游园活动】10月2日，奥森公园举办中华人民共和国成立70周年游园活动。园内设展览展示、文化演出、体育表演、文化互动、体育互动等多项游园活动，全天文艺演出5场、体育表演4场、群众互动9场、快闪活动2场、展览展示讲解300次。公园全天免费开放，接待游客79013人次；播放灯光秀2场，约4万人次观看。（陈迎双）

朝阳公园

【概况】朝阳公园位于朝阳区中部，北至亮马桥路，西至朝阳公园路，东至东四环路，南至朝阳公园南路。由隶属于区国资委的北京朝阳公园开发经营公司负责管理。公司设13个部室，包括党委办公室、总经理办公室、工会办公室、纪检监察办公室、信息化管理办公室、内部审计办公室、计划财务部、人力资源部、资产法务部、综合管理部、安全生产办公室、园林工程管理部、公园管理部；8个基层部门，包括安全保障部、文商经营部、票务经营部、文体经营部、游乐经营部、绿化保洁部、物业经营部、水电保障部。在岗职工606人。12月，公司改制，由全民所有制改制为国有独资有限责任公司，更名为北京朝阳公园开发经营有限责任公司。公园规划总面积288.7公顷，其中水面面积68.2公顷，陆地面积220.5公顷，绿化覆盖率87%；建筑占地面积10.4公顷，道路广场铺装面积21公顷，绿化面积145公顷，其他占地面积44.1公顷。朝阳公园是国家AAAA级旅游景区、北京市重点公园和精品公园，是北京市四环以内最大的城市公园。全年接待游客数量556万人次。年内，朝阳公园被市总工会、市社保局授予首都劳动奖状，被市阅兵保障指挥部评为“在庆祝中华人民共和国成立70周年阅兵服务保障工作中成绩卓著”。园林工程管理部陈更新被市委、市政府授予首都绿化美化先进个人称号。（张　轶）

【大型文化活动】2月5日至10日（农历正月初一至初六），朝阳公园举办以“风情漫朝阳 乐舞贺新春”为主题北京朝阳国际风情节。活动由北京金艺舟国际文化传播有限公司协办，希腊、罗马尼亚、英国、西班牙、波兰、荷兰、奥地利等国家11个街头艺术演出团队表演传统民族舞蹈、杂耍和爵士音乐；崔各庄乡民间舞龙舞狮表演，老北京兔爷儿、剪纸、毛猴儿、风车、面塑等10项“非遗”传统手艺展示，设老北京小吃、各地特色食品摊位60余家；云南昆明代表团设巨幅花墙和斗南花卉小镇蝶变历程展板，销售云南特色美食和当地土特产。活动接待游客40.75万余人次，售票28万余张。2月19日，朝阳公园作为区元宵灯会主场，举办“点亮春天 闪耀朝阳”大型主题灯会。灯会开展国家级、市区级非遗项目展示互动和舞狮、舞龙、高跷、小车会等花会表演。公园礼花广场举办以“福满京城 春贺神州”为主题文艺演出。园区展示朝阳区特色文创产品——

▲ 2月5日至10日，朝阳公园举办以“风情漫朝阳 乐舞贺新春”为主题的北京朝阳国际风情节（孙宝江　摄）

兵马俑灯笼20盏、“走马灯”“孔雀灯”等非遗灯笼、百家姓灯笼100盏、“朝阳群众”自制100盏幸福灯阵、红灯笼1000盏，同时开展猜灯谜活动。4月19日至29日，市委宣传部主办，北京发行集团、北京出版发行业协会承办，以“壮丽七十载·书香满京城”为主题“北京书市”在朝阳公园举行。书市设5大展区600余个展位，并举办图书签售、公益讲座、互动体验、电台直播、影片展播等百场文化活动。售票6.7万张，收入32.7万元。5月25日，区人民武装部在朝阳公园南门下沉广场举行朝阳区2019年度征兵宣传活动。区委常委、政法委书记张维刚，副区长、朝阳分局局长牛国泉等领导以及北京联合大学等院校师生代表900余人参加活动。5月25日至26日，未来事务管理局“另一颗星球”科幻大会在园内沙滩排球馆主场馆南侧区域举行。科幻大会设论坛、演讲、画廊、市集等版块，邀请科幻作家、科学家、教授学者以科幻文化为载体，传播科技知识。6月28日至7月3日，区精神文明办、民政局、农业农村局、文学艺术界联合会在公园融合广场举行2019年北京朝阳森林演出季第二个阶段朝阳区基层文化展演活动。活动以“庆祝新中国成立70周年，倡导时代文明新风”为主线，开展街乡分会场演出、森林主会场演出、世园会展演。1800余人参加活动。9月24日，市政府新闻办公室和北京国际摄影周组委会在公园融合广场举行以“70年，北京与世界同行——外国摄影师眼中的北京”为主题大型图片展开幕式，庆祝中华人民共和国成立70周年。图片展为期2周，以新老图片对比形式，展现北京城市的传承与保护、发展与变迁。10月23日，由区总工会发起、朝阳公园协办的首届“朝阳工匠”选树活动之——道路清扫工技能竞赛在朝阳公园东3门车场举办。区政府、政协、总工会、环卫中心等单位领导及朝阳公园开发经营公司总经理陈万明出席活动。10月27日，市体育总会秘书处主办的第41届公园半程马拉松北京公开赛建侬朝阳公园站比赛结束。社会各界近千名跑步爱好者参与活动。（张　轶）

【公园年票销售调整】 2月25日起，朝阳公园取消门票固定销售时段限制，游客全年可购买年票。年票使用期限为自购买之日起一年有效；同时还开通线上购买年、月票方式，为游客提供方便。（张　轶）

【生态文明体验活动】 3月至12月，朝阳公园开展2019“爱绿一起”主题生态文明体验活动。分别举办“吃货学”“显微镜也可以自己做”“昨日的国王”裸子植物科普活动，举办“探究月季秘密，描绘最美五月”“天然草木色与香”“探秘《大自然的珍贵礼物》绘本制作梦幻草帽”“叶子的科学与艺术”“水的律动”“飞翔的果实”（第二季）、“DIY环保圣诞花环”等生态文明体验活动。174个家庭348人参与活动。“水的律动”活动被首都绿化委员会收录。（张　轶）

【主办系列论坛】 5月24日、6月6日、6月20日，北京朝阳公园开发经营公司在园内举办“朝阳之智·未来之城”系列论坛。论坛以“面对未来的设计”“科技创新，智领未来”“文化艺术重塑生活”为主题，邀请国内外规划、设计、景观、科技、文化等方面发表主题演讲。区国资委有关领导及公司中层以上干部300余人参加。（张　轶）

【第十一届海洋沙滩狂欢节】 6月29日至8月31日，由北京京视体育发展有限责任公司主办，北京金艺舟国际文化传播有限公司承办的2019朝阳公园第十一届海洋沙滩狂欢节在园内沙滩主题乐园举办。开幕式进行“炫舞东方舞林大会”舞蹈、歌唱表演。狂欢节新增北京汽车女排沙滩排球比赛及手摇接水联赛、水弹大作战、骑行射水对抗等游乐项目。活动历时2月，接待游客7万余人，经营收入450.44万元。（张　轶）

【天鹅入住野鸭岛】 9月20日至11月30日，昆明市动物园8只天鹅、4只疣鼻天鹅和4只黑天鹅入住园区北部湖区野鸭岛，并与游客见面。公园派专职饲养人员2名，昆明市动物园派驻专职技术人员指导。（张　轶）

【国庆游园活动】 10月1日至2日，朝阳公园举办以“普天同庆 共筑中国梦”为主题庆祝中华人民共和国成立70周年游园活动。游园免费不免票，游客持游园活动专票入园。7个门区设换票窗口40个，高峰期南大门开放14个换票窗口，启动所有应急通道为出口，34个闸机均为入口。举办文艺演出3场、体育表演2场、群众互动2场，快闪活动2次，接待游客5.3万余人次。（张　轶）

【智能急救站增设2处】 11月15日，朝阳公园与市红十字会合作，在游客中心及“来跑吧”服务站各增设1处智能急救站。急救站配备AED设备、止血包扎包、医用冰袋、伤口处理药物等。为保证智能急救站的使用，公园邀请北京市红十字会应急救护培训讲师杨龙强和北京市急救中心应急救护培训讲师边冬云向工作人员开展急救知识培训。（张　轶）

中华民族园

【概况】 北京中华民族博物院同时挂北京中华民族园牌子（简称民族园），位于北四环与北辰路（中轴路）交会西南角，东至北辰路西红线，西至北辰西路，南至北土城路北红线，北至北四环路南红线。行政主管单位为市民政局社团办，业务受区市文物局、区园林绿化局、区旅游委管理，为自收自支、独立核算、自负盈亏民办事业单位。内设行政、人事、财务、物业、安保、工程、活动、环境、文物、信息、社教、经营12个部门。在职职工322人，其中正式工35人，专业技术人员19人。园区占地面积28.2万平方米，其中绿地面积17.26万平方米，道路、广场面积2.96万平方米，水面面积4.3万平方米，建筑占地面积4.1万平方米，是博物馆与公园相结合的旅游景区。园区绿化覆盖率61.2%。年内，移栽植物147株，伐除病死树40株。园内有青海贵南藏族队、四川阿坝羌族队、云南德宏傣族队、贵州松桃苗族队、青海互助土族队、云南丽江纳西族队、内蒙古赤峰蒙古族队、云南大理白族队、湖南湘西土家族队等9支少数民族队伍。年内，举办专题演出“少数民族体育项目展示及体验”“少数民族服装服饰展演”“鼓舞中华 民族鼓文化展演”“少数民族红歌会”“少数民族非物质文化遗产展演”等活动。接待游客20.14万人次，其中免票4.12万人次。门票收入820.06万元，总收入1281.42万元；与上年相比，游客量增加24.09%、门票收入增加15.75%、总收入增加36.95%。民族园院长王平和作为北京市农民工代表羌的族演员季顺花受中华人民共和国成立70周年庆祝活动办公室邀请到天安门参加“庆祝中华人民共和国成立70周年大会”阅兵观礼活动。（汪　昆）

【国庆文化活动】 4月20日至5月3日，新疆巴音郭楞州委宣传部与中华民族博物院在中华民族博物院共同举办“巴音郭楞自治州在北京中华民族博物院为祖国70周年华诞献礼”（“我在首都秀巴州”）展览及民族交流演出活动。展出巴州当地采风摄影作品71幅，民族生活用品、手工艺品55件。5月25日，由云南民族文化发展基金会、云南非遗全国巡演活动组委会主办，非遗印象全国文艺会演活动组委会、合生和源（北京）文化产业有限公司、云南红色经典文化传媒发展有限公司、云南粤港澳文化传播有限公司承办，民族园协办的“云南非遗走进中华民族博物院暨云南非遗文化全国巡演（北京站）”活动在民族园傣族曼飞龙广场举行。活动以“各族人民心向党 共庆祖国70年华诞”为主题，来自云南省大理州、楚雄州、德宏州、迪庆州等区域白族、彝族、景颇族、傣族、藏族代表队及民族园的各少数民族约150人表演民族节目。（汪　昆）

【贵州松桃仁务家乐苗族文艺队交流演出】 4月25日，贵州省铜仁市松桃苗族自治县仁务家乐苗族文艺队到中华民族博物院进行文化交流活动。文艺队为民间文艺组织，由20多人组成，自编自演的苗族风情舞蹈《我们从苗寨走来》曾在4月CCTV群星会演中获金奖。（汪　昆）

【公园建设】 4月，维吾尔族建筑维修工程开工，6月竣工。维修建筑包括清真寺、喀什高台制陶民居、吐鲁番民居，砖木结构，建筑面积总计492.28平方米。维修项目包括建筑木质廊柱维修翻新、室内外彩绘翻新、屋顶防水维修等。由北京冬冬创远装饰工程有限公司承包施工，投资27万元。4月，壮族莫老爷官宅维修工程开工，9月竣工。壮族莫老爷官宅为砖木结构，工程包括屋架结构维修加固，屋顶、地面重新铺设，木结构刷桐油，室内外粉刷、彩绘等，建筑面积176.88平方米。北京冬冬创远装饰工程有限公司施工，投资22万元。6月，民族团结大桥维修项目开工，9月竣工。民族团结大桥连接中华民族博物院南北两园，建筑面积898平方米，桥身木结构。维修项目包括主桥、副桥、桥头堡的结构维修；木质桥柱，包麻刷漆翻新；桥廊彩绘翻新。由北京冬冬创远装饰工程有限公司承包施工，投资105万元。7月，南壮民居维修工程开工，10月初竣工。南壮民居位于中华民族博物院南园壮族景区。建筑面积330.15平方米，砖木结构。维修项目包括屋架结构维修加固，屋顶、地面重新铺设，墙体重砌，室内外粉刷等。北京冬冬创远装饰工程有限公司施工，投资36万元。其他项目包括：4月至11月完成朝鲜族药房民居屋顶大修、傣族配电室及傣族休息凉亭屋顶大修，南园入口厕所修建，园内主路边挡土石修葺固定1200余米，园内上下水管线维修200余米等工程。中华民族博物院工程维修队施工，投资80万元。以上工程均由中华民族博物院出资，中华民族博物院副院长朱联根监理。（汪　昆）

【节日活动】 5月1日至4日，民族园举办以“我和我的祖国”为主题中华各民族共庆五一劳动节活动。包括少数民族歌舞大联欢、少数民族服饰表演，以及演唱《我和我的祖国》、“傣族泼水节”两项快闪活动等，接待游客5000余人次。10月1日至7日，民族园举办“民族团结大联欢”等系列演出活动，庆祝中华人民共和国成立70周年。接待游客近万人次。（汪　昆）

【节日摆花】 五一节期间，摆花7500盆，门区广场和园内主要景区摆放花坛3个。用花品种为串红、孔雀草、鸭脚木、铁树、棕榈、吊兰、君子兰等。国庆节期间，摆花7600盆，门区广场和园内主要景区摆放花坛3个。品种主要有串红、黄小菊、粉小菊、孔雀草、吊兰、蕉藕、鸭脚木、铁树、棕榈等。（汪　昆）

【缅甸民族事务部副部长到园参观】 5月17日，缅甸民族事务部副部长拉莫吴亚文会在国家民委、中国外文局等相关部门陪同下，到民族园参观访问。互相交换礼物，交流民族工作经验。（汪　昆）

【苗族端午嘉年华活动】 6月7日至9日，中华民族博物院“苗族端午嘉年华”活动在民族园苗族景区举办。内容包括：苗族迎宾仪式、端午知识介绍、端午美食学做和品尝、旱龙舟和苗族毽球比赛、苗族绝技上刀山和苗族四面鼓表演等。接待游客约500人。（汪　昆）

▲ 6月7日，中华民族园举行苗族端午嘉年华活动（刘　蕊　摄）

【国际文化交流】 6月18日至28日，由东京中国文化中心、北京民族文化遗产保护基金会主办，北京中华民族博物院协办，四川省阿坝羌族藏族自治州文化体育和旅游局承办的“藏羌魂——文旅融合 魅力藏羌”四川省阿坝州文化遗产展览在日本东京中国文化中心举办。其间展出阿坝州13个类别103件藏羌非遗物品、53幅阿坝州风景摄影作品，阿坝州藏族、羌族非物质文化遗产传承人表演熊猫舞、羊皮鼓舞、多声部民歌等节目，现场举办“阿坝州非遗项目说明会”，开设“藏羌刺绣讲座”。接待参观者500余人。11月5日至15日，由仰光中国文化中心、北京民族文化遗产保护基金会共同主办，北京中华民族博物院承办的“多彩的中华民族——走进湄公河之缅甸”系列文化交流活动在缅甸仰光中国文化中心举行。展出中华民族博物院提供的苗族银饰、白族刺绣、水族马尾绣等非遗手工艺品32件。开幕式上，中华民族博物院少数民族演员表演白族、纳西族、彝族、裕固族等民族歌舞。活动期间，现场教学互动白族扎染工艺。接待观众1000余人。中央电视台、人民日报社、《吉祥》杂志、缅甸《金凤凰》中文报社、缅甸吉祥网、缅甸国际电视台、缅甸广播电视台、MRTV（Radio）等媒体采访报道。12月7日至15日，由中央美术学院、北京民族文化遗产保护基金会、光州市立美术馆共同主办，中央美术学院丝绸之路艺术研究协同创新中心、北京中华民族博物院承办的“光阴的故事——二十四节气文化遗产艺术设计展”在韩国光州市立美术馆举办。展览展出中央美术学院20多位艺术家和设计师以中国传统节气为题创作的94件绘画、书法、雕刻、陶瓷、摄影、服装设计等新时代节气视觉文化作品，32件由中华民族博物院提供、展现民俗中节气文化的民族银饰、服装、刺绣等非遗手工艺品。现场开展白族扎染教学活动。接待观众500余人次。12月10日至12日，北京中华民族文化遗产保护基金会与北京中华民族博物院在日本东京中国文化中心联合举办以“多彩的中华民族——古老的传说”为主题蒙古族、鄂伦春族、赫哲族文化遗产展，并以此庆祝东京中国文化中心建立十周年。现场搭建蒙古族毡包和鄂伦春族仙人柱，展现传统生活场景。鄂伦春族非遗传承人现场展示桦树皮烙画技艺。展出由中华民族博物院提供的赫哲族“鱼皮画”、鄂伦春族桦树皮工艺品、蒙古族生活用品等非遗展品4类99件。开幕式上，中华民族博物院少数民族演员表演蒙古族国家级非物质文化遗产项目：顶碗舞、马头琴、呼麦等。开展蒙古族毡绣工艺现场教学活动。接待观众300余人。 （汪　昆）

【病虫害防治】 年内，主要病虫害有：蚜虫、刺蛾、红蜘蛛、蜗牛、白粉虱、松梢螟蛾、白粉病等。春季，全园乔灌木打石硫合剂广谱性预防病虫害。对园内乔木做树环胶防治上树虫害。对松树进行根部埋药防治松梢螟蛾。五一、十一前，全园范围打药2次防治蚜虫和红蜘蛛。全年未发生严重植物病虫害。 （汪　昆）

【园区花卉种植】 年内，园内主路边，新疆、蒙古景区草原边缘，藏族景区玛尼堆周边，散种金盏花、草茉莉、萱草、孔雀草、金鸡菊、天人菊、小菊、月见草等，从4月到11月皆有花赏。北园门区盘龙叠水瀑布及园内路边花池种植吉祥草、黑心菊、荷兰菊、三色堇、鼠尾草、猴面花、百日草、松果菊、彩叶草、毛地黄、蓝雏菊、海石竹、大花半枝莲、美女樱、彩叶酢浆草、冰岛虞美人、飞燕草、醉蝶花、筋骨草等。 （汪　昆）

科技

北京朝阳年鉴
Beijing Chaoyang Yearbook
2020

综　述

【概况】　北京市朝阳区科学技术和信息化局（简称区科学技术和信息化局）是区政府工作部门，主管全区科技创新、软件和信息服务业、信息化、大数据工作。内设办公室、发展规划科、社会发展科技科、产业发展科、信息化管理科、信息化促进科。下设朝阳区生产力促进中心、朝阳区信息网络中心2家事业单位。3月21日，区委区政府印发《北京市朝阳区机构改革方案》通知，将区科学技术委员会、区信息化工作办公室职责以及区人力资源和社会保障局外国专家管理职责整合，组建朝阳区科学技术和信息化局，加挂区大数据管理局牌子，不再保留区科学技术委员会、区信息化工作办公室。区知识产权局职能划归区市场监督管理局，挂朝阳区知识产权局牌子。全局行政编制22人。　（夏春玲）

【领导调研】　1月22日，国家知识产权局知识产权保护司副司长武晓明一行到朝阳区知识产权（设计服务业）快速维权中心（以下简称快维中心）开展调研。市知识产权局协调处副处长陈军，区科委主任、知识产权局局长冯守华和副主任伏巍一同调研。2月2日，市知识产权局党组书记杨东起、副局长许伟一行到朝阳区就知识产权工作开展专题对接，参观快维权中心并座谈。区领导文献、李长萍共同参观。会上，文献希望在朝阳区打造国际一流知识产权强区过程中，得到市知识产权的指导与支持；李长萍提出朝阳区下一步知识产权工作重点；市知识产权局相关处室、中心及知识产权出版社等机构负责人分别就朝阳区知识产权工作涉及的市级政策、市场化服务资源、实施路径、合作模式等提出意见建议。　（夏春玲　倪秀菊）

【市科学技术奖获奖成果34个】　3月1日，市科学技术奖励大会召开，公布2018年北京市科学技术奖获奖成果名单。全市获奖成果212个，其中朝阳区25家单位单独或联合申报成果获奖34个，包括一等奖5项、二等奖11项、三等奖18项。　（林　鹏）

【独角兽企业上榜】　5月，长城战略咨询发布《2018年中国独角兽企业研究报告》，202家估值在10亿美元以上企业上榜。朝阳区入榜独角兽企业24家，总估值351.55亿美元，分别占全市29%和10%，其中猿辅导、阿里音乐、惠民网、每日优鲜4家公司估值在20亿美元以上；企业涉及行业主要为电子商务、新文娱、企业服务等12个领域。10月21日，胡润研究院发布《2019胡润全球独角兽榜》，中国有独角兽企业206家，其中，朝阳区独角兽企业23家，占北京独角兽企业总数（82家）的28.05%，居全市第二；企业总估值2620亿元，平均估值为114亿元，占全国独角兽企业总估值4.79%、北京独角兽企业总估值11.78%。　（林　鹏）

【中国互联网企业100强入选8家】　8月，中国互联网协会、工业和信息化部网络安全产业发展中心（工业和信息化部信息中心）在2019年中国互联网企业100强发布会暨百强企业高峰论坛上联合发布2019年中国互联网企业100强榜单。全市入选企业31家，其中朝阳区入选8家，包括美团、58集团、智联招聘、映客直播、百合佳缘、秘境和风、人民网、字节跳动，入选企业业务范围涵盖生活服务、音乐与视频、社交网络等领域。　（李　京）

【市科技人才入选29人】　年内，朝阳区29名科技人才入选2019年首都科技领军人才培养工程和北京市科技新星计划。其中，来自北京化工大学、北京工业大学、北京极智嘉公司3名科技人才入选北京市领军人才培养工程，占入选人才总数10%；26名科技人才入选2019年北京市科技新星计划，占入选人才总数21.6%。入选29名科技人才中，企业人才占20.7%，分别来自智能显示、节能环保、新材料、信息技术等技术领域。　（夏春玲）

科技管理

【概况】　年内，全区有国家高新技术企业3985家，比上年增长9.81%，占全市高新技术企业14.5%，居全市区排名第二。全区登记技术合同6618项；技术合同成交额1159.50亿元，比上年增长12%，占全市的20.4%。在2018年度北京市知识产权保护服务考核中，区知识产权保护服务分中心获“优秀分中心”称号，文创实验区分中心获“优秀工作站”称号，望京科技园工作站获“人才服务奖”。　（夏春玲）

【国家文化和科技融合示范基地认定2家】　3月15日，科技部公布国家文化和科技融合示范基地认定21家，其中集聚类基地5家、单体类基地16家。朝阳区掌阅科技股份有限公司、北京蓝色光标数据科技股份有限公司被认定为单体类国家文化和科技融合示范基地。　（刘悦镔）

【银行类国家高新技术企业认定1家】　3月，朝阳区企业中信百信银行股份有限公司百信银行通过国家高新技术企业认定，成为全国首家获得此项资质的国有控股银行。　（林　鹏）

【社区科普体验厅验收】　6月13日，市科委专家验收组验收双井街道九龙社区建设社区科普体验厅项目。双井街道九龙社区科普体验厅发挥科普宣传教育作用、开展丰富科普活动、提升百姓科学素质，获专家组肯定。　（刘伟凡）

【科普统计调查】　6月至10月，区科学技术和信息化局完成2018年度朝阳区科普统计调查工作。协调全区28个委办局、43个街乡、辖区内市科普基地等200余家单位开展调查。统计结果显示，区内专、兼职科普人员8251人；科普经费筹集额5.42亿元；全区共有各类科普场馆75个；出版科普图书、期刊1087种，年出版560余万册；发放科普读物和资料330余万份，开办科普网站、科普类微博99个，发文15万余篇，访问阅读量2.73亿次；举办科普（技）讲座11000余次，受众200余万人次。科普事业发展态势良好。　（刘伟凡）

【科创板上市1家】　7月22日，朝阳区企业北京沃尔德金刚石工具股份有限公司在上交所科创板挂牌交易（股票代码：688028）。该公司2006年创立于中关村电子城科技园区，是一家主要从事超硬

刀具及超硬材料制品研发、生产和销售业务的国家高新技术企业。 （林 鹏）

【国际科技合作基地认定新增2家】 7月，市科学技术委员会公布2018年度北京市国际科技合作基地名单，区北京电子城有限责任公司的电子城高科技产业——北京市国际科技合作基地和北京安贞医院所属北京市主动脉疾病诊疗中心的北京市国际科技合作基地认定通过。截至年底，全区市科委认定国际科技合作基地60个，占全市基地总数15%。 （林 鹏）

【市大数据教学实践基地入选1家】 8月，驻区企业阿里巴巴科技（北京）有限公司经北京市经信局认定，入选北京市大数据教学实践基地并授牌。北京市大数据教学实践基地公开征集遴选工作自2019年2月启动，目的是为贯彻落实北京市大数据行动计划要求，加强北京市大数据专业人才培养力度，发挥多元社会力量，共同构建立体化、多维度、全覆盖的大数据人才培训体系。 （李 京）

【科技创新创业引导基金设立】 9月20日，朝阳区设立科技创新创业引导基金。母基金出资规模10亿元，由朝阳区政府出资，围绕新一代信息技术、智能制造、人工智能、新能源与节能环保、生物医药以及科技服务业、文化科技融合等重点产业逐步设立目标较为明确的子基金，重点投资原始创新、成果转化、创业孵化等阶段的“高精尖”产业。10月16日完成首个投资，为极限人工智能（北京）有限公司“极限人工智能”基金直投项目，投资规模2亿元。 （满伶俐）

【市级重大项目立项2项】 9月，北京中材人工晶体研究院有限公司“人工晶体产业孵化平台”项目和北京东方国信科技股份有限公司“基于机理模型与大数据机器学习的工业智能管理服务平台”项目通过市科委专家答辩与财政评审，列入2019年度市科委“市区两级重大关键任务科技支撑”专项。 （林 鹏）

【西门子示范中心前期工程】 9月，由市科委和区科学技术和信息化局共同支持、北京国际技术合作中心和西门子（中国）有限公司联合承建的展览展示项目——西门子数字化光伏+云服务产业示范中心完成前期工程。西门子大厦7个附属楼屋顶铺设定制光伏板1086块，应用西门子数字化分布式光伏解决方案，实现西门子园区用电自给自足。 （林真民）

【鲲鹏联合创新中心成立】 10月18日，在2019中关村论坛重大成果发布会上，北京鲲鹏联合创新中心在朝阳区成立，市经济和信息化局、区政府、华为公司联合揭牌。鲲鹏创新中心旨在建立覆盖芯片、服务器、操作系统、数据库、中间件、应用软件全生命周期的高效服务平台，重点解决共性关键问题，开展集中技术攻关，立足京津冀、辐射、全国。 （林 鹏 满伶莉）

【高新技术企业申报】 10月，区科学技术和信息化局完成全区2019年高新技术企业认定申报工作。申报企业1618家，其中区科学技术和信息化局受理1323家，中关村朝阳园管委会受理295家。申报企业中，电子信息领域企业828家，占比51.2%；高技术服务领域573家，占比34.8%。申报企业认定148家，完成实地核查。据国家高新技术企业2018年度年报数据分析显示，2018年朝阳区国高新企业3057家，总收入6491.05亿元，比上年增长49.75%；其中亿元以上企业451家，收入占全部高新技术企业收入92.93%；研究开发费用支出483.11亿元，比上年增长51.45%，占同期收入7.44%，比上年提升0.08个百分点；享受减免企业所得税优惠33.36亿元，企业实际缴纳税费349.23亿元；获知识产权24740件，其中发明专利5801件。 （林 鹏）

【中国大数据企业50强入选2家】 10月，在工业和信息化部、湖南省人民政府联合主办的2019世界计算机大会上，“2019中国大数据企业50强”榜单公布，区内北京东方国信科技股份有限公司、集奥聚合（北京）人工智能科技有限公司入选。 （李 京）

【科技型中小企业评价】 11月，区科学技术和信息化局完成2019年度科技型中小企业评价工作。全区741家企业通过评价审核，纳入科技部科技型中小企业库，占市入库企业12%。从技术领域看，排名前2位的是，电子信息领域企业293家，占已入库企业总数39.8%，高技术服务领域企业195家，占总数26.5%。741家企业年销售收入633.78亿元，研发投入238亿元，占同期销售收入37.6%。从业人员126417人，其中科技人员60831人，占职工总数48.1%。企业拥有发明专利及软件著作权等知识产权7803件。 （林 鹏）

【“科技冬奥”应用场景】 12月，区科学技术和信息化局完成《朝阳区“科技冬奥”规划设计及应用场景研究》。围绕智慧运营、智能观赛、智能管理、安全保障等主题，征集科技冬奥应用场景建设需求10项，其中部分场景于11月在第二十二届中国北京国际科技产业博览会上面向社会公开发布；无人售卖车、无人驾驶清扫车2项应用场景和安全巡逻机器人在奥森公园中心区及两个出入口投放试运行。 （熊桂梅）

科技活动

【概况】 年内，区科学技术和信息化局营造区域创新氛围，组织开展或承办“2019知识产权与创新大会”、朝阳区科技周活动、全国信息消费城市行北京站活动、中华人民共和国成立70周年游园展览展示、中以创新创业大赛、朝阳区科技创新创业大赛等活动；宣传京交会、科技周、全国信息消费城市行北京站活动、知识产权与创新大会等大型活动及城市大脑、5G等信息化基础设施建设、大数据平台、高新技术产业发展、国际研发创新集聚区建设等，形成创新发展舆论氛围。在2018生产力促进奖、中国好技术奖颁奖典礼暨第十二届寰宇生产力论坛会上，区生产力促进中心等74家中心获中国生产力促进中心协会“服务贡献奖”，区生产力促进中心满伶莉等69人获“服务精英奖”，北京东方雨虹防水技术股份有限公司和爱土工程环境科技有限公司分别获得“中国好技术奖”一、二等奖。 （夏春玲）

【科技文化卫生“三下乡”】 1月10日，区科技文化卫生“三下乡”集中示范活动

▲ 1月10日，区科学技术和信息化局到王四营乡，通过“科技下乡”活动为当地百姓送“科学年货”（区科学技术和信息化局 供图）

在王四营乡举行。区科委通过“科技下乡”活动，把集中性、示范性活动与常态化科普宣传相结合，为当地百姓和青少年送“科学年货”。（刘伟凡）

【科技条件平台供需对接】 4月23日，“首都科技条件平台电子信息领域需求对接会”召开。会议由首都科技条件平台朝阳工作站主办，中科院研发实验服务基地、电子信息领域中心协办，国创产业园承办。中科院基地和电子信息领域中心专家与国创产业园入孵企业进行需求对接，与会专家针对基于P2C或多轴运动控制器技术开发、智达物流检验测试等需求进行分析和技术指导，并取得初步合作意向。这场专门为朝阳区孵化器——国创产业园入孵企业“量身定做”的需求对接会，是朝阳工作站“一站多点”工作模式的创新探索。（郭 滨）

【科技活动周】 5月19日至26日，2019年朝阳区科技周活动与全国科技周暨北京科技周同期举办。科技周以“科技兴区科普为民”为主题，通过“1+3+3”（即1个主会场、3个分会场、3大主题系列活动相结合方式）创新科普形式，整合区内相关科普基地、科普社区、科普体验厅、科技示范校、科研院所、科技企业等科普资源，通过“科普名家系列讲坛”“前沿科技产品互动体验”“科技主题展”“科普品牌活动进校园”等活动，让百姓现场参与学习、互动体验，推动科技创新成果走进基层，向百姓传播科学知识。（刘伟凡）

【承办全国信息消费城市行北京站活动】 6月20日，由市经济和信息化局、区政府主办，区科学技术和信息化局承办的全国信息消费城市行北京站活动启动仪式在三里屯红馆举办。启动仪式上，由美团、京东、小米、腾讯等10余家企业发起的北京市信息消费共同体宣布成立，并发布共同体倡议，共同打造信息消费新生态；同时宣布由共同体发起的“首届北京信息消费节”启动。北京电信副总经理高峰、腾讯副总裁马斌以及京东集团全球供应链创新中心运营负责人卫海星做主题发言，工信部信息化和软件服务业司副司长董大健、中国电子技术标准化研究院副院长孙文龙、市经信局巡视员王伟、朝阳区委常委李长萍出席首日启动仪式，市部分委办局、各区信息化部门和北京市20余家企业代表参加活动。活动为期3天，举办以“融合创新平台赋能服务提升”为主题的信息消费互动体验展等。（李 京）

▲ 5月19日至26日，区科学技术和信息化局在北京市方志馆举办以“科技兴区 科普为民”为主题的2019年朝阳区科技周活动（刘伟凡 摄）

▲ 10 月 30 日，区科学技术和信息化局带领专家到河北唐县天惠种业蔬菜大棚现场进行技术指导　　（区科学技术和信息化局　供图）

【科技扶贫】 6 月，区科学技术和信息化局启动“科技助力，精准扶贫”专项行动。区科学技术和信息化局 4 次调研走访河北省阳原县政府部门、企业、农户，针对当地自然环境恶劣、资源贫瘠、工业基础薄弱、产业发展缓慢及科技水平低下等问题，规划阳原县“北冰红”葡萄产业建设。7 月 16 日至 19 日，区科学技术和信息化局书记杨旭带队，携 1000 只 52 天龄油鸡鸡苗、“北京油鸡草原牧养技术集成应用示范与对口帮扶”项目赴内蒙古卓资县，推动油鸡养殖项目落地卓资。10 月 29 日至 31 日，区科学技术和信息化局联合区农业农村局及区种植业养殖业服务中心、北京农林科学院等单位专家、区内重点农业园区、青少年科普支撑单位相关负责人一行 10 余人，赴河北省保定市唐县开展农业科技对口帮扶活动。先后来到丹朱城·云水间和丹凤山 2 家太行山农业科技创新驿站、天惠种业设施农业基地、瑞丽肉食品公司，就葡萄酒酿造工艺、果树病虫害防治、废弃物资源化利用等进行现场指导，并到唐县第四小学、第五中学，给孩子们讲授航空知识和《“四不像”麋鹿传奇》科普课程。11 月 6 日至 8 日，区科学技术和信息化局联合区农业农村局赴河北省张家口市康保县开展对口支援活动。市农业技术推广站、动物疫控中心、中国食品发酵研究院相关专家以及蟹岛集团、中农春雨等农业企业负责人针对当地种植、养殖、加工、品牌宣传等问题，实地调研凯阔食品、康盛牧业、乾信牧业等当地农业龙头企业，开展速食加工、畜牧业疾病防控技术等培训，并有针对性地解决当地销售渠道不畅，品牌宣传意识不强等问题。

（刘悦镔　刘伟凡　夏春玲　林　鹏）

【孵化器联盟政策宣讲】 7 月 12 日，朝阳区孵化器联盟政策宣讲系列活动在国投尚科办公社区举办。区委组织部人才科、市技术市场办、区科学技术和信息化局、朝阳区生产力促进中心相关负责人向参会的 50 余位创业者解读高端商务人才、创新券、高新企业认定、技术合同登记等相关政策。　（郭　滨）

【农业科技国际交流】 8 月，农业农村部组织中东国家智慧农业与农业可持续发展研修成员到朝阳区参观考察北京都市农汇农业科技产业园。克罗地亚农业部和塞尔维亚农业、林业、水利部一行 12 人参观园区生态循环系统、无碳科技温室大棚、热带植物生态园、“植物工厂”和“一带一路”沿线国家珍稀植物引种科研基地。　（刘伟凡）

【国际知识产权保护】 9 月 3 日，国际知识产权保护与创新中心在汉唐信通孵化园区成立。中心由北京创知厚德科技有限公司建设，是汉唐信通（北京）咨询股份有限公司专注于国际化知识产权业务的分支机构。中心立足于服务朝阳区国际创新集聚区内企业，解决企业知识产权保护服务、科技创新研发服务需求，促进企业国际创新型成果转化和国际化，打造国际知识产权和科技成果一站式服务平台，兼顾面向全国、辐射全球发展战略。（郭　滨）

【国庆游园展览展示】 10月1日至2日，朝阳区庆祝中华人民共和国成立70周年游园活动在奥森公园、朝阳公园等9个公园举行，区科学技术和信息化局负责5个公园展览展示区。展览以“普天同庆、共筑中国梦”为主题，结合公园自身区位、历史及环境特点，分别以“体育强国”“开放融通”“古坛新生——魅力朝阳”“童心筑梦”“绿满将府”为主题，展现中华人民共和国成立70年以来，国家体育事业发展、奥运举办与冬奥筹办、“一带一路”建设发展及朝阳区经济社会发展、科技创新、绿色生态建设等方面成就。活动期间，5个公园展览展示区接待游客4万余人次，CCTV央视网、央视新闻、《人民日报》、《北京日报》、北京电视台、天津电视台、《新京报》、《北京晚报》、《朝阳报》、朝阳有线等媒体报道40余条次。区科学技术和信息化局伏巍、马野、夏春玲获市国庆游园指挥部积极贡献荣誉证书。（夏春玲）

【科技创新创业大赛】 12月12日，区生产力促进中心联合星库空间（北京）创业投资有限公司在E9区创新工场7号空间站举办“2019星库杯·朝阳区科技创新创业大赛”总决赛。朝阳区10个优秀创业项目参加决赛，涉及机器人、区块链、人工智能、新能源、医疗器械等前沿领域，最终北京非夕机器人科技有限公司的“非夕机器人”获一等奖，北京墨狄科技有限公司的“墨狄机器人”、北京泛融科技有限公司的“蜂巢链”获二等奖，北京诚品溯源科技有限公司的“溯源链”、北京中芯医源科技有限公司的“单件手术器械全生命周期智能管理系统”、中国科学院过程工程研究所绿色过程与工程重点实验室团队的“新能源汽车动力电池回收——超净高纯电子化学品关键技术”获三等奖。（曹　祺）

【新型数字基础设施峰会】 12月25日，市经信局与区政府联合举办“2019新型数字基础设施峰会——打造鲲鹏底座的区块链应用”。会上，市经信局副局长潘锋、副区长王志勉与华为公司北京总经理刘阳分别代表三方共同签署《共建北京鲲鹏联合创新中心战略合作协议》。三方将发挥各自优势，按照市场原则共建北京鲲鹏联合创新中心，推进电子信息产业自主研发创新能力。工业和信息化部信息化和软件服务业司副司长董大健、区长文献以及华为中国区副总裁强华出席。（林　鹏）

【医疗卫生专业协同合作平台工作会】 12月25日，区科学技术和信息化局、区卫健委组织召开2019年朝阳区医疗卫生专业协同合作平台工作会。总结2019年平台项目成果，分享典型案例成功经验，开展平台合作、科研需求、成果推广等交流。全年组织实施区社会发展科技计划项目中医疗卫生领域项目20个，其中由平台内单位承担项目17个，项目资金占医疗卫生领域资金总量90%。平台于2018年6月成立，截至年底，纳入区属二三级医院及公共卫生单位、驻区三级医院及民营医疗机构16家，通过“搭台子、引路子、结对子”方式，聚集医疗卫生领域科研力量，引导基层医疗科研发展方向。（刘伟凡）

知识产权保护

【概况】 北京市朝阳区知识产权局（简称区知识产权局）负责贯彻落实专利工作的法律、法规和相关政策，制定本区专利工作发展规划、工作计划、政策措施并组织实施；负责本区知识产权保护工作，协调推动知识产权保护工作体系建设；会同区有关部门建立完善知识产权执法协作机制；承担朝阳区侵犯知识产权和制售假冒伪劣商品工作领导小组办公室的具体工作；负责本区技术市场管理和行政执法工作，负责本区专利管理和知识产权执法协作机制建设工作；负责组织协调本区知识产权保护工作，组织开展知识产权保护的宣传工作；引导促进本区专利技术的实施和产业化。3月，区机构改革，区市场监管局成立，加挂朝阳区知识产权局（简称区知识产权局）牌子。全年受理专利申请40219件，其中发明23949件、实用新型10661件、外观设计5609件。专利授权23665件，其中发明10070件、实用新型8506件、外观设计5089件。北京朝阳商标受理窗口业务范围在原有“商标注册申请”和“注册商标专用权质押登记”2项的基础上，国家知识产权局商标局新授予变更、续展等22项业务的受理权限。全年受理商标注册申请2813件，送达电子文书4722件，发放商标注册证1312件。年内，区知识产权局以驰名商标、地理标志、涉外商标、“中华老字号”商标为重点保护对象，坚持内资、外资企业平等保护原则，以大中型购物场所、有形市场等侵权易发多发场所为重点点位，以酒类、服装、箱包、日化用品、汽车配件和家装建材等为重点商品，加大打击侵犯知识产权和制售假冒伪劣商品工作力度，全年办结商标侵权案件121件，罚没款3540万元。（吕秉生）

【世界知识产权日宣传活动】 4月22日，由区人民政府主办，区市场监督管理局（区知识产权局）、北京奥林匹克公园管理委员会、区体育局联合承办的世界知识产权日宣传活动，在奥林匹克森林公园举办，旨在营造鼓励创新创造、保护知识产权氛围，提高全社会知识产权意识。商标科、知识产权快维中心干部，各工商所分管商标工作副所长以及辖区企业代表、新闻媒体记者等近150人参加活动。（富家奇）

【企业培训】 5月7日，区市场监管局召开培训会，向域内雀巢（中国）有限公司、宝马（中国）汽车贸易有限公司、中国石油化工集团有限公司、中国惠普有限公司等51家世界500强企业进行广告合规解读。北京电视台、北京广播电台、朝阳有线、《法制日报》、《市场监督管理》、《朝阳报》、今日头条、千龙网等10家电视、广播、报纸及互联网媒体报道此次活动。5月10日“中国品牌日”，区市场监管局（区知识产权局）邀请国家知识产权局商标局专家到中国北京（望京）留学人员创业园，为初创企业开展商标基础布局讲座，指导企业提高商标注册成功率。园区内30余家企业代表参加讲座。5月21日，区市场监管局（区知识产权局）举办“企业国际化进程中品牌和外观设计保护”专题培训。邀请世界知识产权组织中国办事处专家张俊琴、吕国良为商标品牌靶向性培育企业、市知识产权试点单位及其他创新性、外向型企业50余家单位代表授课。12月4日国家宪法日暨全国法制宣传日，区市场监管局（区知识产权局）邀请市知识产权局知识产权保护处副处长陈健对辖区70余家企业进行专利权保护专题培训。全年区市场监管局以问题为导向开展广告法规培训12次，培训240余家单位900余人次。（富家奇）

【知识产权与创新大会】 6月20日，北京市2019知识产权与创新大会召开。大会由市知识产权局和区政府主办，区市场监督管理局（区知识产权局）、区科学技术和信息化局承办，来自财政部会计司、世界知识产权组织中国办事处、北京互联网法院、北京知识产权法研究会等单位嘉宾围绕设立科创板并试点注册制，探讨科技创新企业如何通过知识产权管理、提升软实力，做好上市准备并持续发展。科技企业、金融机构、知识产权服务机构代表200余人参加会议。（富家奇）

▲ 6月20日，市知识产权局联合朝阳区政府共同主办的“2019知识产权与创新大会”在望京昆泰酒店召开 （夏春玲 摄）

【区知识产权金融培训会】 10月30日，区市场监管局（区知识产权局）与市知识产权局联合举办区知识产权金融培训会。邀请区人民法院法官巫霁授课，专利试点示范单位、优势单位、专利项目实施单位、高新技术企业知识产权部门主管及财务负责人120余人参加培训。（富家奇）

【知识产权公共服务体系建设】 年内，北京市知识产权维权援助中心授予北京市朝阳区知识产权局“北京市知识产权公共服务朝阳区中心”牌子，在普天电子城科技孵化器、五方天雅汽车服务园新设立2个北京市知识产权公共服务工作站，由此形成包含1个区中心、10个工作站、7个商标品牌指导站的朝阳区知识产权公共服务体系。（富家奇）

【单位和个人专利资助】 年内，区知识产权局根据《朝阳区专利资助及奖励办法》《朝阳区专利资助及奖励办法实施细则》和《关于开展2019年朝阳区知识产权项目征集工作的通知》，组织辖区企事业单位和个人开展专利资助及奖励项目申报及审核。受理符合条件的申请6696件，涉及242家单位（230家企业和12家高校科研机构）、17名个人。经审核，授权奖励3323件（其中发明专利1302件、实用新型专利1072件、外观设计专利901件、国外发明专利48件）；年费资助3367件（其中发明专利1304件、实用新型专利1389件、外观设计专利674件）；配套奖励6件（中国专利优秀奖）。总资助512.63万元。（富家奇）

防震减灾

【概况】 北京市朝阳区地震局是区政府直属事业单位，相当正处级，归口区应急管理局管理，业务受市地震局指导。内设办公室、监测震防科和防灾建设科，编制11人，参照公务员法管理。负责区内地震观测网点建设、维护和管理，地震监测数据采集管理、分析会商，微、宏观异常情况跟踪调查及提出地震预测意见；区内地震应急避难场所的建设、管理，开展地震应急志愿者队伍和基层地震灾情速报队伍地震应急演练，组织地震灾害调查与损失评估。年内，在常营公园新建国标Ⅱ类应急避难场所1处，维修改造应急避难场所2处；在亚运村街道建成防震减灾科普教育基地1个；建成市级防震减灾科普示范学校2所；培训基层地震应急志愿者骨干200多人；开展“‘5·12’防灾减灾宣传周”“安全生产月”及“国际减灾日”等系列宣教活动，在街乡、社区（村）、社会单位、中小学校开展宣传教育活动和地震应急演练；严格震情会商，检查维护43处地震监测台点，完成第二届“一带一路”国际合作高峰论坛、亚洲文明对话大会、北京世园会、中华人民共和国成立70周年庆祝服务活动等重大活动服务保障。3月，完成机构改革及公务员职务职级并行工作。年内，区地震局被市地震局评为2019年度区地震监测预报工作先进单位，监测震防科陈楠被市地震局评为2019年度区级地震监测预报工作先进个人。（李振山）

【机构改革】 3月25日，根据《北京市朝阳区机构改革方案》通知要求，区地震局归口区应急管理局管理，行政职能划归区应急管理局，保留事业单位事务性工作。（李振山）

【应急志愿者队伍建设】 5月9日，区地震局邀请防灾科技学院教授王慧彦在小关街道进行地震应急志愿者培训。讲授新应急体制下基层地震灾害应急工作的方法和要求，对灾害应急救援、自救互救等使用技能进行实际操作训练。小关街道机关、社区应急管理干部、辖区单位的安全管理负责人、社区居民500余人参加培训。（李振山）

【地震应急演练】 5月9日，区地震局与区教委、区公共安全馆在陈经纶中学崇实分校联合举办“全国防灾减灾日”主题教育活动和以“防灾减灾平安成长、筑牢崇实平安校园”为主题的安全疏散演习，500余名师生参加。5月11日，在小关街道惠新北里社区千鹤家园组织地震应急综合演练。主要演练灾情报送、地震应急响应、先期处置、自救互救、疏散安置、应急救援、次生灾害排查与处置等7个科目。检验地震应急预案合理性和时效性，检验街道各部门的快速反应机制和协调配合能力、先期处置能力、社区疏散安置能力、次生灾害排查处置能力和应急指挥协调联动能力。街道机关干部、社区工作者、居民志愿者等200余人参加。 （李振山）

【领导调研】 7月11日，市地震局副局长吴仕仲带领市地震局调研组到朝阳区北小河公园地震应急避难场进行现场调研。区地震局副局长李树来汇报朝阳区地震应急避难场所建设和运行、管理等工作情况，地震应急避难场所建设、运维工作存在的问题和困难，提出意见建议；区地震局副局长王学贵就机构改革后地震应急避难场所建设管理工作相关法规制度配套建设和工作运行机制提出建议。吴仕仲肯定朝阳区地震应急避难场所建设和管理工作，对地震应急避难场所建设、管理、运行提出建议和要求。 （李振山）

【市中小学生防震减灾科普创客大赛】 7月14日，区地震局与区教委和区青少年活动中心共同组织，由中国教育科学研究院朝阳实验学校代表朝阳区参加北京市中小学生防震减灾科普创客大赛。来自北京14个区的16所学校的中学生选手参加了知识挑战赛。区地震局获得优秀组织奖，中国教育科学研究院朝阳实验学校获2019北京市中小学生防震减灾知识挑战赛第三名。 （李振山）

【防震减灾助理员和灾情速报员培训】 7月19日，区地震局邀请国家地震紧急救援训练基地主任贾群林以“灾情速报与地震对策”为主题，开展地震灾情速报的意义、灾情速报基本知识、速报员岗位职责和工作方法要求等方面培训，提高基层地震灾害应急处置工作能力。区地震局215名基层街乡防震减灾助理员和社区（村）灾情速报员分两批参加培训。 （李振山）

【应急避难场所建设及维护】 8月9日，常营公园应急避难场所通过由区地震局、常营地区办事处、北京成方景观建筑设计有限公司、达华工程管理（集团）有限公司等组成的验收小组验收。避难场所按照国标Ⅱ类标准规划建设，安装水净化设备，可供群众直接饮用；安装高清监控设施，覆盖全园，与手机终端连接，可随时查看避难场所情况。8月底，完成红领巾公园和兴隆公园应急避难场所维修改造。增加应急供水净化设施，更新应急避难场所标志牌，在红领巾公园建设应急厕所1处。截至年底，朝阳区有应急避难场所16处，疏散总面积250.56万平方米，可容纳疏散人数120.17万人。 （李振山）

结逃生自救等设施，可供基层开展防震减灾宣传及安全训练。 （李振山）

【防震减灾科普示范学校建设】 10月25日，区地震局在陈经纶中学帝景劲松分校开展以“创建平安校园，营造和谐氛围”为主题安全疏散演习及抗震拓展体验活动，启动防震减灾科普示范学校建设。区消防救援支队搜救犬中队首次参与防震减灾科普示范学校活动，该队为北京市唯一专业地震救援搜救犬队伍，获2019年全国搜救犬技术比武团体第二名。11月，区地震局完成对外经贸大学附属中学、陈经纶中学崇实分校、陈经纶中学帝景劲松分校3所学校的市级防震减灾科普示范学校申报工作。经市地震局专家评审和抽查复核，陈经纶中学崇实分校和陈经纶中学帝景劲松分校被评为市级防震减灾科普示范学校。截至年底，朝阳区建成区级防震减灾科普示范学校36所，授予市级防震减灾科普示范学校称号6所。 （李振山）

▲ 10月25日，区地震局在陈经纶中学帝景劲松分校开展安全疏散演习及抗震拓展体验活动 （陈 楠 摄）

【防震减灾科普教育基地通过验收】 9月17日，区地震局、亚运村街道及施工、监理等单位负责人对亚运村科普教育基地进行验收，验收合格。亚运村科普教育基地位于亚运村街道安慧里社区三区地下人防工程，建筑面积180平方米，建设有VR地震体验区、倾斜小屋地震体验区、防震减灾科普教室、防震减灾知识板块、绳

【地震安全社区牌匾清理】 12月13日，根据北京市地震局《关于开展地震安全社区挂牌清理工作通知的函》要求，开展区内地震安全社区牌匾清理工作。清理14处社区28块牌匾。根据民政部《全国综合减灾示范社区创建管理暂行办法》和中国地震局《中国地震局清理规范创建示范活动工作方案》要求，改为配合

民政部门共同创建综合减灾示范社区。截至2019年底，建成区级地震安全社区14个，其中7个同时被评为市级和国家级地震安全社区。（李振山）

【防震减灾科普宣传】 年内，区地震局在学校、社区、公园举办防震减灾科普大讲堂、防灾减灾宣传周、全国防灾减灾日主题宣教、全国安全生产月宣传咨询、国际减灾日等防震减灾科普宣传活动6次，普及地震知识，增强学生、居民防震减灾意识、自救互救技能及紧急避险能力。大讲堂听课师生2000人次，社区、游园参加活动10000人次。全年投入经费37万元，制作“了解地震、防灾减灾”宣传折页10万册、宣传品5万份，在活动期间向群众及街乡发放。（李振山）

【重大活动保障】 年内，区地震局在全国“两会”，第二届“一带一路”国际合作高峰论坛、亚洲文明对话大会和中华人民共和国成立70周年系列庆祝活动期间，密切监视震情，组织专项检查，严格值班制度，及时收集信息，完成应急值守任务。（李振山）

【信息公开】 年内，区地震局通过政府信息公开系统、市地震局网站、朝阳区政府门户网站等渠道主动公开工作信息71条，及时更新机构职能信息7条，法律文件4条，按程序答复依申请信息公开2件，无行政复议及行政诉讼的情况。（李振山）

气象服务

【概况】 朝阳区气象局是受区政府和市气象局双重领导并以上级气象主管机构领导为主的气象管理机构，为正处级事业单位。内设办公室、业务管理科、社会管理与法制科、气象台、气象服务中心5个科室。承担辖区内气象数据收集整编、预报服务、预警服务、科技服务、气象科普、气象防灾减灾、科研及行政管理职能。年内，区气象台获市气象局2019年集体嘉奖，获市气象局个人记功奖励1人，获市优秀气象服务个人1人。1人参加市气象局“不忘初心、牢记使命”主题演讲比赛，获三等奖。气象信息员3人获市优秀气象信息员称号。（刘自名）

【气候概况】 朝阳区年平均气温为14.2℃，比历年平均值12.4℃偏高1.8℃。冬、春、夏、秋季平均气温分别为-0.8℃、16.0℃、26.8℃、14.5℃，与常年同期（1981—2010年统计，以下同）平均值-1.8℃、13.7℃、25.2℃、12.5℃相比，分别偏高1.0℃、2.3℃、1.6℃、2.0℃。极端最高气温为38.0℃，出现在7月21日，极端最低气温为-12.5℃，出现在12月31日。降水量为580.4毫米，比常年降水量559.1毫米偏多21.3毫米。冬、春、夏、秋季降水量分别为2.2毫米、76.1毫米、295.8毫米、201.7毫米，与历年同期平均值8.3毫米、70.3毫米、397.3毫米、83.3毫米，相比冬、春季分别偏少7成、偏多1成，夏、秋季分别偏少近3成、偏多1.4倍。1日最大降水量为104.0毫米，出现在8月5日；最长连续降水日数为7天，降水量为26.4毫米，出现在8月7日至13日；最长连续无降水日数为66天，出现在2018年12月3日至2019年2月6日。日照时数为2542.0小时，比常年平均值2492.5小时偏多49.5小时。冬、春、夏、秋季日照时数分别为575.8小时、782.7小时、604.8小时、585.0小时，与历年同期平均值541.4小时、726.8小时、633.7小时、590.6小时相比，冬、春季分别偏多不足1成，夏季偏少不足1成，秋季接近常年。（李珊珊）

【气象灾害及影响】 5月19日，朝阳区出现大风天气，阵风达8级，十八里店乡倒伏树木50余株，柳树折杈12余株，朝阳北路定福家园南社区段辅路两棵树木因大风被吹倒，砸中汽车1辆。7月28日傍晚至29日，出现暴雨、局地大暴雨天气过程，伴有短时大风，造成三间房地区若干树木倒伏，六里屯街道树木倒伏，部分住户断电，中纺路树砸高压线，几百户居民停电。8月5日，出现大暴雨天气过程1次，伴有短时大风天气，导致部分地区积水严重，若干树木倒伏。10月27日后半夜至28日白天，出现大风天气；28日上午，朝外SOHO灯箱被大风吹倒，造成1人受伤。（刘自名）

【气象协理员工作会】 6月14日，区气象局组织召开街乡气象协理员防灾减灾工作会。会议总结2018年气象工作，介绍2019年气象灾害防御工作，预测2019年汛期天气形势，进一步明确街乡协理员汛期气象工作职责。43个街乡气象协理员出席会议。（刘自名）

【气象服务】 年内，区气象台发布各类预警信号121期，其中暴雨预警11期、冰雹预警3期、大风预警58期、大雾预警5期、道路结冰预警3期、高温预警10期、雷电预警23期、暴雪预警1期、寒潮预警4期、沙尘预警3期。发布预报、预警、科普类微博1090条、微信293条、影视天气预报193期；发布天气情况346期、环境气象趋势预测48期、气象信息专报49期、重大活动专报231期，为“两会”、中高考、节假日和各重大活动提供气象服务保障。开展汛期气象服务保障工作，在汛期“7·28”“8·2”“8·5”“8·7”“8·9”几次强降雨过程，与防汛、应急等部门联动会商，强对流天气预警提前量为51分钟，暴雨预警提前量21分钟，雷电112分钟，冰雹19分钟。（刘自名）

【行政服务】 年内，按照全区“放管服”改革（简政放权、放管结合、优化服务）工作部署，规范审批和许可事项。梳理行政服务事项4类54项。行政服务事项进驻区政务服务大厅综合窗口，实现“一站式”服务建设和“一窗”分类受理。3项依申请办理事项审批总时限，由法定的不超过32个工作日，压缩为14个工作日。实行受理一次告知，结果文书邮寄送达，3项政务服务事项均实现最少零跑动。全年办理行政许可21件，其中施放气球行政审批1件、防雷设计审核12件、防雷竣工验收8件。（张子曰）

【气象法制建设】 年内，区气象局落实《行政执法公示制度》《执法全过程记录制度》《重大执法决定法制审核制度》3项行政执法制度。建立防雷安全台账，与全区成品油经营单位签订防雷责任书，建立部门间信息共享、协同监管和联合奖惩机制，形成全过程监管体系。全年完成行政执法165次，防雷安全执法检查122次，重大活动巡查39次，气象信息服务执法检查4次，其中处罚案件5起，均已顺利结案。在全区案卷评查工作中，气象局行政处罚和行政许可案卷获评优秀。（张子曰）

【科研成果】 年内，承担、合作气象科技项目4项。其中，承担市气象局科技项目《多旋翼无人机低空气象探测应用探索》，市气象局标准项目《气象灾害风险调查技术规范第2部分：城市大风》；合作完成市气象局科技项目《激光云高仪组网及在雾霾过程中的数据应用研究》，承担区科委项目《朝阳区城市大风灾害时空分布特征及风险区划研究》。《激光云高仪组网及在雾霾过程中的数据应用研究》获得软件著作证书，《气象灾害风险调查技术规范第2部分：城市大风》项目研究成果获批“北京市地方标准二类推荐性标准”，程月星获市气象局第五届基层综合业务技术交流研讨会论文一等奖。（刘自名）

【气象科普】 年内，区气象局在科普宣传基举办气象科普开放日活动10余场，通过科普讲座、互动体验、参观介绍等形式，展现海绵城市、光伏节能、雨水收集等绿色节能理念，介绍气象知识、气候对地球文化的影响。学校师生、单位职工、社区居民300余人参加相关活动。如：“3·23”世界气象日、“4·15”国家安全日、“5·12”防灾减灾日、“10·13”国际减轻自然灾害日等主题日；12月11日携带移动VR设备、气象便携装备进入中科院第三幼儿园，为师生100余人介绍气象知识，展示气象科技产品。7月16日为来自四川汶川和重庆武隆两地的学生、老师及志愿者60人在区气象局开展气象科普教育活动。联合北京电视台《法治进行时》栏目制作气象法制宣传片，普及气象法律和气象防灾减灾知识，于3月6日播出，时长4分06秒。（刘自名）

【重大活动气象服务保障】 年内，区气象局为全国“两会”、世园会、“一带一路”国际合作高峰论坛、亚洲文明对话大会、中华人民共和国成立70周年庆祝活动等重大活动开展气象服务保障工作。针对朝阳区气象特点，分析活动期间可能出现的高影响天气，制定气象灾害风险评估报告。开发“气象及环境服务保障平台”，实时显示重点点位和重点线路天气情况、空气情况，提供未来24小时逐小时天气预报。11月，区气象台气象保障工作获得全区表彰，并选派1人作为“国庆服务保障典型宣讲团”典型代表进行多场宣讲，被《朝阳相册》节目采访，在朝阳有线频道、“北京朝阳”App和“朝闻道”微信公众号播出。（刘自名）

北京朝阳年鉴

Beijing Chaoyang Yearbook

2020

教育

综　述

【概况】北京市朝阳区教育委员会（简称区教委）是负责区内学前教育、基础教育、特殊教育、职业教育、民办教育、社区教育等教育管理部门，受区政府直接领导，业务受市教委指导。内设科室25个，有北京教育学院朝阳分院、北京市朝阳区教育研究中心、北京市朝阳区教育委员会教学设备中心等直属单位16个。2019年，朝阳区有幼儿园283所，小学75所，中学92所，职业高中5所。幼儿园有教职工15895人、小学有教职工7482（独立小学）、中学有教职工14782人、职业高中有教职工874人，全区有专任教师27584人，在校生287913人，毕业49633人，招生77940人。全区教育固定资产总值192.49亿元。年内，朝阳区在全市率先全面推进教育综合改革，下发《关于推进朝阳区教育强区建设八项工程的工作意见》，制定配套《关于落实朝阳区教育强区建设八项工程的工作方案》。干部队伍建设确定重实干、重实绩用人导向，启动第三批“好书记工作室”建设。完成首次中小学校长职级制评审与认定；推进义务教育学校绩效工资改革，完善激励机制；落实“区管校用”人员编制管理办法，实现中小学教师职称在线评审。规范教师行为准则、师德考核办法、违反师德处理办法，全员签署师德承诺书，开展“做新时代‘四有’好老师和‘四个引路人’”学习实践活动，典型做法及工作经验在全区推广。强化教育经费和资产监管，推进政府会计制度试点改革。持续推进学校章程建设，支持学校开展校内制度立改废工作。完成全区教师执证上岗情况自查工作。开展教育培训机构治理，创新监管机制，定期公示校外培训机构黑白名单；试点推行培训机构分级信用管理机制、信用动态管理制度和信用评价结果应用机制。扩大对外交流合作，4所学校纳入《北京市国际学校发展三年行动计划（2019—2021年）》，接收对口支援地区3030人次跟岗研修，派送87名优秀教师支教。开展中小幼职一体化德育体系建设，推广北京市朝阳区实验小学“行为规范60条”，制定《朝阳区加强中小学劳动教育实施方案》，中小学生心理健康管理服务模式覆盖全区6万余名学生。体育艺术科技教育及卫生工作推动“一校一品”“一校多品”建设。防控学生近视，建视力健康教育、视力宣传活动2个分中心。开展学前教育公益普惠工作，全年新增普惠性幼儿园65所、学位近1.8万个，普惠园覆盖率提升至72%，较上年增加14个百分点。义务教育通过整体并入、集团化办学、高校联合支持办学等方式，实现65所中小学转型升级，优质教育资源覆盖率提高至98%，实现100%免试就近入学。发挥学区教研工作站辐射示范作用和学科教研员专业引领作用。“小初衔接课程改革”“马芯兰翼课程数学课程改革”“英语情境化教学”“小学生阅读素养提升”等课改项目继续推进。高中教育出台《朝阳区普通高中音乐学科和美术学科合格性考试实施办法（试行）》和《朝阳区教育委员会关于实施教育部普通高中课程方案（2017年版）的课程安排指导意见》，全面落实国家课程方案和课程标准。社区教育推进学习型城区建设；职业教育发挥“匠心工作室”作用，整合学校资源，与知名企业共同创建应用技术研发、工艺与产品开发为一体技术技能人才实习实训基地。年内，朝阳区获教育部“全国2018年网络学习空间应用普及活动优秀区域”称号以及“2018—2019年度全国基础教育信息化应用典型案例”奖，区教委获市委市政府“北京市筹备和服务保障中华人民共和国成立70周年庆祝活动先进集体”称号。（张　明）

2019年朝阳区教委直属单位一览表

表11

序号	学校	地址	值班电话	传真电话
1	北京教育学院朝阳分院	团结湖23号	65088899	65021964
2	朝阳区教育研究中心	柳芳南里14号	64631140	64676535
3	朝阳区中小学卫生保健所	西坝河中里11号	85964042	85967496
4	朝阳区教育国有资产管理中心	团结湖北二条5号楼	64654693	64618222
5	朝阳区教育委员会教学设备中心	安华里二区5号楼	64218150	64257125
6	朝阳区青少年活动中心（学生活动管理中心）	红庙延静西里19号（本部）	65060549	65025721
		安华西里1区1号楼北座（图管中心）	65297042	
		三源里北小街甲1号（科教中心）	64672945	
7	朝阳区招生考试中心	团结湖南路1号	85988626	85967037
8	朝阳区教委老干部管理服务中心	水碓子东路5号楼（水碓子本部）	85989474	85968533
		新源西里中街甲5号（新源里分址）	85989474	
9	朝阳区职工大学	和平里南口砖角楼北里5号（本部）	64213152	64210193
		北三环东路17号（和平西街校区）	64429681	
		双龙南里120号（双龙校区）	87316195	

续表 11

序号	学校	地址	值班电话	传真电话
10	朝阳区人才服务中心教育分中心	西坝河中里11号	64618369	64616335
11	朝阳区现代教育信息网络中心（宣教中心）	水碓子北里14号	85979246—81111	85972413
12	朝阳区社会力量办学管理所	胜古北里甲9号	65017723	65012454
13	朝阳区教育委员会项目资金管理中心	石佛营西里28号楼	85811944	85817929
14	朝阳区职业教育教产合作促进中心	建华南路6号地杰长安驿B座5层	85980233	84512532
15	朝阳区教育党建指导评价中心	石佛营西里27号	85851087	85850161
16	朝阳区特殊教育中心	安华西里二区12号	64260060	64265823

资料来源：朝阳区招生考试中心 2019 年 9 月《朝阳区教育基本情况统计资料》

【教育经费教育资产监管】 1月至6月，区教委对500万元（含）以上项目全过程跟踪管理，保证教育资金使用安全有效。4月，区教委对基层单位开展资金存放管理自查工作。全区未出现不经财政部门审批擅自开设、未按规定实行备案账户和资金多头开设账户，选择资金存放银行，遵守规范流程，银行按规定出具廉政承诺书，执行利益回避制度。7月，完成152家单位财务专项检查，包括预算管理、合同管理、支出管理、政府采购、资产管理、公车管理及党费管理7个方面51个条目，及时纠正不规范管理行为。全年，实施审计项目80项，其中财务收支审计74项、经济责任审计2项、专项审计4项，提出审计意见和建议326条。（全阳芷　刘新力）

【区教育大会召开】 2月26日，朝阳区召开全区教育大会。区委书记王灏出席大会并讲话。王灏总结近年来朝阳区教育工作实践经验并指出，教育是国之大计，也是最大的民生工程，必须以首善一流的标准开拓进取，率先实现教育现代化。会后，与会人员围绕大会精神进行分组讨论，区财政局、安贞街道、来广营地区办事处、北京市第八十中学、北京市朝阳区实验小学、北京市朝阳区劲松第一幼儿园等6家单位负责人作交流发言。区委四套班子成员、政府部门各单位、街乡主要领导，各中小学、幼儿园、职业高中书记、校长和直属单位负责人，区教育系统党代表、人大代表、政协委员、教育发展指导团成员、专职督学、教师代表近千人参加会议。（李　景）

▲ 2月26日，朝阳区全区教育大会在北京市第八十中学召开　（区教委　供图）

【学校周边交通综合治理】 4月26日，朝阳区启动学校周边交通综合治理工作。按照“1+8+43”工作体系责任分工（即1个区交通工作领导小组、8个专项工作组、43家街道和地区办事处联动工作机制），梳理出120所学校周边交通安全隐患台账，实行问题台账“双报送”（报送区教委及属地街乡）。6月24日，区政府主管领导召开专题会，制定落实交通综合治理“一校一策”方案，对涉及全区校园周边交通秩序810个问题分析研判，协调整治。截至年末，施划校园周边斑马线和网格线20余处，设立校园周边警示牌、禁停黄线、禁停牌30余面。（赵忠魁）

【教育综合改革工程】 5月10日，区委教育工委、区教委就落实立德树人根本任务，下发《关于推进朝阳区教育强区建设八项工程的工作意见（2018—2020年）》和《落实朝阳区教育强区建设八项工程工作方案（2018—2020年）》，启动教育强区建设八项工程。组建党建领航工程、德育提升工程、质量提升工程、强体育心工程、深化“双名工程”、资源优化工程、终身学习工程、安全护航工程8项任务专项工作小组，将工程落实情况纳入两委督查内容。（苗世雄）

【跟岗学习】 5月13日，区委教育工委启动新疆维吾尔自治区和田地区墨玉县第三期干部教师跟岗培训工作。墨玉县教育局选派28名干部教师参加为期2个月的跟岗学习。8月31日至11月4日，区教育系统接收河南、河北、江西、湖南、内蒙古和新疆等6个省市自治区238名干部教师来京跟岗学习，跟岗时间1周至1年不等。进修学员与学校骨干结成“一帮一”对子，参与学校教育教学管理实践，适情上台试讲，接受专家点评，提升理论水平和工作能力。（陆学清）

【对口支援与扶贫协作】5月30日，区委教育工委举行教育系统扶贫协作与对口支援工作会。会议总结2018年教育系统对口支援工作，部署2019年重点任务、培训对口支援专项资金使用要求。全区有任务学校书记、校长等189人参加会议。7月22日至24日，区教委主任肖汶带队赴河北省张家口市阳原县、内蒙古自治区乌兰察布市卓资县开展教育精准扶贫考察。9月起，首都师范大学附属实验学校、北京市朝阳区芳草地国际学校、北京市电气工程学校等31所学校56名干部教师到河北、内蒙古、新疆等6个省市自治区履行1个月至1年支教任务。（陆学清）

【区委教育工作领导小组第一次会议】10月24日，召开区委教育工作领导小组第一次会议，区政府副区长朱晟、各领导小组成员单位主要领导出席会议，区委书记王灏主持会议。会上，朱晟作关于学习贯彻落实习近平总书记在学校思想政治理论课教师座谈会上重要讲话精神有关工作的汇报，传达了中央教育工作领导小组第一次、第二次、第三次全体会议精神和北京市委教育工作领导小组第一次全体会议精神。会议研究审议了《中共北京市朝阳区委教育工作领导小组工作规则》《中共北京市朝阳区委教育工作领导小组办公室工作细则》《中共北京市朝阳区委教育工作领导小组2019年工作要点》。（武国鑫）

【区视力健康教育和视力宣传活动分中心成立】11月，经市教委批准，北京市视力健康教育活动中心朝阳分中心在朝阳区青少年活动中心成立，北京市学生视力宣传活动中心朝阳分中心在朝阳区中小学卫生保健所成立，2个中心分别负责开展学生视力健康教育活动和宣传活动。（徐芳 张弛）

教育管理

【概况】年内，区教委部署教育系统“基层建设年”三年行动计划（2019–2021年），制定教育系统为基层减负18条具体举措。开展教育系统国有资产出租出借事项清理规范工作，规范行政执法行为，全年完成行政检查2100余件，实现行政处罚“零”突破。（荣黎霞 苗世雄）

【人工智能进校园】3月27日至12月26日，区现代教育技术信息网络中心推进人工智能进校园工作。举办2019年朝阳区教育系统人工智能高级研修班培训，重点讲授STEAM课程系列知识、人工智能基本原理，全区中小学信息技术教师72人次参加培训；组织教师开展智能竞速车搭建，进行动手操作实练；推荐部分初中信息技术教师参加市初中人工智能教材编写；组织有条件学校参加北京市人工智能实验校申报，12月26日，北京市朝阳区白家庄小学、北京中学、北京师范大学三帆中学朝阳学校、北京市朝阳区劲松第一幼儿园、北京市电气工程学校等16校入选北京市第一批人工智能实验校，是全市入选学校最多区。（于瑞利 戴伟明）

【青年干部论坛】4月10日，区委教育工委以“争办社区里的优质教育”为主题在北京市陈经纶中学劲松分校举办区教育系统青年干部系列论坛专场。陈经纶中学教育集团负责人张德庆、北京市陈经纶中学劲松分校校长刘雪梅就集团化办学策略、校区融合发展等内容分别做主题发言，集团干部团队与参加论坛青年干部就集团化办学模式、校区融合思路等问题进行交流。区委教育工委主管领导及区内青年干部60人参加论坛。年内，区委教育工委先后举办北京市朝阳区芳草地国际学校远洋分校校长王薏“名师与明师的对话”、东北师大附中朝阳学校执行校长高祥旭“学校管理的文化自觉——从管理走向治理”、北京市朝阳区朝花幼儿园来广营分园园长张静“让普惠不普通”等专题论坛。（靳国立 闵睿）

【学校成立3所】4月，经区机构编制委员会批准，成立北京市第八十中学嘉源分校，为九年一贯制学校，纳入公益一类。8月，成立清华大学附属中学望京学校，为完全中学，纳入公益一类；同月，成立清华大学附属中学管庄学校，为九年一贯制学校，纳入公益一类。（陈玉洁）

【学校更名36所】4月，经区机构编制委员会批准，36所学校更名。

2019年朝阳区更名学校一览表

表12

序号	更名前名称	更名后名称
1	北京市望京实验学校	北京市陈经纶中学分校望京实验学校
2	北京市朝阳区三里屯小学	北京市朝阳区实验小学三里屯分校
3	北京市朝阳区新源里第四小学	北京市朝阳区实验小学福源分校
4	北京市朝阳区黄胄艺术实验小学	北京市朝阳师范学校附属小学黄胄艺术分校
5	北京市朝阳区双桥第二小学	北京市朝阳区第二实验小学双桥分校
6	北京市朝阳区国美家园小学	北京市星河实验学校国美分校
7	北京市朝阳区平房小学	北京市星河实验学校平房分校

续表 12

序 号	更名前名称	更名后名称
8	北京市第十六中学	北京中学明德分校
9	北京市劲松第一中学	北京工业大学附属中学劲松分校
10	北京市朝阳区上辛堡小学	北京市朝阳区芳草地国际学校德贤分校
11	北京市黑庄户中学	北京市第十七中学辰阳分校
12	北京市市朝阳区豆各庄中心小学	北京市朝阳区芳草地国际学校朝丰分校
13	北京市朝阳区柏阳学校	北京市朝阳区呼家楼中心小学柏阳分校
14	北京市朝阳区于家围小学	北京市朝阳区呼家楼中心小学景新分校
15	北京市朝阳区王四营中心小学	北京市朝阳区垂杨柳中心小学景园分校
16	北京市朝阳区十八里店小学	北京工业大学附属中学十八里店分校
17	北京市朝阳区新升小学	北京工业大学附属中学新升分校
18	北京市第七十一中学	北京市第八十中学小红门分校
19	北京市朝阳区祁庄小学	北京市第八十中学睿实分校
20	北京市朝阳区牌坊小学	北京市第八十中学牌坊分校
21	北京市朝阳区十八里店小学南校	北京市朝阳区实验小学博约分校
22	北京市朝阳区西直河小学	北京市朝阳区实验小学西直河分校
23	北京市朝阳区老君堂小学	北京市朝阳区实验小学老君堂分校
24	北京市朝阳区孛罗营小学	北京市朝阳区实验小学博远分校
25	北京市朝阳区石佛营小学	北京市朝阳区白家庄小学迎曦分校
26	北京市朝阳区八里庄中心小学	北京市朝阳区芳草地国际学校慈云分校
27	北京市朝阳区南磨房中心小学	北京市朝阳区垂杨柳中心小学馨园分校
28	北京市第八十中学实验学校温榆河分校	北京市第八十中学温榆河分校
29	北京市第八十中学实验学校康营分校	北京市第八十中学康营分校
30	北京市朝阳区楼梓庄小学	首都师范大学朝阳小学
31	北京市朝阳区黑庄户中心小学	北京市朝阳区白家庄小学东辰分校
32	北京市朝阳区劲松第四小学	北京市朝阳区垂杨柳中心小学劲松分校
33	北京市朝阳区酒仙桥中心小学	北京市朝阳区教育研究中心附属小学
34	北京市朝阳区北皋中心小学	北京市第八十中学北皋分校
35	北京市团结湖第三中学	北京市陈经纶中学团结湖分校
36	北京市朝阳区团结湖小学	北京市朝阳区呼家楼中心小学团结湖分校

（陈玉洁）

【学校撤销18 所】 4 月，经区机构编制委员会批准，18 所学校撤销。

2019年朝阳区撤销学校一览表

表 13

序 号	撤销学校	撤销学校历史沿革	并入学校
1	北京市朝阳区北马各庄小学	1920年建马各庄学校，1979年更名为北京市朝阳区北马各庄小学	首都师范大学朝阳小学
2	北京市朝阳区定辛庄小学	1927年建定辛庄小学	北京市朝阳区白家庄小学东辰分校

续表 13

序　号	撤销学校	撤销学校历史沿革	并入学校
3	北京市朝阳区万子营小学	1915年建河北省通县万子营小学堂，1918年改称通县万子营国民学校，1949年通县八区重建万子营初级小学，1958年更名为北京市朝阳区万子营小学	北京市朝阳区白家庄小学东辰分校
4	北京市朝阳区高碑店中心小学	1936年建高碑店中心小学	北京市第十七中学
5	北京市朝阳区半壁店小学	1969年建半壁店小学	北京市第十七中学
6	北京市朝阳区劲松第三小学	1982年建劲松第三小学	北京市朝阳区垂杨柳中心小学劲松分校
7	北京市朝阳区酒仙桥第二小学	1960年建酒仙桥第二小学	北京市朝阳区教育研究中心附属小学
8	北京市朝阳区苇沟小学	1946年建河北省通县苇沟村国民学校；1956年划入东郊区，与后苇沟小学合并，更名为东郊区苇沟小学。1958年更名为北京市朝阳区苇沟小学	北京市第八十中学北皋分校
9	北京市呼家楼中学	1961年建呼家楼中学	北京市陈经纶中学团结湖分校
10	北京市朝阳区团结湖第二小学	1981年建团结湖第二小学	北京市朝阳区呼家楼中心小学团结湖分校
11	北京市体育场路中学	1973年建体育场路中学	北京市朝阳区实验小学
12	北京市第九十七中学	1957年建北京市第九十七中学	北京市润丰学校
13	北京市高家园中学	1987年建高家园中学	中央美术学院附属实验学校
14	北京市朝阳区奶子房小学	1918年在京兆大兴县建奶子房国民学校，1958年更名为北京市朝阳区奶子房小学	北京市朝阳区芳草地国际学校
15	北京市十八里店中学	1996年小武基中学与张家店中学合并，建十八里店中学	北京工业大学附属中学
16	北京市八里庄第三中学	1973年建十里堡第二中学，1981年更名为北京市八里庄第三中学	北京市日坛中学实验学校
17	北京市朝阳区康乐园小学	1996年建康乐园小学	北京市朝阳区芳草地国际学校甘露园分校
18	北京市朝阳区官庄小学	1948年建官庄小学	北京市陈经纶中学崇实分校

（陈玉洁）

【“健康食堂”争创】 10月至11月，区教委开展“健康食堂”争创工作。全区40所学校申报健康食堂评审。评审组依据《北京市中小学校健康食堂标准》，结合学生和家长学校食堂满意度调查结果，评出健康食堂8个，分别为：北京师范大学朝阳附属学校（小学部）、北京市陈经纶中学（高中部）、北京市陈经纶中学崇实分校、北京市陈经纶中学嘉明分校（东校区）、北京市三里屯一中（幸福村校区）、中国科学院附属实验学校（科学园校区）、对外经济贸易大学附属中学（高中部）、首都师范大学附属实验学校（花园校区）。（车凤鸣）

【教育资源采集】 10月至12月，区现代教育信息网络中心开展教育资源采集工作。主要采集教师教学课堂实录、教学设计、学案、教学用演示文稿等视频或短视频，84所中小学采集视频3000条，全部充实到区教育资源云平台，其中1600条同步充实到市教育资源云平台。（戴伟明）

【中小学校长职级制改革】 11月21日至12月3日，区委教育工委举行推行中小学校长职级制改革工作动员部署会。依据《2019年朝阳区推行中小学校长职级制改革工作方案》，组建首届评审委员会和专家评审组，首次对申报中级、高级及特级校长人选进行评审。参加评审223人，评选出高级校长161人（其中15人评为北京市特级校长），中级校长60人。（靳国立）

【学生传染病防控】 年内，区教育系统学生传染病防控实施教委、疾控中心、社区卫生服务中心三位一体监测网络平台联动工作模式。学校发现疫情后，可立即进入平台上报，主管部门接报信息立即做出反应。全年区中小学卫生保健所专业人员到现场检查指导处置39次，处理投诉26件，响应率100%，完成率100%；学校属地社区保健科实施隔离、消毒、病体处置；区疾控中心做流调、检测、疫情定性；学校按要求做好后续工作。全区教育系统传染病防控监测、指导、处置、控制做到及时、快速，有效控制疫情扩散和漫延。全年中小学流感疫苗接种率62.27%，比上年提高6.26%。（车凤鸣）

【接诉即办】 年内，区委教育工委、区教委受理市民热线咨询9683件，办结率100%。主要涉及民办机构管理、幼儿园和义务教育招生及教学管理、教育设施建设及配备、教师队伍建设、学校噪音扰民、食堂及营养餐质量等，基本涵盖教育行政管理各方面工作。（赵　光）

【学生资助】 年内，区教委明确资助内容、资助标准、享受范围、资金安排等内容规定，落实学生资助政策。全区资助学生368585人次，资助金额3021.85万元。其中，学前教育资助幼儿711人次、65.60万元，义务教育公办校资助学生341741人次、2658.51万元，民办校资助学生24568人次、125.65万元，普通高中资助学生640人次、53.18万元，职业高中资助学生925人次、118.91万元。（马恬静）

师资队伍

【概况】 年内，区教委在全区设立师德师风建设专项工作组，在各类教师培训中融入师德师风教育；对照教育部《新时代中小学教师职业行为十项准则》开展自查自纠；师德工作纳入教师考核、评优。按照教育部《依法治教实施纲要（2016—2020年）》要求，将法律法规培训纳入教师培训，围绕学生伤害事故预防和处理、教师违反师德行为预防和处理、未成年人保护等13个方面，举办专题培训90余次，培训教师7000余人次。年内，创新整校追踪指导方式，完成新任教师培训；组织77名优秀青年教师作课堂教学展示；394名区级以上骨干教师中组建拔尖青年教师工作坊19个，研究不同学科问题和解决策略；采取区校企联动、线上线下混合式培训模式，完成106名职高教师双师能力提升培训；70名职高教师完成学习能力指导师培训和STEM课程学习，获联想教育培训事业部颁发“懂教学、会指导、能策划”学习指导师证书；学前教师培训开发图画书阅读教学实践指导等12类课程；为心理教师开办心理健康教育活动课程、心理辅导能力培训班；组建优秀青年班主任工作坊和“朝阳区紫禁杯优秀班主任工作站”，提升班主任综合能力；结合新中考和新高考改革，举办双研会、干部培训会。完成全区基层单位与教职工签订聘用合同书和岗位协议审核，审核185所基层单位聘用合同文本21336册、岗位协议21295份。引进人才102人，其中，博士和博士后38人。面向全国公开招聘硕士研究生及以上学历2019届优秀毕业生254人，从721名3年教龄以上青年教师中遴选出124名区拔尖青年教师。完善高级评委、学科评议组等各级评审组织选拔机制，科学合理做好师资配置。2万余名教职工奖励资金平稳发放。截至年底，全区有特级教师219名、北京市学科带头人61名、北京市骨干教师346名；正高级教师59名、高级教师3488人、一级教师7026人。参加市中小学第二届“京教杯”青年教师教学基本功比赛，147名参赛教师中51名教师获一等奖、57名教师获二等奖，一等奖获奖人数位列全市第一。（王志斌　靳国立）

【教师持证上岗】 3月，区教委根据2018年9月全区排查出144人在教师专技岗位履职但无教师资格证书的情况，下达《关于教师无证上岗问题整改通知书》，要求存在问题学校对未取得教师资格证教师上岗授课问题逐人进行整改。5月，相关学校通过个人取证、离职和调离转岗等途径解决教师无证上岗问题，全区教师岗位100%持证上岗。（张婉月）

【幼儿园教师能力提升培训】 4月28日至30日，区教委举行幼儿园教师教育能力提升培训会。培训围绕“幼儿园教学活动设计与指导”，设新生入园管理、家长会、家园沟通、教师培训、环境创设等5个专题，以讲座、讨论、答疑、沙龙、读书分享、视频分析等形式组织43场培训活动，349址幼儿园园长、保教主任与教师2500余人参加培训。组织幼儿园教师开展研究玩具和童书、研究儿童、研究教学策略优秀案例评选活动。在上交450个案例中评出一等奖33个、二等奖37个、三等奖52个。一等奖案例参加全国“三研究”优秀案例评选，获全国一等奖11个、二等奖14个。（何爱英　王艳云）

【中小学新任教师上岗培训】 7月8日，北京教育学院朝阳分院启动区内743名中小学新任教师为期1年上岗培训。培训以“蓄势待发，扬帆启航”为主题，通识培训与学科培训相结合、线上学习与面授学习相结合，授课60学时，其中“师德”“法律法规”“教育心理”等通识培训16学时，“制订教学计划”“备课”“上课”“复习”“教学技能训练”等学科培训44学时。次年5月培训结束，为结业教师颁发结业证书。（苗沐霖）

【市区骨干教师区内支教】 9月，区教育人才分中心依据《朝阳区骨干人才兼职支教工作手册》，完成区内406名市区骨干教师2018至2019年度兼职支教年度考核，考核结果全部达标。由骨干教师指导1540名入职不足3年新教师学习，骨干教师将通过教科研活动、举办公开课和讲座等途径，参与新教师课堂教学活动，并利用“骨干支教公众号”解答问题方式进行支教辅导。（王燕燕）

【“双名工程”导师带教项目总结】 11月8日，区教育研究中心举行全区“双名工程”导师带教项目总结会。成果主要有人才培养策略，研究课、观摩课、专题讲座397节次，学科资源建设200余项，优质课近100节，市级以上优秀论文300余篇，物化成果40余种，录制《名师讲堂》课程52期。7名教研员汇报导师带教专业成长事迹，导师带教项目负责人作“教学成果的培育”专题报告。导师带教项目学员、学科带头人、骨干教师300余人参加会议。（何爱英）

【京湘基础教育论坛】 11月12日至13日，“加强教师队伍建设，推进教育现代化”京湘基础教育主题论坛在湖南省长沙市举办。主论坛有主题报告、经验报告、学术报告。设“校长园长论坛”“教师论坛”“教研员论坛”分论坛，北京市朝阳区实验小学校长陈立华，北京市朝阳区教育研究中心高级教师张晓毓、特级教师翟磊与湖南省教师、校长分别发言、做点评。在湖南省人民政府直属机关第一幼儿园、长沙市雨花区泰禹小学、长沙市雨花区雅境中学、长沙市第一中学4个分会场举办教学观课，涉及幼儿园、小学、初中、高中4个学段12门学科，展示观摩课24节、同课异构16节。京湘两地领导、教师、学科教研员1700人参加论坛活动。本届论坛由湖南省教育科学研究院和北京市朝阳区教委联合主办，北京教育学院朝阳分院、湖南省教育科学研究院基础教育研究所、长沙市教育局联合承办。（宋　丹）

【“双名工程”展示】 11月，区教委举办北京市求实职业学校班主任名师闫凌睿、北京市劲松职业高中学科名师侯庆辉工作展示活动。闫凌睿做“意象读心、爱心育人”主报告，介绍班主任工作专业性与职业性相结合育人经验；侯庆辉做

"守正创新 做专业的探路者"报告，展现专业教学及人才培养上通过"引企入校、项目实战"，探索职业教育改革新教法。全区职业学校班主任及教师400余人参加活动。（张 伟）

【"博研苑"项目展示】 12月20日，区教育研究中心举行2019年区"博研苑"项目总结展示活动。观摩同课异构课程10节，学校代表和博士研究项目代表作经验交流，115名博士教师展示"博研苑"项目阶段性成果，中央教科所、北京教科院、北京师范大学等单位10名学科点评专家及中小学教学干部教师160余人参加活动。"博研苑"项目为博士发展项目，2018年1月16日在潘家园华威北里48号楼区教育研究中心揭牌，中心选派33名特级教师、正高级教师、北京市学科教学带头人、北京市骨干教师与全区博士教师结对，为博士教师提供教学设计与实施、课堂教学实践研究等方面支持；开展对博士教师的针对性培训；支持博士教师承担教育教学专项研究。（何爱英）

【特级教师导师团进校园】 年内，区教育人才分中心组织特级教师导师团进校园指导工作。导师团由165名专家组成，通过听课、课后评课、集中反馈等形式集中视导8所中学、2所小学、4所幼儿园，听课、评课1252节次。首次组织35名特级教师指导北京市第八十中学雄安校区教师教学。（王秉超）

素质教育

【概况】 年内，区教委围绕立德树人根本任务，加强理想信念教育、社会主义核心价值观教育、中华优秀传统文化教育、养成教育、心理健康教育。开展"中小学生积极心理品质培养"课程研发与推广，完成中小学生心理体检62518人。在全区推广北京市朝阳区实验小学"学生行为规范60条"经验，开展"学规范 正行为 养习惯"主题教育宣传月活动。推动"一校一品""一校多品"建设，促进学区间、学校内体艺科技教育均衡发展，32所中小学获全国青少年人工智能活动特色单位、北京市科技教育示范校等荣誉称号；37所学校参与"朝阳区冰雪特色校培育计划""朝阳区高品质艺术、科技社团培训育计划"。成立"朝阳之星"校园篮球训练营。开展市级、区级各类科普活动与竞赛30余项，1580校次、12万余名学生参与。参加第32届北京市中小学紫禁杯优秀班主任评选，获特等奖1名、一等奖25名、二等奖27名。在市教委中小学生"我和我的祖国"传唱新童谣活动中，获传唱实录一等奖1名、二等奖2名，获传唱新童谣活动作品创作一等奖1名、二等奖1名。（李联启 李 扬）

【第十五届青少年机器人大赛】 1月12日，区青少年活动中心举行朝阳区第十五届青少年机器人大赛。区内53所学校170支代表队650余名师生参加比赛。大赛设机器人综合技能、教育机器人工程挑战、FLL机器人挑战、VEX机器人工程挑战、机器人创意、机器人智能工程挑战赛6个项目，按照高中、初中、小学3个组别现场抽签参赛。清华大学附属中学朝阳学校等高中、初中、小学21支队伍晋级获市赛资格。（张 弛）

【校园冰雪运动普及】 1月21日至24日，区教委开展普及冰雪运动，组织中小学生参加冰雪嘉年华体验活动。参观夏奥及冬奥场馆，了解"水立方——冰立方"冰水转换过程及场馆赛后利用，举办冬奥知识讲座，普及冬奥及冰雪运动知识；参加陆地训练热身，掌握基本滑冰技巧及保护方法；体验室外真冰，学习基础滑冰技术。2000余名中小学生参加活动。3月至12月，遴选冰雪特色培育校30所，开展学校社团建设、课程研发与培训、提升教师能力，带动冰雪运动发展。11所学校评为国家级冰雪运动特色学校，8所学校评为国家级冬奥教育示范学校。（周 杰 张 弛）

【VEX IQ世锦赛全能奖首次摘取】 4月30日，北京市陈经纶中学分校9名学生组成学校机器人代表队参加在美国举办的2018—2019 VEX IQ世界锦标赛，40个国家、3万余名选手参加比赛。经过整个赛季1000余场比赛，获初中组全能奖，该奖项是中国队在VEX IQ世锦赛首次摘取，也是世锦赛全场最高奖项。（刘 杰）

【国家学生体质健康标准测试】 5月28日至30日，区第十届中小学生国家学生体质健康标准测试赛在楼梓庄中学举行。全区5000余名在籍小学四年级、初一年级和高一年级学生参加身高、体重、肺活量等项目测试。6月，完成中小学学生体质健康水平5967人抽检，合格率95.84%，优秀率13.59%，优秀率比上年提高0.49%。（徐 芳）

【朝花学生艺术社团承办校认定】 5月至7月，区教委依据《朝阳区中小学学生朝花艺术社团管理办法（试行）》"每三年对朝花团承办校进行验收和申报"

▲ 朝阳区星河实验学校冰球队开展训练（摄于3月31日）（区教委 供图）

规定，按照学校自主报名、评委评议评审、区教委审核程序，138 所学校、205 个社团申报参加评审验收工作。10 月，认定 101 所学校、192 个社团为朝花学生艺术社团承办校。（李 扬 张 弛）

【中小学劳动教育】 6 月 3 日，区教委下发《朝阳区加强中小学劳动教育实施方案》，实施学校劳动教育促进计划、家校劳动教育协同计划、行政管理机制健全计划，明确课程建设、校内外劳动实践等 30 项具体行动任务，确定 31 所学校（中学 21 所、小学 10 所）为区劳动教育实验学校，承担开设综合实践课程，举办劳动项目竞赛，开展劳动相关兴趣小组、社团、俱乐部活动。建立职业学校支持中小学劳动教育工作机制，全年 20 所劳动教育实验校 1700 名师生参加中小学生 1 日学农劳动活动，学习锄草、浇地、扁担挑水等传统农业知识与劳动技能。（乔春江）

【青少年校园足球训练营】 6 月 6 日，朝阳区"朝阳之星"青少年校园足球训练营望京·崔各庄学区分营率先开营。其后，经过学校自主申报、专家评审，认定"朝阳之星"青少年校园足球训练营承办校 15 所（成员校 80 所）6 月全部开营。10 月，举办"朝阳之星"足球训练营校级及学区选拔赛，各学区男、女学生按年龄段遴选组成 43 支学区级代表队。（周 杰）

【区第五次少代会】 6 月 13 日，团少工委办公室召开中国少年先锋队北京市朝阳区第五次代表大会及中国少年先锋队北京市朝阳区第五届委员会第一次全体会议。会议通过《中国少年先锋队北京市朝阳区第四届工作委员会工作报告》和《中国少年先锋队北京市朝阳区第五次代表大会提案工作报告》，选举产生 59 名委员组成中国少年先锋队北京市朝阳区第五届工作委员会。北京市朝阳区少工委五届一次全会选举郭勋、王彪为区少工委主任（双主任制度）。区内近 600 名少先队员代表、成人代表和部分少先队工作者出席。（韩牧岑）

▲ 6 月 13 日，中国少年先锋队北京市朝阳区第五次代表大会召开（团少工委办公室 供图）

【校训重塑】 6 月至 12 月，区教委组织第四批申报文明校园学校开展校训重塑工作。经方案完善、培训辅导、专家指导、交流研讨、汇报答辩、各校总结等环节，31 所学校校训重塑工作符合要求。区教委将学校校训重塑工作报告汇编成书，引导全区中小学借助校训重塑，赋予校训新时代内涵。校训重塑工作于 2016 年启动，截至 2019 年，全区有 143 所中小学校（含民办校）完成校训重塑。（乔春江）

【全国中华优秀文化传承学校遴选】 7 月 16 日，按照市教委部署，区教委举行 2019 年全国中小学中华优秀文化传承学校遴选评审会。由区学生活动管理中心聘请民族民间音乐、民族民间美术、民族民间舞蹈、戏剧、戏曲、曲艺、书法（篆刻）、传统手工技艺和民族传统体育等方面专家组成专家组，对学校专项汇报进行评审，最终推荐中央美术学院附属实验学校、中国人民大学附属中学朝阳学校、北京市朝阳区实验小学、北京市第八十中学、清华大学附属中学朝阳学校、北京市求实职业学校、北京中学 7 所学校参加 2019 年全国中小学中华优秀文化传承学校评选。（李 扬）

【童声合唱团获国际金奖】 7 月 25 日至 28 日，第十届世界和平合唱节（THE 10TH WORLDPEACE CHORAL FESTIVAL）在维也纳童声合唱团 MuTh 音乐厅举行。中国、奥地利、意大利等 10 余个国家合唱团参加比赛。朝阳区青少年活动中心朝花艺术总团童声合唱团获 12 岁至 15 岁童声 B 组金奖和最佳欧洲经典民族作品演唱特别奖。（汤 楠 张 弛）

【首届中小学生优秀摄影作品展】 9 月 26 日，区青少年活动中心以"光影少年——家国情怀·最美生活"为主题举办庆祝中华人民共和国成立 70 周年朝阳区首届中小学生优秀摄影作品展在北京市朝阳区实验小学三里屯分校开幕。展览收集 50 余所中小学生 500 余幅作品，170 幅优秀作品参加展览，展示全区中小学生对家国情怀·最美生活的理解。（张 弛）

【中小学生开设心理课程】 9 月，区教委年度教学计划安排心理课程 16 课时，委托中科院心理所研发课程读本。小学四年级、初中一年级开设"积极乐观"课程，小学五年级、初中二年级开设"心理韧性"课程，覆盖 200 余所中小学 6 万余名学生。构建学校、学区、区域心理课程三级教研模式，500 名教师参加 32 课时师资培训，兼职教研员完成"正念生活"培训 4 次，全年开展心理课程教研活动 210 场次。（乔春江）

【少先队建队 70 周年活动】 10 月 10 日至 11 月 4 日，团少工委办公室组织开展中国少年先锋队建队 70 周年纪念活动。各中小学少先队大队以"红领巾心向党，争做新时代好队员"为主题，举行"习爷爷教导记心中"国旗下讲话、"我和红领巾的故事"分享汇、"我为新中国唱首歌"等活动。全区 13 万名队员参加活动。（高云平）

【民兵妈妈宣讲阅兵】 10月29日，区委教育工委组织“妈妈参加阅兵回来了”主题宣讲活动，21位参加中华人民共和国成立70周年阅兵式“民兵妈妈”分别走进幼儿园、小学、初中等20余所学校，为4000余名师生和家长讲述女民兵方阵故事。（陈 璐）

【科技教育示范校及科技社团承办校评审】 10月，区教委开展2019年朝阳区中小学科技教育示范校及“朝英”学生科技社团承办校评审工作。经过专家组查看电子档案和现场答辩，63所申报学校中61所学校达到区级科技教育示范校标准；47所学校（92个社团）申报“朝英”学生科技社团承办校，39所学校（74个社团）通过评审。（李 扬 张 弛）

【“时事达人秀”决赛】 12月11日，朝阳区“我的祖国我的梦”中学生“时事达人秀”决赛在区教育研究中心附属学校举行。经过15个学区学校初赛、学区复赛，选拔20组选手参加决赛，最终10名学生获特等奖，21名学生获一等奖，150名学生获二等奖。（乔春江）

【第三批学校文化特色品牌项目评选】 12月11日，朝阳区教育系统第三批学校文化特色品牌项目评选结果公布。49所学校申报品牌项目53个，评出中国传媒大学附属中学践行“福悦”文化等金牌项目10个、中国科学院附属实验学校分校“用臻美文化铸造美而有灵魂的学校”等特色项目10个。学校文化特色品牌项目于2017年启动，每年评出20个，计划用5年时间评选出100个学校文化特色品牌，推动学校文化内涵品质提升。（张艳荣）

【家庭教育指导服务音视频课程录制】 年内，区教委向全区一至九年级家长推送“家庭教育指导服务”音视频课程16节，内容包括家长如何进行学生学习习惯劳动习惯培养、与同学交往、如何度过青春期以及指导家长如何看待学校要求、如何进行自我心理调适等。课程惠及近10万个家庭。（乔春江）

【德育主题教育活动】 年内，区教委在全区中小学推出系列德育主题教育实践活动。包括讲好中国故事、国旗下演讲、中学生时事辩论赛、小学生传唱新童谣、“我的祖国我的梦”、《祖国我为你自豪》原创诗歌主题展示活动等，各学校结合本校实际有选择参加主题教育活动。组织12000名师生参观国庆彩车展、91个校区14278名师生参观军事博物馆、17930名师生参观中国人民抗日纪念馆、4000名师生参观中华人民共和国成立70周年大型成就展。（乔春江）

学前教育

【概况】 年内，朝阳区有幼儿园283所，新建幼儿园13所，包括教育部门办园33所、其他部门办园4所、地方企业办园15所、事业单位办园15所、部队办园6所、集体办园40所、民办幼儿园170所，开设教学班3248个。幼儿离园19566人，入园28153人，在园84489人。教职工15895人，其中专任教师7706人。全年国家投入教育经费77111.39万元。年内，区教委学前教育工作以推进《朝阳区第三期学前教育行动计划（2018–2020年）》为目标，规范办园行为。调整和完善《朝阳区第三期学前教育行动计划责任分工表》，各园进行自查。以集中培训、按需视导和示范园拉手帮扶等方式，提升办园质量和水平。明确普惠性幼儿园准入条件、认定程序、支持与保障措施、管理与监督方式、处罚与退出机制，按照“配套资源必须办、国有资源推动办、社会资源鼓励办、腾退资源恢复办、现有资源扩充办、现有班级满额办、挖掘资源创新办、平衡结构统筹办”工作思路，扩大普惠性学位供给。通过高校、事业单位恢复办园等方式，普惠园覆盖率由上年58%提升至72%。（邢 凯）

【对口帮扶支教】 4月15日至19日，北京市朝阳区花家地幼儿园保教干部、教师一行6人赴河南省南阳市淅川县幼儿园开展帮扶支教活动。通过专题经验分享和教学交流，解决淅川县幼儿园在幼小衔接、家长工作、游戏化集体教学方面困惑。（杨金艳）

【“乐研杯”教师游戏化教学活动】 4月19日，区教委启动朝阳区“乐研杯”教师游戏化教学活动，全面提升幼儿教师集体教学能力。特级教师作“以游戏为幼儿的基本活动——做幸福的幼儿园教师”专题讲座，培训367址保教主任和教师1300余人；9所幼儿园展示19个优秀活动。全区幼儿园教师分批参加现场观摩并进行研讨。（邢 凯）

【幼儿园成立13所】 年内，经区教委批准，新成立幼儿园13所。包括北京第二外国语学院幼儿园（事业单位办园）、北京青年政治学院附属幼儿园（事业单位办园）、北京市朝阳区朝花幼儿园（民办转事业单位办园）、北京市朝阳区金盏小金星幼儿（民办园）、北京市朝阳区欢乐谷小金星幼儿园（民办园）、北京市朝阳区哈瑞幼儿园（民办园）、北京中少手拉手双语幼儿园有限责任公司（民办园）、北京市朝阳区乐成四合院幼儿园（民办园）、北京嘉杉嘉华幼儿园有限公司（民办园）、北京市朝阳区巴学园幼儿园（民办园）、北京海实幼儿园有限公司（民办园）、北京好思之家幼儿园有限公司（民办园）、北京好思之家幼儿园有限公司北京市朝阳区兴隆好思之家三语幼儿园（民办园）。（邢 凯 白俊毅）

【幼儿园更名2所】 年内，经区教委批准，中国聋儿康复研究中心启聪幼儿园更名为中国听力语音康复研究中心启聪幼儿园、农业部机关幼儿园更名为农业农村部机关幼儿园。（邢 凯）

基础教育

【概况】 年内，朝阳区有小学73所，其中教育部门办校65所、民办校8所；教学班4921个，毕业20716人，招生28470人，在校生148002人；教职工7027人，其中专任教师6731人；小学入学率100%，巩固率100%，毕业率100%。有中学92所，其中初级中学9所（教育部门办校9所），完全中学12所（教育部门办校10所、民办校2所），高级中学3所（教育部门办校1所、民办校2所），九年一贯制学校39所（教育部门办校31所、民办校8所），十二年一贯制学校29所（教育部门办校16所、民办校13所）；教学班2087个（初中1606个、高中481个）；普通中学教职工11588人，其中专任教师9972人；在校生54309人（初中41598人、高中12711人），毕业12791人（初中8347人、高中毕业4444人）；招生20925人（初中16683人，高中4242人）；初中入学率、巩固率、毕业率均为100%，中小学教师学历合格率100%。特殊教育学校1所，教学班38个，在校生418人。中小学（公办）占地总面积621.51万平方米，建筑面积428.17万平方米，纸质图书藏书745.97万册。全年中小学教育经费投入912172.19万元。校外教育单位1个，为北京市朝阳区青少年活动中心，教职工112人。设立义务教育学区15个，实施集团化办学单位1个（芳草地国际学校教育集团）。年内，区教委推进教育优质均衡发展和办学质量提升，制定《朝阳区义务教育资源调整实施方案》，通过整体并入、集团化办学、高校联合等方式，优化资源布局；小学实现100%就近入学。第二批通过北京市义务教育学校管理标准达标验收学校59所，完成《朝阳区关于开展义务教育课程实施情况的调研报告》，调研、评选、审核地方课程和校本课程实施情况及课程纲要，进一步完善学校三级课程体系建设。继续开展"小初衔接课程改革项目""马芯兰'翼课程'数学课程改革项目""英语情境化教学项目""小学生阅读素养提升项目"实验研究。落实教育部等9部门印发的《中小学生减负措施》（简称《减负三十条》），监控课业负担。中考总分平均分、及格率、综合优秀率和560分以上考生比例均比上一年提高，中考总分及格率提高4.4个百分点，综合优秀率提高10个百分点，中考总平均分保持在510分以上。高中教学围绕新课标、新课程、新高考举办高三教师培训。举办高三备考管理交流研讨会，监控学生学业水平，为教师改进教学提供精细服务。高考本科上线率连续4年保持在95%以上。（张清军　王圆圆）

【六年级学科教学质量抽样监测】 1月16日至17日，区教委开展全区小学六年级学科教学质量抽样监测。监测科目为语文、数学、英语，抽样监测134个学校（校区）30709人次。3月7日，召开抽样监测质量分析会，提出改进教学建议。340人参加会议。（苏宏杰）

【疑似失学儿童情况核查】 1月至3月，区教委成立朝阳区疑似失学儿童情况核查和劝返复学核查工作领导小组，联合街乡开展疑似失学儿童入户核查和劝返复学工作。经核查，全区有疑似失学儿童3351名，属于核减项（户籍原因、在校有学籍、市内外就读无学籍等）儿童3264人，占97.4%；属于应劝返项（因病因残、在家上学等）儿童87人，占2.6%，其中残疾儿童29人，予以建立学籍并入学。（张清军）

【全国教育信息技术研究课题开题】 3月29日，朝阳区现代教育信息网络中心根据中央电化教育馆《关于公布全国教育信息技术研究2018年度课题立项清单的通知》要求，组织区内课题参与校开展集体开题。全国教育信息技术研究课题每年集中申报一次，课题围绕信息技术与教育教学融合，在资源建设、创新能力提升、人工智能等方面开展研究。北京市和平街第一中学"普通中学机器人教学中学生创新思维能力培养的实践研究""微课在高中化学教学中的应用的策略研究"、北京市电气工程学校"基于移动学习终端的数字化计算机应用基础拓展课堂自主学习教学模式的研究""基于'互联网+'职业教育支撑的精准扶贫路径研究""技能大赛'户式中央空调安装与调试'赛项信息化资源开发建设研究""基于STEAM教育理念的中职教师跨学科合作教学研究"、中国科学院附属实验学校"基于计算思维的Scratch教学体系构建"、朝阳区芳草地国际学校"混合式学习应用于小学生网络安全教育的实践研究"、北京市朝阳师范附属小学"基于在线课程的小学语文混合式教学研究"、北京市朝阳区职工大学"教师信息素养评价体系及培养策略研究"参加开题答辩，经过专家组评议，10个课题全部通过并开题。（戴伟明）

【课后服务】 3月，区教委完成《朝阳区义务教育阶段中小学教师提供课后服务激励实施方案》修订，明确实施范围、实施时间、资金来源、经费使用、发放标准、发放方式及工作要求，调动校内教师参与课后服务积极性，提高教育公共服务水平。全区167331名中小学生享受国家安排课后服务，占学生总数93.11%。（李筑恒）

【小初衔接课程改革项目研训】 4月至6月，区教委小初衔接课程改革项目组在全区组织小升初理论讲座、研究课、教材分析等系列研训活动。语文学科、数学学科和英语学科在10所课题实验校开展区级课题研训10次，通过不同主题研训活动，提升课堂教学效率，帮助小学学生顺利适应初中学习环境。教师593人次参加活动。（苏宏杰）

【"马芯兰教学法"实验学校揭牌】 6月21日，北京市第八十中学管庄分校汇星校区举行"马芯兰教学法"实验学校揭牌仪式。建立"马芯兰教学法"学校是推进朝阳区教育"十三五"教育发展规划落实重要举措，是围绕"2–3–3–1"（2：一二年级养成生活、学习习惯；3：三四五年级锤炼综合素养，达成学业奠基；3：六七八年级实现小初衔接一贯融合；1：九年级提升冲刺）九年四段学制改革探索。区教委有关领导、专家及师生543人参加揭牌仪式。（常燕林）

【教育教学工作会】 9月18日至19日，区教委举行2019年中小学教育教学工作会。会议以全面深化基础教育综合改革、全面提升教育教学质量、进一步提升教育品质为主题，进行全区教育教学工作总结、学校经验交流和教学工作部署，表彰教学管理突出学校181校（址）。区教委主任肖汶参加会议并做大会发言。全区各中小学、直属单位593人参加会议。（种凌晨　张清军）

【教学质量月】 11月至12月，区教委以15个义务教育学区为单位开展义务教学质量月活动。活动期间，考察193个校区，听课1835节。小学学段和初中学段分别制定教学质量管理和学科建设展示活动方案，由区教委采取听常态课、听取汇报、师生随机访谈、档案查阅、实地观察等方式了解各校教学质量常态化管理情况；学科建设展示由义务教育学区统筹安排，学区教研工作站负责具体指导和落实。（张清军）

【教育教学质量监控】 12月，区教委组成高中教学监控组赴北京市和平街第一中学、对外经济贸易大学附属中学（北京市第九十四中学）、北京市第八十中学、北京市第十七中学开展教育教学质量监控。监控内容有干部听评课、教学质量分析、校本研修管理、课堂教学管理、学生课业负担、德育工作体系建构、班主任培训、综合素质评价等方面。区教委根据学校存在课程标准钻研不深、学生学情把握不准等问题提出明确改进措施。（王圆圆）

【控辍保学】 年内，区教委根据教育部学籍系统与国家人口信息库比对结果，建立控辍保学工作台账，联合街乡办事处开展适龄儿童未入学情况入户核查，摸清16名适龄儿童未入学情况并劝返复学。对不履行送儿童接受义务教育监护人，根据《义务教育法》《未成年人保护法》开展劝返工作。同时，重点监控学习困难、家庭困难、特殊学生群体，由学校建立台账，开展一对一助学帮扶。建立控辍保学监控与报告制度，对无故旷课、不按时到校学生加强管理，防止新增失学儿童，实行办学一票否决制。（张清军）

【阅读指导】 年内，朝阳区教育委员会教学设备中心组织区内中小学开展读书征文和书签制作，参加市教委“书香燕京——北京市中小学阅读指导活动”。活动收集征文1997篇，书签1614件，斗方作品464件。征文获市级一等奖19篇、二等奖61篇、三等奖101篇，164件书签获最美书签奖，49件斗方作品获最美斗方。（赵雅端）

【初中教学诊断分析】 年内，区教委根据学期末全区教育质量统测数据，对26所学校教学现状进行分析，开展市区联动视导4次、区级集体和跨科视导10校、专项视导20次，听课281节，指导学校改进教学管理。（丁　博）

【开放性科学实践活动】 年内，区教委按照市教委《北京市实施教育部〈义务教育课程设置实验方案〉的课程计划（修订）》有序推进初中学生开放性科学实践活动，重点提高学生的科学探究能力。组织北京市劲松职业高中、北京市第八十中学和北京市朝阳区职工大学等5所学校提供区级开放性科学实践活动课程49门，指导普通中学进行学生选课、上课、评价及学分认定。全年全区初中学生选课39382人次。（李筑恒）

【高中常态课教学质量监控】 年内，区教委加强常态课教学质量监控。组织教研人员和管理人员集中下校视导20次，高三专项视导15次，个性化下校调研40余次，听取常态课130余节，跟踪视导教学管理薄弱学校和薄弱学科，帮助学校改进管理。帮助学校建立健全常态课研究、分析和通报制度，督促校长和教学干部依据《朝阳区普通高中课堂教学评价标准（修订）》听课评课，促进教学干部课堂教学质量管理专业化，推动常态化课堂教学质量提升。（李克明）

【高中学业水平诊断性测试】 年内，区教委开展高一高二年级期末学业水平诊断性测试。统一阅卷，细化数据分析，注重结果反馈，为每一位学校管理者、学科教师和学生提供翔实测试数据和学业结果，高一学生可参考选考科目组合成绩分布情况选择学科。下发高三年级期中、期末、一模和二模4次统练统测数据，涵盖全区学校全体学生全部学科知识点，为学校全方位、多角度做质量分析、数据诊断，为教师改进教学提供精细服务。（李克明）

特殊教育

【概况】 年内，朝阳区有特殊教育学校1所（北京市朝阳区安华学校），随班就读学校5所，开设38个教学班，在校特教学生418名，专任教师106名。朝阳区特殊教育工作遵循“区外与区内、区本与校本、集中与分散、科研与教研”相结合原则，制定培训规划，构建培训网络，完善培训机制，探究培训模式，组织全区特殊教育师资培训。组建融合教育研究队伍，包括兼职教研员团队55人，资源教师团队50人，送教上门教师团队29人。组织开展融合教育推进模式研究、资源教室运作模式研究、重度及多重残疾少年家庭教育支持策略研究主题研究活动。遵循典型性、针对性、灵活性、延续性原则，指导随班就读学校进行课堂教学策略、个案评估、家校配合。注重完善网络平台建设，提升全区特殊教育管理信息化水平。（王桐娇）

【残疾学生“希望杯”书法比赛】 1月，朝阳区特殊教育中心举办残疾学生“希望杯”书法比赛，区内155名残疾学生参加，其中30名学生获优秀奖，46名学生获潜力奖，79名学生获希望奖，89名教师获优秀指导教师奖。赛后，特教中心将学生作品印制成《特殊学生书法作品集》分发给获奖学生和教师。（王桐娇）

【残疾学生助学服务日】 5月14日，区教委与区残联联合开展残疾儿童助学服务活动。活动分别在北京市朝阳区安华学校、北京市朝阳区实验小学新源里校区、朝阳区社会福利院和垂杨柳学区资源中心开展，包括送教上门、学生助学、解读入学政策、评估咨询教育康复、辅具适配和无障碍改造等内容。活动涉及残疾学生家庭380个，为460位学生家长及监护人提供咨询服务。（韩　萍　王桐娇）

【特殊教育服务】 年内，区教委启动特殊教育管理平台三期建设，开展全区特殊教育信息核查工作，完成适龄未入学残疾儿童学籍补录，规范送教标准。制定实施个别化教育计划，为区内130名重度及多重残疾学生提供送教上门服务12998学时，建立送教档案130份。开发注意力训练教具30余件，互动游戏52种，并绘制成册。完成北京市朝阳区教育研究中心附属学校、北京市朝阳区第二实验小学资源中心建设，完成北京工业大学附属中学双桥分校、北京市日坛中学2个资源教室建设，为有需求学生提供个性化服务。（李艳艳　王桐娇）

高等教育

【概况】 年内，辖区内有高等教育学校15所。其中，教育部直属高等教育学校6所，分别为中央美术学院、北京化工大学、北京中医药大学、中国传媒大学、对外经济贸易大学、中华女子学院；市属院校9所，分别为中国音乐学院、北京工业大学、北京第二外国语学院、北京服装学院、北京联合大学、北京青年政治学院为普通高等院校，北京信息职业技术学院、北京经济管理干部学院、北京劳动保护职业学院为高等职业院校。年内，各高校贯彻落实习近平新时代中国特色社会主义思想，全面落实全国和全市教育大会精神，落

实立德树人根本任务，加强学科建设，办学实力进一步增强。（张 明）

【北京中医药大学】 北京中医药大学由教育部、国家卫生健康委员会、国家中医药管理局和北京市共建，为医药类院校，设有良乡、和平街、望京3个校区，设14个院（系、部）、13个本科专业，覆盖4个学科门类。占地面积116.93万平方米。全年教育经费投入184018.22万元，其中财政拨款108920.88万元、自筹经费75097.34万元。固定资产总值144962.54万元，教室211间，图书馆图书127.86万册。网络信息点24763个，上网课程1412门图书馆数字资源量中电子图书119.64万册。具有一级博士学位授权点3个，学术型二级博士学位授权点42个，专业型二级博士学位授权点9个；一级硕士学位授权点7个，学术型二级硕士学位授权点47个，专业型二级硕士学位授权点14个；博士后科研流动站3个，博士后研究人员出站20人，进站37人，在站102人。"双一流"建设学科3个，国家级一流本科专业建设点4个；市重点建设一流专业1个，市高校高精尖学科2个。教育部重点实验室3个，教育部工程研究中心3个。市教委重点实验室2个，市科委重点实验室4个，市教委工程研究中心1个，国家中医药管理局重点研究室10个。国家级实验教学示范中心1个，市实验教学示范中心4个。校本部教职工1222人，其中专任教师738人。正高级职称206人，副高级职称245人；工程院院士1人。"长江学者奖励计划"特聘教授3人，长江学者青年学者1人；国家自然科学基金国家杰出青年科学基金获得者4人，国家自然科学基金优秀青年科学基金获得者4人。外籍教师7人，其中博士5人、硕士1人、本科1人。学历教育毕业生9016人，其中研究生1268人（博士生168人、硕士生1100人）、普通本专科生1155人（本科生1153人、专科生2人）、成人教育本专科生724人（本科生492人、专科生232人）、网络教育本专科生5869人（本科生2735人、专科生3134人）。

2019年，完成教育部"双一流"建设中期自评。中医生命科学和系统中药学入选北京高校高精尖学科建设。17个国家中医药管理局重点学科验收获评优秀，居全国中医药院校之首。科研项目中标经费首次超4亿元。获国家重点研发计划项目5项、国家自然科学基金项目82项，创历史新高。获批智慧中医装备教育部工程研究中心。入选中国工程院院士1人，国际欧亚科学院院士1人，"全国模范教师"1人，获吴阶平医药创新奖1人，获"全国中医药杰出贡献奖"3人。中医学、针灸推拿学、中药学、护理学4个专业入选国家级一流本科专业建设点。中医学同时入选北京高校重点建设一流专业。4月22日至25日，举办"2019中美肿瘤学前沿双边论坛"。6月，中医药大学4个学院和19个职能部门搬迁至良乡校区西院，良乡校区西院正式启用。11月22日，中医药大学国医大师王琦教授当选中国工程院院士。11月24日，全国中医药教育发展中心在中医药大学成立。该中心由教育部委托中医药大学成立，以推动中国中医药学教育改革和发展。12月14日至16日，与中国老年学和老年医学学会共同主办第二届整合医学前沿国际会议暨中医生命科学论坛。12月28日，中医药大学第一临床医学院（东直门医院）通州院区二期大楼正式开诊。通州院区由中医药大学与北京市通州区政府合作共建。（齐佳兵）

【对外经济贸易大学】 对外经济贸易大学占地面积34.39万平方米。固定资产总值212819.17万元。图书馆藏书198.52万册，电子图书48.74万册。拥有计算机8758台，多媒体教室309间，网络信息点数28000个，上网课程数3295门。学校下设研究生院及25个学院、研究院（中心），开设46个本科专业，覆盖经、管、文、法、理、工六大学科门类；一级学科博士点7个，一级学科硕士点11个；博士后科研流动站4个。国家级重点学科2个；省、部级重点学科（一级）2个、二级5个；国家重点实验室1个。教职工1718人，其中专任教师1078人。正高级职称266人，副高级职称394人；博士生导师212人，硕士生导师707人。"长江学者奖励计划"特聘教授2人。2019年应届毕业生8724人，其中全日制教育研究生2236人（博士生129人、硕士生2107人）、普通本科生1915人，成人教育本专科生943人（本科生422人、专科生521人）、网络教育本专科生3630人（本科生1200人、专科生2430人）。

2019年，学校入选"全国党建工作标杆院系"1个、"全国党建工作样板支部"2个、"全国教育系统先进集体"1个。近千名师生（包括留学生）参与中华人民共和国成立70周年庆祝活动。国际经济贸易学院获"全国教育系统先进集体"称号。3个专业获批进入北京市一流专业建设名单，2个专业入选北京市第二批"重点建设一流专业"。参加高教社杯全国大学生数学建模竞赛，25人获全国一等奖、31人获北京市一等奖。学校获各类纵向课题118项（含国家自然科学基金项目32项、国家社会科学基金项目32项）；获得国家级社科重大项目10项；获首都高端智库决策咨询项目6项、市社科基金重大项目3项。新增政治学、外国语言文学2个一级学科博士后科研流动站，博士后科研流动站增至6个。学校入选"长江学者奖励计划"特聘教授1人，入选国家"万人计划"教学名师1人。首次进入泰晤士高等教育世界大学排名，位居国内财经类高校第一；位列上海软科2019"中国最好大学"排名第34位。年内，被授予部分外事审批权，获批科技部高端外国专家引智项目19项。聘诺贝尔经济学奖获得者罗伯特·默顿教授（Robert C. Merton）、中国改革友谊奖章获得者斯蒂芬·佩里教授（Stephen Perry）为名誉教授；聘诺贝尔经济学奖获得者迈克尔·斯宾塞教授（Michael Spence）为中国国际低碳经济研究所名誉所长。与朝鲜平壤外国语大学等三方共建朝鲜平壤外国语大学汉语中心，是朝鲜第一家由孔子学院总部合作共建的汉语教学机构。与朝阳区教委、小关街道办签署协议，共建朝阳区教育国资中心惠新里贸大幼儿园。3月23日，对外经济贸易大学中国国际低碳经济研究所揭牌成立。4月30日，对外经济贸易大学青岛国际校区落户青岛。6月11日，与成都市天府新区签署合作协议，共建对外经济贸易大学成都研究院。6月17日，对外经济贸易大学海南研究院在海南经贸职业技术学院挂牌成立。10月30日，上海软科教育信息咨询有限公司发布2019中国最好学科排名，学校理论经济学、应用经济学、法学、政治学、马克思主义理论、外国语言文学、统计学、管理科学与工程、工商管理、公共管理等10个学科上榜。其中，应用经济学排名全国第三，工商管理学排名全国第六。（曹亚红）

【北京工业大学】 北京工业大学占地面积96.02万平方米。全年教育经费投入25.62亿元，固定资产总值75.98亿元。图书馆建筑面积5.13万平方米，藏有纸质图书207.01万册、电子图书166.92万册。有多媒体教室座位24536个。有7个校区，设25个院（系、部）；开设本科专业65个，研究生专业覆盖34个学科；有一级学科博士学位授权点20个，一级硕士学位授权点33个，专业学位授权类别12种，覆盖工学、理学、经济学、管理学、文学、法学、艺术学、教育学等8个学科门类；博士后流动站18个，出站70人。国家重点学科3个，北京市重点学科21个，北京市重点建设学科18个。有国家工程实验室2个、“111计划”引智基地3个、国家级产学研中心1个、国际合作研究中心1个、省部共建国家级重点实验室培育基地1个、教育部工程研究中心3个、教育部重点实验室5个、教育部战略研究中心1个、北京市级科研基地44个、行业重点实验室4个。有出版专业刊物2种。教职工3169人，其中专任教师1914人。正高级职称403人，副高级职称708人；博士生导师388人，硕士生导师1262人（含专业学位和学术学位硕士生导师）；中科院院士1人，工程院院士9人。“长江学者奖励计划”特聘教授10人，国家有突出贡献专家14人，享受政府特殊津贴专家49人，国家杰出青年基金获得者13人。境外教师104人。毕业生7230人，其中学历教育学生中全日制研究生2146人（博士毕业生256人、博士结业生1人、硕士毕业生1888人、硕士结业生1人）、非全日制研究生135人（硕士生），普通本专科生3575人（本科生3266人、专科生309人）、成人教育本专科生943人（本科生805人、专科生138人）。

2019年，获批2018年度教育部国家虚拟仿真实验教学项目1项。机械工程等11个专业获批2019年度国家级一流本科专业建设点，机械工程等4个专业入选北京高校“重点建设一流专业”。制定《北京工业大学一流专业建设规划》，获批智能建造、风景园林2个新专业。新增会计硕士专业学位授权点。学生在各级各类科技竞赛中获得省部级及以上奖项468项，其中国际奖69项、国家奖201项，首次获“挑战杯”全国大学生课外学术科技作品竞赛“优胜杯”。2019年中国内地高校ESI综合排名中上升13位，环境与生态、计算机科学2个学科新晋ESI前1%，学校位列QS世界大学排名中国内地第32位，机械工程等4个学科入选北京高校高精尖学科建设名单。完成《北京工业大学“双一流”建设中期自评报告》。推进学部制改革，筹建环境与生命学部、理学部，推进城市建设学部和材料与制造学部实体化。全年到校科研经费9.4亿元。“城市污水处理过程智能优化运行基础理论及关键技术”获批国家自然科学基金项目142项、北京市自然科学基金项目56项，国家级社科项目（含教育部人文社科项目）12项、市级项目37项。“新地域乡村绿色建筑设计关键技术与应用”获2019年度高等学校科学研究优秀成果奖（科学技术）科学技术进步奖一等奖，获2019年教育部高等学校科学研究优秀成果奖（科学技术）4项。“智能感知与自主控制教育部工程研究中心”获得批准立项，是北京市属高校唯一获批立项的高校。“环保自动化北京实验室”通过市教委专家宏观论证会。获评2018年度北京市习近平新时代中国特色社会主义思想研究中心“优秀研究基地”。成立空间规划与治理研究中心、环境安全与生物效应卓越中心。参与北京市基础设施投资有限公司关于城市副中心综合交通枢纽项目，参与并承担怀柔科学城“纳米生物医药精准诊断子平台”建设，引导自主研发的RV减速器实现科技成果转化和落地亦庄开发区产业化发展，与西门子公司成立京津冀网络协同制造技术创新中心暨智能制造工程专业建设与实践基地，获批怀柔科学城成果落地专项“车载电子用高可靠互连材料关键制备技术及产业化”项目。引进全职高端人才20人，新增北京市战略科技人才12人，1人获评“全国优秀教育工作者”，1人入选北京学者计划，2人入选首批青年北京学者计划，2人获国家自然科学基金优秀青年基金资助。完善“281”全球交流合作网络，设立英国、韩国、波兰及中东欧地区4个境外联络处并配备联络专员。新（续）签涉外协议62份，与33个国家和地区的168所境外院校、机构建立合作关系。学生派出规模首次突破千人。获批2019年度市级高端外国专家引进计划3项。承办首届“一带一路”国际学术系列会议。完成柏林国际学院本科教学质量评估专家组入校审核评估。成立服务北京工作委员会。与西门子工业软件（上海）有限公司、小米集团、故宫博物院、中国航天员科研训练中心等7家京津冀区域合作单位签署合作协议。3563名师生参加中华人民共

▲ 北京工业大学新逸夫图书馆开馆，图书馆总建筑面积40463平方米（摄于10月19日）（北京工业大学 供图）

和国成立70周年庆祝活动，承担游行队伍“建国伟业”方阵的组织任务；设计并制作彩车5辆；教师杨嵘担任国庆群众游行执行总导演。10月19日，北京工业大学新逸夫图书馆开馆，总建筑面积40463平方米。10月，乔俊飞教授牵头建设的“智能感知与自主控制教育部工程研究中心”获教育部工程研究中心批准立项，是北京市属高校唯一获批立项高校。11月6日，中国首位飞上太空的女航天员刘洋应邀为2019级新生讲授第一课。11月13日，第十六届“挑战杯”全国大学生课外学术科技作品竞赛举办，北京工业大学5项入围作品全部获奖，首次获得“优胜杯”，是“挑战杯”全国大学生课外学术科技作品竞赛举办30年来首次由市属高校获得。（刘典华）

▲ 4月10日，北京青年政治学院原创共青团史音乐剧《燧石》在北京剧院演出
（北京青年政治学院　供图）

【北京青年政治学院】 北京青年政治学院占地面积2.59万平方米。全年教育经费投入23405.00万元。固定资产总值31662.78万元。图书馆建筑面积4618.66平方米，藏有纸质图书54.5万册、电子图书122.33万册。拥有计算机3508台，网络多媒体教室37个，上网课程20门。设有望京和金盏2个校区，7个教学单位，3个研究所，开设专业24个。教职工300人，其中专任教师227人。教授及教授级高级工程师18人，副教授及高级工程师88人；博士34人，硕士170人；“双师型”教师152人。聘请校外教师56人。毕业生1056人，全部为高职生。年内，挂牌成立北京青年政治学院附属幼儿园。参加全国职业院校技能大赛，获一等奖1项、二等奖2项、三等奖3项；参加北京市职业院校技能大赛，获一等奖9项、二等奖8项、三等奖19项。308名师生参加中华人民共和国成立70周年群众游行“立德树人”方阵，194名师生承担群众联欢活动朝阳板块演出任务。

3月16日，学院承办北京高校思想政治理论课高精尖创新中心主办的第10期思想政治理论课青椒论坛。3月24日，承办2019年北京市职业院校技能大赛（高职组）人工智能系统与应用（人工智能技术与应用）赛项。学院2支代表队参赛，分别获得第1名和第4名。4月10日，学院原创共青团史音乐剧《燧石》在北京剧院演出，同时参加第十四届北京国际文化创意产业博览会。（王玉江）

【北京信息职业技术学院】 北京信息职业技术学院同时挂北京市成人电子信息大学、北京市计算机工业学校和北京市电子工业学校牌子，占地面积20.21万平方米。全年教育经费投入45549.01万元。固定资产总值135905.60万元。图书馆建筑面积12665.24平方米，藏有纸质图书64.62万册、电子图书412.51万册。有计算机7319台。校园网出口总带宽3700Mbps，上网课程421门。有院本部、东校区和南校区3个校区。设电子与自动化学院、计算机与通信学院、软件与信息学院等5院2系4部。开设43个专业，其中新增虚拟现实应用技术1个专业。教职工806人，其中专任教师386人。教授及教授级高级工程师14人，副教授及高级工程师142人；博士22人，硕士137人；“双师型”教师332人。聘请校外教师83人。毕业生2161人，其中高职生1636人、中职生241人、成人教育专科生262人、留学生22人。

2019年，“北信橄榄绿”德育品牌通过市教委专家组验收，第二批现代学

▲ 7月29日，由北京信息职业技术学院联合中国电子学会牵头组建的全国信息安全职业教育集团成立　（史宝会　摄）

徒制项目试点通过教育部验收。大数据技术与应用专业教学团队成为首批国家级职业教育教师教学创新团队。牵头组建全国信息安全职业教育联盟。为新疆石河子工程职业技术学院开展远程思政课程教学帮扶。与石家庄财经职业学院建立结对共建关系。院长卢小平应邀出席中非高等教育论坛并作主旨演讲，分享中国职教发展成果。完成埃及分校第二届新生招生，录取学生92名。参加第五届中国"互联网+"大学生创新创业大赛（北京赛区）比赛，获一等奖1项、二等奖2项、三等奖7项。参加全国职业院校技能大赛，获一等奖1项、二等奖3项、三等奖4项；参加全国大学生电子设计竞赛，获二等奖3项、三等奖4项；参加全国大学生数学建模竞赛（北京赛区乙组）比赛，获一等奖2项、二等奖2项。1月24日，北京信息职业技术学院入选北京市特色高水平职业院校建设名单，软件与信息服务、网络与通信2个专业群入选北京市特色高水平骨干专业（群）建设名单。5月18日，院长卢小平与北京奇安信集团副总裁何新飞签订校企合作示范校建设合作协议。双方将在信息与管理专业特色骨干专业（群）建设中聚集双方优质资源，培养优质高素质技术技能人才。6月19日，北京信息职业技术学院入选教育部Web前端开发首批1+X证书制度试点院校名单。7月29日，北京信息职业技术学院联合中国电子学会牵头组建成立全国信息安全职业教育集团，成员来自全国106家信息安全专业高水平院校和该领域领导型企业，学校获选职教集团第一届理事长单位。8月6日，学院大数据技术与应用专业教学团队成为教育部首批国家级职业教育教师教学创新团队立项建设单位和培育建设单位。10月，举办建校65周年系列活动。北京信息职业技术学院创建于1954年，是中华人民共和国最早成立的一批职业技术学校，被原电子工业部誉为"培养电子工业技术人才的摇篮"。10月24日，北京信息职业技术学院通过教育部现代学徒制试点验收。11月8日，北京信息职业技术学院联合无锡商业职业技术学院和全国电子商务职业教育教学指导委员会成功申报教育部2019年商务数据分析与应用专业国家级资源库建设项目，是学校主持的第二个国家资源库建设项目。12月10日，北京信息职业技术学院入选国家"双高计划"，成为中国特色高水平专业群建设单位（A档）。年内，学校中标"江苏省高职院校校长信息化领导力"培训项目，该项目是江苏省高等职业教育教师培训中心首次面向全国公开招标的培训项目。江苏省42所高职院校的42名校长，参加为期10天的定制化专项培训。（赵燕平　童遵龙）

【北京经济管理职业学院】 北京经济管理职业学院占地面积85.80万平方米。全年教育经费投入31615.82万元。固定资产43403.39万元。图书馆建筑面积8318平方米，藏有纸质图书53.7万册、电子图书75.7万册。有计算机3886台，多媒体教室122间，上网课程153门。有望京和固安2个校区，下设管理学院、会计与金融学院、信息学院、工程技术学院、外国语学院、珠宝与艺术设计学院、基础教育学院、马克思主义学院、国际教育学院、培训学院、中德诺浩智慧汽车实训基地11个教学机构。设34个招生专业及方向，其中全国职业院校示范专业1个、北京市特色高水平骨干专业1个、北京市职业院校工程师学院1个、技术技能大师工作室1个。教职工506人，其中专任教师226人。教授及教授级高级工程师18人，副教授及高级工程师101人；博士36人，硕士235人；"双师型"教师186人。聘请校外教师41人。毕业高职生803人。

2019年，学院获教育部首届全国高校思政课教学展示活动一等奖，被市教委认定为"北京市民终身学习示范基地"。195名师生参加国庆活动服务保障任务。3个教育部现代学徒制教育教学试点专业通过中期验收，7个专业获批北京市1+X证书制度试点。推动产教融合试验区建设，引企驻校，落实校企合作企业标准，与科大讯飞等19家企业签订合作协议；与中德诺浩公司废止原有不对等协议，共建实训基地，开启合作新模式。6月12日，学校举行全面推进现代学徒制工作会暨教育部试点学徒班拜师仪式。应用电子技术专业（大数据运维）、机电一体化专业、宝玉石鉴定与加工（玉雕班）3个专业54名学生（徒）按照中国传统拜师礼仪向企业师傅行拜师礼。7月9日，学校科技扶贫项目团队作为唯一高职院校参加第五届中国"互联网+"大学生创新创业北京赛区总决赛，获一等奖。8月29日至30日，学校10支队伍参加2019年市职业院校技能大赛教学能力比赛决赛，全部获奖。其中，信息学院赵泾钧老师团队、管理学院王业娜老师团队和会计与金融学院李瑞玲老师团队获高等职业教育组一等奖，学校获优秀组织奖，获奖数位列职业院校首位。10月20日，举行建校40周年校友座谈会，发布《北京经济管理职业学院志（1979—2018）》，举办校史馆揭牌仪式。11月8日，北京数字经济职业教

▲ 7月9日，北京经济管理职业学院科技扶贫项目团队参加第五届中国"互联网+"大学生创新创业大赛北京赛区总决赛，获一等奖（赵　研　摄）

育集团由北京经济管理职业学院发起成立。集团由集团内企业全额捐赠设立，汇聚国富瑞、腾讯、科大讯飞、中联集团、京东、百度、51CTO、全美职教、西门子、凤凰卫视等众多数字经济领军型企业加盟，力求探索全口径对接数字经济产业链发展、符合中国国情和北京市情的数字经济集团化职业教育新路，助力京津冀地区数字经济快速发展。12月21日，学校与中关村“一带一路”产业促进会、北京公羊社会工作发展中心、中国俄罗斯留学生协会共同举办“新时代·新起点·新担当——中俄应急管理论坛”，共同研讨中俄两国在应急队伍建设、应急装备科技化和信息化建设、社会力量参与国际救援等方面的合作与发展，交流两国应急救援的经验与做法。 （于平波）

职业教育

【概况】 年内，朝阳区有职业学校5所，学生（不含成人中专）1244人，招生392人（不含成人中专）、毕业550人（不含成人中专）。教职工874人，其中专任教师706人。高级职称250人、中级职称303人；市特级教师5人、市骨干教师16人、市学科教学带头人2人。公办学校占地面积296548.57平方米，产权建筑面积234615.09平方米。图书馆藏书37.86万册，计算机共5587台。全年教育经费投入45965.42万元。设有劲松职业高中劲松校区、求实职业学校望京校区和电气工程学校将台路校区等11个校区。年内，区教委指导学校结合学生和专业特点打造德育教育品牌，劲松职业高中希望厨师和求实职业学校多彩社团两个项目入选市教委“一校一品”品牌项目。推进与“一带一路”沿线国家职业教育间交流合作，探索国际化人才培养。指导教研部门对学校常规课堂教学、期中期末考试情况巡查，确保学校常规工作规范有序开展。 （张 伟）

【“特高”项目入选专业（群）3个、实训基地3个】 1月4日，市特色高水平职业院校项目建设领导小组和市教委等五部门，根据《北京职业教育改革发展行动计划（2018年—2020年）》相关要求，组织开展北京市特色高水平职业院校、第一批特色高水平骨干专业（群）、实训基地（工程师学院、技术技能大师工作室）（简称“特高”项目）遴选工作。审定、批准北京市劲松职业高中餐饮服务专业群、北京市电气工程学校智能建筑电气专业群、北京市求实职业学校学前教育专业入选北京市特色高水平骨干专业（群）建设第一批名单；北京市劲松职业高中大董餐饮文化学院、北京市电气工程学校海尔智能技术应用学院、施耐德电气工程师学院入选市职业院校工程师学院及技术技能大师工作室建设第一批名单。 （李联启）

【职业教育宣传月活动】 4月26日，区教委在北京市劲松职业高中承办北京市职业教育宣传月启动仪式。启动仪式当日，举办2019年“未来职业教育发展高峰论坛（北京朝阳）”。区教委在论坛上做“产教深度融合基于未来职业教育发展的朝阳行动”主旨发言。京津冀知名企业和职业教育院校等单位300余人参加论坛活动。当日，全市2000余名学生、职业院校及企业代表参加中小学生职业体验、产教融合论坛、职教成果展等。宣传月将通过实践体验、职业技能大赛、“工程师学院”“技术技能大师工作室”等项目，展现全市职教办学成果，展示职教学生精神风貌。 （张 伟）

【职业高中教育教学工作会召开】 9月29日，区教委召开职业高中教育教学工作会。会议明确职业教育“规范、创新、开放”发展理念，重点开展德育品牌建设、专业建设、教学改革、教师队伍建设、合作交流。结合首都产业结构调整和京津冀协同发展对技术技能人才需求，北京市求实职业学校新增飞机维修专业、跨境电子商务专业、休闲体育服务与管理专业3个专业，北京市电气工程学校新增网络信息安全、商务英语、园林技术3个专业与相关高职院校开展“3+2”中高职衔接办学，全区中高职衔接专业达到26个。北京市求实职业学校、北京市电气工程学校和北京市劲松职业高中3所学校入选教育部“1+X”证书制度试点院校名单，具备6个职业技能等级证书培训和考核资质，北京市求实职业学校学前教育、北京市电气工程学校楼宇智能和北京市劲松职业高中烹饪专业（群）确定为市教委第一批北京市特色高水平骨干专业（群）建设单位，北京市求实职业学校学前教育、北京市电气工程学校楼宇智能和北京市劲松职业高中烹饪专业认定为第一批北京市职业院校实训基地。会议还公布朝阳区《2019年“疏解整治促提升”专项行动计划》，撤销北京电气工程学校民航运输专业、北京市劲松职业高中计算机网络技术专业、北京市求实职业学校国际商务专业和办公室文员职高招生专业4个，压缩学位500个。 （张 伟）

【区域合作】 年内，北京市求实职业学校、北京市电气工程学校和北京市劲松职业高中与京津冀地区37家职业院校继续开展“京筑”“京昆”“京湘”等教育合作项目，以培训师资、学生交流和跟岗交流等方式，接待唐山职业院校代表团等56家院校、师生代表近千人次交流学习。继续与新疆维吾尔自治区和田地区墨玉县职业技术学校、内蒙古自治区乌兰察布市卓资县职业教育中心开展教师培训和专业建设帮扶合作。 （张 伟）

继续教育

【概况】 年内，朝阳区有职工大学1所（北京市朝阳区职工大学），市民终身学习示范基地10个，市民终身教育服务中心6个，街乡社区教育中心43个，社区教育学校476所。年内，区教委落实《教育部等九部门关于进一步推进社区教育发展的意见》和《北京市学习型城市建设行动计划（2016—2020年）》要求，围绕《朝阳区“十三五”时期教育发展规划》和《关于进一步加强社区教育工作意见》，推进社区教育基地、社区教育项目、社区教育资源建设，宣传终身教育学习理念。推进老年大学“一校一品”特色建设，新认定社区学习共同体17个，“千课下基层进社区”活动累计派送课程285课次，服务人群7000人次。进一步扩大家长教育信息指导服务覆盖面，覆盖家庭12万个。丰富线上资源，推送信息526条（期），图文阅读总次数近15万人次。

北京市朝阳区职工大学（朝阳社区学院）为区属成人高校，加挂北京开放大学朝阳分校牌子，分别在和平里南口砖角楼5号、朝阳区北三环东路17号、朝阳区双龙南里120号三址办学。学院占地面积34700平方米，产权建筑面积28912平方米、非产权建筑面积24300平方米。图书馆建筑面积316平方米，藏书79500册。拥有计算机920台。固定资产总值6191万元。全年教育经费投入7014万元。有多媒体教室座位2500个，上网课程2890门。设3个教学系部，开设21个专业。学院教职工121人，其中专任教师31人、副教授18人。各层次学历在校生3509人。全年开展各级各类培训78项、194个培训班。其中，干部培训5314人，学前教师培训6609人，中老年培训班43个、学员939人。成立学生羽毛球俱乐部、夕阳红老年合唱团，举办“我随金牌导游皇城”“走进国家大剧院与音乐大师阎维文老师面对面”活动。完成《旅游管理——高铁方向》《无人机》专业课程设置，新专业《物联网应用技术》通过教育部平台审核。修订《课堂教学评价标准》《形成性考核评价方案》，开展青年教师课堂教学大赛暨听评课活动。承办第六届老年教育国际论坛；家庭教育专题讲座189场，家长、教师3.5万余人参加。举办温馨家园“艺术康复进社区”系列活动，开课500次，25个街乡服务近3000人次参加。开展朝阳区第六届成语文化龙门阵竞赛活动，43个街乡7000余人参加。学校成为国家开放大学学习成果互认联盟成员单位，获《中国远程教育》杂志社和中国企业大学联席会2019中国企业学习与人才发展高校贡献奖。（刘顺宝）

【学习型城区建设工作座谈会】 1月23日，区教委召开朝阳区学习型城区建设工作座谈会，学习市教委《北京市学习型城市建设行动计划（2016—2020年）》。区社区教育领导小组成员19家单位就构建学习型城区好做法和经验进行交流，探讨如何有效开展学习型城区建设。（高 健）

【春季新生开学典礼】 3月9日，北京开放大学朝阳分校举行学位授予仪式暨2019年春季新生开学典礼。学校领导及教务处、各系部相关教师出席典礼。16名毕业生获学士学位证书。（张新政）

【混合式教学工作坊】 3月19日，北京市朝阳区职工大学（朝阳社区学院）举办混合式教学工作坊一期成果汇报暨二期项目启动会。吴霞等5名教师展示《数码摄像基础》《国画》《色彩》《大学英语》《计算机应用基础》混合式教学成果。工作坊教师及混合式教学工作坊团队成员参加大会。（张新政）

【“千课进社区”】 3月，区教委启动2019年“千课下基层进社区”活动。依托区职工大学，全年为每个街乡免费提供社区教育课程服务8次，为43个街乡送课344次，服务人群7000人次。（高 健）

【与歌唱家阎维文交流学习】 5月19日，北京市朝阳区职工大学（朝阳社区学院）组织音乐表演专业51名学生到国家大剧院，与歌唱家阎维文交流学习练声及发音技巧。（张新政）

【老年合唱团成立】 5月22日，北京市朝阳区职工大学（朝阳社区学院）老年合唱团成立。合唱团由中央歌剧院国家二级演员、青年男中音歌唱家、朝阳区音乐家协会理事张晓元担任指挥，成员由学校艺术系老年学历班学员组成，每月举办活动，参与校内外演出。（张新政）

【教育基地挂牌】 6月16日，北京市朝阳区职工大学（朝阳社区学院）举办棋牌文化教育基地挂牌仪式及2019年首届“朝阳社区学院杯”象棋等级赛。来自全市5~40岁123名棋手参加全天7轮比赛，评出一级至五级棋士组冠军5名，定级A组、B组、C组冠军3名。（张新政）

【社区教育活动观摩】 6月18日，教育部社区教育高级研修班80余人到麦子店街道社区教育中心观摩社区教育活动。研修班学员听取街道介绍整体情况及社区教育在国际化社区建设中作用，观看国际化社区建设展板，参加志愿者汉语角、国际主题文化周、汉语学堂等现场活动，体验社区教育工作。（刘顺宝）

【实训基地签约仪式】 6月21日，北京市朝阳区职工大学（朝阳社区学院）与国家开放大学举行家庭服务业岗位技能与学历双提升项目实训基地签约仪式，学校成为北京地区国家开放大学家庭服务业岗位技能与学历双提升项目首家实训基地。基地引入国家开放大学“母婴护理师”“母乳喂养指导师”“小儿推拿保健师”“产后修复师”“养老护理师”5个技能培训证书，可向学员提供高层次内容体系培训。（张新政）

【“北京市终身学习品牌项目”入选5个】 9月5日，北京市劲松职业高中“将传统文化融入生活”、南磨房地区办事处“南磨房南新园老年大学”、麦子店街道办事处“麦子店街道汉语学堂”、来广营地区办事处“来广营地区老年人学习项目之非遗课程”、小红门地区办事处“小红门地区‘求知、求学、求乐中海幸福课堂’”被北京市成人教育学会评为2019年“北京市终身学习品牌项目”。（刘顺宝）

【墨玉县2019年基层后备干部培训班】 10月15日，新疆维吾尔自治区和田地区墨玉县2019年基层后备干部“抓党建促脱贫攻坚”培训在北京市朝阳区职工大学（朝阳社区学院）开班。墨玉县乡镇（街道）内招生、留疆战士、选调生、选派生30人学习12天。（张新政）

民办教育

【概况】 年内，区教委审批各类民办学校387校463址，其中，民办幼儿园170园203址，在园幼儿41193人；民办中小学33校46址，在校学生13604人；民办培训机构186校214址。年内，区教委持续推进民办教育改革创新，促进民办学校规范、优质、多元发展。围绕政府权力清单内容，认真做好民办学校政务服务工作，持续简化民办学校办事流程。开展信用评价和信用管理，运用信用评价结果加强民办学校事中事后监管，推进信用分级分类监管。建立校外民办学校、校外培训机构投诉举报台账，回应社会关切的热点问题，按照“接诉即办”要求逐一核实，举报内容一经查实严肃查处。完成2018年民办学校年度工作报告。区教委发挥区机构治理小组办公室统筹协调作用，开展校外培训机构治理。召开专题会议，部署全区机构治理工作，建立健全校外机构治理长效机制。开展学前教育培训机构“小学化”倾向专项检查、以“国学班”“读经班”“私塾”等方式替代义务教育的培训机构专项检查、常营地区学前教育机构集中区域专项检查、2019年暑假校外培训机构集中专项检查，治理校外培训机构乱象。区教委制作《朝阳区教育培训机构行为规范标准》宣传海报和折页2万余份，在培训机构集中地张贴、派发。要求培训机构做好“一收阅、一公开、一承诺”，即收阅查看“规范标准”折页，在显著位置公开张贴“规范标准”海报和监督举报电话，公示举办者《办学承诺书》，营造规范办学监督舆论氛围。（白俊毅）

【校外培训机构小学化倾向专项检查】 2月26日至27日，按照区教委《关于开展朝阳区校外培训机构学前教育“小学化”专项治理工作的通知》要求，区机构治理工作组办公室抽调学前教育教研员、民办教育巡查员、街乡文教、安全部门工作人员组成检查工作组，对全区189所学前教育培训机构开展专项检查，涉及教学内容、教学用书、教学行为、教学队伍、教育环境、招生制度、宣传导向等7个方面，规范举办者办学行为。（白俊毅）

【民办机构2018年年度工作报告】 5月至7月，区教委根据《朝阳区2018年度民办学校年检工作方案》，29所民办中小学、166所民办幼儿园、170所民办培训学校完成民办机构2018年年度工作报告。（白俊毅）

【培训机构白名单公示】 6月13日，根据教育部和市教委关于建立校外培训机构黑白名单制度要求，区教委将取得《民办学校办学许可证》，且办学规范、信誉度高民办培训学校纳入“白名单”。首都经济贸易大学培训中心等101所民办培训学校成为朝阳区首批纳入“白名单”校外培训机构，区教委将上述单位在教育部校外培训机构治理网站、区政府官网予以公示，接受社会监督。（白俊毅）

【社会力量办学单位安全排查】 6月至10月，区社会力量办学管理所排查区域内社会力量办学单位消防安全和安全生产隐患。排查692址，发现消防安全隐患7436项，其中文件管理隐患2538项、现场管理隐患4898项；发现安全生产隐患21134项，其中文件管理隐患16451项、现场管理隐患4683项。发出隐患整改建议书1300份。（范秀春）

【培训机构教材备案】 7月8日至12日，区教委开展全区中小学学科类教育培训机构教材备案情况审查。58家民办机构提交学科类教材涉及小、初、高三个学段22门学科、441种、734册，其中，374种、626册教材审核通过，67种、108册教材存在超标超纲问题，停止使用。（白俊毅）

【民办学校行业集体合同签订】 7月，区民办学校工会联合会举行民办学校行业集体协商会议。协商通过《朝阳区民办学校行业集体合同（草案）》《朝阳区民办学校行业工资专项集体合同（草案）》《朝阳区民办学校行业女工保护专项集体合同（草案）》，行业集体合同签订率达94.6%，13818名民办学校教职工权益得到保护。（郑　雅）

【信用评价推行】 9月19日，区教委召开2019年朝阳区民办学校规范办学暨信用评价工作会。会议总结2018年民办学校信用评价体系建设情况，下发《2019年朝阳区民办学校信用评价实施方案》，部署民办学校信用评价工作，并就民办学校规范办学、民办学校党建工作进行专题培训及重点工作讲解。民办学校校长及学校负责人400余人参加会议。本年度参加信用评级民办学校320所，评出五星级学校46所、四星级学校84所、三星级学校157所、三星级以下学校33所。（白俊毅）

【接诉即办工作改进】 年内，区教委采取多种方式提高接诉即办工作效率，化解群众与民办学校矛盾纠纷。包括组建应急小分队，做好群众投诉调查核实、沟通协调、应急处置等工作；密切联系属地街乡，按照“街乡吹哨、部门报到”原则，组织有关职能部门开展联合检查、综合执法；针对各类型投诉问题分别制定固定答复模板，规范电话用语，提升服务质量。全年办理政民互动2700余件、信访33件。（白俊毅）

【非首都功能疏解】 年内，区教委根据区非首都功能疏解和人口调控工作整体部署，严控无证幼儿园新增、扩招，严控面向全国招生教育培训机构无序增长。全年疏解无证幼儿园22所、培训学校14所，并妥善做好师生安置工作。（白俊毅）

教育督导

【概况】 年内，朝阳区教育督导工作进一步提升督政、督学、评估监测水平，助力区域教育工作改革。年内，完成市督导室对区级人民政府履行教育职责情况督导检查任务；持续推进诊断式督导实践研究、专家进校指导课堂教学及单元备课活动，先后78次走进11所实验校，指导不同学段课堂教学。完成年度国家义务教育质量监测工作。区教委完成机构改革，区教委主任兼督导室主任，教育督导室原综合科、督政科、督学科职能合并，成立督导与评估监测科，公务员编制5人。承担原区政府教育督导室全部职能。新聘第七届责任督学179人（其中专职督学22人）。建立中小学、学前、职高、校外及特教督学责任区32个，形成全面覆盖、独立运行、协同支撑督导格局。朝阳区人民政府教育督导室获2019年国家义务教育质量监测实施县级优秀组织单位。（苏纪玲）

【专项督导】 1月8日，区政府教育督导室组成督导组，对北京西藏中学“心理辅导室建设”“社会主义核心价值观落实”“养成教育三年行动计划落实”等工作首次开展专项督导。3月22日，督导组到学校反馈督导情况，分析学校办学优势，肯定工作成绩，对存在问题提出改进建议。（王　茜）

【诊断式督导实践研究总结】 1月23日，区政府教育督导室举行“诊断式督导教师教育教学评价实践研究”项目会。总结小学阶段和高中阶段2018年实践研究工作，明确2019年实践研究任务；为10所实验学校颁发诊断式督导促进学校内涵发展课题项目牌匾，为实验教师颁发区级项目实验校研究课荣誉证书，为参与诊断式督导促进学校内涵发展课题10位专家颁发聘书；课题研究实验校师生做主题汇报，展示参与“理想教育文化”引领下课题研究后学生、教师、学校变化。区教委、区政府教育督导室相关领导、10所项目实验校领导和学科教师100余人参加总结会。（苏纪玲）

【教师教学评价指标研发项目结题】 1月25日，区政府教育督导室举行诊断式督导教师教育教学评价指标体系研发课题结题会，《指向理想教育文化教师教学评价工具（初中版）》项目结题。专家介绍课题研究依据、研究背景和研究目的，以录像课为例讲解教学评价工具应用。（苏纪玲）

【幼儿园办园质量督导评估】 3月至10月，区政府教育督导室依据市教委和市政府教育督导室《北京市幼儿园办园质量督导评估办法（试行）》及区教委和区政府教育督导室《朝阳区幼儿园办园质量督导评估工作方案》，督导评估幼儿园开展办园质量。内容包括人员条件、空间与设施、机构管理、保育教育、办园成效等。幼儿园办园质量评估98所，82所达到办园质量标准，16所未达标幼儿园将继续整改，督导室依据幼儿园申请安排复评时间。（王　茜）

【合作办学学校诊断式督导完成】 5月7日至17日，区政府教育督导组成督导小组对华中师范大学第一附属中学朝阳学校、北京市润丰学校、首都师范大学附属朝阳实验小学、中国音乐学院附属北京实验学校4所合作办学学校开展诊断式督导。在学校自评自诊基础上，督导组听取校长汇报、校园观察、诊断课堂教学、座谈和访谈师生、查阅档案材料，对办学质量进行诊断，为工作改进开具教育处方。（苏纪玲）

▲ 7月10日，朝阳区第七届责任督学聘任大会召开　（区教委　供图）

【督学聘任大会】 7月10日，朝阳区召开第七届责任督学聘任大会。会议通过宣传片和区政府教育督导室总结报告回顾第六届责任督学工作成绩，区委教育工委书记周炜宣读第七届责任督学和部分督导专家聘任决定，为178名责任督学和督导专家颁发聘书。副区长、区政府教育督导委员会主任朱晟参加大会并发言。全区各中小学、幼儿园、职业高中、校外特教等单位领导，教委机关科室负责人，全体新聘责任督学，区督导专家库入库专家代表等700余人参加会议。（苏纪玲）

【教育满意度调查】 9月16日至22日，区政府教育督导室组织基础教育满意度调查。学生和家长问卷涉及教育期望、教育质量、教育公平、整体评价等问题，教师问卷涉及总体期望、学校管理、保障条件、整体评价等项目。全区295个校址297778学生、家长、教师参与网络调查，回收有效问卷297754份，统计结果显示，朝阳区教育总满意度91.14%。（苏纪玲）

【市级督导检查】 11月5日至7日，市政府教育督导委员会办公室组成13人督导检查组，对朝阳区政府履行教育职责情况进行综合督导检查。副区长、区教育督导委员会主任朱晟汇报近两年政府履行教育职责整体工作情况；市督导检查组召开相关委办局、教育行政部门及部分中小学幼儿园校长（园长）参加座谈会，重点了解学习宣传贯彻全国、全市教育大会精神、教育经费投入、学位供给以及学生近视肥胖率、招生考试等专项工作。督导检查组到清华大学附属中学朝阳学校、朝阳师范学校附属小学、劲松第一幼儿园等7所中小学和3所幼儿园，听取办学单位师资配置等工作汇报；查看学校办学条件、设施设备、功能教室配备使用情况及教学环境等。区教育督导委员会成员单位领导80余人参加督导检查。市督导检查组对朝阳区人民政府履行教育职责情况予以肯定，并要求加强顶层设计，落实区政府保障和发展义务教育主体责任，不断扩增学前教育学位；完善教育支出结构，保障各学段教育经费投入均衡增长，推进义务教育优质均衡发展。（苏纪玲）

【街乡督导考核】 11月，区政府教育督导室落实区政府绩效管理办公室部署全区各单位绩效考核工作要求，下发《关于2019年开展对街道、地区（乡）办事处依法落实教育责任督导考核评价工作的通知》，组建督评组开展街乡督导考核。在各街乡自评基础上，听取24个街道、19个地区（乡）落实《朝阳区第三期学前教育行动计划》工作情况、新增普惠性幼儿园和无证幼儿园管理汇报，督导考核结果上报区政府绩效管理办公室。（苏纪玲）

文 化

综 述

【概况】 朝阳区文化和旅游局是负责朝阳区文化、文物、广播电视和旅游工作的区政府职能部门，正处级。3月机构改革，区文化委、区旅游委职责整合，组建区文化和旅游局，不再保留区文化委、区旅游委。区文化和旅游局编制41名，设局长1名，副局长4名。内设办公室、法制宣传科、行政审批科、公共服务科、文物管理科、产业发展科、行业管理科、安全应急科、财务审计科、组织人事科10个科室。下属区文化市场综合执法大队、区文物管理所、区文化馆、区图书馆、北京民俗博物馆、区垡头地区文化中心、区香河园地区文化中心、朝阳京剧文化艺术中心、北京国声京剧文化艺术中心、北京旅游咨询服务中心朝阳服务站10个基层单位。年内，朝阳区新时代文明实践中心挂牌，建成朝阳区非物质文化遗产保护中心，国际文化交流中心、来广营北部孵化基地投入使用。群众文艺团队发展到3144支，参与人数7.3万余人。有10个项目被列入国家级非遗名录，30个项目被列入北京市级非遗名录，94个项目被列入朝阳区级非遗名录，有6名国家级传承人，19名市级传承人和91名区级传承人。（孙笑菲 李 黎 李滢瑶）

【文化交流】 2月5日至24日，“漂亮的兵马俑”世界巡展活动分别在新西兰国家博物馆前广场和惠灵顿国际机场候机大厅展览，15万余人参观。7月25日至31日，“京韵炫彩”北京民间艺术荟萃朝阳周活动亮相2019年北京世界园艺博览会。文艺演出28场，80支艺术团队2000余名演员参与演出。30000余人观看演出，其中15场北京时间直播及回看播放量90万余次。10月7日，第五届北京新舞蹈国际艺术节在798国际文化交流中心举办，西班牙、以色列、阿尔巴尼亚等国家的舞蹈团体与中国艺术家表演《一晚》《我总放一条头巾在口袋里》《绳结》等9场演出。（李滢瑶 李博雅）

【“我们的节日”系列文化活动】 4月4日，区“第七届北京二闸清明踏青节”在庆丰公园举办。活动有花会非遗展演、地区优秀文化团队表演、主题文化展览、非遗制作、现代体育项目、传统美食品尝互动体验活动等，惠及群众6.2万人次。6月6日至7日，“我们的节日·端午节”系列文化活动在高碑店村、北京民俗博物馆举办。包括端午传统节俗体验、汉服表演展示、端午习俗演出、包粽子比赛、精品文物展览等，惠及群众6.5万人次。8月7日，“我们的节日·爱满京城 相约幸福”系列文化活动在北京民俗博物馆举办，包括七夕传统习俗动态展示，七夕主题文物展、七夕赛巧比赛、剪纸、编织、油纸伞等民间艺人手工艺品及制作技艺展示等，惠及群众4.8万人次。9月16日，“我们的节日·中秋节”系列文化活动在北京民俗博物馆举办，以“月圆京城情系中华”为主题，包括中秋习俗体验、中秋习俗动态演示、月满中秋之《芳香中华》主题晚会等，惠及群众6.9万人次。10月7日，“我们的节日·重阳节”系列文化活动在北京民俗博物馆、崔各庄东方综合敬老院举办，以“孝满京城德润人心”为主题，包括赏九花塔、吃重阳糕、喝菊花酒、太极拳、重阳节民俗主题展览、老年人健康义诊咨询等内容，惠及群众5.2万人次。年内，在春节、元宵节、清明节、端午节、七夕节、中秋节、重阳节期间，联合北京民俗博物馆开展“我们的节日”主题活动，推出“我们的节日”中华长歌行系列视频6部，报送中国文明网刊播。（李 黎 李滢瑶）

【“艺术朝阳”原创作品征集活动】 6月至12月，区委宣传部、区文化和旅游局、区融媒体中心、区文联联合主办以“催人奋进新时代，艺术抒情颂朝阳”为主题的第五届“艺术朝阳”社会主义核心价值观原创作品征集活动，活动征集歌曲、微电影等原创作品400件，评选出15个奖项，《晴雪飞虹》《美阿里》《情满八里桥》《撑起一片晴空》《窑洞灯光》《这不是我的钱》分别获歌曲、舞蹈、戏剧、小品、曲艺和微电影一等奖。（李滢瑶 李博雅）

公共文化

【概况】 年内，朝阳区完善“3+1”（区级、街乡级、社区村级和地区级）四级公共文化服务网络。培育群众文艺队伍、文化家庭、文化交流项目、公益文化活动等百个基层文化品牌，建设朝阳文化“新名片”。鼓励引导各街乡采用社会力量参与公共文化服务设施运营，推进文化事业产业融合发展。建成书香少年馆等30家城市书屋，升级三里屯春风习习馆，初步形成朝外、建外及北京商务中心区、广渠路延长线、中轴线延长线、老国展及燕莎、文化产业创新试验区等10个特色阅读生活圈。建成社区流动美术馆57座，实现街乡全覆盖。（李滢瑶 李博雅）

【“春分·朝阳”文化节】 3月21日，第十三届“春分·朝阳”文化节在日坛公园举办。活动分为非遗互动区、传统体育体验区、惠民推广宣传区、中华人民共和国成立70年华诞风采展示区、朝阳风貌展示区、历届春分朝阳回顾区。200余位演员参加非遗群众文化活动，传递中华礼乐文化内涵。（李滢瑶 李博雅）

【世界读书日系列活动】 4月22日至27日，区图书馆联合区基层图书馆以及社会机构开展以“书香朝阳新气象”为主题的世界读书日系列活动。活动包括以旧换新图书大集，100余名读者参与交流；展览《朝阳区历史老照片展》《国东贞石展》，用新老照片展示朝阳历史文化底蕴和发展变迁，1000余人参观展览；阅读演讲、亲子阅读、读书分享会等活动，倡导家庭阅读和亲子阅读，分享阅读心得和体会，90余人参与。区24小时自助图书馆服务升级，尝试“线上引导、线下借阅”相结合的服务推广模式，预约借书服务同时上线，实现区域图书借阅服务智能化、个性化、便捷化，进一步打通阅读服务最后一公里。（李滢瑶 李博雅）

【国际博物馆日活动】 5月18日，是第43个国际博物馆日，主题为“作为文化中枢的博物馆：传统的未来”。区文化和旅游局在荣竞文化中心举办国际博物馆日主题活动，中国博物馆协会、文化界专家学者及区部分民办博物馆馆长参加活动，专题研讨博物馆未来发展。北京爱慕美术馆、北京和苑博物馆、北京励志堂科举匾额博物馆、北京陶瓷艺术馆、北京晋商博物馆、北京英杰硬石艺术博物馆、炎黄艺术馆7家区民办博物馆开展特色展览、专题讲座、免费开放、手工制作等活动，群众通过“朝阳文化云”App免费报名参加活动，3000余人参加。（祁媛媛）

【潮流音乐节】 5月24日至26日，区文化馆在798玫瑰之名·朝阳区国际文化交流中心举办以“共生·致敬共和国”为主题的2019潮流音乐节，智利、墨西哥、牙买加等8支国家的乐队与石头及乐队、痴人乐队等9支国内乐队和歌手，表演20场演出，演出分温暖致敬、电音之夜、石头狂潮三个板块。6000余人次现场观看，网络平台观看220余万次。（李滢瑶 李博雅）

【公共文化服务效能提升培训】 6月18日，区文化和旅游局在区图书馆（新馆）组织召开“2019年第二次街乡文化工作例会暨朝阳区公共文化服务效能提升培训会”。各街乡文化工作主管领导和文化科长（文化中心主任）90余人参加会议。培训邀请京华观致国际信息咨询有限公司董事长兼文化咨询师靳松作公共文化服务效能提升专题授课。区文化和旅游局党委书记、局长高春利通报市文化和旅游局关于街乡文化服务中心效能评估基本情况和存在问题，区委常委、副区长李长萍围绕公共文化服务效能提升的重点及难点等方面提出要求。（李 黎 李滢瑶）

【“文化馆日”主题活动】 7月25日至8月5日，区文化馆举办以“城市之心”为主题的第三届“文化馆日”主题活动，开展艺术审美推广活动。文化馆广场展示青年艺术家张占占的红色小熊主题装置，大厅设置艺术双展区和“毕加索展台”。（李滢瑶 李博雅）

【“金刺猬”大学生戏剧节】 8月2日，由区文化和旅游局、北京戏剧家协会、区文化馆共同主办的以“致敬祖国”为主题的2019“金刺猬”大学生戏剧节在北京9剧场开幕。8月2日至17日，22场剧目分别在北京9剧场、香河园地区文化中心、垡头地区文化中心展演。中国农业大学行知剧社原创话剧《稼穑之歌》获“金刺猬奖”，深圳大学话剧《寻山记》获“优秀演出奖”，内蒙古艺术学院话剧《英雄海力布》获“最佳创意奖”。现场观看10000余人。55所院校71个剧社报名参加2019“金刺猬”大学生戏剧节，报名剧目79部，选出入围剧目11部。（李滢瑶 李博雅）

【“七夕”主题文化活动】 8月7日，由区文化和旅游局主办，区文化馆承办以“爱满京城相约幸福”为主题的七夕主题文化活动在区文化馆举办。开展爱情树许愿互动、非遗京绣——绣嫁妆技艺展示、拉丁舞表演等主题文化活动52场次，展出《百鸟朝凤》《凤舞团花》《百子图》等爱情主题作品，参与活动18000人次。（李 黎 李滢瑶）

【公共文化建设高级研修班】 12月16日，区委组织部与区文化和旅游局在南京大学共同举办2019年朝阳区公共文化建设高级研修班，培训内容包括传统文化与和谐社会建设、文化和创意产业的培训与发展、十九大以来公共文化服务相关政策解读等，在太阳沟社区、南京博物院、南京老门东历史文化街区开展现场教学及座谈。43个街乡文化主管领导及业务骨干，委办局相关科室工作人员及区文化馆、图书馆、博物馆项目负责人50人参加培训。（李滢瑶 李博雅）

【图书馆服务】 年内，区图书馆办理借书证12648个。图书流通总量160.78万余册次，接待读者117.7万余人次。馆藏总量3313289册（件），包括图书3237132册，报刊48312册、电子视听文献19972件。图书配送服务70次80922册。举办活动822次、53860人次参与，其中金台书院国学班授课39场，朝阳文化讲堂68场，展览18场，其他活动697场。“4·23”世界读书日、中秋、国庆期间开展线上直播活动，1000余万人参加活动。（李滢瑶 李博雅）

群众文化

【概况】 年内，举办各类文化活动6544余场次，线上线下惠及百姓2669万人次。设计系列公益惠民演出。建设“首都市民音乐厅”“哈哈镜居民会客厅”“森林演出季”等10余个群众文化品牌。开展“我们的节日”系列主题文化活动。建立健全立体培训体系，加快文化人才队伍建设。扶持各街乡挖掘区域发展故事，形成《最美乡村马沙雷的春天》《坝河缘》《北平的黎明》《情满八里桥》等文艺作品。开展千场讲座进基层及文化干部100学时培训工作，完成1805场次，惠及群众7万人次。（李滢瑶 李博雅）

【基层慰问演出活动】 1月，区文化和旅游局开展“我们的中国梦——欢乐进万家”文艺下基层慰问演出系列活动。北京儿童艺术剧院、北京歌舞剧院、北京一九九八剧团等5家院团，通过歌曲、舞蹈、戏曲、曲艺等表演形式把年味文化、传统文化送进街乡、送进校园、送进军营，活动开展16场次。（李 黎 李滢瑶）

【基层文化干部队伍建设】 3月至11月，区文化和旅游局开展“千场培训下基层”活动，开设6项15个门类课程，授课场次1752场，覆盖43个街乡，培训人次25218人。产生500余件作品，其中原创作品300余个。10月21日至26日，开展基层文化干部100学时培训班，街乡文艺骨干、对口扶贫单位文化干部、文化馆业务干部90人参加培训。11月11日至15日，开展“艺术骨干千人大课堂”。培训采取分组培训方式，包括戏剧、舞蹈、合唱、模特等培训项目，强化基层小教员培育。（李滢瑶 李博雅）

【市民音乐厅】 4月12日，由区委主办，区纪委区监委、区委宣传部、区文化和旅游局承办，首都图书馆及中央歌剧院协办的“清风润朝阳、奋进谱华章”朝阳区廉洁文化“六进”教育活动启动仪式暨“首都市民音乐厅”专场惠民演出在首都图书馆剧场举办。活动邀请中央歌剧院演绎《我的祖国》《那就是我》《我的深情为你守候》等家国情怀经典歌曲。区机关、社区（村）、医院、学校、最美家庭、企业等6类群众代表600余人参与活动。6月28日，区委组织部、区委宣传部、区文化和旅游局、首都图书馆、中央歌剧院在首都图书馆联合举办“不忘初心，牢记使命”首都市民音乐厅七一专场歌剧音乐会。演绎中国红色经典题材《红色娘子军》，600余名党员干部参与活动。9月27日，由市文化和

▲ 9月27日，“我和我的祖国”首都市民音乐厅国庆专场音乐会在首都图书馆剧场举办　（区文化和旅游局　供图）

旅游局主办，区文化和旅游局、首都图书馆、北京交响乐团共同承办的“我和我的祖国”首都市民音乐厅国庆专场音乐会在首都图书馆剧场举办。演绎管弦乐及交响乐组曲《红旗颂》《鸿雁随想》《云南音诗》等，参与群众600余人。12月27日，区文化和旅游局联合首都图书馆、中国广播民族乐团在首都图书馆首图剧场共同举办“2020年‘乐咏中华’首都市民音乐厅新年音乐会”。演绎《春节序曲》《彝族舞曲》《百鸟朝凤》等经典民乐篇章，参与群众500余人。（李滢瑶　李博雅）

【“非非演出季”第11季】 4月27日至5月26日，“非非演出季”第11季以“致敬老舍”为主题在北京9剧场和香河园地区文化中心举办，7个剧团演出剧目8项12场。展演剧目有9剧社《骆驼祥子》、三里屯隔壁剧社《流浪猫城》、静水小院剧社《白蛇传》、星火艺术团《杨门女将》等。活动旨在为戏剧爱好者及社会团体提供展示平台，参与观众3万余人次。（李滢瑶　李博雅）

【基层文化展演】 5月18日至7月3日，北京朝阳森林演出季暨朝阳区基层文化展演以“庆祝新中国成立70周年，倡导新时代文明风貌”为主线在各街乡、朝阳公园和奥林匹克森林公园举办。活动参演团队1100支，涉及社会单位215家，参演作品1300个，其中原创作品210个。72场演出，30余个现场展览，40余部宣传片播放，现场观众4万余人次，网络直播平台观看300万余人次。（李滢瑶　李博雅）

【“哈哈镜居民会客厅”演出季】 7月30日，由区文化和旅游局主办，垡头地区文化中心、北京爱锦和文化传媒有限公司承办的“哈哈镜居民会客厅”文化惠民演出季在垡头地区文化中心黑钻剧场启动。演出以庆祝中华人民共和国成立70周年为背景，以“推进全国文化中心建设，弘扬社会主义核心价值观”为主线，包括启动仪式、文化惠民演出、文化惠民讲堂和原创展演4个部分。演出季期间开展包括七夕节乞巧专场、中秋节团圆专场、重阳节敬老专场、京津冀专场、庆祝中华人民共和国成立70周年等15场文化惠民专场演出，活动参演作品80个，覆盖观众4500人次。（李滢瑶　李博雅）

文化遗产保护

【概况】 年内，文博改革规划推进，编制《北京市朝阳区文化风貌保护建设规划（2018—2035年）》。完成区规划文化部分制定，涵盖公共文化设施和历史文化两部分内容。召开全区文物安全专题会，制发《2019年朝阳区文物建筑和博物馆安全隐患排查整治专项行动工作方案》，组织文物安全巡查270余次。扶持免费开放日、“国际博物馆日”、“文化和自然遗产日”等主题活动，专项补助博物馆品牌活动和云平台宣传等活动。加大非物质文化遗产保护传承力度，开设“寻找工匠”朝阳区非遗传习课堂，开展传统文化传承活动、文化遗产宣传活动，建设“传习趣”“传统文化配送”等品牌活动。加强大运河流域遗产保护，完成神木厂历史景观保护工程神木廊房、《神木谣》碑工程建设及廊房内展陈设计、神木博物馆招投标和设计、萧太后河展览馆初步方案设计并进场施工、八里桥及平津闸设计和报批等工作，配合坝河、萧太后河、八里桥公园整治工作人文景观提升等。（祁媛媛）

【非遗传习课堂】 1月20日，“寻找工匠”朝阳区非遗传习课堂（中级班）在香河园地区文化中心举办结课活动，82名学员通过312个课时的学习学成结业，成为朝阳非遗文化传播队伍中的新成员。活动现场组织学员交流心得，展示旗袍、龙鳞装图书、宫廷补绣、手包等成果，观看傅氏幻术、京剧、昆曲等传统文化节目。（祁媛媛）

▲ 6月6日，区文化和旅游局举办文化和自然遗产日主题活动（区文化和旅游局 供图）

【“文化与自然遗产日”系列活动】 6月6日，区文化和旅游局在荣竞文化中心举办“保护革命文物 传承红色基因——朝阳区2019年文化和自然遗产日”主题活动，包括非遗项目互动体验、革命题材曲艺节目表演、沙画表演、革命文物展等，非遗传承人和其他群众80余人参加。6月6日至10日，刘立宏剪纸工作室、崇德堂、木偶剧院、北服传习馆、中国民间艺术体验中心等传统文化传承基地和博物馆举行文化和自然遗产日主题活动，包括展览、演出、讲座、交流体验等。荣竞文脉馆2019年“红色基因 代代相传”革命文物展向公众开放，群众通过“朝阳文化云”App免费报名参加活动。（祁媛媛）

【文化遗产保护及宣传】 年内，区文化和旅游局推进延寿寺一期考古挖掘、北顶娘娘庙复建工程主体工程完工等文物保护修缮工程，完善区文化数字化保护及展示平台，推进区级文物保护单位保护范围和建控地带划定。完成雷家桥关帝庙、碧霞宫娘娘庙、马房寺关帝庙、太清观、普门寺5处文物抢险工程。完成神木厂历史景观保护工程神木廊房、《神木谣》碑工程建设及廊房内展陈设计、神木博物馆招投标和设计、萧太后河展览馆初步方案设计并进场施工、八里桥及平津闸设计和报批等工作。（祁媛媛）

2019年朝阳区区级以上文物保护单位一览表

表 14

级 别	名 称	地 址	电 话
国家级	东岳庙	朝阳门外大街141号	65510151
国家级	日坛	日坛北路6号日坛公园内	85616301
国家级	清净化城塔	黄寺大街11号	58334721
国家级	元大都城墙遗址（朝阳段）	健安东路、健安西路北侧，东起土角楼西侧北京服装学院以东673米处，西至京藏高速路	84648252
国家级	大运河（通惠河朝阳段）永通桥、平津闸	管庄乡八里桥村东南、高碑店乡高碑店村西北	85709886、85755601
国家级	四九一电台旧址	豆各庄乡双桥街9号院	85368774
市级	十方诸佛宝塔	王四营乡古塔公园内	67362070
市级	北顶娘娘庙	奥林匹克中心区国家游泳馆南侧	65510151
市级	顺承郡王府	朝阳公园南路19号	65940948
区级	海阳义园（山东会馆）	呼家楼南里2号	85967822
区级	马骏烈士墓	日坛北路6号日坛公园内	85616301
区级	张翼祠堂	豆各庄乡豆各庄村西	87392142

续表 14

级 别	名 称	地 址	电 话
区级	常营清真寺	常营乡民族家园东路西南侧	65484914
区级	肃慎亲王敬敏墓	王四营乡道口村西北（现柏阳景园小区西侧）	65510151
区级	显谨亲王衍璜墓	潘家园东里	87381829
区级	南下坡清真寺	朝外二条129号	85626316
区级	那桐墓	三间房乡双桥路西里6号	67751725

（祁媛媛）

2019年朝阳区非物质文化遗产代表性项目和代表性传承人一览表

表 15

序 号	项目类别	项目级别	项目名称	传承人名单
1	传统音乐	市级	九嶷派古琴艺术	杨青（市级）、邓红（市级）
2	传统舞蹈	国家级	小红门地秧歌	赵凤岭（国家级）
3	传统舞蹈	市级	高跷秧歌	张文秀
4	传统舞蹈	区级	康营村子弟大秧歌	王池、尚金强
5	传统舞蹈		上辛堡子弟秧歌	无
6	传统戏剧	区级	北京皮影戏（西派）	刘季霖
7	传统戏剧		评剧（国家级）	刘秀荣（国家级）
8	曲艺	区级	单弦牌子曲	无
9	曲艺	区级	拉洋片	无
10	曲艺	市级	相声	无
11	曲艺	区级	快板书	郑思杰
12	传统体育、游艺与杂技	市级	“张三”功夫	张晓航（市级）
13	传统体育、游艺与杂技	市级	老北京跤艺	双德全
14	传统体育、游艺与杂技	国家级	傅氏幻术	傅腾龙（国家级）、傅琰东
15	传统体育、游艺与杂技	区级	天桥“小老黑儿”车技表演艺术	金业勤
16	传统体育、游艺与杂技	区级	七巧板拼图游戏	武元元
17	传统体育、游艺与杂技	区级	老北京掼跤	无
18	传统体育、游艺与杂技	区级	花拳	郭双凤
19	传统体育、游艺与杂技	市级	杨式太极拳	崔仲三
20	传统体育、游艺与杂技	区级	混元太极拳	无
21	传统体育、游艺与杂技	区级	善扑营功夫	李宝如
22	传统体育、游艺与杂技	市级	古彩戏法	罗秉松、秦鸣晓
23	传统体育、游艺与杂技	区级	王氏空竹杂技表演技艺	王桂琴
24	传统体育、游艺与杂技	区级	北京盘鹰风筝放飞技艺	倪誌辛
25	传统体育、游艺与杂技	市级	八极拳	王世泉
26	传统体育、游艺与杂技	区级	孙式太极拳	张大辉
27	传统体育、游艺与杂技	区级	绵掌翻子拳	乔新民
28	传统体育、游艺与杂技	区级	武子门武术	赵宝森、蓝士杰

续表 15

序 号	项目类别	项目级别	项目名称	传承人名单
29	传统体育、游艺与杂技	区级	大成拳	李长明
30	传统体育、游艺与杂技	区级	程式八卦掌	司国栋
31	传统体育、游艺与杂技	区级	“弹弓张”举刀拉弓表演艺术	张少杰
32	传统体育、游艺与杂技	区级	乔装戏	胡金玲
33	传统体育、游艺与杂技	区级	王氏飞叉	王斌
34	传统体育、游艺与杂技	区级	宋氏踢毽	井小毅
35	传统美术	国家级	北京灯彩	王燕敏、李邦华（市级）
36	传统美术	市级	北京宫廷补绣	贾大双（市级）、启燕飞
37	传统美术	区级	内画鼻烟壶	马增权
38	传统美术	国家级	“北京兔儿爷”	双彦（国家级）、双鑫
39	传统美术	区级	面塑（张桐人）	张桐人
40	传统美术	区级	毛猴制作技艺	于光军
41	传统美术	市级	北京点翠	肖广春（市级）
42	传统美术	市级	京绣	吴兰春
43	传统美术	区级	面塑（王燕）	王 燕
44	传统美术	区级	面塑（冯三杏）	冯三杏
45	传统美术	区级	北京绢花	张志严
46	传统美术	区级	翁派京剧脸谱彩绘	无
47	传统美术	区级	剪纸（孙氏）	王磊
48	传统技艺	国家级	聚元号弓箭制作技艺	杨福喜（国家级）、杨燚
49	传统技艺	市级	京作硬木家具制作技艺	杜新士（市级）
50	传统技艺	区级	杨成贵世家旗袍华服制作技艺	曾 丹
51	传统技艺	区级	虎头鞋制作技艺	崔淑文
52	传统技艺	区级	宫廷风筝制作技艺	无
53	传统技艺	区级	竹编技艺	无
54	传统技艺	区级	书画装裱技艺	刘长安
55	传统技艺	区级	藜光阁书画揭裱技艺	张节光、王光辉
56	传统技艺	区级	龙鳞装传统装帧技艺	张晓栋
57	传统技艺	区级	“爆肚张”爆肚制作技艺	张子安
58	传统技艺	区级	北京鸽哨制作技艺	无
59	传统技艺	区级	北京于氏风筝制作技艺	杜景耀
60	传统技艺	区级	老北京传统肉攫术器具制作技艺	周晓初
61	传统技艺	区级	裱糊技艺	金学文
62	传统技艺	区级	北京民族乐器制作技艺	满瑞兴
63	传统技艺	区级	明清硬木家具修复技艺	王岳
64	传统技艺	市级	北刘动物标本制作技艺	刘嘉晖（市级）、张二红
65	传统技艺	区级	“金鱼徐”宫廷金鱼养殖技术	徐建民
66	传统技艺	区级	古书画修复技艺	楼朋竹
67	传统技艺	区级	花丝镶嵌	董瑞京

续表 15

序　号	项目类别	项目级别	项目名称	传承人名单
68	传统技艺	区级	灯彩扎制技艺	马海捷
69	传统技艺	区级	刻拓技艺	王凤兰
70	传统技艺	区级	旗袍裁制技艺	史立萍
71	传统技艺	区级	传统香品制作技艺	罗显富
72	传统技艺	国家级	紫檀雕刻技艺	无
73	传统技艺	国家级	北京四合院传统营造技艺	无
74	传统医药	国家级	罗氏正骨法	罗素兰（国家级）、罗金官
75	传统医药	市级	孔伯华中医世家医术	孔令誉（市级）、孔令谦（市级）
76	传统医药	区级	奇经矫正按摩	满开俊
77	传统医药	区级	甘公推拿	无
78	传统医药	市级	同春堂皮肤病诊疗方法	刘辉（市级）
79	传统医药	区级	刘氏导引术	刘华
80	传统医药	市级	蝴蝶手指穴疗法	李晓明（市级）
81	传统医药	区级	肘法揉筋按摩	李晨
82	传统医药	区级	刁氏正脊疗法	刁文鲳
83	民俗	国家级	东岳庙庙会	无
84	民俗	市级	东岳庙行业祖师信仰习俗	无
85	民俗	市级	幡鼓齐动十三档	无
86	民俗	区级	东安门公议助善开路老会	康德芳
87	民俗	区级	安外仰山众友同乐开路圣会	张宪
88	民俗	区级	同心合缘五虎打路	赵宝琪
89	民俗	区级	前苇沟五虎棍	邵玉田
90	民俗	区级	众友同礼开路圣会	无
91	民俗	区级	北京内城传统婚礼	无
92	民俗	区级	梨园箱倌（戏箱）	冯长城
93	民俗	市级	奶子房庙会	李运涛
94	民俗	区级	雷家桥聚友同心天平圣会	雷鹏

（杜　洋）

文化市场管理

【概况】 7月，区文化执法队职责和旅游市场执法职责整合，组建区文化市场综合执法大队，为区委宣传部与区文化和旅游局双重管理的副处级行政执法机构，以区文化和旅游局名义执法，不再保留北京市朝阳区文化委员会行政执法队。年内，区文化市场综合执法大队围绕庆祝中华人民共和国成立70周年主线，对网吧、歌舞厅、影剧院、电玩游艺、音像、演出、书报刊、印刷、复印、出版物、版权、文物和卫星地面设施等各类文化娱乐场所开展行政执法检查。全年出动执法车辆865车次，执法人员8123人次，检查文化娱乐场所3290家次，收缴非法出版物11.4万册，受理并回复举报115起，立案调查340起，结案108起，警告42家次，罚款39.33万元，报送工作信息137篇次。（郑雪珊）

【文化市场“扫黄打非”】 2月13日，区召开2019年文化市场管理（“扫黄打非”）工作部署会。会议传达第三十二次全国“扫黄打非”工作电视电话会议和市“扫黄打非”工作会议精神，部署规范出版推荐活动工作、文化市场管理（“扫黄打非”）工作及全国“两会”服务保障工作，通报元旦、春节文化市场管理（“扫黄打非”）工作。区委常委、宣传部部长、区文化市场管理（“扫黄打非”）工作领导小组组长刘军胜出席并讲话。全区34个“扫黄打非”工作领导小组成员单位和43个街乡主管领导参加会议。（郑雪珊）

【扫黑除恶宣传活动】 3月15日，区文化委行政执法队联合区图书馆在图书馆新馆组织开展“3·15”法治宣传暨扫黑除恶专项斗争宣传活动。普及扫黑除恶、“扫黄打非”和消费者权益保护等知识，倡导广大群众遵守法律法规，揭发检举黑恶势力违法犯罪线索，强化广大群众依法消费维权理念，提升群众对扫黑除恶专项斗争知晓度。发放宣传品500余份并悬挂横幅。7月11日，区文化市场管理工作领导小组主办，区文化市场综合执法大队承办的“净化文化环境 扫除黑恶势力——朝阳区文化市场管理(‘扫黄打非’)公益宣传”活动举办。活动分为文艺演出和现场法律咨询。呼家楼街道呼北社区金花朵朵舞蹈队表演舞蹈《我的祖国》、六里屯街道锦绣年华太极队表演武术《中国功夫》、黑庄户乡郎各庄村舞蹈队表演健身操《丹凤朝阳》和快板《“扫黄打非”意志坚》。发放宣传资料400余份。 （郑雪珊）

【文化市场执法检查】 3月起，区文化执法队对驻地酒店卫星接收设施开展执法检查34家次，加大酒店周边书店、网吧、影院、娱乐场所等文化经营单位执法巡查力度，加派执法力量到798艺术区开展全覆盖巡查。重点巡查王四营图书批发市场、潘家园旧货市场和北京阅甜水园图书文化港等出版物集散场所，在北京书市举办期间开展执法巡查。4月16日，区文化执法队联合北京市治安总队、朝阳分局治安支队、黑庄户地区办事处、黑庄户派出所等部门检查黑庄户双树南村244号图书库房，收缴非法出版物153种46696册。联合亚运村街道开展旅游大巴车乱停放专项整治，维护文化和旅游市场秩序。 （郑雪珊）

【“护苗·绿书签2019”宣传活动】 4月20日，区文化执法队联合区图书馆开展以“护助少年儿童健康成长，拒绝有害出版物及信息”为主题的“护苗·绿书签2019”宣传活动。发放“绿书签”“扫黄打非”进校园宣传折页600余份，播放网络安全课视频，讲解“扫黄打非”相关法律知识。5月23日，区文化执法队联合将台地区“扫黄打非”工作站、芳园里社区，在将台路小学举办“护苗·绿书签2019”进校园主题讲座暨扫黑除恶宣传活动。讲解盗版图书、盗版书含义、危害和鉴定盗版图书方法，倡导同学们阅读正版、抵制盗版。学生代表宣读“拒绝盗版，从我做起”倡议书，全体同学签名承诺“拒绝有害出版物及信息”，发放“绿书签”“扫黑除恶”宣传折页和文具200余份。 （郑雪珊）

【文化市场网格化监管系统使用培训】 12月5日，区召开“扫黄打非”工作暨文化市场网格化监管系统推广使用培训会。培训讲解基层如何开展“扫黄打非”工作，“北京市文化市场网格化监管系统”使用方法等。区“扫黄打非”工作领导小组成员单位、各街乡“扫黄打非”工作站业务人员及社区（村）“扫黄打非”联络站业务人员代表200余人参加培训。 （郑雪珊）

【行政许可】 年内，区文化和旅游局办理行政审批事项954件。其中，办理许可事项830件，包括举办营业性演出许可646件，歌舞娱乐场所设立9件，变更及延续换证66件，电子游艺变更及换证11件，网吧设立7件，变更及延续换证38件，表演团体设立12件，变更及换证41件。办理备案项目124件，包括艺术品经营单位备案118件，演出场地经营单位备案4件，变更及换证2件，市文化局审批演出备案293件。现场核查场所50家，70人次；审核剧本323件。区文化和旅游局有审批事项12项，其中许可8项，备案4项，包括举办内地营业性演出审批，互联网上网服务营业场所筹建审批，设立互联网上网服务营业场所经营单位审批，设立娱乐场所审批，设立内资文艺表演团体，有线电视站、共用天线设计安装，演出场所经营单位备案，艺术品经营单位备案，个体演员备案，个体演出经纪人备案，单位设立有线电视站、广播电视站初审及有线电视工程验收行政许可。 （李宏钧）

文化创意产业

【概况】 朝阳区文化创意产业领导小组办公室是朝阳区文化创意产业领导小组下设机构，设在区委宣传部，负责统筹、协调全区文化创意产业发展，日常工作由区委宣传部文化发展科和所属全额拨款事业单位朝阳区文化创意产业发展中心具体负责。年内，全区规模以上文化及相关产业法人单位1416家，实现收入2318.7亿元。区文创办、国家文创实验区管委会接待国家、市、区领导参观以及国内外文化产业官方参观考察团83批次3974人次。798艺术区、朝阳区莱锦文化创意产业园等10家文化产业园区入选首批北京市文化创意产业园区。北京蓝色光标数据科技股份有限公司、掌阅科技股份有限公司被认定为单体类“国家文化和科技融合示范基地”。朝阳区企业时趣互动（北京）科技有限公司入选“2019中国大数据创新企业TOP100”“2019中国大数据创新企业亿元俱乐部”“中国大数据行业应用Top Choice 2019”榜单。 （杨 光 周少英）

【“百园工程”培训班】 5月9日至10日，区委宣传部、区文化创意产业发展中心、文创实验区管委会以及全国老旧厂房协同发展联盟在东亿国际传媒产业园共同举办2019年朝阳区文化产业“百园工程”园区运营管理培训班，朝阳区文化产业园区（基地）高级运营管理人员（副总经理及以上）70余人参加。培训围绕文创园区经营过程中的难点问题，就文化产业园区发展过程中面临的政策、投融资、招商、服务体系建设、品牌活动、创新功能培育等问题开展培训辅导。 （赵建杰）

【参加文创产业博览会】 5月29日至6月1日，第十四届中国北京国际文化创意产业博览会在中国国际展览中心举办，朝阳展区主会场设在中国国际展览中心4号馆。朝阳展区以“北京朝阳——国家文化产业创新实验区”为主题，以“文化+”产业融合、全新互动体验为特色，以10家入选首批北京市文化产业园区为典型代表，全面展示朝阳区文化产业发展新亮点。市委书记蔡奇，市委常委、宣传部部长杜飞实地参观朝阳展区，区委书记王灏，区委常委、宣传部部长、统战部部长黄晓伟参加。 （侯 硕）

【国际文化产业园区发展论坛】 6月15日，以“交流合作·共建共享”为主题的2019国际文化产业园区发展论坛暨国际文化产业园区发展联盟成立活动在朝阳区举办。活动内容包括国际文化产业园区发展主题论坛、成立联盟、园区考察等，北京、上海以及英国、德国、荷兰、韩国等政产学研领域22位代表围绕新时代文化产业园区发展的新途径、新方式发表演讲。文化和旅游部产业发展司副司长牛军，市相关部门领导赵磊、梅松、关宇、董殿毅，区领导王灏、黄晓伟、李长萍等出席活动。（冯　芳）

【索尼音乐入驻国家文创实验区】 8月26日，世界知名音乐企业索尼音乐中国总部入驻国家文创实验区郎园Vintage，主要开展音乐版权代理、数字音像技术策划咨询、演出经纪等业务。（冯　芳）

【文化产业经营管理培训班】 10月28日至11月1日，区委宣传部、区委组织部、国家文创实验区管委会主办，区委党校和区文化创意产业发展中心承办的文化产业经营管理培训班在区委党校举办。培训内容包括文化产业发展政策趋势研判、科技前沿分析与企业、园区发展的关键性内容；新时代文化产业政策、任务、特点与规律；文化产业园区运营管理策略；文化产业重点领域探索、成果与经验。区委常委、宣传部部长、统战部部长黄晓伟以主题教育专题党课形式作开班动员，区相关委办局、街乡主管文化产业领导、全区文化产业园区、基地、重点企业高级管理人员等80余人参训。（武　雯）

【文化创意产业发展引导资金支持项目】 11月27日，90个文化产业项目获得区文化产业发展引导资金支持，支持资金4263万元，其中，品牌提升类项目12个，支持资金额度640万元；信用体系类项目19个，支持资金额度1144万元；精品园区类项目6个，支持资金额度360万元；文化贸易类项目1个，支持资金额度50万元；风投奖励类项目24个，支持资金额度684万元；四板奖励类项目2个，支持资金额度10万元；孵化创新类项目4个，支持资金额度210万元；文化科技类项目1个，支持资金额度5万元；公共服务平台类21个项目，支持资金额度1160万元。（刘　莹）

【“精准服务促发展”系列活动】 年内，区文化创意产业发展中心依托文创实验区信促会，围绕文化企业用工风险管理、文化企业融资与路演能力提升、个税筹划、文创产品融媒体营销策略、政策宣讲等主题，组织开展“精准服务促发展”系列活动24期，内容涵盖产业资金政策解读、文化企业融资、知识产权保护、法律实务等不同层面，覆盖文化企业1800余人次。（关嘉义）

【文化创意产业人才培养】 年内，文化创意产业领域人才获北京市宣传思想文化系统“四个一批”（一批理论人才、一批新闻人才、一批出版人才、一批文艺人才）项目认定8人；国际高端商务人才认定商务精英2人、青年英才8人。14名应届毕业生落户。（刘　敏）

798艺术区

【概况】 北京798艺术区位于朝阳区酒仙桥大山子地区，北京七星华电科技集团有限责任公司所属718大院内，毗邻机场高速公路，核心区域占地面积30万平方米，总建筑面积23万平方米。北京798艺术区管理委员会（简称798管委会）成立于2010年7月，是朝阳区政府派驻到798艺术区的行政管理机构，正处级单位，设有综合协调办公室，编制6人，主要承担798艺术区统筹协调、监督管理、产业促进和接待服务等工作。年内，完成奥地利共和国总理塞巴斯蒂安·库尔茨接待工作。（季　昕）

【园区文化市场培训】 4月15日，798管委会联合七星集团在郁金香会议中心组织园区文化市场培训会。市区相关领导就日常经营中常见问题开展法规宣讲。邀请中央美术学院教授赵力讲解艺术品市场发展等相关内容。798管委会党组书记、主任王毅提出要求。园区机构负责人172人参加培训。（季　昕）

【参观接待】 5月29日，原政治局常委李长春一行参观798艺术区尤伦斯当代艺术中心、朝鲜万寿台美术馆、大千当代艺术中心。区委书记王灏，798管委会党组书记、主任王毅一同参观。6月12日，黑龙江省委常委、宣传部部长贾玉梅一行6人到798艺术区参观调研，座谈交流798艺术区发展现状等情况。（季　昕）

【北京798儿童艺术周】 5月30日，由区文化和旅游局、区妇联、798管委会联合主办的以“未来巨匠”为主题的“2019北京798儿童艺术周”在798艺术区开幕。活动历时11天，包括“未来巨匠”艺术主题展、“天才引路人”活动、“悦在童年”儿童系列展3大会场，公益市集、小小导览员、创意工坊、艺术讲座、公益画展、艺术工坊、教育课堂等活动。13万公众现场参与，数百万观众参加线上活动。（季　昕）

▲ 5月30日，2019北京798儿童艺术周开幕式表演　（李春雷　摄）

【北京798艺术节】 9月26日至10月25日，798管委会、北京七星华电科技集团有限责任公司举办以“纪念中华人民共和国建国70周年”为主题的“2019北京798艺术节”。包括开幕式、主题展、平行展、公共艺术展、艺术研讨会、影像艺术交流活动等艺术活动。《辉煌70年——影像中的共和国进程》主题展，从回顾中华人民共和国成立以来中国电影发展历程角度，呈现中华人民共和国成立70年来中国社会在方方面面经历的变化，见证中国社会在每一个历史转折点经历的改变。数百万国内外游客及艺术爱好者参与活动。（季 昕）

北京潘家园国际民间文化发展有限公司

【概况】 北京潘家园国际民间文化发展有限公司（以下简称潘家园文化公司）是由区国有资产监督管理委员会监管的区国有资本经营管理中心下属的国有独资企业，公司设董事会、监事会、经理层、党总支委员会、工会、妇女委员会和共青团组织，下设办公室、董事会办公室、党群工作部、财务部、规划运营部、人力资源部、安全生产部、项目开发部、合规部。员工编制52人，实有50人。经营范围为销售工艺品及收藏品、字画、家具、日用杂品、珠宝首饰；组织文化艺术交流活动（不含演出）；承办展览展示活动；从事投资及投资管理等活动，并对经营管理的国有资产承担保值增值责任。子公司北京潘家园旧货市场有限公司（以下简称市场公司）员工编制82人，实有80人，主要经营潘家园旧货市场及潘家园自营商业品牌打造与经营。市场占地4.92万平方米，经营面积5.12万平方米，分为地摊区、古建房区、古典家具区、现代收藏区、石雕石刻区、餐饮服务区等6个经营区域，经营摊位3300余个。子公司北京潘家园古玩艺术品文化传媒有限公司（以下简称传媒公司）员工编制15人，实有12人，主要从事设计、制作、代理、广告发布；承办展览展示；组织文化艺术交流活动（演出除外）等生产经营活动。“潘家园”品牌被认定为中国驰名商标、北京市著名商标、北京市年度十大商业品牌，市场入选全国十大古玩市场、全球十大“跳蚤”市场、北京市朝阳区文化创意产业集聚区。年内，资产总额73416万元，负债总额6695万元，所有者权益66721万元，利润总额5330万元。潘家园文化公司带潘家园自创品牌——“潘家园礼物”及市场优质商户组成潘家园展团参加第三届中国（五台山）国际旅游文化用品及工艺品展览会展览和第十六届中国景德镇国际瓷博会。参加在首都博物馆古代玉器艺术精品展厅举行的首场新浪微博行业大V连麦直播活动。北京潘家园旧货市场有限公司安保部获2019年“北京工人先锋号”荣誉称号，潘家园文化公司总鉴定师师俊超获2019年首都劳动奖章。潘家园文化公司获北京市“安全管理创新”优胜奖。市场公司被北京市安全生产联合会授予安全生产标准化二级企业称号。（蔺雅楠）

【春季博览会】 3月28日至4月4日，“2019国石·北京观赏石宝玉石文化（春季）博览会”在潘家园旧货市场举办。中石协陈炉石专委会、战国红专委会、观赏石文化咨询策划设计专委会等团队参展，参展品类涵盖陈炉石、黄蜡石、战国红、冰彩玛瑙、古磐石、戈壁石、灵璧石、长江石、黄河石、潦河石、戈壁金刚、筋脉石、蒙天珠、穆棱红、松花石等10余个石种，近千方展藏石。交易会跨界整合京城古董文玩、珠宝玉石、观赏石收藏群体，聚拢观赏石、宝石资源，以展销形式为石商、石友、藏家搭建交易、交流、展示平台。（蔺雅楠）

【第二届陶瓷文化周】 4月13日，“京都博雅 瓷韵芳华——景德镇国际陶瓷博览会北京潘家园第二届陶瓷文化周”在潘家园旧货市场开幕，景德镇市委常委、副市长沈长生，朝阳区委常委、副区长李长萍，北京故宫博物院研究员杨静荣等领导专家出席开幕式。展会云集60余家景德镇本土艺术家和企业，参展艺术品类包括名家名作、创意陶瓷、景德镇特色茶艺茶具等，展现景德镇原产地瓷器作品，弘扬中国传统文化魅力。（蔺雅楠）

【第二十六届全国连环画交易会】 4月27日至30日，“潘家园第二十六届全国连环画交易会暨拍卖会”在潘家园旧货市场举办。拍卖会拍品500余件，品类包括连环画、年画、珍贵原稿等，成交额20万余元。交易会与“潘家园大师课系列课堂”形成联动，邀请国家注册拍卖师授课，讲解拍卖发展历史、“奇闻趣事”及拍卖技巧等。（蔺雅楠）

【珠玉回流精品博览会】 5月31日至6月2日，“中国东方文化北京潘家园国际珠玉回流精品博览会”在潘家园旧货市场开幕。400余名以巴基斯坦、尼巴尔、泰国等“一带一路”沿线国家为主的海内外收藏家参展。展品以回流珠宝玉石、瓷器、佛像等文玩艺术品和传统手工艺品为主，通过展会形式促进与“一带一路”沿线国家文化交流，密切双方在文化艺术品领域合作。（蔺雅楠）

【“盛夏夜淘宝季”系列活动】 6月1日至10月7日，潘家园旧货市场营业时间延长至晚19:30。7月23日至29日，市场组织开展“盛夏夜淘宝季”主题系列活动，包括“舞动健康 舞动快乐”社区舞蹈互动、“五彩缤纷盛夏乐”潘家园儿童淘宝集市、“潘家园免费大师课”非遗大师现场授课、“盛夏美食节”、泡泡秀及小丑表演等。为配合活动，市场营业时间二次延长至21:30，场内增加夜景灯光设施，点亮夜京城。活动期间，市场每天平均客流量2000人，销售额总计9.7万余元。（蔺雅楠）

【夏季晒宝活动】 6月8日，潘家园文化公司在潘家园旧货市场开展夏季晒宝活动，邀请王时麒、于明、何志红、师俊超等5位鉴宝师现场免费鉴宝。鉴定种类以珠宝玉石类为主，100余人参与，为收藏者及游客提供与专家学习交流的机会，积累收藏经验，提高投资鉴赏水平，宣传潘家园品牌文化。（蔺雅楠）

【市场商户入驻线上古玩城】 6月10日，“京东潘家园线上古玩城签约培训会”在潘家园旧货市场二层展厅举办，79家市场商户入驻线上古玩城并完成签约。培训邀请京东专业人员对商户开展系统业务指导，2018年度金牌商户作经验分享。市场商户可通过线上古玩城开展线上线下联动营销。（蔺雅楠）

【市场直播活动】 6月15日至17日，潘家园文化公司总鉴定师师俊超、传媒公司总经理刘杉带队到河南南阳石佛寺举办“618南阳玉石市场直播活动”。阅读量50.4万余次，回看量156万次，淘宝店铺直播实时成单217单。11月4日至8日，潘家园文化公司总鉴定师师俊超带队到广东开展3场翡翠集散市场直播活动，传播翡翠玉石欣赏、鉴定知识，销售当地翡翠饰品，阅读量6.2万次。市场直播活动可以储备当地优质资源，获得具有参考价值的数据和经验，延展业务。（蔺雅楠）

【第一届大众艺术品拍卖会】 9月1日，由潘家园文化公司与华盈国际拍卖（深圳）有限公司联合举办的“华盈拍卖·潘家园2019第一届大众艺术品拍卖会”在潘家园旧货市场开幕。拍卖会包括珠宝、翡翠、和田玉、钻石、彩色宝石、珍珠、回流首饰、奢侈品、腕表、皮具、瓷器、景泰蓝、漆雕、紫砂、文玩、矿晶等300余件拍品，成交数97件，成交额6万余元。（蔺雅楠）

【红色收藏展交会】 9月18日，潘家园文化公司和中国收藏家协会红色收藏委员会在潘家园旧货市场联合举办北京潘家园第十六届全国红色收藏展览交易会暨《祖国颂歌·庆祝中华人民共和国成立70周年全国红色陶瓷雕塑收藏精品展》。展览以党的十九大精神为指导，以从全国征集130件（尊）珍贵红瓷艺术品选出的藏品为展示主体，内容包含中华人民共和国革命、建设、改革三大历史阶段的曲折进程。活动还包括《新中国陶瓷雕塑收藏与鉴赏》讲座、红藏研讨会、专场竞卖会等。（蔺雅楠）

【古旧书博览会】 10月16日，潘家园文化公司与北京古城堡图书有限公司（孔夫子旧书网）联合举办为期5天的“万阅典藏”2019年潘家园首届古旧书博览会在潘家园旧货市场开幕。展棚设有古旧书收藏文化交流互动和珠宝玉石免费鉴定活动。设置小型室内图书馆。举行“中国古旧书发展高峰论坛”。（蔺雅楠）

▲ 10月16日，潘家园首届古旧书博览会开幕（蔺雅楠 摄）

【文创品牌入驻商场】 11月16日至29日，潘家园文创品牌“潘家园礼物”入驻三里屯太古里并开展快闪活动，包含北京记忆系列台历——鼠年特辑台历“北京记忆 胡同印象”、茶道、香道、装饰等多种文创商品，把优秀传统文化精髓以亲民方式融入时下老百姓衣食住行当中，实现传统文化生活化。12月1日，潘家园文创品牌“潘家园礼物”入驻秀水街商厦，“潘一念”“潘家园督造”“潘家园造办”3个子品牌，613种单品，1130款文创产品面向外国游客展现东方之美。结合秀水街“秀·定制”概念，推出定制文创艺术品。（蔺雅楠）

【古玉器鉴定培训班】 11月23日至28日，潘家园文化公司子公司传媒公司和新疆和田玉行业协会联合举办首期古玉器鉴定培训班，11人参加培训，是“潘家园线上课堂培训课程体系”中的第一堂课。培训邀请故宫博物院研究馆员徐琳、陕西省文物局巡视员刘云辉、山西省考古研究所历史考古室主任吉琨璋、新疆和田玉行业协会会长于明4位专家作中国古代玉器材料来源、中国古代玉器工艺技术，历史各个时期玉料特征及开采使用历史，玉器制作工艺、流程及各时期代表性工艺特点等专题授课。培训期间，学员们到首都博物馆古玉展厅参观学习，近距离感受古代玉器之美。（蔺雅楠）

【潘家园市场二十七周年庆典】 12月20日至31日，潘家园旧货市场举办“潘淘荟——潘家园二十七周年庆典”系列活动。活动包括潘家园“新生态·共启新未来”第二届“潘淘荟”年度发布会、潘家园精典藏品拍卖会、特色促销、展销会、鉴宝讲座等。其中，潘家园文化艺术品指数发布，通过指数可视化呈现行业大数据，把脉文化艺术品行业发展走向，以大数据精准服务投资者、消费者。（蔺雅楠）

朝阳规划艺术馆

【概况】 朝阳规划艺术馆（以下简称规划馆）是区委宣传部直属事业单位，下设综合办公室、社会教育部、活动策划部、展陈技术部、文创中心、全国老旧厂房协同发展联盟秘书处、媒体宣传部、运营保障部8个部门，正式员工52人。年内，接待参观6万余人，接待参观团体241个。规划馆被中央宣传部、全国文联、中央文化和旅游管理干部学院选定为干部培训定点参观学习基地，被授予北京市爱国主义教育基地、北京市民终身学习示范基地、北京红色旅游景区及北京市科普基地，是“北京地区百家社会单位旅游开放日”定点场馆和区委党校与区行政学院现场教学基地、朝阳区文化旅游示范单位、朝阳海外学人俱乐部活动基地。是微软数字化卡通与动画北京电影学院实验室朝阳实验中心，北京电影学院数字媒体学院教学实践基地，朝阳区“科普之旅”品牌线路，担任全国老旧厂房保护利用与城市文化发展联盟秘书长单位，成为老厂房转型再利用新地标、朝阳区对外交流展示窗口、具有朝阳特色的公共文化服务平台和文化产业创新示范基地。（李天然）

【第一届华语编剧黄金周大会】 1月4日至8日，由中国青年出版总社与北京名赫集团共同主办的第一届华语编剧黄金周大会在规划馆举办。发布《电影编剧实操手册》，开展“剧”焦未来编剧征选创投活动、“剧本人为人”主题论坛、“故事燃典”故事驱动文化产业论坛、“爆款编剧说爆款”论坛、“首届华语网络文学IP价值”论坛等活动，举办以“观点·我的华语网络文学极简史”“对话·华语网络文学IP新物种”为主题的圆桌对话。《花木兰》编剧Raymond Singer、《泰囧》编剧束焕、《终结者3》编剧Michael Ferris做主题演讲。（李天然）

【中老年模特大赛】 1月12日，由区委宣传部指导，区文化委、规划馆联合主办，北京中关村科技发展（控股）股份有限公司有哎——乐龄文化交流社区协办的“夕阳无限好 老来依然俏”2019北京国际中老年模特大赛初赛在T空间举办，北京13个区县71支队伍，2100余人报名，经评委预审21支队伍、507人参赛；“十三五”朝阳区百个基层文化品牌创建工程——“迈向新时代 走向新征程”2018朝阳品牌团队认定朝阳中老年模特大赛，经评委预审22支队伍、514人参赛。北京服装学院教授甄祯、中央戏曲学院副教授王九成等担任现场评委，评选出14支队伍入围决赛。1月26日，2019北京国际中老年模特大赛决赛在T空间举办，14支队伍424人参赛，中国戏曲学院副教授王九成、北京服装学院教授甄祯等专家担任评委。西城区北京夕阳红服饰表演队《至爱夕阳》获突出贡献奖，海淀区姐妹艺术团《永远的赫本》、朝阳区驼房营金芙蓉艺术团《梦回天漠》获一等奖，朝阳区东湖彩虹艺术团模特队《素雅羽韵》、朝阳区娴雅艺术团《动感夕阳》获二等奖，东城区华夏模特队《永恒的经典》、海淀区羊坊店新丝羽时装模特队《寸草春晖》、东城区阳光枫林时装艺术团《粗麻时尚秀环保》获三等奖。12月28日，由区文化和旅游局、规划馆共同主办，区委宣传部指导的“十三五”朝阳区百个基层文化品牌创建工程——“迈向新时代 走向新征程”2019朝阳品牌团队认定朝阳中老年模特大赛在T空间举办，各街乡20支队伍450余人参赛，北京服装学院教授甄祯、中央戏曲学院副教授王九成、模特陈娟红等担任现场评委。麦子店街道模特队《纸韵》、东湖街道彩虹艺术团模特队《春满茶缘》获一等奖，东风地区泛海国际模特队《古诗词之——采薇》、三里屯街道好心情模特队《芳华神韵》等获二等奖，东坝地区模特队《天耀中华》、亚运村时装队《把爱送给70岁的母亲，中国！》等获三等奖。（李天然）

▲ 12月28日，2019朝阳品牌团队认定朝阳中老年模特大赛在规划馆T空间举办 （周 密 摄）

【参观接待】 1月29日，中国文化产业协会一行3人到馆参观。3月5日，文旅部党组成员王晓峰到馆参观调研，了解朝阳区立足首都“全国文化中心”文化产业发展情况，区委书记王灏一同参观。3月15日，中国文联一行10人到馆参观。5月10日，“加强超大城市街道社区治理的路径”研究调研组一行15人到馆参观并座谈，区领导文献一同参观并主持座谈。5月31日，迪拜王室成员一行10人到馆参观。6月16日，国际文化产业园区发展联盟一行30人到馆参观调研。7月7日，中国侨联“中国寻根之旅”夏令营北京朝阳营一行80人到馆参观。7月27日，英国BOP文化创意产业咨询公司和北京国资公司负责人一行5人到馆参观。8月20日，“2019‘中国寻根之旅’夏令营北京国际汉语学院营”一行120人到馆参观，营员是美国、加拿大、印尼、俄罗斯、奥地利、日本等6国华裔师生。10月23日，共青团中央书记处书记奇巴图等一行6人到馆参观调研。11月13日，北京奥组委一行10人到馆参观调研。11月27日，国家广播电视总局中央广播电视塔管理中心30人到馆参观调研。12月5日，文旅部产业发展司副司长李磊等一行5人到馆参观调研。（李天然）

【商业活动】 2月18日，好莱坞电影《阿丽塔：战斗天使》发布会及红毯见面会在T空间、2号馆举办，影片监制兼编剧、导演、制作人、主演以及影片原著作者木城雪户出席活动。4月19日，由人民日报数字传播、有数青年、视也联合出品的庆祝五四运动100年“中国青年说”活动在3D大剧场举办，人民日报数字传播董事长徐涛、今日美术馆馆长高鹏、演员张一山等15位青年代表做主题演讲。5月25日至26日，由上海果阅文化创意有限公司北京分公司（未来事务管理局）主办、中国科协科普部指导的“另一颗星球”科幻大会（APSFcon）在规划馆举办，大会设置演讲、论坛、工作坊、VR体验、市集、画廊、签售、影展和粉丝聚会等板块，覆盖航空航天、人工智能等科技领域，活动现场设置丝带收集、线下快闪、作家签售、cosplay巡场等互动环节，科幻作家刘慈欣、韩国Kim Bo-young等10余个国内外作家参加活动。7月18日至21日，由全球极客组织DoraHacks、微软加速器、博世、微众银行、36氪、中国移动成都产业研究院等联合组织的“第四次工业革命”极客大会暨极客马拉松在2号馆举办，活动围绕“新制造”“未来城市”“她科技”“金融4.0”四大主题，探讨并解决“第四次工业革命”行业问题，500余名顶尖Hacker参赛，规划馆为活动提供智慧场馆架构设计和功能开发、大数据运营新技术应用、倾斜摄影三维数据应用场景研发、智慧城市体验中心顶层设计等智慧城市运营方向相关议题。8月17日至18日，以“平凡生活里的尤里卡时刻”为主题的果壳“有意思博物馆”活动在规划馆举办，活动分为年轻有玩、清醒宇宙、贝壳城会玩三部分，包含9大展示区域和多场趣味演讲。参加活动21000余人，媒体宣传覆盖人群7900万人。（李天然）

【教学培训接待】 3月21日，第六期全国文旅厅（局）长培训班90人到规划馆参观培训。6月19日，文旅部第二十、二十一期全国县市文旅局“不忘初心、牢记使命”主题教育专题培训班190人到规划馆参观培训。年内，规划馆接待来自文旅部、外交部、中共中央党校、国务院侨办和中华海外联谊会、中国文联等参观培训团44个，各省市文旅厅（局）长、全国县委书记、局级干部、处级干部、中青年干部、党员、初任公务员、青年创业领袖、复合人才、大学生等1225人到规划馆参加培训，培训内容包括朝阳基本区情、文化创意产业发展概况和经验、全国老旧厂房协同发展联盟、国家文化产业创新实验区概况等。（李天然）

【公益活动】 4月20日，由美猴王主题邮局和规划馆共同举办的《西游记》（三）特种邮票首发式暨“创意西游·文化邮你”精准扶贫活动在T空间举行，美猴王主题邮局名誉局长章金莱（六小龄童），中国邮政集团公司北京市分公司副总经理范小荣出席活动并为《西游记》（三）特种邮票揭幕，规划馆为活动设计的“西游脸谱”和“西游场景”首日封及文创产品在现场展示。6月22日，以“邮缘京梦”为主题的北京邮政第二届主题邮局文化节在T空间举办，19家主题邮局文化邮品在现场展出。9月9日，由区侨联和规划馆联合主办的《我们的国歌》公益讲座在3D大剧场举办，区侨联主席曾旭主持讲座，中国人民解放军军乐团原团长于海讲述国歌背后故事。11月8日至9日，由市科学技术协会主办的“第七届北京国际科技电影展”在规划馆举办，活动期间展映《生命之盐》《天才时代》《恒星背后》《稻米之路》《手术两百年》《海昏侯》6部影片。（李天然）

【政府活动】 4月30日，“百年薪火·青春许国”朝阳区纪念五四运动100周年暨中华人民共和国成立70周年庆祝活动服务保障青年动员会在T空间举行，区领导王灏、陈宏志、陈涛、迟行刚、李国红等出席会议。北京联合大学、北京青年政治学院、首都经济贸易大学学生以沉浸式表演、时空对话、《我和我的祖国》大合唱等环节共同庆祝五四运动节。11月21日，“朝阳区中小企业融资对接会”在三层水云间举办，区金融办发布区小微企业金融综合服务平台并与北京小微企业金融综合服务有限公司签约，区发改委推介“朝企家”线上平台服务功能，金融机构、重点企业及园区推介项目。12月20日，由中国文化产业协会、国家文化产业创新实验区管委会主办，京津冀文化产业协同发展中心、国际文化产业园区发展联盟、全国老旧厂房保护利用与城市文化发展联盟承办的“2019京津冀文旅精品项目推介暨文化产业合作研讨活动”在三层水云间举办，文博智慧云、国漫文创产品等9家文旅项目路演，文旅部、市委宣传部等有关单位领导，200余位京津冀文旅企业负责人参会。12月24日，由区发改委、区农业农村局主办，36氪承办的“朝阳区促进高精尖资源对接系列活动——产业空间项目推介会”在3D大剧场举办，将台乡北京国际文化硅谷、孙河乡大湿地壹号、三间房人工智能产业园等12家园区和企业进行推介。（李天然）

【艺术展览】 6月1日至22日，由贵州向黔进集团、渡渡美术馆、规划馆联合主办的2019国际艺术大手牵小手·梦想杯公益作品展在T空间和2号馆举办，展出1000幅6~16岁少年儿童绘画作品与200余幅国内外艺术家作品，儿童们集体创作绘制百米长卷并观看中国非物质文化遗产表演。故宫博物院原副院长李文儒、艺术家米歇尔等22位艺术家和1000名儿童参加活动开幕式。（李天然）

【责任规划师工作启动】 6月12日，区责任规划师工作启动仪式暨培训大会在三层水云间举行。责任规划师库吸纳70余支责任规划师团队、150余名首席规划师加入，含外籍规划师7名，活动现场36支责任规划师团队、54名首席规划师接受聘书，正式加入区责任规划师工作。朝阳责任规划师与规划馆达成战略合作伙伴关系，规划馆将持续跟踪责任规划师工作推进落实情况，建立规划工作成果库以及后续相关宣传运营工作，通过“朝阳大数据展示中心”平台为“朝阳责任规划师”行动提供分析和展示，助力责任规划师制度实施。市规划自然资源委总规划师施卫良、北京城市规划学会理事长邱跃、市城市规划设计研究院工程师周乐、AECOM中国区规划与设计副总裁梁钦东、三里屯街道办事处主任刘晓玲等出席会议并演讲。7月3日，由市规划自然资源委朝阳分局、区民政局、区农业农村局主办的“朝阳区责任规划师培训会”在3D大剧场举办。12月30日，责任规划师工作年终述职评议会在规划馆召开，市规划自然资源委朝阳分局、区发改委、区民政局、区农业农村局等49个责任街区责任规划师开展述职评议。（李天然）

【中华人民共和国成立70周年活动服务保障】 7月10日，中华人民共和国成立70周年相关活动调度会在三层水云间召开，市委宣传部副部长刘军胜主持会议。9月10日，区委宣传部在规划馆拍摄《我和我的祖国》宣传片，区领导黄晓伟及四个党支部出演。9月20日至26日，由区委宣传部、区文旅局、区委老干部局主办，区诗书画研究会承办，规划馆协办的“庆祝新中国成立七十周年‘我爱你中国’书画精品邀请展”在2号馆举办，展出书法、绘画作品178幅。9月30日至10月1日，规划馆提供2号馆作为“70周年庆”朝阳公园远端安检点执行任务驾驶员休息场地。10月4日至31日，规划馆讲解员参与讲解在朝阳体育中心举办的中华人民共和国成立70周年主题彩车展示活动，接待市政协主席吉林、市政法委书记张延昆、市委组织部副部长张革、市委宣传部副部长刘军胜、区领导王灏、新疆兵团十二师政委、上海政协领导等70余场参观，接待5000余人。（李天然）

【全国老旧厂房保护利用与城市文化发展】7月19日，2019年全国老旧厂房保护利用与城市文化发展年度报告开题研讨会在规划馆召开，清华大学建筑学院城市规划系副教授唐燕、北京大学城市与经济地理系副教授童昕、中央文旅游干部学院副研究员陈昱等专家学者，751D PARK、E9区创新工场等园区运营管理人员参加会议并对年度报告大纲及内容提出建议。11月29日，2019全国老旧厂房保护利用与城市文化发展年度报告中期评审会在规划馆举办。文创实验区企业信用促进会专职副秘书长张磊、E9区策划咨询部主管李明、塞隆文创园运营总监于涛等专家学者和园区代表参加会议。12月6日，以“相融相通·共享发展”为主题的2019年全国老旧厂房保护利用与城市文化发展联盟年会在三层水云间举办，发布《老旧厂房保护利用政策汇编》，内容包括国家层面及北京、上海、广州和杭州为代表的区域政策141条，涵盖遗产保护、产业利用等多个方面。举行联盟合作伙伴计划签约仪式，广州289艺术PARK、广州TIT创意园等16家新成员单位授牌。文创园区代表围绕老旧厂房与新机遇、文创园区运营新模式、文化产业与城市融合等主题演讲。前国务院参事、原国家能源局局长徐锭明、文旅部文化产业司副处长宋聪、文创实验区管委会主任丰春秋，湖南省长沙市委宣传部副部长郭润葵出席活动，北京、上海、天津、重庆等省市90余家文创园区代表、专家学者及合作伙伴200余人参与活动。（李天然）

【2019 DCT+数字创意大会】12月5日，由中国文化产业协会、全国老旧厂房保护利用与城市文化发展联盟、国际文化产业园区发展联盟、京津冀文化产业协同发展中心、规划馆联合主办的2019 DCT+数字创意大会开幕式暨“新技术·新文旅·未来生活”主题论坛在三层水云间举办，300余人参加开幕式。中国电影剪辑学会、中国电影声音制作者联盟、中国影视后期产业联盟启动《中国影视后期制作标准化白皮书》，规划馆与京东物产、2020亚太科幻大会APSFcon签约战略合作协议，发布2019数字创意新技术清单。中国工艺美术大师朱炳仁、日本新媒体艺术家浅井宣通、中央美术学院设计学院教授费俊等嘉宾围绕数字技术赋能文旅融合、传统文化数字化演绎、影视技术与未来生活等主题演讲。12月5日至8日，2019 DCT+数字创意大会“智绘视界”科技嘉年华在2号馆举办，笨鸟视觉、悦诚科技、BRICKLIVE等36家国内外数字技术设施设备及内容制作企业参展，特种环境拍摄系统、仿生机械、CG原画、场景交互、影视动物模型、人机交互、故宫文创等高科技产品集中展示。12月5日至15日，2019 DCT+数字创意大会“规划馆奇妙夜”实景科技沉浸展在T空间举办，活动以“小T的穿越之旅”为主线，围绕动物保护、城市规划、历史传承等内容，运用轨道镜激光投影、灯光矩阵、3D立体交互、VR、4D等数字技术，通过游戏打卡、灯光投影、灯光秀、邮寄明信片等活动形式打造规划馆奇妙夜。笨鸟视觉、悦诚科技、子弹时间、BRICKLIVE等企业搭建场景展示与互动体验区，1万余人次参与活动。12月6日至7日，“影视工业 幕后英雄 开放日”专题分享会、“数字技术与未来生活方式”专题分享会、“影视生物角色的技术解决方案”专题论坛、“爱潮玩，爱生活”文创分享会在3D大剧场举办，分享电影制作经验，围绕数字科技、文创产品研发、5G、大数据应用等主题做案例分享。“中国电影美术学会CG&数字艺术委员会2020年合作项目新闻发布会”在3D大剧场举办，发布“2020年APSFcon亚太科幻大会”、“2020年GGAC全球游戏概念美术大赛”、北京国际设计周文创、“ITAF国际3D动画&CG短片电影节”等项目。12月8日，2019DCT+数字创意大会闭幕式暨“文旅融合产业发展”红色旅游专题论坛在三层水云间举办，成立“红色旅游产业联盟”。中央党校经济学部副主任曹立、中国主题公园CTPI产业旅游研究院院长于雨等嘉宾做主题发言，围绕“新时代下的全域旅游发展趋势”开展圆桌对话。（李天然）

【媒体宣传报道】年内，规划馆被50余家媒体190余篇报道，接受4家电视台专访，利用微信自媒体平台推送文章290余篇。1月12日，搜狐、中国网、千龙网等40余家媒体报道“2019北京国际中老年模特大赛”初赛和“2018朝阳品牌团队认定朝阳中老年模特大赛”。1月26日，凤凰网、腾讯、网易、《北京日报》、《新京报》、爱奇艺视频、抖音视频等50余家媒体报道“2019北京国际中老年模特大赛”决赛。12月5日至15日，北京电视台、《人民日报》、《北京日报》、《朝阳报》、中国新闻网、千龙网、朝阳有线等多家媒体报道“2019DCT+数字创意大会”，网络转载相关报道58篇。12月24日，《人民日报》（海外版）以“孕育城市新升级 老旧厂房再升级”为题整版报道老旧厂房保护再利用。12月28日，北京电视台、《北京日报》、人民网、国际在线等多家媒体报道“2019年朝阳区品牌群众文艺团队认定中老年模特比赛”。（李天然）

新闻传播

【概况】区融媒体中心于3月25日成立，隶属于区委、区政府，是区委宣传部直接领导的事业单位。主要职责为通过融媒体平台，开展新闻统筹策划和宣传报道。负责全区媒体舆情监测、处置及大数据分析；负责区融媒体各平台的发展战略制定、年度报道计划制定以及工作机制建设、安全管理、新闻内容的审核；负责区内融媒体分中心建设的统筹与业务指导，及新闻通讯员开展培训和指导；负责区内新媒体平台矩阵的统筹、指导和监督。区融媒体中心财政补助事业编制66名，主任1名、副主任3名，科级领导职数12正9副。有综合办公室、人事科、财务科、总编室、新闻外宣科、舆情数据应急科、平面管理科、视频管理科、新媒体运行管理科、安全播出科、技术保障及设备管理科和媒资档案管理科12个科室。下属单位有朝阳传媒中心、朝阳传媒影视技术服务中心和三方广播电视技术服务公司。年内，区融媒体中心在第五届全国网络舆情高峰论坛上获“媒体融合传播创新奖”。区融媒体中心创作的融媒体产品《“朝阳群众”亮相70年国庆阅兵式》，获中国传媒年会组委会、中国报业协会全媒体研究中心授予的“2019年度中国融媒体创新产品”。（许 阳）

【区融媒体中心社区行活动】 6月至9月，区融媒体中心举办以“新中国70载·朝阳印象”为主题的“2019年朝阳融媒社区行”活动，征集反映朝阳区发展的摄影作品，与分中心联动，走进社区，走到居民身边，发现优秀摄影作品，利用“朝阳融媒”各平台宣传报道，建设“朝阳融媒”文化品牌，讲好朝阳故事，传播时代精神。（陈 婧）

【《朝阳新闻》实现日播】 10月1日，由区融媒体中心制作的电视栏目《朝阳新闻》全新改版，实现日播，优化提升头条质量，围绕市区中心工作和百姓关注热点难点问题加大选题策划力度，加大民生新闻宣传报道力度。年内，播出8212.5小时，其中，北京卫视第9频道插播1642.5小时，数字801频道自制节目6570小时。处置《新闻联播》延长应急70余次，未发生因遭受网络攻击造成的安全事故。（任艳华）

【中华人民共和国成立70周年宣传报道】 年内，《朝阳报》制作刊出“70年看今朝”系列特刊6套、女民兵特刊1套、“壮丽70年奋斗新时代”特别报道8篇、服务保障两期，136个版面200余篇稿件；《朝阳新闻》开设“壮丽70年 奋斗新时代”“我和我的祖国”“这里是朝阳”“行进在朝阳”“朝阳影像志”“疏解整治促提升”“优化营商环境”“接诉即办”等版块，多角度呈现朝阳发展变化。报道国庆服务保障内容295条。制作移动端短视频82条。制作的“人民的记忆：70年70城”专题节目，上线当天播放量破400万次。（许 阳）

【“不忘初心、牢记使命”主题教育宣传报道】 年内，区融媒体中心采用“7+N=1”（7指区融媒体中心“一报一台两微一端一抖一网”七个融媒体平台，N指中央市属主流媒体以及54家融媒体分中心，1指同频共振传递一个声音）宣传模式，多点报道，多面呈现。《朝阳报》开设“不忘初心、牢记使命”专版、专栏，刊登报道580余篇，在“理论·学习”版刊登区四套班子领导、区法院检察院领导、各部门各街乡“不忘初心、牢记使命”主题教育学习体会文章，6期43版164篇。《朝阳新闻》开设“‘不忘初心、牢记使命’主题教育”版块，挖掘区各级党组织和党员“守初心、担使命”感人事迹，打通大屏小屏联动传播，播发报道355条。（许 阳）

【多平台宣传报道】 年内，“北京朝阳”App推送报道6257篇次，阅读量1672万余人次。“北京朝阳”微信公众号推送内容306期，阅读量196万余人次，粉丝数8.4万余人。“朝闻道”微信公众号推送内容900余条，阅读量200万，国庆期间推出“金曲·70年”“我们·70年”“红色足迹”等栏目和全区红歌快闪系列报道。“朝阳群众”抖音号推送短视频内容228期。2018年9月30日上线以来，总播放量2.3亿余次、点赞数506万余次。（许 阳）

【区融媒体中心分中心建设】 年内，区54家分中心初步实现从“相加”走向“相融”，实现向下传递党委政府声音、向上收集新闻线索和报道素材，在重大宣传报道上初步实现同频共振。截至12月25日，各分中心向区融媒体中心报题1959个，选用1213个，选用率61.92%。围绕节日文化活动、防汛工作、扫黑除恶、“不忘初心、牢记使命”主题教育等同步发声，为打通朝阳区新闻传播最后一公里，迈出第一步。（许 阳）

【公益宣传】 年内，区融媒体中心制作《话说“朝阳群众”》栏目15期、短视频15期；围绕扫黑除恶专项斗争、优化营商环境、“我们的节日”、奥运空间灯光秀等主题，制作公益短片58个；围绕区“两会”、文明燃放、宪法、国家安全日等内容，制作公益标板26余个。（陈 婧）

【新闻应急处置】 年内，区融媒体中心参与新闻应急值守213次，处置大棚房治理、绿地整改、东方园林、拆迁地建公厕、掩埋垃圾造景等重大舆情20余起。对于突发事件、敏感节点、敏感案件等启动舆情专项监测484次，报送专项监测报告1000余篇次。（王 伟）

档 案

【概况】 朝阳区档案局为区政府负责全区档案事业行政管理主管部门，区档案馆负责全区档案和有关资料收集、保管和开发利用等工作。区档案局与区档案馆、区地方志办合署办公，内设办公室、档案业务科、法规科、收集科、保管科、利用科、整理科、信息化科、编研指导科、区志业务科10个科室。3月，机构改革，档案业务科、法规科划归档案局，并入区委办。年内，开放1988年度馆藏档案25735件。收集整理国庆服务保障工作文书档案1621余件、数码照片档案295余张、实物档案84余件、电子档案25盘。制发《北京市朝阳区档案局关于在全区机构改革中做好档案工作的实施意见》，指导30家涉改单位制定《机构改革档案管理和处置工作方案》，15家涉改单位启动文件材料归档范围和文书档案保管期限表修订工作。服务、指导区创卫办8个指挥部档案材料收集、整理和归档工作。服务区属国有企业和经营性事业单位改革改制工作。（王传会）

【档案方志工作会】 3月26日，朝阳区召开2019年档案方志工作会。会议从档案方志事业发展有新成效、档案方志业务建设有新举措、档案法治工作水平有新提升、档案资源建设有新拓展、档案安全建设有新进展、档案方志队伍素质有新提升、党风廉政建设有新落实等7方面回顾总结2018年全区档案方志事业发展情况。从强化意识，提高站位，把牢正确政治方向；服务大局，稳中有为，做好中心工作和重点工作；从严治档，动真碰硬，提高档案治理的专业化水平；从严治档，动真碰硬，提高档案治理的专业化水平；落实规划，多措并举，全面推进朝阳志鉴体系建设；搭建平台，综合提高，做好档案方志人才工作等6方面安排部署2019年全区档案方志工作。副区长王志勉，市档案局区县处处长刘立，市地方志办公室区志指导处处长王鹏出席会议。全区各单位档案方志工作主管领导、档案员、年鉴和大事记主笔人400余人参加会议。（王传会）

【业务培训】 3月26日，区档案局举办全区档案法治专题培训。全区各街乡、各委、办、局、公司档案工作主管领导、档案员200余人参加培训。国家档案局政策法规研究司原司长王岚、北京市惠诚律师事务所资深政府法律顾问周勤华律师分别作国家治理现代化视角下档案法制建设和档案管理法律知识解析专题授课。8月5日至9日，区档案局在昆泰嘉华酒店举办全区档案人员岗位培训班，62家区属机关、企事业单位75名专（兼）职档案人员参加培训。培训课程包括档案工作综述，档案法治与职业素养，文书、会计、照片、电子、实物、设备等门类档案管理，全宗卷管理。参训学员通过北京市档案工作者教育培训网开展网上学习，完成面授、网上培训全部课程并通过考试的学员获档案人员岗位培训证书。（王传会）

【档案移交】 3月27日，区档案局在阳光丽城会议中心召开2019年档案移交工作部署培训会，28家涉及进馆任务单位参会。培训讲解档案移交进馆工作流程和各门类档案进馆前整理工作规范，播放视频短片《档案移交工作指南》。截至10月底，一、二库进馆两个全宗，区党史办、区民政局（婚姻、收养）档案5884卷255件。三库接收关槐秀个人档案97卷件，书画档案及相关资料28件，机要档案374件，接收征集图片音视频档案资料155.8G。（王传会）

【“兰台杯·朝阳符号”摄影征集大赛】 5月20日，第四届“兰台杯·朝阳符号”——美丽朝阳摄影征集大赛评审组专家评选初选入围的82幅/组参赛作品（照片243张），经评选，在景物单幅作品中，《盼盼永存》获一等奖；《彩练当空舞京城》《世界最大规模再生水厂——高碑店再生水厂》《美丽的通惠河》获二等奖；《和光瑞阙》《瑞雪迎春》《京东新画》等5幅作品获三等奖；《奥塔流云》《三里屯SOHO全景》《律动朝阳》等8幅作品获优秀奖。在景物组照作品中，《新朝阳 新地标》获一等奖；《三里屯西街（原脏街）整治前后》《日新月异CBD新旧对比》《新画廊》获二等奖；《净空》《璀璨明珠映朝阳》《朝阳十年巨变》等5组作品获三等奖；《建设中国尊》《国家体育场建设前后对比》《奥运塔建设前后对比》等16组作品获优秀奖。在人物照中，《快乐冰雪助冬奥》《奥运塔上的喜悦》《朝阳大妈的风采》等20幅作品获优秀奖。三里屯街道、麦子店街道、奥林匹克公园管理委员会获优秀组织奖。第四届“兰台杯·朝阳符号”——美丽朝阳摄影征集大赛征集到92名摄影爱好者报送的281幅/组参赛作品（照片583张）。6月10日，在第十一届“档案馆日”启动仪式上，市地方志办公室区志指导处处长王鹏、区委办副主任王春清为获奖代表颁发证书。（王传会）

【“档案馆日”活动】 6月10日至12日，区档案馆举办第十一届“档案馆日”宣传活动。宣布区档案馆“抖音号”上线，为5位社会人士颁发荣誉馆员证书。举办“红色印记”——朝阳区红色馆藏专题展，分为“红色足迹”“红色传承”“红色教育”3部分，接待参观展览者1000余人。发布《印记——北京市朝阳区爱国主义教育基地红色旅游景区宣传册》。开展书画笔会活动，8名书法、书画家现场创作《一唱雄鸡天下白》《清风北京 清风朝阳》《厚德载物》等25幅书法国画作品。活动期间，接待参观群众1800余人，发放宣传册3000余张。（王传会）

【档案安全】 7月22日至24日，区档案馆完成馆藏84个全宗216464卷件档案搬迁（迁至市档案馆新馆保存）工作。年内，区档案局对36家单位开展档案行政执法检查，开展档案安全检查45次，组织演练1次，由专人负责对档案整理公司、数字化公司人员开展档案安全教育。（王传会）

【档案利用】 年内，区档案局接收区属10家单位移送的主动公开类政府信息电子目录942条。接待利用者12559人次，调阅档案716卷、621件，出具证明7859份，复制档案32924页，接待利用者电话咨询14000余人次。修订和完善《查档大厅工作人员操作规范》。提供跨馆利用服务，出具婚姻档案证明3份。（王传会）

【档案信息化】 年内，区档案馆建立朝阳区重要档案“双套制+异构”应急管理系统；完成馆藏案卷5337卷（212个密卷）、19154件（其中密件607件）信息化工作，扫描682128页、清查621034页、补录专题数据272361条；为区属150个立档单位完成189人次档案软件服务；完成机构改革涉及的网站调整以及局域网日常办公、机房、网络、软硬件等维护保障工作，谋划新馆信息化建设。（王传会）

▲ 6月10日至12日，第十一届“档案馆日”活动举办（王 源 摄）

【课题研究】 年内，课题《区县档案行政诉讼存在问题与对策研究》完成研究任务，报国家档案局查新；与北京市档案局合作立项研究的“地市级国家综合档案馆开放划控的原则与方法研究”课题初步形成成果——《延期开放工作手册》。 （王传会）

地 方 志

【概况】 朝阳区地方志编纂委员会办公室（简称区志办），是主管朝阳区域地方志工作机构，编制10人，设区志业务科、编研指导科两个科。年内，区志办贯彻全国、北京市地方志事业发展规划纲要，落实《朝阳区地方志事业发展规划（2017—2020年）》，探索新时代地方志事业发展新途径、新方法，推进区地方志由一项工作向一项事业在均衡发展中转型升级。《北京市朝阳区志（1996—2010）》发行。《北京朝阳年鉴（2018）》出版。制发2018年度《朝阳大事记汇编（季刊）》电子书1200余册。配合中国地方志指导小组办公室，市委党史研究室、市地方志办公室和中央电视台第7频道完成《中国影像志·高碑店村》播出事宜。为区委办、政府办、区委宣传部、区文化委等20余个委办局提供40万余字庆祝中华人民共和国成立70周年的朝阳区地情资料。启动《难忘乡愁——朝阳城市记忆》编纂工作。区志办获“全国地方志工作先进集体”称号。区志办在第四次全国地方志工作经验交流会上，以《以规划为引领 锐意创新 推进朝阳区地方志事业在均衡发展中转型升级》为题作“开拓创新类经验”典型发言。《北京朝阳年鉴（2019）》入选中国年鉴精品工程“中国精品年鉴”，《北京朝阳年鉴（2018）》获第六届全国地方志优秀成果（年鉴类）一等年鉴。参加全市地方志学术交流和业务培训3次。 （周 娟）

【二轮区志发行】 3月20日，区志办召开《北京市朝阳区志（1996—2010）》发行会，北京市地方志办副主任张恒彬，朝阳区委常委、常务副区长马继业，副区长王志勉出席会议。区地方志办主任王春清从领导重视，精心组织；志书编纂及志稿修改过程；志书的主要内容和特点；几点体会4个方面总结二轮区志编纂出版工作情况。与会领导向志书承编单位机关、区人大、政协委员和街乡、社区、村和学校等代表赠送志书。市委党史研究室、市地方志办公室副主任张恒彬出席发行会并对朝阳区下一步做好地方志工作提出要求。市区相关领导、各承编单位主要领导、主笔人及区志编辑部历任编辑200余人参加会议。志书由正文32编（153章554节）、概述、大事记以及1篇专记和1篇补遗组成，图照384幅，出版字数210万字，是北京市第二轮修志规划任务中首批出版的10部志书之一。 （周 娟）

▲ 3月20日，召开《北京市朝阳区志（1996—2010）》发行会，会上向各承编单位赠书 （何金涛 摄）

【《北京年鉴》供稿】 5月，区志办完成向《北京年鉴（2019）》供稿任务。供稿全文6000余字，内容为2018年朝阳区概况，包括朝阳区“疏解整治促提升”专项行动、京津冀协同发展、经济建设、城乡建设与管理、社会服务管理和保障、各项社会事业建设、农村城市化建设、精神文明建设、民主法治建设及北京商务中心区建设与发展情况。 （周 娟）

【《北京市地名志》供稿】 8月，区志办完成向《北京市地名志》供稿任务和样条撰写工作，6.6万余字。内容包括文物古迹、园林、风景名胜区、工业农业基础设施、科研教育文化设施、卫生体育设施、服务业设施等。 （周 娟）

【年鉴业务培训】 11月14日至15日，区志办召开年鉴编纂工作部署培训会。会议总结2019年年鉴编纂工作，部署2020年年鉴编纂工作，全区年鉴承编单位主管领导、主笔人及《北京朝阳年鉴》编辑部全体人员200余人参加会议。会议细化分解各单位年鉴供稿任务和要求。表彰区委办、人大办、政府办、政协办等123家供稿工作先进单位。讲解年鉴编纂规范释义、条目编写常见问题、照片选取要求及如何打造精品年鉴等内容。发放《北京朝阳年鉴（2020）》编纂指导手册、年鉴供稿任务清单、《年鉴编纂工作手册》等资料。11月20日，对因工作原因未能参加11月14日至15日培训的年鉴主笔人开展补训。区志办召开《朝阳大事记汇编》主笔人培训会，明确编纂大事记工作定位，从条目收录标准、编写规范、撰写要素、条目报送等方面明确大事记条目撰写要求。年内，继续加强对编辑人员业务培训，组织编辑人员参加全国年鉴业务研讨会、北京市年鉴业务培训，内容包括年鉴质量建设、精品年鉴编纂、条目撰写规范、年鉴出版质量以及编辑出版工作中语言文字规范操作等。 （周 娟）

【基层修志】 年内，区志办完善《朝阳区志书审查验收和出版管理办法》，规范街乡志书评审流程。指导完成《东风乡志》《将台乡志》出版，《三间房乡志》《王四营乡志》等4部志书初审，《麦子店街道志》《垡头街道志》《和平街街道志》终审。举办3期“修志课堂”，邀请北京大学历史系主任张帆等专家作专题授课。制定《朝阳区启动街道志工作实施方案》。 （周 娟）

【地名志编纂】 年内，区志办加强组织领导，明确责任划分、编纂时间进度表和编纂质量要求，结合区情调整、修改、完善《北京市朝阳区地名志》篇目，增加词条数量，完善词条内容，甄别核实资料，挖掘地名历史文化，召开推进座谈会，对接修改10余次，完成《北京市朝阳区地名志》50万余字文字稿定稿。 （周 娟）

【年鉴出版】 年内，《北京朝阳年鉴（2018）》出版。区志办向有关领导、区属单位以及供稿社会单位赠阅年鉴1900余册，制作《北京朝阳年鉴》电子书900套。《北京朝阳年鉴（2018）》是《北京朝阳年鉴》自2005年创刊以来连续出版的第14卷，围绕区委、区政府中心工作，全面翔实记录2017年朝阳区政治、经济、文化、社会和生态等方面发展情况、特色亮点和新发展、新变化。全书33部分，529页、158万余字，收录条目4000余条，图片110余张。 （周 娟）

▲ 6月14日，区志办开展读志用志活动之进校园活动 （王 斌 摄）

【年鉴互审】 年内，区志办审读《北京经济技术开发区年鉴》《北京联合大学年鉴》《北京工业年鉴》《北京房山年鉴》《北京石景山年鉴》《北京丰台年鉴》《北京中关村年鉴》7部年鉴，提出书面审读意见2万余字。完成《北京书法艺术年鉴》《北京汽车后市场年鉴》等10部年鉴资料收集和提要撰写工作。参加《京津冀概况》《北京年鉴提要》《国外年鉴选介》编写工作。 （周 娟）

【方志文化宣传】 年内，区志办编发《朝阳兰台》报12期，围绕朝阳档案方志事业发展全方位报道。被京网、“史志北京”微信公众号、区县修志动态、《朝阳报》采用信息10余篇。在“档案馆日”活动设置“方志角”，发放方志宣传折页、《朝阳兰台》报等2500余份，志书、年鉴600余册。制定《读志用志“六进”活动方案》，开展读志用志进校园、进社区等活动，扩大“方志角”宣传力度和覆盖面。 （周 娟）

【方志课题研究】 年内，《从年鉴大国走向年鉴强国之我见——从年鉴从业者的角度》《浅谈年鉴概述、概况的写法——以〈北京朝阳年鉴〉为例》2篇论文分别被选入《第三届全国年鉴论坛论文汇编》和《第二届中央级年鉴研讨会论文集》。《现代方志对传统方志编纂理念的传承与发展》等文章被《北京地方志》采用。区志办完成《关于收集年度志书所需资料研究》《关于机构改革前后全区单位变化及职能设定对比研究》等课题初稿撰写。 （周 娟）

【地方志政务服务标准化建设】 年内，区志办建立健全地方志政务服务机制，制定朝阳区地方志书、年鉴审查备案制度，编制基层修志和服务流程。梳理地方志工作政务服务实施清单，完善地方志行政许可、行政备案、行政确认、行政审批等政务服务事项的100余个要素信息。推动地方志政务服务事项纳入网上平台办理，建立“全程网办”事项台账，地方志行政许可、行政确认等事项实现“一网深办”。 （周 娟）

文联活动

【概况】 北京市朝阳区文学艺术界联合会（简称区文联）为区级群众团体机构，有9个协会和1个艺术团。即朝阳区书法家协会、朝阳区美术家协会、朝阳区民间文艺家协会、朝阳区舞蹈家协会、朝阳区文学创作协会、朝阳区摄影家协会、朝阳区音乐家协会、朝阳区油画家协会、朝阳区曲艺家协会和朝阳艺术团。行政编制6人，其中处级领导职数1正1副。负责所属文艺家协会的联络、协调、服务和管理工作；负责组织、开展地区文学艺术活动。9个协会及朝阳艺术团有会员、团员6800余名。直属单位有朝阳书画院，行政编制5人，设院长1人。年内，举办文艺创作、文艺比赛、文艺展演等活动108场次，开展“我爱你中国”快闪活动。举办“翰墨朝阳”朝阳区书法作品展和书法艺术进校园活动，“镜头中的朝阳·辉煌朝阳”摄影展，“镜头中的朝阳·十年荟萃”精选展；第十二届“旋舞朝阳”民族舞比赛，首届“欢乐朝阳”曲艺原创作品比赛获奖作品展演活动，“欢乐朝阳·扫黑除恶”系列演出，“艺韵朝阳”民间艺术展，“粽情缯艺话端午”民间文化活动，“乐动朝阳”原创声乐大赛，举办“‘悦动高雄·悦动屏东’社区文化大舞台”交流活动，大运河题材原创京味话剧《白鹭归来》巡演。2019年北京世界园艺博览会举办“京韵炫彩”北京民间艺术荟萃“朝阳周”活动。朝阳艺术团完成慰问基层、三下乡、星火工程、周末大舞台、市民音乐厅等283场演出。区文联获北京市文联系统宣传工作先进单位，姜军获北京市文联系统宣传工作先进个人。区书法家协会理事李钊获第十届北京电视书法大奖赛一等奖。区书法家协会会员吴晓冬获第十届北京电视书法大奖赛三等奖。区书法家协会会员任宇获第八届“北京·美丽乡村”书法艺术展一等奖。区书法家协会会员董长海获八届“北京·美丽乡村”书法艺术展三等奖。区文学创作协

会副主席红孩《东渡，东渡》获首届“东方文艺奖”散文奖一等奖。（刘向菲）

【“镜头中的朝阳”摄影系列活动】 1月3日，区文联、区摄影家协会举办“镜头中的朝阳·辉煌朝阳”摄影展，展出作品100幅，涉及自然风光、人文环境、地标建筑等内容。12月16日至22日，区文联、区摄影家协会举办“镜头中的朝阳·十年荟萃”精选展，展出摄影作品158件，包括朝阳区服务保障中华人民共和国成立70周年活动及“镜头中的朝阳”十年来历届影赛作品。（刘向菲）

【文艺慰问】 1月16日至24日，区直机关工委、区总工会、区文联组织艺术家到区人大、区政协、区委统战部、区人力社保局、区城管执法局、区环卫中心、区行政服务中心等7家单位开展“迎新春、送祝福”文艺慰问活动，送春联、福字、中国结、剪纸等艺术作品6000余份。（刘向菲）

【文艺交流】 3月19日至26日，朝阳艺术团和区街乡艺术团文艺工作者40人到台湾省参加“‘悦动高雄·悦动屏东’社区文化大舞台”交流活动，分为3场文艺演出、2场摄影展览及3次民间手工艺展示互动，1万余人次参与活动。文艺演出活动包括空竹表演、歌曲独唱、评剧、快板、京韵大鼓、相声、少数民族歌舞等节目，“镜头中的朝阳——辉煌朝阳”主题摄影展览。书法家和非物质文化传承人等8位艺术家现场创作书画、剪纸、编织、内画鼻烟壶、京剧脸谱等作品赠送给参与活动的台湾同胞。活动运用“北京朝阳”App、“文化朝阳云”等新媒体平台宣传，在百度、北京时间、今日头条、花椒、爱奇艺、一直播等6家平台上直播文艺演出，实现线上线下立体互动，点击率41万余次。人民网、《中国艺术报》、千龙网、中国台湾网、京艺苑等媒体报道活动，活动惠及42万余人次。8月7日至21日，区舞蹈家协会高娃舞蹈团队随区对外文化交流协会参加2019米奥文尼市和希腊帕洛斯岛民族传统舞蹈节和艺术节。10月21日至27日，区文联赴新疆和田地区开展扶贫活动，以边疆地区切实需求为导向，将文化作品送到边疆，惠及边疆群众，让两地群众共享文化发展成果。（刘向菲）

【扫黑除恶主题文艺创作】 4月，区文联启动扫黑除恶主题文艺创作活动，开展文学创作、书法、美术、剪纸、曲艺等方面文艺创作，300余人参与创作，楹联作品50幅；小品本子6部；诗20首；快板8部；歌曲5首；漫画20副；手工编织品12幅；相声6部；三句半8部；数来宝5部；摄影作品41幅。区文联在双井图书馆开展为期2周的综合展览，2000余人次参观；在团结湖、黑庄户、左家庄和十八里店、三间房，市场监督管理局等街乡和委办局开展曲艺专场文艺演出6场，观看群众1200余人次；印刷《扫黑除恶宣传册》120余册下发至各街乡。（刘向菲）

【国庆文艺活动】 5月17日、9月8日，区文联赴黑庄户民兵训练基地和昌平沙河阅兵村慰问朝阳区女民兵方阵，邀请刘兰芳、王宏伟等艺术家30余人次参加慰问活动，为受训官兵表演《康熙买马》《在那遥远的地方》《儿行千里》《山丹丹花开红艳艳》等文艺节目。10月1日，朝阳区680名群众舞蹈爱好者和200余名青年专业舞蹈演员完成天安门广场群众联欢表演任务。（刘向菲）

角度贴近实际、贴近生活、贴近群众，以“扫黑除恶”为主旋律，提升“朝阳群众”对扫黑除恶专项斗争知晓率和参与度。11月13日，“不忘初心、牢记使命”朝阳区第二届“欢乐朝阳”曲艺原创作品比赛决赛在垡头地区文化中心举办。征集到快板、评书、鼓词、单弦、相声等曲艺种类原创作品46件，评选出获奖作品30件，《七十辉煌放光芒》《生死攸关三分钟》《窑洞灯光》3件作品获一等奖，《首都北京好》《穆桂英下山》《别惹事》等5件作品获二等奖，《邻里之间》《如此买房》《朝阳人》等8件作品获三等奖，《我要当明星》《诗韵声声唱祖国》《大义卫东》等14件作品获优秀奖。（刘向菲）

【“旋舞朝阳”舞蹈系列活动】 6月5日，区文联在垡头文化中心举办第十二届“旋舞朝阳”民族舞比赛，各街乡33支队伍1000余名舞蹈爱好者参加比赛。其中亚运村街道《甜甜的葡萄献祖国》、东湖街道《渔家悦舞》、麦子店街道《喊山》、奥运村街道《在路上》《马兰之花》、安贞街道《热土》《草原欢歌》、香河园街道《咚咚拉里》、望京街道《顶水舞》等9支团队被推荐参加2019年第十六届北京舞蹈大赛。7月8日，庆祝中华人民共和国成立70周年第十六届北京舞蹈大赛在北京天桥剧场举办，亚运村街道《甜甜葡萄献祖国》

▲ 9月8日，举办朝阳区慰问中华人民共和国成立70周年阅兵民兵方队演出（张正晔 摄）

【“欢乐朝阳”曲艺原创作品比赛】 5月31日，区文联举办首届“欢乐朝阳”曲艺原创作品比赛获奖作品展演活动，收到单弦、御子板、相声、鼓曲、快板、评书、曲艺小品、北京琴书等曲艺种类原创作品48件，作品内容从不同

▲ 12 月 9 日，朝阳区第十二届“旋舞朝阳”交谊舞比赛在朝阳体育馆举办 （巩殿武 摄）

获非专业老年组创作、表演一等奖；东风地区《京韵华彩》获二等奖；麦子店街道《喊山》获三等奖。9 月 30 日，区文联、区舞蹈家协会在庆丰公园举办第十二届“旋舞朝阳”万人交谊舞展演活动，70 对舞者表演舞蹈。12 月 9 日，区文联、区舞蹈家协会在朝阳体育馆举办第十二届“旋舞朝阳”交谊舞大赛，43 个街乡团体参赛队 33 支，个人参赛 220 对，参赛人员 1700 余人。个人比赛分为青年组、中年组、老年组、长青组、木兰组 5 种组别。房山区、石景山区、密云区以及河北省团队参与展演。比赛评出安贞街道《我和我的祖国》、东风地区《祝福祖国》特等奖 2 名，朝外街道《领航新时代》、金盏地区《亲爱的祖国》、东湖街道《舞动神州》等一等奖 6 名，潘家园街道《祝福祖国，唱响心中的歌》、三间房地区《我和我的祖国》、八里庄街道《生活快乐舞翩翩》等二等奖 12 名，大屯街道《心向祖国》、管庄地区《我爱祖国的蓝天》、望京街道《祖国颂》等三等奖 13 名。 （刘向菲）

【传统文化进社区活动】 6 月 6 日，由北京民间文艺家协会、区文联共同主办的“粽情缯艺话端午”民间文化活动在六里屯街道秀水园社区举办。活动邀请民俗学家李睦为社区居民讲述端午节来历以及背后故事，带领大家体验民间传统艺术。剪纸艺术家刘晓迪、“绒布唐”传人王钢、中国结艺术家王宝桂等民间艺术家现场教授并与群众互动。年内，区文联与北京市书法家协会联合开展“北京书法艺术进校园”系列活动，举办 16 期书法培训活动。邀请张继、王学岭、孟繁禧、刘俊京等书法艺术家为朝阳区中小学书法教师授课。 （刘向菲）

【文艺下基层活动】 7 月 25 日至 31 日，“京韵炫彩”北京民间艺术荟萃朝阳周活动亮相 2019 年北京世界园艺博览会。28 场文艺演出，80 余支文艺团队 2100 名演员参演。大运河题材原创京味话剧《白鹭归来》于 9 月 4 日至 10 日在北京多维剧场连续演出 8 场、12 月 15 日至 16 日在长安大剧院连续演出 3 场、12 月 25 日至 29 日在香河园多维剧场连续演出 5 场。《白鹭归来》通过反映中华人民共和国成立 70 年来建设改造、拆迁、劳动力安置等城市发展中的现实故事，向观众展示良好生态环境是实现中华民族永续发展内在要求，增进民生福祉优先领域，展现首都朝阳发展变化，唤起人们对美好生活热爱。 （刘向菲）

【“艺韵朝阳”民间艺术展】 9 月 10 日至 18 日，“艺韵朝阳”民间艺术展在北京 798 艺术区玫瑰之名举办，展出国家级、市级、区级非遗传承人等 48 名民间艺术家创作的 240 余件文艺作品，包括剪纸、风筝、脸谱、面塑、毛猴、泥彩塑、弓箭、烙画、绒鸟、内画、布贴画、料器、丝绫堆绣、彩蛋、雕漆等 20 余项。展览期间，民间手工艺术家与艺术爱好者开展面对面交流互动。举办秀水园社区民间艺术节、东湖街道手工艺韵民间艺术展等。（刘向菲）

【“翰墨朝阳”书法活动】 10 月 28 日，由中国文联、中国书协、北京市文联主办，中国文联书法艺术中心、北京书协、区文联、管庄地区文联承办的，“不忘初心、牢记使命”庆祝中华人民共和国成立70周年，“送欢乐下基层”书法公益活动启动仪式在区管庄地区新时代文明实践所举行。书法家把现场创作的书法作品赠送给参加活动的优秀共产党员和地区道德文明榜样代表。中国书协、北京市书协、北京市文联、区委宣传部等领导参加活动。11月14日至21日，区文联、区书法家协会在望京昆泰嘉瑞文化中心举办“不忘初心，牢记使命”庆祝中华人民共和国成立七十周年“翰墨朝阳”朝阳区书法作品展。展出征集到的230余位书法爱好者书法作品300余件。（刘向菲）

【“乐动朝阳”声乐比赛】 11月28日，区文联、区音乐家协会征集原创音乐100余首，邀请戴玉强、赵金波、王瑞璞、张艳生等音乐家担任评委，选出《朝阳群众》《大路朝阳》《幸福人家》《我是朝阳群众》《萧太后河》《记忆的河》《凤舞朝阳》《祖国生日，永不忘记》《河长》《我心朝阳》等10首作品作为“朝阳十大金曲”向社会发布。11月，区第三家艺术家基层惠民培育孵化基地和区文联文艺创作基地在“戴你唱歌”九艺门美育教育科技产业园揭牌。（刘向菲）

【基层文联建设】 年内，全区36个街乡和女企业家协会成立文联，分别是八里庄街道、团结湖街道、东湖街道、安贞街道、劲松街道、崔各庄地区、垡头街道、望京街道、呼家楼街道、香河园街道、豆各庄地区、左家庄街道、麦子店街道、潘家园街道、金盏地区、酒仙桥街道、六里屯街道、奥运村街道、机场街道、小关街道、大屯街道、三里屯街道、建外街道、双井街道、王四营地区、常营地区、管庄地区、朝外街道、将台地区、太阳宫地区、来广营地区、和平街街道、南磨房地区、平房地区、东坝地区、亚运村街道。在组建基层文联中，区文联坚持把握“成熟一个建一个”的原则，以邀请“德艺双馨”艺术家担任文联职务，扩大基层文联影响力和凝聚力，刘兰芳、刘秉义、李谷一、瞿弦和、张筠英、戴玉强、田青、方伯年、李金斗、孟凡贵、于云天、张暴默、蔡国庆、林依轮、吕继宏、金玉婷、杨菲等艺术家担任各街乡文联主席或名誉职务。形成呼家楼街道“金台文化艺术节暨庆祝中华人民共和国成立70周年诵歌会”，六里屯街道“粽情缯艺话端午”民间文化活动，左家庄街道、三间房地区、黑庄户地区等街乡“扫黑除恶扬正气 全民携手创平安”曲艺说唱活动，管庄地区“送欢乐下基层”书法公益活动，团结湖街道“欢乐朝阳”曲艺原创比赛获奖作品展演活动等文化品牌。（刘向菲）

卫生

北京朝阳年鉴
Beijing Chaoyang Yearbook
2020

综 述

【概况】 朝阳区卫生健康委（简称区卫生健康委）是区政府职能部门，3月，朝阳区卫生计生委更名为朝阳区卫生健康委；7月，区卫生健康委直属行政执法机构朝阳区卫生和计划生育监督所更名为朝阳区卫生健康监督所。区卫生健康委主要职责是统筹规划和协调区卫生健康服务资源配置，拟订并组织实施区卫生健康发展规划；组织协调推进区医药卫生体制改革、卫生健康信息化和统计工作，落实医药卫生体制改革工作的规划、政策、实施方案及相关配套措施；拟订并组织实施推动卫生健康服务提供主体多元化、提供方式多样化的政策措施。负责疾病预防控制、卫生应急体系建设和管理；推动落实医疗服务国际化工作，贯彻中西医并重方针；推进老年健康服务体系建设和医养结合工作等。行政编制83名。内设办公室、政策研究室、法规科（行政审批科）等20个科室。年内，区卫生健康委新建妇科、紧密型儿科医联体，朝阳医院常营院区、安贞东方医院开工建设，垂杨柳医院改扩建项目实现开诊。351家医疗机构完成医耗联动综合改革，获“北京市2019年度卫生健康宣传先进集体”称号。朝阳区成为国家安宁疗护试点区、国家城市医疗联合体建设试点区。应对豆各庄地区疫情、输入型鼠疫病例两起公共卫生突发事件。（孙 悦 姚 雯）

【专业人才培训】 年内，区卫生健康委所属事业单位有正式人员4356人，其中医院1898人、社区卫生服务中心2127人，公共卫生单位271人，其他事业单位46人，规范管理单位14人。组织开展三批公开招聘工作，招聘94人。辖区有217人通过卫生系列高级专业技术职务任职资格评审。完成驻区及直属医疗机构继续医学教育培训28768人，选派5名全科医师赴美国学习交流，精选40名社区卫生全科医师骨干参加国际家庭医师优师团队二期培训项目，精选52名卫生系统医疗机构康复工作人员参加社区康复国际能力提升培训项目，精选190名业务骨干参加英语、日语培训。（孙 悦 姚 雯）

【信息化建设】 年内，区卫生计生信息化项目投入3400万元，完成2019年北京市卫生计生系统软件正版化专项工作，完成“北京市朝阳区中医药工作管理体系”“北京市朝阳区社区卫生绩效及基本公共卫生服务项目考核平台项目”“北京市朝阳区区属公立医院管理平台”等31个项目验收，启动“朝阳区区域卫生信息化建设——院前急救网络信息二期平台建设项目”“朝阳区卫健委区域电子认证系统采购项目”“北京市朝阳区‘互联网+’家庭医生签约服务信息化”3个建设项目，启动“北京市朝阳区卫生信息化应用系统运行维护服务项目”“朝阳区基层卫生单位网络设备运维服务项目”“北京市朝阳区卫生和计划委员会区域平台——异地容灾服务项目”“北京市朝阳区卫生信息化区域区域心电图系统建设（二期）项目运维项目软件系统维护项目”等19个运维项目。（孙 悦 姚 雯）

【科研项目】 年内，垂杨柳医院、朝阳区疾病预防控制中心、朝阳区紧急医疗救援中心、朝阳区精神疾病预防控制中心、太阳宫社区卫生服务中心等14个单位申报“北京市近地面臭氧短期暴露对心肺疾病发生及死亡影响的研究”“社区精神分裂症患者长效针剂治疗模式对照研究”“基于床旁无创监测技术区域性危重新生儿系统化救治管理体系的建立与应用”等科研项目42项，获批经费363.1万元。其中“针对社区居民的抑郁症自动化早期筛查研究”“高技能全科医生临床思维能力提升模式研究”“养老机构内异常行为老人精神心理干预研究”等地方科技项目11项，经费149万元；“培养在册患者及家属成为社区精神卫生管理志愿者的工作模式探索”“团体心理干预在签约家庭医生的高血压、糖尿病患者的作用”“‘行动起来’健康互助管理小组项目”等其他科技项目31项，经费214.1万元。发表SCI收录论文19篇，包括《Molecular evolution of influenza B virus during 2011—2017 in Chaoyang, Beijing, suggesting the free influenza vaccine policy》（《2011—2017年北京朝阳B型流感病毒分子进化分析及对流感疫苗免费政策的建议》）《Measles Outbreak in an Office Building in the Crowded Metropolis of Beijing, China》（《人口稠密大都市北京一座写字楼的麻疹暴发疫情》）《Acupuncture for Primary Insomnia: An Updated Systematic Review of Randomized Controlled Trials》（《针刺治疗原发性失眠随机对照试验的系统评价研究》）等。出版《麦克温尼家庭医学》《公共卫生实践手册——疾控篇》《新生儿肺脏疾病超声诊断（第二版）》等论著6部。授权专利6项，包括《一种病媒生物监测宣传自动授药械装置》《一次性口腔黏膜渗出液采集器》《一种内镜下喷洒泵》等。直属单位15人担任学术团体主任委员、副主任委员、委员职务。各单位投入科研经费总额306.65万元。（孙 悦 姚 雯）

公共卫生

【概况】 年内，全区户籍人口平均期望寿命82.88岁，其中男性80.53岁、女性85.34岁。户籍人口出生18725人，其中男性9698人、女性9027人，出生率8.78‰；死亡15706人，死亡率7.36‰；人口自然增长率1.42‰。因病死亡15103人，占总死亡人数的96.16%；死因顺位前十位依次为：恶性肿瘤、心脏病、脑血管病、呼吸系统疾病、损伤和中毒、内分泌和代谢性疾病、消化系统疾病、神经系统疾病、泌尿生殖系统疾病、传染病。（孙 悦 姚 雯）

【疾病防控】 年内，全区报告传染病22种80746例，报告发病率2239.83/10万，比上年上升110.05%；报告死亡率1.72/10万，比上年上升26.09%。甲乙类传染病发病率135.48/10万。甲类传染病报告3例，为霍乱，无死亡。乙类传染病报告发病率居前三位的依次为肺结核、梅毒、痢疾，死亡人数前三位是艾滋病、肝炎、肺结核。确诊肺结核1350例，发病率37.45/10万。报告5种性病2981例，其中梅毒1140例、淋病483例、尖锐湿疣460例、生殖道沙眼衣原体感染853例、生殖器疱疹45例，发病率82.69/10万，报告1例死亡病例（梅毒）。报告HIV/AIDS现住病例783例，比上年减少20.64%，发病率21.72/10万，死亡42人。监测报告3例霍乱病例，参与处置霍乱疫情6起，除朝阳区3起疫情外，协同昌平区和海淀区处置2处朝阳区可疑就餐单位，处置1例海淀区病例现住朝阳区1例密切接触者。调查处置手足口病和疱疹性咽峡炎聚集性疫情228起、集中发热事件124起、急性胃肠炎聚集性疫情120起。发现并确诊北京市首例人感染H5N6禽流感病例。全年未接报本地及外地来京就诊狂犬病病例。开展医疗机构和托幼机构消毒效果检查、监测和培训，检查医疗机构111家211次，监测采样2111件，培训2次；检查托幼机构297家321次，监测采样642件，培训4次。完成5起传染病疫源地消毒工作。7月，处置豆各庄和黑庄户地区急性胃肠炎暴发疫情，涉及病例259例。11月11日，发现并确诊由内蒙古锡林郭勒盟苏尼特左旗输入的2例肺鼠疫病例，划定并追踪管理在京密接461人、确定一般接触者1460人，开展健康监测1431人。完善疾控中心—街（乡）、社区卫生服务中心—居（村）委会、社区卫生服务站、二级和三级医院三级慢病防控网络。完成农村大肠癌和城市五癌（肺、肝、乳腺、上消、下消）临床筛查任务分别为832人次和1761人次，完成城市和农村筛查问卷分别为4148份和2583份，肿瘤患者随访11370例。新建高血压、糖尿病患者自我管理小组45个，体重控制小组45个，防跌倒干预小组45个，培养各类组长180余人，开展各种小组活动1000余次。实施全民健康生活方式各项活动，高血压、糖尿病、肿瘤防治宣传周等慢病相关宣传活动，开展活动102次、发放200225份宣传品，在《朝阳报》、朝阳有线等多家媒体宣传100余次。新培训健康指导员203人，组织活动200余场；定期督导110家健康示范机构及22条健康步道、28个健康小屋、7个健康主题公园、2条健康一条街；组织开展"万步有约"职业人群健走活动，24个单位680人参加。开展脑卒中高危人群筛查5665人及3000人队列人群随访。（孙 悦 姚 雯）

【中小学学生生长发育状况】 年内，全区中小学生189138人，身高受检179107人，其中上等63024人、下等2977人；体重受检179107人，其中上等67672人、下等3413人；视力受检179112人，其中视力不良101552人；营养状况受检179107人，其中肥胖26026人、营养不良15696人；贫血受检178462人，其中贫血2352人；沙眼受检178640人，检出沙眼2人；龋齿受检179225人，其中龋齿患者22487人。（孙 悦 姚 雯）

【计划免疫】 年内，全区常规免疫（不含应急接种）接种疫苗960476针次，其中基础免疫582110针次、加强免疫378366针次；户籍儿童接种600804针次、流动儿童接种359672针次。疫苗报告接种率99%以上。接报预防接种不良反应（AEFI）1403例，其中一般反应879例、异常反应235例、偶合症272例、心因性反应17例。水痘、麻疹、麻风、麻风腮分别应急接种1885针次、83针次、7582针次、172针次。免费接种流感疫苗307070支，其中学生230223支，接种率63.84%；老年人94929支，接种率58.26%。（孙 悦 姚 雯）

【三区联创】 年内，区开展"国家卫生区、全国健康促进区和国家健康区"三区联创工作，通过国家卫生城区市级技术评估和国家级暗访，通过全国健康促进区市级验收。自制并发放健康传播材料49种490640份，覆盖人群124875人次；开展健康教育培训14场，覆盖健康教育专兼职人员1350人次；组织健康知识讲座2763场，覆盖人群124875人次；公众咨询活动919场，覆盖人群15.8万人次；举办健康科普巡讲"五进"行动14场，直接受众2109人次；微博发送信息1240条，微信推送文章305篇；出版健康教育宣传栏电子版6期；完成健康科普视频12个，打造线上健康科普场馆42家。健康素养线上竞赛行动在线学习20142人。创建健康促进机关16家、健康促进企业5家、控烟示范单位48家、北京市健康促进与教育优秀实践基地1家。举办健康素养推广行动、世界无烟日主题宣传活动。完成崔各庄、垡头、左家庄等12个街乡成人烟草调查，八里庄、大屯、安贞等6个街乡健康素养调查，东坝、垡头、崔各庄3个街乡中医药健康素养监测和日坛中学、陈经纶中学分校、北京工业大学实验学校等6所学校青少年烟草流行监测问卷调查。（孙 悦 姚 雯）

【爱国卫生】 年内，朝阳区健全爱国卫生工作体系，调整完善新一届区爱国卫生运动委员会成员，形成区、街乡、社区（村）

▲ 4月3日，朝阳区爱国卫生月系列活动启动仪式举办 （王 勃 摄）

三级爱卫组织机构网络。完成区委处级领导班子暨区政府绩效管理街乡“卫生健康”专项考核。完成25座院内户厕改造，全区无院外户旱厕。开展控烟监督检查2.12万户次；受理控烟投诉5864件，比上年上升34.22%。下达责令改正通知书1140份；行政处罚985起，比上年上升16.43%。行政处罚罚款金额84.51万元，比上年上升42.97%。（孙悦 姚雯）

【病媒生物防制】 年内，区完善病媒生物防制灭效评估机制，完成辖区全域病媒消杀。强化病媒生物侵害咨询和处置，完成26起咨询（投诉）事件接报、指导和现场处置。（孙悦 姚雯）

【公共卫生监督】 年内，全区有公共场所卫生许可证应监督单位7199户，比上年增加16.85%。其中旅店业1019户，文化娱乐场所306户，公共浴室76户，理发店、美容店5288户，游泳场馆253户，展览馆、博物馆、美术馆、图书馆10户，商场、书店247户。监督覆盖率98.94%，完成监督14153户次。公共场所卫生行政处罚1337件（不做处罚19件），其中一般程序735件、简易程序602件，罚款181.44万元。医疗卫生机构监督检查1740户，覆盖率99.77%，合格率97.08%，处罚196件，罚没款84.9万元。取缔无证行医89户次，行政处罚89件，罚没款102.6万余元，其中没收违法所得48.7万余元。移送公安部门处理5件，追究刑事责任0人。受理举报投诉案件9493件，处理率100%，查证属实率10.92%。计划生育监督检查81户，覆盖率96.43%，合格率98.4%，完成行政处罚2件，均为一般程序，罚没款金额69万余元。未发现非医学需要胎儿性别鉴定和选择性别人工终止妊娠等违法违规行为。（孙悦 姚雯）

【急救护理】 年内，区动员辖区医疗机构参与院前急救，双桥医院、北京朝阳急诊抢救中心、八里庄第二社区卫生服务中心等6家单位新增12车组，累计70个运行车组。组织40余名专家对辖区内院前急救网络医院绿色通道开展现场质量检查。参与全区含3人以上和/或死亡1人以上各类突发事件70件次，其中Ⅲ级6起；Ⅳ级55起；敏感事件9起，伤亡264人（死亡15人）；承担保障892件次。（孙悦 姚雯）

【精神卫生】 年内，区精神分裂症患者服药率91.47%，面访率87.28%。重性精神疾病患者免费体检3862人。重性精神障碍疾病患者建档15840人，其中6类严重精神障碍患者13926人，报告发现率3.725‰，在册管理率96.02%，在册规范管理率93.18%，病情稳定率98.88%，规律服药率84.84%。发放贫困诊疗费补助87.93万元，1505人次患者受益。9031人通过免费服药资格审核，投入免费服药经费851.47万元，免费服药政策惠及率64.85%。10267名严重精神障碍患者监护人申请看护管理补贴，看护补贴申请率83.50%，发放补贴2228.47万元。（孙悦 姚雯）

【妇幼保健】 年内，全区常住产妇34903人，北京市户籍产妇18429人；常住活产35461人，北京市户籍活产18725人，剖宫产率39.85%。孕产妇死亡率10.68/10万，常住孕产妇系统管理率86.31%，北京市户籍孕产妇系统管理率86.29%。孕产妇住院分娩率100%。常住高危孕产妇管理率99.43%，北京市户籍高危孕产妇管理率99.39%。婚检人数3916人，婚检率9.64%，检出疾病257人，疾病检出率6.56%。全区7岁以下在册儿童19.07万人，其中北京市户籍在册儿童12.82万人，外地户籍在册儿童6.25万人。新生儿疾病筛查率100.19%，新生儿听力筛查率96.45%。围产儿出生缺陷发生率30.95‰，围产期监测出生缺陷发生顺位前五位分别是先天性心脏病、外耳其他畸形、多指（趾）、肾积水、并指（趾）与隐睾。全孕期监测出生缺陷发生顺位前五位分别是先天性心脏病、外耳其他畸形、多指（趾）、肾积水、其他染色体异常。常住5岁以下儿童死亡率2.48‰，户籍5岁以下儿童死亡率2.88‰。常住婴儿死亡率1.95‰，户籍婴儿死亡率2.30‰。0～6岁儿童健康管理率98.57%，0～6岁儿童系统管理率97.25%。（孙悦 姚雯）

【计划生育】 年内，朝阳区发放独生子女父母奖励费51100人次166.7125万元；独生子女父母一次性奖励8906人890.6万元；发放一次性经济帮助399人399万元。农村计划生育家庭奖励扶助9166人，计划生育特别扶助7023人（伤残扶助4010人，死亡扶助3013人），计划生育手术并发症特别扶助71人，四项发放7367.4万余元。发放计生特殊困难人员发放生日慰问金140.46万元，为失独人员办理安欣计划保险606.2万元、住院护理补贴保险90.39万元，为计生特殊困难家庭及计生低保家庭办理安康计划保险18.78万元，为计生失独家庭和领取万元经济帮助的伤残家庭发放中秋节日慰问金34.58万元。（孙悦 姚雯）

【重点职业病监测及风险评估】 年内，区完成国家重点职业病监测及风险评估工作。全区有毒有害工业企业388家，监测到职业病39例，其中职业性尘肺病和其他呼吸系统疾病25例、农药中毒9例、职业性肿瘤2例、职业性耳鼻喉口腔疾病1例、职业性化学中毒1例、物理因素所致职业病1例。完成职业病鉴定4例。完成职业性放射性疾病监测与职业健康风险评估工作和医疗卫生机构医用辐射防护监测。完成27家医院85台次设备性能检测及场所防护检测。完成个人剂量监测400家7957人次。（孙悦 姚雯）

医疗卫生

【概况】 年内，全区有医疗卫生机构1755个，其中营利性1191个，非营利性543个。全区有卫生技术人员54335人，其中执业（助理）医师21456人，注册护士24169人，实有床位24487张，每千常住人口拥有床位数7.1张、卫技人员15.6人、执业（助理）医生6.2人、注册护士7人。常住人口347.3万人。其中户籍人口213万人，户籍育龄妇女493646人，其中已婚育龄妇女282309人。公立医院改革获国务院通报表扬。太阳宫社区卫生服务中心医养结合工作入选全国医养结合典型经验介绍。（孙悦 姚雯）

【卫生改革】 年内，区实施医耗联动综合改革，启动“4+7”（北京、天津、上海、重庆4个直辖市和沈阳、大连、厦门、广州、深圳、成都、西安7个副省级城市）药品集中采购试点。驻区351家医疗机构完成信息系统切换工作，启用新价格目录。落实医疗机构设置审批与执业登记“两证合一”工作，开展诊所审批备案试点。依托朝阳医院成立区级消化内镜质控中心和超声医学质控中心。推进区属公立医院薪酬制度改革，实施主要领导年薪制，引进二批柔性人才9名。持续推进医联体工作，实现4个紧密型医联体远程影像会诊中心全覆盖，利用5G技术在全市开展医联体内超声远程会诊。启动紧密型儿科医联体、呼吸机依赖患者康复中心、妇科等专科医联体建设。（孙悦 姚雯）

【医政管理】 年内，区卫生健康委颁发医疗机构设置批准书53家、医疗机构执业登记注册134家、中医诊所备案28家。完成医疗机构变更642家、注销70家。办理医师执业注册1632人、变更4618人、注销32人。外国医师短期行医首注78人、延期112人、学术交流28人。医师多执业机构备案6064人，取消多执业机构备案1771人。美容主诊备案368人。盲人医疗按摩备案4人。护士变更注册1489人，延续4510人。（孙悦 姚雯）

【医疗护理】 年内，区医疗机构总诊疗44903776人次，其中医院28580784人次、社区卫生服务机构13907594人次、门诊部及以下2415398人次；出院816868人次，其中医院808405万人次、社区卫生服务机构8350人次、护理院113人次，平均住院日8.4天；全区医疗机构门诊42513755人次、急诊2317246人次、家庭卫生服务72775人次。区级（6家）医疗机构门诊261.7万人次，急诊24.23万人次，家庭卫生服务785人次，出院5.35万人次，平均住院日9.4天，床位使用率85%，床位周转28.43次，医护比1：1.13，死亡率1.51%，住院手术1.7万人次。委托区医学会医疗事故技术鉴定10例，完成鉴定1例，确定医疗事故1例。（孙悦 姚雯）

【社区卫生】 年内，全区有社区卫生服务中心51个，其中政府办34个，社会办17个；有社区卫生服务站186个，其中政府办137个，社会办49个。新建劲松第二社区卫生服务中心和垡头第二社区卫生服务中心。46家社区卫生服务中心建成家庭医生签约服务中心，实现建设标准、标识标牌、人员职责、工作流程“四个统一”，家庭医生服务签约1385653人，签约率40.32%。二、三级医院对口支援门诊服务38498人次，开展健康教育146次，组织专业讲座60次。双向转诊上转10470人次、下转284人次。全区建立健康档案2957570份，建档率86.05%，其中电子健康档案2957566份，电子健康档案建档率86.05%。（孙悦 姚雯）

【农村卫生】 年内，区开展乡村医生在职岗位培训，培训讲解临床见习、传染病、生物安全、中医适宜技术等内容，13名乡村医生参加培训。全部通过北京市统一理论考试。（孙悦 姚雯）

【医养结合】 年内，太阳宫社区卫生服务中心、南磨房社区卫生服务中心成为北京市首批康复医院。安贞社区卫生服务中心、孙河社区卫生服务中心、六里屯社区卫生服务中心、太阳宫社区卫生服务中心、小红门社区卫生服务中心等42家医疗机构设置临终关怀科，开展安宁疗护服务。培养180名中医药健康养老护理员。37家社区卫生服务中心为重点老年人开展健康评估工作1166人次，为失能高龄老人提供助医服务3825人次，建立家庭病床101张。（孙悦 姚雯）

【中医药工作】 年内，朝阳区通过全国基层中医药工作先进单位第二次复验迎检。制定区级中医药人才培养工作方案。启动新一批师承工程、第二批育星工程，组织2019年师承工程学员出师考核、中医药特色制剂培训及中药师沙龙活动。“朝阳中医网校”录制网课50门；举办市级继续教育培训1场，区级继续教育培训5场。区卫生健康委组织中医药服务贸易建设单位参加2019年（北京）国际服务贸易交易会，并发表主旨演讲。举办第四届“驻华使节中医药健康日暨中医药嘉年华”活动，联合主办2019健康产业智库国际圆桌论坛。（孙悦 姚雯）

【医疗对口支援】 年内，朝阳区对口支援工作覆盖河北省、内蒙古自治区、新疆维吾尔自治区等18个市、县、区130余个点位。选派垂杨柳医院、北京市第一中西医结合医院等区属医疗机构的内科、儿科、妇科等专业的73名医疗卫生专家赴受援地开展工作，其中长期8人，中长期3人，短期62人。接收108名基层卫生技术人员到朝阳区医疗机构进修学习。与东西部扶贫协作支援点位开展互访交流87次，派出120余名管理专家、260余名医疗专家赴支援点位开展业务培训、学术讲座、病例讨论、教学查房400余次，支援地5100余人受益。（孙悦 姚雯）

【血液管理】 年内，全区自愿无偿献血量50340单位（200毫升/单位），比上年增长43.5%。其中，街头献血21194单位，比上年下降24.1%；团体献血29146单位，比上年增长43.3%。采血点9个。全年医疗用血105131单位，比上年增长4.4%。其中，成分输血105129单位，全血2单位，成分输血率100%。血浆87437单位，比上年增长12.8%。自体输血43370单位，自体输血率29.2%。（孙悦 姚雯）

【卫生基础设施建设】 年内，区卫生健康委新建、扩建项目5个，包括朝阳医院东院区建筑面积20万平方米、安贞东方医院建筑面积18.5万平方米、北京市第一中西医结合医院来广营院区建筑面积5.2万平方米、北京市垂杨柳医院改扩建工程10.9万平方米、妇儿医院来广营院区装修改造面积3.8万平方米。区卫生健康委投入安全隐患维修改造资金1300万元，维护9家直属单位16个项目，包括北京市第一中西结合医院食堂排烟系统、空调护栏、防水改造，朝阳区第三医院住院楼门诊部局部改造、朝阳区妇保院负压站房和电话系统更新等。接收小区卫生配套用房11处，建筑面积54760.11平方米。（孙悦 姚雯）

朝阳区妇幼保健院

【概况】 年内，朝阳区妇幼保健院（朝阳区妇幼保健计划生育服务中心）是区卫生健康委直属的二级甲等妇幼保健院，有卫生技术人员436人，其中正高级职称13人，副高级职称28人，中级职称80人，初级师168人、初级士147人。新增设眼科、心理咨询门诊。年底医疗设备净值12952.97万元。新购置医用设备 8091.39 万元、767 台。业务总收入 31719.79 万元，其中医疗总收入 20268.12 万元。多点机构执业 7 人，引进妇产科副主任医师 1 名。在国家卫生健康委员会“分娩镇痛试点医院”项目推进过程中，被评为“2019 年度优秀试点医院”。北部院区完成竣工验收。（王 茜 王海燕）

【医疗改革】 5 月 8 日，区妇幼保健院启动医耗联动综合改革，6 月 15 日 0 点整切换医耗联动系统。9 月 27 日与北京妇产医院签约妇科医联体。12 月 5 日完成 114 挂号平台诊室间上下直接转诊挂号系统。与北京保诚医院管理有限公司签订《绩效管理系统合同》。（王 茜 王海燕）

【医疗卫生】 年内，区妇幼保健院门诊 312515 人次，预约挂号占门诊总人次 22.6%。开放床位 139 张，出院 8410 人次，床位周转 60.56 次，床位使用率 85.93%，平均住院日 5.19 天。住院手术 2275 例。儿科接收救治外院转入患儿 350 人。剖宫产率 30.72%，无孕产妇和新生儿死亡，围产儿死亡率 0.0175‰。实施临床路径管理，计划性剖宫产、输卵管妊娠手术治疗、乳腺癌、新生儿高胆红素血症等入径 533 例。药占比 27.61%。开展新技术、新疗法 7 项，包括儿科超声诊断新生儿长骨骨折、精子 DNA 损伤检测、脊髓炎肌肉萎缩症的产前检测、成人核染色体分析、盆底三维及四维超声检查、乳腺周围静脉造影、周围静脉的妇科造影。抗菌药物使用率：急诊 7.09%，门诊 6.63%，住院 50.5%。年内，参加医疗责任保险 370 人，总费用 39.26 万元。（王 茜 王海燕）

【社区卫生】 年内，潘家园社区卫生服务中心门诊 120046 人次，家庭医生签约 16990 户，签约 27035 人。区潘家园社区卫生服务中心管理辖区高血压档案 2796 份，糖尿病档案 1519 份；管理 0 ~ 6 岁计划免疫儿童 4246 人，预防接种 28076 人次；0 ~ 6 岁儿童保健管理 4246 人，新生儿访视 1276 人次，儿童入托体检 3498 人，0 ~ 36 个月儿童中医药健康管理 3246 人次。孕产妇建册 1089 人，孕产妇访视 1430 人次，高危孕产妇追访 2561 人次。区潘家园社区卫生服务中心辖区传染病报告 350 例，结核病患者健康管理 311 人，艾滋病追访 142 人，管理重性精神疾病患者 607 人。完成区级精神卫生特色科研项目“慢性精神分裂症患者家庭康复员的心理康复社会治疗”结题评审。（王 茜 王海燕）

【医保总额预付指标完成】 年内，区妇幼保健院医保出院 5171 人次，总费用 3407 万元，次均费用 6589 元。医保门诊 18 万人次，总费用 8509 万元，次均费用 469 元。完成医保总额预付指标 129.33%。（王 茜 王海燕）

【护理保健】 年内，区妇幼保健院有护士 211 人，其中本科 68 人。医护比 1 ∶ 1.26，床护比 1 ∶ 0.5。新生儿重症监护病房（NICU）床位 8 张。护理单元 10 个。编写制度、制定工作流程、制定护理常规及应急预案制度 5 项，修订 17 项。制定管理目标 311 项，完成率 76.3%。护理不良事件上报率 100%，整改率 100%。护士理论考试 289 人次，合格率 95.1%；技术操作考核 297 人次，合格率 98%。业务培训 10 次。组织护理人员外出培训 110 人次。选派 1 名护士参加静脉输液治疗专科护士资格认证培训。完成 14 名郑州卫生学校实习生助产专业带教工作。（王 茜 王海燕）

【科研成果】 年内，区妇幼保健院发表《中国儿童肺脏超声医学回顾与展望》《实时谐波超声造影术联合经阴道四维子宫输卵管造影术在输卵管造影中的应用》《儿童末梢血血细胞分析规范化检验方案的建立》等核心期刊论文 26 篇，国外网站杂志 2 篇，为《The Lung Ultrasound Score Cannot Accurately Evaluate the Severity of Neonatal Lung Disease》（《肺超声评分不能准确评价新生儿肺部疾病的严重程度》）和《Bronchaoalveolar Lavage to Treat Neonatal Meconium Aspiration Syndrome Under Monitoring of Lung Ultrasound Based on a Prospective Case Series Study》（《肺超声监测下支气管肺泡灌洗治疗新生儿胎粪吸入综合征的前瞻性病例研究》）。“基于床旁无创监测技术区域性危重新生儿系统化救治管理体系的建立与应用”“NICU 新生儿听力与耳聋基因联合筛查的临床研究”2 项区级科研项目立项，获资助金额 36 万元，医院匹配 6 万元。在研课题 2 个，为“基于床旁无创监测技术区域性危重新生儿系统化救治管理体系的建立与应用”“NICU 新生儿听力与耳聋基因联合筛查的临床研究”。结题课题 2 个，为“四维超声子宫输卵管造影评判宫外孕保守治疗后输卵管通畅性的临床价值”“超声监测在新生儿肺疾病治疗中的应用研究”。出版、主编中英文专著 4 部，为《Neonatal Lung Ultrasonography》（新生儿肺脏疾病超声诊断学）《新生儿肺脏疾病超声诊断（第二版）》《母源性新生儿疾病》《托幼机构卫生保健人员实用手册》。参编专著 4 部，为《临床妇产科诊断和综合治疗》《实用新生儿学》《急重症超声诊断学》《新生儿重症监护医学》。制定国际新生儿肺脏疾病超声诊断规范指南。（王 茜 王海燕）

【医生培训进修】 年内，区妇幼保健院招聘硕士研究生 4 人。医务人员外出进修学习 230 人次，脱产学习 1 人（住院医师规范化培训），到院外进修 3 人。接收外来进修人员 24 名。（王 茜 王海燕）

【学术交流】 年内，区妇幼保健院举办子宫输卵管造影精品培训班，讲解子宫输卵管超声造影技术的应用、生殖辅助技术、三维四维功能应用及操作规范等，全国各地 21 位超声科专家代表参加培训。举办第二届全国新生儿肺脏超声学习班，奥地利 Graz 医科大学儿科放射科主任 Erich Sorantin 教授，意大利 Perugia 医科大学 Gian Carlo 教授等专家教授作肺部发育、肺脏超声的发展历程、新生儿常见肺部疾病临床概况和超声诊断、超声成像基本原理与仪器调节等专题授课，230 名代表参加。区妇幼保健院新生儿科主任刘敬举办《新生儿肺脏超声疾病诊断学》中、英文版专著发布会。区妇幼保健院举办中国超声医学工程学会妇产科超声培训基地——妇科生殖超声论坛。举办全国新生儿肺脏超声高级培训班第一、二期、三期，讲授肺脏超声在新生儿肺脏疾病诊治中的应用、新生儿常见疾病诊治、超声检查仪器调节技巧与关键技术等，全国各地 66 名代表参加。区妇幼保健院协助联合国儿童基金会举办三期婴幼儿喂养咨询实践技能培训班。接待朝鲜医疗仪器诊断技术培训班学员一行 20 人到院参观交流。（王 茜 王海燕）

【信息化建设】 年内，区妇幼保健院信息化建设总投入 109.39 万元。完成绩效系统支持、北京市疫苗配合工作、国庆安全保障和医院正版化。改善医疗服务行动计划，产科、妇科、乳腺科、儿科 4 个学科试点临床路径，为计划性剖宫产、输卵管妊娠手术治疗、乳腺癌临床路径、新生儿高胆红素血症，试运 198 例。支付宝缴费 65.9 万笔，微信缴费 12.5 万笔，支付总额占个人自付 52%，增加 3 台自助一体机。 （王 茜 王海燕）

垂杨柳医院

【概况】 北京市垂杨柳医院（又名清华大学附属垂杨柳医院），是区卫生健康委直属三级综合性医院。在编 705 人。年内，医院处于新院建设改扩建阶段，开放本院区、东院区及管庄院区 3 个院区。有卫生技术人员 976 人，包括正高级职称 54 人，副高级职称 84 人，中级职称 341 人、初级师 324 人、初级士 173 人。年底医疗设备净值 30887.24 万元，其中乙类医用设备 3 台。新购置医用设备总金额 12200 万元，其中乙类医用设备 1 台。业务总收入 82547.83 万元，其中医疗总收入 82304.27 万元。 （高 雪 师 伟）

【医疗改革】 年内，垂杨柳医院落实双向转诊工作，密切医联体成员单位间关系，接收上转病人 3094 人次、下转病人 1988 人次。全年药占比 33.96%（门诊药占比 42.31%，住院药占比 25.86%）。3 月 23 日启动药品医药改革，6 月 14 日启动北京市第二次医耗联动综合改革，组织全员及重点科室培训会 4 次、组织 2 轮全院医生、护士为期 10 天上机测试。在门诊、住院、急诊留观增加支付宝及微信支付方式；自助机全功能上线（包括挂号、缴费、预约、查询、化验单打印、建卡建档等功能）；逐步实现医技全预约系统功能。推进完成卒中中心建设，被国家卫健委脑防所评为北京市首家示范防治卒中中心；放射科加入京津冀影像互认组织。引进学科骨干 2 人，柔性人才 3 人。 （高 雪 师 伟）

【医疗卫生】 年内，垂杨柳医院出院 21334 人次，床位周转次数 42.58 人/床，床位使用率 91.75%，平均住院日 7.58 天。住院手术例数 7226 人次；剖宫产率 43.6%，孕产妇死亡率 0，新生儿死亡率 0，围产儿死亡率 4.05‰。实施临床路径科室 27 个，涉及病种 202 个。全年用血量：红细胞悬液 2861 个单位，冰冻血浆 1987.5×100 毫升，血小板 658 个治疗量，自体输血 151 人次、184 个单位。预约挂号 145522 人次，占门诊总人次 18.76%。门诊患者抗菌药物使用率 13.87%、急诊患者抗菌药物使用率 36.31%、住院患者抗菌药物使用率 49.24%。院内开展新技术、新项目 52 项，涉及临床医技科室 18 个。 （高 雪 师 伟）

【医保管理】 年内，垂杨柳医院医保出院 12982 人次、总费用 26820.07 万元。借助信息化不断强化临床用药规范，加强药费、耗材费用管理，每月解读医保重点工作，确保合理诊疗，维护医患双方利益。 （高 雪 师 伟）

【医疗对口支援】 年内，垂杨柳医院分批次派出医护人员对北京市怀柔区汤河口、怀北镇等远郊区县医院、内蒙古卓资县医院、河北康宝中医院、河北唐县中医院等地区开展医疗支援。接收内科、外科、儿科等二级学科进修人员 36 名。 （高 雪 师 伟）

【医疗保险赔付】 年内，垂杨柳医院参加医疗责任保险 913 人，总费用 48.07 万元。发生医疗纠纷 64 例，其中医疗纠纷调解委员会调解 10 例，诉讼 2 例。年度赔付总金额 16.37 万元，其中医院承担 10.28 万元，减免住院费用 2.62 万元。 （高 雪 师 伟）

【护理工作建设】 年内，垂杨柳医院有护士 436 人，其中本科 226 人、研究生 2 人。医护比 1 ∶ 1.1，床护比 1 ∶ 0.37。重症监护室（ICU）13 张床、心脏重症监护室（CCU）8 张床、急诊重症监护室（EICU）4 张床。护理单元 25 个。落实责任制整体护理良好。不良事件上报率 100%、整改率 100%。建设“数字化”办公，管理系统完成“医护信息共享、文件书写与操作高效率、查对环节拦截安全警示、质控与继教管理职能、工作落实追踪痕迹管理”。加强护士培训，区级继教项目 29 项、市级继教项目 2 项，护理查房 7 次。护士进修 2 人，专科护士培训 7 人。 （高 雪 师 伟）

【科研成果】 年内，垂杨柳医院申报国家自然科学基金、北京市卫健委的首都卫生发展科研专项等 27 项课题、中标北京市卫健委的首都卫生发展科研专项、区科信局的科技计划项目等 8 项。其中，北京市卫健委首发专项 2 项，为“心力衰竭规范化诊断系统的基层推广与应用研究”“超声造影技术预测颈动脉易损斑块破裂风险分析”，批准金额 35 万元，匹配金额 10.5 万元；区级项目中标 6 项，包括“院内导航信息关键技术及应用的研究”“儿童病毒性腹泻病原体基因分析与群体性腹泻区域临床救治网络建设”“探索区域共建‘药’健康科普教育系统”等，批准金额 93 万元。在研课题 17 项，包括“慢病患者长期用药无缝药学监护与管理”“屈光发育档案的建立及多种干预对儿童近视防控作用的研究”等，结题 27 项，包括“北京市朝阳区南部医联体社区脑梗死患者多学科综合管理模式的可行性和效果研究”“儿童肠道病毒感染致手足口病的临床特征及防控研究”等。获静脉剥脱工具、一种医用脚腕恢复训练装置等专利项目 3 项。 （高 雪 师 伟）

【医学教育】 年内，垂杨柳医院承担华北理工大学本科生教学及带教任务；教师数量 80 余人。2015 级 19 名学生临床生产实习，2016 级 57 名本科生理论课的授课。外送进修人员 34 人，出国进修 1 人。 （高 雪 师 伟）

【学术交流】 年内，垂杨柳医院举办第四届中韩血管疾病微创诊疗研讨会、第十一届 Ilizarov 技术与骨关节修复重建学习班，与解放军总医院第四医学中心共同承办“2019 全科医师血管疾病微创诊疗方法与思维培训暨 2019 危急重症的微创介入诊疗研讨会”。垂杨柳医院与匹兹堡大学建立交流培训关系。 （高 雪 师 伟）

【信息化建设】 年内，垂杨柳医院信息化建设总投入 278.32 万元，通过互联互通四级甲等评审、电子病历系统应用水平分级评价并四级评审，完成药品医药改革系统切换工作及北京市第二次医耗联动综合改革信息系统切换工作。在门诊、住院、急诊留观增加支付宝及微信支付方式；自助机全功能上线（包括挂号、缴费、预约、查询、化验单打印、建卡建档等功能），逐步实现医技全预约系统功能。（高 雪 师 伟）

【新院建设推进】 年内，垂杨柳医院成立新院建设冲刺小组，推进新院竣工进程。新院区部分科室于12月30日投入使用，医院耳鼻喉科、眼科门诊开诊，各临床科室分批次入驻新楼。完成污水处理站升级改造方案和医疗服务改善及中医馆建设初步方案；推进大市政项目各项手续办理；完成开业所需物资院外论证、统计、分类、上报。（高 雪 师 伟）

第一中西医结合医院

【概况】 北京市第一中西医结合医院为区卫生健康委直属的三级甲等中西医结合医院，分本部（CBD）院区、东坝院区。编制537人。有卫生技术人员836人，其中正高级职称22人、副高级职称67人、中级职称278人、初级师336人、初级士133人。医疗设备总值6919.47万元，其中乙类医用设备3台。年内，新购置医用设备总值3253.95万元。医院总收入70211.42万元，其中医疗总收入62100.89万元。北京市第一中西医结合医院成为国家重点研发计划“中医药现代化研究”重点专项项目临床研究分中心。（贺 蕾 张雪华）

【医疗改革】 年内，市第一中西医结合医院按照北京市中医管理局“改善服务、提升质量、控制费用”三联行动具体实施方案，制定落实台账，确保改善医疗服务效率与医疗服务水平，推进中医药事业规范发展。修订完善医院绩效考核指标体系，保障绩效考核指标标准化、同质化、规范化。完善中医特色急诊急救服务，以朝阳区“120”为平台，以柔性人才为依托，筹备开通脑血管疾病绿色通道。推动中医药急诊急救技术和中药饮片在急诊科、重症医学科临床应用力度。（贺 蕾 张雪华）

【医疗卫生】 年内，市第一中西医结合医院出院12598人次，床位周转32.3次，床位使用率73.82%，平均住院日8.35天。住院手术2781例。剖宫产率47.52%，无孕产妇死亡，无新生儿死亡，无围产儿死亡。两院区输血426个单位，包括红细胞255个单位、血浆13600毫升、血小板35个治疗量；自体输血16人次48个单位。11个临床专业科室开展35个病种的临床路径。预约挂号81525人次，占门诊总人次10.14%。（贺 蕾 张雪华）

【医保管理】 年内，市第一中西医结合医院医保出院8171人次。总费用41073.09万元，使用率94.88%。其中门诊费用28303.5万元，住院费用12769.59万元。（贺 蕾 张雪华）

【医疗对口支援】 年内，市第一中西医结合医院派出3名医生赴新疆墨玉县维吾尔医医院开展精准扶贫，派出2名医生到河北、内蒙古援边医疗工作；12名医生到怀柔区和九渡河镇医院开展下乡医疗；接待新疆墨玉县、河南康保县、内蒙古卓资县等4批23名医生对口支援进修学习。（贺 蕾 张雪华）

【医疗保险赔付】 年内，市第一中西医结合医院参加医疗责任保险548人，费用41.32万元。发生医疗纠纷9件，调解3件。全年赔付医疗纠纷款11.11万元，医院承担1.38万元。（贺 蕾 张雪华）

【护理工作建设】 年内，市第一中西医结合医院有护士371人，其中本科生185人，全院医护比1.2：1，床护比1：0.36，重症监护室床位数6张，27个护理单元。护理管理实施一院两区三级管理模式，统一规范培训常用21项中西医操作。责任制整体护理落实率100%，有效回访率83.5%。护理不良事件上报率100%。组织全院护理中西医继续教育培训37次、操作培训3次，安排护士长及护理骨干参加院外培训106人次，专科护士取证5名，1名护士完成北京市第二批中医护理骨干人才培养的中医相关理论培训，11名护士完成中医健康养老护理员师资培训取证。接收老年福祉学院和北京市海淀卫生学校25名实习生到院实习。（贺 蕾 张雪华）

【科研成果】 年内，市第一中西医结合医院申报国家级课题3项，为“肠镜检查针刺与笑气牵拉镇痛的效应与机制研究”“基于近红外脑成像技术探索针灸疗法改善原发性失眠‘阳不入阴’的脑机制”“基于NOS/MAPK通路探讨穿心莲内酯对阿霉素心脏毒性的增效解毒机制”，申报市级课题14项，包括“活血利水中药通过PI3K/自噬通路延缓心肌重构的机制研究”“电热针治疗外阴白色病变前后VEGF、CD34的表达及意义”“肩周炎患者关节液中炎性因子特征性分析及手法的干预机制研究”等，获批基金青年项目1项，为“针灸改善原发性失眠‘阳不入阴’状态的认知神经机制——基于近红外脑成像技术的研究”，资助经费10万元；申报区级项目27项，包括“自体富血小板血浆治疗膝骨关节炎的临床疗效评价研究”“纠正亚临床甲状腺功能减退状态对2型糖尿病患者的代谢紊乱和大血管病变危险因素影响的临床效果评价”“分级诊疗模式下区域化中西医结合检验医学服务支撑平台的搭建及与应用研究”等，资助经费25万元；院所合作课题15项，包括“双心护理在冠心病经穴体外反搏治疗患者中的应用研究”“八段锦联合中药脐贴治疗功能性便秘疗效观察”“六神丸局部治疗急性智齿冠周炎的临床研究”等，资助经费20万元。在研课题53项，包括“电热针灸治疗胃癌前病变的临床疗效研究”“女性外阴白色病变防治的适宜技术研究”“固本调平汤辅助提高哮喘缓解期患者（肺脾气虚型）吸入激素减停成功率的临床研究”等，结题3项，为“太极拳联合西医运动处方对稳定性冠心病患者的疗效观察研究”“梅花针循经扣刺治疗肾虚淤型LUFS的临床研究”“中医辨证施教对不同体质辨识结果的糖尿病前期人群干预效果的研究”。获批“基层中西医结合心血管病学科团队基地”建设项目1项。（贺 蕾 张雪华）

【医学教育】 年内，市第一中西医结合医院承担长春中医药大学本科生和中国中医科学院中医基础理论研究所研究生的临床实习带教任务。教师106人。全年脱产学习13人，院外进修13人。（贺 蕾 张雪华）

【学术交流】 年内，美国梅奥医学中心心脏康复中心主任、美国临床心脏病学会副主席 Randal J. Thomas 教授到院访问并开展主题为房颤患者的中西医结合心脏康复学术交流。举办“第四届全国中西医结合心血管病预防与康复大会”暨“2019 北京 CBD 健康论坛”“夏玉清教授、于天源教授临床经验研讨班”“健康中国——基础全科医师泰山论坛 2019”。（贺 蕾 张雪华）

【信息化建设】 年内，市第一中西医结合医院总投入 161 万余元。建设自助挂号预约及缴费系统，简化就医流程。心电系统上线，医院信息平台搭建完成，辅助决策系统定期开展数据分析与反馈，临床数据中心 CDR 整合两院区临床诊疗数据，面向临床开放电子病历浏览和电子病历检索功能。移动护理系统在内一病区和内分泌病区实现推广运行。北京商务中心区院区住院楼无线覆盖，网络环境搭建完成。实行门诊电子病历系统。北京商务中心区院区手麻系统升级完善，东坝院区手麻系统上线。（贺 蕾 张雪华）

【改扩建项目】 年内，市第一中西医结合医院有 2 项重大安全隐患改造项目，为北京商务中心区院区空调室外机护栏更新工程、食堂排烟净化系统改造工程。投资总额 110 万元。东坝院区改扩建项目 8 项，包括 DSA 房屋装修改造、感染科用房装修改造、消化科病房装修改造等，投资总额 248 万元。（贺 蕾 张雪华）

朝阳区第三医院

【概况】 年内，朝阳区第三医院（北京市朝阳区精神卫生中心）是区卫生健康委直属二级精神病医院，编制 140 名，在岗职工 108 人。有卫生技术人员 236 人，包括正高职称人数 3 人，副高职称人数 9 人，中级职称人数 46 人，初级职称 169 人（初级师 116 人，初级士 53 人），见习 9 人。年底医疗设备净值 7512575.06 元，医用设备 525 台。年内，新购置医用设备 3200 元，医用设备 2 台。全年总收入 13410.17 万元，其中医疗收入 7848.6 万元。选派 1 名医生到河北省石家庄市阳原县人民医院开展 1 年医疗对口支援帮扶活动。（陈 浩 朱庆生）

【分级诊疗服务】 年内，潘家园社区卫生服务中心、垡头社区卫生服务中心、八里庄社区卫生服务中心等 37 家社区医疗机构开设精神科门诊，诊疗 19303 人次。朝阳区第三医院派出 20 名医生到 24 个社区开展分级诊疗服务备案，在 20 个社区实际出诊 640 次，诊疗 9949 人次。办理多点医师执业 2 人。医院开展区公立医院柔性引进专家 4 人。（陈 浩 朱庆生）

【医疗卫生】 年内，朝阳区第三医院出院 369 人次，平均住院 194 日，床位周转次数 0.84，床位使用率 99.82%。预约挂号采用门诊 PC 端 HIS 系统内自带的本地窗口预约挂号。开展森田疗法。门诊药占比 95.08%，住院药占比 7.38%，住院抗生素使用率 2.75%，门诊抗生素使用率 0。（陈 浩 朱庆生）

【医保管理】 年内，朝阳区第三医院医保出院 257 人次，结算总金额 48618309 元，基金申报额 38461134 元。（陈 浩 朱庆生）

【医疗保险】 年内，朝阳区第三医院处理医疗投诉 17 例。参加医疗责任保险人数及总费用 224 人，总费用 39532.72 元。全年未发生医疗纠纷。（陈 浩 朱庆生）

【护理工作建设】 年内，朝阳区第三医院有护理人员 150 名，其中在编护士 53 名，合同护士 98 名，主管护师 18 名，护师 79 名，床位与护士比 1 ： 0.35。临床一线护士 118 名，病床位与护士比 1 ： 0.27，医护比 1 ： 1.37，7 个护理单元。全年新入职护士 9 名，无护士辞职。基础护理全年合格率 96.9%，精神科重症患者全年合格率 99.2%，一级护理全年合格率 97.5%，二级护理全年合格率 97.6%，三级护理全年合格率 97.5%。不良事件上报 66 例、整改率 100%。（陈 浩 朱庆生）

【医师转岗培训】 年内，朝阳区第三医院 4 人参加北京市精神科医师转岗培训，为期 1 年，理论培训 160 学时，临床培训 10 个月，社区实践 1 个月。（陈 浩 朱庆生）

【科研成果】 年内，朝阳区第三医院完成 1 项区科委项目结题，为“朝阳区精神卫生医联体模式及效果评价研究”，申报 1 项区科信委课题，为“社区精神分裂症患者长效针剂治疗模式对照研究”。以第一作者发表论文 4 篇，为《精神病托管机构抗精神病药物使用情况调查》《健康宣教对改善精神分裂症患者行为的效果》《职场妈妈如何平衡家庭和工作》《如何做个合格的精神病人家属》。（陈 浩 朱庆生）

【信息化建设】 年内，朝阳区第三医院信息化建设投入 53.4 万元，包括北楼综合布线、财务预算软件增加功能模块、外网扩容。更新信息系统软件模板与接口修改 50 余次，整体定期网络运维 12 次，网络设备维护升级 11 次，信息系统数据处理及信息设备硬件排故维修 2000 多次。（陈 浩 朱庆生）

【基础工程建设】 年内，朝阳区第三医院新增双桥院区、大屯院区箱变外壳更换工程、无抽治疗室以及中西医结合病房、重大基建项目。（陈 浩 朱庆生）

朝阳区中医医院

【概况】 朝阳区中医医院是区卫生健康委直属二级甲等中医医院，占地 6542.74 平方米，建筑面积 20295 平方米，内设 9 个职能科室、5 个临床医技科室。职工 332 人，编制人员 289 人，医生 133 人、护士 99 人，医护比 1 ： 1.3。专业技术人员 285 人，其中正高级职称 6 人、副高级职称 15 人、中级职称 91 人、初级职称 167 人。有执业医师 127 人，其中中医类别执业医师 91 人，占全院执业医师 71.65%；药学专业技术人员 24 人，其中中药专业技术人员 20 人，占全院药学专业技术人员 83.3%。年底医疗设备净值 630.13 万元，其中乙类医用设备 1 台，100 万以上设备 12 台，年内新购医用设备总金额 69400 元（6 台）。业务总收入 22908.4 万元，其中医疗总收入 22857.4 万元。年内，朝阳区中医医院参加医疗责任保险 285 人，总费用 110661.17 元。（刘 媛 任思洋）

【医疗卫生】 年内，朝阳区中医医院门诊 262194 人次。医院编制床 220 张，实有床 213 张。出院 3675 人次，床位周转 17.25 人次，床位使用率 72.43%，平均住院 15.77 日，死亡率 3.65%。与区中医药薪火传承工程师生双选，学员与指导老师签订师承协议。预约专家号 8377 人次。门诊药占比 68.8%，住院药占比 36.25%。抗菌药物情况：门诊 17302 张、处方比率 5.4%，急诊 3119 张、处方比率 15.19%，住院 703 例、使用率 19.13%。（刘 媛 任思洋）

【医保管理】 年内，朝阳区中医医院医保出院 2307 人次，结算总金额 3930.99 万元、医保次均费用 1.7 万元，医保基金使用 10794.62 万元，使用率 94.28%，门诊次均费用 532 元，住院日均 1083 元。（刘 媛 任思洋）

【医疗对口支援】 年内，朝阳区中医医院派出 10 人支援琉璃庙社区卫生服务中心，其中主治医师 9 人，副主任医师 1 人，组织学术讲座 6 次，业务培训 7 次，累计支援 30 天。诊治患者 140 人次。（刘 媛 任思洋）

【护理工作建设】 年内，朝阳区中医医院有护理人员 99 人，其中本科护士 43 人，静脉输液治疗护士 3 人、在编护士 51 人、合同护士 48 人、已注册护士 99 人、中医护理人员 59 人、西医护理人员 40 人。5 个护理单元。上报率及整改率 100%。选派护士长参加专科护士取证班、中医药健康养老护理员培训、朝阳区 2019 年护理管理培训班、中医特色护理技术应用与创新培训班。（刘 媛 任思洋）

【科研成果】 年内，朝阳区中医医院申报各级科研课题 14 项，中标 4 项，为“基于数据挖掘技术研究金伯华教授治疗周围性面瘫的选穴规律”“散偏汤治疗慢性偏头痛的临床观察”“针刺颅底穴及颈夹脊穴治疗后循环缺血性眩晕临床观察”“针灸改善原发性失眠‘阳不入阴’状态的认知神经机制——基于近红外脑成像技术的研究”。在研课题 2 项，为“固本调平汤辅助提高哮喘缓解期患者（肺脾气虚型）吸入激素减停成功率的临床研究”“针刺四关穴治疗脑卒中后抑郁（PSD）研究”，结题 5 项，包括“活血平肝汤治疗更年期女性神经根型颈椎病的临床研究”“揿针疗法治疗癌性疼痛的临床研究”“重点专科名老中医临床经验整理与继承”等。资助经费 5 万元，医院匹配经费 5 万元。（刘 媛 任思洋）

【医学教育】 年内，朝阳区中医医院承担长春中医药大学针推专业毕业临床实习带教任务及北京卫生职业学院中药专业、康疗专业毕业临床实习带教任务；脱产外出进修学习 7 人；选派百余人外出参加各专业学习培训，与东直门医院合作举办中医经典理论与针灸临床应用学习班培训班。参加国内学术交流 100 余人次。（刘 媛 任思洋）

【信息化建设】 年内，朝阳区中医医院信息化建设总投入 57.01 万元。开通自助挂号缴费功能，门诊设置自助挂号缴费机；信息系统版本升级；信息系统增加卫材模块，采血操作费、材料费的自动计费，检验采集条码打印；护士站安装条码打印机，住院部分完成采血操作费、材料费自动计费及检验试管条码打印。（刘 媛 任思洋）

【基础工程建设】 年内，朝阳区中医医院新医疗楼改造进入深化设计阶段，对新楼开展可研性报告资料准备、相关市政改造申报工作、招标前期资料档案整理、设计招投标料存档工作。维修门诊楼大、小门斗、病房楼顶；对医院南侧电缆沟井塌陷开展安全隐患排除施工。（刘 媛 任思洋）

朝阳区双桥医院

【概况】 年内，朝阳区双桥医院是区卫生健康委直属的二级甲等医院，内设 28 个临床科室、8 个医技科室、4 个辅助科室。在岗职工 439 人（在编 175 人、合同制 264 人）。有卫生技术人员 393 人，包括正高级职称 8 人、副高级职称 21 人、中级职称 150 人、初级职称 214 人。年底医疗设备净值 4576.38 万元，其中乙类医用设备 2 台。年内新购置医用设备总金额 1367.61 万元。业务总收入 29382 万元，其中医疗总收入 27815 万元。编制床位 236 张，开放床位 231 张。全年医保出院 3207 人次、总费用 16573.93 万元。双桥医院举办朝阳区血透质控总结会，各透析中心汇报血液透析新技术开展、质控情况。（张冬梅 张建东）

【医疗改革】 年内，双桥医院落实“药品集中采购和使用试点工作”及“医耗联动综合改革”，制定“改善医疗服务行动计划”工作方案并落实。设立二级学科暨神经内科专业、呼吸内科专业。对重点学科骨外科、普外科、妇产科、综合科、中医针灸科开展专业细化分组。柔性引进三级医院专家 8 名，引进高级专业技术人员 1 名、硕士研究生 4 名、本科 15 名。（张冬梅 张建东）

【医疗卫生】 年内，双桥医院出院 7145 人次，床位周转次数 32.5 次，床位使用率 78.01%，平均住院日 8.8 天。住院手术 2498 例。剖宫产率 39.2%，孕产妇死亡率、新生儿死亡率、围产儿死亡率均为 0。8 个临床科室、46 个病种数量实施临床路径管理。全年异体输血全血量 2 个单位、红细胞量 71 个单位、血浆 3600 毫升、血小板 4 个治疗量，自体输血 21 人次血量 9315 个单位。开展现场、电话、“114”挂号平台、诊间、网上、微信服务号等预约挂号服务，开放号源比例 100%，预约挂号 126902 人次，占门诊挂号比例 26.8%。开展断指再植术、小儿先天性髋关节脱位超声筛查、急性脑梗死时间窗内阿替普酶溶栓等 7 项新技术。实行药品阳光采购，落实药品“0”差率（0 差率是取消药品加价），参加国家药品集中采购试点“4+7”工作，加强抗菌药物、毒麻药物管理，落实处方点评、药历点评、药师会诊等工作。医院全年药占比 32.57%，门诊药占比 37.77%，住院药占比 24.37%。抗菌药物执行分级管理，临床应用指标细化到科室，纳入绩效管理考核。门诊抗菌药物使用率 9.3%、急诊抗菌药物使用率 37.9%、住院抗菌药物使用率 43.6%。（张冬梅 张建东）

【医疗对口支援】 年内，双桥医院选派 3 名医生到西藏、新疆、河北阳原县开展对口支援和精准扶贫活动。组织 25 名专家义诊团队到北京市怀柔区喇叭沟门卫生院、渤海镇卫生院开展义诊活动。与内蒙古卓资县中蒙医院签订手拉手对口支援协议。（张冬梅 张建东）

【医疗保险赔付】 年内，双桥医院参加医疗责任保险350人，总费用9.7万元。发生医疗纠纷15件，其中区卫健委信访办调解1件，赔付3000元，全部由医院承担。 （张冬梅 张建东）

【护理工作建设】 年内，双桥医院有护士159人，其中本科87人，医护比1.06 ∶ 1，床护比1 ∶ 0.69，10个护理单元。开展100%优质护理工作，落实责任制整体护理。全年不良事件上报率100%，整改率100%。成立静疗小组，入科指导规范静脉治疗工作。组织护理安全、静脉治疗、健康教育等主题培训5次，新护士操作培训10次。外出学习培训护士长14人次、骨干护士7人次，专科护士3人次。 （张冬梅 张建东）

【科研成果】 年内，双桥医院申报科研课题17项，市级项目2项，为“颈椎牵引改善神经根型颈椎病合并高血压患者血压水平的前瞻性队列研究”“中医心脏康复对慢性心功能衰竭患者生活质量的影响”，区级科研项目11项，包括“家庭肠外肠内营养技术的推广”“关节镜下经胫骨双隧道修复内侧半月板后根 部损伤”“跗骨窦微创入路钢板内固定治疗跟骨骨折的临床研究”等。首发专项3项，为“颈椎牵引改善神经根型颈椎病合并高血压患者血压水平的前瞻性队列研究”“吴又可‘破结、通理、答表’方法在类风湿关节炎治疗中的拓展运用”“基于App平台的认知训练模式在出院的卒中后认知功能障碍患者中推广应用的可行性和效果研究”；合作课题2项，为“益气化淤解毒方、超低频电磁场处理水协同红外频谱照射（‘内喝外照’）辅助治疗AECOPD作用的临床试验研究”“北京地区部分乙肝病毒感染高风险人群乙肝疫苗免疫策略研究”。 （张冬梅 张建东）

【医生培训进修】 年内，双桥医院派出39名医生参加脱产学习，7名医生到外院进修，4名医生参加骨干医师培训；20名医生参加住院医师规范化培训。

（张冬梅 张建东）

【信息化建设】 年内，双桥医院信息化建设投入334.65万元，信息化硬件投入199.61万元。完成死亡证、传染病管理模块上线、北京市疫苗保健系统接入、“医耗联动综合改革”、医保系统维护升级等工作。移动护理运行平稳，保障临床及患者诊治需求，确保医疗安全。 （张冬梅 张建东）

【改扩建项目建设】 年内，双桥医院院改扩建期间门急诊周转用房装修改造工程，建筑面积8648.01平方米，区政府立项并投资3080.27万元。

（张冬梅 张建东）

北京朝阳年鉴
Beijing Chaoyang Yearbook
2020

体育

综　述

【概况】 朝阳区体育局（简称区体育局）是区政府工作部门，主管全区体育工作，行政级别正处级，下设体育运动学校、第一少儿业余体校、第二少儿业余体校、第三少儿业余体校、体育产业管理中心、郡王府体育中心、朝阳体育馆、体育健身休闲公园、社会体育管理中心、体育总会、体育科研所11个事业单位。机关编制31人（含工勤编3人）、事业单位编制236人。年内，围绕筹办2022年冬奥会、疏解非首都功能和推动京津冀协同发展，贯彻落实《北京市全民健身条例》，坚持发展以人民为中心的体育，改善体育领域发展不平衡不充分问题，推进体育设施进社区、进公园和冰雪运动进校园，推进朝阳区网球特色区建设和百万平方米冰场建设，第二届全国青年运动会获佳绩，完成国庆多项服务保障任务。（丁　冉）

【筹备冬奥会测试赛】 年内，区体育局总结2008年北京奥运会、残奥会，以及2015年北京田径世锦赛等国际大型赛事承办任务经验做法，对接北京冬奥组委，组织筹备冬奥会、残奥会赛前测试赛各项工作。由区体育局牵头组织筹备冬奥会冰壶测试赛，组建由国家体育总局、北京市体育局、冬奥组委、区人民政府、国家游泳中心组成的赛事组委会，制定工作方案，完成冬奥会冰壶全冰面测试。（丁　冉）

【国庆活动服务保障】 年内，区体育局牵头完成国庆彩车组装场地服务保障和国庆彩车展览展示。接待1497家单位20万余人参观国庆彩车展览展示。完成国庆群众联欢展示活动，国庆和平鸽4000羽放飞任务，国庆游园活动，国庆活动空航保障点位指挥所应急值守等筹备和保障任务。（丁　冉）

群众体育

【概况】 年内，区体育局贯彻落实《北京市全民健身条例》，推进全民健身和全民健康深度融合，以疏解整治促提升和推动体育与园林的有效结合为抓手，与园林融合发展。组织地区群众开展全民健身活动，推动区总工会、团区委、区妇联等部门开展健身活动促进身心健康，在健身队伍组织、赛事活动开展、科学健身指导等方面创新，形成特色健身活动。以储备冰雪后备人才为重点，推进冰雪运动进校园，通过与俱乐部、冰场、学校合作，加强冰雪日常训练和比赛选拔。以培养终身体育爱好为重点深化体教结合，加强传统校建设。在全区

▲ 12月，北京市首场冬奥会测试赛——2019中国青少年冰壶公开赛在朝阳区举办　（谢雯雯　摄）

619 个社区、村和 32 个城市、郊野公园中开展场地设施、健身指导、赛事活动 3 大板块工作。协助做好国家卫生区、文明城区复查、健康促进、慢病防控示范区创建等全民健康工作。（丁 冉）

【全民健身进社区】 年内，区体育局在全区公园、社区、村开展“百姓健身大讲堂”“冬奥知识大讲堂”540 场，发放《冬奥知识 300 问》《健身知识 300 问》等科学健身知识书籍 40000 册、光盘 1500 套、冬奥知识展板 1440 块。扶持街乡各类体育器材 2.6 万件，在全区推广国民体质促进和地冰壶球项目，为街乡配发体质促进器材 43 套，陆地冰壶球器材 18 套。全年培训裁判员 217 人，培训社会体育指导员 3490 人。推进体质监测进社区工作，全年测试 1.2 万余人次。依托大数据和“互联网 +”，对全民健身电子地图再次升级，试点建设“朝阳智慧体育平台”，助推“一刻钟健身圈”建设。举办街乡陆地冰壶球推广活动和全区体质促进项目大赛，参与群众 3 万余人次。打造奥运村“民间奥林匹克大赛”、呼家楼街道垂直马拉松、安贞街道民俗运动会、南磨房地区体育文化节、平房地区登楼赛、金盏乡绿道骑行等街乡级品牌赛事，全年街乡基层健身活动组织 1100 余次，110 万余人次参与。（丁 冉）

【冰雪运动进校园】 年内，区体育局实现朝阳区小学生滑冰体验全覆盖。实地调研区属冰场，统计 100 所学校 8.4 万余名小学生情况，综合人员、场地、时间等因素制定活动方案。第一阶段滑冰体验采用以学校为单位统一前往冰场形式，完成体验人数 12727 人。第二阶段调整体验模式，制发滑冰体验券，以家长带领学生利用课余时间自行前往冰场体验的方式，计划体验人数 69138 人，2 个阶段完成体验人数 14168 人。通过与俱乐部、冰场、学校合作，加强冰雪日常训练和比赛选拔，从 751 名注册运动员中，挑选 220 余人成为区冬季项目区队队员。（丁 冉）

▲ 10 月 24 日，朝阳区举办社区冬奥会活动 （孙瑶光 摄）

【体育设施建设】 年内，区体育局在社区及城市、郊野公园建设国家 2 代室外健身路径器材 60 套，球类活动场地 20 片和 15 千米以上健身步道，新建体质监测三级站 6 家，全民健身场地面积新增 5.6 万平方米。召开百万平方米室外冰雪场地建设工作调度会、推进会，邀请冰雪企业代表、行业专家、各相关委办局以及公园负责人，研讨冰雪场地建设运营以及安全监管方面内容，开展冰场实地走访调研，推进百万平方米室外冰雪场地建设。（丁 冉）

【品牌赛事活动】 年内，区体育局开展全民上冰场、社区冬奥会、冰上运动会、雪上运动会、冰雪社体员交流赛等活动 30 余场，3.4 万余人参与，培养和储备冰雪社会体育指导员 2840 人。举办金秋徒步活动和用脚步丈量朝阳发展主题系列活动 20 站，3 万余人参与。举办社区篮球联赛，采用线上报名和在线直播方式，所有比赛数据实时同步更新。全年举办门球、棋牌、毽球、武术 4 类共 10 余项比赛，为体育协会会员搭建交流和切磋技艺平台。（丁 冉）

【体教结合】 年内，区体育局加强传统校建设，新增体育传统校 16 所。深化“全国快乐体操示范区”工作，参与快乐体操项目 2000 余人，参与快乐体操创编幼儿园 20 余个，开展规模扩大到北京通州、平谷以及东北辽阳地区。加强体教结合，逐步建立年龄层次衔接、训练规模合理的后备人才梯队，让更多青少年参与到冰雪运动中，申请冬季项目传统校。（丁 冉）

2019 年朝阳区大型体育场馆一览表

表 16

序 号	单位名称	地 址	联系人	备 注
1	北京会议中心	来广营西路88号	李洪亮	
2	北京金郁金香文化发展有限公司	东苇路郁金香花园内	王东海	魔锐水世界
3	北京市蟹岛绿色生态农庄有限公司	金盏乡长店村北凌云600号	严 勇	
4	北京市城市海景绿色生态农庄有限公司（城市海景）	金盏乡长店村北凌云600号	王家杰	城市海景水上乐园

续表 16

序号	单位名称	地址	联系人	备注
5	北京森禾源农业发展有限公司	金盏乡楼梓庄村南	杨国强	蓝调庄园
6	北京金港展览展示有限公司	金盏乡金港大道1号（办公室）	叶志成	金港汽车公园
7	国家奥林匹克体育中心（英东游泳馆）	安定路1号	王　磊	
8	北京欢乐水魔方水上乐园有限公司	天辰东路11号国家游泳中心水上乐园	黄永娜	
9	北京水立方游泳俱乐部有限公司	天辰东路11号国家游泳中心北区办公楼三层	盛雅华	
10	朝阳区体育健身休闲公园	姚家园路77号	常建民	
11	北京第二外国语学院	定福庄南里1号	李　硕	体育馆
12	北京竞时天地体育发展有限公司	望京科技创业园第十九号至二十号地	冯　帅	竞时健身
13	朝阳体育馆	姚家园路10号	杨小文（副馆长）	
14	北京市朝阳区陈经纶青少年体育俱乐部（陈经纶中学游泳馆）	朝外大街38号（陈经纶中学内）	王建国	
15	中日青年交流中心银橄榄体育世界	亮马桥40号	张伟正	
16	北京市朝阳区开发经营公司沙滩主题乐园	朝阳公园南路1号	李先生	
17	北京郡王府游泳馆	朝阳公园南路21号	苗润国	
18	北京蓝调庄园发展有限公司	金盏乡楼梓庄南蓝调庄园	付邵青、吴　鹏	蓝调滑雪场
19	北京嘉乐美时体育有限公司	农展南路1号朝阳公园内万人广场	王世奎	朝阳公园滑雪场
20	国家体育场有限责任公司	国家体育场南路1号国家体育场有限责任公司	李质群、于云飞	国家体育场（鸟巢）
21	北京宏昌竣投资有限公司	崔各庄乡善各庄村西	国　安	善各庄冰雪大世界
22	精英假日（北京）体育发展有限公司朝阳分公司	常通路2号院1号楼4层4F-225	梁希磊	全明星滑冰俱乐部（长楹天街店）（常营）
23	北京零度阳光体育文化有限公司	朝阳北路101号朝阳大悦城7F	黄　钢	冠军溜冰场朝阳大悦城店
24	中国国际贸易中心股份有限公司二期物业中心	建国门外大街1号国贸商城B2	周　力	国贸溜冰场
25	小狼国际冰上中心	平房村48号	曹宝楠	小狼国际冰上中心
26	北京世纪星滑冰俱乐部有限公司	北苑路甲13号	范　军	世纪星溜冰场
27	华星辉煌体育管理有限公司	崔各庄奶东村黄港桥	战风祥	华星国际冰上运动中心
28	华星辉煌体育管理有限公司	博大路8号润京会所	战风祥	华星博大路冰球馆
29	远景浩泰体育发展有限公司	兴隆公园内甲8号	于文生	浩泰冰上运动中心（高碑店）
30	精英假日（北京）体育发展有限公司	朝阳公园路6号蓝色港湾国际商区2号楼首层	郭晓然	全明星滑冰俱乐部（蓝港店）
31	工人体育场	工人体育场北路	场地预定管理部	

（丁　冉）

竞技体育

【概况】 年内，区体育局以组织队伍参加第二届全国青年运动会、运动员注册、日常训练质量为重点，优化教练员、运动员队伍结构，提升竞技水平。区滑雪队在第二届全国青年运动会高山滑雪比赛中获首枚金牌。科学促训，强化训练保障。持续推进排球项目发展，举办排球运动会，向北京市运动队输送后备人才。（丁 冉）

【朝阳区第三届马约翰杯排球联赛】 10月26日至11月3日，区排球运动协会举办朝阳区第三届马约翰杯排球联赛。区内11所会员学校，27支代表队，300余名运动员参赛，朝阳师范学校附属小学获小学男子甲组、乙组第一名，朝阳区第二实验小学双桥高部获小学女子甲组、乙组第一名。排球联赛是朝阳区推进排球项目发展，培养排球后备人才而组织的活动。年内，朝阳区参与排球运动3000人，长训队员500余人，排球专职教练员18名。（丁 冉）

【第二届全国青年运动会获佳绩】 年内，区体育局组织队伍参加第二届全国青年运动会，区滑雪队在高山滑雪比赛中获首枚金牌，获3金2银1铜，区男子冰壶队在冰壶比赛中获亚军，区代表队在五人制足球体校组男子14—15岁组比赛中获第三名。参加北京市锦标赛等市级以上赛事，获262枚金牌、179枚银牌和161枚铜牌。从运动选材、机能监控、体能训练、康复理疗、营养供给5个方面保障业训。（丁 冉）

【体育业训】 年内，区体育局开展运动员注册工作，确保运动员注册全覆盖，注册运动员5537人，其中冰雪项目注册运动员715人。开展招生组队，完成集训，做好各项目科研跟队和后勤保障。（丁 冉）

体育产业

【概况】 年内，区体育局整合区域资源，推动体育产业提质升级，完成体育产业调研，开展冰雪产业调研，完成《朝阳区体育竞赛表演业发展报告》，打造朝阳区网球特色区，发挥体育产业促进会功能。加强体育行业监管，检查体育经营单位3000余家，组织法规宣传教育培训，提升体育行业监管质效，实现体育行业安全生产零指标。（丁 冉）

【网球特色区建设】 年内，区体育局与清华大学体育产业研究中心、澳网协会、朝阳区网球培训、经营企业研讨，完成《朝阳区建设网球特色区现状调研报告》《朝阳区建设网球特色区工作实施方案》《朝阳区网球特色区发展三年规划》《朝阳区建设网球特色区成员单位及职责分工》等。联合区发改委、区园林绿化局，考察公园场地建设室外网球场可行性，收集整理全区球类活动场地建设需求，为朝阳区打造网球特色区提供规划指导。（丁 冉）

【体育产业发展】 年内，区体育局发挥体育产业促进会功能，召开冰雪、培训、场馆三个行业体育产业促进行业座谈会，引导区内企业紧抓产业发展趋势，开展企业转型升级，搭建区内相关企业资源整合平台，实现区内企业优势资源互通。发放体育产业宣传册，以图文并茂的形式，重点以“冬奥”为契机，展示产业政策出台、重点企业调研、创新运营模式、建立交流平台等方面取得的成果。（丁 冉）

【体育行业安全监管】 年内，区体育局实现体育行业安全生产零指标，检查体育经营单位3000余家，调集出动检查人员6000余人次，领导带队检查15家，组织相关部门联合检查24次，下达责令限期整改通知书43份，对7家存在违法行为的体育经营单位做出行政处罚。组织法规宣传教育培训，印发宣传指导手册1000余本，宣传教育培训受众人群5万余人次。提升体育行业监管质效，启动“雪亮工程”，采用信息化手段，对上报城市安全隐患治理三年行动信息系统问题隐患在规定时限内督促相关企业完成整改。严把准入端口，做好高危险性体育项目许可。（丁 冉）

【体育产业调研】 年内，区体育局完成《朝阳区体育竞赛表演业发展报告》，实施竞赛表演业摸底调研。开展冰雪产业调研，2018年全区冰雪产业单位总收入比上年增长16%，接待健身群众76万人次，比上年增长10%，行业从业人员比上年增长5%。完成北京市体育产业示范基地初审。实地踏勘朝阳区全民健身消费补贴入围场馆43家，核实场馆信息填报真实性及申报材料有效性。更新《朝阳区产业单位名录库》，依据《2019年国家体育产业分类》整合朝阳区体育产业名录库。（丁 冉）

社会生活

北京朝阳年鉴

Beijing Chaoyang Yearbook

2020

居民收支

【概况】 国家统计局朝阳区调查队（简称朝阳区调查队）是国家统计局派驻地方的政府统计调查机构，2007年8月成立，原与区统计局、北京市朝阳区经济社会调查队合署办公，2016年11月实行独立运作。主要负责朝阳区居民收支与生活状况、居民消费价格（CPI）、工业生产者价格（PPI）、房地产价格、固定资产投资价格、交通运输业价格、国际比较项目（ICP）、城镇调查失业率、农产量等指标监测工作；负责组织实施经济发展、社会民生、党风廉政、群众满意度、文明城区测评等各类专项调查；负责全区新设立小微企业和个体经营户跟踪监测调查等。朝阳区调查队为正处级职能部门，下设办公室、综合科（执法监督科）、住户调查科、价格调查科、劳动力调查科（专项调查科）。年内，朝阳区居民收入稳定增长、消费结构持续升级，居民收支保持增长。全区居民人均可支配收入高于全市0.1%，全区居民人均消费支出低于全市0.6%。全区每百户居民家庭拥有家用汽车53辆，摩托车3辆，助力车15台，洗衣机100台，电冰箱（柜）103台，微波炉81台，彩色电视机133台，空调197台，热水器100台，洗碗机3台，排油烟机94台，固定电话59线，移动电话223部，计算机95台，照相机59台，中高档乐器16架，健身器材13台，空气净化器（含新风系统）45台，吸尘器37台。（王秋实　徐文侠）

【居民收入】 年内，全区居民人均可支配收入76936元，比上年增加6190元，增长8.8%。在居民收入的四项构成中，人均工资性收入44521元，比上年增长6.9%，占人均可支配收入的57.9%；人均经营净收入561元，比上年增长2.9%，占人均可支配收入的0.7%；人均财产净收入15155元，比上年增长6.8%，占人均可支配收入的19.7%；人均转移净收入16699元，比上年增长16.3%，占人均可支配收入的21.7%。（徐文侠）

【居民消费支出】 年内，全区居民人均消费支出48174元，比上年增加3325元，增长7.4%。其中，食品烟酒支出9547元，占人均消费支出的19.8%；衣着支出2443元，占5.1%；居住支出19162元，占39.8%；生活用品及服务支出2729元，占5.7%；交通通信支出4642元，占9.6%，教育文化娱乐支出4828元，占10.0%；医疗保健支出3465元，占7.2%；其他用品和服务支出1358元，占2.8%。（徐文侠）

民　政

【概况】 朝阳区民政局（简称区民政局）是负责全区民政事业管理工作的区政府职能部门，主要负责养老服务、低保救助、社会组织、婚登收养、救助管理、征地超转、社区服务、基层政权、行政区划、慈善捐赠、殡葬服务、孤残保障等民政事业发展的监督管理、服务保障和组织协调工作。年内机构改革，区委社会工委、区民政局合署办公，机关行政编制62名，内设科室从20个整合成14个。下属事业单位中，原区军休服务管理机构隶属关系调整为区退役军人事务局所属；原区人民政府老龄工作办公室更名为区老龄事业发展中心，隶属关系调整为区卫生健康委所属；在原区福利生产办公室基础上组建区养老服务中心。有事业单位8个，事业编制115名。年内，区民政局落实政府绩效任务15项，其中推进医养联合体建设、深化“街乡吹哨、部门报到”改革等市、区重点任务12项，推进街乡养老照料中心建设、困难群众救助服务指导中心建设等区重要民生实事4项，推进养老服务、社会救助、社会福利等工作发展。（宋　丛）

【慈善捐赠】 年内，区慈善组织慈善救助10278人次，接收捐赠款1212.54万元。年内，利用“慈善朝阳”微信公众号开展慈善宣传，推送内容50余条，粉丝13191人。全区社会捐赠站点265个，接收捐款11.09万元，接收衣物3.47万件。完善慈善超市社会化运营机制，发挥社区志愿者服务队、慈善义工社等社会组织作用，参与慈善超市社会捐助、志愿服务和社区公益服务。（宋　丛）

【养老服务】 年内，朝阳区被确认为中央财政支持开展居家和社区养老服务改革试点地区。推进养老照料中心建设，呼家楼街道、小关街道、奥运村街道等7个“空白区”街乡9家照料中心提出申报，实现区街乡养老照料中心全覆盖。受理备案养老机构8家，新增床位1021张，通惠上河嘉园养老项目建设形成PPP（政府和社会资本合作）实施方案。开展服务质量检查整治，全区72家养老机构完成三轮检查。制定《朝阳区养老机构管理发展资金使用办法（试行）》。新建社区养老服务驿站23家，全区备案养老服务驿站162家。（宋　丛）

【城乡低保】 年内，区民政局开展社会救助，调整最低生活保障标准为1100元/人·月，全区低保（含生活困难补助）家庭6125户10257人，发放救助金15589.68万元；特困供养59户59人，支出特困人员供养费用618.9万元；低收入家庭296户613人，其中享受补贴124户136人，发放生活补贴44.9万元。对城乡低保、特困（分散特困）对象发放价格临时补贴66438人次332.19万元。第一季度医疗救助3495人次，发放救助金650.80万元，拨付区内54家定点医疗机构第一季度减免垫付资金5.17万元。推动朝阳社会救助信息化建设，构建精准救助服务体系，打造救助服务平台，启动社会救助业务办理档案管理系统建设。（宋　丛）

【救助管理】 年内，区民政局以“1+2+3”（即救助管理联席会办公室平台，救助巡视队和社工外展巡视队，区、街乡、社区三级救助网络体系的运行，“一个平台”“两支队伍”“三级救助体系”工作模式）救助工作模式为主线，落实弱势群体服务保障。建立“救助小窗口”，统一窗口标准，配备属地社工开展专业服务。救助流浪乞讨人员2395人，分流2297人，为376名无力返乡受助人购票返乡，护送11名无行为能力和生活不能自理受助人回原籍，为78名受助人提供医疗救助。（宋　丛）

【福彩发行】 年内，全区销售福利彩票7.24亿元。配合市彩中心完成福彩销售站经营状况调研活动和福彩“站务通”平台搭建注册工作，完善福彩管控体

系。改造全区 81 个销售站，规范化、标准化福彩销售站形象。（宋　丛）

【地退超转】 年内，区民政局完成 2019 年地退人员退休工资调标。全区地退人员 719 人，支出 4976.4 万元。元旦、春节期间，为地退人员发放慰问品，支出 19.22 万元；梳理完善超转人员接收流程，采用“驻乡驻村指导制”，指导基层做好接收工作，孙河、三间房、崔各庄、南磨房 4 个乡接收超转人员 3197 名，接收经费 76.24 亿元。引入第三方机构对全区 7087 名 75 岁以上超转人员开展入户生存认证，核查生存状况。优化超转人员自采暖申报流程，9000 余人受益。（宋　丛）

【孤儿保障】 年内，区民政局开展困境儿童身份审批、生活费发放和临时物价补贴发放。54 名儿童享受困境儿童生活费政策。儿童福利院全年接收孤弃儿童 2 名、生活无着儿童 8 名、困境儿童 1 名，儿童总数 109 名。实现基层儿童工作队伍全覆盖，在每个街乡确定街道（地区）儿童督导员，每个社区（村）确定儿童主任，培训基层儿童工作队伍 600 余人。（宋　丛）

【行政区划】 年内，区民政局巡查区级行政区域界线和界桩，沟通属地，了解相关区划管理和管辖划分争议问题；审核纠错《北京市行政区划图集》朝阳区部分；补充印制《朝阳区行政区划图》1000 张；研究制定朝阳行政区划优化调整路径，为区划优化调整和改革提供参考。（宋　丛）

【殡葬服务】 年内，区民政局发放无社保群体丧葬补贴 696 人次 348 万元。清明节群众祭扫服务保障东郊殡仪馆、朝阳陵园、外侨公墓、长青园接待扫墓群众 20.76 万人次，疏导机动车 4.3 万辆，提供服务保障工作人员 5700 人次，高峰日组织祭扫服务志愿者 300 人次。加强遗体运送管理，“外地来京人员遗体运回原籍”行政审批 4 件均在三日内完成，出具遗体接收证明 1 件。推广“绿色生态殡葬、平安文明祭扫”。（宋　丛）

【婚姻收养】 年内，区婚姻登记处办理登记总量 29824 件（含涉外 324 件），其中结婚登记 16547 对（含涉外 218 对）、离婚登记 9558 对（含涉外 71 对）、补发结婚证 2828 对（含涉外 30 对）、补发离婚证 716 件（含涉外 5 件）、开具证明 175 件、收养登记 1 件。推进档案电子化，整理移交 2006 年至 2008 年婚姻档案 5884 卷（79149 件）。深化窗口政务服务，推进“一窗”分类受理，完成 LED 显示屏关于“综合窗口”的更改，全面梳理并填报北京市政务服务事项管理系统 2 次，重新审核印制办事指南 12 类各 1 批次。（宋　丛）

社会建设管理

【概况】 中共朝阳区委社会工作委员会（简称区委社会工委）是负责区社会建设管理及街道工作的主管部门。年内机构改革，区委社会工委、区民政局合署办公。年内，区委社会工委落实“基层建设年”，全面打牢基层基础，坚持问题导向、需求导向、目标导向，提高环境品质、管理品质和服务品质，推进街道体制改革、基层减负、社区成长伙伴计划、街乡责任规划师等工作开展，基层社会治理和民政民生保障水平持续提升。初步构建以城市大脑为核心的信息基础设施，“接件即办”政务服务全网通平台、“接诉即办”12345 市民热线平台、“随拍即办”“朝阳群众管城市”平台为支撑的智慧治理体系。（宋　丛）

【社会建设和农村城市化工作会】 3 月 14 日，朝阳区召开社会建设和农村城市化工作会。会议听取社会建设工作报告，回顾 2018 年全区社会建设工作，分析社会建设工作面临的形势和挑战，部署 2019 年全区社会建设工作。区四套班子主要领导、相关区领导、各部委办局正职、街乡及社区村相关领导 500 余人参会。（宋　丛）

【物业服务管理】 年内，街道系统推进党建引领物业服务企业和业主委员会参与社区治理工作，全年围绕 10 项重点工作，特别是全区物业小区情况大摸排、物业联盟全覆盖、朝阳家园物业服务全覆盖、物业和业主委员会党组织建设等方面加大工作力度。成立区级物业服务管理协会，实现物业联盟应建尽建，16 个小区引进朝阳家园物业。形成双井物业联盟探索“三基础四引领八行动”（夯实组织根基、制度根基、责任根基，突出政治引领、机制引领、服务引领、能力引领，开展党建引领先锋、议事协商融合、市民诉求直派、垃圾分类促进、物业问题治理、环境秩序优化、安全隐患消除、服务质量提升行动）新路径、垡头双合家园探索“三引领三到位”（政治引领，夯实根基到位；能力引领，聚合物业力量，破解难题到位；机制引领，注重常态长效，巩固成果到位）党建 + 物业管理新路径、深化“众享大屯”便民服务体系等典型经验。（宋　丛）

▲ 1 月 4 日，召开六里屯街道八里庄南里社区委员会换届选举大会

（区委社会工委　供图）

【基层治理基础完善】 年内，社区（村）“两委”（党在社区村的基层组织和社区村自治组织）换届选举完成。全区460个参选社区全部选举成功，成立居委监督委员会475个；46个参选行政村“一肩挑”（村党组织书记、村委会主任由同一人担任）比例100%。编制朝阳区居委会工作标准化系列手册（社区居务通）。全面推广社区服务站改革。按照空间、资源、事项“三集成”思路，形成“厅站合一”“一站多居”“一站一居”三种模式，全面实行“综合受理+全岗社工”模式，推进城市地区96个社区服务站改革示范点建设，全面提升社区服务效能。（宋 丛）

【社区减负增效】 年内，全区新建社区17个，其中11个为原大型社区优化规模分立形成的新社区。完善社区表格清理保留清单，市级社区填报表格事项由16个部门44项精简为7个部门7项，区级精简填报事项由19个部门78项精简为3个部门3项。制定社区减负整改方案，明确督查举报机制，研究制定社区减负工作准入联审制度，规范社区工作准入流程。（宋 丛）

【社区成长伙伴计划】 年内，区委社会工委在全区开展“社区成长伙伴计划”，制定《朝阳区社区成长伙伴计划三年行动方案（2019年—2021年）》，按照“三类两级”标准（“三类”即商品房小区、老旧小区、保障房小区，“两级”即潜力社区、提升社区，具体比例为2∶3）摸排出样本小区50个，联合4队（理论专家团队、实践专家团队、社会组织专业团队、社区专员团队），对社区治理重点难点问题一对一、多对一会诊，指导社区探索实践，实现社区治理能力和治理水平全面提升。深化居民议事协商规范长效发展。持续推进68个居民议事厅规范化建设，启动社区月协商计划，在全区466个社区开展每月社区协商。（宋 丛）

【社会组织参与社会治理】 年内，社会组织1004家，便民服务业行业组织、互联网金融协会、物业管理协会等社会组织成立。编制政府购买社会组织服务政策法规汇编和操作手册，支持社会组织服务项目1600余个，区委社会工委安排预算和带动配比资金7206.8万元。社区创享计划以“多彩精致和谐社区”为主题，引入“社区规划师”，倡导街乡“社区微景观”设计。制发《在全区部分街道社区开展社会心理服务站点建设的工作方案》，“1+9”（建设1家区级社会心理服务中心，在呼家楼等9个街道建立社会心理服务站点）社会心理平台建设完成。建立社会组织“双报到”机制，推动社会组织到所在地街乡、社区村报到，参与社区事务，社会组织服务群众纳入年检年报、评估评优。援派4家社工机构12名专业社工帮扶河北省保定市唐县、河北省张家口市康保县、阳原县和内蒙古乌兰察布市卓资县，培养本土社工人才，推动当地社会工作发展。（宋 丛）

【城市精细化管理】 年内，各街道健全环境清洁日制度、强化楼道堆物堆料长效机制建设，深化拆违控违、“开墙打洞”治理。全年违法建设拆除和管控挂账任务10.13万平方米，拆除挂账任务19.39万平方米，完成191.55%，24个街道均超额完成全年任务。推进“基本无违法建设街道”试点创建，督促望京、东湖、左家庄、香河园、亚运村、机场6个市级试点街道，呼家楼、团结湖、潘家园3个区级试点街道开展治理。全年各街道累计治理“开墙打洞”106户，完成任务100%，实现街道系统“开墙打洞”动态清零。推进众享生活圈建设，投入资金6082.47万元，重点支持奥运村、机场、潘家园、双井、团结湖、朝外等6个街道众享生活圈建设项目，完善各项便民服务设施。（宋 丛）

【“疏整促”任务超额完成】 年内，区委社会工委统筹各街道综合运用地下空间治理、人防工程清整、群租房整治等手段，指导各街道把任务实化到各社区项目点位。各街道均完成任务，累计涉及人口1.74万人，进度144.2%。全年完成市级挂账市场7家，进度100%。全年整治占道经营77处，整治无证照餐饮516处，压缩培训结构12家，规范办学机构3家，整治人防工程440处，清理普通地下室13处，均完成任务。（宋 丛）

【社工队伍建设】 年内，社区工作者公开招考参加考试7860人，招考比例比上年提高2.6%，录用1144名，印发《朝阳区社区工作者交流实施办法（试行）》。完成退离居委会老积极分子待遇提升，提高生活补贴。开展每个季度1个主题学习活动，全体社区工作者参加。完善“朝阳区社区工作者教育培训课程体系”，全年区级培训2010人次，社区工作者持证率36.6%，开展“金葵朝阳”志愿者表彰活动和朝阳社工“金蜜蜂”表彰活动。（宋 丛）

【社会领域党建】 年内，24个街道实现街道级党群服务中心中心全覆盖，提出《朝阳区城市党群服务中心规范化建设指导意见》，街道系统全年建设优秀书记工作室26个，特色工作室22个，选出社区党组织书记249名，全年发展党员301名，评选优秀党建品牌20个和红色头雁200名，1名优秀社区书记选聘到公务员队伍，为街道配备专职党务工作者94名。（宋 丛）

人力资源管理

【概况】 朝阳区人力资源和社会保障局（简称区人力资源社会保障局）是负责全区人力资源和社会保障工作的区政府工作部门，正处级。3月机构改革，行政编制调整为81名；内设科室调整为办公室、法制科、就业促进科、人力资源管理科、事业单位人事管理一科、事业单位人事管理二科、专业技术人员管理科、职业能力建设科、就业资金管理科、劳动关系科（调解仲裁科）、机关事业单位工资福利科、职工养老保险管理科、居民养老保险管理科、工伤保险管理科、社保基金监督科、信访科、财务科、党建工作科、人事科19个；下属事业单位调整为朝阳区社会保险基金管理中心、朝阳区人力资源公共服务中心、朝阳区劳动人事争议仲裁院、朝阳区劳动保障监察队、朝阳区劳动服务管理中心、朝阳区考试鉴定中心、朝阳区职业能力建设指导中心（朝阳区人力资源和社会保障局信息中心）、朝阳区劳动能力鉴定中心8家。年内，规范人力资源市场建设，深化事业单位人事制度改革，加强专业技术人员队伍建设。新办工作居住证10206人，办理续签业务7706人，各类变更业务11346人。事业单位招聘1450人。招录乡村振兴协理员19人。接收非北京生

源应届毕业生800人。办理人力资源行政许可、备案、报告198家，完成576家人力资源机构换证。（齐媛媛　牛敏娜）

【高级专业技术人才推荐】 2月至8月，区人力资源社会保障局分批组织开展中关村直通车正高级工程师，正高级经济师、正高级会计师以及图书资料系列科学传播研究馆员等高级专业技术人才评审推荐工作，9人获正高级工程师职称，3人获正高级经济师职称，1人获正高级会计师职称，1人获研究馆员职称。（苑　媛）

【中小学教师职称评审】 4月至10月，区人力资源社会保障局开展中小学教师职称评审工作。全区评审通过正高级教师16人，高级教师316人，一级教师719人，初级教师1769人。（苑　媛）

【事业单位人事管理平台启用】 8月，区人力资源社会保障局启用事业单位人事管理平台，全区事业单位可在网上办理岗位设置调整、人员调动晋升等业务，实现人事管理信息化模式。（唐心童）

【高校毕业生就业服务活动】 10月17日至12月21日，区公共服务中心在全区开展以“精准对接，精细服务，助推更高质量就业”为主题的北京地区高校毕业生就业服务季专项活动。为毕业生提供现场招聘、就业创业指导、政策宣讲、现场咨询等服务。活动期间，开展各类就业创业专题讲座、参观、指导10余次，现场招聘会4场、校园招聘会7场，200余家单位提供4488个岗位，719人达成初步就业意向。（刘晶晶）

【积分落户】 年内，区公共服务中心推进北京市积分落户工作，全年窗口接待服务申请人员5001人次，接听咨询电话21268次，协助28235人8228家单位完成系统申报注册工作，线上数据审核夫妻关系6728人，自有住房4817人。1438人取得落户资格。（刘晶晶）

【博士后工作站建设】 年内，东方园林有限公司、超图软件有限公司、美团点评集团3家博士后企业分站成立。给予新设立企业分站20万元启动经费资助，用于购买仪器设备、实验材料等。（苑　媛）

【博士后经费资助】 年内，区人力资源社会保障局开展朝阳区博士后经费资助工作，资助博士后科研人员13名、优秀科研项目51个，资助金额262万元，其中，日常经费资助52万元，科研活动资助200万元。（苑　媛）

【外国人来华工作许可受理】 年内，外国人来华工作许可受理接待9698人次，成功受理各项业务7303件，其中受理A类高端人才67件，制发外籍人才来华工作许可证4844张。（苑　媛）

【事业单位招聘】 年内，全区事业单位公开招聘公布岗位402个，实际聘用316人；教育系统事业单位公布招聘岗位1567个，实际聘用1040人；卫生系统事业单位公布招聘岗位387个，实际聘用94人。（唐心童）

▲ 1月29日，区公共服务中心在团结湖街道举办“就业援助月”专场招聘会　（王　烨　摄）

【享受特殊津贴人员评选】 年内，区人力资源社会保障局开展第六届享受政府首席技师（员工）特殊津贴人员评选，评出20名享受区政府首席技师特殊津贴人员和6名享受区政府首席员工特殊津贴人员，给予每人3万元或2万元一次性资助，资助72万元。（李伟松）

就　业

【概况】 年内，区人力资源社会保障局推动区内实现更高质量和更充分就业。区内城镇登记失业率0.72%。城镇登记失业人员实现就业2.19万人，其中就业困难人员实现就业1.70万人。全年开发就业岗位11.12万个。认定12家定点技能培训机构，承担本市城镇失业人员、农村转移就业劳动力和外省市来京务工人员等政策性培训任务。审批发放促进就业政策资金1.46亿元。启动充分就业区创建工作。（齐媛媛）

【“就业援助月”专项活动】 1月3日至30日，区公共服务中心在全区开展以“就业帮扶，真情相助，不让一个困难群众掉队”为主题的就业援助月专项活动。走访就业困难人员和零就业家庭2786户，组织开展主题招聘日、残疾人专场招聘会、综合招聘洽谈会、职业指导大讲堂等活动44场，帮扶2854人次，援助1900人实现就业。（刘晶晶）

【“春风行动”专项活动】 2月12日至3月15日，区公共服务中心在全区举办以“促进转移就业，助力增收脱贫”为主题的“春风行动”专项活动。发布岗位信息1.6万余个，发放宣传材料2.4万份，为1239人提供各类指导和帮扶，联合区妇联、各街乡召开主题招聘日、妇女专场招聘活动、送岗进社区等各类活动25场，帮扶1935人实现就业。（刘晶晶）

【企业就失业监测机制建立】 6月起，区人力资源社会保障局建立辖区企业就失业情况监测工作机制，从社保减员、裁员备案、新增失业人员来源、集体争议仲

裁、监察举报、信访舆情6个方面按月监测区域企业裁减人员情况。（朱　琳）

【就业工作领导小组调整】 11月20日，区社会保障和就业工作领导小组由联席会议制度升级并更名为区就业工作领导小组，作为区政府议事协调机构。小组由区政府办、区发改委等21家单位组成，由区委常委、常务副区长马继业担任领导小组组长。领导小组主要负责统筹协调、指导推进和督促落实全区就业工作。办公室设在区人力资源社会保障局，承担领导小组日常工作，办公室主任由区人力资源社会保障局局长担任。（任奕霏）

【城镇失业人员登记】 年内，朝阳区城镇登记失业率0.72%，登记失业人员就业率72.06%。城镇登记失业人员实现就业2.19万人，其中就业困难人员实现就业1.70万人。全年开发就业岗位11.12万个。（任奕霏）

【农户就业增收帮扶】 年内，朝阳区开发出停车管理员、流动协管员、绿化工等城市公共服务岗位600余个，重点面向以密云为主的远郊区。全年安置远郊区农村劳动力2713人，其中新增安置513人。（任奕霏）

【就业资金审批】 年内，区人力资源社会保障局审批拨付区级促进就业资金1.46亿元，涉及645家单位，2.7万人，主要用于托底安置就业困难人员和稳定农村劳动力就业等。（朱　琳）

【职业技能提升行动】 年内，区人力资源社会保障局制定实施《北京市朝阳区职业技能提升行动实施方案（2019—2021年）》，围绕商务服务、金融、文化创意、高新技术4大重点产业和体育休闲、科技服务、健康养老3大新兴产业，实施新生劳动力试航行动、重点群体启航行动、企业职工续航行动、重点领域通航行动、高技能人才领航行动、基础建设护航行动，开展全员劳动者、全职业生涯和全过程衔接职业培训，全面提升技能劳动者整体水平。（李伟松）

【民办职业技能培训机构分级评估】 年内，区人力资源社会保障局对申请变更的52所民办职业技能培训学校依法予以变更。印发《朝阳区民办职业技能培训机构分级评估工作实施方案》，分级评估56所民办职业技能培训机构，评估内容包括党建德育、安全管理、合规性、效益性和发展性，12所被认定为A级机构、37所被认定为B级机构、3所被认定为C级机构、4所被认定为D级机构，评估有效期2年。分级评估结果作为民办培训机构政策倾斜参考依据，在政府购买服务、升级增项、推荐参加师资培训、教师评优、委托调研、交流考察等活动中，优先选择A级机构，D级民办培训机构，需限期整改。（李伟松）

【城乡劳动力职业培训】 年内，区人力资源社会保障局认定12家定点技能培训机构，承担北京市城镇失业人员、农村转移就业劳动力和外省市来京务工人员等政策性培训任务。全区开展技能培训102052人，其中女性32264人、北京市城镇劳动力16001人、北京市农村劳动力4041人、外省市来京务工人员59744人、其他人员22266人；非等级培训69983人，职业资格培训32069人，其中初级工培训22326人、中级工培训6832人、高级工培训1360人、技师培训1287人，高级技师培训264人。年内审批职业培训补贴5081人422.9万余元，其中北京市城镇失业人员2673人、外省市来京务工人员2408人；失业保险基金负担156.2万余元，财政就业专项资金负担266.7万余元。（李伟松）

【劳务协作技能扶贫】 年内，区人力资源社会保障局对河北省唐县、康保县、阳原县，内蒙古自治区卓资县，新疆维吾尔自治区墨玉县、新疆建设兵团十四师四十七团开展技能帮扶，举办培训班136期，培训当地劳动力7113人，其中建档立卡贫困劳动力6049人，促进4261名建档立卡贫困人口实现就业，就业率71%，致富带头人145人，创建劳务实训基地2家。（李伟松）

【劳务对接扶贫行动】 年内，区公共服务中心到河北省康保县、阳原县、唐县，内蒙古自治区卓资县开展就业服务，组织现场招聘活动7场，提供就业岗位3.6万个，1.9万余当地劳动力参加活动，700余人现场与企业初步达成就业意向，发放宣传材料2.7万份，提供政策咨询、职业指导等就业服务6900余人次。（刘晶晶）

【职业技能培训】 年内，区人力资源社会保障局开展技能人才培训102052人，男性69788人，女性32264人。其中培训外省市来京务工59744人，北京市城镇劳动力16001人，北京市农村劳动力4041人，其他22266人。其中等级培训32069人，其他适应性培训69983人。认定12家定点培训机构的23个工种承担北京市政策性职业技能培训工作，全年培训5081人，其中北京市城乡劳动者2673人，外省市来京务工人员2408人。审批职业培训补贴资金422.988万元。（黄　姗）

【援企稳岗】 年内，区劳服中心审批申请失业保险费返企业3940家，审批资金3.15亿元，比上年分别增长27.18%，37.46%，补贴266家用人单位社会保险4841.52万元、涉及2766人，稳定70.76万人就业。（李　白）

社会保障

【概况】 年内，区人力资源社会保障局加快提升社会保险服务保障效能，构建和谐稳定劳动关系。各项社会保险基金累计征缴973.2亿元，累计支出454.6亿元。完成综合计算工时工作制和不定时工作制审批761件。受理劳动人事争议案件26872件。劳动监察部门检查用人单位13808家。3月机构改革，区人力资源社会保障局的城镇职工和城镇居民基本医疗保险、生育保险、新型农村合作医疗职责，区发改委的药品和医疗服务价格管理职责，区民政局的医疗救助职责整合，组建区医疗保障局（简称区医保局）。年内，区医疗保障局整治欺诈骗取医疗保障基金行为，推动医耗联动综合改革，完成医疗保险审核、跨省异地就医直接结算等工作。（齐媛媛）

【建设征地补缴社会保险】 1月15日，区社保中心完成金盏地区、南磨房地区、奥运村街道转非劳动力社会保险业务1643人，涉及一次性趸缴金额1.38亿元。农转非延迟补缴0.86亿元。9月，完成崔各庄乡、孙河乡和金盏乡转非劳动力社会保险业务7569人，涉及一次性趸缴金额8.96亿元。（姜桂枝）

【社会保险待遇资格认证】 2月14日，根据市社保中心《关于做好2018年异地居住人员领取社会保险待遇资格认证工作的通知》要求，区社保中心首次采用“北京通——社保认证”服务系统开展网上人脸识别认证，资格认证人员3745人，通过认证3517人，未认证228人，停发未认证者所享受的社会保险待遇。3月，区社保中心启动城乡居民基本养老保险2018年度待遇领取人员公示工作。待遇领取人员2.3万余人，疑似2人，做中断领取处理。 （姜桂枝）

【药品集中采购和使用试点督导】 3月23日，区医保局领导班子及区卫健委相关领导分别带队到垂杨柳医院、劲松社区卫生服务中心现场督导药品集中采购和使用试点首日工作。实地检查门诊药房和门诊科室，了解药品采购储备情况，查看药品信息系统切换升级情况，查阅首张成功结算的药品处方票据，了解医务人员对药品集中采购和使用试点工作政策掌握情况，询问推进试点工作的困难。 （何　京）

【欺诈骗取医疗保障基金行为整治】 4月，区医保局开展打击欺诈骗保集中宣传月活动，向340家定点医疗机构、75家定点零售药店、43家社保所发放宣传海报3600余套18000余页，宣传折页60000余页，向医师、药师、参保患者宣传就医行为规范，违规行为如何处理等。年内，区医保局、区卫健委、区人力资源社会保障局、公安朝阳分局、区市场监管局、区税务局联合开展打击欺诈骗取医疗保障基金专项工作。区医保局核查75家定点零售药店，331家医疗机构及28家定点医疗机构的手工医疗票据真实性、医院外配处方、参保人就医信息等，追回违规费用339.68万余元。筛选完成需核查手工报销住院费用真实性7000余笔，面向全国发放核查函1828份，约谈调查可疑参保企业27家，完成全区26520名门诊费用2万余元人员数据分析，约谈累计开药超量大于3000元的个人，发警示告知书854份，个人约谈684人次，追回484人违规费用205.52万元。 （何　京）

【医耗联动综合改革督导】 5月22日，区医保局党组书记、局长商建英带领督导组分别到朝阳中西医结合急诊抢救中心、朝阳急诊抢救中心、垂杨柳医院等定点医疗机构督导医耗联动综合改革准备工作。区医保中心等相关部门负责人一同检查。督导组了解医院改革工作前期系统维护、模拟测试，政策宣传培训、应急值守及处置预案制定等改革工作准备情况。实地检查门诊收费模拟系统，了解相关耗材、检验项目价格维护情况，查看信息系统切换升级准备情况。6月15日，区医保局全员值守，启动医耗改革保障工作。 （何　京）

【区协调劳动关系三方委员会成立】 8月27日，区协调劳动关系三方委员会成立。主要负责完善区、街乡协调劳动关系三方委员会组织建设，指导街乡成立协调劳动关系三方委员会，指导和监督区、街乡协调劳动关系三方工作开展情况；研究全区企业劳动关系状况及发展趋势，分析全区经济发展及劳动关系政策调整对劳动关系的影响等。主管副区长任主任，成员单位包括区委统战部、区法院、区发展改革委、区农业农村局、区民政局等16家单位。 （董俞含）

【医保互动体提质增效培训】 11月11日，区医保局召开医保互动体提质增效培训会，110家医疗机构150余人参会。培训围绕提质增效调研方向，讲解医保支付理论与实践、统计分析案例解析、总控工作管理措施、医保数据利用分析等内容。7家医疗机构交流费用指标数据、信息系统建设、数据分析等工作经验。 （何　京）

【劳务派遣业务行政许可审批】 年内，区人力资源社会保障局完成经营劳务派遣业务行政许可新申请177件、变更申请99件、延续申请91件。 （董俞含）

【城镇职工社会保险】 年内，全区基本养老保险、失业保险、工伤保险的参保单位数分别为14.77万户、14.58万户、14.96万户，比上年分别增长8.84%、8.81%、8.64%。基本养老保险、失业保险、工伤保险参保人数分别为363.92万人、285.50万人、257.20万人，比上年分别增长4.29%、6.07%、3.76%。各项社会保险基金累计征缴9732749万元，累计支出4545848万元，分别完成全年征缴指标和支出预算的98.44%、93.28%。 （姜桂枝）

【机关事业单位基本养老保险】 年内，朝阳区机关事业单位基本养老保险基金累计收入20.35亿元（含财政补助6亿元），基金累计支出22.72亿元。职业年金累计收入6.65亿元，累计支出29万元。 （姜桂枝）

【城乡居民基本养老保险】 年内，全区城乡居民基本养老保险参保人数2.88万人，收缴保费43796.04万元；支出待遇43143.66万元。 （姜桂枝）

【城乡居民基本医疗保险】 年内，朝阳区通过缴费或免缴费认证完成2020年度城乡居民基本医疗保险参保缴费40.6万人。 （姜桂枝）

【社会保险关系转移】 年内，全区养老保险关系跨省转入8568人，转入金额45538.72万元；转出24199人，转出养老保险金额97849.88万元；医疗保险关系跨省转入7719人，转出16248人。 （姜桂枝）

【社会保险稽核】 年内，区社保中心稽核案件2663件，比上年上升62%。稽核检查18945人，补缴4013人，补缴金额10738.16万元。其中，通过开通“稽核简易工作程序”立案1705件，占同期投诉案件64%。稽核补缴人员3299人，稽核补缴金额累计9902.61万元。 （姜桂枝）

【社会保险缴费工资申报】 年内，区社保中心完成全区社会保险缴费工资申报9万余家，对未成功申报单位，上调至上年度缴费基数110%。 （姜桂枝）

【医疗保险审核】 年内，区医保局审核结算医疗保险费用157.84亿元，比上年增长13.97%。基本医疗全区审核结算医疗保险费用153.42亿元，比上年增长13.35%，拒付、追回各类医疗费用1260.63万元。个人疑问数据筛查12.15万条，警示、约谈1410人次，追回497人违规费用205.51万元。 （何　京）

【医疗保险总额控制】 年内，医疗机构基金累计申报134.95亿元，比上年增长

6.98%。其中，总额预付医疗机构基金申报127.70亿元，占比94.63%；总量控制医疗机构基金申报7.25亿元（含精神病住院费用），占比9.10%；总额预付基金同期指标使用率100.04%，比上年下降4.56%；总量控制基金同期指标使用率102.02%（不含精神病住院费用），比上年增长14.872%。（何　京）

【跨省异地就医直接结算】 年内，朝阳区审核结算跨省异地就医直接结算住院费用154196笔，涉及金额52.2亿元，基金支付29.69亿元，比上年分别增长89.3%、91.4%、93.8%。其中朝阳区医院等11家三甲医院异地就医直接结算134906笔，基金支付26亿元，占比分别为87.5%、87.6%。河北省异地就医直接结算49439笔，基金支付9.1亿元，占比分别为32.1%、30.7%。（何　京）

【医保医师管理】 年内，医保医师备案18206人，医保医师培训13次1036人次；考核医保医师12次，违规扣分医师1619人次，表彰30家医疗机构及297名医师。（何　京）

【劳动监察执法】 年内，区劳动保障监察队检查用人单位13808家，立案3194件，其中巡查立案15件；受理投诉举报3430件；快速调解各类劳资纠纷3425件，调解完成2572件。妥善处置群体突发讨薪事件110起；做出行政处罚636件，送达处罚金额189.07万元，其中简易处罚537件，送达处罚金额4.35万元；做出行政处理22件，各项处理金额4711.74万元。申请法院强制执行案件53件。为2412名劳动者追讨被拖欠工资3885.34万元，其中为1442名农民工追回拖欠的工资1785.96万元。开展各类专项检查行动6次，内容涉及农民工工资支付、清理整顿人力资源市场秩序、工程建设领域政府投资项目联合执法、用人单位遵守劳动用工和社会保险法律法规情况等方面，出动执法人员700余人次，检查用人单位2555家，涉及劳动者6.85万余人，为284名农民工补发工资297.59万余元。开具企业守法证明协查函688份，审查合格后开具守法证明429份。协助审核审查企业1028家。（文明智）

【劳动监察“两网化”建设】 年内，区劳动监察“两网化”（实行网格化管理和推进网络化信息系统建设）管理系统完成用人单位信息采集25948家，其中更新用人单位信息23732家，新采集2216家。（文明智）

【劳动用工书面审查】 年内，区劳动保障监察队书面审查用人单位2997家，涉及劳动者13.03万人。参加书面审查的用人单位，社会保险参保率98.2%，劳动合同签订率98.8%，持证上岗率100%。（文明智）

民族　宗教

【概况】 朝阳区民族宗教办公室（简称区民宗办）是主管全区民族宗教事务的政府职能部门。3月，区委统战部与区民宗办合并。年内，朝外街道被评为“北京市民族团结进步创建示范单位”“全国民族团结进步示范单位”，北京市和平街第一中学被评为“全国民族团结进步模范集体”，常营地区办事处秦建成被授予“全国民族团结进步模范个人”称号。（孙　洁）

【国家民族事务委员会研讨班到区考察】 12月5日，国家民族事务委员会监督检查司副司长李钟协带领新时代民族团结进步创建工作专题研讨班一行35人到朝阳区考察民族团结进步创建工作，市民宗委副主任周景晓、区委统战部副部长宝月凤一同考察。考察团参观朝外街道一站式便民服务大厅和月盛斋便民超市等商家，了解“社区邻里节暨民族小吃节”“春分朝阳文化节”等特色民族团结进步品牌活动开展情况。到芳草地国际学校民族校区，听取民族校区校园文化、教育理念和民族课程介绍，观摩学校“一班一族”课程文化展示。到回族革命先烈马骏烈士墓默哀致敬，听取关于民族烈士生平介绍。（孙　洁）

【和谐寺观教堂创建活动】 年内，区委统战部（区民宗办）开展以国旗、宪法和法律法规、社会主义核心价值观、中华优秀传统文化进宗教活动场所（简称“四进”）为主题的和谐寺观教堂创建活动。全区依法登记的宗教活动场所每逢国家重大节日和宗教重要活动举行升旗仪式，部分宗教活动场所设立图书室。区伊斯兰教协会组织宗教界和教职人员坚持每月政治学习制度，举办爱国主义教育等主题培训和讲座10余次。（孙　洁）

老龄事业

【概况】 朝阳区人民政府老龄工作办公室（简称区老龄办）主要负责推动朝阳区老龄事业发展和老龄事务管理工作，年内机构改革，原区老龄办更名为区老龄事业发展中心，隶属关系由区民政局所属调整为区卫生健康委所属。年内，不断提升养老服务质量，推进有需求高龄老人“一键呼”服务全覆盖，为30.4万余名老年人提供健康管理服务。（宋　丛）

【养老助残卡启用】 年内，63.6万名朝阳户籍老年人办理养老助残卡，老年人可持养老助残卡享受公交、公园与景区等优待政策。（宋　丛）

【养老服务“一键呼”】 年内，朝阳区提升智慧养老服务水平，推进朝阳区户籍有需求高龄老人“一键呼”服务全覆盖。“一键呼”智慧养老服务系统包括一键式急救绿色通道、一键式健康咨询服务和一键式便民养老服务3个部分。通过搭建信息化平台，在老年人家庭安装智能服务终端的方式，实现应急救助、健康管理和居家养老服务“一键呼叫”。（宋　丛）

【养老驿站建设】 年内，朝阳区推进在“空白点”和老年人集中街乡建设驿站，落地养老服务驿站23个，正式备案运营养老驿站20个，分别完成市级任务的115%和111%，备案养老驿站总数占全市20%，全区10余个养老驿站具备助医服务能力，开展助医服务2万余人次。（宋　丛）

【适老化改造】 年内，区民政局、区老龄办继续对5000余名独居老人开展巡视探访服务，推进养老服务需求满意度调查。通过老年人状况评估、适老化设备配置、家庭改造等工作，完成400户困难、失能老年人家庭适老化改造。（宋　丛）

【孝亲敬老园建设】 年内，朝阳区建成香河园街道、朝外街道、小关街道、望京街道和小红门地区5个街乡孝亲敬老园。全区建成孝亲敬老园34处。 （宋 丛）

【老年人健康管理】 年内，朝阳区为30.4万余名老年人提供健康管理服务，老年人健康管理率71.22%。37家社区卫生服务中心为重点老年人开展健康评估工作1166人次，为失能高龄老人提供助医服务3825人次，建立家庭病床101张。为133名80岁以上老人提供“一键式”家庭医生服务，服务3554次。 （孙悦 姚雯）

残疾人事业

【概况】 朝阳区残疾人联合会（简称区残联），是经区委区政府批准成立的残疾人自身代表组织、社会福利团体和事业管理机构融为一体的残疾人事业团体，代表残疾人共同利益，维护残疾人合法权益；团结帮助残疾人，为残疾人服务；管理和发展残疾人事业。内设办公室、财务室、组联部、康复部、教就部、宣文部6个科室，下辖朝阳区残疾人劳动就业服务所、朝阳区残疾人综合活动中心、朝阳区残疾人就业保障金征缴审核中心3个事业单位。辖区43个街道办事处、地区办事处（乡政府）均设立残联，397个社区（村）成立残疾人协会，形成三级组织工作网络。年内，推进区残联改革，完成残疾人证（卡）办理、残疾人康复服务、残疾人就业和社会保障、残疾人文化体育、基层残疾人组织联络等工作，启动朝阳区无障碍环境建设专项行动，举办朝阳区残疾人庆祝中华人民共和国成立70周年群众性文化体育才艺展示活动，开展轮椅健身操推广培训项目。“光明影院”无障碍放映厅落地区残疾人职业康复中心，每月为盲人朋友免费放映一场无障碍电影。为全区600名肢体残疾人提供康复需求评估。区残联被中国残联、国家体育总局评为2015—2018年全国残疾人体育先进单位。在市残联举办的“首善凝大爱、助残焕新篇”2019年北京市助残社会组织及优秀残疾人服务项目展示交流活动中，朝阳区开展的“融汇关爱 智爱新生”等15个助残项目分别获优秀示范项目2个、杰出项目4个、发展进步项目9个，肢体残疾人李辉承接的公益微创投项目轮椅太极养生操《静韵·山水》获最佳人气奖。 （李 珍）

【“爱耳日”宣传活动】 3月1日，区残联在兴隆家园社区开展以“关爱听力健康，落实国家救助制度”为主题的第二十次全国“爱耳日”宣传活动。活动以发放宣传材料、专家咨询、免费义诊等方式普及耳聋预防知识，教育引导居民养成良好卫生习惯和健康生活方式，增强爱耳护耳意识。 （李 珍）

【基层残疾人工作者素质教育培训】 5月13日、14日、20日、21日，朝阳区2019年基层残疾人工作者素质教育培训会在区残疾人职业康复中心召开。邀请北京高商律师事务所专职律师李晓丹、北京市委党校教授刘汉峰、北青教育传媒老师杨金华讲解家庭财产继承、意识形态、摄影知识等内容。街道（地区）残联理事长、专职工作者、残疾人协管员及社区（村）残协专职委员500余人参加。区残联副理事长杨瑞臣作开班动员。 （李 珍）

▲ 3月1日，区残联举办第二十次“爱耳日”义诊宣传活动 （周迎春 摄）

【“全国助残日”眼病筛查活动】 5月6日至17日，区残联举办以“加强残疾预防，健康助力中国梦”为主题的第二十九次“全国助残日”眼病筛查活动。聘请英智爱尔眼科医院、北京民众眼科医院在劲松、双井、东风、亚运村、小关、小红门、王四营7个街乡开展眼底病筛查与干预专项活动，筛查近视、弱视、黄斑病变、青光眼、白内障等眼疾3500余人，普及残疾预防知识和解答相关政策。 （李 珍）

【双料助残大礼包进社区活动】 5月10日，区残联在劲松街道开展“送健康、送文艺”双料助残大礼包进社区活动，200名残疾人和居民参加活动。活动免费为社区残疾人及居民开展眼病筛查、测量血压、健康知识宣传、健康咨询、保健技能实地传授等，表演声乐、器乐、舞蹈、歌曲、戏曲等节目。 （李 珍）

【全国助残日残疾人专场招聘会】 5月15日，区残联举办以“自强脱贫 助残共享”为主题的全国助残日残疾人专场招聘会，100余名残疾人参加招聘会，20家招聘单位现场提供62个残疾人就业岗位，招聘单位收到简历195份，34名残疾人达成初步就业意向，为16名求职者建立求职档案。 （李 珍）

【助学服务】 5月17日，由区残联、区教委、区特殊教育中心主办，北京安华学校承办的朝阳区残疾人学生助学服务项目启动仪式在安华学校举行，特教学生及家长450余人参加。市残联教就部解读助学服务政策，区残联提供办证、辅具申领、康复训练等咨询服务，区特殊教育中心提供教育咨询服务。5月27日、31日，区残联联合区教委、区特殊教育中心分别在区儿童福利院、朝阳实验小学新源里校区举办“助学服

务 融合共享”庆六一儿童节扶残助学慰问暨助学服务活动。活动讲解助学服务项目，为残疾儿童送慰问品，提供康复、辅具、无障碍、办证和社会保障等政策咨询服务，为60名学生建立助学服务档案。全年举办四场专题活动，922人参加，上门助学97人，集中助学167人，分散助学15人，建立助学服务档案283份。（李 珍）

【残疾人文体骨干素质教育培训】 5月29日至30日，区残联举办残疾人文体骨干素质教育培训班，培训讲解中国共产党与中国道路、培育践行社会主义核心价值观和新时代文化发展、冬残奥会知识等内容，区残疾人书画家联谊会、摄影爱好者联谊会、七彩梦文学社、残疾人艺术团、乒乓球俱乐部等130余人参加。（李 珍）

【残疾人非遗技艺作品展】 6月13日，区残联在区残疾人职业康复中心举办残疾人非遗技艺作品展。展览汇集景泰蓝掐丝工艺画、老北京毛猴制作、老北京风车制作、彩绘团扇、彩绘京剧脸谱、彩绘宫廷风筝、宫廷串珠编制和红木漆艺吊坠等8个培训班学员100余件作品。蓝调庄园文化有限公司，国际商业机械（IBM）公司，街乡残联代表、职康站负责人和学员代表60余人参加开幕式。（李 珍）

【残疾人大学生职业训练营】 7月10日至12日，区残联在区残疾人职业康复中心举办残疾人大学生职业训练营，18名应届毕业大学生参加。邀请往届就业大学生代表分享就业经验，为参训学员建立就业服务档案，介绍就业优惠政策，开展职业兴趣和职业能力测评，组织学员到中国科学院心理研究所梦工厂、IBM北京总部参观交流。（李 珍）

【残疾人就业雇主培训】 7月23日至24日，区残联、区税务局联合举办2019年残疾人就业雇主培训会。培训讲解2019年残疾人就业审核、残疾人就业保障金征缴政策和申报流程，残疾人就业形式、安置残疾人就业优惠政策，企业建设残疾人帮扶性就业基地经验做法等内容，区残联部署2019年残疾人就业审核工作。残疾人就业单位人力资源部门或财务部门负责人600余人参加。（李 珍）

【温馨家园融合发展】 7月25日，区残疾人温馨家园融合发展工作推进会召开。亚运村街道、高碑店地区、将台地区、大屯街道、东坝地区5个试点单位街乡分别作温馨家园与养老驿站的融合发展模式，温馨家园与养老驿站、社区卫生服务站的“一园两站”模式，温馨家园与社区服务中心融合发展模式，党建引领温馨家园、提升服务质量，引入社会力量推进温馨家园康养护融合发展的交流发言。区委常委、副区长、区残工委主任李长萍对全区残疾人温馨家园融合发展工作提出要求。相关残工委成员单位，43个街道（地区）残联主管领导、理事长80余人参加会议。（李 珍）

【庆祝中华人民共和国成立70周年才艺展示】 9月20日，区残联举办以“我和我的祖国”为主题的朝阳区残疾人庆祝中华人民共和国成立70周年群众性文化体育才艺展示活动。各专门协会主席、副主席，残疾人艺术团，残疾人文体骨干，残疾人代表，助残志愿者等200余人参加活动。活动分为同心同梦、同路同行、祝福祖国、共绘明天4个篇章，演出有10个节目，融合健身操、歌曲、舞蹈、京剧、诗朗诵、民乐演奏等表演方式。残疾人工作者和残疾人舞蹈队共同表演《我和我的祖国》，传达区残联和残疾人“守望相助、和谐一家”的理念。（李 珍）

【第十届全国残运会上获佳绩】 9月，区残疾人运动员在第十届全国残疾人运动会暨第七届特殊奥林匹克运动会上获佳绩。区残疾人竞技体育运动员28名、教练员10名参加夏季竞技体育10个项目，获奖牌64枚，金牌20枚，银牌27枚，铜牌17枚。其中肢体残疾人运动员张京杰男子800米跑破全国纪录，女子游泳4×50米接力破全国纪录。7名队员获2枚金牌，6名队员获北京团突出贡献奖。区残疾人群众体育运动员12名，教练员2名参加残疾人群众体育4个项目，获奖牌7枚，金牌1枚，银牌4枚，铜牌2枚。（李 珍）

【区残联专门协会获奖】 12月3日，在第五届北京市残联专门协会“学听跟”专项活动暨第五届主题活动成果展示活动中，区精神残疾人及亲友协会《坚持文化自信的真实践行》、聋人协会《“我爱我的国”——斯巴达勇士赛“聋听共融”》获最佳案例奖，盲人协会《有声世界 无限光明》、肢体残疾人协会《践行“学听跟”同心共圆梦——朝阳肢协党员先锋队成立一周年》、智力残疾人及亲友协会《诵爱国诗篇 抒爱国情怀》获优秀案例奖，《区残联专门协会联合党支部在“学听跟”活动中充分发挥党支部战斗堡垒作用和党员先锋模范作用》获联合案例奖。盲人协会主席曹军、智力残疾人及亲友协会主席孙丽红获市级优秀主席称号，区残联获优秀组织单位奖。（李 珍）

▲ 9月20日，区残联举办庆祝中华人民共和国成立70周年群众性文化体育才艺展示活动（解树旺 摄）

【无障碍环境建设】 12月9日，朝阳区召开无障碍环境建设专项行动推进会，80

余个单位主要领导参加会议。会议部署朝阳区无障碍环境建设专项行动工作，明确2019—2021年工作任务。市规自委朝阳分局、区交通委、区城管执法局和奥运村街道办事处主要领导作交流发言。12月11日，区残联组织召开朝阳区无障碍环境建设专项行动工作培训会，讲解无障碍系统使用、台账建立、无障碍监督等内容，75家单位800名系统管理员、台账管理员和无障碍环境监督员参加培训。年内，区残联制定《北京市朝阳区进一步促进无障碍环境建设2019—2021年行动方案》，80余个单位被纳入成员单位，形成“1+40+43”工作机制，即区无障碍环境建设领导小组办公室、40家委办局、43个街道（地区）办事处，明确职责分工，落实城市道路无障碍、公共交通无障碍、公共服务场所无障碍、信息交流无障碍四方面任务。（李　珍）

【残疾人证办理】 年内，区残联网上办理残疾人证事项8500余件，全区持证残疾人5.45万人。残疾人入户评定70人次。（李　珍）

【康复服务】 年内，区残联在全区开展全国心理服务体系试点项目、精神残疾人UFE项目，在和平街街道、三间房地区、小红门地区开展失能残疾人家庭护理试点项目。511人获康复训练补助，44名贫困肢体残疾人获康复训练救助，22人获入住康复机构补贴，97人获白内障复明手术救助，290名残疾儿童少年获康复训练补贴，8436人获辅助器具补贴。32310名残疾人申请52916件辅具，辅助器具适配率92.3%。开展0～6岁残疾儿童和60岁以上残疾人致残眼病干预行动。（李　珍）

【就业服务】 年内，朝阳区新增残疾人就业651人。举办3场残疾人专场招聘会、1场残疾人大学生职业训练营、2场残疾人雇主政策宣讲会。举办计算机数据处理、打字员、动漫设计、计算机编程、网页制作、中级评茶员、互联网主播、互联网远程会计8个培训班，培训残疾人430人次。（李　珍）

【残疾人教育培训】 年内，95名学生享受助学补助，12名学生享受中、高等院校新生奖励。11名残疾人高中生考入普通高等院校，2名残疾人考入特教学院。六一儿童节慰问209名0～6岁持证残疾儿童和14家民办残疾儿童康复机构，送去133085.76元慰问金和卫生消毒用品。43个街乡走访慰问辖区康复机构的在训残疾儿童。（李　珍）

【社会保障】 年内，2964人享受残疾人居家养老（助残）服务，2319人享受残疾人自主创业就业保险补贴，4236名肢体残疾人享受燃油补贴。346人享受困境家庭服务对象入住社会福利机构补贴。区残联走访慰问残疾人18257户。（李　珍）

【残疾人对口帮扶】 年内，区残联到河北省唐县、阳原县、康保县，内蒙古卓资县实地对接残疾人扶贫工作，签订对口帮扶协议。动员和协调辖区企业为受援地残联捐赠10辆轮椅、7辆儿童轮椅、100部盲人语音电话、100个护腰以及价值2万余元的被褥和餐具。举办2019年朝阳区对口帮扶残疾人工作者培训班，河北省唐县、阳原县、康保县的53名工作人员和朝阳区残联及部分基层残联工作者参加培训。（李　珍）

红十字会活动

【概况】 朝阳区红十字会（简称区红十字会）是从事人道主义工作的社会团体，是中国红十字会总会的地方组织，接受北京市红十字会的业务指导。内设办公室和业务科，有工作人员10名。有43个街道、地区（乡）红十字会，2个红十字工作委员会，5支专业红十字志愿服务队，红十字志愿者1.6万余人。年内，组织社区居民、中小学生3.7万余人参加中国红十字总会组织的《中华人民共和国红十字会法》暨红十字青少年自救互救知识竞赛并获最佳组织一等奖；获中国红十字会报刊宣传先进集体一等奖、“防减灾大课堂”项目获北京市优秀应急志愿服务项目。（娄大伟）

【募捐活动】 年内，区红十字会深化“博爱在京城、博爱在朝阳”主题募捐活动，以纪念第72个“5·8”世界红十字日为契机，在全区开展红十字博爱文化月活动，基层各级红会通过社区党员微信群、社区宣传橱窗张贴劝募书、到辖区企业开展专项募捐、设立募捐箱、开展募捐活动等形式，募集善款。全区各级红十字会开展专项募捐活动198次，募集善款219.69万元。（娄大伟）

【救助活动】 年内，区红十字会与阳光之路基金会合作启动“阳光之路助学项目”，为区家庭困难的“非典”后遗症患者发放救助款15.3万元。为平房等单位突发火灾事件4户家庭发放突发事件救助金5万元。全年发放救助金262.39万元，救助2138人，其中博爱助困（元旦、春节）发放救助金186.05万元，救助1829人；阳光救助工程10万元，救助206人；少儿大病救助20.94万元，救助33人；“非典”后遗症患者救助18.9万元，救助42人；其他项目救助26.5万元，救助28人。（娄大伟）

【宣传活动】 年内，区红十字会挖掘红十字好故事，15名基层红十字工作者、社区志愿者、造血干细胞捐献者、应急救护培训师资组建红十字宣讲团，在全区开展巡回宣讲4场，讲述奉献他人、服务社会的感人故事。“5·8”世界红十字日期间，全区43个街乡红十字会开展宣讲、义诊、培训等宣传活动，通过报纸专版、杂志、电视台、微信公众号等媒体宣传红十字知识、募捐救助、志愿服务、应急救护知识、预防艾滋病知识及造血干细胞捐献者感人事迹。年内，全区红十字会系统组织开展主题宣传活动162次。在《朝阳报》、朝阳有线等媒体播报新闻12条，在中国红十字会、北京市红十字会及其他报刊、网络媒体刊载信息30余条。（娄大伟）

【志愿服务】 年内，区红十字会在朝阳区纪念第72个“5·8”国际红十字日“人道惠民生　博爱暖朝阳”——红十字志愿者宣讲活动上，为成功造血干细胞捐献志愿者慰问并颁发荣誉证书。全年成功捐献造血干细胞8例，完成血样采集200例，开展造血干细胞知识普及讲座41期。32个街乡成立志愿者服务队，全区开展志愿服务294次。（娄大伟）

【应急救护教育培训】 年内，区红十字会面向重点行业、重点岗位人员，对城管执法局一线骨干人员开展应急救护知识培训，为执法站点配发应急宣传手册及急救箱。加大基地师资队伍建设和新师资培育，定期到基地调研，指导建立相应管理制度，推进基地规范化、制度化。举办新师资培训班1期，师资继续教育培训3期，培训师资190人次。初步搭建乡（街道）、各工作委员会应急救援网络，全区组建32支387人的基层红十字应急救护志愿者队伍，在“志愿北京”上实名注册。全年应急救护取证培训30164人、普及培训16.355万人。 （娄大伟）

【红十字青少年培养】 年内，区红十字会在学校普及《中华人民共和国红十字会法》和自救互救知识，全区24所中小学16830名师生参加中国红十字会总会组织的《中华人民共和国红十字会法》暨红十字青少年自救互救知识竞赛活动，5所学校获组织二等奖，19所学校获组织三等奖。“世界急救日”期间202所中小学利用广播、展板、宣传栏、校园网开展宣传活动，组织校园安全应急疏散演习36次，应急救护培训及公益讲座和班会70场，受益群体119628人。组织区6所中小学61人参加“我是少年急救员”红十字青少年夏令营，组织28名同学参加中日韩红十字青少年交流营活动。全区10所学校被评为市级首批五星级健康促进校。 （娄大伟）

【扶贫交流】 年内，区红十字会接待四川省绵阳市红十字会到朝阳参观交流。区红十字会与密云区红十字会签订友好合作协议，与密云区红会共建红十字村，到重点扶贫村——大城子镇墙子路村扶贫点看望生活困难家庭，送急救包、急救箱、背包等物品，给予密云区红十字会救助金12万元。区红十字会分别给予内蒙古卓资县和河北唐县5万元救助项目资金支持，给卓资县红十字会7000余件衣服，用于帮助困难家庭。 （娄大伟）

【关爱生命与健康温暖项目】 年内，区红十字会继续推进“关爱生命与健康温暖工程”项目，发放项目资金86万元，支持43个街乡红十字会开展博爱助老、助困、助医、助残及应急安全培训、健康知识普及、志愿服务等活动，为社区群众解难事、办实事。 （娄大伟）

▲ 7月9日，区红十字会开展“我是少年急救员”夏令营活动 （区红十字会 供图）

慈善事业

【概况】 朝阳区慈善协会（简称区慈善协会）成立于2005年，是非营利社会团体。其主要任务是广泛动员社会力量，多方筹措慈善资金，实施助医、助学、助老、助残、助困等慈善救助活动，在重大自然灾害、突发公共事件发生时实施紧急救助。内设办公室、捐助科、宣传科。年内，区慈善协会募集善款1077.39万元，使用善款1370.74万元，实施救助项目255个，惠及困难家庭12952户。 （王东明）

【助医项目】 年内，区慈善协会实施“慈善助医”项目6个，使用善款33.82万元，惠及困难家庭321户。其中，为患有癌症放化疗、肾透析、肝肾移植、再生障碍性贫血、血友病5种重大疾病的50名困难群众送去慰问金，使用善款24.77万元。继续实施2017年度市慈医疗卡项目。惠及低保老人271名，使用善款9.04万元。 （王东明）

【助困项目】 年内，区慈善协会实施“慈善助困”项目6个，共使用善款622.41万元，惠及困难家庭7815户。其中，实施第十三届“朝阳慈善情 百姓新春大联欢”项目。全区4300名困难群众与服务志愿者在43个街乡共度新春。区慈善协会为低保人员、残疾人、贫困职工、空巢老年人、来京务工人员、受助学生和受助官兵等困难群众送去新春慰问品，活动使用善款147.81万元。实施困难党员帮扶项目，使用善款407.7万元，惠及3487名困难党员。联合区文明办实施志愿者关爱冠名慈善捐助项目，帮扶救助13名生活困难志愿者，使用善款9万元。 （王东明）

【助学项目】 年内，区慈善协会实施“慈善助学”项目4个，使用善款14.24万元，惠及困难家庭127户。其中，向团结湖街道三四条社区贫困学生家庭发放专项助学资金，救助三四条社区贫困学生4人，使用善款0.55万元。开展“学叶堂”冠名慈善捐助金项目，为参加新东方教育科技集团课程文化课的121名学生支付助学费用13.65万元。 （王东明）

【助老项目】 年内，区慈善协会实施“慈善助老”项目1个，使用善款1.02万元，惠及困难家庭37户。开展“携手夕阳 关爱失能老人”春节慰问活动。为37名65~79岁之间贫困失能老人送去生活慰问品，使用善款1.02万元。 （王东明）

精神文明建设

【概况】 朝阳区精神文明建设委员会办公室（简称区文明办）是区委、区政府精神文明建设工作的综合协调部门，也是区精神文明建设委员会的办事机构，设在区委宣传部。年内，中日友好医院皮肤科主任医师张晓艳获第七届全国道德模范荣誉称号，北京靓诺派时装有限公司董事长苑永萍、“6·15”朝阳见义勇为群体（蔡文岁、张少康、周凡凡）获第七届全国道德模范提名奖，俞武松入选11月“中国好人榜”热心公益好人。15人（1个群体）入选“北京榜样”周榜样以上人物，其中中华人民共和国成立70周年阅兵女民兵方队获“2019北京榜样”特别奖，施国堂、冯锐、严敏文、董玉三、段英、李龙、穆军升、谷梁等8人获“2019北京榜样”周榜样人物。区文明办向首都文明办推荐首都学雷锋志愿服务站76个、志愿服务岗143个、志愿服务示范站48个、志愿服务示范岗65个。发布“2018朝阳榜样”十大年榜人物、特别奖10个（1个团体）、提名奖37名。推选李辉、冯锐、海宇等10名“2019朝阳榜样”年度人物，中华人民共和国成立70周年阅兵女民兵方队、孟恩辉2名特别奖，提名奖36名。31所学校获评“北京市中小学文明校园”。朝阳区“十‘翼’三百”深耕行动获评“2019年首都未成年人思想道德建设创新案例”。（孙 翀 左向军 李孟阳）

【青少年传统文化成长营】 1月至2月，寒假期间，区文明办组织社会组织、专业团队走进校园、社区，通过专家精品讲座、现场实践体验、阅读节目录制等方式，激发小营员阅读兴趣、提升阅读能力，开展传统文化知识培训，深化小营员对传统文化的认同感。组织“阅读 悦读”书香校园行活动，到垂杨柳中心小学、黑庄户中心小学、十八里店中心小学、呼家楼中心小学青青分校等学校，讲授科学阅读理念。（李孟阳）

【志愿者专项帮扶】 1月，区文明办在全区开展“朝阳区志愿者关爱冠名慈善捐助金”专项帮扶申请工作，收集申报材料54份，召开朝阳区志愿者关爱冠名慈善捐助金评审会。走访慰问第一批困难志愿者13名，发放慰问金9万元。（庞永顺）

【领导调研新时代文明实践中心建设】 3月11日，市委常委、宣传部部长杜飞进带队调研朝阳区新时代文明实践中心和融媒体中心建设工作，实地察看朝阳区融媒体指挥调度中心、高碑店乡高井村党建馆、乡情村史陈列室，在高井村道德讲堂召开座谈会，听取工作汇报和基层工作者建议。市委宣传部副部长、首都文明办主任滕盛萍主持座谈会，朝阳区领导王灏、黄晓伟以及西城区、大兴区有关领导、相关部门负责人和基层代表参加座谈会。12月9日，江西省委常委、宣传部部长施小琳一行到高碑店乡半壁店村新时代文明实践站考察调研，实地参观新时代文明实践站、乡情村史陈列室、连心社、阅习室、阳光家园、儿童之家等功能空间，听取公共文化服务和文明实践志愿服务活动开展情况汇报。（庞永顺）

【“清明祭英烈”活动】 4月5日至7日，区文明办联合区委教工委、区教委组织全区中小学校开展“清明祭英烈”活动，通过网上活动和线下实践相结合，在广大未成年人中开展革命传统教育，引导未成年人学习英模事迹、继承先烈遗志、传承红色基因，全区160所学校15万余名中小学生参加活动。（李孟阳）

【公共文明引导行动】 4月5日至7日，区文明办组织呼家楼、平房等街乡公共文明引导员，开展清明祭扫文明引导志愿服务，向祭扫市民发放《文明祭扫一封信》等宣传材料。5月1日至4日、10月1日至7日，组织5个街乡48名公共文明引导员在中山公园开展“文明游园”引导志愿服务。每月11日，组织全区公共文明引导员开展“当好东道主 文明北京人——做文明有礼好乘客”“礼在北京 让出文明——市民爱心斑马线”主题宣传活动。年内，区文明办组织全区公共文明引导员开展“学雷锋 做文明有礼的北京人”主题宣传活动。全年组织公共文明引导员到工人体育场开展中超联赛文明引导志愿服务活动19场。（李孟阳）

【“我心中的2020”作品征集展演】 4月23日，由区委宣传部、区文明办、区委教工委、区教委联合主办的朝阳区中小学生“我心中的2020”优秀作品展演展览活动在垡头社区文化中心黑钻剧场举行，相关单位主管领导和科室负责人，中小学校德育干部、师生代表300余人参加活动。120所中小学校4000余名学生参加征集评选活动，征集到书法、绘画、文学、摄影等作品4732幅。（李孟阳）

【区新时代文明实践中心建设】 4月27日，区新时代文明实践中心揭牌仪式在区文化馆举行，市委宣传部副部长、首都文明办主任滕盛萍和区委书记王灏为区新时代文明实践中心揭牌，区委常委、宣传部部长、统战部部长黄晓伟发布区新时代文明实践中心建设首个文明实践推动日活动。5月7日，区文明办召开区新时代文明实践中心建设工作专题会，区委宣传部副部长、区文明办主任张爽汇报《朝阳区新时代文明实践中心建设和工作方案（审议稿）》，区文化馆汇报文明实践中心静态环境布置工作思路。6月28日、7月19日、8月16日，分三组召开新时代文明实践所（站）建设工作座谈会，通报全区新时代文明实践中心建设重点工作，部署下一阶段重点工作，各新时代文明实践所（站）负责人围绕文明实所（站）建设推进情况、重点开展活动、存在问题和工作意见建议等方面开展交流。11月6日，区新时代文明实践中心办公室召开深化拓展新时代文明实践中心建设工作座谈会，通报朝阳区作为全国第二批新时代文明实践试点单位情况，各成员单位围绕2019年新时代文明实践活动开展情况、2020年工作计划以及工作建议交流发言。12月16日，区新时代文明实践中心移动端在“北京朝阳”App上线，实现文明实践中心、融媒体中心、政务服务中心“三贯通”。12月20日，区文明办召开新时代文明实践中心建设试点工作培训会，培训讲解全市新时代文明实践中心建设工作，解读区新时代文明实践中心建设试点工作指导文件，各参会单位分组座谈交流，220余人参会。12月31日，朝阳区印发《关于朝阳区加强新时代文明实践中心建设试点工作的实施方案》《2020年朝阳区新时代文明实践中心建设试点工作任务分解》《朝阳区进一步推进新时代文明实践志愿服务机制建设的实施方案》《朝阳区新时代文明实践所（站）建设标准（试行）》《朝阳区新时代文明实践基地管理办法（试行）（2019年修订）》。（庞永顺 李 娟）

【区文明委全委（扩大）会】 5月10日，区文明委全委（扩大）会暨区新时代文明实践中心建设工作部署会召开，会议学习贯彻全国文明办主任会及首都精神文明建设工作大会精神，总结2018年精神文明建设工作，部署2019年工作和全区新时代文明实践中心建设工作，区委书记王灏出席会议并讲话，区委常委、宣传部部长、统战部部长黄晓伟主持会议。区四套班子有关领导出席会议，区部分二级班子主要领导、区文明委社会单位委员代表参加会议，各委办局、各街乡设立电视电话会议分会场。（李　娟）

【精神文明建设专题培训】 5月23日，区文明办开展区精神文明建设工作专题培训，培训解读区新时代文明实践中心建设工作方案，部署重点工作任务，通报2018年北京市文明城区测评结果和2019年文明城区测评工作，解读《全国文明城区测评体系》材料审核报送要求、实地考察和调查问卷有关工作。各部门、各街乡主管领导、主责科室负责人、各街乡社区（村）代表等300余人参加培训。（庞永顺）

【新时代文明实践推动日主题活动】 6月2日，“践行文明之约 朝阳在行动”新时代文明实践推动日主题活动在奥林匹克塔举办，4名主讲人围绕习近平总书记在“亚洲文明对话大会”上的重要讲话精神，作题为《互相尊重 平带对待》《美人之美 美美与共》《开放包容 互学互鉴》《与时俱进 创新发展》的主题宣讲。活动现场播放《文明之光》专题片。芳草地国际学校世纪小学的学生们表演《爱中华 诵经典》经典诵读。市委宣传部副部长余俊生，区领导王灏、黄晓伟以及全区43个新时代文明实践所所长、部分新时代文明实践站站长、新时代文明实践基地代表和志愿者代表260余人参加活动。年内，开展“文明朝阳 实践有我——‘一带一路’高峰论坛志愿服务”“不忘初心永铭记 文明实践我先行”“垃圾分类齐参与 引领文明新时尚”“扣好人生第一粒扣子 育朝阳新时代好少年”“礼赞新时代 共祝祖国好”“巩固庆祝活动成果 共谱时代奋斗新篇”“点赞中国之治 共建美好家园”等新时代文明实践推动日主题示范活动9场次，各类文明实践活动5000余场次。（李　娟）

【文明城区测评】 9月，区文明办开展2019年朝阳区全国文明城区第三方测评。10月17日，召开2019年朝阳区迎接北京市文明城区测评工作动员部署会，各街乡设立电视电话会议分会场，28个成员单位主管领导、43个街乡主管领导、有关科室负责人、社区（村）负责人参加会议。10月21日至23日，朝阳区完成北京市文明城区测评工作。（庞永顺）

【学雷锋志愿服务先进典型推选】 10月，区文明办组织开展关于宣传推选2019年全国学雷锋志愿服务“四个100”先进典型活动，向中央文明办推荐最美志愿者候选人6人、最美志愿服务社区候选6个、最佳志愿服务组织候选5个、最佳志愿服务项目候选4个。11月，区文明办开展2019年宣传推选首都学雷锋志愿服务“五个100”先进典型活动，向首都文明办推荐首都最美志愿服务者7名、首都最佳志愿服务组织6个、首都最佳志愿服务项目6个、首都最美志愿服务社区6个、首都最美家庭1个。（庞永顺　李　娟）

【心理健康教育培训】 11月7日至8日，区委宣传部（区文明办）、区教委联合举办“阳光下同成长”心理健康教育培训，邀请中国科学院心理研究所专家教授就心理评估、心理减压、咨询技能提升等内容开展授课，全区中小学心理咨询教师、43个街乡未成年人心理健康教育专兼职骨干260人参加培训。（李孟阳）

【未成年人思想道德建设阵地联盟】 年内，区文明办以“汇聚百家 联创未来”为理念，集结100余家社会优质资源单位，发布“感受年味‘忆’行动”“小木偶大世界”“民防小庙会”“冬奥奇缘”等首批11个社会实践项目，引导未成年人参与生活体验和社会实践，为社会单位践行社会责任畅通渠道，实现良性互动、双向受益、共同成长。（李孟阳）

【暑期文明实践系列活动】 年内，区文明办组织开展朝阳区“争做新时代好少年”暑期文明实践系列活动，包括“做垃圾分类小帮手”“争当科普小达人”“走进美丽乡村 传承文明乡风”等主题活动，1000余名未成年人参加。（李孟阳）

【国庆活动服务保障】 年内，区文明办组织“北京榜样”、“朝阳榜样”、劳动模范等先进典型人物、基层一线医护工作者、文明引导员及干部群众300人成立标兵队伍，参与群众联欢朝阳区块活动，展现新时代朝阳各行各业建设者风貌。选出文明引导员50人参与中华文化方阵群众游行队伍。围绕“我与祖国同行”等主题，指导各新时代文明实践所、站、基地，开展垃圾分类、文明交通、背街小巷治理等志愿服务活动1200余场次。（左向军）

【“美德少年”选树】 年内，区文明办联合区教委、团区委、区妇联开展“朝阳区2019年‘新时代好少年——学习和争做美德少年’”推荐评选活动，评选“朝阳区2019美德少年”20名、“朝阳区2019美德少年”提名30名，其中朝阳实验小学张许浩、陈经纶中学分校王颉被评为2019年首都“新时代好少年”。评选结束后，刊发《朝阳区2019年美德少年》朝阳报专版、编印下发《2019年朝阳区美德少年事迹汇编》。（李孟阳）

【百名“好家长之星”推选】 年内，区文明办联合区教委、区妇联、区社区学院，组织开展第四届朝阳区“好家长之星”评选活动，全区推举出“好家长”3862名，评选“好家长之星”100名，成立“朝阳区好家长宣讲团”，征集“家庭教育故事”，印发《朝阳区“好家长之星”事迹选编》，开展家庭教育宣传，普及家庭教育知识，弘扬好家风好家训。（李孟阳）

【“文明朝阳”信息发布】 年内，区文明办利用文明朝阳微博、微信宣传平台，围绕庆祝中华人民共和国成立70周年、“不忘初心、牢记使命”主题教育、新时代文明实践中心建设等重点工作，发布微信1001条，微博1135条。北京朝阳文明网发布信息4010条，21条信息被中国文明网首页头条、要闻及图片栏目采用，86条信息被中国文明网传真栏目采用，策划制作专题17个，配合及承担中国文明网相关工作21项。（李　娟）

北京朝阳年鉴
Beijing Chaoyang Yearbook
2020

街道 地区（乡）

安贞街道

【概况】 安贞街道位于朝阳区西北部。东起安定路、安定门外大街，与和平街街道相邻，南至外馆斜街、外馆西街、黄寺大街，与东城区和平里街道接壤，西与海淀区花园路街道、西城区德胜街道相交；北与亚运村街道、奥林匹克公园公共区南部相接。辖区总面积3.6平方千米。下辖10个社区。年内，辖区有常住人口63550人，户籍人口45169人，流动人口18381人；新出生230人，死亡386人。有法人单位3168家，其中中央单位83家、区属单位174家、其他单位2911家。有医院3所，社区卫生服务中心1个，社区卫生服务站3个。大学1所，九年一贯制学校1所，职业学校1所，幼儿园7所，国际学校1所，特殊教育学校2所。有养老机构9个。途经辖区公交线路26条，有地铁8号线、10号线贯穿其中。有280平方米为民服务大厅、2000平方米地区文化中心，有4处文化广场和1处24小时自助图书馆，绿化率为29.13%。年内，街道结合“不忘初心、牢记使命”主题教育，落实“五大服务保障”，夯实党建引领、基层建设、改革创新“三个着力点”，突出经济发展、公共服务、城市管理、社会治理、脱贫攻坚“五个重点”，完成街道机构改革和20个党政群共商共治项目，启动安贞治理规划师第一个落地项目——“裕民路6号楼楼院微改造项目”。区级以上媒体报道街道工作经验、做法等310次。实现区级财政收入5.63亿元，比上年增长0.1%。年内，安贞街道获“2019年首都劳动奖状”，安贞里社区党委获“北京市先进社区党组织”称号。（张建林）

【社区“两委”换届选举】 1月6日，完成10个社区党委和纪委换届选举工作。社区党委书记、居委会主任“一肩挑”比例和专职纪委书记配备比例均为100%。街道工委调整社区“两委”人才储备，累计调整人员62人次。3月24日，完成第十届社区居民委员会换届选举工作。选举产生新一届社区居委会成员68名，其中社区居委会主任10名、副主任19名、委员39名。成员中，大学本科学历37名，占成员总数54.41%，比上届提高13个百分点；大专学历27名，占成员总数39.7%，比上届提高26.5个百分点。30岁以下5名、30~40岁36名、40岁以上27名，分别占成员总数7.35%、52.94%、39.71%，年龄最小22岁、年龄最大63岁。中共党员37名，占成员总数54.41%，比上届提高9.7个百分点。本地成员28名，本土率41.18%，比上届提高30个百分点。社工师9名、助理社工师16名，成员持证率36.76%，比上届提高13个百分点。（张建林）

【结对扶贫】 3月25日，安贞街道纪工委书记董雪梅带队到结对扶贫的新疆维吾尔自治区墨玉县芒来乡、托乎拉乡和扎瓦镇考察2018年扶贫项目落实情况。北京援疆和田指挥部规划发展部副部长倪遥远、墨玉县委副书记张好生及结对乡镇负责人一同调研。考察组一行察看帮扶项目进展情况，参观各乡镇扶贫车间，考察各扶贫项目选址情况，结合扶贫项目实施情况交换意见，研讨下一步扶贫工作。（张建林）

【地区文化体育节暨运动会】 4月13日，2019年“益起动起来”安贞地区文化体育节暨第四届安贞地区运动会举行。运动会设拔河、穿梭八字跳、奔跑吧胖子和4×60米接力跑等4个团体项目。来自安贞辖区的社会单位职工、部队官兵、社区居民、社区工作者等700余人组成51支参赛队伍。为助力2022年北京冬奥会，活动还设置迎冬奥展区，运用VR技术使参与者现场体验冰雪运动的乐趣。文化体育节设有文艺演出、非物质文化遗产展览与体验、公益文化教育基地课程介绍等系列活动。（张建林）

【军营驿站揭牌】 4月19日，安贞街道军地共建军营驿站揭牌仪式在驻区举行。驻区部队相关领导、区文化和旅游局副局长刘高远、安贞街道办事处副主任程俊英等领导，驻区部队官兵和安贞街道居民代表等出席仪式。军地领导互赠牌匾并参观军营驿站。军营驿站主要功能是提供图书阅览、会议培训、国防教育、双拥文化展览等服务，是安贞街道与驻区部队共建项目。（张建林）

▲ 4月19日，安贞街道与驻区某部举行军营驿站揭牌仪式（史超齐 摄）

【孙春兰慰问社区护理工作者】 5月10日，“5·12”国际护士节前夕，中共中央政治局委员、国务院副总理孙春兰到中日友好医院和北京市朝阳区安贞社区卫生服务中心，看望慰问一线护理工作者，向全国400多万护理工作者致以节日问候，鼓励广大护理工作者加强医德修养，提高业务水平，以优秀服务增强群众获得感。[1]

❶ 资料来源：新华社《孙春兰在看望护理工作者时强调 以优质护理服务增进人民健康福祉》，新华网2019年5月10日。

【“睦邻”公益法律服务站揭牌】 7月5日，安贞街道党群活动中心“睦邻”公益法律服务站揭牌。北京睦邻法律服务中心（以下称“睦邻”）秘书长孙晓焕介绍“睦邻”开展公益法律服务有关情况。街道工委副书记高飞与“睦邻”志愿者、最高人民检察院检委会原委员、控告厅厅长王晓新共同为安贞街道党群活动中心“睦邻”公益法律服务站揭牌。“睦邻”是以最高人民检察院退休人员为主体的社会组织，成立的主要目的是通过发挥老干部经验优势和法律专业优势，推进依法治国，化解社会矛盾，促进企业健康发展。（张建林）

【基层党组织建设】 年内，安贞街道依托党群服务中心、“社区吹哨、党员和联盟单位报到”工作机制，搭建“共享型书记工作室”，举办活动40余场，接待“吹哨报到”学习考察团20批次近500人次。规范基层党组织建设，建成安华里“统战示范基地”和五路居一区一支部“童心诗苑”2个党群活动室精品阵地。实施“走、转、联”三步法推进“两新”党组织建设，成立党支部3个，撤转条件不完善的功能型非公党支部24个。（张建林）

【社区宣传载体建设】 年内，安贞街道开展“五进”（进社区、进支部、进企业、进楼门、进家庭）调研工作，查摆各类问题68项，建立“四带四联四访”（带着诉求联合楼长访，访出感情；带着资源联合代表访，访出温暖；带着目标联合物业访，访出招法；带着诚意联合科室访，访出活力）大走访工作机制，解决各类民生问题83件。发挥“全媒体”宣传平台作用，用好自媒体，规范社区宣传载体建设，全年召开意识形态工作专题研讨会4次；严格地区研讨会报备工作，累计报备21场次。发布新书《我的国庆记忆》和原创诗歌集，组织干部群众拍摄MV。其中，史超齐劳模摄影工作室拍摄的MV——《劳动最光荣 微笑最美丽》获第六届全国职工微影视大赛随手拍银奖。（张建林）

【疏解整治】 年内，安贞街道有序疏解非首都功能，创建基本无违建街道。依法拆除挂账点位22处2393.62平方米，拆除房前屋后私搭乱建250处1264.58平方米，累计完成区下达任务298.02%。其中，拆除华展国际公寓涉及11户的巨大违建花园赢得区委区政府肯定。全年调减流动人口1168人，清理违法群租房73处，整治占道经营3处、人防工程42处，清理地下空间面积3054平方米，完成城市补植补种面积11673平方米，绿化养护面积17.97万平方米，无证无照经营销账任务完成率100%。（张建林）

【“接诉即办”机制落实】 年内，安贞街道强化“12345”工作模式，做好“12345”热线、二级闭环、吹哨报道平台等多平台“接诉即办”工作，解决安华西里一区某多产权楼10年漏雨、安贞西里三区30年堆物堆料等历史痼疾。以“三呼三应”工作法强化主动治理，以建设黄寺、外馆两座立体停车楼、搭建“便民365”社区服务综合体等举措，提前谋划和应对群众多样化需求。推广“走动式工作法”，深化“未诉先办”机制。全年受理接诉即办案件2026件，区级排名第3名；响应率100%，已办结1998件；案件满意度82.92%，全市排名第94名。（张建林）

【重大活动服务保障】 年内，安贞街道以战区制织密安全网、带班制配齐值守兵、包案制兜住矛盾点，完成全国“两会”、亚洲文明大会、“一带一路”国际合作高峰论坛、北京世界园艺博览会、中华人民共和国成立70周年庆祝活动等重大活动服务保障工作。累计发动3429人参与社会面防控，组织73人参与国庆群众联欢和游园活动。安贞街道选送的宣讲员边锦莉入选朝阳区庆祝中华人民共和国成立70周年服务保障宣讲团，市、区级媒体多次报道边锦莉在服务保障工作中的先进事迹。（张建林）

▲ 10月15日，安贞街道举行庆祝中华人民共和国成立70周年活动亲历者分享会（史超齐　摄）

2019年朝阳区安贞街道社区居委会一览表

表17

序号	名称	地址	电话
1	安贞里社区居委会	安贞里二区20号楼	64454198
2	涌溪社区居委会	安贞里二区20号楼	64427731
3	安贞西里社区居委会	安贞西里三区5号楼东侧小楼	64437232
4	五路居社区居委会	安贞西里四区甲1号楼西侧	64420391
5	安华里社区居委会	安华里二区14号楼西侧	84242016

续表 17

序　号	名　称	地　址	电　话
6	安外社区居委会	安华里二区 14 号楼东侧	64217780
7	安华西里社区居委会	安华西里二区 21 号楼平房	64268241
8	外馆社区居委会	安华西里二区 2 号楼	64260100
9	黄寺社区居委会	黄寺大街 28 号院	82234637
10	裕民路社区居委会	鼓楼外大街 3 号楼 1 层	82026641

（张建林）

奥运村街道

【概况】　奥运村街道位于朝阳区西北部。东抵来广营，西接海淀区，南与亚运村街道和大屯街道接壤，北邻昌平区，辖区面积 19.6 平方千米。下辖 13 个社区。年内，辖区户籍人口 66465 人，流动人口 4462 人，外籍人口 1012 人；有汉族人口 63478 人，少数民族人口 2987 人；新出生人口 770 人，死亡人口 119 人。奥运村街道地处奥运功能区核心区域，辖区内有“鸟巢”“水立方”等 7 个奥运会竞赛场馆，600 公顷的奥林匹克森林公园，中国科技馆、中科院感光所及天文台、国家动物博物馆、中国环境科学院等中央、部委企事业单位 17 家，三星级以上酒店 5 家；有北顶娘娘庙、龙王庙、弥陀古寺等历史古迹，集商业、文化、旅游、休闲为一体的区域；有行政事业单位 83 家，规模以上企业 316 家；有中小学 9 所，幼儿园 13 所，三甲医院 2 家，社区卫生服务中心 1 家，社区卫生服务站 2 家。有 200 平方米为民服务大厅、2200 平方米地区文化中心、6 处 24 小时自助图书馆。途经辖区公交线路 47 条，地铁 5 号线、8 号线、15 号线贯穿辖区。年内，街道以“文化、国际化和大尺度绿化”为工作目标，以做好重大活动服务保障为主线，扎实开展“不忘初心、牢记使命”主题教育，加快推进区域高质量发展，街道各项事业取得新成效。完成重大活动服务保障、街道机构改革、创建国家卫生区等工作。实现区级财政收入 10.88 亿元，与上年基本持平。街道获评“首都绿化美化先进单位”。　（王志华）

【敬老助残帮困】　1 月 11 日，奥运村街道开展“两节”送温暖慰问活动。为辖区内 13 名单亲特困母亲和 13 户女性低收入家庭发放慰问金 1.3 万元。9 月 6 日，街道启动“奥之光”助残志愿者心理支持项目，为 50 余名助残志愿者提供助残心理辅导、素质拓展和工作技巧 3 个方面培训。年内，街道为老服务联盟在万科星园社区、龙祥社区、林萃社区、北沙滩社区、双泉社区、大羊坊社区举办为老服务活动 7 场，向周边老人提供修脚、理发、中医理疗、眼病检查等多项公益服务。街道为老服务联盟连续四年深入社区开展服务活动，67 名为老服务志愿者累计服务辖区老人 1500 人次。　（王海娜　刘全红　陈文霞）

【社区“两委”换届选举】　1 月 14 日，奥运村街道召开 2018 年社区“两委”换届选举工作总结会。社区党委换届选举产生党委书记 13 名、党委副书记 26 名、党委委员 54 名。3 月，完成社区居委会换届选举工作。13 个社区选举产生社区居委会成员 96 名，其中主任 13 名、副主任 25 名、委员 58 名。成员中，男性 25 名，占委员总数 26.04%；女性 71 名，占委员总数 73.96%。中共党员 56 名，占委员总数 58.33%。研究生 2 名，占委员总数 2.08%；大学本科学历 7 名，占委员总数 48.96%；大学专科学历 43 名，占委员总数 44.79%；高中学历 4 名，占委员总数 4.17%。平均年龄 41 岁，年龄最小的 23 岁，年龄最大的 59 岁；人户同在辖区内 54 名，本土化率 56.25%。　（李　辉）

【特色文体活动】　4 月 18 日，奥运村街道市民活动中心邀请国家级社会体育指导员、北京科学健身专家讲师团秘书长、北京市社会体育指导员协会副会长赵之心为 13 个社区健身骨干进行悦动冰雪健身操指导培训并在各社区推广。4 月至 6 月，奥运村街道落实区文化委“千场讲座进基层”要求，举办舞蹈、书画、戏曲、朗诵、形体、剪纸等科目培训 50 场，受益居民 1800 余人次。年内，街道在社区举办百姓宣讲活动 3 场。7 月 16 日至 18 日，举办第六届奥运村民间奥林匹克市民羽毛球公开赛，来自北京市各区的 1000 余名业余羽毛球爱好者参赛。9 月 24 日至 10 月 10 日，举办庆祝中华人民共和国成立 70 周年书画作品展，展出书画作品 200 余幅。10 月 15 日至 18 日，举办“2019 奥运社区大舞台”活动。奥运村双奥品牌“冰雪娃娃”系列吉祥物在开幕式集中亮相，13 个社区的 200 余个

▲ 7 月 16 日，奥运村街道第六届市民羽毛球公开赛　（夏波光　摄）

▲ 9月24日，奥运村街道举办中华人民共和国成立70周年书画作品展　（陈　永　摄）

节目分14场展示，观众7万人次观看演出，活动在北京电视台生活频道播出。11月16日，街道“民间奥林匹克体育大赛暨奔向2022”系列活动之京津冀健身健比赛在国家网球中心开赛，来自北京、天津、河北、河南等地的健身毽爱好者800余人参赛。12月10日，市民活动中心组织辖区居民300余人参加区体育局社区冬奥会，体验冰壶球、冰球、冰刀等冰上活动项目。（陈　永　王海娜）

【重大活动服务保障】 4月至5月，奥运村街道做好第二届“一带一路”国际合作高峰论坛、亚洲文明对话大会期间社会面防控等服务保障工作，累计动员辖区群防群治力量6万余人次。9月6日至10月1日，街道参与庆祝中华人民共和国成立70周年演练和服务保障活动。建立“1+N+13”指挥体系（1个总指挥部、多个专项工作组、13个社区），形成总指挥部统筹牵动、各专项工作组和13个社区上下齐动的安全服务保障体系，在两条集结保障路线设置点位37个、巡逻路段7个，动员和组织治安志愿者、物业公司、社会单位等群防群治力量累计1.5万余名。其间，组织社区开展庆祝中华人民共和国成立70周年系列志愿服务活动6次。100余名志愿者开展垃圾分类、环境清理等志愿服务活动，以社区老年人、未成年人、残疾人和低收入家庭为服务对象，做好“邻里守望”“夕阳陪伴”等志愿服务项目，展示奥运村志愿者服务风采。（凌　军）

【环境建设】 11月19日至22日，奥运村街道集中治理辖区河道周边环境，出动保洁人员290人次，车辆30车次，清理杂草、垃圾、渣土90车，清理面积1.2万平方米。年内，召开河长制工作专题会议4次，组织河长制宣传活动5次，发放宣传册1200余份。街道河长每月巡查1次，社区河长每周巡查1次。使用“河长”App巡河，街道级河长、社区级河长732人次巡河1711.1千米。开展义务植树活动，在万达大湖小区栽种花灌木1555棵。万科星园社区成功创建“首都绿化美化花园式社区”。在科学园南里中街以“奥运彩练”为主题，建成党建宣传、奥运文化、绿色生态、科普天地、多变空间等多个板块融为一体的830米浪漫花街及200平方米居民健身休闲广场。开展垃圾分类宣传活动161次，发放宣传品6万余份，开展培训活动74次，参与居民1万余人次。街道选址新建大件垃圾存放点3处。（栗朝阳）

【营商环境优化】 12月26日，奥运村街道举办“优化营商环境 促进企业发展”服务项目发布会暨税收政策培训会。总结街道优化营商环境工作情况并发布街道2020年服务企业项目。街道为100家企业颁发社会贡献奖。为参与街道“我在康保有只羊”精准扶贫项目的3家扶贫企业代表颁发爱心企业奖，鼓励企业参与公益事业，为打赢脱贫攻坚战贡献力量。（李　兵）

【便民服务大厅升级改造】 12月，奥运村街道便民服务中心服务大厅升级改造，新增设退役军人事务服务窗口及军人/退役军人专座、保障性住房服务窗口及计生服务窗口。年内，采集退役军人信息，悬挂光荣牌，成立老兵之家“暖拥舍”1所，建立光荣墙1面。（陈文霞）

【全景楼院和全要素小区建设】 年内，奥运村街道在13个社区建成全景楼院13个。结合社区创享计划，开展多彩楼门、多彩楼院等主题活动，及时解决楼院居民关心的重点和难点问题。以北沙滩8号院为试点建成全要素小区，创建集养老驿站、青少年之家、党建活动室、居民议事等多功能于一体的共享活动空间，让更多居民参与社区自治。（王　萌）

【就业服务】 年内，奥运村街道便民服务中心开发辖区空岗指标1324个，完成1392个，完成率105%；失业人员就业率指标68%，完成率113%；就业困难人员就业率指标80%，完成率100%；建立用人单位档案指标151家，完成154家，完成率102%；失业人员免费技能培训指标60人，培训70人，完成率117%；创建充分就业社区指标9个，完成9个，完成率100%。开展联合招聘会，辖区30家用工企业提供就业岗位800余个，现场达成就业意向50余人次。（陈文霞）

【“接诉即办”机制落实】 年内，奥运村街道受理群众来电3365件，解决3025件，解决率89.89%、满意率96.77%。以解决问题为导向，建立“三心”工作法，推行热心、诚心、耐心服务。实施紧急问题快速处置，诉求解决率84.95%、居民满意率96.77%。开通“8+N+1”模式，拓宽社情民意反映渠道，通过八渠道走访1066个楼院和社会单位，收集市民诉求939件，立案775件，解决721件，解决率93.03%，满意率93.03%。处理讨薪事件6起，协调解决劳务费及工人工资8万元。（潘　倩　郭玉群）

【治安环境整治】 年内，奥运村街道建立“1+1+4+13”（1个领导小组、1个办公室、4个专项工作组、13个社区小组）工作体系。配合属地派出所，打掉涉黄网点10处、涉赌网点1个，查获赌资60万余元；会同亚运村交通队增设6人交通协管员队伍，整顿违法停车，改善停车乱象；成立专业打击队，会同区公安、交通部门查处违规运输渣土20起；会同区工商部门查处无照经营20起。（凌 军）

2019年朝阳区奥运村街道社区居委会一览表

表18

序 号	名 称	地 址	电 话
1	国奥村社区居委会	林萃东路2号院西门圆房子内	84370050
2	双泉社区居委会	域清街2号院5号楼	62957853
3	林萃社区居委会	林萃路9号院（京师园）5号楼底商5–18	58213290
4	总装社区居委会	安翔北里10号院内	66355671
5	万科星园社区居委会	万科星园小区西门北侧圆房子	84924006
6	绿色家园社区居委会	媒体村天居园5号楼一层	84919766
7	风林绿洲社区居委会	大屯路科学园南里风林绿洲F12号楼4单元1层居委会	64863674
8	科学园社区居委会	科学园南里东街2号楼2层	64843032
9	北沙滩社区居委会	北沙滩8号院5号楼西侧一层	64842312
10	南沙滩社区居委会	南沙滩66号院1号楼一单元旁三层南沙滩社区	52071971
11	大羊坊社区居委会	双营路11号院1号楼东北角大羊坊社区服务站	64528614
12	龙祥社区居委会	清林路1号院世茂奥临花园7号楼3层龙祥居委会	84940730
13	拂林园社区居委会	红军营南路天月园一号楼1—2拂林园社区（筹备组）	84928981

（王志华）

八里庄街道

【概况】 八里庄位于朝阳区中西部。东起青年路与平房乡接壤，南以京通快速路及电厂铁路线为界与高碑店地区相邻，西至大望路及金台路与建外、呼家楼街道相连，北临二道沟河与六里屯街道相望，辖域面积4平方千米。下辖14个社区。年内，有常住人口12.1万人，户籍人口31416户、83860人，流动人口3.6万人，外籍人口1818人；新出生人口738人，死亡人口262人。有驻地单位6583个，其中中央单位3个、市属单位8个、区属单位15个、其他单位6557个。辖区交通便利，东四环路横跨南北，朝阳路贯穿东西。地铁1号线、6号线、14号线途经辖域；26条公交线路可达办事处所在地红庙路口，其中3条以红庙为起点，有50条公交途经地区。紧邻北京商务中心区核心区，中国纺织科学院、葛洲坝集团、核建大厦、北京京棉集团、朝阳区青少年活动中心、国华置业、北京SKP、远洋集团、苏宁云商、莱锦文化创意产业园等坐落在本辖区。年内，街道以“党建引领，社会动员，共商共治，不断创新基层社会治理”为工作思路，完成系列重大活动服务保障、街道机构改革、14个街道级党政群共商共治项目、城市精细化管理、“疏整促”专项行动、创建国家卫生区、北京市垃圾分类示范片区创建等重点工作，推动地区经济发展、社会建设、城市管理等各方面取得新成效。实现地区财政收入18.45亿元，比上年增长1.82%。八里庄街道获北京市筹备和服务保障中华人民共和国成立70周年庆祝活动先进集体、北京市禁毒工作示范街道、北京市侨联工作先进集体称号；街道司法所获北京市AAA级规范化司法所称号；华贸中心社区党委书记、居委会主任刘东风获全国五一劳动奖章；八里庄西里社区党委获“北京市先进社区党组织”称号。（尹建军）

【社区“两委”换届选举】 1月，八里庄街道14个社区全部完成社区党委换届选举工作，其中6个社区采用党员代表大会方式、8个社区采用党员大会方式选举。选举产生社区党委书记14人、社区纪委书记14人（其中专职纪委书记7人）、党委委员70人。3月21日至24日，街道14个社区完成社区居委会换届选举工作。选举产生居委会委员106名，其中主任14名（书记、主任“一肩挑”8名）、副主任21名、委员71名。其中中共党员54名，占委员总数的50.94%；大专及以上学历104人，占委员总数的98.11%；本土化委员43名，占委员总数的40.57%。新当选委员平均年龄40岁。（肖 潇 刘艾菁）

【及时妥善处置“5·3”火情】 5月3日18时16分，八里庄街道延静里中街4号楼楼顶因施工单位违规作业发生火情，过火面积300余平方米，20时许火灾现场处置完毕。当晚，街道办事处完成90户受灾居民应急安置。6月6日，完成受灾居民善后周转安置工作。（马思来）

【新时代文明实践所（站）设立】 5月28日，八里庄街道设立新时代文明实践所、14个社区分别设立新时代文明实践站。街道依托新时代文明实践所（站），结合重点工作、重要节点和传统节日，以传播科学理论、宣传党的政策、共享文化成果、倡导文明新风为主要内容，开展经常性、互动性、群众喜闻乐见的文明实践活动，丰富地区群众精神文化生活。（张 薇 许 蔷）

【国家卫生区创建】 7月至9月，八里庄街道开展创建国家卫生区专项行动，加大环境整治、清理堆物堆料工作力度，统一开展除蚊、蝇、鼠、蟑活动，严格病媒生物防制日常监测，以餐饮单位后厨管理为重点，开展辖区餐饮、商超、小区和垃圾中转站等全覆盖式检查。加大宣传力度，提高居民知晓率和参与率。在市创建国家卫生区暗访检查中，辖区14个社区创卫指标平均得分率86.6%，全部通过暗访检查。（李婉童）

【垃圾分类示范片区通过验收】 11月，八里庄街道完成北京市垃圾分类示范片区验收。街道按照“党建引领、政府主导、社会协同、公众参与”工作思路，推动垃圾分类工作，逐步形成垃圾分类“3+4+1”的工作模式（“3”指全品类、全流程、全覆盖，“4”指分类投放、分类收集、分类运输、分类处理4项工作，“1”为精细化全流程信息系统管理）。（于长河）

【执纪问责】 年内，八里庄街道加强党风廉政建设，推动全面从严治党向基层延伸。以从严为标尺，执纪问责，厚植廉洁兴党之风。落实主体责任，厘清岗位职责，向部门、向社区、向基层党员延伸，压力层层传导。执行“一岗双责”制度，加强制度约束，完善廉政风险防控体系。落实“四种形态”，用好用足“第一种形态”。街道纪工委制发纪律检查建议书2份，监察建议书1份，给予3名自管党员党纪处分。（冯元娠）

【对口帮扶】 年内，八里庄街道开展对内蒙古自治区乌兰察布市卓资县对口帮扶工作，坚持“输血”与“造血”齐抓，扶持卓资县实施小杂粮加工厂（二期）项目，拨付扶贫资金100万元，企业捐赠资金20万元。发挥辖区苏宁云商和社区卫生服务中心资源和服务优势，为对口贫困乡村送医疗、建超市，动员辖区单位购买扶贫产品价值31.4万元，共同助力精准扶贫。（张熹蒙）

【社区安全治理】 年内，八里庄街道开展扫黑除恶专项行动。街道与各行业监管部门、派出所配合，聚焦涉黑涉恶问题重点地区、重点行业、重点领域进行全面摸排，未发现涉黑涉恶势力。集中整治辖区内乱点乱象问题。组织30人巡防队伍对黑摩的及扰乱秩序点位开展巡逻，全年打击黑摩的违法运营83起，打击“地下钱庄”1处，抓获涉毒违法人员108名，群众安全感提升。完成辖区64栋大屋脊房屋安全隐患的全面排查整改工作。建设小型消防站，开展消防安全大检查，清理楼道堆物堆料，规范电动自行车充电行为，织密消防安全网。（马思来 樊义 田建国）

【城市精细化管理】 年内，八里庄街道聘请责任规划师，完善街区规划设计工作；甘露园全要素小区建设进展顺利，完成14个全景楼院建设以及背街小巷和老旧小区环境整治提升工程；加大治脏、保洁、绿化工作力度，有序开展垃圾分类工作；完善污染源台账，严控扬尘，完成裸地硬化、苫盖绿化面积1.5万余平方米。落实“河长制”，实施沿河56个排污口纳管改造，做好辖区河域环境治理工作。治理拥堵成效突出，打通“断头路”1处，扩宽交通瓶颈3处，规范路侧停车，新增停车位760个。（于长河 马思来）

▲ 8月29日，八里庄街道志愿者清除绿地杂草，美化生活环境 （毛立新 摄）

【“大小物业综合服务”路径探索】 年内，八里庄街道探索“大小物业综合服务”新路径，破解老旧小区物业管理难题。按照服务管理项目分类，打破原有楼、院观念，立足社区区域整体，将公共区域内秩序管理、卫生保洁、绿化养护、停车服务、便民服务等项目分别打包整合，交由区域大物业管理。“小物业”指原有产权单位或物业公司仍然作为责任主体，履行对楼体、公共设施设备、电梯以及管线等产权单位的责任管理工作。为解决居民家中维修难题，街道统一引入辖区专业维修队伍，居民针对户内维修可以自主选择“区域大物业”企业或专业维修队伍。（李昂）

【敬老助残扶困】 年内，八里庄街道开展温馨家园基础服务项目，建立残疾人农疗基地，提高残疾人劳动技能，丰富残疾人生活；为地区439户低保户、13户低收入户、5名城市特困人员、532名高龄老人、失独家庭、残疾人等群体提供补助保障，做到弱有所扶、按标施保、应保尽保；与八里庄第二社区卫生服务中心合作，实施智慧养老项目，为400名老年人适配智能手环，运用物联网技术将生命体征实时传递至医疗机构后台，由专业医护人员分析监测并判断老人健康状况，第一时间对老人巡访巡诊，促进老年人健康养老；新设红庙、红庙北里、十里堡、罗马嘉园和八里庄西里5个老年餐桌，满足老年人用餐需求。（刘杨 李婉童 金容惠 许大庆）

【“一站式”窗口服务】 年内，八里庄街道便民服务中心坚持“一门、一窗、一网、一次”工作理念，将民政、残联、计生及住房保障业务窗口统一纳入服务中心，梳理规范业务电话、信息、办事流程等83项并上传至首都之窗平台，打造“一站式窗口”服务模式，实现群众办事“只进一扇门、只跑一个窗”目标。（金容惠）

2019年朝阳区八里庄街道社区居委会一览表

表19

序 号	名 称	地 址	电 话
1	红庙北里社区居委会	红庙北里53号楼南平房	65014186
2	红庙社区居委会	慈云寺1号院东区国际3号楼C座201室	65046519
3	华贸中心社区居委会	建国路89号院15号楼2层	52036920
4	延静里社区居委会	延静西里22楼东侧平房	65014362
5	远洋天地家园社区居委会	八里庄西里59号楼南侧配楼2层	85866626
6	八里庄西里社区居委会	慈云寺北里118号楼东北角	65570478
7	八里庄东里社区居委会	八里庄东里12号楼后	65569064
8	城市华庭社区居委会	十里堡甲3号院2号楼1层	85789902
9	十里堡社区居委会	十里堡东里127楼2层	65577555
10	十里堡南里社区居委会	十里堡甲2号院1号楼北侧平房	65577308
11	朝阳无限社区居委会	甘露园1号楼2单元1层	85739508
12	甘露园社区居委会	甘露园南里18楼后	85781756
13	甘露园中里社区居委会	青年汇小区5号楼北侧2层小楼	85740338
14	罗马嘉园社区居委会	朝阳北路107号院39号楼4层	85904039

（刘艾菁）

朝外街道

【概况】 朝外街道位于朝阳区的西部。东起工体东路、东大桥路与呼家楼街道接壤，南至光华路与建外街道为界，西至朝阳门南北大街与东城区朝阳门街道、东四街道相连，北至吉市口八条、工体西路、工体南路与三里屯街道、东城区东直门街道相邻，辖区面积2.2平方千米。下辖7个社区。年内，辖区常住人口52998人，户籍人口11906户42316人，流动人口9634人，外籍人口1048人。有回族、满族、蒙古族、藏族等20余个少数民族，少数民族人口5053人。新出生人口355人、死亡人口102人。有外交部、司法部、民建中央、中石化等国家机关，有英国、朝鲜等13个国家的大使馆。辖区商务楼宇众多，商业服务业发达，是北京重要的商业繁华街区和北京商务中心区休闲消费功能区，分布有昆泰、蓝岛等大型商业企业和雅宝路、悠唐广场、侨福芳草地等众多消费娱乐场所；有医院2所，社区卫生服务中心1个，社区卫生服务站5个，社区服务中心1个。有500平方米政务服务中心1处、3000平方米地区文化中心1处、2000平方米党群服务中心1处、文化广场8处、社区文化活动室7处。辖区交通发达，数十条公交线路在辖区设总站或途经辖区，地铁2号线、6号线贯穿其中。年内，朝外街道紧扣中央、市、区工作要求，围绕“三统筹五聚焦”（三统筹：统筹推进党建引领、统筹推进作风强基、统筹推进项目落实；五聚焦：聚焦城市精细化管理、聚焦社区多元化治理、聚焦立体化平安建设、聚焦文化文明发展、聚焦民生保障落实）工作主线，以开展“不忘初心、牢记使命”主题教育为契机，以党建为统领，以基层建设年为抓手，以重点任务推动为牵引，聚焦重点，统筹兼顾，团结带领各级党组织和党员干部群众凝心聚力、脚踏实地，扎扎实实开展各项工作。完成庆祝中华人民共和国成立70周年系列活动服务保障、创建全国卫生区、街道机构改革等多项重点工作。实现区级财政收入23.4亿元，比上年减少5.1亿元。朝外街道获“全国民族团结进步示范街道”称号。（黄瑞玲）

【社区“两委”换届选举】 1月，朝外街道7个社区完成社区党委换届选举工作，选举产生社区党委委员35名、社区纪委委员21名，其中社区党委书记7名（连选连任5名、新当选2名）。3月，完成7个社区居委会换届选举工作，选举产生新一届社区居委会成员49人，其中社区居委会主任7名、副主任14名、委员28名。4个社区实现党委书记与居委会主任“一肩挑”，占7个社区的57.14%，比上届提升29个百分点。49名居委会成员中，中共党员34名，占69.39%，比上届提高30个百分点；居住本地区成员22名，本土率44.90%；女性34名，占成员总数69.39%；40岁以下23名，占成员总数46.94%；大学本科以上学历31名，占成员总数63.27%，比上届提高14个百分点；社工师9名、助理社工师14名，持证率46.94%，比上届提高25个百分点。（黄瑞玲）

【民俗文化节】 3月21日，朝外街道在日坛公园举办主题为“文化融新风 追梦新征程”的第十三届“春分·朝阳”民俗文化节。活动现场，有民俗艺术家的舞台演出、非遗展示、春分中国传统礼乐文化表演、“芳香中华”等。来自埃及、阿尔巴尼亚、白俄罗斯、古巴、哥伦比亚、匈牙利、以色列、秘鲁、波兰、斯里兰卡等国大使馆的20余名使节及亲属现场参与，共同感受中国传统文化魅力。6月7日，朝外街道在东岳庙举办“我们的节日·端午”民俗文化节，参与者共同体验传统文化。（黄瑞玲）

【《朝华夕拾——朝阳门外关厢拾遗》出版】 10月，朝外街道以朝外大街、朝阳门历史和朝外街道人文生活为主题，编纂出版历史文化书籍《朝华夕拾——朝阳门外关厢拾遗》，形成具有朝外特色的文化符号。全书设 9 章 180 页，16 开本，15 万余字，275 幅图片。全面介绍了朝外地区自元代以来的城门古建、古街、古桥、宫观庙祠、商铺字号、胡同民居及郊野景观，记录了其形成年代及发展变化，对过去的零散记录拾遗补阙、考证、修正。（黄瑞玲）

▲ 10 月，朝外街道出版历史文化书籍《朝华夕拾——朝阳门外关厢拾遗》（陈美琳　摄）

【党群服务中心启用】 12 月 28 日，朝外街道举行党群服务中心——“朝外链空间”揭牌启用仪式。该中心位于悠唐购物中心 B 座，面积 2000 平方米。揭牌仪式上，朝外党建协调委员会发布建立社会治理共同体倡议，号召成员单位以党建为引领，发挥优势资源，创建共建共享的社会治理新格局。30 余家朝外地区党建协调委员会委员单位负责人出席启用仪式。（黄瑞玲）

【环境质量提升工程】 年内，朝外街道以庆祝中华人民共和国成立 70 周年为契机，完成环境提升工程。设置国庆景观花坛 6 处，完成 2 处精品城市公共休闲空间方案设计，扮靓“微景观”；完成东大桥路、日坛路等 11 条道路架空线入地工程；完成朝外头条等 2 条道路雨、污分流工程；完成朝外二条等 4 条道路自来水消除隐患工程；完成元老胡同道路线杆移位、道路改造和绿化提升，更新“老街巷”；完善“吹哨报到”机制，协调城管、市政、交通、绿化等部门，完成首都儿科研究所周边交通整治，调整车道布置，完善标志、标线，清理路侧摊位，增设人行开口，规划临时落客点 50 个，新建停车位 70 个，取消路侧停车位 96 个，疏导车辆分流，缓解医院周边交通拥堵情况；拆除违法建设 33 处、3855.77 平方米，完成全年拆违任务 550.82%，创建无违建自然小区 12 个；约谈各类责任主体 370 余人次，清理群租房 63 处；整治无照经营和店外经营 180 余起，完成 2 处区级占道经营点位销账工作。（黄瑞玲）

【助残帮困】 年内，朝外街道办理慈善医疗卡，救助困难低保老人 23 人，发放救助金 8293 元；医疗救助 76 人，发放救助金 92066.04 元。“两节”慰问期间，为 265 名低保人员发放过节费 13 万余元，为 112 名残疾人发放慰问金 8 万元，为 10 名失业人员发放慰问金 5000 元，为计划生育家庭发放慰问金 9.81 万元、临时救助困难家庭 3300 元、慈善救助 1.3 万元、红十字会救助 5000 元；针对地区困难家庭老人开展居家养老“四进”服务项目，开展助餐服务 1820 人次、助洁服务 138 人次、助浴服务 40 人次；街道残联依托温馨家园，举办摄影、理发、合唱等活动 274 次，服务残疾人 5000 余人次。为 44 名残疾人申办残疾证，为 30 名肢体残疾人提供医疗康复服务，帮助肢体残疾人购买轮椅 205 台、手杖 198 把，为 19 名自主创业就业残疾人申办社会保险补贴，为 52 名残疾人申办燃油补贴，为 3 名残疾人学生和生活困难残疾人子女（学生）申办助学补助。（黄瑞玲）

【对口帮扶】 年内，朝外街道对口帮扶河北省张家口市阳原县要家庄乡，一次性安排扶贫资金 200 万元，入股张家口正奥新农业集团有限公司，用于种猪繁育和生猪养殖；动员中粮集团、国雅大厦等辖区社会单位捐赠 59 万元物资，对口支援要家庄乡；为要家庄乡提供展卖平台，帮助要家庄乡销售鸡蛋、小米等农产品，促进村民增收。（黄瑞玲）

【“接诉即办”机制落实】 年内，朝外街道推出“四个一”（一本服务手册、一张海报、一张便民卡、一张地图）服务，精准解决难题。受理处置市民“12345”热线派遣诉求 4220 件，妥善处置三丰里 15 楼积水隐患、芳西街 9 号楼群租扰民、体东路侧僵尸车占道等一批群众意见强烈的案件。大力推进“未诉先办”，活用“统、转、问、议、改、查、强”七字诀，解决芳草地西街 38 号院环境脏乱等一批难点痛点问题。依托“自管会”“居民议事厅”，建立社区网格事务协调委员会，动员多方力量共同参与社区综合治理，2019 年辖区重点环境问题比上年下降 10%。（黄瑞玲）

【社区建设】 年内，朝外街道建成芳草地西街 23 号院、东大桥路 7 号楼 2 个精品楼院。健全老旧小区更新改造和日常管理维护长效机制，分类完善居民小区物

▲ 12 月 28 日，朝外街道党群服务中心——“朝外链空间”启用（陈美琳　摄）

业管理。依托党建引领，带动社区居民共商物业管理。引进朝阳家园物业公司进驻西草园小区，“未诉先办”解决居民难题，修设施、通管道、整报箱、清堆料，完成15个楼门各项设施修复，开展“楼门小文化、大品位”活动，打通服务群众“最后一米”。依托居民自治，完成老旧小区准物业升级，成功实践“光中小院”治理，居民参与拆地锁、画车位、优环境行动，区委书记王灏在调研时给予肯定。（黄瑞玲）

【平安建设】 年内，朝外街道制定安全生产专项检查方案11个，累计出动检查人员1278人次，检查单位577家次，整改隐患3563处，整改率为100%；开展消防安全隐患整治行动，加大违规单位检查力度。巡视老旧居民楼及脏乱地区，清理可燃物近20吨；对地区8个重点学校和教育机构逐一排查，消除校园周边治安隐患；加强食品安全管理，确保地区食品药品监督管理平稳有序；构建“立体化全时空”防控体系，坚持“四防”（人防、物防、技防、社会协防）联动，依托民警驻区机制开展晨巡和夜巡。可防性案件全年发案4起，比上年下降69.2%。天福园、雅宝里等4个社区实现全年零发案；联合朝外大街派出所提出“望闻问切”信访处置工作法，信访接待98人次，群访和集体访14次，司法调解纠纷案件64件，依法处置拖欠农民工工资、工程款纠纷等突发讨薪事件7起。朝外街道在全区治安防控排名中位列第4名。（黄瑞玲）

2019年朝阳区朝外街道社区居委会一览表

表20

序号	名称	地址	电话
1	芳草地社区居委会	东大桥路23号院	85619525
2	吉庆里社区居委会	工体西里4号楼南侧平房	65538102
3	吉祥里社区居委会	朝外大街北侧112号楼旁	65514388
4	三丰里社区居委会	三丰里14号楼南侧小楼	85612610
5	体东社区居委会	工体南路甲1号平房院	85611495
6	雅宝里社区居委会	朝外大街甲14号楼北侧	85628668
7	天福园社区居委会	天福园8号楼东侧平房	85611185

（黄瑞玲）

大屯街道

【概况】 大屯街道位于朝阳区西北部。东邻来广营乡、望京街道，南与亚运村街道、小关街道、太阳宫乡相连；西北与奥运村街道相接。辖区总面积10.013平方千米。下辖15个社区。大屯街道具有人口多、社会单位多、高档小区多的特点。年内，辖区常住人口152729人，户籍人口85446人，流动人口48601人；新出生人口123人，死亡人口991人。辖区有法人单位5090家，产业活动单位1168家。辖区有道路49条，其中市管道路8条、区管道路21条、社区道路20条。有大学3所、中学3所、小学8所、幼儿园19所。有医疗机构47个、养老机构1个、养老驿站5个。途经辖区公交线路10余条，有地铁5号线、15号线贯穿其中。有为民服务大厅2处、街道级文化活动中心7处、文化广场1处，绿化面积395.92万平方米，绿化覆盖率41.06%。年内，街道工委确定“1234”发展思路，发扬攻坚啃硬、勇挑重担、作风硬朗的光荣传统，实干重实效，为民解难题。完成第二届“一带一路”国际合作高峰论坛、北京世园会、亚洲文明对话大会、庆祝中华人民共和国成立70周年等重大活动服务保障任务；探索推行“双向进入、交叉任职”，党建引领基层治理的欧陆经典万兴苑小区经验，成为全区“党建引领物业服务企业和业委会参与基层治理”典型；压茬推进“疏解整治促提升”专项行动，拆除违建面积18754.04平方米；“众享大屯”生活服务品牌新增服务网点17处；实现首都绿化美化花园式社区“九连创”。实现区级财政收入18.8亿元，比上年增长14.28%。街道获“朝阳区十大优秀党建品牌”“北京市扶贫协作组织工作奖”和“首都环境建设样本单位”等称号。（刘语桐）

【社区妇联换届选举】 3月21日至26日，大屯街道15个社区分别召开社区妇女代表大会，选举产生第十届社区妇联执委225人，其中社区妇联主席15人、兼职副主席30人。社区妇联主席100%进入社区“两委”班子，社区党组织班子中女委员比例达到77%，社区居委会女性成员比例达到83%。（刘语桐）

【社区居委会换届选举】 3月23日、24日，大屯街道完成辖区15个社区居委会换届选举工作。15个社区选举产生委员108名，登记选民10401户、33895人，划分320个居民小组，选举产生居民代表803名。15个社区中9个社区采取户代表选举方式、6个社区采取居民代表选举方式，选举产生新一届居委会成员113名，其中主任15名、副主任30名、委员68名。成员中，男性23名、女性90名，分别占成员总数20.35%、79.65%；中共党员62名，占成员总数54.86%，与上届增加5.64%；大学本科及以上学历75名，占成员总数66.37%，比上届增加6.56%；本土成员46名，本土化率40.7%；正职平均年龄47岁，平均参加社区工作年限12年。社区党委书记与社区居委会主任一肩挑7名，占社区总数46.67%；平均年龄42岁，与上届相比增加4岁。（刘语桐）

【打通断头路】 11月4日，大屯辖区内南起北四环辅路北至育慧东路的育慧北路断头路建设工程启动，道路全长130延米，由区交通委牵头建设，12月20日通车。（刘语桐）

【社区建设】 年内，大屯街道收集居民关于改善环境的意见建议，寻找社区治理最大公约数，形成政府主导，物业支持配合，居民积极参与的联动局面。安慧东里社区光大名筑小区和慧忠北里第二社区113号、114号、115号楼院建成全要素小区；博士祥园等15个小区建成全景楼院；世纪村社区育慧北里小区老旧小区转型升级；指导金泉家园社区落实社区服务站建设平台化、社区工作事项明晰化、社区运行机制联动化、社区志愿服务常态化、社区队伍建设专业化、社区设施使用最优化、社区经费管理科学化“七化”标准，成功创建市级规范化建设示范点。（刘语桐）

▲ 8月22日，大屯街道在河北省张家口市的三金鹿业扶贫实践基地揭牌 （大屯街道 供图）

【重大活动服务保障】 年内，大屯街道成立以工委书记、办事处主任为总指挥的“一带一路”国际合作高峰论坛安保工作指挥部，构建“1+6+14”指挥体系（1个领导小组，负责综合协调调度；6个专项工作小组，负责监督落实；14个社区，负责重点看护）。对群防力量进行网格化实名部署，实现点、线、面的联动联防。9月，成立大屯街道庆祝中华人民共和国成立70周年活动综合服务保障工作领导小组和9个专项工作小组，具体落实各项专项行动的组织实施。每日出动群防群控力量3300余人，落实辖区街面、社会面巡查工作。（刘语桐）

▲ 9月9日，大屯街道组织青少年开展中华人民共和国成立70周年志愿服务活动 （大屯街道 供图）

【对口帮扶】 年内，大屯街道实施产业扶贫模式，动员辖区非首都功能企业到对口帮扶地区——河北省康保县投资建厂。动员京张经济协同发展协会、张家口德创农业发展有限公司等20余家企业，启动梅花鹿养殖项目。至年底，产业扶贫取得阶段性成果，399户建档立卡贫困家庭年内累计分红27.88万元，户均收近700元。（刘语桐）

【国家卫生区创建】 年内，大屯街道通过“ABCD”（分别指目标、支持、合作和行动）+“5418”（分别指50%的问题靠主动作为解决、40%的问题用管理手段解决、10%用执法手段解决和创卫“八字诀”）特殊创卫工作法，提升辖区整体环境质量。其间，街道在辖区悬挂横幅129条，张贴宣传海报、创卫口号标识5100余张，更换健康教育宣传栏海报1140张，发放控烟劝阻员袖标1100余个、控烟标识2600余个；累计接收处理各类平台案件4.3万件，整改4.23万件，办结率98.3%；出动专业消杀人员3173人次，清理积水1321处，投放灭蚊药0.37吨，喷洒用药1.84吨，补充苍蝇引诱剂0.477吨、鼠药2.65吨；开展爱国卫生行动1821次，清理白色污染11.68吨，清除卫生死角12672个，清理堆物堆料及暴露垃圾7282吨；出动检查人员8225人次，检查重点点位9936户次；发动党员和居民18199人次，2655家社会单位参与创建国家卫生区工作。顺利通过国家级暗访验收。（刘语桐）

【环境整治】 年内，大屯街道拆除新增违法建设21处，面积约800平方米，实现新增违法建设“零增长”目标；完成区级挂账18处、92户外接扩建违法建设拆除任务。全年查处无照经营和擅自摆摊设点4300余起，教育引导2700余人次；查处非法小广告547起、没收宣传材料2.3万余张；整治违规广告牌匾175块，拆除面积2300余平方米；检查“门前三包”单位6000余家，清理店外堆物堆料850次，规范店外经营500余次；处置占道经营1800余起，清理占道僵尸车85辆；拆除道路两侧、商户门前及小区内私装地锁2100余个。全年出动执法人员4.8万人次，执法车辆1.6万台次。（刘语桐）

【社会保障与就业服务】 年内，大屯街道慰问社会化退休人员411名，为各类人员报销医药费472.9万元，为3142人办理丢失补办医保卡，为“一老一小”和无业人员7950人办理医疗保险参保手续，发放救助资金2090万元，发放核算公益性就业组织工资、奖金、保险等194万元。城乡登记失业人员就业率71.49%，城乡登记就业困难人员就业率72.34%。开发就业岗位1710个，完成失业人员再就业培训84人。（刘语桐）

【社区安全】 年内，大屯街道开展消防安全隐患大排查、大清理、大整治工作。检查社会单位2729家，检查出安全隐患4932处，现场整改4314处、限期整改618处；处理网格案件1331件；完成45处消防通道畅通画线及标识增设工作。辖区可防性案件发案36起，比上年（62起）下降41.9%。（刘语桐）

2019年朝阳区大屯街道社区居委会一览表

表21

序号	名称	地址	电话
1	慧忠里第一社区居委会	慧忠里甲316楼北侧	64980308
2	慧忠里第二社区居委会	慧忠里B区108楼东南侧	64959011
3	慧忠北里第一社区居委会	慧忠北里411楼104号	64869360
4	慧忠北里第二社区居委会	慧忠北里108号楼1层0106	64864019
5	安慧北里秀雅社区居委会	安慧北里秀园17号楼110室	64950058
6	安慧北里安逸社区居委会	安慧北里安园6号楼104号	64951098
7	大屯里社区居委会	大屯里115楼208号	84806303
8	安慧东里社区	北苑路178号光大名筑8号楼2单元0118号	64826118
9	欧陆经典社区居委会	北苑路172号万兴苑6号楼103室	84853151
10	育慧西里社区居委会	育慧西里小区居委会办公楼	64979709
11	嘉铭园社区居委会	嘉铭园A区5号楼2单元101、102号	84858717
12	育慧里社区居委会	成慧路二号院1号楼1单元1层	84634647
13	世纪村社区居委会	育慧北路8号三区1号楼101号	84633844
14	亚运新新家园社区居委会	辛店路亚运新新家园物业一层	51737167
15	金泉家园社区居委会	金泉家园1号楼	84806303

（刘语桐）

东湖街道

【概况】 东湖街道位于朝阳区东北部。东至机场高速中心线，与崔各庄乡接壤；西至地铁13号线西侧，与来广营乡接壤；南至北小河北侧沿望京西路中心线至湖光北路、宏泰西街中心线及原崔各庄乡与望京街道界线至机场高速路，与望京街道接壤；北至五环路中心线，与来广营乡、崔各庄乡接壤。辖区总面积5.388平方千米。下辖8个社区。年内，辖区常住人口84207人，户籍人口16219户、41318人，流动人口28114人，外籍人口3445人；新出生人口332人，死亡人口57人。有法人单位4287家，其中中央单位14家、市属单位11家、区属单位40家、其他单位3856家；有外商投资企业188家、港澳台商投资企业178家；有医院5所、社区卫生服务中心1个、社区卫生服务站1个；有中学4所、小学4所、幼儿园13所、国际学校1所、职业学校1所。有养老机构1所。有途经公交线路37条，地铁13号线、14号线、15号线贯穿其中。有406平方米为民服务大厅、2054.87平方米地区文化中心、25处文化广场和3台24小时自助图书机，绿化覆盖率为42%。年内，街道坚持以党建为纲、以民生为本、以平安为要、以廉洁为根，落实“两个责任”，以望京国际人才社区建设为契机，助力地区经济发展、助力民生福祉提升，“七彩东湖”建设实现稳步发展。完成图书馆升级改造、街道机构改革、社区“两委”换届选举以及创建国家卫生区等工作。全年举办各类活动48场次，其中朝阳区森林演出季获最高奖项——特别奖。形成多项经验成果，区级以上媒体累计宣传报道1000余次。实现区级财政收入8.63亿元，比上年增长0.5%。（赵　曦）

【花园式社区和单位创建】 3月至10月，完成首都绿化美化花园式社区和单位创建工作。开展绿植兑换、花卉种植进社区、多肉种植讲座、草编玫瑰花、阳台养花评比、绿色环保手工“袋”回家、“义务植树”“挂树牌、认树种”等活动，栽植景观月季、玉簪等花卉5000平方米，绿化面积2.1万平方米，绿化覆盖率42%。完成望京花园社区“首都绿化美化花园式社区”，望京花园小区、保利中央公园小区2家社会单位“首都绿化美化花园式单位”创建工作。1人获北京市首都绿化美化先进个人称号。（高　洁）

【特色文体活动】 3月至12月，街道开展第四届“魅力东湖”文化节系列活动。活动包括原创作品征集活动、“激越东湖·唱响初夏”系列群众文化活动、东湖街道培育品牌队伍等8项活动，惠及居民2万人。活动获区级以上奖项11项。6月19日，举办朝阳森林演出季东湖分会场活动，参与观众800余人。舞蹈《扇舞中华》《达坂城的姑娘》获演出季最高奖项——特别奖。年内，举办第四届“炫动东湖”体育节系列活动。活动包括春季健步走活动、“八八”全民健身日及健身知识交流系列活动、“助力冬奥——欢乐冰雪健身季”冰雪体验活动等30余场，参与活动居民约3000人，获区级以上奖项15项。举办社会主义核心价值观及传统文化教育活动14场次，社区活动近50场，参与人数2万余人次。“望湖社区书法班”获朝阳区优秀学习共同体。（张玉兰　张　莹）

【新时代文明实践活动】 6月2日，东湖街道成立东湖街道新时代文明实践所，下设8个新时代文明实践站。全年开展新时代文明实践活动146场，开展主题推动日活动70余次，为近2万人提供志愿服务。 （张玉兰）

【亲水休闲空间建设】 年内，东湖街道投资770万元建设居民亲水休闲空间。建成融生态绿廊、慢游滨水带、休闲娱乐、运动健身为一体的“滨水运动乐园”。园内设有健康步道（步道长1.2千米），有包括乒乓球、空竹、儿童乐园、器材健身等场地11个，配有照明、休闲座椅、健身器材等便民设施。 （许秀强）

【企业工会规范管理】 年内，东湖街道总工会完成全年工资集体协商建制率90%以上，百人企业建制率90%，百人典型示范企业60%，含“四必谈”（教育经费、高温津贴、高技能人才鼓励办法、带薪假）内容的合同98%以上。正常企业数253家，有效集体合同覆盖企业245家，工资合同242家；指导推动已建会企业建立民主管理制度，厂务公开建制率100%。96家企业中有91家召开职代会，职代会备案率94.79%。67家企业建立职工董事、监事制度；落实“一站一家一律师”工作制度，做好劳动争议调解工作。 （赵建刚）

【敬老助残扶困】 年内，东湖街道养老照料中心建成并运营；完成老年证审核办理、老年人能力评估、低保和计生特困人员养老服务补贴、失能人员护理补贴、高龄老人津贴以及伤残军人护理费、抚恤金等发放工作，完成252名超转人员资金统发工作；开展“两节”送温暖活动，为20户生活困难家庭发放救助款4万元；为重大疾病、长期生病卧床、失独失能老人和计生特殊家庭发放慰问金21万元；开展“博爱在京城、博爱在朝阳”募捐活动，募集善款3.39万元；为36名残疾人办理“残疾人证”，为21位困难及重度残疾人申请两项补贴，为19名个体就业残疾人申请保险补贴17.36万余元，为2名残疾人申请扶残助学金1.05万元，为11名残疾儿童办理机构康复补贴12.86万元。协助265名残疾人申请配发辅具。全年走访慰问残疾人家庭142户，发放慰问金8.63万元；组织残疾人能力训练20次、组织残疾人参加户外康复活动200余人次。通过政府购买服务完成温馨家园项目托管。 （殷康国　彭　燕　刘　锟）

【物管会试点】 年内，东湖街道被区委组织部选定为物业管理委员会、物业管理条例落地试点单位。指导慧谷金色家园一期小区通过“北京业主”App发起召开业主大会，选举产生业主委员会；引导慧谷金色家园、望馨园、慧谷阳光、望京花园东区等小区依法依规开展成立业委会及补选委员等工作；指导南湖中园北、澳洲康都等小区依法使用住宅公共维修资金更换电梯和水泵，消除安全隐患；试行无业委会小区社区代行职能工作，响应区委区政府党建引领物业试点工作，214号楼引进朝阳家园物业，将纯业主自治的“自管会”转变为由社区党委领导、居委会牵头的物业管理委员会。 （辛泊达）

【治安环境整治】 年内，东湖街道为利泽西园一区安装单元门22个；为望馨花园、南湖中园安装人脸识别门禁系统等

▲ 完成河道整治的北小河B段（摄于10月29日） （李　娜　摄）

115套。加强“东湖哨兵”队伍建设，实现辖区内24小时不间断治安巡逻。发动群防群治力量8万余人次，完成重点时段、重要点位巡控值守任务。（赵梓轶）

【交通安全示范社区创建】 年内，东湖街道拆除辖区道路护栏4911延米，安装阻车桩1086个，安装各类提示、警告标牌117个，施画各类标线3478延米，处理占道经营13起，清理僵尸车7辆。溪阳东路（西段）、屏翠东路（南段）改为单向行驶，打通启阳路、望京东路两条断头路，实现路网贯通，形成交通循环。迁移望京北路与利泽东二路交叉口公交场站，改善停车乱象，消除交通安全隐患。完成8个社区交通安全示范社区创建工作。（赵梓轶）

【法律服务与矛盾纠纷化解】 年内，东湖街道开展律师进社区服务130余次，协调律所审查街道各类合同371份次。举办法律大讲堂15场，发放法律知识宣传材料8000余册。入户走访矫正人员并进行谈话教育，入户开展社会调查与居住地核实。开展矛盾纠纷排查和网上信访、来访、来信办理工作，接待群众来访28批次，办理市、区转来信访件23件，排查矛盾纠纷16次220余件，调解地区劳务纠纷90起，为200余名劳动者协调解决劳动单位拖欠劳动报酬230余万元。成功化解“格瑞健身会所倒闭”等社会矛盾事件。（苏 严 侯永利 安 坤）

【卫生健康服务】 年内，东湖街道办理户籍一孩生育登记216份、二孩生育登记132份、再生育登记8份、独生子女证22个，出生上报405人；办理流动人口一孩生育登记237份、二孩生育登记74份、再生育登记1份。发放独生子女父母一次性奖励6.6万元、独生子女父母一次性经济帮助4万元；开展独生子女伤残、死亡家庭特别扶助工作，为5个家庭10人办理特扶补助。为特扶家庭提供观影、体检、办理安康保险等服务；定期走访辖区精防患者，动员严重精神障碍患者监护人申请补贴，补贴率80.58%；配合东湖社区卫生服务中心和北京惠兰医院开展居民健康状况调查暨普通人群乙肝/艾滋病强化干预后新发感染队列研究，1000余名居民健康状况队列随访和抽样调查。（胡 波）

2019年朝阳区东湖街道社区居委会一览表

表22

序 号	名 称	地 址	电 话
1	望京花园社区居委会	望京花园130楼2层	64743804
2	利泽西园一区社区居委会	利泽西园一区104楼106	64758250
3	望湖社区居委会	利泽西园二区209楼101室	64721670
4	望京西园社区居委会	望京西园一区116楼东南侧黄色二层楼	64794570
5	南湖东园北社区居委会	南湖东园一区临123号	64791990
6	南湖中园北社区居委会	南湖中园一区117楼底商3单元102号	64709041
7	果岭里社区居委会	广泽路6号院东门外	84727412
8	大望京社区居委会	望京东园七区12-2	64782880

（赵 曦）

垡头街道

【概况】 垡头街道位于朝阳区东南部。东至北京炼焦化学厂东墙，与豆各庄地区办事处相邻；南至规划中翠城小区公共服务配套用房西南侧边线和化工路，与十八里店、王四营地区办事处接壤；西至厚金路和翠城小区规划区域西侧，与南磨房地区、十八里店地区办事处相接；北至金蝉北里、垡头北里和北京染料厂、北京炼焦化学厂北墙，与王四营地区办事处相连。辖域面积5.32平方千米。下辖14个社区。年内，辖区常住人口96672人，户籍人口14651户、37685人，流动人口21138人，外籍人口90人；新出生人口367人，死亡人口77人。有社区卫生院1个、社区卫生服务站2个；有大中专院校2所、中小学4所、各类幼儿园4所；有养老机构4个，商业楼宇2处；有2000平方米为民服务大厅1处、文化广场4处和24小时自助图书馆2处。有化工路、垡头路等22条主要道路。途经辖区公交线路13条，地铁7号线贯穿其中。绿化率32.54%。年内，街道工委、办事处以党建引领为核心，全面深化从严管党治党；以履行政治责任为根本，全力落实党中央精神和市区委决策部署；以疏解整治促提升为抓手，全域推进城市精细化管理；以提升群众安全感、获得感和幸福感为导向，全心全意服务保障民生。完成社区“两委”换届选举、街道机构改革以及创建国家卫生区等工作。全年拆除违法建设面积17567.75平方米，清理违法群租房屋189户。实现地区财政收入1.25亿元，比上年增长1.06%。辖区健康大道获“首都文明街巷”称号。（李 楠）

【国家卫生区创建】 4月16日至17日，市爱卫会组织专家对朝阳区创卫工作技术评估。垡头街道创卫工作专班和8个工作组加强行业监管和部门统筹，做好病媒生物防制、环境整治、健康促进、重点场所卫生等工作，顺利通过爱卫会专家组技术评估。9月17日至20日，全国爱卫会组织专家对朝阳区暗访。街道创卫办、区创卫办下沉小组深入社区，以健康素养66条为核心，落实重点场所各项工作要求。街道创建国家卫生区工作通过全国爱卫会暗访。（高 尚）

【法官进校园】 5月23日，朝阳法院王四营法庭4名法官走进首师大附属朝阳实验小学垡头翠北校区，为该校五年级4个班180名小学生举办“扬法律之帆·为少年护航”法治教育进校园活动。法官利用幻灯片、动画短片、小视频等形式，通过问答互动、案例解读，让学生学会报警、防范拐骗儿童等不法侵害以及正确应对校园欺凌行为。（王久全）

【人口抽样调查】 6月至11月，垡头街道开展2019年人口抽样调查工作。辖

▲ 7月31日，垡头街道在翠城社区开展“交通安全示范社区”创建，安装挡车桩，施画标识标线（垡头街道　供图）

区14个调查小区参与调查，登记户数1334户3444人。其中国家点登记户数78户228人，北京点登记户数818户1974人，区调查点登记户数438户1242人。（黄山峻）

【第四次全国经济普查】 年内，垡头街道完成第四次全国经济普查工作，普查对象为辖区内从事第二、三产业的法人单位、产业活动单位和个体经营户。普查标准时点为2018年12月31日，时期资料为2018年年度资料。普查结果显示，辖区从事第二、三产业的法人单位2176家，产业活动单位28家，个体经营户207家。（陈荣升）

【社区妇联换届选举】 年内，垡头街道完成社区妇联换届选举工作。13个社区推选妇女代表790人，选举产生新一届妇联执委207人。其中主席13人，专、兼职副主席54人，委员140人。（苏武奕）

【新时代文明实践所（站）成立】 年内，垡头街道成立新时代文明实践所、14个社区成立新时代文明实践站，开展“文明实践推动日”志愿服务活动100余次。推荐市区级各类榜样人物和志愿服务先进典型。其中翠城趣园社区施国堂入选6月第三周北京榜样人物，双合家园郑树丽入选8月朝阳榜样人物，燃气三分公司“首都文明商户”称号。（杨照光）

【养老服务】 年内，垡头街道建成垡头兆和养老院、翠城熙园社区养老服务驿站、翠城雅园社区养老服务驿站并投入运营；指导寸草春晖养老院、爱依养老照料中心等服务机构承接专业为老服务项目及文化创新服务项目，通过居家辐射服务、“四进”服务（将餐桌、助浴、医疗、保洁等4项服务制作成“菜单”，老人按需“点单”，服务商送服务上门）等为地区老人提供全方位服务，提升老年人居家养老生活质量。（张海洋）

【退役军人服务站成立】 年内，垡头街道成立退役军人服务站及14个社区级服务站，打通落实退役军人相关政策“最后一公里”。街道级服务站由街道工委书记担任服务站站长，社区级服务站由社区党委书记担任站长。服务站落实有机构、有编制、有人员、有经费、有保障“五有”建设标准和工作规范化、制度化、信息化、常态化的“四化”要求，承担接待来访、信息采集、光荣牌悬挂、走访慰问、帮扶解困等方面服务保障任务。（乔　愔）

【疏解整治】 年内，垡头街道在各社区张贴《关于禁止群租行为的告知书》1000余张，发放《致地区居民一封信》6000余张。完成拆除违法群租房67户，疏解流动人口135人。出动消防安全检查人员1800余人次，检查社会单位和门店3000余家次，消除消防隐患1200余处。为辖区孤寡和独居老人安装独立烟感报警器3659个，完成消防器材年检和补充工作。聘请第三方构建“安全巡控应急平台”，实现辖区安全隐患动态监管。在翠城6个社区开展“交通安全示范社区”创建工作，完成路面修复、安装挡车桩、施划标识标线、新增标识标牌、增设减速垄和护栏以及拖离僵尸车、整顿黑摩的等工作。（秦诚远　宁艺玮）

【社区建设】 年内，垡头街道投入各类资金200余万元，完成翠城熙园社区空竹文化园、祈东家园自行车棚等54个社区公共服务设施项目。建成老旧生活区、翠城生活区、双合祈东社区3个“一刻钟社区服务圈”；完成翠城福园社区全要素小区建设；完成一区南院小区等14个全景楼院建设；完成二区卫生局院老旧小区物业管理转型升级工作；充实社工队伍，招录社工34名。（严　帅）

【重大活动服务保障】 年内，垡头街道做好“一带一路”国际合作高峰论坛、亚洲文明对话大会、庆祝中华人民共和国成立70周年等重大活动服务保障工作。其间，按时段要求启动防控等级，组织动员2000余名治安志愿者，落实主要道路和重点单位值守责任，严格落实社会面防控要求，及时排查化解各类突出问题。在庆祝中华人民共和国成立70周年系列活动中，街道4名女民兵参加庆祝中华人民共和国成立70周年受阅女民兵方队、38名机关和社区干部参加群众游行“当家做主”方阵。（张　聪）

【媒体报道】 年内，垡头街道融媒体分中心向区级以上媒体报送街道亮点工作信息近千条。人民网、光明网等报道街道工作29次，北京电视台、今日头条、千龙网等市级媒体报道街道工作51次；朝阳有线、《朝阳报》等区级媒体报道街道工作50次。报送“不忘初心、牢记使命”主题教育信息177条，采用97条，其中央级媒体采用23条、市级媒体采用19条，区级媒体采用55条。各级媒体现场参与街道和社区活动180余次，留存照片资料近万张、视频1000余段。街道“看垡头”官方微信公众号发布街道工作信息150余条。（杨照光）

主线，以巡察整改为契机，以疏整促、惠民生、保安全、强党建为重点，在辖区大走访、能力大培训、作风大转变、整体大提升上下功夫，实现地区持续健康发展。实现区级财政收入6.27亿元，比上年增长0.3%。（王熙磊）

2019年朝阳区垡头街道社区居委会一览表

表23

序号	名称	地址	电话
1	垡头一区社区居委会	垡头一区6号楼北侧	67382011
2	垡头二区社区居委会	金蝉里19号楼1层11号	67367009
3	垡头三区社区居委会	金蝉里16号楼北侧	67365471
4	垡头东里社区居委会	垡头东里东院11排房南侧	67365570
5	垡头西里社区居委会	垡头西里24楼北侧	67360853
6	垡头北里社区居委会	垡头北里17号楼北侧	67374703
7	翠城馨园社区居委会	翠城馨园34号楼南侧	67383900
8	翠城雅园社区居委会	翠城馨园237号楼北侧	67202700
9	翠城趣园社区居委会	翠城馨园103号楼	67363500
10	翠城盛园社区居委会	翠城馨园143号楼	67376900
11	翠城熙园社区居委会	翠城馨园420号楼1层	67371136
12	翠城福园社区居委会	翠城馨园501号楼底商	87156463
13	双合家园社区居委会	双合中路3号院c14楼2层	84727412
14	祈东家园社区居委会	祈东家园1号院1号楼东侧底商	87302677

（李 楠）

和平街街道

【概况】 和平街街道位于朝阳区西北部。东以城铁13号线为界，南起北二环路，西至安外大街，北至元大都公园。辖域面积4.54平方千米，辖区内有健安北路（北土城路）、樱花东、西街、和平东、西街、青年沟路、和平北街东街、东土城路、北三环东路、兴化路10条主要大街。下辖9个社区居委会。年内有户籍人口25296户84618人，流动人口20765人，外籍人口462人；新出生人口517人，死亡人口163人。辖区有中国计量科学研究院等科研院所14家、中国特种设备检测中心等中央企业45个、北京化工研究院等市属企业25个；有文艺团体2家（中国交响乐团、煤矿文工团）、文化经营单位20家；有高等院校3所（北京化工大学、北京中医药大学、北京服装学院）、成人教育学院1所，有中学、小学和幼儿园各2所，幼儿培训机构4所；有200平方米以上的社区文化活动室9个、830平方米社区文化活动中心1个、社区图书馆1个；有医院2所（中日友好医院、玛丽妇婴医院）、医疗机构10家、社区卫生服务站6个、社区卫生服务中心1个、养老院1个（寸草春晖养老院）。有3个公交车总站，途经辖区公交线路51条，有地铁线路2条（地铁5号线和13号线）。辖区绿化面积77.91公顷，绿化率34%。年内，街道以全力保障国家重大会议活动为

【机构更名】 4月30日，根据区编办《关于调整和平街街道所属事业单位机构编制事项的通知》要求，北京市朝阳区和平街街道社会保障事务所更名为北京市朝阳区和平街街道便民服务中心，加挂北京市朝阳区和平街街道退役军人服务站牌子，为街道所属事业单位（公益一类），机构规格相当正科级，经费形式为财政补助（全额拨款）。核定事业编制22名，科级领导职数1正3副。主要职责：承担政务服务、社会保障、住房保障、养老助残以及其他直接面向群众和驻区单位的综合便民服务工作；做好本辖区退役军人服务管理、权益保障、数据信息采集、优抚帮扶等相关事务性工作。（高昵钧 陈荟群）

【第十四届邻居文化节】 4月至11月，和平街街道举办第十四届邻居文化节系列活动。活动由文化、体育、科技、教育、生活等5大板块组成，举办阅读悦生活“书香和平街”读书沙龙、笔尖上的和平街、和·我们一起长大、校园文化交流、和平科学小创客、和·携文化学无止境的文化课程、声乐舞蹈展演7个主题内容的活动百余场。（李 正）

▲ 5月20日，在和平街街道第十四届邻居文化节开幕式上，和平街合唱团演唱《我和我的祖国》（高昵钧 摄）

【区域化党建】 5月9日，和平街街道召开区域化党建协调委员会工作会。会上成立民生保障、平安建设、文化教育、城市管理、经济发展等5个专业委员会。为调动专委会成员单位力量，发挥同业共建优势，建立街道、社区和各专委会成员单位双向需求征集、双向提供服务、双向沟通协调，双向评价通报“四个双向”机制。成员单位提出意识形态、民生服务、行政执法等6大类27项需求，分别由各对口科室认领并明确要采取的措施。6月，街道党群活动中心建成并投入使用，地址位于和平街西苑甲10号楼，使用面积800平方米。分为接待区、图书阅览区、党建活动区和办公区等4个功能区，可提供党的理论政策咨询、开展党员活动、培训以及会议等服务。8月29日，选择砖角楼北里3号、4号楼作为试点，引入朝阳家园物业，实现党建引领老旧小区物业综合治理，把物业服务打造成基层党组织联系服务群众的工作纽带。年内，街道成立优秀社区书记工作室，地址设在和平家园8区3号楼东侧平房，占地面积74.6平方米。设展示区，咨询辅导区和实践活动区3个功能区域；传承和平家园社区党委书记范春莉的“四勤六心”工作法（“四勤”为脑勤、嘴勤、手勤和腿勤，“六心”为对待居民热心、听取陈述耐心、分析观察细心、思想疏导用心、排忧解难诚心、判断是非公心），在街道培养一批让党组织放心、让群众满意的社区带头人。（咸全佩）

▲ 5月30日，和平街街道新时代文明实践所成立　（高晛钧　摄）

【新时代文明实践所（站）成立】 5月30日，和平街街道召开新时代文明实践所（站）成立大会。区委宣传部副部长段成钢、街道工委书记秦涛为“和平街街道新时代文明实践所”揭牌，与会领导向9个社区新时代文明实践站授牌、向9支社区新时代文明实践分队授旗。年内，新时代文明实践所（站）开展新思想大讲堂、党课、主题宣讲等新时代文明实践活动110余场，影响服务群众6000余人次。（朱　琳）

【感动和平街榜样人物评选】 5月至12月，和平街街道开展“感动和平街榜样人物评选活动”。评选出红色头雁、楼门管家、文化传承、热心公益、孝老爱亲、敬业奉献等六大类榜样人物50位、优秀团体9个、特色品牌10个、特殊贡献奖1个。（咸全佩）

【劳动用工审查】 6月至8月，和平街街道对辖区煤炭大厦和东道产业园等50家用工企业开展劳动用工书面审查。审查涵盖国企、社会团体和私营等经济类型，涉及劳动者1564人。其中有限责任公司20家，涉及人数762人；私营企业和外资7家，涉及人数198人；股份有限公司5家，涉及人数272人；全民（国有）企业2家，涉及人数47人。经审查，合格用人单位2家，复审合格用人单位48家。补签劳动合同2份，责令5家用人单位更新完善劳动合同条款，13家用人单位交付劳动合同，28家用人单位健全职工花名册。（左艳菊）

【结对帮扶】 12月17日，和平街街道召开与北京市密云区大城子镇结对帮扶工作座谈会。和平街街道工委书记秦涛、办事处主任吴勇刚与大城子镇党委书记常艳军、镇长魏志刚等领导就结对帮扶事宜交流对接。双方签署结对协作框架协议，和平街街道和大城子镇将在机制保障、产业协作、劳务协作、消费协作、技术协作、人才协作等6个方面开展提供支持。（陈　璐）

【环境整治】 年内，和平街街道拆除辖区违法建设面积5387.66平方米。完成市级下发的239处待核查类建筑物图斑的全面核查。投资3314万元完成和平家园十一区、计量院老旧小区环境综合整治工程。工程涉及拆除违法建设和方砖路面积1.2万平方米，铺装沥青路面积2.3万平方米、透水砖面积3.1万平方米，更换雨水管线及雨箅子7800延米，新栽补种绿化面积2.2万平方米以及景观亮化、架空线梳理、人行道铺装、污水管线新铺更换等。新建小公园1处并配备座椅等公共设施。投资550万元，完成小黄庄路优美大街建设，整治底商面积2690平方米，拆除更换广告牌匾面积4100平方米，外墙粉饰11794平方米，修建围墙464平方米，防小广告粉刷500平方米，更换铁艺大门4个，梳理架空线2000余延米，安装文化宣传栏100余块。整治占道经营点位4处，查处无照经营739起，规范店外经营248起。成功创建无占道经营示范街2条（青年沟路、和平里东街）。（徐　子　高芃芃）

【爱心服务超市项目建设】 年内，和平街街道继续实施红色爱心连锁服务超市项目，建立三级架构（1个街道总超市，9个社区分超市，58个网格微超市）、二大平台（线上平台：街道微信公众号“和平E家亲”；线下服务平台：街道总超市和社区分超市）、一个支撑（引入第三方社会组织力量，建立完善超市志愿服务管理机制）、三支队伍（居民志愿服务队、应急志愿服务队和青年志愿服务队）。以地区老党员、老干部、老军人、老工人、老教师“五老人员”为服务对象，以生活照料类、文化娱乐类、医疗保健类、信息服务类和心理慰藉五大类30项日常需求为服务内容，采用自由选择、自愿结组志愿服务方式，丰富服务群众载体。至年末，辖区65个社区党支部、75个辖区单位、744名社区党群志愿者参与志愿服务活动，为辖区304名老人提供8334小时5327次服务，供需匹配率90%。（咸全佩）

2019年朝阳区和平街街道社区情况一览表

表24

序号	名称	地址	电话
1	和平家园社区居委会	和平家园社区8区3号楼北侧平房	84291139
2	和平东街社区居委会	和平街15区西门外南侧平房	64226424
3	胜古庄社区居委会	胜古中路皇姑坟小区2号楼南侧平房	64452943
4	胜古北社区居委会	安定路12号院国典华园2号楼105室	64437323
5	樱花园社区居委会	樱花园社区24号楼7门102、103室	64443929
6	小黄庄社区居委会	和平街西苑15号楼西侧平房	84270383
7	十四区社区居委会	和平街14区14楼北侧平房	84258576
8	砖角楼社区居委会	砖角楼北里5号楼院内平房	64219740
9	煤炭科技苑社区居委会	和平街13区34号楼101、102室	84264316

（王熙磊）

呼家楼街道

【概况】 呼家楼街道位于朝阳区中心地带。东与八里庄街道交界，南与建外街道为邻，西与朝外街道接壤，北与团结湖街道、三里屯街道毗邻。辖区总面积2.8平方千米，占北京商务中心区区域1/3。下辖10个社区。年内，辖区常住人口65247人，户籍人口21470户，67722人，流动人口26000人；新出生人口283人，死亡人口795人。有法人单位6541家，其中中央单位94家，包括中央电视台、人民日报社、中信国安集团有限公司、中国图书进出口（集团）总公司等；市属单位196家，包括朝阳医院、首都经济贸易大学等；世界500强企业9家，包括日产（中国）投资有限公司、渣打银行等；有三甲医院2家（朝阳医院、北京市第一中西医结合医院）、社区卫生服务中心1家、社区卫生服务站4家。辖区内拥有6家养老照料中心及养老驿站，分别是呼家楼地区养老照料中心（在建）、呼北诚和敬养老驿站、小庄养老驿站、核桃园养老驿站、呼北汉和居养老驿站。有科研院所4个、大学1所、中学1所、小学3所、幼儿园4所。有群众文化队伍45支，有面积480平方米政务服务大厅1处。途经辖域的公交线路58条，设有小庄总站，地铁10号线在辖区内设有金台夕照、呼家楼站，地铁6号线在辖区内设有呼家楼站、东大桥站。年内，呼家楼街道围绕庆祝中华人民共和国成立70周年庆祝活动主线，以开展“不忘初心、牢记使命”主题教育为支撑，牢固树立以人民为中心发展理念，按照朝阳区“文化、国际化、大尺度绿化”主攻方向和“减量精治优环境”目标要求，以深化街道体制改革为契机，以开展“基层建设年”为抓手，在统筹促进区域发展上取得新进步。完成税收25.36亿元，比上年增长10.5%。呼家楼街道办事处获“2019年度北京市理论宣讲示范基地工作先进单位”称号。（唐小明）

【第八届金台文化艺术节】 5月27日，呼家楼地区第八届金台文化艺术节“礼赞新中国 讴歌新时代”庆祝中华人民共和国成立70周年诵歌会暨北京朝阳森林演出季呼家楼地区分会场演出在朝阳剧场举行。区文联主席谢莹、秘书长金童，区文旅局、区教委相关负责人，呼家楼街道文联主席张筠英，国家一级演员、中国戏剧家协会副主席瞿弦和以及街道处级领导、机关干部、地区群众等共庆祖国70华诞。参加艺术节观众700人次。（蔡　伟）

【街道责任规划师项目启动】 6月20日，呼家楼街道与中国城市规划设计研究院（北京）规划设计公司签订服务合同。该公司的专家团队受聘为呼家楼街道“街区责任规划师”，为街道提供全过程、陪伴式“诊治”服务。7月至9月，街区责任规划师通过走访10个社区，与街道、社区和居民座谈，从人、房、地等10个方面，给街道做“全面体检”，针对现状问题，提出环境整治提升的改造建议和实施计划。在街道老旧小区综合整治项目计划和环境整治提升项目中，通过实地调研，对交通组织、建筑设计、景观设计提出具体建议，发挥沟通政府与公众的媒介作用，拓展公众规划视野。（孟　杰）

▲ 5月27日，呼家楼街道举办第八届金台文化艺术节　（胡波涛　摄）

【关东店社区微型消防站运行】 7月24日，呼家楼街道关东店社区微型消防站建成并投入运行。消防站面积约70平方米，负责化石营平房区消防巡视及宣传工作。站内设兼职消防员10人、队长1人，配备电动消防车2辆，配有防毒面具、正压式空气呼吸器、佩戴式防爆照明灯、呼救器、消防轻型安全绳、消防腰斧等消防器材。（潘玉辉）

【区域化党建】 年内，呼家楼街道完成五大类45项党建工作重点任务，健全党建工作制度和清单10余项，实施党建项目230余个，新成立“两新”党支部100家，“两个覆盖”（党的组织覆盖和党的工作覆盖）88%以上。开展“三进三送三平台”（进楼宇、进企业、进物业；送政策、送安全、送服务；搭建交流活动、共建共享和优化环境三个平台）楼宇服务活动40余场。成立由32家企业组成的物业服务联盟，在区街道系统首家挂牌金台里社区朝阳家园物业项目部。街道党建协调委员会“三融合”工作法（优势资源融合、组织活动融合、发展治理融合）和呼北社区党建引领准物业管理经验在全市宣传推广。“殷金凤工作室”获全区“十百千万”十大优秀党建工作品牌。（赵 堤）

【养老服务体系建设】 年内，呼家楼街道构建“1+5+X”（1个助餐中心、5家养老驿站、若干个社区助餐服务点）养老助餐服务体系和“1+1+5+5”（呼家楼社区卫生服务中心、呼家楼街道养老照料中心、5处社区卫生服务站、5家养老驿站）医养结合养老服务体系，重点扶持呼北汉和居养老服务驿站、街道养老照料中心，发挥其特色服务功能，形成呼家楼特色养老服务品牌。（齐 瑛）

【劳动监察】 年内，呼家楼街道开展“春节前根治欠薪工作”专项检查，对辖区内4家工地建立执法台账，保障农民工工资支付。全年日常巡查辖区单位218家，书面审查企业80家，薪酬调查企业33家，调解劳动纠纷147件，处理世纪财富中心、国安社区等工人讨薪事件10余起。成功应对甲骨文裁员、松下公司关厂裁员、三星公司裁员等事件，确保地区劳动关系和谐稳定。（刘红星）

【民生服务】 年内，呼家楼街道城乡登记失业人员就业率70.34%，城乡登记就业困难人员就业率74.77%，就业困难求职人员实现就业率93.46%。开发就业岗位2469个，走访跟踪服务用人单位179个。实现自主创业15人，带动就业人数61人。完成城乡劳动者职业培训78人。落实14项国家基本公共卫生服务项目，健康档案宣传覆盖率90%以上、家庭医生签约宣传覆盖率85%以上。全年预防接种25423人。65岁以上老年人健康管理8532人。完成“两癌”筛查307人次。为失独、伤残、低保家庭419人免费办理安康保险。委托第三方开展关爱计生困难家庭“织心”服务项目，通过专属志愿者一对一上门陪伴式服务，为83名失独人员提供生活帮助与精神慰藉，累计服务时长805.5小时。（张 琰 杨博雅）

【国家卫生区创建】 年内，呼家楼街道坚持“四全”（全员、全域、全面、全力），突出重点，在大街小巷、小区内部悬挂条幅、公益广告180块，制作宣传板147块，健康教育宣传栏每双月更换一次。开展“万户灭蟑工程”，惠及居民1万户。在二道沟河南岸安装6台获得国家专利的新型太阳能灭蚊灯，解决金台里社区二道沟河边摇蚊问题。全年完成创建国家卫生区综合管理信息平台督导任务477项、专项任务303项。顺利通过明察与暗访两次区级预检查。4月16日，完成市级技术评估（明察）考核，6月，重新调整街道爱国卫生委员会与创建国家卫生区工作领导小组成员单位。10月8日至14日，完成国家级暗访工作。（杨博雅）

【第四次全国经济普查】 年内，呼家楼街道成立第四次全国经济普查工作专班，规范登记入户行为，1月1日起普查员开始入户登记，至4月30日地区登记法人单位9015家，登记率118.4%。其中PAD（平板电脑）登记7365家，登记率117.02%；北京平台登记1650家，登记率124.91%。（曲业娥）

【安全隐患整改】 年内，呼家楼街道开展全行业、全领域安全生产隐患大排查、大清理、大整治活动。检查单位3201家次，开具隐患整改单2803张，整改隐患2873条，立案68起，罚金55万元，完成辖区26家企业风险评估试点工作及25家企业清单编制工作。完成辖区安责险推广工作，投保单位609家，保费金额103.67余万元。（潘玉辉）

【网格化管理】 年内，呼家楼街道网格二级闭环系统受理案件13565件，涉及23个社区和部门，结案11594件，结案率85.47%。受理案件数量比上年（18242件）有所下降，结案率比上年（84.21%）增加。朝阳区全模式城市网格化管理系统共受理22563件案件，涉及13个社区和部门；结案22128件，结案率98.07%。受理案件比上年（23327件）有所下降，结案率与上年（98.45%）基本持平。（吕 晶）

【“河长制”机制落实】 年内，呼家楼街道建立管理体系，落实“河长制”工作清单，完成巡河456次，巡河覆盖率100%；发现并处理河岸垃圾、河道水环境相关案件30余件；开展通惠河排污整治工作，督促排污单位做好长效整改措施；改造提升河岸环境，增加入口无障碍通道，加装防护栏杆。（孟 杰）

【食品药品监管】 年内，呼家楼街道开展网络超范围、非洲猪瘟、学校幼儿园及托幼机构食堂、山寨食品、桶装水、豆制品、进口水果等专项检查和整治，受理举报260件，查处违法案件55件，罚没款金额51万余元。（邓洪涛）

【社区便捷服务综合中心建成】 年内，呼家楼街道在呼南社区和小庄社区分别建成社区便捷服务综合中心。便捷服务综合中心可为居民提供上门维修、停车管理、蔬菜水果和部分生鲜销售、收发快递等服务。实现“衣食住行+健康”的项目配置，每天服务居民1000人以上，满足生鲜蔬菜、老年人用餐、低年级学生课后托管、衣物缝补清洗、家电维修、家政服务、智能存车、智能快递收发等生活需求。（谭 瑞）

【全要素小区建设】 年内，呼家楼街道在小庄社区首经贸职工院开展全要素小区建设。建成社区文化活动中心、智能车棚、社区综治维稳中心、社区养老驿站等场所。内容包括环境提升改造、便民服务、社区治理、为老服务、社区党建等工作，针对小区内花园、绿地、便道等做整体修缮及补种，并安装宣传栏等设施，实现小区人居环境全面提升。（谭　瑞）

【心灵港湾社会心理服务站成立】 年内，呼家楼街道心灵港湾社会心理服务站成立。日常运行配备专业心理咨询师1名、社区心理指导员2名，配有办公设备、书籍以及沙发、宣泄柱等设施，设置心理服务预约热线（65030626）。重点针对老人、妇女、未成年人、残疾人和特殊人群五类群体，通过人文关怀、心理疏导、情绪宣泄和法律援助，从根本上化解社会矛盾，促进社会和谐稳定。全年完成心理个案服务16个（涵盖家庭纠纷调解、未成年人心理矫正、独居孤寡老人心理疏解等）；举办心理培训28课时，服务1500人次。（谭　瑞）

【新时代文明实践所（站）成立】 年内，呼家楼街道成立新时代文明实践所，10个社区分别成立新时代文明实践站，形成1所10站组织体系。同时，街道组建新时代文明实践志愿服务中队和10个分队，设立新时代文明实践志愿服务项目23项，组建志愿服务队37支。全年开展新时代文明实践主题推动日活动20场，新时代文明实践活动80场。（刘　畅）

2019年朝阳区呼家楼街道社区居委会一览表

表25

序号	名称	地址	电话
1	小庄社区居委会	金台里2号楼北侧平房	85996939
2	新街社区居委会	新街大院2号楼东侧平房	65067802
3	关东店社区居委会	向军南里5号楼北侧	65021910
4	关东店北街社区居委会	圣世一品28号院内	65861972
5	东大桥社区居委会	东大桥路8号SOHO尚都南塔1层	59003781
6	金台里社区居委会	金台北街甲1号	85994144
7	核桃园社区居委会	中纺街28号院核桃园北里11号楼	65061163
8	呼家楼北社区居委会	呼家楼北里平房甲1号	65950122
9	呼家楼南社区居委会	呼家楼南里22楼南侧平房	65022156
10	金台社区居委会	金台西路2号院12楼	65369875

（唐小明）

建外街道

【概况】 建外街道位于朝阳区西南部。东起西大望路，南起通惠河，西至建国门立交桥，北至光华路。辖区总面积4.4平方千米。下辖9个社区居委会。年内，有户籍人口13248户36905人，流动人口10494人，外籍人口1960人；新出生人口244人，死亡人口77人。辖区有法人单位14640个，有国贸饭店、建国饭店、秀水街等单位。有40个外国驻华使馆，2个代办处，2个外交公寓群；有社区卫生服务站4个，社区卫生服务中心1个。有初中、高中各1所，小学2所，幼儿园5所。有养老机构1个。有750平方米为民服务大厅1处、2400平方米地区文化中心1处、文化广场2处和24小时自助图书馆1处。绿化率30%。途经辖区公交线路46条，地铁1号线、2号线、10号线、14号线贯穿其中。年内，建外街道以庆祝中华人民共和国成立70周年服务保障系列活动为主线，勇担当、重引领、优环境、解民忧、强党建，各项工作扎实落实。完成庆祝中华人民共和国成立70周年等重大活动服务保障、街道机构改革、创建国家卫生区、党政群共商共治工程、建立新时代文明实践所（站）等工作。实现区级财政收入65.08亿元，比上年减少15.24%。（孙贞英）

【国家卫生区创建】 年内，建外街道制发《关于进一步加强创建国家卫生区工作组织体系的通知》。针对老旧小区环境差、餐饮证照不全、病媒生物密度控制难等问题召开专题会、推进会30余次，街道主要领导带队拉练检查7次。组织各社区发动居民自管队、“双报到”党员、中小学生等志愿者，开展主题清扫活动44次。聘请第三方创建国家卫生区工作专员进驻社区，每周开展餐饮行业控烟、病媒、食品安全等综合检查，良好以上商户从上年344户增至646户。约谈美团等网络外卖平台负责人，监管餐饮行业依法下架不合格商品和不规范商户。社区与机关科室联动，处理创建国家卫生区督办件348件，整改完成率100%。在六小门店、物业联合会中普及创建国家卫生区标准和要求，张贴餐饮卫生标准塑封单1500张，印发宣传手册500册，对检查中发现的优秀示范商户和不达标商户，利用公众号宣传、曝光，在15处商务楼宇的视频播放设备上循环宣传创建国家卫生区短视频，增设110块健康教育宣传栏，举办病媒专项培训11次，悬挂横幅200条，发放宣传折页3000张。街道创建国家卫生区工作通过上级技术评估和暗访验收。（刘耀东）

【党政群共商共治工程】 年内，建外街道完成党政群共商共治项目39个，其中街道级项目4个、社区级项目35个；完成创享计划项目25个。服务涵盖社会安全、环境秩序、公共服务等领域。其中光华里社区拆除小区196处违建煤棚和露天菜市场；光辉里小区实施全要素小区示范点建设，改建智能车棚、智能门禁，新增100平方米居民活动室1处；华侨村小区建成设施完善、功能齐全的地瓜社区。（朱砚君）

【楼宇党建】 年内，建外街道完善楼宇党建体系，提供“菜单式”服务，创新开展“电影党课”，全年组织活动138场。开展大走访活动，走访辖区企业9000余家，其中从业人员50人以上的企业111家，职工中有中共党员的企业570家。通过走

访新找到流动党员1491人。开展“功能型”党支部建设，新成立党支部17个，辖区企业党组织覆盖率86%。（曾上卿）

【“送政策进楼宇”活动】　年内，建外街道坚持“企有所呼，我有所应”，创新开展“送政策进楼宇”系列活动。邀请区发展改革委、区税务局、区工商局、区人力社保局等单位在英皇、艾维克、国贸、中海等楼宇举办政策宣讲会，为企业讲解人才引进、税收返还、楼宇党建及企业工会等政策。走访佳信海坛控股、万生药业等辖区重点企业270余家，为企业量身定制“服务包”并提供“一对一”精准服务。（孙贞英）

【就业服务与社会救助】　年内，建外街道召开招聘会2场，开发就业岗位2508个，帮助350名失业人员实现再就业；组织新增的380名失业人员参加基础职业指导。组织213名失业人员参加免费技能培训，51名失业人员取得技能证书；为329名失业人员办理灵活就业保险补助审批手续；发放失业保险金140万元、救助金额108万元；为165名失业人员办理退休手续；组织3名往届及外地回京考生在京参加高考；为129人次退休人员报销医药费68万元。发放计生奖励扶助及慰问金30余万元。办理临时、医疗、助学等各类社会救助744人次，发放金额55.5万元。开展“慈善公益周”“冬衣送暖”等捐助活动，捐赠衣服3500余件，实施慈善救助17人，救助金额6.1万元。（王军进　刘耀东）

【社区建设】　年内，建外街道完成第十届居委会换届选举工作，选出居委会主任9名、副主任15名、委员37名；制定《社区工作者增能培训计划》，举办社区工作者学习周，提升社工社区治理能力。改革社区服务站，由原来4至7个专项受理窗口改为2至5个综合接待窗口，全面实行“综合受理＋全岗社工”模式；落实社区全响应工作机制，明确各社区服务时间、咨询电话，规范延时服务、预约服务、应急服务时间与服务内容。建立社区议事厅常态运行机制，启动社区月协商计划。利用党政群共商共治平台，确保为民解忧实事工程取得实效。使用区级社会建设资金购买社会组织服务项目4个，开展侨园文化、多彩光辉里等25个社区创享计划项目，在小区议事、街巷文化墙设计、楼门文化展示等方面发挥作用。发挥社会组织培育作用，增强社会动员活力，培育大北社区“益路通”党员志愿者指路队。北郎东领航党员志愿服务基地获朝阳区第七届“金葵朝阳”优秀服务团队、建外老年家园刘宏刚获朝阳区十大星级志愿者。（朱砚君）

▲ 10月19日，建外街道大北社区召开“居民菜篮子问题”专题议事会　（孙贞英　摄）

【特色文化活动】　年内，建外街道8支文体队伍参加各类比赛及展演活动15次；交谊舞队和新组建的民族舞队，参加庆祝中华人民共和国成立70周年群众联欢活动；组建建外街道戏剧社，创作反映北平房环境整治作品《抉择》、小品《人民调解》参加第二届“欢乐朝阳”曲艺原创作品比赛。小品《点赞》代表北京市参加全国第六届“天穆杯”小品展演大赛；以庆祝中华人民共和国成立70周年系列庆祝活动为主线，开展“青春是用来奋斗的”“我们的祖国是花园”主题快闪活动；举办“魅力建外 多彩舞台”朝阳森林演出季活动；开展七一表彰暨建党98周年文艺会演，百姓周末大舞台文艺会演3场；举办“益行夕阳”老年大学，开设书法、绘画、葫芦丝、手机摄影主题课程67期，增设插花、剪纸、刺绣等兴趣课程，参与人数1400人次。（朱砚君）

【劳动监察】　年内，建外街道对辖区135家用人单位开展劳动监察，录入信息760条。完成地区在建施工工地和130家商户劳动用工排查工作；受理劳资

▲ 6月22日，建外街道成立社区“益路通”指路队　（孙贞英　摄）

纠纷案件221件，成功调解149件，为225名务工人员协调发放工资221.98万元。未达成调解协议申请劳动仲裁的案件35起。（张子魁）

【环境整治】 年内，建外街道创建“无违建街道”，拆除违法建设挂账任务29处、面积4353.27平方米。查处无证无照经营68户，整治群租房60家，清理人防工程21处。提升光华里老旧小区环境，拆除煤棚190余处，实施架空线入地，拆除老旧菜站，引进便民超市。提升光辉里小区北平房、西平房环境，根治环境乱象。永东街心公园、北京商务中心区森林公园相继开园。执行“街巷长制”，183名“小巷管家”严格街巷巡察管理。完成光辉里小区环境改造工程。内容涉及铺设电缆，安装灯箱、庭院灯、装饰灯，喷灌管线和排水管道安装，砌筑检查井、新建雨水口、整理绿化用地、绿化美化，道路、庭院路整治，建筑外立面、围墙、栏杆粉刷以及安装休闲座椅和健身器材等。完成燕华苑公寓外立面粉刷1万余平方米。完成辖区绿地整治，修整绿地斑秃3000余平方米、破损步道6000余平方米。以长安街延长线为核心管控线，各背街小巷为辐射线，加强对占道经营等违法行为巡查管控，开展各类执法830次、联合执法387次，立案查处各类违法案件387起，罚款金额26.35万元；取缔无照经营3542起；查扣非法运营黑摩的等非法运营车辆273辆，拘留违法人员43人次；查处违法散发张贴小广告行为1083起，没收小广告等宣传品24930张，清理规范建筑物户外广告牌匾标识261块。（张金梅　曹晓惠）

2019年朝阳区建外街道社区居委会一览表

表26

序号	名称	地址	电话
1	建国里社区居委会	建国里三道街1号楼南平房	58783621
2	永安里社区居委会	永安里灵通观10号楼东侧	58783637
3	南郎社区居委会	建国路88号建外现代城文化教育活动中心	58783660
4	秀水社区居委会	东大桥路57号楼平房	58783635
5	北郎社区居委会	光华路6号院外	58783533
6	光华里社区居委会	光华里12号楼南平房	58783508
7	北郎东社区居委会	蓝堡国际公寓D座S213	58783682
8	永安里东社区居委会	建外SOHO15号楼B1-1580	58783610
9	大北家园社区居委会	南郎家园小区北侧二楼	58789736

（孙贞英）

劲松街道

【概况】 劲松街道位于朝阳区西南部。东与南磨房地区相邻，南与潘家园街道、南磨房地区相连，西与双井街道和东城区龙潭街道接壤，北与双井街道相接。辖域面积5.2平方千米。下辖13个社区。年内，辖区有常住人口17.8万人，户籍人口31463户、76918人，流动人口35355人，外籍人口568人。新出生人口793人，死亡人口248人。辖区有法人单位10897家，其中中央单位11家、地方单位（市级和区级）111家、其他单位10775家；有医疗机构30所、社区卫生服务中心1个、社区卫生服务站5个；有职业高中1所、中学2所、九年一贯制学校3所、小学1所、幼儿园11所；有养老机构2个。有1900平方米为民服务大厅1处；有档案馆（北京市档案馆）1个、电影院2个、文化广场2处、图书馆1个、社区图书阅览室13个。辖区交通发达，49条公交线路途经辖区，地铁10号线、7号线、14号线贯穿其中。有3处街心公园，辖区绿化率33.3%。年内，劲松街道以庆祝中华人民共和国成立70周年系列活动为主线，以深化“共产党员+”系列行动为牵引，统筹推进“七个劲松”（平安劲松、宜居劲松、和谐劲松、幸福劲松、文化劲松、活力劲松、廉洁劲松）建设。完成庆祝中华人民共和国成立70周年等重大活动服务保障、街道机构改革、社区“两委”和社区妇联换届、社区环境治理、服务民生等重点工作。实现地区财政收入6.34亿元，比上年增长18.06%。街道党工委书记杨丙章获“北京市侨联工作先进个人”称号。（李　堃　李　军）

【统计调查】 1月1日，劲松街道启动第四次全国经济普查登记工作，完成辖区10897家单位普查登记。其中工业137家、批发零售业2205家、住宿餐饮业329家、房地产开发业29家、建筑业162家、服务业8033家、农业2家，服务业占本地区全部企业的73.72%。11月1日，街道开展2019年度人口抽样调查工作，涉及辖区7个社区14个样本点，调查总人口3040人，其中常住人口2358人。（刘　慧）

【社区“两委”换届选举】 1月6日至10日，劲松街道13个社区完成社区党委换届选举工作，其中9个社区以召开党员代表大会形式、4个社区以召开党员大会形式完成社区党委换届选举工作。13个社区实有党员6516名，应参加选举党员代表1089名，实际参加投票选举党员代表1039名，投票率95.4%；应参加选举党员482名，实际参加投票选举党员442名，投票率91.7%。13个社区选举产生新一届社区党委委员67名。13名当选书记中，连任当选10名、新当选3名。社区党委书记与社区居委会主任“一肩挑”8名，比上届增加5名。67名委员中，男性委员20名，占委员总数29.85%，女性委员40名，占委员总数的70.15%；社区居干党员57名，占委员总数85.07%。居民党员10名，占委员总数的14.93%。大学本科及以上学历41名，占委员总数61.19%。其中13名社区党委书记中大学本科以上学历8名，占书记总数61.54%。年龄最大74岁，年龄最小27岁，平均年龄46岁，比上届下降3岁。3月23日、24日，劲松街道13个社区完成社区居委会换届选举工作。登记选民38275名，推选出居民小组462个、居民代表930名。13个社区选举产生社区居委会成员97名，其中主任13名、副主任26名、委员58名。成员中，男性29名，占成员总数29.90%；女性68名，占成员总数70.10%。大学本科学历58名，占成员总数59.79%；大学专科38名，占成员总数39.17%；研究生1名，占成员总数1.03%。大专以上学历所占比例比上届高出6个百分点。平均年龄38.8岁，与上届基本持平，年龄最大54岁、最小26岁。（张 盈 刘长鑫）

【助困帮扶】 1月，劲松街道妇联实施贫困妇女帮扶行动，为25名单亲特困母亲、68名女性低收入家庭送去慰问金4.65万元；街道团工委为22名精准帮扶青少年、1名重点帮扶青少年及4名孤寡老人送去慰问品。走访核实原有34名困境青少年，归档超龄人员3名。“惠未来”青少年心理健康支撑体系建设项目获团区委2019年街乡级困境青少年精准帮扶项目评选一等项目。11月，辖区开展“爱心暖阳”社会捐助活动，社区居民捐赠衣物2064件。（吴佳倩）

【“接诉即办”机制落实】 4月10日，劲松街道“接诉即办工作平台系统”（电脑端平台）投入使用。5月20日，街道制定“接诉即办”工作方案，建立“4+2”响应机制（“4”是“四响应”，指在案件接收、处理、上传、考核全过程中分别由市民诉求处置中心和处置科室与举报人4次联系机制；后增加2次响应机制，形成“4+2”响应机制），落实延期回访、承诺挂账、剔除考核及“接诉即办”工作调度会制度，将“吹哨报到”纳入考核体系，强化响应率、解决率和满意率“三率”排名，将各科室、社区考核结果在日统计、周分析、月报中通报。12月，“惠民一键通”App完成开发。全年处理接诉即办案件7502件，全部办结。（纪俊良）

【禁毒工作交流与宣传】 5月22日，由澳门特区政府社会工作局副局长许华宝率领的澳门禁毒委代表团到劲松街道交流两地禁毒工作经验。双方围绕对禁毒人员戒毒康复环节、探索“人性化管理”新模式及创建“向日葵社区”向纵深发展等工作座谈交流。年内，街道在13个社区开展“珍爱生命，拒绝毒品青少年暑期讲座”，近1000名青少年及家长参加禁毒知识学习。街道对涉毒人员实行建档管理。（苏明超）

【安全生产】 5月，劲松街道完成198家企业推广安全生产责任保险投保工作。6月，在富顿中心广场开展安全生产宣传咨询活动，组织24家社会单位参加“安康杯”知识竞赛，在磨北社区、风度柏林小区开展“安全生产月”消防演练暨“安全技能进社区”活动。6月至8月，开展燃气安全整治，完成16家商户燃气管线改造，签订供气合同40余家。11月28日，召开地区冬季安全生产工作会，100余人参加会议，部署安全生产工作。12月19日，街道安全生产工作接受市安全生产集中整治检查第三小组检查并获好评。（刘 友）

【对口帮扶】 6月15日至20日，劲松街道办事处主任孔钢城带队到新疆维吾尔自治区和田地区墨玉县雅瓦乡、喀瓦克乡和英也尔乡召开对口帮扶工作座谈会，为受助乡镇学校学生赠送价值近5万元书包、文具和教辅图书。7月22日，墨玉县夏令营参访团赴京参加爱国主义教育夏令营举行开班仪式。12月10日至14日，街道党工委书记杨丙章带队赴墨玉县实地调研和对接2020年对口援助工作。（董天奇）

【基层党建】 6月20日，劲松街道成立“共产党员+红色点亮读书会”。7月11日，北京工业大学马克思主义学院劲松街道社会实践基地揭牌。7月31日，劲松街道举办“共产党员+”党史国史捍卫行动党史知识竞赛。18个单位组队参加，弘君股份有限公司代表队获一等奖。9月10日，由新华网、劲松街道党工委与中共红星美凯龙家居集团党委共同筹建的“中国梦 红星梦”党建基地投入使用。10月28日，劲松街道举行“共产党员+”岗位建功立业暨“无奋斗不青春”青年干部论坛，100余人参加。（刘长鑫）

【残疾人帮扶基地和融媒体工作室成立】 7月1日，劲松街道残联成立残疾人帮扶性就业基地，畅通残疾人就业“人岗匹配”渠道，解决职康站20%残疾学员就业问题。8月1日，成立劲松街道残联融媒体工作室，注册以“劲松残联”命名的公众号和抖音号，利用传统媒体和新兴媒体，整合电视、报纸、网站、客户端、微信、微博等媒体资源，以图片、文

▲ 5月，劲松街道开展“安全生产月”消防演练暨“安全技能进社区”活动。图为17日，在大郊亭社区进行消防演练 （曹子航 摄）

字、音频、短视频等形式，开展残联动态、健康教育、微电影、公益活动等主题宣传。（刘春玲）

【环境整治】 8月，劲松街道完成劲松北社区二区示范区改造，市场化物业进驻运营。12月10日，农光里重汽小区抗震加固工程封顶。完成八棵杨区域周边环境提升改造工程，铺装道路1.34万平方米、更换铁艺护栏6800平方米、外立面整治4300平方米、整治广告牌匾586.9平方米。建设劲松南路、广和东街和农光东里路三条优美大街，铺装道路1.02万平方米、更换护栏1400平方米、外立面整治3200平方米、整治广告牌匾772平方米；完成磨北一区和农光里重汽小区老旧小区综合整治工作。完成公共部位改造、绿化改造、道路铺装、电梯安装、增设停车位以及抗震加固等项目。全部完成磨北一区72部加装电梯的水电气热管线导改，5部电梯完成基础建设。开展综合执法整治251次，取缔占道经营528起；规范门前三包700余次，暂扣三轮车453辆；完成6处市级挂账点位的销账核验工作。开展大气污染防治攻坚执法行动，立案查处施工工地违法行为为8起，罚款61万元；立案查处渣土车泄露遗撒等违法行为为17起，罚款1.8万元。开展扫黑除恶执法攻坚行动，执法58次，取缔黑摩的48辆。拆除违法建设1.5万平方米。制止新生违法建设16起，自拆、帮拆175平方米；集中整治群租房347间。全年开展社会宣传活动38次。人民网、北京卫视等多家市、区级媒体宣传报道。（刘雄辉　李园园　陈伟光）

【巧娘作品捐赠区档案馆】 年内，劲松街道妇联面向广大妇女和家庭开展巧娘活动、最美家庭等群众性宣传教育活动，征集文稿13篇。将手工作品《五十六个民族喜庆中华人民共和国成立70周年》捐赠区档案馆。（吴佳倩）

【计生健康服务】 年内，劲松街道办理辖区户籍人口独生子女证32份，办理生育一孩登记352人、二孩登记176人，再生育审批13人。办理辖区流动人口生育服务登记一孩253人、二孩102人，再生育3人。发放439名独生子女父母一次性奖励43.9万元。发放独生子女费7.0135万元。实施“两癌”筛查658人。政府出资为429户居民及伤残特扶家庭办理安康保险。街道组织100名居民参与红十字急救培训。（张艳平　刘　丽）

【就业服务与救助】 年内，劲松街道实现失业人员就业766人，登记失业人员就业率72.2%。为834名失业人员提供职业指导、为95名失业人员提供免费技能培训。开发就业岗位3079个，走访跟踪用人单位198户；为341人办理城乡居民养老保险参保和续保手续，为3509人次补办社保卡，为888人办理城乡居民大病医疗保险，为9310名“一老一小”、城镇无业人员提供大病医疗保险服务，为低保家庭453户788人和高龄老人、困难人员按时发放各类保障金、救助金750万元，审批退休253人，新接收退休人员524人，为企业退休人员变更定点医院2869人次，为退休人员、“一老一小”、低保、失业等各类人员手工报销药费3695人次。（王丽丽）

【社区建设】 年内，劲松街道完成新建首城社区、西大望路南社区和调整西大望路社区申报工作；完成劲松八区全要素小区、13个全景楼院建设；完成7个社区服务站改革和调整社区居委会的六大委员会设置工作；建成农光里102楼地下“悦享+”空间，建成外交部离退休干部局和谐雅园活动中心、劲松电影院两个社区之家示范点；完成25件社区级共商共治项目、3个社区伙伴计划申报工作；完成15个政府采购项目（项目总金额172万元）及47个创享“金点子”实施工作；完成市级折子工程——和谐雅园心理咨询站点建设工作；与北京工业大学马克思主义学院合作建立实践基地，扩大合作范围；建成东方雅苑网上微信议事厅，推广网上议事、流动议事。（张　盈）

【文体活动】 年内，劲松街道举办文化活动70场次，社区举办文化活动245场次，参与群众10万余人次。其中举办文化创意手工制作、科普读书会等活动1000余场次，参与青少年2万余人次；举办第六届“炫彩劲松”金秋文体艺术节；成立由机关干部、社工等组成的48人精彩活动方队，参加庆祝中华人民共和国成立70周年联欢晚会“时代风采”板块演出。（廖　欢）

【交通设施改造】 年内，劲松街道投资217万余元，改造交通设施。新增停车位211个，安装护栏2762延米，施画标线77479延米，安装标志板732个，安装警示柱396个，建造减速垄220延米、塑胶地面1890平方米。（苏明超　李　曦）

2019年朝阳区劲松街道社区居委会一览表

表27

序　号	名　称	地　址	电　话
1	劲松北社区居委会	劲松二区218楼南侧二层楼	67790796
2	劲松东社区居委会	劲松三区321楼1门1号	67783532
3	劲松中社区居委会	劲松五区507楼	67794210
4	劲松西社区居委会	劲松八区甲813楼	87714607
5	农光里社区居委会	农光里142号楼西侧	67354935
6	农中社区居委会	武圣路农光里212楼一层	67354936
7	农东社区居委会	农光东里临甲9号	67356577
8	磨北社区居委会	磨房北里社区临甲120号	67313633
9	八棵杨社区居委会	东三环南路54号院东门外甲9号四层	87735585
10	大郊亭社区居委会	广渠路28号院208楼底商北156号	58634292
11	百环社区居委会	广渠路66号院10号楼一层	87728617
12	和谐雅园社区居委会	武圣北路6号院1号楼	67775750
13	西大望路社区居委会	营盘沟路9号	67779907

（李　堃）

酒仙桥街道

【概况】 酒仙桥街道位于朝阳区东北部。东起酒仙桥北路与崔各庄乡接壤，南起亮马河与东风乡毗连，西至酒仙桥路、将台路与将合地区相接，北至京顺路与东湖街道、望京街道相邻。辖区总面积5.3平方千米。下辖10个社区居委会。年内有户籍人口22683户68049人，常住人口92203人，流动人口16065人；新出生人口810人，死亡人口157人。辖区有法人单位3379个，其中中央单位31家（北京华信医院、首信科技股份有限公司、中国电子科技集团公司第十二研究所等）、市属单位77家（北京无线电仪器二厂、北京东电实业开发公司、中关村科技园区电子城科技园管理委员会等）、区属单位32家（朝阳自动化仪表厂，朝阳区人力资源公共服务中心、朝阳区国医之家中医医院等）、其他单位3239家；有医院2家、社区卫生服务中心1个、社区卫生服务站3个；有科研院所3个，大学1所、中学2所、小学3所、幼儿园5所；有养老机构1个；有400平方米为民服务大厅1处、3600平方米地区文化中心1处、文化广场17处。途经辖区公交线路16条，地铁14号线贯穿其中。年内，街道以庆祝中华人民共和国成立70周年系列活动服务保障为主线，以文化、国际化、大尺度绿化为主攻方向，推动地区经济和社会全面、稳步、健康发展。完成系列重大活动服务保障、街道机构改革、创建国家卫生区、环境提升和服务民生等重点工作。实现区级财政收入21亿元，比上年增长21.07%。街道获北京市侨联“示范侨之家”奖牌，街道商务楼宇服务站红演圈（北京）网络科技有限公司党支部的“红色直播创新党建”获2018年北京市非公有制企业党建课题研究成果二等奖，街道“红色直播间”获“2019年朝阳区社会领域十大优秀党建品牌”称号。　（陈宏伟）

【送温暖活动】 1月4日，酒仙桥街道社区服务中心召开“不忘初心送温暖，欢声笑语伴两节”服务工作部署会。10个社区的主要领导和专干以及地区服务商40余人参加会议。社区服务中心与13家服务商签订2019年服务协议，有1500名老年人享受服务。1月至2月，街道开展走访慰问地区困难群体活动，使用资金36.14万元。走访慰问计划生育特殊家庭89户和计划生育困难家庭18户；走访慰问残疾人家庭180人；各社区妇联慰问单亲特困母亲29人，女性低收入家庭49人；走访慰问区级困难党员52名、街道级生活困难党员247名、区级困难归侨侨眷5人、街道级困难归侨侨眷22人；5月19日，街道慰问辖区残疾人388人，人均发放慰问金额300元。年内，街道向81名生活困难党员发放帮扶专项资金12.1万元。　（陈宏伟）

【最美家庭评选】 1月，酒仙桥街道妇联评选产生社区级最美家庭135户、街道级最美家庭27户，将其中3户事迹突出的最美家庭推荐为区级最美家庭。（陈宏伟）

【基层党组织建设】 3月，街道连续举办两期党务工作者培训班。社区党委（总支）、机关、事业单位、非公企业党支部党务工作者110人参加培训。3月至12月，酒仙桥街道辖区企业视觉（中国）文化发展股份有限公司、智趣的知识分子（北京）传媒有限公司、光合新知（北京）科技有限公司、华软资本管理集团股份有限公司分别成立党支部，北京尤伦斯美术馆

▲ 1月，酒仙桥街道开展最美家庭评选活动　（娇　丽　摄）

成立联合党支部。9月23日，街道工委副书记冼小林在中共北京市委前线杂志社组织的“街乡镇联播”座谈会上，以“互联网＋党建”为题，作创新党建形式发言。12月25日至27日，街道举办新党员及入党积极分子培训班，机关党总支、各社区党委、两新组织党支部推荐的积极分子和新党员80人参加培训。（陈宏伟）

【社区居委会换届选举】 3月，酒仙桥街道完成社区居委会换届选举工作。10个社区登记选民41298人，推选出居民小组285个、居民代表633人。经选举，10个社区选举产生社区居委会成员68人，其中主任10人、副主任16人、委员42人。男性13人，占成员总数19.1%；女性55人，占成员总数80.9%。党员42人，占成员总数61.7%。研究生3人，占成员总数4.4%；大学本科34人，占成员总数50%；大学专科31人，占成员总数45.5%。平均年龄41岁，年龄最大的57岁、最小的23岁。（陈宏伟）

【建党98周年表彰会】 6月26日，朝阳区召开社会领域庆祝建党98周年大会，酒仙桥街道5名社区干部获“红色头雁”称号，电子球场社区春华秋实服务队等60支优秀志愿服务队、600名优秀党员志愿者获区级表彰。6月28日，街道以“不忘初心、牢记使命”为主题，举办七一表彰大会。3个社区党委获街道优秀基层服务型党委称号，8个基层党建项目获街道优秀基层党建品牌称号，33个党支部获街道优秀基层服务型党支部称号，12支队伍获街道优秀新时代文明实践小红帽志愿服务队称号，10个家庭党校获街道优秀红桥家庭党校称号，24名党员获街道优秀党支部“领头雁”称号，101名党员获街道优秀基层党务工作者称号，221名党员获街道优秀党员称号，20名党员获街道优秀双报到党员称号。（陈宏伟）

【垃圾分类示范片区通过市级验收】 8月26日，区城管委垃圾分类办公室及第三方工作人员到酒仙桥街道检查垃圾分类“亮点”小区——驼房营西里。经检查，小区各个指标均达到要求。10月31日至11月1日，街道完成垃圾分类示范片区市级验收及市级专家组现场测评工作。重点检查四类点位（居民小区、党政机关、公共机构、餐饮单位）的全品类垃圾处置、流向、桶站布置、宣传氛围、各类资料等30余项指标。检查7个居民小区、5家党政机关、5家公共机构、10家餐饮单位。（陈宏伟）

【街道抖音号上线】 9月4日，酒仙桥街道抖音号“抖起的红色酒仙桥”上线。同时推出百万市民来科普系列、百万市民来健身等内容，与辖区华信医院多名专家携手，针对“HPV疫苗”“孕妇与辐射”“冠心病”等常见医学误区提供专业解答，传播医学知识。年内播放量27.6万人次，获赞4822个。（陈宏伟）

【“红色直播间”主题活动】 9月27日，酒仙桥街道开展“红色直播间——我和祖国共成长”主题活动。12位1949年出生的共和国同龄人分享与祖国共成长的初心故事，210余万网友在线收看。（陈宏伟）

【街道心理服务站点成立】 11月，成立“酒仙桥街道心理服务站点”。作为北京市首批心理服务试点街道之一，服务站点位于酒仙桥中路26号新华联丽港3号楼7单元旁。通过“酒仙桥心理服务平台”公众号，开展线上心理小测试、心理减压、心理治愈等心理服务；线下提供百册心理图书、心理沙盘等咨询环境。（陈宏伟）

【更名、新建中心3个】 11月，酒仙桥街道原“社区服务中心”更名为“市民活动中心（党群活动中心）”，原“社保所”更名为“便民服务中心（退役军人服务站）”；新成立“市民诉求处置中心（综治中心）”。（陈宏伟）

【拆违整治】 年内，酒仙桥街道开展私装地锁拆除整治行动，拆除大山子社区、芳园里社区、十二街坊及三街坊等社区内的私装地锁1200余个；拆除辖区内亮马桥路9号院内，高家园5区2号楼北侧，万红路和电机厂内等违法建设43处，建筑面积1360平方米；整治拆除老旧社区内私搭乱建、外接扩建等违法建设21处、建筑面积160平方米。（陈宏伟）

2019年朝阳区酒仙桥街道社区居委会一览表

表28

序号	名称	地址	电话
1	大山子社区居委会	大山子北里小5楼	64309134
2	高家园社区居委会	高家园小区118号	64309142
3	中北路社区居委会	酒仙桥路甲11号院平房	64384788
4	万红路社区居委会	万红路甲1号院	84572022
5	东路社区居委会	驼房营南里兆维小区综合楼二层	64309168
6	驼房营西里社区居委会	电子城小区9–10楼之间	84707693
7	电子球场社区居委会	三街坊2楼旁二层楼	64309151
8	红霞路社区居委会	六街坊8楼后平房院红霞路服务站	64309146
9	南路社区居委会	十一街坊16楼旁平房	64309156
10	怡思苑社区居委会	南十里居15号10号楼北侧	64309128

（陈宏伟）

六里屯街道

【概况】 六里屯街道位于朝阳区东部。东起京包铁路，与东风乡、平房乡接壤；南以二道沟河为界，与八里庄街道、呼家楼街道、高碑店地区相望；西至朝阳体育馆，与团结湖街道相邻；北以农展南路为界，与麦子店街道相邻。辖区面积4.4平方千米。下辖11个社区。年内，辖区人口总量120086人，常住人口88513人，其中户籍人口65923人、流动人口38066人。有汉族人口56589人，满族人口2075人，回族人口1866人，蒙古族人口355人。新出生人口624人，死亡人口181人。有法人单位3977个，其中中央单位3家、市属单位10家、区属单位31家、其他单位3933家；有医疗卫生机构16个，其中医院9个、社区卫生服务中心1个、社区卫生服务站6个；有大学1所、中学3所、小学3所、幼儿园10所；有养老机构4个。有300平方米为民服务大厅、300平方米党群活动中心、700平方米地区文化中心各1处，有文化广场4处、24小时自助图书馆2处。途经辖区公交线路30余条，地铁6号线、14号线贯穿其中。绿化率29.23%。年内，街道围绕“两街三区一园一长廊”工作思路，推进地区环境建设工程。探索“集中时间投放、集中地点精拣、集中收集清运”的“三集中”工作法，在甜水西园和丽水嘉园两个小区实现“垃圾不落地、社区无桶化”的目标。围绕“疏解整治促提升”专项行动，拆除违法建设7200平方米，完成年度任务的1092.87%；劳动保障监察完成88家单位检查，完成比例110%；完成2条背街小巷治理、8个占道经营重点点位整治、68户开墙打洞治理、40家无证照经营单位整治、63处人防工程恢复、47户群租房整治工作。实现区级财政收入2.76亿元，比上年下降28.86%。六里屯街道获区2019年应急管理系统“法律十进”及“以案释法”主题普法宣传活动优秀组织单位称号，晨光家园社区补评为“首都花园式社区”。（陶梦月）

【2018年度身边榜样表彰】 1月28日，六里屯街道举行“传递时代精神，寻找身边感动”——感动六里屯2018年度身边榜样颁奖活动。现场为11户五好家庭、11位身边孝星、12位道德模范、11位美德少年、12位志愿之星、11个志愿团队颁奖，表彰他们为地区建设做出的贡献。（宋盈澈）

【环境提升工程】 1月，六里屯街道改造辖区内9座旱厕，拆除使用频率不高、不具备改造条件的旱厕2座，将其余7座旱厕改造成水冲式厕所。3月29日，辖区石佛营西路断头路贯通。4月，街道在辖区开展交通黑点、堵点、难点和乱点“四点”整治行动。整治“黑点”，联合属地派出所整治辖区黑摩的扰序行为；整治“堵点”，针对辖区妇产医院周边早晚高峰交通拥堵现象，安排交通协管人工疏导；整治“难点”，联系辖区交通队对辖区违停车辆依法处理；整治“乱点”，约谈共享单车公司清缴占道共享单车800余辆。5月至6月，开展以“隐患大排查、环境大清理、安全大检查、消防大培训”为重点的“四大行动”。对施工工地、老旧小区、平房区、地下空间、消防车通道、铁路沿线等区域开展“拉网式”排查，排查、整改各类隐患56个。年内，街道统筹市、区两级资金1.5亿元，按照“两街三区一园一长廊”工作思路，启动地区环境建设工程。“两街”即建设姚家园路、石佛营路优美大街建设；“三区”即改造八南、八北和甜水园东里三个小区硬件设施；“一园”即在八北社区留白增绿建设微小公园；“一长廊”即整治提升二道沟河水环境。至年末，姚家园路优美大街建设完成90%，石佛营路未开工。八南、八北和甜水园东里3个小区建设完成80%，进入收尾阶段。八北社区微小公园完成前期准备工作。二道沟河景观长廊完成施工进度70%。

（王　雪　布　克　杨　雪）

【社区“两委”换届选举】 3月22日至24日，六里屯街道完成党委换届选举工作。11个社区登记党员1573人，参加投票选举党员1448人，投票率94.2%。选举产生新一届社区党委委员112人，平均年龄39.31岁，大专及以上文化程度占委员总数97.32%。3月，街道11个社区通过居民代表选举（4个社区）和户代表选举（7个社区）方式，选举产生新一届社区居委会成员77人，其中主任11人、副主任22人、委员44人。当选委员与社区党委交叉任职人员34人，社区党委书记、社区居委会主任一肩挑7人。77名新一届社区居委会成员中，本土化干部31人，占成员总数40.25%；中共党员42人（预备党员2人），占成员总数54.55%；高中文化程度1人、大专文化程度40人、大学本科文化程度36人，大专以上文化程度占成员总数98.7%；男性成员17人，占成员总数22.08%；女性成员60人，占成员总数77.92%；平均年龄40.61岁。推选产生11个社区居务监督委员会成员33人。（廉　洁　陈启章）

【“三二一”拆违工作法实施】 7月31日，六里屯街道清理整治八里庄北里小区306至312号楼一层外接违法建设，拆除86户违法建设675平方米。街道综合执法队总结拆违工作经验，形成“三二一”拆违工作法（“三”指上门、上图、上会，“二”指帮拆、帮提升，“一”指统一标准），实现由执法型拆除到服务型帮拆转变。年内，街道拆除违法建设9600平方米，实现场清地净销账8800平方米，完成全年任务的13倍，腾退土地0.72公顷，制止新增违建7处1000余平方米。（徐　娟）

【社区首问责任岗设立】 10月，六里屯街道十里堡北里社区设立首问责任岗。十里堡北里社区党委7位委员轮流到“前台”（首问责任岗）坐班，“问

▲ 3月24日，六里屯街道秀水园社区居委会召开换届选举大会　（六里屯街道　供图）

诊”居民诉求，让服务“向前一步”，缩短居民问询办事时间。其间，解决社区管道漏水、乱停车、道路破损等难题50余项。（廉　洁）

【垃圾分类试点建设】年内，六里屯街道以甜水西园社区为试点，实行垃圾分类集中时间投放、集中地点精拣、集中收集清运“三集中”工作法，实现“分类三集中、垃圾不落地、社区无桶化”目标。街道安排垃圾分类引导员和社区志愿者引导居民分类投放、分类收集，再分别由不同的车辆送至环卫清洁站。实现辖区社会单位垃圾分类全覆盖。以维拓设计院作为街道垃圾分类试点社会单位，提出“全楼无垃圾桶计划”。在维拓设计院试点垃圾分类初见成效基础上，将强制垃圾分类要求向辖区党政机关、学校、医院、餐馆等社会单位推广，制定《六里屯街道社会单位垃圾强制分类运行管理日常检查考核标准》。各社会单位严格按照标准执行垃圾分类工作，通过“1+2+5”工作法（各单位第一负责人主抓单位垃圾分类工作；办公区和餐饮区实行2种管理模式；规范设置可回收物、餐厨垃圾、废弃油脂、有害垃圾和其他垃圾5类垃圾分类的投放点位），建立垃圾分类投放、收集、运输等相关制度，实现环境效益、社会效益和经济效益同步发展。（布　克）

【就业与助残服务】年内，六里屯街道以“促就业，保稳定”为主题开展促进就业系列活动。走访辖区社会单位30家，与27家单位签订用工协议书；举办“春风行动”专场招聘会，开发就业岗位2459个；开展失业人员职业指导652人次，失业人员参加职业技能培训116人，带动就业108人。全年实现辖区登记失业人员提档就业572人（其中就业困难人员543人），城镇登记失业人员就业率71.06%。实施补充医疗救助4人，救助金额4201.15元；临时救助4人，救助金额2.1万元；为28户低保家庭发放供暖补贴37.1587万元，为292名严重精神障碍患者监护人发放看护补贴67.13万元。全年为265名享受生活补贴的残疾人发放补贴15.83万元。为732名享受护理补贴的残疾人发放补贴11.73万元。（刘　祺　陈　萍）

【食品药品监管】年内，六里屯街道接市局和区政府等转投诉案件400余起，其中一般案件类处罚案卷完成51本、简易类警告卷完成23本，上缴处罚款61.92万元，位居朝阳区市场局第二名。（刘兵兵）

【党政群共商共治工程】年内，六里屯街道确定党政群共商共治工程项目41项，其中街道层面6项、社区层面35项。投入资金7111.87万元，实施优美大街环境提升项目、老旧小区综合整治提升项目等。其中铺装道路5.56万平方米，粉刷辖区楼内外墙面21.7万平方米，改造、修缮辖区道路面积6460平方米，改造绿化面积6120平方米，安装隔离护栏406平方米，粉刷护栏5000平方米，线缆梳理2.636万延米，雨水、污水等管线铺设、改造6200延米，改造自行车棚5处，新建污水检查井32座、雨水检查井13座、雨水口79座。（秦瑞利）

2019年朝阳区六里屯街道社区居委会一览表

表29

序号	名称	地址	电话
1	秀水园社区居委会	水碓子北里4号楼南侧平房	85977937
2	碧水园社区居委会	甜水园北里6号楼北侧平房	65033285
3	甜水园社区居委会	甜水园东里甲8号	65046013
4	道家园社区居委会	道家园甲4号北侧	65920781
5	八里庄南里社区居委会	八里庄南里8号楼1层南侧	85836663
6	八里庄北里社区居委会	八里庄北里103-104室	85918559
7	晨光社区居委会	晨光家园b区324号楼一层	85842390
8	十里堡北里社区居委会	十里堡北里11号楼西侧	85812168
9	六里屯北里社区居委会	丽水嘉园1号楼地下室	65863627
10	炫特家园社区居委会	炫特家园1号楼B2座底商	85857787
11	甜水西园社区居委会	甜水西园甲12号楼	85972199

（陈启章）

麦子店街道

【概况】麦子店街道位于朝阳区中东部。东起东四环，西至东三环，南临朝阳公园南路、农展南路，北接机场高速。辖区面积6.8平方千米，下辖农展南里、枣营北里、枣营南里、枣营、朝阳公园及霞光里6个社区。年内，辖区常住人口10228户、45149人，户籍人口12809户、22828人，流动人口6170人，外籍人口（居民）9210人；户籍人口中有汉族人口21621人，少数民族人口1207人；新出生人口191人，死亡人口77人。辖区有法人单位和产业活动单位7421家，有美国、法国、日本、韩国等13处外国使馆的第三使馆区，有上合组织、中国·东盟中心为代表的国际组织等多处涉外机构。有公立幼儿园、小学、中学各1所，各类民办学校和教育机构11所；有社区卫生服务站3个，社区服务中心、国际社区服务中心各1个；有社区养老驿站3处、养老照料中心2处。有200平方米为民服务大厅、2900平方米地区文化中心各1处，有文化广场6处、24小时自助图书馆1处。途经辖区公交线路35条，有地铁10号线、14号线贯穿其中。年内，街道以“满足群众对美好生活的向往”为出发点和落脚点，以“精治、共治、法治”为风向标，依托“党政群共商共治”机制平台，协调各方，盘活资源，形成“党委统筹、政府负责、各方参与”的新局面。实现区级财政收入30.52亿元，比上年减少3.28%。街道获北京市“环境样板街道”称号，街道办事处获“首都劳动奖状”称号，街道平安建设办公室获“北京市工人先锋号”称号，街道便民服务中心获“2016—2018北京市优质服务窗口”称号，枣北社区居民陈桂平获“首都劳动奖章”称号。（曹荣贵）

【中外居民过大年】 1月26日，麦子店街道与北京市外交人员服务局联合举办第十五届中外居民过大年活动。活动以展示麦子店国际大家庭风采，突出多元文化交流主题，营造温暖、祥和，具有浓厚文化和国际化特色的“和美麦家”欢度春节氛围。活动有中外文艺表演以及现场体验包饺子、扎灯笼、逛庙会、书写春联、民间艺人展示风筝风车和糖葫芦制作、剪纸、捏面人、吹糖人等。外交部新闻司副司长、区领导王晰宁、刘军胜，市政府新闻办公室国际传播处处长张铁群，区委宣传部、区文化委等单位领导，中外媒体记者以及中外居民约400人现场参加活动。近54万人在网易直播平台在线观看。（叶 超 张子钦）

【霞光里老旧小区环境改造】 3月至7月，麦子店街道完成霞光里30号院老旧小区环境改造工程。该项目位于霄云路北侧，建成于20世纪80年代中期，有居民楼17栋。占地面积3.8万余平方米，建筑面积10580平方米。此项目为区环境办老旧小区环境整治项目，改造总面积2.5万平方米，其中绿地面积5728平方米。工程总费用1048.48万元，分为道路铺装、车棚围墙改造、楼体粉刷、绿化和沥青道路铺装四个阶段。（董建英）

【国内外交流】 6月18日，教育部全国社区教育骨干高级研修班80余位学员到麦子店街道国际社区服务中心开展现场教学，实地调研街道社区教育工作情况，观看街道老年大学教育成果，并与汉语学堂和老年大学学员互动交流。9月12日，发展中国家政府官员实用汉语研修班的40余位学员到麦子店街道国际社区服务中心参观学习。10月16日，东盟十国媒体团到麦子店街道国际社区服务中心和市民活动中心参观学习。12月20日，亚洲主流媒体团成员来到麦子店街道参观调研国际化社区建设、社区党建和管理、市民服务等工作。（戴德生 白广冀）

▲ 6月20日，森林演出季麦子店专场暨街道第九届国际社区文化季启动仪式现场
（麦子店街道 供图）

【特色文化活动】 7月19日，麦子店街道在国际社区服务中心举办“友来友往”——2019年麦子店街道阿根廷主题文化周活动。活动分为文化展演和参观体验两个部分，中外友人共同欣赏中国功夫、京剧、编织、书法等中国传统文化，以及探戈、阿根廷乐曲、足球等拉美风情文化。活动现场，区委常委、组织部部长迟行刚向阿根廷驻华大使馆赠送麦子店居民衍纸画作品《和美麦家》，阿根廷驻华大使盖铁戈回赠诗集《博尔赫斯》中文版全集。活动以文化交流为纽带，营造中外居民民心相通、和谐相融的生活氛围为目的，打造“家印象·国际店”。地区300多位中外居民代表参加，30余家中外媒体现场报道。年内，街道“百姓书场”演出9场。培育原创舞蹈、模特、快板、歌曲、三句半等文艺作品9个，主题书法作品21件、绘画作品19件、剪纸作品3件、摄影作品29件。举办“森林演出季”主题演出，举办由600余名中外居民参与的草坪音乐会，苗族舞蹈《喊山》获朝阳区森林演出季优秀原创作品奖，快板《北京一道靓丽景》、模特《“一带一路”风情展》分别代表朝阳区参加区外演出。（刘 丹 叶 超）

【重大活动服务保障】 年内，麦子店街道完成中华人民共和国成立70周年、“一带一路”国际合作高峰论坛等重大活动

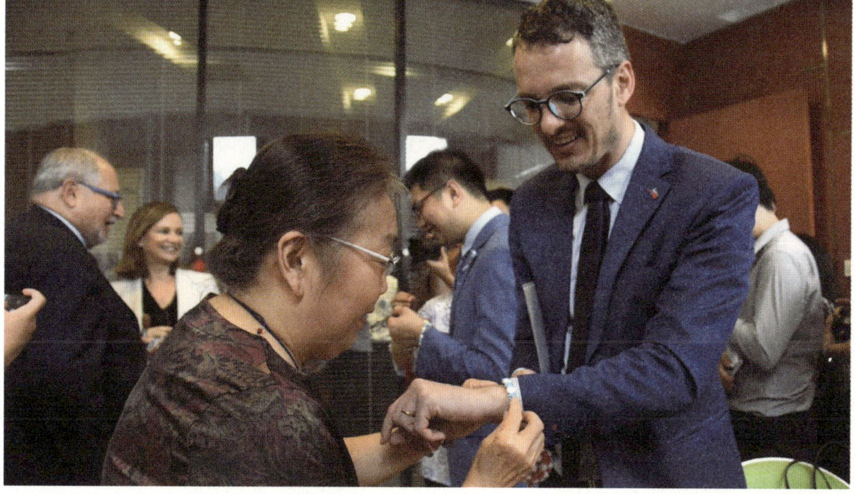

▲ 7月19日，在麦子店街道阿根廷国家主题文化周上，“农南巧娘”为来宾送上中阿国旗配色手链
（麦子店街道 供图）

服务保障任务。累计发动安保力量1.5万人次，完成朝阳公园东3门、长城饭店和农展馆3.3万人次群众游行、观礼嘉宾集结以及朝阳公园游园会、6次彩车转场等各项安保任务；地区3名女民兵参加国庆阅兵女民兵方队；区域防控任务实现无缝对接。（王　正　金哲浩）

【疏解整治】 年内，麦子店街道拆除违法建设102处10270平方米、整治违法群租房30余处，清理10处，疏解人口60人。拆除广告牌匾和电子屏91块，疏解人口647人，增绿补绿面积1.6万平方米；开展垃圾分类宣传18次，厨余垃圾分出量1400余吨，新增小巷管家注册人数210余人，街巷长实地巡查率85%以上，河长巡河257次，实施老旧小区环境提升项目和优美大街项目48项，完成34项。（董建英　金哲浩）

【劳动监察】 年内，麦子店街道完成劳动监察检查单位210家，完成全年任务（任务指标80家）262.5%；开展2018年度《企业在岗职工工资调查》和《人工成本状况调查》指标调查工作，调查辖区企业15家，15家企业数据全部通过调查考核；完成网格化、网络化“两网化”系统企业信息214家，完成2272家用人单位的信息数据更新；妥善处理讨薪调解案件98起，涉及170余人，涉案金额600余万元。（李　京）

【对口帮扶】 年内，麦子店街道与对口帮扶单位——内蒙古自治区乌兰察布市卓资县卓资山镇签订2019年产业扶贫项目“塞主粮卓资面业”项目。该项目建成后可吸纳贫困人口就业80人；向卓资山镇捐赠电脑6台、长椅200套，折合13万元。（戴德生　刘　丹）

【服务民生】 年内，麦子店街道城镇登记失业人员就业率76.23%，完成率112%；城镇登记就业困难人员就业率76.47%，完成率114%；就业困难求职人员实现就业比例100%，完成率125%；开发就业岗位871个，完成率122%；建立企业用人需求档案108个，完成率103%，为187名失业人员办理就业登记手续。通过“金秋送岗位，就业暖人心”主题招聘洽谈会，提供60余个工种360余个岗位。街道新建1家养老照料中心，形成辖区3家养老驿站、2家养老照料中心、1家老年大学的养老工作体系。完成养老数据平台开发并投入使用，核发养老补贴1334人。建立老年大学教学点5个，实现社区老人就近学习。将老年大学学报采编工作纳入街道融媒体中心。（刘　丹　余国柱）

【社区建设】 年内，麦子店街道重新规划社区功能分区，扩展社区服务和居民活动空间。规范使用各类常态化问政金，完成15项常态问政项目；完成以农南社区东院、霞光里56号院为代表的全要素小区建设；完成枣北麦街8号院、枣南西里二条19号楼等6处全景楼栋建设；加强社工队伍建设，招录社工9名，选举提拔社区副职干部6名，开展社工分层分类培训7次，培训社工310余人次，设立AB岗制及轮岗制。（张　妍）

【“接诉即办”机制落实】 年内，麦子店街道落实“闻风而动，接诉即办”工作机制，提出3快6准5到位要求，创新形成“麦子店365工作法”。具体做法是：紧扣“3快”提升响应率。成立由主要领导牵头的专项工作组，制作“工作流程图”、任务分工表等，全程把握时效关键点，做到快速接件、快速办理、快速回复。紧扣“6准”提升解决率。严格落实市区“诉求分类标准”及“4级管理”要求，做到诉求分类精准，派单流转精准，责任落实精准，问题施策精准，跟进监督精准，双向反馈精准。紧扣“5到位”（回访到位、研判到位、融合到位、引导到位、总结到位）提升满意率。（孙　鹏　李会应）

2019年朝阳区麦子店街道社区居委会一览表

表30

序号	名称	地址	电话
1	霞光里社区居委会	霞光里30号院5号楼二层	51302817
2	枣营北里社区居委会	枣营北里30号楼	65928551
3	枣营南里社区居委会	枣营南里21楼前平房	65089525
4	朝阳公园社区居委会	朝阳公园西路9号北小楼	65383824
5	农展南里社区居委会	农展南里3号楼	65915230
6	枣营社区居委会	枣营北里19号楼	65910427

（曹荣贵）

潘家园街道

【概况】 潘家园街道位于朝阳区东南部。东与南磨房乡、十八里店乡相接，南与丰台区相邻，西与东城区隔河相望，北与劲松街道相连。辖区面积3.4平方千米。下辖12个社区。年内，辖区有常住人口97115人，户籍人口32050户78934人，流动人口18181人。新出生人口613人，死亡人口248人。有中国医学科学院肿瘤医院、肿瘤研究所、北京工业大学研究生院、潘家园旧货市场、北京古玩城、天雅古玩城、河南大厦、陕西大厦、广西大厦等企事业单位1400家；有中、小学校和幼儿园10所；有老年公寓1处、养老照料中心5处、温馨家园1处；有社区教育中心、文化中心、图书馆、老年大学各1所；有762平方米为民服务大厅1处、1316.55平方米文体中心1处、2170平方米社区服务中心1处、居民活动站12处、社区文化广场2处。途经辖区公交线路30余条，地铁10号线、14号线贯穿其中。年内，街道以“稳进优实”为总基调，以基层建设年为抓手，以落实管党治党责任为保障，围绕中华人民共和国成立70周年庆祝活动和“不忘初心、牢记使命”主题教育两大主线，完成街道机构改革，中华人民共和国成立70周年等重大活动服务保障、创建国家卫生区市级验收和国家级暗访以及43项

党政群共商共治项目。实现区级财政收入2.46亿元，比上年增长5.0%。（薛 成）

【社区“两委”换届选举】 1月4日至7日，潘家园街道12个社区采取党员代表选举方式完成社区党委换届选举工作。1378名党员代表参加选举，12个社区选举产生社区党委成员60名，其中社区党委书记12名、副书记12名、委员36名。成员中男性12名，占成员总数20%。女性48名，占成员总数80%；大学专科以上学历56名，占成员总数98.33%；研究生、高中学历各1名，分别占委员总数1.67%；成员平均年龄44岁，最小28岁，最大75岁。3月24日，街道12个社区完成新一届社区居委会换届选举工作。其中潘家园南里、潘家园东里、华威西里和松榆西里4个社区采取居民代表选举方式，其他8个社区采取户代表选举方式。成立居民小组417个，推选居民代表1124名、户代表14448人，登记选民51337人。经选举，12个社区产生社区居委会成员86名，其中主任12名、副主任20名、委员54名。社区居委会主任与社区党委书记一肩挑7名，占主任总数58.33%；居住在本社区的成员35名，本土化率40.70%；中共党员57名，占成员总数66.28%；大学本科以上学历55名，占成员总数63.95%；平均年龄42岁，年龄最大69岁，最小26岁，比上届平均年龄略有下降。（薛 成）

【新时代文明实践所（站）成立】 6月，潘家园街道成立新时代文明实践所及12个社区文明实践站。年内，按照每月一个主题，举办新时代文明实践推动日主题活动149场。地区19支文艺志愿服务队举办各类活动30余场，参与文化志愿服务2000余人次，受益居民万余人。丰富“清风文苑”工作室红色宣传、老法官志愿服务队利民惠民志愿服务、百姓大舞台群众教育等品牌活动内容，厚植潘家园精神力量。（薛 成）

【对口帮扶】 7月17日，潘家园街道在对口帮扶的内蒙古自治区卓资县巴音锡勒镇十股地村援建的草原驿站项目开业运营。同时，街道动员党建协调委员会成员单位捐资81.36万元，用于帮扶巴音锡勒镇建设光伏发电项目。年内，街道

▲ 12月23日，对口帮扶单位河北唐县苹果合作社向潘家园街道赠送锦旗 （白群昊 摄）

走访慰问河北省唐县黄石口乡聂家台村贫困户8户（每户慰问金500元）。实施消费扶贫，发动机关和辖区党员干部群众购买帮扶地区滞销苹果1651箱（每箱10千克）。（薛 成）

【疏解整治】 年内，潘家园街道完成疏解整治促提升专项行动（涉及7项指标），疏解人口3074人。拆除违建118处，建筑面积9500余平方米，完成率1067%，实现创建“基本无违建街道”目标。开展企业劳动监察96家，完成率120%；持续整治占道经营、无证无照经营、开墙打洞，完成松榆里市场疏解改造提升（涉及商户500家）；开展创建垃圾分类示范区工作，实现垃圾分类全覆盖；采取硬化方式治理磨房南里社区裸地面积1800平方米，配合区生态环境局实现辖区裸露土体全覆盖，苫盖绿网面积6180平方米；规范整治环境秩序类问题6530余处，销毁非法三轮售货车、黑摩的570余辆。规范处罚牌匾、小广告490余个；加大辖区餐饮企业排放检查力度，建立辖区餐饮业大气污染台账，指导27家餐饮单位完成餐饮油烟净化器升级改造，完成区级任务117%。全年处理城市网格化管理案件1.26万件。累计立案处罚410起，罚款金额12.674万元。疏解人口530余人。（薛 成）

【物业联盟党组织成立】 年内，潘家园街道在12个社区成立区域物业联盟和功能型党组织，逐步形成老旧小区“1+12+N”（1个街道工委，12个社区党委，多个物业联盟和功能型党组织）党建引领物业工作格局。（薛 成）

【功能型联合党支部成立】 年内，潘家园街道在辖区原有48个非公功能型党支部基础上，新成立202个功能型联合党支部，指导北京爱尔英智眼科医院成立党支部，实现非公党建组织辖区全覆盖。（薛 成）

【社区建设】 年内，潘家园街道升级改造智能车棚13处。推进“1+1+N”（组建1个居民议事会、成立1个自管小组、建立多支社区组织）准物业服务体系，实现潘家园南里1~4号楼和松榆里第六小区准物业转型升级；完成松榆西里社区东小院全要素小区，潘家园东里20号楼、潘家园南里1~4楼等12个楼院全景观楼院建设；完成地区1703套门禁系统日常维保，更换门禁系统20套；安装交通标志、施画交通标线、安装反光镜、减速带、便道桩、护栏等交通安全设施，12个社区实现创建成果全覆盖。（薛 成）

【安全生产和消防安全隐患整治】 年内，潘家园街道开展“春雷”“护航70”“三清一整”等安全生产专项行动。检查社会单位4031家，约谈企业47家，立案42起，处罚13.7万元，消除各类安全隐患1610项，检查企业覆盖率100%。开展消防安全专项整治，出动检查人员2729人次，检查社会单位5022家次，消除消防安全隐患1189余处。开展消防培训、演练168次。入户走访常

住居民2万余户，发放各类宣传材料、宣传品5万余份。（薛 成）

【服务民生】 年内，潘家园街道创建充分就业社区9个。完成130名失业人员技能培训，城镇登记失业人员实现就业率63%，完成年度任务指标100%；为495名灵活就业人员办理社会保险补助手续，为268名无保障居民办理养老保险参保手续，为645名新生儿办理“一小”医疗参保手续。全年发放社保卡9254张；为75名60岁以上老年人办理老年证（含外埠人员）。发放高龄津贴134.76万余元，其中90岁高龄津贴545人、100岁以上高龄津贴12人；完成区域养老联合试点项目——社区养老驿站新模式建设，完成居家养老服务特色项目9个，受益老人1万余人；接待、处理个人劳资纠纷问题29批次起，涉及60人次，涉及金额33.6万元。受理公租房、市场补贴房及公租补贴新申请家庭348户。公租补贴复核、公租房入住前复核、合同到期以及限价房签约前复核1197户。变更及资格终止家庭113户，发放选房通知单408户，受理市场补贴签约88户。（薛 成）

【“街巷长制”机制落实】 年内，潘家园街道落实“街巷长制”工作机制，分别在12条主要大街设立“街长”、在25条背街小巷设立“巷长”，在街巷显著位置设立街巷长公示牌。在辖区推广“朝阳群众管城市”平台，实名招募和引导小巷管家参与街巷自曝自治，全年发现并处理问题790余件。（薛 成）

2019年朝阳区潘家园街道社区居委会一览表

表31

序号	名称	地址	电话
1	松榆里社区居委会	松榆里26楼104	87379160
2	磨房南里社区居委会	磨房南里31号楼	67347090
3	松榆西里社区居委会	松榆西里61号楼西侧	67303065
4	武圣农光社区居委会	榆北路7号院9楼2层	87379079
5	松榆东里社区居委会	榆东里15号楼014室	67358840
6	武圣东里社区居委会	武圣东里社区居委会	67321802
7	华威西里社区居委会	华威西里甲42号楼	87771754
8	华威北里社区居委会	威北里甲32号楼	67790170
9	潘家园社区居委会	潘家园27楼2单元204	87783342
10	华威里社区居委会	华威里翌景家园2号楼1A	87731033
11	潘家园南里社区居委会	潘家园南里11号楼北侧平房	87715076
12	潘家园东里社区居委会	潘家园东里1号楼北侧30米	67705015

（薛 成）

三里屯街道

【概况】 三里屯街道位于朝阳区中西部。东起东三环北路，南临工体南路，西至春秀路与东城区相接，北濒亮马河。分别与呼家楼街道、朝外街道、左家庄街道、麦子店街道和东城区东直门街道接壤。辖区总面积2.9平方千米。下辖7个社区。年内，辖区常住人口37232人，户籍人口13700户37232人，流动人口4657人，外籍人口1119人；有汉族人口34854人、满族人口1150人、回族人口773人、其他少数民族人口455人；新出生人口319人、死亡人口106人。辖区有法人单位3665家，其中中央单位28家、市属单位47家、区属单位33家；有驻华使（领）馆93家、联合国驻华机构及国际组织驻华机构15家，有涉外宾馆、饭店5家；有医院6家、社区卫生服务中心2个；有大学1所、中学2所、小学3所、幼儿园2所、涉外学校2所；有养老机构3个、日间照料室10处；有7000平方米为民服务大厅1处、2000平方米地区文化中心1处、文化广场3处、24小时自助图书馆1处。途经辖区公交线路41条。辖区绿化率10%。年内，街道以庆祝中华人民共和国成立70周年等重大活动服务保障为主线，以文化、国际化、大尺度绿化为主攻方向，完成街道机构改革、创建国家卫生区、民生工程等重点工作，地区平安建设、城市建设、社会建设和队伍建设等各项事业均取得新进展、新成效。实现地区总收入14.93亿元（含市专项），比上年减少16.73%。街道获“北京市司法行政系统中华人民共和国成立70周年维稳安保工作先进集体”称号。（赵 绮）

【特色文化活动】 4月至9月，三里屯街道在太古里社区举办“潮文三里”——三里屯第十八届文化艺术节系列活动。活动以“剧汇三里”“炫动三里”“人文三里”“遇健三里”“余音三里”“光影三里”和“幸福三里”为主题，展示三里屯国际时尚文化街区风采，展现三里屯群众昂扬的精神面貌，彰显群众的文化自信。8月23日，第二届三里屯好声音“我和我的祖国”主题歌唱大赛启动，10支合唱团参赛、180余组选手参加独唱比赛。11月25日至29日，举办三里屯地区群众艺术作品展暨“不忘初心，牢记使命”主题系列活动。活动面向地区党员、群众、学校及社会单位征集书法、绘画、摄影、剪纸等各种形式艺术作品310余件，展出优秀作品100余幅。（赵 绮）

【第四次全国经济普查】 6月30日，三里屯街道完成全国第四次经济普查清查、宣传、培训、登记、录入、验收等各阶段审核工作。经清查，地区有产业活动单位4630家。（赵 绮）

【非公党建调研】 9月25日至11月5日，三里屯街道工委书记带队走访调研辖区内37个非公企业党支部党建工作情况。全面了解非公党支部组织架构、党员数

量、组织发展等情况，将非公企业困难党员纳入街道困难党员帮扶范围，建立困难党员定期走访慰问制度。（赵　绮）

【党政群共商共治工程】 12月26日，三里屯街道召开2019年党政群共商共治总结会暨2020年党政群共商共治协商会。2019年街道投资400余万元，完成党政群共商共治项目18个，其中街道级项目6个、社区级项目12个。会议审议并通过2020年度党政群共商共治项目15项，其中街道级项目5项、社区级项目10项。（赵　绮）

【环境治理】 年内，三里屯街道招募、更新街巷长和小巷管家173名，全年巡查2400余次，处理堆物堆料、共享单车乱放、门前三包等问题400余件。规范河长制工作，各级河长全年巡河247次。细化网格中心作业流程。街道全年接收网格案件43927件，综合结案率93.8%，全区综合排名第三名。（赵　绮）

【交通秩序整治】 年内，三里屯街道全年查扣非法运营黑摩的近500辆，批评教育百余人次；清运共享单车9000余辆、处理违停车辆3600余次；安装机非隔离护栏1300余延米，拆除地锁110余个，新增各类交通标志牌30余个，施画道路指示线2000余延米。地区交通秩序明显改善。（赵　绮）

【对口帮扶】 年内，三里屯街道领导带队赴内蒙古自治区乌兰察布市卓资县十八台镇开展对口帮扶实地考察调研2次，向十八台镇拨付产业扶贫专项资金100万元。发动辖区企业对口捐资8万元建爱心水井2口。发动辖区居民捐赠小家电、书本等物品价值5万元，购买当地农副产品13.605万元，为当地群众义诊2次，捐赠各类药品价值2万元。（赵　绮）

【社区建设】 年内，三里屯街道建成全要素小区1个、全景楼院4个、社区级党政群共商共治项目12项。完成地面铺装面积3223平方米，电线梳理2740延米，排水管道改造287延米，墙面修复彩绘250平方米，新增车棚面积90平方米，绿地硬化铺装面积476平方米，绿地种植及补种面积475平方米。社区环境质量明显提升。（赵　绮）

【就业服务与救助】 年内，三里屯街道开发就业岗位1617个，招聘单位跟踪服务率97%，完成用工单位日常巡查130户；地区新增低保家庭3户3人，清退、驳回低保家庭申请36户，实现应保尽保、应退尽退；举办残疾人活动31次，发放各类残疾人补助47万元；新增便民服务网点1处。（赵　绮）

【垃圾分类示范片区全覆盖】 年内，三里屯街道完成垃圾分类示范片区创建及全覆盖工作。规范建设桶站238组，更新垃圾桶714个，设置垃圾分类投放站7组，新建大件垃圾暂存点3个及大件垃圾、装修垃圾临时投放点10个；增设垃圾分类宣传栏50个、宣传引导牌90个；发放入户垃圾桶1000个、宣传海报3000张、可降解垃圾袋5000盒；组织示范片区宣讲培训4次、垃圾分类专项对口培训5次。（赵　绮）

【夜经济品牌建设】 年内，三里屯街道选聘2个设计团队作为街道责任规划师，打通城市管理末梢，提高城市管理精细化水平，提升城市空间品质。围绕“夜京城”地标建设，实施工体北路、太古里、通盈大厦等区域灯饰亮化工程，优化地区交通秩序，延长夜间营业时间至凌晨2点，规范提升外摆设置90处，建成深夜食堂150家，初步形成夜间经济品牌。（赵　绮）

▲ 11月24日，三里屯街道开办夜集活动现场　（林　强　摄）

2019年朝阳区三里屯街道社区居委会一览表

表32

序　号	名　称	地　址	电　话
1	幸福一村社区居委会	三里屯太平庄南里甲3号	64165638
2	幸福二村社区居委会	三里屯幸福二村甲5楼一层	84604871
3	中三里社区居委会	东三里屯中三楼院	64162902
4	东三里社区居委会	东三里屯中十一楼南侧平房	64173175
5	北三里社区居委会	北三里屯甲一号一层	64177960
6	中纺里社区居委会	中纺里九号楼北侧平房	65929071
7	白家庄西里社区居委会	三里屯南路四号楼一层	65912776

（赵　绮）

首都机场街道

【概况】 首都机场街道位于朝阳区东北部。东邻顺义界内T3航站楼，南与天竺镇楼台村相邻，西接顺义区天竺镇，北至顺义界内空港保税区。辖区面积12.23平方千米。下辖4个社区。年内，有户籍人口6992户23219人，流动人口5987人，外籍人口30人；有汉族人口22010人、满族人口495人、回族人口241人、蒙古族人口171人、其他少数民族人口302人；新出生人口252人、死亡人口77人。有法人单位1658个（其中中央单位8家、市属单位1家、区属单位7家、其他单位1642家）；有医院1所、社区卫生服务站1个、职业中学1所、中学1所、小学1所、幼儿园4所；有260平方米为民服务大厅1处、文化广场2处和24小时自助图书馆2处。途经辖区公交线路13条，地铁机场快轨线贯穿其中。辖区绿化率43%。年内，街道对照“五个一”（“一园”，加快推进温榆河公园建设，打造生态环境样板；“一轴”，在长安街及其延长线、广渠路之间约25平方千米区域，建设“历史记忆”环境轴，打造城市景观样板；“一区”，统筹各领域、各部门、各要素，建设城市管理综合优化试点区域，打造城市精细化管理样板；“一治”，统筹党建、发展、管理、服务，打造城乡接合部综合治理和老旧小区综合整治样板；“一美”，高水平建设美丽乡村，推动产业兴旺、生态宜居、乡风文明、治理有效、生活富裕，打造乡村振兴战略实施样板）工作样板的要求，做到“五个牢牢把握”（牢牢把握大事之年的特点和要求、牢牢把握稳中有变变中有忧的经济形势、牢牢把握工作重点、牢牢把握朝阳发展的主攻方向、牢牢把握人民对美好生活的现实期待），坚持精治、共治、法治理念，聚焦文化、国际化、大尺度绿化主攻方向，对照群众对美好生活的现实期盼，以建设“忠诚、平安、美丽、幸福”四个国门为总目标，稳中求进，奋发有为，全面提升机场地区发展品质、环境品质、管理品质和服务品质，不断增强群众的获得感、幸福感、安全感。完成庆祝中华人民共和国成立70周年等重大活动服务保障、创建国家卫生区、街道机构改革、实施党政群共商共治工程项目、社区“两委”换届等重点工作。实现区级财政收入1.33亿元，比上年增长1.22%。年内，街道获北京市2018年度交通安全先进单位。 （张　璐）

【社区“两委”换届选举】 1月，首都机场街道完成社区党委换届选举工作。4个社区全部采取党员大会选举方式，应参加社区党员大会的党员348人，实到会党员331人，选举产生新一届社区党委委员20名，其中社区党委书记4名。各社区党委书记得票率均达到95%以上，20名新当选委员均为大专以上学历，其中大学本科学历17名，占委员总数85%；新任委员4名、连任5年以内的11名；平均年龄为39.5岁。3月，4个社区全部完成第十届社区居委会换届选举工作，除南路东里社区采取居民代表选举方式外，南平里、南路西里和西平街社区均采取户代表选举方式。登记选民13009人，户代表4871人，居民小组长113人，居民代表287人，4个社区户代表、居民代表参选率均在93%以上。新一届社区居委会按照七委制设置成员职数，换届选举共选出居委会委员28名，其中主任4名、副主任8名、委员16名。当选委员中，中共党员20人，占委员总数71.4%；居住在本社区的委员12名，委员本土化率42.8%；4名社区居委会主任与社区党委书记全部为“一肩挑”；大学专科和大学本科学历各14名，各占委员总数50%；平均年龄为39岁。 （张　璐）

【社区建设】 9月，首都机场街道南路西里社区北平里小区环境提升改造工程竣工，实现老旧小区物业转型升级。年内，完成2个“社区之家”示范点建设，累计服务居民3万余人次；依托公益空间，提供理发、裁剪、编织等服务，实现“微服务”拓展；将地区超市、生鲜物品专卖店、修车（鞋）摊等认定为服务商，编写便民手册及服务商分布图，方便居民使用；将北平里14号楼西侧小花园改造为集悦享生活区、漂流议事厅、休闲广场于一体的休闲花园，提升居民生活品质；开展北平里社区12号至19号居民楼楼门文化建设、安全设施改造、文化氛围提升工作；建成全景楼院4个；整合街道图书馆、北平里健身园、知乐苑服务社等资源，开展全要素小区建设。 （张　璐）

【微党课大赛】 12月4日，首都机场街道举办第一届“新时代 新国门 新使命 新担当”微党课大赛。来自机关、社区和居民支部的9名选手参赛，近百名党员聆听党课。大赛评出一等奖1名、二等奖1名、三等奖2名、最受欢迎奖1名。 （张　璐）

▲ 12月4日，首都机场街道举办第一届微党课大赛 （刘　伟　摄）

【党政群共商共治工程】 年内，首都机场街道党政群共商共治工程确定街道级项目6个、社区级项目8个。6个街道级项目为：国泰商场机场店周边环境整治项目、街道主要道路（学校路、小天竺路）架空线梳理项目、街道各自然小区消防通道规划设计项目、街道全要素小区建设项目、街道全景楼院建设项目和街道电动自行车充电棚建设项目；8个社区级项目为：南路西里社区辖区内安装遮雨棚项目、南路西里社区——燕翔西里小区安全促进项目、“家风园”提升改造项目、东平里小区环境巩固提升项目、安装居家养老设施——扶手行动解民愁、西平里6号楼南侧小花园设施更换、自如行——“创艺家居”社区文化延续项目和自如健康——“中医养生植物园”。至年末，上述项目全部按计划实施。（张　璐）

【“接诉即办”机制落实】　年内，首都机场街道接办市民诉求案件500件，均已办结；在市级综合考评月排名中，1月、7月、9月和11月位列全市街乡镇前10名，其中2个月并列第一。街道工委高度重视接诉即办工作，注重解决实际问题，探索出“亲听勤办，未诉先办有深度；亲民作风，有诉即办有力度；亲情反馈，接办必复有温度”的“三亲三办”工作法。9月14日，北京电视台新闻频道《都市晚高峰》节目报道首都机场街道接诉即办工作理念：干部脚下有土、群众心里不堵和未诉先办，及时解决群众后顾之忧；10月28日，“朝阳组工”App推送首都机场街道“三亲三办”工作法；11月1日，人民网以《首都机场街道“三亲三办”助推主题教育取得实效》为题刊登。（张　璐）

【文化活动获奖】　年内，首都机场街道组织舞蹈队、合唱团等文艺演出队伍参加各类区级文艺比赛6次。在“朝阳百老汇”文艺会演大赛中获优胜奖和组织奖；在第十二届“旋舞朝阳”民族舞比赛活动中获三等奖；在“红歌扬清风、廉洁入万家”合唱展演中获二等奖和优秀组织奖；在“十三五”百个基层文化品牌团队认定比赛中获舞蹈类和器乐类三等奖，合唱类戏曲类优秀团队奖；在第十届书画摄影比赛中获“十佳摄影”作品，优秀书法、绘画作品获参赛作品奖，街道获优秀组织奖；在第十二届“旋舞朝阳”交谊舞比赛中获中年B组个赛第一名和第四名；中年C组个赛第一名和第三名；老年B组个赛第六名；举办森林演出季首都机场街道专场演出，获铜奖和优秀组织奖，其中交谊舞“快乐国门”获优秀原创作品奖。（张　璐）

【民生服务】　年内，首都机场街道为4987名退休人员报销药费200余万元，变更医院3900人次；为3350人提供“一老一小”及无业人员参加医保手续；办理补换社保卡2034人次，上交换卡工本费40195元；为低保对象37户61人、城市特困2户2人、低收入家庭1户2人、发放民政各类资金130人次、110万余元；申请150人次社会公益性组织人员市、区两级专项资金70万余元；申领失业金43人次，发放失业金11.93万元；为80岁以上老年人1047人发放养老助残金82万余元；为79户新申请保障房家庭办理相关手续并通过市级备案，办理公租房补贴申请15人，市租补贴登记9人；政务服务中心全年接待各类服务对象2.8万人次；对辖区人力资源服务机构等4家单位专项检查，涉及派遣职工1.7万余人，未发现违法现象；依法处置欠薪纠纷6起，发放农民工工资70万余元；东平里社区卫生服务站开业。（张　璐）

【环境治理】　年内，首都机场街道聘请责任规划师，为辖区城市环境整体提升提供专业指导和建议。完成街区规划导则项目，基本建成“一图一表一库”（“一图”指“疏解整治促提升”专项行动“一张图”；“一表”指在“一图”基础上梳理出街道“规模型更新区”和“微更新点”，图表对应、民生需求与空间对接，实现统筹更新；“一库”指街道2018年至2020年街区整理项目库）；启动地区垃圾分类和2020年城镇房屋普查工作；全年检查工地310家次，发现及落实整改问题120余项；完成第9次绿化普查工作；应对空气重污染天气8次，TSP（空中总悬浮颗粒物）年均浓度值居全区前列；完善河长制工作和考核方案，6名河长全年巡河300余次；开展节水宣传活动2次，节水型社区创建率100%；拆除违法建设5700余平方米；整治占道经营、无照经营、门前三包等违法行为70余起；群租房整治2处；劳动保障监察检查单位87家。规范工地施工、餐饮单位燃气安全使用300余家次；清理破损条幅、广告牌120余块，关停、拆除LED电子显示屏8块；完成朝阳区城管局监管单、城管单1055件。（张　璐）

【结对帮扶】　年内，首都机场街道领导带领调研组到内蒙古自治区卓资县红召乡调研。调研组一行实地考察京蒙投资光伏发电项目运行情况及资金使用情况，与红召乡领导洽商农产品、医疗、旅游等帮扶项目并慰问当地生活困难家庭。首都机场街道与河北省唐县迷城乡签订结对协作框架协议书，首都机场街道辖区企业北京升港国际商务酒店与河北省唐县迷城乡古洞村签订结对帮扶协议。（张　璐）

【优抚助残】　年内，首都机场慰问低保边缘生活困难老人、城镇低保及城市特困人员、地区持证烈属、革命伤残等优抚对象172人次，发放慰问金7.91万元；发放特困人员救助供养经费0.99万元，申请补充医疗救助1.55万元；以“春风送暖”为主题开展社会捐助活动，募集衣物1255件；为适龄老年人发放优待证60余人次，发放高龄老年人津贴398人次，4.23万元；发放定期抚恤金、伤残抚恤金、义务兵优待金、医疗减免、过节费等40余万元；发放无军籍职工退休费约5万元；办理残疾证新证申请18人次，旧证补办3人次，转迁2人次，激活延期残疾人一卡通200余人次；帮助地区151名残疾人免费申请并发放辅具设备。（张　璐）

2019年朝阳区首都机场街道社区居委会一览表

表33

序　号	名　称	地　址	电　话
1	南路西里社区居委会	燕翔西里2号楼北侧服务办公用房	64571565
2	南路东里社区居委会	东平里5号楼北侧服务办公用房	64571579
3	西平街社区居委会	西平街9号楼东侧服务办公用房	64579204
4	南平里社区居委会	南平里31号楼西侧服务办公用房	64573848

（张　璐）

双井街道

【概况】 双井街道位于朝阳区中西部。东起东四环路与南磨房地区接壤，南至劲松大街和广渠路与劲松街道相邻，西至东二环路与东城区（原崇文区）相连，北至通惠河与建外大街为界。辖区面积5.08平方千米。下辖12个社区。年内，辖区户籍人口72492人，流动人口33251人，外籍人口721人（来自102个国家和地区）；新出生人口702人，死亡人口155人。辖区有限额以上企业和事业单位199家；有老年大学1所、中学2所、小学5所、幼儿园11所；有医院3所、社区卫生服务站5个。主要交通干道有东三环辅路、广渠路、西大望路。途经辖区公交线路20余条，地铁10号线在辖区设双井站。双井街道辖区是北京商务中心区的服务保障区域，也是连通首都功能核心区与北京市行政副中心的重要廊道。年内，街道以党的建设、城市治理、社会动员为带动，以“13社区”（在双井街道现有12个社区基础上，让社区回归共同体本意，以互联生态思维和互益共生原则，借助信息化和全媒体手段，将双井人网聚在线上线下紧密互动的公共平台上，努力营造一个虚拟与现实融合，利益与情感并重的共同体，形成居民、社会、政府三者之间利益交织，目标相近、行动协同的社区治理结构。双井“13社区”由融媒体矩阵、线上线下精品活动、幸福双井社区卡三部分构成，互动粉丝6万人，占辖区常住人口50%以上）为抓手，进一步发挥党建在基层治理中的引领作用，以建设精细化治理示范区为核心，以“井井有条”众享生活圈建设为重点，不断解决超大城市基层治理中的问题，以首善标准建设文明街道、活力街道、宜居街道、平安街道，努力使人居品质更优、城市更加“井井有条”。完成庆祝中华人民共和国成立70周年等重大活动服务保障、创建国家卫生区、街道机构改革以及优化发展环境等重点工作。实现区级财政收入7.67亿元，比上年增长26.99%。双井街道入选联合国人居署（联合国人类住区规划署）和国家发展改革委小城镇改革发展中心共同发布的国际可持续发展试点社区，垂杨柳南街获“首都最美街巷”称号。（丛　岩）

【社区党组织换届选举】 1月，双井街道完成社区党组织（社区党委11个、总支部1个）换届选举工作。选举产生新一届社区党组织成员82名。其中，女性42名、男性40名，分别占委员总数51.22%和48.78%；大专以上文化程度69名，占委员总数84.15%；委员平均年龄49岁。12名社区党组织书记中，女性5名、男性7名，分别占党组织书记总数41.67%和58.33%；社区党组织书记、社区居委会主任“一肩挑”7名，占党组织书记总数58.33%。12个社区党组织全部配备专职副书记。社区纪委换届选举中，选举产生社区纪委成员33名。12个社区配备专职纪委书记6名，12个社区纪委班子中分别有1名社区居民担任纪委委员。（丛　岩）

▲ 双井街道“13社区”公共服务平台（摄于7月29日）（双井街道　供图）

【蔡奇调研“13社区”建设】 2月26日，中央政治局委员、市委书记蔡奇到双井街道调研“13社区”建设情况，对双井街道党建引领城市精细化治理的“双井实践”给予肯定。（丛　岩）

【“接诉即办”机制落实】 年内，双井街道创新“接诉即办”工作机制，在辖区全面推行“724工作法”。“7”指建立响应、派单、办理、回复、回访、核查、结案7步流程；“2”是落实接诉后和解决后与投诉人2次见面；“4”是针对“疑难杂症”，利用周会商、联合处置、定向督办、责任实化4项机制加以解决。同时，街道探索建立大走访摸排机制、大数据分析机制、大研判调度机制，做到接诉即办、未诉先办、一办到底。全年接案3623件，案件响应率、解决率、满意率“三率”考评位列全区第五名。（丛　岩）

【环境整治】 年内，双井街道拆除违法建设挂账任务645平方米，实际拆除百子湾9号地等违法建设5274平方米，完成挂账任务的817%；整治无照经营7处、无证经营29处、开墙打洞1处、群租房400余户、人防工程64处；劳动保障监察单位306家；完成北京商务中心区总部公寓小区宜居环境提升工程和惠林路、惠力路、惠力东路环境优美大街建设工程；启动垂杨柳南街、中街、北齿路等22条背街小巷整治工程，完成涉及景观提升全部整治内容；完成双井东院、双花园西里小区老旧小区环境整治工程。（丛　岩）

【社区治理】 年内，双井街道加强社区基础建设，完成北京商务中心区总部公寓一期全要素小区建设和12个全景楼院建设；开展楼门文化建设，建成居民自治活动文化品牌。推进小区停车自治试点工作，垂西、垂东试点小区取得成效，缓解小区停车难、停车乱问题；向区环卫中心移交41条自管道路保洁，实现全区一体化保障；拆除广渠路、天力街、百子湾路等8条道路护栏4620延米。同时，规范交通秩序，严格交通执法，严厉打击非法营运、停车乱收费现象。（丛 岩）

【对口帮扶】 年内，双井街道采用“合作社+贫困户”模式，以土地流转+扶贫、就业+扶贫、分红+扶贫方式，对口帮扶河北省保定市唐县白合镇，实现37户贫困户稳定增收，带动10个贫困户就业。开展“传递文化经典，共建书香校园”主题扶贫募捐活动。辖区机关干部、社区居民、社会单位为白合镇小学捐赠价值12万元物资。（丛 岩）

【党建引领物业】 年内，双井街道在物业服务联盟中开展“党建引领先锋行动、议事协商融合行动、市民诉求直派行动、垃圾分类促进行动、物业问题治理行动、环境秩序优化行动、安全隐患消除行动、服务质量提升行动”等8大行动，即打破物业服务企业原有条块分割、各管一片的壁垒，为企业相互联系与资源共享搭建平台，同时拓展了物业服务管理范围，使物业服务管理成为城市治理的重要力量，促进居民与物业服务企业互相理解、互相支持。引入朝阳家园物业承担老旧小区“兜底”服务，解决物业行动慢、执行弱等难题；加强党群服务中心建设，提供线上、线下多样化党群服务，扩大党群服务覆盖范围；依托“13社区”，形成融媒体矩阵、“社区卡”品牌，助推形成城市精细化治理的“双井实践”，在全市发挥典型示范作用；创新组织设置方式，成立街道物业服务企业联盟党总支，搭建“党组织+物业+业委会+网格长”于一体的红色平台，实现党建引领物业服务企业工作的双向进入、交叉任职；落实从严管党治党，围绕整改落实区委巡察反馈意见，健全规章制度。（丛 岩）

【基层党组织建设】 年内，双井街道围绕提升“两新”党组织建设质量，开展辖区非公企业、协会摸排工作，整理属地企业台账、登记台账、减损台账等内容，分别成立非公和社会组织重点企业党组织，成立物业服务企业联盟党总支，加强党组织对非公企业和社会组织的政治引领；加强商务楼宇服务站建设，开展新建服务站摸底调研，为商务楼宇服务站配备党建指导员；结合“队伍评优、活动推优、阵地整修、制度完善、保障检查”5项具体工作，在辖区开展有队伍、有活动、有阵地、有制度、有保障“五有”党支部建设；加强党员教育管理，完善党员基础信息台账和组织设置，建立居民支部4个。（丛 岩）

【养老助残服务】 年内，双井街道完成邻里互助养老服务平台建设，持续开展“四进”服务。九龙南社区新建养老驿站1家。完成地区近7000人精准帮扶信息普查工作；街道投入资金74.52万元，依托乐成老年事业投资有限公司，开展助医、助洁、信息管理、精神关怀等服务，组织活动1000余场，服务地区老年人6000余人次，收录老人信息500余人，将预防、保健、护理、康复延伸到社区和家庭，方便老年人生活；以温馨家园为中心，为残疾人每日、每月安排不同类型活动，服务残疾人2670人次；做好居家助残、残帮残延伸服务，覆盖残疾人1992人次。开展残疾人问需服务，申请建立帮扶型就业基地，为残疾人提供就业帮扶和志愿服务，在“志愿北京”平台上注册志愿服务项目10个，注册志愿者51人，服务残疾人300人次。落实政府购买第三方助残服务项目，为残疾人家庭提供精准服务。（丛 岩）

【社会保障与就业服务】 年内，双井街道办理城乡居民医疗保险参保6436人，报销药费154万元；引导灵活就业人员参保缴费，1730名就业困难人员享受灵活就业保险补贴；以最低生活保障基本生活救助为基础，以教育救助、医疗救助等专项救助为支撑，做到救助对象认定过程公开公正，实现“应保尽保、应养尽养、应救尽救、应退尽退”动态管理；以职业指导为核心，与社区联动配合，形成职业指导前置社区、指导后跟踪、反馈再指导的闭合式服务链。结合失业人员需求，制定个性化就业援助方案、开展一对一帮扶、免费技能培训等精细化服务。帮助1020名失业人员实现再就业，实现登记失业人员就业率73.26%，就业困难人员就业率97.95%；定期开展“就业帮扶，真情相助，不让一个困难群众掉队”就业援助专项活动，通过开展就业援助月、举办专场招聘会等活动，深度挖掘岗位资源，助力失业人员就业创业。（丛 岩）

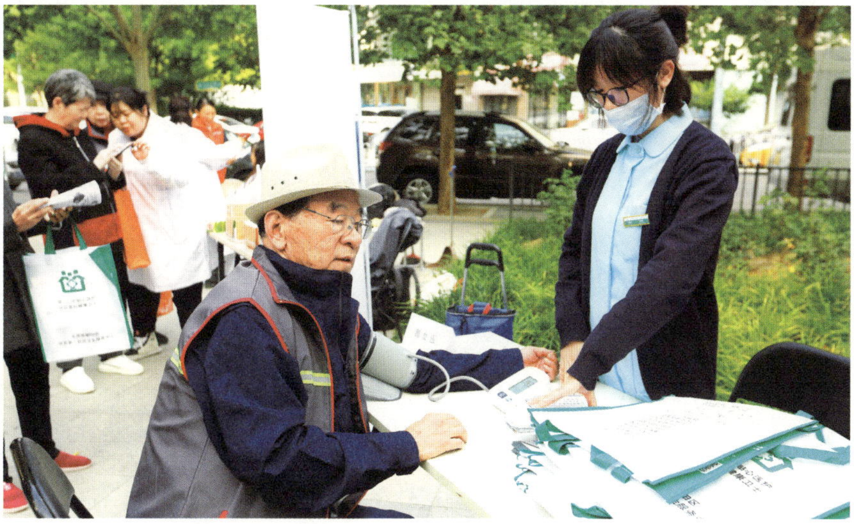

▲ 10月18日，双井街道开展助医、助洁、信息管理、精神关怀等服务 （双井街道 供图）

2019年朝阳区双井街道社区居委会一览表

表34

序号	名称	地址	电话
1	广和里社区居委会	广和南里二条14号楼院内平房	67747556
2	垂杨柳东里社区居委会	垂杨柳北里14楼西门4-6号	87712371

续表 34

序号	名称	地址	电话
3	九龙社区居委会	百子湾 32 号院苹果社区居委会南区 5 号楼地下一层	58264834
4	九龙南社区居委会	百子湾南二路 76 号院 5-12	87724572
5	垂杨柳西里社区居委会	垂杨柳西里 6 号楼南侧平房	67794152
6	广外南社区居委会	广渠门外大街 22 楼楼后平房	67739069
7	广泉社区居委会	广渠门外大街甲 28 号院 15 号楼 206 室	87753405
8	双花园社区居委会	双花园西里甲 8 楼	67398192
9	光环社区居委会	双花园南里二区 6 号楼 5 单元 101 室	87721629
10	富力社区居委会	天力街 3 号楼（富力城 B 城）一层	58621732
11	大望社区居委会	西大望路 19 号院 5 号楼 7 单元 101、202 号	87756265
12	百子园社区居委会	百子湾路 16 号百子园小区 4 号楼 B 单元 203 室	87732860

（丛　岩）

团结湖街道

【概况】 团结湖街道位于朝阳区中西部。东至水碓子东里、水碓子东路、朝阳体育馆西侧与六里屯街道相邻，南至呼家楼北街和二道沟北侧与呼家楼街道相接，西至东三环北路与三里屯街道相望，北至农展馆南路与麦子店街道相隔。辖域面积约 1.23 平方千米，下辖 6 个社区。年内，辖区常住人口 33778 人，户籍人口 13414 户 33797 人，流动人口 11403 人；新出生人口 247 人、死亡人口 419 人。辖区有中轻国际工程有限公司、国家烟草局培训中心等央属单位与北京青年报社等市属单位，银行、邮局、新华书店、超市等服务设施分散于团结湖路东西两侧；有中专、中职、中学各 1 所，小学、幼儿园各 2 所，托老所 1 所、医院 4 所；有 22 条街巷，团结湖路纵贯南北，与农展馆南路、团结湖北路、姚家园路、团结湖中路、团结湖南路、朝阳北路依次相交，楼区间道路相互贯通，共同构成辖域交通网络。年内，街道围绕高标准引领社会治理、高站位开展环境建设、高要求深化平安建设、高水平抓好社会建设、高质量发展民生事业“五个高”全面开展各项工作。完成街道机构改革、创建国家卫生区以及庆祝中华人民共和国成立 70 周年等多项重大活动服务保障任务；完成社区“两委”和社区妇联换届选举工作，班子结构进一步优化；街道启动移动党校，新建街道党群活动中心，建成 1 个新时代文明实践所、6 个新时代文明实践站。实现区级财政收入 1.7 亿元，比上年减少 19.1%。（王　瑾）

【社区“两委”换届选举】 1 月 5 日，团结湖街道 6 个社区完成社区党委换届选举。参加选举党员 1758 名，当选委员平均得票率 98.46%，选举产生社区党委委员 34 名，其中社区党委书记 6 名、副书记 9 名。34 名委员中，高中以上学历 27 名，占委员总数 79.4%，较上届提高 11.8%。3 月 22 日至 23 日，街道 6 个社区完成第十届社区居委会换届选举，参与选举居民 5711 名，推选居民代表 439 名，代表投票率 91.65%。选举产生新一届社区居委会成员 42 名，其中社区居委会主任 6 名、副主任 12 名、委员 24 名。42 名成员中，男性 11 名、女性 31 名，分别占成员总数 26.19% 和 73.81%；中共党员 20 名，占成员总数 47.62%；大专以上学历 41 名，占成员总数 97.62%；持证社工 21 名，占成员总数 50%；本土化社工 18 名，占成员总数 42.86%；成员平均年龄 42 岁。（王　瑾）

【党政群共商共治工程】 12 月 13 日，团结湖街道召开 2019 年党政群共商共治总结会。街道投入资金 835.93 万元，完成公共服务、便民服务、环境整治、社区安全、老旧小区整治五大类 25 项民生工程项目，其中街道层面 9 项、社区层面 16 项。会议总结 2019 年开展党政群共商共治工作情况，提出 2020 年工作建议。街道领导班子成员、党员代表、人大代表、政协委员、社会单位代表、各业务事务部门负责人、各社区党委书记以及居民代表等 60 人参加会议。（王　瑾）

【疏解整治】 年内，团结湖街道拆除违法建设 6500 平方米，涉及单位和个人 195 家（人）、257 个点位。取缔无照经营和擅自摆摊设点 600 余起，罚没物品千余件；检查“门前三包”单位 1000 余家次；没收小广告 2500 余张，清除张贴、喷涂广告 350 余处。完成案卷 110 卷，罚款金额 69750 元。联合执法 30 余次，查抄取缔无证照餐饮商户 3 家。处理食药投诉举报案件 320 件，处理率 100%。行政处罚案件 55 件，其中罚款 5 件，罚款金额 25 万余元。清除群租房 72 户，拆除隔断 12 间，拆除上下床铺 240 余套。疏解流动人口 727 人。（王　瑾）

【民生服务】 年内，团结湖街道走访慰问 440 余户困难残疾人，发放慰问金 25 万余元；为 8 名残疾儿童申请康复补助；安置残疾人就业 7 人，为 3 名低保残疾人子女及残疾人学生申请“扶残助学”补贴，为 51 名残疾人办理城乡居民养老保险缴费补贴审核。为 119 户 192 人低保家庭发放低保金 237.57 万元。为低收入家庭 8 户 9 人发放困难救助金 1.87 万元。受理临时救助 6 户，发放救助金 2.97 万元。入学救助 6 人，救助金 2.12 万元。医疗救助 184 户 219 人，救助金额 31.734 万元。核发丧葬补贴 6 万元（12 人）；采暖补贴 69 户 115 人，补贴金额 9.63 万元；捐赠衣物 11812 件、筹集善款 1340 元。社区“四进”（医疗、餐饮、保洁、洗浴）项目服务 956 人次；政府购买社会组织服务项目 1 个，服务 300 人次；开展养老服务创新项目 2 个，扶持规范 6 个社区为老服务组织。失业人员实现就业 317 人，就业率 77.32%。其中就业困难人员实现就业 224 人，就业率 85.15%。为 86

名失业人员提供职业技能培训，实现自主创业9人，带动就业39人。创建充分就业社区6个，采集空岗信息1832个，走访跟踪服务用人单位109户，就业困难求职人员实现就业比例80%。接收人事档案402份，变更个人信息863人次，办理退休审批手续113人。受理自采暖补贴31人，发放社贴7.5万元。慰问困难社会化管理退休人员182人。（王　瑾）

【人口健康服务】 年内，团结湖街道办理生育服务单417件、独生子女父母光荣证12件，办证准确率100%；审核发放计划生育政策奖励资金24.181万元（842人次）；落实161名特别扶助人员政策扶助，发放免费孕前优生检查卡30张；开展健康大课堂、户外宣传、知识讲座16次，覆盖居民2000余人；为1889名老人提供免费体检，发放叶酸310盒，配合社区卫生服务中心为206名妇女提供免费“两癌”筛查；开展应急救护知识技能培训，培训人员1500余人，112人取得初级急救员证书；募集善款32450元，完成无偿献血236个单位。（王　瑾）

【基层工会建设】 年内，团结湖街道辖区企业独立建会6家，其中百人企业建会5家，新增工会会员1201名。征缴工会会费687万元。签订集体合同32份，覆盖企业292家，工资集体协商建制率、百人以上企业建制率、已建立工资集体协商的企业续签率、职代会建制率和厂务公开建制率、京卡办卡率均为100%。举办建会单位工会负责人培训2次，覆盖工会会员200人；举办职工活动38场，服务职工1.5万人次。开展慰问职工夏季“送清凉”活动，购置清凉包4000份，覆盖辖区建会单位320家、工会会员4000人。慰问困难职工19人，发放慰问金1.52万元。为1名在册会员申请一次性抚慰金3000元。完成职工互助保险投保42830元，为10名会员办理保险理赔，理赔金额9424.17元。评选出区级职工之家2家，新增暖心驿站服务点20个。（王　瑾）

【“接诉即办”机制落实】 年内，团结湖街道开展矛盾排查调处工作，调解案件656件，调解成功640件，成功率97%。处理信访事项349件458人次，信访件办结率、满意率均为100%。开展社区帮教工作，辖区在管社区服刑人员1人，解除帮教10人。教育谈话217人次、救助帮困10人次。接诉即办直派量1699件，解决率61.74%、满意率82.12%，街道综合评分得分80.53分，位居全市排名第147名、全区排名第8名。（王　瑾）

【社区安全】 年内，团结湖街道开展消防、安全培训12次，培训1370人次；开展消防、安全宣传活动15次，受教育人数7800人次。发放各类宣传材料11300张；成立各种形式检查组102个，出动检查人员9600人次。开展联合检查102次，检查单位4563家。查处消防及安全隐患955处，整改953处；完成一二条社区、三四条社区交通安全示范社区创建工作；组织治安志愿者3万余人次保障社会面防控；更换、维修门禁700余套；查扣“黑摩的”57辆、“黑车”6辆，治安拘留非法扰序人员95人；检查人防工程1200处次，发放人防工程安全检查整改通知单311份。（王　瑾）

【对口支援】 年内，团结湖街道向对口支援单位河北省唐县倒马关乡柳家沟村拨付帮扶资金100万元。该资金用于入股河北汉唐牧业有限公司，重点扶持老、弱及丧失劳动能力贫困人口，通过村集体收入设置村级公益岗，带动有劳动能力的建档立卡贫困户就业，实现贫困户稳定脱贫和村集体收入增加；向河北省康保县康保镇小萝卜村拨付帮扶资金100万元，用于回购大萝卜村、赵家营、剃头庄村分布式光伏电站。至年末，康保镇新增经济效益近100万元，用于覆盖全镇村产业平均收益不足的贫困户，助力全乡脱贫攻坚。此外，还向柳家沟村捐赠资金1000元、向小萝卜村捐赠1.7万元的衣物等，采购小萝卜村农副产品2160元。（王　瑾）

2019年朝阳区团结湖街道社区居委会一览表

表35

序号	名称	地址	电话
1	团结湖街道一二条社区居委会	团结湖北头条4号楼东侧居委会	65824358
2	团结湖街道三四条社区居委会	团结湖北三条16号楼	85988529
3	团结湖街道中路北社区居委会	团结湖中路北一条8号楼	85982265
4	团结湖街道中路南社区居委会	团结湖中路南一条五号楼西侧居委会	85989270
5	团结湖街道水碓子社区居委会	水碓子24号楼	85986788
6	团结湖街道南北里社区居委会	团结湖路21楼西侧平房	85989524

（王　瑾）

望京街道

【概况】 望京街道位于朝阳区东北部。东起机场高速路与酒仙桥街道、将台乡接壤，南起北四环路与太阳宫乡为界，西至京承高速路与来广营乡、大屯街道相望，北至湖光北街、宏泰西街与东湖街道、崔各庄乡相邻。辖域面积10.36平方千米。下辖22个社区（含1个坝北平房区、1个南湖渠三巷待拆迁区）。年内，有常住人口25.24万人，户籍人口36105户94865人，流动人口70000人，外籍人口9000人；有汉族人口23.55万人，少数民族人口16910人（其中回族人口2019人、满族人口为2776人、朝鲜族人口10096人、蒙古族人口757人、其他少数民族人口1262人）；新出生人口1447人、死亡人口138人（户籍人口）。有法人单位1.3万家，其中中央单位32家、市属单位106家、区属单位500余家、其他单位1万余家；规模以上单位586家。有医院6所、社区卫生服务中心1个、社区卫生服务站8个；有科研院所2个、大学4所、中学7所、小学6所、幼儿园（托儿所）27所；有养老机构2个；有3200平方米的为民服务大厅和地区文化中心1处、文化广场2处、24小时自助图书馆7处。途经辖区公交线路48条，地铁13号线、14号线、15号线贯穿其中。绿化率36%。年内，街道紧扣基层建设年工作要求，以“一五一十建望京”（“一五”指推进强基减负聚民心、党建聚力汇民智、接诉即办解民忧、机构改革取民信和作风转变保民生五民强基工程。“一十”指落实讲政治、讲大局，增强向心力；讲团结、讲协作，增强战斗力；讲情谊、讲感情，增强凝聚力；讲务实、讲进取，增强原动力；讲规矩、讲纪律，增强执行力等十讲固本工程）为主线，坚持党建引领促发展、聚力强基惠民生，加快推进区域高质量发展，满足居民“七有”（幼有所育、爱有所教、劳有所得、病有所医、老有所养、住有所居、弱有所扶）、“五性”（便利性、宜居性、多样性、公正性、安全性）需求，实现发展新突破、治理新提升、党建新加强。实现地区财政收入41.55亿元，与上年持平。街道获“北京市侨联工作先进集体”和“北京市控烟示范单位”称号。（项　悦）

【环境整治】 3月19日，望京街道召开“望京地区2019年社会建设暨城市管理大会”。部署2019年疏解整治促提升和平安建设、宜居环境建设、社区建设和创卫、民生服务保障工作、城市精细化管理及无违建街道创建等工作。年内，通过落实街巷长制、河长制，引导社会关注和监督城市管理工作，改造地搓式垃圾站8处、旱厕4处，创建22条“门前三包”样板街和3条无占道经营示范路，清理僵尸车410辆，张贴《道路停车记录告知单》31201张；拆除便道和绿地护栏10074米；在小区内设置大件垃圾堆放点27处，清理堆物堆料及大件垃圾12813立方米。完成5个老旧小区环境改造以及1个全要素小区、22个全景楼院建设。年内，按照存在严重安全隐患的先拆、造成恶劣影响的先拆、群众反映强烈的先拆、影响重点工作的先拆、面积特别大的先拆、涉及党政机关和国有企业以及党员的先拆“六个先拆”原则，拆除违章建设876处、面积9.2万平方米。拆除花家地西里违规菜市场和方舟苑华城为民市场。（项　悦）

【社区居委会换届选举】 3月23日至24日，望京街道22个社区完成第九届社区居委会换届选举工作。选举产生新一届社区居委会成员162名，其中主任22名、副主任35名、委员105名。22名主任中，连任当选9名、新当选13名，社区居委会主任与社区党委书记“一肩挑”14名，比上届减少1名。新一届社区居委会成员中，男性45名，占成员总数27.8%；女性117名，占成员总数的72.2%。中共党员54名，占成员总数33.3%；大专以上文化程度154名，占成员总数95.06%；本科以上学历83名，占成员总数51.2%；成员本土化55名，本土化率34%。年龄最大67岁，年龄最小24岁，平均年龄39岁，比上届下降7岁。（项　悦）

【对口扶贫】 4月19日，望京街道召开与河北省康保县张纪镇、丹清河乡对口扶贫工作座谈会。街道工委书记胡建东总结2018年扶贫工作，为北京小客网络科技有限公司、新世界百货公司（望京店）、京客隆（望京店）、望京社区卫生服务中心等向康保县募捐的企事业单位代表授牌，明确2019年扶贫工作任务。10月31日，街道办事处主任杨晓昇带领相关领导及辖区企业负责人到康保县，向张纪镇捐赠100万元扶贫项目款，实地考察援建的蔬菜大棚项目和扶贫养牛项目。（项　悦）

【“同心社区”建设】 5月18日，望京街道在南湖西里社区广场举办“唱响居民自治之歌，共建美好新家园”活动。街道工委书记胡建东为社区新成立的矛盾调解队、文明引导队、社区环保队、党员先锋队、便民利民队、梦秀保卫队授旗，与10余家共建单位签订社区环境自律责任书。年内，区委、区委社工委和街道工委重心下移、力量下沉、资源下汇，集中治理南湖西里社区脏乱和管理难度大等问题，实施社区伙伴成长计划，探索党建引领、共商共议、多元共治路径，通过打底气、消怨气、聚人气、通血气、顺心气“五气联通”，将南湖西里社区建成“同心社区”。（项　悦）

【新时代文明实践站揭牌】 5月25日，望京街道花家地南里社区举行新时代文明实践站揭牌仪式。街道工委副书记张立云为实践站揭牌，并为社区党员突击队、“美的旋律”合唱队、“夕阳美”舞蹈队、太极队、社区治安巡逻队、望京医院白衣天使志愿服务队、法制日报社普法宣传队、北京青年政治学院青春志愿服务队等8支志愿服务队授旗。（项　悦）

▲ 5月25日，望京街道花家地南里社区新时代文明实践站揭牌　（牟会涛　摄）

【社区治理“5”字工作法】 5月30日，望京街道在花家地北里社区召开社区建设工作会，街道处级领导、各办公室副主任、社区党委书记和居委会主任参加会议。会上，街道工委书记胡建东提出社区治理“5字工作法”，即加强党建引领注重“统”，把各方资源汇向社区；加强议事协商注重“问”，用居民的智慧影响社区；加强项目带动注重“撬”，让物业力量助力社区；加强矛盾化解注重“法”，将法治意识遍及社区；五是加强为民服务注重“情”，让利民政策惠及社区。（项　悦）

【望京文化体育公园开园】 5月31日，望京街道举办望京文化体育公园开园仪式。该公园由街道投资1984.8万元建成，位于望京街道和东湖街道交界处，西邻广顺北大街、东至宏昌路，园区面积1.97万平方米，内设展示区、体育健身区、文化休闲区、儿童活动区和休闲区五大功能区。园内种植10余种乔木575株、30种花灌木266株，铺装草坪面积1万余平方米。（项　悦）

【纪念建党98周年暨表彰大会】 6月30日，望京街道召开“纪念中国共产党成立98周年暨2019年度表彰大会”。街道工委书记胡建东宣布望京物业服务企业联盟及联盟党支部成立，现场向物业服务企业代表——北京首开望京物业服务有限公司授牌。街道工委副书记、办事处主任杨晓昇宣读《望京街道工委关于表彰2019年度先进基层党组织、优秀基层党组织书记、优秀共产党员、优秀党员志愿服务队和优秀党员志愿者的决定》，街道工委班子成员分别向12名优秀党员志愿者代表、20个优秀党员志愿服务队、12名优秀共产党员代表、30名优秀基层党组织书记、20个优秀基层党组织颁发奖牌和荣誉证书。（项　悦）

【“地瓜社区”启动】 7月5日，望京街道花家地北里社区举办“地瓜社区”运营启动仪式。花家地北里“地瓜社区”作为“疏促整”成果，利用社区13号楼前空置地下空间，在街道支持下，借助中央美院师生团队设计，为小区和周边居民提供活动和艺术空间。“地瓜社区”功能由居民投票确定。内设共享教室、社区画廊、亲子活动屋、社区电影院、社会创新图书馆。“地瓜社区”建立“无偿＋低偿＋有偿”三类空间运行机制，即在运营时间内，40%空间作为无偿空间，供社区居民免费使用；40%的空间作为时租空间，供社区居民低偿使用；20%空间作为长租空间，用于为“地瓜社区”提供服务的个人或小型团队有偿使用，其产生的收益全部用于空间日常运营。（项　悦）

【社区共享书房揭牌】 8月7日，望京街道花家地南里社区举办“社区共享书房”暨邻空间揭牌仪式。街道工委副书记张立云和北青社区文化空间总经理为“社区共享书房”揭牌。空间内书籍向社会免费开放，同时接受社会捐赠书籍。该书房是花家地南里社区将空置地下人防空间改造而成。（项　悦）

【物业服务企业联盟授牌】 9月6日，望京街道召开望京物业服务企业联盟成立大会。街道工委副书记张立云公布物业服务企业联盟7家理事会单位名单和秘书长、副秘书长人选，街道领导向相关单位授牌。副理事长单位北京德利中天物业服务有限公司副总经理杨松代表联盟提出启动党建引领先锋行动、议事协商整合行动、市民诉求直派行动、垃圾分类促进行动、物业问题治理行动、环境秩序优化行动、安全隐患消除行动、服务质量提升行动等八大行动。9月，成立望京物业服务企业联盟党支部。（项　悦）

【“接诉即办”机制落实】 11月15日，望京街道出台《推进“四个面对面”服务零距离工作方案》，以问题为导向，服务前移，确保接诉即办，一办到底。四个面对面分别为：社区“两委”与居民面对面，物业负责人与业主面对面，机关干部与群众、热点问题面对面，督办监察与承办人面对面。街道纪检监察组根据每周诉求处置解决率、满意率排名，约谈诉求案件高发、排名较低的社区和部门负责人。街道将社区“入户率”、干部“见面率”的热点问题解决率作为工作绩效和考核指标。至年底，街道“接诉即办”市级排名提高90位，群众诉求解决率由70%提高至81.12%、满意率由75%提高至89.98%。（项　悦）

▲ 望京街道花家地北里的“地瓜社区”（摄于7月3日）（牟会涛　摄）

2019年朝阳区望京街道社区居委会一览表

表36

序号	名称	地址	电话
1	望京西园四区社区居委会	望京西园四区414楼107室、108室	64706915 64728177
2	望京西园三区社区居委会	望京西园三区304楼二层	84726031 64716249
3	望花路东里社区居委会	望京中环南路11号院5号楼后平房	64735021 64782766
4	望花路西里社区居委会	望花路西里9号楼2单元101号	84715085 84724832
5	花家地社区居委会	花家地小区9号楼附属楼社区居委会	84726244 84712151 64759181
6	花家地北里社区居委会	花家地北里停车场东北角	64730512 64738824
7	花家地南里社区居委会	花家地南里2号楼一层	64725778 64733093
8	花家地西里社区居委会	花家地西里109号楼、115号楼	64716251 64716250
9	花家地西里三区社区居委会	花西三居委会平房院	64718832 64719483
10	南湖东园社区居委会	南湖东园210-1-101、217-110	64706917 64706921
11	南湖中园社区居委会	南湖中园215号楼4单元101室（居委会）	64706923 64734325
12	南湖西园社区居委会	银领国际122楼101、201	64718559 64704359
13	南湖西里社区居委会	南湖西里5号楼东侧，社区居委会	64721671 64709018
14	方舟苑社区居委会	方舟苑7号楼104室	64780405 64780673
15	大西洋新城社区居委会	大西洋529楼4层	64727607 64720193 64713246
16	爽秋路社区居委会	广顺南大街21号蓝色家园小区西门外	64773107-808 64773107-801
17	圣星社区居委会	圣馨大地C座101室	64729766 64753155
18	望京园社区居委会	华鼎世家304楼103室	84727640
19	南湖西园二区社区居委会	北京市朝阳区季景沁园5号底商2层望京南湖西园二区	52039158 52039054
20	望京西路社区居委会	望京西路50号院7号楼一层	64738615 84784239
21	望京东园五区社区居委会	望京东园503楼2层	84781519 84422826
22	阜荣街社区居委会	嘉美风尚小区1号楼2单元旁	84763124 84763512

（项　悦）

香河园街道

【概况】 香河园街道位于朝阳区西部。东与左家庄街道相邻，南与东城区接壤，西与和平街街道相望，北与太阳宫乡交界。辖域面积2.5平方千米。下辖9个社区。年内，辖区常住人口55788人，户籍人口33884人（人户分离11190人），流动人口10303人，外籍人口411人；有汉族人口31441人，回族人口928人，满族人口1095人，其他少数民族人口420人；新出生人口229人，死亡人口113人。辖区有应急总医院（原煤炭总医院，2019年1月19日更名）1所，社区卫生服务中心1个，社区卫生服务站3个。有幼儿园9所，小学3所，中学2所；有地区级文化中心1处，街道级文化中心1处；有北万怡园光熙长者公寓养老照料中心、香河园街道福寿苑养老照料中心、柳芳南里社区养老服务驿站、西坝河南里社区养老服务驿站4个为老服务机构。途经辖区公交线路29条，地铁13号线贯穿其中（12号线、17号线正在建设中）。绿化率32.73%。年内，街道以首善标准推进地区文明、活力、宜居和平安建设，开展“疏解整治促提升”专项行动、社区治理、提升群众安全感、提升公共服务水平、优化政务服务效能等重点工作，促进地区各项社会事业发展。完成街道机构改革、创建国家卫生区、普法宣传和消防安全宣传、军人军属法律服务专项维权活动以及安全技能进社区等活动。表彰地区级先进工作个人35人，授予郭文胜、廖咏梅等20人先进工作者称号；授予吕珊珊等15人优秀青年标兵称号。实现区级财政收入3.83亿元，比上年增长0.6%。街道获“第十二届首都见义勇为权益保护工作先进单位”称号。（刘　颖）

【对口帮扶】 1月22日，街道武装部部长王德金带队赴河北省保定市唐县川里镇调研2019年扶贫项目，向川里镇捐赠价值10万余元的米面油和棉被等物品。12月15日，王德金带领结对社区、企业赴川里镇开展帮扶对接，西坝河东里社区、光熙门北里北社区、西坝河中里社区、西坝河南里社区人员前往各自结对村开展帮扶工作。应急总医院向结对的石北村医务室捐赠价值近5000元常用药品。12月24日，街道领导带队赴密云区果园街道开展结对协作工作。双方签署《朝阳区香河园街道和密云区果园街道办事处结对协作框架协议书》。（刘 颖）

【社区居委会换届选举】 3月，香河园街道9个社区全部完成社区居委会换届选举工作。登记选民24276人，户代表8156人，划分居民小组228个，选举居民代表679人。2个社区为居民代表选举，7个社区为户代表选举，平均投票率98%。选举产生新一届社区居委会成员61名，其中主任9名、副主任17名、委员35名。选举结果呈现“一强二优三高”特点：队伍架构强，连选连任20名、新当选41名；新老搭配，干部梯次结构更趋合理；政治素养优，中共党员17名，占成员总数27.8%，比上届提高5.6%；年龄结构优，当选成员以45岁以下中青年为主，平均年龄40岁。社工本土化比例高，居住本辖区成员52名，占成员总数85.2%；“一肩挑”比例高，社区居委会主任与社区党委书记“一肩挑”7名，“一肩挑”比例77.8%；文化程度、专业水平高，具有大专以上学历58名，占成员总数95.1%，比上届提高15.5%。持有社会工作资格证书成员23名，占成员总数37.7%。（刘 颖）

【第二届坝河文化艺术节】 4月18日至10月30日，香河园地区举行“多彩香河园，魅力西坝河”第二届坝河文化艺术节。开幕式活动现场分为“传承坝河文化 创新美好生活”主题论坛和“非遗市集”两部分。主题论坛由不同身份嘉宾从不同视角讲述坝河历史故事，解读坝河文化在新时代的创新发展和文化内涵；非遗市集活动中，居民们在专业非遗老师讲解下体验制作兔儿爷、绒花、面人儿、风筝、中国结等民俗文化项目。其间，街道结合地区文化发展特色、二十四节气和中国传统文化节日，创新坝河相关文化活动，启动“古韵坝河”“士农工商坝河志·节气民俗文创兴”和“节日伴我走四季·文化传承坝河行”3个系列活动项目。其中“古韵坝河”文化项目，包含画出坝河历史，讲述坝河故事；画出坝河、街道、社区的美；“遗坝龙脉”手工创作，打造坝河文化符号3个子项目，共18场活动。“士农工商坝河志·节气民俗文创兴”系列活动举办14场活动，“节日伴我走四季·文化传承坝河行”系列活动举办8场活动。10月30日，举办坝河第二届文化艺术节闭幕式暨“坝河榜样”人物颁奖仪式。活动覆盖辖区5万余名居民。（刘 颖）

▲ 6月28日，香河园街道召开纪念建党98周年暨七一表彰大会 （香河园街道 供图）

【为老服务】 4月，香河园街道在柳芳北里社区建立香河园福寿苑养老照料中心。该中心由街道与北京龙程德通资产管理有限公司合作筹建，投资917.4万元，建设面积1215平方米，设床位60张。可为老年人提供日间照料、临时托管、老年餐桌、助浴、助洁、陪同就医等10余项服务。年内，香河园街道实施养老机构辐射社区居家养老服务项目，为特殊群体和老年人提供医疗、保洁、餐饮、洗浴“四进”服务，受益老年人6840人次。（刘 颖）

【原创舞台剧《坝河缘》开演】 6月25日，香河园街道原创舞台剧《坝河缘》在香河园地区文化中心开演。该剧由街道原创，专业演员和地区文化志愿者共同出演。该剧以时间为主线，再现坝河古今勤勉、包容、创新、和谐的动人故事。区委常委、宣传部部长、统战部部长黄晓伟，区委社会工委、区民政局以及区文化和旅游局、区文联等部门领导，街道主要领导、地区人大代表、政协委员、志愿者、社会单位、居民代表等600余人观看演出。（刘 颖）

【纪念建党98周年暨七一表彰大会】 6月28日，香河园街道召开不忘初心再出发，牢记使命勇担当——纪念建党98周年暨七一表彰大会。表彰先进基层服务型党组织13个、优秀共产党员136名、优秀党支部书记9名、社会公益带头人8名、社会共建优秀单位7家、优秀基层党建服务品牌9个。街道工委领导为地区老党员（60年以上党龄）代表颁发特别荣誉奖。（刘 颖）

【物业服务企业联席会成立】 9月5日，香河园街道组织召开物业服务企业联席会成立大会。会议表决通过《香河园街道物业服务企业联席会章程》《香河园街道物业服务企业联席会领导机构选举办法》，选举产生第一届香河园街道物业服务企业联席会主任、副主任、秘书长和委员。（刘 颖）

【规范街道依法行政行为】 年内，香河园街道规范依法行政行为。组织法律知识讲座和法律宣传216次，法律咨询服务335人次，发放各类宣传资料1.2万余份，覆盖居民4.1万余人次；审查街道行政行为合法性，审核合同104份、备案26份，出具法律意见书62份；参与涉法事务、复杂纠纷处理19次，提供法律咨询服务83人次；参加信访矛盾化解、非诉讼法律事务等102次，审查拟订各类合同130份；调解各类民事纠纷461件，调解成功457件，成功率99%；主动公开政府信息130条、依申请公开政府信息8条。完善政务服务体系建设，将原有12个业务窗口改造为6个综合受理窗口，提高办事效率。（刘 颖）

【就业服务】 年内，香河园街道以举办专场招聘会等多种方式促进就业。城乡登记失业人员就业率76.22%，城乡登记就业困难人员就业率79.07%，开发就业岗位数为

965个，建立用人需求档案72份，免费技能培训35人，实现就业274人。（刘 颖）

【社区建设】 年内，香河园街道完成街道级共商共治项目5个、社区级共商共治项目38个。完成西坝河西里社区、西坝河中里社区、柳芳北里社区和光熙家园社区服务站改革，推广“综合窗口＋全岗社工＋全响应”运行模式，实现社区服务站全覆盖。完成西坝河东里57号楼、西坝河南里21号楼等5个居民议事厅规范化建设。辖区38个居民议事厅召开议事协商会200余次，解决问题140余件。完成西坝河东里117号楼、西坝河南里5号楼、西坝河西里3号楼、西坝河中里2号楼、柳芳北里12号楼、柳芳南里17号楼、光熙门北里北2号楼、光熙门北里南14号楼和光熙家园1号楼9栋“全景楼院”建设。完成西坝河西里社区全要素小区建设；建设中国国际展览中心、悦享空间“社区之家”示范点，共享书画室、阅览室及国展中心开放会议中心等活动场地惠及周边群众8000余人。（刘 颖）

【环境整治】 年内，香河园街道开展多项环境整治工作。拆除违法建设309处，1.07万平方米；整治占道经营1处、治理无证无照餐饮单位3家、治理其他无证无照单位5家、背街小巷3处；完成人防工程整治53处；劳动保障检查单位87家；落实“河长制”，街道和社区两级河长巡河2293人次、巡河里程4973千米，治理排污口4处；提升改造休闲广场2个；完成柳芳南里社区东大门建设等中小型工程9个；西坝河东里社区启动老旧小区综合整治项目；完成西坝河中街、柳芳街慢行系统改造；采取“分段式路桩安装”法，解决北京中学西侧道路拥堵问题。施画单车停放区280处。清理地锁200余个，建设智能停车棚1处，安装“小绿人”充电柜172组；拆除绿化、交通等非功能性围（护）栏3583米；组织植绿护绿、节约用水、环境保护、垃圾分类、月末清洁日等宣传实践活动100余次，发放宣传材料2000余份。辖区9个社区33个小区实现垃圾分类全覆盖；利用腾退空间，将光熙门北里社区人防工程门房改造为智能回收再生资源的“环保小屋”，将柳芳北里社区11号楼前空地改造为“健身园”，将柳芳南里社区16号楼300余平方米地下空间改造为集党建、文化、议事为一体的“聚心苑”活动中心，满足居民多元需求。（刘 颖）

【“接诉即办”机制落实】 年内，香河园街道完善《香河园街道市民服务热线“接诉即办”工作管理和考核办法》《香河园街道市民诉求处置中心网格化管理制度》和《市民诉求处置中心人员管理规定》，全天候响应群众诉求。受理市、区两级市民服务热线诉求3252件（其中市级2337件、区级915件），平均响应率100%，全市排名第168名；受理网格案件35542件，全区排名第6名；排查调处矛盾纠纷9件。接信访件109件，办结率100%。（刘 颖）

【安全生产与消防隐患排查】 年内，香河园街道结合全国“两会”、第二届“一带一路”国际合作高峰论坛、北京世界园艺博览会等重大活动服务保障工作，开展“春雷”行动等安全生产检查专项行动。出动执法人员3532人次，检查生产经营单位3076家次，发现、整改安全隐患1430处。召开各类消防协调会22次，组织各社区、微型消防站开展消防拉动演练38次。联合区消防支队、辖区民警及各社区，对地区社会单位和老旧居民楼的消防安全进行“地毯式”排查，出动人员5573人次，检查单位2687家，居民楼472栋，发现消防安全隐患831处，全部完成整改。清理堆物堆料800余吨，打通消防通道11处。（刘 颖）

▲ 7月，香河园街道建成市民诉求处置中心 （香河园街道 供图）

2019年朝阳区香河园街道社区居委会一览表

表37

序号	名称	地址	电话
1	西坝河东里社区居委会	西坝河东里107楼东侧	64670151
2	西坝河南里社区居委会	西坝河南里20号楼前平房	64621516
3	西坝河西里社区居委会	西坝河西里4号楼	64296921
4	西坝河中里社区居委会	西坝河中里2号楼前平房	64663784
5	柳芳北里社区居委会	柳芳北里甲14号楼	64680342
6	柳芳南里社区居委会	柳芳南里6号楼前平房	64605008
7	光熙门北里北社区居委会	光熙门北里甲6号平房	64272821
8	光熙门北里南社区居委会	光熙门北里甲20号平房	64211271
9	光熙家园社区居委会	光熙家园9号楼106室	59033942

（刘 颖）

小关街道

【概况】 小关街道位于朝阳区西北部。东起育慧南路，与太阳宫地区接壤；南至元大都城垣遗址公园，与和平街街道交界；西邻北苑路，与亚运村街道毗邻；北至北四环东路，与大屯街道隔路相望。街道地处奥林匹克公园周边，定位为奥运功能区。辖区面积2.58平方千米。下辖7个社区；有居民工作组53个、居民小区63个、楼房227栋。年内，辖区常住人口6.8万人，户籍人口24716户5万余人，流动人口10102人，外籍人口264人；新出生人口390人，死亡人口98人。辖区有社会单位2756家，其中中央直属单位32家、市属单位28家、涉外饭店及购物中心等15家。有科研院所6家。有学校10所，各级党校5所、中学3所、小学2所；有医院3所，社区卫生服务站2所；有养老驿站1个；有文化广场1处；有商务楼宇19处。辖区内主要干道有北土城东路、惠新西街、惠新东街、安苑路和北四环路，途经辖区公交线路20余条，地铁5号线、10号线贯穿其中。年内，街道紧扣区委基层建设年主题，坚持党建引领，主动服务大局，持续深化改革，夯实基层基础；聚焦中心任务，围绕庆祝中华人民共和国成立70周年等重大活动服务保障工作主线，疏功能促提升；坚持“民有所呼，我有所应”，着力推进社会治理创新，全面提升发展品质、环境品质、管理品质和服务品质。完成街道机构改革、创建国家卫生区、庆祝中华人民共和国成立70周年等重大活动服务保障、社区居委会换届选举、建设全要素小区等重点工作。实现区级财政收入6.35亿元，比上年增长6.25%。街道获“北京市控烟示范单位”称号，孟文获“北京市司法行政系统中华人民共和国成立70周年维稳安保工作先进个人”称号。 （佟学艳）

【第十二届文化嘉年华活动】 5月24日，小关街道在奥林匹克文化广场举办第十二届文化嘉年华活动。活动以“喜迎七十华诞 小关人逐梦前行”为主题，汇集舞蹈、快板、拉丁舞、京剧和架子鼓等多种形式的文艺节目，全面展示小关居民的精神面貌和丰彩。活动包括2场预赛、1场决赛。12个优秀参赛节目进入决赛，其中惠新里社区舞蹈队获舞蹈类决赛第一名、京歌伴舞《我爱你中国》获歌曲类决赛第一名。 （孙 静）

【社区综合治理】 6月10日，小关街道召开扫黑除恶部署会，宣布《小关街道配合中央扫黑除恶督导组下沉督导工作方案》。落实重点疑难案件领导包案，化解突出矛盾3件，健全矛盾纠纷多元化解机制，全年调解各类民事纠纷417件，民事案件138件；加大治乱力度，街道组成50人巡防队伍24小时巡查，强化对重点地区的安全防范；全年配合相关执法部门没收“黑摩的”18辆，拘留非法运营车辆司机14人，清理“僵尸车”60台，整治违法群租房185户；举办普法讲座15场，规范建设街道公共法律服务站、社区公共法律服务室，加快“雪亮工程”建设。在第二、三季度全区街道系统群众安全感排名中，小关街道位列第一名。 （侯林怀）

【第四次全国经济普查】 6月，小关街道完成第四次全国经济普查工作。小关街道登记法人及产业活动单位2477家（含省级扩范围单位44家）和规模以上个体户3家。在普查过程中，小关街道普查登记率在全区43个街乡中排名前10名。 （陈秀芝）

【法官工作站（小关）成立】 7月16日，小关街道举行朝阳区人民法院法官工作站（小关）成立仪式。朝阳区人民法院奥运村法庭庭长刘黎宣布北京市朝阳区人民法院法官工作站（小关）成立，并与街道

▲ 5月24日，小关街道举办第十二届文化嘉年华活动 （张 婷 摄）

▲ 7月16日，朝阳区人民法院法官工作站（小关）成立 （曹红艳 摄）

办事处主任邢伟共同为朝阳区人民法院法官工作站（小关）挂牌。 （曹红艳）

【政务服务模式创新】 12月，小关街道政务服务中心在全区率先实行综合窗口服务模式。窗口借助朝阳区单窗通办系统，一网受理公共服务事项81项，开启政务服务一站式改革。改革后，从原有的“分科室分业务”的多窗口模式转变为“综合窗口受理—后台审批—综合窗口出件”服务模式，实现居民办事“最多跑一次”。 （周齐佳）

【安全生产】 年内，小关街道检查生产经营单位4033家次，下达文书6505份，发现隐患1463处，整改完成1430处，整改率97.74%。立案处罚4起，处罚金额6000元。结合创建国家卫生区，联合食药所严控食药安全风险，检查投诉举报315件，辖区内215家餐饮单位均完成阳光餐饮工程建设，成功创建“品质餐饮”企业21家。 （王欣慰）

【消防与交通安全】 年内，小关街道加强地区消防安全检查，确定每周三为消防安全夜查日。全年开展消防安全培训12次，培训人员3000余人；安装烟感报警器2941个，新增电动车充电柜9处、微型消防站2处；与辖区361家备案单位签订交通安全责任书，联合交通队集中整顿重点街道违法停车76次，重新规划交通设施标线，新增停车位138个。 （王欣慰）

【疏解整治】 年内，小关街道拆除违法建筑5713.19平方米，完成年度任务指标的527%，实现旧有违建全部拆除，新增违建零增长目标；取缔无证无照餐饮单位7家，整治其他无证无照经营3家。查处各类占道经营926起，暂扣三轮车100余辆、罚款83750元，没收各类违法经营物品6000余件，挂账点位全部销账；压缩培训机构1处，规范社会办学、办园2处；劳动保障监察81家，完成率101%；清理地下室8处，全年调减人口1100人，完成“疏解整治促提升”全年工作任务。 （海冰洁）

【垃圾分类】 年内，小关街道在12个小区推行垃圾分类工作，注册居民2169户，规范党政机关垃圾桶站84处，华堂商场创建垃圾分类示范商场，实现垃圾自主正确分类目标。突出精治共治，实现政府指导支持、物业主责管控、居民共商自治，全域推行装修垃圾不落地工作机制（装修工程拆除阶段产生的大批次垃圾由绿色清运公司即时运走，装饰阶段产生的小批次垃圾临时堆放室内，装修结束统一清运），建立大件及装修垃圾堆放点16处，实现垃圾分类精细化管控。 （魏 倩）

【“接诉即办”机制落实】 年内，小关街道落实“聚力强基惠民生”工作要求，以接诉即办为切入点，建立全流程工作体系和工单派转、联签、督办等六项机制，确保接案有人、派单有处、办理有据、落实有责、处置有效、督办有力。坚持问题导向，解决小关东里8号院违建拆除等一批难点问题。总结形成“桌椅板凳”工作法（设立移动办公“桌”，用好全天候服务“椅”，发挥微信“公告板”、民意“留言板”、电子屏“公示板”作用，末位排名坐谈话“凳”），提升诉求办理效能。全面实施8910计划（安排80%的社工投入90%的工作时间在楼院，实现100%入户率），形成街道干部、社工“在一线”工作格局，以主动治理的态度、源头治理的方法、共同治理的路径，推动接诉即办向未诉先办实质性转变。领导班子集中“报到”小区，做实每周半天“楼院工作日”，包楼院社工“一日三转”（每日早、中、晚三次深入楼院小区了解社情民意，早转问需求、午转问落实、晚转问反映），政民社民互动实现“零”距离。前置治理解民忧，深化“互联网+诉求办理”，完善“门楼院社”沟通联动机制，利用案件大数据分析，增强预判，找准痛点，对症下药，确保社区服务精细精准，实现为民服务解难常态化。 （刘 杨）

【对口帮扶】 年内，小关街道对口帮扶的河北省张家口市康保县李家地镇土鸡养殖项目和李家地镇处长地乡规模饲养坝上长尾鸡项目，全部取得成效，累计带动135户贫困人口稳定脱贫。 （唐万鹏）

2019年朝阳区小关街道社区居委会一览表

表38

序号	名称	地址	电话
1	小关东街社区居委会	小关东街3号楼东侧	64304909
2	惠新里社区居委会	惠新西街18号南院罗马花园南门对面	64810091
3	惠新里北里社区居委会	惠新北里8号楼	64810092
4	高原街社区居委会	惠新里甲10号	84626490

续表 38

5	小关社区居委会	小关北里 204 号楼旁	64986924
6	惠新苑社区居委会	惠新西街 9 号院 1 号楼社区服务站	64810094
7	惠新东街社区居委会	惠新里 2 号楼北侧	64921182

（唐万鹏）

亚运村街道

【概况】 亚运村街道位于朝阳区西北部，地处奥运主场馆核心区域。东起北苑西路与小关街道相接，西至京藏高速路与海淀区相邻，南至北土城公园与安贞街道为界，北抵安翔北路至炎黄艺术馆北侧路与奥运村街道、大屯街道相连。辖域四面环绕国家奥林匹克体育中心，三面环绕国家体育场（鸟巢）和国家游泳中心（水立方），是奥运功能区重点区域。辖区面积 5.13 平方千米。下辖 13 个社区。年内，辖区常住人口 75033 人，户籍人口 18011 户 48600 人（其中人户分离 5155 户 13919 人），流动人口 4526 户、12222 人，境外人口 292 人；有汉族人口 45496 人，少数民族族 3104 人；新出生人口 459 人，死亡人口 130 人。有社会单位 3481 家，其中中央单位 85 家、市属单位 120 家、区属单位 203 家、其他单位 3073 家，有大学 2 所、中学 3 所、小学 4 所、幼儿园 6 所、成人教育学院 1 所；有医院 2 所、养老机构 2 家；有 3000 平方米文体活动中心 1 处、1 万平方米全民健身园 1 处，13 个社区均设有文体活动室。途经辖区公交线路 70 余条，地铁 8 号线、10 号线贯穿其中。年内，街道以党建为引领，以疏解整治促提升为主线，以提高群众获得感、幸福感、安全感为目标，完成重大活动服务保障、街道机构改革、社区居委会换届选举、创建全要素小区等重点工作。实现地区财政收入 13.91 亿元，比上年增长 5.06%。（黄慧娟）

【文体活动】 11 月 20 日，亚运村街道举办第三届民俗运动会。社区教育品牌“领跑兔”培育项目入选北京市成人教育学会在朝阳区的遴选项目，获 2019 年“终身学习品牌项目”；街道推出的民乐《战马奔腾》获朝阳森林演出季最佳表演奖。街道高娃舞蹈团创作的维吾尔族舞蹈《甜甜的葡萄献祖国》获市舞蹈大赛创作和表演双金奖。年内，社区教育大课堂项目累计完成未成年系列、品牌培育、日常课程、品牌团队课程 1635 课时，2800 余名学员接受教育，参与人数 51311 人次。（黄慧娟）

【党政群共商共治工程】 年内，亚运村街道加强党建协调委员会统筹平台、党政群共商共治议事平台建设，充分发挥街道、社区两级网络联动作用，完成 13 个社区 45 个党组织服务群众项目立项和实施工作。完成基层党组织和在职党员“双报到”工作，各社区“双报到”活动 146 次，1488 名在职党员参与社区建设活动；地区 23 家党建协调委员会成员单位参加工作例会，参与地区共建工作。（魏　翔）

【疏解整治】 年内，亚运村街道创建市级无违建街道。拆除违法建设 11 处、面积 2841.29 平方米，完成计划任务的 847.1%。完成辖区无手续建筑点位 35 处（建筑面积 4252.92 平方米）平台举证工作。疏解人口 2628 人（指标任务 935 人），整治占道经营挂账点位 1 处、无证无照餐饮单位 20 家、其他无证无照经营单位 15 家、群租房 21 户，疏解教育培训机构 1 家，劳动保障监察单位 82 家。新生违法建设“零增长”。（黄慧娟）

【民生服务】 年内，亚运村街道为 306 名退休人员报销医药费。审核 116 户低保、低收入家庭信息，发放低保金 102.36 万元；医疗救助 1 人；为 11 名学生申请入学救助金 3.135 万元；为 12 户家庭申请清洁能源采暖补贴；开发就业岗位 1584 个，城镇登记失业人员就业率 70.01%，困难人员就业率 70.9%，实现就业 251 人；受理居民医疗保险续保 689 人，完成城镇无业居民养老保险续保参保 256 人；为 151 人次灵活就业和失业人员办理退休手续。（黄慧娟）

【社会矛盾调处】 年内，亚运村街道接待、现场处理群众来访 686 批次 841 人次；接收北京市网上信访信息系统信件 32 件，4 起重点矛盾结案，涉及人数 1000 余人。以“三联三调”（强化内联，调和好群众的烦心事；主动外联，调停好群众的闹心事；完善通联，调处好群众的揪心事）为重点内容，集中开展矛盾排查 2 次，摸排各类矛盾纠纷 210 件，调解成功 206 件，调解成功率 98.3%。组织 16 人次参加各类法制教育培训班。为地区居民提供法律咨询服务 3000 余人次、法律援助 11 件次。（黄慧娟）

【对口帮扶】 年内，亚运村街道多次赴河北省张家口市康保县屯垦镇闫油坊乡考察对接扶贫项目。帮扶的幸福养老院养殖场项目、新型绿色能源“分布式光伏项目”已成为当地集体经济产业支柱，初步实现扶贫工作从资金“输血”向产业“造血”转变。（魏　翔）

【第四次全国经济普查】 年内，亚运村街道完成第四次全国经济普查工作。登记单位 4102 户，登记率 105%；登记规模以上单位 277 家，登记率 100%。（魏　翔）

【养老助残服务】 年内，亚运村街道整合温馨家园与助残养老驿站功能，提升温馨家园和助残养老驿站延伸服务与支持性服务品质；加强“我与冬奥有个约会”残疾人文化体育品牌建设，满足残疾人精神文化需求；做好拥军优抚、老年优待、特扶慰藉等工作，及时解决各类群体实际困难；统筹协调辖区资源，探索尝试“无围墙”居家养老院模式；为辖区 2500 户 80 岁以上老人和有需求的空巢、失独、低保、失能等老人免费安装“一键呼叫”设备终端，街道通过“一键呼叫”系统和电话预约等方式为辖区老人、残疾人提供 24 小时紧急救助和 12 小时日常服务；将涉及居家养老和助残服务的企业纳入社区养老驿站为老助残服务体系，建成一刻钟养老助残服务生活圈；定期开展各类文化课程，满足老年人精神文化需求；提

▲ 8 月 23 日，亚运村街道举办残疾人访谈励志宣讲会　　（王馨悦　摄）

高居家养老“四进”服务水平，为老人提供助餐、助洁、助浴、护理、康复等服务，基本实现辖区智慧养老全覆盖。（魏　翔）

【“接诉即办”机制落实】 年内，亚运村街道坚持“民有所呼、我有所应”，开展“五度工作法”（“五度”指站位高度、响应速度、解决力度、答复温度和治理深度），建立周例会制度和办理闭环系统，落实首接负责制与一线工作法。注重未诉先办和前端处置，将问题最大限度地吸附在属地。通过专项治理、项目带动、吹哨报到等解决方式，结合及时到达现场、迅速规范处置、耐心答复反馈等工作方法，为群众集中解决施工扰民、电梯老化、环境卫生、物业管理等一批家门口的操心事、烦心事、揪心事。全年办理 12345 案件 2104 件，市级平均排名第 166 名、区级平均排名第 11 名，响应率 100%、解决率 80%、满意率 98.9%。（魏　翔）

【环境监测与治理】 年内，亚运村街道以守护国控子站为契机，对接精准治霾 2.0 版本建设，科学分析污染源，加密监测网络，实现对市级监测站点、13 个社区监测微站全覆盖。全年解决大气污染案件 750 个，$PM_{2.5}$ 平均浓度每立方米 40 微克。1 月至 12 月，$PM_{2.5}$ 和 TSP（总悬浮颗粒物）两项指标街道系统排名分别为第 4 名和第 5 名。全年环境考核全区排名第 3 名。落实河长制，街道河长、社区河长、河长制办公室累计巡河 180 余次，解决涉河问题 11 个。在 2019 年河长制考核中，街道位列全区排名第 1 名。（魏　翔）

2019 年朝阳区亚运村街道社区居委会一览表

表 39

序　号	名　称	地　址	电　话
1	安苑北里社区居委会	安苑北里 12 号楼维稳中心一层	64810748
2	北辰东路社区居委会	安慧北里小区 1 号楼北侧社区服务站	64978765
3	安慧里社区居委会	安慧里一区甲 7 号楼	64980228
4	安慧里社区南居委会	安慧里三区 13 号楼	64932899
5	京民社区居委会	华严北里 2 号院 1 号楼北侧	82070673
6	祁家豁子社区居委会	祁家豁子街华严里 16 号楼前二层楼	62003718
7	华严北里社区居委会	华严北里 44 号楼东侧	82841857
8	华严北里西社区居委会	华严北里甲 22 号 2 层	82846462
9	丝竹园社区居委会	丝竹园小区 7 号楼 11 单元 4 层	64869350

左家庄街道

【概况】 左家庄街道位于朝阳区西部。东起东三环北路，邻麦子店街道；西邻香河园街道，与东城区接壤；南濒亮马河，邻三里屯街道；北抵静安西街，邻太阳宫地区。辖域面积 4.17 平方千米。下辖 9 个社区。年内，辖区常住人口 25052 户 64063 人，流动人口 19752 人，60 岁以上老年人口 2.3 万余人；新出生人口 288 人，死亡人口 173 人。有法人单位 4382 个；有社会单位 5687 家，其中央属、市属和区属重点社会单位 85 家；有院校 2 所（北京市商业干部管理学院、中共朝阳区委党校）；有社区服务中心 1 所、社区卫生服务站 4 所；有中学 1 所、职高 1 所、小学 5 所、幼儿园 7 所；有养老机构 5 家，其中养老照料中心 1 家、养老服务驿站 4 家。有 300 平方米为民服务大厅 1 处、2700 平方米地区文化中心 1 处。辖区内有多条公交线路，地铁 10 号线贯穿其中。年内，街道紧紧围绕朝阳区“三化”主攻方向和“基层建设年”三年行动计划，担当作为、攻坚克难，坚持“认清形势、明确导向、统筹并进、突出实效”，各项工作取得新进展新成效。完成街道机构改革、创建国家卫生区、重大活动服务保障等重点工作。实现区级财政收入 35.56 亿元，比上年增长 5.02%。街道获“北京市构建和谐劳动关系先进单位”“北京市司法行政系统中华人民共和国成立 70 周年维稳安保工作先进集体”和“北京市青年安全生产示范岗”荣誉称号。（刘　蕊）

【社区居委会换届选举】 3 月，左家庄街道完成 9 个社区居委会换届选举工作。6 个社区采取户代表选举方式，3 个社区采取居民代表选举方式。9 个社区选举产生社区居委会成员 63 名，其中主任 9 名、副主任 16 名、委员 38 名。社区居委会主任与社区党委书记“一肩挑”5 名。成员中，中共党员 34 名，占成员总数 54%；男性 17 名，占成员总数 27%，女性 56 名，占成员总数 73%；大专以上文化程度 62 名，占成员总数 98.4%，比上届提高 5 个百分点；居住本地区的成员 25 名，成员本土化率 40%；有社工

续表 39

序 号	名 称	地 址	电 话
10	安翔里社区居委会	安翔里社区大院 40 号楼南侧	64886323
11	安慧里北社区居委会	安慧里一区 24 号楼文化中心内	64929079
12	安苑里社区居委会	安苑里三号楼前平房	64926393
13	民族园社区居委会	祁家豁子街华严里 16 号楼前二层楼	62007530

（魏　翔）

师、助理社工师职称的成员 28 名，持证率 44%，比上届略有提高；45 岁以下 38 名、46 岁至 60 岁 17 名、61 岁以上 8 名，分别占成员总数 60.3%、27%、12.7%，平均年龄 44 岁。（刘　蕊）

【“接诉即办”机制落实】 年内，左家庄街道通过“发现问题向前一步、分析问题深入一步、解决问题快速一步、服务群众贴心一步”的民情前哨“四步”法，前移“接诉即办”关口，将辖区“接诉即办”解决率从年初 48.65% 提升至年末 74.6%，满意率从年初 72% 提高至年末 90%。全年受理“接诉即办”案件 3432 件，全部处理完结，结案率 100%，回访率 100%。接待群众来访 120 余次，完成矛盾排查 20 余次，摸排辖区矛盾案件 13 件，化解率 100%。调解案件 103 件，实现诉前调解 1 件。（刘　蕊）

【垃圾分类】 年内，左家庄街道建设垃圾中转站 3 座，设置垃圾分类站点 478 处，有毒有害垃圾投放点 9 处，再生资源投放点 9 个，大件、装修垃圾站点 2 个。完成垃圾分类示范片区申报工作，实现地区 52 个小区垃圾分类达标，地区所有社会单位均完成市级垃圾分类示范片区验收，垃圾分类覆盖率 100%。（刘　蕊）

【助老助残助困】 年内，左家庄街道为辖区 4263 名 65 岁以上老年人和 256 名残疾人免费体检；走访慰问各类困难群体近千人次，发放慰问金、慰问品价值 67 万余元；为 460 余人（户）困难群众办理医疗、教育等各类帮扶救助款 133.7 万余元；为地区低保家庭发放低保金 685.7 万元；发放养老助残卡 948 张，为 80 岁以上高龄老人发放养老助残补贴 649 余万元；发放独生子女父母一次性奖励金额 19.4 万元，发放独生子女奖励费 1869 人次；为残疾人发放辅具 1100 余件，上门为地区 2000 余名高龄、独居老人和残疾人提供助医、助浴、助洁等服务 1 万余人次。（刘　蕊）

【党政群共商共治项目】 年内，左家庄街道完成党政群共商共治项目 17 个。其中街道级项目 5 个，受益群众 1.39 万人；社区级项目 12 个，受益群众 2.367 万人。全年购买社会组织项目 7 个，开展家庭公益日活动 7 次，社会公益日活动 3 次，参与居民 1000 余人，参与企业 60 余家。聚焦“多彩精致”主题，梳理形成金点子 42 个，举办提案大赛，实施大赛中标项目 37 个。（刘　蕊）

【对口帮扶】 年内，左家庄街道投入对口帮扶资金 200 万元，2 个帮扶项目进展顺利。其中帮扶河北省张家口市康保县土城子镇养鸡场项目进入二期建设阶段，帮扶土城子镇哓嘎乡长尾鸡散养项目进入招投标阶段。街道启动“党爱超市”，通过“扶志”助力农户脱贫。组织辖区非公经济党组织、爱心企业、社区居民党员开展爱心捐助，为“党爱超市”捐款捐物价值 30 万余元。（刘　蕊）

【“左岸”系列文化活动】 年内，左家庄街道重点开展“左岸”系列文化活动。以低幼儿童素质教育为抓手，建立“左岸 5+”成长文化生态圈，组织开展“国际民防日”安全教育基地参观等活动 35 场，惠及人群 1500 余人次；以激活年轻人互动为突破口，建立“左岸 18+”活力文化生态圈，组织开展“童年 9 游戏”趣味运动会、“闻香听花语”等主题活动 15 场，惠及人群 900 余人次；以“健康益 +1”课堂为基点，建立“左岸 60+”健康文化生态圈，定期开展中医健康知识讲座、健康义诊、老年合唱班等活动 80 场，惠及人群 3000 余人次。全年开展太极、创意美术、非洲鼓、口才班等各类活动（含课程）285 场，惠及人群 5227 人次。（刘　蕊）

【疏解整治】 年内，左家庄街道新源西里社区成功创建辖区首个无违建社区。拆除违法建设面积 5000 余平方米，恢复楼体原貌 195 处，对腾退空间再梳理再利用，完成步道铺装面积 18324 平方米、油

▲ 3 月 26 日，左家庄街道召开治理盛福小关农副市场协调会　（左家庄街道　供图）

路铺装面积6001平方米、绿化更新面积4893平方米。核查市卫星图斑下派点位任务224处，确认违建56处并全部拆除。全年拆除违建307处10328平方米，恢复23栋居民楼楼体原貌230处，完成全年任务量（290平方米）的35.61倍。街道“疏整促”专项行动涉及疏解人口任务1082人，实际疏解完成1152人。其中疏解区域性专业市场任务1家（静安市场）疏解人口1038人。整治背街小巷13处、无证无照餐饮单位3处、其他无证无照经营整治点位5处、人防工程点位35处，整治任务完成率100%；完成群租房整治任务，随发现随治理随上账15家；完成劳动保障监察单位86家，完成率108%。（刘　蕊）

【法律宣传】 年内，左家庄街道落实“法律十进”工作，组织各社区开展法治宣传活动190余场次。结合“3·15”消费者权益保障日、“4·25”国家安全日等重点时期，开展消防安全、防灾减灾等各类宣传教育活动30余次。形成“1+4+9+1”（1个街道公共法律服务站，每周四开展法律咨询，9个社区建有公共法律服务室，每月至少开展1次“公益法律服务”活动）公益法律服务品牌，开展律师法律服务260余人次。（刘　蕊）

【志愿服务品牌建设】 年内，左家庄街道推动地区家庭公益日和社会公益日“双公益”志愿服务品牌建设，注重“左家庄爱志愿”志愿者积分物质激励及年度最美左家庄人评选精神激励“双激励”，加强企业、家庭、社区“三联动”，初步形成党建引领双公益、双激励、三联动的社会动员体系。全年开展邻里守望、冬奥冰雪进校园等“双公益”活动8场，2000余名志愿者、100余家企业参与活动，兑换志愿积分10682分。“左家庄爱志愿”小程序注册志愿者1928人，注册企业203家，开展活动119场，志愿者服务时长7594小时，居民兑换商品或服务223件次。（刘　蕊）

2019年朝阳区左家庄街道社区居委会一览表

表40

序号	名称	地址	电话
1	新源里社区居委会	新源街19号楼	84552609
2	顺源里社区居委会	顺源里04号楼侧对面	64637571
3	三源里社区居委会	三源里街10号楼临1号	64654419
4	新源西里社区居委会	新源西里东街甲11号	84551479
5	左北里社区居委会	左家庄北里甲38号楼	64683979
6	静安里社区居委会	静安里甲6号	84542961
7	左南里社区居委会	香中里9号楼北侧	64656209
8	曙光里社区居委会	曙光里39号楼后小白楼	84515170
9	左东里社区居委会	左东里14号楼	64656754

（刘　蕊）

常营地区（回族乡）

【概况】 常营地区（回族乡）位于朝阳区东部。东与通州区永顺镇接壤，南邻管庄乡，西靠平房乡，北接金盏乡和东坝乡。辖区总面积9.3平方千米。下辖12个社区。年内，辖区常住人口162922人，户籍人口37244人（其中汉族人口28138人、少数民族人口9106人），流动人口60333人，外籍人口438人。新出生人口485人，死亡人口100人。有法人单位2167家，其中市属及以上单位30家、区属单位46家、其他单位2091家；有社区卫生服务中心1个、社区卫生服务站4个，有大学1所、职业高中1所、九年一贯制学校3所、中学1所、小学2所、幼儿园11所，有社区服务中心1个、养老机构2所。有1804平方米为民服务大厅1处、1018平方米地区文化中心1处、文化广场4处、24小时自助图书馆5处。绿化率37.41%。途经辖区公交线路15条，地铁6号线贯穿其中。年内，常营地区紧扣朝阳区“文化、国际化、大尺度绿化”主攻方向，以中华人民共和国成立70周年庆祝活动为主线，以高质量发展为根本要求，深化体制机制改革和城市管理治理模式，激发微观主体活力，塑造城市核心品牌价值，推动常营地区高质量发展。完成第二届“一带一路”国际合作高峰论坛、北京世园会、亚洲文明对话大会、庆祝中华人民共和国成立70周年等重大活动服务保障、创建国家卫生区、环境质量提升等重点工作。实现区级财政收入2.55亿元，比上年增长11.89%；人均劳动所得34939元，比上年增长8%。地区获“全国预备役方队突出贡献奖”“北京市首都环境建设样板单位”等称号。（杜晓梦）

【乡集体经济组织成员代表大会一届二次会议】 1月7日，常营回族乡召开第一届集体经济组织成员代表大会第二次会议。经集体经济组织成员投票，选举产生常营回族乡股份合作经济联合社管委会社长1名、副社长1名、委员11名，监委会主任1名、副主任1名、委员3名。（杜晓梦）

【社区居委会换届选举】 2月27日至3月23日，常营地区12个社区完成第十届社区居委会换届选举工作。通过民主投票，选举产生新一届社区居委会班子成员70名，其中主任12名、副主任19名、委员39名。班子成员中，男性28名，占成员总数40%；女性42名，占成员总数60%。中共党员45名，占成员总数64.29%；居住或户籍在本社区成员38名，占成员总数54.29%；成员全部为大专以上文化程度；35岁以下成员25名，占成员总数35.71%。新当选的居委会班子结构进一步优化，文化程度、中共党员比例和本土化比例均有明显提高。（杜晓梦）

【乡人大十七届六次、七次会议】 3月4日至5日，召开常营回族乡第十七届人民代表大会第六次会议。应到会代表47名，到会代表36名。会前，组织乡人大代表视察常营地区社区创享空间和常营民族家园电梯改造项目。会议听取并审议通过《常营回族乡人民政府2018年工作报告（审议稿）》，部署2019年工作任务。8月29日至30日，召开常营回族乡第十七届人民代表大会第七次会议。应到会代表47名，到会代表34名。乡长方泽做《常营乡人民政府2019年半年工作报告（审议稿）》，乡人大主席何文东做《常营回族乡人大主席团2019年半年工作报告（审议稿）》，与会代表审议并通过上述两个报告。（杜晓梦）

【庆祝建党98周年表彰】 6月27日，常营地区召开庆祝建党98周年表彰大会。区委农工委组织科负责人，地区领导班子成员，辖区各社会单位党组织负责人，各社区、乡属企业主要领导，50年以上党龄老党员代表，先进党组织和先进个人代表，基层党员代表及群众代表等500余人参加活动。会议表彰优秀共产党员49名、优秀党务工作者16名、岗位标兵18名、志愿服务之星38名、先进基层党组织8个。（杜晓梦）

【2019北京·常营国际半程马拉松比赛】 10月20日，由常营回族乡人民政府主办、中国田径协会认证的“2019北京·常营国际半程马拉松比赛”举行。常营乡领导班子成员、雅典奥运会女子100米蛙泳冠军罗雪娟为比赛开跑鸣枪并为男子组和女子组冠军、亚军和季军颁奖。7个国家和地区以及全国24个省市自治区近3000名运动员参赛。（杜晓梦）

【英狮体育公园建成】 年内，常营地区建成集运动休闲、智慧、生态于一体的健身公园——英狮体育公园。至此，常营地区规范化体育场所占地面积60公顷，辐射全辖区及周边多个地区。地区篮球、足球等传统体育项目和VR虚拟竞技、蹦床、电竞等新兴体育项目协同发展，为吸引赛事入驻、聚集体育文化产业创造条件。（杜晓梦）

【就业与民生服务】 年内，常营乡发放低保金、超转人员生活补贴、医疗救助等20余项惠民费用共计1533万元；提供就业岗位750个，实现就业524人；继续实施自来水置换工程，完成11家公建单位主管道勾头通水和民族家园小区、连心园小区主管道铺设工程，入户换水表3300余块；成立万象新天、北辰福第、鑫兆佳园和东方华庭小区4个校外教育机构联盟。与陈经纶教育集团达成引进设立高中部意向；配合朝阳医院在辖区建设常营分院。（杜晓梦）

【环境整治】 年内，常营地区完成常营中街路面整治改造及五里桥一街、燕保常营家园东侧等8条道路照明工程。全年拆除违法建筑面积6762平方米，疏解人口241人。（杜晓梦）

【经济普查与人口抽样调查】 年内，常营地区完成第四次全国经济普查正式登记阶段工作，登记企业8727家，登记率110.2%。完成人口抽样调查工作，涉及6个调查小区12个样本小区，登记人口992户2612人，其中常住人口2426人、常住外来人口1572人。（杜晓梦）

【对口帮扶】 年内，常营地区以产业项目合作和援建医院方式，助力对口帮扶地区——新疆维吾尔自治区和田市墨玉县脱贫工作。扶持资金拨付到位，产业合作项目和援建医院项目进展顺利。配合区发展改革委完成“北京市消费扶贫双创中心分中心”建设（建筑面积691平方米），并实现试营业。（杜晓梦）

2019年朝阳区常营地区（回族乡）社区居委会一览表

表41

序号	名称	地址	电话
1	连心园社区居委会	常新路6号院	58240346
2	常营民族家园社区居委会	常营民族家园59号楼底商	65738991
3	万象新天社区居委会	万象新天115号楼二层	65436225
4	鑫兆佳园社区居委会	三间房东路甲9-1号	65431083
5	苹果派社区居委会	苹果派小区13号楼1单元	65465358
6	荟万鸿社区居委会	荟康苑3号楼西侧平房	65472571
7	常营保利社区居委会	常营中路3号院19-19	85074608
8	住欣家园社区居委会	住欣家园西院215号楼	57914007
9	畅心阳光社区居委会	五里桥一街3号院首开畅心园1号楼1层	59396208
10	常营福第社区居委会	常营福第社区	57923997
11	丽景园社区居委会	丽景园小区1号楼2单元206、207、208室	57845068
12	东方华庭社区居委会	常通路4号院1号楼3层305	65408501

（杜晓梦）

崔各庄地区（乡）

【概况】 崔各庄地区（乡）位于朝阳区东北部。东邻金盏乡，南靠将台乡，西接来广营乡，北与孙河乡接壤。辖区面积30.7平方千米。其中集体土地19.1平方千米，约占总面积62%；国有土地11.6平方千米，占总面积38%。下辖15个行政村、6个社区。年内，辖区户籍人口2.4万余人，流动人口5.6万余人；新出生人口339人，死亡人口95人。有法人单位2549个，其中中央单位1家、市属单位10家、其他单位2538家。有公立医院2所、民营医院2所、社区卫生服务中心2个、社区卫生服务站6个；有公立中学5所、小学2所，民办学校1所、幼儿园8所，涉外基础教育学校4所；有养老机构3家；有公共文化活动场所（包括村、社区级文化活动室）9个、文化广场6个、乡级图书馆1个；有中国电影博物馆、铁道博物馆、航天航空博物馆等一批国家级文化机构，有草场地文化艺术区、何各庄一号地、万荷文创园等文化旅游点和创意产业聚集区。途经辖区公交线路17条，机场高速、机场辅路、京承高速、五环路、京顺路、机场轻轨及地铁14号线、15号线贯穿其中。年内，崔各庄地区围绕首都“四个中心”战略定位和朝阳区“三化”主攻方向，以庆祝中华人民共和国成立70周年系列活动服务保障为引领，全面提升地区社会治理和公共服务水平，以“一基双提三推动”为重点，坚持生态立乡、文化兴乡发展理念，聚合力、讲实干、勇作为、敢担当，地区“国际创意商务走廊”建设进展顺利，为建设平安、美丽、幸福崔各庄奠定基础。完成南皋村、黑桥村棚户区改造民宅腾退工作；完成奶西村、南皋村和黑桥村整建制转居转工工作；何各庄村和马泉营村美丽乡村建设通过验收；何里栖地公园及黑桥公园开园；完成庆祝中华人民共和国成立70周年等系列重大活动服务保障工作以及地区“两委一社”换届选举工作等重点工作；举办奶子房元宵灯会、第七届民俗传统文化节暨奶子房第28届庙会等地区特色文化活动，活跃地区居民文化生活。实现地区经济总收入21.2亿元，比上年增长0.5%；实现区级财政收入6.64亿元，比上年增长13%；人均劳动所得46679元，比上年增长23.3%。（胡国光）

▲ 希腊当地时间3月7日晚，崔各庄舞龙舞狮团队在帕特雷嘉年华上进行舞龙表演

（李印涛 摄）

【乡舞龙舞狮团赴希腊演出】 希腊当地时间3月7日至10日，崔各庄乡舞龙舞狮团首次参加区文旅局和北京民俗博物馆组织的帕特雷嘉年华演出活动，完成表演4场。崔各庄乡舞龙舞狮团成立于2000年，为北京市非物质文化遗产项目。帕特雷嘉年华是希腊最大的嘉年华活动，也是欧洲最大的嘉年华活动之一，于每年1月底至3月上旬在希腊第三大城市帕特雷市举行。该活动已有180余年历史。（胡国光）

【社区治理新模式上线】 5月14日，崔各庄地区以“京旺有我，共建共享”为主题，举办基层建设年和创建国家卫生区活动。集社区、居民、社工、社会组织、物业和辖区企业“六元一体，多方共治”的社区治理新模式在京旺家园社区运行。“京旺有我，共建共享”主题社区治理体系，坚持“六元一体，多方共治”原则，最终实现“六有六我”（“六有”：社区温暖有人送、社工水平有人提、社会组织有人评、居民自治有人促、物业投诉有人管、企业联盟有人搭；“六我”：我知晓我参与、我奉献我快乐、我传播我幸福）目标。（胡国光）

【东三乡规划编制启动】 5月23日，副市长隋振江到崔各庄乡调研朝阳区“一绿”（第一道绿化隔离带）城市化建设进展工作，并召开现场专题会。会议决定由市城乡办牵头，区农委作为主体，打破行政界限，统筹金盏乡、孙河乡和崔各庄乡资源，统一编制东三乡区域整体规划，在中心城区东北部建设集中连片的大尺度绿化空间。（胡国光）

【新时代文明实践所（站）成立】 6月，崔各庄地区新时代文明实践所、12个社区（村）新时代文明实践站挂牌成立，形成1+12新时代文明实践组织体系。（胡国光）

【大望京商务中心项目建设】 7月28日，崔各庄乡完成大望京商务中心项目取得施工许可并复工建设。至年末，一号楼完成地上结构6层施工，二号楼完成地上结构7层施工，三号楼完成结构封顶。（胡国光）

【黑桥公园一期开园】 8月16日，崔各庄乡举行“守初心担使命 建公园惠民生”黑桥公园开园仪式暨“爱运动、爱生活、爱家乡”百姓健走活动。黑桥公园位于崔各庄乡东北部，面积138万平方米。一期开放项目面积70万平方米。公园分滨水区、生态保育区、林地体验区、健身运动区、儿童活动区和耕读文化体验区六大功能区。崔各庄地区按照“大生态建设总体规划”及生态郊野公园设计理念，实施“三区协同、三廊三带、六湖成片、多园串联”整体规划，将乡域内河湖水系串联起来，新增水面和湿地面积40万平方米。同时，与温榆河绿色生态走廊连接，承载北小河防洪排涝功能，提升温榆河水系水质。（胡国光）

【北京市第八十中学嘉源分校开学】 9月1日，位于崔各庄乡京旺家园地区的北京市第八十中学嘉源分校举办2019—2020学年度第一学期开学典礼，首期招生433名。区侨联主席曾旭，乡党委书记吴选辉、乡长齐宝良，区教委相关负责人等出席开学仪式。（胡国光）

【阿里巴巴北京总部园区落户崔各庄】 12月27日，阿里巴巴集团北京总部在崔各庄乡正式开工建设。阿里巴巴集团北京总部园区选址崔各庄乡来广营东路北侧（地铁崔各庄站向西200米），园区占地面积12.4公顷，建筑面积47万公顷。该项目计划于2024年建成。（胡国光）

【"马道"建设启动】 年内，崔各庄乡启动建设北京第一条以"马道"为特点的绿道，结合慢行系统建设集生态保障、慢行交通、休闲游览、城乡统筹、文化创意、体育运动、农业景观、应急避难为主要功能的崔各庄慢行生活网络。 （胡国光）

2019年朝阳区崔各庄地区（乡）社区居委会、村委会一览表

表42

序号	名称	地址	电话
1	马南里社区居委会	来广营东路马南里社区居委会	84702139
2	京旺一社区居委会	京旺家园二区北门	84306002
3	京旺二社区居委会	京旺家园六区东侧	84102168
4	东洲家园社区居委会	来广营北路东东洲家园社区	84702652
5	燕保家园社区居委会	香江北路南燕保家园社区	84799022
6	广善一社区居委会	香江北路南广善一社区	84246889
7	崔各庄村村委会	京旺家园四区南门东侧	64313676
8	善各庄村村委会	京旺家园四区南门东侧	84560307
9	何各庄村村委会	崔各庄乡何各庄村委会	64310510
10	马泉营村村委会	崔各庄乡马泉营村委会	64364801
11	奶东村村委会	顺白路北奶东村委会	84569998
12	奶西村村委会	京旺家园二区北区北门	84568522
13	索家村村委会	京旺家园四区南门东侧	64340206
14	费家村村委会	崔各庄乡费家村	84701282
15	南皋村村委会	崔各庄乡南皋村	64368320
16	北皋村委会	京旺家园一区北门东侧	84560377
17	望京村村委会	京旺家园一区北门东侧	64364634
18	草场地村村委会	崔各庄乡草场地村	84561509
19	黑桥村村委会	崔各庄乡黑桥村	64336747
20	东营村村委会	京旺家园一区北门东侧	84160336
21	东辛店村村委会	京顺路北东辛店村委会	64340686

（胡国光）

东坝地区（乡）

【概况】 东坝地区（乡）位于朝阳区东部。东邻金盏地区，北临崔各庄地区，南与平房、常营地区接壤，西接将台地区。辖区总面积24.6平方千米。下辖9个行政村、21个社区（大街社区已拆迁）。辖区常住人口206065人（其中户籍人口58020人、常住外来人口44546人），流动人口60853人，外籍人口407人；新出生人口790人，死亡人口69人。有法人单位1059个，其中中央单位3家、市属单位6家、区属单位8家、其他单位1042家。有三级医院1所、二级医院1所、社区卫生服务中心1个、社区卫生服务站7个、社区服务中心1个；有科研院所1个、大学2所、中学4所、小学7所、幼儿园12所；有养老机构1处；有1000平方米为民服务大厅1处、1700平方米地区文化中心1处、500平方米以上文化广场6处、500平方米以下文化广场20处、24小时自助图书机3处。绿化率29.5%。途经辖区公交线路21条。年内，以庆祝中华人民共和国成立70周年服务保障为主线，建设环境标杆乡、创建卫生城区、停车治理等重点工作，着力改善民生，优化地区环境质量，提升社会治理水平，推进地区由城市化向国际化跨越式发展，不断提高群众的获得感幸福感安全感。完成北西棚改腾退、创建国家卫生区、中华人民共和国成立70周年服务保障等多项重点工作。实现地区经济总收入6.62亿元，比上年增长83.2%。 （武 悦）

【社区、村"两委"换届选举】 1月12日，东坝乡9个村和18个社区（东坝乡共有21个社区，其中大街社区拆迁、郑村社区党支部和福园第一社区党支部于2018年9月完成换届选举工作）以召开党员大会形式完成新一届社区、村党组织换届选举工作。选举产生党组织成员126名，其中党组织书记27名、副书记27名。18个社区党委全部配齐纪委班子，其中专职纪委书记9名。新一届党组织成员中，男性50名，占班子成员总数39.7%；女性76名，占班子成员总数60.3%；大专及以上学历117名，占班子成员总数92.8%；连选连任委员54名，占委员总数42.8%；委员平均年龄43.5岁。3月20日，东坝地区第十届社区居委会换届选举工作完成。18个社区中有3个社区采取直接选举方式，8个社区采取户代表选举方式，7个社区采取居民代表选举方式。18个社区登记选民35232人，划分居民小组583个，推选居民代表1207人，比第九届居委会换届选举登记选民数增加31%；直选比例为62%，比第九届提升37个百分点。选举产生新一届居委会委员122名，其中主任18名、副主任29名、委员75名。40岁以下委员占委员总数的69%，中共党员占委员总数的64%，本科以上学历占委员总数的48%，女性委员占委员总数的71%。社区、村"两委"交叉任职人员66人。班子结构比上届明显优化。 （武 悦）

【地区民俗文化节】 2月12日，东坝地区举办第八届民俗文化节。现场设置表演区、游戏互动区、灯谜区、民间艺术

▲ 2月12日，东坝地区举办第八届民俗文化节 （张宇晨 摄）

展示区、许愿区和拍照区等6个区域。地区20个社区5000余名群众参加文化节活动。（武 悦）

【乡十三届三次党代会】 2月22日，东坝乡第十三届党代会第三次会议召开。乡领导班子成员、党代表、基层部分党员干部等150余人参加会议。会上，乡党委书记黄宏春向大会做《东坝乡党委2018年工作报告》，乡纪委书记周滢向大会做《东坝乡纪委2018年工作报告》，会议部署乡2019年工作、党风廉政建设和反腐败工作主要任务。（武 悦）

【乡人大十七届五次、六次会议】 2月28日至3月1日，东坝乡召开第十七届人民代表大会第五次会议，出席会议代表45名。与会代表集体视察综合执法中心、南区集体产业用地万达项目、康静里老旧小区改造项目；会议审议并通过乡长于淑杰做的《东坝乡人民政府2018年工作报告（审议稿）》《东坝乡人大2018年工作报告（审议稿）》和《关于2018年东坝乡财政预算执行情况和2019年财政预算草案的报告》。8月8日，东坝乡召开第十七届人民代表大会第六次会议。出席会议代表38名。会议审议并通过乡长于淑杰做的《东坝乡人民政府2019年上半年工作报告（审议稿）》，会议明确建设“文化东坝、活力东坝、宜居东坝、平安东坝”工作目标。（武 悦）

【朝阳新城街区管理站成立】 6月27日，东坝地区朝阳新城街区管理站挂牌成立。东坝地区创新工作方式，将朝阳新城、朝阳新城二社区、高杨树和景和园4个社区联合起来，建成“朝阳新城街区综合管理站”。管理站负责街区人、地、事、物和其他相关信息收集、排查及建档工作，相关法律法规和规范标准宣传引导，街区环境、卫生、安全等巡查检查以及问题处置和协调督办等综合管理工作。管理站设“一长五员”，其中站长1名、综合管理员2名、街巷管理员20名、专项指导员5~8名、管理监督员4名、党建协调员4名。负责开展共商共治共建和吹哨报到工作，协商解决各社区重点难点问题。（武 悦）

【慰问困难党员和受阅女民兵】 6月27日，市委组织部部长魏小东一行到东坝地区福园第一社区走访慰问困难老党员臧臣。魏小东强调，地区和社区层面要多关心老党员特别是困难老党员的生产生活，叮嘱老党员有困难找党委和政府。区委常委、组织部部长迟行刚和东坝地区工委书记黄宏春一同慰问。10月29日，东坝地区工委领导慰问参加庆祝中华人民共和国成立70周年受阅女民兵方队队员张珊、郭颖、王琳、高欣健、景娜和赵迪。（武 悦）

【纪念建党98周年主题活动】 6月28日，东坝地区举办“壮丽70年，奋斗新时代”——东坝地区纪念中国共产党成立98周年主题活动。区农业农村局相关领导、乡领导班子成员以及辖区企事业单位人员等800余人参加活动。会议表彰朝阳新城社区党委等14个先进基层党组织；李博、孙静宇等9名优秀党务工作者；郑向军、庞超等10名优秀党员；李保红、刘来喜等10名优秀在职党员。与会党员重温入党誓词，社区文艺队伍现场演出。（武 悦）

【地区文联成立】 7月30日，东坝地区举行地区文学艺术界联合会成立仪式暨2019年东坝森林音乐会。区文联主席谢莹，区文联党组书记高春利、区文联常务副主席兼秘书长金童出席活动。东坝地区领导班子成员以及各社区（村）负责人等300余人参加活动。地区工委书记黄宏春致辞，与会领导分别为地区文联名誉主席谢莉斯、王文和，地区文联

▲ 7 月 30 日，东坝地区文联成立　　（张宇晨　摄）

主席孙义勇和地区文联副主席代表马志伟等颁发聘书。高春利为地区文联临时党支部授牌；谢莹致辞，对东坝文联提出要继续团结地区广大文化文艺人才、弘扬社会主义核心价值观、传播正能量、展示地区群众的精气神，共同推动地区文化文明工作迈上新的台阶等希望。成立仪式后，举行地区森林音乐会。　（武　悦）

【蔡奇调研第四使馆区规划用地情况】 9 月 5 日，中央政治局委员、市委书记蔡奇一行调研第四使馆区规划用地情况。蔡奇对东坝地区未来发展提出“四个新”的功能定位，即国际交往中心的新亮点、活力时尚的新街区、优美宜居的新环境、国际组织的聚集区。　（武　悦）

【七棵树鸽子市场整治】 12 月 2 日至 4 日，东坝地区整治七棵树鸽子市场。12 月 2 日，东坝召开七棵树鸽子市场整治调研会，区园林绿化局、区城管局、区农业执法大队、东坝派出所、市场监管局等部门听“哨”报到。12 月 4 日，乡长于淑杰带领导执法人员，坚持文明执法，以说服劝离为主，向售卖鸽子等鸟类的居民发放《取缔七棵树鸽子市告知书》，登记相对人的信息，增强居民配合度，劝离滞留人员。　（武　悦）

2019 年朝阳区东坝地区（乡）社区居委会、村委会一览表

表 43

序　号	名　称	地　址	电　话
1	东坝家园社区居委会	东坝家园 206 号楼 3 门 102	65415175
2	常青藤社区居委会	常青藤小区 15 号院 1 号楼	85379765
3	坝鑫家园社区居委会	坝鑫家园 2 号院商业 2 层	84200092
4	康静里社区居委会	康静里小区 13 号楼 5 单元 101	65734994
5	悦和园社区居委会	悦和园小区 12 号楼 2 层	85384681
6	奥林匹克花园社区居委会	奥园小区 723 号楼底商	65494272
7	丽富嘉园社区居委会	丽富嘉园 6 号楼 1 门 101	65479660
8	景和园社区居委会	朝新嘉园东里 6 区 6 号楼 1 层	65479712
9	高杨树社区居委会	富北嘉园 4 号楼	65479710
10	朝阳新城社区居委会	朝新嘉园东里 3 区 1 号楼	85094344
11	福润四季社区居委会	福润四季 2 号院 8 号楼 1 层	65479041
12	金驹家园第一社区居委会	金驹 D 区 116 号楼 1 单元 202	65427941
13	金驹家园第二社区居委会	金驹 F 区 207 号楼 1 单元 102	65732411
14	东泽园社区居委会	红松园路 1 号院 1 号楼 2 层	56357389
15	红松园社区居委会	东坝乡红松园社区居委会	65745861
16	红松园北里社区居委会	十六局文化宫 2 层	51883689
17	大街社区居委会	东风村委会 2 层（以拆迁）	84327090
18	朝阳新城第二社区居委会	朝新嘉园东里 1 区 12 号楼	85094344
19	汇景苑社区居委会	汇景苑 2 区 1 号楼南侧底商	65430514

续表 43

序号	名称	地址	电话
20	福园第一社区居委会	福园 D 区 424 楼	65742191
21	郑村社区居委会	常青藤小区 15 号院 1 号楼	65723060
22	七棵树村村委会	东坝家园综合楼 4 层	65413066
23	单店村村委会	东坝家园综合楼 4 层	65497167
24	西北门村村委会	西北门村大环里老鱼场	84320809
25	后街村村委会	西北门村大环里老鱼场	84312838
26	东风村村委会	东坝乡东风村大街卫生服务站北侧	84318341
27	驹子房村村委会	东坝乡驹子房村近康各庄路	52070581
28	三岔河村村委会	东苇路 6 号附近	84313874
29	焦庄村村委会	焦庄国际酒店北侧	65780827
30	东晓景村村委会	东坝乡晓景加油站北侧	65780870

（武　悦）

东风地区（乡）

【概况】 东风地区（乡）位于朝阳区中部。东与平房乡、东坝乡接壤，南与八里庄街道、六里屯街道相接，西与六里屯街道、麦子店街道相连，北接将台乡和酒仙桥街道。辖域面积 7.38 平方千米。下辖 4 个行政村、10 个社区。年内，辖区常住人口 71003 人，户籍人口 35890 人，流动人口 27575 人，外籍人口 1354 人；新出生人口 448 人，死亡人口 62 人。辖区有中国冶金地质总局、北京振远护卫中心、和睦家医院、朝阳区教育委员会、朝阳区房屋权属登记中心等企事业单位。有社区卫生服务中心 3 个、社区卫生服务站 2 个；有中学 2 所、小学 4 所、幼儿园 11 所；有养老机构 2 所；有 350 平方米为民服务大厅和 3300 平方米地区文化中心各 1 处、文化广场 4 处、益民书屋 10 处、图书馆 1 处；有郊野公园 1 个。途经辖区公交线路 34 条，地铁 3 号线在辖区设站。年内，地区以建设新东风、稳东风、美东风、福东风和暖东风“五个东风”为目标，完成回迁楼社区“乡愁”主体文体公园——风帆广场升级改造项目、社区居民文体广场升级改造项目等 12 个为民解忧办实事项目；完成创建国家卫生区工作并通过验收，获市、区专家模拟技术评估全区第一名；完成庆祝中华人民共和国成立 70 周年等重大活动服务保障工作，组建由 44 名党员干部参加的群众游行方队；完成社区（村）“两委”换届选举和集体经济组织换届选举等重点工作。实现区级财政收入 2.59 亿元，比上年增长 5.3%；集体经济总收入 2.66 亿元，比上年增长 59.3%。乡司法所通过市局考评验收，被评为北京市 AAA 规范化司法所。（贾　梦）

▲ 7 月 28 日，东风卫生服务中心新址开业（东风乡　供图）

【社区、村党组织换届选举】 1 月，东风乡完成 10 个社区、4 个村党组织换届选举工作。9 个社区党委，1 个社区党支部，其中 9 个社区党委为 5 委制、1 个社区党支部为 3 委制。4 个村有 3 个村党委为 7 委制，1 个村党委为 5 委制。选举产生党组织成员 74 名，其中党组织书记 14 名、副书记 18 名。9 个社区党委和 4 个村党委全部配齐纪委班子，其中专职纪委书记 13 名。新一届党组织成员中，男性 34 名，占班子成员总数 45.9%；女性 40 名，占班子成员总数 54.1%。大专及以上学历 71 名，占班子成员总数 95.9%。连选连任委员 18 名，占委员总数 24.3%。委员平均年龄 41.6 岁。社区妇联主席全部进入社区党委班子。（贾　梦）

【乡十三届三次党代会】 2 月 27 日，东风乡召开第十三届党代会第三次会议。92 名党代表出席会议。会议总结乡党委 2018 年工作，部署 2019 年工作任务；在研讨中，与会党代表为全乡党的建设和发展建言献策。经大会提案审查委员会审查，确定以新东风、稳东风、美东风、福东风和暖东风“五个东风”发展目标，14 件党代表建议作为大会提案办理。（贾　梦）

【交通示范社区创建】 5 月 27 日，东风地区完成东润枫景、观湖国际、泛海国际、东风苑和高庙村交通示范社区创建工作。整治辖区路侧和小区内僵尸车 33 辆（拖走 14 辆、自行挪移 19 辆）；完成 12102 辆电动车临时牌照登记办理工作；在紫萝园社区和辛庄村建立交通工作站并设立试点，其主要职责是探讨东风地区交通疏堵整治模式。（贾　梦）

【集体经济组织换届选举】 9月，东风乡4个村级集体经济组织分别召开社员大会选举产生各村社员代表。登记社员3936人，参与投票社员3233名，投票率82.1%。选举产生社员代表96名。12月5日、6日，各村分别召开新一届社员代表大会，选举产生各村新一届经济合作社监委会、管委会成员和乡联社团体社员代表。各村管委会5人，监委会3人；乡联社管委会5人，监委会3人。（贾　梦）

【问题合同整改】 10月至12月，东风地区完成市委巡视组问题合同整改9份，其中通过调整租金、变更租赁期限等方式完成问题合同整改7份，解除问题合同2份；完成区纪委反馈问题合同2份，其中通过调整租金、变更租赁期限等方式完成问题合同整改1份，录入平台问题合同1份。通过整改，问题合同年租金由1323.8万元调整至1965.1万元，收回土地3.39公顷、资产面积1100平方米。（贾　梦）

【疏解整治】 11月22日，东风地区完成石佛营南里老旧小区改造项目设计与项目管理单位招标工作。年内，整治东润枫景社区311户违建及私搭乱建，拆除258户、签订帮拆协议未拆17户。调减流动人口13412人。完成1条背街小巷（长254米，面积2854.29平方米）整治工作。治理开墙打洞14处，涉及建筑面积150平方米，实现动态清零。（贾　梦）

【公园配套用房整改】 12月31日，东风地区完成“绿卫2019”（森林草原执法）专项整改工作台账中6块林地整改任务。封存4处公园配套用房，调整1份租赁合同，落实公园配套用房清理任务。（贾　梦）

【对口帮扶】 年内，东风地区援助的河北省张家口市阳原县浮图讲乡槽村标准化蔬菜生产基地建成并投入使用。年末，槽村161户建档立卡贫困户实现脱贫。（贾　梦）

【“动态楼宇”治理模式】 年内，东风地区紫萝园社区探索“动态楼宇”治理模式，通过“走动式工作法”，以“动态党支部”为框架，建立大熟人社区管理新模式。（贾　梦）

【矛盾纠纷调处】 年内，东风地区司法所调解矛盾纠纷43起，调解成功35起。制作简单纠纷调解协议5份，制作调解卷宗3份。（贾　梦）

2019年朝阳区东风地区（乡）社区居委会、村委会一览表

表44

序号	名称	地址	电话
1	石佛营东里社区居委会	石佛营东里113楼东侧小红楼	85821433
2	石佛营西里社区居委会	石佛营西里临乙1号	85814852
3	石佛营南里社区居委会	八里庄北里129号院2号楼3层	85835729
4	紫萝园社区居委会	石佛营东里136号院B座108室	85846204
5	观湖国际社区居委会	东四环北路88号院7号楼2层	59283908
6	东润枫景社区居委会	南十里居28号院6号楼2单元	64366261
7	泛海国际南社区居委会	星火西路17号	85855820
8	公园大道社区居委会	朝阳公园南路6号院4号楼会所东一层	65306652
9	南十里居社区居委会	南十里居41号院5号楼南侧底商	58294239
10	东风苑社区居委会	星火西路17号社区服务中心2层	85904182
11	六里屯村村委会	东风乡六里屯村委会	65862167
12	辛庄村村委会	东风乡辛庄村委会	85846035
13	豆各庄村村委会	东风乡豆各庄村委会	85814213
14	将台洼村村委会	东风乡将台洼村委会	84312668

（贾　梦）

豆各庄地区（乡）

【概况】 豆各庄地区（乡）位于朝阳区东南部。东邻黑庄户乡，南邻通州区台湖镇，西靠王四营乡和十八里店乡，北接三间房乡，辖区总面积14.16平方千米。下辖12个行政村、11个社区。年内，辖区户籍人口8463户16725人，流动人口13614人，外籍人口161人；新出生人口234人，死亡人口40人。有法人单位1791家，其中国有单位24家。有中学2所、小学5所、普惠性幼儿园7所，有社区卫生服务中心1所、社区卫生服务站3个、有养老机构3个，有200平方米为民服务大厅1处、3024平方米地区综合文化中心1处、文化广场2个。绿化率46.1%。途经辖区公交线路7条，地铁7号线贯穿其中。年内，豆各庄地区以庆祝中华人民共和国成立70周年活动服务保障为主线，以“减量精治优环境”为重点，以“六治一增”（治违、治脏、治乱、治堵、治水、治气、增绿）为抓手，加快推进区域高质量发展。紧抓“12345”市民服务热线诉求办理，结合“大社区化管理”和“吹哨报到”工作机制，创新“三双一会一平台”工作模式，搭建就业服务平台，精准推进就业工作，多渠道开发就业岗位，强化“五月鲜花”文艺会演、优秀健身项目展示及森林演出季等文化品牌建设。完成创建国家卫生区、社区（村）“两委”换届选举、环境质量提升等重点工作。实现地区经济总收入1.88亿元，比上年下降22.05%。（李京京）

【新春联欢会】 1月29日，豆各庄地区举办2019年新春联欢会暨“艺术朝阳”优秀原创作品进基层活动。地区办事处主任于建国做新年致辞，地区工委书记贾恩松带领班子成员向大家拜年。文艺会演阶段，演出杂技、魔术、乐器演奏等12个文艺节目。（李京京）

【全国人大调研组到马家湾湿地公园现场调研】 2月20日，全国人大调研组到豆各庄地区调研马家湾湿地公园建设情况，听取汇报并查看黑臭水体治理情况。（李京京）

【乡八届三次党代会】 2月22日，豆各庄乡召开第八届党代会第三次会议，94名乡党代表出席会议。各科室负责人、部分单位及“两新组织”负责人列席会议。乡党委书记贾恩松做《中共豆各庄乡党委2018年工作报告（审议稿）》，部署2019年工作任务；乡党委领导班子成员分别述职述廉；与会代表民主评议乡党委领导班子和党委委员；与会党代表审议并通过乡党委工作报告、乡纪委工作报告、乡党费收缴和使用情况工作报告。（李京京）

【乡人大十七届六次会议】 3月18日，豆各庄乡召开第十七届人民代表大会第六次会议。37名乡人大代表出席会议，乡领导班子成员、机关科室负责人、各基层单位正职干部以及部分社会单位主要领导列席会议。会议听取并审议通过乡长于建国所做的2018年度政府工作报告、人大主席杨荣福所做的2018年度人大工作报告以及豆各庄乡2018年财政收支情况和2019年财政预算的报告。（李京京）

【结对扶贫】 4月3日至4日，豆各庄乡副乡长刘晓利带队考察河北省张家口市阳原县井儿沟乡，对接扶贫工作。刘晓利一行与井儿沟乡党委书记程东军、乡长谢海峰以及井儿沟乡6个贫困村负责人一同到蘑菇种植大棚、扶贫项目建议建设地址等地，调研井儿沟乡产业现状、产业发展困难及未来项目规划。10月21日，豆各庄乡乡长张军茹、组织委员闫英娟、副乡长刘晓利等一行到井儿沟乡上八角村及窨子沟村实地考察帮扶食用菌项目。在上八角村，张军茹一行重点调研该村“四位一体”工作以及食用菌产业项目。走访慰问五保户及贫困户，为他们送去牛奶和食用油等生活用品。（李京京）

【特色文化活动】 5月24日，豆各庄地区举办“活力豆各庄，幸福在朝阳”庆祝中华人民共和国成立70周年暨“五月鲜花”文艺会演活动。地区领导班子成员、机关科室负责人、基层正职领导、社区工作者及社区居民等300余人参加活动。参演文艺节目由地区文联、各社区、社会单位及辖区学校选送。10月15日，地区举办“水韵华章千年流淌”首届萧太后河民俗文化节。地区领导班子成员，机关科室负责人，各社区党委书记、服务站站长，辖区居民及志愿者参加活动。地区领导启动首届萧太后河文化节。活动现场表演小车会、舞蹈、歌曲等文艺节目，13位非遗传人现场制作毛猴、剪纸、糖人、泥塑等非遗民俗作品，地区居民现场体验民俗乐趣。（李京京）

【新时代文明实践活动启动】 6月2日，豆各庄地区举行新时代文明实践推动日系列活动启动仪式。地区领导班子成员、机关党员、社区党委书记、服务站站长、副书记以及在职党员、志愿者等200余人参加活动。地区工委书记贾恩松致辞，志愿者代表王俊厚带领全体志愿者宣誓，组织委员闫英娟做新时代文明实践推动日系列活动动员。（李京京）

【受阅女民兵分享检阅及训练体会】 11月11日，豆各庄地区召开“初心不忘 传承精神，再创豆各庄农村城市化新篇章”分享会。4名参加庆祝中华人民共和国成立70周年受阅女民兵方队队员分享接受检阅及训练体会，乡领导班子成员为她们颁发荣誉证书及绶带。（李京京）

【村级集体经济组织换届】 12月17日，豆各庄乡完成12个村级集体经济组织换届工作。经过选举动员、社员登记、社员候选人提名推荐、资格审查等步骤，按“五好十不能”标准完成社员代表、管委会、监察员及团体社员代表资格审查。采取差额选举方式，选举产生村级集体经济合作社、股份经济合作社社员代表，乡指导督查组成员现场督导。选举产生豆各庄乡村经济合作社管委会、监委会成员48名，豆各庄乡村股份经济合作社管委会、监委会成员48名。（李京京）

【合作经济联合社团体社员代表大会】 12月25日，豆各庄乡召开合作经济联合社第三届团体社员代表大会第一次会议。会议通报乡联社第三届团体社员代表相关情况，审议并表决通过《豆各庄乡合作经济联合社章程》《豆各庄乡合作经济联合社管委会、监委会选举办法》《豆各庄乡合作经济联合社总监票人、监票人、计票人建议名单》；选举产生豆各庄乡合作经济联合社社长1名（杨夫林）、管委会委员4名（分别为顾国庆、梁冬生、尹玉江和滕文龙）。选举产生监委会主任1名（王学文）、监委会委员2名（郭跃武、李德强）。（李京京）

▲ 6月2日，豆各庄地区启动新时代文明实践推动日系列活动（李会娟 摄）

【庆祝建党98周年表彰】 7月1日，豆各庄地区召开庆祝建党98周年表彰大会。地区领导班子成员，各基层单位正职干部、副书记、党务工作者及机关全体党员等300余人参加会议。会议表彰先进基层党组织10个、优秀党务工作者10名、优秀共产党员99名，地区领导班子成员为获表彰集体和个人颁奖。（李京京）

2019年朝阳区豆各庄地区（乡）社区居委会、村委会一览表

表45

序号	名称	地址	电话
1	朝丰家园社区居委会	朝丰家园社区天达路八号院六号楼	67206201
2	绿丰家园社区居委会	豆各庄乡绿丰家园社区服务中心	85307535
3	文化传播社区居委会	双桥中路甲9号文化传播社区居委会	85361423
4	青青家园社区居委会	豆各庄乡青青家园131-1-101（青青家园居委会）	85300961
5	京城雅居社区居委会	豆各庄乡京城雅居社区居委会	87391785
6	阳光家园社区居委会	豆各庄一号院阳光家园社区居委会	87392814
7	富力又一城第一社区居委会	豆各庄乡广祥街3号富力又一城北侧（富力又一城第一社区）	59644824
8	富力又一城第二社区居委会	豆各庄乡马家湾村萧太后河北岸水闸旁边（富力又一城第二社区居委会）	67287537
9	青荷里社区居委会	豆各庄地区天达路1号院青荷里社区服务站	67360419
10	明德园社区居委会	天达路4号院7号楼底商	67366559
11	御景湾社区居委会	豆各庄乡黄厂路4号院公租房6号楼103御景湾社区服务站	87301302
12	豆各庄村村委会	豆各庄乡朝丰家园6号楼转豆各庄	13520905123
13	孟家屯村村委会	豆各庄乡朝丰家园6号楼转孟家屯	13552702240
14	黄厂村村委会	豆各庄乡朝丰家园6号楼转黄厂	13901092791
15	孙家坡村村委会	豆各庄乡朝丰家园6号楼转孙家坡	13521120920
16	水牛坊村村委会	豆各庄乡朝丰家园6号楼转水牛坊	13521120920
17	马家湾村村委会	豆各庄乡朝丰家园6号楼转马家湾	15201383020
18	南何家村村委会	豆各庄乡于南何家村委会（绿丰家园社区服务站院内）	85308299
19	于北村村委会	豆各庄乡于北村委会（绿丰家园社区服务站院内）	85367127
20	于南村委会村	豆各庄乡于南村委会（绿丰家园社区服务站院内）	85307431
21	东马各庄村村委会	豆各庄乡东马各庄村委会（绿丰家园社区服务站院内）	85307170
22	西马各庄村村委会	豆各庄乡西马各庄村委会	13146489073
23	石槽村村委会	豆各庄乡朝丰家园6号楼转石槽	15811081411

（李京京）

高碑店地区（乡）

【概况】 高碑店地区（乡）位于朝阳区东部。东邻中国传媒大学，南接王四营乡，西接北京商务中心区，北靠平房乡，辖区面积15.08平方千米。下辖28个社区、4个行政村。年内，辖区常住人口约10万人，户籍人口约5.4万人，农业人口1822人，流动人口约5.4万人，外籍人口980人；新出生人口422人，死亡人口31人。有法人单位8500个，其中中央单位18个、地方单位29个。有医院2所、社区卫生服务中心1个、社区卫生服务站7个，有中学4所、小学6所、幼儿园6所，有养老机构3个，有400平方米为民服务大厅1处、3000平方米地区文化中心1处、文化广场4处和24小时自助图书馆4处。绿化率13%。辖区有地铁八通线、1号线、10号线贯穿其中。年内，全乡工作突出“五个一”（“一谷”，加快推进广渠路“历史记忆”环境轴——“中国水谷”一期工程建设项目，打造绿色生态水乡高碑店；“一廊”，在长安街沿线、广渠路沿线主副廊道区域，按照市委“重点抓好文化、国际化、大尺度绿化”的要求，找准工作方位，落实五大提升工程，加快打造发展新优势、新名片；“一优”，推广老旧小区治理成果，拓宽吹哨报到机制，优化党建、发展、管理、服务，打造城乡接合部综合治理和老旧小区综合整治优质示范标杆；“一流”，高水平建设“美丽乡村”，推动产业兴旺、生态宜居、乡风文明、治理有效、生活富裕，打造乡村振兴战略一流样板；“一新”，以“基层建设年”为新契机，以持续深化落实从严治党主体责任为新抓手，打造“智慧高碑店”基层党建新模式），发挥窗口示范作用。实现区级财政收入7.77亿元，比上年增长4.5%。半壁店村党总支书记马乃军获评“朝阳榜样”人物。（刘　洋）

【老挝建国阵线中央主席考察美丽乡村建设】 3月18日，老挝人民革命党中央政治局委员、老挝建国阵线中央委员会主席赛宋蓬·丰威汉，老挝国驻华大使万迪·布达萨冯一行，在全国政协副秘书长郭军、全国政协外事局副局长汪岳波陪同下到高碑店乡考察美丽乡村建设。高碑店乡和高碑店村相关领导随行介绍有关情况。赛宋蓬·丰威汉一行参观高碑店村村史博物馆，了解千年古村——高碑店村的经济、文化和新农村建设等情况。（刘　洋）

【结对帮扶】 3月31日至4月4日，乡长关得志带领乡村干部、村经济合作社社长和天翌物业管理有限责任公司负责人等一行13人，到新疆维吾尔自治区和田市墨玉县吐外特乡和阔依其乡调研结对扶贫协作工作。实地考察墨玉县产城融合开发示范区、墨玉县纺织服装园区、桑皮纸一条街，到墨玉县家兔产业园、养兔基地和村民家中，了解扶贫产业项目投入、效益和销路等情况，走访村民家庭了解村民实际困难，研究并建立结对帮扶备忘录。（刘　洋）

【文体活动】 7月6日，高碑店地区举办第三届社区篮羽联赛。地区机关、村、社区和天翌物业组成52支球队参赛。各代表队均由辖区居民代表组成，参赛运动员500余人。年内，地区开展庆祝中华人民共和国成立70周年系列活动。先后举办朝阳区森林演出季文艺会演、第二届民族国粹艺术节、金秋艺术节等特色活动，参与群众7万余人次，形成有组织、有制度、有阵地、有队伍、有活动“五有”文化品牌。（刘　洋）

【乡人大十七届八次、九次会议】 7月22日，高碑店乡第十七届人民代表大会第八次会议召开。会议审议通过《高碑店乡人民政府2019年上半年工作报告》《高碑店乡人大主席团2019年上半年工作报告》和《关于高碑店乡2019年上半年财政预算执行情况的报告》。11月1日至2日，高碑店乡召开第十七届人民代表大会第九次会议，选举杜磊为高碑店乡人民政府乡长。（刘　洋）

【疏解整治】 年内，高碑店地区完成36处疏解点位违法建筑拆除工作，拆除面积24.4万平方米；腾退代征绿地面积8.91万平方米；整治无证无照经营56家、“开墙打洞”5处，实现“占道经营”动态清零；疏解培训机构1家；协调并完成阳光公寓、百子湾公寓和甘露园南里道路沿线违法建设拆除，腾退房间1800余间，腾退面积2.5万平方米，疏解流动人口7000余人；完成汇星苑城市森林项目前期工作，建设高碑店生态水乡湿地公园一期工程暨“中国·水谷”项目，完成全年1.33万平方米造林任务，建成东五环绿化景观亮点。（刘　洋）

【美丽乡村建设】 年内，高碑店地区以乡村美化、整治建设和长效管护等薄弱环节为切入点，加快小郊亭、方家村美丽乡村建设；开展“扮靓家园”环境综合治理行动，开展“清脏、治乱、增绿”工作，清理堆物堆料3112吨，清除和粉刷小广告3068处；与中国传媒大学合作成立高井美丽乡村建设研究所并形成美丽乡村研究新成果；“生态水乡”项目一期工程——广渠路生态湿地公园项目主体工程竣工。（刘　洋）

【社区干部队伍建设】 年内，高碑店乡5个村、28个社区实现书记、主任“一肩挑”，4个村配置专职纪检委员，28个社区成立纪委并配备专职纪委书记。全年招聘社工52人。（刘　洋）

【重大活动服务保障】 年内，高碑店地区完成全国“两会”和“一带一路”国际合作高峰论坛、世园会、亚洲文明对话大会、中华人民共和国成立70周年等重大活动服务保障任务。组织党员、干部、群众、志愿者3300余人，发动群防群治力量8万余人次，对全乡159个重点点位巡逻值守。地区13名女民兵参加女民兵方队检阅、48名群众参加群众联欢活动。（刘　洋）

【安全隐患排查整治】 年内，高碑店地区实现安全生产常态化管理，开展消防夜查125次、执法检查155起，检查隐患8660项，消除隐患8500余项，隐患整改率98%，确保重大活动期间无安全生产事故发生。开展扫黑除恶专项行动。全面整治“黑摩的”，实施重点村安全隐患综合整治。全乡发生可防性案件24起，比上年下降76%。（刘　洋）

【“接诉即办”机制落实】 年内，高碑店乡成立“接诉即办”工作专班，利用“街乡吹哨、部门报到”机制，提高“三率两度”（办结率、解决率、反馈率、满意度和契合度），办理“12345”热线平台群众诉求6200余件，结案率99.79%。（刘　洋）

【社区服务】 年内，高碑店地区完成“议平台”（居民议事平台）项目建设。创建3家市级示范“社区之家”，建成“中国油画院”社区之家。14个社区完成“综合受理＋全能社工”模式，建立甘二社区“园园”共享服务微信号、西店管家式服务新模式。落实路面改造、外挂电梯等重点工程，17项为民解忧办实事项目精准对接群众需求。（刘　洋）

【新时代文明实践所（站）成立】 年内，高碑店地区1个新时代文明实践所、21个文明实践站挂牌成立，形成“1+21”文明实践活动阵地。累计成立志愿者服务队73支，开展社区文明实践活动300余次。半壁店村党总支书记马乃军被评为“朝阳榜样”人物。（刘　洋）

【乡村资产管理】 年内，高碑店地区开展专项审计整改工作，问题合同整改率66%。全面清查乡、村两级集体资产。清理京外异地经营企业、高风险P2P企业，完成16家企业落地、64家企业迁出，为企业营造良好的营商环境。（刘　洋）

【矛盾纠纷调处】 年内，高碑店地区以“矛盾化解年”为抓手，开展“大走访、大排查、大化解”，累计组织常规排查10次、专项排查4次、动态排查10次。排查矛盾纠纷32起，调解案件64起，调解成功率100%。接待群众来访296批次453人次。处理国家、市、区信访办转来纸信、网信、来访145件。（刘　洋）

【助残服务】 年内，高碑店地区启动为期三年的无障碍环境建设专项行动。新建残疾人帮扶性就业基地1个；14名残疾人实现就业；为115人发放机动轮椅车

▲ 3月4日，高碑店地区残疾人运动员获全国第十届残运会旱地冰壶比赛银牌（董文辉　摄）

燃油补贴，为11名残疾儿童发放康复补贴，为30人发放保险补贴，为20名儿童发放六一儿童节慰问金，为10名残疾儿童发放康复训练补贴，为15人发放智能读书机；为63人办理残疾人证，为25人发放助残券，为31人发放两项补贴，为123名精神病患者提供健康体检，为45名残疾人申请辅助器具；为8人办理市残联社区和居家康复项目；为1名老年人办理白内障复明手术、为1名残疾人办理入住社会福利机构补助、为1名残疾人子女办理扶残助学补助。全年走访慰问残疾人511户、发放慰问金25.37万元。举办残疾人文体活动50余场、宣传活动4次。在全国第十届残疾人运动会上，地区残疾人运动员代表北京队获冰壶球比赛银牌；在第三届中国残疾人冰雪运动季基层残疾人旱地冰壶比赛全国总决赛中获听力组第四名。　（刘　洋）

2019年朝阳区高碑店地区（乡）社区居委会、村委会一览表

表46

序　号	名　称	地　址	电　话
1	高碑店东社区居委会	高碑店村五区14号楼一层	85763010
2	花北东社区居委会	花园闸北里13号楼（社区居委会）	65773806
3	康家园东社区居委会	白领家园5号楼3单元201号	51316821
4	文化园社区居委会	高碑店乡高碑店村民俗文化街1712号	87741123
5	八里庄社区居委会	康家沟甲30号	65576351
6	半壁店社区居委会	广渠路南侧两广大厦院内	87743221
7	北花园社区居委会	高碑店乡北花园小区3号院5号楼东侧一层北花园社区服务站	53526575
8	方家园社区居委会	高碑店乡方家园社区服务大厅（美丽乡村指挥部后院）	87741998
9	甘露园南里二社区居委会	高碑店乡方家园社区服务大厅（美丽乡村指挥部后院）	87741998
10	甘露园南里一社区居委会	康家园23号楼一层	85752957
11	高井社区居委会	大黄庄南里1号高井社区服务站	85744204
12	高碑店西社区居委会	高碑店乡高碑店村一区32号楼	85755601
13	花北西社区居委会	大黄庄南里25号楼西侧2层	65791272
14	花园闸社区居委会	北花园中路1号院5号楼底商	51077570
15	汇星苑社区居委会	大黄庄西路3号院6号楼3单元203	85781235
16	康家园西社区居委会	康家园小区1号楼10单元对面院内	85753613
17	力源里社区居委会	金地名京小区6号楼博康健身东侧	85723201
18	丽景馨居社区居委会	高碑店乡甘露园南里三区9号楼二层	85748207
19	太平庄北社区居委会	高井北街7号院2号楼居委会	65588195
20	太平庄社区居委会	黄杉木店路188号院阿曼寓所小区1号楼2单元B0104	58636856
21	通惠家园社区居委会	通惠家园惠润园4号楼3单元首层	59679522
22	西店社区居委会	西店社区弘胜大厦一层服务大厅	65566859
23	兴隆家园社区居委会	兴隆家园23号楼	85776966
24	高碑店古街社区居委会	高碑店村古家具街东五环桥西	85761701
25	大黄庄社区居委会	大黄庄152号	85770626
26	小郊亭社区居委会	半壁店路口西北两广大厦院内	87743221

管庄地区（乡）

【概况】　管庄地区（乡）位于朝阳区东部。东邻通州区永顺镇，南与豆各庄乡、黑庄户乡毗邻，西接三间房乡，北与常营乡接壤，属北京商务中心区——定福庄国际传媒走廊的一部分。辖区面积10.15平方千米。下辖13个社区、12个村。年内，辖区户籍人口26056户70348人（其中农业人口6580人），流动人口66704人，外籍人口252人；辖区以汉族和回族人口为主，其中回族人口约3000人；新出生人口741人，死亡人口127人。有中央单位27家、市属单位14家、区属单位40家。有大学校区2个（北工大实验学院培训中心和北京科技大学管庄校区）、中学3所、小学2所（含7个校区）、幼儿园11所；有社区卫生服务中心1个、社区卫生服务站4个；有养老机构2个；有200平方米为民服务大厅1处、1700平方米地区文化服务中心1处、12000平方米文化广场1处和24小时自助图书馆3处。辖区绿化面积117万平方米，绿化率11.5%。途经辖区公交线路12条，京通快速路、广渠路、朝阳路、地铁八通线、京秦铁路、通惠河贯穿全地区。年内，地区围绕“一二三四”工作思路（“一”是坚持“一个声音”，即全乡一个声音一口气，通过扎实推进全面从严治党，弘扬正气、激发士气，凝聚队伍战斗力，集中精力谋大事、抓要事、解难事；“二”是突出“两个定位”，即管庄乡作为朝阳区东大门，是通往城市副中心的重要廊道，是朝阳“两轴两带三区”空间布局中的重要展示节点；“三”是打赢“三场硬仗”，即重大活动服务保障、重点未拆迁区域腾退、廊道环境综合整治绿化提升建设工程；“四”是实现“四个目标”，即建设平安管庄、宜居管庄、文明管庄和幸福管庄目标）抓疏解、重整治、强服务、保安全，推动各项工作取得新进展。完成庆祝中华人民共和国成立70周年、“一带一路”国际合作高峰论坛北京峰会等重大活动服务保障工作，完成11个社区居委会、3个村委会换届选举工作以及管庄村棚户区改造腾退安置等一系重点任务。实现集体经济总收入7.3亿元，比上年减少12.6%；人均劳动所得46679元，比上年增长6.1%。　（张　伟）

续表 46

序 号	名 称	地 址	电 话
27	水南庄社区居委会	高碑店乡惠河南街 1131 号 君天大厦南门一层	87703699
28	太平庄南社区居委会	朝阳路 69 号院临甲 9 号	52078689
29	高井村委会	高井甲八号高井村民委员会	85744204
30	半壁店村委会	高碑店乡白家楼 137 号	87743221
31	高碑店村委会	高碑店村东部 5 区 14 号楼 高碑店村委会	87741570
32	北花园村委会	高碑店乡北花园村委会	65475898

（刘 洋）

【乡八届四次党代会】 1月25日，管庄乡召开第八届党代会第四次会议。85名乡党代表出席会议，48名列席人员列席会议。乡党委书记万小兵以《牢记使命 履责担当 谱写管庄城市化建设新篇章》为题，向大会做《中共管庄乡党委2018年工作报告（审议稿）》，明确2019年“一二三四”工作思路；乡党委领导班子成员分别述职述廉。（张 伟）

【乡人大十七届五次、六次、七次会议】 2月28日至3月1日，管庄乡召开第十七届人民代表大会第五次会议。50名乡人大代表参会，机关各科室负责人及各社区书记和主任列席会议。会议审议并通过《管庄乡人民政府2018年工作报告（审议稿）》，投票选举乡长和乡人大主席。尹航当选为管庄乡人民政府乡长，张宝崑当选为管庄乡人大主席。6月27日，管庄乡第十七届人民代表大会第六次会议召开。44名乡人大代表出席会议。会议审议并表决通过关于《管庄乡管庄村棚户区改造腾退安置办法（草案）》的决议。8月29日，管庄乡召开第十七届人民代表大会第七次会议。会议听取并审议通过乡长尹航所做的《管庄乡人民政府2019年上半年工作报告（审议稿）》，乡人大主席张宝崑所做的《管庄乡人大主席团2019年上半年工作报告（审议稿）》，并部署下半年工作。（张 伟）

【公益创投大赛】 5月9日，管庄地区第一届公益项目创投大赛开幕。大赛设自治创新奖、多彩服务奖、多元合作奖、最接地气奖、最佳风采奖、最具潜力奖等6个奖项。经评选，嘉园益空间志愿服务队项目、“文明大客厅”楼门微自治项目、联馨益动·建平安馨家园项目、金丝银线 暖邻益补项目和北邻微管家——绿公益平台培育项目获奖。（张 伟）

▲ 5月9日，管庄地区首届公益项目创投大赛落幕 （史 蕾 摄）

【惠河文化节及体育节】 5月30日，管庄地区第十三届惠河文化节开幕，2019年北京朝阳森林演出季朝阳区管庄分会场演出活动同时开幕。惠河文化节历经5个月，累计开展16场分会场活动。其中7个文艺作品获2019年管庄地区惠河文化节分会场最佳节目奖，13个惠河文化节分会场组织单位获优秀组织奖。6月29日至10月19日，管庄地区举行第六届惠河体育节暨趣味运动会。各社区、村14支代表队200余人参加活动，惠及群众1万余人。（张 伟）

【新时代文明实践所（站）设立】 5月30日，管庄地区举行新时代文明实践站授牌仪式。地区工委书记万小兵宣读《管庄地区关于设立新时代文明实践所、站的决定》，并为社区和村文明实践站授牌，启动地区“新时代文明实践推动日”活动。地区在职党员宣传队、“580”（意为“我帮你”）理发队、小微善行队、平安护卫队、社区医院志愿服务队等现场为地区群众提供免费量血压、义务理发、接受衣物捐赠等志愿服务。年内，各实践所（站）参与志愿活动万余人次。（张 伟）

【市政府领导调研管庄村市场疏解情况】 6月19日，副市长卢彦一行到管庄乡管庄村调研，了解管庄乡基本情况、管庄村现状和东方建材市场疏解情况及规划。卢彦要求管庄乡把握发展机遇，群策群力、攻坚克难，做好环境整治提升等工作，推动全乡各项工作稳步发展。（张 伟）

【建党98周年表彰及主题活动】 6月28日，管庄地区举办“不忘初心，牢记使命”百时星优秀共产党员表彰大会暨庆祝建党98周年主题活动。地区工委、办事处领导班子成员，各社区、村、企业单位正职，各基层党组织、机关、事业单位全体党员、“百时星”（共产党员志愿服务品牌）共产党员志愿者代表等

200余人参加活动。现场通过短片讲述“百时星”优秀共产党员代表的初心故事，分享他们践行誓言的心得；表彰“百时星”优秀共产党员代表10名；地区工委书记万小兵带领全体党员重温入党誓词，号召全地区党员干部向受表彰人员学习。（张　伟）

【管庄村腾退任务完成】 7月3日至21日，管庄乡在前期调研、多方征求意见基础上，以问题为导向，综合施策，制定出台腾退办法并入户宣讲相关政策。其间，实现管庄村腾退签约率100%；完成管庄村248个院落、28.8万平方米腾退任务，实现2.1万名流动人口有序搬离。（张　伟）

【“接诉即办”机制落实】 8月13日，管庄地区召开12345接诉即办工作推进会。成立12345接诉即办工作办公室（简称接诉办），由6名专职人员负责接诉工作，优化首问负责制、舆情收集、办理以及反馈机制，做到闻风而动、接诉即办，切实为群众办实事解难事。建成管庄东里“社区之家”示范点；完成瑞祥里小区车棚升级改造等6项为民解忧办实事工程；优化提升“一刻钟社区服务圈”5个。（张　伟）

【疏解整治】 10月，管庄地区拆除建东苑菜市场，打通断头路。出动执法人员拆除违法商户56户100余个摊位，拆除面积1000余平方米，疏解人口100余人。年内，累计拆除违法建设面积70万平方米，整治占道经营、游街商贩1100余起，清理各种无证无照经营单位44家，清理“散乱污”企业32家，清理违法群租房144户，完成管庄东方建材市场、惠河汽配市场疏解和拆除工作。出动保洁人员、村民3000余人次，清理生活垃圾、大件垃圾、堆物堆料等1800余吨，清理街巷685条、规范“门前三包”21家、拆除私搭乱建23处（面积1045平方米），地区环境明显改善。（张　伟）

【对口帮扶】 11月6日，管庄地区工委书记万小兵带队，到对口扶贫的内蒙古自治区卓资县大榆树乡走访调研。在大榆树乡孔督营村野生保健黄金茶加工厂，实地查看工厂扩建项目并达成帮扶共识。走访贫困家庭并送去米面油等慰问品350份。（张　伟）

【环境治理】 年内，管庄地区加大对施工扬尘、道路遗撒、露天焚烧等违规行为检查力度，苫盖裸土90余万平方米，$PM_{2.5}$平均浓度下降到每立方米46微克；完成八里桥公园绿化改造面积23万平方米以及郭家场村和广渠路北侧咸宁侯东南地块绿化美化任务；落实“河长制”，定期巡查通惠河（管庄段），累计巡河1055人次；完成截污管线铺设工程，维护河清水净生态环境。（张　伟）

2019年朝阳区管庄地区（乡）社区居委会、村委会一览表

表47

序　号	名　称	地　址	电　话
1	八里桥社区居委会	东军庄8号楼南平房	85701262
2	管庄北里社区居委会	常意路3号院4号楼一层	65727639
3	管庄东里社区居委会	管庄东里21号楼1层	51164080
4	管庄西里社区居委会	西里2号楼与3号楼之间平房	65740261
5	惠和东里社区居委会	东一时区惠河东里	65485807
6	惠和西里社区居委会	双柳北街一号院14号楼305室	65438728
7	京通苑社区居委会	管庄京通苑10号楼东二层	65709460
8	丽景苑社区居委会	管庄西里78号楼（尚东阁）小区东侧	65777481
9	瑞祥里社区居委会	管庄第二卫生服务中心西侧 （瑞祥里社区服务站）	65478541
10	新天地社区居委会	双桥东路5号院1号楼201室	59121092
11	远洋一方嘉园 社区居委会	朝阳路5号院12号楼北侧二层	56649591
12	建东苑社区居委会	管庄周家井建东苑社区1号楼东侧	65752017
13	远洋一方润园 社区居委会	管庄地区塔营北街6号院7号楼101室	57911641
14	八里桥村村委会	瑞祥里小区26号楼北侧原配电室	85707898 85708932
15	东会村村委会	管庄乡瑞祥里小区4-1-103	65459097 65726067
16	塔营村村委会	管庄乡瑞祥里小区29-1-103	85708430 85708148
17	重兴寺村村委会	管庄新村D区1号楼1单元103室和 104室	65730972 65739058
18	管庄村村委会	管庄乡管庄村委会	65730972 65739058
19	司辛庄村村委会	管庄乡司辛庄村委会	65486379
20	西会村村委会	瑞祥里小区29-1-103	65739232 65486379
21	小寺村村委会	塔营北街3号院1号楼1单元101号	65703627
22	杨闸村村委会	杨闸环岛东南侧	65708652
23	郭家场村村委会	郭家场村委会综合办公楼	85390172 85391679
24	咸宁侯村村委会	管庄乡咸宁侯村414号	85365773 51273818
25	果家店村村委会	瑞祥里小区4号楼4单元103室	85707698 85707645

（张　伟）

黑庄户地区（乡）

【概况】 黑庄户地区（乡）位于朝阳区东南部。东与通州区台湖镇工业园区接壤；南靠光机电产业基地，西与垡头边缘集团与豆各庄相邻，北靠定福庄边缘集团与管庄乡相接。辖区面积24.1平方千米。下辖16个行政村（年内拆迁3个村）、7个社区（1个社区为村与社区合一）。年内，辖区户辖人口21449人（其中农业人口7514人）、流动人口44890人、外籍人口97人；有汉族人口19943人、回族人口1046人、其他少数民族人口460人；新出生人口242人、死亡人口53人。辖区有法人单位1096个，其中中央单位7家、市属单位5家、区属单位1家。有医院2所、社区卫生服务中心1个、社区卫生服务站9个；有中学1所、小学4所、幼儿园3所；有养老机构2个；有600平方米为民服务大厅1处、文化广场9处和24小时自助图书馆3处。途经辖区公交线路7条，地铁7号线在辖区设郎辛庄、黑庄户站。年内，地区以农业生态公园规划建设为中心，以增进民生福祉为根本，以万亩花海、金鱼之乡、电影小镇、音乐基地四张名片为方向，着力疏解非首都功能，提升环境品质，强化综合治理能力、加强和改善民生、促进社会和谐稳定。动员群防群控力量155159人次，完成庆祝中华人民共和国成立70周年等重大活动服务保障任务；完成四合公园和萧太后河公园建设，实现增绿面积100公顷，打通辖区由西至东连接通州城市副中心景观廊道；完成社区（村）“两委”换届选举工作，16个村党组织书记与村委会主任实现100%“一肩挑”，新一届“两委”班子成员整体结构进一步优化；完成3个村住宅房屋腾退和人员安置工作。实现农村集体经济总收入2.6亿元，比上年减少7.14%；人均劳动所得29955元，比上年增长6.4%；实现区级财政收入1.65亿元，完成区级指标任务118.11%。苏坟村党支部书记轩秀萍获“第七届首都道德模范”称号。（杨　冬）

【乡八届三次党代会】 3月6日，黑庄户乡召开第八届党代会第三次会议，105名代表参加会议。乡党委书记秦涛以《立足新时代抢抓发展机遇 坚持高质量发展实现转型追赶 为继续推进地区城市化进程而努力奋斗》为题做《中共黑庄户乡党委2018年工作报告（审议稿）》，部署2019年工作任务；与会代表讨论并通过乡党委2018年工作报告。（杨　冬）

【北京音乐园投入使用】 5月11日，市委宣传部在位于辖区的北京音乐园举办北京冬奥会倒计时1000天活动——“燃烧的雪”主题音乐会，标志着北京音乐园正式启用。北京音乐园是黑庄户地区利用老旧厂房改造而成，旨在拓展老旧厂区的文化空间，建成北京音乐产业基地。基地内发展金鱼文化产业，完成占地面积58公顷的黑庄户鱼场规划设计及3万平方米观赏鱼生态养殖池改造，为观赏鱼产业发展奠定基础。（杨　冬）

▲ 5月11日，市委宣传部在北京音乐园举办北京2022冬奥会倒计时1000天主题音乐会（杨　冬　摄）

【乡人大十七届九次会议】 9月12日，黑庄户乡召开第十七届人民代表大会第九次会议。参会代表47人。经选举，朱小疆、周静为当选黑庄户乡人民政府副乡长。（杨　冬）

【住宅房屋腾退安置】 年内，黑庄户乡启动并完成定辛庄东村、定辛庄西村和苏坟村3个村的住宅房屋腾退安置工作。腾退住宅房屋占地面积约207公顷，建筑面积约23公顷，涉及住宅院落663个、737户，安置人口3203人。（杨　冬）

【疏解整治】 年内，黑庄户地区拆除存量违法建设134万平方米，完成全年任务量的111.67%；整治关停无证无照经营单位79家，疏解一般性制造企业7家；留白增绿17.78万平方米，调减人口12180人（计划6029人），超额完成调控指标任务。完成郎辛庄村、郎各庄村第一批美丽乡村建设；启动并完成第二批美丽乡村建设工作，涉及大鲁店三村、小鲁店村、万子营东村、万子营西村4个村949户，拆除私搭乱建766户，占总户数80.72%，拆除面积41187.54平方米。以“清脏、治乱、增绿、控污”为重点，开展农村人居环境整治，改造旱厕81座、垃圾站点383处，治理黑臭水体24条，拆除私搭乱建752处，约4万平方米；清理无主垃圾1280吨、违规广告820处、堆物堆料750处。完成绿地认建认养清查工作，排查面积1500余公顷；查处无照经营284起，取缔露天烧烤、大排档22个，规范“门前三包”店外经营201家，拆除户外违规广告牌85块，临窗广告254处；改善地区交通秩序，开展联合执法行动100余次，整治占道违停车辆数千辆、清理僵尸车24辆，在郎各庄村、黑庄户村和双桥第二社区居民区增设临时停车场3处。（杨　冬）

【结对扶贫】 年内，黑庄户乡与河北省康保县二号卜乡、芦家营乡结对协作扶贫。黑庄户乡投资为二号卜乡扩建蛋鸡养殖场房、为芦家营乡小英图村新建马铃薯粉条加工厂。2个扶贫项目带动130余名贫困人员实现脱贫。（杨　冬）

【乡（村）“三资”管理】 年内，黑庄户乡健全乡经济合同联预审和重大项目评审机制，实施村级财务管理规范化，完善乡集体资产监督管理委员会运行程序，全年解除合同248份，签订经济合同43份。完成乡、村两级集体经济组织换届选举工作，选举产生乡、村两级经济联合社社长、管委会委员、监委会主任、监委会委员等101人。（杨 冬）

【“接诉即办”机制落实】 年内，黑庄户地区开展“2019年信访条例宣传月暨网上信访更阳光”主题宣传活动，成功调解民事纠纷42件，化解各类风险隐患278起；受理行政复议案件2起、主动公开政府信息70次、受理信息公开申请10条，办结行政诉讼2件；打击各类涉黑违法犯罪，配合相关部门破获刑事案件18起，抓获嫌疑人83人；受理12345市民服务热线反映问题案件1883件，响应率100%，解决率和满意率全区农口综合排名第三名。（杨 冬）

【安全隐患治理】 年内，黑庄户地区开展危险化学品存储点、有限空间、建筑施工领域等专项检查。核查挂账隐患点位791处，排查出租房屋3513户22692间、“三合一”场所5处、出租大院3个。清理出租房3283间，拆除1523间，停租1747间，整改安全隐患7453处（其中消防隐患7018处、房屋结构隐患79处、治安隐患27处、综合隐患329处）；检查辖区单位（场所）8918家（处），查封98处；开展易爆物品排查整治工作，清理存放有大量液化气罐的场所3处，治安拘留3人；开展安全生产检查，检查单位9154家，发现安全隐患7682处，立案处罚8起，责令停产停业40家、关闭或取缔15家；查处违法经营行为，发现和纠正违法经营行为为146次，挂账无证无照经营128户，销账无证照经营128户，销账率100%。（杨 冬）

【民生保障】 年内，黑庄户地区落实就业、医疗保障、养老保障、低保社会救助以及职业介绍等多项民生保障措施，通过郎辛庄养老驿站对外营业，逐步形成“2+3”（2家养老机构、3家养老驿站）服务体系。引入高校、知名医院等优质医疗资源，举办健康大课堂40场，为2240人接种流感疫苗，完成年度“两癌”筛查等工作。（杨 冬）

【社区建设】 年内，黑庄户地区完成一批农民市民化项目建设。包括启动为民解忧办实事项目8个、新建双桥等“一刻钟服务圈”5个以及完成双桥第三社区“一刻钟服务圈”更新等社区基础类项目。全年开展公益活动50余次，整合更新社区和谐促进员队伍328人，启动社会动员平台建设项目。（杨 冬）

2019年朝阳区黑庄户地区（乡）社区居委会、村委会一览表

表48

序 号	名 称	地 址	电 话
1	一社区居委会	黑庄户乡双桥农场五号井小区39号楼	85392469
2	二社区居委会	黑庄户乡温泉东里中街	85393460
3	三社区居委会	黑庄户乡温泉东里中街	85308661
4	康城社区居委会	双桥东路9号物业楼	85373117
5	旭园社区居委会	黑庄户乡旭园卫生服务站	85384802
6	怡景城社区居委会	黑庄户乡郎辛庄万通路怡景城花园	65739200
7	大鲁店一村村委会	黑庄户乡大鲁店一村	85386242
8	大鲁店二村村委会	黑庄户乡大鲁店二村	85303735
9	大鲁店三村村委会	黑庄户乡大鲁店三村	85383959
10	小鲁店村村委会	黑庄户乡小鲁店村	85386256
11	郎各庄村村委会	黑庄户乡郎各庄村	85381606
12	郎辛庄村村委会	黑庄户乡郎辛庄村	85382273
13	万子营东村村委会	黑庄户乡万子营东村	85387860
14	万子营西村村委会	黑庄户乡万子营西村	85386698
15	黑庄户村村委会	黑庄户乡黑庄户村	51235398
16	四合庄村村委会	黑庄户乡四合庄村	85382075
17	双树南村村委会	黑庄户乡双树南村	85373302
18	双树北村村委会	黑庄户乡双树北村	85372084
19	么铺村村委会	黑庄户乡么铺村	85371777

（杨 冬）

将台地区（乡）

【概况】 将台地区（乡）位于朝阳区中北部，横跨东四环路和东五环路，地处朝阳区丽都、燕莎商圈，毗邻电子城科技园区。东至东八间房北岗子村与东坝乡相邻，南至麦子店街与东风乡、麦子店街道相接，西至京顺路与望京街道、太阳宫乡相连，北至将府家园北窑地居民区与崔各庄乡接壤。辖区面积11.45平方千米。下辖驼房营、东八间房、安家楼3个行政村和芳园里、丽都、水岸家园、将府家园、梵谷水郡、瞰都嘉园、阳光上东、驼房营北里8个社区。年内，辖区常住人口63083人，户籍人口13641户28019人，流动人口27106人，境外人口2365人；新出生人口313人、死亡人口57人。有法人单位2693个，其中中央单位7家、市属单位12家、区属单位1家。有医院、诊所及医务室18家，社区卫生服务中心1个，社区卫生服务站3个；有科研院所1个，大学2所、中学3所、小学4所、幼儿园8所；有地区级养老机构1个、社区级养老机构2

▲ 7月12日，将台乡农村集体资产清产核资通过市级验收 （隗力辉 摄）

个、公建民营养老机构2个；有260平方米为民服务大厅1处、3000平方米地区文化中心1处、文化广场11处和24小时自助图书馆3处。途经辖区公交线路34条，地铁14号线贯穿其中。年内，将台乡紧扣中华人民共和国成立70周年庆祝活动工作主线，继续坚定全域城市化目标，以打造“一轴、两带、六片区”为主攻方向，保稳定、抓亮点、强统筹、夯基础、惠民生、促发展，完成年度各项重点任务。完成地区（乡）机构改革试点任务；完成7个社区居委会换届选举工作；举办“舌尖上的一带一路”国际美食文化论坛暨国际美食嘉年华等各类文化活动430余场；新增健身运动器材40余套，完成北京市体育特色乡创建任务；加强社区基础设施建设，完成14项为民解忧办实事项目、8个社区“三社一体”化项目及2个政府购买服务项目；加强社会保障体系建设，办理城镇居民医疗保险参险2550余人，实现劳动力就业336人，帮助申请各类保障性住房70余户。完成集体资产清产核资相关工作。实现地区经济总收入79.2亿元，比上年增长6%；实现区级财政收入8.53亿元，比上年增长10.61%。 （耿 超 郑 琪）

【地区文联成立】 1月10日，将台地区召开文学艺术界联合会成立大会暨快乐将台文化广场文艺演出。中国铁路文工团曲艺杂技团团长、中国曲艺家协会理事何斌担任将台地区文联主席。区文联及将台地区相关领导，各社区、村、直属企业、社会单位及各协会代表500余人参加活动。 （耿 超）

【乡十三届三次党代会】 1月22日，将台乡召开第十三届党代会第三次会议，部分市、区党代表，乡党代表和列席人员等100余人参加会议。会议审议通过《中共将台乡第十三届委员会2018年工作报告（审议稿）》《中共将台乡纪律检查委员会2018年工作报告（审议稿）》《将台乡2018年党费收缴、使用情况报告》。 （耿 超）

【乡人大十七届五次、六次会议】 1月24日至25日，将台乡召开第十七届人民代表大会第五次会议。部分区人大代表、乡人大代表和列席人员80余人参加会议。会议审议通过《将台乡人民政府2018年工作报告（审议稿）》《将台乡人大主席团2018年工作报告（审议稿）》《将台乡2018年财政财务工作报告》。大会选举李勃为将台乡人民政府乡长。8月1日至2日，将台乡召开第十七届人民代表大会第六次会议，区、乡人大代表、列席代表和工作人员90余人参加会议。会议审议通过《将台乡人民政府2019年半年工作报告（审议稿）》《将台乡人大主席团2019年半年工作报告（审议稿）》。 （耿 超）

【东八间房村中心幼儿园开园】 2月15日，将台乡与北京青年政治学院合作办园——东八间房村中心幼儿园开园。为将府锦苑小区及周边幼儿教育提供公办普惠学前教育服务。 （耿 超）

【森林绿站影像季活动】 4月12日至21日，将府公园举办首届森林绿站影像季活动。将辖区城市景观、自然景色、美好生活图景再现于森林、桥边、水畔、绿地、铁路之上，近50幅巨幅影像画分置于公园各景点，以公园千米绿道串联园内景观和影像作品，构成“生息、绿动、河光、乡风”四大主题展区。其间，在朗园 Station 举办以漕运文化、将台风貌为创意灵感的大型装置艺术品展览及多场文化主题课堂。为市民呈现“绿色＋文化”的美景盛宴和互动体验，打造北京绿色生态文化城市新名片。 （耿 超）

【疏解整治】 5月20日，将台地区启动拆除违建工作。拆除安家楼管委会京润待拆区域内违法建设，拆除房屋300余间，建筑面积7000余平方米，涉及流动人口约1500人。6月至8月，完成马球俱乐部地块违法建设清理整治工作。清退商户286户，拆除违法建设面积8.5万余平方米，清退流动人口1500余人，完成土地复垦面积约18.3公顷。（李 涛）

【新时代文明实践推动日活动】 6月29日，将台地区工委、办事处举办“不忘初心，牢记使命”庆祝中国共产党成立98周年主题活动暨“将台故事”推介会暨新时代文明实践推动日活动。活动评选并表彰先进基层党组织8个、优秀党务工作者20名、优秀共产党员100名、岗位标兵20名、践行社会主义核心价值观榜样人物20名、志愿服务之星20名、最美家庭30家。 （王 靖）

【“接诉即办”机制落实】 7月31日，将台地区实施“D+1+1+1+N”（D即党建引领+1名机关干部+1名社区居干+1名网格管家+N个社会力量）特色管理模式，做好市民热线办理工作并取得初步成效。将台乡“接诉即办”工作位列7月全市并列排名第一名。至年末，接诉3010件，即办3010件，完成率92%。 （刘玉超）

【地区物业联盟成立】 8月30日，将台地区召开物业联盟成立大会，成员单位涵盖辖区内近40家物业服务企业、无物业小区产权单位和业委会。大会通过地区物业联盟章程和议事规则等8项制度，选举产生物业联盟主任1人、副主任7人，联盟功能型党组织同时成立。（叶春丰）

【慰问优秀教育工作者】 9月6日，将台地区召开教育工作会暨庆祝第35个教师节座谈会，地区工委书记宋少伟等领导和地区16所学校（包括大学、中学、小学和幼儿园）的领导及教师代表等20人参加会议。会议表彰并慰问地区级优秀教师61名、优秀教育工作者16名，发放慰问金3.85万元。（魏 萌）

【参加中华人民共和国成立70周年庆祝活动】 9月6日，将台地区41人参加庆祝中华人民共和国成立70周年群众游行方阵；50人参加群众联欢活动——舞蹈演出方阵；乡党委（地区工委）决定分别成立群众游行方阵临时党支部和舞蹈演出方阵临时党支部（工作周期3个月）。12月11日，地区召开表彰大会，表彰参加群众游行方阵和舞蹈演出方阵优秀个人各15名。（杨一帆）

2019年朝阳区将台地区（乡）社区居委会、村委会一览表

表49

序 号	名 称	地 址	电 话
1	水岸家园社区居委会	酒仙桥村甲1号向西300米	64332726
2	丽都社区居委会	芳园南里西区7号楼1单元101	64375253
3	芳园里社区居委会	芳园里社区18楼对面	64333088
4	将府家园社区居委会	将府家园北里103楼2单元101室	51373060
5	梵谷水郡社区居委会	驼房营南路二号院梵谷水郡小区14号楼1层	84706491
6	瞰都嘉园社区居委会	东四环北路10号院2号楼底商	84797568
7	阳光上东社区居委会	东四环北路6号阳光上东C区1号楼底商	51303352
8	驼房营北里社区居委会	将府家园北里131楼111 ~ 115号	64361852
9	安家楼管委会	将台乡安家楼村东（林场）安家楼管委会	64372167
10	东八间房村村委会	将台乡东八间房村将台东路东八间房村	52053188
11	驼房营村村委会	驼房营路3号临驼房营村	84561035

（耿 超）

金盏地区（乡）

【概况】 金盏地区（乡）位于朝阳区东北部，温榆河畔。北部、东部以温榆河为界，与顺义区、通州区接壤，南部与常营地区、西部与崔各庄地区、东坝地区相接，辖区总面积50.1平方千米。下辖13个行政村、4个社区。年内，辖区常住人口106048人，户籍人口12666户28948人，流动人口77100人，外籍人口252人；有汉族人口103618人、满族人口1289人、蒙古族人口395人、回族人口142人、土家族人口103人，另有侗族、苗族、朝鲜族、瑶族、布依族、达斡尔族、彝族等7个少数民族，人口数均不足百人；新出生人口287人，死亡人口67人。辖区有社会单位16家，其中中央单位有中组部干部学院、北京外运物流中心、中铁十六局、北京京能高安屯燃气热电有限责任公司、神华国华（北京）燃气热电有限公司等5家，市属单位有4家、区属单位有7家、乡级企业有11家。有社区卫生服务中心1个、社区卫生服务站7个；有大学1所、中学8所（含国际学校5所）、小学5所（含民办小学3所）、幼儿园3所；有养老机构3个；有405平方米为民服务大厅1处，整合两个村级文化活动站，地区文化中心面积3200平方米，有文化广场9处和24小时自助图书馆5处。辖区绿化率24.48%。途经辖区公交线路13条。年内，金盏地区紧紧把握朝阳区“以新理念引领新常态、以减量发展促进高质量发展的新阶段”和“三化”要求，坚持稳中求进工作总基调，高质量推动农村城市化，不断提高地区发展品质、环境品质、管理品质和服务品质。实施“疏解整治促提升”专项行动，完成社区（村）“两委”换届选举、创建国家卫生区、重大活动服务保障等重点工作。年内，实现地区经济总收入9亿元，比上年减少7.8%；人均劳动所得34572元，比上年增长6.7%。金盏乡获“2019年中华人民共和国成立70周年阅兵服务保障贡献奖”称号。（王德铭）

【乡四届三次党代会】 2月28日，中共金盏乡第四届代表大会第三次会议召开，出席会议代表98人，列席会议代表40人。会议审议并通过《中共金盏乡党委2018年度工作报告（草案）》《中共金盏乡纪律检查委员会2018年度工作报告（草案）》和《金盏乡2018年度党费收缴、使用和管理情况报告》。（王德铭）

【乡人大十七届五次会议】 4月15日，金盏乡召开第十七届人民代表大会第五次会议。出席会议正式代表50名，列席代表71名。会议审议并通过《金盏乡人民政府2018年工作报告（草案）》《金盏乡人大主席团2018年工作报告（草案）》《金盏乡2018年财政预算执行情况和2019年财政预算草案的报告》；与会代表提出建议9条（其中涉及推进农村城市化方面3条、完善基础设施建设方面3条、保障改善民生方面2条、推动经济发展方面1条）。8月16日，金盏乡召开第十七届人民代表大会第六次会议。出席会议正式代表52名，列席代表69名。会议审议并通过《金盏乡人民政府2019年半年工作报告（审议稿）》；接受原乡长张晓宁、乡人大原主席高建忠辞职请求，选举陆闻宇为乡人民政府乡长、蒋春茂为乡人大主席、孙晔为乡人民政府副乡长；接受乡人大代表建议38件，其中推进农村城市化方

面 9 件、推动经济发展方面 9 件、保障改善民生方面 11 件、完善基础设施建设方面 9 件。（王德铭）

【参加中华人民共和国成立 70 周年庆祝活动】 10 月 1 日，金盏地区马各庄村老党员、退伍军人陆文华参加庆祝中华人民共和国成立 70 周年“致敬”游行方阵；7 人参加女民兵方队；50 人参加“艰苦奋斗”游行方阵；6 人参加“众志成城”方阵；1 人参加“从严治党”游行方阵；47 人参加联欢晚会演出活动。（王德铭）

【基层股份经济合作社换届选举】 12 月 9 日，金盏乡 13 个村分别召开股份经济合作社和经济合作社第三届（股东）社员代表大会。大会以投票方式选举产生（股份）经济合作社社长、管委会委员、监委会主任、监委会委员，并推举出乡资源资产股份合作联社代表候选人和乡经济组织合作联社社员代表候选人。全乡选举产生管委会人员 67 名，其中社长 13 名、副社长 4 名，管委会委员 50 名；监委会人员 39 名，其中监委会主任 13 名、监委会委员 26 名。（王德铭）

【基层党组织建设】 年内，金盏地区实施“支点行动”（机关与村、社区党支部共建，机关党支部为牵头方；村、社区党支部与非公企业党支部共建，村党支部为牵头方）三年行动计划，开展“我和祖国共成长”等主题活动 50 余次；乡党委针对领导干部、党务工作者、后备干部和入党积极分子、广大党员分别开展争当红色头雁、红色先锋、红色力量、红色基因“四个红”活动。依托地区党校分校，开展“红色头雁”基层党组织书记专题培训 6 次，开展“四个红”党员干部专题学习活动 18 次、七一系列活动 8 项、主题宣讲活动 6 场；开展村基层党组织书记项目申报工作，收到项目申报书 13 份。完成整顿提升软弱涣散基层党组织工作。评选出“优秀基层党组织”11 个、“优秀党务工作者”20 名、“优秀共产党员”100 名、“优秀志愿服务队”6 支；重新摸排 4197 个非公企业“两个全覆盖”情况，正常经营且符合覆盖要求非公企业 80 家（职工 4725 人，其中中共党员 181 人），已建立党组织 19 家，组织覆盖率 23.75%。经乡党委研究，批复成立联合党支部 17 个，覆盖未建立党组织的非公企业 61 家，实现组织覆盖率 100%。（王德铭）

【环境整治】 年内，金盏地区拆除各类违法建设 150 万余平方米。整改“大棚房”问题，拆除 38 个点位违建建设面积 29.5 万余平方米。围绕《金盏乡 2019 年“疏解整治促提升”工作方案》责任目标，整治背街小巷 12 条，清理无证照餐饮和其他无证照单位 123 家，清理出租大院 8 个、群租房 1 处；清理占道经营点位 1 处；退出一般制造业企业 10 家；规范社会力量办学 1 家；劳动保障监察 60 家；完成农业领域、园林领域留白增绿各 1 处；完成 62 座公厕升级改造；置换封闭式垃圾桶 1536 个，建立垃圾桶站 512 处；配合区城管委建立垃圾转运站 1 处。开展东村、东窑村垃圾分类试点工作，设置垃圾分类宣传栏 7 处、组织宣传活动 176 次；发放分类垃圾桶 367 组、电动三轮车 48 辆。整治积存建筑垃圾点位 42 处、垃圾 1446.85 万吨；开展“散乱污”台账专项整治行动，关停、整改在账企业 424 家，完成 242 个点位、面积 460 余万平方米裸露土地苫盖。（王德铭）

【服务民生】 年内，金盏乡完成楼梓庄村、长店村和曹各庄村近 4000 名农转非劳动力安置工作；举办地区人才招聘会，提供就业岗位 1700 余个，300 余人达成就业意向；继续实施“好学金盏 123”社区教育项目；投资 371.09 万元，实施社区为民办实事项目 8 个；完成 4900 名老年人免费健康体检。（王德铭）

【对口帮扶】 年内，金盏地区投资 250.8 万元，为对口帮扶单位河北省阳原县东城镇千家营新村建设养殖小区 1 个，项目受益人口 361 人，脱贫人数 66 人。为东城镇捐建公厕 1 座，为东城镇中学困难学生捐赠棉被、书包文具 150 套。（王德铭）

【金盏森林公园建设】 年内，金盏乡完成金盏森林公园一期范围内水系土方开挖（总量 5.4 万立方米）、灌溉管网建设（5.8 万延米）工作；绿化建设除受客观因素（反季节、园路、广场等）影响无法种植外（2019 年计划完成一期 188.67 公顷范围内 71745 株乔木种植），实际完成树木种植约 6.5 万株，完成率 90.6%。（王德铭）

▲ 8 月 6 日，金盏嘉园社区“红色义工”在行动，清除智能垃圾分类回收箱污渍（邓志远 摄）

【安全生产】 年内，金盏地区安全生产检查队检查企业 5504 家次，发现隐患 4325 处，隐患整改率和企业覆盖率均为 100%。行政处罚立案 75 起，处罚金额 23.3 万元；完成 15 家企业安全风险评估、109 家安责险投保工作。（王德铭）

【水环境治理】 年内，金盏地区配合北排集团、区水务局完成 7.7 千米聚焦攻坚任务和 5.9 千米黑臭水体收集管线建设；完成小微水体治理工程建设项目（项目建设长度 4.39 千米）投资 4909.07 万元。黑臭水体清淤工程项目（项目建设长度 4.06

千米）投资845.15万元；协调筹措乡级资金335万余元，完成6条段乡管排水沟渠清淤治理和部分污水收集管线工程。乡域内实现（除北排建设的收集管线未实现功能的）所有污水收集处理再排放。（王德铭）

【文艺创作演出与文体设施建设】年内，金盏地区围绕庆祝中华人民共和国成立70周年活动主题，组织开展文艺创作，创编舞蹈《绒花》《柳丝》《映山红》、快板《文明公约》、中国大鼓《欢天喜地》等一系列文艺作品，重点筹划以“马沙雷”（指马各庄、沙窝和雷庄3村）棚改为背景的原创戏剧《马沙雷的春天》，在金盏地区东北师大附中公演2次；聘请书画、声乐、舞蹈、快板、大鼓等方面专业教师，为地区居民免费艺术培训200余课时。举办系列公益演出10余场次。完成电影节、公益影展等放映任务12场；申报并建成朝阳区首个村级一卡通图书馆——东窑村图书馆。该馆配备图书1万余册、电脑10台，开通100兆光纤宽带，实现馆内图书市内通借通还；在东村、西村、黎各庄、金盏嘉园二社区的疏解地块建设棋苑、乒乓球长廊、笼式足球等8块专项体育场地。（王德铭）

【“接诉即办”机制落实】年内，金盏地区制定“接诉即办”工作方案，提升办理效率，解决群众诉求问题近3000个，处理“接诉即办”案件3079件，网格全模式V6系统处理案件55061件，网格二级闭环系统处理案件16456件，综合得分位居全区农村地区前列。全年组织各村开展矛盾纠纷排查82次，排查出矛盾纠纷594件，调解民间纠纷571件，形成卷宗77件，调处成功率96%。乡领导接待群体访21批次、900余人次，接待个访22人次；办理各类信访件214件，其中区转件171件、直访43件、信访复查复核案件3件，均已办结。（王德铭）

2019年朝阳区金盏地区（乡）社区居委会、村委会一览表

表50

序　号	名　称	地　址	电　话
1	金泽家园社区居委会	金泽家园A区服务站	56521025
2	金泽家园北社区居委会	金泽家园C区底商北社区服务站	56521025
3	金盏家园一社区居委会	金盏乡金盏嘉园C区底商1号楼	64180100
4	金盏家园二社区居委会	金盏乡金盏嘉园D区底商1号楼	64180299
5	金盏东村村委会	金盏东村内	84343674
6	金盏西村村委会	金盏西村内	84333599
7	楼梓庄村委会	楼梓庄村	84393471
8	曹各庄村委会	曹各庄村	84391615
9	黎各庄村村委会	黎各庄村	84394984
10	马各庄村村委会	马各庄村	65418506
11	北马房村村委会	北马房村	84311013
12	长店村村委会	长店村	84336078
13	小店村村委会	小店村	84333706
14	雷庄村村委会	雷庄村	84341876
15	皮村村委会	皮村	84331772
16	沙窝村村委会	沙窝村	84317838
17	东窑村村委会	东窑村	84393901

（王德铭）

来广营地区（乡）

【概况】来广营地区（乡）位于朝阳区西北部。东邻孙河乡、崔各庄乡，西与奥运村街道、大屯街道接壤，南与望京街道、大屯街道相连，北与昌平区东小口镇、北七家镇相邻。辖区面积20.93平方千米。下辖24个社区、5个行政村。年内，辖区常住人口172389人，户籍人口71039人，流动人口101350人，外籍人口768人；新出生人口1213人，死亡人口90人。有中央单位21家、市属单位25家、区属单位49家、乡属企业6家。有医院3所、社区卫生服务中心1个、社区卫生服务站3个；有大学1所、中学6所、小学8所、幼儿园18所；有养老机构7个；有110平方米为民服务大厅1处、有文化广场3处和24小时自助图书馆10处。绿化率56.6%。途经辖区公交线路20条，地铁13号线、5号线、14号线贯穿其中。年内，来广营乡以服务保障中华人民共和国成立70周年庆祝活动为主线，以“文化、国际化、大尺度绿化”为主攻方向，加快推进区域高质量发展，城乡环境更加绿色宜居，经济社会发展取得新成绩。完成系列重大活动服务保障、创建文明卫生乡、环境质量提升以及扶贫对接等重点工作。启动大尺度绿化工程——朝来森林公园三期工程和148公顷代征绿地绿化、美化建设工程。实现区级财政收入8.86亿元，比上年增长10.5%；集体经济总收入9.95亿元，比上年增长6.3%；人均劳动所得50547元，比上年增长7%。（魏烨繁）

【乡十四届三次党代会】1月23日，来广营乡第十四届党代会第三次会议召开，128名乡党代表出席会议。会议审议通过《中共来广营乡第十四届委员会2018年工作报告》和《中共来广营乡第十四届委员会纪律检查委员会2018年工作报告》。乡党委书记王刚提出工作要求。（魏烨繁）

【地区小型消防站挂牌】2月3日，来广营地区举行小型消防站挂牌仪式。公安朝阳分局局长牛国泉、副局长黄雁育，朝阳消防支队支队长高永路、防火处处长张伟，地区工委书记王刚等领导出席揭牌仪

▲ 2月3日，来广营地区小型消防站挂牌　（来广营乡　供图）

式。地区小型消防站位于来广营西路26号，占地面积380平方米，建筑面积650平方米；配有消防员19名，灭火抢险消防器材296件，消防车3台。年内，来广营地区小型消防站接警9次，出动消防车18台次、消防员108人次。（魏烨繁）

【乡人大十七届五次、六次会议】 2月26日至27日，来广营乡召开第十七届人民代表大会第五次会议。54名人大代表出席会议，乡机关科级及以上干部列席会议，社区党组织书记旁听会议。会议审议并通过地区办事处主任张继明所做的《来广营乡人民政府2018年工作报告（审议稿）》和乡人大主席韩潮所做的《来广营乡人大主席团2018年工作报告（审议稿）》；书面审议并通过《来广营乡2018年财政预算执行情况和2019年财政预算草案报告》；选举张继明为来广营乡人民政府乡长。7月24日至25日，来广营乡召开第十七届人民代表大会第六次会议。51名人大代表出席会议，乡机关科级及以上干部、社区党组织书记和乡属企业经理列席会议。大会听取并审议通过《来广营乡人民政府2019年上半年工作报告（审议稿）》和《来广营乡人大主席团2019年上半年工作报告（审议稿）》；选举龚平为来广营乡人民政府副乡长。（魏烨繁）

【社区妇联换届选举】 3月12日至30日，来广营地区21个社区相继召开妇女代表大会，选举产生新一届社区妇联主席21名、专兼职副主席42名、兼职副主席以及妇联执委315名。兼职副主席均由本社区社会单位、非公经济组织和社会组织等优秀女性担任，21位妇联主席全部进入社区“两委”班子。（魏烨繁）

【社区居委会换届选举】 3月23日，来广营地区完成第十届社区居委会换届选举工作。21个社区中，9个社区为全体选民直选方式、8个社区为户代表选举方式、4个社区为居民代表选举方式。21个社区选举产生新一届社区居委会成员147名，其中主任21名、副主任33名、委员93名。成员中，大专以上文化程度143名（其中大学本科学历97名、研究生学历5名），占成员总数97.28%；83人持有国家社会工作师或助理社会工作师水平资格证书，占委员总数56.5%，比上届提高14.4%；14个社区实现居委会主任与社区党委书记“一肩挑”，占社区总数66.67%；成员平均年龄38.2岁，其中主任平均年龄46.2岁、副主任平均年龄38.4岁、委员平均年龄36.3岁，年龄最大的61岁、最小的22岁。（魏烨繁）

【来广营地区文联成立】 4月25日，来广营地区举行“强根铸魂 奉献人民 引领风尚——来广营地区文学艺术界联合会”成立仪式。区文联主席谢莹、区文化和旅游局局长高春利、北京市音乐家协会秘书长赵金波、区文联常务副主席兼秘书长金童出席活动，来广营地区工委书记王刚等地区领导班子成员及地区400余名群众参加仪式。地区工委书记王刚现场致辞；金童为地区文学艺术界联合会分会授牌，来广营地区工委副书记芦爽接牌；金童、赵金波分别向来广营地区文联顾问李洋，来广营地区文联主席、战友文工团男高音歌唱家、国家一级演员康曦等颁发聘书。（魏烨繁）

【新时代文明实践活动】 6月14日，来广营地区举行“文明朝来 实践有我”——地区新时代文明实践所建设启动暨揭牌仪式，地区新时代文明实践所和24个社区新时代文明实践站挂牌成立。年内，地区完成新时代文明实践工作体系、组织架构和规章制度。成立地区新时代文明实践志愿服务中队、24个志愿服务分队以及普法宣传、医疗服务、文明宣传、理论宣讲4支专业志愿者服务队。每个月最后一周周末为文明实践推动日，围绕传播科学理论、宣传党的政策、弘扬主流价值、培育文明习惯、共享文化成果、倡导文明新风6项工作内容，全年举办新时代文明实践活动100余场。（魏烨繁）

【庆祝建党98周年大会】 6月28日，举办“不忘初心永铭记 聚力朝来勇向前”来广营地区（乡）庆祝中国共产党成立98周年大会。地区领导班子成员，机关党员，各社区、村、直属企事业单位、非公企业党组织干部及党员代表，2019年来广营地区受表彰党员，来广营地区（乡）2018年度预备党员等300余人参加会议。会议表彰地区先进基层党组织15个、优秀党务工作者15名、优秀共产党员121名、岗位标兵15名和志愿服务之星15名。（魏烨繁）

【地区第十六届全民运动会】 10月12日，来广营地区第十六届全民运动会开幕。地区领导班子成员、运动员、裁判员、演职人员以及观众等2000余人参加开幕式。竞技比赛包括棋类、篮球、趣味体育等项目，参加人员来自全地区各社区、村、企事业单位和辖区企业。运动会设团队合作赛、个人竞争赛、趣味团队协作赛等8个项目。（魏烨繁）

【滨河公园开园】 10月29日，来广营地区改造提升后的滨河公园开园，地区领导及居民代表等200余人出席开园仪式。滨河公园位于清河南岸，紧领北苑家园居住区，占地面积4.02万平方米。改造前，该公园因疏于管理，植被稀疏，非机动车随意穿行、乱放，垃圾杂物随处可见，更有居民在此开荒种菜，环境问题突出。4月，地区启动滨河公园改造提升工程，丰富公园植物层次、铺设健身跑道、建设2个主题文化广场，实行公园封闭式管理。改造后的公园优美精致、滨水亲民，成为北苑家园数万名居民休闲健身的好去处。（魏烨繁）

▲ 10月29日，来广营地区改造提升后的滨河公园开园　（魏新华　摄）

2019年朝阳区来广营地区（乡）社区居委会、村委会一览表

表51

序号	社区（村）名称	办公地址	联系电话
1	北卫家园社区居委会	北苑路96号北卫家园小区15号楼西侧	84945589
2	北苑一号院社区居委会	北苑一号院210号楼3单元1层	66714746
3	北苑二号院社区居委会	北苑二号院北门附近	84936317
4	北苑三号院社区居委会	北北卫新园小区6号楼西侧二层	84918952
5	北苑社区居委会	军营东路15号院金茂悦小区6号楼二层	84920511
6	青年城社区居委会	红军营东路8号院	84954599
7	红军营社区居委会	来北家园12号楼一层	53091552
8	朝来绿色家园社区居委会	朝来绿色家园	84950419
9	时代庄园社区居委会	红军营东路18号时代庄园会所三层	84967984
10	紫绶园社区居委会	北苑家园紫绶园8号来广营城管大院一层	84955849
11	清友园社区居委会	双营路2号院筑华年Q4号楼（北苑大酒店东侧）	84967852
12	茉藜园社区居委会	北苑家园茉藜园小区19号楼101室	84926067
13	绣菊园社区居委会	北苑家园绣菊园（5号楼北侧）	84966936
14	莲葩园社区居委会	北苑家园莲葩园西门外北侧	84925443
15	新街坊社区居委会	双营路6号院城锦苑小区2号楼一层东侧	84945426
16	黄金苑社区居委会	锦芳路1号院旭辉奥都5号楼底商	84931521
17	立清路第一社区居委会	立清路明天第一城5号院5号楼7单元101室	84675928

南磨房地区（乡）

【概况】　南磨房地区（乡）位于朝阳区东南部。东与高碑店乡、王四营乡、垡头街道相邻，南与十八里店乡交界，西邻东三环与双井、劲松、潘家园三街道相接，北至通惠河。辖域9.43平方千米。下辖2个村委会、13个社区居委会、7家集体所有制集团公司和1家合作公司。年内，辖区常住人口15万人，户籍人口26797户、63905人，流动人口6万余人。新出生人口742人，死亡人口123人。辖区有社区卫生服务中心3个、社区卫生服务站5个；有大学1所、中学6所、小学4所、幼儿园11所；有1000平方米为民服务大厅1处、3352平方米社区文化服务中心1处、有200平方米以上文化广场10处和24小时自助图书馆3处。有公交线路13条，地铁14号线、7号线贯穿其中。年内，南磨房乡以中华人民共和国成立70周年庆祝活动为统领，以首都“四个中心”战略定位和朝阳区“三化”目标为主攻方向，地区社会发展加速推进、环境秩序持续改善、安全保障能力提升、民生福祉有效增进。完成重大活动服务保障、创建国家卫生区、社区居委会换届选举、辖区环境质量提升、服务民生等多项重点工作。实现区级财政收入7.06亿元，比上年增长2.7%；集体经济总收入33.21亿元，比上年减少10.87亿元。南磨房地区获“国际安全社区网络成员”称号，成为朝阳区首家、北京市第二家“乡镇型国际安全社区”。（赵晶晶）

【心连心联合调解中心成立】　2月，南磨房地区成立民办非企业单位——心连心联合调解中心。全年调解各类纠纷562起，成功调解物业类矛盾纠纷363起，涉及金额2000余万元。（冯　建）

【对口帮扶】　3月，南磨房乡对口帮扶河北省阳原县辛堡乡，援建的蔬菜大棚项目投入使用。2018年南磨房拨付100万元用于支持辛堡乡西沙庄村设施农业项目——建设蔬菜大棚16座。乡党委发起“认养一块地、众筹献爱心”活动，号召党员干部带头认领土地，由当地村民负责养护种植，形成项目带动、产业发

续表51

序号	名称	地址	电话
18	立城苑社区居委会	立水桥甲3号立城苑小区5号楼	84813176
19	清河营中路社区居委会	水岸中街19号院18号楼	84920772
20	清苑路第一社区居委会	水岸庄园2区1010号楼四层	84912960
21	清苑路第二社区居委会	清河营东路6号院中铁国际城16号楼	84909931
22	清苑路第三社区居委会	清河营南街9号院2号楼一层（华贸天地西区商街内）	84933137
23	清苑路第四社区居委会	清河营东路3号院6号楼一层	84923577
24	广达路社区居委会	广达路2号院5号楼1单元101室	84364537
25	来广营村村委会	来岸营村村委会（安运大院附近）	84904455
26	清河营村村委会	来广营乡北苑东路清河营郊野公园北区村委会	84945372
27	北湖渠村村委会	来广营乡北湖渠村委会	84856597
28	新生村村委会	来广营乡新生村委会	84913135
29	红军营村村委会	来广营乡北苑小街8号红军营村委会	84924933

（魏烨繁）

展、自我“造血”、扶贫解困的长效发展模式。2019年投入扶贫资金1287万元，用于援助捐赠、消费帮扶、基础设施建设、安全饮用水等项目帮扶。开展产业扶贫，南磨房辖区企业——北京东方盛泽商贸有限公司与阳原县众力扶农开发有限公司手拉手合作，成立河北禾原香农业发展有限责任公司，建设“辛堡乡农产品加工商贸物流园区一期粮食加工项目”，促进辛堡乡农业产业结构调整，带动37户贫困人口实现脱贫，户均增收400余元。（杨全友）

【地区物业联盟成立】 4月15日，南磨房地区召开物业联盟成立大会，辖区13个社区、48家物业公司负责人参加会议。会上，区房管局领导为物业联盟授牌，宣读地区物业监管联席会议制度和物业服务联盟公约，瑛达源物业公司和森和物业公司负责人代表物业联盟成员单位发言。（王 华）

【纪念建党98周年表彰大会】 6月28日，南磨房地区召开纪念中国共产党成立98周年表彰大会。地区领导张启顺、易湘林、金亚静等，各基层党组织班子成员、辖区党员代表、乡老干部代表等200余人参加会议。会议播放《不忘初心 奋进为民生 牢记使命 建功新时代》党建宣传片，表彰地区先进基层党组织24个和优秀党员89名。（孔 铗）

【乡人大十七届九次会议】 8月6日，南磨房乡召开第十七届人民代表大会第九次会议。乡人大代表、乡机关科级以上干部、社区党委书记以及企事业单位党组织书记、副书记等106人参加会议。乡长易湘林做《南磨房乡人民政府2019年半年工作报告》，部署下半年工作任务。（刘庆忠）

【获“乡镇型国际安全社区”认证】 11月4日至5日，国际安全社区认证中心总干事古尔邦·斯琼博格到南磨房乡，现场认证国际安全社区。国际安全社区认证中心对南磨房乡首次评审。通过评审和现场认证考察，南磨房乡一次性通过评审，获评“国际安全社区网络成员”称号，成功创建朝阳区首家、北京市第二家“乡镇型国际安全社区”。（张松涛）

【社区妇联换届选举】 年内，南磨房地区13个社区分别召开妇女代表大会，981名妇女代表选举产生13个社区妇联执行委员会成员195名，其中社区妇联主席13名、兼职副主席26名、执行委员156名。执行委员会成员涵盖了辖区单位、非公经济组织、社会组织的优秀妇女代表。（许 芊）

【主题教育成果展】 年内，南磨房地区在首都图书馆举行第六届“辉煌伟业 时代新歌——喜庆新中国成立70周年”主题教育成果展。展览展出辖区居民创作的176幅作品，涵盖书法、国画、水粉、油画等艺术形式。（尚宝云）

【健康促进区创建】 年内，南磨房地区开展创建国家健康促进区工作。做好传染病防控、艾滋病预防、饮用水卫生监督等工作，完善赛洛城社区健康步道。开展双拥共建，设立退役军人服务站，发放光荣牌；开展“五卡连民心”、慰问老人、慰问残疾人、双拥慰问等多种形式“送温暖”活动，投入资金61.5万余元；实施就业、低保、救助、惠残、医保、优抚、计划生育、专

▲10月17日，南磨房乡举行援助河北省阳原县辛堡乡扶贫项目资金交接仪式（魏新华 摄）

项职工精准普惠等政策。促进就业创业，实现城乡劳动力再就业523人，获“朝阳区充分就业乡”称号；督促企业规范用工，化解劳资纠纷60起。发展老龄事业，建设特色“孝德”文化，新建百子湾家园等养老驿站4处，为老照料服务4020人次、“四进”服务2262人次。依托工会服务站，落实职工互助保障计划、职工每月送祝福等，普惠职工1.2万余人；新建“一刻钟社区服务圈”2处，更新升级“一刻钟服务圈”服务商78家，欢乐谷社区菜篮子惠民网点运营。（赵晶晶）

【拆违建绿】 年内，南磨房地区坚持“城管执法、环境整治、拆违控违”三位一体，提前完成“开墙打洞”年度整治任务。游商散摊、占道经营等市级挂账点位全部销账，实现新增违建“零增长”。全年拆除违法建设面积10766平方米，完成区下达的消除存量违法建设任务。配合实施广渠路拓宽工程，完成地上物拆迁和土地移交工作。落实大尺度绿化要求，提升欢乐谷地铁站周边区域、东南郊灌渠沿线景观环境，完成平原造林2.97万余平方米。（赵晶晶）

【环境质量提升工程】 年内，南磨房地区实施环境质量提升工程。落实“街巷长制”，组建“小巷管家”队伍。落实“门前六包”责任，1100余家责任单位全部签约。处理涉及环境案件120件，实现占道经营、无证无照经营“动态清零”；加强食品药品和交通秩序管理，累计监督检查单位1247家；清理共享单车5万余辆次，获批路侧共享停车位870个；开展便民服务，完成电动自行车上牌2192辆，增设充电棚、充电柜、充电桩等设施190余处，13个社区实现充电设施全覆盖。响应空气重污染预警，加强餐饮企业油烟治理，建设无烟环境，完成55件环保督察案件“回头看”工作，定期监测、维护区级点位和市级点位，确保细颗粒物点位与粗颗粒物点位监测结果不反弹；落实“河长制”，开展“清河护河”行动，全年巡河288次，改造惠水湾公园排水管线2460延米，清理河岸垃圾104.6立方米；落实环卫保洁“一把笤帚扫到底”要求，完成道路保洁43万平方米、绿化养护29万平方米；实现“垃圾分类示范片区”全覆盖。规范管理餐厨垃圾，安装垃圾分类收集容器400个，配置厨余垃圾车82辆。（赵晶晶）

【“接诉即办”机制落实】 年内，南磨房地区制定落实“接诉即办”实施意见，完善工作机制和“社区月协商计划”。落实社区全响应服务机制，满足居民诉求，完成地下室装修改造4处。加强社区议事厅建设，实现社区协商议事常态化。加快社区治理项目建设，实现“三社一体化”（将社区、社会组织、社工有机整合，开展社区服务的一种新的社区治理模式）项目辖区全覆盖。通过民主协商等形式，动员多主体参与社会治理创新，开展文明养犬、多彩空间建设以及楼门文化等特色活动，解决了百子湾东社区百北巷三角地无门牌等实际问题。（赵晶晶）

2019年朝阳区南磨房地区（乡）社区居委会、村委会一览表

表52

序号	名称	地址	电话
1	百子湾东社区居委会	百子湾家园109号楼	87956922
2	广百西路社区居委会	广百西路18号院3号楼101	87152881
3	百子湾北社区居委会	大成国际3号楼115室、116室、117室、118室	59626002
4	百子湾西社区居委会	百子湾西里426号楼一层局部、二层	87717564
5	欢乐谷社区居委会	南磨房地区金蝉西路南端	67377070
6	山水文园社区居委会	弘燕东路山水文园东园4号楼A25	87367539
7	南新园社区居委会	南新园小区26号楼2层	87322075
8	平乐园社区居委会	南磨房乡窑洼村68号	67307532
9	双龙南里社区居委会	双龙南里117楼北侧	87320042
10	东郊社区居委会	水南庄甲168号	87705761
11	紫南家园社区居委会	紫南家园208楼1层	87354988
12	世纪东方城社区居委会	紫南家园108楼4层	87362800
13	赛洛城社区居委会	百子湾东里113号楼-R	87215916
14	大郊亭村村委会	窑洼村68号	67352148
15	楼梓庄村村委会	紫南家园208楼2层	87351374

（赵晶晶）

平房地区（乡）

【概况】 平房乡位于朝阳区中部。东至石各庄、黄渠村与三间房乡接壤，南靠朝阳路与高碑店乡相邻，西接京包铁路，与八里庄街道和东风乡交界，北至平房村与东坝乡相连。辖区面积15.18平方千米。下辖13个社区、4个行政村。年内，辖区常住人口112779人，户籍人口19324户、42520人，流动人口69086人，外籍人口1173人；有汉族人口40174人，满族人口1171人，回族人口617人，蒙古族人口286人，其他少数民族人口272人；新出生人口611人，死亡人口60人。有法人单位4618个，其中中央单位有中粮集团弘泰基业房地产开发有限公司、中央海关培训基地等4家，市属单位11家，区属单位23家，其他单位4580家；有幼儿园12所、小学6所、中学4所（北京市第97中学于2019年9月与北京市润丰学校合并）；有二级医院1所、社区卫生服务中心1处、社区卫生服务站6处；有300平方米为民服务大厅1处、2300平方米文化中心1处、有文化广场7处

和24小时自助图书馆5处；有体育中心1个、郊野公园5个、村级公园3个。途经辖区公交线路18条，地铁6号线贯穿其中。年内，平房乡主动作为、真抓实干，完成庆祝中华人民共和国成立70周年等重大活动服务保障、创建国家卫生区、社区（村）“两委”换届选举、辖区环境治理提升以及服务民生等重点工作。实现集体经济总收入3.42亿元，比上年增长29.8%；人均劳动所得42018元，比上年增长6.5%。（杨　艺）

【拆迁腾退】 1月5日，平房乡政府启动黄渠村剩余235个民房院腾退工作。在20天腾退奖励期内，235个民房院产权人全部完成腾退签约，黄渠村安置人口全部拿到团队奖并获奖励。（杨　艺）

【村、居“两委”换届选举】 1月12日，平房乡完成村和社区党组织换届选举工作。选出委员85名，其中书记17名、专职副书记17名、委员51名。3月23日至24日，12个社区完成第十届居委会换届选举工作（平房社区因拆迁居民分散居住原因未参加换届选举）。5个社区采取居民代表选举方式、7个社区采取户代表直选方式。选举产生新一届社区居委会成员76名。成员中，中共党员53名，占成员总数70%；女性55名，占成员总数72%；大专以上学历75名，占成员总数99%；平均年龄39岁，年龄最大65岁、最小25岁。8个社区实现书记、主任“一肩挑”。相比上届，成员结构更趋合理，呈现出平均年龄下降、学历层次上升态势。（杨　艺）

【便民惠民服务】 3月19日，成立“爱满京城”温馨家园首都学雷锋助残志愿服务队，启动志愿服务工作。志愿者服务队由乡残联、温馨家园工作人员、社工、党团员、公共文明引导员、社区青年汇、智耘弘善社工等90人组成。5月6日至6月3日，开展非京籍适龄儿童入学工作，为符合要求的238名适龄儿童开具就读证明。5月至6月，开展安康计划工作，为低保、伤残、失独特扶家庭136户免费投保，投保额3180元。6月12日，平房乡确定北京市住宅建筑设计研究院有限公司为责任规划师团队，张宏桥为首席责任规划师。10月26日，开展首届“社区邻里节”活动，围绕“邻里乐、共享文化成果”“邻里颂、培育文明习惯”“邻里情、倡导文明新风”3个方面，开展文化大集、环保宣传、垃圾分类、健步健身等活动。12月5日，启动青年路社区爱心驿站，乡党委组织委员、社区办主任为爱心单位授牌、为志愿者代表、职工代表颁发爱心卡和暖心物资。年内，开展大篷车便民服务活动11次，为居民提供理发、修理、义诊、咨询等10余项服务，受益人群6000余人次。全年成立志愿服务队18支，开展文明实践活动300余场，2万余人次参加。公共文明引导队伍成员达23人，开展“文明有礼好乘客”、禁烟宣传等文明出行活动100余次，学雷锋志愿服务助残、学校周边疏导等活动50余次。（杨　艺）

【乡人大十七届六次、七次会议】 3月28日至29日，召开乡第十七届人民代表大会第六次会议。44名乡人大代表出席会议。会议听取并审议《平房乡人民政府2018年工作报告（审议稿）》《平房乡人大主席团2018年工作报告（审议稿）》《平房乡2018年财政收支情况报告和2019年预算草案的报告》，代表们提出加快安置房的手续办理及开工建设、加快平房乡保洁队伍建设和加快治理辖区闲置区域环境脏乱差问题等5件建议；会议选举刘建为平房乡人民政府副乡长。9月5日至6日，平房乡召开第十七届人民代表大会第七次会议，43名乡人大代表出席会议。会议审议并通过《平房乡人民政府2019年半年工作报告》，听取关于第六次会代表意见建议办理情况报告；选举张昕为平房乡人民政府乡长。（杨　艺）

【公共法律服务站（室）和新时代文明实践所（站）建立】 4月，平房乡公共法律服务站在司法所办公室挂牌成立，16个社区（村）全部建立公共法律服务室，各村和社区居委员法律顾问为公共法律服务室联系人，基本信息在法律服务室公示。5月30日，平房乡新时代文明实践所及14个基层文明实践站挂牌成立。（杨　艺）

【文化活动获奖】 6月14日，平房乡舞蹈队参加朝阳区第十二届“旋舞朝阳”民族舞比赛，获三等奖。7月3日，平房乡选送5个节目参加朝阳森林演出季活动，网络浏览量近30万人次，获铜奖和最具人气奖。8月9日，举办全民健身月活动暨区中部片区空竹比赛，东坝乡、常营乡、管庄乡、高碑店乡、三间房乡、东风乡一同参与活动，平房乡获中部片区第一名。8月23日至26日，青年路社区鲁冰花乐队参加北京市中老年器乐比赛，获银奖。11月4日至11日，乡合唱团、舞蹈队、华纺易城社区京剧队、青年路社区器乐队到十里河国声京剧团参加区品牌团队认定比赛，均获三等奖。11月5日，乡舞蹈队参加朝阳区美丽中国健身操比赛，获一等奖。12月9日，乡交谊舞队参加第十二届旋舞朝阳交谊舞

▲ 6月25日，平房乡第三届文化节暨2019年北京朝阳森林演出季平房乡分会场文艺会演（王一民　摄）

比赛，获优秀组织奖和银奖。12月24日，乡诗书画协会参加朝阳区纪念毛主席诞辰126周年暨庆祝中华人民共和国成立70周年主题书画展，获银奖、铜奖、优秀提名奖、红色文化奖。（杨　艺）

【集体经济组织换届选举】 7月23日，平房乡召开集体经济组织换届选举工作动员暨培训会，启动集体经济组织换届工作。8月26日，平房乡4个村级集体经济组织召开社员大会，选举产生村社员代表154名。其中，男性代表75人，占代表总数49%；女性代表79人，占代表总数51%；中共党员代表125人，占代表总数81%；群众代表29人，占代表总数19%。12月21日，平房乡召开新一届社员代表大会，选举产生各村新一届经济合作社社长和监委会主任，差额选举产生各村副社长、管委会委员和监委会委员。12月27日，召开平房乡合作经济联合社第三届第一次团体社员代表大会，审议并表决通过《平房乡合作经济联合社第二届任期工作报告》《平房乡合作经济联合社章程》《平房乡合作经济联合社管委会、监委会选举办法》，以不记名投票方式选举产生新一届平房乡合作经济联合社社长1名、监委会主任1名、管委会委员4名、监委会委员4名。（杨　艺）

【地区物业联盟成立】 8月30日，平房乡召开物业联盟成立大会，乡党委副书记秦国华、区房管局物业科负责人、辖区34家物业企业代表和居民代表等50余人参加会议。会议表决通过《平房地区物业联盟章程》，推选出平房地区物业联盟理事会成员7名，其中理事长1名、副理事长1名、理事5名。平房地区物业联盟服务宗旨为促进地区物业资源整合、促进物业服务质量提升和行业发展，实现党建引领、自我运作、共建共享、减负增效。年内，物业联盟协调解决熙悦尚郡小区停车纠纷以及环境整治等问题。（杨　艺）

【平房公园开园】 9月30日，平房公园开园。公园位于平房乡亮马厂区域，东侧毗邻五环路，南至朝阳北路，北侧紧邻幺家店路。项目规划面积39公顷，其中一期工程实施面积31.5公顷，总投资10025万元。公园分为集散区、运动休闲区、科普体验区、林地休闲区4个功能区。园内新植常绿乔木2558株、落叶乔木4987株、花灌木45461株，新植地被、花卉面积22.67万平方米。（杨　艺）

【疏解整治】 年内，开展集中整治清理行动40余次，出动人员1200余人次，车辆130余台次，检查出租房屋8900余处次。整改违法群租房103处，拆除隔断间117间，劝离居住人员251人。开展联合执法50余次。规范店外经营170余起，查处无照经营150余起、露天烧烤70余家，没收三轮车100余辆、黑摩的200余辆、黑车5辆；拆除违法建设6700余平方米；整治背街小巷14条，改造旱厕88座，拆除各类广告牌匾200余块，清理地下车库和自行车棚120处，清除非法小广告8000余张，清理大型堆物堆料40余处，清运垃圾6000余吨；苫盖裸露土地77.86万平方米；落实河长制，治理黑臭水体3条，解决污水排放问题2处；整顿交通秩序乱点300余起，协调解决潮汐共享单车占道问题；升级改造餐饮废气净化设备44家，空气质量监测结果处于区农村系统前列。（杨　艺）

2019年朝阳区平房地区（乡）社区居委会、村委会一览表

表53

序　号	名　称	地　址	电　话
1	雅成里社区居委会	雅成一里14号楼二层	85512305
2	富华家园社区居委会	黄杉木店路186号富华家园社区居委会二层	85750295
3	华纺易城社区居委会	青年路29号院华纺易城1号楼4单元201室	85799621
4	国美家园社区居委会	青年路西里国美第一城2号院6号楼底商	85561615
5	姚家园西社区居委会	姚家园西里1号院1号楼四层	85529268
6	平房社区居委会	平房村1780号	85575673
7	定福家园南社区居委会	三间房西路1号院1号楼1单元B1	65761506
8	星河湾社区居委会	星河湾社区西门（126路公交车总站对面）	85560820
9	姚家园东社区居委会	姚家园东里8号院5号楼3单元103	85798985
10	青年路社区居委会	青年路西里5号院润枫水尚5号楼底商	85563188
11	逸翠园社区居委会	姚家园东里中路14号院1号楼二层	85798550
12	天鹅湾社区居委会	雅成二里20号楼103底商	65565910
13	泓鑫家园社区居委会	东坝中路40号院11号楼物业三层	65713688
14	平房村村委会	平房村委会386号	85575574
15	姚家园村村委会	青年路北口东侧	85576803
16	黄渠村村委会	黄渠村公园内	65754873
17	石各庄村村委会	定福庄路西侧	65489395

（杨　艺）

三间房地区（乡）

【概况】 三间房地区（乡）位于朝阳区东部。东起管庄乡，南接豆各庄乡，西至高碑店乡，北邻平房乡、常营乡。辖区面积8.75平方千米。下辖11个行政村、15个社区。年内，辖区常住人口104076人，户籍人口24258户66799人（其中农业户口50人），流动人口37277人；新出生人口395人，死亡人口130人。有法人单位6121家，其中中央单位有中国传媒大学、中国水利水电建设工程咨询北京有限公司、中国能源建设集团北京电力建设公司等16家，市属单位有北京第二外国语学院、北京工艺懋隆贸易有限公司等14家，区属单位18家。有社区卫生服务中心1个、社区卫生服务站7个；有大学2所、中学1所、中等专业学校1所、小学3所、幼儿园14所；有养老机构3个、养老驿站3家；有900平方米为民服务大厅1处、3000平方米地区文化中心1处、文化广场4处和24小时自助图书馆4处。绿化率33.69%。有16条公交线路途经地区，地铁八通线贯穿其中。年内，三间房地区以庆祝中华人民共和国成立70周年系列活动服务保障为主线，完成“一绿”（第一道绿化隔离地区）第二批试点乡建设、非首都功能疏解、创建国家卫生城区、加强社会治理、保障和改善民生等重点工作，地区经济社会平稳健康发展，居民幸福感提升。实现区级财政收入2.75亿元，比上年下降17.9%；集体经济总收入2.44亿元，比上年下降35.79%。（吴　迪）

【乡人大十七届五次会议】 2月21日，三间房乡召开第十七届人民代表大会第五次会议。应到会代表125名，实到会代表121名。大会审议并通过《三间房乡人民政府2018工作报告》《三间房乡人大主席团2018年工作报告》《三间房乡2018年财政预算执行情况和2019年财政预算报告》和《三间房乡人民政府关于办理乡第十七届四次会议代表议案建议情况报告》；投票选举张晖为三间房乡人民政府副乡长。（吴　迪）

【社区居委会换届选举】 3月24日，三间房地区完成15个社区居委会换届选举工作。其中5个社区居委会为居民代表选举方式，10个社区居委会为户代表选举方式。选举产生新一届居委会成员111名，其中主任15名、副主任29名、委员67名。10名社区居委会主任与社区党委书记“一肩挑”，占社区居委会主任总数的66.67%。委员中，居住本地区的52名，委员本土化率46.85%；中共党员62名，占委员总数55.86%；女性委员80名，占委员总数72.07%。（吴　迪）

【定福庄西街平房区整治】 5月13日，三间房地区启动定福庄西街平房区集中整治工作。拆除违法建设房屋600余间，面积7100余平方米，修复美化拆违房屋外立面；清理堆物堆料1850余吨，打通南北方向主路宽6米消防通道4条、东西方向主路宽3米消防通道4条；清理食品黑作坊32家；新建围墙1800延米，新建电动自行车充电车棚1个，配备消防器材柜2组。（吴　迪）

【窗口服务模式创新】 8月，三间房地区试行综合窗口服务模式。通过深化“互联网+政务服务”，推进政务服务实现“一次叫号、一窗受理、一网通办”的综合办理审批服务新模式，提供涵盖残疾人服务、计划生育、民政、社会保障、住房保障等153项服务，实现前台综合受理、后台分类审批、综合窗口出件，最大程度简化办事环节，实现更多的政务服务就近办、自助办、一次办，打通政务服务“最后一公里”。（吴　迪）

【结对帮扶】 9月5日，三间房地区结对帮扶河北省张家口市阳原县马圈堡乡。经过考察确定6个帮扶项目，分别为建设幸福互助院、铺设生态农业滴灌设备、建设农田灌溉设施、建设生态养鸡场、资助购置农业生产机械及贫困学生教育帮扶项目。地区5个村（三东村、三西村、定东村、定西村、东柳村）和1家企业（三间房乡合作经济联合社）分别与马圈堡乡6个贫困村（岳家庄村、员家庄村、宋家庄村、焦家庄村、榆林关村、骆驼岭村）签订项目帮扶协议书。5个村分别出资20万元，企业出资100万元，共计200万元用于帮扶项目建设。（吴　迪）

【庆祝中华人民共和国成立70周年服务保障工作总结会】 11月9日，三间房地区召开“初心·使命”庆祝中华人民共和国成立70周年服务保障工作分享总结会。会议总结地区参与庆祝中华人民共和国成立70周年服务保障工作；地区5名女民兵方队队员、43名群众游行方队队员、50名舞蹈方队队员、4名模范标兵和6名观礼人员分享参与阅兵及庆祝活动的感想体会。（吴　迪）

【区域化党建项目实施】 11月19日，三间房地区启动“3e通促民生”（三间房民情e站通，简称“3e通”）区域化党建项目。三间房地区民情e站通是依托“三间房视界”微信公众号开发的创新平台，应用于党建引领社会精细化治理领域。通过成立社区（村）“及时办”分队，推动“接诉即办”转向“未诉先办”，实现以党建带群建促社建，打通服务群众最后“一公里”。年内，该平

▲ 11月19日，三间房地区启动“3e通促民生”区域化党建项目　（三间房乡　供图）

台有用户8649人，解决“及时报”和AI智能电话案件145个、有效议题16个，开展文明实践活动153次。（吴　迪）

【乡村集体经济组织换届选举】 12月，三间房乡完成乡级集体经济组织和11个村级集体经济组织换届选举工作。11个村级集体经济组织选举产生社员代表381名，经济合作社社长、副社长各11名，管委会委员33名，监委会主任11名、监委会委员22名。乡级集体经济组织通过民主选举或提名推荐产生团体社员代表25名，选举产生新一届乡联社社长（秦百山）、副社长、管委会委员、监委会主任和监委会委员共10名，组成集体经济组织新一届（团体）社员代表大会执行机构和监督机构并修订章程。（吴　迪）

【国家卫生区创建】 年内，三间房地区成立由40人组成的“创卫”环境督查巡逻队，加强对堆物堆料、暴露垃圾等市容环境“十乱”问题巡查、清理。拆除地搓式垃圾池69座、旱厕15个；社区（村）每周开展环境卫生大清扫活动，累计参加活动志愿者5万余人次，出动各种车辆设备1500余台次，清理堆物堆料1400余吨、垃圾2700余吨；投资50万元，购置垃圾收纳装置1600余个；聘请第三方公司对地区290余万平方米公共区域和老旧小区实施12轮集中病媒消杀治理。累计灭蚊蝇及防治用药27.5吨、灭鼠及防治用药3.36吨，病媒生物防治器具放置4000余处。创建国家卫生区工作通过上级验收。（吴　迪）

【助残帮困与就业服务】 年内，三间房地区为99户低保户（129人）发放城市低保金226.36万元；元旦、春节期间，乡政府筹集专项资金92.75万元，走访慰问困难家庭1440户；月均发放困难残疾人生活补贴和重度残疾人护理补贴733人次，累计金额223万元；完成就业困难人员职业技能培训20人，提供就业14人；为14名残疾人提供精准康复服务，为179名残疾人申请网上辅助器具318件，165名重性精神病人享受免费服药政策；地区790名失业人员实现提档就业，其中620名享受灵活就业保险补贴政策；全年开展职业指导800人次，组织85人参加各类技能培训。全年开发就业岗位1839个，实现城乡养老保险参保135人。（吴　迪）

2019年朝阳区三间房地区（乡）社区居委会、村委会一览表

表54

序号	名称	地址	电话
1	美然动力社区居委会	朝阳北路50号院东侧	65767336
2	福怡苑社区居委会	三间房地区福怡苑小区一期北门东侧	65406809
3	定北里社区居委会	定福庄北街23号院东领鉴筑4号楼一层	65407714
4	定南里社区居委会	定北里1号院	65757725
5	定西北里社区居委会	定福庄西里1号院定西北里	65715419
6	定西南里社区居委会	定福庄西街定福园小区定西南里	65769657
7	泰福苑社区居委会	泰福苑一区2号楼一层底商泰福苑	65407599
8	聚福苑社区居委会	朝阳路59号院聚福苑小区北门一号楼底商	65407399
9	三南里社区居委会	三间房南里4号院	65756922
10	绿洲家园社区居委会	建国路18号院1号楼107绿洲家园	65403552
11	艺水芳园社区居委会	北花园街8号院西侧	65400351
12	双惠苑社区居委会	水郡长安1号院三号楼二层	65427426
13	双柳社区居委会	双桥路双柳巷1号楼北侧	65426384
14	双桥路社区居委会	双桥街西大院12号	85366803
15	双桥铁路社区居委会	双桥街东柳西里北一区14号楼北侧	65758180
16	三东村村委会	泰福苑一区2号楼一层底商	65755102
17	三西村村委会	泰福苑一区2号楼一层底商	65762562
18	定东村村委会	朝阳路59号院聚福苑小区北门一号楼底商	65763494
19	定西村村委会	朝阳路59号院聚福苑小区北门一号楼底商	65765938
20	褡裢坡村村委会	泰福苑一区2号楼一层底商	65752388
21	白家楼村村委会	朝阳路59号院聚福苑小区北门一号楼底商	65758178
22	东柳村村委会	三间房乡金卫路东柳村村委会	65420301
23	西柳村村委会	三间房乡西柳村拆迁指挥（杜仲公园北门对面）	65400756
24	北双桥村村委会	三间房乡北花园街6号院天泰北双苑小区10号楼底商1002室	65400913
25	金家村村委会	三间房乡水泥构件厂底商3-4号楼	85361288
26	新房村村委会	三间房乡新房村商业街5号	65758174

（吴　迪）

十八里店地区（乡）

【概况】 十八里店乡位于朝阳区东南部。横跨三环、四环、五环及京津塘高速路。东南与通州区为邻，西南接小红门乡，西北与东城区接壤，南与亦庄经济开发区毗邻，北与南磨房乡、王四营乡、垡头街道相接。辖区面积25.23平方千米。下辖8个村、6个社区、5个居委会（弘善寺、白墙子、六道口、前祁庄、后祁庄）。年内，辖区常住人口18.6万人，户籍人口4.3万人（其中农业人口2.2万人）、流动人口14.3万人，新出生人口463人，死亡人口62人。有卫生服务中心1个、社区卫生服务站9个；有大学、中学、小学和幼儿园19所；有养老院 5 家；有地区文化中心 11 处、文化广场 9 个、社区图书馆 1 个。途经辖区公交线路 23 条，三环路、四环路、五环路、大羊坊路、西大望南路等公路及地铁八通线贯穿其中。年内，十八里店乡按照聚焦党建统筹全面提升组织力、聚焦规划引领推进城市化建设、聚焦留白增绿改善地区环境面貌、聚焦精细管理完善城市管理机制、聚焦民生福祉提升安全感幸福感“五个聚焦”和抓党建开创基层党建工作新局面、抓管理开创社会经济发展新局面、抓环境开创地区城市建设新局面、抓发展开创社会和谐氛围新局面“四抓四开创”等重点任务展开。完成 8 个村、6 个社区、4 个居委会党组织换届选举工作；完成疏解腾退面积 86.97 万平方米，新增绿化面积 133 公顷。实现区级财政收入 4.17 亿元，比上年增长 1.7%；集体经济总收入 13.4 亿元，比上年增长 9.8%；人均劳动所得 4.5 万元，比上年增长 5.8%。（焦　健）

▲ 2 月 20 日，十八里店乡西直河集体土地租赁住房项目正式签约　（十八里店乡　供图）

【社区、村、居“两委”换届选举】 1 月 6 日，十八里店乡完成 8 个村、6 个社区、4 个居委会党组织换届选举工作。8 个村均为党总支（实行五委制），6 个社区、4 个居委会均为党支部（实行三委制），党员总数 2682 人。换届选举产生党组织成员 70 人，其中书记 18 人、副书记 8 人、委员 44 人。3 月 23 日，村委会、社区居委会换届选举。8 个村参加村委会换届选举，其中 2 个村为七委制、6 个村为五委制。登记选民 20060 人，参加投票选民 17810 人，参选率 89.05%；选举产生村委会成员 44 人。9 个社区登记选民 5699 人，9 个参选社区入户登记率 100%，投票选举日居民代表参选率 89.8%，直选参选率 94.89%。选举产生社区居委会成员 45 名，候选人与当选人吻合率 100%。8 个村党总支书记中，有 6 个村实现书记、主任“一肩挑”，11 个社区居委会中有 7 个社区实现书记、主任“一肩挑”；“两委”成员平均年龄由上届 46 岁下降至 41 岁；80 后成员 65 人，占成员总数 47%；80 后担任一把手 10 人，占一把手总数 52%；大专以上学历 115 人，占成员总数 83%。从新一届“两委”成员总体情况看，新一届成员平均年龄明显下降，文化程度提高，整体结构更趋合理。（焦　健）

【乡十二届三次党代会】 1 月 16 日至 17 日，十八里店乡第十二届党代会第三次会议召开。86 名乡党代表出席会议，45 名基层及机关科室负责人列席会议。与会代表审议乡党委书记张宏明代表乡党委向大会做《中共十八里店乡党委 2018 年工作报告（审议稿）》《中共十八里店乡党委纪律检查委员 2018 年工作报告（审议稿）》，乡党委委员依次述职述廉述，会议表决通过关于党委工作报告的决议和关于乡纪委工作报告的决议，与会代表民主测评乡党委领导班子和乡党委委员履职情况。（焦　健）

【乡人大十七届六次、七次会议】 1 月 28 日至 29 日，十八里店乡第十七届人民代表大会第六次会议召开。56 名乡人大代表出席会议，乡党政领导班子成员、乡机关科室负责人、基层单位负责人等列席会议。会议选举刘涛为十八里店乡人民政府乡长，姜金平为十八里店乡人民代表大会主席团主席。会议听取并审议通过《十八里店乡人民政府 2018 年工作报告（审议稿）》《十八里店乡人大主席团 2018 年工作报告（审议稿）》《十八里店乡 2018 年财政预算执行情况和 2019 年财政预算草案报告》，刘涛、姜金平向宪法宣誓。8 月 8 日至 9 日，十八里店乡第十七届人民代表大会第七次会议召开。53 名乡人大代表出席会议，部分乡领导班子成员、机关科室负责人、基层单位负责人等列席会议。会议听取并审议通过《十八里店乡人民政府 2019 年上半年工作报告（审议稿）》。（焦　健）

【参加中华人民共和国成立 70 周年庆祝活动】 10 月 1 日，十八里店乡胡淼、崔艳莉、于畅、杨静、张潇璇、张亚蕊等 6 人参加受阅女民兵方队接受检阅；48 人编入“时代风采”区块，参与完成《我和我的祖国》等 16 首歌曲合唱和全场联欢活动。（焦　健）

【对口扶贫】 12 月 15 日，十八里店乡对口扶贫地区河北省阳原县东堡乡鹌鹑养殖基地落成投产。十八里店乡投资 250 万元建设的鹌鹑养殖基地面积 6000 余平方米，设有 3 个生产车间，培育鹌鹑 11 万只，日均产蛋约 1000 千克，每天为东堡乡创收 8800 元。（焦　健）

【乡合作经济联合社成立】 12 月 30 日，十八里店乡召开合作经济联合社第一届第一次团体社员代表大会，各村选举出的 55 名乡合作经济联合社社员代表出席会议，乡领导班子、机关科室、各基层单位及企事业单位负责人，各村经济合作社管委会监委会人员列席会议。会议选举产生第一届乡合作经济联合社领导班子，选出社长 1 名、副社长 2 名、管委会委员 2 名、监委会主任 1 名、监委会委员 2 名。（焦　健）

【环境整治】 年内，十八里店乡在完成区级年度拆除任务 60 万平方米基础上，实际疏解拆除 86.97 万平方米；完成 3 家混凝土搅拌站拆除退出工作；清运疏解建筑垃圾232.87万吨，完成历史遗留建筑垃圾清理工作；开展违法占用耕地专项整治，拆除京津城际高铁两侧、双丰铁路十八里店段违章建筑，完成老君堂果批冷库的拆除及复垦工作，保持新生违建"零增长"；落实大气环境和空气质量保障工作，按照裸露土地动态清零要求，累计苫盖裸地327.5万平方米；加强4处市级环保监测小微站及8个区级$PM_{2.5}$监测点位周边管控，及时发现、处置空气质量异常区域。完成中央环保督察"回头看"迎检工作；落实"河长制"要求，成立河道专项巡查小组，对乡域内河道实行常态化巡查管控，整治污水直排、黑臭水体等问题。完成老君堂至西直河排水沟、横街子至十八里店交界沟和炮兵营排水沟小微水体治理，保障辖区水环境安全。（焦　健）

【国家卫生区创建】　年内，十八里店乡组织召开工作例会、专题会等会议39次，组织集中拉练30余次，及时部署、通报工作进展及存在问题。开展健康大课堂、健康义诊等"四进"（进学校、进医院、进社区、进农贸市场）主题活动100余场，利用区、乡微信公众号，编发信息120余条，巩固全乡宣传阵地400余处，安装和更新健康教育宣传栏93块并每两月更换宣传内容，更新健康步道2条，发放各类海报、宣传手册等各类宣传品10万余份，定期开展创卫宣传氛围布置督导检查，在辖区内营造宣传氛围。对属地社会单位负责人、辖区居民、各基层单位工作人员分类开展创卫工作指标体系和标准轮训40余场，现场指导百余次。建立台账，落实创卫关于"取缔一批、转业态一批、办证照一批"要求。10月25日至11月27日，整改完成率97.31%。在辖区开展3次除"四害"专项防治活动和爱国卫生月活动、完成5轮创卫病媒监测整改工作；完成农村公共旱厕改造，指导完成小武基村、老君堂村103户户内旱厕改造或拆除工作。创建国家卫生区工作通过上级验收。（焦　健）

【民生保障】　年内，十八里店乡完成年度就业指标任务。办理城乡居民养老保险6459人次。完善社保卡网点建设，扎实做好医疗保险、社会救助等社保业务。开展养老助老、慈善捐助等活动21次，足额发放各类优抚资金1580余万元，9万余人次享受政策红利。规范企业工地用工行为，保障劳动者权益，检查企业150余家，协调解决拖欠工资30余万元。（焦　健）

2019年朝阳区十八里店地区（乡）社区居委会、村委会一览表

表55

序　号	名　称	地　址	电　话
1	弘善家园第一社区居委会	弘善家园409号楼底商	6704.9613
2	弘善家园第二社区区居委会	弘善家园315号楼底商东侧	6704.9145
3	弘善家园第三社区区居委会	弘善家园205号楼底商西侧	6768.3667
4	老君堂社区区居委会	君堂好园6号楼	8730.8590 8730.8900
5	十八里店一社区区居委会	周庄家园6号院北门东侧	6727.8267
6	周庄一社区区居委会	周家庄中路7号院12号楼	6731.1910
7	弘善寺居委会	弘善家园202号底商	6704.9168
8	白墙子居委会	弘善家园202号楼底商	8761.1332
9	六道口居委会	吕家营村委员会院内二层	8769.6579
10	前祁庄居委会	前祁庄832号	8762.5053
11	后祁庄居委会	后祁庄村829号	8762.5428
12	十里河村村委会	国声京剧院后门对面	6732.5661
13	周庄村村委会	周庄村113号	6747.2990
14	十八里店村村委会	十八里店村2000号	6747.2661
15	老君堂村村委会	海棠公园西门	8730.7508
16	小武基村村委会	南阳庄执法5队后面	6747.7844
17	吕家营村村委会	吕家营东100米	8769.1934
18	横街子村村委会	海棠公园南武警路西	8730.1229
19	西直河村村委会	中心街华联商业广场东200米	6736.5592

（焦　健）

孙河地区（乡）

【概况】　孙河地区（乡）位于朝阳区东北部的温榆河畔，属北京市第二道绿化隔离带和温榆河绿色生态走廊规划控制地区。东靠顺义天竺镇，西与昌平区隔河相望，南与金盏乡和崔各庄乡接壤，北邻顺义天竺空港工业区。辖区面积34.54平方千米。下辖14个行政村（均已完成拆迁腾退，其中9个行政村完成回迁安置、5个行政村、1个社区处于周转期）、5个社区。年内，辖区常住人口32924人，户籍人口9987户22009人，外来人口10265人，外籍人口650人；有汉族人口20674人，回族人口968人，满族人口284人，蒙古族人口40人，另有苗族等8个少数民族人口36人；新出生人口206人，死亡人口86人。有市属单位6个、区属单位8个、乡属单位13个；有医院2所、社区卫生服务中心1个；有小学2所、幼儿园4所；有养老机构2个；有500平方米为民服务大厅1处、3000平方米地区文化中心1处；文化广场10处和24小时自助图书馆1处；辖区交通发达，机场高速、机场南线、京承高速、京平高速、京密路等多条道路横贯辖区，13

条公交线路在辖区设总站或途经辖区，地铁15号线贯穿其中并设孙河站。绿化率42%。年内，按照坚持党建引领提升基层基础能力，坚持战略谋划提升城市建设品质，坚持难处攻坚提升精细治理水平，坚持体察民情提升民生幸福指数“四个提升”，实现治理转型和服务转型工作思路，完成庆祝中华人民共和国成立70周年等5项重大活动服务保障任务，以及创建国家卫生区、温榆河公园朝阳段示范区建设、康营家园四期回迁安置房建设、前苇沟村等5个村整建制农转非、康营家园社区低层住宅加装电梯、村和社区“两委”换届选举、乡村集体经济组织换届选举等重点工作。实现区级财政收入5.29亿元，比上年增长24.54%；实现集体经济总收入5.58亿元，比上年增长30.84%；人均劳动所得2.58万元，比上年增长5.3%。乡政府获“首都全民义务植树先进单位”称号。（朱　静）

【乡四届三次党代会】 2月23日，中共孙河乡第四届代表大会第三次会议召开。96名正式代表出席会议，54名列席代表列席会议。会议审议并通过《中共孙河乡党委2018年工作报告（审议稿）》《中共孙河乡纪律检查委员会2018年度工作报告（审议稿）》。（朱　静）

【乡人大十七届六次、七次会议】 3月2日，孙河乡第十七届人民代表大会第六次会议召开。50名正式代表出席会议，24名列席代表列席会议。大会听取并审议通过乡长李兴泉做的《孙河乡人民政府2018年工作报告（审议稿）》、乡人大主席贾哲做的《孙河乡人大主席团2018年工作报告（审议稿）》《孙河乡人民政府2018年财政收支执行情况和2019年财政预算草案的报告》；选举陈栋为孙河乡人民政府副乡长。8月1日至2日，乡第十七届人民代表大会第七次会议召开。正式代表、列席代表、旁听代表150人参加会议。大会听取并审议通过乡长李兴泉做的《孙河乡人民政府2019年上半年工作报告（审议稿）》。（朱　静）

【共和国部长义务植树】 3月30日，在孙河乡温榆河公园示范区举行2019年度共和国百名部长义务植树活动。中共中央直属机关、中央国家机关各部门和北京市的181名部级领导干部参加义务植树活动。现场种植各类苗木2000余株。（朱　静）

【蔡奇两次调研温榆河公园规划建设情况】 4月1日，中央政治局委员、市委书记蔡奇到孙河乡调研温榆河公园规划建设情况。蔡奇强调，要按照“一年启动、两年示范、五年成型、十年保育、多年成景”的目标要求，把温榆河公园打造成新时代首都生态文明建设的精品工程。12月12日，蔡奇再次到孙河地区调研检查温榆河公园规划建设情况。蔡奇强调，要以“生态、生活、生机”内涵理念统领温榆河公园规划建设，保持耐心，分步实施，精心打磨，善作善成，建成首都生态文明建设“金名片”。（朱　静）

【对口帮扶】 4月9日，孙河乡援疆扶贫工作组一行到新疆维吾尔自治区和田市墨玉县奎牙镇对接产业项目、教育、农特产品代售、捐助物资等帮扶事项。孙河乡前苇沟、黄港、沙子营、下辛堡、上辛堡等5个村分别与奎牙镇阿其克乌依村、阔时艾日克村、喀克勒克村、苏安巴村、帕万村等5个村签订对口帮扶框架协议。7月27日至8月1日，孙河乡开展“民族团结一家亲携手走进新时代”精准扶贫爱心助学夏令营活动，邀请新疆维吾尔自治区和田市墨玉县奎牙镇小学师生31人参加活动。8月至10月，乡长李兴泉、党委书记张晓宁分别带队到奎牙镇调研扶贫产业项目——墨玉县奎牙镇家兔产业园工程建设情况。10月下旬，启动家兔养殖项目。该项目可带动当地农民250户1000人脱贫。（朱　静）

【温榆河民俗文化节】 5月18日，孙河乡举办第七届温榆河民俗文化节。第七届民俗文化节系列活动主要包括文艺会演、民间技艺展示、皮影戏、朝阳森林展演等内容，千余名群众观看节目。（朱　静）

【整建制“农转非”】 5月28日，孙河乡政府成立转非工作领导小组，设立10个工作组，启动前苇沟、后苇沟、上辛堡、沙子营、黄港等5个村4230名农民整建制农转非工作。10月农转非工作完成。转非1837名劳动力中，1725名选择自谋职业并领取一次性就业补助费，97人选择就业安置。1818名超转人员领取退休金。（朱　静）

【疏解整治】 年内，孙河地区超额完成10项疏整促指标和大棚房整治任务。其中拆除违法建设16.56万平方米，保持动态清零；完成留白增绿任务指标121%，完成调减人口任务指标188%；与300家商户签订门前六包责任书，教育劝导经营户700余家，规范门前堆物堆料1200余家次，拆除清理违法广告牌匾、条幅850余处。（朱　静）

【“接诉即办”机制落实】 年内，孙河地区完善“接诉即办、未诉先办”日调度、双反馈、走访、督办等机制，响应群众诉求。升级智能感知城市运行平台

▲ 10月23日，孙河乡党委书记张晓宁带队到新疆维吾尔自治区和田市墨玉县奎牙镇开展扶贫捐赠活动（孙河乡　供图）

和指挥调度中心，整合12345（政府服务热线）、地区服务热线等群众诉求表达渠道，完善实体化综合执法平台和常态化协同联动机制，实现智能派单，优化办理流程。在2019年度全区“12345”（政府服务热线）综合考核中，孙河地区获农村系统第一名。（朱　静）

【民生工程】 年内，孙河郊野公园、心连心公园建成并投入使用。总投资1.8亿元的康营家园一、二社区低层住宅加装电梯工作基本完成，150部电梯通过验收；投入2000余万元，升级改造13个地下车库，增加停车位5000余个；投资279万元，完成百步走廊建设和自行车棚改造等为民办实事项目；完成温榆河公园周边环境提升工程、环境建设重点乡六大项目。在区年度环境日常管理综合考核中，孙河乡位居全区农村系统前列。在区春秋两季绿化养护考核中，孙河乡获全区第一名。康营家园四社区成功创建“北京市花园式社区”。（朱　静）

2019年朝阳区孙河地区（乡）社区居委会、村委会一览表

表56

序号	名称	地址	电话
1	康营家园一社区居委会	康营家园D区	64316011
2	康营家园二社区居委会	康营家园B区	84343782
3	康营家园三社区居委会	康营家园24区	84354291
4	康营家园四社区居委会	康营家园14区	84354330
5	景润苑社区居委会	孙河组团	64318589
6	下辛堡村村委会 下辛堡社区居委会	村、居合并办公 已拆迁处于周转期	暂无
7	前苇沟村村委会	已拆迁处于周转期	暂无
8	上辛堡村村委会	已拆迁处于周转期	暂无
9	黄港村村委会	已拆迁处于周转期	暂无
10	沙子营村村委会	已拆迁处于周转期	暂无

（朱　静）

太阳宫地区（乡）

【概况】 太阳宫地区（乡）位于朝阳区中西部。东北与望京街道、将台地区接壤；东南与麦子店街道、第三使馆区、燕莎商业区毗邻；南与左家庄街道接壤；西南与和平街街道、香河园街道、国展商业区相依托；西北与小关街道、大屯街道接壤。辖区面积5.9平方千米。下辖3个行政村、10个社区。年内，辖区常住人口8.2万人，户籍人口24590户63028人，流动人口1.8万人，外籍人口575人；新出生人口633人、死亡人口97人。有企业法人单位4091个、事业单位41个、民营非营利组织32个。有中学2所、小学3所、幼儿园7所；有医院1所、医疗卫生服务中心1所、社区卫生服务站3个；有图书馆1个、文化中心1处、文化广场3处、文化活动室10个；有1860平方米为民服务大厅1处、3450平方米地区文化中心1处、文化广场3处和24小时自助图书馆2处。绿化率43.4%。途经辖区公交线路20余条，地铁10号线、13号线贯穿其中。年内，太阳宫地区全力做好庆祝中华人民共和国成立70周年系列活动、第二届“一带一路”国际合作高峰论坛、亚洲文明对话大会等重大活动服务保障工作；继续开展“疏解整治促提升”专项行动，完成“疏解整治促提升”各项任务，完成规划绿地实施面积11.7公顷、在建绿地1.2公顷；完成10个社区居委会换届选举工作，选举产生新一届社区居委会成员50名；持续改善民生，452套（4.47万平方米）回迁安置房交付使用，340户回迁入住。实现地区经济总收入8.98亿元，比上年增长-8.66%；实现集体经济总收入1.07亿元，比上年增长-13.08%。司法所被评为北京市AAA级司法所。地区获“2019年度北京市工人先锋号”称号。（孔祥一）

【乡十三届三次党代会】 1月17日，太阳宫乡召开乡第十三届党代会第三次会议，90名乡党代表、27名列席人员出席会议。会议审议并通过《中共太阳宫乡党委2018年工作报告（审议稿）》《中共太阳宫乡纪律检查委员会2018年工作报告（审议稿）》《太阳宫乡关于2018年党费收缴使用和管理情况的报告》；乡党委委员分别述职述廉，现场解答党代表询问，与会代表民主测评领导班子和委员。（孔祥一）

【村级产权制度改革】 1月18日，太阳宫地区召开原五路居村资产清查结果第二次审议确认会，审议确认该村各小队、村属企业及大队大部分结果，提出待核实资产查询线索。3月27日，召开原小亮马桥村集体资产审议确认会，经过前期审议、补充查证、会议讨论，最终经村临时党支部和工作组成员全体同意确认集体净资产数额；村临时党支部和工作组、会计师事务所、律师事务所及产改办工作人员16人参会。年内，完成原五路居和小亮马桥村资产审计评估，完成原小黄庄村资产审议评估及民主审议程序，完成原五路居村2113人资产处置分配，基本完成原小亮马桥村1430人资产处置分配。5月5日，太阳宫地区召开村级产权制度改革工作推进会，专题研究太阳宫、十字口和牛王庙三村劳动年限统计结果第二榜公示情况及清产核资结果相关问题。10月23日至25日，太阳宫村、牛王庙村、十字口村分别召开社员代表大会。会上，以社员代表投票方式，表决通过《村参加集体资产量化人员劳动年限统计结果》《村经济合作社清产核资专项审计报告》《村经济合作社资产评估报告书》《村产权制度改革工作中历史遗留问题的处理意见》，上述四项内容全票通过。（孔祥一）

【花园式社区创建】 1月，太阳宫地区成立辖区第一家园艺驿站——夏家园社区园艺驿站；4月，太阳宫社区召开创建花园式社区启动仪式，以“益路向阳，营造‘绿’意生活”为主题，开展创建花园式社区的系列活动，悬挂树牌2000余个，栽植陆地月季3000株，发放活动奖品绿植300盆；年内，开展“千株月季进小区，美丽家园共装扮”主题活动。太阳宫澜石大通小区成功创建花园式单位。（孔祥一）

业367人、困难人员再就业275人，灵活就业人员3362人。（李婧怡）

【地区文联成立】 4月18日，太阳宫地区召开文联成立代表大会。李宁当选太阳宫地区文联主席。4月24日，举行太阳宫地区文联揭牌仪式。（孔祥一）

【文化活动】 4月24日至10月25日，太阳宫地区举办第十届暖阳文化节，累计

▲ 4月4日，太阳宫社区举行创建花园式社区启动仪式（太阳宫乡 供图）

【乡人大十七届六次会议】 2月28日至3月1日，太阳宫地区召开第十七届人代会第六次会议，乡人大代表及列席、旁听人员110人参加会议。会议审议并通过《太阳宫乡人民政府2018年工作报告（审议稿）》《太阳宫乡2018年财政预算执行情况和2019年财政预算草案报告》《太阳宫乡人大主席团2018年工作报告（审议稿）》，补选林斌为太阳宫乡人民政府副乡长。（孔祥一）

【就业服务】 3月19日，太阳宫地区与左家庄街道联合举办手拉手春风行动招聘会，现场有20家企业，提供工作岗位200余个，达成用工意向30余人；10月22日，举办秋季专场招聘会，现场16家用人单位提供就业岗位300余个，会场为求职者及参加招聘的企业发放《中华人民共和国劳动合同法》《中华人民共和国就业促进法》、为前来咨询的100余名求职者解读就业政策，推荐就业岗位，20人现场达成就业意向。年内，开发就业岗位1219个，实现失业人员再就

举办文化活动90余场，受益群众2万余次；5月22日，太阳宫地区举办“筑梦红五月 唱响新时代”专场演出，各社区分别开展红五月系列演出活动，参与群众近万人；8月7日，举办2019年太阳宫地区全民健身日暨“8·8”健身大家庭高潮日活动，200余名演职人员和地区观众参加活动；9月26日，举办“恢弘壮丽七十载 翰墨光影谱华章”庆祝中华人民共和国成立70周年太阳宫地区第一届书画摄影展活动，展出书画作品57幅，摄影作品21幅；10月至12月，举办“公共文化效能提升”数字文化工程网络资源信息培训6场次，地区文体干部和文艺爱好者700余人次参加；11月6日，地区文联戏曲分会京韵阁的戏曲爱好者参加朝阳区品牌团队认定戏曲比赛并获第三名；12月9日，组织地区72名交谊舞爱好者参加朝阳区“旋舞朝阳”交谊舞比赛；12月13日，地区文联组织合唱分会和舞蹈分会成员60余人，参加歌唱祖国——农村地区演唱大会。年内，开展书法、非遗传承等传统文化“文化下基层”活动，惠及群众2万余人次；放映公益电影132场，受益群众3万余人次。（孔祥一）

【小区管家联合会成立】 7月26日，太阳宫地区召开小区管家联合会会员大会和成立大会。34家会员单位表决通过《太阳宫地区小区管家联合会筹备工作报告》《太阳宫地区小区管家联合会理事选举办法（草案）》《太阳宫地区办事处关于推荐太阳宫地区小区管家联合会理事候选人的提名建议》等，选举产生地区小区管家联合会理事11名、秘书长1名、副理事长2名、理事长1名。辖区50余家物业服务企业、物业自管单位和10个社区主要负责人参加会议。（李婧怡）

【环境整治】 7月，太阳宫地区启动圣馨家园和新纪家园违法群租房综合治理专项行动，整治群租房224套；聘用17名专职保安员，加强芍药居地铁站、太阳宫地铁站周边“黑车”和“黑摩的”治理，做好站点周边共享单车停放秩序维护管理。年内，开展环境清洁日51次、环境主题日及重大活动环境保障22次，集中整治环境脏乱区域820处，清运渣土、垃圾1000余吨，整改环境问题台账700余处。落实“河长制”，乡级河长巡河53次，社区级河长巡河670次，处理非法捕鱼、污水排放、河道垃圾、河道基础设施破损等各类涉水案件200余件。完成尚家楼48号院、西坝河北里15号楼等老旧小区排污管线整改；维修保养450个老旧小区的门禁系统，发放群众安全宣传品2万余份，制作警民公示牌100块。开展“无煤化”管控，完成39家单位餐饮油烟升级改造，安装PM_{10}、$PM_{2.5}$大气监测子站8个。完成圣馨家园、新纪家园2.89万平方米绿化改造提升工程；完成芍药居1号院、2号院、9号院老旧小区环境提升工程；完成文学馆路东段区域、霄云里南街道路环境提升，道路铺装面积4.96万平方米，楼体粉饰面积5.65万平方米，绿化面积5365平方米；开展“美丽乡村”建设，完成牛王庙工业局宿舍修缮工程和牛王庙东坝河村环境综合治理工程。落实“街巷长制”，设置街巷长15名、小巷管家174名，志愿者人数214名，累计活动时长2000余小时。（孔祥一）

【主题书馆和主题书吧建成】 8月27日，太阳宫地区举行城市书屋揭牌仪式。书屋位于朝阳区尚家楼路2号，是北京市第一家“健康主题”城市书屋，也是推广全民阅读、建设书香太阳宫的举措。该书屋使用面积300平方米，藏有医药、健康和养生类书籍4800余册，由朝阳区图书馆配送。年内，邀请12位中医专家授课15次，服务居民400余人次。为300余人次居民提供来馆阅读查阅服务，为340位居民提供体验服务。9月28日，“书伴年华”主题书吧正式运营。该书吧位于育慧南路与文学馆路交会处向南100米，紧邻首都外经贸大学。建筑面积300余平方米，集阅览、活动、传播、饮食文化为一体，可提供阅读咨询、美食分享和互动阅读等服务，日接待居民读者、在校大学生200余人次。（孔祥一）

【辖区公园建设】 10月，太阳宫地区建成占地面积3万平方米的安馨花园。园内栽种各类绿植6000余株，建有观景建筑、二十四节气庭院、休闲运动场地和新优植物展示区。年内，启动占地面积5.17公顷的坝河常庆公园建设，完成树木补栽补种、地形修整、园路铺设等工程；完成莱太公园太阳能施工验收，安装太阳能板126块、太阳能储电电瓶220块，实现公园内灯光、雨洪泵、公共卫生间和施工电源全部由太阳能发电供给。（李婧怡）

【敬老助残优抚】 年内，太阳宫乡为伤残军人、定补人员、无军籍人员、农村籍士兵、义务兵发放慰问品；开展“春风送暖”和“博爱在京城”爱心捐赠活动，筹集善款67073.5元；举办以“不忘初心行大爱，牢记使命暖人心”为主题的第四届慈善义卖大型宣传活动，募捐善款6297.6元；开展户外拓展康复活动，45名精神、智力残疾人及家属参加。年内，开展“春风送暖”“冬衣送暖”活动，收到捐助衣物148包5177件，捐款67070元；建立退役军人服务站，悬挂“光荣之家”牌匾；走访慰问残疾人1000人次，发放30余万元慰问品和慰问金；为2080名80岁及以上老年人发放高龄津贴、补贴250余万元；完善太阳宫社区养老服务驿站功能，完成“短期照料服务、助餐服务、教育培训服务、精神关怀服务”，为辖区250名老年人提供服务8670人次。（李婧怡）

【社区建设】 年内，太阳宫地区完善社区管理规章制度、制定职责清单，落实社区工作事务准入制度，清理面向社区的微信群28个；实现10个社区议事厅全覆盖；完成市民活动中心（十字口社区办公服务用房）建设；完成便民服务、改善环境和文体生活等10项为民解忧办实事项目；充实社工队伍，招录社区工作者25名。（孔祥一）

【产业转型升级】 年内，太阳宫地区完成莱太花卉产业升级招商招投标工作，中标单位已完成相关接管工作；完成太阳宫宾馆、明宫宾馆、“书伴年华”现代图书阅览示范园、太阳宫旅馆招投标工作并与中标单位签约；完成太阳宫科技公司大楼（原桑尼摩尔珠宝城）招商招投标工作。依托产业转型升级，完成253名转岗职工再就业工作。（孔祥一）

【交通治理】 年内，太阳宫地区完成道路修整6000余平方米，修缮雨水井、雨水口23个，安装路灯25盏，翻建便民自行车棚面积184平方米。加强路侧停车与交通标志、标识线管理，完成西坝河路及周边道路整治，新增停车位1500余个，发放电动自行车临时标识4354个；开展“僵尸车”、违规停车综合治理专项行动，张贴处罚单、告知单1万余张，清理“僵尸车”、违规停放车辆474辆，清理共享单车1.4万余辆。（李婧怡）

【“接诉即办”机制落实】 年内，太阳宫地区建立12345“接诉即办”日、周、月报制度，建立“市民热线”案件快速响应机制和市民诉求处置中心案件派遣流程，接收“12345”“96105”政府热线有效案件6020件，回复率100%；接收、派发、处理各类网格案件40357件，案件回复率100%；开展积案化解月，化解网格积案476件。（李婧怡）

【对口帮扶】 年内，太阳宫乡与河北省张家口市阳原县高墙乡建立对口帮扶关系。拨付高墙乡帮扶资金100万元，用于张家口全嘉谷农产品销售有限公司在高墙乡台家庄村建设杂粮加工厂项目。8月开工建设。开展“春风送暖”和“冬衣送暖”活动，发动地区居民参与对口帮扶工作，收到捐助衣物148包5177件，爱心捐款67070元。（李婧怡）

2019年朝阳区太阳宫地区（乡）社区居委会、村委会一览表

表57

序号	名称	地址	电话
1	芍药居一社区居委会	芍药居北里219楼5层	84627464
2	芍药居二社区居委会	芍药居北里203号楼	84628185
3	芍药居三社区居委会	芍药居11号楼北侧	84615524
4	芍药居四社区居委会	芍药居2号院5号楼北侧	84612696
5	太阳宫社区居委会	太阳宫南街7号院6号楼西侧2层	64220891
6	夏家园社区居委会	新纪家园小区8号楼东侧服务中心楼内	84629921
7	十字口社区居委会	太阳宫地区火星园8号楼8-9	64287853
8	牛王庙社区居委会	太阳宫东坝河1号	64385869
9	尚家楼社区居委会	尚家楼社区48号院内	52087718
10	惠忠庵社区居委会	太阳宫1街1号院10号楼底商	64205711
11	太阳宫村村委会	西坝河168号	64460858
12	十字口村村委会	太阳宫北街甲1号	64625662
13	牛王庙村村委会	东坝河1号	64365908

（李婧怡）

王四营地区（乡）

【概况】 王四营地区（乡）位于朝阳区东南部。东靠豆各庄乡，南接十八里店乡，西邻南磨房乡，北与高碑店乡接壤。乡域面积15.58平方千米。下辖6个行政村、3个社区，实行村居合一管理模式。年内，辖区常住人口42732人，户籍人口20529人（其中农业人口9132人），流动人口22203人；新出生人口213人，死亡人口27人。有法人单位5300个，其中中央单位2家、市属单位2家。有社区卫生服务中心1个、社区卫生服务站6个；有小学5所、幼儿园5所；有养老机构3个；有200平方米为民服务大厅1处、5400平方米地区文化中心1处、文化广场6处和24小时自助图书馆2处。途经辖区公交线路17条，地铁7号线贯穿其中。年内，乡党委重点抓好“一村、两园、三路”建设，实现“四保”、达到“五好”工作目标。“一村”为上半年启动孛罗营新村安置房建设。“两园”为实施“智能信息服务创业园”项目和官庄公园地块内滞留户拆迁腾退。“三路”分别是：广渠路完成剩余非宅及滞留户腾退，5月底前完成沿线环境整治、绿化美化，实现与城市副中心交界地区绿色空间衔接；化工路完成红线内剩余户拆迁，全线交付建设；王化路完成王四营桥至大柳树沟沿线腾退及前期手续办理，争取实现道路与孛罗营新村建设同步启动，确保孛罗营新村大市政条件。“四保”为保稳定、保安全、保民生、保发展。“五好”为班子好、风气好、环境好、机制好和成果好。实现集体经济总收入5.99亿元，比上年增长4.6%；利润总额-409万元，比上年(-2475.5万元)增长83.5%；上缴税金5865.8万元，比上年增长57.8%；人均劳动所得40588元，比上年增长6.6%。（晏 国）

【乡十四届三次党代会】 1月28日，王四营乡召开第十四届党代会第三次会议，96名党代表出席会议。与会代表观看王四营乡2018年工作宣传片；回顾2018年各项工作，部署2019年工作任务。（晏 国）

【乡人大十七届五次会议】 2月27日，王四营乡召开第十七届人民代表大会第五次会议。44名人大代表出席会议，本地区的区人大代表，乡机关副处级以上领导，各科室科长及负责人，乡直属单位负责人，各行政村经济合作社社长、副书记、副主任60人列席会议。会议听取并审议通过《王四营乡人民政府2018年工作报告（草案）》，书面审议并通过《王四营乡人大主席团2018年工作报告（草案）》和《王四营乡财政工作报告（草案）》，议案审查委员会向大会通报代表建议审查情况，表决通过大会决议（草案）。（晏 国）

【劳动争议调解】 4月11日，区劳动人事仲裁院副院长刘朝晖一行到王四营地区检查指导劳动人事争议调解工作。刘朝晖一行到地区劳动人事争议调解中心参观劳动人事争议调解室和办公室，查看历年调解案件卷宗，了解调解中心工作职责、案件分类处理制度、调解流程、调解员行为规范、调解工作程序以及地区劳动人事争议调解工作开展情况。年内，地区调处劳动人事争议案111件，其中上级业务部门转办59件、本级受理44件、12345政民互动系统派发8件；调解成功108件，其中快速调撤70件、制作调解协议41件、申请仲裁审查置换调解书17件。来访总人数429人，调解监督发放资金233.71万元。（晏 国）

【对口帮扶】 6月19日，王四营乡人大主席高玉利带领辖区6个行政村党总支副书记、区人大代表、辖区村集体企业北京盛华宏林粮油批发市场有限公司负责人等20余人，组成结对帮扶考察团，到河北省张家口市阳原县三马坊乡开展对口帮扶项目——西窑头村蔬菜园区配套设施建设项目启动工作，落实帮扶资金，并就东西部协作项目对接交流。王四营乡在实地调研基础上精准施策，确定扶贫产业发展规划，向三马坊乡帮扶项目捐赠帮扶资金50万元，用于帮扶西窑头村蔬菜项目建设，提升园区产品质量和农业规模化经营水平。辖区村集体企业北京盛华宏林粮油批发市场有限公司，作为万企帮万村代表，出资50万元帮扶三马坊乡发展产业项目。（晏 国）

【环境整治】 7月9日，王四营地区组织召开人居环境整治专题工作会。制定地区整治方案，将辖区6个行政村所属宅基地以外侵街占道、私搭乱建违法建设（含宅基地二层以上用于出租的）等列入整治范围。明确经过集中整治，摸清地区侵街占道和私搭乱建等违法建设数量、类型、用途、问题隐患等情况，全部上账并逐一落实整治，拆除宅基地范围外和宅基地二层以上（用于出租的）的私搭乱建的整体目标。8月31日，完成私搭乱建集中整治工作，拆除违法建设140处，面积44.7万平方米。（晏 国）

【市政府领导调研专项整治工作】 8月5日，副市长、市城乡接合部和农村地区专项整治领导小组组长卢彦到王四营地区调研城乡接合部和农村地区专项整治工作。卢彦到南花园村、王四营村和

▲6月19日，王四营乡到河北省张家口市阳原县三马坊乡开展对口帮扶捐赠活动 （郭志刚 摄）

孛罗营村，沿街查看村域内环境治理情况，特别是垃圾桶和公厕内环境状况，要求工作人员做好村内环境卫生整治，给辖区百姓创造宜居、健康的生活环境；查看退伍军人荣誉牌发放挂牌工作资料，了解退伍军人安置情况，要求工作人员做好退伍军人服务，加大对困难退伍军人帮扶力度。（晏　国）

【婚姻家庭调解室揭牌】 8月21日，王四营地区举行婚姻家庭调解室揭牌仪式暨婚姻家庭纠纷预防化解工作会。地区妇联主席赵霞部署地区婚姻家庭纠纷预防化解工作，宣读《王四营地区关于做好婚姻家庭纠纷预防化解工作实施方案》；邀请中华全国律师协会会员、北京昊庭律师事务所专职律师沈茹虹做婚姻家庭纠纷调解专题培训。（晏　国）

【“接诉即办”机制落实】 9月17日，王四营地区召开12345市民热线“接诉即办”工作专题调度会。地区领导班子成员，机关各科室科长（负责人），各村（社区）、直属单位负责人及12345工作负责人等参加会议。会议传达朝阳区“接诉即办”专题工作会会议精神，部署地区“接诉即办”工作并提出工作要求。至年末，接到市、区派件2781件，全部办结。（晏　国）

【安全隐患排查治理】 11月29日，王四营地区开展安全隐患排查治理工作。检查组深入观音堂村石板房出租屋，采取逐一排查、登记方式，检查室内违规充电、乱堆物、私拉电线等问题，当场销毁违规使用的电器，现场开展冬季用电、用火、用气安全教育，提高安全意识。地区工委书记张奎、办事处副主任周瑞祥组织各部门召开现场工作会，督促各部门加大巡查力度，做好隐患排查工作，要求企业负责人落实企业主体责任，杜绝各类安全事故发生；就检查发现的消防设施不完备2处、消防通道杂物堆积3处、租户违规使用电器取暖5处、电动车违规充电3处等问题，工作人员现场与相关负责人对接，立行立改，消除安全隐患。（晏　国）

【“12·14”火灾事故】 12月14日17时，王四营地区祥龙物流仓库着火，区消防救援支队5个中队现场处置，乡党委书记、乡长第一时间到达现场配合指挥调度并协调做好火情处置工作。19时01分，火被扑灭，过火面积约200平方米，无人员伤亡。着火现场燃烧物为库房内存放的口罩、透析液及医疗器械等。（晏　国）

2019年朝阳区王四营地区（乡）社区居委会、村委会一览表

表58

序号	名称	地址	电话
1	官庄村村委会 官悦欣园社区居委会	王四营乡官庄村	67366137
2	观音堂村村委会 观音堂社区居委会	王四营乡观音堂村	87741050
5	道口村村委会 白露社区居委会	王四营乡道口村	87390769
3	王四营村村委会	王四营乡王四营村	87390168
4	南花园村村委会	王四营乡南花园村	67366973
6	孛罗营村村委会	王四营乡孛罗营村	87514553

（晏　国）

小红门地区（乡）

【概况】 小红门地区（乡）位于朝阳区南部。东靠京津塘高速公路，南邻北京经济技术开发区，西与丰台区、大兴区接壤，北距南三环约1000米。辖区面积12.07平方千米，下辖4个行政村、10个社区。年内，辖区常住人口31041，户籍人口14026户31044人，流动人口29092人，外籍人口15人；新出生人口269人，死亡人口53人。有中学、小学各2所，幼儿园4所；有社区卫生服务中心1个、社区卫生服务站2个；有养老机构2家（利民养老驿站和小红门乡养老院）；有150平方米为民服务大厅1处、文化广场2处（总面积3900平方米）、1000平方米室内文化苑1处；有4个篮球场、3个足球场（总面积4900平方米）、地区秧歌文化大院1个、24小时自助图书机1处、图书馆1个（藏书2万余册）。有主要交通道路5条，途经辖区公交线路12条，地铁亦庄线贯穿其中，并设小红门站、肖村站。年内，小红门地区坚持稳中求进总基调，落实高质量发展要求，聚焦“三化”主攻方向，持续疏解非首都功能，提升地区综合治理能力，不断改善民生。完成“一绿”试点腾退任务30万平方米和景观生态林造林任务1.99万平方米；实现镇海寺郊野公园二期建设工程（17.21公顷）进度75%；完成13个社区（村）居委会（村委会）换届选举工作和14个社区（村）党总支换届选举工作；完成庆祝中华人民共和国成立70周年等重大活动服务保障任务；创建国家卫生区工作通过验收。实现地区农村经济总收入15.8亿元，比上年增长27.4%；人均劳动所得32422元，比上年增长6.1%。（张　静）

【乡十三届三次党代会】 1月29日，小红门乡召开第十三届党代会第三次会议。应到会代表106名，实到会代表97名。会议审议并通过《中共小红门乡党委2018年工作报告（审议稿）》《中共小红门乡纪律检查委员会2018年工作报告（审议稿）》。（张　静）

【乡人大十七届五次、六次会议】 1月29日至30日，小红门乡第十七届人代会第五次会议召开。应到会代表54名，实到会代表47名。会议审议并通过《小红门乡人民政府2018年工作报告(草案)》《小红门乡人大主席团工作报告(草案)》《小红门乡2018年财政预算执行情况及2019年财政预算草案报告》。会议选举小红门乡人大主席、副乡长，张春江当选为小红门乡人大主席、王军当选为小红门乡人民政府副乡长。7月30日，小红门乡第十七届人民代表大会第六次会议召开，应到会代表53名，到会代表42名。会议审议并通过《小红门乡人民政府2019年上半年工作报告（草案）》。（张　静）

【疏解整治】 4月，小红门乡完成二扬泄洪沟、小红门排水沟、牌坊村排水沟和横街子沟等4处小微水体治理工程，小红门泄洪沟和牌坊沟等2处黑臭水体清淤工程。2个河长制考核水质监测断面均为达标断面，达标率100%。年内，修订《小红门乡2019年大气污染防治工作方案》，落实日常管理、重污染应急管理以及督促治理等相关要求，全年处理回复区大气污染综合治理领导小组办公室违法问题通知单30余份，配合区环保检查组完成监督检查50余次，启动空气重污染预警7次。打击交通违法行为，处罚违法行为206起，清理“僵尸车”45辆，处理违章停车400余车次，张贴违法告知书1万余张。改善校园和医院周边交通环境，制定辖区内学校、医院等重点点位专项道路交通安全整治方案，完善交通设施，缓解交通拥堵。开展扫黑除恶集中宣传3次，发放宣传活页3000余份。以辖区内不锈钢城等集体企业为重点，集中评估签订非宅腾退协议，开展腾退和拆除违章建筑工作。申请18亿元“疏整促”专项资金用于非宅腾退过渡，非宅腾退签约面积120万平方米，拆除面积80万平方米。疏解市场24处、出租大院和出租公寓6处、库房2处，疏解人口7505人。（张　静）

【新时代文明实践所（站）成立】 7月，小红门乡新时代文明实践所揭牌，11家基层单位新时代文明实践站全部挂牌。确定每周五定为新时代文明实践推动日。年内，开展的主题文明实践活动主要有群众趣味运动会、居民文艺会演、志愿者队伍送服务、“我的楼门我做主”楼门文化宣传、“科技筑梦 创新成长”暑期青少年科技节等。全年举办文明实践推动活动200余场次。（张　静）

【产业项目建设】 8月，小红门乡40号地集体租赁住房项目取得规划建设工程许可证，11月开始土护降工程施工。年内，启动城环城电子商务中心项目基础建设；红门国际广场项目取得规划复函；综合服务楼项目通过消防验收，并启动立项手续办理工作；37号地集体租赁住房项目设计方案通过专家评审；启动办理绿色动力汽车文化项目规划许可证和20号地集体租赁房项目立项等相关手续。（张　静）

【参加中华人民共和国成立70周年庆祝活动】 10月1日，地区8名女民兵和1名教导员参加庆祝中华人民共和国成立70周年受阅女民兵方队、38人参加“同心共筑中国梦”群众游行、8人参加天安门广场群众联欢活动。（张　静）

【集体“三资”管理】 年内，小红门地区实施村级财务规范化管理。以“村账双托管”方式实现村集体经济动态监管。严格履行大额资金、预算外资金审批备案程序。通过专项检查，规范整改全乡集体经济合同。完成合同整改153份，验收通过129份。（张　静）

【“接诉即办”机制落实】 年内，小红门地区建立全时段响应机制，落实“接诉即办”机制。受理市民来电4532件。建

▲ 9月27日，小红门乡8位参加中华人民共和国成立70周年阅兵仪式女民兵合影　（张　超　摄）

立每日调度和二次派单机制，在“三率”基础上增加“见面率”考核。开展“未诉先办、一办到底”大走访活动，变被动接诉为主动问需，解决群众实际需求，提高热线工作办理效率。（张 静）

【社会保障】 年内，小红门地区开发就业岗位1003个，受理274名失业人员申请灵活就业社会保险补贴；实现城乡居民养老保险参保3872人，办理城乡居民基本医疗保险9276人；落实保障性住房资格审查工作，全年完成保障性住房资格审核、备案12户。（张 静）

【社区建设】 年内，小红门地区申报为民办实事项目13项，涉及7个社区，解决甬路修缮、充电车棚、休闲座椅、儿童滑梯等群众关注的热点难点问题。完成鸿博家园5个社区市民化项目。在恋日绿岛社区、中海城社区开展社区、社会组织和社工“三社一体化”工作，实现社区治理模式创新。地区建成一刻钟服务圈4个，覆盖7个社区。举办社区文体活动9场。（张 静）

2019年朝阳区小红门地区（乡）社区居委会、村委会一览表

表59

序号	名称	地址	电话
1	鸿博家园第一社区居委会	鸿博家园一区9号楼1单元底商	87554535
2	鸿博家园第二社区居委会	鸿博家园二期B区8号楼底商	67698893
3	鸿博家园第三社区居委会	鸿博家园二期C区2号楼1单元底商	67909972
4	鸿博家园第四社区居委会	鸿博家园二期D区1号楼底商	67678366
5	鸿博家园第五社区居委会	鸿博博家园二期F区15号楼2层	67678895
6	中海城社区居委会	少角中街8号院5号楼底商	87656427
7	恋日绿岛社区居委会	鸿博家园一区9号楼3单元底商	67698799
8	三台山社区居委会	小红门乡三台山甲1号	87601375
9	四道口社区居委	小红门乡四道口水站	67609221
10	玉器厂社区居委会	小红门乡龙爪树街734号	87693193
11	牌坊村村委会	小红门乡牌坊村村委会	87602958
12	肖村村委会	小红门乡肖村村委会	67680412
13	小红门村村委会	小红门乡小红门村委会	87602960
14	龙爪树村村委会	小红门乡龙爪树村村委会	87698014

（张 静）

人物 荣誉

新闻人物

2019年，朝阳区结合“北京榜样”大型主题活动，在全区开展“朝阳榜样”推荐评选活动。5月至9月，全区共推选出50名“2019朝阳榜样”月榜样人物，从中推选产生国庆70周年阅兵民兵方队和舍身救人榜样孟恩辉2个“2019朝阳榜样”特别奖，李辉、张小路、汪永明、董玉三、田传真、冯锐、郑树丽、刘国宁、海宇、王建军和胡小青等10个“2019朝阳榜样”十大年榜人物。

“2019朝阳榜样”特别奖

国庆70周年阅兵民兵方队

国庆70周年阅兵民兵方队是整个方（梯）队中唯一一个由社会女性抽组而成的女子方队，是新时代国防后备力量的代表，是连续第四次参加国庆阅兵的方队。朝阳区女民兵有多次受阅传统。从1958年国庆9周年开始，多次组成“首都民兵师”受阅方队，参加国庆庆典活动，赢得“民兵之花”“铿锵玫瑰”的美誉，成为阅兵场上一道亮丽的风景线。方队队员来自朝阳区所辖24个街道、19个乡、教育系统、国资系统、卫生系统，以及中国传媒大学、北京服装学院、北京联合大学和中华女子学院。方队坚持训管一致、教养一致，严格按照受阅精兵的要求培育。受阅队列训练从零基础抓起，围绕短板弱项，实施分段攻坚，坚持破立并举，赓续传承借鉴，科学组训施训，多次受到军委阅兵领导小组、阅兵联指、徒步方指和北京市领导的充分肯定和高度评价。民兵方队不仅代表朝阳女民兵接受检阅，更是代表全国民兵接受检阅，方队的精神风貌、训练水平，既是北京市民兵调整改革建设成果的缩影，更是新时代国防后备力量建设的集中体现。

舍身救他人青年好榜样

孟恩辉，1990年生，河南省太康县大许寨黄岗寺村人，东湖街道某饭店部门主管。4月12日晚，郝女士因心情不好，翻栏杆进入望京北小河河边蹲着哭泣，刚好被路过的孟恩辉看见。因郝女士离河太近，他便对其进行劝说。不料郝女士起身时，踩到岸边湿滑的苔藓，掉落水中。孟恩辉见状，奋不顾身跳入水中施救，全力将她推向岸边。郝女士在岸边一对夫妇的帮助下成功获救，而孟恩辉却因水流湍急和体力不支没能上岸，献出了他年仅29岁的宝贵生命。第二天，救援队将孟恩辉的遗体打捞上岸，发现他仍然是双手高高举起救人的姿势。4月18日，北京市民政局举行孟恩辉见义勇为行为认定及表彰奖励新闻发布会，为孟恩辉亲属颁发北京市见义勇为人员证书。在孟恩辉的遗物中，还发现了他的献爱心证书和献血证书。一本本证书，彰显着他乐于助人、无私奉献的精神。孟恩辉虽然离去了，但他英勇救人的事迹和精神将永远激励着人们前行。

“2019朝阳榜样”十大年榜人物

轮椅舞者传递“心”力量——李辉

北京市朝阳区心之源艺术康复服务中心负责人。

外卖小哥爬楼勇救火——张小路

美团外卖送餐员。

自治楼院的“大管家”——汪永明

劲松街道农光东里社区居民、28号楼准物业管委会主任。

百姓的“生命守护神”——董玉三

北京市朝阳区紧急医疗救援中心北京商务中心区急救站站长、光电救援队首席医疗官。

无私支教的“北京老师”——田传真

北京市求实职业学校高级教师。

智勇双全一跃救人——冯锐

朝阳分局高碑店派出所副队长。

十四年打造模范社区——郑树丽

垡头街道双合家园社区党委书记。

文化产业公益践行者——刘国宁

铜牛电影产业园创始人、董事长，主旋律电影产业联盟常务副会长，北京市慈善义工联合会明星义工分会常务副会长。

环卫车的“专职医生”——海宇

北京市朝阳区环境卫生服务中心第三清洁车辆场车间主任。

用舞步带领群众感受幸福——王建军　胡小青

北京市朝阳区舞蹈家协会副主席。

先进个人

全国（含系统）先进个人（部分）

全国五一劳动奖章

刘东风　北京市朝阳区八里庄街道华贸中心社区党委书记、居委会主任、社区服务站站长、商务楼宇服务站站长

第七届全国道德模范

张晓艳　中日友好医院皮肤科主任医师

全国优秀共青团员

鲍　昕　北京工业大学附属中学

中国青年五四奖章

张　超　北京市公安局朝阳分局

九三学社先进个人

霍　超　九三学社北京市朝阳区委

民进全国组织建设先进个人

孙东杰 民进北京市朝阳区委员会
王慧玲 民进北京市朝阳区委员会

全国优秀教师

孙 静 北京市日坛中学

全国模范教师

张雅静 北京朝阳区三里屯幼儿园

全国农业技术能手

张宛婧 北京市朝阳区种植业养殖业服务中心

全国法院刑事审判工作先进个人

刘砺兵 北京市朝阳区人民法院刑事审判庭副庭长

2019年生态环境信访工作中表现突出的个人

黄文革 北京市朝阳区生态环境局综合执法大队副队长

全国民族团结进步模范个人

秦建成 北京市朝阳区人民政府常营地区办事处社会事务管理科科长

北京市先进个人（部分）

首都劳动奖章

徐立廷 壳牌（中国）有限公司中国区沥青业务技术总监
王慧超（女） 北京汇丰盛和国际贸易有限公司运营经理
徐 靖 北京市朝阳区环境卫生服务中心第一清洁车辆场垃圾清运驾驶员
杨作毅（女） 北京市朝阳区发展和改革委员会疏解科科长
曾 航 国家税务总局北京市朝阳区税务局第一税务所所长
吴宝林 北京市朝阳区元大都城垣遗址公园业务办技师
史晓梅（女） 北京市朝阳区安全生产监督管理局执法三队队长
高志广 北京市朝阳区城管执法监察局综合执法队队长
杜 堃 北京市朝阳区建外街道办事处综治办主任
胡 颖（女） 北京市朝阳区大屯街道办事处城建科科长
吴保社 北京市朝阳区团结湖街道办事处安监科科长
马俊东 北京市朝阳区香河园街道办事处柳芳南里社区党委书记兼居委会主任
郑树丽（女） 北京市朝阳区垡头街道办事处双合家园社区党委书记
肖维亚 北京市朝阳区三里屯街道办事处幸福二村社区党委书记
孔照星 北京市朝阳区潘家园街道办事处巡防队队长
郝 帆 北京市朝阳区双井街道办事处九龙社区党委书记
王 超 北京市朝阳区黑庄户乡郎辛庄村党支部书记兼村委会主任
宋凤和 北京市朝阳区王四营地区南花园村委会党总支书记
刘雪飞 北京市朝阳区三间房地区三间房南里社区党委书记
刘建民 北京市朝阳区管庄乡咸宁侯村党支部书记兼村委会主任
李夫禹 北京市保安服务总公司朝阳分公司保安队长
吴 薇（女） 北京市朝阳区人民法院亚运村人民法庭副庭长
孟丽娜（女） 北京市康达律师事务所高级合伙人
周迎春（女） 北京市朝阳区残疾人综合活动中心副主任
师俊超 北京潘家园古玩艺术品文化传媒有限公司总鉴定师
王双冬 北京宝嘉恒基础设施投资有限公司拆迁二部副部长
张 彦（女） 北京市朝阳副食品总公司办公室主任
侯 艳（女） 北京和睦家医院有限公司护理部主任
王 丽（女） 北京市第一中西医结合医院超声科医师
高春霞（女） 北京市朝阳区广播电视新闻中心办公室主任
齐 欣 北京市朝阳区第二少儿业余体校教练员
刘雪梅（女） 北京市陈经纶中学劲松分校校长
王 薏（女） 北京市朝阳区芳草地国际学校远洋小学校长
宋 为 北京市朝阳区垂杨柳中心小学教学副主任
谷金双（女） 北京市朝阳区劲松第一幼儿园保教主任
薛小青（女） 北京市朝阳区小橡树三元桥幼儿园保教主任
赵学芹（女） 北京市陈经纶中学分校实验学校教师
刘 伟 北京嘉林药业股份有限公司董事长
云海龙 北京美丽年华物业管理有限公司安保部经理
杨建华（女） 北京东方蓝地服装股份有限公司区域经理
郭天光 北京握奇数据股份有限公司技术中心主任、工会主席

首都精神文明建设奖

王建成 北京市朝阳区房管局供暖中心团结湖供暖站北区锅炉房班长
陈 沫 北京市公安局朝阳分局法制支队民警
赵晓娜 北京市朝阳区第一少儿业余体校排球教练员
董会生 北京市朝外街道工委书记
王 威 北京市来广营地区新街坊社区党总支书记
于渊莘 北京市劲松第一幼儿园园长
赵连生 北京市朝阳副食品总公司房管站党支部书记、经理
李玉立 北京蓝调庄园文化发展有限公司董事长
韩小红 北京慈铭健康体检管理集团有限公司总裁
王 静 农业农村部农产品质量安全重点实验室常务副主任
黄 薇 中央广播电视台主持人
杨德泉 武警北京市总队政治工作部群工干事
吴晓梅 北京市朝阳区安监局执法三队队长
朱 正 北京第二外国语学院退休教授
郭 勋 共青团朝阳区委书记

北京市筹备和服务保障中华人民共和国成立70周年庆祝活动先进个人

高春利 北京市朝阳区文化和旅游局
付兴建 北京市朝阳区文化和旅游局
徐 伟 北京市朝阳区文化和旅游局
李 利 北京市朝阳区文化和旅游局
何 琳 北京市朝阳区文化和旅游局
张 强 北京市朝阳区应急管理局
蒋昌启 北京市朝阳区应急管理局
李 军 北京市朝阳区应急管理局
刘 宁 北京市朝阳区应急管理局
王莹欣 北京市朝阳区应急管理局
孟凡标 北京市朝阳区应急管理局
刘 伟 北京市公安局朝阳分局
云 飞 北京市公安局朝阳分局
滕立强 北京市公安局朝阳分局
王英杰 北京市公安局朝阳分局
张若亭 北京市公安局朝阳分局
高 博 北京市公安局朝阳分局
韩 滨 北京市公安局朝阳分局
傅国栋 北京市公安局朝阳分局

匡　岩　北京市公安局朝阳分局
李遵国　北京市公安局朝阳分局
邹温起　北京市公安局朝阳分局
李　珂　北京市公安局朝阳分局
于更浩　北京市公安局朝阳分局
崔　毅　北京市公安局朝阳分局
张　鑫　北京市公安局朝阳分局
孙建平　北京市公安局朝阳分局
杨　建　北京市公安局朝阳分局
薛　涛　北京市公安局朝阳分局
徐富兴　北京市朝阳区消防救援支队
龚　斌　北京市朝阳区消防救援支队
陈文鹏　北京市朝阳区消防救援支队
李瑛琦　北京市朝阳区消防救援支队
荆天毅　北京市朝阳区消防救援支队
张振安　北京市朝阳区将台乡
李合林　北京市朝阳区麦子店街道办事处
汪　涛　北京市朝阳区总工会
武卫华　北京市朝阳区总工会
董　昊　北京市朝阳区总工会
赵　晨　北京市朝阳区总工会
陈景春　北京市朝阳区体育局
马　昕　中国民主同盟北京市朝阳区委

首都绿化美化先进个人

栗朝阳　北京市朝阳区奥运村街道办事处
郭文俊　北京市朝阳区大屯街道办事处
谷　雨　北京市朝阳区人民政府东湖街道办事处
高建新　北京市朝阳区园林绿化局绿化一队
路　宇　北京市朝阳区园林绿化局北花园绿化队
云巴特尔　北京市朝阳区园林绿化局绿化二队
于亚民　北京市朝阳区园林绿化局绿化建设科
高　岩　北京市朝阳区园林绿化局红领巾公园
张　宇　北京市朝阳区园林绿化局绿化业务指导科

北京青年榜样·时代楷模

张晓菲　中国共产主义青年团北京市朝阳区委员会
李韦良　北京市朝阳区体育局

第三十三届北京青年五四奖章

金英梅　北京市朝阳区青年联合会

台盟北京市委2019年度参政议政先进个人

高　峰　台盟北京市朝阳区工委
李雪飞　台盟北京市朝阳区工委

第十四届北京市优秀思想政治工作者

王　佼　北京市朝阳区大屯街道
　　　　亚运新新家园社区党委书记兼居委会主任
赵益民　北京京朝出租汽车有限公司
　　　　党支部书记、董事长、总经理
刘　野　北京国际商务中心区开发建设有限公司
　　　　原党总支书记、董事长

北京市侨联工作先进个人

赵　辉　北京奥林匹克公园管理委员会
杨丙章　北京市朝阳区劲松街道办事处
张　媛　北京市朝阳区团结湖街道办事处
郑瑞美　北京市朝阳区团结湖街道办事处侨联
张　璐　北京市朝阳区侨联
谢　宾　北京市朝阳区侨联

北京市归侨侨眷先进个人

曾　旭　北京市朝阳区侨联
郑瑞美　九三学社北京市朝阳区委员会

先进集体

全国先进集体（部分）

全国工人先锋号

北京海文资产经营管理有限公司监管局项目部

全国青年文明号

北京市朝阳区人民法院奥运村法庭

全国第六届中小学生艺术展演活动优秀组织奖

北京市朝阳区教育委员会

全国教育系统先进集体

北京市朝阳区实验小学

集体一等功

北京市公安局朝阳分局

全国检察宣传先进单位

北京市朝阳区人民检察院

全国优秀法院

北京市朝阳区人民法院

全国法院调研工作先进集体

北京市朝阳区人民法院研究室

2019年度全国人民调解宣传工作先进集体

北京市朝阳区司法局

民进全国先进基层组织

民进北京市朝阳区新闻出版联合支部
民进北京市朝阳区东方德才支部

台盟中央2019年地市级参政议政工作先进集体

台盟北京市朝阳区工委

全国巾帼文明岗

北京市朝阳区人民检察院未成年人案件检察部
北京市朝阳区人民法院民事审判二庭
京客隆集团生鲜配送中心

全国市场监管系统先进集体

北京市朝阳区市场监督管理综合执法大队

全国个私协会系统先进单位

北京市朝阳区私营个体经济协会

全国民族团结进步示范街道
北京市朝阳区朝外街道办事处

全国综合减灾示范社区
北京市朝阳区常营地区东润枫景社区

2019年全国科普日活动优秀组织单位
北京市朝阳区科学技术协会

第九届“母亲河奖”优秀组织奖
中国共产主义青年团北京市朝阳区委员会

北京市先进集体（部分）

首都劳动奖状
北京市工商行政管理局朝阳分局
北京国华置业有限公司
北京市朝阳区安贞街道办事处
北京京北大地园林绿化工程有限公司
北京市朝阳区人民检察院
北京朝阳公园开发经营公司
北京市朝阳区体育局
北京市朝阳区实验小学
北京易事达投资有限公司

北京市工人先锋号
北京今赢世际旅游文化有限公司旅游服务部
北京市朝阳区民防局人防工程管理所
北京市朝阳区食品药品监督管理局餐饮服务监管科
北京市朝阳区东湖街道办事处利泽西园一区社区居民委员会
北京市朝阳区麦子店街道办事处平安建设办公室
北京市朝阳区太阳宫地区办事处社保所
北京市朝阳区农业综合执法大队执法一科
北京市公安局朝阳分局警务支援大队
北京市朝阳区人民法院民事审判第三庭
北京市朝阳区民政局优抚安置科
北京市朝阳副食品总公司房地产管理开发部
北京潘家园旧货市场有限公司安保部
北京昆泰房地产开发集团有限公司工程管理部
北京市朝阳区三环肿瘤医院腔镜科
北京民俗博物馆文物展陈部
北京市朝阳区金色摇篮全程实验学校语文教研组
北京合益包装容器有限公司生产部

首都绿化美化先进单位
北京市朝阳区园林绿化局
北京市朝阳区奥运村街道办事处
北京市朝阳区大屯街道办事处

北京市筹备和服务保障中华人民共和国成立70周年庆祝活动先进集体
中共北京市朝阳区委政法委员会
北京市朝阳区总工会
中国共产主义青年团北京市朝阳区委员会
北京市朝阳区文化和旅游局
北京市朝阳区体育局
北京市朝阳区教育委员会
北京奥林匹克公园管理委员会
北京市朝阳区城管执法局
北京市朝阳区城市管理委员会
北京市朝阳区武装部
北京市朝阳区消防救援支队
北京市公安局朝阳分局内保大队
北京市朝阳区八里庄街道办事处

首都环境建设样板单位
北京市朝阳区城市管理监督指挥中心
北京市朝阳循环经济产业园管理中心
北京市朝阳区财政局
北京市朝阳区水务局
北京市朝阳区城市管理委员会
北京市朝阳区园林绿化局
北京市朝阳区常营地区办事处
北京市朝阳区大屯街道办事处
北京市朝阳区麦子店街道办事处城建科

第十四届北京市思想政治工作优秀单位
中共北京市朝阳区委纪律检查委员会、朝阳区监察委员会
北京市朝阳区总工会
北京市朝阳区人民法院奥运村人民法庭
北京市朝阳区八里庄街道八里庄西里社区委员会

先进人武部
北京市朝阳区武装部

北京市侨联工作先进集体
北京市朝阳区侨联
北京市朝阳区望京街道办事处

第十二届首都见义勇为权益保护工作先进单位
北京市朝阳区香河园街道办事处

2019年度区地震监测预报工作先进单位
北京市朝阳区地震局

首都全民义务植树先进单位
北京市朝阳区孙河乡
北京市朝阳区望和公园

逝世人物

高凤岐 北京市朝阳区政协第四届委员会副主席。男，汉族，中共党员，1922年7月出生，北京市房山区人。1938年11月参加革命工作，1939年8月加入中国共产党。历任冀西北上先遣支队、冀中支队警备旅班长、排长，抗日军政大学班长，冀中军区司令部、十地委交通部交通干事、交通站长，大兴县交通队队长，大兴县邮局局长，大兴县委统战部副部长、部长，大兴县政府副县长，昌平县政府副县长，中共北京市委农村工作部组长，市西郊农场党委书记，海淀区承丰公社党委第二书记，朝阳区双桥公社党委副书记，朝阳区革命委员会农村组干事、副组长，朝阳区委农村工作部副部长，朝阳区政协副主席，1985年2月离休。2019年6月因病在北京去世，享年96岁。

北京朝阳年鉴

Beijing Chaoyang Yearbook

2020

附 录

文件目录

中共朝阳区委文件目录

京朝发〔2019〕1号：关于建立区政府向区人大常委会报告国有资产管理情况制度的意见
京朝发〔2019〕2号：关于深入构建和谐劳动关系的实施意见
京朝发〔2019〕3号：关于更名调整区机构编制委员会的通知
京朝发〔2019〕4号：关于印发《北京市朝阳区机构改革方案》的通知
京朝发〔2019〕5号：关于成立区委巡视整改落实工作领导小组及办公室的通知
京朝发〔2019〕6号：关于印发《区委2019年工作要点》的通知
京朝发〔2019〕7号：关于全面深化党政群共商共治工作的指导意见
京朝发〔2019〕10号：印发《关于在全区开展“不忘初心、牢记使命”主题教育的实施方案》的通知
京朝发〔2019〕11号：印发《朝阳区关于加强耕地保护和改进占补平衡的实施办法》的通知
京朝发〔2019〕13号：关于新时代加强和改进人大工作的意见
京朝发〔2019〕14号：关于新时代加强和改进人民政协工作的实施意见
京朝发〔2019〕16号：印发《朝阳区关于进一步加强干部教育培训工作的实施意见》的通知

中共朝阳区委办公室文件目录

京朝办发〔2019〕1号：关于印发《区政协2019年度协商议题》的通知
京朝办发〔2019〕2号：关于印发《北京市朝阳区机构改革实施方案》的通知
京朝办发〔2019〕5号：关于印发《朝阳区“基层建设年”三年行动计划（2019年—2021年）》的通知
京朝办发〔2019〕7号：关于印发《朝阳区推进“一廊”地区“五大提升工程”2019年度工作方案》的通知
京朝办发〔2019〕8号：关于印发《朝阳区推进城乡发展“六个一百”工程2019年度工作方案》的通知
京朝办发〔2019〕9号：关于印发《市委巡视反馈问题整改落实工作方案》的通知
京朝办发〔2019〕10号：关于印发《区委常委会2019年议题计划》的通知
京朝办发〔2019〕11号：关于转发《中共北京市朝阳区委党的建设工作领导小组2019年工作要点》的通知
京朝办发〔2019〕14号：印发《朝阳区关于统筹规范督查检查考核工作的管理措施》的通知
京朝办发〔2019〕15号：关于印发《北京市朝阳区在绿地认建认养及公园配套用房出租中侵害群众利益问题整改工作方案》的通知
京朝办发〔2019〕16号：关于印发《区委区政府2019年工作重点任务书》的通知
京朝办发〔2019〕18号：印发《中共北京市朝阳区委关于落实〈中共北京市委贯彻〔中共中央关于加强党的政治建设的意见〕的措施〉的实施方案》的通知
京朝办发〔2019〕19号：关于印发《北京市朝阳区评比达标表彰活动管理实施细则（试行）》的通知
京朝办发〔2019〕20号：印发《中共北京市朝阳区委办公室北京市朝阳区人民政府办公室关于国庆期间进一步严格执行请假报备制度加强值班值守工作的通知》
京朝办发〔2019〕21号：关于印发《中共北京市朝阳区委常委会“不忘初心、牢记使命”专题民主生活会整改方案》的通知
京朝办发〔2019〕22号：关于印发《区政协2020年度协商议题》的通知

朝阳区政府主要文件目录

朝政发〔2019〕1号：关于印发《政府工作报告》的通知
朝政发〔2019〕2号：关于印发《区政府重大决策出台前向区人大常委会报告工作办法》的通知
朝政发〔2019〕4号：关于落实向区人大常委会报告国有资产管理情况制度的实施意见

朝阳区政府办公室主要文件目录

朝政办发〔2019〕2号：关于印发《北京市朝阳区2019年办好重要 民生实事项目分工方案》的通知
朝政办发〔2019〕3号：关于区政府领导同志工作分工的通知
朝政办发〔2019〕4号：关于印发《北京市朝阳区污染防治攻坚战2019年行动计划》的通知
朝政办发〔2019〕5号：转发区教委关于2019年非本市户籍适龄儿童少年在朝阳区接受义务教育证明证件材料审核实施细则的通知
朝政办发〔2019〕6号：转发区教委关于2019年本市外区户籍无房家庭适龄儿童在朝阳区接受义务教育证明证件材料审核实施细则的通知
朝政办发〔2019〕8号：关于印发《朝阳区全面推行行政执法公示制度执法全过程记录制度重大执法决定法制审核制度实施方案》的通知
朝政办发〔2019〕10号：关于印发《朝阳区争创全国安全发展示范城市实施方案》的通知
朝政办发〔2019〕11号：关于部分区政府领导同志工作分工的通知
朝政办发〔2019〕12号：关于印发《朝阳区进一步促进无障碍环境建设2019—2021年行动方案》的通知

国民经济社会发展公报和统计资料

朝阳区2019年国民经济和社会发展统计公报

2019年，全区在区委、区政府的坚强领导下，坚持以习近平新时代中国特色社会主义思想为指导，认真贯彻落实党的十九大和十九届二中、三中、四中全会精神及习近平总书记对北京重要讲话精神，牢固树立新发展理念，坚持稳中求进工作总基调，牢牢把握区域功能定位，以供给侧结构性改革为主线，加快推进区域高质量发展，紧扣民生“七有”要求和“五性”需求，圆满完成2019年任务目标，经济社会保持平稳健康发展。

一、综合

◇经济增长

初步核算，全年实现地区生产总值（GDP）7116.4亿元，按不变价计算，比上年增长6.1%。其中，第一产业增加值3.1亿元，比上年增长49.5%；第二产业增加值496.5亿元，比上年增长0.9%；第三产业增加值6616.7亿元，比上年增长6.5%。三次产业结构为0.04∶6.98∶92.98。按年平均常住人口计算，全区人均GDP达到201084元。

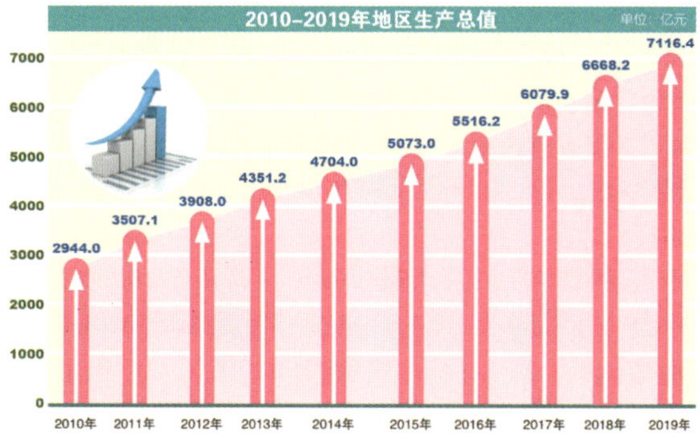

◇财政收支

全年完成一般公共预算收入536.4亿元，比上年增长0.5%。其中，国内增值税162.3亿元，比上年下降3.8%；企业所得税126.3亿元，与上年持平；房产税101.1亿元，比上年增长3.4%；城市维护建设税41.4亿元，比上年下降5.3%。四项税种共完成431.0亿元，占一般公共预算收入的80.4%。

全年一般公共预算支出658.0亿元，比上年增长16.8%。其中，用于社会保障和就业、教育、城乡社区、公共安全、卫生健康支出分别为220.2亿元、110.0亿元、72.7亿元、60.2亿元和55.5亿元，增速依次为39.1%、13.9%、14.7%、-9.4%和22.8%。上述五项支出合计占一般公共预算支出的78.8%。

◇人口

年末全区常住人口347.3万人，比上年下降3.7%。其中，常住外来人口149.1万人，比上年下降5.6%。从性别构成看，男性人口174.4万人，女性人口172.9万人。从年龄构成看，0～14岁人口32.9万人，15～64岁人口272.4万人，65岁及以上人口42.0万人。常住人口中：全年出生人数31018人，出生率为8.76‰；死亡人数21226人，死亡率6.00‰；自然增长率为2.76‰。

年末全区户籍人口214.9 万人，比上年末增加3.2万人，比上年增长1.5%。全区计划生育率为99.78%。

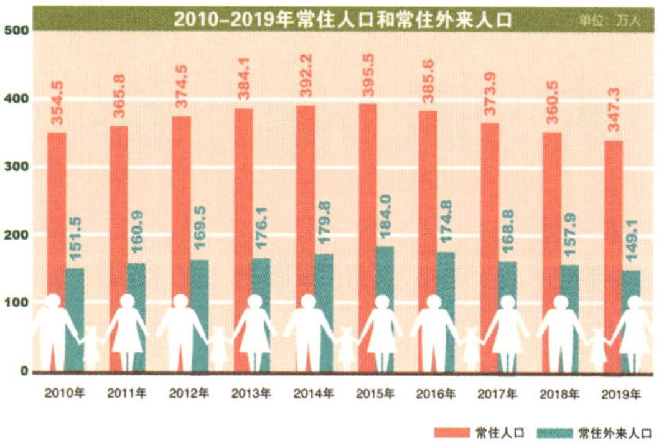

二、固定资产投资和房地产开发

◇固定资产投资

全年全社会固定资产投资（不含农户）比上年下降8.6%。其中，民间投资比上年下降11.9%。

在全社会固定资产投资中，基础设施投资比上年增长0.1%。其中，交通运输领域完成投资比上年增长6.3%；公共服务业领域完成投资比上年增长15.6%；能源领域完成投资比上年增长9.7%。

从产业投资看，第二产业投资比上年下降7.6%；第三产业投资比上年下降0.6%。

◇房地产开发

全年房地产开发投资比上年下降28.6%。其中，住宅投资比上年下降21.4%；办公楼投资比上年下降53.1%；商业营业用房投资比上年下降31.6%。

全年房屋施工面积2261.0万平方米，比上年增长1.1%，其中政策性住房981.3万平方米；房屋竣工面积279.7万平方米，比上年增长95.9%，其中政策性住房92.2万平方米。

全年商品房销售面积155.4万平方米，比上年增长286.1%，其中住宅销售面积146.1万平方米；商品房销售额579.9亿元，比上年增长104.6%，其中住宅销售额558.5亿元。

三、市场消费

全年实现社会消费品零售额2894.3亿元，比上年增长3.5%。

限额以上企业中，汽车及配件销售企业实现零售额623.6亿元，比上年下降7.8%；家用电器、计算机及电子产品销售企业实现零售额449.8亿元，比上年增长25.6%；综合零售企业实现零售额399.9亿元，比上年增长4.5%；互联网零售实现零售额

254.3亿元，比上年增长7.0%；餐饮业实现零售额179.0亿元，比上年增长3.2 %；石油及制品销售企业实现零售额123.0亿元，比上年下降12.0%。

四、对外经济

全年实现进出口总额1934.6亿美元，比上年增长0.3%。其中，出口187.0亿美元，比上年增长3.2%；进口1747.6亿美元，比上年增长0.01%。

全年新设外商投资企业657家；新增跨国公司总部4家。全年批准合同外资额86.6亿美元，实际利用外资42.9亿美元。

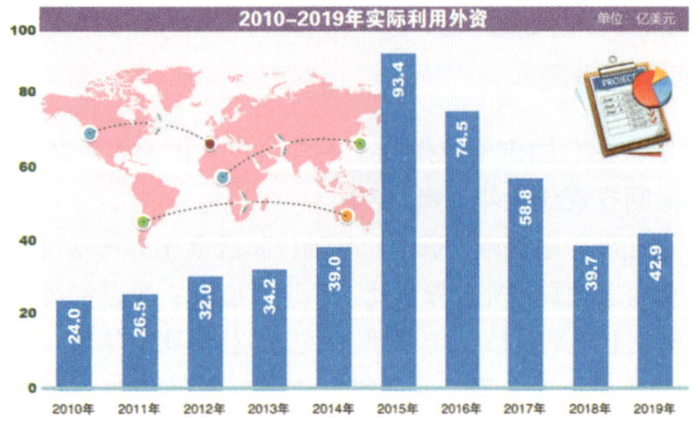

五、农业

农林牧渔业全年实现增加值3.2亿元，比上年增长48.2%，占全区GDP的0.05%。

全年完成农林牧渔业总产值74631.6万元，比上年增长49.4%。其中，农业产值2153.8万元，比上年下降11.0%；林业产值69146.2万元，比上年增长59.9%；畜牧业产值246.7万元，比上年增长86.8%；渔业产值260.3万元，比上年下降76.9%。

全区共有农业观光园7个，接待旅游人数28.1万人次，观光园总收入2.9亿元。乡村旅游接待人数2600人次，实现收入42.2万元。设施农业实现收入1029.2万元，比上年下降43.0%；已利用设施农业占地面积671.8亩，比上年下降26.1%。

六、工业和建筑业

◇工业

工业全年实现增加值286.0亿元，比上年增长0.6%，占全区GDP的4.0%。

全年规模以上工业企业实现工业总产值758.6亿元，比上年增长2.5%；实现销售产值743.6亿元，比上年增长2.1%；实现出口20.9亿元，比上年增长4.5%。从内部结构看，电力、热力生产和供应业实现工业总产值214.6亿元，比上年增长1.8%；开采专业及辅助性活动实现工业总产值114.4亿元，比上年增长7.0%；电气机械和器材制造业实现工业总产值88.8亿元，比上年增长17.9%；非金属矿物制品业实现工业总产值65.6亿元，比上年增长8.8%；医药制造业实现工业总产值53.4亿元，比上年下降12.6%。

全年规模以上工业企业实现主营业务收入860.4亿元，比上年增长1.9%；实现利润89.7亿元，比上年增长18.3%。

◇建筑业

建筑业全年实现增加值211.4亿元，比上年增长1.2%，占全区GDP的3.0%。

具有资质等级的总承包和专业承包建筑业企业完成总产值1699.8亿元，比上年增长9.2%。其中，在外省完成产值1006.0亿元，比上年增长14.1%。全年累计签订合同额4195.8亿元，比上年增长7.1%。房屋建筑施工面积10145.1万平方米，比上年增长13.5%。

七、重点行业和重点产业

◇金融业

金融业全年实现增加值1089.0亿元，比上年增长7.5%，占全区GDP的15.3%。

全年金融业单位实现收入2985.9亿元，比上年下降1.8%。其中，保险业、货币金融服务和资本市场服务分别实现收入1718.8亿元、713.9亿元和198.9亿元，增速分别为-0.2%、-6.3%和16.9%。全年金融业单位实现利润1173.0亿元，比上年下降13.9%。其中，保险业、货币金融服务和资本市场服务分别实现利润524.0亿元、325.6亿元和71.8亿元，增速分别为-32.5%、8.0%和175.3%。

年末全区中资银行人民币各项存款余额28620.5亿元，比上年增长15.1%。其中，单位存款余额13350.6亿元，比上年增长3.0%；储蓄存款余额5623.6亿元，比上年增长12.5%。全区中资银行人民币各项贷款余额10326.2亿元，比上年增长4.2%。其中，中长期贷款余额6615.0亿元，比上年增长3.3%；短期贷款余额3550.8亿元，比上年增长6.6%。

◇批发和零售业

批发和零售业全年实现增加值1118.5亿元，比上年增长4.0%，占全区GDP的15.7%。

全年限额以上批发和零售业企业实现营业收入19116.1亿元，比上年下降0.9%；实现利润694.9亿元，比上年下降14.2%。

◇租赁和商务服务业

全年规模以上租赁和商务服务业单位实现收入3429.5亿元，比上年下降3.0%。其中，人力资源服务实现收入774.6亿元，比上年增长4.2%；广告业实现收入746.5亿元，比上年下降13.3%；其他商务服务业实现收入494.1亿元，比上年下降10.9%。

全年规模以上租赁和商务服务业单位实现利润925.8亿元，比上年下降17.3%。其中，组织管理服务实现利润821.8亿元，比上年下降21.2%；法律服务实现利润37.9亿元，比上年增长15.4%；综合管理服务实现利润35.7亿元，比上年增长41.9%。

◇信息传输、软件和信息技术服务业

全年规模以上信息传输、软件和信息技术服务业单位实现收入1880.1亿元，比上年增长16.7%。其中，软件和信息技术服务业实现收入1175.6亿元，比上年增长20.2%；互联网和相关服务实现收入508.6亿元，比上年增长16.2%；电信、广播电视和卫星传输服务实现收入195.9亿元，比上年增长0.1%。

全年规模以上信息传输、软件和信息技术服务业单位实现利润156.6亿元，比上年下降18.7%。其中，软件和信息技术服务业实现利润138.9亿元，比上年下降22.8%；互联网和相关服务实现利润9.6亿元，比上年增长5.4%；电信、广播电视和卫星传输服务实现利润8.1亿元，比上年下降5.2%。

◇科学研究和技术服务业

全年规模以上科学研究和技术服务业单位实现收入1409.7亿元，比上年下降4.6%。其中，专业技术服务业实现收入846.8亿元，比上年下降10.2%；科技推广和应用服务业实现收入296.1亿元，比上年增长2.6%；研究和试验发展实现收入248.8亿元，比上年增长10.2%。

全年规模以上科学研究和技术服务业单位实现利润51.0亿元，比上年下降50.1%。其中，专业技术服务业实现利润49.3亿元，比上年下降42.8%；研究和试验发展实现利润9.6亿元，比上年下降10.0%；科技推广和应用服务业实现利润-8.0亿元。

◇房地产业

房地产业全年实现增加值804.7亿元，比上年增长21.9%，占全区GDP的11.3%。

全年规模以上房地产业单位实现收入1366.2亿元，比上年增长1.3%。其中，房地产开发经营实现收入575.3亿元，比上年增长1.4%；物业管理实现收入348.1亿元，比上年增长7.5%；房地产中介服务实现收入173.2亿元，比上年下降7.1%；房地产租赁经营实现收入265.3亿元，比上年下降0.3%；其他房地产业实现收入4.2亿元，比上年下降11.8%。

全年规模以上房地产业单位实现利润148.4亿元，比上年下降16.6%。其中，房地产开发经营实现利润61.2亿元，比上年增长50.0%；物业管理实现利润22.7亿元，比上年增长23.5%；房地产中介服务实现利润-3.0亿元；房地产租赁经营实现利润67.4亿元，比上年增长12.7%；其他房地产业实现利润0.2亿元，比上年下降78.5%。

◇文化及相关产业

全年规模以上文化及相关产业单位实现收入2318.7亿元，比上年下降6.1%。其中，创意设计服务、内容创作生产、文化消费终端生产分别实现收入829.8亿元、414.3亿元和370.0亿元，增速分别为-12.6%、12.0%和-9.2%。

全年规模以上文化及相关产业单位实现利润110.9亿元，比上年增长21.8%。其中，内容创作生产、文化消费终端生产、新闻信息服务分别实现利润82.0亿元、28.9亿元和13.0亿元，增速分别为-1.2%、6.4%和-38.2%。

八、功能区

◇ CBD 功能区

CBD功能区全年完成投资比上年增长6.2%。全年CBD功能区商务服务业单位实现收入2548.8亿元，比上年下降4.3%；金融业单位实现收入2669.2亿元，比上年下降4.3%。全年CBD功能区限额以上批发和零售业企业实现营业收入11963.8亿元，比上年增长1.8%。

按北京商务中心区（CBD）范围统计，CBD全年完成投资比上年下降0.6%；实现社会消费品零售额392.8亿元，比上年增长3.8%。全年CBD规模以上文化及相关产业单位实现收入627.7亿元，比上年下降10.3%；金融业单位实现收入1798.4亿元，比上年下降8.5%；限额以上批发和零售业企业实现营业收入3076.0亿元，比上年下降0.5%。

◇电子城功能区

电子城功能区全年完成投资比上年增长13.6%。功能区内规模以上工业企业实现工业总产值228.3亿元，比上年增长6.6%。全年电子城功能区限额以上批发和零售业企业实现营业收入2872.6亿元，比上年增长2.0%。

1—11月中关村朝阳园规模（限额）以上单位实现总收入5624.4亿元，同比增长5.5%。其中，技术收入和产品销售收入分别为1397.4亿元和518.5亿元，增速分别为21.6%和-2.9%。实现利润361.7亿元，同比下降39.2%。实现工业总产值403.4亿元，同比增长1.4%。其中，新产品产值114.5亿元，同比下降0.9%。

◇奥运功能区

奥运功能区全年完成投资比上年增长157.7%。全年奥运功能区规模以上商务服务业单位实现收入260.3亿元，比上年下降3.0%；规模以上文化及相关产业单位实现收入454.8亿元，比上年下降4.3%。全年奥运功能区限额以上批发和零售业企业实现营业收入3339.2亿元，比上年下降9.7%。

九、资源、环境与城市管理

◇能源消耗

初步核算，全年能源消费总量901.01万吨标准煤，比上年增长0.78%。其中，农林牧渔业能源消费量1.01万吨标准煤，比上年下降6.46%；工业能源消费量90.45万吨标准煤，比上年下降2.81%；建筑业能源消耗量18.97万吨标准煤，比上年增长1.88%；服务业能源消费量495.64万吨标准煤，比上年下降0.77%；生活用能294.94万吨标准煤，比上年增长4.68%。全区万元GDP能耗0.1266吨标准煤，按不变价计算，比上年下降4.99%。

◇环境保护

全区空气中悬浮颗粒物平均浓度（PM_{10}）为71微克/立方米，比上年下降14.5%。空气中细颗粒物平均浓度（$PM_{2.5}$）43微克/立方米，比上年下降17.3%。平均每月降尘量6.3吨/平方公里，比上年下降26.7%。

◇安全生产

全年共发生生产经营性死亡事故68起，生产经营性死亡人数70人。其中，生产安全事故死亡人数11人；生产经营性交通事故死亡人数58人。

十、人民生活和社会保障

◇人民生活

全年居民人均可支配收入达到76936元，比上年增长8.8%。其中，人均工资性收入44521元，比上年增长6.9%；人均转移净收入16699元，比上年增长16.3%；人均财产净收入15155元，比上年增长6.8%；人均经营净收入561元，比上年增长2.9%。

全年居民人均消费支出达到48174元，比上年增长7.4%。其中，居住、食品烟酒和教育文化娱乐支出在居民消费支出中所占比重位居前三，比重分别为39.8%、19.8%和10.0%；医疗保健、居住和教育文化娱乐支出增长最快，增速分别为17.1%、12.5%和10.9%。居民恩格尔系数为19.8%。截至年末，居民每百户家庭拥有家用汽车53辆，计算机95台，空调197台，移动电话223部。

◇就业和社会保障

年末全区城镇登记失业率为0.72%，与上年持平。全年开发就业岗位11.1万个，比上年下降9.1%。城乡登记失业人员现就业人数2.2万人，比上年增长2.1%。

年末全区参加基本养老、失业、工伤保险的人数分别为363.9万人、285.5万人、257.2万人，分别比上年增长4.3%、6.1%、3.8%。城镇社会保险各项基金征缴额达973.3亿元，比上年增长12.0%；各项基金收缴率均达到99.8%。全区农民参加城乡居民养老保险的人数为2.9万人，与上年持平。全区城乡居民最低生活保障人数为10257人，比上年下降12.1%；最低生活保障金发放总金额为15589.7万元，比上年增长3.8%。

十一、教育、科技、文化、卫生和体育

◇教育

年末全区共有幼儿园283所，在园幼儿84489人，一级（优质）幼儿园比例为60.42%，示范幼儿园比例为24.38%，学前三年入园率为100%。

全区共有普通小学73所，当年招生28470人，在校生148002人，毕业生20716人；小学入学率100%，小学规范建设硬件达标率100%；拥有教职工7482人，其中专任教师7011人。

全区共有普通中学92所，当年招生20925人，在校生54309人，毕业生12791人；初中入学率100%，初中毕业率99.96%，初中校硬件办学标准达标率100%；高中录取率94.10%，高中毕业率94.27%；拥有教职工14782人，其中专任教师11873人。

全区共有职业高中5所，当年招生466人，在校生3092人，毕业生926人；拥有教职工874人，其中专任教师706人。

◇科技

全年专利申请量40219件，比上年增长6.7%；专利授权量23665件，比上年增长6.1%。其中，发明专利申请量23949件，比上年增长10.1%；授权量10070件，比上年增长11.4%。全年技术市场成交量6618项，比上年下降10.4%；技术合同成交额1159.9亿元，比上年增长12.0%。

◇文化

年末全区共有公共图书馆3个，社区图书馆46个，图书馆馆藏图书达411.9万册。全区共有博物馆30个，电影院68个，街乡级文化服务中心43个，社区（村）文化活动室覆盖率97%。广泛开展基层文化演出，公益性演出9161场次；基层数字电影放映1460场次；文化广场达到260个。

◇卫生

年末全区共有卫生机构1754个。其中，医院184个，社区卫生服务中心52个，社区卫生服务站224个。共有床位24487张，卫生技术人员55623人，其中，执业（助理）医师22189人，注册护士24486人。婴儿死亡率2.30‰，比上年下降0.07个千分点；每十万人甲乙类传染病发病率135.48例，比上年减少15.12例；人均期望寿命82.88岁，比上年提高0.17岁。

◇体育

年末全区共有体育场地1636个；组织各项体育活动参与人数139.0万人；全民健身工程1885个，比上年增加60个；全民健身工程面积171.65万平方米，比上年增加3.0万平方米。获得市级以上奖牌1266枚，比上年增加671枚。其中，金牌509枚，银牌387枚，铜牌370枚。

公报注释：

1．2019年地区生产总值及各产业增加值、能源消费量和万元GDP能耗数据为北京市统计局反馈的初步核算数据，正式数据以《2020年朝阳区统计年鉴》为准。

2．本公报中的地区生产总值及各产业、行业增加值绝对数按现价计算，增长速度按不变价计算。按照北京市统计局部署，2018年数据根据第四次经济普查结果予以调整。

3．除特殊说明外，本公报中所有增长速度指标均未扣除物价上涨因素。

4．本公报中如无特殊注明均为区域口径。

5．2018年社会消费品零售额按照国家统计局有关制度规定进行了修订，2019年增速按照可比口径计算。

6．本公报中涉及收入利润等财务指标、工业总产值为快报数据，正式数据以《2020年朝阳区统计年鉴》为准。

7．规模以上工业划分标准：年主营业务收入2000万元及以上的工业法人单位。限额以上批发业划分标准：年主营业务收入2000万元及以上的批发业法人单位，年经营性单位收入2000万元及以上的批发业产业活动单位，年营业收入2000万元及以上的批发业个体经营户。限额以上零售业划分标准：年主营业务收入500万元及以上的零售业法人单位，年经营性单位收入500万元及以上的零售业产业活动单位，年营业收入500万元及以上的零售业个体经营户。限额以上住宿业划分标准：星级饭店和星级饭店以外年主营业务收入200万元及以上的住宿业法人单位，年经营性单位收入200万元及以上的住宿业产业活动单位，年营业收入200万元及以上的住宿业个体经营户。限额以上餐饮业划分标准：年主营业务收入200万元及以上餐饮业法人单位，年经营性单位收入200万元及以上的餐饮业产业活动单位，年营业收入200万元及以上的餐饮业个体经营户。规模以上服务业划分标准：（1）执行企业会计制度的年末从业人员50人及以上，或年营业收入1000万元及以上（其中居民服务、修理和其他服务业，文化、体育和娱乐业年营业收入500万元及以上）的服务业法人单位；（2）执行行政事业会计制度或民间非营利组织会计制度的年收入合计1000万元及以上的服务业法人单位。

8．CBD功能区、电子城功能区和奥运功能区数据按照朝阳区“十一五”规划确定的范围计算。CBD功能区：按照区“十一五”规划确定的统计口径，CBD功能区地域范围包括建外、朝外、呼家楼、三里屯、六里屯、麦子店、团结湖、八里庄、双井、劲松、潘家园、左家庄、东风、高碑店、平房、南磨房北部、太阳宫南部17个街道和地区办事处；电子城功能区：按照区“十一五”规划确定的统计口径，电子城功能区地域范围包括望京、来广营东部、酒仙桥、将台、东坝、崔各庄西部6个街道和地区办事处及望京高新技术产业区；奥运功能区：按照区“十一五”规划确定的统计口径，奥运功能区地域范围包括奥运村、大屯、亚运村、来广营西部、安贞、和平街、小关、香河园、太阳宫北部9个街道和地区办事处；北京商务中心区（CBD）地域范围涉及建外、呼家楼、六里屯、八里庄、高碑店五个街乡，包括南郎家园社区、北郎家园社区、永安里社区、光华里社区、建国里社区、秀水社区、北郎东社区、永安里东社区、金台里社区、小庄社区、关东店北街社区、核桃园社区、呼家楼北社区、呼家楼南社区、金台社区、东大桥社区、关东店社区、新街社区、道家园社区、甜水园社区、红庙社区、红庙北里社区、延静里社区、华贸中心社区、八里庄社区25个社区。功能区数据不包含直报北京市统计局的保密单位数据。北京商务中心区（CBD）社会消费品零售额采用限额以上法人口径进行核算。

9．人口数据中，常住人口、常住外来人口、常住人口性别构成和年龄构成、常住人口出生人数、出生率、死亡人数、死亡率、自然增长率为北京市统计局反馈数据；户籍人口取自北京市公安局朝阳分局；计划生育率取自朝阳区卫生健康委员会。

10．本公报部分指标数据取自朝阳区财政局、朝阳区商务局、北京市公安局朝阳分局、朝阳区卫生健康委员会、朝阳区民政局、朝阳区科学技术和信息化局、朝阳区市场监管局、朝阳区教育委员会、朝阳区文化和旅游局、朝阳区体育局、朝阳区生态环境局、朝阳区应急管理局提供的相关数据；相关指标增长速度以上述部门上报数据表中的计量单位为准计算得出。

统计资料

2019年朝阳区地区生产总值

表60　　　　单位：万元

项　目	2019年	构成（%）
地区生产总值	71163724	100.00
按产业分		
第一产业	31220	0.04
第二产业	4965195	6.98
第三产业	66167309	92.98
按国民经济行业分		
农、林、牧、渔业	32137	0.0
工业	2859614	4.0
建筑业	2114062	3.0
批发和零售业	11185445	15.7
交通运输、仓储和邮政业	1191400	1.7
住宿和餐饮业	1473235	2.1
信息传输、软件和信息技术服务业	7675619	10.8
金融业	10890102	15.3
房地产业	8047495	11.3
租赁和商务服务业	11525853	16.2
科学研究和技术服务业	5150275	7.2
水利、环境和公共设施管理业	601187	0.8
居民服务、修理和其他服务业	569894	0.8
教育	2589575	3.6
卫生和社会工作	2022032	2.8
文化、体育和娱乐业	1249251	1.8
公共管理、社会保障和社会组织	1986548	2.8

说明：产业划分依据国家统计局2018年修订的《三次产业划分规定（2012）》，行业划分依据《国民经济行业分类》（GB/T 4754—2017）

2019年朝阳区一般公共预算收支

表61　　　　单位：万元

项　目	决算数	项　目	决算数
一般公共预算收入	5364110	一般公共预算支出	6580076
房产税	1010719	一般公共服务支出	219506

续表 61

项　目	决算数	项目	决算数
车船税	53874	国防支出	12530
印花税	157132	公共安全支出	601870
资源税	5616	教育支出	1100467
耕地占用税	430	科学技术支出	129120
增值税	1622749	文化旅游体育与传媒支出	154540
城镇土地使用税	30533	社会保障和就业支出	2201569
土地增值税	287430	卫生健康支出	554800
教育费附加收入	108677	节能环保支出	200510
城市维护建设税	414362	城乡社区支出	727162
企业所得税	1262586	农林水支出	502149
环境保护税	5845	资源勘探信息等支出	54685
其他税收收入	797	商业服务业等支出	39883
国有资本经营收入	20651	金融支出	51540
国有资源（资产）有偿使用收入	158360	自然资源海洋气象等支出	294
其他收入	38872	粮油物资储备支出	7781
罚没收入	12637	灾害防治及应急管理支出	20922
行政性事业性收费	33981	其他支出	748
残疾人就业保障金收入	106822		
森林植被恢复费	25655		
捐赠收入	261		
政府住房基金收入	6121		

数据来源：北京市朝阳区财政局

2019 年朝阳区户籍户数及人口数（按街、乡分）

表62　　单位：户、人

项　目	年末总户数	年末总人口					出生人口	死亡人口
			男	女	非农业人口	农业人口		
合计	849688	2148513	1065003	1083510	2064236	84277	22720	4737
街道小计	503840	1354587	671761	682826	1354570	17	12464	3243
建外	13248	36900	18505	18395	36900		298	77
朝外	11906	42316	21753	20563	42316		355	102
呼家楼	21462	63741	31202	32539	63741		504	200
三里屯	13700	37232	18000	19232	37232		319	106
左家庄	25006	64302	31923	32379	64302		532	173
香河园	14145	33919	16785	17134	33919		304	117
和平街	25295	84252	41164	43088	84252		517	162
安贞	18392	45175	22106	23069	45175		335	112

续表 62

项 目	年末总户数	年末总人口					出生人口	死亡人口
			男	女	非农业人口	农业人口		
亚运村	17697	48191	24049	24142	48191		459	129
小关	14697	47604	22536	25068	47604		373	98
酒仙桥	23528	68185	34507	33678	68185		553	157
麦子店	9152	22786	11361	11425	22785	1	231	51
团结湖	13414	33778	16772	17006	33778		247	105
六里屯	24927	61229	30235	30994	61227	2	624	181
八里庄	31416	83860	40839	43021	83860		739	262
双井	28987	73334	36323	37011	73332	2	702	155
劲松	31444	76801	38160	38641	76801		731	248
潘家园	32025	79162	39182	39980	79162		613	248
垡头	14629	37583	19293	18290	37583		367	77
大屯	32972	85906	42413	43493	85906		1053	122
望京	36107	94870	46917	47953	94870		1045	158
奥运村	26491	67880	33846	34034	67868	12	770	119
东湖	16219	41781	20931	20850	41781		505	59
首都机场	6981	23800	12959	10841	23800		288	25
乡小计	345848	793926	393242	400684	709666	84260	10256	1494
南磨房	26772	63789	32103	31686	63753	36	742	123
高碑店	25247	54026	26714	27312	52171	1855	665	108
将台	13641	28114	13676	14438	28082	32	313	57
太阳宫	24590	62821	31669	31152	62768	53	823	98
小红门	14026	31044	14687	16357	19400	11644	285	53
十八里店	18671	43536	20558	22978	21988	21548	479	81
平房	19359	42520	20716	21804	34352	8168	611	62
东风	15628	35884	17365	18519	35867	17	448	63
来广营	31495	71039	36009	35030	71023	16	1213	90
常营	16755	37044	18752	18292	36946	98	567	65
三间房	24220	66800	31898	34902	66750	50	634	130
管庄	25319	63932	33823	30109	59227	4705	870	127
金盏	12666	28948	13895	15053	17781	11167	287	67
孙河	9970	21975	10550	11425	21814	161	206	86
崔各庄	12824	25533	12281	13252	22438	3095	358	95
东坝	25494	58218	29899	28319	53335	4883	1066	69
黑庄户	9981	21449	10463	10986	13935	7514	242	53
豆各庄	8463	16725	8414	8311	16639	86	234	40
王四营	10727	20529	9770	10759	11397	9132	213	27

数据来源：北京市公安局朝阳分局

2019年朝阳区固定资产投资完成情况（项目在地）

表63

项 目	单位个数（个）	项目个数（个）	本年新增固定资产（万元）	房屋建筑施工面积（平方米）	住宅	房屋建筑竣工面积（平方米）	住宅
合计	123	343	3973674	9041919	1986127	603966	185283
按登记注册类型划分							
内资	114	322	2394315	8784010	1986127	521037	185283
国有	54	136	465562	5088528	1855090	302914	122005
集体	3	3					
股份合作							
国有联营							
集体联营							
国有与集体联营	1	1		44144	44144		
其他联营							
国有独资公司	20	128	833757	2575490	86893	88969	63278
其他有限责任公司	26	40	1028482	1075848		129154	
股份有限公司	3	3	32001				
私营独资							
私营合伙							
私营有限责任公司	5	8					
私营股份有限公司							
其他	2	3	34513				
港澳台商投资	6	18	1307607	182183		7276	
与港澳台商合资经营	1	2	26843	7276		7276	
与港澳台商合作经营							
港澳台商独资	4	15		174907			
港澳台商投资股份有限公司	1	1	1280764				
其他港澳台投资							
外商投资	3	3	271752	75726		75653	
中外合资经营	3	3	271752	75726		75653	
中外合作经营							
外资企业							
外商投资股份有限公司							
其他外商投资							
个体经营							
个体户							
个人合伙							
按隶属关系划分							
中央单位	28	35	1495296	4555190	1151761	396447	122005
地方单位	65	253	1649820	3544664	834366	176161	63278
其他单位	30	55	828558	942065		31358	

续表 63

项　目	单位个数（个）	项目个数（个）	本年新增固定资产（万元）	房屋建筑施工面积（平方米）	住宅	房屋建筑竣工面积（平方米）	住宅
按项目所在地域分							
街道小计		154	2676968	3961670	257209	107902	
建外		8	125493	544226		75653	
朝外		1					
呼家楼		7	56000	858680			
三里屯		4		26587			
左家庄		4	443765	22157			
香河园		5	27638				
和平街		3	34662				
安贞		7					
亚运村		8	20996	15328			
小关		4		37457			
酒仙桥		6					
麦子店		5		500669			
团结湖		8	180868				
六里屯		12	44502				
八里庄		1					
双井		13	31849	242173			
劲松		6		136650			
潘家园		11		68760			
垡头		3		587209	257209		
奥运村		14	30319	880552			
大屯		7	53035				
望京		8	347077	6990			
首都机场		5	1280764	34232		32249	
东湖		4					
乡小计		189	1296706	5080249	1728918	496064	185283
南磨房		18	555	3299684	1357876		
高碑店		18	20390				
将台		7		206048	122005	206048	122005
太阳宫		2					
小红门		10	1320	3200			
十八里店		9	3214	222051	44144	3000	
平房		11	21931	32834			
东风		3					
来广营		14	48657	122116		122116	
常营		8	188302				
三间房		3					

续表 63

项　目	单位个数（个）	项目个数（个）	本年新增固定资产（万元）	房屋建筑施工面积（平方米）	住宅	房屋建筑竣工面积（平方米）	住宅
管庄		6		15204			
金盏		14	241386	239290		68655	
孙河		7	50478				
崔各庄		19	27815	187819			
东坝		14	37	635949	118000		
黑庄户		12	581516				
豆各庄		2	57484	89293	86893	88969	63278
王四营		12	53621	26761		7276	

说明：表内数据不包含房地产开发投资数据

2019 年朝阳区房地产开发完成情况（项目在地）

表 64

项　目	单位个数（个）	房屋施工面积（平方米）	住宅	房屋竣工面积（平方米）	住宅	本年新增固定资产（万元）	商品房销售面积（平方米）	商品房销售额（万元）	待售面积（平方米）	住宅	一年以上住宅
合计	198	22609904	9996454	2796884	871942	3046288	1553830	5799287	5586215	2002669	1687487
按登记注册类型划分											
内资	164	20697118	9272010	2480884	871942	2639054	1513814	5500823	4541127	1518669	1203487
国有	3	197546	137707				9701	17945	484459	126784	126784
集体	1	213286									
股份合作											
国有联营											
集体联营											
国有与集体联营											
其他联营											
国有独资公司	6	1788457	873589	389972		584347	3904	4415	83875	30221	30221
其他有限责任公司	130	16790810	7285271	2041489	825559	2039778	1281535	4571941	3779852	1262412	959932
股份有限公司	6	672299	442356	49423	46383	14929	112789	456496	99178	30027	17325
私营独资											
私营合伙											
私营有限责任公司	17	781583	318506				105885	450026	52882	30128	30128
私营股份有限公司	1	253137	214581						40881	39097	39097
其他											
港澳台商投资	22	1387251	710320				21563	152143	811559	399473	399473

续表 64

项　目	单位个数（个）	房屋施工面积（平方米）	住宅	房屋竣工面积（平方米）	住宅	本年新增固定资产（万元）	商品房销售面积（平方米）	商品房销售额（万元）	待售面积（平方米）	住宅	一年以上住宅
与港澳台商合资经营	4	247646	104079				4762	25500	160716	6338	6338
与港澳台商合作经营	8	687056	328632				237	1586	105760	42420	42420
港澳台商独资	10	452549	277609				16564	125057	545083	350715	350715
港澳台商投资股份有限公司											
其他港澳台投资											
外商投资	12	525535	14124	316000		407234	18453	146321	233529	84527	84527
中外合资经营	4	335767		316000		407234			65626	17932	17932
中外合作经营	4	14124	14124				18052	144369	140217	39169	39169
外资企业	4	175644					401	1952	27686	27426	27426
外商投资股份有限公司											
其他外商投资											
按隶属关系划分											
中央	7	1375287	466153	599369		1059013	2402	5507	618004	22324	22324
地方	44	5950398	2333530	1149876	419567	1017565	752040	2103897	1234261	292803	243360
其他	147	15284219	7196771	1047639	452375	969710	799388	3689883	3733950	1687542	1421803
按资质等级划分											
一级	17	2607691	1681809	638836	429158	284432	554921	1238376	1161023	221697	188424
二级	16	3092957	1256943	1173874	226827	1572196	170990	249718	1252733	304361	234612
三级	22	2482276	771688	211081	43933	101802	49411	324123	841092	215392	215392
四级	89	7204930	2843140	257304	11715	585207	174374	1220748	1829065	947438	751448
暂定	37	5052426	2456246	515789	160309	502651	603014	2762896	183468	73002	56832
其他	17	2169624	986628				1120	3426	318834	240779	240779
按项目所在地域分											
街道小计	90	5484552	671724	1659711	37240	2389884	26312	151224	2780060	414176	378605
建外	12	1757874		915369		1466247			603423		
朝外	5	139772					4653	20192	183261	7538	7538
呼家楼	7	293055							180377	22465	22465
三里屯	2								30987	30727	30727
左家庄											
香河园											
和平街											
安贞											
亚运村	6	214540	62549	69929		139570			306718	84030	84030
小关	2								17730	11000	11000

续表 64

项 目	单位个数（个）	房屋施工面积（平方米）	住宅	房屋竣工面积（平方米）	住宅	本年新增固定资产（万元）	商品房销售面积（平方米）	商品房销售额（万元）	待售面积（平方米）	住宅	一年以上住宅
酒仙桥	4	278334	95570	103117		45969	1338	5905	323291	3126	3126
麦子店	4	77785					237	1586	129525	25793	10793
团结湖											
六里屯	2						4936	47980	112052	18985	18985
八里庄	9	519882	214581				155	291	113482	43130	43130
双井	2	84897							7497		
劲松	2	90043							85364		
潘家园											
垡头											
大屯	11	729613	77519				298	2430	269579	55394	55394
望京	11	110726	24717				2824	9314	272580	83718	83718
首都机场											
东湖	3	181324	37240	181324	37240	153751	9124	52680	32244	20571	
奥运村	8	1006707	159548	389972		584347	2747	10846	111950	7699	7699
乡小计	152	17125352	9324730	1137173	834702	656404	1527518	5648063	2806155	1588493	1308882
南磨房	11	699619	384027				5114	32882	136269	51705	51705
高碑店	3	254988	104079				832	3288	10594		
将台	6	647239	392139				16268	159593			
太阳宫	8	368861	320109				20648	129183	621108	527871	346881
小红门	6	486052	256356	101879	71877	67079	22997	170338	73357	55662	39492
十八里店	7	491221	415574	69212	43933	9213	19501	98738	558331	122859	122859
平房	12	805155	524688	25459	20968	5508	18711	118951	45513	15804	15804
东风	5	1108815	386237				31949	182662	88155	54541	54541
来广营	10	738989	355543	49423	46383	14929	116832	486397	336891	141859	129157
常营	4	155914	125222								
三间房	4	120805	38945				180	261	8667	6332	6332
管庄	3	187602	71613				57534	166848			
金盏	8	1816683	946309						1578	1578	1578
孙河	14	2349281	1593554	19557	11715	241883	326287	2023956	142146	119285	119285
崔各庄	13	2008363	1042004	346902	226827	129890	251619	521767	228900	69749	
东坝	23	1969556	1130340	248391	219609	109618	308347	1080396	140697	89234	89234
黑庄户	4	1123356	361275	276350	193390	78284	328998	469256	73671	9697	9697
豆各庄	9	1650927	790416				1386	3021	63783	51186	51186
王四营	2	141926	86300				315	526	276495	271131	271131

2019年朝阳区第三产业主要经济指标

表65

项　目	单位数（个）	资产总计（千元）	收入合计（千元）	利润总额（千元）	从业人员平均人数（人）
合计	11300	16529670197	3598764199	377057452	1537850
按国民经济行业门类分					
批发和零售业	2598	1749061324	2026654211	73347908	230531
交通运输、仓储和邮政业	266	94812578	66653828	4382971	66801
住宿和餐饮业	954	64993944	32522714	1330028	87507
信息传输、软件和信息技术服务业	828	528875621	234984950	28531721	154011
金融业	577	8043744218	321297577	137285245	146903
房地产业	973	1771522117	156924833	15432545	168212
租赁和商务服务业	2642	3486384956	423324333	105393429	321755
科学研究和技术服务业	1032	425945009	156157158	8006821	132221
水利、环境和公共设施管理业	89	54271363	15194472	1475344	20286
居民服务、修理和其他服务业	196	11200086	10960465	131155	31737
教育	221	71357757	39011906	-758085	70113
卫生和社会工作	189	49312118	55984342	138479	58520
文化、体育和娱乐业	681	172337434	54661535	2359891	47024
公共管理、社会保障和社会组织	54	5851672	4431875		2229
按隶属关系分					
中央	662	4517221102	988870620	105203999	186074
地方	10638	12012449095	2609893579	271853453	1351776
按登记注册类型分					
内资	9729	11558673069	2455586852	225081197	1180131
国有	517	314256076	133166016	1624382	149486
集体	82	61367483	4897945	382685	6043
股份合作	34	2991072	2715999	70359	2402
国有联营	3	393739	87449	2382	78
集体联营	2	64899	46077	-908	105
国有与集体联营	1	***	***	***	44
其他联营					
国有独资公司	258	2133461246	593919655	50678270	46277
其他有限责任公司	3229	3199799676	908177994	49162126	479335
股份有限公司	263	5221381554	336359796	115519567	119561
私营独资	24	958169	539505	31218	1227
私营合伙	88	37122775	16775963	5563554	16762
私营有限责任公司	4961	532628071	418340742	-23875	319649
私营股份有限公司	152	35503211	26665919	1219638	20936
其他	115	18705786	13879034	850660	18226

续表 65

项 目	单位数（个）	资产总计（千元）	收入合计（千元）	利润总额（千元）	从业人员平均人数（人）
港澳台商投资	641	1870060132	294894268	40362759	160183
与港澳台商合资经营	120	130848798	39469521	8938928	35497
与港澳台商合作经营	33	33144490	3837939	–36714	4968
港澳台商独资	477	1694457687	249347940	31773944	113697
港澳台商投资股份有限公司	4	1545790	875823	–95321	890
其他港澳台商投资	7	10063367	1363045	–218078	5131
外商投资	930	3100936996	848283079	111613496	197536
中外合资经营	175	506225757	120818745	15442560	41184
中外合作经营	16	17624136	1516518	27060	2588
外资企业	718	2524966504	694824620	95561184	148434
外商投资股份有限公司	12	14207416	25447675	16154	4810
其他外商投资	9	37913183	5675521	566538	520
按地域分					
街道小计	8113	15125336697	3025837337	350771484	1177663
建外	1126	2494748838	429357261	51256119	211996
朝外	493	3065576850	567822864	83037472	87815
呼家楼	631	2237074339	213919452	57554031	96587
三里屯	369	144337275	51501230	488789	38746
左家庄	360	1081241125	178294877	31228058	48489
香河园	85	112856911	10284697	2812153	9754
和平街	232	117791994	52550001	3934545	36402
安贞	196	318558548	87535574	2418407	27738
亚运村	324	642770238	61681537	5641171	39984
小关	244	109532087	96853313	1916045	29103
酒仙桥	489	398465530	166401752	16212521	90014
麦子店	590	618203772	299808196	15849166	66996
团结湖	85	52930269	15445179	1686635	17124
六里屯	102	87982792	22642585	–775847	9203
八里庄	466	1178062156	102640799	5857520	52208
双井	287	282792166	51023754	–4277638	20609
劲松	262	99442911	33168865	–829669	19543
潘家园	119	53129446	23894318	–213437	15692
垡头	38	20085385	3628564	334812	2456
大屯	389	776197389	98019680	11242383	45428
望京	605	562266684	259139917	40765240	102461
奥运村	305	183802450	47138155	1780070	40119
首都机场	30	7550885	3697264	147757	6880
东湖	286	479936657	149387503	22705181	62316

续表 65

项　目	单位数（个）	资产总计（千元）	收入合计（千元）	利润总额（千元）	从业人员平均人数（人）
乡小计	3187	1404333500	572926862	26285968	360187
南磨房	336	104365037	59321085	3941795	54359
高碑店	461	61711439	49172330	1603123	33906
将台	186	127795077	70895743	2699395	32711
太阳宫	189	406176228	140685543	14833313	25729
小红门	73	27744698	8201999	−35173	5630
十八里店	235	46337917	17103115	−751610	17531
平房	180	31708769	18275669	129150	23903
东风	87	91969544	10541668	675240	25961
来广营	364	118844633	63085453	−168530	39912
常营	172	25639847	14718681	388743	12095
三间房	182	29761987	16772073	92606	17134
管庄	104	19258209	14914121	629758	7275
金盏	97	42903982	15550488	261898	6529
孙河	51	74078213	14548529	2532541	6367
崔各庄	115	81055430	16005187	−747189	14230
东坝	80	44071004	7648183	197230	3774
黑庄户	59	16169097	6533508	−73049	8650
豆各庄	75	24688683	6854454	−732135	2787
王四营	141	30053706	22099033	808862	21704

说明：1. 本表为限额以上第三产业主要经济指标数据；
2. 本表数据不含保密单位数据；
3. 房地产业中的房地产开发经营业只包括重点房地产开发经营业法人单位数据；
4.*** 表示在可能根据数据识别或者推断单个统计调查对象身份时，予以屏蔽处理

2019 年朝阳区社会消费品零售总额

表 66　　单位：万元

项　目	2019 年	增长速度（%）
合计	35252543	3.5
按消费品形态分		
商品零售	31540877	3.3
餐饮收入	3711666	4.7

说明：2019 年数据按第四次全国经济普查数据进行了修订。增长速度按可比口径计算

2019 年朝阳区城乡个体工商业基本情况

表 67

项 目	户数（户）		从业人员（人）		注册资金（万元）	
		城镇		城镇		城镇
合计	45522	31418	77275	53202	156275	106065
农、林、牧、渔业	97	30	149	45	707	260
制造业	306	143	709	289	1192	486
建筑业	81	53	183	113	214	133
批发和零售业	35576	24782	53917	37390	119299	82930
交通运输、仓储和邮政业	311	146	449	217	2247	1110
住宿和餐饮业	3328	2131	10831	7169	15474	9337
信息传输、软件和信息技术服务业	21	16	31	25	81	74
房地产业	12	9	18	14	234	225
租赁和商务服务业	1617	1264	2406	1871	3821	2712
科学研究和技术服务业	424	315	725	572	1295	1007
水利、环境和公共设施管理业	8	3	21	9	37	6
居民服务、修理和其他服务业	3154	2102	6607	4577	8842	5620
教育	72	51	129	94	232	163
卫生和社会工作	19	18	42	39	443	413
文化、体育和娱乐业	496	355	1058	778	2157	1589

数据来源：北京市朝阳区市场监督管理局

2019 年朝阳区对外经济基本情况

表 68

项 目	2019 年	增长速度 (%)
新设外商投资企业（个）	657	–11.0
合同外资金额（亿美元）	86.6	–12.4
实际利用外资额（亿美元）	42.9	7.9
外贸出口额（亿美元）	187.0	3.2

数据来源：北京市朝阳区商务局

2018—2019 年朝阳区外商投资企业新设立情况

表 69　　单位：个

项 目	企业数	
	2019 年	2018 年
合计	657	742
按登记注册类型分		
合资经营	152	186

续表 69

项　目	企业数	
	2019 年	2018 年
合作经营	1	2
独资经营	501	552
其他	3	2
按三次产业分		
第一产业		
第二产业	13	6
第三产业	644	736
按客商国别（地区）分		
日本	24	16
美国	39	57
中国香港	322	358
澳大利亚	5	9
法国	6	10
新加坡	18	31
加拿大	14	17
德国	14	22
西班牙	3	1
中国台湾	45	53
瑞典	3	2
泰国		3
比利时	1	2
丹麦	1	3
韩国	37	42
俄罗斯	3	7
其他	122	109

数据来源：北京市朝阳区商务局

2019 年朝阳区中资银行人民币月末存款余额

表 70　　单位：万元

月　份	各项存款	单位存款	个人存款	
				储蓄存款
1 月	247169823	127274114	71226415	51724039
2 月	251294550	125033632	72828203	52202771
3 月	251256962	126107245	73888556	52464282

续表 70

月 份	各项存款			
		单位存款	个人存款	
				储蓄存款
4 月	252204035	125294875	73666632	52002769
5 月	259213495	127995336	73732923	52030035
6 月	269011047	134470014	74601535	52249961
7 月	265735293	130183386	74607252	52392534
8 月	268093574	132049063	74540864	52310156
9 月	269630378	133688709	74929436	52548147
10 月	271484597	128861588	75085464	52666275
11 月	273335240	132872865	76321998	53812708
12 月	286204796	133506236	79108613	56236282

数据来源：中国人民银行营业管理部

2019 年朝阳区中资银行人民币月末贷款余额

表 71　　单位：万元

月 份	各项贷款		
		境内短期贷款	境内中长期贷款
1月	102309817	35452701	65242871
2月	102088682	35216412	65156894
3月	100849099	34554482	64995495
4月	101045265	35088520	64639611
5月	101051635	35085730	64651761
6月	100914164	34797428	64760531
7月	101241843	34892402	64902211
8月	102551237	35574557	65566347
9月	103338592	35181673	66279799
10月	103597012	35803307	65862995
11月	104264028	36216786	66311757
12月	103261728	35507998	66150498

数据来源：中国人民银行营业管理部

主要统计指标解释

一、地区生产总值

是按市场价格计算的地区生产总值的简称。它是一个地区所有常住单位在一定时期内生产活动的最终成果。地区生产总值有三种表现形式，即价值形态、收入形态和产品形态。

二、固定资产投资（不含农户）

指以货币形式表现的在一定时期内建造和购置固定资产的工作量以及与此有关的费用的总称。

本年新增固定资产：指已经完成建造和购置过程，并已交付生产或使用单位的固定资产投资的价值，包括已经建成投入生产或交付使用的工程投资和达到固定资产标准的设备、工具、器具的投资及有关应摊入的费用。

三、房地产开发

房屋施工面积：指报告期内施工的全部房屋建筑面积。包括本期新开工的面积和上年开工跨入本期继续施工房屋面积，以及上期已停建在本期恢复施工的房屋面积。本期竣工和本期施工后又停建、缓建的房屋面积仍包括在施工面积中，多层建筑应填各层建筑面积之和也就是整栋楼的面积（该指标数据取自施工许可证或规划许可证中的面积数）。

房屋竣工面积：指报告期内房屋建筑按照设计要求已全部完工，达到住人和使用条件，经验收鉴定合格，可正式移交使用的各栋房屋建筑面积的总和（该指标数据取自该项目的甲方、乙方、监理、设计四方竣工验收记录单或竣工验收备案表）。

商品房销售面积：指在报告期内出售商品房屋的合同总面积（即双方签署的正式买卖合同中所确定的建筑面积）。由现房销售建筑面积和期房销售建筑面积两部分组成。

商品房销售额：指报告期内出售商品房屋的合同总价款（即双方签署的正式买卖合同中所确定的合同总价）。该指标与商品房销售面积同口径，由现房销售额和期房销售额两部分组成。

待售面积：指报告期末已竣工的可供销售或出租的商品房屋建筑面积中，尚未销售或出租的商品房屋建筑面积，包括以前年度竣工和本期竣工的房屋面积，但不包括报告期已竣工的拆迁还建，统建代建，公共配套建筑、房地产公司自用及周转房等不可销售或出租的房屋面积。

四、社会消费品零售总额

指企业（单位、个体户）通过交易直接售给个人、社会集团非生产、非经营用的实物商品金额，以及提供餐饮服务所取得的收入金额。个人包括城乡居民和入境人员，社会集团包括机关、社会团体、部队、学校、企事业单位、居委会或村委会等。

五、对外经济贸易

实际利用外资额：指批准的合同外资金额的实际执行数，外国投资者根据批准外商投资企业的合同(章程)的规定实际缴付的出资额和企业投资总额内外国投资者以自己的境外自有资金实际直接向企业提供的贷款。

合同外资金额：指批准外商投资企业的合同、章程中规定的外国投资者认缴的出资额和企业投资总额内的应由外方投资者以自己的境外自有资金直接向企业提供的贷款，包括新批准企业合同外资和原有企业的增资减资。增资减资不对企业（项目）个数进行调整。

六、存款、贷款

存款：企业、机关、团体或居民根据可以收回的原则，把货币资金存入银行或其他信用机构保管并取得一定利息的一种信用活动形式。根据存款对象的不同可划分为企业存款、财政存款、机关团体存款、储蓄存款、农业存款等科目。它是银行信贷资金的主要来源。

贷款：银行或其他信用机构根据必须归还的原则，按一定利率，为企业、个人等提供资金的一种信用活动形式。中国银行贷款分为短期贷款、中长期贷款、委托及信托类贷款、其他类贷款等。

北京朝阳年鉴

Beijing Chaoyang Yearbook

2020

索引

索　引

说　明

本索引以地名、机构名称、活动名称、事件（事物）名称为主题词。主要选自本年鉴正文部分，特载、专文、区情概览、大事记、人物　荣誉、附录以及图片不在索引范围内。

本索引按主题词汉语拼音字母顺序排列，主题词后面的数字和字母分别表示所在页码和分栏位置，数字之后的小写英文字母(a、b、c）分别表示本页的左、中、右栏。主题词后有多个页码的，表示该主题词均在这些位置出现。

汉语拼音索引

A

B

C

D

E

F

G

H

W

X

Y

Z

数字索引

字母索引

表格索引